CAMBRIDGE LIBRARY COLLECTION

Books of enduring scholarly value

Religion

For centuries, scripture and theology were the focus of prodigious amounts of scholarship and publishing, dominated in the English-speaking world by the work of Protestant Christians. Enlightenment philosophy and science, anthropology, ethnology and the colonial experience all brought new perspectives, lively debates and heated controversies to the study of religion and its role in the world, many of which continue to this day. This series explores the editing and interpretation of religious texts, the history of religious ideas and institutions, and not least the encounter between religion and science.

Geschichte des Urchristenthums

A keen student of theology, August Friedrich Gfrörer (1803–61) became professor of history at the University of Freiburg and also sat as a representative in the Frankfurt parliament, agitating for the reunification of Protestantism and Catholicism. This three-volume work, published in 1838, may be regarded as marking the beginning of the modern period in the Christian study of Judaism. Gfrörer was the first scholar who attempted to recount the history of Palestinian Judaism at the time of Jesus by using primary source material and without pursuing an obvious apologetic or polemic agenda. More than 2,000 pages in length, the work is a formidable scholarly achievement of lasting value in the field of religious studies. Volume 1 accounts for first-century Jewish education and scholarship, and discusses the doctrine of revelation. The author also addresses the Jewish understanding of God and of spirits, angels and demons.

Cambridge University Press has long been a pioneer in the reissuing of out-of-print titles from its own backlist, producing digital reprints of books that are still sought after by scholars and students but could not be reprinted economically using traditional technology. The Cambridge Library Collection extends this activity to a wider range of books which are still of importance to researchers and professionals, either for the source material they contain, or as landmarks in the history of their academic discipline.

Drawing from the world-renowned collections in the Cambridge University Library and other partner libraries, and guided by the advice of experts in each subject area, Cambridge University Press is using state-of-the-art scanning machines in its own Printing House to capture the content of each book selected for inclusion. The files are processed to give a consistently clear, crisp image, and the books finished to the high quality standard for which the Press is recognised around the world. The latest print-on-demand technology ensures that the books will remain available indefinitely, and that orders for single or multiple copies can quickly be supplied.

The Cambridge Library Collection brings back to life books of enduring scholarly value (including out-of-copyright works originally issued by other publishers) across a wide range of disciplines in the humanities and social sciences and in science and technology.

Geschichte des Urchristenthums

VOLUME 1:
DAS JAHRHUNDERT DES HEILS

AUGUST FRIEDRICH GFRÖRER

CAMBRIDGE
UNIVERSITY PRESS

CAMBRIDGE UNIVERSITY PRESS

Cambridge, New York, Melbourne, Madrid, Cape Town,
Singapore, São Paolo, Delhi, Mexico City

Published in the United States of America by Cambridge University Press, New York

www.cambridge.org
Information on this title: www.cambridge.org/9781108053662

© in this compilation Cambridge University Press 2012

This edition first published 1838
This digitally printed version 2012

ISBN 978-1-108-05366-2 Paperback

Geschichte

des

Urchristenthums,

durch

A. Fr. Gfrörer,

Professor, Bibliothekar in Stuttgart.

Stuttgart.

E. Schweizerbart's Verlagshandlung.

1838.

Das

Jahrhundert des Heils,

durch

A. Fr. Gfrörer,
Professor, Bibliothekar in Stuttgart.

Κτῆμα εἰς ἀεὶ μᾶλλον, ἢ ἀγώνισμα εἰς τὸ
παραχρῆμα.   *Thucydides* I, 22.

Erste Abtheilung.

Stuttgart.
E. Schweizerbart's Verlagshandlung.
1838.

Vorrede.

Es sind nun sieben Jahre, seit ich unter dem Titel „Philo
und die alexandrinische Theosophie, oder vom Einflusse der
jüdisch = ägyptischen Schule auf die Lehre des Neuen Testaments", ein Werk herausgab, das als Vorhalle zu dem Dome,
den ich nächstens vollends ausgebaut, betrachtet werden muß,
und von dessen Ergebnissen ich, so unangenehm dieselben Manchem waren, auch jezt kein einziges zurücknehme. Dreizehn
Jahre sind es, seit ich mich überhaupt mit den Studien be-
schäftige, deren Früchte in dem eben genannten und in vorliegendem Werke der deutschen Lesewelt dargeboten werden.
Während dieses ganzen Zeitraumes war die volle Spannkraft
meines Geistes auf denselben Gegenstand gerichtet, und ich
habe zu solchem Zweck Arbeiten durchgemacht, die ich jezt im
35sten Jahre meines Lebens nicht wiederholen möchte, denn
ich fürchtete zu erliegen. Schwer ist der Pfad des Geschichtschreibers, besonders dessen, der, wie ich, einen Gegenstand

behandelt, welcher von Anderen kaum, oder gar nicht berührt worden ist; fast überall habe ich die erste Furche durch das Neubruchland gezogen. Resultate, die ich auf die engen Grän= zen einer Spalte, oft auf etliche Zeilen zusammendrängen kann, haben mich manchmal Monate rastlosen Suchens gekostet; der unauslöschliche Durst nach Gewißheit, eine eigene Pein, die Vielen unbekannt, für den Historiker eine Pflicht ist, hat mich mehr als einmal getrieben, einen be= reits zurückgelegten Weg zwei= und dreimal zu wiederholen, und links und rechts abzuschweifen, bis das ersehnte Ziel er= reicht, das historische Gewissen befriedigt war.

Hier die hauptsächlichsten Gründe, warum ich vorliegen= des Werk erst so spät dem Drucke übergebe. An dringenden Aufforderungen, schneller herauszurücken, hat es mir von vie= len Seiten her nicht gefehlt. Die größte fand ich selbst in dem Erscheinen einer Schrift, die mit Recht einen ungeheuren Eindruck über den Bereich der eigentlich theologischen Lese= welt hinaus gemacht hat, in dem Leben Jesu von Dr. D. Fr. Strauß. Gewisse Leute glaubten mir zu schmeicheln, indem sie mir sagten, daß ich Einer der Vorläufer dieses modernen Vorkämpfers negativer Wahrheit sey; es drängte mich, solche Zumuthungen abzuweisen, andererseits gebot mir ein kräfti= ges Gefühl meiner Seele, das ich früher nicht kannte, die Liebe zum Christenthume, die sich meiner durch die historischen Studien bemächtigt, den Behauptungen, welche Strauß mit viel Scharfsinn, aber ohne alle Kenntniß der Zeit, über welche er abspricht, aufgestellt hat, die meinigen entgegenzusetzen. Ich treffe zwar mit ihm in vielen Punkten zusammen, jedoch nur in Punkten, welche die Außenwerke der Burg betreffen, gleich= sam zur Schale gehören. Sonst ist erstlich mein Weg oder

die Art der Beweisführung völlig verschieden von dem sei-
gen. Er beruft sich auf Metaphysik und erkennt in den Sätze
der Hegel'schen Schule ein ebenbürtiges Maß gewisser Dinge
die vor 1800 Jahren in Judäa geschehen sind, oder auch nu
dort geschrieben wurden. Ich dagegen bin der Ansicht, da
man Jesum Christum und sein Werk nur aus genaue
Kenntniß seines Zeitalters und vorzüglich auch aus sich selbe
beurtheilen müsse, ich berufe mich daher bloß auf Urkunde
und Zeugnisse, und lege, nebenbei gesagt, auf die ganze nach
Kantische deutsche Metaphysik einen geringen Werth, u
nicht noch ein stärkeres Wort zu gebrauchen. Zweitens i
auch unser beiderseitiges Endergebniß himmelweit verschieden
das seinige ist der Zweifel oder geradezu die Verneinung, da
meinige ein durch klare Beweise gestützter historischer Glaube a
eine außerordentliche, wenn man will, übernatürliche Erscheinung
ein Glaube, der sich zwar auf ganz andere Gründe beruft, al
die bisher gewohnten, auch Vieles aufgibt, was man se
Jahrhunderten hochheilig hielt, aber doch die Hauptsache fes
hält und zulezt Empfindungen hervorruft, die im Ganze
nicht verschieden sind von denen, welche von jeher eifrig
doch zugleich verständige Christen, gegenüber von dem Stifte
unserer Kirche, fühlten.

Die Schrift von Dr. Strauß hat ein Verdienst, das ic
sehr hoch schäße, nämlich die allgemeine Aufmerksamkeit a
einen hochwichtigen Gegenstand hingerichtet zu haben, de
man früher bloß den Schulen überließ. Tausende schaue
jezt zum Theil mit ängstlichen Gefühlen auf den Kampf, de
auf theologischem Boden geführt wird; allerdings handelt e
sich auch nicht mehr um dieses oder jenes Dogma, sonder
um das Lager des Glaubens selbst. Seyn oder Nichtseyn —

das ift die Frage. Wie mich dünkt, neigt ſich, troß wieder=
holter unglücklicher Verſuche, die Keßereien des Dr. Strauß
zu widerlegen, die große Wagſchale der öffentlichen Mei=
nung auf die Seite des Seyns; eine Maſſe von Men=
ſchen, die ſich ſonſt kaum um das Chriſtenthum bekümmerten,
nehmen Partei für das Erbtheil der Väter, ſeit das furcht=
bare Wort ausgeſprochen iſt: daß an all jenem Glauben kein
wahres Wort ſey. Zugleich iſt aber eine feindſelige Stimmung
gegen gewiſſe Unterſuchungen aufgekommen, eine Mißſtimmung,
die ſelbſt die alten Grundſäße proteſtantiſcher Freiheit aufzu=
geben bereit iſt. Die ſogenannten Rechtgläubigen donnern
ihr Wehe gegen Alle, welche den Grundſtein unſerer Kirche
aus der Nähe zu betrachten wagen; viele von ihnen ſind
zwar überzeugt, daß der Stoff, aus welchem derſelbe beſteht,
von ewiger Dauer ſey, und keine Art äßender Kräfte zu
fürchten habe; aber ſie trauen ſich insgeheim, bei allem
Glauben an die Güte ihrer Sache, nicht genug Einſichten zu,
um etwa erfolgte Angriffe mit glücklichen Waffen zurückzu=
treiben. Aber auch gewiſſe Lehrer, die man ſonſt zur Partei
der Freigeſinnten, Verſtandesſtolzen zählte, haben ausgeſpro=
chen, es ſey ſehr zu bedauern, daß gegenwärtig jüngere Theo=
logen, oder Gelehrte überhaupt, ſich mit dem Leben Chriſti
ſo viel beſchäftigen, denn dieß ſey ein Gegenſtand, über den
man, aus Mangel an gehörigen Quellen, nie ins Reine kom=
men könne. Ich vermuthe, daß im Hintergrunde ihrer Be=
hauptungen ein ſtummer Gedanke ruht, den ich ausſprechen
will. Sie ſind im Stillen der Anſicht, daß an den Evange=
lien ſo viel als Nichts, oder wenigſtens nicht Das ſey, was man
ſeit ſiebenzehn Jahrhunderten darin geſucht hat; aber ſie halten
es für ſchädlich, ſolche Entdeckungen ans Licht zu ziehen.

Denn Wer gewinnt dadurch? Niemand; wohl aber steht Vieles auf dem Spiele: einmal die Theologie selbst, als eine vom Staate unterstüzte, mit Aussichten auf Aemter begabte, brobbringende Wissenschaft, zulezt auch gar noch die Kirchenpfründen.

Leute, die es lieben, vorschnell mit Worten herauszupoltern, nennen solche Hintergedanken Heuchelei. Ich will mich ganz frei über die vorliegende Frage äußern, selbst auf die Gefahr hin, von Unverständigen ebenfalls für einen Heuchler erklärt zu werden. Auch nach meinem Dafürhalten ist es Bürgerpflicht, selbst Solcher, die etwa die gänzliche Unwahrheit unseres Glaubens bis zum höchsten Grade der Gewißheit erkannt hätten, ihre traurige Entdeckung für sich zu behalten und vor der Welt zu verschweigen. Man verstehe mich recht: ich will nur sagen, es sey Pflicht zu schweigen, keineswegs aber, was man innerlich als falsch erkannt, mit Scheingründen öffentlich zu vertheidigen. Solche Künste mögen Anderen überlassen bleiben, mit denen ich nicht in Einer Reihe zu stehen wünschte. Ein Anderes ist es, einen Wahn, der das Glück von Millionen ausmacht, nicht zerstören, ein Anderes, denselben, wider die eigene Ueberzeugung, mit Flittergold herausputzen. Nur Ersteres ist Pflicht. Denn das Christenthum ist, wie jede andere Staatsreligion, nicht eine Frage der Schulen, an denen überhaupt Nichts liegt, auch nicht der bloßen historischen Wahrheit, sondern sie ist im höchsten Grade ein Gegenstand des öffentlichen Wohles. Ich will nicht zum Gemüthe sprechen, nicht von Zerstörung des Himmels von Gefühlen reden, in dem Unzählige sicher wohnten — wiewohl die Enttäuschung eines solchen beglückenden Irrthums gewiß ein verhaßtes Geschäft ist — ich beschränke mich auf die zwei großen Triebfedern aller bürgerlichen Ordnung: Hoffnung auf ein Jenseits und Furcht vor demselben, hinzudeuten. Wenn an dem Christenthume Nichts ist, wer wird dann die fürchterliche Lücke mit philosophischen Fündlein, mit Gleisnereien ausfüllen! Was hernach seyn wird, weiß kein Mensch mehr, Keiner glaubt an eure Beruhigungsmittel; die süße Brücke, die über den Abgrund geschlagen war, ist weggerissen; hohl gähnt, da unten der Schlund unter unseren Füßen. Für sicher gilt hinfort nur, was wir hier erwerben, hier genießen, und die Anweisungen auf eine bessere Zukunft, auf Ausgleichung in einem andern Leben, mit denen man sonst selbst verschuldetes oder auch verhängtes Unglück tröstete, werden mit Hohn zurückgestoßen. Allerdings geschieht dieß nicht gleich im Anfang; die Eindrücke einer Religion, die achtzehn Jahrhunderte bestanden und von unseren Müttern auf uns vererbt wurden, haften noch im Herzen, wenn die Ueberzeugung von ihrer Wahrheit bereits aus den Köpfen gewichen ist. Aber das dauert nicht lange; in zwei, drei Generationen wird auch das Herz entfesselt. Welch ein schändliches, lasterhaftes, niederträchtiges, feiges Geschlecht wird es dann seyn, dessen schlechte Leidenschaften kein übernatürlicher Zaum mehr fesselt, dessen bessern Trieb kein übermenschliches Ziel anfeuert, ein entartetes Volk, zur Sklavengeißel reif, die Beute des nächsten Eroberers; denn sie werden auch nicht mehr für die Selbstständigkeit fechten wollen, nicht mehr vor dem Schlunde der Kanone Stand halten, weil ihnen das physische Leben das höchste aller Güter ist. Das sind keine Träumereien, keine schwarzen Gemälde einer gallichten Phantasie: die Geschichte steht mir zur Seite. Wie staatsklug

haben die alten Senatoren Roms den Glauben an die Göt=
ter aufrecht erhalten: sie erkannten in ihm die sicherste Bürg=
schaft der Dauer des Reichs. Mit diesem Wahne ging auch
das öffentliche Wohl unter. Hören wir, wie Lukan (Pharf.
I, 455) die gläubigen Nordländer den zweifelnden Römern
entgegensezt, das Schicksal seines Vaterlandes weissagend:

> Certe populi, quos despicit Arctos
> Felices errore suo, quos ille timorum
> Maximus haud urget, leti metus. Inde ruendi
> In ferrum mens prona viris, animaeque capaces
> Mortis, et ignavum rediturae parcere vitae.

Weil der Glaube an die Götter und an ein anderes Leben
in den Römern erloschen war, ging das Reich Stück für
Stück in Verwesung über, und fiel in die Hände der Barbaren.
Wollte ja zulezt kein Italiener mehr in den Legionen dienen,
welche man mit Fremden ausfüllen mußte, bis Konstantin
Christen in seine Heere zog. Doch wir brauchen kein so altes
Beispiel. Hat nicht auch Napoleon die Revolution dadurch been=
digt, daß er den Gottesdienst wiederherstellte, die Altäre auf=
richtete? Gewiß ist es also ein trostloses Geschäft, einen
Glauben zertrümmern zu helfen, der so innig zusammen ge=
wachsen ist mit den Wurzeln des öffentlichen Wohles. Schwei=
gen wird zur Pflicht, selbst für Den, der die innere Un=
wahrheit jenes Glaubens aufs Schärfste erkannt hat.

Aber ist es auch glaublich, daß bloßes Schweigen der
Wissenden in die Länge ausreichen werde? Diese Frage
müssen wir ernst ins Auge fassen. Zwar fehlt es nicht an
Wunderärzten, die ihre Dienste anbieten. Zuerst kommen
die Metaphysiker, die heutigen Graeculi, zu den Staats=
männern herangeschlichen und sprechen: Die alte Volksreligion

ist dahin, wer will es läugnen? aber verbindet euch mit uns, und gleich soll eine andere bessere, neuen und neuesten Zu= schnittes, fertig seyn. Alsbald gehen sie an die Arbeit, brauen ein Ding zusammen, aus lächerlichen, kauderwelschen Phrasen. Begriffe, für die man bisher deutsche Worte hatte, schaffen sie in neue griechische, lateinische, halb französische, andere, zu deren Bezeichnung längst aufgenommene fremde Ausdrücke dienen, taufen sie ins Neudeutsche um. Was von ihren Be= hauptungen seine, Richtigkeit hat, das sind alltägliche, Jeder= mann bekannte Wahrheiten; was daran neu ist, siecht an Unklarheit, selbst Dummheit. Unsinn ist das Ganze, doch hat's Methode, es ist nämlich ein System, das die Jungen anstaunen, weil sie es nicht verstehen. Und wenn man dem großen Wissenschafter vollends Einfluß auf die Anstellungen gibt, so wird seine neue Religion die Runde machen, wenig= stens so lange der Eigennutz der Betheiligten dabei seine Rechnung findet. Ja, was doch so ein Metaphysiker nicht Alles kann! Schon ein Alter hat dieß bezeugt: *)

> Grammaticus, rhetor, geometres, pictor, aliptes,
> Augur, schoenobates, medicus, *magus*: .omnia novit.
> Graeculus esuriens in coelum, jusseris, ibit.

Aber doch ist das Ganze faul. Erstens vergessen Die, welche sich solcher Flicker für Staatszwecke bedienen, daß es hinter den Bergen auch Leute gibt, welche ihre geheimen Plane errathen; das Spiel wird bald aufgedeckt, man lacht, zuckt die Achseln. Zweitens verderben die Metaphysiker sich selbst das Gewerbe. Kaum hat Einer Glück gemacht, so

---

*) **Juvenal** dritte Satyre 76.

erglühen andere Gleichgesinnte vor Neid, und versprechen es
auf eigenen Wegen noch besser zu machen. Eine neue Art,
den Stein der Weisen zu suchen, wird angekündigt, und daß
sie den lang ersehnten richtig aufzufinden versprechen, das
versteht sich von selbst. Aber indem sie sich gegenseitig ver=
leumden, ihre Blöße aufdecken, wird die ganze Zunft vor
allem Volke stinkend. Manche der Metaphysiker bewundern
heut zu Tage heimlich im Herzen den Jesuiten = Orden, und
sie halten sich und ihre Schule in aller Stille für einen
neuen protestantischen Anflug desselben. Aber weit gefehlt:
jene merkwürdige Gesellschaft besizt Mannszucht und Einheit
wie ein wohlgeregeltes Heer; was der General sagt, dem
fügt sich jeder Soldat Jesu ohne Widerspruch, und der General nimmt nie etwas zurück, noch widerstreitet er sich selber
oder seinen Vorgängern; hingegen bei unseren neuen Spröß=
lingen flattert aus individuellem Ehrgeiz Alles auseinander;
ein Mund lästert gegen den andern. Die übrige Welt, welche
sie in neue Glaubensstiefeln einzuschnüren verhießen, sieht
Anfangs mit Staunen, bald mit Verachtung dem einfältigen
Spiele zu. Man denkt: die alte Religion, die wir von un=
seren Vätern ererbt, ist wahrlich von Fleisch und Blut,
die neue dagegen, die man uns anpreisen will, von Holz.
Ich will damit sagen, mit der neuen metaphysischen Religion
sey es bereits auf die Neige gekommen.

An die Stelle der abgenüzten Metaphysiker melden sich
neue Werkzeuge, starre Priester, mit gesenktem Blicke. „Wäre
auch kein Wort an unserm Glauben wahr, so soll doch das
System aufrecht erhalten werden. Man vertraue uns nur
die oberste Leitung der Kirchenangelegenheiten an. Wehe
dem Pfarrer, dem Religionslehrer, der anders vorträgt, als

die symbolischen Bücher es gestatten! Nach dem genau bestimm=
ten Buchstaben dieser Urkunden hat sich zu richten, wer für=
der ein Kirchenamt verwalten will. Die Ueberzeugung des
Einzelnen thut Nichts zur Sache. Wenn Niemand Etwas
gegen die gewohnte Glaubenslehre vorbringen darf, so steht
zu hoffen, werde es wie fürder beim Alten bleiben, und der
große Haufe sich mit dem Hergebrachten beruhigen. Allein
wenn es so mit unserer Kirche steht, dann hatten wahrlich
unsere Väter großes Unrecht, sich vor 300 Jahren vom
Papstthum loszureißen. Man kann Vieles gegen den Prote=
stantismus sagen, doch den Ruhm· muß man den Reformatoren und ihren Nachfolgern lassen, daß sie es aufrichtig
meinten, daß sie wirklich überzeugt waren, in dem Worte
Gottes oder der Bibel göttliche Wahrheit zu besitzen. Und
nun sollen wir, ihre Enkel, nach zehn Menschenaltern auf
den Punkt zurückgeworfen seyn, ohne Ueberzeugung, ja mit
dem geheimen Bewußtseyn ihrer Falschheit, die Kirchenlehre,
des Systems wegen, aufrecht zu halten! Ja, und erst mit
welchen Mitteln? Mit solchen, die, mit denen des Katholi=
cismus verglichen, weit zurückstehen. Das Papstthum hat
seine glänzenden Ceremonien, die auch den Einsichtsvollen
zu bestechen geeignet sind. Was haben wir denselben entge=
genzusetzen? Nichts als die Predigt des Pfarrers; ist lezte=
rer ein sehr eifriger, geschickter Mann, so geht es gut; ist
er unfähig, lasterhaft, träg, so fallen seine Fehler auf die
Kirche selbst zurück. Denn nur durch die persönliche Fä=
higkeit einzelner Lehrer vertreten, leidet sie auch nothwendig
sehr stark durch die Unbrauchbarkeit derselben.

Das Papstthum hat Zweitens den Adelsbrief eines grauen
Alters aufzuweisen, und kann mit gerechtem Stolze auf seine

unerschütterliche Gestaltung — das beste Kennzeichen treffli=
cher Organisation — pochen. Wir haben nur ewige Sekten,
und sind — wenigstens mit jenem Institute verglichen — von
neuer Sippe. Weiter, welche prachtvolle Gliederung ist der
römischen Kirche eigen! Eine lang aufsteigende Linie vom
Mönche bis zum Statthalter Gottes, Alle noch immer, trotz
vieler Beschränkungen, in lebendigem Verkehre, meist von
Einem Geiste beseelt. Freilich, der nagende Wurm der
Zeit hat auch den Stuhl Petri nicht verschont; aber doch
wie viel steht noch, welche Kraft ist noch vorhanden! Haben
sie sich nicht erst neulich erhoben, wie Ein Mann, um in der
Sache des Kölner Erzbischofs Eingriffe der weltlichen Ge=
walt abzuwehren, die ihnen nicht gefielen? Denkt hievon,
wie ihr wollt, aber selbst jene gestrengen Beamten, welche
die protestantische Geistlichkeit wie ein willenloses Werkzeug zu
behandeln gewohnt sind, mußten mit einem, freilich kaum ein=
gestandenen, Gefühle von Achtung anerkennen, daß ihr Witz,
ihr allezeit fertiges Kommandowort gegen solche Institute nicht
ganz ausreichen will. Endlich welche Laufbahn des Ehrgeizes
bietet die römische Kirche dar: vom Kapuziner zum Bischof,
zum Fürsten der Kirche oder Kardinal, zu der Tiara selbst!
Welche historische Erinnerungen stehen ihr zur Seite, wie viel
große Männer sind schon auf jenem Stuhle gesessen, die, in
der Hütte geboren, auf dem rauhen Pfade des Verdienstes bis
auf die höchste Stufe hinankommen und dann ihre Füße auf
den Nacken der stolzen Feudalaristokratie des Mittelalters setzen
durften, ja sehr oft — und zwar manchmal zum wahren Wohle
Europa's — wirklich gesezt haben! Wem ein solches Ziel winkt,
der sezt sich natürlich mit leichtem Muthe über die Bedenk=
lichkeiten der Dogmatik weg. Was kann der Protestantismus

diesem Glanze, dieser Kraft entgegensetzen? Wir wollen lieber hievon schweigen! Dennoch hat er sich lange mit Ehren ge-halten- und sogar der katholischen Kirche den Vorrang abge-wonnen, und gewinnt ihn zum Theil noch ab; aber alles Dieß nur durch die Kraft geglaubter Wahrheit, durch die Ueberzeugung. Imperium iis artibus retinetur, quibus par-tum est, sagt ein alter Staatsmann, d. h. auf unsern Fall angewandt: nehmet dem protestantischen Dogma jene Ueber-zeugung weg, so muß unsere Kirche früher oder später der römischen erliegen. Und das will doch, denke ich, Keiner von uns.

Doch auch angenommen, daß die katholische Kirche so wenig innere Lebenskraft besäße, als die unsere, und daß zwei schwindende Sterne zu viel mit ihrer eigenen Existenz zu kämpfen hätten, um an Eroberung zu denken: so ist dennoch klar, daß der Protestantismus auch ohne äußern Feind, aller Ueberzeugung baar, sich nicht halten könnte, sondern in sich selbst zusammenstürzen müßte. Die Erfahrungswissenschaften schreiten heut zu Tage immer kühner fort, und dringen in alle Kreise der Gesellschaft ein. Richtige Beobachtung, gesunder Men-schenverstand ist die Grundlage, auf der sie ruhen. Natürlich wirken sie zugleich zur Schärfung und Ausbreitung dieser edlen Kräfte; natürlich wird Jeder, der sich mit jenen Wissenschaften beschäftigt hat — und wer thut dieß nicht gegenwärtig mehr oder minder? — die Methoden, die er dort gelernt, die Art des Scharfsinns, die er dort als den einzig untrüglichen Maßstab der Wahrheit erprobt, auf alle anderen Gegenstände des Wissens anwenden. Man denke sich nun solchen — ich will nicht sagen Gegnern, sondern nur — Nachbarn gegenüber jene überzeugungslose protestantische

Theologie. O wehe! welch' klägliche Gestalt! Noch mehr, jede
Wissenschaft ist zugleich ehrsüchtig, sie erkennt nur sich selbst,
andere aber nur dann an, wenn sie gleich nützlich, gleich wahr,
gleich beweisbar sind, gleichen Aufwand von Geist erfordern. Nun
wie wird dann die Geschichte, die Rechtswissenschaft, die Natur=
kunde, die Kriegs=, die Gewerbslehre, ja selbst die Schreib=
stube zulezt mit der Theologie umgehen, sobald sie ihr anmerkt,
daß die Klügsten ihrer Priester keine Ueberzeugung, keinen
Glauben mehr haben; und die Ueberzeugungslosigkeit verräth
sich überall so schnell, als schlechte Charaktere. Nun, man wird
Anfangs aus einem Ueberbleibsel von alter überlieferter Scheue
die Herren mit dem schwarzen Kleide, wie ein noli me tan-
gere behandeln, bald noch weiter gehen, und ihre Leistungen
ungescheut verachten. Zuerst denken die Klügeren: das Ding
da ist für den großen Haufen gut, nicht für mich, credat
Judaeus Apella, non ego; bald sprechen auch die Einfälti=
gen so, und nehmen sich immer von dem Haufen aus, für
den es gemünzt seyn soll. Wer bleibt dann zulezt übrig?
Die Sache hat jedoch noch eine andere Seite. Die großen
alten Güter der Kirche sind zwar meist schon vom Staate
verschlungen, doch sind noch immer schöne Stiftungen übrig.
Welcher Gewinn wäre hier zu machen für geschickte Finanz=
leute: Glaubt doch ja beinahe Niemand daran, was soll man
so viel Geld darum ausgeben, da man den nämlichen Zweck
viel billiger erreichen könnte! Sie selbst haben ihren Glauben
ganz starr gemacht, durch die symbolischen Bücher versteinert;
nun wir wollen denselben noch starrer machen, ganz auf Ge=
drucktes beschränken. Wie? wenn der Dorfschreiber, derselbe,
der die Bauern von Montag früh bis Samstag Abend re=
giert, bevormundet, hie und da auch bedrückt, ihnen am

Sonntag gedruckte Predigten vorläse, die von Herrschaftwegen im ganzen Lande gleich vorgeschrieben würden. Der Mann wäre mit einigen Thalern für seine Mühe reichlich bezahlt, und eine Million für den Staat gewonnen. Oder überträgt man mit gleichem Erfolg das ganze geistliche Geschäft gegen eine geringe jährliche Aufbesserung an die Schulmeister. Auf diese Weise wird man zulezt die Kirche behandeln, wenn sie keine Ueberzeugung mehr in ihrem Innern hegt; es gibt schon jezt Leute genug, welche solche Ansichten fast auf der Zunge haben, nur noch nicht laut auszusprechen wagen. Ich will noch an das furchtbare Geheimniß erinnern, das in dem römischen Worte paganus liegt. Dasselbe bezeichnet bekanntlich seinem ersten Sinne nach Dorfbewohner. Nach Konstantin ward es ein Name für die Heiden. Der alte Götterglaube war gerichtet, als die Städter, der gebildete Theil des Volks, aufgehört hatte, ihn zu theilen. Eine Religion kann ohne die herzliche Zustimmung der Besten nicht mehr in die Länge bestehen. Hieraus folgt denn, daß alle bisher angedeuteten Wege, die bestehende Staatsreligion ohne lebendigen Glauben der gebildeten Mehrheit aufrecht zu erhalten, halbe Maßregeln wären. Die, welche den angezeigten Pfad einschlagen, erreichen höchstens einigen Aufschub des Verderbens; sie handeln nach dem Grundsatze: post nos diluvium.

Man sieht, ich habe hier den Fall angenommen, daß die christliche Lehre auf lauter Irrthum und Wahn beruhen könnte. Freilich Millionen glauben dieß nicht, aber nicht aus Gründen des Verstandes, sondern des Herzens; ihr Gefühl sagt ihnen, daß ein so edler und reiner Glaube unmöglich auf Nichts hinauslaufen könne. Auch ich glaube das

Gegentheil, sonst hätte ich vorliegendes Buch nicht geschrieben. Aber was ich glaube, das kann ich gegen Jedermänniglich beweisen, so gut als man darthun mag, daß Cajus Julius Cäsar aus einer römischen Vielherrschaft eine Monarchie gemacht, und daß Augustus sein Nachfolger gewesen. Solche Beweise sind aber höchst nothwendig für den Bestand der Kirche, dem Bedürfniß derselben verdankt die ganze kirchliche Literatur ihre Entstehung. Ich sage nun: die hergebrachten, gewöhnlichen, halb aus Ueberlieferung, halb aus Tagesphilosophie, zum Theil auch aus Empfindsamkeit gebrauten, sind abgenüzt. Das Buch von **Dr. Strauß** hat sie gerichtet. Keiner, der ihn durch Waffen aus der alten Rüstkammer zu widerlegen suchte, focht mit Erfolg. Ich denke, Viele werden dieß zugestehen, Andere wenigstens innerlich anerkennen, wenn auch ihr Mund sich gegen offenes Bekenntniß sträubt. Folglich muß man entweder auf die wissenschaftliche Beleuchtung und Vertheidigung des Glaubens verzichten, oder neue Wege einschlagen. Es gibt nun keinen andern, als den historischen, den man freilich nie hätte aufgeben sollen. Von einer Persönlichkeit ist unsere Kirche vor 1800 Jahren ausgegangen; in eben die Zeit, wo Jesus lebte, wo die Wirkungen, welche von ihm vorbereitet waren, sich zu entwickeln begannen, in den Zeitraum zwischen Augustus und Vespasian müssen wir zurückkehren, und uns eine möglichst klare Anschauung der damaligen Verhältnisse Judäas zu verschaffen suchen. Diesen Weg habe ich eingeschlagen, und seine Ergebnisse lege ich hier der Welt vor. Ich will Das, was ich gefunden, möglichst kurz zusammenfassen: die drei ersten Evangelien sind aus der alten christlichen Sage entstanden, und enthalten solchem Ursprunge gemäß Wahrheit

b*

und Dichtung untereinander gemengt; doch kann man lezteres
Element mit Hülfe des vierten Evangeliums ausscheiden.
Dieses dagegen ist von einem Augenzeugen, der Wahrheit
gemäß, geschrieben, es muß als lautere historische Quelle be=
trachtet werden. Die Persönlichkeit Jesu Christi selbst erscheint
in einem so glänzenden Lichte, daß das Auge des Beschauers
von seinen Himmelsstrahlen geblendet wird. Etwas Aehn=
liches weist die Weltgeschichte nicht auf. Er ist kein bloßer
Mensch, wenn man Die Menschen nennt, welche von den
alltäglichen Triebfedern, denen sonst jeder Sterbliche unterliegt,
geleitet werden; er ist ein Gott, wenn man Den so nennen
will, der alle menschlichen Tugenden im höchsten Maße besizt.
Das was man nöthig hat zum Grundstein einer geoffenbarten
Religion bleibt uns übrig, nur von den äußeren Säulenhallen
stürzen einige ein. Das Allerheiligste, die Flamme auf dem
Hochaltare wird durch die historische Untersuchung nicht getrübt,
sondern sie brennt sogar, weil alter Rauch entfernt wird,
glänzender auf. Die Aechtheit des Evangeliums Johannis,
die theilweise Wahrhaftigkeit der Anderen werde ich mit sol=
chen — bloß der Geschichte entnommenen — Gründen dar=
thun, daß kein Zweifel mehr darüber obwalten kann. Ich
bitte den Leser, Das, was ich hier sage, fortwährend im Auge
zu haben, es wird ihm nützlich seyn. Denn Manchem möchte
es wohl im ersten, vielleicht auch im zweiten der drei Bücher,
in welche mein Werk eingetheilt ist, erscheinen, als gehe ich
auf Zerstörung aus; erst das dritte wird meinen ganzen End=
zweck enthüllen.

Ich muß noch Rechenschaft geben über die Art, wie ich
meine Aufgabe zu lösen gesucht, über den Geist, in dem ich
verfahre, über die Hülfsmittel, die ich benuzte. Ausgehend

von der Ansicht, daß nur Demjenigen ein sicheres Urthe
über die evangelische Geschichte zusteht, der die Zeit, i
welche sie fällt, genau kennt, suchte ich mir ein möglichst g
naues Bild der Zustände des Volkes, unter dem Christu
erstanden, zu verschaffen. Das Ergebniß meiner Forschunge
ist in den beiden Abtheilungen niedergelegt, welchen dief
Vorrede voransteht. Ich hoffe, der von mir eingeschlagen
Weg wird sich selbst rechtfertigen. Nicht nur ist Alles, wa
ich hier vorbringe, neu, sondern auch nothwendig zum waß
ren Verständniß unserer Religions = Urkunden. Ich habe ber
ersten Buche den Namen gegeben: „Das Jahrhundert de
Heils." Nachdem ich das Zeitalter des Herrn erforsch
wandte ich mich zur Untersuchung der Evangelien, ihres Ur
sprungs, ihrer Zusammensetzung, ihres Gehalts. Das Er
gebniß dieser Forschungen ist ausgesprochen in dem zweite
Buche, betitelt: „Die heilige Sage." Manches, was rech
gläubigen Ohren sehr wehe thun, mag, kommt darin vor
dieß thut mir leid; aber ich durfte nur dem historischen Ge
wissen, nur dem unbeugsamen Sinne für beglaubigte Ge
schichte folgen. Die Wunden, die das zweite, zum The
auch das erste Buch schlagen mag, werden überdieß gehei
durch das dritte, betitelt: „Das Heiligthum und die Wahr
heit;" in welchem ich den vollständigen Beweis führe, da
Johannes ein Augenzeuge war, daß er Geschichte erzählt, da
der christliche Glaube auf sturmfestem Boden ruht. Ich be
trachte lezteres Buch als die Krone meiner Jahre lang fortg
sezten, mühseligen Arbeit, und fordere die Leser auf, m
ihrem Urtheile zu warten, bis sie das Ganze überblickt habe

Schon seit einiger Zeit bricht sich in der theologische
Welt die Ansicht Bahn, daß man von den beklagenswerthe

Irrwegen, auf die man durch Einmischung der akademischen
Modephilosophie in die Lehre und das Werk des Gottessohnes
gerathen ist, zurückkommen und sich zur Geschichte wenden müsse.
Aber ein neuer Irrthum taucht hart neben der richtigern
Erkenntniß auf. Man hört viele Leute sagen: Ja historisch
solle man das Christenthum untersuchen, aber der Prüfende
müsse einen frommen, gläubigen Sinn mitbringen. Ich
habe mich wohl gehütet diesen einfältigen, abgeschmackten
Zirkel im Beweise zu begehen. Kurz sey es herausgesagt:
was ich zu meiner Untersuchung mitbringen zu müssen glaubte,
war vor Allem jene Logik, welche von Olorus Sohne an
bis zu Schlosser herab alle wahren Geschichtschreiber gebraucht, und ohne welche man auch im bürgerlichen Leben
nicht fortkommt; ferner dieser Logik gemäß jenes Mißtrauen
gegen alle Angaben, ehe sie erwiesen sind, ein Mißtrauen,
ohne welches der Historiker überall hintergangen zu werden
Gefahr läuft. Nichts habe ich wissentlich für wahr angenommen, wenn nicht Urkunden, deren Aechtheit unbezweifelbar, wenn
nicht unverdächtige Zeugnisse Dritter und Vierter zusammen-
stimmten, oder die größte innere Wahrscheinlichkeit für jeweilige
Fragen stritt. Das Verfahren, das man vor Gerichte gebraucht, suchte ich, so weit es der Gegenstand erlaubt, auch
hier anzuwenden. Ebendeßhalb sind die Aktenstücke oder die
Urkunden überall eingereiht, so daß jeder Leser selbst urtheilen mag. Zwar haben mir schon nach Erscheinen meiner
Schrift über Philo manche gute Leute gerathen, die Beweisstellen — nämlich als Nebensache — unter die Noten, hinten
oder unten, zu werfen. Ich wäre ein Thor, hätte ich dieß
gethan, denn im vorliegenden Werke beabsichtige ich keineswegs neue Muthmaßungen aufzustellen, sondern die Geschichte

selbst zu enthüllen, und bei solchen Unternehmungen ist die Beweisführung der Angel, um den sich Alles dreht, so gut, als in einem Prozesse.

Bezweifelt habe ich Alles, was man mit Recht bezweifeln kann. Denn erstlich wollte ich Anderen, die nicht dieselben Arbeiten gemacht wie ich, das Vergnügen rauben, hintendrein zu sagen, ich sey nicht weit genug gegangen, und habe Unerwiesenes für wahr angenommen; zweitens ist an sich klar, daß man nur auf diesem Wege zur unbestrittenen Wahrheit kommt. Ich fordere auch hier noch den Zweifel der Leser heraus; sie mögen mir alle Fehler, die ich etwa in Schlüssen, im Gebrauche der Urkunden gemacht, schonungslos vorhalten. Die Sache wird dadurch nur gewinnen. Meine Absicht ist nicht, Zustimmung zu erbetteln, wie man es so häufig in theologischen Fragen macht: „O ihr lieben Leute, glaubt mir doch um Gotteswillen, was ich sage," sondern ertrotzen will ich die Anerkennung, ich will sie selbst Widerstrebenden abringen durch die Kraft der Beweise. Man sieht, daß ich die Logik und den historischen Sinn für hinreichende Waffen halte, um auf dem Boden des Christenthums, wie auf jedem andern, die Wirklichkeit der Dinge zu erforschen. Dazu möge noch kommen unermüdeter Fleiß, der keine Mühe scheut, um alle möglichen Quellen, welche Ausbeute verheißen, mit eigenen Augen durchzulesen; ich würde noch beifügen, auch ein offenes Herz für erhabene Erscheinungen der Geschichte, wenn sich dieß nicht von selbst verstünde. Elende Seelen sind freilich nicht geeignet, wahre Größen zu begreifen, wenn es ihnen auch sonst an Verstand nicht fehlen sollte; aber ich kenne kein Beispiel, daß richtiger historischer Sinn mit Niedertrachtigkeit je bei einem

Geschichtschreiber gepaart gewesen wäre. Die eine Eigenschaft schließt die andere aus.

Soll ich nun noch sagen, wie ich meine Studien gemacht? Alles las ich, was von alten rabbinischen Quellen aufzutreiben war: die Targumim (chaldäische Uebersetzungen des a. T.) die Midraschim, die meisten Traktate des Talmud, manche der späteren Bücher; Vieles davon allerdings in Uebersetzungen, welche die große Sammlung von Ugolini, die Arbeiten von Surenhusius, Edzard, Raimond Martini, Rabe, Rhenferd, Boisin, Eisenmenger und Anderen darboten. Für die Kenntniß der mystisch = jüdischen Theologie benützte ich das große, aber schlecht angelegte Werk des Knorr v. Rosenroth, besonders den Auszug aus - dem Buche Sohar, der, durch Rabbi Naphthali ursprünglich in rabbinischer Sprache abgefaßt, von Knorr übersezt worden ist. Da ich erst in meinem 28sten Jahre die talmudische Mundart zu lernen anfing, wurde es mir sehr sauer, rein rabbinische Quellen zu benützen; ich fand jedoch bereitwillige Hülfe bei Hrn. Maier, jetzigem Oberrabbiner in Stuttgart, und besonders bei Hrn. Hirsch aus Mergentheim, einem jungen Rabbinen, welcher nicht nur den Talmud, sondern auch den Sohar fertig liest. Viele Stellen hat Lezterer für mich gesammelt, Manches mit mir gelesen; doch muß ich der Wahrheit zu Ehren gestehen, daß ich es immer selbst war, der die Fragen stellte. Nachdem ich einmal den Schlüssel gefunden, den ich im Kapitel vom Messias angezeigt habe, war es mir leicht, das Ganze zu übersehen, und den Stoff zu suchen, der noch fehlte, um das Gebäude zu vollenden. Was ich schon übersezt vorfand, habe ich in derselben Sprache meinem Werke eingerückt, Das, was ich selbst übertragen mußte,

meist in deutscher, bisweilen auch in lateinischer Sprache ge=
geben. Ein Viertheil der angeführten Beweisstellen möchte
ungefähr ins Lateinische übersezt seyn. Ich will offen sagen,
was mich dazu bestimmte, leztere Sprache manchmal selbst
dann vorzuziehen, wenn die Uebersetzung mir selbst angehört.
Ich wollte dadurch Leuten, die gar keine gelehrte Bildung
besitzen, das Lesen meines Werkes erschweren, oder vielmehr
unmöglich machen. Allerdings wünsche ich mir nicht bloß
Theologen zu Lesern, sondern auch Weltleute, aber dem großen
Haufen, der durch solche Untersuchungen nur verwirrt wird,
soll mein Buch unverständlich seyn. Ich brauche wohl kaum
zu bemerken, daß jede Beweisstelle, mag sie nun von mir
oder von Anderen übersezt seyn, auf's Genaueste, meist mit
Hülfe meiner rabbinischen Lehrer, von mir mit dem Text ver=
glichen und geprüft wurde.

Nachdem ich das rabbinische Alterthum nach Kräften
durchforscht hatte, wandte ich mich zu den Vätern. Von
den Lateinern habe ich Laktantius, Tertullian, Hieronymus,
Minucius, Cyprianus ganz, Augustin, Ambrosius theilweise
gelesen, von den Griechen außer Philo und Josephus, die
apostolischen Väter bei Cotelerius, Justinus, Irenäus, Origenes,
Clemens, Hippolytus, Eusebius, Gregentius, Epiphanius
ganz, andere wie Theodoret, Theophylakt, Basilius, Chry=
sostomus habe ich in einzelnen Stellen verglichen.

Außerdem waren die Apokryphen, welche Fabricius,
Thilo, Lawrence herausgegeben, eine besonders wichtige
Quelle. Eine hübsche Mauer ließe sich aufbauen, aus den
Folianten, durch welche ich mich durcharbeiten mußte. Aber
die Ausbeute belohnte die Mühe. Zwar hatte ich schon aus
den Rabbinen selbst erkannt, daß ihre Aussagen uralt seyen,

aber doch bekam ich an den Vätern fast für jeden einzel=
nen Punkt höchst glaubwürdige Zeugen für das Alter der
jüdischen Kirchenlehre, und das süße Gefühl der Gewißheit
wuchs bis zu einem Grade, daß auch kein unbefangener
Leser sich seiner Macht, hoffe ich, wird entziehen können.

Nun! Jeder urtheile selbst, die Akten liegen vor. Ich
habe es versucht, die erhabenste und wichtigste Frage, welche
es der Zeit gibt, aus dem griechischen Schulgezänke philoso=
phischer Sekten auf den römischen Boden der Geschichte zu=
rückzuführen. Ob mit Glück, das wird sich entscheiden.
Nachdem das Christenthum die Prüfung des kalten historischen
Verstandes, dem ich mit Absicht jedes Gefühl ferne hielt,
siegreich überstanden, wird die hohe himmlische Gestalt, die
uns am Schlusse entgegentritt, das Werk dieses Welterlösers,
dieses übermenschlichen Geistes, der mit klarster Besonnenheit
sein edles Blut für unser ganzes Geschlecht vergoß, mit
erneuerter Kraft auch an die Gemüther der Leser schlagen,
wie es das Herz Dessen, der vorliegende Schrift verfaßt hat,
ergriff. So lange er Theologie auf der Universität studirte,
ein Verächter des neuen Testaments — ob bloß durch seine
Schuld oder durch die Schuld Derer, welche ihm durch ihre
verkehrten Vorträge die Wissenschaft entleideten, will er hier
nicht untersuchen — ist er auf dem mühsamen Wege historischer
Studien ein Christ geworden. Sein angenehmster Lohn wird
es seyn, wenn die Entdeckungen, die er auf historischem Boden
gemacht, zum Vortheil der Kirche sich verbreiten, und Einige
von den Tausenden, die jetzt gleichgültig sind, für die alte
Sache gewinnen. Auch die Juden und ihre Literatur, denkt
er, sollten hinfür, nachdem dieses Werk sich verbreitet, anders
angesehen werden. Es ist ein welthistorisches Volk, zwar in

einem geringern Grade als Römer, Araber, Germanen;
aber sie sind es doch durch ihre Religion, ihre Kirche. Jezt
freilich erscheinen die zerstreuten Enkel der einstigen Bewohner
des gelobten Landes, entwürdigt, herabgesunken — aber
meist durch unsere Thorheit und Härte. Ich habe für sie
meine Stimme erhoben im zweiten Kapitel dieses Buchs.
Manche werden wohl die betreffenden Stellen als eine unge
hörige Abschweifung verdammen; ich bin nicht dieser Ansicht!
Man kann nicht auf den Charakter des jüdischen Volks ein=
gehen, ohne Seitenblicke auf den jetzigen Zustand desselben zu
werfen, und welch andere, als die des Tadels, der Anklage
gegen unsere eigene Grausamkeit? Ich verabscheue jede Gesetz=
gebung, die sich von den blinden und dummen Leidenschaften
des Pöbels hinreißen läßt. Von dieser Art sind aber offen=
bar die alten Rechtsgebräuche gegen die Juden. Der Gesetz=
geber soll nie vergessen, daß er die Menschen zu einem be=
liebigen Ziele heranbilden, daß er aus ihnen machen kann, was
er will, wenn er nur recht will, und wohlberechnete Mittel
anwendet. Hören wir auf, die Juden als weiße Neger zu
behandeln, so werden auch sie uns nicht mehr wie Tyrannen
hassen, wie Einfältige betrügen.

An schiefen Urtheilen über mein Werk wird's freilich
nicht fehlen, denn der Weg, den ich einschlage, ist leider
neu — warum hat man ihn doch nicht früher betreten? Am
Liebsten wird es mir seyn, wenn Historiker über mich richten.
Sie werden auch den Wahlspruch aus Thucydides, der auf
dem Titelblatte steht, zurecht legen. Sein Sinn ist zunächst,
daß ich jede Modephilosophie — die jezt bei den Jungen im
Gange ist, in zwei, drei Jahren vielleicht schon verachtet da
liegt, um einer noch neuern, ebenso abgeschmackten Platz zu

machen — als Gehülfin und Mitstreiterin verschmähe, weil ich mich dadurch zu entwürdigen fürchtete, und daß ich bloß auf solche Gründe zu bauen strebte, die früher, die jezt, die in Zukunft bei allen Urtheilsfähigen gelten. Freilich liegt auch die Hoffnung darin, daß dieses Werk meine leibliche Existenz überlebe und sich erhalte. Sollte sie selbst, oder die Offenheit, mit der sie hervortritt, tabelnswerth seyn? Die Alten wenigstens waren nicht dieser Meinung.

Ich füge bei, daß der Druck der zwei anderen Bücher bereits begonnen hat; sie werden unfehlbar noch in diesem Jahre erscheinen.

Stuttgart im Anfang Juni 1838.

A. Fr. Gfrörer.

Inhalt der erften Abtheilung.

Erftes Kapitel.
Die Quellen zur Kenntniß des Zuftandes der jüdifchen Dog=
men und der Volksbildung im Zeitalter Jefu Chrifti   3

Zweites Kapitel.
Die Erziehung der Juden zur Zeit Jefu. Die gelehrte Kafte   109

Drittes Kapitel.
Die jüdifche Lehre von der Offenbarung   214

Viertes Kapitel.
Die jüdifche Lehre von Gott. Die göttlichen Kräfte. Die
Schechina, Memra. Der Sohn, der heilige Geift, die
Mutter, der Vater. Jüdifche Dreieinigkeit   272

Fünftes Kapitel.
Die Lehre von den höheren Geiftern, Engeln und Teufeln .   352

Seite

Erstes Buch.

Das Jahrhundert des Heils.

Du sollst dem Jahrhundert einen Spiegel vorhalten.
Shakespeare im Hamlet III, 2.

Erstes Kapitel.

Die Quellen zur Kenntniß des Zustandes der jüdischen Dogmen und der Volksbildung im Zeitalter Jesu Christi.

Die Kritik hat neuerlich in Deutschland durch Uebermaß eine Richtung genommen, welche diese Art geistiger Thätigkeit nach und nach um die Achtung bei verständigen Zeitgenossen zu bringen droht. Früher gaben sich nur die ausgezeichnet= sten Geister, Männer wie Casaubonus, Salmasius, Bentley mit kritischen Untersuchungen ab, die Menge un= terwarf sich dem Hergebrachten, der Auktorität. In unsern Tagen hat sich dieß Verhältniß geändert. Kein Buch ist mehr sicher, der Zeit, in welche es von jeher versezt wurde, und dem herkömmlichen Verfasser angehören zu dürfen. Auf die kühnste Weise werden neue Muthmaßungen, oft mit ganz seichten Gründen, aufgestellt, um Ansichten, die seit Jahr= hunderten galten, zu verdrängen. Angehende Schriftsteller, welche zum Erstenmale die Feder ergreifen, beginnen gerne damit, daß sie irgend ein Werk, welches man seither allge= mein in dieses oder jenes Jahrhundert versezte, je nach ihren Einfällen in ein früheres oder späteres verweisen: Die Vor= fahren, welche der hergebrachten Meinung huldigten, waren Thoren, und hatten sich täuschen lassen, nur sie, die spät ge= kommenen, haben Recht! Besonders auf dem Gebiet der

Kirchengeschichte und der Theologie geht jezt dieser Unfug im
Schwange. Gewöhnlich lassen sich dabei die kritischen Neuerer von zwei Hauptgrundsätzen leiten. Scheint ihnen ein
altes Buch irgend etwas zu enthalten, was auf eine feste
Organisation, auf scharfgezeichnete Umrisse einer Sekte oder
Gesellschaft hindeutet, so erklären sie es sicherlich für jünger, als wofür dasselbe bisher gehalten wurde. Sie glauben nämlich, daß gute Ordnung, eine regelmäßige Verfassung nur allmälig durch sogenanntes Fortschreiten auf der
Bahn des Bessern erzielt werden könne. Da nun Ordnung
etwas Löbliches ist, und da Verstand und Klugheit dazu gehört, sie in's Leben einzuführen, so liegt jener Voraussetzung
offenbar die Ansicht zu Grunde, daß die Welt immer klüger
und vollkommener werde. Enthält dagegen ein frühen Zeiten zugeschriebenes Werk Dinge, die den Kritikern abgeschmackt, falsch oder lächerlich vorkommen, so erklären sie es
gemeiniglich ebenfalls für jünger; denn unmöglich däucht es
ihnen, daß man schon in alten Tagen so etwas Einfältiges
sollte gedacht oder gesagt haben. Offenbar wähnen sie demnach, daß die Welt in einem Fortschreiten von Gutem zum
minder Guten, von der Klugheit zum Unverstand begriffen
sey. Ihre beiden Grundsätze widersprechen sich also geradezu,
und doch werden beide oft in die nämliche Untersuchung auf's
Innigste verflochten, um ein dem Hergebrachten entgegengesez-
tes Resultat an Tag zu fördern. Ich will keine Beispiele
anführen, aber herzlich hat es mich schon oft ergözt, wenn
ich der Art Schriften las, zwei so feindliche Waffen für eine
und dieselbe Sache geführt zu sehen. Der höchste Grad zügellosen Zweifels warf sich namentlich auf die spätern Reli-
gionsurkunden des Judenthums. Versucht es Jemand, irgend
einen Satz des N. Testaments durch Aussprüche des Talmud
oder anderer rabbinischen Werke aufhellen zu wollen, so fällt
Alles über den unglücklichen Erklärer her: kein Mensch
wisse, wann der Talmud entstanden, derselbe sey sehr spät,

und gehöre dem 10ten, dem 12ten, dem 13ten Jahrhundert
an, er falle in's Mittelalter, er sey ein schlechtes Machwerk,
das gar keinen Glauben verdiene, ja am Ende möchten sie
die 12 dicken Folianten aus aller Zeit entrücken. Das We=
sen meiner Aufgabe bringt es mit sich, daß ich diesen ver=
worrenen Meinungen streng entgegentreten und ihren völli=
gen Ungrund beweisen muß. Zum Glück für mich haben
neuere jüdische Gelehrte sehr gute und gründliche Untersu=
chungen über das Alter ihrer gottesdienstlichen Bücher ange=
stellt; ich begnüge mich, den Rabbi Salomo Jehuda Ra=
poport zu Lemberg in Galizien, einen Mann, der mit der
ausgebreitetsten jüdischen Gelehrsamkeit den Scharfsinn Bent=
ley's verbindet, und den auch unter den christlichen Gelehr=
ten bekannten Dr. Zunz in Berlin zu nennen *). Es war
mir daher in dieser Beziehung theilweise vergönnt, aus frem=
der Erndte einzuheimsen.

Die Urkunden, aus welchen man den Glauben und den
bürgerlichen Zustand der Zeitgenossen Jesu erforschen kann,
zerfallen der Sprache nach in zwei Klassen: griechische und
hebräische oder aramäische Schriften. Wir haben es zunächst
mit den leztern zu thun.

Die alten Propheten Israels klagen unaufhörlich über
die Nichtachtung des Gesetzes; sie prophezeien den Untergang
des Volks, das seine geheiligte Verfassung mit Füßen trete. Ihre
Weissagung wurde leider fürchterlich erfüllt. Nach der Rück=
kehr aus Babel fielen die Juden nicht mehr in den alten
Fehler. Zwar war die Stimme der Propheten von nun an
verstummt, aber mit unglaublicher Zähigkeit klammerte sich das
Volk an das mosaische Gesetz, an seine Kirche an. Das macht,

---

*) Dieser durch seine treffliche Schrift „die gottesdienstlichen
Vorträge der Juden historisch entwickelt." Berlin 1832. Seit
Spinoza's Tagen ist kein so gutes und gründliches Werk
von einem Juden geschrieben worden.

weil bald nach der Rückkehr aus Chaldäa unter den Juden
eine wohlgeordnete Kaste, eine gelehrte Aristokratie entstand,
welche neues Feuer in die alten Einrichtungen goß, das ganze
Leben dem Gesetz unterthan zu machen verstand, und dadurch
der Nation, wenigstens auf einige Zeit, ihre Selbstständigkeit
wieder verschaffte. Fast alle geistige Thätigkeit wandte sich
von nun an dem väterlichen Gesetze, seiner Erklärung und
Verwirklichung zu. Lücken, welche Moses übrig gelassen,
wurden ausgefüllt und aus seinen einfachen Sätzen oft mit
ungemeinem Scharfsinn, oft auf abgeschmackte Weise Folge=
rungen gezogen, welche zu einer sehr geregelten und umfang=
reichen Verfassung von Kirche und bürgerlichem Leben führten.
Zur Zeit Jesu Christi finden wir in den Pharisäern eine
mächtige Gesellschaft, welche unter dem Namen „Ueberliefe=
rung" (παράδοσις, kabbala) eine solche Lehre bekannte, die
in den klaren Worten des mosaischen Gesetzes nicht begründet
war, aber sich an dasselbe anschloß. Aus dem N. Testamente,
wie aus des Josefus Geschichtbüchern geht hervor, daß sie
den größten Theil der Nation für ihre Ansichten gewonnen
hatten. Sie selbst nannten ihre Ueberlieferung einen Zaun
um das Gesetz, welcher den Zweck habe, das Volk immer
fester an die mosaischen Institutionen zu fesseln. Zur Aus=
breitung und Vervollkommnung der pharisäischen Lehre bestan=
den schon vor Christus berühmte Schulen, in welchen das
Gesetz nach der neuen Weise erläutert, der Glauben gewahrt,
und Rechtsfälle entschieden wurden. Einen besondern Namen
haben sich unter den Lehrern jener Zeit Hillel und Sammai
erworben, beide, obgleich in minder wichtigen Dingen, Geg=
ner. Ihr Meinungskampf ging in den Talmud über; die
spätern Schriftgelehrten nehmen entweder für den einen
oder den andern Partei.

Es scheint, daß vor dem Untergang der heiligen Stadt
kein wesentlicher Theil der bezeichneten jüdischen Literatur
in Büchern niedergelegt worden ist. Mündlich wurde die

Ueberlieferung gelehrt, mündlich fortgepflanzt und in diefer
Form in's Leben eingeführt. Vielleicht fürchtete man, durch
fchriftliche Abfaffung möchten die gelehrten Zänkereien, an denen
es bei fo vielen Lehrern und Schülern nicht fehlen konnte,
ftaatsgefährlich werden, und zulezt in Kezereien ausarten.
Auch war eine fchriftliche Aufzeichnung in der That nicht nö=
thig, fo lange die Nation in ihrem Tempel und dem heiligen
Dienfte einen faft allgemein anerkannten Mittelpunkt, und
außerdem eine wohlgeregelte, priesterliche und gelehrte Organi=
fation befaß. Anders geftaltete fich dieß, nachdem Jerufalem
zerftört, das Volk zerftreut, das Heiligthum in Staub und
Trümmer verfunken war. Die Römer glaubten, das Juden=
thum mit Stumpf und Stiel ausgerottet zu haben. Sie täufch=
ten fich. Noch mehrere wüthende Aufftände des verzweifelten
Volks mußten unter Trajan und Hadrian niedergefchlagen
werden und nach neuen Zerftörungen blieben die Juden den=
noch, obgleich in alle Länder zerftreut, ein eigenthümliches
Volk, das nur fich und feinen Ahnen gleicht, und noch jezt
in derfelben Art fortdauert, nachdem von den weltbeherrfchen=
den Römern auch der lezte Saamen verfchwunden ift. Wo=
her diefe wichtige Erfcheinung? Den Chriften müßte es leicht
feyn, die Urfache davon aufzufinden, wenn fie die Schickfale
ihrer eigenen Kirche in Rechnung ziehen wollten. Ehe das
Chriftenthum durch Conftantins Uebertritt römifche Staats=
Religion wurde, und noch mehr, ehe die päpftliche Macht
fich erhob, hatte unfere Kirche keine fefte Verfaffung, alfo
fehlte ihr die Grundbedingung, welche fonft den Fortbeftand
jeder Gefellfchaft fichert. Dennoch dauerte fie, und gewann
immer mehr Boden. Wodurch? Neben dem unverwüftlichen
Charakter, welchen Chriftus feiner Stiftung aufgedrückt hat,
und welcher in die gefchriebenen Evangelien überging, neben
den tiefen Furchen im Geifte der Zeit, welche die Apoftel zu=
rückließen, wirkte befonders kirchliche Schriftftellerei im be=
zeichneten Sinne. Die Werke der apoftolifchen Väter und

der spätern Lehrer, Justinus, Irenäus, Theophilus, Tatian, Tertullian, Clemens, Origenes, die schnell in den christlichen Gemeinden verbreitet wurden, erhielten die Einheit des Glaubens, Gleichheit der Gesinnungen in einer Gesellschaft, welche bald über das ganze römische Gebiet und noch darüber hinaus verbreitet war. Ohne dieses Bindemittel wären wohl die Christen, bei der großen Entfernung einer Gemeinde von der andern, der Gefahr nicht entgangen, in einzelne unzusammenhängende Genossenschaften zu zerfallen. Sie hätten dann kein großes Ganze dargestellt, noch als solches zulezt den römischen Herrschern Achtung abgenöthigt, was unserer Kirche so ersprießlich war. Nicht anders verhält es sich mit der jüdischen Kirche nach der Zerstörung Jerusalems. Derselbe Zaun um das Gesetz oder die Ueberlieferung, welche den Juden unter den Makkabäern ihre Freiheit verschaffte, welche die verderblichen Maßregeln der Heroden überwunden und unter Nero den wüthendsten Aufstand zu Gunsten der bedrohten Nationalität erhoben hatte, rettete auch nach der Zerstörung des Tempels wenigstens die geistige Selbstständigkeit des Volks gegen die Tyrannei der Römer, der Byzantiner, der Perser, der Mahomedaner, der germanischen Fürsten, der Feudalbarone des Mittelalters. Aber um diesen Zweck zu erreichen, durfte die Ueberlieferung nicht mehr, wie früher, auf mündliches Mittheilen beschränkt seyn, sie mußte in Schriften niedergelegt werden. Unmöglich hätte sie sonst das Bindemittel für zahllose Gemeinden werden können, die über die persische und römische Welt zerstreut waren, und keinen Tempel zu Jerusalem mehr als Punkt der Einheit besaßen. In der That fing man bald nach dem Untergang des Heiligthums mit der schriftlichen Abfassung der pharisäischen Tradition an. Vier Jahrhunderte lang wandten Tausende von Schriftgelehrten ihre besten Kräfte daran. Zu Ende des fünften Jahrhunderts unserer Zeitrechnung, oder am Beginn des sechsten, nicht lange vor dem justinianeischen, war der Coder vollendet, welcher Glauben, Verfassung, Gesetze und Leben der Juden für immer feststellte. Dieses Werk ist bekannt unter dem Namen Talmud. Ohne Talmud würde es seit dem sechsten Jahrhundert kein Judenthum mehr gegeben haben; daß die Juden auch nach Zersprengung aller politischen Bande, welche sie zusammenhielten, Juden blieben, verdanken sie größtentheils diesem Gesetzbuche. Sie hatten aber ihre Nationalität auch in der Zwischenzeit vom Untergang des Tempels bis zur vollendeten Abfassung des Talmud's aufrecht erhalten, folglich muß derselbe, obgleich nicht ganz niedergeschrieben, sondern theilweise nur mündlich fortgepflanzt, auch vom ersten bis zum sechsten Jahrhundert in gleicher Kraft bestanden und gewirkt haben. Dieß ist ein politischer Schluß, dessen Bündigkeit jeder zugestehen wird, der etwas von den geheimen Gesetzen des Fortbestands von Völkern und Staaten versteht, oder auch sonst das fragliche Werk selbst gelesen hat. Ich weiß wohl, daß man solche Ansichten, die weder mit Dogmen noch Metaphysik etwas zu schaffen haben, unter uns nicht gelten läßt; ich lege deßhalb auch kein großes Gewicht darauf, sondern habe meinen Satz nur gelegentlich ausgesprochen, denn glücklicher Weise stehen mir statt dieses allgemeinen, mehrere einzelne, unumstößliche Beweise für das Alter des Talmuds zu Gebot.

Zwei Hauptbestandtheile bilden den Talmud: die Mischna und die Gemara. Die Mischna (das zweite oder wiederholte Gesetz, δευτέρωσις bei etlichen griechischen Vätern) enthält 6 Ordnungen, Sedarim. Die erste derselben: Seraim genannt, handelt in 11 Traktaten, die wieder in einzelne Kapitel zerfallen, von den gesäeten Dingen, oder den Produkten des Ackerbaues, und seinen Rechten; die zweite Moed, in 12 Traktaten von den Festen, die dritte Naschim, in 7 Abschnitten von den Weibern, ihren Verhältnissen und Rechten, die vierte Nesikin genannt, in 10 Traktaten von Schadenklagen und andern gerichtlichen Dingen,

die fünfte Kodaschim in 11 Abtheilungen von den Hei=
ligthümern, die sechste endlich, genannt Seder Tohoroth,
in 12 Abschnitten von Reinigung und Unreinigkeit *). —
Was altes Herkommen und die Aussprüche der berühmtesten
Lehrer über die Anwendung des mosaischen Gesetzes bestimmt,
oder demselben beigefügt, wird in einer dem reinen Hebräi=
schen ziemlich nahe kommenden Sprache durch die Mischna
vorgetragen. Abweichende Meinungen ausgezeichneter Rab=
binen sind sehr oft angegeben. Die Mischna wurde früh ab=
gefaßt. Sie enthielt nicht die ganze Ueberlieferung und bald
fühlte man überdieß das Bedürfniß, sie selbst näher zu er=
klären. So entstand ein zweiter Commentar über den ersten,
oder die Gemara, und der Talmud war geschlossen. Es gibt
übrigens eine doppelte Gemara: die jerusalemische, welche
nach der einstimmigen Aussage aller Rabbinen zu Tiberias
am See Genesareth abgefaßt wurde, und von welcher nur
große Bruchstücke auf uns gekommen sind. Zweitens die ba=
bylonische, deren Abfassung zu Sura in Babylonien statt
fand, und die bis auf diesen Tag als Richtschnur des Glau=
bens und Lebens für alle orthodoxen Juden gilt. Die
Mischna und die Gemara zusammen oder der Talmud umfaßt
die ganze kirchliche, bürgerliche und wissenschaftliche Bildung
der Juden, sie ist ein klarer Spiegel aller Gebrechen und

---

*) Die einzelnen Traktate führen folgende Namen: I. Seder:
Berachot, Peah, Demai, Kilaim, Schefiith, Trumoth, Maas=
roth, Maaserscheni, Challah, Orlah, Biccurim. II. Seder:
Schabath, Erubim, Pesachim, Schekalim, Joma, Succah, Beza,
Roschhaschana, Taanith, Megillah, Moed Katon, Chagiga
III. Seder: Jefamoth, Cethufot, Kidduschim, Gittin, Neda
rim, Nasir, Sotah. IV. Seder: Bafa Kama, Bafa Mezia, Bafa
Bathra, Sanhedrin, Maccoth, Schefuoth, Edajoth, Horajoth
Avoda Sara, Pirke Afoth. V. Seder: Sefachim, Menachol
Chollin, Bechoroth, Erachim, Temura, Meilah, Kerithut, Ta=
mid, Middoth, Kinnim. VI. Seder: Celim, Oholoth, Negaim.
Parah, Tohoroth, Mikvaoth, Niddah, Machschirim, Safim, Te=
fuljom, Jadajim, Okzin.

Vorzüge des Volks; was 20 Generationen seiner berühmtesten
Lehrer, deren Reihenfolge meist genau nachgewiesen werden
kann, gedacht und vorgetragen, finden wir darin niedergelegt.

Es fragt sich nun, wie alt der Talmud oder vielmehr
seine Theile seyen. Der Beweis kann auf viererlei Weise ge=
führt werden, aus Anspielungen auf Zeitereignisse, die sich
in dem Werke selbst finden, aus der Reihenfolge der Rabbi=
nen, aus Zeugnissen späterer jüdischer Schriftsteller, deren
Zeitalter bekannt ist, endlich aus christlichen oder heidnischen
Stellen. Wir gebrauchen alle vier zusammen, geben jedoch
die Beweise der vierten Art zulezt. Die babylonische Ge=
mara nennt noch das Jahr 521 *) unserer Aera, und dieß
ist die späteste Spur, die in ihr vorkommt. Sonst werden
aus den lezten Zeiten vor der Abfassung die Jahre 468 und
471 **) als Epochen besonderer Noth angeführt, was mit
der Geschichte übereinstimmt. Gerade nun zwischen diese bei=
den Zeitpunkte, oder zwischen den Ausgang des fünften und
den Anfang des sechsten Jahrhunderts unserer Zeitrechnung
setzen sämmtliche rabbin. Geschichtsbücher ***) die Vollendung
der babylonischen Gemara. Sie erzählen nämlich: nachdem
Rabbi Asche um's Jahr 430 den Grund zur Abfassung ge=
legt, sey das Werk etwa 100 Jahre später beendigt worden.
Offenbar würde man die Zweifelsucht zu weit treiben, wenn
man in den Tag hinein läugnen wollte, daß sich bei den
Juden glaubwürdige Nachrichten über die Abfassung eines
Werkes, das für ihre Nation so wichtig ist, erhalten haben
sollten †).

---

*) Traktat Sanhedrin Seite 97. Siehe Zunz a. a. O. Seite 53.
**) S. Zunz ebd. 35.
***) S. Wolf bibliotheca hebraica 2ter Bd. S. 685. u. flg.
†) Unter den ältern christlichen Kritikern widersprach keiner so
    eifrig dem Alter der jüdischen Schriften, als der Papiste
    Morinus. Seine Ansichten hatten früher nicht unbedeuten=
    den Einfluß auf die Meinungen der Theologen und spucken

So erfolgte denn die Vollendung des Talmuds wenige
Jahre ehe Tribonian die Institutionen abfaßte, und das Ge=
setzbuch, welches die Verhältnisse der Juden für immer ord=
nete, fällt in dieselbe Epoche mit dem berühmten Werke, das
den christlichen Nationen Europa's für lange ihr bürgerliches
Recht festsezte. Es gibt Zeiten, welche das Bewußtseyn der
Unsicherheit der Gegenwart oder die Ahnung bevorstehender
großer Stürme treibt, das geistige Erbe der Väter zu ord=
nen, um es vor den Wechselfällen der Zukunft zu sichern.
Eine solche war die, von welcher hier die Rede ist. Die maho=
medanische Welterschütterung bereitete sich vor im fernen
Osten. Wäre der Talmud' nicht schon vorher geschlossen ge=
wesen, so würde er bei den Verfolgungen, die jezt über
die Juden ergingen, wohl nimmer zu Stande gekommen seyn.
So aber fand ihn der Koran, als eine hochgeachtete, folglich
alte Offenbarungsquelle der Juden vor, und hat ihn als
solche sichtlich benuzt *).

<hr>

zum Theil noch jezt. Schon aus dem Grunde, den Schil=
ler mit den Worten ausspricht: „Trau' ihnen nicht, sie haben
einen Zweck", hätte man weit vorsichtiger gegen diesen Men=
schen seyn sollen. Er schmähte den hebräischen Grundtext
des alten Testaments, und sezte willkührlicher Weise die
Targumim so gut wie die Mischna, die Gemara, die Midra=
schim (weil diese für das hohe Alter des Onkelos und des
Ben Usiel zeugen), in viel spätere Zeiten herab, um die Vul=
gata über alle Ausgaben der Bibel zu erheben, und dadurch
der päpstlichen Kirche, zu welcher Morin, ein geborner Refor=
mirter, übergetreten war, einen Triumph zu bereiten. Der
gelehrte Wolf hat seine Behauptungen, was den Talmud
betrifft, in der hebräischen Bibliothek Band II. S. 685 u.
flg. gebührend widerlegt.
*) Schon ältere Gelehrte haben den Einfluß des Judenthums
auf den Islam darzuthun versucht, worüber zu vergleichen ist
Wolf, Bib. Rabb. IV. 689. Die beste und gründlichste Ar=
beit über diesen Gegenstand lieferte erst neuerlich ein junger
jüdischer Gelehrter, Abraham Geiger (Rabbiner in Wisba=
den), in der Preisschrift, „was hat Mohammed aus dem

Mit dieser Berechnung stimmt ein zweiter Beleg, der sich im Talmud selbst findet, auf's Schönste zusammen. In jedem Jahrhundert haben die Juden seit den Tagen der Makkabäer den Messias erwartet. Beherrscht von einem Gefühle, das dem menschlichen Herzen nothwendig ist, hoffte fast jeder Gläubige den Ersehnten mit eigenen Augen zu schauen. Darum finden sich im Talmud, wie in andern jüdischen Büchern, viele Berechnungen seiner nahen Zukunft. War eine solche durch die That falsch erfunden, so suchte man den Fehler nicht in dem Glauben selbst, sondern in einem Verstoße des Zeitbestimmers. Neue Fristen wurden daher erdacht. Nun die späteste messianische Rechnung, welche sich im Talmud findet, sezt die Erscheinung des Erretters auf das vierhundertste Jahr nach Zerstörung des zweiten Tempels, welches mit dem Jahr 470 oder 471 unserer Aera übereinstimmt. Man vergleiche Edzard zu Avoda Sara I. 68 und 244. Chanina heißt der Rabbi, der diese Erwartung ausspricht. Andere legten, wie man aus derselben Stelle ersieht, noch drei Jahre zu. Aber auch diese Frist ging wie die andern vorüber, ohne daß der Messias erschien. Die Abfassung der babylonischen Gemara ist nun später, als diese enttäuschte Hoffnung. Denn auf einem und demselben Blatte des Traktats Sanhedrin *), wo die Erwartung ausgesprochen wird, daß der Messias um das Jahr 400 nach der Zerstörung des zweiten Tempels erscheinen werde, findet sich auch das wehmüthige Geständniß: omnes termini adventus Messiae praeterierunt, und zugleich wird ein Fluch über den ausgesprochen, der ferner die Zeit des Messias berechnen würde **).

_____

Judenthum genommen?" welche es in der That verdiente, von der Bonner Universität gekrönt zu werden. Wer sie gelesen hat, kann nicht mehr zweifeln, daß Mohammed sehr Vieles aus den Lehren der Synagoge schöpfte, so klar und überzeugend hat Hr. Geiger die Frage gelöst.

*) Fol. 97. b.
**) Edzard am angeführten Orte S. 245.

Wir sehen hierin die Stimmung, welche zu Anfang des sechs=
ten Jahrhunderts unter den Juden herrschte. Wenn nun der
Talmud dieselbe ausspricht, so ist dieß für uns ein Beweis,
daß er um die bezeichnete Zeit geschlossen wurde. Denn wäre
er erst später beendigt worden, so würde indeß die Zuversicht
einen neuen Aufschwung genommen, und spätere Termine be=
stimmt haben. Dieß ist wirklich in den meisten jüdischen
Schriften geschehen, die erweislich nach dem Talmud entstan=
den. Die Juden befanden sich in derselben Lage, wie unsere
neuen Apokalyptiker. Ehe das Jahr 1836 vorüber war, hoff=
ten sie, daß J. A. Bengel Recht haben werde. Seit ihre
Hoffnung durch die That widerlegt wurde, beginnen sie be=
reits, die Rückkunft Jesu Christi auf weiter entfernte Epo=
chen zu verlegen.

Diese beiden Beweise scheinen mir genügend. Sie wer=
den aber noch durch einen dritten verstärkt. Man hat näm=
lich die Namen und das Zeitalter der Rabbinen, die im ba=
bylonischen Talmud genannt werden, genau verglichen, und
ihre Reihenfolge hergestellt. Nun findet sich, daß die späte=
sten Auktoritäten, auf welche sich die Gemara beruft, in's
zweite Drittel des fünften Jahrhunderts gehören*). Demnach
steht kein Ausspruch eines Lehrers, der nach 480 gelebt hätte,
in dem Werke. Der Inhalt war also um diese Zeit beisam=
men, auf die Form oder die Ausarbeitung mögen wohl noch
40—50 Jahre verwendet worden seyn, was vollkommen mit
den andern Spuren im Einklange steht.

Ueber hundert Jahre früher, als die babylonische Ge=
mara ist die jerusalemische. Erstens wurde diese von jener
zu Grunde gelegt und benützt**), zweitens nennt die jerusa=
lemische Gemara keinen Rabbinen, der erweislich jünger wäre,
als die erste Hälfte des vierten Jahrhunderts***). Ferner

*) Zunz am a. O. S. 53.
**) Rapoport bei Zunz am a. O.
***) Zunz ebendaselbst.

findet sich darin keine Spur von Dingen, die gegen das
Ende des vierten Jahrhunderts vor sich gingen, und jedem
Juden bekannt seyn mußten, wie von der Kalenderverbesse=
rung, welche der Patriarch Hillel ums Jahr 400 vornahm.
Die Abfaſſung oder die Form, in der wir ſie beſitzen, iſt
jedoch ſpäter zu ſetzen. Denn da nicht nur Diokletian, ſon=
dern auch Kaiſer Julian und der römiſche Feldherr Urſici=
nus*), der unter Julian diente, ausdrücklich in dieſer Ge=
mara genannt werden, ſo kann ſie nicht vor dem lezten
Viertel des vierten Jahrhunderts geſchloſſen ſeyn. Maimoni=
des, ein vortrefflicher Gewährsmann, nennt das Jahr 300
nach Untergang des zweiten Tempels als annähernden Zeit=
punkt der Abfaſſung des jeruſalemiſchen Talmuds**), und es
iſt kein Grund vorhanden, warum man ihm nicht beipflich=
ten ſollte.

Wir kommen zur Miſchna. Bereits wurde geſagt, daß
ſie der älteſte Theil des Talmuds iſt. Schon die Hilleſche
Schule ſcheint einzelne Satzungen zuſammengeſtellt zu haben***).
Mit großer Beſtimmtheit wird dem berühmten Rabbi Akiba,
der im Aufſtande des Barchochba, unter Hadrian ſein Ende
fand, die Abfaſſung von Miſchna = Ordnungen zugeſchrieben†).
Nach Akiba beſchäftigte ſich der Patriarch Simon Ben Ga=
maliel (160 unſerer Zeitrechnung) mit Sammlung des münd=
lichen oder zweiten Geſetzes; endlich die lezte Hand, um der
Miſchna die Geſtalt zu geben, in welcher wir ſie beſitzen,
legten daran Rabbi Juda, jenes Simons Sohn, der Heilige
genannt, und ſeine Schüler. Ums Jahr 220 nach Chriſtus
war ſie geſchloſſen, darüber ſind alle jüdiſchen Nachrichten

---

*) Zunz ebendaſelbſt.
**) In der Vorrede zu Jad chasaka.
***) Zunz am a. O. S. 45.
†) Zunz 46, wo die Beweisſtellen aus der Gemara und andern
noch ältern Schriften angeführt ſind.

einig *). Durch ihre Einfachheit beurkundet die Mischna
selbst ein hohes Alter, auch fehlt es nicht an Stellen, welche
auf diese Zeit der Abfassung hinweisen. Am meisten ist mir
in dieser Beziehung aufgefallen Sotah Cap. 9, 14, wo der
Text so lautet: „In dem Kriege mit Vespasian hat man die
Verordnung gemacht, daß die Bräutigame keine Kronen mehr
tragen, noch unter Paukenschall ausgehen sollen; in dem
Kriege mit Titus wurde auch den Bräuten die Krone ab-
gesprochen und verboten, daß Jemand seinen Sohn griechisch
lehre. Endlich in dem lezten Kriege hat man verordnet,
daß keine Braut mehr innerhalb einer Stadt unter dem
Baldachin einhergehe, was jedoch unsere Lehrer wieder erlaubt
haben." Mit dem Ausdruck „lezter Krieg" ist der Aufstand
unter Hadrian gemeint. Unmöglich kann zwischen diesem
Ereignisse und der Zeit, wo die eben angeführte Mischna
geschrieben wurde, ein langer Zwischenraum statt finden.
Denn so spricht man nur von Dingen, die innerhalb einer
oder zwei Generationen, seit Mannsgedenken, wie man sagt,
geschehen, und zwar hat die Stelle um so mehr Beweiskraft,
weil sie nicht einem oder dem andern Rabbinen in den Mund
gelegt, sondern ohne Auktorität, als die eigene Meinung der
Verfasser oder Ordner der Mischna ausgesprochen wird.

Was wir seither aus dem Talmud selbst und jüdischen
Angaben nachgewiesen haben, wird auch durch christliche Zeugnisse bestätigt. Mit Unrecht wurde öfter wiederholt, daß die
Kirchenväter nichts vom Talmud wissen. Namentlich hat
Morinus diese Meinung ausgesprochen, und aus dem an-
geblichen Stillschweigen der Väter gegen das Alter des jüdischen Codex gefolgert. Wäre, sagt er, die Mischna schon in
der Mitte des dritten Jahrhunderts in solchem Ansehen ge-
standen, und so verbreitet gewesen, wie die späteren jüdischen
Geschichtschreiber behaupten, so müßten nothwendig Origenes,

---

*) Wolf a. a. O. II. 669 und flg. Zunz 46.

Epiphanius, Hieronymus, die sich eifrig mit der hebräischen Sprache beschäftigten, etwas von jenem Buche wissen, und doch findet sich keine Spur ihrer Bekanntschaft mit der Mischna, noch weniger mit dem Talmud, in den Schriften der bezeichneten Väter." Diese Behauptung ist, was Origenes betrifft, eine Uebertreibung, was die beiden andern belangt, ein grober Irrthum. Allerdings hatte Origenes einen jüdischen Lehrmeister, und erlernte von ihm die hebräische Sprache, aber nur dann würde aus seinem Stillschweigen über die Mischna ein Schein von Beweis gegen das Alter dieses Buches folgen, wenn erst ausgemittelt wäre, daß er nicht mit hellenistischen Juden, welche die Uebersetzung der **LXX** in ihren Synagogen brauchten, sondern mit aramäischen, die den Urtert oder die chaldäischen Targumim lasen, umgegangen sey. Unter den Hellenisten konnte sich die Mischna nicht verbreiten, weil sie erst hätte übersezt werden müssen, worauf keine Spur hindeutet. Sehr wenige griechische Juden, namentlich die alerandrinischen, verstanden sogar zu der Zeit, wo der Tempel noch stand, und durch die jährlichen Festreisen Anlaß zu dem regsten Verkehr mit dem Mutterlande des aramäischen Judenthums, mit Palästina gab, die Sprache ihrer dortigen Volksgenossen. Der sprechendste Beweis hiefür ist Philo, der, obwohl der angesehenste Lehrer seiner und der folgenden Zeiten, sicherlich kein Wort hebräisch wußte. Als vollends das Heiligthum und mit ihm das Band der Einheit für griechische und aramäische Juden zerstört war, konnten erstere noch viel weniger Veranlassung haben, die Sprache ihrer Stammgenossen in Judäa und Babylonien zu erlernen. Nie ist daher die Mischna und der Talmud eine Auktorität für die Hellenisten geworden; unverholen äußern die Rabbinen im Talmud ihren Haß gegen die Sprache der griechischen Juden und noch mehr gegen die Uebersetzung der **LXX**, welche in der That eine kirchliche Scheidewand zwischen beiden Theilen bildete. Ob nun der Lehrmeister des Origenes ein hellenistischer

Jude, der das Hebräische auf gelehrtem Weg gelernt hatte, oder ein geborener Aramäer war — diese Frage, um die es sich hier handelt, kann aus Mangel an irgend einer Nachricht nicht entschieden werden. Wenn übrigens Origenes die Mischna als einen Codex nicht kennt, so verräth er doch Bekanntschaft mit solchen Satzungen, die dem mündlichen Gesetz angehören, und in der Mischna aufgezeichnet sind. Er sagt z. B. de princ. Opp. tom. I 179 *): manche Gesetze Mosis seyen unmöglich zu erfüllen, wie z. B. das Gebot, daß man am Sabbath keine Last heben solle; „darum“ fährt er fort: „διόπερ εἰς ἀπεραντολογίαν οἱ τῶν Ἰsδαίων διδάσκαλοι ἐληλύθασι, φάσκοντες βάσταγμα μὲν εἶναι τὸ τοιόνδε ὑπόδημα, οὐ μὴν καὶ τὸ τοιόνδε, καὶ τὸ. ἧλεσ ἔχον σανδάλιον, οὐ μὴν καὶ τὸ ἀνήλωτον, καὶ τὸ οὕτωσὶ ἐπὶ τοῦ ὤμε φορούμενον, οὐ μὴν καὶ ἐπὶ τῶν δύο ὤμων.“ Aehnlich ist eine Stelle aus demselben Buche I. 176: „Die Juden hätten allerlei abgeschmackte Ueberlieferungen: ψυχρὰς παραδόσεις φέρεσιν ὥσπερ καὶ περὶ τοῦ σαββάτε φάσκοντες, τόπον ἑκάσῳ εἶναι δισχιλίες πήχεις: Jeder dürfe am Sabbath, trotz des Gesetzes, das vollkommene Ruhe vorschreibe, 2000 Schritte gehen.“ Erstere Satzung findet sich fast wörtlich in der Mischna. Traktat Sabbath V. 2. „Ein Mann darf am Sabbath nicht ausgehen mit hölzernen Sandalen oder Schuhen, die mit eisernen Nägeln beschlagen sind, auch nicht mit einem einzigen Schuh, wenn er nicht an dem andern Fuß eine Wunde hat, daß er keinen Schuh anziehen kann,“ auch das andere Gebot gehört der Mischna an **). Immerhin ist dieß

---

*) Ich citirte die Kirchenväter immer nach den Ausgaben der Mauriner, also Origenes nach der von de la Rue.

**) Mischna Schabbath Cap. X, 5. „Wer einen Laib Brod am Sabbath hinausträgt auf einen öffentlichen Platz, wird dadurch schuldig, nicht aber, wenn ihrer zwo daran tragen.“ Diese Vorschrift meint ohne Zweifel Origenes; denn wer allein trägt, trägt in der Regel nur auf einer Schulter, dagegen zwei Träger zusammen auf zwei Schultern.

eine auffallende Uebereinstimmung, aus welcher wir jedoch nichts Weiteres folgern wollen.

Von allen älteren Vätern kannten Epiphanius und Hieronymus das aramäische Judenthum noch am meisten, obgleich nichts weniger als gründlich. Nun gerade diese beiden Schriftsteller enthalten unumstößliche Zeugnisse darüber, daß die Mischna und daß sogar der jerusalemische Talmud zu ihrer Zeit vorhanden war. Epiphanius erzählt in der 13ten Häresis (ed. Petavii S. 33): „δευτερώσεις δὲ παρ᾽ αὐτοῖς (den Juden) τέσσαρές ἦσαν, μία μὲν εἰς ὄνομα Μωϋσέως τοῦ προφήτȣ, δευτέρα δὲ εἰς τὸν διδάσκαλον αὐτῶν Ἀκιβᾶν οὕτω καλούμενον, ἢ Βαραχιβᾶν. ἄλλη δε εἰς τὸν Ἀνδᾶν ἢ Ἄνναν, τὸν καὶ Ἰούδαν, ἑτέρα δὲ εἰς τοὺς υἱοὺς Ἀσσαμωναίȣ. Ἐκ τούτων τῶν τεσσάρων δευτερωσεων, ὅσα παρ᾽ αὐτοῖς νενόμισται, οἰήσει σοφίας, ἀσοφίας δὲ τὰ πλεῖστα αὐχεῖται καὶ ᾄδεται, καὶ ἐν τάξει προκριταίας διδασκαλίας βοᾶται τε καὶ φημίζεται.“ Diese kostbare Stelle beweist meines Erachtens unwidersprechlich, daß Epiphanius die Mischna im Auge hatte, und daß also dieses Buch zu seiner Zeit längst abgefaßt war, und unter den jüdischen Gemeinden hohes Ansehen genoß. Denn wenn man den Inhalt der Mischna auf ihre Haupturheber zurückführen will, könnte man dieß kaum genauer thun, als es durch Epiphanius in obigen Worten geschehen ist. Höchstens möchte man sagen, daß auch die beiden Schulen von Hillel und Sammai angeführt seyn sollten. Moses wird allgemein als der Urheber auch des mündlichen Gesetzes oder der Kabbala dargestellt. Er übergab sie an Josua, Josua an die Aeltesten, die ihn überlebten, diese an die Propheten Eli, Samuel, David, Nathan, dann an die zwölf kleinen und die vier großen. Die Propheten überlieferten sie nach dem babylonischen Exil an die Männer der großen Synagoge; diese wiederum an Schimeon den Gerechten, und durch ihn der Reihe nach an die ausgezeichnetsten Rabbinen, bis herunter auf Rabbi Jehuda

Hakkadosch, mit dessen Söhnen die Mischna ihre Auktoritä=
ten schließt. Man sehe den Traktat Pirke Afoth 1stes und
2tes Kapitel. Auf den Namen von Rabbinen des hasmonäi=
schen Zeitalters (so ist *viol Ἀσσαμοναις* zu verstehen) wer=
den etwa 6 Stellen zurückgeführt. Von Rabbi Akiba ist
oben gesagt worden, daß ihm das einstimmige Zeugniß der
Juden die ersten Mischnasammlungen zuschreibt. Endlich
wird Rabbi Jehudah der Heilige allgemein als der Ordner
der ganzen Mischna angegeben. Auch die Worte *Ἀνδᾶν ἤ
Ἄνναν τὸν καὶ Ἰουδᾶν* sprechen für unsere Ansicht, und ihre
Erklärung liegt auf der Hand. Rabbi Judah der Heilige
führt vorzugsweise den Namen הנשיא der Fürst oder Exil=
fürst, und unter dieser Benennung kennt ihn bis auf den
heutigen Tag jeder gelehrte Jude. Spricht man Hannasi
griechisch aus, so wird, da das H zu Anfang und das j zu
Ende wegfällt, Annas daraus, also ist die Stelle erklärt.
Ich kann mir das Vergnügen nicht versagen, auf ein merk=
würdiges Zusammentreffen aufmerksam zu machen. Doktor
Zunz gibt in dem mehrangeführten Werke ganz dieselben
Bestandtheile der Mischna an *), wie Epiphanius in obiger
Stelle, nur fügt er noch die Auktoritäten der Schule Hillel
und Sammai bei. Der Berliner Gelehrte dachte, als er
seine Worte niederschrieb, gewiß an Nichts weniger, als an
das gleichlautende Zeugniß eines alten griechischen Vaters;
ihre Uebereinstimmung hat also um so mehr Beweiskraft,
weil sie durchaus in der Natur des Gegenstandes begründet
ist. Freilich sagt nun Epiphanius nicht, daß die *δευτερώσεις*
schriftlich verfaßt seyen, aber in dem ganzen Zuschnitt der
Worte, die er braucht, liegt Etwas, was uns zwingt anzu=
nehmen, daß die vier Arten von Traditionen schon in ein
Werk zusammengestellt, und also schriftlich aufgezeichnet waren.
Unmöglich konnten die Juden, von welchen Epiphanius seine

*) Siehe a. a. O. S. 45 u. flg.

Nachricht erhielt, die Namen Moſis, Hasmonäer, Akiba, Je=
hudah ſo eng zuſammenſtellen, unmöglich konnte ferner Epi=
phanius ſelbſt behaupten, daß ſie die Quellen alles jüdiſchen
Unterrichts ſeyen, wenn die δευτερώσεις nicht ſchon längſt
aufgeſchrieben waren. An einer zweiten Stelle (Haeres. XXXII.
S. 224) ſpricht ſich Epiphanius in gleichem Sinne aus: αἱ
γὰρ παραδόσεις τῶν πρεσβυτέρων δευτερώσεις παρὰ τοῖς
Ἰυδαίοις λέγονται. Ἐισὶ δὲ αὗται τέσσαρες· μία μὲν ἡ εἰς
ὄνομα Μωυσέως φερομένη· δευτέρα δὲ ἡ τοῦ καλυμένυ Ῥαβ-
βιακιβᾶ, τρίτη Ἄδδα ἤτοι Ἰούδα, τετάρτη τῶν υἱῶν Ἀσσαμωναίυ. Die falſche Reihenfolge, wodurch die Aſſamonäer
zulezt, Akiba als der zweite geſezt wird, hat ihren Grund
in einem groben Irrthum des Kirchenvaters. Denn an einer
dritten Stelle äußert Epiphanius in offenem Widerſpruch mit
ſeinen beiden früheren Behauptungen (Haeres. XLII. Pet.
S. 332): πότε δε ἡ παράδοσις αὐτοῖς (den Juden) γέγονε
τῶν πρεσβυτέρων; καὶ εὑρήσεις, ὅτι τοῦ μὲν Δαβὶδ μετὰ
τὴν ἐκ Βαβυλῶνος ἐπάνοδον, τοῦ δὲ Ἀκιβᾶ καὶ πρὸ τῶν βα-
βυλωνικῶν αἰχμαλωσιῶν γεγέννηται, τῶν δὲ υἱῶν Ἀσσαμωναίυ ἐν
χρόνοις Ἀλεξάνδρυ καὶ Ἀντιόχυ πρὸ τῆς τοῦ χρισοῦ ἐνδημίας
ἑκατὸν ἐνενήκοντα ἔτεσιν. Dießmal muß der gute Vater
einen ſehr dummen Juden um Rath gefragt haben. Denn
von einem Rabbi David, der nach dem babyloniſchen Gefäng=
niß geblüht haben ſoll, weiß die Geſchichte nichts. Auch
lebte Akiba nicht vor dem Exil, ſondern in den Tagen Ha=
drians, und endlich iſt Alexanders Zeit und die Beſtimmung
190 vor Chriſtus ſehr weit auseinander. Man ſieht, daß
Epiphanius ſo wenig von der Chronologie verſtand, als der
gemeinſte Jude. Deſto mehr Glauben verdienen gerade deß=
halb ſeine beiden obigen Angaben, weil man ſicher ſeyn kann,
daß er Nichts dazu geſezt hat, ſondern blos die Ausſprüche
der Rabbinen, die er befragte, wieder gibt.

Der zweite Kirchenvater, der als gültiger Zeuge über
das Alter des Talmuds gehört werden muß, iſt Hieronymus.

In dem Briefe an Algasia *) sagt er: quantae traditiones Pharisaeorum sint, quas hodie vocant δευτερώσεις, et .quam aniles fabulae, evolvere nequeo, neque enim libri patitur magnitudo, et pleraque tam turpia sunt, ut erubescam dicere. Was wird hier mit dem Ausdrucke traditiones und δευτερώσεις gemeint? Die Mischna oder auch die Gemara? Beides ist möglich, denn die Gemara kann eben so gut zweites Gesetz oder Mischna genannt werden, als die erstere, welche vorzugsweise diesen Namen führt, und es ist an sich sehr unwahrscheinlich, daß die Griechen zwei verschiedene Worte, für eine ähnliche Sache, um die sie sich ohnedieß nicht viel bekümmerten, geschaffen haben sollten. Das gebrauchte Wort entscheidet also nichts, desto mehr der bezeichnete Gegenstand. Hieronymus sagt ausdrücklich und in zwei starken Sätzen (nequeo evolvere und libri magnitudo non patitur): die Sammlung jüdischer Traditionen, die er vor sich habe, sey ein sehr dickes, umfangreiches Werk. Das ist klar. Nun passen seine Worte nicht auf die bloße unglossirte Mischna, von der es Ausgaben in einem sehr mäßigen Oktavbande gibt, desto mehr auf den jerusalemischen Talmud, der fünf Folio = Bände einnimmt, und von dem man ganz füglich sagen mag: libri magnitudo non patitur, ut evolvam. Aus diesem Grunde ist es höchst wahrscheinlich, daß Hieronymus den Talmud im Auge hatte. Gehen wir weiter. Nach obigen Worten fährt unser Kirchenvater so fort: „Dicam tamen unum in ignominiam gentis inimicae. Praepositos habent synagogis sapientissimos quosque, foedo operi delegatos, ut sanguinem virginis, sive menstruatae, mundum vel immundum, si oculis discernere non potuerint, gustu probent." Man sieht, Hieronymus wollte aus jenem dicken Buche voll abgeschmackter Ueberlieferungen eine der schmutzigsten und für die jüdische

*) Band I. der Ausgabe von Vallarsius S. 883 u. 884.

Nationallehre verletzendsten als Beispiel anführen. Nun spricht zwar die Gemara zum Traktat Nidda in beiden Talmuden nicht davon, daß man das Blut der Weiber, welche die Reinigung haben, in den Mund nehme, um es zu unter=suchen, wohl aber nennt sie den Speichel als ein Prüfungs=mittel. Man begreift leicht, daß Bosheit oder Mißverstand obigen Satz so verdrehen konnte, als hätten die Rabbiner das Blut wirklich gekostet. Wer unsern lateinischen Vater ge=nauer kennt, weiß, daß er weder über den Verdacht der Bosheit noch des Mißverstandes erhaben ist.

Wenn demnach nicht alle Anzeigen täuschen, hat Hiero=nymus den Talmud gekannt, und zwar nothwendig den je=rusalemischen, nicht den babylonischen, weil dieser, wie oben gezeigt, erst zu Anfang des sechsten Jahrhunderts abge=schlossen wurde. Da nun der Brief an die Algasia ins Jahr 406 fällt*) so folgt, daß der jerusalemische Talmud zu An=fang des fünften Jahrhunderts schon verbreitet war. Seine Abfassung fällt also spätestens in das Ende des 4ten Säcu=lums, was mit unseren, aus dem fraglichen Werke selbst ent=nommenen Beweisen, vollkommen übereinstimmt.

Das vollgültige Zeugniß unseres Vaters scheint durch ein widersprechendes seines jüngern Zeitgenossen, des Augustin aufgehoben oder wenigstens beschränkt. Aber es scheint auch blos so. Am Eingang des zweiten Buchs contra adversa-rium legis **) schreibt Augustin: sein Gegner wisse nicht, daß „habere praeter scripturas legitimas et propheticas Ju-daeos quasdam traditiones suas, quas non scriptas ha-bent, sed memoriter tenent, et alter in alterum lo-quendo transfundit, quas deuteroses vocant.“ Aufs Be=stimmteste behauptet also Augustin, die jüdische Ueberlieferung

*) Siehe Vallarsius Vorrede zum ersten Band seiner Aus=
gabe Seite 60.
**) Pariser Ausgabe opera monachorum e congregat. S. Mauri
Band VIII. Seite 580.

oder das mündliche Gesetz sey nicht aufgeschrieben worden. Ebenso bestimmt bezeugt Hieronymus das Gegentheil. Welcher von beiden Vätern verdient nun mehr Glauben? Offenbar Hieronymus, welcher in dem Lande, wo der jerusalemische Talmud wenige Jahre vor ihm abgefaßt war, in Palästina, in Betlehem und Jerusalem lebte, und mehr Umgang mit Juden pflog, auch ihre Verhältnisse weit besser kannte, als irgend ein anderer christlicher Kirchenlehrer. Dagegen wie mochte Augustin genaue Nachrichten über die neuen Bücher der Juden in seiner Stadt Hippo, im fernen Afrika erhalten? Zudem ist es leicht, den Grund aufzudecken, der ihn zu obigem Irrthum verleiten konnte. Streng sezten die Juden ihre Ueberlieferung der heil. Schrift entgegen, nicht weil jene nicht auch, sondern weil sie nicht mit geheiligter Auktorität gleich dem Wort Gottes niedergeschrieben war. Sie nannten erstere תּוֹרָה שֶׁבְּעַל פֶּה, d. h. lex oretenus tradita. Ganz dasselbe Verhältniß fand später in der katholischen Kirche statt. Die Väter des tridentinischen Concils unterschieden genau zwischen scripturae sacrae und der bloßen traditio, und doch ist diese so gut schriftlich abgefaßt als jene; nämlich ihre Träger sind die Schriften der alten Kirchenlehrer. Wenn nun Augustin hörte, daß die Juden das mündliche Gesetz oder die Ueberlieferung, so genau von der geschriebenen mosaischen Thorah schieden, so lag ihm der Irrthum ganz nahe, daß die Kabbala nie aufgeschrieben worden sey. Uebrigens zielt er in der obigen Stelle gerade auf solche Ueberlieferungen, die nicht der Mischna, sondern der Gemara angehören. Er fährt nämlich nach den angeführten Worten so fort: „ubi (in deuterosi) etiam dicere audent et credere, Deum primo homini duas creavisse mulieres; ex quibus texunt genealogias, vere, sicut Apostolus ait *) infinitas, parientes infructuosissimas quaestiones." Mit

---

*) I. Timoth. I, 4.

dem zweiten Weibe Adams ist die Lilith gemeint, von welcher die Mischna nichts weiß, aber die Gemaristen desto
mehr abenteuerliche Dinge erzählen.

Noch müssen wir eine andere wichtige Beweisstelle er-
örtern, die 146ste Novelle Justinians. Das Gesetz ist zu
lang, als daß ich es hier mittheilen könnte; aber ein Auszug ist für unsern Zweck unumgänglich nöthig. Im Eingange heißt es: „ein heftiger Streit sey schon seit längerer
Zeit unter den jüdischen Unterthanen des Reiches ausgebrochen und zwar über die Frage, in welcher Sprache die heiligen Bücher in der Synagoge vorgelesen werden sollen. Die
eine Partie verlange ausschließliche Anerkennung der hebräischen, die andere wolle, daß auch die griechische gelte. Er,
der Kaiser, entscheide zu Gunsten der leztern Meinung; die
griechische und jede andere provinzielle Sprache solle beim
jüdischen Gottesdienst gebraucht werden. Die Hauptsache sey
dabei, daß die Mehrzahl der Gemeinde sie verstehe. „Ich
erkläre demnach," fährt die Novelle weiter fort, „daß es
jedem Hebräer frei stehen solle, die heiligen Bücher in den
Synagogen auf griechisch oder lateinisch oder in jeder andern
Sprache zu lesen, die in den Provinzen unseres Reichs gesprochen wird. Denn jeder muß das, was vorgelesen
wird, auch deutlich verstehen, damit er dann darnach
leben könne. Die jüdischen Gesetzes=Ausleger (ἐξηγηταί,
Rabbinen), welche nur die hebräische Sprache zulassen wollen,
sollen hinfort dieselbe nicht mehr für ihre selbstsüchtigen Zwecke
mißbrauchen dürfen, indem sie verfängliche Dinge vorbringen,
welche die Menge gar nicht versteht. Diejenigen übrigens,
welche die heiligen Bücher in griechischer Sprache lesen, sollen
sich der LXX bedienen, weil diese bei weitem die beste Uebersetzung und selbst durch Wunder beglaubigt ist, doch erlauben
wir auch die griechische Uebersetzung des Aquila. Hingegen
verbieten wir den Gebrauch der sogenannten δευτέρωσις (des
Talmuds) ganz und gar, denn ihr Inhalt stimmt nicht mit

den heiligen Büchern überein, sie stammt auch nicht durch
mündliche Ueberlieferung von den Propheten her (οὐδὲ ἄνωθεν παραδεδομένη ἐκ τῶν προφητῶν), sondern es sind Erfindungen bloßer Menschen, die nichts Göttliches an sich haben.
In den Synagogen soll nur der heilige Text vorgelesen werden, keineswegs Deutungen darüber, welche den Sinn der
Schrift verhüllen, und an seiner Stelle falsche menschliche
Ueberlieferungen (ἀγράφꝃ κενοφωνίας) verbreiten. Kraft
dieses, von uns erlassenen Gesetzes kann also Niemand, der
die griechische oder auch eine andere Sprache zum Gottesdienst
gebraucht, gehindert oder gestraft werden. Schwer verboten
ist es den jüdischen Oberrabbinern (ἀρχιφερεκῖται *) Aeltesten
und Lehrern, oder wie sie heißen mögen, die freie Ausübung
der von uns hiemit ertheilten Rechte, durch Bannflüche oder
andere Bußen ihren Glaubensgenossen zu entziehen. Widerspenstige sollen unnachsichtlich an Leib und Gut gestraft werden." Die übrigen Bestimmungen des Gesetzes gehören nicht
hieher. Die Novelle selbst ist datirt vom 7. Februar des
Jahres 553 nach Christi Geburt.

Folgende Punkte müssen ins Auge gefaßt werden. Seit
längerer Zeit war ein Streit unter verschiedenen Parteien
der Juden ausgebrochen (πολὺν ἤδη χρόνον πρὸς σφᾶς ᾽αὐ-
τοὺς ὑπὲρ τούτꝍ στασιάζꝃσιν). Der Streit muß heftig gewesen seyn, worauf die Ausdrücke στασιάζειν und der andere
weiter oben gebrauchte ταραχή, hinweisen. Gestritten wurde
über zwei Fragen, 1) über den ausschließlichen Gebrauch der
hebräischen oder auch der aramäischen Sprache zum Vorlesen
der heiligen Bücher. Denn die Griechen unterschieden diese
beiden Mundarten nicht, sondern begriffen sie unter dem ge-
meinschaftlichen Worte ἑβραϊσί. Die eine Partei behauptete,

---

*) Von פֶּרֶק. So nennt man die Abtheilungen des Talmud, die
für den Unterricht in den Schulen gemacht waren. בְּנֵי פֶּרֶק
oder auch בְּנֵי פַּרְקָא heißen die Rabbinenschüler; siehe Burtorf zu dem Worte.

nur hebräisch dürfe man das Gesetz und die Propheten — den Inhalt der Schriften des alten Bundes — in den Sy= nagogen vorlesen, die andere verwarf den Gebrauch der hebräischen Sprache, d. h. den Text selbst oder vielleicht die Targumim durchaus nicht, sondern bestand blos darauf, daß man auch fremde Uebersetzungen, namentlich die griechische der LXX oder des Akilas, lateinische u. s. w. vorlesen dürfe: οἱ μὲν μόνης ἔχονται ἑβραίδος φωνῆς, ὁι δὲ καὶ τὴν ἑλλη- νίδα προςλαμβάνειν ἀξιοῦσι. Der Kaiser entschied für die zweite Partei: es solle Jedem erlaubt seyn, sich fremder Uebersetzungen beim Gottesdienst zu bedienen, doch bleibt es zugleich gestattet, den Urtext zu lesen (θεσπίζομεν τοινυν, ἄδειαν ἔιναι τοῖς βελομένοις Ἑβραίοις διὰ τῆς ἑλληνίδος φωνῆς τὰς ἱερὰς βίβλɤς ἀναγινώσκειν). Wer will, kann die griechische Uebersetzung gebrauchen, also auch, wer nicht will, den hebräischen Urtext oder die Tagumim. Allein an dieses Zugeständniß ist eine Bedingung geknüpft: nur der hebräische Text soll gelesen werden, keineswegs aber eine hebräische oder aramäische Auslegung, wie sie in den palästinischen Syna= gogen immer im Brauche war: αὐτὰς δὲ δὴ τὰς ἱερὰς φω- νὰς ἀναγνώσονται, τὰς βίβλɤς αὐτὰς ἀναπτύσσοντες, ἀλλα μὴ κατακρύπτοντες μὲν τὰ κατʼ αὐτὰς εἰρημένα, τὰς ἔξωθεν δὲ παραλαμβάνοντες ἀγράφɤς κενοφωνίας, πρός τὴν τῶν ἁπλɤστέρων αὐτοῖς ἐπινενοημένας ἀπώλειαν. Dieß führt uns auf einen andern Punkt. Die hebräische Partei muß nämlich 2) auch verlangt haben, daß die heiligen Schriften nicht nur hebräisch gelesen, sondern auch blos in dieser Sprache ausgelegt werden. Deutlich geht dieß aus den Worten der Novelle hervor: θεσπίζομεν μὴ παῤῥησίαν εἶναι τοῖς παῤ αὐτοῖς ἐξηγηταῖς, μόνην τὴν ἑβραΐδα παραλαμβάνɤσι, κακɤρ- γεῖν ταύτην ὡς ἂν ἐθελήσαιεν, τῇ τῶν πολλῶν ἀγνοίᾳ τὴν σφῶν αὐτῶν περικαλύπτοντες κακοήθειαν. Die gerügte κα- κɤργία bestand eben in Einschwärzung der ἔξωθεν παραληφ- θεῖσαι ἄγραφοι κενοφωνίαι, welche sie zur Erklärung des

Textes oder anstatt desselben vortrugen. Diesen Unfug glaubt
der Kaiser mit der Wurzel ausgerottet zu haben, indem er
die sogenannte δευτέρωσις gänzlich verbietet: τὴν παρ' αὐτοῖς
λεγομένην δευτέρωσιν παντελῶς ἀπαγορεύομεν, ταῖς ἱεραῖς
οὐ συνανειλημμένην βίβλοις, οὐ δὲ ἄνωθεν παραδεδομένην
ἐκ τῶν προφητῶν, ἐξεύρησιν δὲ οὖσαν ἀνδρῶν, ἐκ μόνης
λαλούντων τῆς γῆς, καὶ θεῖον ἐν αὐτοῖς ἐχόντων οὐθ' ἕν.
Man bemerke wohl, daß nicht die mehrfache Zahl δευτερώσεις,
sondern die einfache gebraucht ist, was auf etwas Abgeschlosse-
nes, also auch in Büchern Niedergelegtes hinweist. Die
Frage, ob die δευτέρωσις selbst in den Synagogen vorgelesen
worden sey, läßt sich aus den vom Kaiser gebrauchten Wor=
ten nicht entscheiden, vielmehr ist das Gegentheil wahrscheinlicher, denn an beiden Stellen, wo von der Auslegung
der heiligen Schriften die Rede ist, braucht er nicht das
Wort δευτέρωσις, sondern spricht von ἄγραφοι κενοφωνίαι
von κακεργία τῶν ἐξηγητῶν. Hingegen sieht man aus dem
Zusammenhange klar, daß der Kaiser die δευτέρωσις als die
Wurzel der gehaßten Auslegung betrachtet. Endlich was die
Veranlassung betrifft, so war vorliegende Novelle durch Kla=
gen hervorgerufen, die an den Kaiser einliefen: διὰ τῶν
προσενηνεγμένων ἡμῖν προσελεύσεων ἐμάθομεν. Diese Klagen
gingen von der griechisch = jüdischen Partei aus, nicht von
der hebräischen, denn leztere hatte nicht nöthig, sich auf den
Kaiser zu berufen, sie war die stärkere und besaß große
Hülfsmittel kirchlicher Gewalt, als Bannflüche, ἀναθεματισ-
μοὶ, deren Anwendung der Kaiser aufs strengste verpönt.

Es fragt sich nun, was mit dem Ausdruck δευτέρωσις
gemeint sey? nothwendig entweder blos die Mischna oder
auch die Gemara und der ganze Talmud. Beides ist gleich
möglich, denn auch die Gemara will Ueberlieferung der Väter
von Moses her seyn (ἄνωθεν παραδεδομένη ἐκ τῶν πατρῶν)
und als zweites Gesetz gelten, sie ist also in gewissem Sinne
der Mischna gleich, und die Griechen, die, wie wir bereits

bemerkten, hier keine feine Unterscheidungen machten, konnten ganz füglich den ganzen Talmud unter jenem Namen befassen. Daß dieß wenigstens Hieronymus that, ist oben bewiesen worden. Hier können also nur anderweitige Umstände ent=scheiden.

Wir wissen aus guten Quellen, daß zu Anfang des sechsten Jahrhunderts der babylonische Talmud abgeschlossen worden ist. Diejenigen, welche die lezte Hand an das Werk legten, hatten — das versteht sich von selbst — das größte Interesse, ihre Arbeit als höchstes Gesetzbuch von der ganzen Judenschaft angenommen zu sehen. Ihrem Wunsche stand aber nichts hemmender entgegen, als der Gebrauch fremder Bibel = Uebersetzungen in den Synagogen. Die auswärtigen Sprachen mußten vor Allem aus dem Gottesdienste verdrängt werden; dann erst konnte eine aramäische oder chaldäische Erläuterung des Gesetzes Eingang finden, wenn die heiligen Bücher blos in der Ursprache oder in einer dieser ähnlichen Mundart gelesen werden durften. Also mußten die Anhänger des Talmuds die fremden Uebersetzungen verdrängen, um da=durch ihrem Werke Bahn zu brechen.

Besonderer Umstände wegen fand ein solcher Plan da=mals im byzantinischen Reiche einen günstigen Boden. Das Ende des vierten Jahrhunderts und die erste Hälfte des fünften waren für die dortigen Juden Zeiten des Glückes gewesen. Die Kaiser Arkadius und Theodosius II. behandel=ten sie wohlwollend und gaben ihnen fast gleiche Rechte mit den Christen, wie das theodosianische Gesetzbuch bezeugt. Viele Juden bekleideten angesehene Aemter im Staatsdienste, wie im Heere; voll Vertrauen auf den Schutz der römischen Gesetze zerstreuten sich Tausende von Mitgliedern des Volks in alle Provinzen des großen Reichs; dadurch wurde der Gemeindeverband lockerer. Ehrenstellen sind ohnedieß immer die egyptischen Fleischtöpfe gewesen, welche die Juden höher achteten als Kanaan und seine Heiligthümer. Die Begünstigten

begannen sich als Unterthanen eines großen Reichs zu
fühlen, nicht mehr blos als Juden. Darum nahm die Ach=
tung für die väterliche Lehre, für die Ueberlieferung ab. Das
Studium des jerusalemischen Talmuds gerieth in Verfall,
und fast ohne Aufsehen erfolgte eine wichtige politische Neue=
rung, die sonst unter andern Umständen gewiß Blut genug
gekostet hätte. Das Patriarchat in Tiberias, seit der Mitte
des zweiten Jahrhunderts die höchste Behörde des römischen
Judenthums, und von mehreren Kaisern mit hohen Titeln
und großen Achtungsbeweisen geehrt, ging beinahe von selbst
ein, ohne daß die Juden das Geringste thaten, um diese,
ihrer Nation so nützliche Würde aufrecht zu erhalten. Der
lezte Patriarch oder Nasi, Gamaliel, starb im Jahr 415 un=
beerbt. Nach ihm ist kein palästinischer Patriarch mehr ge=
wählt worden. So wiederholte sich hier die alte Erfahrung,
daß es kein sichereres Mittel gibt, das Judenthum zu schwä=
chen, und seine Ausrottung vorzubereiten, als wenn man
seinen Bekennern gleiche Rechte ertheilt mit den übrigen
Staatsbürgern, denn dann wird am Ende die Minderzahl,
weil die trennende Scheidewand gefallen, sich mit der unge=
heuren Mehrheit verschmelzen; dieß ist ja ein Naturgesetz.
Die späteren byzantinischen Kaiser schlugen jedoch eine andere
Bahn ein. Justin I. und besonders sein Neffe Justinian er=
ließen, der katholischen Klerisei zu gefallen, die grausamsten
Gesetze gegen die Juden. Die allgemeinen Menschenrechte
wurden den Unglücklichen entzogen, sie durften nicht erben,
keine Testamente abfassen, keine Ehrenstellen bekleiden. Wüthende
Aufstände der Samariter und Juden in Neapolis und Cäsa=
rea waren die Folgen dieser grausamen Behandlung *). Im=
mer haben die Juden, wenn sie äußere Gewalt erlitten, sich

---

*) Wir verweisen wegen des hier Gesagten auf Jost jüdische
Geschichte Bd. IV, 232 flg. u. V, 158 flg., wo die Beweis=
stellen besonders aus dem theodosianischen Coder angeführt
sind.

um so inniger an ihr Gesetz und ihre kirchliche Anstalten an=
geklammert. Daß sie es auch jetzt thaten, beweist obige No=
velle Justinians. Mit Nachdruck müssen sie es übrigens ge=
than haben, denn sonst wäre die Sache wohl nicht bis vor
den Kaiser gekommen, und hätte auch nicht ein so strenges
Gesetz hervorgerufen. Eben diese Kraft des Kampfes, die
Anwendung von Bannflüchen u. s. w. deutet darauf hin,
daß die hebräische Partei irgend ein früher unbekanntes
Hülfsmittel, welches ihr das Uebergewicht gab, für ihre
Zwecke benützen konnte. Wir finden dasselbe im Talmud.
Die Abschließung des Talmud ums Jahr 520 und die kirch=
liche Aufregung der byzantinischen Juden unter Justinian
sind sicherlich Ereignisse, die mit einander in innigem Zu=
sammenhange stehen. Eines beglaubigt das andere. Jene
kirchliche Gährung begründet schon an und für sich den Arg=
wohn, daß zuvor irgend ein neues, wichtiges, das nationale
Interesse förderndes Produkt auf dem Gebiet der Schulen
und des Rabbinenthums emporgesproßt seyn müsse, so wie
andererseits die Abschließung des Talmud zum Voraus er=
warten läßt, daß sie eine gewaltige Bewegung unter den
Geistern hervorgebracht haben werde. Die Geschichte weist
uns nun auf zwei verschiedenen Punkten, aber zu gleicher
Zeit, eine Ursache nach, die eine solche Wirkung, und eine
Wirkung, die eine solche Ursache haben mußte. Also bringen
wir beide mit vollem Recht in genaue Verbindung. Und
zwar ist dieß Recht um so größer, weil die Nachrichten, welche
die Abschließung des Talmuds in den Anfang des sechsten
Jahrhunderts setzen, und die andern, welche von der kirchlichen
Aufregung der byzantinischen Juden ums Jahr 550 sprechen,
ganz unabhängig von einander sind, und also auch keinen
falschen Schluß von einem auf das andere enthalten. Warum
sollte die rechtgläubige Partei unter Justinian ein Buch,
das so ganz für ihren Zweck taugte, und eigens dazu abge=
faßt war, um die Nationalität aufrecht zu erhalten, nicht mit

Freuden ergriffen haben. Aus diesen Gründen ist unter dem Worte δευτέρωσις in der angeführten Novelle höchst wahrscheinlich der babylonische Talmud zu verstehen. Die geraume Zeit, während welcher der Streit dauerte (πολὺν ἤδη χρόνον στασιάζεσι), wären dann die lezten 30 Jahre etwa von 523—553.

Schließen wir. Das Alter des großen jüdischen Coder ist weit sicherer, als Manche sonst glauben machen wollten. Starke äußere und innere Beweise zeugen dafür, daß die Mischna im ersten Viertel des dritten Jahrhunderts niedergeschrieben worden ist. Die Abfassung des jerusalemischen Talmud gehört in das lezte Fünftheil des vierten Jahrhunderts, die des babylonischen in den Anfang des sechsten. Beides ist eben so sehr durch christliche, wie durch jüdische Zeugnisse verbürgt.

Außerdem gibt es noch einige andere Quellen zur Kenntniß' der jüdischen Bildung, welche dem talmud'schen Kreise angehören, und der Mischna zum Theil gleichzeitig, zum Theil selbst früher, größentheils aber später sind. Als die Mischna abgefaßt wurde, ließ man viele damals vorhandene Stoffe bei Seite liegen. Dieselben zu ordnen und der Nachwelt zu überliefern, machten sich Rabbi Chija, ein Schüler Judas des Heiligen, und Rabbi Hoschaia*), der um ein Menschenalter später blühte, zum Geschäft. So entstanden etwa 40 Jahre nach der Mischna die sogenannten Tosafta (oder Zusätze zur Mischna). Wir haben ihrer 52, welche sämmtlich, wie die Mischna, in einer der rein hebräischen sehr ähnlichen Sprache geschrieben sind. Rabbinen, die am Ende des dritten Jahrhunderts lebten, berufen sich bereits auf die Tosaftas, und sehr häufig werden dieselben in beiden Gemaren angeführt**). Nahe hin eben so alt sind folgende

---

*) S. Zunz am angeführten Orte Seite 50.
**) Zunz ebendaselbst.

drei auf uns gekommene Midraschim oder Commentare zum
größten Theil des Pentateuchs: Sifra über das 3te Buch
Mosis, Sifri zu dem 4ten und 5ten, und Mechilta über
ein gutes Stück des zweiten *). Häufig gedenken beide
Talmude der Bücher Sifra und Sifri, und benützen ihren
Inhalt; die Rabbinen, deren Aussprüche und Namen in
denselben angezogen werden, gehören zum mindesten der ersten
Hälfte des 3ten Jahrhunderts an. Um ein ziemliches später
scheint die Mechilta zu seyn, doch vortalmudisch, obwohl
kein Zeugniß für sie im Talmud steht **). Alle zusammen
sind ebenfalls in einer stark hebraisirenden Sprache abgefaßt,
was für das Alter der Mechilta ein günstiges Anzeigen ist ***).
Noch wollen wir zu diesen Commentaren das historische Werk
Seder Olam fügen, das nicht ohne dogmatische Ausbeute ist
und gleichfalls ins dritte Jahrhundert fällt †).

Später als der Talmud, aber dennoch für die Aufhellung
der ältesten jüdischen Dogmen = und Bildungsgeschichte sehr
brauchbar, ist eine zweite Reihe von Bibel-Auslegungen, der
sogenannte Midrasch Rabboth, Midrasch Tanchuma oder
auch Jelamdenu, Schochartob, oder Midrasch zu den Psal=
men, Pesikta und endlich die Pirke Rabbi Elieser. Rabboth
nennt man einen Commentar zum Pentateuch und den Me=
gilloth, der nach der alten ††) jüdischen Benennung der einzel=
nen Bücher des Gesetzes und der Megilloth in folgende 10
Haupttheile zerfällt: Bereschit Rabba, Schemoth Rabba,
Vajikra Rabba, Bamidbar Rabba, Debarim Rabba, dann
Echa, Schir Haschirim, Esther, Coheleth, Ruth Rabbathi.
Lange galten die Rabboth für das fortlaufende Werk Eines

---

*) Zunz 46 u. flg.
**) Zunz 48.
***) Viele der Tosafta, sammt den Büchern Sifri, Sifra und
Mechilta, sind in Ugolin's Thesaurus lateinisch abgedruckt.
†) Zunz a. a. O. S. 85.
††) Schon Origenes kennt diese Namen Op. de la Rue II. 529.

— 34 —

Verfassers, das man bald ins vierte, bald ins fünfte Jahrhundert versezte. Zunz hat wie so viele andere Irrthümer,
so auch diesen in seinem trefflichen Werke berichtigt. Er
zeigt auf überzeugende Weise, daß die Verfasser der einzelnen
Stücke durch ganze Erdtheile und durch mehrere Jahrhunderte von einander getrennt sind. Seine Gründe zu wiederholen, würde zu viel Raum fordern, wir verweisen den Leser
auf das Werk selbst, und begnügen uns, die Resultate mitzutheilen. Das älteste Stück der Rabboth ist der Traktat
Bereschit Rabba, zwar mit Ausnahme der fünf lezten Kapitel, oder des Abschnitts Vajechi. Dieser leztere sinkt bis
ins 11te Jahrhundert herab, während der Haupttheil dem
6ten angehört und auf einen palästinischen Verfasser schließen
läßt*). Schemoth Rabba, oder die Auslegung des zweiten
Buchs, ist um ein volles halbes Jahrtausend jünger als Bereschit, und fällt frühestens ins 11te, spätestens ins 12te
Säculum**). Von den drei folgenden Commentaren gehört
Vajikra ins 7te, Bamidbar ins 12te, Debarim ins 9te Jahr-
hundert***). Gleiche Bewandtniß hat es mit den Rabbathis
zu den 5 Megilloth; die Arbeit über Echa ist die älteste
und möchte ins 7te, die über Kohelet und Ruth ins 7te
oder 8te, die über Schir haschirim ins 8te Jahrhundert zu
setzen seyn. Der Midrasch zu Esther ist der jüngste, und
gehört dem 12ten Säculum an†).

Das zweite von den obengenannten größeren exegetischen
Werken, der Midrasch Tanchuma oder auch Jelamdenu —
beides sind, wie Zunz bewiesen hat, zwei Namen für verschiedene Recensionen eines und desselben Werks —, umfaßt

---

*) Zunz 175 u. flg.; dann 254 u. flg.
**) Ebendas. 256 u. flg.
***) S. ebendas. über Vajikra Rabba S. 182 über Bamidbar 261,
Debarim 253.
†) Ebendas. über Echa S. 179, Schir Haschirim und die andern
364 u. flg.

den ganzen Pentateuch), und kann nicht vor der ersten Hälfte des 9ten Säculums niedergeschrieben seyn. Der Verfasser möchte wohl in Griechenland oder Italien gelebt haben [*]. Zwei biblische Erklärungen sind unter dem Namen Pesikta auf uns gekommen, die Pesikta Rabbathi und Sutarta (major et minor). Erstere, die größere genannt, obgleich sie weit weniger Raum einnimmt als die zweite, kann nicht vor der zweiten Hälfte des 9ten Jahrhunderts geschrieben seyn; die Pesiktä Sutarta ist um volle zwei Jahrhunderte jünger, und hat den Rabbi Tobia Ben Elieser, der ums Jahr 1100 in Mainz blühte, zum Verfasser [**]. Das Buch Schochar Tob — so genannt nach dem Anfangs=Texte — oder der Midrasch zu den Psalmen, gehört ins 10te Jahrhundert, und wurde entweder in Sicilien oder in Süd=Italien geschrieben [***]. Die Pirke Rabbi Elieser [†] verrathen durch das sicherste Kennzeichen des Zeitalters rabbinischer Schriften, durch messianische Weissagungen ihre wahre Zeit; sie können nicht vor der Mitte des 8ten Jahrhunderts geschrieben seyn, vielleicht fallen sie erst ins 9te. Der Verfasser lebte unter den Chalifen. Der Vollständigkeit wegen nennen wir noch den Midrasch Mischle (zu den Sprüchwörtern) und Samuel, so wie die Berschit Rabba des R. Moses Habbarschan. Die beiden ersten gehören dem 11ten Jahrhundert an. Das dritte ist darum wichtig, weil der Mönch Raymund Martini in seinem Buche pugio fidei sich sehr oft darauf beruft. Rabbi Moses, mit dem ehrenvollen Beinamen Habbarschan, war aus Narbonne

---

[*] Ebendas. 226—238.

[**] Die Pesikta Sutarta ist mit einer lateinischen Uebersetzung abgedruckt in Ugolinis Thesaurus Bd. 15, 16. Ueber beide Pesikta vergleiche Zunz S. 244 u. 294.

[***] Zunz ebendas. 266 u. flg.

[†] Aussprüche Rabbi Elieser's. Dieses Buch wurde von W. H. Vorst ins Lateinische übersezt und erschien mit Anmerkungen, Leiden, 1644; über das übrige vergleiche Zunz 271 u. flg. besonders 277.

im südlichen Frankreich gebürtig, und blühte im dritten
Viertel des 11ten Jahrhunderts. Sein Werk ist übrigens,
bis auf die Auszüge bei Martini, verloren gegangen*).

Dieß sind die hauptsächlichsten exegetischen Werke, aus
denen man die religiösen Meinungen der älteren Juden kennen lernen kann. Beim ersten Anblick möchte ihr Werth,
wegen der zum Theil sehr späten Abfassung, höchst zweideutig
erscheinen, sobald von Aufhellung des ersten Jahrhunderts und
seiner Bildung die Rede ist. Allein dieser Zweifel verschwindet, wenn man erwägt, daß sie fast ohne Ausnahme aus
älteren verloren gegangenen Werken und jedenfalls aus der
unbeweglichen Tradition geschöpft haben. Doch hievon später.

Wir kommen an die zweite Hauptklasse von Quellen, an
die sogenannten Targumim. Wenn wir es auch nicht aus den
Büchern Daniel, Esra und andern Anzeigen wüßten, so
würden schon mehrere Stellen des N. Testaments zur Genüge beweisen, daß zu Jesu Christi Zeit das Alt-Hebräische
nicht mehr Volkssprache war, sondern dem Aramäischen Platz
gemacht hatte. Nun bestand der wichtigste Theil des jüdischen Gottesdienstes in Vorlesung von Abschnitten des Gesetzes und der Propheten am Sabbate und in einem dieselben
erläuternden Vortrage. Diese Sitte läßt sich bis in das
Makkabäische Zeitalter hinauf verfolgen und die Geschichte
Jesu legt ein schönes Zeugniß für sie ab**). Da aber das
Volk die Ursprache, in welcher Gesetz und Propheten geschrieben sind, nicht mehr verstand, so war eine Uebertragung
derselben in die Volkssprache oder eine aramäische Uebersetzung unumgänglich nöthig. Vielleicht half man sich eine
Zeit lang mit mündlichen Uebertragungen, doch entstanden

---

*) Zunz 268 u. f. über Midrasch Mischle und Samuel, dann
287 u. flg. über Rabbi Moses und seine Schriften. Der
pugio fidei von Raymund Martini ist zweimal gedruckt
worden zu Paris 1651, zu Leipzig 1687 in Fol.
**) Luc. 4, 16.

sehr frühe schriftliche und zwar gerade die beiden, die wir noch heute besitzen: der Targum *) Onkelos zum Pentateuch und der Targum Jonathan Ben Usiel zu den Propheten. Die wahre Zeit dieser Bücher zu bestimmen, ist zunächst unsere Aufgabe. Der Targum, welcher allgemein dem Jonathan Ben Usiel zugeschrieben wird, umfaßt die sieben alten historischen Bücher des A. Testaments: Josua, Richter, Ruth und die vier Bücher der Könige, sammt den drei großen, Jesaias, Jeremias (ohne die Klaglieder), Ezechiel, und den 12 kleinen Propheten. Daß der ganze, unserem Ben Usiel zugeschriebene Targum, Einen Verfasser habe, ist zwar geläugnet worden, aber mit Unrecht, denn Eine und dieselbe Sprache, Ein Charakter herrscht in demselben **). Fast einstimmig erklären nun die ältesten Rabbinen diesen Jonathan Ben Usiel, den Uebersetzer der Propheten, für einen Schüler Hillels. So Bava Bathra S. 134, a.: tradunt Rabbini nostri: octoginta discipuli fuerunt Hilleli seniori, quorum triginta digni erant, super quos habitaret Schechinah, sicut super Mosen praeceptorem nostrum; triginta autem digni, propter quos sol consisteret, sicut propter Josuam filium Nun, viginti denique inter illos medii; maximus autem omnium fuit Jonathan f. Usiel, minimus omnium Jochanan f. Saccai. Demnach hätte Jonathan 30 Jahre vor Christus studiert ***), und seine Uebersetzung wäre ungefähr gleichzeitig mit der Geburt unseres Erlösers. Nun

---

*) Von dem Zeitworte תַּרְגֵּם interpretari, transferre ex una lingua in aliam, daher מְתֻרְגְּמָן der Uebersetzer (woher das neuere Wort Dragoman) und תַּרְגּוּם die Uebersetzung; vorzugsweise wurde die chaldäische so genannt.

**) Gesenius hat die nichtigen Einwürfe Eichhorns und Anderer nach Gebühr widerlegt. Commentar zu Jesajas 1, 69 u. flg.

***) Die beiden berühmten Gegner Hillel und Sammai blühten nach dem Talmud und den jüdischen Geschichtschreibern etwa ums Jahr 30 vor Christus. Die Wahrheit dieser Angabe ist hinlänglich beglaubigt durch Josephus, der an drei

ist zu bemerken, daß die Rabbinen niemals einen alten gelehrten Namen fälschlich in eine spätere Zeit versetzen, sondern
im Gegentheil geht ihr Bestreben dahin, solche gefeierte
Auktoritäten durch Erhebung in das graue Alterthum noch
ehrwürdiger zu machen. Sie litten an der entgegengesezten
Krankheit unserer neuern Kritiker, vor deren Tribunal keine
Schrift neu genug seyn kann. In der That finden sich
Stellen im Talmud, welche offenbar in einem Anfalle anti-
quarischen Fiebers behaupten, Jonathan habe seinen Targum
aus dem Munde der lezten Propheten Haggai, Malachias
und Zacharias empfangen (Megilla S. 3). Man wollte
durch diese kühne Lüge dem Werke die prophetische Weihe
verschaffen, und in derselben Absicht werden an andern Stellen
Wunder von dem Targum erzählt, als z. B. Succa S. 28, a,
wo wir lesen, daß alle Vögel, die über Ben Usiel hinflogen,
während er übersezte, todt vom Himmel gefallen seyen.
Demnach ist durchaus nicht zu fürchten, daß obige Stelle
aus Bava Bathra die Zeit Benusiels zu weit herabsetze.
Wenn wir nun beweisen könnten, daß der Targum, welcher
ihm zugeschrieben wird, vor dem großen Anhaltspunkte aller
rabbinischen Zeitkritik, vor der Zerstörung Jerusalems, abgefaßt worden ist, so wäre, meinen wir, gegen die Behauptung,
Jonathan sey ein Schüler Hillels gewesen, nichts Haltbares
mehr einzuwenden. Dieser Beweis kann wirklich geführt
werden, theils aus Stellen im Targum selbst, theils aus
Zeugnissen von Schriftstellern des ersten Jahrhunderts unserer Aera. Alle Targumim begnügen sich nicht blos den
heiligen Text zu übersetzen, sondern sie umschreiben ihn zugleich.
Onkelos thut dieß am wenigsten, Jonathan Ben Usiel schon
viel mehr, die späteren Targumim noch in einem weit höheren

---

verschiedenen Stellen seiner Alterthümer (Havercamp I, 701.
740. 776.) den Sammeas oder Sammai deutlich als Haupt
der pharisäischen Sekte in den Tagen Herodes des Großen
bezeichnet.

Grabe. Es ist nun fester Glauben aller Juden, daß die ganze heilige Schrift hauptsächlich Weissagungen auf die Zukunft enthalte; in diesem Geiste erklären sie den Text, in diesem Geiste übersetzen sie ihn auch; d. h. der Targumist deutet in seiner Uebertragung alle nur einigermaßen passende Stellen als Prophezeiung auf Ereignisse der Gegenwart, oder der Zeit, die er selbst erlebt hat. Dadurch wird eine sichere Ausmittlung des Alters der einzelnen Targumim möglich. In Jonathans Uebersetzung sind mir nun in dieser Hinsicht folgende Stellen aufgefallen, die ich nach der Reihenfolge des heiligen Textes mittheile. 1. Sam. 2. lauten die fünf ersten Verse des Lobgesangs der Hanna, Samuels Mutter, im Targum also:

„Hanna betete, ergriffen vom Propheten = Geiste, und sprach: Samuel mein Sohn wird einst Prophete seyn in Israel, in seinen Tagen werden sie (die Juden) befreit von den Hän=den der Philister, durch seine Hände werden geschehen Wun=der und Thaten der Kraft. Darum jauchzet mein Herz über das Loos, das mir Gott beschieden. Und auch Heman, der Sohn Joels, und Enkel meines Samuel, wird einst sammt seinen 14 Söhnen frohlocken mit Cithern und Pauken, lob=singen werden sie mit ihren Brüdern, den Leviten, im Heilig=thume. Darum erhebt sich mein Geist über der Gabe, die mir Gott zugetheilt, auch über die wunderbare Rache, welche die Philister trifft, denn sie werden die (geraubte) Bundes=lade Jehovahs auf einem neuen Wagen und mit einem Sühn=opfer zurückschicken. Darum spricht die Gemeinde Israel: Oeffnen will ich meinen Mund, um zu verkünden große Dinge gegen unsere Feinde, denn ich freue mich deiner (Je=hovahs) Rettung. Ueber Sanherib den König (von Assur) weissagte Hanna weiter und sprach: Ziehen wird derselbe vor Jerusalem, er und sein Kriegsvolk, aber ein großes Zeichen soll an ihm geschehen; als Leichen werden umfallen seine Streiter, und darum wird alles Volk, jede Nation und Zunge bekennen: Kein Heiliger ist, als Gott, denn außer Dir ist keiner, und Dein Volk wird sprechen: Niemand ist stark als unser Gott. Ueber Nebukadnezar (den König von Babel) weissagte sie (Hanna) und sprach: Ihr Chaldäer und jedes andere Volk, das einst herrschen wird über Israel, sprechet nicht groß, und keine Lästerung gehe aus eurem Munde, denn Gott weiß Alles, und über alle seine Geschöpfe erstreckt sich sein Gericht, heimsuchen wird er an euch eure Missethat. Ueber das Reich Javan (der Griechen, Nachfolger Alexanders) weissagte sie und sprach: die Bogen der jonischen Männer sollen zerbrochen werden, aber dem Hause der Hasmonäer, welche zuvor schwach waren, sollen widerfahren Zeichen und Wunder (göttlicher Hülfe). Ueber die Söhne Hamans weissagte sie und sprach: die einst satt waren und prangten in Reichthum und Geld und Vollauf hatten, sind nun arm worden und vermiethen sich (an Reiche) um das tägliche Brod. Mardochai und Esther, früher niedrig und arm, sind reich geworden und haben ihres Mangels vergessen; sie sind wieder wie Söhne der Edlen. So wird Jerusalem, das da war wie ein unfruchtbares Weib, wieder angefüllt von dem gefangenen (abgeführten) Volke, die Heere Arams (Syriens), das einst mächtig war und volkreich, werden fallen, sein Boden verwüstet werden. „All dieß wird der Herr thun," heißt es in den folgenden Versen, die nicht hieher gehören.

In dieser langen Stelle geben nur wenige Worte den hebräischen Text wieder, alles übrige ist eine freiwillige, gleichsam mit den Haaren herbeigezogene Umschreibung, wenn man es nicht noch schlimmer nennen will. Der Schluß auf die Zeit des Targums liegt auf der Hand. Wären die Römer den Juden zu der Zeit, als die Uebersetzung Jonathans verfaßt wurde, als gleich schlimme Feinde erschienen, wie Sanherib, Nebukadnezar, Haman, Antiochus, so würde der Targumist nicht ermangelt haben, auch gegen sie eine Weissagung zu schleudern. Höchst wahrscheinlich ist demnach der Targum in der

Zeit geschrieben, da Herodes — denn über diesen können wir
kraft der oben entwickelten Gründe nicht hinaus — als
Bundesgenosse, nicht als Unterthan Roms die Juden beherrschte. Wem dieser Schluß zu kühn scheint, der warte die
andern Stellen ab, die noch mehr für unsere Ansicht zeugen.

Jeremias 2, 3. lautet nach dem Texte so: „Ein Heiligthum (ein Eigenthum) des Herrn war Israel
und die erste Frucht seiner Aerndte. Wer davon
essen will, fällt in Schuld, und Unglück kommt
über ihn, spricht der Herr.“ Der Targum Jonathan
übersezt nun diese einfachen Worte folgendermaßen: „Etwas
Heiliges ist Israel vor dem Herrn, denen, die es berauben,
geht es wie mit den Erstlingen der Weihefrüchte; wer etwas
von diesen verzehrt, ist des Todes schuldig, ja es geht den
Räubern wie mit den Erstlings-Garben, die dem Herrn geweiht sind; wer etwas von der Aerndte ißt, ehe die Priester,
Aarons Söhne, die Erstlings-Garbe auf den Altar gelegt,
wird verdammt: so sind gleicher Weise alle, die das Haus
Israel bestehlen, verdammt; Wehe kommt über sie, spricht
der Herr.“ Hier ist allem Anschein nach der Fortbestand des
Levitischen Priesterthums und des Tempeldienstes vorausgesezt,
denn mit bekannten Dingen, mit solchen, die man vor Augen
hat, erklärt man dunklere. Wäre der Tempel zerstört gewesen, als unser Targum gemacht wurde, so hätte sich der
Uebersetzer gewiß anders ausgedrückt. Aehnlich ist die Stelle
Ezechiel 36, 38., wo der Herr nach dem hebräischen Texte
spricht: „Ich will das Haus Israel mehren wie
eine heilige Heerde, wie die Menge zu Jerusalem an ihren Festen, so sollen die verheerten
Städte voll von einer Masse Menschen werden.“
Der Targum umschreibt dieß: „wie ein heiliges Volk, wie
das Volk, das sich reinigt, das nach Jerusalem zieht zur
Zeit des Passahfestes: so sollen die Städte des Landes Israel,
die vorher zerstört waren, wieder voll werden von Männern

des Hauses Israel." Die Menschenmasse der Städte wird
hier verglichen mit dem ungeheuren Strome der Gläubigen,
die zur Passahzeit nach Jerusalem wallfahrteten. Wie konnte
dieß der Uebersetzer thun, wenn er erst nach der Zerstörung
Jerusalems lebte! Entscheidend ist endlich die Uebersetzung
von Habacuc 3, 17. Der hebräische Text lautet so: „Der
Feigenbaum wird nicht mehr grünen, keine Ranke
wird der Weinstock treiben; die Hoffnung auf die
Aerndte des Oelbaums täuscht, die Fluren brin=
gen kein Getraide. Hinweggerissen von der
Hürde ist das Schaf, kein Rind mehr in den
Ställen zu finden." Dagegen Jonathan: „Nicht dauern
soll das Reich Babel, noch die Herrschaft über Israel fort=
führen, erschlagen werden die Könige Mediens, die Helden
Javans (die Alexandriden) sollen nicht bleiben, ausgerottet
werden die Römer, sie sollen keinen Census mehr eintreiben
von Jerusalem יִשְׁתֵּיצוּן רוֹמָאֵי וְלָא יַנְבּוּן קְסוֹמָא מִירוּשְׁלֵם.
Ueber das schwierige קְסוֹמָא vergleiche man Burtorf, es
kommt nur dieß einigemal vor, und ist nach der wahrschein=
lichsten Erklärung eine verketzerte Form des römischen Wortes
census. Freilich mögen die armen Provincialen dieses Wort
sehr oft ausgesprochen und mit tausend Flüchen verwünscht,
aber auch, wie unsere Bauern die lateinischen oder französischen
Bezeichnungen neuer Steuern, jeder nach seiner Mundart
anders verzerrt haben *). Die Sache wäre übrigens auch
dann klar, wenn קְסוֹמָא ganz wegbliebe, denn das Zeitwort
נבא wird hauptsächlich vom Geldeintreiben gebraucht. Genug,

---

*) Uebrigens ist die Veränderung nicht einmal bedeutend. Das
Dagesch im Samech weist auf einen ausgefallenen Mitlauter,
also ohne Zweifel נ hin, und was das מ zu Ende betrifft, so
mögen die Juden das fremde Wort weit öfter im 4ten als im
1sten Fall aus dem Munde der Sieger gehört haben. Denn
diesen Fall braucht man bekanntlich eben so gut für die For=
derung als die Anklage.

der Verfasser des Targums, der Jonathan Ben Usiel zugeschrieben wird, lebte zu einer Zeit, wo die Juden keine stärkere Klage über die Römer erheben konnten, als daß diese Tribut*) in Jerusalem erhoben, zu einer Zeit endlich, wo das unglückliche Volk sich noch der täuschenden Hoffnung hingab, Roms Legionen überwältigen zu können. Folglich haben wir keine andere Wahl, als ihn in die Epoche zwischen Herodes dem Großen und der Zerstörung Jerusalems durch Titus zu versetzen. Es wäre ungerecht, wenn ich nicht auch solche Stellen anführte, welche diesem Resultate zu wider-sprechen scheinen. Die stärkste ist Jes. 53, 14., wo Jonathan ganz unabhängig vom Texte übersezt: „Er (der Messias) wird das Heiligthum bauen, welches entweiht ward durch unsere Schuld und preisgegeben durch unsere Missethat." Sieht man diese Worte nur oberflächlich an, so ist man versucht zu glauben, daß der Targumist die Zerstörung durch

---

*) Beim ersten Anblick möchte man glauben, die Einforderung des Census weise auf die Zeit hin, wo Judäa bereits zur Provinz gemacht war, und regelmäßig beschazt wurde, wie alle andern tributpflichtigen Länder. Ich bin anderer Meinung. Wenn der Targum auf die Epoche der verlornen Un-abhängigkeit hindeutete, würde er nicht sagen, sie werden den Zins einfordern von Jerusalem, sondern von Israel, oder dem ganzen Volke. Nur auf die Zeit wo Herodes herrschte und das Land noch einen Schein von Selbstständig-keit genoß, paßt der Satz: sie treiben Steuern ein von Je-rusalem; denn nicht das Volk unmittelbar, sondern der Fürst, der seinen Sitz in Jerusalem hatte, zahlte damals den Tri-but. Daß aber Herodes den Römern zinspflichtig war, be-zeugt Appian de bellis civilibus V, 75: Ἀντώνιος ἔστη δέ πη καὶ βασιλέας, οὓς δοκιμάσειεν, ἐπὶ φόροις ἄρα τεταγμένοις, Πόντυ μὲν Δαρεῖον — Ἰδουμαίων δὲ καὶ Σαμαρέων Ἡρώδην. Dasselbe bezeugt im Grunde auch Josefus, wenn er im Alterth. XIV. 14, 4 und XV. 6, 6. erzählt, Herodes habe den Römern Geld und Getraide liefern müssen. Wie bitter die rechtgläu-bigen Juden dazu sehen mochten, daß die ihnen abgedrunge-nen Steuern in die Kasse der unbeschnittenen Weltbezwinger fallen sollten, kann man sich denken!

die Römer im Auge habe, allein der Schein verschwindet bei
genauerer Betrachtung. Der chaldäische Text lautet so:
בֵּית מַקְדְּשָׁא דְּאִתְחָל בְּחוֹבָנָא וְאִתְמְסַר בַּעֲרֵיתָנָא. Zunächst kommt
alles auf den richtigen Sinn der beiden Zeitwörter חַלֵל und
מְסַר an. Jenes heißt profanari, de sancto commune fieri,
dieses tradere, dedere in potestatem alicujus. Klar ist
nun, daß von einer Sache, die gar nicht mehr besteht, streng
genommen zwar der Ausdruck „Entweihen“, aber keineswegs
der andere „Uebergeben“ gebraucht werden kann. Schon aus
diesem Grunde ist unwahrscheinlich, daß der Targum zu
obiger Stelle die Zerstörung des Tempels durch Titus meine.
Nehmen wir vollends die Gefühle in Rechnung, mit welchen
die Juden, besonders als die Wunde noch neu war, vom
Untergang ihrer Heiligthümer sprechen mußten, so erscheint
jene Deutung vollends unmöglich. Wie? von einem Ereigniß,
das die glühendsten Hoffnungen eines ganzen Volkes für
immer vernichtete, von einem Werke des Schreckens, das die
Grundlagen des Tempels und der Stadt umwühlte, das
über den geweihten Raum, dem die inbrünstige Andacht von
Millionen zugewandt war, den Pflug ergehen ließ, sollte ein
verehrter Uebersetzer der heiligen Bücher Israels, die kalten
herzlosen Ausdrücke „Entweihen, Uebergeben“ gebraucht haben?
Nimmermehr, sonst müßte die Natur des menschlichen Herzens mit dem Untergang des Tempels verändert worden seyn.
Also müssen wir uns nach andern Ereignissen umsehen, auf
welche die beiden Worte passen können. Entweiht und an
Fremde übergeben wurde der zweite Tempel zu Antiochus
des Erlauchten Zeit (Jos. Alterth. XII, V, 4.), also etwa
150 Jahre vor dem muthmaßlichen Zeitalter Jonathans; entweiht ferner und an Fremde übergeben wurde der Tempel
erst seit Menschengedenken — (vorausgesetzt nämlich, daß der
Verfasser des Targums unter Herodes dem Großen blühte)
— erstens durch Pompejus, der mit seinen Kriegsobersten
wider das Gesetz in das Heiligthum hineinging, aber doch

nichts aus demselben entwendet haben soll (Alterth. XIV,
IV, 4.), und zweitens durch Herodes selbst, der zu Anfang
seiner Gewaltherrschaft mit Hülfe der römischen Legionen
unter Sosius Jerusalem sammt dem Heiligthum erstürmte
und dem Regiment des lezten Hasmonäers Antigonus ein
Ende machte. Wüthend wurde damals (Alterth. Buch XIV.
Cap. 16.) im Tempel gefochten, und das Blut von Römern
und Juden strömte durch die heiligen Räume. Daß die Juden diese Gewaltthat als eine sündliche Entweihung ansahen,
und den Herodes als Urheber derselben verfluchten, versteht
sich von selbst. Sie mußten also eine Entsühnung des Heiligthums wünschen. Der damalige Zustand des Tempels entsprach jedoch nicht blos in dieser Beziehung ihren frommen
Ansichten nicht, er war ihnen auch zu klein und galt für ein
ärmliches Schattenbild des salomonischen *). Daß sie so dachten, dafür spricht nicht etwa blos ein einfaches Zeugniß älterer Schriftsteller, sondern eine That, die Herodes den Großen
Millionen kostete. Im 18ten Jahre seiner Regierung ließ
dieser König die äußern Mauern des Tempels niederreißen,
weitläuftigere und größere an ihre Stelle setzen, und das
ganze Heiligthum mit außerordentlicher Pracht verschönern
und erweitern. Er war es, der ihm die Gestalt gab, in
welcher es die Bewunderung der ganzen Welt auf sich zog,
und eine Vergleichung mit dem alten salomonischen, d. h.
mit einem Gebäude, das der Alles vergrößernden Sage angehörte, nicht mehr zu scheuen hatte. Zehntausend Werkleute
und tausend Karren arbeiteten 18 Monate an dem großen
Werke (Alterth. XV. Cap. IX.). Sicherlich hat Herodes
so ungeheure Ausgaben nicht aus Frömmigkeit gemacht, sondern politische Absichten leiteten ihn. Nachdem er seine

---

*) Josephus läßt Herodes den Großen in einer Rede an die Ju-
den sagen, „der salomonische Tempel sey um 60 Ellen höher
gewesen, als der jetzige." Alterth. XV, 11; 1. Dieß war
ohne Zweifel die allgemeine Meinung der Juden von damals.

Herrschaft befestigt, dachte er daran, den auf Strömen von Blut gegründeten Thron auch seinen Erben zu sichern. Zu diesem Zwecke wollte er die mächtigste Partei im Volke, die Phari=säer gewinnen, und unternahm eben deßhalb den erweiterten Bau, und eine neue Einweihung des Tempels (Alterth. ibid. 6.) Folglich seţte er voraus, daß er nichts thun könne, was den Juden mehr gefalle und geeigneter wäre, ihm ihre Gunst zuzuwenden. Wünschten aber die rechtgläubigen Israe=liten mit ganzer Seele eine prachtvolle Herstellung des alten salomonischen Heiligthums, so darf man auch versichert seyn, daß sie dieses Werk, ehe es auf gewöhnlichem, menschlichem Wege durch Herodes vollführt wurde, dem künftigen Erretter des Volks, dem Messias zuschrieben; denn immer haben sie die Erfüllung aller National=Hoffnungen oder auch Vorur=theile, besonders solcher, die sich auf den Gottesdienst bezo=gen, vom Messias erwartet. Und in der That nur an ein messianisches Werk konnte Herodes solche Kosten wenden, nur durch Vollendung eines solchen durfte er hoffen, den wohl=verdienten Haß der Juden zu entwaffnen. Nachdem aber der Tempel in der ersehnten schöneren Gestalt sich erhoben hatte, ist nicht mehr wahrscheinlich, daß die Juden ihrem Messias einen neuen Bau des Heiligthums zuschrieben, höch=stens konnten sie noch erwarten, daß er demselben eine höhere Weihe ertheilen werde. Da nun Jonathan in unserer Stelle dennoch die Erbauung des entweihten und übergebenen Tem=pels dem Messias zuschreibt, so folgt hieraus, wenn nicht alle historische Rechnung täuscht, daß sein Targum vor dem 18ten Jahr der Regierung Herodes des Großen verfaßt wurde. Aufs schönste stimmen hiemit die beiden andern oben angeführten Hauptstellen, 2. Sam. 2. und Habac. 3, 17. überein. Denn die Römer erscheinen dort zwar nicht als ein Volk, das den Juden schon so viel Böses gethan hat, als die Könige der Griechen, weßhalb sie 2. Sam. 2. gar nicht genannt werden, aber doch zugleich als ein solches, das schon

Schatzungen erhob (was unter Pompejus und in den ersten Jahren des Herodes geschah) und deßhalb dem Untergang geweiht ist, nach Habac. 3, 17. Alle drei Aussprüche (2. Sam. 2. Habac. 3, 17. und Jesaj. 53, 14.) weisen also auf eine und dieselbe Zeit, auf die ersten 18 Jahre des Herodes hin. So ist denn unsere Stelle, die beim ersten Anblick so verdächtig schien, ein schöner Beweis für das Zeitalter Jonathans.

Auch der Targum zu Jesaj. 32, 14. machte mich anfangs stutzen, bis ich mich überzeugte, daß der Uebersetzer den Text ganz im Sinne des alten Propheten wieder gibt. Targum und Text sagen dasselbe. — Sonst haben seichte Kritiker, wie Eichhorn und Berthold, einzelne Ausdrücke unseres Targum als Zeichen späterer Abfassung angefochten, so z. B. daß Jonathan Jes. 34, 9. Edom auf Rom deutet und noch mehr, daß er Ezechiel 38, 6. Gomer durch Germania übersezt. Unmöglich, meinen die gelehrten Herrn, habe man damals in Palästina etwas von den Germanen wissen können, die ja tausend und mehr Stunden von jenem Lande entfernt wohnten. Das ist wieder eine schöne Probe jener deutschen Kritik, die sich selbst durch ihre Ungebühr um alle Achtung gebracht hat. Wie? die Juden, welche Rom von ganzer Seele haßten, welche mit gespannter Neugierde auf jede Schlappe lauschten, die den verhaßten Feinden widerfuhr. sollen nichts davon gehört haben, daß nur Germanen den Legionen mit Glück widerstanden, nichts von den Kämpfen der Cimbern und Teutonen gegen Marius, nichts von der Niederlage des Varus? Und doch lebten so viele tausend Juden in Rom, und zwischen diesen und ihren Landsleuten in Palästina fand reger Verkehr statt! Wer empörungslustig ist, erspäht mit Inbrunst alle schwachen Seiten seiner Gegner. Die Juden aber waren zum Aufstande bereit, und die schwächste Seite Roms bot eben die germanische Gränze dar. Doch wozu bloße Vermuthungen darüber, daß die Juden unter Augustus etwas von Germanien wußten. Wir können mit

Thatsachen antworten. Josephus gibt Alterth. **XVII. 8.** 3
zu verstehen, Herodes der Große habe neben andern Leib=
wächtern auch Germanen in seinem Dienste gehabt. Warum
wohl Mitglieder dieser fernen Nation? ohne Zweifel darum,
weil man sie für die besten Soldaten hielt! Also muß man
damals in Palästina wohl etwas von der Geschichte Germa=
niens zu erzählen gewußt haben. Daß endlich Jonathan den
Ausdruck Edom auf Rom deutet, beweist noch viel weniger
für ein späteres Alter des Targum. Immer haben die Ju=
den alttestamentliche Namen, wie Assur, Babel, Edom, Moab,
als stehende Bilder für spätere ähnliche Völker oder Städte
gebraucht. Die alte Geschichte ihres Volkes war ihnen ein
Vorbild der neuen, gegenwärtigen, wofür schon das neue Te=
stament hinlänglich zeugt. Nun noch ein Wort über Armil=
lus. Mit diesem Ausdruck bezeichnet Jonathan zu Jesaj. 11,
4., den Antichrist. Morinus und nach ihm der ganze Chor
der neuern Kritiker erklären die Fabel von Armillus, der
Himmel weiß aus welchen Gründen, für später als der Tal=
mud. Selbst der gelehrte Zunz neigt sich, ohne Zweifel durch
die Einreden einiger christlichen Läugner bestochen, zu der
Vermuthung hin, daß die Stelle ein späteres Einschiebsel
sey*). Allein ich werde später in dem Kapitel vom Messias
genügend darthun, daß diese Sage dem Zeitalter der Heroden
angehört.

Aus den bisher entwickelten Gründen ergibt sich, zum
Mindesten gesagt, eine hohe Wahrscheinlichkeit, daß der Tar=
gum Jonathan vor der Zerstörung Jerusalems geschrieben
wurde. Aber es gibt noch bündigere Beweise für dieselbe
Sache. Josephus, der jüdische Geschichtschreiber, erzählt be=
kanntlich in seinen Alterthümern, auch da, wo er blos die
heiligen Bücher als Quelle braucht, Manches, was sich weder
im hebräischen Original, noch in den **LXX** findet, welche

---

*) Zunz a. a. O. S. 282, Note d.

leztere er erweislich oft benüzt. Ich behaupte nun, daß er unsern Targum vor Augen gehabt und manchmal ausgeschrieben habe. Alterth. Buch II, 1. 2. erzählt uns Josephus: die Kundschafter, welche Josua fortgesandt, um Jericho auszuspähen, hätten dort in einem Wirthshause eingekehrt, das einer gewissen Rachab gehörte: ὑποχωροῦσιν εἴς τι καταγώγιον, und etliche Linien weiter unten ὄντες ἐν τῷ τῆς Ῥαχάβης καταγωγίῳ. Deßgleichen berichtet er uns ebend. II, 8. 10., Simson sey nach Gaza gereist und dort in ein Wirthshaus gegangen ἔν τινι τῶν καταγωγίων διέτριβε. Beidemale nennt der heilige Text die Sache bei einem andern Namen. Es ist eine זוֹנָה אִשָּׁה bei der Simson, wie die Kundschafter einkehrten (Jos. II, 1. und Richt. XVI, 1.). Der Grund, warum Josephus auf diese Weise färbte, liegt auf der Hand. Die Juden schämten sich, daß gefeierte Namen ihres Alterthums solchen Umgang gepflogen haben sollten. Aber sicherlich hätte sich der jüdische Geschichtschreiber keine solche Verschleierung erlaubt, wenn er sich nicht auf eine anerkannte Auktorität stützen konnte. Ich finde dieselbe in unserm Targum. Denn dieser übersezt an beiden Stellen den Ausdruck זוֹנָה durch פּוּנְדְקִיתָא, welches Wort von πανδοχεύς oder πάνδοχος abstammt und eine Gastwirthin, im bösen Sinne freilich auch eine Hure bezeichnet. Die LXX sind nicht so ekel wie Jonathan, sie setzen geradezu πόρνη. Diese Uebereinstimmung zwischen Josephus und unserem Targum beweist freilich noch nicht viel; auch folgendes zweite Beispiel nicht. Alterth. V. Kap. IX, 3. gibt Josephus zu verstehen, Ruth sey als Jungfrau von der Lagerstätte des Boas weggegangen. Dieser habe ihr Morgens in aller Frühe gerathen, nach Hause zu eilen, ehe Jemand merke, daß sie hier geschlafen habe; denn, fügt Josephus bei, φυλάττεσθαι γὰρ σῶφρον τὴν ἐπὶ τοῖς τοιούτοις διαβολήν, καὶ μάλιστα ἐπὶ μὴ γεγονόσιν, „besonders wenn nichts (Unrechtes) geschehen sey." Der heilige Text schweigt über die Folgen der nächtlichen Annäherung des

Boas und der Ruth; aber der Targum spricht sich entschie=
den in Josephus Sinne aus: Ruth III, 8. media nocte
contremuit Boas et aspexit mulierem juxta pedes suos
et· subegit concupiscentiam suam et non accessit ad eam,
quemadmodum nec fecit Joseph justus, qui recusavit ad-
propinquare ad Aegyptiam, uxorem domini sui etc.
Wir legen, wie gesagt, kein großes Gewicht auf dieß Zusam=
mentreffen beider, desto mehr auf zwei andere Beispiele, die
hier folgen: Alterth. V. Kap. V. 1., lesen wir: Jabin, König
der Kanaaniter, habe ein Heer von 300,000 Mann zu Fuß,
10,000 Reitern und 3000 Streitwagen gehabt, und diese
Macht seinem Feldhauptmann Sissera zum Kampfe gegen
Israel übergeben. In der entsprechenden Stelle des heiligen
Textes Richt. IV. 3. u. 13. finden wir ganz andere Zahlen.
„Neunhundert eiserne Wagen hatte Jabin," von
Fußvolk und Reiterei steht kein Wort zu lesen. Auch der
Targum folgt, wenigstens Richt. IV. 3. u. 13, dem heiligen
Text und kennt nur 900 Streitwagen. Aber anders äußert
er sich in dem Lobgesang, worin die Prophetin Debora den
Sieg ihres Volkes über Sissera feiert. „Der Leute = Schinder
Sissera," heißt es dort (Richt. V. 8.), „hatte 40,000 Häup=
ter des Lagers, 50,000 Soldaten, welche mit dem Schwerte,
60,000, die mit der Lanze fochten, 70,000 Schildträger
(Schwerbewaffnete, ὁπλῖται), 80,000 Schleuderer, außerdem
900 eiserne Wagen; aber all' diese Tausende, all' diese Scha=
ren konnten nicht bestehen vor Barak und vor den 10,000
Männern aus Israel, die mit ihm waren." Man sieht, der
Targumist ging von der Ansicht aus, als sey oben im heiligen
Texte (Richt. IV. 3.) nur der Hauptbestandtheil der Macht
Jabins, die Streitwagen, gleichsam das grobe Geschütz der
alten asiatischen Völker, angegeben, das Fußvolk dagegen als
etwas, das sich von selbst verstehe, übergangen. Als ein
Mann, dem jeder Zug aus der alten Geschichte seines Volkes
theuer ist, trägt er das, was der inspirirte Verfasser des

Buches der Richter wegließ, aus der Tradition nach, und zwar in dem Lobgesange Debora's, weil es hier galt, den herrlichen Sieg Israels auf jede Weise, also namentlich durch den Abstand zwischen der Macht der Sieger und der Besieg=ten zu feiern. Rechnen wir nun die von Jonathan aufge=führten Zahlen von Streitern zu Fuß *), 40,000, 50,000, 60,000, 70,000, 80,000 zusammen, so kommt eben die Summe des Fußvolks bei Josephus heraus, dreimalhundert Tausend. Ist dieß nun nicht höchst auffallend? sieht man sich nicht zu der Annahme gezwungen, daß Josephus unsern Targum vor Augen gehabt habe? Allerdings nennt Josephus außer=dem noch 3000 Wagen (2100 mehr als Jonathan) und 10,000 Reiter, von denen der Targum gar nichts weiß. Jo=sephus muß also noch andere traditionelle Berichte benützt haben, und zwar sicherlich unreinere und spätere. Denn Zahlen wachsen in der Sage überall mit der Zeit, wie Schneelawinen durch Fortschreiten im Raume **). Wird nun die Vermuthung,

---

*) Als Fußknechte erscheinen sie nicht nur wegen der Waffen, die jeder Gattung zugeschrieben sind, sondern auch, weil die Wa=gen besonders genannt und Reisige nicht erwähnt werden.

**) Wir wollen hier an einem interessanten Beispiele zeigen, wie nichtig die Kritik ist, welche von den christlichen Gelehrten gewöhnlich auf die alten jüdischen Schriften angewendet wird, um ihre Zeit zu bestimmen. Gesenius, ein Forscher, den Niemand mehr schätzen kann als ich, und der die kritische Schwäche von Männern wie Bertholdt und Eichhorn nach Gebühr züchtigt, nennt in seinem Commentar zu Jesa=jas unsere Stelle im Targum (Richt. V. 8.) ein abenteuerliches Einschiebsel, das auf ein jüngeres Zeitalter hinweise. (Ge=senius hält nämlich mit uns den Targum für gerade so alt, als die Talmudisten behaupten.) Ohne es zu merken, hat sich hier der verehrte Gelehrte von dem falschen kritischen Grundsatze hinreißen lassen, daß die Welt immer dümmer werde, ein Grundsatz, der dem andern, von denselben Kritikern sonst so oft stillschweigend oder offen angewandten „Wie herr=lich weit haben wir es doch gebracht" geradezu widerspricht. Warum sollten die Juden zur Zeit des Herodes nicht auch lächerliche und übertriebene Dinge behauptet oder geschrieben

4 *

daß Jonathan um ein Gutes älter sey als Josephus, und dem jüdischen Geschichtschreiber als Quelle gedient habe, durch obige Stelle höchst wahrscheinlich, so wird sie durch folgende zur Gewißheit erhoben. Alterth. IX. Kap. 4, 2. leitet Josephus die Schilderung des Wunders der Oelkrüge, welches der Prophet Elisa an der armen Wittwe gethan, mit den Worten ein: *Προςελθοῦσαν αὐτῷ φασι τὴν Ὠβεδίου τοῦ Ἀχάβου οἰκονόμου γυναῖκα εἰπεῖν, ὡς οὐκ ἀγνοεῖ, πῶς ὁ ἀνὴρ αὐτῆς τοὺς προφήτας περιέσωσεν, ὑπὸ τῆς Ἀχάβου γυναικὸς Ἰεζαβέλης ἀναιρουμένους. Ἑκατὸν γὰρ, ἔλεγεν, ὑπ᾽ αὐτοῦ δανεισαμένου τραφῆναι κεκρυμμένους· καὶ μετὰ τὴν τοῦ ἀνδρὸς τελευτὴν ἄγεσθαι νῦν αὐτήν τε καὶ τὰ τέκνα πρὸς δουλείαν.* Im heiligen Texte (2 Kön. 4, 1.) heißt es blos: „Und ein Weib von den Weibern der Prophetenschüler schrie zu Elisa und sprach: dein Knecht, mein Mann, ist gestorben, und du weißt von ihm, daß er, dein Knecht, Gott fürchtete. Nun kommt der Schuldherr her und will meine zwei Söhne zu Sklaven nehmen." Auch die LXX enthalten nicht mehr; wohl aber der Targum Ben Usiel: dieser lautet (2 Kön. 4.) so: „et mulier una de uxoribus discipulorum prophetarum clamavit ad Elisaeum, dicendo: Servus tuus Obadias, maritus meus, mortuus est, et tu nosti, quod servus tuus timebat Dominum. Cum Jezabel prophetas Domini persequeretur, accepit ex iis centum viros et abscondit eos quinquagenos, quinquagenos in spelunca, et mutatus est et aluit eos, ne aleret eos de facultatibus Achab, propterea quod essent rapina acquisitae. Et nunc creditor venit, ut accipiat duos filios meos sibi in servos." Hier ist die Stelle des Josephus vollkommen

_____

haben! Warum nur die Späteren, die Talmudisten? Dieser Einwurf, der an sich so wohl begründet ist, wird im vorliegenden Falle durch Josephus gerechtfertigt, der bekanntlich auch zu den ältern Juden gehört und doch über einen und denselben Gegenstand noch Abenteuerlicheres berichtet, als der Targumist Jonathan.

erklärt: der Mann der Wittwe hieß Obadja, war also derselbe mit dem Schaffner des Königs Ahab, der 1. Buch der
Könige Kap. 18. hundert Propheten rettet. Er hatte das Geld
entlehnt, um die Flüchtlinge unterhalten zu können, und nun
nach seinem Tode kommen die Gläubiger und drohen, weil
sie sich nicht mit der Hinterlassenschaft des großmüthigen Er-
nährers der Propheten bezahlt machen können, seine Kinder
als Sklaven wegzunehmen. Dieß deutet Josephus wenigstens
an: ὑπὸ δανεισαμένου τραφῆναι, Obadja habe das nöthige
Geld dazu entlehnt. Endlich weist sein Ausdruck φασὶν darauf hin, daß er keine Erzählung des Textes selbst, sondern
eine Erweiterung desselben; oder, wie die Juden sagen, eine
Hagada wiederhole. Eine solche ist ja die Stelle unsers Targum. Da nun Josephus diesen Beisatz gerade an demselben Orte, wie Jonathan (als Anhängsel zu 2. Kön. 4. 1.),
und zwar ganz mit denselben Nebenumständen, wie dieser,
einflicht, so ist meines Bedünkens der Beweis vollständig geführt, daß Josephus unsern Targum benützt habe, also auch
dargethan, was wir hier darthun wollten.

Sollten nun nicht auch die neutestamentlichen Schriftsteller es ebenso gemacht haben, wie Josephus? Diese Vermuthung liegt sehr nahe, und es fehlt in der That nicht ganz an
Spuren, welche für sie sprechen. Die drei Synoptiker führen
die Weissagung Jes. 6, 10. an, aber auf verschiedene Weise.
Matthäus (13, 14. 15.) hält sich strenge an die LXX, namentlich in den lezten Worten, auf die es hier ankommt:
μήποτε ἐπιστρέψωσι καὶ ἰάσωμαι αὐτούς. Lukas gibt die
Stelle im Allgemeinen (8, 10.) und läßt das Ende weg;
anders Markus, statt καὶ ἰάσωμαι αὐτούς sagt er καὶ ἀφεθῇ
αὐτοῖς. Der erklärende Beisatz τὰ ἁμαρτήματα, der hinter
αὐτοῖς im gewöhnlichen Texte steht, fehlt in den besten
Handschriften, und ist wohl unächt. Allem Anschein nach
hat nun Markus (oder vielmehr die Quelle, der er folgte)
seine Uebersetzung aus unserm Targum entlehnt. Denn

Jonathan deutet die dunkeln Textesworte לָ רָפָא (damit man
es heile) durch וְיִשְׁתְּבֵק לְהוֹן et condonabitur iis. Noch auffallender schließt sich die Stelle 2 Theſſal. 2, 8. an den Targum an: καὶ τότε ἀποκαλυφθήσεται ὁ ἄνομος, ὃν ὁ κύριος
ἀναλώσει τῷ πνεύματι τοῦ σόματος αὐτοῦ. Der Verfaſſer
des Briefs hat einen ſehr beſtimmten und weit ausgeſponne-
nen Begriff von dieſem ἄνομος, er nennt ihn wenige Verſe
zuvor ὁ ἄνθρωπος τῆς ἁμαρτίας, ὁ υἱὸς τῆς ἀπωλείας, ὁ
ἀντικείμενος καὶ ὑπεραιρόμενος ἐπὶ πάντα λεγόμενον θεὸν ἢ
σέβασμα, ὥςε αὐτὸν εἰς τὸν ναὸν τοῦ θεοῦ, ὡς θεὸν καθί-
σαι, ἀπωδεικνυντα, ὅτι ἐsι θεός. Es iſt der teuflische Gegenkämpfer des Meſſias, der ſogenannte Antichriſt, wie denn
Vers 9. ebend. geradezu von ihm geſagt wird: οὗ ἐsιν ἡ πα-
ρουσία κατ᾽ ἐνέργειαν τοῦ σατανᾶ ἐν πάσῃ δυνάμει καὶ σημείοις καὶ τέρασι ψεύδους, καὶ ἐν πάσῃ ἀπάτῃ τῆς ἀδικίας.
Bekanntlich gründeten die Apoſtel faſt alle ihre Lehren auf
das alte Teſtament; auch Paulus thut dieß im vorliegenden
Falle, denn der achte Vers weist beſtimmt auf Jeſaias 11,
4. zurück. Nun iſt es ſchwer, im hebräiſchen Terte, an und
für ſich, die Lehre vom Antichriſt zu finden. Zeitvorſtellungen
müſſen alſo das Beſte dabei gethan haben. Eben dieſe ſind
aber im Targum zu dieſer Stelle ſcharf und beſtimmt ausgeſprochen. Jonathan überſezt ſo: (Messïas) percutiet peccatores terrae effato oris sui, et eloquio labiorum suorum
occidet Armillum improbum. Armillus iſt der Name
des Antichriſts, der ein ganzes Gewebe von kirchlichen Sagen
und Meinungen umfaßt, und in der Offenbarung Johannis
unter etwas veränderter Bezeichnung wiederkehrt, was tiefer
unten ins hellſte Licht geſezt werden ſoll. Demnach iſt es
ganz in der Ordnung, daß Paulus ſeine Lehre vom Antichriſt
gerade auf Jeſ. 11, 4. ſtüzte.

Faſſen wir das bisher Geſagte zuſammen. Innere Gründe
ſprechen aufs Beſtimmteſte dafür, daß unſer Targum geraume
Zeit vor Zerſtörung der heiligen Stadt durch die Römer

abgefaßt worden ist; aller Wahrscheinlichkeit nach haben ihn Josephus und selbst einige der neutestamentlichen Schriftstel= ler benützt und gebraucht. Der gesunde Menschenverstand ver= bietet daher, der einstimmigen Aussage der alten Rabbinen, daß Jonathan der Verfasser unseres Targums sey, und daß er in Hillels Zeiten geblüht habe, den Glauben zu versagen. Denn ohne gute Gründe soll man alte Auktoritäten nicht der Lüge zeihen.

Wir gehen über zum Targum des Pentateuchs, der dem Onkelos zugeschrieben wird. Die größte Verwirrung herrscht über diesen Mann bei den Talmudisten. Einige machen ihn zum Schüler Gamaliels des Aeltern (der ums Jahr 50 un= serer Zeitrechnung gestorben ist), Andere versetzen ihn in die Tage Hillels, Andere — und dieß ist der häufigste Fall — ver= wechseln ihn mit dem griechischen Uebersetzer des Pentateuchs Aquila — wozu die Aehnlichkeit beider Namen leichten An= laß gab *). Da wir auf solche Weise von alten sichern Zeug= nissen ganz entblößt sind, ist es am besten, sich an den Targum selbst zu halten. Vorher muß bemerkt werden, daß sich derselbe durch strenge Wörtlichkeit auszeichnet, und nur in prophetischen Stellen zu umschreiben und folglich Eigenes ein= zumischen pflegt. Deßwegen kann man nur von Stellen lezte= rer Art Aufschluß über das muthmaßliche Zeitalter des Ueber= setzers erwarten. Also werden wir von selbst auf den Segen Jakobs (Genes. 49.) hingewiesen. Gerade hier finden sich Stellen, die auf die Zeit des Targums annähernd hindeuten. Die Worte Genes. 49, 27. Benjamin, lupus rapax, mane comedet praedam, vespere dividet spolia, überträgt Onke= los so: In terra Benjamin habitabit majestas divina (שְׁכִנְתָּא) et in portione ejus aedificabitur sanctuarium;

---

*) Man vergleiche über die verschiedenen, in der jüdischen Sage aufgeführten Onkelos *Wolf* bibliotheca hebraica II, 1147 u. flg., von den Neuern *Winer* de Onkeloso ejusque paraphrasi chaldaica dissertatio. (Lipsiae 1820) Seite 1. u. flg.

mane et vespere offerent sacerdotes oblationes, et tempore vespertino dividunt residuum portionum suarum de reliquiis eorum, quae sanctificata sunt. In gleichem Geiſte überträgt Onkelos, ebenfalls unabhängig vom Text, die beiden Stellen Num. 24, 9. requiescet habitabitque (Israel) in fortitudine quasi leo et leaena, et non erit regnum, quod commoveat eum; und Deuter. 33, 18. 19.: laetare Isaschar, cum iveris ad obeunda tempora solennitatum in Jerusalem. Tribus Israel congregabuntur in monte domus sanctuarii, ibi immolabunt hostias sanctificatas cum voluptate. In der erſten und dritten dieſer Stellen wird offenbar der Fortbeſtand des Tempels und der heiligen Feſte vorausgeſezt, in der zweiten erſcheinen die Juden als eine Nation, die niemals aufhört und immer ihren Feinden Widerſtand leiſten kann. Hätte Onkelos ſeinen Targum nach der Zerſtörung Jeruſalems abgefaßt, ſo konnte er die einfachen Worte Moſis, der nichts oder nur wenig von dem ſagt, was der Targum ihm unterlegt, unmöglich gerade ſo umſchreiben; als ein bittrer Spott mußte ſonſt ſeine Ueberſetzung erſcheinen. Um die Wahrheit dieſer Behauptung tiefer zu fühlen, vergleiche man mit unſerem Targum den viel ſpätern jeruſalemiſchen, von dem gleich die Rede ſeyn wird. Man ſieht beim erſten Blick, daß der Verfaſſer des leztern unſern Onkelos überall benüzt und ausſchreibt, nichts deſto weniger hat er, offenbar im Gefühle, daß die Arbeit ſeines Vorgängers wegen eingetretener Ereigniſſe nicht mehr paſſe, in den Stellen Num. 24. und Deuter. 33. ſich weſentliche Abweichungen erlaubt. Statt der Worte nec erit regnum, quod commoveat eum, ſagt er, zum hebräiſchen Text zurückkehrend, sicut vetus leo, quem, si dormit, quis excitet? und Deuter 33, 18. macht er eine noch bedeutendere Aenderung, indem er ſo überſezt: laetamini domus Isaschar in tabernaculis domorum scholarum vestrarum: ſtatt des Tempels, der dahin war, die Synagogen, welche

blieben. Nur in Umschreibung der Stelle Genes. **XLIX, 27.**
ist der Targum Jeruschalemi dem Onkelos, seinem Vorbilde,
treu geblieben, wohl deßhalb, weil man seit langer Zeit an
die alte Deutung der Worte Jakobs gewohnt war. Unver=
kennbar liegt den angeführten Abänderungen das Bewußtseyn
zu Grund, daß man seit der Zerstörung des Tempels und
wegen der Folgen, die dieses Ereigniß nach sich zog, den
heiligen Text nicht mehr so umschreiben und auslegen dürfe,
wie Onkelos.

Der Verfasser unseres Targums hat also eben so gut
als Jonathan Ben Usiel vor der Zerstörung des zweiten
Tempels gelebt. Allem Anschein nach ist jedoch seine Arbeit
älter als die Jonathans. Denn im Targum zu den Prophe=
ten finden sich ziemlich deutliche Spuren einer Benutzung des
Onkelosschen Werkes. Targum Richter 5, 26. gibt Deuter.
22, 5. nach Onkelos unverändert wieder, deßgleichen Targum
2. König 14, 6. mit geringen Abweichungen die Uebersetzung
des Onkelos zu Deuter. 24, 16. Endlich stimmt Targum
Jerem. 48, 45. 46., so weit es der Text des Jeremias selbst
erlaubte, genau mit Onkelos Num. 21, 28. 29. überein*).
Für das Vorhandenseyn der beiden Targumin gibt es eine
Masse späterer Zeugnisse in der Mischna (Megillah Kap. 4.
zu Ende), in beiden Talmuden, in den Tosaftas, in den
Midraschim **). Die unter dem Namen Peschito bekannte
syrische Uebersetzung der Bibel, welche wohl ins 2te Jahr=
hundert hinaufreicht, hat die Targumin benützt, also auch
vorgefunden ***). Das Alter der Arbeit Jonathans und des
Onkelos ist also zum Mindesten eben so sicher, als das irgend

---

*) Zunz a. a. O., Seite 63.
**) Zunz ebend.
***) Gesenius spricht davon in seinem Commentar zu Jef.
B. i. 81. und zählt Seite 83 Beispiele auf, aus welchen
hervorgeht, daß der Syrer wenigstens den Targum zu Jesajas
benützt haben muß.

einer andern alten Uebersetzung der heiligen Schrift. Man
braucht nicht um Gnade zu betteln, wenn man sich auf sie
berufen will, sondern kann auf sein gutes Recht pochen.
Manche Leser möchten vielleicht glauben, wir hätten nicht so
viel Mühe auf diesen Beweis wenden sollen, aber der Erfolg
meiner Arbeit wird sie eines Andern belehren. Die Targumim Onkelos und Jonathan sind eine köstliche, unvergleichliche
Quelle für den religiösen Glauben der Zeitgenossen Jesu.

Noch ein dritter Targum ist zu betrachten übrig. Es existirt
außer Onkelos eine vollständige chaldäische Uebersetzung
zum Pentateuch und bedeutende Bruchstücke einer vierten.
Jüdische Lehrer des 14ten Jahrhunderts schrieben erstere dem
Jonathan Ben Usiel zu. Bald erkannte man jedoch, daß
der Targum zu den Propheten nicht Einen Verfasser mit
dieser Uebersetzung des Pentateuchs haben könne. Denn gar
zu deutlich verräth sie ein viel späteres Alter. Man nannte
sie daher gewöhnlich Targum Pseudojonathan. Aber wie verhält es sich mit den Bruchstücken, welche in den Handschriften
den Titel Targum Jeruschalemi führen? Lange hielt man
sie für Ueberbleibsel eines eigenen, verloren gegangenen Targums, erst neuerlich wurde dieser Irrthum berichtigt. Zunz
hat auf überzeugende Weise dargethan, daß die Fragmente
nichts Anderes als verschiedene Lesearten oder Bearbeitungen
eines und desselben Targums seyen, der von den Alten Jeruschalemi genannt wurde, und später fälschlich für ein Werk
Jonathans ausgegeben worden ist *). Wir werden ihn in
unserer Schrift nur Jeruschalemi nennen. Dieser Targum
gehört allem Anschein nach ins 6te Jahrhundert. Der Zerstörung Jerusalems' wird als eines alten Ereignisses gedacht
(Genes. 45, 14). Der Talmud erscheint aufs Bestimmteste
als ein geschlossenes Ganzes (Exod. 26, 9. und 36, 16).
Byzanz wird unter dem Namen Konstantinopel (קוֹשְׁטַנְטִינִי)

---

*) Zunz a. a. O. S. 66 u. flg.

erwähnt (Num. 24, 19). Den sichersten Fingerzeig für das
Alter dieses Machwerks enthält wohl die Stelle Num. 24,
24., wo dem Seher Bileam die Prophezeihung in den Mund
gelegt ist: „Römische Heere werden zu Schiffe aus Italien
abgehen, sich mit den Legionen Konstantinopels vereinigen,
und dann mit gesammter Kraft die Völker jenseits des Eufrat
(die Perser) anfallen. Aber es nütze sie nichts, denn nun
komme der Juden Messias, und unterjoche alle Nationen des
Erdkreises.“ Offenbar spricht hier der Uebersetzer von einem
Ereigniß, das er selbst erlebt hatte. Aber was meint er da=
mit? etwa die Feldzüge Belisars, oder die späteren unter
Justinian II, oder Mauritius? Später haben wohl keine
Italiener mehr mit den Byzantinern gegen die Perser gefoch=
ten, und leztere treten ja ohnedieß bald in Hintergrund, in=
dem sie gefürchtetern und mächtigern Feinden des morgen=
ländischen Kaiserreichs, den Ismaeliten (oder mahomedanischen
Arabern) Platz machen. Die Mundart, in der unser Targum
geschrieben, ist die palästinische (daher der Name Jeru=
schalemi), und wahrscheinlich hat der Verfasser desselben in
Cäsarea gelebt (wegen Num. 24, 19). Daß er frühere Ar=
beiten benüzte, ist außer Zweifel, da im Talmud Jerusch=
lemi, vielleicht selbst in der Mischna, chaldäische Bibelsprüche
angeführt, zum Theil auch getadelt werden, die sich eben in
unserm Targum wiederfinden *). Außerdem gibt es ara=
mäische Uebersetzungen zu Hiob, Esther, den Psalmen, dem
hohen Lied, dem Prediger, den Sprüchwörtern, die wir, als
späteren Zeiten angehörend, nicht benüzt haben und daher
nur im Vorbeigehen nennen.

Die bisher genannten jüdischen Quellen bekennen meist
die pharisäische Meinung — nur die Targumin machen zum
Theil eine Ausnahme, wovon später. — Aber auch die my=
stische Lehre hat unter den Rabbinen der talmudischen Zeiten

---

*) Zunz S. 75.

ihre Vertreter; nur wurde aus besondern Gründen sehr Weniges von diesem Zweige schriftlich niedergelegt. Daß sie
wahrscheinlich in Alexandrien entstanden ist, daß sie in P h i l o
einen beredten Darsteller fand, daß sie durch die Essener nach
Palästina verpflanzt wurde, habe ich in einem frühern Werke
bewiesen *). Der Orden der Essener ging mit der heiligen
Stadt unter, nur schwache Ueberbleibsel davon kannte und
schildert E p i p h a n i u s. Aber unter den Nachfolgern der
Pharisäer, unter den Talmudisten erhielten sich Spuren der
Geheimlehre, deren Hauptstütze zur Zeit Jesu Christi und
vorher die Essener gewesen waren. Wie schon P h i l o gethan, glaubte man sie hauptsächlich in der Genesis, besonders
in dem ersten Kapitel derselben begründet; außerdem knüpften
sie die Späteren an die Erklärung der Vision des Ezechiel-
schen Wagens **). In der mystischen Kunstsprache nannte
man erstere Fundgrube der Geheimlehre das Werk des Anfangs (Maaseh Bereschit), die zweite das Werk des Wagens (Maaseh Mercaba). Sey es, daß die Talmudisten
Ketzereien oder sonstigen Mißbrauch befürchteten, wenn die
Mystik ungehindert vorgetragen werde; sey es, daß sie aus
Sektengeist eine Lehre nicht verbreiten wollten, die ursprünglich ihrer Partei nicht angehörte: kurz, sie verweisen dieselbe
aus dem Kreise des Unterrichts und der Schulen. Daher
kommt es, daß durch die vier talmudischen Jahrhunderte hindurch fast alle Beweisstellen, welche die ununterbrochene Fortdauer der alten mystischen Lehre beurkunden, Verbote oder
gar Verwünschungen mit sich im Schweife führen. So schon
in der Mischna, Traktat Chagigah 1. Kapitel: „Man 'trägt
das Werk der Schöpfung (מַעֲשֵׂה בְרֵאשִׁית) nicht zwei (Schülern) zugleich vor, und das Werk des Wagens nicht einmal

---

*) Philo und die alexandrinische Theosophie. Stuttgart 1831.
**) Auch das hohe Lied wurde schon sehr frühe in den Kreis der
Geheimlehre gezogen. Hievon das Nähere unten.

einem einzigen, es sey denn derselbe weise und verständig genug, um (Alles recht) zu begreifen. Wer folgenden vier Dingen nachforscht, dem wäre besser, daß er nie in die Welt gekommen: was oberhalb (der Thiere des Wagens), was unterhalb derselben, was zuvor und hernach ist (vor und nach Erschaffung der Welt)." Auch sonst finden sich bei den Mischnalehrern Spuren der Geheimlehre, woraus hervorgeht, daß sie, obgleich verboten, ihre geheimen Verehrer zählte. In der Tosaphtha zu obiger Stelle heißt es: „Rabban Jochanan equitabat super asino, sequebaturque eum R. Elieser ben Aruch, qui dixit illi: Rabbi lege caput unum in opere currus. Respondit ei magister: nonne tibi dixi a principio, quod non legant in curru, ne uno quidem praesente (discipulo), nisi fuerit sapiens et intelligens? Dixit R. Elieser: exponam igitur coram te; cui respondit R. Jochanan: incipe; protinus coepit R. Elieser exponere in opere currus. Tum vero descendit Rabban Jochanan ben Zachai de asino, velavitque se pallio suo, et consederunt ambo in lapide sub olea. Cum explicasset R. Elieser, surrexit Jochanan et osculatus est eum, dicens: Benedictus Dominus Deus Israël, quid dedit Abrahamo patri nostro filium, qui sciat exponere gloriam patris sui, qui est in coelis." etc. Häufiger sind jedoch verbietende Aeußerungen, von denen Zunz *) eine Reihe aus beiden Talmuden gesammelt hat. Die Abneigung der Talmudisten gegen die Geheimlehre war so stark ausgesprochen, daß auch christliche Väter Kenntniß davon nahmen. Hieronymus sagt in der Vorrede zu seiner Erklärung des Ezechiel: „(hujus) prophetae difficultatem Hebraeorum probat traditio. Nam nisi quis apud eos aetatem sacerdotalis ministerii, i. e. tricesimum annum impleverit, nec principia Geneseos, nec canticum canticorum, nec hujus voluminis (Ezechielis) exordium et

---

*) Am angef. Orte S 163.

finem legere permittitur, ut ad perfectam scientiam et
mysticos intellectus plenum humanae naturae tempus
accedat." Noch bestimmter spricht er sich in der Erklärung
zu Ezech. I, 4. aus: „Propheta videt maximam visionem,
in cujus interpretatione omnes Judaeorum synagogae
mutae sunt, ultra hominem esse dicentium, et de hac,
et de aedificatione templi, quod in ultimo prophetae hujus scribitur, aliquid velle conari." Die Synagogen
waren nicht deßhalb stumm, weil sie Nichts darüber wußten,
wie Hieronymus zu glauben scheint, sondern weil sie ihre
Ansichten Niemand mittheilen wollten. Schwerlich sind in
den talmudischen Zeiten Bücher über die Geheimlehre geschrieben worden, obgleich es nicht an Spuren fehlt, daß
manche Rabbinen sich eifrig mit ihr beschäftigten. So wird
im Talmud gewissen Lehrern nachgerühmt, daß sie die Ge-
spräche der Engel und Dämonen verstanden hätten. Mit-
theilungen über die Dämonen, besonders über die Engelnamen,
weisen auf dasselbe hin *). Erwiesen wäre das vortalmudische
Alter eines berühmten mystischen Buches, wenn zwei Beweisstellen im Traktat Sanhedrin keine Zweifel erregten. Seite 67,
b. werden daselbst Satzungen der Schöpfung הַלְכוֹת יְצִירָה
erwähnt, wofür eine Parallelstelle in demselben Traktat
Seite 65 b. wahrscheinlich durch Verstoß das Buch Jezirah
(סֵפֶר יְצִירָה) sezt **). Allerdings haben wir eine mystische
Schrift mit diesem Titel; allein sie gehört allen Anzeigen
nach erst dem neunten Jahrhundert an ***). Seit dieser
Zeit kommen mystische Schriften häufig vor, wir begnügen
uns die Namen etlicher derselben anzuführen: die großen und
kleinen Hechalot, das Buch Rasiel, Hajaschar, das Alphabet
des Rabbi Akiba, der Midrasch Konen. Auch manche der
weiter oben genannten Midraschim, wie der zu den Psalmen,

---

*) Zunz a. a. O. S. 164.
**) Zunz ebendaselbst.
***) Zunz 165, 166.

zum hohen Lied, zu den Sprüchwörtern, ferner die Pesikta
Rabbatha, die Pirke Rabbi Elieser enthalten genug mystische
Elemente. Dem 12ten Jahrhundert gehört ein bekanntes
mystisches Werk Bahir (der Glanz) an, und zu Ende des
13ten ist die berühmte Fundgrube der jüdischen Geheimlehre,
die von nun an den ausschließlichen Namen Kabbala (die
Ueberlieferung) sich anmaßte, gleichsam ein Talmud der My=
stiker, das Buch Sohar, wahrscheinlich in Spanien, abgefaßt
worden. Diese Schrift gibt sich selbst für ein Werk des
Rabbi Simeon Ben Jochai *) aus. Ein heftiger Kampf
wurde lange Zeit ihretwegen unter den Juden geführt, indem
die Einen für das Alter, welches sich das Buch selbst zu=
schreibt, Andere für eine weit spätere Abfassung Partei nah=
men, und zum Theil noch nehmen. Wenn man, was leider
bei Christen so wenig als bei den Juden der Fall ist, in
solchen Dingen, statt theologischer Lieblingsmeinungen, die
Stimme der kühlen Vernunft hörte, wäre der Streit bald
entschieden worden. Denn zu deutlich sind die Anzeigen der
Jugend. Keine Auktorität vor dem 14ten Jahrhundert be=
ruft sich auf den Sohar, und das Buch wird an sich selbst
zum Verräther. Gebete, die erweislich erst dem 11ten Jahr=
hundert angehören, wie „die Seele alles Lebenden" und „eine
Krone wird dir gegeben" sind darin aufgeführt, die Seiden=
raupe und ihr nützliches Gespinnst genannt, die Siege des
Mohamedanismus erwähnt. Man weiß jezt, daß der Sohar
ums Jahr 1300 abgefaßt wurde **). Derselbe ist jedoch nicht

---

*) Ein glänzender Name des 2ten Jahrhunderts.
**) S. Zunz a. a. O. S. 405. Dieser ausgezeichnete Gelehrte be=
stimmt das Alter des Sohar nur nach äußeren Gründen. Ich
habe kürzlich eine Stelle aufgefunden, worin das Buch selbst
die Zeit seiner Abfassung unverkennbar andeutet. Sohar zum
Exodus Spalte 15. (der Cremoner Ausgabe) kommt eine in
mystischen Ausdrücken abgefaßte Rechnung vor, die, in die all=
tägliche Sprache des gesunden Menschenverstandes übergetragen,
so lautet: „Zwölfhundert Jahre nach Zerstörung des zweiten

das schöpferische Werk eines einzigen Mannes, sondern eine Sammlung, in welcher die Ergebnisse alter und neuer, für uns verlorener, mystischer Schriften niedergelegt sind, er hält uns ein vollständiges Bild der jüdischen Geheimlehre vor. Darum darf er auch, troß seiner Jugend, für die jüdische Mystik der Zeit Jesu Christi mit demselben Rechte als Quelle betrach= tet werden, mit welchem, im Fall alle älteren Werke über Kirchengeschichte oder Dogmatik vernichtet wären, die Katho= liken ihren Baronius und Bellarmin, die Protestanten ihren Gieseler und Gerhard als vollwichtige Gewährs= männer für die früheren Schicksale ihrer Kirche, und für ihre Glaubenslehre anführen könnten. Es versteht sich dabei von selbst, daß man ihn im Einzelnen nur mit großer Vor= sicht benüße. Wenn ich nachweisen kann, daß eine Lehre, die der Sohar entschieden bekennt, von älteren Schriftstellern des ersten, des zweiten, des dritten, des vierten Jahrhunderts als Meinung der jüdischen Mystiker ihrer Zeit dargestellt wird: dann erst habe ich das Recht zu sagen, diese Lehre des Sohar ist eben die alte mystische Ansicht der Juden. Und blos auf solche Weise werde ich den Sohar in vorliegendem Werke benüßen.

Die vierte und lezte Klasse der Quellen für den religiö= sen Glauben der Zeitgenossen Jesu Christi besteht endlich aus

---

Tempels wird tiefe Nacht (Unglück) über Israel lasten, nach weiteren 66 Jahren erwacht (wörtlich der Buchstabe Wau) das Glück.“ Das heißt: 1266 Jahre nach der zweiten Zerstörung, also ums Jahr 1330 unserer Aera, werde der Messias kommen. Diesen Zeitpunkt hat der lezte Ordner des Sohar nicht erlebt, denn sonst würde er den Ungrund seines Wahnes eingesehen haben. Aber sicherlich blühte er nicht lange vorher; denn allen jüdischen Berechnungen des Messias ist es eigen, daß der, wel= cher sie anstellt, der Zeit des Heiles selbst nahe zu seyn glaubt. Folglich mag derselbe etwa ums Jahr 1300 oder um Weniges früher geblüht haben. Die Angaben des Buches selbst stimmen also aufs Schönste mit den äußeren Gründen überein, welche Dr. Zunz geltend macht.

einer Reihe nicht hebräisch geschriebener Werke, welche Juden
oder Judenchristen zu Verfassern haben. Es wäre verlorene
Mühe, wollte ich von dem Alter der Schriften handeln,
welche Cotelerius in seine Sammlung der apostolischen Väter
aufnahm, denn dieser gelehrte Mann hat schon Alles gesagt,
was sich mit Grund darüber sagen läßt; dasselbe gilt auch
größtentheils von dem codex pseudepigraphorum veteris
testamenti unseres trefflichen Fabricius. Nur über drei der
wichtigsten jüdischen Apokryphen, die wir entweder ganz dem
Bischof Lawrence verdanken, oder doch in besserer Gestalt
von ihm erhalten haben, muß ich meine Meinung sagen. Es
fragt sich, welchem Glaubensbekenntnisse gehören die Verfasser
des Buchs Enoch, der Himmelfahrt Jesaja's, des 4ten Buchs
Esdrä an, und in welcher Zeit wurden diese Schriften ab=
gefaßt?

Origenes *) spricht von einem apokryphischen Buche,
das vom Märtyrertod des Propheten Jesajas zeuge. Epi=
phanius **) führt eben dieselbe Schrift unter dem Namen
ἀναβατικὸν Ἡσαΐου auf. Etliche spätere Väter kennen sie
noch, aber mit dem 5ten Jahrhundert scheint die Schrift ver=
loren, und erst im 11ten wird sie wieder genannt, dann ver=
schwinden die Spuren abermal. Man hielt sie daher bis
auf unsere Tage für untergegangen, als im Jahre 1819 der
damalige Professor (jetzt Bischof) Lawrence in Oxford nach
einer amharischen Handschrift, die er aufzufinden das Glück
hatte, unser Buch amharisch und lateinisch herausgab ***).
Daß dieses wieder aufgefundene Werk dasselbe sey mit dem
von den Vätern angeführten, kann aufs Genügendste bewiesen

---

*) Opera I, 19. III, 465 et 848.
**) Opera, edit. Petavius I, 292.
***) Ascensio Isaiae vatis, opusculum pseudepigraphum, multis
abhinc seculis, ut videtur, deperditum, nunc autem apud
Aethiopas compertum et cum versione latina anglicanaque pu-
blici juris factum a *Ric. Lawrence.*

werden. Die abyſſiniſche Kirche, welche beſonderes Wohlge=
fallen an apokryphiſchen Schriften trug, hat uns dieſes Pro=
dukt, ebenſo wie das viel wichtigere Buch Henoch, aufbewahrt.
Das ἀναβατικόν oder die ascensio beſteht aus zwei Theilen,
die früher vielleicht getrennt waren, obgleich ſie Einen Verfaſſer
zu haben ſcheinen. Der erſte Theil umfaßt die fünf Anfangs=
Kapitel der Ausgabe von Lawrence, der zweite, durch die
Auffchrift visio Jesaiae vom erſteren unterſchieden, nimmt
die übrigen ſechs Kapitel ein. Von lezterem hat man neuer=
dings eine alte lateiniſche Ueberſetzung aufgefunden, die im
Jahr 1522 mit dem Titel: visio Jesaiae prophetae, trini-
tatis arcana et redemtionem generis humani manifestans
zu Venedig erſchien, aber bis vor wenigen Jahren unbeachtet
im Staube der Bibliotheken moderte.

Daß der Verfaſſer unſerer Himmelfahrt des Jeſajas ein
Judenchriſt war, darüber ſind alle Stimmen einig. Ueber
ſein Zeitalter dagegen herrſchen verſchiedene Meinungen. Law=
rence rechnet ſo: In dem ganzen Werke ſey nur von einer
einzigen Verfolgung der Gläubigen die Rede, welche zwiſchen
der Wiederkunft Chriſti zum Gericht und ſeinem Hingang
Statt haben werde. Schon dieſer Eine Umſtand weiſe auf
Nero hin, denn hätte der Verfaſſer nur einige Jahrzehnte
ſpäter, unter Domitian, gelebt, ſo würde er bereits von zwei
Verfolgungen berichten müſſen. Noch ſtärker zeuge für Kai=
ſer Nero's Zeit die Stelle Kap. 4, 2. u. flg., wo es heißt:
tum descendet Berial, magnus angelus, rex hujus mundi,
quem possedit a tempore primae collocationis, et descendet a suo firmamento sub specie hominis, regis impii, in-
terfectoris suae matris, nempe regis hujus mundi. Mit
dem Antichriſt oder Teufel, der in Geſtalt eines muttermör=
deriſchen Fürſten herrſchen werde, ſchließt Lawrence weiter,
könne unmöglich irgend Jemand anders gemeint ſeyn, als
Nero, welcher bekanntlich ſeine Mutter umbrachte. Die Ge=
burtsſtunde unſeres Buches laſſe ſich indeß noch genauer

beſtimmen, aus dem 12ten Verſe deſſelben Kapitels: et Berial
dominabitur tres annos septemque menses, diesque viginti septem. Ohne Zweifel müſſe man den Anfang der
Herrſchaft deſſelben auf die Chriſten=Verfolgung beziehen,
welche wenige Monate nach dem großen Brand der Stadt
Rom (19. Juni 64) begann. Später als Mitte 68 könne
nun das Werk nicht geſchrieben ſeyn, weil der Verfaſſer ſo=
gleich nach Verfluß jener 3 Jahre 7 Monate und 27 Tage
ein Ereigniß eintreten laſſe, das nie Statt fand. Denn im
14ten Verſe des 4ten Kapitels heiße es in Uebereinſtimmung
mit der kaum angeführten Friſt: et post mille *) trecentos
triginta duos dies Dominus veniet cum suis angelis, cumque potestatibus sanctis, e septimo coelo, in splendore
septimi coeli et trahet in Gehennam Berial atque ejus
potestates. Der Herr iſt aber nach den 1332 Tagen (im
Frühjahr 68) nicht gekommen, der Verfaſſer der Himmelfahrt
des Jeſaias hat ſich getäuſcht, folglich ſchrieb er früher, als
ihn die Ereigniſſe ſeines Jrrthums überführen konnten.

Dieſe Rechnung des engliſchen Gelehrten ſcheint beim
erſten Anblick gründlich, aber doch hinkt ſie auf mehr als
einer Seite. Erſtlich ſpricht der Verfaſſer zwar allerdings
von einer Verfolgung der Chriſten, aber nicht von einer ein=
zigen oder erſten, was doch der Fall ſeyn müßte, wenn
Lawrence Recht haben ſollte. Er ſagt, die Chriſten wür=
den verfolgt, aber durchaus nicht ſagt er, ſie ſeyen eben zum
Erſtenmale oder nie ſonſt verfolgt worden. Dieſer Umſtand
hebt den erſten Grund des Engländers auf. Denn recht gut
kann z. B. ein chriſtlicher Schriftſteller des 2ten oder 3ten
Jahrhunderts von einer Chriſtenverfolgung im Allgemeinen
reden, ohne früherer zu gedenken, obgleich deren mehrere ganz

---

*) So muß es nothwendig heißen, ſtatt 332, wie der Text bei Law=
rence lautet. Denn die Friſten des 12. und 14. Verſes ſind
nach dem Zuſammenhang gleich. Drei Jahre ſammt ſieben Mo=
naten (zu 30 Tagen) und 27 Tage machen gerade 1332 Tage.

gewiß Statt fanden. Frühere Leiden seiner Glaubensgenossen kümmern ihn vielleicht augenblicklich nicht, vielleicht sind sie ihm auch unbekannt, er beschränkt seine Aufmerksamkeit auf das, was er selbst miterlebte, mitduldete. Auch der zweite Grund hält nicht Stich. Ganz gewiß ist zwar mit dem Antichrist, der die Gestalt eines muttermörderischen Fürsten annimmt, Nero gemeint; aber ob der leibhaftige, historische, oder nicht vielmehr jener Nero der christlichen Sage, darüber läßt sich streiten. Bekanntlich hielten Viele den ermordeten Nero nicht für todt, sondern glaubten, er habe sich für den Augenblick verborgen, und werde wieder kommen, weßhalb mehrere Jahrzehnte lang Betrüger unter seinem Namen im Orient auftraten *). Man weiß ferner, daß auch die Christen diesen Wahn theilten, sie sahen in dem entrückten Nero den Antichrist, der vor der Ankunft Christi zum Gericht auf die Erde niedersteigen und die Kirche Gottes fürchterlich peinigen werde. Ganz füglich kann also in unserer Stelle der fabelhafte Nero gemeint seyn, und daß dieß wirklich der Fall ist, möchte ich fast aus folgenden Umständen schließen: hätte der Verfasser des ἀναβατικόν wirklich im Jahr 68 geschrieben, und also unter Nero gelebt, so würde er die Zeit seiner Herrschaft nicht auf 1332 Tage beschränkt, noch gesagt haben, daß der Wütherich eben erst (d. h. nach obiger Erklärung im Jahr 64) vom Firmament herniedersteige. Denn dann mußte er ja wissen, daß Nero vor dem Brande Roms und der ersten Christenverfolgung bereits 10 Jahre regiert hatte. Die Zeitbestimmung unseres Verfassers ist rein visionär und dem 12ten Kap. des Daniel nachgebildet. So behandelt man aber in der Regel nicht ächt-historische Personen, unter denen man lebt, sondern Namen der Sage oder des Glaubens. Endlich wenn das fragliche Werk schon am Ende

---

*) Sueton. vita Neronis, Cap. 57. Tacitus histor. II, 8. Dio Cassius edit. Reimarus II. pag. 1056.

der apostolischen Zeit verfaßt war, läßt es sich schwer begrei=
fen, warum wir erst bei den Vätern des 3ten Jahrhunderts
sichere Spuren seiner Existenz finden. Ich will hiemit durch=
aus nicht darthun, daß die Rechnung des englischen Gelehr=
ten falsch, sondern nur, daß sie nicht hinreichend begründet
sey. Lawrence kann Recht haben, aber eben so gut auch
nicht, und es möchte daher gerathener seyn, der Abfassung
des *ἀναβατικὸν* weitere Grenzen zu stecken. Wegen der Stelle
III, 21. 22.: postea de ejus (Christi) appropinquatione
discipuli ejus missam facient doctrinam duodecim apostolorum fidemque ejus dilectam et puram, et multa erit
contentio de ejus adventu et appropinquatione, glaube
ich: daß unser Buch vor der Mitte des zweiten Jahrhunderts
geschrieben ward. Denn ungefähr bis zu dieser Zeit behielt
die Erwartung der Wiederkunft des Herrn ihre volle Stärke,
später nahm sie ab *).

Noch wichtiger als das *ἀναβατικὸν* ist das sogenannte
vierte Buch Esdrä, dessen Urschrift jedoch verloren ging,
so gut als die des erstgenannten. Wir besitzen es gegenwärtig
in einer dreifachen Uebersetzung: einer alten lateinischen, einer
arabisch = lateinischen, welche Simon Ockley nach einer arabi=
schen Handschrift der Bodleiana zu Oxford verfertigte, und
Whiston zum Erstenmal herausgab, endlich in einer abyssinisch=
lateinischen, welche wir dem bereits genannten Professor Ric.
Lawrence verdanken. Die älteste von den dreien, aber deß=
halb nicht die beste, ist die lateinische. Sie enthält nicht nur
zu Anfang und Ende Kap. I. II. XV. XVI. zwei Stücke,
welche in den beiden andern fehlen, und erweislich nicht her=
gehören, sondern sie läßt auch Kap. VII. zwischen dem 35ten
und 36ten Verse einen ganzen Abschnitt aus, der in den an=
deren steht und gewiß zum Ganzen gehört. Außerdem ist

---

*) Im lezten Kapitel dieses Werkes werde ich innere Gründe für
ein höheres Alter des Buches anführen, die aber auch keine
zwingende Gewißheit geben.

sie da und dort von einer christlichen Hand·verfälscht. Der
Ueberseßer muß irgend ein Barbar gewesen seyn, der das
Lateinische wohl blos in der Schule gelernt hat. Denn ärger
als er es thut, kann man die schöne Sprache Latiums kaum
verzerren. Die arabische Uebertragung, obgleich reiner, um=
schreibt zu viel, und enthält ebenfalls christliche Aenderungen.
Besser ist die äthiopische, von Lawrence herausgegebene.
Mit ihrer Hülfe lassen sich die fremden Zusäße erkennen und
wegräumen; könnte man dasselbe nur auch von den Dunkel=
heiten rühmen, die ohne Zweifel von dem ursprünglichen Texte
herrühren! Die Frage, ob das Buch zuerst in hebräischer
Sprache geschrieben war, übergehen wir als zu Nichts füh=
rend. Jedenfalls haben die Bearbeiter, durch deren Verdienst
das vierte Buch Esdrä auf uns kam, der alte Lateiner, der
Araber, der Aethiopier nach einer griechischen Handschrift *)
übersezt, dieß läßt sich befriedigend nachweisen. Daß dieselbe
in einem dunkeln und schlechten Style abgefaßt war, fühlt
man durch unsere drei Uebersezungen hindurch. Ueber die
Nationalität des Verfassers ist man so ziemlich im Reinen.
Corrodi, Lawrence, neuerdings auch Lücke **) erklären
ihn für einen Juden. Von Rechtswegen hätte man auch nie
daran zweifeln sollen, denn im ächten, leicht herzustellenden
Texte findet sich gar keine Spur eigenthümlich christlicher
Meinungen. Ueber das Alter des Buchs herrscht dagegen
großer Zwiespalt. Man hat eine Citation aus demselben
im 12ten Kapitel des uralten Briefes, der dem Barnabas

---

*) Thilo sagt in seiner Einleitung zu den actis Thomae, auf der
Pariser Bibliothek befinde sich in dem Codex C Nr. 929, eine
griechische ἀποκάλυψις Ἔσδρα, welche wohl dieselbe seyn dürfte
mit unsrem 4ten Buche Esdra. Getäuscht durch diese Angabe,
ließ ich mir in Paris eine Abschrift davon machen und hieher
nach Stuttgart senden. Das was ich besiße, trägt allerdings
den Titel ἀποκάλυψις Ἔσδρα, ist aber leider nicht unser 4tes
Buch Esdrä, sondern ein viel späteres Machwerk.
**) Commentar zur Apokalypse S. 107 u. flg.

zugeschrieben wird, finden wollen; die Sache kann ihre Rich=
tigkeit haben, vielleicht aber auch nicht, denn die Anführung
ist ziemlich unsicher. Erweislich nennt unsern Esdras zuerst
Clemens von Alexandrien (Stromat. III. Cap. 16.): διὰ τί
γὰρ οὐκ ἐγένετο ἡ μήτρα τῆς μητρός μου τάφος, ἵνα μὴ
ἴδω τὸν μοχθὸν τοῦ Ἰακὼβ, καὶ τὸν κόπον τοῦ γένους Ἰσραὴλ,
Ἔσδρας ὁ προφήτης λέγει. Dieser Spruch findet sich wört=
lich wieder im 5ten Kap. der alten lateinischen Uebersetzung
Vers 35 (bei Lawrence Kap. 3, 45.). Der Beisatz ὁ προφήτης beweist, daß Clemens unser Buch für ein Werk des
ächten Propheten Esdras und folglich für sehr alt ansahe.
Im 2ten Jahrhundert war es also jedenfalls vorhanden, aber
es kann um ein Bedeutendes älter seyn, doch darf man es
aus äußeren Gründen nicht über den Anfang, oder besser die
Mitte des ersten Jahrhunderts hinaufrücken, weil sonst unbe=
greiflich wäre, daß eine so wichtige Prophezeihung den neu=
testamentlichen Schriftstellern, dem Josephus, den ältesten
Urhebern der Mischna gänzlich verborgen blieb. — Verhören
wir die Schrift selber über ihr Alter. Die ächten Stücke
des Buches beginnen mit den Worten: anno tricesimo ruinae
civitatis Jerusalem eram in Babylone. Dem Anschein
nach ist hiemit der Untergang des ersten (salomonischen) Tem=
pels gemeint, aber bald kommt der Leser, wenn er weiter
fortschreitet, auf eine andere Meinung. Siebenmal spricht
Esdras hintereinander von Zerstörung der heiligen Stadt
(III, 27. IV, 23. V, 28. 35. VI, 57. X, 7. 8., nach dem alten
Lateiner). Aus welchem Interesse sollte doch ein Schriftsteller,
der kraft obigen Grundes unmöglich über das erste Jahrhun=
dert hinaufreicht, so oft und absichtlich auf ein Ereigniß zu=
rückweisen, das wenigstens 600 Jahre hinter seiner wah=
ren Zeit liegt, und das die Juden längst verschmerzt hat=
ten! Unwillkürlich sieht man sich so auf die Vermuthung
getrieben, daß Esdras nur dem Scheine nach die erste, in
der That aber die zweite Zerstörung des Tempels durch Titus

im Auge habe. Dieser Verdacht wird durch Folgendes zur
Gewißheit erhoben. Kap. 10. schaut Esdras ein prophetisches
Gesicht. Eine Frau erscheint vor ihm in tiefster Trauer, mit
zerrissenem Gewand, klagend und weinend. Esdras fragt um
die Ursache ihrer Schmerzen. Sie antwortet: 30 Jahre lang
war ich unfruchtbar, ob ich gleich einen Mann hatte, auf
mein unausgesetztes Flehen schenkte mir der Herr des Himmels einen Sohn, aber derselbe starb wieder, und deßhalb
kann ich mich nie mehr trösten. Nun wird Esdras unwillig.
Wie? ruft er aus, der Verlust eines Sohnes sollte dich so
niederschlagen, wagst du es über eines einzigen Menschen Tod
so zu trauern, während doch Zion und der ganze heilige
Staat unterging? Diesem weit größern Unglück sollten deine
Thränen geweiht seyn. Laß dich durch das Schicksal Jerusalems trösten: Nonne vides (fährt er X, 28. bei Lawrence,
Lat. X, 21. fort), quod sanctuarium nostrum destructum
est, et altare nostrum demolitum, templum nostrum de-
solatum est, psalterium nostrum humiliatum, hymnus
conticuit, gloria nostra cecidit, lumen candelabri nostri
exstinctum est, arca testamenti nostri direpta est, sacra
nostra sunt contaminata, et nomen quod invocatum est
super nos, paene profanatum est: liberi nostri contume-
liam passi sunt, sacerdotes nostri concremati, Levitae
nostri in captivitatem abierunt, virgines nostrae coinqui-
natae, mulieres nostrae vim passae sunt, justi nostri
rapti, parvuli nostri perditi sunt, juvenes nostri ser-
vierunt, fortes nostri invalidi facti sunt. Et quod
omnium majus, signaculum Sion, exiit ex eo gloria (Dei)
et nos traditi sumus in manus eorum, qui nos oderunt*).
(Beiläufig sey es gesagt, daß diese leidenschaftliche Beschreibung ganz die Farbengluth trägt, mit welcher man den Untergang des zweiten Tempels zu schildern pflegte; doch baue

---

*) Ich habe diese Worte aus der äthiopischen und lateinischen
Uebersetzung zusammengefügt, wie sie mir den ursprünglichen
Sinn am besten auszudrücken schienen.

ich hierauf durchaus keinen Beweis.) Plötzlich ändert sich die
Scene. Das Angesicht der Frau, die eben noch in leidender
Gestalt dastand, beginnt zu leuchten wie ein Blitz, sie ruft
mit einer Stimme, daß die Erde erbebt. Während der er-
schrockene Esdras über die Ursache des schnellen Wechsels
nachsinnt, erblickt er auf einmal keine Frau mehr, sondern
sieht die mächtigen Grundlagen einer glänzenden Stadt, die
aus dem Schutte ersteht. Es war das neue Jerusalem, was
Esdras schaut. Der Engel, welcher ihn begleitet, erklärt ihm
die Sache so: „das Weib, welches du gesehen, ist Zion. Ihre
30jährige Unfruchtbarkeit bedeutet, daß 3000 Jahre (so nach
dem Araber) kein Tempel bestand. Mit der Geburt ihres
Sohnes ist der Tempelbau unter Salomon gemeint, der Verlust desselben, wegen dessen sie sich nicht trösten kann, weist
auf den Untergang des Heiligthums durch Nebukadnezar hin.
Weil der Herr sah, daß du Mitleid fühltest mit ihrem Unglück, hat er dich gewürdigt, die Majestät des künftigen
Tempels im Gesichte zu schauen." Wir müssen hier wieder
eine Zwischenbemerkung machen. Der wahre Esdras hat den
wahren zweiten Tempel gesehen und war sogar einer der
Haupturheber seiner Wiederherstellung. Darum muß es be-
fremden, wie ihm hier aus besonderer göttlicher Gnade der
neue Tempel im Gesicht gezeigt wird, da doch, wie gesagt,
jeder Jude wußte, daß er das zweite Heiligthum selbst bauen
half. Wir werden also abermal auf einen andern Sinn als
den wörtlichen hingewiesen. Noch deutlicher geschieht dieß
durch gewisse Andeutungen des Engels gegen das Ende des
10ten Kapitels. Jeremiel (so heißt der Engel) hatte unserem Propheten, ehe er das Gesicht der Frau sah, befohlen,
aufs freie Feld an einen Ort zu gehen, wo kein Gebäude
sich befinde, damit er daselbst einer neuen Offenbarung (eben
durch das Gesicht der Frau) gewürdigt werde. Jetzt nachdem er die Bedeutung des Weibes enthüllt, erklärt Jeremiel
auch den geheimen Sinn jenes Gebots: „Darum sprach ich

zu dir, du sollest auf das Feld gehen, wo kein Gebäude ist,
weil kein Werk von Menschenhand dastehen darf, wo der
Herr seine Stadt zeigen will. Fürchte dich nicht, und dein
Herz zage nicht, sondern tritt hinein und schaue den Glanz
und die Majestät des Heiligthums, so weit dein Auge es zu
fassen vermag, und dann sollst du hören, was dein Ohr vernehmen kann." (Propterea dixi tibi, ut venires in agrum,
ubi non est fundamentum aedificii, nec enim poterat
opus aedificii hominis sustineri in loco, ubi incipiebatur
Altissimi civitas ostendi. Tu ergo noli timere, neque ex-
pavescat cor tuum, sed ingredere et vide splendorem ac
magnitudinem aedificii, quantum capax est tibi visus
oculorum videre, et post haec audies quantum capit au-
ditus aurium tuarum audire. Lat. X, 53—56.) Klar genug wird hier das neue Zion erstens als ein Werk Gottes
und nicht von Menschenhand, zweitens als etwas Unendliches, das selbst ein Seher nicht ganz fassen kann, hingestellt.
Beides paßt nicht auf das wirkliche Jerusalem, sowie es seit
Esdras bis auf Kaiser Vespasian bestand, sondern blos auf
das himmlische, das zufolge der Juden Meinung nach der
Zerstörung durch Titus aus den Wolken herabsteigen sollte.
Bliebe noch irgend ein Zweifel über die Wahrheit dieser Behauptung übrig, so würde er vollends durch die nächsten Kapitel niedergeschlagen. An das Gesicht der Frau reiht sich
nämlich sogleich ein zweites, mit dem ersten eng zusammen-
hängendes an. Esdras erhält vom Engel Befehl, auf demselben Platze zu bleiben, um während der nächstkommenden
Nacht im Traume zu schauen, was der Herr in der lezten
Zeit mit den Erdbewohnern vorhabe: nocte autem, quae in
crastinum futura est, manebis hic, et ostendet tibi Altissimus visiones supremorum, quae faciet Altissimus his,
qui habitant super terram, a novissimis diebus. (Ebend.
XII. 58—59.) Esdras sieht nun einen Adler mit 12 Schwingen und 3 stummen Häuptern aus dem Meere aufsteigen

und die Erde beherrschen; dann kommt ein Löwe und vernichtet den Adler. Lezterer wird sofort durch den Engel Jeremiel für das vierte Thier der Weltmonarchie (das römische
Reich), der Löwe für den Messias erklärt. Esdras schaut
also gleich nach dem Gesichte des neuen Jerusalems, und
zusammenhängend mit demselben, die Ankunft des Gesalbten
Gottes. Nun bestand das zweite Jerusalem, das dem ersten
durch Nebukadnezar zerstörten Platz machte, volle 600 Jahre,
ohne daß ein Messias erschien; auch hatte dieses zweite Jerusalem durchaus nichts Uebermenschliches an sich, sondern
schien im Gegentheil den Juden, wie wir aus Josephus
wissen, nur eine Schatte des salomonischen. Folglich hätte
Esdras einen unbegreiflichen Fehler begangen, ja man müßte
von ihm sagen, daß er die Geschichte der Juden von Cyrus
bis auf Herodes herab gar nicht kenne, wenn er mit dem
oft erwähnten Untergang der Stadt die Zerstörung durch
Nebukadnezar, mit dem zweiten Aufbau den Tempel des
Nehemias meinte. Alles hat dagegen seinen guten Sinn,
sobald man annimmt, daß er verblümter Weise auf den
Ruin durch Titus anspiele, und das himmlische Jerusalem im
Sinne habe, welches nach der Meinung fast aller Juden von
damals aus den Wolken herabsteigen und an die Stelle des
zweiten Heiligthums treten sollte, dem die Römer ein Ende
gemacht. Wollte man mir noch einwenden, das Gesicht des
Weibes im 10ten, des Adlers und Löwen im 11ten und
12ten Kapitel stehe nicht in der engen Verbindung, welche
ich behaupte, und auf welche ich die Spitze meines Beweises
baue, so berufe ich mich auf das Gesicht des 13ten Kapitels.
Hier wiederholt sich die Vision des Löwen in veränderter Gestalt. Esdras sieht unter großen Bewegungen der Erde einen
Helden aus dem Meere emporsteigen, und nach einem Berge
fliegen; wie dieser Berg zugerichtet war, konnte Esdras, ob
er sich gleich Mühe gab, nicht erforschen. Die Nationen der
Erde erheben sich gegen den Helden, aber er überwindet und

vernichtet sie alle. Darauf erhält Esdras von dem Engel
folgende Deutung des Gesichtes: der Held ist der Messias,
die Völker, welche sich gegen ihn schaaren, sind die Heiden,
sie werden durch den Hauch des Gesalbten verbrannt. Der
Berg, auf dem er sein Lager aufschlägt, bedeutet Zion, die
neue Stadt, welche erbaut und bereitet ist für die Auserwähl=
ten, ohne daß Menschenhände an sie gelegt worden wären:
Ipse autem stabit super cacumen montis Sion. Sion autem veniet ét ostendetur omnibus parata et aedificata,
sicut vidisti montem assurgere illum sponte et formari
sine manibus hominum *). In dem Gesicht des 10ten Kapitels fanden wir den Bau der neuen Stadt vereinzelt, in
dem des Adlers und Löwen, die Ankunft des Messias, hier
ist Beides, das neue Jerusalem und der Gesalbte, aufs Innigste
mit einander verbunden. Jene Einwendung fällt also von
selbst. Schließen wir. Wenn die ächten Kapitel des 4ten
Buchs Esdrä (gewöhnliche Ausgabe II—XIV) von einem
Verfasser herrühren, woran noch Niemand gezweifelt hat,
weil Alles eng zusammenhängt, so kann mit dem deutlich an=
gezeigten Untergang der heiligen Stadt nur die Zerstörung
durch Titus, mit dem neuen Zion nur das himmlische Jeru=
salem gemeint seyn, dessen einstiges Herabsteigen wir auch im
neuen Testamente angedeutet finden. Dieser Schluß erman=
gelt zwar der reinen mathematischen Schärfe, aber keines=
wegs der Sicherheit, welche überhaupt in historischen Fragen
erreicht werden kann. Folglich hat der Verfasser unseres
Buchs nach dem Jahr 70 unserer Zeitrechnung geschrieben.
Aber sollte man sein Alter nicht noch genauer bestimmen kön=
nen? Leider sind die Zahlen im 14ten Kapitel verdorben,
und lauten in den drei Uebersetzungen so widersprechend, daß
es unmöglich ist, aus ihnen einen Beweis herzustellen. Wir
sind daher ganz auf das bereits angeführte Gesicht des 11ten

---

*) Aethiopische Uebersetzung XIII, 39. 40., alte lat. XIII, 35, 36.

und 12ten Kapitels beschränkt. Ein Adler mit zwölf Fittigen und drei Häuptern steigt aus dem Meere, fliegt über die ganze Erde, und Alles gehorcht ihm ohne Widerrede. Kleine Federn wachsen aus seinen Fittigen, die Häupter, deren mittleres das größte ist, schweigen. Der Adler erhebt sich auf seinen Klauen und ruft den Fittigen zu: wachet nicht alle zu gleicher Zeit, sondern einer nach dem andern, während die übrigen schlafen. Diese Stimme erscholl aus seinem Bauche. Der kleinen Federn, die aus seinen Fittigen wuchsen, waren es acht. Darauf richtete sich einer von den Fittigen auf der rechten Seite (des Adlers) empor und regierte über die ganze Erde, bis seine Zeit gekommen war, worauf er verschwand. Nun erhebt sich der zweite und regiert viele Jahre; eine Stimme erschallt und spricht zu ihm: Du, der du eine dauernde Herrschaft geführt, vernimm, ehe du verschwindest, daß keiner nach dir so lange regieren wird, wie du, ja nicht einmal die Hälfte deiner Zeit. Der dritte Fittig steht nun auf und regiert, bis auch er verschwindet; darauf die andern der Reihe nach, mit ungleichem Erfolge: denn einige erhielten zwar die Herrschaft, konnten sie aber nicht lange behaupten, andere erhoben sich, rissen aber die Herrschaft nicht an sich (ex his erant, quae tenebant principatum, sed tamen statim non comparebant; aliquae ex ipsis erigebantur, sed non tenebant principatum. (Kap. XI, 20. 21.) Hierauf sieht Esdras die zwölf Fittige und zwei Federn verschwinden. Nichts war mehr zu sehen vom Leibe des Adlers als zwei schweigende Häupter und sechs Federn. Zwei von diesen Federn trennten sich (von den übrigen vier) und hielten zu dem Haupte rechter Hand. Die anderen vier Federn blieben an ihrem Platze. Und siehe, die Federn *) dachten die Herrschaft an sich zu reißen; eine von ihnen erhob sich wirklich, verschwand aber sogleich wieder,

---

*) Ohne Zweifel die vier Federn, welche blieben.

darauf die anderen (drei), sie gingen jedoch schneller unter, als die erste. Nun dachten auch die zwei, welche übrig geblieben waren, daran, zu herrschen. Während sie mit diesem Plane schwanger gehen, siehe, da wachte eines der schweigenden Häupter, und zwar das mittlere und größte, auf, denn es hatte geschlafen, und so wurde die Zahl der Häupter wieder voll; es waren drei, wie im Anfang (so ist ohne Zweifel der schwierige Vers: et vidi quoniam completa sunt duo capita secum, zu verstehen). Drauf wandte sich das mittlere Haupt mit den zwei anderen gegen die beiden Federn, welche oben herrschen wollten, und fraß sie. Nun bedrückt das mittlere Haupt mit großem Uebermuth die ganze Erde und verschwindet dann wie die Fittige. Die zwei übrigen Häupter regieren nach ihm in gleicher Weise; zuletzt frißt das rechte Haupt das linke auf, so daß von allen nur noch eines übrig ist. Jezt kommt der Löwe Juda's, der Messias, und macht dem Gräuel ein Ende. — So viel über das Gesicht selbst, dessen Wortsinn ich richtig getroffen zu haben glaube, so dunkel auch sonst die Sache bleibt. Die Erklärung, welche Esdras vom Engel erhält, hilft nur wenig zu besserem Verständniß, und widerspricht sogar dem Gesichte in Bezug auf die acht Federn. „Der Adler, den du aus dem Meere aufsteigen sahest, ist das vierte Weltreich, das Daniel, deinem Bruder, gezeigt wurde. Zwölf Könige werden über dasselbe regieren, einer nach dem andern, aber der zweite wird länger herrschen, als die andern. Dieß ist die Lösung der zwölf Fittige, die du sahest. Daß jene Stimme nicht aus den Köpfen, sondern aus dem Bauche des Adlers hervorging, weist auf große Unruhen hin, die in jenem Reiche entstehen, aber obgleich große Gefahr des Untergangs droht, dennoch seine Zerstörung nicht herbeiführen. Die Federn, welche du an den Schwingen des Adlers wachsen sahest, sind acht Könige, deren Zeit kurz währet, zwei von ihnen gehen schnell zu Grunde, vier dauern länger, zwei werden sogar bis ans Ende aufgespart.

Die drei schweigenden Häupter sind drei Könige, welche in den lezten Zeiten herrschen, große Neuerungen machen (innovabunt multa) und die ganze Erde fürchterlich bedrücken werden. Darum heißen sie auch Häupter des Adlers, weil ihre Macht größer ist, als der anderen (der Fittige). Sie werden alle Gewaltthätigkeiten des Adlers wiederholen, aber ihn eben darum auch zum Fall bringen (isti enim erunt, qui recapitulabunt impietates ejus (aquilae) et qui perficient novissima ejus, XIII, 25. Lat.). Daß du das größere Haupt (ruhig) verschwinden sahest, bedeutet, daß nur Einer der drei Könige auf seinem Bette sterben wird, wiewohl mit großen Schmerzen. Denn die zwei übrigen fallen durchs Schwert; den vorlezten bringt der lezte um, wird aber dann selbst am Ende ermordet. Die zwei Federn, welche du zu dem Haupte rechter Hand hinüber schleichen sahest, sind zwei Könige, welche der Herr aufspart für den jüngsten Tag, da Alles drunter und drüber geht." Wir brauchen nicht weiter auszuführen, daß der Löwe, welcher den Adler vernichtet, auf den Messias gedeutet wird. Diese Lösung des Gesichts, die aber mit demselben, wie gesagt, nicht einmal genau übereinstimmt, gibt der Engel Jeremiel unserm Propheten.

Daß mit dem Adler das römische Reich gemeint sey, ist sicher. Bei der Deutung des Einzelnen muß man sich jedoch sehr hüten, dem Verfasser des Buchs eine zu genaue Kenntniß der Geschichte Roms unterzulegen. Kein Volk verstand sich schlechter auf die Historie, als die Söhne Abrahams, Isaks und Jakobs. So ein alter Stockjude urtheilte über die römischen Verhältnisse, etwa wie jezt ein Chinese über England, oder wie über den Besitz einer Krone jener Bauer, welcher sagte: wenn ich König wäre, so wollte ich mein Rindvieh zu Pferde hüten, und des Sonntags, statt einer Flasche Weißbier, zwei Kannen Breihan in der Schenke trinken. Bei einem Lösungsversuche muß man daher auf die derbsten, in die Augen springenden Verhältniſſe, die jedem Juden bekannt ſeyn mußten, die Aufmerkſamkeit richten.

Zwölf Fittige, acht Federn, drei Häupter, welche alle zugeſtandenermaßen Fürſten bedeuten, aber Fürſten von ver= ſchiedener Macht, ſind zu erklären. Man kann die Löſung entweder in der kaiſerlichen oder in der republikaniſchen Ge= ſchichte Roms ſuchen. Lezteres hat L a w r e n c e gethan. Die zwölf Fittige, ſagt er *), ſind erſtens die bekannten ſieben Könige Roms, deren zweiter, Numa Pompilius, ganz dem Texte gemäß, länger regiert als die anderen. Es fehlen aber noch fünf. Da Rom ſeit Tarquins Vertreibung keine wirk= lichen Könige mehr hatte, ſo muß man die übrigen Fittige in den Männern ſuchen, welche gegen die republikaniſche Verfaſſung nach königlicher Macht ſtrebten. In der That, fährt L a w r e n c e weiter fort, nennt uns die ältere römiſche Geſchichte gerade fünf Ehrgeizige, welche ſolches Gelüſte hat= ten: der achte König iſt Appius Claudius der Decemvir, der neunte Spurius Mälius, der (**NB.** w i e i m L i v i u s e i n e s N ä h e r n z u l e ſ e n ſ t e h t) durch Volksgunſt nach unerlaub= ter Gewalt gierte, der zehnte Marcus Manlius, der ſeine verbrecheriſche Ehrſucht mit dem Sturz vom tarpeiſchen Fel= ſen büßte, der eilfte und zwölfte ſind die beiden Gracchen (welche z. B. Cicero und andere römiſche Schriftſteller von der Optimaten = Partei als ehrgeizige Neuerer darſtellen). Unter den acht kleinen Federn, die als zwei, vier und zwei zuſammengeſchaart auftreten, verſteht L a w r e n c e Sulpitius den Tribunen, ſammt dem alten Marius, dann Cinna, den jüngern Marius, Carbo und Sertorius, endlich Lepidus und Antonius. Die drei größeren (ſchweigenden) Häupter ſind Cäſar (das zur rechten Hand), Pompejus zur linken, Sulla das mittlere, welches auf ſeinem Bette ſtirbt, während die beiden anderen ermordet werden. Dieſer Rechnung gemäß

---

*) General remarks zu Ende ſeiner Ausgabe des vierten Buchs Esdrä, Seite 312 und flg.

glaubt Lawrence, das vierte Buch Esdra sey geschrieben
bald nach dem Tod des Antonius, ehe Augustus die Allein=
herrschaft übernahm, weil lezterer, wenigstens nach unseres
Engländers Rechnung, keinen Platz findet unter den Häup=
tern, Schwingen und Federn — also zwischen den Jahren 28
und 25 vor Christus.

So zuversichtlich auch Lawrence mit seiner Ansicht
auftritt, halte ich sie dennoch für höchst verfehlt, ja für einen
jener schnellen Einfälle, dergleichen ein zungenfertiger Ge=
lehrter zwei Dutzend stans pede in uno vorbringen kann.
Ich berufe mich nicht darauf, daß nach meinem Dafürhalten
das vierte Buch Esdrä erst nach der Zerstörung Jerusalems
geschrieben ist, sondern ich schlage ihn mit den deutlichen
Worten des Textes, oder mit historischen Gründen. Erstens,
hätte der Verfasser des vierten Buches Esdrä unter den zwölf
Fittigen wirklich die Männer verstanden, welche Lawrence
bezeichnet, so müßten wir nothwendig annehmen, daß jener
Jude seine Kenntniß der römischen Geschichte in irgend einer
Tory = Schule aus dem Livius, zum Theil auch aus Cicero
geschöpft habe. Denn offenbar liegt dem Lösungsversuche
unseres Engländers ein blindes Zutrauen auf Livius, gegenüber den anderen Quellen der römischen Geschichte, zu Grunde.
Der Professor vom heiligen Christ = Colleg zu Orford hat
hier den welterfahrenen Mann überstimmt, indem er seine
Schulansichten früheren Zeitaltern unterlegt. Zweitens im
Texte des Esdra werden die acht Federn deutlich als unter=
geordnete Gewalten dargestellt: de alis aquilae nascebantur
pennae contrariae, quae fiebant in pennaculas minutas
et modicas; so bei dem Lateiner, der Aethiopier ebenso pennulae minutae et modicae. Diese wichtige Andeutung hat
Lawrence ganz übersehen: die Männer, welche er den acht
Federn unterlegt, sind noch viel schlimmer als die zwölf
königlichen Fittige. Marius z. B., Cinna und Antonius,
drei Männer, welche den römischen Staat bis auf den Grund

unterwühlten, wären doch sonderbare pennulae minutae et modicae! Drittens: ausdrücklich sagt Esdras, die drei schweigenden Häupter werden nach den zwölf Fittigen regieren, und das dritte sey aufbehalten bis zu des Messias Tagen, um von seinem Schwerte zu fallen. Auch dieser Grundzug des Textes bleibt nach Lawrence's Deutung völlig unerklärt, denn zu der Zeit, da Esdras geschrieben haben soll — im Jahr 26 — war, der drei Häupter und der zwölf Fittige zu geschweigen, auch nicht eine einzige Feder mehr übrig, indem sich Antonius kurz zuvor entleibt hatte. Viertens muß jedem die maßlose Willkür auffallen, mit der Lawrence die Rahmen der gegebenen Zahlen ausfüllt. Warum sollten unter den fünf Scheinkönigen, welche zu den sieben historischen beigefügt werden müssen, gerade die von ihm bezeichneten Männer, und nicht viele Andere, die eben so gut der Vorwurf des Ehrgeizes trifft, gemeint seyn? warum wird zu den großen Häuptern nicht auch Antonius gerechnet? warum sollen den Federn gerade die bezeichneten Personen entsprechen? Mit Einem Worte, die Deutung des englischen Gelehrten ist so schlecht, daß sie kaum eine ernstliche Widerlegung verdient. Der Grundfehler liegt in dem falschen Zeitraume, in welchen sie das Räthsel zurückversezt. Die zwölf Fittige sind nicht in dem republikanischen, sondern in dem kaiserlichen Rom zu suchen, wohin uns die früher gemachte Entdeckung weist, daß der falsche Esdras den Untergang Jerusalems erlebt hat.

Die römische Weltmonarchie wird durch den Adler bezeichnet, dessen goldene Bilder ja den Legionen, dem siegreichen Arme Roms, vorangetragen wurden. Die zwölf Fittige bedeuten zwölf Kaiser[*]. Der erste derselben[**], Julius

---

[*] Die Juden hatten kein besonderes Wort für Kaiser. Selbst die Griechen bezeichneten die römischen Herrscher oft mit dem Namen βασιλεύς.

[**] Die Juden, wie die Griechen, betrachten Julius Cäsar als den 'ersten Kaiser. Ebenso viele römische Schriftsteller, wie z. B.

Cäsar verschwindet bald, der zweite (Augustus) regiert län=
ger als alle andern, ganz der Geschichte gemäß. Die Stimme,
welche aus dem Bauche des Adlers erschallt und den Schwin=
gen zuruft: „Wachet nicht alle zugleich, sondern jeder schlafe,
bis die Reihe an ihn kommt, dann wache er allein," deutet
verblümter Weise darauf hin, daß der jedesmalige Thron=
folger den Tod seines Vorgängers kaum erwarten konnte,
was ebenfalls ganz mit der Geschichte übereinstimmt. Für
Tiberius glühende Ehrsucht lebte Augustus viel zu lange; den
Tiberius ließ sein Neffe Cajus umbringen. Claudius ward
zu Gunsten Nero's gemordet, und so fort. Einem fanatischen
Juden mußten die römischen Kaiser wie eine Reihe böser
Geister erscheinen, welche voll Ungeduld, die Bewohner des
Erdbodens zu martern, auf Einmal aus der Hölle hervor=
dringen wollen, und kaum durch eine stärkere Macht so weit
im Zaume gehalten werden, daß sie sich regelmäßig ablösen.
Der dritte, vierte, fünfte, sechste König Tiberius, Cajus,
Claudius, Nero herrschte jeder in seiner Zeit. Aber nun
tritt eine Aenderung ein. Mehrere erstreben die Herrschaft,
erringen sie auch, behalten sie aber nicht lange. (Vers 20,
Kap. 11). Deutlich wird hiemit die kurze Gewalt der drei
Soldaten = Kaiser, welche nach dem Erlöschen des Cäsarischen
Hauses sich erhoben, des Galba, Otho, Vitellius, bezeichnet.
„Andere," sagt der Prophet (Vers 21, nach dem Lateiner)
weiter, „richten sich zwar auf, erringen aber doch die Krone
nicht." Diese anderen folgen, kraft der deutlichen Worte des
Textes, unmittelbar auf die Herrscher, welche nur kurz re=
gierten, und gehen dem mittlern und größten unter den drei
schweigenden Häuptern, das lange die Gewalt besaß, voran.
Historisch gesprochen heißt dieß: ihr Streben nach dem Kaiser=
throne fällt in die Zeit zwischen Galba und Vespasian. In
der That nennen uns die Geschichtschreiber jener Epoche

Suetonius. Josephus sagt von August (Alterth. XVIII, 2.)
δεύτερος Ῥωμαίων αὐτοκράτωρ.

mehrere Männer, welche neben Galba, Otho und Vitellius die höchste Gewalt an sich reißen wollten. Vindex erhob in Gallien einen Aufstand, für dessen geheime Triebfeder man wohl Herrschsucht halten mochte. Nymphidius, früher unter Nero Oberster der kaiserlichen Leibwachen, wollte sich der Herrschaft bemächtigen, ehe Galba Rom betrat, mußte aber den Versuch mit dem Leben büßen. Piso Licinianus wurde von Galba zum Mitregenten ernannt, und theilte sein Schicksal *).

Man merke nun wohl, daß erstens der Text selbst die= jenigen, welche kurz regierten, und die anderen, welche zwar nach der Gewalt strebten, aber sie nicht erlangten, ganz deut= lich unter die zwölf Fittige zählt. Zweitens beide, die nur kurz Herrschenden, und die, welche die Macht nicht erreichen, sind die lezten unter den zwölf Schwingen — dieß ist ebenso klar ausgesprochen. Darum könnte man schon um des Textes willen den Vespasian gar nicht zu den Fittigen rechnen, weil er nach mehreren reißend schnellen Thronwechseln zum Ersten= male wieder längere Zeit regierte. (Daß es gerade drei seyen, welche kurz regieren, und ebenfalls drei, welche die Gewalt gar nicht erringen, sagt der Text allerdings nicht, wohl aber die Geschichte jener Zeit, welche dem Verfasser unseres Buches bekannt seyn mußte.) Wir sind also in unserem Rechte, wenn wir die Reihenfolge der zwölf Fittige so bestimmen: Cäsar, Augustus, Tiberius, Caligula, Claudius, Nero, Galba, Otho, Vitellius, neben ihnen Vindex, Nymphidius, Piso. Aller= dings zählt kein römischer Geschichtschreiber die leztern drei unter die Kaiser, das beweist aber Nichts; die Juden hatten ihre guten Gründe, anders zu rechnen, als die Römer. In den lezten Jahren Nero's hatten ihre Messiashoffnungen, ihr

---

*) Statt die Beweisstellen aus den alten Quellen selbst anzufüh= ren, begnüge ich mich auf Schlossers Geschichte der alten Welt zu verweisen III, 1, 236 flg., wo alles Hergehörige trefflich zu= sammengestellt ist.

Fanatismus, ihr Haß gegen Rom, die Unzufriedenheit mit
dem bestehenden Zustande, den höchsten Grad erreicht. Jener
fürchterliche Aufstand, der mit dem Untergang der Stadt
und des Heiligthums endete, ward damals vorbereitet. In
einer solchen Stimmung lauschten sie mit gespannter Erwartung auf jedes Anzeichen, das irgend eine Schwäche in den
Reihen ihrer Feinde verrieth. Die Nachricht: „Zwietracht sey
in dem Hause Edoms ausgebrochen," mußte sie mit Ent-
zücken erfüllen. Die Sachen standen nach dem Tode Nero's
in der That so, daß auch ein unbefangener Beobachter glauben mochte, Rom werde in sich selbst zerfallen. Ein Feldherr erhob sich gegen den andern, und wie viel falsche Ge-
rüchte von neuen Prätendenten auf den Kaiserthron mögen
damals in Judäa umgelaufen seyn! Es ist daher ganz in
der Ordnung, wenn die Juden nicht blos diejenigen als Fürsten Edoms hinstellen, welche die Gewalt wirklich, obgleich
auf kurze Zeit, an sich rissen, sondern auch die anderen, welche
es blos versuchten und über dem Versuch untergingen. Ich
will übrigens mit diesen Gründen nicht erbetteln, daß man
mir jene Namen als Fittige hingehen lasse, sondern ich bin
in meinem Rechte, und stehe auf sturmfestem Boden, denn
ausdrücklich sagt ja der Text, daß unter den zwölf Fittigen
nicht einer, sondern mehrere (also zwei oder drei) seyen, welche
die Gewalt blos erstrebt, nicht errungen haben: nam aliquae
ex iis erigebantur, sed non tenebant principatum. Die
Mehrzahl ist gebraucht.

Zunächst müssen die drei schweigenden Häupter erklärt
werden. Von einem Juden, der um die Zeit der Zerstörung
Jerusalems lebte, wie unser Esdras, ja der dieß Ereigniß
wohl selbst mit angesehen hat, ist zum Voraus zu erwarten,
daß er die drei Flavier, Vespasian und seine Söhne, unter
einem besondern Gesichtspunkt darstellen werde. Nach meiner
Meinung sind mit den drei schweigenden Häuptern eben
Vespasian und seine beiden Söhne gemeint. Sie werden als

Herrscher dargestellt, welche die Welt ärger bedrücken, als die früheren Fittige, und große Neuerungen machen (innovabunt multa). Ja freilich war die Vernichtung des Tempels und der Stadt eine große Neuerung für die Juden! Das mittlere Haupt ist das mächtigste von ihnen. Gewiß zeigte sich Vespasian gewöhnlich von seinen Kindern umgeben, daß er also in der Mitte stand, zwischen Titus und Domitian; so werden sich ihn auch die Juden gedacht haben. Denn wenn man Vater und Sohn in einem Bilde darstellen will, ist es ohnedieß natürlich, die Kinder zu beiden Seiten des Vaters zu reihen. Ausdrücklich gibt der Text zu verstehen, daß „die Mitte" nicht auf die Zeitfolge der Herrschaft zu beziehen sey, denn das mittlere Haupt herrscht zuerst, dann erst die zwei andern. Nachdem die zwölf Fittige verschwunden waren, sieht der Prophet nur zwei Häupter; das dritte — eben das mittlere — fehlt, später aber wacht es auf, gesellt sich zu den andern, und die Dreizahl ist wieder voll. Auch dieß kann leicht in die historische Sprache übergetragen werden. Als die pannonischen Legionen Vespasian zum Kaiser ausriefen, verließ er Judäa, und verschwand auf kurze Zeit vom Schauplatz, auf dem nur Titus und Domitian zurückblieben, jener, indem er in Judäa den Oberbefehl führte, dieser, indem er Rom für seinen Vater zu gewinnen trachtete. Die sichtbare, in die Augen fallende Thätigkeit der Flavier schien auf die beiden Söhne beschränkt, obgleich der Vater in der Stille kräftig für seinen Zweck wirkte. Er wacht wieder auf, nachdem er im Sitz des Reiches eingezogen ist. Das mittlere Haupt stirbt zuerst, und zwar auf seinem Bette, ganz der Geschichte gemäß, denn Vespasian erlag einem Fieber. Aber der Haß der Juden konnte sich nicht so weit bezähmen, daß er dem Unterjocher Judäa's nicht ein böses Wehe angedichtet hätte. Er muß an fürchterlichen Bauchgrimmen (cum tormentis) sterben. Ganz so läßt — ebenfalls der wahren Geschichte zuwider — das zweite Buch der Makkabäer (Kap. 9.)

einen älteren Verfolger der Juden, Antiochus den Erlauchten,
unter unsäglichen Schmerzen den Geist aufgeben. Wen Jehovah nicht strafte, an dem rächte sich doch die jüdische Sage!
Von den zwei übrig gebliebenen Häuptern verschlingt eines
das andere. Hier wird vorausgesezt, daß Domitian seinen
Bruder Titus umgebracht habe. Viele Tausende mögen in
jener Zeit dasselbe geglaubt haben. Sueton sagt (vita Do-
mitiani Cap. II.): non cessavit (Domitianus) insidias
struere fratri clam palamque, quoad correptum gravi
valetudine, priusquam plane efflaret animam, pro mortuo
deseri jussit. Ich gestehe, daß sich mir über dem Durch-
lesen Suetons unwillkürlich der Argwohn aufdrang, Domitian möchte nicht unschuldig seyn an dem Fieber, welchem
Titus unterlag. Nach den eigenen Aeußerungen des sterbenden Titus ist man versucht zu glauben, daß er selbst diese
Meinung hegte. Ohne Zweifel hat das tausendzüngige Gerücht den Domitian schnell zum Mörder seines Bruders gemacht. Das lezte Haupt (Domitian) wird durch den Juden=
messias vernichtet, der erst kommen soll. Folglich hat der
Verfasser unseres Buches vor der Ermordung Domitians ge=
schrieben. Warum werden aber die drei Häupter immerfort
schweigende, tacentia, vocem non emittentia genannt? Ich
sehe hierin eine Eigenschaft Vespasians, die auf sein Geschlecht übergetragen wird. Vespasian huldigte nach der Reihe
den Kaisern Galba, Otho, selbst Vitellius. Weit mächtigere
Statthalter als er, Mucianus in Syrien, Tiberius Alexander in Aegypten, befehligten damals bedeutende Heere, und
schienen somit größere Hoffnung auf den Thron der Cäsarn
zu haben. Vespasian verräth mit keiner Miene die Gedanken
seines Herzens, obgleich ihm mehrere Wahrsager den einstigen Besiz der höchsten Gewalt prophezeiht haben sollen.
Plötzlich ruft ihn eine der mösischen Legionen, die sonst unter
Vespasian gedient, in Aquileja zum Kaiser aus; das syrische,
das ägyptische Heer folgt; aber Vespasian zaudert hartnäckig,

ob er den Thron annehmen soll; widerstrebend gibt er endlich
den dringenden Bitten seiner Freunde nach. Dieses Betragen
muß den Juden, die ihn vorher als Feldherrn haßten, wie
ein Werk der tiefsten Verstellung vorgekommen seyn; auch
mir, ich gestehe es, erscheint Vespasian als ein Mann, der
den Grundsatz „Mit Schweigen sich verred't Niemand" vortrefflich verstanden hat. Ich kann daher den Beinamen „der
Schweigende" nur passend finden. Oder sollte derselbe nicht
vielmehr von Domitian herstammen? dann wäre seine Entstehung noch viel natürlicher und in der Sprache selbst begründet. Denn der Name Domitian, von dem Munde eines
Juden ausgesprochen, führte von selbst auf den Begriff
Schweigen, da die ersten Buchstaben des Worts, gleichsam
seine Wurzel, im Hebräischen und Chaldäischen Schweigen
bedeuten: דום. Es bezeichnet namentlich das Schweigen des
Todes, weßhalb der Todesengel דומא praefectus silentii
genannt wird. Da Vespasian und Titus schon gestorben
waren, als das vierte Buch Esdrä geschrieben wurde, und
nur noch Domitian lebte, so mochte es dem Verfasser nahe
liegen, die zwei verblichenen Flavier nach dem übriggebliebe-
nen zu bezeichnen. Ohnedieß mögen die Juden sich diese
Dynastie als Höllengeister, das heißt als Bewohner des
schweigenden Reichs (so nannte man die Hölle) gedacht haben.

Noch sind die acht Federn übrig. Wo jüdischer Nationalhaß die heidnischen Kaiser, unter deren Joch Israel seufzte,
bildlich darstellt, dürfen gewiß auch die einheimischen Dränger, die Heroden und andere nicht fehlen, und wenn ein Jude
Roms Cäsarn als einen Adler ausmalt, liegt es ihm sehr
nahe, unter irgend einer Gestalt, auch die letztern dem Gesichte des Adlers beizufügen. Denn es ist ein und dasselbe
Gefühl der Rache, das in seiner Brust gegen beide gährt.
Aus diesem Grunde hätte ich etwas Wesentliches vermißt,
wenn neben dem ersten Hauptbilde nicht noch ein zweites
untergeordnetes herginge. Aber dieß ist wirklich der Fall;

die acht Federn bedeuten acht einheimische Tyrannen. Zuerst
dachte ich nur an die Heroden. In der That sind es gerade
acht derselben, die über die Juden herrschten und glühend von
ihnen gehaßt wurden: 1) Herodis des Großen Vater, Anti=
pater, der unter Hyrkan II. die königliche Macht ganz an
sich riß; 2) Herodes der Große; dann seine drei Söhne:
3) Archelaus, nach seines Vaters Tode Ethnarch über Judäa,
Samaria und Idumäa, aber im Jahr sechs unserer Aera
von den Römern abgesezt und nach Gallien verbannt; 4)
Herodes II. Antipas, nach Herodes' Tetrarch von Galiläa,
im Jahre 39 ebenfalls abgesezt; 5) Philippus, Tetrarch von
Trachonitis, Batanäa, gestorben im Jahre 34; 6) Herodes
III. oder Agrippa I., der im Jahre 37 von Caligula den
Königstitel erhielt und das ganze Reich seines Großvaters
auf kurze Zeit wieder vereinigte, 7) Agrippa II., Herr von
Tiberias und einigen Landschaften, Verbündeter der Römer
im jüdischen Krieg, mit welchem das Haus der Heroden ums
Jahr 100 nach Christus endete. 8) Seine Schwester Berenice,
die immer Königin genannt wird und außerordentlichen Ein=
fluß besaß. Sie war eine zweite Cleopatra, nur glücklicher
als diese, buhlte mit ihrem Bruder, mit Vespasian, mit Ti=
tus, und war nahe daran, römische Kaiserin zu werden. —
Auch das Beiwort Federn paßt vollkommen auf diese Hero=
den, denn wie Federn, freilich oft auch als widerstrebende
(contrariae pennae), hängten sie sich an den römischen
Adler. Aber sonst widerspricht die Darstellung des Pseudo=
esdras im Einzelnen. Erstens sagt er, mit den Schwingen
seyen zwei Federn verschwunden; die drei schweigenden Häup=
ter und sechs Federn blieben übrig. Nun starben aber alle
Heroden, bis auf Agrippa II. und Berenice, lange vor Galba,
Otho und Vitellius. Indeß darf man vielleicht hierauf nicht
zu viel Gewicht legen. Aber ein anderer bestimmterer Aus=
spruch des Buches ist unserer Deutung entgegen. Vier von
den Federn, heißt es, werden sich erheben, die Herrschaft an

sich zu reißen, aber alle unglücklich, und zwei davon werde das mittlere Haupt (Vespasian) verschlingen. Zwar ist der Text gerade hier sehr dunkel und furchtbar verdorben: Im 11ten Kapitel wird blos im Allgemeinen gesagt, sechs Federn gehen zu Grunde und zwar zwei von ihnen durch das mitt= lere Haupt; die Erklärung des Gesichts im 12ten Kapitel versichert dagegen bestimmt, zwei der Federn bleiben übrig bis zum Ende (bis der Messias kommt). Die übrigen sind also schon gestorben. Ich glaube, daß man drei Punkte festhalten muß: von den letzten sechs Federn kommen zwei um, ohne genauere Angabe ihres Todes, zwei werden vom mittlern Haupt verschlungen, zwei fallen endlich durch den Messias. Dieß paßt auf die Heroden nicht, denn keiner von ihnen wurde durch Vespasian getödtet oder abgesetzt, wenig= stens wissen unsere Quellen, die doch sonst genau sind (Jose= phus, Sueton, Tacitus), nichts davon. Auch erschiene es mir an sich befremdend, wenn der Prophet nur die Heroden als einheimische Dränger nennen würde, da in den letzten Zeiten in der heiligen Stadt noch viel gräulichere Tyrannen auftraten. Denn was war Herodes der Große bei aller sei= ner Grausamkeit gegen Eleazar, Simon Bar = Giora, Jo= hannes von Gischala und andere Ungeheuer? Nicht nur Jo= sephus, sondern auch der Talmud ladet auf die Häupter dieser Menschen die Schuld vom Untergang des Heiligthums. Ich rechne daher die acht Federn so: die beiden ersten, die mit den zwölf Schwingen verschwanden, sind Herodes der Große und Agrippa I. Diese beiden Heroden beherrschten allein ganz Judäa, während die übrigen nur einzelne Theile des Landes unter sich hatten. Die vier folgenden sind Rädels= führer der Empörung: Eleazar, Johannes von Gischala, Si= mon Bar = Giora und etwa Johannes der Idumäer. Von diesen vier kann mit Recht gesagt werden, daß sie herrschen wollten. Der vierte und der erste kamen durch Juden um, die beiden mittleren erlagen dem Kaiser Vespasian. Denn

Johannes von Gischala wurde, nachdem er sich ergeben, zu
lebenslänglicher Einsperrung verdammt, Simon im Triumphe
aufgeführt und dann niedergemacht. Als Federn, die am
römischen Adler hängen, nur freilich als widerstrebende, können diese vier Empörer wohl betrachtet werden: blieb ja das
heilige Land trotz ihres Versuches dennoch römisch; losgerissen
hätten sie sich erst dann vom Adler, wenn es ihnen gelungen
wäre, die Selbstständigkeit zu erkämpfen. Die zwei lezten
Federn sind endlich Agrippa II. und Berenice. Von ihnen
heißt es: duae subalares trajecerunt super caput, quod
est a dextra parte. Dieser Satz erhält nach meiner Deutung seinen guten Sinn. Beide, Agrippa und sein Schwester,
schlugen sich ja, nachdem sie Alles versucht, um die Juden
von der Empörung abzuhalten, auf die Seite der Römer.
Sie werden auch deßhalb von unserm Propheten für den
Messias aufgespart, der sie züchtigen soll für ihre Untreue an
dem jüdischen Volke. Beide überlebten die Zerstörung des
Tempels um lange Zeit. Daß Berenice unter Domitian noch
lebte, weiß man, obwohl nicht, wann sie gestorben ist.
Agrippa starb in hohem Alter, erst unter Trajan.

Ich hoffe, man wird diesem Versuch, ein sehr dunkles
Gesicht zu deuten, die Billigung nicht versagen. Allerdings
ist die Erklärung der acht Federn mangelhaft; allein die
Schuld davon lastet größtentheils auf dem Texte, der, wie
gesagt, greulich verdorben ist, und sich mehrfach selbst widerspricht. Wäre er in besserer Gestalt auf uns gekommen, so
könnte man ihn auch befriedigender deuten. Indessen gehören
die acht Federn glücklicherweise blos zum Beiwerke, das
Hauptgewicht liegt auf den zwölf Schwingen und den drei
schweigenden Häuptern. Daß diese auf die zwölf ersten Kaiser in
der oben entwickelten Ordnung und auf die drei Flavier hinweisen, davon bin ich aufs Lebhafteste überzeugt. Der Verfasser
des vierten Buchs Esdrä schrieb demnach vor Ermordung Domitians, den er als lebend voraussezt, etwa ums Jahr 94 bis 95.

Gründe, die ganz unabhängig sind von den bisher ent=
wickelten, weisen auf dieselbe Abfassungszeit hin. So oft
eine große Gährung unter den Juden herrschte und ein Auf=
stand am Ausbruche war, kamen, und zwar immer unter
dem Namen alter, hochverehrter Propheten, Weissagungen in
Umlauf, welche die nahe Ankunft des Messias verhießen.
Das glaubige Volk schenkte solchen Verheißungen, die ganz
seinen Wünschen entsprachen, nur zu leicht Gehör; diese
Bücher wirkten wie Oel, das man ins Feuer gießt: man er=
hob den Schild, verkündigte das himmlische Reich; drauf
kamen die Legionen und bewiesen den unglücklichen Juden
mit dem Schwert, daß sie abermals einen fürchterlichen Rech=
nungsfehler gemacht. Josephus verhehlt den mächtigen Ein=
fluß nicht, den unterschobene Prophezeihungen auf den großen
Aufstand unter Vespasian gehabt. Auf mich machen daher
Schriften der Art immer einen peinlichen Eindruck, denn ich
weiß, daß die Mitschuld an dem Blute von Tausend und
aber Tausend erschlagener Juden auf ihnen lastet. Es ist
nun leicht zu zeigen, daß in den lezten Jahren Domitians
große Gährung unter den Juden entstand. Sie hatten sich
wieder erholt, und der aufblühende Wohlstand fachte die alte
Begierde nach Unabhängigkeit von Neuem an. Nicht mehr
geschreckt durch den fürchterlichen Untergang Jerusalems,
schmeichelten sie sich mit der Hoffnung, der ersehnte Messias
werde jezt erscheinen. Als Trajan auf dem parthischen Kriegs=
zuge nach Syrien kam, ließ er eine große Anzahl von Juden,
die er versammelt fand, durch die Legionen umringen und
niedermetzeln *). Ohne Zweifel hatten sie eine Empörung
beabsichtigt, denn aus bloßer Wildheit oder aus Blutdurst
Unschuldige umzubringen, lag nicht in Trajans Charakter.
Das, was später geschah, rechtfertigt oder entschuldigt wenig=
stens seine Handlungsweise. In den lezten Jahren Trajans

---

*) Jost jüdische Geschichte, III. 219.

und unter Hadrians Regierung erfolgte jene Reihe von Em=
pörungen, die gegen 20 Jahre dauerten und den Juden vielleicht über eine Million Menschen gekostet haben. Sollte
nicht auch diese zweite messianische Bewegung durch unterschobene Prophezeihungen eingeleitet und angefacht worden seyn?
Gewiß geschah dieß, und ich sehe eben in dem vierten Buch
Esdrä eine der Schriften, welche das Feuer entzünden halfen.

Für die alte jüdische Dogmengeschichte ist unser Buch
von außerordentlichem Werthe. Es entstand in derselben Zeit,
wo, nach meiner Meinung, die drei ersten Evangelien abge=
faßt wurden. Daher kommt es, daß diese Schrift, ohne
eine Spur von christlichem Charakter zu verrathen, dennoch
eine Menge Wendungen, Ausdrücke, Volksmeinungen enthält,
die in jenen Evangelien wiederkehren. Beide haben, obgleich
Kinder von verschiedenen Müttern, dasselbe Vaterland, die=
selbe Geburtsstunde. Hätte daher die Bestimmung der wah=
ren Abfassungszeit dieses Werkes uns noch weit mehr Mühe
gemacht, als sie wirklich verursachte, so wären wir doch
durch das reiche Ergebniß überflüssig belohnt.

Um ein volles Jahrhundert älter als Pseudoesdras ist
das Buch Henoch. Ueber die Frage, in welcher Sprache es
ursprünglich abgefaßt sey, wird gestritten. Lawrence er=
klärt sich für eine hebräische Urschrift*), weil der Sohar das
Buch nicht blos im Allgemeinen nennt, sondern Stücke dar=
aus anführt, die sich in unserem heutigen Texte finden. Aber
wer steht uns dafür, daß die Juden nicht erst nach der Zer=
störung des Tempels eine Uebersetzung des ursprünglich griechi=
schen Textes verfertigten, und daß dieselbe den Sohariften
in die Hände kam. Ich möchte daher die Frage wegen der
Ursprache, die ohnedieß nur die Neugierde, nicht die Wissen=
schaft angeht, auf sich beruhen lassen. Den ältesten Vätern
war ein griechisch geschriebenes Buch Henoch bekannt. Das

---

*) Preliminary dissertation Seite 20 u. flg.

Testament der zwölf Patriarchen, Justin der Märtyrer, Irenäus, Tertullian, Clemens, Origenes, Hilarius, Augustin, nennen es und geben kleine Auszüge; größere und umfassen= dere hat der Mönch Gregorius Syncellus uns erhal= ten. Später ging es verloren, wurde aber in unsern Tagen durch Richard Lawrence aus einer abyssinischen Hand= schrift wieder ans Licht gebracht *). Schon vor ihm hatte Sylvester de Sacy **) die ersten 30 Kapitel, ebenfalls aus einem abyssinischen Codex, ins Lateinische übersezt. Daß der heutige, von Lawrence veröffentlichte, Text der näm= liche sey mit dem alten, der den Kirchenvätern vorlag, ist gewiß; denn alle Citate der Leztern finden sich in der neuen Ausgabe. Weniger befriedigend läßt sich die Frage beant= worten, ob die Urschrift auch äußerlich dieselbe Gestalt gehabt habe. Alte Citate sprechen von mehreren Büchern Henochs ***), und unser heutiger Text selbst verräth eine große Unsicherheit der Zusammensetzung. Der bodleianische Codex, welchen R. Lawrence seiner Uebersetzung zu Grunde legte, läuft ohne Unterbrechung fort, aber ein anderer auf der Pariser Biblio= thek, den Lawrence verglich, theilt das ganze Werk in 17 Abschnitte, welche im Alterthum wohl eigene Bücher ge= wesen seyn könnten. Endlich ob unser heutiges Buch Henoch zu einer Zeit geschrieben wurde, und einem und demsel= ben Verfasser angehöre, ist eine dritte Frage, die noch zu Streitigkeiten Anlaß geben wird. Lawrence meint (S. 34 prel. dissert.), es sey nicht unmöglich, daß einzelne Theile des Werkes zu verschiedenen Zeiten abgefaßt seyn dürften.

---

*) The book of Enoch the prophet. An apocryphal production, supposed for ages to have been lost, but discovered at the close of the last century in Abyssinia, now first translated from an ethiopic Ms. in the Bodleian library by R. Lawrence. Second edition Oxford 1833.

**) Magazin encyclopédique Tom. I. 383 (1800)

***) S. die Zeugnisse bei Fabricius codex pseudepigraphus ve= teris testamenti I, 160 und flg.

Dieß ist eine Andeutung, die unsern deutschen Kritikern eine
treffliche Gelegenheit verspricht, ihren Scharfsinn auf die ge=
wohnte, wohlfeile Weise zu entwickeln. Ihnen verdanken wir
ja die Erkenntniß, daß Homers Ilias und Odyssee, daß die
Niebelungen=Lieder, daß das Buch der Weisheit, die Salomo
zugeschriebenen Werke, ja daß sogar neutestamentliche Briefe
von verschiedenen Verfassern herstammen, warum sollten sie
nicht auch dasselbe von Henoch beweisen? Es ist ja in der
That höchst wahrscheinlich, daß an die, einem alten Namen
untergeschobene, Schreiberei eines Betrügers ein zweiter Betrü=
ger sein eigenes Machwerk anflicke, statt daß er selbst auf
eigene Faust Unterschleif treibe, und väterliche Freuden erlebe.
Denn die Menschen haben damals eine andere Natur gehabt,
als jetzt, sie sind nicht so eitel gewesen, als unsere heutigen
Schriftsteller, deren jeder selbst glänzen, und (wie die Kritiker
namentlich) durchaus seine eigene Meinung haben will. Auch
ist der Einwurf, daß es nicht gar leicht sey, einer Schrift,
welche bereits im Umlaufe ist, und, wie das Citat bei Ju=
das beweist, frühe als göttlich gefeiert wird, eigene Anhäng=
sel aufzuladen, weil solche, die sie in ihrer früheren Gestalt
gesehen, schnell den Betrug aufdecken würden — dieser Ein=
wurf ist, sage ich, kaum der Rede werth. Doch Scherz bei
Seite, ehe Jemand aus klaren und genügenden Gründen
darthut, daß die Theile unseres Buchs verschiedenen Ver=
fassern angehören, werde ich es zuversichtlich für ein Ganzes,
das Werk Eines Verfassers halten, und ich glaube nimmer=
mehr, daß jener Beweis geführt werden kann. Jeden=
falls war es im zweiten Jahrhundert bereits in dem Um=
fange vorhanden, in dem wir es jetzt besitzen. Hiefür bür=
gen die Anführungen der Väter. Judas citirt aus dem
2ten Kapitel, Irenäus aus dem 14ten und 15ten, Ter=
tullian aus dem 97sten, Anatolius, Bischof von Laodicea,
(in einem Bruchstück bei Eusebius) aus dem 71sten, das
Testament der zwölf Patriarchen aus dem 92sten, und etlichen

andern *). Mehrere Kapitel bestimmen überdieß selbst ihr Alter, wie gleich gezeigt werden soll.

Das Buch Henoch ist später als Daniel, weil es offenbar diesen Propheten nachahmt, älter als der kanonische Brief Judä, weil in diesem sich ein Citat aus Henoch findet: epistola Judae 14: προεφήτευσε δὲ καὶ τούτοις Ἐνὼχ λέγων· ἰδοὺ ἦλθε κύριος ἐν μυριάσιν ἁγίαις αυτοῦ, ποιῆσαι κρίσιν κατὰ πάντων καὶ ἐξελέγξαι πάντας τοὺς ἀσεβεῖς αὐτῶν περὶ πάντων τῶν ἔργων ἀσεβείας αὐτῶν, ὧν ἠσέβησαν, καὶ περὶ πάντων τῶν σκληρῶν, ὧν ἐλάλησαν κατ᾽ αὐτοῦ ἁμαρτωλοὶ ἀσεβεῖς. Hiemit vergleiche man Henoch Kap. 2. (nach Sacy): et venit cum myriadibus sanctorum, ut faciat judicium super eos et perdat impios et litiget cum omnibus carnalibus, pro omnibus quae fecerunt et operati sunt contra eum, peccatores et impii. Die Uebereinstimmung ist unbezweifelbar, und überdieß erklären die Kirchenväter aufs Bestimmteste, daß Judas die Stelle wirklich aus unserem Buch. Henoch genommen habe. Wäre nun Henoch nicht schon seit längerer Zeit, zum Mindesten. seit Menschengedenken, im Umlauf gewesen, als Judas schrieb, so würde er ihn sicher nicht auf solche Weise benützt haben, denn man hält eine Schrift erst dann für göttlich eingegeben, wenn schon Tausende sich in gleichem Sinne aussprachen. Die allgemeine Zustimmung begründet überall erst himmlisches Ansehen. Aus diesem Grund müssen wir annehmen, daß unser Henoch geraume Zeit vor Judas unter den Juden bekannt war. Befragen wir das Buch selbst um sein Alter. Glücklicherweise fehlt es nicht an bestimmten Andeutungen, die indeß schon Lawrence, dem unter den Unsrigen auch A. G. Hoffmann beistimmt, aufs Glücklichste gelöst hat. Es bleibt uns daher nichts als eine kleine Nachlese übrig. Die Kapitel 84 – 89 enthalten eine Schilderung der israelitischen

---

*) S. *Lawrence* preliminary dissertation S. 13 und flgde., und *Fabricius* Cod. pseudepigr. vet. test. Pars I. S. 160 u. flg.

Geschichte in prophetischen Bildern. Nachdem Henoch die
Richter, Samuel, Saul, David, Salomo Kap. 88, 65—82.
klar genug bezeichnet, spricht er B. 94. in runder Zahl von
siebenzig weitern Fürsten, die in drei großen Epochen über
Israel herrschen sollen: die erste Epoche (von Salomo bis
zum Exil) umfaßt nach Kap. 89. siebenunddreißig Könige.
Diese Zahl stimmt mit der Geschichte überein; auf Juda kommen zwanzig: Rehabeam, Abiam, Assa, Josaphat, Joram,
Ahasja, Athalia, Joas, Amazia, Usia, Jotham, Ahas, His-
kia, Manasse, Ammon, Josia, Joahas, Jojakim, Jojachin und
Zedekia; auf Israel siebenzehn: Jerobeam, Nadab, Baesa,
Ela, Omri, Ahab, Ahasja, Joram, Jehu, Joahas, Joas, Jerobeam II., Sacharja, Menahem, Pekajah, Peka und Hosea.
Hier sind blos ausgelassen Simri, der nur sieben Tage, Tibni,
der vielleicht gar nicht, Schallum, der nur einen Monat
regierte. Die zweite Epoche (von dem babylonischen Gefäng-
niß bis auf die Makkabäer) zählt nach Kap. 89, 7. dreiundzwanzig Fürsten oder Hirten; ebenfalls der Geschichte gem ß.
Vier von den dreiundzwanzig gehören der babylonischen, eilf
der persischen, acht der macedonischen Reihe an. Die ersten sind
Nebucadnezar, Evilmerodach, Neriglissar, Belsazar; die zweiten: Darius der Meder, Cyrus, Cambyses, Darius Hystaspis,
Xerxes, Artaxerxes Longimanus, Darius Nothus, Artaxerxes
Mnemon, Ochus, Arses, Darius Codomannus; die dritten:
Alexander der Große, Ptolemäus Soter (der nach Alexanders Tode zuerst Judäa inne hatte), Philadelphus, Euergetes,
Ptolemäus Philopator, Antiochus der Große, Seleucus Philopator und Antiochus der Erlauchte. In die dritte Epoche
versezt Henoch Kap. 89, 25. zwölf Hirten, welche Lawrence
so rechnet *): Mattathias, Judas Maccabäus, Jonathan,
Simon, Johannes Hyrkanus, Aristobulus, Alexander Jan-
näus, seine Wittwe Alexandra, Aristobul II., Hyrkanus II.,

---

*) Preliminary dissertation S. 27.

Antigonus, Herodes der Große. Ich sehe nichts, was man mit Grund dieser Rechnung entgegen halten könnte. Matta=thias wird von Josephus (Alterthümer XII., 6.) entschieden als der erste der Makkabäischen Fürsten dargestellt. Πένθος ἐπ᾽ αὐτῷ (Ματταθίᾳ) μέγα τοῦ λαοῦ παντὸς ποιησαμένου, διεδέξατο τὴν προστασίαν τῶν πραγμάτων ὁ παῖς αὐτοῦ Ἰούδας ὁ καὶ Μακκαβαῖος — sagt der jüdische Geschicht=schreiber *), und ohne Zweifel dachten auch seine übrigen Landsleute so. Wollte man überdieß mit Judas anfangen und folglich über Herodes hinausgehen, so kämen, statt zwölf, vierzehn Fürsten heraus, da Herodes nicht einen, sondern drei Nachfolger hatte. Man kann dieß als eine Probe obi=ger Rechnung ansehen. Lücke **) macht jedoch einen Ein=wurf. Derselbe Vers unseres Buches, der die zwölf Könige der lezten Epoche nennt, lautet so: „Ich sahe, daß der Mann, welcher das Buch nach des Herrn Worte schrieb, das Buch der Zerstörung öffnete, der Zerstörung nämlich, welche die lezten zwölf Hirten herbeigeführt, und er zeigte an vor dem Herrn der Schafe, daß sie (die zwölf) mehr verwüstet hät=ten, als die, welche ihnen vorangegangen." Lücke meint nun, so könne man unmöglich von den Makkabäern und ihren Nachfolgern reden. Ja wohl, antworte ich, und mit Recht kann man so sprechen, sobald man, was hier ja der Fall ist, ein allgemeines Urtheil über die ganze Regentenreihe fällt. Wäre Henoch auf die Einzelnen eingegangen, so würde er Mattathias und seine Söhne gelobt haben. Aber er spricht ja vom ganzem Stamm, und dieser war schlecht, verderblich. Man denke, von zwölf Fürsten sind nur vier gut, die übri=gen tadelnswerth und werden immer verdorbener, sie endigen

---

*) Ebenso de bello lib. I. Cap. I. 3.: παρελθὼν δὲ (ὁ Ματτα-θίας) ἀπὸ τῆς εὐπραγίας εἰς δυναστείαν, καὶ διὰ τὴν ἀπαλλα-γὴν τῶν ἀλλοφύλων ἄρξας τῶν σφετέρων ἑκόντων, τελευτᾷ, Ἰούδα τῷ πρεσβυτάτῳ τῶν παίδων καταλιπὼν τὴν ἀρχήν.

**) Erklärung der Apokalypse I. 55.

mit Herodes, welchen die Juden dem Tyrannen Pharao gleich
sezten, wie wir später zeigen werden. Ohnedieß hält sich ein
Schriftsteller, zumal ein prophetischer, der ein Urtheil über
eine Dynastie fällt, um so sicherer an die lezten derselben,
sobald er unter ihnen selbst gelebt und ihr Joch empfunden
hat, was hier der Fall ist. Wie einen der Schuh drückt, so
spricht er. Alle Juden waren lange vor Christus sehr unzu-
frieden mit ihren Herrschern. Beweis dafür die immer wilder gährenden Messiashoffnungen, welche auch unser Buch
ausspricht, und welche Herodes dem Großen genug schlaflose
Nächte machten.

Kurz die von Lawrence angegebene Rechnung scheint
mir jedem Zweifel trotzen zu können. Die Fürsten zusammen
37 + 23 + 12 machen 72 aus, nicht 70, wie man nach der
Stelle Kap. 88. V. 94. hätte erwarten sollen. Lawrence
will daher von den 37 Hirten der ersten Epoche 2 abziehen,
indem er Kap. 89, 1. einen Fehler in seiner Handschrift argwöhnt. Aber dieß ist nicht nöthig. Siebzig ist dort eine
runde Zahl, die jede andere bestimmte, zwischen 71 — 79,
prophetisch anzeigt.

Da Henoch kraft Obigem Herodes als den lezten Fürsten über Juda bezeichnet, so folgt, daß er unter seiner Regierung gelebt hat. Auf dasselbe Ergebniß weisen noch andere
Anzeigen hin. Kap. 54. Vers 9 u. flg. findet sich folgende
Prophezeihung: „Alsdann werden Fürsten sich verbünden und
verschwören. Die Häupter des Ostens unter den Parthern
und Medern werden Könige absetzen, über welche der Geist
des Schreckens hereinbricht. Sie werden dieselben von ihren
Thronen stürzen und springen, wie der Löwe aus dem
Dickicht, wie hungrige Wölfe mitten in die Heerde. Sie
werden hinaufziehen und das Land ihrer Auserwählten betreten. Das Land ihrer Auserwählten wird vor ihnen seyn.
Die Dreschtenne, der Pfad und die Stadt meines Gerechten,
wird ihre Rosse aufhalten. Sie werden aufstehen, einander

zu vernichten, ihre rechte Hand wird gestärkt werden, und nicht wird ein Mensch seinen Freund anerkennen oder seinen Bruder, noch der Sohn seinen Vater und seine Mutter, bis die Zahl der Leichen voll seyn wird, durch ihren Tod und ihre Bestrafung. Und dieß wird nicht ohne Ursache geschehen. An jenen Tagen wird sich der Hölle Rachen öffnen, in welche sie hinabgeschleudert werden. Die Hölle wird verschlingen und vernichten die Sünder aus dem Angesichte der Auserwählten." Leider ist man nicht sicher, ob Lawrence Alles richtig übertragen hat, namentlich sind die Worte „Dreschtenne und Pfad" verdächtig; dennoch sieht man deutlich genug, daß der Verfasser erstens von einem Ereignisse redet, das er selbst erlebt hat, und zweitens, daß er daran eine Hoffnung knüpft (das Versinken der Ungerechten in die Hölle), deren Verwirklichung er von der nahen Zukunft erwartet. Unter „ihren Auserwählten" ist entweder der Makkabäerfürst Antigonus und seine Partei als Schützling der Parther zu verstehen; oder gehört vielleicht das Fürwort „ihren" gar nicht her, dann bezeichnet jener Ausdruck die Juden überhaupt. Die Stadt „meines Gerechten", des Messias, ist sicherlich Jerusalem. Ueber die Wörter Dreschtenne und Pfad vergleiche man Hoffmann zu der Stelle. „Die Häupter des Ostens, Parther und Meder," heißt es, „werden Fürsten von ihren Thronen stürzen, und nach dem gelobten Lande ziehen." Dieß ist ein geschichtliches Ereigniß. Im Jahr 37 vor Christus kamen die Parther unter Pakorus nach Palästina, verjagten den Hohenpriester Hyrkanus sammt seinen eigennützigen Beschützern, Herodes dem Großen und seinem Bruder Phasael, und erhoben ihren Schützling Antigonus auf den Thron.*) Aber der neu eingesetzte Fürst konnte sich nur mit großer Mühe halten, wilde Partheiung zerrüttete das Land, eine Hand war gegen die andere gerichtet, bis es zuletzt dem schlauen Herodes

---

*) Josephus Alterthümer Buch XIV. Kap. 13.

gelang, mit Hülfe der Römer den Antigonus zu vertreiben und den Thron an fein Haus zu bringen. Später haben
die Parther nie mehr einen König der Juden ab= und ein=
gefezt. Offenbar fpielt alfo unfer Verfaffer auf diefes Ereigniß an, er hat es felbft erlebt, und zwar nicht lange bevor
er feine Prophezeihung fchrieb, da er ja eine Hoffnung daran
knüpft, die nie verwirklicht wurde — das Verfinken der Böfen in die Hölle.

Das folgende Kapitel enthält ein anderes Geficht, das
mit dem vorhergehenden zufammenhängt, und auf diefelbe Zeit
hinweist: „Hernach (nach dem oben mitgetheilten Gefichte)
fahe ich eine andere Schaar von Wagen, mit Männern,
welche auf ihnen fuhren. Diefelben kamen auf dem Winde
von Often, von Weften und von Süden. Der Schall des
Raffelns ihrer Wagen ertönte (weit hin). Und als diefe Bewegung gefchah, da nahmen die Heiligen im Himmel fie
wahr, der Bau der Welt ward erfchüttert in feinem Grunde,
und der Schall wurde gehört von den Gränzen der Erde bis
zu den Gränzen des Himmels zur felben Zeit. Da fielen fie
Alle nieder und beteten an den Herrn der Geifter." Allem
Anfchein nach find hier die Römer gemeint, welche fich damals mit den Parthern um den Befiz Syriens und Paläftina's fchlugen. Sie kamen von Weften, dem Mittelmeer,
von Süden, aus Aegypten, auch von Often, oder vielmehr
Nordoften, aus Damaskus.

Ich betrachte es als erwiefen, daß unfer Buch Henoch
unter Herodes dem Großen abgefaßt worden ift. Herodes
herrfchte jedoch fehr lange, nämlich 37 Jahre, daher rechtfertigt fich die Frage, ob der Verfaffer zu Anfang oder zu Ende
oder in der Mitte der Tage diefes Fürften fchrieb? Eine
Andeutung hierüber finde ich in dem Gefichte Kap. 89, 38.
39. Die fiebenzig Hirten werden dort gerichtet und in die
Hölle verftoßen. Auch das alte Haus (der Tempel) hat ein
gleiches Schickfal. Es verfinkt in den Abgrund, nur fein

Elfenbein, seine Zierrathen, werden gerettet, und an einem
Platz an der rechten Seite der Erde niedergelegt. Darauf
errichtet der Herr der Schafe ein neues Haus, größer und
geräumiger als das alte. Offenbar haben wir hier dieselbe
Ansicht, die wir oben im Targum Jonathan zu Jesaj. 53.
fanden. Mit welcher wahnsinnigen Gluth die Juden in und
nach Christi Tagen an dem herrlichen, von Herodes vergrößer=
ten Tempel hingen, dafür zeugen Josephus und Andere zur
Genüge. Hier soll er in den Abgrund geschleudert werden.
Ich glaube nimmermehr, daß dieß ein Jude von dem ver=
schönerten, allen Erwartungen entsprechenden Gebäude je ge=
sagt habe, wohl aber sagten sie es von dem alten, ärmlichen.
Folglich sind die Gesichte Henochs vor Herodes 18tem Re=
gierungsjahre geschrieben. *) Ich sehe hiegegen nur Einen

---

*) Damit man nicht glaube, ich habe die neueren Abhandlungen
über das Buch Henoch entweder gar nicht oder nicht mit der
gehörigen Aufmerksamkeit gelesen, muß ich hier die Meinung
eines Dritten widerlegen. Lücke sagt in seinem mehrfach an=
geführten Commentar zur Offenbarung Johannis S. 58 wörtlich
Folgendes: „Es ist klar, daß die Zerstörung des jüdischen Tem=
pels (durch Titus) und das Gegründetseyn der christlichen Ge=
meinschaft (in unserem Buche) angedeutet ist. Folglich schrieb
der Verfasser später, als die Gründung der christlichen Kirche,
später auch, als die Zerstörung des Tempels.“ Diese Behaup=
tung sucht er aus dem Gesichte Kap. 89. zu rechtfertigen, das
wir theilweise schon angeführt: „Der Tempel sinkt dort in die
Hölle, nur das Elfenbein und die Zierrathen werden gerettet;
der Herr der Schafe errichtet dafür ein neues Haus, herrlicher
als das alte. In demselben versammeln sich die Schaafe von
weißer und reiner Wolle (die Frommen), die Thiere der Erde,
und die Vögel des Himmels (die anderen Nationen) fallen nie=
der und beten an. Das Haus nimmt alle auf, auch die umge=
kommen waren. Der Herr der Schafe freut sich über die Ge=
sammelten, das Schwert, das vorhin den Schafen gegeben
war, wird versiegelt vor dem Herrn. Aller Augen sind gerich=
tet auf den allein Guten. Jetzt bemerkt der Seher, daß eine
weiße Kuh mit großen Hörnern (die Kirche des neuen Jerusa=
lems) geboren wird. Alle Vögel des Himmels und alle Thiere
der Erde wenden sich zu der weißen Kuh, und bitten sie zu

guten Einwurf, nämlich daß der Verfasser möglicher Weise
zur Sekte der Essener gehört haben könnte, welche den stei-
nernen Tempel darum verwarfen, weil sie einen geistigen Gottesdienst verlangten. Allein ich bin überzeugt, daß Pseudohenoch kein Essener war, denn in der wichtigsten Lehre des

allen Zeiten, plötzlich verwandeln sie sich ebenfalls in weiße
Kühe. Der Erste in der Mitte der heiligen Schaar redet,
und sein Wort wird zum großen Thiere mit mächtigen Hörnern. Der Herr aber der Schafe freut sich der Schafe, wie
der Kühe." So das Gesicht. Herr Lücke schließt nun folgendermaßen: „Der Verfasser redet von geschehenen Dingen. Der
Tempel, dessen Untergang er schaut, ist der von Titus zerstörte,
er hat also seine Vernichtung selbst erlebt. Die neue Kirche
ist die christliche, er hat also ihre Ausbreitung selbst gesehen."
Lösen wir diese Sätze in ihre Bestandtheile auf. Erstens, wenn
Pseudohenoch hier die Zerstörung durch Titus meint, warum
läßt er dann den Tempel und zwar ganz ernstlich in die Hölle
versinken? Nie hat ein Jude, nie selbst ein feindseliger Christ
den Untergang des zweiten Tempels so dargestellt. Man stößt
also bei dieser Voraussetzung sogleich auf eine baare Unmöglichkeit. Zweitens was soll mit den Zierrathen, mit den elfenbei-
nernen Sachen gemeint seyn, die unser Gesicht gerettet werden
läßt? Aus dem von Titus zerstörten Tempel ward Nichts von
den Juden gerettet. Das Volk selbst fiel durchs Schwert, oder
wurde in die Sklaverei geschleppt. Ein Theil der heiligen
Zierrathen, der Gefäße, wanderte nach Rom, wie der sieben-
armige güldene Leuchter, dessen Abbild noch an dem Titus-
Bogen zu sehen ist bis auf diesen Tag. Ferner mit der weißen
Kuh soll die christliche Kirche gemeint seyn, deren Aufblühen
der Verfasser erlebt habe. Erstens wenn derselbe seine Messias-
Hoffnungen in der christlichen Kirche verwirklicht sah, so war
er nothwendig ein Christ. Allein wie stimmt hiemit das Zugeständniß des Herrn Professors, daß Pseudohenoch höchst wahrscheinlich kein Christ, sondern ein Jude gewesen sey? S. 67 u. flg.
Zweitens, wenn Pseudohenoch mit dem Gesichte der weißen
Kuh, und aller Völker, die sich in dem neuen Gotteshause sammeln, etwas Geschehenes schildern wollte, so müßte er ausnehmend einfältig gewesen seyn. Zu deutlich verräth sich seine
Beschreibung als eine solche, die der fruchtbaren Mutter eitler
Hoffnungen, der aufgeregten Einbildungskraft, angehört, und
doch soll er damit wahrhafte, historische Zustände meinen! Wie?
eine Zeit, wo die Apostel fast alle bereits den Märtyrertod

ganzen jüdischen Glaubens, im Dogma des Messias, weicht er sehr weit von dem essenischen Bekenntniß ab, wovon später.

erlitten hatten, wo die Anhänger des Gekreuzigten unter Ver= folgung, in Kummer und Elend seufzten, wo es in der ganzen weiten Welt noch keine 50,000 Christen gab (die Jahre 70—80), soll mit so glänzenden Farben geschildert werden! Erst in dem Jahrhundert, das auf die Zerstörung des jüdischen Tempels folgte, geschah die mächtige Verbreitung des Christenthums. Der Untergang des Tempels war das große Thor, durch wel= ches Heiden und Juden seit Hadrians Tagen in die neue vom Herrn der Schafe bereitete Kirche einzogen. Ich berufe mich auf den besten Zeugen für diese Dinge, auf den Verfasser der Offenbarung Johannis. Schal und klein erschien demselben die Gegenwart, alles Glück erwartet er durchaus von der Zu= kunft, zum deutlichsten Beweis, daß die Wirklichkeit damals schwärmerischen Ansichten und Hoffnungen durchaus nicht entsprach.

Herr Dr. Lücke findet seine Ansicht vom Alter unseres Buches auch noch in anderen Stellen begründet. Seite 56 sagt er: „Henoch sieht gleich nach dem parthischen und medischen Kriegszuge ein anderes gewaltiges Heer von Osten, Westen und Süden heranziehen. — Hiemit scheint nicht, wie Herr Lawrence andeutet, überhaupt die Weltherrschaft der Römer gemeint zu seyn, sondern, weil Alles sich vorzugsweise auf das heilige Land bezieht, (ganz willkürliche Voraussetzung) der jü= dische Krieg" (unter Titus und Vespasian)! Aber in welchem Geschichtschreiber steht denn zu lesen, daß der jüdische Krieg gleich nach dem parthischen ausgebrochen sey? Ein volles Jahrhundert liegt dazwischen.

Auch das dunkle Gesicht im 92. Kap. wird von Herrn Dr. Lücke zu einem vermeintlichen Beweise mißbraucht. Hier ist die Welt in zehn große Wochen eingetheilt. Am siebenten Tage der ersten Woche ersteht Henoch. Der Anfang der zwei= ten Woche bringt die Sündfluth. In der dritten Woche er= scheint Abraham, in der vierten wird das Gesetz gegeben, in der fünften wird das Haus der Herrlichkeit (Salomo's Tempel) gebaut, in der sechsten zerstört, in der siebenten Woche ersteht ein Geschlecht von Sündern und Missethätern. All ihr Thun ist verkehrt. Aber die Auserkorenen sollen in derselben belohnt werden. Siebenfache Belehrung wird ihnen zu Theil. Die achte Woche ist die Woche der Gerechtigkeit, den Frommen wird ein Schwert gegeben, mit welchem sie die Unterdrücker vernichten; die neunte Woche ist dazu bestimmt, das gerechte

Ich begrüße unsern Henoch in gewissem Sinne als einen
Vorherverkündiger der Ankunft unseres Herrn Jesu Christi,

Gericht der ganzen Welt zu offenbaren. Alle Werke der Gott=
losen werden von der Erde vertilgt. Am siebenten Tag der
zehnten Woche erfolgt das Weltgericht, Himmel und Erde ver=
gehen und machen einer neuen Schöpfung Platz. Soweit das
Gesicht. Es ist nun klar: Erstens, daß der Verfasser eine
7000jährige Dauer der Welt annimmt, und jeden Tag der
zehn Wochen zu 100 Jahren rechnet. Viele andere Juden
haben es auch so gemacht; ich könnte Dutzende von Zeugnissen
dafür aus den rabbinischen Schriften, wie aus den Vätern an=
führen. Zweitens, die 3 letzten Wochen, die achte, neunte und
zehnte gehören der messianischen Zeit an, denn der Grundcha=
rakter derselben besteht eben darin, daß die Guten allein herr=
schen, die Bösen vertilgt werden, was ja ausdrücklich von den
drei letzten Wochen behauptet wird. Drittens, der Verfasser
lebte gegen das Ende seiner siebenten Woche, denn sonst sagt
er ja deutlich genug, daß das Gottesreich nahe sey. Da nun
dasselbe mit der achten Woche beginnt, so muß er zu Ende der
siebenten gelebt haben. Dieser allgemeine Grund wird noch
durch besondere, der Natur des menschlichen Herzens entnom=
mene, verstärkt. Schwärmer und Querköpfe haben das Eigene,
daß sie nie mit den bestehenden Zuständen zufrieden sind, es
geht ihnen wie dem Mephistopheles: „ich finde es da unten,
wie immer, herzlich schlecht,“ denn die dornige Welt will ihren
goldenen Träumen nie entsprechen. Wenn sie daher Zeiten
voll glänzender Ideale schildern, die sie überdem noch, wie hier,
deutlich genug in die nächste Zukunft verlegen und daneben
von unglücklichen Epochen reden, in welchen die Ungerechten
herrschen, die Guten unterdrückt seyen, so darf man sicher
seyn, daß sie mit letzteren die Gegenwart meinen. Vortrefflich
stimmt hiemit die Bemerkung, daß in der siebenten Woche
den Guten siebenfache Weisheit zu Theil werde. Es ist eine
Schmeichelei, welche die prophetische Schriftsteller=Eitelkeit un=
seres Sehers sich selbst zollt. Denn er, der Verkündiger der
Zukunft, ist ja vortrefflich unterrichtet!

Dreimal sieben Jahrwochen von 7000 abgezogen, bleiben 4900.
Ums Jahr 4900 der Welt — wohl verstanden, nach seiner eige=
nen Zeitrechnung — muß also Pseudohenoch gelebt haben.
Wollte man die jetzt übliche gemeine Aera, nach welcher wir heuer
(1838) das 5787ste Jahr, oder die jüdische, nach welcher wir
das Jahr 5598 seit Erschaffung der Welt haben, unserem Buche
zu Grunde legen, so würde Pseudohenoch tief in die christlichen

nicht als ob er die Wahrheit geahnet hätte, denn sein Mes=
sias ist, wie bei den anderen Juden, umhüllt vom Nebel

Jahrhunderte herabsinken. Allein dieses Verfahren wäre grund=
falsch. Die Juden um die Zeit Jesu Christi rechneten ganz
anders. Zu Ende des 4ten Buchs Esdrä steht z. B. nach der
lateinischen und abyssinischen Uebersetzung, Esdras habe seine
Prophezeiung geschrieben im Jahr der Welt 5092 (der Araber
hat blos 5025). Man weiß aber nicht, ob er die Zeit des al=
ten ächten Esdras, oder seine eigene meint; wäre lezteres der
Fall, so würde, sobald man die Weltrechnung des Josephus zu
Grunde legt, der Verfasser des Buchs seine wahre Zeit, wenig=
stens nach dem Araber, fast aufs Jahr genau bestimmen. Denn
das Jahr 5025 entspräche dann, wie gleich gezeigt werden soll,
dem Jahr 91 der christlichen Aera, in welche Zeit wir aus andern
Gründen die Schrift versezt haben. Josephus sagt in der Vor=
rede zu den Alterthümern §. 3.: μύρια δέ ἐστι τὰ δηλούμενα
διὰ τῶν ἱερῶν γραμμάτων, ἅτε δὴ πεντακισχιλίων ἐτῶν ἱσορίας ἐν αὐτοῖς περιειλημμένης. Daß er den Inhalt der heili=
gen Bücher (ohne Zweifel wegen Daniels Prophezeiungen) bis
auf seine eigenen Tage herabführt, mit andern Worten, daß er
die 5000 Jahre von Anfang der Welt bis zum zwölften Jahre
Nero's rechnet, mit welchem die Alterthümer schließen, geht
klar aus der Vorrede zum ersten Buch gegen Apion hervor, wo
er sagt: τὴν περὶ τὴν ἀρχαιολογίαν συγγραφὴν, πεντακισχιλίων ἐτῶν ἱσορίαν περιέχουσαν, ἐκ τῶν παρ' ἡμῖν ἱερῶν βιβ-
λων διὰ τῆς ἑλληνικῆς φωνῆς συνεγραψάμην. Die Alterthü=
mer umfassen also einen Zeitraum von 5000 Jahren, nun begin=
nen dieselben mit dem ersten Tag der Schöpfung nach Moses,
und endigen mit dem zwölften Jahre der Regierung Nero's.
Also ist das Jahr der Welt 5000 gleich dem 66sten Jahre der
christlichen Aera. Hat nun Pseudohenoch dieselbe Rechnung ge=
braucht, wie Josephus, was gewiß nicht unwahrscheinlich ist, so
muß er ums Jahr 30 vor Christus geschrieben haben, was voll=
kommen mit unserer aus ganz andern Gründen gefolgerten
Zeitbestimmung übereinstimmt. Indeß muß ich der Wahrheit
zu Ehren gestehen, daß Andere, besonders die ältesten christlichen
Väter, welche ihre Nachrichten von den griechischen Juden er=
hielten, anders rechnen. Theophilus ad Autolycum (Seite 379 der
Mauriner Ausgabe des Justin) sagt, von Erschaffung der Welt
bis zum babylonischen Gefängniß seyen es 4954 Jahre, also ver=
sezt er die Geburt Christi ungefähr ins Jahr der Welt 5500.
Etwas anders Clemens. Dieser rechnet (Stro=mat. I. S. 146)
von Adam bis zur Sündfluth 2148, von Sem bis Abraham 1250,

ehrgeiziger und falscher Hoffnungen, aber er zeugt doch für
die Art und Weise, sowie für die Gluth des Gefühls, mit

---

von Isak bis zur Vertheilung des jüdischen Landes 616, die
Zeit der Richter bis Samuel 463, die Zeit der Könige 573,
babylonisches Gefängniß 70, von der Erbauung des zweiten
Tempels bis auf seinen Untergang durch Vespasian 410, also
im Ganzen von Erschaffung der Welt bis zur Zerstörung des
zweiten Heiligthums 5530 Jahre. Andere, die ich nicht weiter
anführen will, geben noch andere Zahlen. Allen diesen Rech=
nungen liegt die gemeinschaftliche Absicht zu Grunde, die Welt
möglichst alt zu machen. Das kommt daher, weil sie sämmt=
lich der damals weit verbreiteten Meinung des großen Sabbaths
oder der 7000jährigen Weltdauer anhingen. Sie wünschten
sehnlich, daß der Messias überhaupt bald erscheine, wie die Ju=
den, oder zum Zweitenmale komme, wie die Christen, darum
eilten sie mit ihrer Rechnung dem sechsten Jahrtausend entge=
gen. Die schwärmerische Grille siegte, wie immer, über die
starren Zahlen, welche der alttestamentische Text darbot; man
zog leztere auseinander. Nach meiner Ansicht war der Ver=
fasser der Johanneischen Offenbarung ebenfalls ein Anhänger
des großen Weltsabbaths. Er erwartete als ganz nahe die
Wiederkunft Christi, welcher mit seinen Gläubigen tausend
Jahre herrschen werde. Das wäre das sechste Jahrtausend.
Dann folgt ein zweiter prophetischer Tag (von 1000 Jahren)
voll Unruhe, in welchem der Teufel los wird, Gog und Magog
Krieg führen. Aber am Ende desselben bricht das Weltgericht
herein. Himmel und Erde vergehen, das siebente Jahrtausend
ist vollendet, und die Ewigkeit beginnt nun. Zweitausend
Jahre sind ihm Zukunft, also aller Wahrscheinlichkeit nach
5000 Vergangenheit, mit andern Worten: er lebte ums Jahr
5000 der damals üblichen Zeitrechnung. Da er nun jedenfalls
ein Zeitgenosse des Josephus war, so folgt, daß er ganz die=
selbe Aera annahm, wie dieser. Doch genug hievon, damit ich
auf den eigentlichen Stand der Frage zurückkomme. Läßt man
die im 92sten Kapitel enthaltene Zeitbestimmung als historischen
Anhaltspunkt gelten, so beweist sie kraft Obigem offenbar nur
für meine Ansicht. Ich halte es jedoch für vorsichtiger, sie als
eine unbestimmbare Größe fallen zu lassen, und dafür desto
strenger die wahren historischen Beziehungen fest zu halten.
Anders freilich Herr Lücke. Seite 59 u. flg. äußert er sich
wörtlich so: „Die achte Woche bringt das Schwert des Verder=
bens über alle Unterdrücker, den Gerechten aber die Wohnung;
der Tempel wird erbaut. — Dieß Alles ist deutlich genug, es

welcher man 20 bis 30 Jahre vor Christus den Gesalbten
des Herrn erwartete. Lawrence hat sich durch Veröffentli=
chung dieses Buchs ein größeres Verdienst um die theologische

ist die Zeit der Makkabäer gemeint." Vortrefflich! Also in
der Makkabäischen Zeit wurde der Tempel gebaut! also unter
einer Dynastie, welche mit Herodes endigte, triumphirten die
Guten, unterlagen die Bösen! — Ferner: „Die neunte Woche
(in welcher wohlverstanden das große Gericht der ganzen Welt
geoffenbart und alle Werke der Gottlosen vertilgt werden) ist
für die messianische (nämlich nicht die jüdische, sondern die
christlich = messianische, welche unbegreiflicherweise jener unter=
schoben wird) zu halten, in deren Anfang, als das Evangelium
bereits anfing in der Welt verbreitet zu werden, der Verfasser
gelebt zu haben scheint." Ja wohl scheint, denn es ist
auch kein Funke Wahrheit an diesem faulen Schein. Der
Verf. mußte fühlen, auf welch hohlem Grund er stehe; er be=
ruft sich daher auf Sacy welcher (Journal des Savans 1822,
S. 593 u. flg.) gezeigt habe, daß kein Grund vorhanden sey,
jeden Wochentag zu hundert Jahren, jede Woche zu 700 Jah=
ren zu rechnen. Aber Sacy hat dieß nicht gezeigt, sondern
ohne alle Begründung blos gesagt, und zwar mit Unrecht ge=
sagt; nie soll man auf Namen, sondern nur auf Beweise sich
stützen! So wenig befriedigen die Gründe, aus welchen Herr
Lücke sein Abweichen von der Zeitbestimmung des Engländers
Lawrence zu rechtfertigen sucht. Dabei hat er die wahren
historischen Anhaltspunkte, die 72 Hirten, den Zug der Parther
nach Jerusalem, endlich die richtige Würdigung des Citats
im Briefe Judä, wie schlechten Plunder, unbeachtet über Bord
geworfen, um dagegen den Stellen, die ihm gefielen, den Eh=
renplatz anzuweisen. Nur noch ein Wort über das Citat. Un=
terschobene prophetische Bücher, wie unser Henoch, finden in
der ersten Zeit ihres Auftretens sicherlich keinen entschiedenen
Beifall. Der Vater liest etwa eine solche Schrift, staunt dar=
über und zweifelt. Der Sohn nimmt sie allenfalls an; der
Enkel schenkt ihr ein göttliches Ansehen. Dieß ist der Welt=
lauf mit allen ähnlichen Schriften. Sie hängen nothwendig
ab von der Zustimmung Vieler, folglich bedürfen sie Zeit, bis sie
zu Ansehen kommen. Judas beruft sich auf unser Buch in
einer Weise, als ob kein Mensch daran zweifeln könnte, daß es
aus prophetischer Erleuchtung geboren sey. Judas hat ferner
vor der Zerstörung Jerusalems geschrieben, wenigstens glauben
dieß de Wette sammt Andern, und auch ich. Demnach)

Wiſſenſchaft erworben, als er vielleicht ſelbſt weiß. Eine
beſſere Quelle für die Kenntniß des Zuſtandes der jüdiſchen
Glaubensweiſe vor und in den Tagen Jeſu Chriſti gibt es
nicht, darum ſteht daſſelbe mit Recht an dem Schluſſe dieſer
Unterſuchung, welche in aufſteigender Linie das Alter der jü=
diſchen Bücher beſtimmt.

Zweites Kapitel.

Die Erziehung der Juden zur Zeit Jeſu. Die gelehrte Kaſte.

Nur wenige von den oben angeführten Schriften (die Tar=
gumim, das vierte Buch Esdrä und Henoch) reichen bis zu
den Tagen Jeſu Chriſti hinauf, die große Mehrzahl iſt um
etliche Jahrhunderte, ja zum Theil um mehr als ein Jahr=
tauſend ſpäter. Da es uns nun darum zu thun iſt, die
religiöſe Denkweiſe und den bürgerlichen Zuſtand der Juden

---

muß unſer Werk zum Mindeſten 50 bis 60 Jahre vor dem
Untergang des Tempels abgefaßt ſeyn. — Ich habe Herrn Dr.
Lücke rückſichtslos widerſprochen, nicht aus Abneigung, ſon=
dern aus Liebe zur Wahrheit; ich ehre ſeine Verdienſte, nament=
lich um die Johanneiſchen Schriften, die er ſehr gut erläutert
hat. Ich weiß auch recht wohl, was ihn zu dieſem Irrthum
verleitete, nämlich nichts Anderes, als das theologiſche Inter=
eſſe, das man in neuerer Zeit nach dem Vorgange Schleier=
machers mit dem hochklingenden Namen „chriſtliches Bewußt=
ſeyn“ bezeichnet, wodurch die individuelle Meinung zum größ=
ten Nachtheil der Wiſſenſchaft, auf den Richterſtuhl erhoben
worden iſt. Es ſoll eben keine alte jüdiſche Schrift geben, in
welcher Bilder und Begriffe vorkommen, die ſo auffallend mit
dem Neuen Teſtament übereinſtimmen, wie Henoch! Nebenbei
wähnen ſie auch noch, vor Chriſtus habe unter den Juden keine
Schriftſtellerei beſtanden, gleich als wenn die Juden nicht ſo
gut oder bisweilen auch ſo ſchlecht ſchreiben könnten, wie die
Chriſten.

zur Zeit unsers Erlösers darzustellen, so scheint die Mühe, welche wir uns gaben, um das Alter der späteren Schriften zu bestimmen, nutzlos verschwendet. Denn wie sollen, hört man oft genug sagen, so jugendliche Machwerke für alte Meinungen Zeugniß ablegen! Namentlich rufen unsere Theologen so, wenn man eine Lehre des neuen Testaments mit Hülfe des Talmuds aufhellen will. Allein der Einwurf ist grundlos, wie hier gezeigt werden soll.

Ich beginne mit einem Beispiele. Haben sich die Chinesen seit einem Jahrtausend geändert, und paßt eine Schrift, die vor 12—1500 Jahren geschrieben wurde, und die Meinungen ihrer Zeit schildert, nicht auch noch auf die Gegenwart, oder umgekehrt würden Chinesen,. die vor tausend Jahren starben, wenn sie jezt aus dem Grabe erstünden, in einer Schilderung des neuen geistigen China nicht ihr eigenes Vaterland vollkommen wieder erkennen? Leute, welche die dortigen Zustände genau erforscht haben, bejahen diese Frage unbedingt. Wunderbar scheint uns dieß freilich, aber es ist doch so. Um eher Glauben zu finden, berufe ich mich auf ein näher liegendes Beispiel. Die Beschlüsse des Tridentiner Concils sind bekanntlich im sechszehnten Jahrhundert gefaßt worden. Ich frage nun Jeden, der die Geschichte der Kirche kennt: sprechen jene Schlüsse wirklich die Lehre der älteren katholischen Kirche aus? Ja gewiß! sie sind, vielleicht geringe Ausnahmen abgerechnet, ein treuer Spiegel des katholischen Glaubens, wie derselbe aus den ächten Quellen fast bis zu Konstantin zurück verfolgt werden kann. Also hat sich auch hier mitten in Europa, innerhalb eines Jahrtausend, an einer weit verbreiteten Glaubensweise Nichts verändert, und wir haben ein Buch vor uns, das, obgleich erst im sechszehnten Jahrhundert entstanden, doch zugleich vollgültiger Zeuge ist für die Denkweise der früheren Jahrhunderte bis zum vierten hinauf. Das macht, weil die ganze Erziehung der europäischen Völker durch das Mittelalter hindurch einen

bestimmten Charakter bewahrte, weil ein unerschütterliches
Bollwerk, die Priesterkaste, lange jede Neuerung, die freilich
ihrem Ansehen nur schaden konnte, zu hintertreiben verstand.

Bei uns ist es fast seit einem Jahrhundert, namentlich
aber in Folge der französischen Revolution, anders geworden,
und weil jeder Mensch nur zu sehr geneigt ist, Andere nach
sich zu beurtheilen, gerathen wir dadurch leicht in Irrthum.
Täglich kommen jezt neue Ansichten über Erziehung auf und
werden ins Leben eingeführt, eine Methode verdrängt die an=
dere, neue Begriffe strömen in ewig wechselnder Ebbe und
Fluth aus dem Alterthum, aus Asien, Amerika, aus den
aufgeregtesten Theilen Europa's herüber zu uns nach Deutsch=
land, und finden nicht nur hitzige Verfechter, sondern sie wir=
ken auch sehr fühlbar auf das tägliche Leben, auf die Massen
ein.   Dieselbe Wandelbarkeit herrscht im Gebiete der Reli=
gion.   Die Kirche hat seit der Reformation aufgehört, eine
auf eigenen Füßen stehende Anstalt zu seyn, sie hängt in den
reformirten Ländern ganz, und in den katholischen zum größ=
ten Theil vom guten Willen des Staates ab; neuerdings ist
sie noch unter ein schlimmeres Joch, unter das der Univer=
sitäts=Weisheit, der sogenannten Philosophie, gerathen.   Wie
sehr leztere wechselt, brauche ich nicht zu sagen, selbst auf den
hohen Schulen fängt man allmälig an, darüber zu spotten,
außerhalb der gelehrten Mauern glaubt ohnedieß kein Mensch
mehr daran.   Dennoch schießen noch immer neue Systeme
auf, wie Pilze aus fauliger Erde.   Der später Gekommene
hat natürlich Recht gegen die Früheren.   Hegel ist gestor=
ben, aber schon erheben sich zahlreiche Sonntagskinder, welche
die Wissenschaft erst auf den wahren Punkt zu führen, und
den lange vergeblich gesuchten Stein der Weisen endlich ein=
mal gefunden zu haben sich vermessen.   Bleibt also nur noch
übrig, daß man die hochverdienten Herren wohl bezahle, und
ihnen Lehrstühle anweise, um den großen Fund an Mann,
das heißt, an die 18jährigen Weisheitsschüler zu bringen.

Das Schlimmste für die Kirche — wenn man je die Ueber=
bleibsel noch so nennen will — ist dieß, daß die Theologen
sich gegen die eingeschlichene Vormünderin gar nicht, oder
nicht auf die rechte Weise wehren; die meisten machen sich
eine Ehre daraus, nicht blos Theologen, sondern zugleich
auch Philosophen zu seyn und zu heißen, und selbst die,
welche das Alte wiederherzustellen sich abmühen, putzen es in
der Regel mit nagelneuen Fetzen aus, welche auf dem meta=
physischen oder mystischen Spinnrade neuesten Zuschnitts ab=
gehaspelt worden sind.

Ein solcher Zustand der Dinge mag erstens an und für
sich betrachtet, und zweitens namentlich für gewisse Leute seine
unbestreitbaren Vorzüge haben, seine Nachtheile hat er jeden=
falls auch; doch dieß ist mir hier gleichgültig; ich spreche
bloß von dem Thatbestand, und daß die Sache sich so ver=
hält, wird wohl Niemand läugnen. Es versteht sich nun von
selbst, daß unter diesen Umständen ein dogmatisches Werk,
das aus dem Geist der neuesten Wissenschaft herausgeboren
ist, unmöglich für die Ansichten des lezten Jahrzehends, ja
vielleicht nicht einmal für die eines Jahres, also viel weniger
für Jahrhunderte als Zeuge gelten kann. Denn nicht nur
schreitet unsere Zeit, wie Jedermann weiß, im Allgemeinen
in jeder Beziehung vorwärts, sondern auch bei einzelnen nam=
haften Kirchenlehrern wird eine drei=, vier=, fünffache Ent=
wicklung vom Unvollkommenen zum Vollkommenern unterschie=
den, ohne daß ihnen dieses theologische Abhäuten im Gering=
sten zum Vorwurf gereichte, im Gegentheil erwähnt man es
unter Lobreden, wie ich durch schöne Beispiele beweisen
könnte. Wollte man aber nach dem alten Grundsatz: „Alles
wie bei uns," sich einbilden, es sey immer, und bei Andern
ebenso gewesen, und eine spätere Schrift könne nicht für die
Denkweise früherer Jahrhunderte zeugen: so würde man sich
gewaltig täuschen, namentlich wenn man diese Voraussetzung
auf die rabbinischen Juden übertrüge.

Inniger als die Katholiken des Mittelalters, zäher als
selbst die Chinesen, hingen die Juden an dem Hergebrachten.
Hier glich das Heute dem Gestern vollkommen, man lehrte
im 13ten Jahrhundert gerade, wie im zweiten und dritten.
Ja selbst bis auf diesen Tag ist wenigstens in den Ländern,
wo die Juden keine staatsbürgerlichen Rechte erhalten haben,
z. B. in Polen, in Litthauen, der alte Zustand geblieben. Ich
war ganz erstaunt, als ich vor einigen Jahren das Leben des
bekannten Maimon (eines geborenen Litthauers) von Moritz
las. Denn da fand ich die litthauischen Juden des vorigen
Jahrhunderts geschildert, gerade wie der Talmud die Juden
seiner Zeit zeichnet. Die Ursachen und Einrichtungen, welche
eine so große, uns jezt wie ein Wunder erscheinende, Stätigkeit herbeiführten, sind nicht schwer zu ergründen. Soll ein
Volk seinen Glauben, seine Lebensweise, seine Gesetze auf
Lange unverändert bewahren, so muß der Verkehr mit Aus-
ländern möglichst erschwert, das Eindringen fremder Kultur
verhindert, die ganze Jugend nach einem Plane erzogen und
endlich keine Lücke übrig gelassen werden, durch welche neue
Ansichten, selbst mittelst eigener innerer Entwicklung des Volks
Zugang finden können. Zu lezterem Behufe müssen gewisse
Studien ganz ausgeschlossen und verboten, und dagegen andern Wissenschaften alle Ehre, aller Einfluß vorbehalten seyn.
Die Erfahrung hat gelehrt, daß man ein solches Ziel nie in
die Länge erreicht, wenn nicht das Interesse einer mächtigen
Kaste unauflöslich an die Verfolgung des vorgesezten Zweckes
geknüpft ist. Also muß ferner unter einem Volke, das sich
selbst gleich bleiben will, eine Kaste bestehen, welche die Bedingungen ihrer eigenen Fortdauer in sich trägt, und aufs
Höchste dabei betheiligt ist, daß Alles beim Alten, Hergebrachten verharre. Das Fremde, das Neue, muß ihr Tod
seyn. Was ich hier sage, beruht keineswegs auf einer Theorie, die ich mir selbst erdacht, sondern es ist der Erfahrung,
der Geschichte des jüdischen Volkes entnommen, denn all dieß

findet sich bei den Juden von Christi Zeit und früher fast
bis auf unsere Tage herab. Ich habe nur kurz zusammen=
gefaßt, was jetzt im Einzelnen bewiesen werden soll.

Die mosaische Gesetzgebung hatte hinreichend dafür ge=
sorgt, daß der Verkehr mit fremden Völkern durch Abneigung
gelähmt wurde. Diese Abneigung dauerte auch zu Christi
Zeit und in den späteren Jahrhunderten mit ungeschwächter
Kraft fort. Hören wir Tacitus, der (Histor. V, 5.) gleich=
sam mit Michel Angelo's Pinsel, die damaligen Juden so
zeichnet: apud ipsos fides obstinata, misericordia in promptu,
sed adversus omnes alios hostile odium, separati epulis,
discreti cubilibus, projectissima ad libidinem gens, alie-
narum concubitu abstinent. Und weiter unten: transgressi
in morem eorum idem (circumcisionem genitalium) usur-
pant, nec quidquam prius imbuuntur, quam contemnere
Deos, exuere patriam, parentes, liberos, fratres vilia
habere. Der unvergleichliche Geschichtschreiber muß die Ju=
den genau betrachtet haben, um ihre Charakterzüge so scharf
zu schildern. Ebenso äußert sich Juvenal über die Juden
(Satyr. XIV, 103.)

Non monstrare vias eadem nisi sacra colenti,
Quaesitum ad fontem solos deducere verpos.

Die Mischna, der Talmud und andere spätere Schriften
enthalten tausend Aussprüche und Satzungen, welche auf die=
selbe Gesinnung gegen die anderen Völker hinweisen. Und
wie haben die Juden dafür gebüßt! Haß erzeugte Haß, jedes
Jahrhundert, fast jede Provinzialgeschichte berichtet von den
grausamsten Judenverfolgungen, unter allen Himmelsstrichen;
es ist fast kein Winkel der alten Welt, welcher nicht um
jenes Hasses willen mit Judenblut gedüngt worden wäre.

Eine Nation, welche alle Fremden schon als Menschen
haßt, wird noch viel weniger etwas von ihrer Bildung sich
aneignen. Ausdrückliche Gesetze, so gut wie die Gewohnheit,
führten eine Scheidewand zwischen jüdischer und ausländischer

Wiſſenſchaft auf. Joſephus ſagt am Schluſſe der Alterthü=
mer: παρ᾽ ἡμῖν (τοῖς Ἰϑδαίοις) οὐκ ἐκείνϑς ἀποδέχονται,
τοὺς πολλῶν ἐϑνῶν διάλεκτον ἐκμαϑόντας, καὶ γλαφυρότητι
λέξεων τὸν λόγον ἐπικομψεύοντας, διὰ τὸ κοινὸν εἶναι νο-
μίζειν τὸ ἐπιτήδευμα τοῦτο οὐκ ἐλευϑέρων μόνον τοῖς τυ-
χοῦσιν, ἀλλὰ καὶ τῶν οἰκετῶν τοῖς ϑέλϑσι, μόνοις δὲ
σοφίαν μαρτυροῦσι τοῖς τὰ νόμιμα σαφῶς ἐπισαμένοις καὶ
τὴν τῶν ἱερῶν γραμμάτων δύναμιν ἑρμηνεῦσαι δυναμένοις.
Welcher Uebermuth liegt darin, fremde Sprachen und Wiſ-
ſenſchaften (namentlich die griechiſche) darum zu verachten,
weil in Rom und Griechenland Sklaven die Lehrer machten!
Joſephus fährt weiter fort: „zu ſeiner Zeit (wo doch die Verbindung zwiſchen Judäa und Rom ſo eng war, und welt-
licher Ehrgeiz eines Juden nur durch das Mittel griechiſcher
Sprache und Kultur Befriedigung hoffen durfte) habe es
kaum zwei bis drei gegeben, welche mit Erfolg in dieſem
Fache gearbeitet:“ διὰ τοῦτο πολλῶν πονησάντων περὶ τὴν
ἄσκησιν ταύτην (τὰ ἑλληνικὰ γράμματα) μόλις τινὲς δύο ἢ
τρεῖς κατώρϑωσαν καὶ τῶν πόνων τὴν ἐπικαρπίαν εὐϑὺς ἔλαβον. Das Gleiche ſagt Origenes *) von den Juden ſeiner
Zeit: οὐ πάνυ οἱ Ἰϑδαῖοι τὰ Ἑλλήνων φιλολογοῦσιν und
ebendaſelbſt S. 429. οὐ πάνυ φιλομαϑῶς ἔχϑσι πρὸς τὰς
Ἑλλήνων ἱσορίας. Auf das Erlernen griechiſcher Weisheit
war ein förmlicher Fluch geſezt: execrabilis esto, qui alit
porcos, execrabilis item, qui docet filium suum sapientiam graecam. **) Im Allgemeinen iſt den Juden das
Leſen fremder Bücher ſtreng verboten. So der Talmud San=
hedrin Bab. S. 90. a: omnes Israëlitae participes sunt
vitae aeternae, excepto eo, qui negat legem coelitus
latam esse, et qui Epicuraeus est. Addit Rabbi Akiba,

---

*) Contra Celsum II. 34. Opp. I. 414.
**) Die Beweisſtellen ſiehe in meiner Schrift: „Philo und die ale=
xandriniſche Theoſophie II, 350 u. fgd. 402.

nec eum participem esse vitae aeternae, qui libros alienigenarum legit. Uebereinſtimmend hiemit ſagt Maimonides, Jad Chaſaka, Abſchnitt Hilchot Orede Cochaſim S. 25. b:
„Die Abgöttiſchen haben viele Bücher geſchrieben — es hat
uns aber Gott in ſelbigen Büchern zu leſen gänzlich verboten.“ Man ſoll dieſelben ſogar vertilgen, und wenn Gefahr
droht, nicht retten: ſo Schabbath 116, a: libri haereticorum ne salventur ex incendio, et sicut non licet eos
eripere ex incendio, ita nec ex ruina (si domus super
iis conciderit) nec ab aqua, nec ab alio qualicunque
exitii genere et causa salventur. Dieſe Vorſchriften galten
urſprünglich gegen die griechiſche Weisheit, ſpäter beſonders
gegen die Chriſten und ihre heiligen Schriften. Da manche
unſerer Theologen die augenſcheinliche Uebereinſtimmung gewiſſer neuteſtamentlicher Lehren mit rabbiniſchen dadurch zu
erklären (oder beſſer zu bemänteln) ſuchen, daß ſie behaupten,
die ſpäteren Juden hätten aus unſeren heiligen Büchern ge
ſchöpft: ſo will ich hier noch beſonders zeigen, wie unhiſtoriſch dieſe Vorausſetzung iſt. Das jüdiſche Volk haßte die
Heiden: Römer, Griechen, die Perſer, Mahomedaner, aber
die Chriſten verabſcheute es mit dreifacher Wuth. Denn
immer iſt die Feindſeligkeit am ſtärkſten zwiſchen Kindern
deſſelben Hauſes, die ſich in der Folge von einander getrennt.
Von ſolcher Abneigung finden ſich ſchon bei den neuteſtamentlichen Schriftſtellern hinreichende Beweiſe. Die Leidenſchaft
der Juden wurde jedoch noch wilder, als nach dem Untergange Jeruſalems die Kirche Jeſu ſich mächtig erhob, und
die Synagoge zu Boden lag. Hören wir als Zeugen für
das zweite Jahrhundert Juſtin, den Märtyrer. In der
erſten Apologie *) ſagt derſelbe: οἱ Ἰϑδαῖοι ἐχϑροὺς ἡμᾶς
(τοὺς χριϲιανοὺς) καὶ πολεμίϑς ἡγοῦνται, ὁμοίως ὑμῖν (τοῖς
ἐϑνικοῖς) ἀναιροῦντες καὶ κολάζοντες ἡμᾶς, ὁπόταν δύνωνται·

---

*) Mauriner Ausgabe S. 62.

καὶ γὰρ ἐν τῷ νῦν γεγενημένῳ Ἰϐδαϊκῷ πολέμῳ Βαρχοχέβας ὁ τῆς Ἰϐδαίων ἀποσάσεως ἀρχηγέτης, χρισιανοὺς μόνϐς εἰς τιμωρίας δεινάς, εἰ μὴ ἀρνοῖντο Ἰησοῦν τὸν χρισὸν καὶ βλασφημοῖεν, ἐκέλευσεν ἀπάγεσθαι. Für das dritte Jahr= hundert möge Origenes *) zeugen: „nunc Judaei non mo-ventur adversus Gentiles, adversum eos, qui idola colunt et Deum blasphemant, illos non oderunt nec indignan-tur adversus eos: adversum Christianos vero insatia-bili odio feruntur, qui utique relictis idolis ad Deum conversi sunt." Es ist dieß, wie wir sagten, ganz der glühende Haß ehemaliger Stammgenossen. Noch merkwürdi= ger ist eine Beweisstelle des Hieronymus, im Briefe an Pammachius und Oceanus, **) wo er von seinen hebräischen Studien spricht: Veni rursum Jerosolymam et Bethleem. Quo labore, quo pretio Baraninan nocturnum habui prae-ceptorem! Timebat enim Judaeos et mihi alterum exhi-bebat Nicodemum. Etliche Sätze tiefer unten fährt Hiero= nymus so fort: si expedit odisse homines et gentem ali-quam detestari: miro odio adversor circumcisos, usque enim hodie persequuntur Dominum nostrum Jesum Chri-stum in synagogis Satanae. Also nur schweres Geld konnte einen Juden bewegen, daß er unserm Vater Unterricht in der hebräischen Sprache ertheilte. Und nur bei Nacht kam der Rabbine, aus Furcht vor seinen Glaubensgenossen. In der That enthält das jüdische Gesetzbuch strenge Verbote in dieser Hinsicht. Chagigah S. 13. a. heißt es: Rabbi Ammi dixit, ne quis infideli (לגוי christiano) tradat verba legis. Die Tosefot zu der Stelle geben den Grund des Verbots an: ideo vetitum est, quia scriptum est (in psalmis) „cog-noscere facit (Deus) Jacobum verba sua." Nur Jakob darf das Gesetz vernehmen, nicht die Heiden oder Christen!

---

*) Explanatio super psalmum XXXVI, opera II, 655.
**) Opera, edit. Vallarsius I 524.

Ebenſo die Toſefot zu Babakama S. 38. a: qui edocet infideles legem, is transgreditur mandatum expressum: Jacobum enim Deus cognoscere facit verba sua (non alieïu genas). Spätere Schriften drücken ſich noch viel ſtärker aus. So der Jalkut Chadaſch*) S. 171. „Es iſt verboten, einem Goi die Geheimniſſe des Geſetzes zu offenbaren; wer dieſelbe einem Goi entdeckt, der thut ſo viel, als wenn er die ganze Welt zerſtöret hätte; er verläugnet den heiligen Namen." Bei ſolchen Geſinnungen und ſolchen Geſetzen, iſt es unſinnig anzunehmen, daß je ein Jude aus der chriſtlichen Glaubenslehre etwas entlehnt habe. Auch aus der heidniſchen Weisheit ſchöpften die paläſtiniſchen Juden nie, wie obige Stellen beweiſen, die griechiſchen Juden nur unter gewiſſen Umſtänden, von denen weiter unten die Rede ſeyn wird. Rein haben ſie im Allgemeinen ihre Bildung von fremden Einflüſſen erhalten. Das Ausland war nicht für ſie da.

Dieſelbe Sorgfalt, mit welcher ſie die Anſichten der fremden Nationen ferne hielten, wurde aufgewendet, um alles Volk in der Treue gegen die einheimiſche Weisheit zu bewahren. Im zweiten Buch gegen Apion**) ſagt Joſephus: τῶν Ἰουδαίων ὁντινοῦν εἴ τις ἔροιτο τοὺς νόμȣς, ῥᾷον ἄν εἴποι πάντα ἢ τοὔνομα τὸ ἑαυτοῦ. Τοιγαροῦν ἀπὸ τῆς πρώτης εὐθὺς αἰσθήσεως αὐτοὺς (τοὺς νόμȣς) ἐκμανθάνοντες, ἔχομȩν ἐν ταῖς ψυχαῖς ὥσπερ ἐγκεχαραγμενȣς. Einige Seiten weiter unten***) äußert er ſich in gleichem Sinne: „Der Geſetzgeber befehle die Kinder von der zarteſten Jugend an im Geſetz zu unterrichten: γράμματα παιδεύειν ἐκέλευσε, περί τε τοὺς νόμȣς ἀναȿρέφεσθαι, καὶ τῶν προγόνων τὰς πράξεις ἐπίȿασθαι. Darum gibt Levi im Teſtament der zwölf Patriarchen†) ſeinen Söhnen folgendes Gebot: διδάξατε καὶ

---

*) Eine Schrift aus dem 15. Jahrhundert.
**) Opera II, 484.
***) Ibid. 487.
†) Bei Fabricius I, 575.

ὑμεῖς τὰ τέκνα ὑμῶν γράμματα, ἵνα ἔχωσι σύνεσιν ἐν πάσῃ τῇ ζωῇ αὐτῶν, ἀναγινώσκοντες ἀδιαλείπτως τὸν νόμον του θεοῦ. Die Kinder das Lesen zu lehren, war religiöse Pflicht. Deßgleichen mußte jeder Knabe das Gesetz lernen. Auch mit der Behauptung, daß alle Juden die Thaten der Altväter recht gut kennen, hat es seine Richtigkeit. Sie bekümmerten sich nur um ihre eigene Geschichte; diese wußten sie vollkommen, von den Thaten anderer Völker nichts, oder wenn sie je etwas davon erfuhren, beurtheilten sie dieselbe ganz nach ihrer eigenen, für welche historische Unwissenheit sie oft fürchterlich büßen mußten. Den Grund, warum jeder Jude von Jugend auf das Gesetz erlernen sollte, und die Folgen dieser Gewohnheit entwickelt Josephus nach den zuerst angeführten Worten also: τοῦτο (der frühe und unausgesetzte Unterricht im Gesetze) πρῶτον ἁπάντων τὴν θαυμαστὴν ὁμόνοιαν ἡμῖν ἐμπεποίηκε. Τὸ γὰρ μίαν μὲν ἔχειν καὶ τὴν αὐτὴν δόξαν περὶ θεοῦ, τῷ βίῳ δὲ καὶ τοῖς ἔθεσι μηδὲν ἀλλήλων διαφέρειν, καλλίστην ἐν ἔθεσιν ἀνθρώπων συμφωνίαν ἀποτελεῖ. Παῤ ἡμῖν γὰρ μόνοις οὔτε περὶ θεοῦ λόγους ἀκούεταί τις ἀλλήλοις ὑπεναν- τίους, ὁποῖα πολλὰ παῤ ἑτέροις — οὔτε ἐν τοῖς ἐπιτηδεύμασι τῶν βίων ὄψεται διαφοράς. Zwar übertreibt hier Josephus, denn es gab ja nach seinem eigenen Geständnisse drei verschie= bene Sekten unter den Juden seiner Zeit. Doch war das Ab= weichende ihrer Lehr = und Denkweise im Vergleich mit den heidnischen Schulen, auf welche er hier einen Hieb führt, nur gering, ja man kann sagen beinahe Nichts. Im Uebrigen hat er Recht: die gleiche Erziehung erzeugte Gleichartigkeit in Sitten, im Glauben und Gemeingeist, dieser wiederum erhielt die Nationalität. Die Juden wären längst untergegangen, wie so viele andere Völker, hätten sie nicht so fest an ihrem Ge= setze gehangen; daß sie bis auf diesen Tag Juden geblieben sind, beweist schon allein für ihr unwandelbares Festhalten an den alten Einrichtungen und der überlieferten Wissenschaft. Der Stoff derselben wuchs indeß nach Entstehung der Mischna

und des ersten Talmuds immer mehr an. Die nöthigen Arme
für die Nahrung, für Ackerbau und Gewerbe würden geman=
gelt haben, wenn man von allen Juden vollständige Kenntniß
nicht nur des Gesetzes, sondern auch der Ueberlieferung ver=
langt hätte. Man begnügte sich daher, das gemeine Volk
blos im Gesetz Mosis und in den Hauptstücken der Mischna zu
unterrichten; aber wer immer Ansprüche auf höhere Bildung
machte, ja wer überhaupt geachtet seyn wollte, der mußte das
rabbinische Wissen ganz umfassen. Hiedurch zerfiel die jüdische
Nation in zwei große Klassen: Gelehrte und Ungelehrte, die
durch eine tiefe Kluft getrennt waren. Jene erhoben sich über
diese mit gränzenloser Anmaßung: „Verflucht sey das Volk der
Erde" (עַם הָאָרֶץ) war ihr Wahlspruch, der schon mit densel=
ben Worten im neuen Testament vorkommt (Johannes 7, 49.):
ὁ ὄχλος οὗτος, ὁ μὴ γινώσκων τὸν νόμον, ἐπικατάρατοί εἰσι,
zum deutlichen Beweis, daß jener strenge Gegensatz schon damals
bestand, doch ist er mit der Zeit noch schneidender geworden.

Man hat Beispiele, daß unter Völkern, welche zäh am
Hergebrachten hingen, und fremden Meinungen abhold waren,
welche also die beiden Bedingungen der Stätigkeit, die wir
eben bei den Juden nachwiesen, in einem hinreichenden Grade
erfüllten, dennoch große Veränderungen der Denkweise erfolgt
sind. Die katholische Kirche hat Nichts versäumt, um die
Ueberlieferung aufrecht zu erhalten, dennoch ist in ihrem
Schoße ein Copernikus erstanden, und wie schädlich wirkte
die kühne Entdeckung dieses Mannes auf den Kirchenglauben
ein! Nicht umsonst haben die Päpste einen italienischen Schüler
des preußischen Astronomen, den Florentiner Galiläi, so bitter
verfolgt! Grausam war die Behandlung, welche sie über ihn
verhängten, aber nicht unverständig. Sie wußten, was sie
von der wahren Himmelskunde zu fürchten hatten. Von Luther
und den Reformatoren will ich hier nicht reden; denn ihr
Widerstand ward veranlaßt durch den Mißbrauch der Gewalt,
welchen sich die Klerisei zu Schulden kommen ließ, und wofür

sie durch jene Männer gestraft ward. Von solchen Neuerun=
gen werde ich weiter unten sprechen. Aber ward nicht auch
Cartesius zum Verderben der katholischen Kirche in dieser selbst
geboren! Ich habe hier drei Männer genannt, welche nicht
durch äußere Antriebe, sondern durch innere Entwicklung einen
großen Umschwung in der Denkweise ihrer und der folgenden
Zeiten herbeiführten. Könnten nun nicht auch, möchte man
vielleicht sagen, unter den rabbinischen Juden dergleichen Dinge
vorgegangen seyn, und wäre dieß wirklich geschehen, dann dür=
fen spätere Schriften nicht mehr als Zeugen für den Ge=
dankenkreis früherer Jahrhunderte aufgeführt werden! Allein
jene Voraussetzung ist falsch; weit emsiger als das Papstthum
verschloßen die Rabbinen den Zaun des Hergebrachten; sie ver=
stopften die Quellen, aus welchen irgend eine Neuerung im
Kreise ihrer Kirche fließen mochte. Auch war ihre äußere Lage
sehr verschieden von den Zuständen der katholischen Hierarchie.
Die Päpste herrschten über freie Völker, aus deren Mitte
fortwährend ausgezeichnete Könige, große Beamte, Heerführer
und Gesetzgeber hervorgingen. Auch in den finstersten Zei=
ten des Mittelalters ist der Geist der großen, Geschäfte nie
völlig erloschen. Dieser Geist treibt den Menschen auf den
Pfad des gesunden Verstandes, zur Wirklichkeit der Dinge,
zur Natur hin; er ist der gefährlichste Gegner aller blos ge=
lehrten Hirngespinnste, namentlich der kirchlichen. Wie viele
unserer Kaiser und ihrer Geschäftsleute haben in dem Papst=
thum nichts Anders als künstliche Fesseln gesehen, in welche
ehrgeizige Priester die Völker und Fürsten schlagen wollen.
Diese ihre Ansicht ging nie unter, sie lauerte nur auf gute
Gelegenheit; mit unwiderstehlicher Gewalt brach sie zur Zeit
der Reformation hervor, und trug wohl mehr zum Triumphe
der neuen Kirche bei, als der Eifer oder auch die Gelehrsam=
keit der reformirenden Theologen. Ganz anders verhält es
sich mit dem Volke, von dem wir hier reden. Seit das
Scepter von Juda gewichen (mit den letzten Makkabäern),

wurden sie den Weltgeschäften immer fremder, und ihr Ver=
stand versank allmälig in jene trüben Träumereien. Der be=
rühmte Vers Homers

Ἥμισυ γάρ τ᾽ ἀρετῆς ἀποαίνυται εὐρύοπα Ζεύς
Ἀνέρος, εἴτ᾽ ἄν μιν κατὰ δούλιον ἦμαρ ἕλῃσιν *).

gilt nicht blos vom Muth und der Willenskraft, sondern auch
von der Erkenntniß, und hat sich in lezterer Beziehung an den
Juden bewährt. In Christi Tagen, wo das Synedrium zu
Jerusalem noch einige politische Bedeutung besaß, finden wir
verschiedene, wohlorganisirte Sekten, ein Anzeichen geistiger
Thätigkeit unter ihnen, aber nach der Zerstörung des Tempels
verschlang das Rabbinenthum alle anderen Bestrebungen. Wie
hätte auch in der langen Finsterniß, die nun über sie einbrach,
neues Leben sich entwickeln können! Rabbinen und Volk
schmachteten unter dem harten Joche fremder Herren; nur aus
der unverrückten Treue gegen das überlieferte Gesetz und aus
den Hoffnungen, welche dasselbe darbot, schöpften sie die nö=
thige Kraft zur Behauptung ihrer Nationalität. Fürs zweite
hatte die römische Kirche in der lateinischen Sprache ein Kleinod,
ein Erbstück besserer Zeiten aufbewahrt, das zwar Anfangs
ihrem Interesse dienen mußte, aber zulezt große Gefahren her=
beiführte. Diese Sprache konnte das Mittel werden, um eine
frühere Bildung an die jetzige anzuknüpfen; sie ward es auch,
sobald die Werke der alten Römer durch die Bücherpresse in
Vieler Hände kamen. Vielleicht ebensoviel als Luther, haben
die albinischen Drucke des Livius, Tacitus, Cicero und ande=
rer Classiker, der römischen Kirche geschadet. Endlich gingen
im katholischen Mittelalter weder die strengen Wissenschaften
(Meß= und Rechenkunst), noch die Liebe zur Natur und ihrer
Beobachtung und das Studium der Geschichte je ganz unter,
und diese drei Richtungen wirken auf dem Gebiete der Wissen=
schaft gerade so, wie im Weltleben der Geist der Geschäfte.

---

*) Odyss. XVII. 322.

Sie setzen der menschlichen Einbildung die Wirklichkeit ent=
gegen, und unterhöhlen die luftigen Gebäude der Systeme *)
allmälig. Nichts der Art fand bei den Juden Statt. Sie
besaßen keine Sprache, die eine ihren überlieferten Ansichten
fremde Bildung unter sie hätte werfen können. Neben den
Mundarten der verschiedenen Provinzen, in welchen sie lebten,
verstanden sie nur das Aramäische oder Hebräische, zwei Spra=
chen, aus welchen ihre eigenthümliche Denkweise stammte. Alle
anderen Wissenschaften, als die, welche sich auf das Gesetz und
seine Erklärung bezogen, waren bei ihnen verachtet, oder gar
ausdrücklich verboten. Mathematik, Naturkunde, Politik, Ge=
schichte lagen dem Juden fern, folglich konnte auch kein aus
denselben geschöpfter Begriff den hergebrachten Ideenkreis stören
oder vernichten. **) Ansehen brachte ja nur die Beschäftigung
mit dem Gesetze. Ferner ihre ganze Weltansicht stellte zwar
die Dinge so ziemlich auf den Kopf, war aber ein geschlossenes
Ganzes, welches fremden Ideen keine Lücke darbot. Wie wir
alle Erscheinungen auf Regeln zurückführen, und eine begreif=
liche Ordnung überall zu finden streben, so erschien ihnen
dagegen Alles in einem übernatürlichen Lichte. Höchst phan=
tastisch ist ihre Art die Welt anzuschauen, aber wohlverstanden,
gelehrt, nicht natürlich phantastisch. Um der Juden willen ist
das All geschaffen, die anderen Nationen sind nur Staub oder
Koth gegen sie. Den Herrn der Schöpfung kennen ihre Rab=
binen so genau, als wären sie bei ihm in die Schule ge=
gangen, er ist im Grund der Oberrabiner des Himmels, und

---

*) Den Kribskrabs der Imagination, wie Göthe sagt.
**) Von allen Rabbinen des Mittelalters hat nur der einzige Mai=
monides aus dem Becher fremder Bildung getrunken, aber
derselbe hat auch das traditionelle Judenthum durch seine
Schriften umzuvernünfteln gesucht. Dafür traf ihn der Bann,
und zwar mit Recht, denn fünf, sechs Männer, wie er, wären
im Stande gewesen, die Ueberlieferung zu untergraben und
somit der Nationalität den Todesstoß zu geben.

man treibt dort droben die Geschäfte gerade so, wie in den jüdischen Akademien auf Erden. Die ganze Natur ist begeistigt. Die Thiere, die Bäume reden ihre eigene Sprache, welche von einzelnen glücklichen Rabbinen vollkommen verstanden wird. Die Luft ist voll Geister, im Nord=, Süd=, Ost= und Westwinde dringen Dämonen auf den Menschen ein, und suchen ihm zu schaden.*) Alle größeren und kleineren Weltbegebenheiten erfolgen um der Juden willen, in den glücklichen belohnt sie, in den unglücklichen bestraft sie Gott. Sein Zorn fällt auf Die, welche das Gesetz und die Aussprüche der Rabbinen übertreten, seine Gnade erringt man durch gute Werke. Schwer hat sein Zorn wegen unvollkommener Erfüllung des Gesetzes auf dem Volke Israel gelastet, aber die Gnade überwiegt doch zulezt. Am Ende der Zeiten kommt der Messias, und entschädigt die Juden für so lange Leiden durch überschwängliche Genüsse, nun erhält auch die verbissene Rachgier gegen die Unterdrücker ihre vollkommene Befriedigung. Ich will die Sache nicht weiter ausmalen, man findet weiter unten Belege genug. Nur noch so viel: es gibt „keine Frage an das Schicksal", auch nicht die verwickeltste und dunkelste, auf welche das Rabbinenthum nicht eine fertige Antwort zur Hand gehabt hätte. Man kam also nie in Versuchung, sich zu gewünschter besserer Einsicht an fremde Weisheit zu wenden. Gerade solche Arten, die Welt anzuschauen, widerstehen am längsten dem Zahne der Zeit. Nicht die Wahrheit ist dauernder, sondern die Einbildung, sofern sie den geheimen Falten des menschlichen Herzens recht entspricht; sage man dagegen was man will, der große Haufe ist für das Dunkel, Wenige sind für die Dämmerung, nur einige Glückliche für das volle Licht geschaffen. Die Erziehung der Jesuiten soll sich einst auch dadurch ausgezeichnet haben, daß sie den menschlichen Geist

---

*) Vieles der Art, was uns im Faust bezaubert, hat Göthe durch Eisenmengers Vermittlung aus dem Judenthum geschöpft.

mit einem enge geflochtenen Netz umfing, durch welches nicht leicht eine fremde Idee durchdringen konnte; sicherlich war sie aber in dieser Beziehung nicht so vollkommen, als die rabbinische.

Wir wollen unsere Behauptung mit einigen Beispielen belegen. Der Apostel Paulus sucht im Römerbrief zu beweisen, daß die Gesetzgebung Mosis jetzt, nachdem der Messias erschienen, keine Gültigkeit mehr habe. Seine Ansicht beruht eigentlich auf dem alexandrinisch = jüdischen Grundsatze: τὸ γράμμα ἀποκτείνει τὸ δὲ πνεῦμα ζωοποιεῖ (nur der tiefere allegorische Sinn des Gesetzes, der in dem Christus = Logos ge= offenbart ist, enthält ewige Wahrheit, nicht der wörtliche). Gelegenheitlich beruft sich Paulus auf diese Lehre, aber als Hauptbeweis konnte er sie nicht gebrauchen, weil sie den palä= stinischen Juden, auf welche er wirken wollte, fremd war. Darum bleibt ihm nichts Anderes übrig, als einen Umweg zu machen, und aus dem Ideenkreise seiner Zuhörer eine Rechtferti= gung seiner Ansicht zu entnehmen. Er versucht es also, aus dem Gesetze Mosis selbst die beschränkte Dauer desselben darzuthun. Aber es gelingt ihm nicht oder wenigstens nur auf gewaltsame Weise. Denn wie sollte man auch aus einer Quelle, die für göttlich, folglich für ewig gilt, und die sich selbst aufs Bestimmt= teste als eine nie aufhörende Ordnung bezeichnet, heraus be= weisen können, daß sie nicht ewig, also auch nicht göttlich sey! Deutlich genug merkt man, wie beengt sich Paulus in seiner Beweisführung fühlte. Allein er konnte nicht anders, er mußte sich auf den Boden der Juden herablassen, um ihnen eine neue Lehre beizubringen. Nehmen wir ein zweites Bei= spiel aus unserem eigenen Glauben. Kein Jude erwartete, daß der Messias sterben, am wenigsten, daß er wie ein Verbrecher sterben werde. Jesus Christus endete am Kreuze. Sollte der Glaube an ihn nicht eine Unmöglichkeit für den Juden bleiben, so mußte man diese Thatsache in jüdischem Sinne zu erklären suchen. Man stellte daher seinen Tod, ganz nach der Glau= bensweise des Volks, als ein Weltopfer dar, welches Jesus

Christus, der oberste und zugleich lezte Hohepriester mit seiner
eigenen Person darbringe. So war die Thatsache, zwar nicht
aus dem vorgefundenen Messiasglauben bestätigt, aber doch
in den allgemeinen Geist des Judenthums zurückversezt. End=
lich ersieht man hieraus, wie weise Jesus Christus handelte,
daß er nur Leute aus dem Volke zu seinen Jüngern erkor.
Auf Gelehrte, auf Schüler der Rabbinen hätte er viel weniger
einwirken können, weil ihre Köpfe durch die Vorurtheile der
Schule verdreht waren. Möglichst jungfräulich mußte der Bo=
den seyn, auf welchen er eine neue Saat mit Erfolg auszu=
streuen hoffen durfte.

Wir haben die Stätigkeit der jüdischen Denkweise für sich
betrachtet, gehen wir nun zu den lebendigen Wächtern dersel=
ben über. Die alte indische Religion erhielt sich durch die
Braminen Jahrtausende lang, die Lehre des Konfutse durch
die gelehrte Kaste, welche er errichtete. Moses, der größte
Gesetzgeber, den die Weltgeschichte kennt (denn Christus war
mehr als Gesetzgeber), hat ebenfalls zum Schutze seiner Schö=
pfung ein lebendiges Bollwerk hinterlassen. Der Stamm Levi
bekam kein Loos, als das gelobte Land ausgetheilt wurde.
Kein Acker ward ihnen zugetheilt, kein Gewerbe erlaubt. Der
Herr sollte ihr Erbtheil seyn, d. h. sie sollten nur dann leben
können, wenn der Jehovadienst fortbestand; auf die Zehen=
ten und die Einkünfte des Kultus waren sie angewiesen; hörte
dieser auf, so mußten sie verhungern. Obgleich dem Anschein
nach gegen die anderen Stämme verkürzt, bekamen sie bald
die Gewalt in die Hände. Es liegt nun in der Natur mensch=
licher Dinge, daß die Leviten einer königlichen Regierungsform
widerstrebten. Denn kein Sterblicher theilt die Gewalt, die er
schon besizt, gerne mit einem Andern. Dennoch führten die
Verhältnisse zum Auslande, das dringende Bedürfniß größerer
Einheit und Kraftentwickelung zur Wahl eines Königs. Die
heiligen Bücher machen kein Hehl daraus, das dieselbe
wider den Willen der Priester und gegen den Geist der

mosaischen Gesetzgebung erfolgte. Im ersten Buch Samuel, dem achten Kapitel, steht jene denkwürdige Rede zu lesen, worin Samuel den Juden sagt, was sie von den gewünschten Königen zu erwarten hätten! Um ein unvermeidliches Uebel in seinen Folgen zu entkräften, behielt sich Samuel selbst die Königswahl vor, er salbte Saul, ohne Zweifel in der Hoffnung, ihn als Werkzeug für seine Absichten gebrauchen zu können. Aber Saul wollte, wie es scheint, auf eigenen Füßen stehen, und nicht nur dem Namen, sondern der That nach König seyn. Dafür ward er gestürzt, und David an seine Stelle auf den Thron erhoben. Dieser und sein Sohn verstanden sich gut mit der Priesterpartei, beide glänzen deßhalb in der von Priestern geschriebenen Reichsgeschichte als Vorbilder guter Könige. Salomo baute, wie es scheint, in der Absicht, die Priester für immer an sein Haus zu fesseln, den ersten Tempel. Aber die Freundschaft blieb nicht dauernd, wie es immer zu geschehen pflegt, wenn zwei Mächte auf den Besitz der höchsten Gewalt Anspruch machen. Was hat es Karl dem Großen genützt, daß er den römischen Stuhl erhob? dieser Stuhl wurde der gefährlichste Gegner seiner Nachfolger. Indeß nahm die Sache bei den Juden eine andere Richtung. Das Königthum gewann die Oberhand unter den Herrschern nach Salomo, doch ohne die priesterliche Gewalt zu verschlingen; es erniedrigte dieselbe, wenigstens während einiger Regierungen, zu einem königlichen Herrschmittel. Die Leviten, obgleich vom Willen der Könige abhängig, behielten ihre Einkünfte, waren reich und angesehen. Aber eben dadurch erstarrte und entwürdigte sich die jüdische Kirche. Indeß hatte Moses, vielleicht das Verderben in ferner Zukunft voraussehend, Wächter zurückgelassen, welche auch den Geist seiner Gesetzgebung wahren sollten. Sehr frühe finden wir Propheten genannt. Ob Er besondere Maßregeln getroffen, damit eine geordnete Reihenfolge derselben stattfinde, wissen wir nicht; erst in Samuels Tagen kommen Prophetenschulen, also eine Spur von Organisation vor. Vielleicht hatte der jüdische Gesetzgeber auf den un= verwüstlichen Charakter seines Werkes vertraut, und deßhalb die Wirksamkeit der Propheten nicht durch ausdrückliche Ver= ordnungen vorbereitet, oder geregelt. Warum sollten sich auch für eine Gesetzgebung, die so erhaben, so tief durchdacht, so menschenfreundlich, so sehr für das Wohl aller Angehörigen besorgt ist, wie die mosaische, nicht zu allen Zeiten begeisterte Vertheidiger, oder wenn es Noth thut, Märtyrer erhoben ha= ben! Führt doch die Geschichte, selbst unter den schlechteren Staatsverfassungen, nur wenige auf, denen es in Gefahren an muthigen Wortführern und Vorkämpfern gefehlt hätte. Bei der mosaischen kommt noch ein besonderer Umstand in Be= tracht. Sie beruht ganz auf der Ansicht, daß der Herr der Welt, Jehovah, im innigsten Bunde mit dem jüdischen Volke stehe, und sich fortwährend zu einzelnen ausgezeichneten Mit= gliedern desselben herablasse. Diese Lehre wirkte nothwendig erhebend und begeisternd. Unwiderstehlich war der Reiz, für die Sache des Herrn das Wort zu führen, und durch Treue gegen dieselbe seiner Offenbarung gewürdigt zu werden. Wenn daher dem Gottesstaate durch innere Verderbniß, oder durch äußere Feinde Unglück drohte, erhoben sich immer gute Bürger, bereit, für das heilige Gesetz zu wirken und zu dul= den. Als eine Art von geregeltem Staatsinstitut erscheinen die Propheten seit Samuel. Unter den Herrschern nach Salomo fanden sie steigenden Anlaß zur Thätigkeit. Ihre Stimme er= scholl gegen die Sünden der Könige und des Volkes, wie ge= gen die Verderbnisse des Priesterthums. Immer sprachen sie für das Recht, aber auch zugleich für eine unterdrückte Sache, für das gekränkte Recht; Kampf und Widerstand mit der Kraft des Geistes und des Wortes ist der Charakter ihrer Thätigkeit; den Stempel des Außerordentlichen tragen ihre Werke; so erhaben und doch so einfach, in einer Natursprache, in Bildern, die dem Nächsten entnommen sind, hat nie ein anderer Mensch gesprochen, wie die edelsten unter den

Propheten Israels. Daß der Staat untergehen müsse, wenn man
nicht zu dem Gesetze Gottes zurückkehrte, war ihr Wahlspruch,
sie konnten das Verderben nicht abwenden, nur voraus verkünden; auch Juda wurde in die Gefangenschaft geführt. In
Babylon erhielt das Volk im Ganzen seine Eigenthümlichkeit
aufrecht, doch nahm es damals manche oberasiatische Lehren
auf, was die Rabbinen selbst zugestehen. *) Nach langen Leiden bekamen die Ausgewanderten von Cyrus Erlaubniß, in
ihr Vaterland zurückzukehren. Aber bei weitem nicht Alle machten
Gebrauch davon, die Meisten blieben, durch die Süßigkeit der
in der Fremde errungenen Besitzthümer zurückgehalten. Nur
die eifrigsten Anhänger des Jehovahdienstes kehrten wieder in
das Land ihrer Väter; ein kräftiger Kern, entschlossen, für das
Gesetz Alles zu wagen und zu dulden. Es war hauptsächlich
die von den Propheten verfochtene Ansicht, welche sie bestimmte,
daß große Wagniß einer solchen Wanderung zu unternehmen.
Natürlich gewann dieselbe Ansicht auch in der Verfassung des
neuen Staates die Oberhand; jezt konnten sie, da kein Königthum mehr, keine alten Mißbräuche störend einwirkten, Alles
nach den glänzenden Bildern der alten Seher einrichten. Die
persischen Statthalter, zufrieden wenn sie von den armen Ko-
lonisten nur den jährlichen Tribut erhielten, mischten sich nicht
in die inneren Angelegenheiten, und ließen die Vorsteher des
Volks, das die Gnade der großen Könige des Ostens genoß,
frei gewähren. Unter Esdras sind die Schriftgelehrten entstanden, damals wurde der Grund zu der einstigen Macht dieser
Kaste gelegt. Die jüdische Tradition sagt dieß ganz bestimmt
(man vergleiche das erste Kapitel der Pirke Afoth), sie berichtet weiter, daß die Schriftgelehrten in die Fußstapfen der Propheten getreten seyen, und ich kenne keinen irgend gültigen
Einwurf, den man gegen die einstimmige Aussage des jüdischen

---

*) Traktat Rosch Haschanah, S. 56. Dixit Rabbi Simeon bar
 Lakis: nomina angelorum et mensium ascenderunt in domum
 Israëlis ex Babylone.

Alterthums erheben könnte. Die Schriftgelehrten hatten
von Anfang an den größten Einfluß auf den Staat. Um zu
bewirken, daß die Gesetzgebung Mosis weit strenger gehalten
werde, als unter den alten Königen, und daß sie die Grundlage der
erneuerten Verfassung bilde, brauchten sie ein Mittel, welches ich
für einen Beweis der tiefsten Menschenkenntniß halten würde,
wenn es nicht im Geiste aller gelehrten Kasten läge. Ich will
es mit ihren eigenen Worten nennen: sie machten einen Zaun
um das Gesetz Mosis; Pirke Afoth Kap. 1. 1.: Moses .acce-
pit legem oralem in Sinai et tradidit eam Josuae, Josua senioribus, seniores prophetis. Prophetae tradiderunt eam viris synagogae magnae, (quae floruit aetate
Esrae et Nehemiae eben die Schriftgelehrten, unter deren
Einfluß der neue Staat gegründet wurde). Illi mandarunt
tres sententias: moram trahite in judiciis (damit Niemand
vorschnell und ungerecht verurtheilt werde), constituite discipulos multos, et facite sepem prae lege. Einen Zaun um
das Gesetz machen, heißt die Gebote des Gesetzgebers mit
einer Menge meist äußerlicher Vorschriften und Ceremonien
verschanzen, damit die Hauptsache desto weniger übertreten
werde. Historisch gesprochen, besagt dieß so viel: der Thorah
müsse eine Mischna, ein Talmud beigefügt werden. Thatsache
ist, daß Mosis Gesetzgebung in den Zeiten des zweiten Tempels ungleich gewissenhafter befolgt wurde, als unter den Königen. Der hauptsächlichste Grund davon liegt in dem Zaun.
Glaubensweisen, welche ihren Bekennern eine Menge Aeußerlichkeiten aufbürden, wären leztere auch noch so geistlos oder
gar thöricht, finden durchaus bei den Massen eifrigern Gehorsam, als geistige Religionen; diese müssen erst zur Schwachheit der Menschen herabsteigen, um lange zu dauern. Die
Weltgeschichte beweist dieß durch mehr als Ein Beispiel. Der
andere Grundsatz: „nehmet viele Schüler an," ist aufs Innigste
mit dem ersten verbunden, der eine führt nothwendig zum
andern, und die ganze Verfassung des neuen Staats zeigt,

daß man beide von vornherein befolgte. Mag daher obiger
Satz gar nie, oder erſt von ſpäteren Lehrern in dieſer Form
ausgeſprochen worden ſeyn: ſein Inhalt bildet jedenfalls die
Richtſchnur des Judenthums unter dem zweiten Tempel, er
muß als das politiſche Schlagwort deſſelben betrachtet werden.
Indeß trug der neue Staat den Keim zu innerlicher Zwie=
tracht über Glaubensſachen in ſeinem Schooſe. Die Zurückge=
wanderten hatten aus Babel gewiſſe Lehren mitgebracht, von
denen ihre Väter nichts wußten. Wenn ſogar unter den ſpä=
teren Talmudiſten ſich eine Sage von dieſer Erweiterung des al=
ten Glaubens erhielt, wie das oben mitgetheilte Zeugniß des
Rabbi Simeon Ben Lakiſch beweist: ſo iſt anzunehmen, daß
Diejenigen, welche ſelbſt aus Babylon mitkamen und den zwei=
ten Tempel bauen halfen, jene Wahrheit noch viel deutlicher
erkannten. Wußten ſie es, ſo war auch Streit und Zwietracht
vorhanden. Sicherlich hat man frühe für den alten, wie für
den neuen Glauben Partei genommen. Ich finde in dieſem
Verhältniß den Urſprung der ſadducäiſchen Sekte. Die Sad=
ducäer ſtellten ſich den Phariſäern durchaus verneinend entge=
gen, und zwar leugneten ſie gerade ſolche Dogmen, welche
erweislich aus Babel ſtammen: die Auferſtehung des Fleiſches,
die mythiſche Engellehre, die Erweiterung des moſaiſchen Ge=
ſetzes durch die mündliche Ueberlieferung. Warum ſollten ſie
nicht in einer Zeit, wo der Anlaß zu einem ſolchen Streite
auf der Hand lag, d. h. bald nach der Rückkehr aus Perſien,
entſtanden ſeyn? Joſephus nennt die Phariſäer zuerſt unter
Jonathan, dem Makkabäer, und zwar bereits als mächtige
Partei, Alterth. XIII, V. Schon traten ihnen damals die
Sadducäer entgegen; beide Sekten ſind jedoch ohne Zweifel
viel älter, und haben immer neben einander beſtanden. Der
Streit gab Anlaß zu den beiden Parteinamen, weil man ſich
durch äußerliche Zeichen, durch ein Wort unterſcheiden wollte.
Phariſäer nannten ſich von nun an jene Schriftgelehrten, welche
den Zaun um das Geſetz aufgeführt, Sadducäer, wahrſcheinlich

nach dem Namen ihres erſten Lehrers oder Stifters, die ver=
neinende (proteſtirende) Partei, welche verlangte, daß man
beim Buchſtaben der alten Urkunde ſtehen bleibe. Die Phari=
ſäer gewannen die Oberhand über ihre Gegner durch überwie=
gende Anzahl der Schüler, die ihnen folgten, durch großen
Einfluß auf die Volksmaſſe; denn ihre Lehre ſagte der Ein=
bildungskraft zu und war ganz auf die Neigungen und Lieb=
lingsanſichten der Menge berechnet, während das ſadducäiſche
Dogma nur einzelnen Zweiflern oder Verſtändigen gefiel. So
ſonderbar auch der Satz klingt, ſo iſt es doch gewiß, daß die
Volksmaſſen überall mehr zum Katholizismus ſich hinneigen, als
zu der proteſtantiſchen Lehre, und die Phariſäer muß man als
die jüdiſchen Katholiken, ſo wie die Sadducäer urſprünglich als
ihre Proteſtanten betrachten. Ohnedieß erklärten ſich jene für
die Nachfolger der alten Propheten, und ſie waren es auch,
wie oben gezeigt wurde. Solche Ahnen gaben ihnen ſchon für
ſich Anſehen beim Volke.

Doch machten ſie bald ſelbſt die Erfahrung, wie wenig
ſie ihren erlauchten Vorbildern glichen. Die Schriftgelehrten
waren im Beſitze, und glaubten, das Gemeinweſen nach den
Lehren Jener eingerichtet zu haben; die Propheten ſetzten Ideale
der Wirklichkeit entgegen, welcher ſie vernichtend, verdammend
entgegentraten; die Schriftgelehrten ſahen ſich in der Lage, ein
eigenes Gebäude nach ihren Anſichten aufzuführen, oder auch
das Errungene zu behaupten. Kampf gegen Mißbräuche, be=
ſonders wenn er im Namen einer heiligen Sache, der Religion,
des Vaterlandes, der Gerechtigkeit geführt wird, reißt zum
Enthuſiasmus hin, und übt eine unwiderſtehliche Macht auf
die Gemüther der Unbefangenen;*) die Sprache der Prophe=
ten war daher eine begeiſterte, dagegen iſt die Ausdrucksweiſe,
ja die ganze Einrichtung der Schriftgelehrten ihrem Weſen

*) Weßhalb die Oppoſition unter allen Formen der Jugend ſo
wohl gefällt.

nach gelehrt, sie gehört der Schule an, und riecht nach dersel=
ben. Beide, die Propheten und ihre Nachtreter unter dem
zweiten Tempel, verhalten sich wie Luther und die evangelischen
Theologen aus der zweiten Hälfte des 16ten Jahrhunderts.
Welch ein Unterschied zwischen dem Löwen der Reformation,
wie er zu Worms vor Kaiser und Reich sein Werk vertheidigt
wie er sein Herzblut anbietet für die ·Sache Gottes — und
jenen dunkeln Ehrenmännern, welche die Konkordienformel
und anderes Zeug der Art zusammenbrauten! Doch sind beide
Sprossen aus Einem Stamme. Ein alter Ausspruch im Tal=
mud drückt den Abstand zwischen den Pharisäern und den Pro=
pheten auf eigenthümliche Weise aus. Traktat Sota S. 30, b
heißt es: ex quo mortui sunt prophetae ultimi, Haggaeus,
Zacharias, Malachias, ablatus est spiritus sanctus de
Israël. Dasselbe wird wiederholt an verschiedenen anderen
Stellen, namentlich im Traktat Sanhedrin Jeruschalemi. Ob=
gleich nicht begeistert, wie die Propheten, trugen die Pharisäer
sicherlich dazu bei, das Volk innerlich zu kräftigen und es zur
politischen Selbstständigkeit heranzuziehen. Die Stürme unter
den Makkabäern gaben ihnen Anlaß, eine sehr wichtige Rolle
im Staate zu spielen. Die Leviten, die das größte Interesse
an der Erbauung des zweiten Tempels gehabt, waren unter
den ersten Auswanderern aus Babel nach Palästina zurückge=
kommen. Mit dem Bau des Heiligthums hatten sie ihre alten
Rechte und Einkünfte wieder erhalten, und dem Staate ein
Haupt in der Person des Hohenpriesters gegeben. Aber bald
versank die Kaste in Verderbniß, wie ehmals unter den Königen.
Die Söhne des Hohenpriesters Simon verdrängten einander
von dem Stuhle ihres Vaters, und erkauften von den Königen
Syriens, den Nachfolgern Alexanders, die höchste Gewalt um
Gold. Durch die Einführung fremder Sitten, durch den
Schutz der fremden Könige suchten sie sich zu halten. Die
rechtgläubige Partei widerstrebte hartnäckig; wobei ohne Zwei=
fel die Pharisäer das Meiste thaten. Durch diese innerlichen

Gährungen wurde Antiochus, der Erlauchte, zur Einmischung gereizt. Um die Kraft des Volkes zu brechen, erklärte er dem Gesetze, den väterlichen Einrichtungen den Krieg. Viele Juden bluteten für den Glauben. Da erhoben sich Matathias und seine Söhne, die Makkabäer; nach langen Kämpfen gaben sie dem Judenstaate vollkommene Selbstständigkeit. Die Pharisäer müssen kräftig für die Sache der Makkabäer gewirkt haben, ich schließe dieß daraus, weil sie unter Hyrkan I. so übermächtig wurden, daß sich dieser kräftige Fürst zuletzt genöthigt sah, ihre Sekte mit Gewalt zu Paaren zu treiben. Eines folgt aus dem Andern. Eine Partei, welche das Meiste gethan, um ein neues Fürstenhaus zu erheben, will zuletzt im Vertrauen auf ihre Dienste und ihre Unentbehrlichkeit alle Macht an sich reißen. Gewöhnlich wird sie darüber gestürzt. Weiß man, wie hier, mit Sicherheit, daß sie gestürzt worden ist, und daß sie vorher unter einer neuen Dynastie sich des Einflusses bemächtigen wollte: so darf man auch ohne Bedenken annehmen, daß sie früher zur Erhebung desselben Hauses viel beitrug. So ist der Weltlauf. Bald erholten sich indeß die Pharisäer wieder von ihrer Niederlage. Unter der Königin Alexandra wurden sie die Herren des Landes. Josephus sagt (de bello I. 5. 2.): sie beschlichen die Einfalt des Weibes: τὴν ἁπλότητα τῆς ἀνθρώπου κατὰ μικρὸν ὑπιόντες ἤδη καὶ διοικηταὶ τῶν ὅλων ἐγένοντο. Und weiter unten: ἐκράτει δὲ τῶν μὲν ἄλλων Ἀλεξάνδρα, Φαρισαῖοι δὲ αὐτῆς. Auch unter Herodes wußten sie ihren Einfluß aufrecht zu halten, so abgeneigt ihnen sonst dieser König war. Hauptsächlich um die Pharisäersekte zufrieden zu stellen, baute er den Tempel. Ueberhaupt haben die Pharisäer unter Herodes und seinen Nachfolgern, wie unter den römischen Landpflegern, nachdem Judäa zur Provinz geworden war, immer weiter um sich gegriffen, und sich eine treffliche Organisation gegeben; sie hauptsächlich schufen jene riesenhaften Kräfte, welche im letzten Aufstande unter Titus die ganze Welt in Erstaunen setzten. Wahr ist es, die

Umstände begünstigten ihre Bestrebungen. Der berühmte Politiker Wicquefort sagt: unterjochet erst ein unverdorbenes Volk, dann wird es bald seine ganze Kraft fühlen. — Ich füge noch die Bedingung bei: damit dieser Zweck erreicht werde, dürfen einer Nation von dem Eroberer die Gesetze und die Einrichtungen, worauf die Nationalkraft beruht, nicht entrissen werden, was ja hier wirklich der Fall war. Die Juden betrachteten nicht nur die römischen Landvögte, sondern auch Herodes und seine Kinder als fremde, fluchwürdige Unterdrücker; kein Mensch schloß sich an dieselben im Ernste an, sie hatten nur bezahlte Schergen zu Anhängern; sie herrschten blos durch Schrecken. Die Institutionen des Volks an der Wurzel anzugreifen, wagten sie nicht, deßwegen blieb diesem seine Kraft, welche noch täglich wuchs. Denn innere Zwistigkeiten unter den Juden selbst, die sonst so häufig waren, verhinderte der eiserne Arm der Fremden, und alle Leidenschaft, jede feindselige Gesinnung, die etwa unter dem Volke gährte, verschwamm und verwandelte sich zuletzt in ein ausschließendes Gefühl des Hasses gegen die Tyrannen. Wirklich mit dem Verluste ihrer Nationalität bedroht, oder dieselbe doch in Gefahr glaubend, schaarten sich alle guten Juden unter das Banner des väterlichen Gesetzes, dessen Wächter die Pharisäer waren. In jener bangen Stimmung, welche großen Erschütterungen in der Menschenwelt voranzugehen pflegt, lauschte man auf eine gute Gelegenheit, um die Scheide weit wegzuwerfen, das seit Lange in der Stille geschliffene Schwert zu schwingen. Als nach Nero's Tode ein Soldatenkaiser den andern verdrängte, und das Reich den wildesten Bürgerkriegen zu unterliegen schien, brach der jüdische Sturm los. Der Zeitpunkt war nicht übel gewählt. Josephus hat die Geschichte des Kriegs absichtlich *) in einem falschen Lichte dargestellt. Wenn man ihn hört, zwang Gessius

---

*) Ich habe dieß genau nachgewiesen in der Vorrede zu der kürzlich in Stuttgart erschienenen neuen Uebersetzung des jüdischen Kriegs von Josephus.

Florus die Juden wider ihren Willen zum Aufstande, als hät=
ten leztere nach keinem vorausberechneten Plane gehandelt.
Dieß ist gewiß falsch. Wollte Josephus die Wahrheit sagen,
so wären wir auch besser von der Rolle unterrichtet, welche
die Pharisäer im Aufstande spielten; aus ihrem Schooße gin=
gen jene wüthenden Zeloten=Banden hervor, und wenn sie,
statt wilder Parteihäupter, dem Staate nur einen einzigen Feld=
herrn hätten geben können, so würde der Krieg vielleicht eine
für Rom verderblichere Wendung genommen haben. Man sieht
hieraus, wie gefährlich es ist, einem unterdrückten Volk den
vollen Bestand seiner die Nationalität sichernden Einrichtungen
zu lassen;*) gewiß fühlten die Römer diese Wahrheit selbst,
und Josephus lügt daher abermal, wenn er behauptet: Titus
habe den Tempel erhalten wollen, derselbe sey blos durch die
Schuld der aufrührerischen Juden, oder durch die Wildheit der
römischen Soldaten untergegangen. Wäre er stehen geblieben,
so drohten früher oder später neue Aufstände der Juden, die
dann in dem Heiligthum einen ungebrochenen Mittelpunkt der
Nationalität besaßen. Die Sache war so weit gekommen, daß
es hieß: Rom oder Jerusalem! Konnte ein römischer Kaiser
unter solchen Umständen schwanken, konnte er einem augen=
blicklichen Gefühle unüberlegten Mitleidens die Sicherheit der
Zukunft aufopfern? So zu handeln, lag nicht in dem Cha=
rakter der Flavier. Doch wir sind der Geschichte vorangeeilt.

Zur Zeit Jesu Christi finden wir die Pharisäer als eine
sehr mächtige Partei. So erscheinen sie bei Josephus, und im
neuen Testament. Ersterer sagt Alterth. **XVII.** 2. 4., sie
seyen in Herodes des Großen Tagen 6000 Mann stark gewe=
sen, hätten besonders die Weiber auf ihrer Seite gehabt und
Kraft genug besessen, den Königen zu trotzen: ἦν μόριόν τι
Ἰουδαικῶν ἀνθρώπων ἐπ᾽ ἀκριβώσει μέγα φρονοῦν τοῦ

---

*) Die neuere polnische Geschichte bietet in jeder Beziehung die
schlagendsten Beweise für die Wahrheit der hier entwickelten
Grundsätze dar.

πατρίου νόμου, οἷς χαίρειν προςποιουμένων ὑπῆκτο ἡ γυναι-
κωνῖτις. Φαρισαῖοι καλοῦνται, βασιλεῦσι δυνάμενοι μάλισα
ἀντιπράσσειν, προμηθεῖς κᾀκ τοῦ προΰπτου εἰς τὸ πολεμεῖν
καὶ βλάπτειν ἐπηρμένοι. Uebereinstimmend hiemit stellt sie
der Apostel Johannes in seinem Evangelium Kap. 7, 47 u.
flg. als die Partei dar, welche den Ton angab und die Ge=
walt besaß. Neben ihnen werden noch zwei andere Sekten
genannt: die Essener, über welche eine besondere Erörterung
nöthig ist, und die Sadducäer. Leztere hatten ihren Anhang
unter einzelnen Reichen und Vornehmen. Ihr Einfluß auf
die Nationalangelegenheiten war sehr klein. Beim Volk ge=
noßen sie kein Ansehen. Ihre geringe Bedeutung für die
jüdische Kulturgeschichte würde schon daraus hervorgehen, weil
sie nach der Zerstörung des Tempels fast spurlos verschwin=
den, wenn auch nicht Josephus sich deutlich in diesem Sinn
ausspräche. Alterth. XVIII, 1. 4. sagt derselbe: „Die Sad=
ducäer halten sich blos an das geschriebene Gesetz. Ihrer
Meinung stimmen Wenige bei, aber die Ersten an Würde.
Beinahe nichts geschieht durch sie. Wenn sie je Aemter an=
nehmen — was sie nur wider ihren Willen und gezwungen
thun — so unterwerfen sie sich den Ansichten der Pharisäer,
weil das Volk sie sonst nicht dulden würde." Nach dem Un=
tergang des Tempels wurde diese Sekte von den Pharisäern
verschlungen; die Mischna, der Talmud nennt nur noch einzelne
Ketzer unter dem Namen Sadducäer, auch wird derselbe
mehr zum Schimpf gebraucht, als zur Bezeichnung einer
Partei. In der früher angeführten 146. Novelle stehen einige
Worte, woraus zur Noth sich schließen ließe, daß es zu Ju=
stinians Zeit noch Sadducäer gab: εἴ τινες παρ᾽ αὐτοῖς
(τοῖς Ἰουδαίοις) κενοφωνίας ἀθέους εἰσάγειν ἐγχειρήσαιεν,
ἢ ἀνάστασιν ἢ κρίσιν ἀρνούμενοι, ἢ τὸ ποίημα τοῦ θεοῦ
καὶ κτίσμα, τοὺς ἀγγέλους ὑπάρχειν, τούτους ἀπελαύνεσθαι
βουλόμεθα τόπου παντός. Mit eben diesen Merkmalen wer=
den die Sadducäer im neuen Testament bezeichnet. Man

wird daher geneigt anzunehmen, daß der Gesetzgeber vielleicht
mehr gegen Vermuthungen zu Felde zieht, die ihm seine neu=
testamentliche Gelehrsamkeit eingab, als gegen Wirklichkeiten
Vorkehrung trifft. Höchst wahrscheinlich ist dagegen, daß die
Sekte der Karaim, welche im achten Jahrhundert entstand, aus
sadducäischen Ueberlieferungen ihren Anfang nahm.

Noch muß ich die Frage beantworten, in welchem Ver=
hältniß die Pharisäer vor der Zerstörung des Tempels zu den
Leviten oder den Priestern standen. Diese bildeten den Ge=
burtsadel der Nation, wie Josephus im Eingange zu seiner
Lebensgeschichte sagt: ὥσπερ παρ᾽ ἑκάστοις ἄλλη τίς ἐστιν
εὐγενείας ὑπόθεσις, οὕτως παρ᾽ ἡμῖν ἡ τῆς ἱερωσύνης με-
τουσία τεκμήριόν ἐστι γένους λαμπρότητος. *) Sie besaßen
großen Einfluß durch den Tempeldienst und die heiligen Ein=
künfte. Die Hohenpriester lenkten überdieß den Sanhedrin,
oder die höchste Behörde der Juden. Zum Priester wurde
man geboren; das Ansehen eines Schriftgelehrten erwarb
man sich, ohne Rücksicht auf Geburt, blos durch Gelehrsam=
keit, welche beinahe das einzige persönliche Verdienst bei
jenem Volke war. Zwei solche Kasten können nicht in die
Länge ohne Reibung neben einander bestehen. Daß die Pha=
risäer dem Geburtsadel den Rang abgelaufen hatten, sagt
Josephus deutlich genug, indem er ihnen einen fast ausschlie=
ßenden Einfluß beim Volke zuschreibt. Ferner spricht die
eigene Lebensgeschichte des Josephus dafür. Denn dieses le=
vitische Familienkind, dieser eitle Abkömmling von Hohen=
priestern und Königen, besucht in seinem 16ten Jahre die
Schulen der Pharisäer, Sadducäer, Essäer und endigt damit,
sich in die Gesellschaft der Pharisäer aufnehmen zu lassen.
Viele andere seines Standes ahmten ihm nach. Dieß hätten
sie sicherlich nicht gethan, wenn der Levitenstand, also der
Geburtsadel für sich allein, Ansehen genug in der Gesellschaft

*) Opp. II 1.

gab. Wenn z. B. irgend einmal in einem Staate die Ade=
ligen und die hohen Beamten der Krone zu einer Schulphi=
losophie schwören, so würde ich daraus schließen, daß eben=
dasselbst gelehrte Einbildungen höher geschäzt seyen, als Adel
und Geschäfte. Zu einem offenen Kampf zwischen den Pha=
risäern und dem Priesterstande kam es während des jüdischen
Kriegs. Die Leviten, deren Interesse allerdings aufs Engste an
den Fortbestand des Tempels geknüpft war, wollten Frieden
stiften, nachdem der Sturm schon ausgebrochen, und versuch=
ten es zulezt, die Stadt den Römern in die Hände zu spie=
len,*) weil sie Unglück witterten. Aber das Verderben brach
über sie los, sie wurden von den Zeloten, d. h. den hitzigsten
Pharisäern, umgebracht. Mit der Zerstörung des Tempels
gingen die Ansprüche der Priesterkaste zu Grabe. Das Hei=
ligthum, auf das ihre Macht, ihre Reichthümer gegründet
waren, bestand ja nicht mehr. Hoch erhoben nun die Schrift=
gelehrten die Häupter über sie. Die Mischna enthält in die=
ser Beziehung eine Stelle, die nicht stärker seyn könnte. Zu
Ende des Traktats Horajoth heißt es: „Ein Priester hat den
Vorrang vor einem Leviten (von der dienenden Klasse), ein
Levite vor den andern Israeliten, ein gemeiner Israelite vor
einem Mamser (einem Kinde, das aus Ehebruch oder gar
aus Blutschande erzeugt ist), ein Mamser vor den Nethi=
nim,**) ein Nethin vor einem Ger (Fremdling, Proselyten),

---

*) So verstehe ich nämlich die betreffende Erzählung des Josephus,
  der hier, wie fast überall, färbt. Man vergleiche meine Vor=
  rede zu der deutschen Uebersetzung des jüdischen Kriegs.
**) Dieses Wort ist entstanden aus Josua 9, 27. נְתִינִים, wo Josua
  die Gibeoniten als Holzhauer und zu andern Knechtsdiensten
  unter die Israeliten vertheilt. Sie sollen nach der Sage Pro=
  selyten geworden seyn. Jesamoth S. 78, b heißt es: Nethi-
  naei sunt Gibeonitae, qui proselyti facti sunt tempore Josuae
  et constituti sunt ab ipso servi ad hauriendum aquas et se-
  canda ligna, s. Buxtorf, S. 1409. Mamser ist sonst das größte
  Schimpfwort bei den Juden.

ein Ger vor einem freigelassenen Sklaven (weil dieser unter
dem Fluch Kanaans befaßt ist). Dieses gilt, wenn die be-
nannten Personen im Uebrigen einander gleich sind. Ist
aber der Mamser ein Schüler der Weisen, und
der Hohenpriester ein Unwissender (Amhaarez), so hat ein solcher Mamser den Vorrang vor
einem solchen Hohenpriester." Der Nationaladel
oder die Abstammung aus Levis Geblüt gibt also nur untergeordnetes Ansehen; der wahre Werth eines Mannes wird
blos durch die Gelehrsamkeit bestimmt, und bei dieser thut
die Geburt gar nichts zur Sache.

Die Pharisäer überdauerten alle anderen Stände und
Sekten. Sie sind es, welche die Mischna und den Talmud
verfaßten, und der jüdischen Ueberlieferung jene bewunderns-
würdige Zähigkeit gaben; ihnen verdankt das Volk den Fortbestand seiner Nationalität bis auf diesen Tag. Nach der
Zerstörung des Tempels gaben sie sich jedoch selten mehr den
Namen Pharisäer, der jezt sogar bisweilen als spöttische Bezeichnung eines übertriebenen Eifers für die gute Sache, mit-
unter auch der Heuchelei gebraucht wird. *) Rabbinen, Rabbaniten oder Schüler der Weisen nannten sie sich gewöhnlich,
aber sie sind darum ganz dieselben mit denen, welche man ehemals Pharisäer hieß. Ihre Verfassung, ihre gesellschaftlichen Verhältnisse zu beschreiben, ist jezt unsere Aufgabe; der Talmud
dient uns dabei zum Führer, mehr als das neue Testament
und Josephus, nicht als hätte sich die innere Einrichtung der
Kaste seit dem Ende des ersten Jahrhunderts verändert, sondern weil der Talmud weit genauere Angaben enthält. Beide
Quellen, der Talmud einer-, das neue Testament und Josephus andererseits, stimmen als Zeugen über diesen Gegenstand, wie man finden wird, vollkommen zusammen. **)

---

*) S. Jost jüdische Gesch. IV. 76, sowie Lightfoot zu Matth. 3, 7.
**) Absichtlich ließ ich die Meinung einiger Gelehrten unbeachtet,
welche behaupten, es habe zu Christi Zeit neben den Pharisäern

Außerordentliche Ehre winkte den Schriftgelehrten (so will ich von nun an die Pharisäer nennen). Diese Ehre

noch andere ähnliche Sekten gegeben, nämlich die γραμματεῖς, νομικοί und νομοδιδάσκαλοι, welche das neue Testament an einigen Stellen (wie Luc. XI, 46) von den Pharisäern zu unter= scheiden scheint. Ich halte mich an die klaren Aussprüche des jüdischen Geschichtschreibers, der nur drei Parteien unter den Juden kennt: Pharisäer, Sadducäer, Essener. Jene nehmen neben dem Gesetz eine mündliche Ueberlieferung an, die zwei= ten halten sich blos an die Schrift, die dritten sind die jüdi= schen Mystiker. Dieser scharf gezeichnete Grundzug läßt schon an und für sich kaum Nebenabtheilungen zu. Ein Jude nahm entweder die mündliche Ueberlieferung an, dann war er Pha= risäer, oder verwarf er sie, als Sadducäer, oder deutete er das Gesetz gegen den Wortsinn, dann folgte er dem essenischen Dogma. Auch die neutestamentlichen Geschichtschreiber, nament= lich Johannes, der glaubwürdigste von allen, enthalten durch= aus kein Zeugniß, welches uns nöthigte, besondere Sekten ne= ben jenen dreien anzunehmen. Die Ausdrücke γραμματεῖς, νομικοί, νομοδιδάσκαλοι bezeichnen blos verschiedene Berufs= arbeiten der Einen Pharisäer = Sekte. Pharisäer ist der allge= meine Name, γραμματεῖς weist auf den Gegenstand ihrer Studien, auf die Schriftgelehrsamkeit hin, νομικός ist wohl der, welcher die Gesetze im pharisäischen Sinn anwendet, ein Jurist; νομοδιδάσκαλος ein Pharisäer, der eine Schule hält. Paulus sagt z. B. Apg. 22, 3. von sich selbst, er sey ἀνατε- θραμμένος ἐν τῇ πόλει ταύτῃ παρὰ τοὺς πόδας Γαμαλιήλ. Dieser Gamaliel wird ebendaselbst 5, 34 genannt νομοδιδάσ- καλος τίμιος παντὶ τῷ λαῷ, ferner bezeichnet sich Paulus Philipp. 3, 6. - als einen Pharisäer. Wo sollte er nun zum Pharisäer geworden seyn, als eben bei Gamaliel, den überdieß die Mischna als einen ausgezeichneten Lehrer der rabbinischen, d. h. der pharisäischen Sekte feiert! Also ist wenigstens in der Stelle Apg. 5. mit dem Worte νομοδιδάσκαλος ein pharisäi= scher Lehrer gemeint. Immerhin mögen auch die Sadducäer ihre Lehrer so genannt haben, aber wenn das Wort für sich steht, ohne nähere Bestimmung, hat man gewiß guten Grund, Mitglieder von der Pharisäer= Sekte darunter zu verstehen. Die γραμματεῖς und νομικοί von den Pharisäern und Saddu= cäern künstlich unterscheiden zu wollen, heißt in eine an sich klare Sache absichtlich Verwirrung bringen. Von den älteren Kirchenschriftstellern ist Epiphanius aus der heillosen Sucht, möglichst viele Ketzernamen neben einander aufzustappeln, mit

war der Köder, welcher recht Viele locken sollte, sich dem
Stande zu widmen. Die Schriftgelehrten, die Rabbinen, ge=
hören in eine Klasse mit Moses, mit den Patriarchen, mit
den Propheten, folglich gebührt ihnen auch gleiche Achtung.
Onkelos übersezt den Segen Jakobs 1. Mof. 49, 9. folgen=
dermaßen : non auferetur princeps a domo Judae, neque
scriba (סָפְרָא γραμματεύς) a filiis filiorum ejus usque in
seculum. Die Schriftgelehrten sind hier in eine Reihe ge=
stellt mit Fürsten und Gesetzgebern. Die Worte 4. Mof.
21, 18 gibt Onkelos so : „der Brunnen, welchen gegraben
haben die Fürsten, welchen ausgehauen haben die Häupter
des Volks und die Schreiber.“ 1. Mof. 25, 27 bezeich=
net Onkelos den Patriarchen Jakob deutlich genug als einen
Rabbiner : „Beide Knaben (Esau und Jakob) wuchsen heran.
Esau aber wurde ein Jäger, der hinauszog auf das Feld,
Jakob dagegen war ein vollkommener Mann, der das Haus
der Lehre (die Schule der Weisen) besuchte.“ Ebenso er=
scheint 1. Mof. 37, 3 Joseph : „Israel liebte den Joseph
mehr als seine anderen Söhne, denn er war ein Weiser
(בַּר חַכִּים).“ Im hebräischen Texte heißt es : Jakob liebte
seinen Sohn Joseph mehr als die anderen Brüder, weil
er ihn im Alter gezeugt hatte; daraus macht der Targum
einen Rabbinenschüler! Auch die Ehre, welche nach dem mo=
saischen Gesetz nur dem Alter gebührt, wird für die Schrift=
gelehrten in Anspruch genommen. Die Stelle 3. Mof. 19,
32 (vor einem grauen Haupte sollst du aufstehen, und das
Angesicht des Greisen ehren) übersezt Onkelos : „vor Dem,

bösem Beispiel vorangegangen. Aber wie viele andere Ver=
stöße im Bereich der Kirchen= und Dogmen=Geschichte kommen
auf Rechnung dieses einfältigen und bösartigen Menschen!
Die Verfasser der Schriften, welche Triglandius gesammelt,
sind ihm gefolgt, auch mehrere unter den neuern, worunter
der Jude Beer, in seiner Geschichte der jüdischen Sekten, B.
1. 127 u. flg. Alle von diesen Schriftstellern angeführten Gründe
beweisen nichts.

der erfahren ift im Gefeß, follft du aufftehen, und den Greis
ehren." Ich will keine weitere Beifpiele aus dem Targum
zum Pentateuch anführen. Jonathan Ben Uffiel bleibt nicht
hinter Onkelos zurück; die Propheten find ihm meift Schriftgelehrte. So 1. Sam. 10, 5 und 10, wo er die Worte
des Textes: „wenn du die Stadt betrittft, wird dir ein
Chor der Propheten entgegenkommen, die eben von der Höhe
herabfteigen," fo überfezt: „die Schaar der Schreiber (Schriftgelehrten) wird dir entgegentreten, wie fie eben herunter-
kommen aus dem Haufe der Verfammlung (aus der Schule)."
Jef. 9, 15 fezt Jonathan für „den Propheten der falfch weif-
fagt" — „den Schriftgelehrten der falfch erklärt." Ebendaf.
28, 7., für: „Priefter und Propheten taumeln vor ftarkem
Getränk" — „Priefter und Schriftgelehrte find beraufcht von
altem Wein." Eine wahre Vergötterung der Schriftgelehrten
enthält eine Stelle aus dem Gefang der Debora Richt. 5, 9,
wo der Text fo lautet: mein Herz ift zugethan den
Gefeßgebern (Fürften) Israels, weil fie fich hingeben für das Volk. Jonathan überfezt: Debora fprach:
„ich bin gefandt zu preifen die Schreiber Israels, welche, fo
lange die Verfolgung währte, nicht aufhörten, das Gefeß
auszulegen; fchön war's, wie fie da faßen in den Häufern
der Verfammlung (in den Synagogen), und das Volk lehrten die Worte des Gefeßes, wie fie den Segen fprachen und
die Wahrheit bekannten vor Gott. Sie fezten ihre eigenen
Gefchäfte hintan, und ritten auf Efeln im ganzen Lande
Israel herum und faßen zu Gericht" u. f. w. Noch viele
Stellen der Art könnten aus dem Targum Jonathan angeführt werden. Auch Jofephus ftimmt in diefen Ton ein,
wenigftens verfezt er die Schriftgelehrten fchon in die Tage
Sauls (Alterthüm. 6, 6. 3): „von Schriftgelehrten, ὑπὸ τῶν
γραμματέων, fey dem Könige angezeigt worden, daß das Volk
unter dem Opfern wider Gott fündige!" Im Targum Jerufchalemi zum Gefeß find vollends alle Patriarchen gelehrte

Rabbiner; so lernt Isaak in der Schule Seths, Gen. 24, 62.,
Jakob besucht die Schule Ebers (ebendas. 25, 28.); die Gesetzes=
gelehrten dufteten wie Weihrauch vor Gott, nach Exod. 40, 5.
Es springt in die Augen, welche ungemessene Ehrfurcht
die Rabbinen für sich in Anspruch nahmen, indem sie so die
Patriarchen und Propheten in ihren Kreis herunterzogen.
Ihre eigenen Aussprüche im Talmud sind noch stärker. Traktat
Sanhedrin findet sich folgende Stelle: Quando aegrotavit
Rabbi Elieser, convenerunt quatuor seniores, ut eum
inviserent: Rabbi Tarphon, R. Josua, R. Elieser Ben
Asaria et R. Akifa. Dixit R. Tarphon: tu melius me=
reris de Israële, quam guttae pluviae, quia gutta pluviae
prodest in hoc seculo, at Rabbi in hoc et in futuro seculo.
Rabbi Elieser Ben Asaria dixit: melius tu mereris de
Israële, quam pater et mater, quia pater et mater be-
nefici sunt in hoc seculo, ast Rabbi in hoc et in futuro
seculo. Wenn die Rabbinen der Welt in solchem Grade
nützlich sind, wie kann man sie dann genug ehren!! Sie
setzen sich selbst den Königen gleich an Werth. Traktat Gittin
S. 62, b. „Rabbi Hona und Rabbi Chasda saßen einmal
beisammen; Rabbi Gineba kam daher und wollte an ihnen
vorübergehen, da sprach der eine von jenen beiden, laßt uns
vor ihm aufstehen, dieweil er das Gesetz trefflich inne hat.
Der andere aber sagte, sollen wir vor einem Zänker auf=
stehen? Unterdessen war Gineba herbeigekommen, und rief
den Beiden zu: seyd gegrüßet, meine Könige! seyd gegrüßet
meine Könige! Nachdem sie ihn befragt, woher beweisest
du es, daß die Rabbinen Könige sind, gab er die Antwort:
weil geschrieben stehet (Sprüchw. 8, 15.): durch mich regie=
ren die Könige!" Ihr Eintritt in ein Haus bringt Segen,
mit ihnen zusammen zu wohnen oder zu essen, ist wahres
Glück. So Traktat Berachot S. 64. a. Rabbi Abin der
Levite hat gesagt: wer von einer Mahlzeit etwas genießet,
welcher ein Weiser beiwohnet, dem nützt es, so viel, als wenn

er vom Glanz der göttlichen Majestät genöße, wie geschrieben
stehet (2. Mos. 18, 12.): da kamen Aaron und alle
Aeltesten in Israel mit Mosis Schwäher (Jethro),
das Brod zu essen vor Gott. Wie? haben sie denn
vor Gott gegessen, und nicht vielmehr vor Moses? Daher
mußt du sagen: ein jeder, der bei einer Mahlzeit isset, welcher ein Weiser beiwohnt, thut so viel, als wenn er vom
Glanz der göttlichen Majestät genöße." Das heißt gewiß
viel gesagt! — Ueber die Ehre, welche die Rabbinen von ihren
Schülern verlangten, hier nur eine einzige Stelle, weil über
dieses Verhältniß besonders gehandelt werden muß. In den
Zusätzen zum Traktat Pirke Afoth (Cap. 6, 3. der gewöhnlichen Ausgaben)*) heißt es: qui discit a socio suo caput
unum, vel lectionem unam, aut versum unum, vel tantum
litteram unam, obligatur illi deferre honorem. Accepimus enim de Davide rege, quod non didicerit ab Achitophele nisi tantum duo verba, et propter illa fecit eum
David praeceptorem suum, doctorem suum, amicum suum,
juxta id, quod scriptum est (Psalm. 55, 14.): „sed tu homo es
ex aestimatione cordis mei, dux meus et cognatus meus."
Hoc est argumentum a minori ad majus. Si enim David rex Israël, qui solummodo duo verba didicit ab
Achitophele, constituit eum Rabbinum suum, ducem
suum, amicum suum: tum is, qui discit a socio suo
caput unum, tractatum unum aut versum unum, aut tantum litteram unam, nonne eo magis tenetur, ut socium
suum gloria et honore afficiat? Non enim est vera gloria,
nisi quae a lege proficiscatur etc. In Uebereinstimmung
hiemit wird in der nächsten Mischna desselben Kapitels gelehrt, daß die Erforschung des Gesetzes höhern Ruhm gebe,
als alle Gewalt und Thaten. Muß ein Rabbiner auch noch
so kümmerlich leben, er steht über den Königen der Erde!

---

*) Surenhusius IV, 486.

Buccellam panis cum sale edas, aquam modice bibas,
super terram dormias, vitam miserrimam agas, dummodo operam navare possis legi. Quod si ita facis:
beatus es tu et bene tibi erit, beatus es in praesenti
seculo, et bene tibi erit in seculo futuro. Ne quaeras
magnificentiam, nec cupias gloriam majorem eruditione
tua, neque desideres mensam regum, quoniam mensa tua
major est mensa regum, et corona tua major est corona
eorum. Nam fidelis est Dominus operis tui, qui repen-
det tibi mercedem pro opere tuo. Die Rabbinen gingen
noch weiter, sie sezten ihre Aussprüche weit höher, als die
Mosis und der Schrift, also nahmen sie eine größere Ehrfurcht für sich selbst in Anspruch, als für den Gesetzgeber.
Mischna Sanhedrin Kap. 11, 3 heißt es: „Es ist ein schwereres Verbrechen, etwas wider die Schriftgelehrten zu sagen,
als wider die Worte des Gesetzes.“ Die jerusalemische Gemara dazu führt diesen wichtigen Grundsatz so aus: Dixit
Simeon filius Bo: amabiliora sunt verba scribarum prae
verbis legis et cariora, juxta id quod scriptum est (canticum cant. 1, 2.): „meliores sunt blanditiae tuae vino.“
Weiter heißt es: „Wer die Worte der Schule Hillels über-
tritt, ist des Todes schuldig“ (während man einzelne Gesetze
des Pentateuchs ohne Todesstrafe verletzen kann); dann fährt
die Gemara fort: Docet Rabbi Ismaël: in verbis legis
sunt vetita quaedam, quaedam permissa, in his sunt levia
et gravia; at verba scribarum omnia sunt gravia.
Als Beispiel führt die Mischna folgenden Fall an: „Wer
sagt, die Tephillin (die Gebetriemen, von denen der eine um
den Kopf, der andere um den linken Arm geschnürt wird)
seyen Nichts, geht straflos aus, obgleich er das Gesetz über-
tritt (2. Mos. 13, 16 und 5. Mos. 6, 8); wer aber sagt,
es müssen 5 Totaphot (die Käpselchen an den Gebetriemen,
in welchen Denkzettel liegen) seyn, und also zu den Worten
der Schriftgelehrten etwas hinzufügt (denn diese dulden nur

4 Totaphot), der ist (des Todes) schuldig." In einer Parallelstelle Traktat Berachot Jerusch. S. 3. b. heißt es:
Dixit Rabbi Chanania, filius Adae: verba Seniorum (seu
scribarum) graviora esse, quam verba prophetarum. —
Propheta enim et scriba cui sunt similes? Respons.: Ita
se res habet cum illis, ac si rex aliquis duos legatos
suos mittat in provinciam, atque de uno illorum scribat:
nisi ostenderit vobis annulum meum signatorium atque
sigillum, non habebitis ipsi fidem, de altero autem scribat:
etiam si non ostenderit vobis annulum meum signatorium,
fidem tamen ei habebitis. Sic enim de propheta scriptum
exstat (Deuteron. XIII, 2.): „*si exhibuerit tibi signum et
prodigium*" etc. At de Doctoribus legitur (Deuteron. XVII,
11): „*secundum legem, quam docebunt te, facies*." Im
Traktat Avoda Sara S. 27. b. wird das Uebertreten eines
rabbinischen Gesetzes mit dem giftigen Biß einer Schlange
verglichen, den Niemand heilen kann. Bei dieser Schätzung
der Rabbinen kann man sich nicht wundern, wenn es Bera=
chot S. 8. a. unten heißt: ex quo vastatum est templum,
Deus nihil prorsus in universo mundo curat, praeter
angusta illa loca quatuor ulnarum, in quibus privatus
quisque vacat addiscendis decisionibus et constitutionibus
talmudicis. Der Text des Pentateuchs und der Propheten
wird also von dem Allmächtigen kaum mehr beachtet. Höchst
abenteuerliche Wunder finden sich im Talmud erzählt, welche
erfolgt seyn sollen, um die Aussprüche gewisser Rabbinen zu
bestätigen. So Bava Mezia S. 59. b. „Rabbi Elieser ge=
rieth eines Tags in gelehrten Streit mit seinen Genossen.
Nachdem er alle Gründe in der Welt für seine Meinung
erschöpft, ward dieselbe doch von den anderen nicht angenom=
men. Da rief er, so möge denn dieser Baum hier beweisen,
daß ich Recht habe. Augenblicklich ward der Baum mit der
Wurzel ausgerissen und 100 Ellen weit weggeschleudert. Aber
die anderen Rabbinen erwiderten, von einem Baume darf

man keinen Beweis nehmen. Nun so möge diese Wasserleitung, die dort steht, für mich zeugen, sagte Eliefer. Sogleich wich die Wasserleitung zurück. Die Rabbinen antworteten, auch Wasserleitungen beweisen Nichts. Jezt sagte
Eliefer, wenn die Wahrheit für mich ist, sollen es die Wände
dieser Schule bestätigen. Kaum hatte er das Wort gesprochen,
als die Wände sich zum Falle neigten. Da bedräuete sie
Rabbi Josua (einer von den Anwesenden): „wenn die Schüler
der Weisen einander überwinden, was gehet das Euch an?"
(ihr sollet darum nicht einfallen) deßhalb stürzten die Mauern
nicht vollends ein, um den Rabbi Josua zu ehren, aber sie
richteten sich auch nicht wieder auf, damit der Ehre Eliefers
Nichts entginge, sondern gebeugt blieben sie stehen bis auf
diesen Tag. Endlich berief sich Rabbi Eliefer auf die Entscheidung des Himmels: „wenn das Recht auf meiner Seite
ist, soll der Himmel für mich zeugen." Sogleich ging eine
Tochter der Stimme (Bath Kol) aus und sprach: „was habt
ihr mit Rabbi Eliefer, immer ist das Recht auf seiner Seite
u. s. w." Ja manche Rabbinen verstehen mehr als der talmudische Herrgott selbst. Eine saubere Geschichte der Art
wird Bava Mezia S. 86. a. erzählt: In der himmlischen
Akademie (denn dort droben sind nach dem Talmud eben so
gut Rabbinenschulen als hier unten) entstand ein gelehrter
Streit über das Recht der Aussätzigen. Der Herrgott (der
Oberrabbine des Himmels) erklärte einen gewissen Fall, der
im Text genau beschrieben ist, für rein. Die ganze übrige
himmlische Akademie (die Engel) war entgegengesezter Meinung und hielt ihn für unrein. Da sprachen sie, wer soll
nun der Schiedsrichter seyn zwischen uns? Beide Theile ver-
einigten sich darüber, zu diesem Zweck den Rabba, Sohn
Nachmans, kommen zu lassen, denn derselbe pflegte selbst von
sich zu sagen: Niemand ist mir gleich in der Beurtheilung
des Aussatzes. Also ward der Todesengel nach ihm ausgeschickt, ließ ihn sterben, und brachte seine Seele herauf in

den Himmel, worauf Rabba, vor die himmlische Akademie
geführt, die Meinung Gottes bestätigte, was diesen nicht
wenig freute. Denn Himmelsstimmen, die auf die Erde
herniederschollen, feierten den Namen Rabbas außerordentlich,
und sein Grab ward wunderthätig. *) Rabbi Salomo
Jarchi **) spricht daher ganz im Geiste der alten Talmudisten,
wenn er zu Deuter. 17, 11 sagt: „Auch wenn der Rabbine
lehren würde, die linke Hand sey die rechte, und die rechte
die linke, so muß man ihm doch glauben."

Fassen wir das Ergebniß der bisher entwickelten Stellen
zusammen. Die Rabbinen oder Schriftgelehrten gehören in
Eine Rangklasse mit den Patriarchen, mit dem Gesetzgeber,
mit den Propheten; ihre Aussprüche stehen sogar über dem
geschriebenen Wort, ja die tüchtigsten unter ihnen sind ge-
scheidter und gelehrter, als Gott selbst. Lächerlicher Hochmuth
ist zum Theil die Quelle dieser verwegenen Ansprüche, eben
jener Hochmuth, den Christus an den Pharisäern seiner Zeit
tadelt, und der auch in edleren Stellen des Talmuds wenigstens verdeckt gezüchtigt wird, wie Pirke Afoth Cap. 4, 4,
wo eine schöne Ermahnung zur Demuth steht. Dennoch
würde man den Schriftgelehrten Unrecht thun, wenn man
glaubte, daß Hochmuth allein solche Aussprüche, wie die oben
angeführten, gebar; auch eine politische Nothwendigkeit trieb
sie dazu. Das geschriebene Wort der Offenbarung war an
sich todt, es war in einer Sprache geschrieben, die das Volk
nicht mehr verstand. ***) Durch die Rabbinen erst wurde
es lebendig, nach ihrem Sinne sollte es gehalten und

---

*) Wer Lust hat, die ganze Erzählung zu lesen, findet sie bei
Edzard, Avoda Sara II, 365.

**) Ein berühmter französischer Jude, der einen Commentar zu
der ganzen Schrift (alten Testaments), so wie auch zum Talmud verfaßte. Er lebte im 13ten Jahrhundert.

***) Schon in Esras Tagen hatte das Hebräische aufgehört eine
lebendige Sprache zu seyn.

angewendet werden. Sie sind die Häupter und Leiter der
Nation, an ihrem Gängelbande wurde dieselbe geführt. Einen
solchen Zustand der Dinge hatten sie von den Vorfahren
überkommen, in gleicher Gestalt wollten sie ihn erhalten.
Es ist daher nicht zu verwundern, daß sie ihr Wort, das
heißt die Deutung des Gesetzes, welche ihnen beliebte, höher
erhoben als den Buchstaben der heil. Urkunden. Ich füge
bei, es mußte auch so seyn, wenn das Judenthum fortdauern
sollte. Wäre es Jedem erlaubt gewesen, sich seine Ansicht
vom Gesetz selbst zu bilden, so war der erhaltende Zaun ein=
gerissen, und die Synagoge zerfiel in so viel Meinungen, als
es Köpfe gab. Es ist durchaus nicht meine Absicht, die
Rabbinen zu loben oder zu entschuldigen, sondern ich nehme
eben die Dinge, wie sie waren. Deutlich genug sieht man,
daß bei jener unmäßigen Steigerung des Ansehens der Schu=
len (oder der Rabbinen) Angst vor Ketzereien nicht der kleinste
Antrieb war. Wenn jeder auf seine Weise, nach seiner Fähig=
keit, in der Bibel las, so stand zu befürchten, daß bald auch
wilde Meinungskämpfe das arme Volk, welches äußerlich
genug gedrückt war, vollends innerlich zerrütten möchten.
Die heilige Schrift sollte deßhalb nur in dem Sinne gelten,
den die Ueberlieferung und die Schule hineinlegte. Aus
diesen Gründen haben sie eine merkwürdige Stellung gegen
das geschriebene Wort eingenommen. Trakt. Berachot Babyl.
Seite 28 b. heißt es: tradiderunt Rabbini: cum aegrota
ret Rabbi Eliëzer, accesserunt ad eum discipuli ipsius,
ut inviserent eum, dixeruntque, doce nos viam vitae, ut
mereamur vitam seculi futuri. Tum ille: cavete vobis,
ne quid per vos decedat honori sociorum vestrorum et
arcete filios vestros a lectione scripturae sacrae, collo-
cate autem illos inter genua discipulorum Sapientum (ut
ex iis audiant credenda et facienda). Jarchi erklärt diese
Worte ganz im rabbinischen Sinne so: ne assuefaciatis filios
vestros nimium scripturae, quia illa ad se trahit (scilicet

corda hominum, ut magis ipsi credant, quam verbis Rabbinorum). Allerdings beschäftigte man sich in den Schulen mit dem Studium der Schrift, aber nur ein Drittheil Zeit sollte auf sie verwendet werden, die anderen zwei Drittheile auf Mischna und Gemara. So Avoda Sara Bab. S. 19 b. oben: docuit R. Tanchum hominem quemvis in lectione scripturae sacrae tertiam partem vitae suae, tertiam in lectione Mischnae, tertiam denique in lectione Gemarae impendere debere. Hiegegen wird der vernünftige Einwurf gemacht: at num novit homo, quamdiu sit victurus? Antwort: quia nemo id scit, ideo dicimus singulos dies in tres partes esse dividendos. Verdienst und Ehre bei Gott, wie bei Menschen bringt jedoch nur das Studium des Talmuds, Bava Mezia S. 53 a: „Unsere Rabbinen lehren, wer in der Bibel (מִקְרָא) studirt, der thut Etwas, was eine Tugend oder auch keine Tugend ist; wer in der Mischna studirt, der thut Etwas, was eine Tugend ist, wer aber in der Gemara studirt, der thut Etwas, was die größte Tugend ist." Spätere Lehrer, wie der Verfasser des Traktats Soferim,*) vergleichen die Bibel mit Wasser, die Mischna mit Wein, die Gemara mit köstlichem Gewürzwein, Andere die Bibel mit Salz, die Mischna mit Pfeffer, die Gemara mit Gewürz. **) Grundsatz ist, man fängt mit der Bibel an, geht dann zum Studium des Talmuds über, und kehrt nie mehr zur Bibel zurück. So der Talmud, Traktat Chagigah Bab. S. 10 a: „Es steht geschrieben: wer da eingehet und ausgehet, hat keinen Frieden (Zachar. 8, 10). (Dieß ist so zu verstehen:) Raf hat gesagt: wenn der Mensch aus der Halacha (den talmudischen Satzungen) zu der Bibel (zurück) gehet, hat er kein Glück mehr." Vorausgesezt wird bei allen diesen Aussprüchen, daß die Bibel nur in dem Sinne der Ueberlieferung oder der Schule, welcher eben in

---

*) Ueber sein Alter vergleiche Zunz S. 95.
**) S. Eisenmenger, entdecktes Judenthum 330.

der Mischna und Gemara niedergelegt ist, verstanden und
gedeutet werden dürfe. Ausdrückliche Gebote schärfen dieß
ein. Man sieht hieraus, daß die rabbinischen Juden durch
den Drang gleicher Verhältnisse in dieselbe Nothwendigkeit
geriethen, wie das Papstthum. Von beiden ward die Schrift
der Kirchenlehre untergeordnet, beide hatten eben hierin ihren
wundesten Punkt, nur brach der Schaden bei ersteren früher
auf. Schon im 8ten Jahrhundert unserer Zeitrechnung traten diesen jüdischen Katholiken in der Partei der Karaim
jüdische Protestanten entgegen. Daß die Sekte der Karaim
höchst wahrscheinlich aus alten sadducäischen Erinnerungen
entstanden ist, wurde schon oben bemerkt. Mit wüthender
Feindschaft verfolgte das pharisäische Judenthum die Empörer wider das Ansehen des Talmuds; der Haß hat fortge-
dauert bis auf unsere Tage, wo das fast allgemeine Uebergewicht persönlicher Meinungen über die Autorität des Hergebrachten auch diese kirchliche Leidenschaft, wie so viele
andere, abzukühlen beginnt.

Man würde indeß sehr irren, wenn man glaubte, daß
jene Erhebung der Schule über die Bibel den Sinn habe,
als sollte die heilige Schrift Nichts, oder nur in untergeord-
netem Grade gelten. Das Gesetz Mosis war und blieb der
Grundstein, auf welchen die Schriftgelehrten ihr Gebäude
aufführten, sie blieben ihm treuer als das Papstthum dem
neuen Testament, weil leztere Kirche durch großen weltlichen
Ehrgeiz, der bei den Juden nicht stattfand, oder wenigstens
auf keine Befriedigung rechnen durfte, bald auf sehr gefähr-
liche Abwege geleitet worden ist. Jede Satzung wurde von den
Rabbinen aus der Schrift bewiesen — freilich auf ihre eigene
Weise: sie klammerten sich fast ausschließlich an Aeußerlichkeiten, Ceremonien und Gebote an, und vergaßen darüber
den Geist des alten Mosaismus, wozu freilich auch der Druck
der Zeiten, die Wildheit der Völker, unter denen sie leben,
oder besser dulden mußten, nicht wenig beitrug. Dadurch

versteinerte das Judenthum. Im Uebrigen wird der Grund=
satz oft eingeschärft: lex non habet opus confirmatione, sed
verba scribarum habent opus confirmatione. So Talmud
Jeruschalemi Ketufoth, Gemara zu Cap. 11, 7. Nur ge=
genüber der Außenwelt oder den Laien stand das Wort des
Rabbinen höher als die Schrift, im Innern der Schulen
gab die Schrift — versteht sich nach ihrer Erklärung — den
Ausschlag.

Ein ähnlicher Stolz wie bei den Rabbinen (nur in ge=
ringerem Grade) tritt da und dort bei einzelnen Gelehrten,
oder der ganzen gelehrten Kaste hervor, ohne daß die Welt
viel davon berührt würde. Ich wüßte Männer, oder gelehrte
Zünfte zu nennen, die sich für das wahre Salz der Erde
halten, und nach ihrem Sinne die höchste Stellung verdien=
ten, aber sonst im Staate fast Nichts zu bedeuten haben,
was in der Regel für die Welt kein Unglück ist. Bei den
Rabbinen war dieß anders. Ihren Anmaßungen entsprach
eine fast unbegränzte Macht über das Volk. Vorerst gehörte
ihnen alle Gewalt, die in neueren Staaten unter eine Masse
von Beamten, vom Schulzen bis zum Staatskanzler, vom
Küster bis zum Erzbischof, vom Zolleinnehmer bis zum
Schatzmeister vertheilt ist. Nur versteht sich von selbst, daß
dieser Satz seine Einschränkung erhält durch die äußeren po=
litischen Verhältnisse der Juden, da sie ja, von den Heroden
an bis auf diesen Tag, immer unter fremden Herrschern stan=
den. Obige Behauptung gilt nur für die innere Verfassung
der Juden; auf die äußeren Beherrscher hatten die Rabbinen
oft gar keinen, meist nur geringen Einfluß; doch nahmen die
beiden jüdischen Patriarchen zu Tiberias und Nahardea, oder
Sura, zu Zeiten eine ehrenvolle Stellung unter den Groß=
beamten, jener des römischen, dieser des parthischen Reiches
ein. Desto unbeschränkter herrschten sie im Innern. Sie
waren die Gewissensräthe, die Lehrer, die Priester, die
Richter, die Verwalter, die Aerzte ihrer Nation. Aber ihre

Macht*ging noch weiter nie ist irgend ein Volk von seiner
Obrigkeit so vollkommen am Gängelbande geführt, und in
Vormundschaft gehalten worden, als das jüdische. Das rabbinische Gesetz schreibt einem jeden seiner Bekenner eine Masse
von Gebräuchen vor, die fast alle so eingerichtet sind, daß
zu ihrer vorschriftmäßigen Beobachtung die Hülfe eines Rabbinen nöthig wird. Kein Laie konnte auf die Welt kommen,
beschnitten, auferzogen, unterrichtet werden, sich verloben,
ein Weib nehmen, aus der Welt gehen, keiner den Sabbath
oder andere Feste feiern, ein Geschäft ergreifen, Verträge
machen, ein Haupt Vieh schlachten, selbst Brod backen, ohne
den Rath oder den thätigen Beistand eines Rabbinen. Un-
zählig sind die Fälle, in denen er dieser geistlichen Vormünder bedurfte. Um sie namhaft zu machen, müßte ich einen
Auszug aus der Mischna geben, was zu weit führen würde.
Neugierige Leser verweise ich auf die Quelle selbst. Die
Machtvollkommenheit der Rabbinen über die Verhältnisse des
Lebens wird in einem Bilde ausgedrückt, das auch im neuen
Testamente vorkommt, Matth. 16, 19. und in den Parallelstellen: sie banden und sie lösten, was sie lösten war erlaubt, was sie banden, verboten. Ligthfoot hat zu Matth. 16,
19. einen Schwarm von Belegen gesammelt; welche beweisen, wie
gäng und gäbe dieser Ausdruck war. Ebenso Schöttgen. Ich
will zu einem Wald nicht noch mehr Bäume fügen, was sehr
leicht wäre, denn man braucht nur einige Seiten in einem
alten jüdischen Buche zu lesen, um neue Beispiele aufzufinden. Auch Josephus kennt das Bild (jüdischer Krieg I, V, 2):
»die Pharisäer hätten, nachdem sie die schwache Alexandra
überschlichen, Gewalt gehabt, Alles nach Willkür zu verfü-
gen, διώκειν τε καὶ κατάγειν οὓς ἐθέλοιεν, λύειν καὶ δεῖν.
Ich beziehe nämlich leztere Worte nicht auf Personen, sondern verstehe sie von Geboten und Verboten, worin mir,
wie ich hoffe, jeder Kenner des Judenthums beistimmen wird.
Sonder Zweifel spricht also Christus in der obenangeführten

Stelle nach der Denkweise seiner Zeit. Ganz so verhält es sich auch mit den Schlüsseln des Himmelreichs, die eben daselbst dem Apostel Petrus übergeben werden. So lange die Semicha oder die feierliche Weihe noch im Brauche war (wovon später), erhielt der Rabbine, wenn er geordnet wurde, als Sinnbild seiner Amtsgewalt einen Schlüssel. *) Christus spielt selbst auf diesen Gebrauch an, wenn er den Schriftgelehrten, Lucä 11, 52, einen Schlüssel der Erkenntniß κλεῖδα γνώσεως zuschreibt. Daß man nun im Alterthum die Sache so verstand, als besäßen die Rabbinen den Schlüssel des Himmelreichs, kann ich zwar nicht mit klaren Beweisstellen belegen, aber doch ist es höchst wahrscheinlich; denn die Zukunft des Messias, oder die Gründung des Himmelreichs hängt nach der Lehre der Rabbinen von der pünktlichen Erfüllung des Gesetzes ab, den Schlüssel des Gesetzes trugen aber die Rabbinen in ihren Händen, also war ihnen auch die Bedingung des Himmelreichs, oder der Schlüssel desselben übergeben. Warum sollten sie ein Bild, das ihr Ansehen so hoch erhob, nicht auf sich angewandt haben! Ich berufe mich abermal auf die Stelle Matth. 16, 19. Jeder Unbefangene muß fühlen, daß hier eine Zeitvorstellung zu Grunde liegt. Denn wäre das Bild neu, so könnte es unmöglich so kühn, so ganz ohne nähere Erklärung hingestellt seyn. Auf dasselbe Ergebniß weisen die Parallelstellen der Apokalypse (1, 18. 3, 7) hin. Kommt ja der Schlüssel in ähnlichem Sinne schon Jesajas 22, 22. vor!

Ich habe das Ansehen und die Macht der jüdischen Schriftgelehrten dargestellt. Man sieht, sie waren das Gehirn, die Augen, die Ohren, die Nerven, die Gelenke des Volks, das ohne sie nichts thun konnte. Daß in einen solchen Stand sich Alles drängte, ist natürlich und wird sich überall wiederholen.

---

*) S. Schöttgen horae hebraicae II, 894, wo die Beweisstelle angeführt ist.

Sie hatten überdieß die Weiber auf ihrer Seite (was schon
Josephus von den Pharisäern seiner Zeit hervorhebt, Alterth.
XVII, 2. 4.), und weibliche Liebe oder Eitelkeit kennt in
aller Welt kein größeres Glück, als ihre Söhne in geistlichen
Würden zu sehen. Aber wie nun, wenn die Schriftgelehrten
auch der Magen des Volks wurden? Groß war die Gefahr,
weil die Kaste ungeheure Gewalt besaß, und Alles wagen
konnte. Wenn sie es versuchten, so drohte dem Judenthum
Verderben, denn früher oder später hätte sich dann das un=
terdrückte Volk unter der Leitung irgend eines Ehrgeizigen,
oder für das Recht Begeisterten gegen seine Dränger erhoben.
Mit dem Falle der Aristokratie würde aber das Volk seine
Eigenthümlichkeit verloren haben, und unter die Nationen,
unter welchen es lebte, verschwommen seyn. Allein die be=
zeichnete Gefahr ist nie eingetreten. Wohl unterjochten die
Rabbinen ihre Mitbürger aus dem Laienstande geistig, wenn
man jene weit getriebene Bevormundung, welche im Grunde
die jüdische Nationalität erhielt, ein auferlegtes Joch nennen
will, aber nie mißbrauchten sie ihren Einfluß auf das Volk
zu Schatzungen oder sonstigem Erwerb. Dieß ist die schönste
Seite des rabbinischen Judenthums. Sehr scharfe Gesetze
sichern in dieser Beziehung den Laien. Für keine amtliche
Verrichtung darf der Rabbine Geld nehmen. Beginnen wir
mit den Stellen der Mischna. Pirke Afoth Kap. IV, 5.
heißt es: „Rabbi Zadok sagte: Mache das Gesetz nicht zu
einer Krone, damit zu prangen (nämlich, daß man dich Rabbi
nenne und oben ansetze), sondern lerne aus Liebe, so wird die
Ehre von selbst kommen. Mache es auch nicht zu einer
Haue, damit zu graben (d. h. zu einem Erwerbe, um dich
damit zu nähren), sonst vergreifst du dich an der Heiligkeit
des Gesetzes. Aus demselben Grund hat Rabbi Hillel gesagt
(ebendaselbst Kap. I, 13): wer sich der Krone bedient, gehet
dahin. Wer einen Genuß hat von den Worten des Gesetzes,
dessen Leben wird aus der Welt genommen.“ Dieser edle

Ausspruch ist von großer Wichtigkeit, er verbietet insgemein
dem Lehrer, dem Prediger, dem Richter, dem rabbinischen
Beamten, Geld für seine Leistungen zu nehmen. Biblisch
wurde derselbe gerechtfertigt aus Deuter. 4, 14., wo Moses
sagt: „Der Herr gebot mir zur selbigen Zeit, daß
ich euch lehren sollte Rechte und Vorschriften.“
Wie Moses umsonst gelehrt, so sollen auch die Rabbinen ihre
Schüler umsonst lehren. *) Man vergleiche noch Maimonides
und Bartenora zu obiger Stelle. **) Was hier im Allge=
meinen gesagt ist, wird an anderen Orten auf besondere Fälle
angewendet. So Mischna Bechoroth Kap. 4, 5, 6: „Wenn
Jemand Lohn dafür nimmt, die Erstgeburten zu beschauen,
so schlachtet man nicht auf sein Wort (weil man argwöhnt,
er möchte es um des Lohnes willen gegen das Gesetz erlauben),
er sey denn ein geprüfter Lehrer, wie Rabbi Jla zu Jafne,
dem die Gelehrten (wegen seiner über allen Verdacht erhabe=
nen Frömmigkeit) erlaubt haben, vier Assarios vom Kleinvieh,
sechs vom großen (für seine Besichtigung) zu nehmen. Wer
Lohn nimmt für Rechtsprechen, dessen Spruch ist nichtig, so
wie auch das Zeugniß Derer, die einen Lohn dafür bekommen.
Deßgleichen wenn Jemand Lohn dafür nimmt, das Spreng=
wasser zu sprengen, oder es durch Asche zu heiligen, so ist
solch Wasser gleich dem Wasser aus einer Grube, und die
Asche, gemeine Heerdasche. Wenn es aber ein Priester ist,
den man hat kommen lassen, um eines von diesen Dingen
zu verrichten, und wenn er sich deßwegen verunreinigen mußte,
daß er nicht von seiner Hebe essen darf: so muß man ihm
zu essen und zu trinken, auch Oel zum Salben geben; ist
es ein alter Priester, so soll man ihn auf einen Esel setzen
(damit er heimreite) und ihm Lohn geben, wie einem Ar=
beiter.“ Das Verbot des Lohns trifft hier, wie man sieht,

---

*) Auch das neue Testament spielt auf diese Regel an, Matth. X,
8: δωρεὰν ἐλάβετε, δωρεὰν δότε.

**) Surenhusius Mischna IV, 451 und flg.

solche Verrichtungen, die in den Kreis der rabbinischen Gebräuche oder der Gerichte gehören. Aus anderen Stellen geht
hervor, daß auch der Lehrer·keine Belohnung für seinen Un=
terricht annehmen darf. Traktat Nedarim Bab. S. 37, a,
unten: tum in eo loco, ubi pro doctrina legis mercedem
accipere licet, non tamen est licitum mercedem accipere
pro Medrasch (hoc est pro institutione talmudica). Cur
non pro Medrasch? Scriptum est (Deut. IV, 14): *mihi
edixit Dominus illo tempore, ut vos doceam;* item scriptum est (ibidem): „*ecce doceo vos leges et jura, sicut
mihi mandavit Dominus.*" Jam ut ego gratis vos edocui,
ita et vos. Ebenso Bechoroth Bab. S. 29, a: Etiamsi
quis Talmudem mercede data didicerit, non licet ei dicere: quia ipse pro mercede accepi et aliis pro mercede
tradam. Scriptum enim est (Proverb. XXIII. 23): „*ve-
ritatem emas non vendas.*" Für den Unterricht im Gesetz
darf sich der Schulmeister bezahlen lassen, keineswegs aber
der Rabbine für den Unterricht im Talmud, weil dieser kraft
der oben ausgeführten Grundsätze heiliger ist, als die Schrift.
In der Ausübung war man etwas milder, als diese Satzun=
gen erwarten lassen. Für ceremonielle Leistungen erhielt der
Rabbine eine mäßige Entschädigung, nur nicht als Lohn,
sondern als Ersatz für seine verlorene Zeit, die er sonst zum
eigenen Vortheil hätte verwenden können. Freilich fehlt es
nicht an Beispielen, wo Habsucht einzelner Rabbinen die
Schranken des Gebots durchbrach. Bartenora *) klagt in seinem
Kommentar zu der eben angeführten Mischna Bechoroth: er
habe auf seiner Reise in Deutschland Rabbinen gesehen, die
sich für einen Scheidebrief zehen Gulden bezahlen ließen, er
nennt sie deßhalb auch Räuber und Leute=Schinder. Allein
dieß sind seltene Ausnahmen. In der Regel forderten die

---

*) Ein berühmter italienischer Rabbiner, Obadia von Bartenora,
der im 16ten Jahrhundert lebte.

Rabbinen keinen Lohn für die Verrichtungen, welche einzelne
Laien von ihnen ansprachen; selbst später, als eigene Rabbi=
nen (gleich unseren Pfarrern) für die Gemeinden aufgestellt
wurden, begnügten sie sich mit dem kärglichen Einkommen,
das ihnen aus der Bezirkskasse zufloß. Noch jetzt ist es ein
Sprichwort unter den Juden: Ein fetter Rabbiner taugt
Nichts. *)

Dieser Einrichtung liegt deutlich die Absicht zu Grunde,
daß die jüdische Aristokratie nie drückend auf dem Volke la=
sten, niemals als Blutsaugerin verhaßt werden sollte. Eine
weisere Vorschrift konnten sie auch nicht machen. Vormünder
ihrer Nation waren die Rabbinen allerdings, aber uneigen=
nützige, und darum geehrt und geliebt. Hätte das Papst=
thum — ich will nicht sagen in gleichem, sondern nur in
ähnlichem Geiste gehandelt, so wäre keine Reformation nö=
thig geworden. Weil es in schnöde Geldgier versank, er=
stickte es zuletzt in seinem eigenen Fette. Ich weiß wohl,
daß die Versuchung für die Päpste groß war, so groß, daß
ihr gewöhnliche Menschen in die Länge nicht widerstehen
konnten. Die Rabbinen dagegen kamen in keine solche

---

*) Wir Christen sind gewohnt, die Juden durchweg für höchst hab=
gierig zu halten. Ob immer mit Recht, will ich nicht entschei=
den; aber unter ihren Rabbinen hat es von jeher und bis auf
unsere Tage sehr uneigennützige Männer gegeben. Mein Be=
kannter, Hr. Dr. Meier, Oberrabiner in Stuttgart, erzählte
mir folgendes Beispiel. Sein Lehrer Hirz Scheier, ein wegen
seiner Gelehrsamkeit hochverehrter Rabbine in Mainz († 1824)
war von Haus reich. Er nahm nicht nur keine Belohnung
für sein sehr beschwerliches Amt, sondern verwendete auch all=
mälig sein ganzes Vermögen für den Nutzen der Gemeinde
oder für fromme Zwecke. Als er Nichts mehr besaß, warf ihm
die Gemeinde aus Achtung für seine Tugend einen jährlichen
Gehalt von 1000 fl. aus. Acht Jahre genoß er denselben, im
neunten ging ihm eine für verloren gehaltene Schuld von
10,000 fl. ein. Sogleich zahlte der Greis 8000 fl. an die Ge=
meindekasse, wie ein Darlehen zurück. Herr Meier half selbst
die Summe auf das jüdische Gemeindehaus tragen.

Gefährlichkeiten, denn ihr Volk wurde nie ein herrschendes, nicht einmal selbstständig. Wäre lezteres der Fall gewesen, so würden sie wohl ebenso gehandelt haben, wie die römische Klerisei. Wenigstens entwickelten ihre beiden Patriarchenstühle zu Tiberias und Sura, die allein vermöge der Umstände nach höheren Dingen streben konnten, große Ehrsucht. Sie verschafften sich ungeheure Einkünfte, machten fürstlichen Aufwand, und suchten Volk und Rabbiner unters Joch zu bringen. Zum Glück für die Juden gingen sie jedoch schnell unter, nachdem ihre Sendung erfüllt war.

Aber wovon lebten die Rabbinen, wenn ihre Wissenschaft sie nicht nährte? Mußten sie nicht durch bittere Armuth zulezt in Verachtung fallen, besonders unter einem Volk, wie das jüdische, das einen so hohen Werth auf das Geld legt? Nein! Eigene Gesetze sicherten ihre Existenz. Erstens hatten die Rabbinen schon wegen ihrer eigenthümlichen Erziehung geringe Bedürfnisse. Der Knabe, welcher zum Schriftgelehrten bestimmt war, mußte in zarter Jugend anfangen, jene schwere Last unnützer Gelehrsamkeit, ohne welche er nie Rabbine werden konnte, auf seine Schultern zu nehmen. Da saßen sie, vom fünften Jahre des Lebens an, in dumpfen Schulen, wie Nachteulen, und mußten im Gesetz studiren, und zwar wurde nur ihr Gedächtniß von den Lehrern angepfropft, die Phantasie erstickt, der Trieb hinauszuschlagen, wie wackere Knaben, und fröhlich zu toben, verging ihnen unter der Last des eingebläuten Wissens. Von Pedanten erzogen, wurden sie bald selbst zu Pedanten. Als Jünglinge oder Männer kannten sie kein anderes Vergnügen, als fortzustudiren, oder auch ihren gelehrten Hochmuth zu befriedigen. So abgerichtete Menschen haben überall keine Freude daran, Geld zu verthun, oder üppig zu leben, sie begnügen sich mit Brod, Salz, Wasser. Daß ihnen dieses nicht fehlte, dafür sorgte ein weises Gesetz. Jeder Rabbine mußte ein Handwerk lernen, das er neben seinen Studien trieb und das ihn nährte. Kidduschin S. 30, b: „Rabbi Jehuda dixit, quicunque filium suum non docet opificium, perinde facit, ac si ipsum doceret latrocinium." Ebenso Pirke Afoth Kap. 2, 2: „Rabban Gamaliel, der Sohn Rabbi Jehudas, des Fürsten, hat gesagt: das Studium des Gesetzes ist schön, wenn man ein Gewerbe daneben treibt, denn die Beschäftigung mit Beiden macht, daß man der Sünde vergißt, während das Studium im Gesetz, wenn kein anderes Geschäft dabei ist, endlich zu nichte wird, und Sünde nach sich zieht" (weil man sich aus Mangel auf's Rauben legen muß).

In Uebereinstimmung mit dieser Vorschrift liest man von vielen Rabbinen, daß sie sich von Gewerben genährt. Der angesehenste unter ihnen, Rabbi Hillel, lebte vom Taglohn. Joma S. 15, b: „Narrant de Hillele Seniore, quod singulis diebus operatus sit et operam suam collocaverit pro statere; dimidium hujus stateris dabat janitori academiae, alterum dimidium impendebat pro sua suorumque sustentatione." Berachoth Jeruschal. S. 19, a wird ein Rabbinenschüler Josua genannt, der sich mit Nadelmachen nährte. Rabbi Isaak war ein Schmid (Joma 54, b), Juda ein Bäcker (Juchasin 35, a), R. Simeon ein Teppichwirker (Berachoth 28, b), R. Jochanan ein Schuster — Sandelar (Afoth. Kap. 4, 11). Daß dieses Verhältniß in Christi Zeiten ebenso bestanden habe, ersieht man aus dem Beispiel des Apostels Paulus, der (nach Apg. 18, 3) das Gewerbe des Zeltwebens erlernt hatte. Auch rühmt sich derselbe in verschiedenen Stellen seiner Briefe, daß er von seiner eigenen Händearbeit lebe und die Unterstützung der Gemeinden nie in Anspruch nehme. Man ersieht daraus, für wie verdienstlich es in seinen Tagen gehalten wurde, ohne Lohn zu lehren. Rabbinen, welche Schulen vorstanden, erhielten von den Vermöglicheren unter ihren Schülern wohl auch kleine Geschenke. Auf diese Weise war für den dürftigen Unterhalt des Standes gesorgt. Aber auch der Weg zum Reichthum

wurde den Rabbinen gebahnt durch die Ehrfurcht, welche sie
genoßen. Es galt für das größte Verdienst eines begüterten
Laien, wenn er einen Gelehrten an seinem Handel Theil neh=
men ließ, noch mehr, wenn er ihm seine Tochter zum Weibe
gab. So Berachot S. 34, b: „Rabbi Chaja, der Sohn Ab=
ba's, hat im Namen R. Jochanans gesagt: Alle Propheten
haben das Gute und den Trost, so sie verkündigt, nur allein
demjenigen geweissagt, welcher seine Tochter einem Gelehrten
gibt, oder dem, welcher zum Besten eines Gelehrten Handelschaft
treibt und ihn sein Vermögen mitgenießen läßt." Umge=
kehrt baut sich der. ledige Laie eine Staffel in den Himmel,
wenn er die Tochter eines Rabbinen heirathet. Pesachin S.
49, b: „Unsere Rabbinen lehren, der Mensch soll alle Zeit,
was er besizt, verkaufen und eines Weisen Tochter heirathen,
findet er keines Weisen Tochter, so soll er eine Tochter der
Fürnehmsten, die in selbiger Zeit sind, nehmen. Findet er
keine Tochter der Fürnehmsten, so soll er eine Tochter der
Häupter der Schulen heirathen; findet er keine solche, so ehe=
liche er die Tochter eines Almosen = Einnehmers; findet er
keine Tochter eines Almosen = Einnehmers, so nehme er die
Tochter eines Schulmeisters, der die Knaben lehrt; in keinem
Fall nehme er die Tochter eines Amhaarez, denn diese sind
zu achten wie Vieh." Wie gut haben hier die Rabbinen für
ihren Vortheil gesorgt! Denn es sind gerade die Abstufun=
gen ihres Standes, die hier dem Heirathslustigen in Aussicht
gestellt werden. Dieser Grundsatz ging ins Fleisch und Blut
der Juden über; es galt bis auf unsere Zeiten fürs höchste
Glück, seine Tochter an einen Gelehrten unterzubringen. Man
lese S. Maimons Leben: wie die polnischen Mütter, und
zwar die Reichsten voran, wegen des Rufs der Gelehrsam=
keit, den er frühe errungen, nach ihm angelten, um ihn
zum Schwiegersohne zu bekommen! So wurde auch durch
Heirathen das Interesse der Rabbinen in das der angesehen=
sten und reichsten Familien verschlungen, ein Band mehr, um

den Zusammenhang zwischen der gelehrten Kaste und dem Volke unauflöslich zu machen.

Nie drohte deßhalb der jüdischen Aristokratie Gefahr der Auflehnung des Volks wider sie, wegen ungerechten Drucks. Das Ansehen, welches sich die Rabbinen selbst beilegten, und das sie den Laien täglich einbläuten, machte sie geachtet. Das Verbot, ihre Wissenschaft als Haue zu mißbrauchen, erschien als Uneigennützigkeit des Standes und. machte ihn beliebt. So umschifften sie glücklich jene Klippe, an welcher das Papstthum scheiterte. Ein weiterer Grund der ungefährdeteren Fortdauer des Standes lag in dem freien Zutritt, der durch keine Bedingung des Vermögens oder der Geburt beschränkt war. Die Leviten hatten eine geschlossene Kaste gebildet. Zur Zeit Jesu Christi siechten sie bereits an dem Uebel, das von einer solchen Einrichtung unzertrennlich ist. Unwillen, daß auch unwürdige Glieder — welche sich überall finden — der Vorrechte des Standes genießen sollten, der immer rege Neid Ehrgeiziger gegen Bevorzugte, erhob sich damals schon wider sie. Schon ehe die Zerstörung des Tempels ihren Rechten den Todesstreich versezte, hatten, wie oben gezeigt ward, die Pharisäer ihnen den Rang abgelaufen. Das Rabbinenthum kränkelte nicht an diesem Nachtheile. Jeder Jude konnte ein Schriftgelehrter werden, hier galten Geburt und alle Ansprüche, die man in die Schule mitbrachte, gar Nichts. Rang und Ansehen wurde erst in der Schule erworben, Gelehrsamkeit deckte selbst die Schmach einer blutschänderischen Abstammung. *) Es war wie in etlichen neueren Staaten, wo die Beamtenkaste sich aus dem Volke ergänzt und die Gewalt allein besizt. Der gelehrte Sohn des Taglöhners durfte verächtlich herabsehen auf den unwissenden Sohn des Volksältesten, nur daß bei den Rabbinen tobtes

---

*) Ich verweise auf das S. 140 mitgetheilte Beispiel vom gelehrten Mamser, der über den ungelehrten Hohenpriester sein Haupt erheben darf.

Wissen den Ausschlag gab, während in wohlgeordneten Staa=
ten Brauchbarkeit entscheiden soll. Da der Zutritt zu der
Schriftgelehrten=Würde Jedem offen stand, da die Rabbinen
selbst wetteiferten, möglichst viele Schüler zu bekommen: so
kann man sich denken, daß es in den verschiedenen Judenge=
meinden kaum eine Familie gab, die nicht einen Bruder,
einen Vetter, einen Verwandten unter den Gelehrten besessen
hätte. Die Rabbinen standen in dieser Hinsicht zu ihrer
Nation in demselben Verhältnisse, wie die Bettelorden der
römischen Kirche zum großen Haufen. Mit Freuden bricht
der Bauer dem Franziskaner sein Brod, gerne läßt er sich
von ihm leiten, weil er den Mönch als seines Gleichen an=
sieht, weil er selbst oder seine Kinder auch die Kutte nehmen
können, und weil fast Jeder Verwandte im Kloster hat.
Sicherlich stammt ein guter Theil der Hingebung, welche das
gemeine Volk in Spanien für Don Karlos, in Portugal
für Miguel bewies, von solchen Klostereinflüssen her. Im
Mittelalter brachte der Zusammenhang der Böttelmönche mit
dem gemeinen Volke noch größere Folgen hervor. Sie tru=
gen nicht wenig zum Untergang der Hohenstauffen bei, weil
sie überall die Menge zu Gunsten des römischen Stuhls ge=
gen die deutschen Kaiser aufwiegelten. Ueberhaupt haben
diese Orden dem Papstthum weit mehr Vorschub gethan, als die
vornehmen und reichen, mit einziger Ausnahme der Jesuiten.
Wie leztere das Geniekorps, so bildeten jene das Fußvolk
des römischen Stuhls. Ebenso nützlich nun, wie die Bettel=
mönche für die römische Kirche, war der freie Zutritt zum
Stande der Schriftgelehrten für das rabbinische Judenthum.

Endlich die lezte Klippe, an welcher schon öfter geistliche
Zünfte gescheitert sind, daß sie nämlich durch die Missethaten
einzelner Mitglieder Ehre und Achtung verloren, umschiffte
das Rabbinenthum mit großer Vorsicht. Die jüdischen Re=
ligionslehrer befanden sich in derselben Lage, wie die christ=
lichen. Die ganze Einrichtung des Standes brachte es so

mit sich), daß die Laien von jedem einzelnen Rabbinen einen
reinen, der Lehre, welche derselbe vortrug, entsprechenden Lebens=
wandel erwarteten, und sogar zu erwarten das Recht hatten.
Aber der reinen Menschen gibt es überall sehr wenige, und
doch waren hier der Rabbinen, wie bei den Katholiken der
Priester und Mönche, sehr Viele. Sie, die sich in eine Klasse
sezten mit den Propheten des alten Bundes, hätten, um
gleiche Ehre zu verdienen, Männer wie Jesaias, wie Joel
und Micha seyn müssen. In solchen Fällen deckt man ge=
wöhnlich, um die Kluft zwischen Dem, was seyn sollte, und
was wirklich ist, künstlich auszufüllen, die Schwächen des
Fleisches mit einem Firnisse zu. Man hilft sich mit
Vorschriften der äußern Wohlanständigkeit und wirft den
Mantel des Geheimnisses über die Gebrechen, nach dem
Grundsatze, daß, was die anderen Leute nicht sehen, auch
nicht vorhanden sey. Ein wenig Heuchelei wird daher bei
allen geistlichen Kasten mit unterlaufen, bei den Rabbaniten
wurde sie systematisch ausgebildet. Im Traktat Berachoth
Bab. S. 43. b findet sich folgende merkwürdige Stelle:
„Sechs Dinge sind für den Schüler der Weisen unanständig:
Gesalbt über die Straße zu laufen, *) bei Nacht auszugehen,
geflickte Schuhe zu tragen, mit einem Weibe auf der Gasse
zu reden, in einer Gesellschaft von Laien zu Tische zu sitzen
und zulezt in die Schule zu kommen. Andere fügen bei: er
soll keine großen Schritte machen, und nicht gerade aufrecht,
sondern ein wenig gebückt mit geneigtem Haupt einhergehen.“
Zur nähern Erklärung heißt es weiter unten: „Bei Nacht
soll ein Gelehrter nicht ausgehen, damit er den Verdacht der
Unzucht vermeide. Mit einem Weibe soll er nicht auf der
Gasse reden, nach Raf Chisda, selbst nicht mit seinem eige=
nen Weibe, nach Andern weder mit seinem Weibe noch mit
seiner Schwester oder Tochter, darum, weil nicht Jedermann

---

*) Man vergl. Matth. 6, 16. 17.

weiß, daß sie ihm so nahe angehören." Die zwei lezten
Punkte werden so erläutert: „Mar Sutra sagt, wenn ein
Gelehrter große Schritte macht, benimmt er dem Lichte seiner
Augen den 500ſten Theil, und was die andere Vorschrift be=
trifft, daß ein Gelehrter nicht gerade aufrecht einherschreiten
solle, so sagt Mar Sutra, wer auch nur vier Schritte weit
also gehe, der stoße die Füße der Schechina weg, weil
(Esaj. 6, 3) geschrieben steht: Die ganze Erde iſt seiner
Ehre voll. *) Man sieht, daß besonders der Schein einer
Versündigung gegen das 6te Gebot von den Rabbinen abge=
wendet werden sollte. Es liegt nämlich im Wesen des Ju=
denthums, daß es die Tugend mehr im Unterlassen, das
Laster im Thun findet, während umgekehrt die Heiden Tugend
als Thätigkeit, das Laster als Trägheit sich dachten. Für
eine der größten Sünden galt nun bei den Juden außer=
eheliche Befriedigung des Geschlechtstriebs. Aber wie es ge=
wöhnlich Stubenmenschen widerfährt, die den ganzen Tag
da sitzen und brüten, waren sie viel mit Anfechtungen in
dieser Hinsicht geplagt. Beispiele von solchen findet man bei
Eisenmenger (I, 429 u. flg.) in großer Auswahl gesammelt.
Der Talmud zeigt jedoch einen Ausweg, durch welchen die
Folgen eines zügellosen Triebs Einzelner wenigstens für die
Ehre der Kaste unschädlich gemacht werden. Kidduschim
Bab. S. 40. a und deßgleichen Chagigah S. 16. a steht
Folgendes: „Rabbi Jla hat gesagt, wenn die böse Natur (die
sündliche Lust) den Menschen überwältigt, so gehe er an
einen Ort, da man ihn nicht kennet, ziehe schwarze Kleider
an und bedecke sich mit einem schwarzen Gewand, und thue,

---

*) Wer sieht hier nicht im Geiste den Rabbinen, wie er mit
ängstlich gemessenen Schritten, mit sanft gesenktem Haupt,
vielleicht auch mit gefalteten Händen andächtig daherschleicht.
Wer nicht so viel Phantasie besizt, um sich dieß auszumalen,
der mag sich nach lebendigen Vorbildern dieser Art unter uns
umschauen. Es gibt deren genug.

was sein Herz verlangt und entheilige den Namen Gottes
nicht öffentlich." Noch viele Beweisstellen der Art könnten
angeführt werden, doch genug hiemit. Ich weiß wohl, welche
Einwendungen man gegen solche Aussprüche erhebt; sie fallen,
sagt man, bloß einzelnen Mitgliedern zur Last, deren Mei=
nung sie seyen, und beweisen Nichts gegen den Geist eines
ganzen Standes. Besonders gerne sprechen so gewisse Juden,
die alle Mängel ihrer Ahnen zudecken möchten. Ich ent=
gegne: wenn unter uns Christen, deren heilige Bücher die
Sünde der Heuchelei im schwärzesten Lichte malen, wenn fast
unter allen geistlichen Kasten, welche die Geschichte kennt,
Scheinheiligkeit überall vorkommt: wie viel mehr muß Dieß
der Fall gewesen seyn bei den Juden, welche ihr Gesetz, der
Talmud förmlich dazu anleitet? Heuchelei ist ein Laster, zu
dem die Menschen von Natur sehr geneigt sind, wird sie
vollends durch geheiligte Autoritäten gebilligt, wie hier, so
muß sie alle Stände ergreifen. Ist sie nicht der hauptsäch=
lichste Vorwurf, den Christus gegen die Pharisäer seiner Zeit
erhebt? Sie war sogar durch die ganze Einrichtung des rab=
binischen Judenthums zum nothwendigen Uebel geworden.
Um ein unbeschränktes Ansehen zu genießen, und die Nation
nach ihrem Willen zu gängeln, sezten sich die Schriftgelehrten
in Eine Klasse mit den Propheten; um eine so schwindelnde
Stellung zu behaupten, mußten sie nothwendig heucheln.
Ungemessene Ansprüche in geistlichen Dingen und Scheinheilig=
keit verhalten sich, wie Ursache und Wirkung. Ich gestehe
auch offen, daß ich glaube, diese Heuchelei sey dem Stande
der Rabbinen höchst nützlich gewesen, und habe nicht am
Mindesten zu seiner 3000jährigen Dauer beigetragen. Ge=
schäftsmänner, Leute, welche das Kirchenwesen nicht aus
Theorie, sondern aus Anschauung kennen, mögen urtheilen,
ob ich Recht habe.

Die ganze Macht dieser so wohl geordneten und ein=
flußreichen Kaste war nun auf das Eine Ziel hingerichtet,

alles geistige Eigenthum des Volks: Lehre, Recht, Glauben,
beim Alten, Hergebrachten zu erhalten. Ich muß zuerst von
ihren Schulen reden: es gab zweierlei Schulen bei den Ju=
den, gelehrte und Volksschulen. Von lezteren später. Erstere
hatten folgende äußere Einrichtung. Das Haupt der Schule,
ausgezeichnet durch den Titel Rabbi, thronte auf dem Lehrstuhle,
und um ihn im Kreise saßen die Schüler oder Jünger (Thal=
midim, Ketanim) auf der Erde. Wenn ein Schüler nach
langjährigem Unterricht so weit gekommen schien, daß ihn
der Lehrer für würdig hielt, selbst mitzusprechen, so legte er
ihm die Hände auf das Haupt und sprach, du bist jezt
Chaber, d. h. Genosse (ungefähr dasselbe, was in den alten
Universitäten magister). Der Chaber durfte von nun an
auf niedrigen Sesseln neben dem Stuhle des Rabbi sitzen
und in der Schule mitsprechen, aber eine eigene Schule zu
errichten war ihm noch nicht erlaubt, dazu gehörte erst die
Würde des Rabbi. Die kleinen Knaben bildeten die unterste,
die Chaberim eine höhere Klasse von Schülern. Außerordent=
liche Ehrfurcht forderte der Rabbi von seiner Schuljugend.
Gemara Jerusch. zu Sanhedrin Kap. 11, 6 unten: qui ho-
norat magistrum suum, reputatur perinde ac si honoret
divinitatem. Ebenso Mischna Bava Mezia II, 11: „der
Lehrer gehet dem Vater voran, weil der Vater uns nur in
dieses Leben gesezt hat, der Lehrer dagegen, der uns Weis=
heit lehret, bringt uns in das ewige Leben. Trägt der Va=
ter und der Lehrer (eines Schülers) jeder eine Last, so muß
man zuerst diesen, hernach jenen davon entledigen. Sind
beide zugleich gefangen, so muß man zuerst seinen Lehrer,
dann erst den Vater loskaufen, nur in dem Falle, wenn der
Vater selbst ein Gelehrter ist, darf er zuerst losgekauft wer=
den.“ Demnach ist der Schüler seinem Rabbi mehr Gehor=
sam und Rücksicht schuldig, als den heiligsten Familienban=
den. Auf solche Ehrfurcht gestützt, konnte der Lehrer sein
Amt leichter führen. Wie bei den Chinesen bestand der

Unterricht die ersten Jahre bloß in Uebung des Gedächtnisses, im Auswendiglernen. Ein gutes Gedächtniß galt daher bei den Juden als die erste und wichtigste unter den geistigen Gaben. Josephus deutet darauf hin, wenn er im zweiten Paragraphen seiner Lebensgeschichte von sich selbst sagt: εἰς μεγάλην προὔκοπτον παιδείας ἐπίδοσιν μνήμῃ τε καὶ συνέσει δοκῶν διαφέρειν (τῶν ἄλλων). Gedächtniß steht ihm höher als Verstand; so hätte sich ein Römer oder Grieche nie ausgedrückt! Freilich erwies sich auch für den jüdischen Gelehrten Nichts nöthiger, als das Gedächtniß, besonders so lange weder die Mischna noch die Gemara niedergeschrieben war. Treue Erinnerung des Vernommenen wurde damals zur religiösen Pflicht. Pirke Afoth III, 8: „Rabbi Dosthai, der Sohn Jannai, hat im Namen Rabbi Meir's gesagt: wer ein einziges Wort von seiner Mischna vergißt (von der ihm mitgetheilten Ueberlieferung), den siehet die Schrift so an, als hätte er sich des Todes schuldig gemacht, weil geschrieben stehet (Deuter. 4, 9): Hüte dich und bewahre deine Seele wohl, daß du nicht vergessest die Sachen, welche deine Augen gesehen haben." Wirklich leisteten die Talmudisten Außerordentliches in dieser Beziehung! Das Buch Juchasin *) erzählt ein merkwürdiges Beispiel, das mit einer Urkunde belegt ist. Im 7ten Jahrhundert waren in Persien die Exemplare des Talmud durch eine Verfolgung sehr selten geworden. Um den Inhalt des Gesetzbuches wenigstens geistig zu erhalten, überwies ein berühmter Rabbi die einzelnen Traktate desselben an seine Schüler zum Auswendiglernen. Zu bestimmten Zeiten kamen sie zusammen, und jeder sagte seine Aufgabe her, ohne daß ein Jota fehlte. Und doch ist es gewiß keine Kleinigkeit, solche Prosa wie die des Talmud sich ins Gehirn einzuprägen. Noch heute,

---

*) Der Verfasser desselben heißt Abraham Zaccut, und lebte im 15ten Jahrhundert in Spanien und Portugal.

wette ich, könnte derselbe Versuch mit gleichem Erfolg wie=
derholt werden. Die rechtgläubigsten und talmudfestesten
Juden unter allen, die in Europa wohnen, finden sich jezt in
Lithauen und Polen. Nun der Fürst, welcher sie beherrscht,
lasse ein Gebot in sein weites Reich ergehen: alle Talmude
sollen nach Verfluß der nächsten drei Monate unnachsichtlich
abgeliefert und vernichtet werden, nur Einer bleibe übrig zur
Probe. Innerhalb 4 Monaten haben die Juden 12 Rabbi=
nen aus ihrer Mitte zu ernennen, welchen die Pflicht auf=
erlegt wird, sogleich zusammenzutreten und den Inhalt der
weggenommenen Talmude Wort für Wort aus dem Gedächt=
nisse herzusagen. Gelingt ihnen Dieß, so erhalten die Juden
ihr Gesezbuch zurück, und dürfen es von Neuem drucken
lassen, wo nicht, so ist es für sie verloren. Als Beweis des
pünktlichen Auswendiglernens diene das einzig übrig geblie=
bene Exemplar. Dieß wäre allerdings eine grausame, großer
Herrscher unwürdige Spielerei, deßwegen wird sie auch unter=
bleiben, aber wenn man sie ausführte, bin ich sicher, daß
jene 12 aus den Gelehrtesten genommene Rabbinen, von
denen jeder einen ganzen Folianten hersagen müßte, ihr Spiel
gewännen. *) Auf ähnliche Weise ist der Inhalt des Talmud

---

*) Ich kann mir das Vergnügen nicht versagen, hievon eine Nuz=
anwendung auf eine vorliegendem Gegenstand fremde Sache
zu machen. Sehr schlecht steht es meines Erachtens um die
Ansicht Derer, welche behaupten, die unter Homers Namen
von aller Welt bewunderten Gesänge können darum nicht von
Einem alten Dichter herrühren, weil es unmöglich sey, daß
so große Gedichte sich aus dem grauen Alterthum durch bloßes
Gedächtniß fortgepflanzt hätten, denn die Kunst zu schreiben
habe man ja in jener Zeit noch nicht verstanden. Die scharf=
sinnigen Herren sehen hier an einem schlagenden Beispiel, daß
noch schwierigere und umfangreichere Werke durchs Gedächtniß
fortgepflanzt wurden. Freilich waren die griechischen Rhapsoden
keine Schüler der Rabbinen. Das ist wahr, allein ebenso wahr
ist auch, daß die Gesänge Homers keine Mischnajoth, sondern
daß sie viel leichter zu behalten sind. Ich habe in Italien

seit dem lezten Jahrhundert vor der Zerstörung bis zum 6ten unserer Aera mündlich fortgepflanzt worden, ehe er ums Jahr 520 schriftlich abgefaßt worden ist. Jeder Gelehrte trug zu dem großen Werke seinen Theil bei.

Hatte der Schüler den Vortrag seines Rabbi dem Gedächtniß gehörig eingeprägt, so war seine zweite Pflicht, selbst nie anders zu lehren, als er von seinem Lehrer vernommen. Berachoth bab. S. 27. b oben: „Rabbi Elieser hat gesagt: wer hinter seinem Lehrer betet, wer ihn nur schlechthin (ohne den Zusatz Rabbi) grüßet, oder also für seinen Gruß dankt, wer wider den Vortrag der Schule seines Lehrers Etwas lehret, oder Etwas sagt, so er nicht aus seinem Munde gehöret, der macht, daß die Schechina aus Israel weicht!" Ebenso Sanhedrin bab. S. 110. a: „Raf Chasda hat gesagt: ein Jeder, der seinem Rabbinen widerspricht, thut ebensoviel, als wenn er der göttlichen Majestät widerspräche, wie geschrieben steht (4. Mos. 26, 9): „Da sie sich wider den Herrn auflehnten." Weiter: „Wer mit seinem Rabbinen zanket, der thut so viel, als wenn er mit der göttlichen Majestät zankete, wie geschrieben steht (4. Mos. 20, 13): „Das ist das Haderwasser, darüber die Kinder

---

Leute aus dem gemeinen Volke gesehen, die fast ganze Gesänge des Tasso, des Ariosto aus dem Gedächtniß hersagten! ja ich bin überzeugt, daß, wenn heute alle Exemplare des rasenden Roland vernichtet würden, dieses herrliche Gedicht aus dem Gedächtniß seiner Bewunderer sogleich hergestellt werden könnte. Und die griechischen Rhapsoden sollten die Gesänge ihres Nationaldichters nicht mündlich haben fortpflanzen können!! O über die gelehrten Träumer. Wenn sie doch auf sich selbst Acht hätten, wie Viele sind unter ihnen, welche ganze Folianten voll fremder Gelehrsamkeit im Kopfe herumschleppen. Was sie sagen und denken gehört nicht ihnen, sondern ist Eigenthum Anderer. Was wären sie ohne ihr Gedächtniß, und doch soll diese zweideutige Kraft nur dazu dienlich seyn, um Pedanten Ansehen in der Welt zu verschaffen, nicht auch um ewige Werke des Geistes fortzupflanzen!

Israel mit dem Herrn haderten. Rabbi Chanina,
Sohn des Papa, hat gesagt: wer gegen seinen Lehrer murret,
der thut so viel, als wenn er gegen Gott murrete, wie ge=
schrieben stehet (2. Mos. 16, 8): Euer Murren ist nicht
wider uns, sondern wider den Herrn." Es ist leicht
zu begreifen, welchen hohen Grad von Stätigkeit dieses kluge
Gesetz dem Glauben und der Lehre des Judenthums verschaf=
fen mußte. Das war eine ganz andere Einrichtung, als jezt,
wo fast jeder Schüler, sobald er auf eigenen Füßen steht,
durch Meinungen, die von denen seines Lehrers oder vom
Hergebrachten abweichen, sich Ansehen zu geben trachtet!
Jene Verpflichtung des Chaber galt für das ganze Leben,
auch nachdem er aus der Schule getreten war. Wurde er
zum Rabbinen erhoben, so umfing ihn ein neues Band, das
ihn noch fester an die Ueberlieferung fesselte. Die Erhebung
zum Rabbinen selbst erfolgte mittelst eines feierlichen Ge=
brauchs, der Semicha oder Händeauflegung, welche von den
Juden herüber auch in die christliche Kirche gekommen ist.
Ein angesehener Lehrer legte die Hände auf das Haupt des zu
Weihenden und sprach: ich erhebe dich zum Rabbinen. Außer=
ordentliche Kraft wurde dieser Ceremonie beigelegt, welche in
5. Mos. 34, 9 ihre Begründung findet. Man glaubte, daß
sie Theilnahme am heiligen Geist (worauf die ebengenannte
Stelle aus 5. Mos führte) und selbst Sündenvergebung
wirke. *) In früheren Zeiten soll jeder Rabbine die Befug=
niß gehabt haben, die Semicha zu ertheilen, allein später
(nach der Zerstörung des Tempels) blieb dieses wichtige Recht
dem Nasi (Vorsteher des Synedriums oder dem Fürsten des
Exils) allein vorbehalten; er übte es entweder in eigener
Person aus, oder durch Bevollmächtigte. **) Sobald der

---

*) Ein Beispiel führt Jost an: Geschichte der Juden, IV, 215.
**) Eine schöne historische Erläuterung aus Maimonides findet
man bei Buxtorf unter dem Worte סְמִיכָה.

Neuling durch die Semicha zum Rabbinen geweiht war, übernahm er eben durch diesen Akt stillschweigend die feierlichste Verpflichtung, immer der Halacha gemäß zu lehren. Pirke Afoth III, 11. Ausspruch Rabbi Eleasars Hammodai: „wer solche Erklärungen vom Gesetz gibt, welche der Halacha nicht gemäß sind, der hat keinen Theil an der zukünftigen Welt, wenn er auch sonst das Gesetz versteht, und viele gute Werke besäße." Das rabbinische Judenthum unterscheidet nämlich folgende drei Abstufungen der Lehre: Halacha (חֶלְכְתָא oder הֲלָכָה), Boraitha (בְּרַיְתָא) und Hagadah (הַגָּדָה). Der erstere Name bezeichnet eine Deutung des Gesetzes, die von den Schulen des ersten und zweiten Jahrhunderts (vor Abfassung der Mischna) und vom Synedrium gebilligt worden ist, mit anderen Worten: Halacha ist die alte jüdische Kirchenlehre. Boraitha (von בְּרָא extra, quod extra est) heißt eine Entscheidung oder Ansicht, welche zwar großes Ansehen genießt, aber doch nicht durch die ältesten Häupter der Schulen, die in der Mischna aufgeführt werden, gebilligt ward, daher der Name Boraitha (quod extra Mischnam est). Die Hagadah, endlich (von נָגַד) läßt der Eigenthümlichkeit des Einzelnen Spielraum. Sie ist ein Vortrag, eine Erzählung, oder Gleichnißrede, deren Form dem Lehrer überlassen bleibt, doch muß der Inhalt mit der Ueberlieferung stimmen.

Wie in der katholischen Kirche Ketzereien am meisten zur Feststellung der rechtgläubigen Lehre beitrugen, so bewirkten in der jüdischen Schul-Streitigkeiten die Ausbildung der Halacha. Am wichtigsten in dieser Beziehung wurde der berühmte Zwiespalt zwischen Hillel und Schammai. Die Abweichung beider erscheint in unsern Augen geringfügig, meist stritten sie sich über unbedeutende Ceremonien, und wo der Kampf in die Glaubenslehre hinüberreichte, ging es gar um Bohnenhülsen. So sagte Schammai: „der Himmel ist zuerst geschaffen worden, erst hintendrein die Erde," umgekehrt

Hillel: „die Erde ward zuerst geschaffen, dann der Himmel."*)
Allein die Juden hielten ihren Kampf für sehr wichtig, und
in der That mit Recht. Erstens ergriff derselbe fast alle
möglichen Schulfragen: sagte die eine Partei: so ist's, so sagte
die andere Partei sicherlich: nein, es verhält sich gerade um=
gekehrt; die Mischna bietet hievon unzählige Beispiele dar.
Zweitens waren beide Häupter sehr angesehene Männer, beide
saßen im hohen Sanhedrin; nicht nur der Ausgang, sondern
auch die Wichtigkeit dogmatischer Zänke hängt viel mehr da=
von ab, wer die Streitenden seyen, und welchen Rang sie in
der Gesellschaft einnehmen, als von dem Gegenstande des
Streites an und für sich. Die Meinungsverschiedenheit zwi=
schen Luther und Zwingli war gewiß klein, und doch zu
welchen gewichtigen Folgen hat sie geführt! Hillel und Scham=
mai besaßen bei den Juden ihrer Zeit nicht geringern Ein=
fluß, als Luther bei den Deutschen, und bei den Schweizern
Zwingli. Gab man dem Einen Recht, so konnte der ge=
kränkte Stolz des Andern eine heillose Verwirrung anrichten.
Endlich war der Streit schnell in wilde Leidenschaft aus=
geartet; beide hatten zahlreiche Anhänger, welche sogar mit
dem Schwerte oder in geheimen Ueberfällen sich gegenseitig
verfolgten.**) Es kam bis zum Blutvergießen. Dem San=
hedrin stand es anheim zu sagen, wer Recht habe. Er ent=
schied auch, aber auf eigene Weise. Traktat Erubim bab.
S. 13. b: „Ausspruch Rabbi Abbas. R. Samuel hat gesagt:
drei Jahre sind die vom Hause Schammai und vom Hause
Hillels (die Schüler und Anhanger Beider) mit einander im
Streit gelegen; als diese sagten: die Halacha gehet nach uns,
und jene dagegen behaupteten, nein sie gehet nach uns: so
erscholl eine Stimme vom Himmel herab (Bathkol) und

---

*) Gemara jeruschal. zu Chagiga Kap. 2, 2. und Pirke Elieser
Kap. 18.
**) Traktat Schabbath S. 3: domus Schammai necavit domum
Hillelis et insidiata est eis.

sprach: „„Beides, was Hillel und Schammai lehren, ist Gottes Wort, aber die Halacha gehet nach dem Hause Hillels.““ Dasselbe, nur noch genauer, sagt eine von Lighfoot [*]) ange= führte Stelle: usque dum missa est vox e coelo, cuivis licuit facere juxta gravia aut levia scholae Sammai, vel juxta gravia et levia scholae Hillel. Sed Jafnae coeli= tus missa est vox, dicens: utriusque verba sunt verba Dei viventis, sed Halacha est secundum scholam Hillelis, et si quis contra verba scholae Hillelis peccat, is mor= tem meretur. In Jafne oder Jamnia soll die Stimme aus der Höhe gehört worden seyn; man muß nämlich wissen, daß Rabban Gamaliel (der Lehrer des Apostels Paulus) in Jam= nia seine Schule hatte, [**]) und dieser Gamaliel war der Enkel Hillels. Der Himmel hat 'also in Gamaliels Schule für das Ansehen seines Großvaters entschieden. Die Halacha folgte wirklich Hillels Meinung, wie man aus un= zähligen Stellen der Mischna ersieht, ausgenommen einige wenige Fälle, die in dem Traktat Beza aufgeführt werden. Wenn in der katholischen Kirche Koncilien über Ketzereien richteten, so war es bekanntlich der heilige Geist, der dort den Ausschlag gab; hier mußte die Tochter der Höhe das= selbe Amt übernehmen, und in der That war die Stimme des Himmels, wie man sieht, sehr schlau, und verstand sich trefflich auf die Eigenthümlichkeit des menschlichen Herzens, besonders auf gelehrte Eitelkeit; denn Schammai bekam nicht Unrecht, Hillel dagegen vollkommen Recht. Das ist wohl die mildeste Form, zwei gleich ehrgeizige Parteien zu verglei= chen. Doch ich rede nicht gern in den Figuren des Ueber= natürlichen; um die Entscheidung der himmlischen Tochter historisch zu erklären, muß ich erst das Nöthige über die jü= dischen Synedrien sagen.

---

[*]) Opera II, 6.
[**]) Jost III, 170. Ferner: Gfrörer, Philo II, 402 u. f.

Alle bürgerliche Gewalt, das Gericht über Mein und
Dein, über Verbrechen (bis 40 Jahre vor der Zerstörung,
auch der hohe Blutbann), über Ketzereien, lag bei den Juden
zur Zeit Jesu Christi in den Händen von Synedrien. Es
gab deren, nach dem einstimmigen Zeugnisse der Talmudisten,[*]
drei verschiedene. Das niedrigste bestand aus nicht mehr als
drei Personen, und entschied über kleinere Geldsachen; nur
in geringen Ortschaften fanden sich solche Gerichte; man berief sich von ihnen auf die beiden größeren Synedrien. Die
zweite Gattung war aus 23 Personen zusammengesezt. Ueber
Halssachen durfte nur dieses Gericht, nicht das von dreien,
entscheiden. So Mischna Sanhedrin I, 4: „Dinge, die Leib
und Leben betreffen, müssen von dem Sanhedrin der 23
(oder 71) abgethan werden.“ Zwei Gerichte der Art sollen
in Jerusalem gewesen seyn. Das eine hielt seine Sitzung
am Fuße des Tempelbergs, das andere am Vorhofe. Alle
größeren Ortschaften (nach dem Talmud solche, welche über
120 Bürger zählten) hatten Gerichte von 23. Man appel-
lirte von den Dreiundzwanzigern der Provinzialstädte an die
zu Jerusalem, und von diesen wieder an das große Sanhedrin. Einzelne wichtige Fälle waren lezterem allein vorbehalten. So Mischna Sanhedrin I, 5: „Das große Synedrium
kann allein richten: wenn die Sache einen ganzen Stamm
betrifft, oder einen falschen Propheten (also über Ketzerei),
oder den Hohenpriester; wenn die Frage von einer Kriegser-
klärung ist (diese Vorschrift sorgte für die Zukunft, nicht für
die Wirklichkeit, denn Herodes hat sicher das Synedrium
nie befragt, wenn er den Krieg erklären wollte); ferner
wenn man die Stadt Jerusalem, oder die Vorhöfe des Tempels vergrößern, wenn man Sanhedrine von 23 Personen

---

[*] Um Weitläuftigkeit zu vermeiden, führe ich die Beweisstellen
nicht alle an. Wer sie lesen will, findet sie in den Abhandlungen von Vorst, Bucher, Witsius, die Ugolini dem 25ten
Bande seines Codex einverleibt hat.

(an anderen Orten) einsetzen, endlich, wenn man eine Stadt
für abgöttisch erklären will." Durch die vorletzte Bestimmung
wurden alle Gerichte der Dreiundzwanziger von dem großen
Sanhedrin zu Jerusalem abhängig. Aus einundsiebenzig
Personen bestand lezteres. Als Versammlungsort war ihm
ein Saal neben der großen Tempelpforte angewiesen, die
vom Frauenhofe in das Heiligthum führte. Wegen der Mar=
morplatten, mit denen er ausgelegt war, hieß man ihn das
Gemach der glatten Steine, Lischchat hagafith). Die Form
der Sitzung beschreibt die Mischna Sanhedrin IV, 3 so:
„Das Sanhedrin saß in der Gestalt eines Halbzirkels, damit
die Mitglieder einander sehen konnten; zwo Schreiber
des Gerichts standen vor ihnen, der eine zur Rechten,
der andere zur Linken, und schrieben nieder die Worte
Derer, die da lossprachen, so wie auch Derer, die da ver=
dammten." Der Erste im Rath und Lenker desselben hieß
der Fürst, נְשִׂיא בְּכָל־מָקוֹם, princeps in omni loco, oder auch
bloß נָשִׂיא. Der nächste nach ihm an Rang und in der Stel=
lung (er saß dem Nasi zur Linken) war der Vater des Ge=
richtshauses, אַב בֵּית דִּין. Konnte der Nasi dem Gericht nicht
selbst anwohnen, so versah der Abbethdin das Amt des Ab=
wesenden. Das Sanhedrin ergänzte nicht nur sich selbst, son=
dern ernannte auch die Dreiundzwanziger, wie die Dreier.
Um als Mitglied in eines der Synedrien eintreten zu kön=
nen, dazu wurden gewisse körperliche, geistige und bürgerliche
Befähigungen erfordert: körperliche, denn der Eintretende
sollte vollkommen an Leib und von schöner Gestalt seyn (um
Ehrfurcht einzuflößen), nicht zu alt, und nicht zu jung (zwi=
schen 40 und 70); geistige: er sollte Kenntnisse und einen
guten Leumund haben; bürgerliche: denn er mußte ein unab=
hängiges Vermögen oder ein Gewerbe besitzen, das den Mann
nährt; doch waren gewisse Gewerbe, welche, wie das des Flei=
schers, den Menschen durch Tödtung der Thiere grausam zu
machen scheinen, ausgeschlossen. Gewisse Stände hatten einen

Vorzug, was sich freilich von selbst versteht. Mischna San=
hedrin IV, 2: „Alle Juden (auch ein Proselyte und Mamser)
sind tüchtig, über Geldsachen zu richten, nicht aber über
peinliche Händel, hiezu sind bloß befähigt Priester, Leviten
und drittens solche Israeliten, deren Töchter Priester heira=
then dürfen" (d. h. Leute von gutem Stande). Man sieht,
daß mit lezterer Bestimmung die Schriftgelehrten gemeint
sind. Sie waren es eigentlich, welche die Sanhedrine aus
ihrer Mitte bevölkerten. So Mischna Sanhedrin IV, 4:
„(Gegenüber dem Halbmonde der Richter) saßen drei Reihen
Schüler der Weisen (in jeder Reihe 23), von denen Jeder
seinen bestimmten Ort hatte. War ein neuer Richter von
Nöthen (weil einer aus den Einundsiebenzig gestorben), so
nahm man einen aus der ersten Reihe, an dessen Stelle einer
aus der andern, und an dieses Stelle einer aus der dritten
kam; sodann wählte man einen aus der Gemeinde, und sezte
ihn in die dritte Reihe; doch trat dieser nicht in den Platz
seines Vorgängers, sondern an den lezten in der dritten
Reihe." Die Schüler der Weisen mußten indeß schwei=
gend zuhören; erst wenn sie unter die Einundsiebenzig
aufgenommen waren, durften sie ihre Stimme mit den
andern abgeben. Die Aufnahme erfolgte mit denselben
Ceremonien, wie die Erhebung zum Rabbinen, durch die Se=
micha. Der Nasi legte seine Hand auf das Haupt des Neu=
lings und segnete ihn ein. Man begreift, daß auf diese
Weise die Macht des Synedriums in den Händen der Schu=
len war. *) Jezt können wir obige Stelle über die Bath

---

*) Es kann seyn, daß der Sanhedrin in den lezten Zeiten des
zweiten Tempels nicht ganz dieselbe Einrichtung hatte, wie sie
hier nach der Mischna geschildert wird. Vielleicht gab es da=
mals noch keinen Nasi und Abbethdin, auch mögen die Schü=
ler der Weisen nicht in der beschriebenen Art an den Sitzun=
gen Theil genommen haben, denn es lag den Mischnisten nahe,
ihre Zeiten mit den älteren zu vermischen, und jenen eine
Form des Sanhedrin unterzulegen, die erst für ihre Tage galt.
Allein daß die Pharisäer und die Schulen unter den Heroden
sehr mächtigen Einfluß auf den hohen Rath übten, wird auch

Kol, welche zu Gunſten Hillels entſchied, hiſtoriſch erklären.
In der babyloniſchen Gemara *) zu Miſchna Sanhedrin XI,
2 am Ende heißt es: Discipuli Schammai et Hillel, qui non
ministrarunt, quantum debebant, multiplicarunt dissen-
siones in Israël, et facta est lex quasi duae leges. Tum
scribebant et mittebant in omnia loca, si quis erat sapiens atque humilis et homo, qui gratiam habebat apud
homines, praeficiebatur judex in sua civitate, hinc eum
faciebant ascendere ad domum montis (in das untere Gericht der Dreiundzwanzig) inde ad atrium (in das obere),
et inde ad conclave caesi lapidis (in den Saal der Mar-
morplatten, wo das hohe Sanhedrin der Einundſiebenzig ſaß).
Die Meinung Hillels ſiegte und wurde zur Halacha erhoben,
folglich waren jene demüthigen, weiſen Männer, die man aus
dem ganzen Lande an ſich zog, großentheils Anhänger Hillels oder vielmehr ſeines Enkels Gamaliel. Es gelang dieſem klugen Manne, die Gerichtshöfe größtentheils mit ſeinen
Schülern zu beſetzen. Nun erſt erſcholl die Stimme aus der
Höhe, und wurde als göttliche Entſcheidung angenommen;
doch war die Gegenpartei noch mächtig genug, ſo daß man
ſie wenigſtens für den Augenblick ſchonen mußte. Die Zukunft gehörte jedenfalls dem Hillel und ſeiner Meinung.

Die Heroden wetteiferten mit den Römern, die Gewalt
des großen Sanhedrin einzuſchränken, weil dieſe Behörde

---

vom neuen Teſtament deutlich bezeugt, und eben hierüber handelt es ſich. Auch mag die Meinung Hillels noch nicht ſo
frühe zur Halacha erhoben worden ſeyn, wie die Späteren behaupten — denn das Intereſſe der Naſi aus Gamaliels Stamme
konnte ſie verleiten, den Sieg ihres Hauſes in die älteren
Zeiten zurück zu verſetzen —: jedenfalls galt ſie im zweiten
Jahrhundert als jüdiſche Kirchenlehre, und die Mittel, deren
man ſich zu dieſem Zwecke bediente, waren ſicherlich ihrem Weſen nach nicht verſchieden von den oben beſchriebenen. Indeſſen
ſehe ich andererſeits keinen Grund, welcher uns nöthigte, jene
Ueberlieferung für falſch zu halten. Ich laſſe daher die Sache
lieber auf ſich beruhen.
*) S. 88, b.

einen Keim nationaler Selbstständigkeit in sich trug, welcher
den fremden Herrschern nicht gefallen konnte. Glaubwürdige
Zeugnisse berichten uns, daß der Sanhedrin in den letzten
Jahrzehenten vor der Zerstörung tief gesunken sey. Allem
Anschein nach trug dieser Umstand viel zur Katastrophe bei.
Unter Geschäften ergraute Männer, die sonst im Synedrium
saßen, waren verdrängt oder galten nichts mehr. So kam
bei Ausbruch des Kriegs die Gewalt in die Hände jener
wilden Brauseköpfe, welche, wie unsere heutigen Umkehrer,
von blinden Theorien geleitet, nicht eher ruhten, bis das
Schiff des Staates scheiterte. Ein paar Einsichtsvolle, welche
die Stadt den Römern übergeben wollten, um sie zu retten,
wie Zacharias, Baruchs Sohn, wurden ermordet. Aber die
Schulen, besonders die zu Jamnia unter Gamaliel, hatten
indeß fortgeblüht. Sie waren es, welche eine Erneuerung
des Judenthums nach dem fürchterlichen Unglück vorbereite-
ten. So unauslöschlich war der Trieb zu einer geistlichen
Staatseinrichtung in die Gemüther der Juden eingegraben,
daß sie sogleich wieder den übrig gebliebenen Gemeinden eine,
der alten jerusalemischen ähnliche, Verfassung zu geben suchten. Gamaliel der jüngere genoß unter Kaiser Nerva großes
Ansehen, als Vorsteher der Schule von Jamnia. Mehrere
Vorrechte der untergegangenen Hauptstadt gingen auf diese
Anstalt über, ihr kam die wichtige Befugniß zu, die jüdischen
Feiertage zu bestimmen, und jener Gamaliel führte bereits
den Titel Nasi. *) Allein kurze Zeit darauf brach die Empörung Bar Chochba's aus, die dem unglücklichen Volk abermals eine Million Seelen gekostet haben soll, und mit der
Einnahme der Stadt Bethera endete. Um künftigen Aufständen für immer vorzubeugen, und die Nationalkraft mit
der Wurzel auszurotten, erließ Hadrian ein strenges Verbot
gegen die Hauptgebräuche der Juden: die Beschneidung, das

---

*) Jost III, 185 und 192.

Vorlesen des Gesetzes, die Feier des Sabbaths; zugleich
wurde bei Todesstrafe die Semicha oder die Einweihung
neuer Lehrer untersagt.*) Aber Alles war umsonst; keine
Drohung, kein Gesetz konnte die Hartnäckigkeit des eigenthüm=
lichsten aller Völker überwinden. Durch nacheilende Solda=
ten von Berg zu Berg, von Thal zu Thal, wie reißende
Thiere verfolgt, weihten fliehende Rabbinen auf freiem Felde
ihre Schüler zu Lehrern ein, und einige von ihnen wurden
über diesem heiligen Berufe niedergestoßen. Die jüdische
Kirche feiert noch heute das Andenken des Rabbi Jehuda Bar
Baba, der auf der Flucht fünfen seiner Schüler die Semicha
ertheilte, sie dann flehentlich bat zu entrinnen, und bald dar=
auf von den Soldaten ereilt, unter ihren Händen als Mär=
tyrer seines Glaubens endete. Kaum hörte die Verfolgung
auf, als auch die Schule von Jamnia zum Zweitenmal ihr
Haupt erhob, und ein neuer Mittelpunkt für das Judenthum
wurde (ums Jahr 140) Rabbi Simeon, Sohn Gamaliels
des Jüngern, aus dem Blutbade von Bethera entronnen,
stand ihr als Nasi vor. **) Ums Jahr 180 ward die Schule
von Jamnia nach Tiberias am See Genezareth verlegt. Hier
in dieser Stadt ward die Verfassung Jerusalems vollends er=
neuert. Das Synedrium erhielt die Einrichtung, wie sie
oben beschrieben worden ist, einundsiebenzig Mitglieder, den
Nasi an der Spitze, erkannten als höchster Gerichtshof über
alle geistlichen Angelegenheiten der Juden des römischen Reichs.
Ja ihre Gewalt erstreckte sich bald bis nach Persien. Die
Würde des Nasi blieb erblich im Hause Hillels (oder auch
Gamaliels, wie man will), sie ging über vom Vater auf den
Sohn, bis ums Jahr 420 unserer Zeitrechnung, wo mit
Gamaliel IV. die Familie sammt dem Amte erlosch. Neben
dem Sanhedrin blühte in derselben Stadt die höchste Schule

---

*) Jost IV, 6, 18.
**) Ebend. IV, 42.

des Judenthums, weithin 'geachtet, im Morgen =, wie im
Abendlande; die Nation hatte wieder ein kräftiges Band.
Anfangs scheint diese Veränderung von den römischen Kai=
sern mit Gleichgültigkeit angesehen worden zu seyn, später
fanden sie sich bewogen, die Häupter von Tiberias durch
Ehren an sich zu fesseln, vielleicht um desto leichter durch
ihre Vermittlung die stets unruhigen Juden beherrschen zu
können. Die späteren Nessim wurden Patriarchen genannt,
und erhielten denselben Titel, wie die Landvögte der römi=
schen Provinzen, viri illustres oder spectabiles. So erschei=
nen sie im theodosianischen Gesetzbuche. *) Große Einkünfte
flossen in ihre Kassen. Alljährlich schickten sie ihre Apostel
hinaus **) in die Provinzen des römischen Reichs, und erho=
ben Schatzungen von den Juden; sie konnten daher fürstlichen
Aufwand machen, bis die Gier oder die Geldnoth der by=
zantinischen Kaiser ihr Einkommen beschnitt. ***)

Größere Macht, als diese Geldzuflüsse, verschaffte ihnen
ihre geistliche Auktorität als erbliche Häupter des Sanhedrins.
Rabbi Jehuda, der Heilige genannt, unter allen Nessim
der gefeiertste, †) ließ, wie wir schon oben sagten, die

---

*) Unsere christlichen Gelehrten sind gewohnt, fast alle Nachrich=
ten über das spätere Judenthum ohne weitere Prüfung für
höchst unsicher zu halten. Mögen sie doch den Kodex theodo=
sianus zur Hand nehmen, und sich die Mühe nicht verdrießen
lassen, das 16. Buch (Bd. VI der Ausgabe von Ritter und
Gothofrebus S. 1 ff., besonders Tit. VIII, lex 13 u. ff.) durch=
zulesen. Diese Gesetze genügen, um sich ein vollständiges Bild
von dem damaligen Zustande des Judenthums zu machen. Und
zwar sind dieselben so sicher und urkundlich, als irgend ein
Regierungsblatt der neueren Staaten.

**) Mehr hievon in der Lehre vom Messias.

***) Codex theodos. liber XVI, tit. VIII. lex 14.

†) Folgendes ist die Geschlechtstafel Hillels: 1) Hillel, der Stif=
ter; 2) sein Sohn Simeon; 3) Gamaliel der Aeltere, unseres
Apostels Paulus Lehrer; 4) Simon, Gamaliels Sohn; 5) Ga=
maliel II.; 6) Simon; 7) Jehuda, der Heilige, † ums Jahr
230; 8) Gamaliel III.; 9) Jehuda II ; 10) Hillel II.; 11) Je=
huda III.; 12) Gamaliel IV., der lezte des Hauses.

Miſchna abfaſſen. Die Meinung der alten Geſetzlehrer, be=
ſonders die ſeines Ahns Hillel, wurde darin zur Halacha erhoben, was um ſo leichter ging, weil ſie ſchon früher als
die rechtglaubige Lehre anerkannt war. Das doppelte Anſe=
hen des Naſi und der hohen Schule, welcher Juda vorſtand,
verſchaffte dem neuen Geſetzbuche bald allgemeinen Eingang
bei den Juden. Der berühmte Spruch Jeſ. 2, 3: „Aus
Zion wird das Geſetz kommen, und das Wort Jehovah's
aus Jeruſalem,“ wurde ausdrücklich auf Tiberias angewandt.
Die Juden hatten auf einmal ihren Papſt, wie ihre Dekre=
talen. Die Naſiim und das Sanhedrin ſorgten dafür, daß
auch für die Zukunft keine abweichende Lehre auftauchen
konnte. Drei Mittel ſtanden in dieſer Beziehung den Patri=
archen zu Gebot, von denen ſchon ein einziges für den beab=
ſichtigten Zweck genügt hätte: erſtens nur die Rabbinen ſtan=
den in beſonderem Anſehen, die in Tiberias ſtudirt hatten;
daß aber dort keine andere als die rechtglaubige Lehre vorge=
tragen wurde, verſteht ſich von ſelbſt. Zweitens nur dem
Patriarchen oder ſeinen Bevollmächtigten ſtand das Recht
zu, die Semicha zu ertheilen; wer ſie erhielt, übernahm, wie
oben gezeigt wurde, eben damit die Verpflichtung, ſein Lebenlang
der Halacha gemäß zu lehren. Endlich trug der Naſi, wie der
Papſt in der katholiſchen Kirche, die Schlüſſel der Hölle
in ſeinen Händen, d. h. er erkannte die geiſtlichen Strafen.
Dieſe hatten drei Abtheilungen: die geringſte war die Be=
ſchämung (נְזִיפָה); der ſo Beſtrafte mußte ſich von ſieben bis
auf dreißig Tage zurückziehen. Stärkere Vergehen ahndete
die Verweiſung (נִדּוּי), ſie dauerte 30 — 90 Tage. Die
ſchwerſte Strafe war der Bann, die Ausſtoßung aus dem
Judenthum (חֵרֶם, שַׁמְתָּא). Wer ihr unterlag, mußte entwe=
der den Glauben ändern, d. h. Chriſt oder Heide werden,
oder untergehen. Denn kein Jude brach ihm ſein Brod.
Wegen zweier Haupturſachen wurde dieſe Strafe verhängt: we=
gen Ungehorſams gegen die Urtheilsſprüche des Sanhedrin,

und wegen Epikureismus,*) d. i. wegen grober Ausschwei=
fungen im Lebenswandel oder wegen Ketzerei. Es ist bekannt,
daß die Nationalität der Neugriechen hauptsächlich durch das
furchtbare Mittel des Kirchenbanns, das in die Hände des
Patriarchen von Konstantinopel niedergelegt war, unter den
schwierigsten Umständen erhalten worden ist; dasselbe schuf in
aller Stille jene bewunderungswürdige Kraft, die, als die
rechte Zeit kam, hervorbrach, den Halbmond und die Roß=
schweife des Pascha von der Akropolis zu Athen hinunterstürzte,
und das Kreuz unseres Erlösers an ihre Stelle wieder erhöhte.

Es wäre ein Fehler gewesen, wenn die Häupter der jü=
dischen Kirche bei dem starren Buchstaben der Mischna oder
bei der, am Ende des zweiten Jahrhunderts festgesezten, Ha=
lacha stehen blieben. Denn es mußte der Eitelkeit oder dem
Erfindungsgeist der späteren Gelehrten auch ein Tummelplatz
uberlassen seyn, auf dem sie sich bewegen, und ihre Leuchte
aufstecken konnten. Eine Lehre, die so abgeschlossen ist, daß
ihr nichts mehr beigefügt werden mag, hält sich nicht in die
Länge, sonst fällt der Schein auf sie, als ob sie ausgelernt
werden könne, was sehr gefährlich ist; denn immer weiter
strebt der gelehrte Ehrgeiz, und will was Neues, an dem er
seine eigene Kraft erprobe. Leute, welche die christliche Theo=
logie, besonders die heutige kennen, werden mich verstehen.
Getreu diesem Grundsatze, der mit der Nothwendigkeit der
Dinge zusammenfällt, erkannte die jüdische Schule zu Tibe=
rias die Aussprüche der geachtetsten späteren Lehrer an, und
verlieh denselben unter dem Namen Boraitha gesetzliche Kraft;
aber immer mußte die Halacha der Grund seyn, auf dem
die Boraitha aufgebaut werden sollte — das war die erste Be=
dingung ihrer Gültigkeit. Die Boraitha gingen später, als
der Talmud abgefaßt wurde, in die Gemara über. Durch
die Hagada wurde endlich der Thätigkeit jedes einzel=
nen Lehrers eine Laufbahn eröffnet. In Gleichnissen

---

*) Lightfoot Werke II, 889.

oder sonstigen Reden konnten sie ihre Meinung vortragen, aber auch hier galt als oberster Grundsatz: Alles der Halacha gemäß. Nachdem der Talmud geschlossen war, erging sich der ehrgeizige Neuerungstrieb in jener scharfsinnigen Spielerei, neue Folgerungen aus der Mischna oder Gemara abzuleiten, die, wenn sie nur recht gelehrt schienen, ihren Urhebern Ruhm und Ansehen brachten. Geändert wurde dadurch nichts. So dauerte es fort, - bis auf unsere Zeiten. Noch jezt gibt es in Polen solche Scholastiker.

Das Patriarchat zu Tiberias und mit ihm das Ansehen der dortigen Schule erlosch ums Jahr 420 durch den kinderlosen Tod Gamaliels IV. Ein Gesetz der Kaiser Theodosius und Valentinianus (Codex theodos. XVI, tit. 8, 29), das ins Jahr 429 unserer Aera fällt, nennt das Patriarchat eingegangen: „post excessum Patriarcharum." Die Juden thaten Nichts für die Erneuerung der Würde, ohne Zweifel weil dieselbe allmälig als eine fette Pfründe, oder gar als ein Mittel, die Nation *) zu beschatzen, angesehen wurde. **) In der That bedurfte auch das Volk zum Schutze seiner Nationalität des Patriarchenstuhls nicht mehr. Denn etwa 30 Jahre vor Gamaliels IV. Abscheiden war der jerusalemische Talmud abgefaßt worden, ein Gesetzbuch, das die Eigenthümlichkeit der Juden für die kommenden Zeiten sicherer wahrte, als irgend einzelne Behörden oder Menschen vermögen. In Babylonien fand ein ähnliches Verhältniß Statt. ***) Die dortigen Juden erhielten lange ihre Lehrer aus dem gelobten Lande; ungefähr in der Mitte des 3. Jahrhunderts entstanden daselbst eigene Schulen, die aber im Sinne der Tiberienser lehrten und die Mischna zu Grunde legten. Als mit dem Erlöschen des Patriarchats die Schule zu Tiberias ihr Ansehen verloren hatte, traten die babylonischen Anstalten an

---

*) Oft bloß zum Vortheil der Kaiser, welche an sich rissen, was der Patriarch gesammelt hatte.

**) Jost IV, 241.

***) Man vergleiche Jost IV, 269 u. flg.

ihre Stelle, und um die Mitte des 5. Jahrhunderts legte der berühmte Rabbi Asche den Grund zur Abfassung des babylonischen Talmuds, der auf den jerusalemischen, wie wir früher sagten, sich stüzt, aber weit vollständiger ist, und schnell allgemein angenommen wurde. Auch einen eigenen Patriarchen hatten die Babylonier, man nannte ihn Resch Glutha רֵאשׁ גְּלוּתָא (Haupt der Gefangenschaft), doch war sein Amt mehr ein weltliches, als ein geistliches; die Perser Könige gebrauchten ihn, um ihre jüdischen Unterthanen im Zaume zu halten und zu beschatzen. Die Gelehrten gehorchten murrend seinen Befehlen, aber Männer wie Rabbi Asche bekümmerten sich wenig um ihn. Nach Abfassung des Talmuds war kein Patriarchat mehr nöthig, dieses merkwürdige Gesetzbuch wurde von nun an das wahre Haupt des Exils, der Hort ihrer Nationalität, und ist es geblieben unter allen Himmelsstrichen, bis auf unsere Tage. Jeder Lehrer mußte sich hinfort nach dem Talmud richten, wer es nicht that, verlor Ansehen und Amt.

Wir haben die Ursachen geschildert, welche Einheit und Stätigkeit in Lehre und Glauben unter den jüdischen Rabbinen bewahrten. Gleiche 'Sorgfalt wendete man an, um auch die Masse des Volks in der Treue gegen die Ueberlieferung zu erhalten. Schon sehr frühe finden wir eine Schulordnung bei ihnen, die fast dem Bilde entspricht, welches das Erziehungswesen der neueren, wohlgeregelten Staaten darbietet. Im Traktat Baba Bathra Bab. S. 21, a heißt es: **Dixit Rabbi Juda nomine Raf: Si quis meritum habet et dignus est, cujus nomen memoriae tradatur, is est Josua Gamlae filius. Nam sine eo lex oblivioni tradita fuisset in Israel. In principio enim quicunque habebat patrem, erudiebatur, qui non habebat, legem non discebat. Nitebantur enim verbo legis** (Deuter. 11, 19): *vos* (scilicet patres) *eos doceatis.*" **Postea mandatum est, ut ludimagistri erudiendae juventuti Hierosolymis instituerentur, quia scriptum est** (Jesaj. 2, 8): *es Zione esibit doctrina.*

Sed nec hac ratione medela malo adhibita est; nam nonnisi ille, qui habebat patrem, a patre in scholam mittebatur, qui non habebat, non mittebatur. Ideo cautum
est, ut in qualicunque provincia doctores instituerentur,
et in eorum scholas mittebant filios sedecim, septendecim
annorum erudiendos. Sed haec institutio eo peccabat,
quod omnis discipulus, qui a ludi magistro castigabatur,
statim aufugiebat. Tum vero Josua ben Gamla sanxit,
ut in omni provincia, in omni civitate, magistri instituerentur, quibus pueri ab anno sexto vel septimo aetatis
traderentur. Dieſer Jeſus iſt ein Sohn Gamaliels des
Aeltern, und lebte noch vor der Zerſtörung. *) Das Alter,
in welchem die Kinder zur Schule geſchickt werden ſollten,
wird ebendaſelbſt noch genauer beſtimmt: Idem Raf (mit
dem vollen Namen Rabba Abicha, er lebte ums Jahr 350)
dixit ad ludi magistrum Samuel, filium Schilath: ante
annum sextum aetatis ne recipe puerum erudiendum, sed
ab eo anno recipe et tracta eum ut bovem, cui majus
in dies onus injungitur. Selbſt die Zahl der Schüler, die
einem Lehrer übergeben werden dürfen, iſt genau beſtimmt.
Ebendaſelbſt: „Rabba hat geſagt: bis zu 25 Kindern ſollen einem Schulmeiſter (der Talmud braucht den Ausdruck
מְקָרֵי־דַרְדְקֵי das offenbar aus dem barbariſch griechiſchen Worte
μιχροδιδάκτιχος entſtanden iſt) übergeben werden. Sind es
fünfzig, ſo müſſen zwei Schulmeiſter angeſtellt werden, ſind
es vierzig, ſo iſt ein Hülfslehrer beizuziehen, der zur Hälfte
von der Gemeinde, zur andern Hälfte von dem Oberlehrer
beſoldet werden muß." **) Ich will gerne glauben, daß dieſe
Vorſchrift wegen des Drucks, der ſo oft auf den Juden
laſtete, nicht überall befolgt worden iſt, aber gewiß waren

---

*) Siehe Joſt III, 163.
**) Dieſe merkwürdige Stelle wurde dem neuen württembergiſchen
Geſetz, welches das Schulweſen unſerer inländiſchen Juden
regelt, zu Grunde gelegt.

dieß nur Ausnahmen, in der Regel lebte man ihr nach.
Denn die Nothwendigkeit der Dinge trieb dazu. Nur da=
durch, daß die Rabbinen sämmtliche Jugend ihres Volks in
den gelehrten Kreis zogen, gleichsam in ihre Farbe tauchten,
konnten sie die Massen in der Treue gegen einen Glauben
erhalten, dessen Bekennern schwere Bedrückung drohte. Wie
leicht war ein gemeiner Jude, sobald er nicht gründlich im
Gesetz unterrichtet wurde, der stets regen Verführung zum
Abfall ausgesezt! Das mußten die Rabbinen um ihres eige=
nen Fortbestands willen um jeden Preis verhindern. Daher
jene Schulordnung. Es fehlt nicht an ähnlichen Beispielen
anderer Völker. Wie emsig hat man in den Zeiten der Re=
formation für eine bessere Einrichtung der Volksschulen ge=
sorgt, offenbar in der Absicht, um den Rückfall der Massen
an das Papstthum unmöglich zu machen. Die Geister soll=
ten vom Niedrigsten bis zum Höchsten die neuen Lehren ein=
saugen. Nun! dieselbe Nothwendigkeit drängte auch die
Rabbinen auf das wohlbewußte Ziel hin, ihre ganze Nation
in ein Studentenvolk umzuschaffen, was ihnen auch so ziem=
lich gelungen ist.

Die Wenigen, welche in ihren Kreis entweder nicht ge=
zogen werden konnten, oder sich selbst nicht ziehen ließen,
nannte man Amhaarez. Der Begriff des Worts wird Be=
rachot Bab. S. 47, b so bestimmt: Amhaarez heißt nach
Rabbi Elieser Derjenige, welcher das Schema nicht Abends
und Morgens sagt; nach Rabbi Joschua, wer keine Thephil=
lin (Gebetriemen) anlegt; nach dem Sohne Assai, wer keine
Zizith *) am Kleide trägt; nach Rabbi Nathan, wer keine
Mesusa **) an seiner Thüre hat; nach Rabbi Nathan, dem
Sohne Josephs, wer Söhne hat, und sie nicht im Gesetze

*) Franzen am Kleide, nach Numer. 15, 38.
**) Der Gedenkzettel, auf dem das Wort Jehova steht, in einer
blechernen Kapsel bei den heutigen Juden an die Thürpfosten
genagelt.

ſtudiren läßt. Andere ſagen, wenn Jemand auch die Schrift
und Miſchna ſtudirt, aber keinem Gelehrten aufgewartet hat,
ſey er ein Amhaarez; und Rabbi Hona ſagt: nach ihnen ſey
die Halacha." Leztere Meinung iſt, wie man ſieht, die ſtren=
gere. Die Gloſſe fügt bei, man habe ſie aus Weltklugheit
aufgeben müſſen, damit nicht Manche, die man für Amhaa=
rez erklärt, aus Rache hingingen, einen andern Glauben an=
zunehmen. Sehr viele Stellen kommen im Talmud vor,
worin theils bloße Verachtung gegen die Amhaarez ausge=
ſprochen wird, theils auch glühender Haß. Jenes erſtere Ge=
fühl nöthigt uns zu der Annahme, daß die Rabbinen eine
gewiſſe Klaſſe der Amhaarez nicht fürchteten. Es ſind in
dieſem Falle Leute aus der Hefe des Pöbels gemeint, die oft
wegen beſonderer Umſtände gar keine Schulbildung empfan=
gen konnten; es war nicht ihre Schuld, daß ſie Amhaarez
blieben. Wie mochten z. B. arme jüdiſche Pächter, die auf
einer einſamen Meierei, auf entlegenen Höfen lebten, und
vielleicht acht und zehn Stunden in die nächſte Synagoge zu
gehen hatten, ſich ſelbſt die nöthigen Kenntniſſe erwerben,
oder ihre Kinder unterrichten laſſen! Man begnügte ſich,
dieſe Klaſſe zu verachten; doch enthält die Miſchna weiſe Ge=
bote, welche offenbar darauf berechnet ſind, die Quelle des
Uebels zu verſtopfen. Je dichter die Bevölkerung zuſammen=
wohnte, deſto leichter konnte die Schulordnung allgemein be=
folgt werden, da die Mittel des Unterrichts ſich häuften.
Die Dichtigkeit der Bevölkerung hing andererſeits von guter
Einrichtung des Ackerbaus ab, und dieſen ſucht die Miſchna
beſtens zu heben. So Bava Kama Kap. 7, 9: „Man zie=
het kein klein Vieh im Lande Iſrael (damit der Ackerbau
deſto beſſer gedeihe, weil Schafheerden weite Triften brau=
chen), wohl aber in Syrien und in den Wüſten des Landes
Juda." Auch andere Vorſchriften, die auf denſelben Zweck
hinarbeiten, finden ſich in Menge. Galiläa muß in den
Blüthezeiten der tiberienſiſchen Schule, trotz der verheeren=
den Kriege, ein trefflich angebautes Land geweſen ſeyn.

Es gibt aber eine zweite Klasse von Amhaarez, welche glühender Haß trifft; dieses Gefühl sezt Furcht voraus. Ich denke mir, daß es immer unter den Juden, besonders unter den Reichen, Leute gab, welche auf den vollen Geldsack mit einer Miene schlugen, als ob sie sagen wollten: das ist mein Gott, und welche ihre Nichtachtung der Rabbinen und ihrer Lehre kaum verhehlten. Das war eine Gesinnung, welche den Lehrern größere Gefahr drohte, als irgend etwas Anderes. Denn sobald sie ungescheut laut werden und Anhänger werben durfte, war es um ihren Einfluß geschehen. Mit wahrer Rachgier, mit jener Bitterkeit, die bedrohten Aristokraten eigen ist, traten sie deßhalb der Aeußerung solcher Grundsätze entgegen. Ich will die stärkste Stelle hersetzen: Pesachim Bab. S. 49, b: „Die Rabbinen lehren: Wehe dem Israeliten, der die Tochter eines Amhaarez heirathet, denn die Amhaarez sind ein Greuel, ihre Weiber Ungeziefer (שקץ), und von ihren Töchtern gilt der Spruch (Deuter. 27, 21): Verflucht sey, wer irgend bei einem Vieh lieget. Rabbi (Jehuda) sagte, einem Amhaarez ist verboten, Fleisch von einem Vieh zu essen, weil geschrieben stehet (Levit. 11, 46): Dieß ist das Gesetz von Thieren und Vögeln. Einem Jeden, der im Gesetze studirt, ist erlaubt, Fleisch von Thieren und Vögeln zu essen, wer aber nicht in dem Gesetze studiret, dem ist es verboten. Rabbi Elieser hat gesagt, es ist erlaubt, einem Amhaarez auf das Versöhnungsfest, selbst wenn es auf den Sabbath fällt, die Kehle abzuschneiden. — Derselbe Rabbi Elieser hat gesagt, es ist verboten, sich auf dem Wege zu einem Amhaarez zu gesellen, weil (Deuter. 30, 20) geschrieben stehet: Denn das ist dein Leben und die Länge deiner Tage. Der Amhaarez sorget für sein eigenes Leben nicht (indem er nicht in dem Gesetz studirt), um wie viel weniger wird er das Leben seiner Reisegefährten schonen! Rabbi Samuel, Nachmans Sohn, hat im Namen R. Jochanans gesagt: Es ist erlaubt, einen Amhaarez wie einen Fisch auseinander zu spalten. — Rabbi Akifa sagte: Als ich ein Amhaarez war, sprach ich: hätte ich einen Weisen, so wollte ich ihn wie ein Esel beißen. Seine Jünger entgegneten ihm darauf: Rabbi, sage lieber, wie ein Hund! Nein, antwortete Akifa, *) denn jener (der Hund) beißet und zerbricht das Bein, dieser (der Esel) beißet und zerbricht das Bein nicht. (Folglich ist es viel schmerzlicher von einem Esel zu Tode gebissen zu werden, als von einem Hunde.) Rabbi Meir sagte: Wer seine Tochter an einen Amhaarez verheirathet, thut soviel, als wenn er sie bände und einem Löwen vorwürfe. — Rabbi Elieser hat gesagt: wenn sie uns nicht zu ihren Geschäften nöthig hätten, würden sie uns umbringen; Rabbi Chija lehret: Wer in Gegenwart eines Amhaarez im Gesetz studiret, thut so viel, als wenn er seine verlobte Braut im Angesicht desselben schwächte. — Der Haß der Amhaarez gegen die Weisen ist größer, als der Haß der Abgöttischen gegen Israel, und ihre Weiber hassen uns noch mehr, als sie." Weiter heißt es: „Unsere Weisen haben 6 Verbote gegen die Amhaarez erlassen. Man gibt ihnen kein Zeugniß (vor Gericht) und nimmt auch keines von ihnen; man offenbart ihnen kein Geheimniß; man setzet sie nicht zu Vormündern über Waisen, man bestellet sie auch nicht zu Verwaltern des Almosenkastens; man gesellt sich nicht zu ihnen auf dem Weg. Etliche fügen bei, daß man ihr verloren Gut nicht ausrufen lasse (damit es nicht wieder gefunden werde)."

Es fehlte also nicht an Leuten, welche sich den Anmaßungen der Rabbinen widersezten und ihr schweres Joch abschütteln wollten. Das waren sicherlich nicht Arme, sondern Reiche, die ihren Geldstolz den Ansprüchen der Kaste entgegen hielten. Aber die Rabbinen trieben sie durch strenge

---

*) Rabbi Akifa war nämlich zufolge der jüdischen Tradition in seiner Jugend ein Viehhirte.

Verordnungen zu Paaren. Denn wer mochte sich der Gefahr
aussetzen, auf die beschriebene Weise vor allem Volk als
Auswürfling behandelt zu werden? Laut durften sie ihre An=
sichten nicht werden lassen. Die Rabbinen siegten bis auf
unsere Zeiten herab. Jezt werden freilich die R o t h s ch i l d e
sich wenig darum bekümmern, ob alte rechtgläubige Rabbi=
nen sie für Kinder der Erde halten oder nicht.

Ich habe das Räderwerk der jüdischen Verfassung vor
den Augen meiner Leser auseinandergelegt, und die Trieb=
federn enthüllt, welche bewirkten, daß bei diesem merkwür=
digsten der Völker alles geistige Leben, Recht, Sitte und
auch der Glauben unveränderlich blieb. Zwar erstreckt sich
die Halacha weit mehr auf Vorschriften, Ceremonien und
Gebräuche, als auf die eigentliche Glaubenslehre — leztere
geht nur so nebenher: aber sie hängt nichts desto weniger
mit der ersteren aufs Engste zusammen, und theilt mit ihr
denselben Charakter der Stätigkeit. In Gesetzes=Deutungen,
wie in Dogmen, lebte und webte der Rabbine. Sie ver=
schlangen seine Aufmerksamkeit und sein Wissen, sie füllten
sein Gedächtniß, sie bildeten endlich jene erträumte Welt, in
welcher er sich erging. Von der wirklichen Welt verstand er
Nichts, wofür das Volk oft so schwer büßen mußte. Es
erging ihnen, wie Manchen unserer älteren Geistlichen, die
von Allem, was die Dogmatik betrifft, gut zu sprechen
wissen, über Kirchenangelegenheiten erträglich, sobald sie aber
zur Beurtheilung der Weltverhältnisse und der Geschichte sich
versteigen, nicht anders herausschwatzen, als wie Kinder oder
Thoren. So zäh daher auch die dogmatische und gesetzliche
Ueberlieferung der Rabbinen ist, ebenso unsicher ist ihre histo=
rische Tradition. Im Talmud finden sich da und dort zer=
streute Angaben zur Geschichte des römischen Reichs, aus
denen man einen wahren Hexenspuck zusammenflicken könnte.
Ihr Gehirn hatte gleichsam kein Fach für natürliche Dinge!
In welch närrischem Licht erschien doch die Welt diesen

Rabbinen. Und dennoch ist auch die historische Sage bei ihnen wunderbar zähe, sobald sie nur ihren kirchlichen Haß — also das dogmatische Fach berührt. Eine jüdische Schandschrift aus dem Mittelalter, betitelt Toledoth Jeschu, enthält die schändlichsten Lügen über die Geburt unseres Erlösers, und stellt ihn als den unreinen Sprößling der Maria und eines liederlichen Soldaten Panthera dar (siehe Eisenmenger I, 106 u. flg.). Kaum traute ich meinen Augen, als ich die= selbe Verleumdung beim Juden des Celsus traf, *) selbst bis auf den Namen trifft Alles zu. Der angebliche Vater heißt hier Panthera, und ist ein Soldat, wie dort. Ein so treues Gedächtniß hat die Feindschaft!

Allerdings fehlte es auch im rabbinischen Staate nicht ganz an Schwankungen, denn kein auch noch so überlegtes Gesetz kann die Ehrsucht des Menschen, welche in diesem Felde eins ist mit dem Triebe, Neuerungen in Lehre und Glauben zu machen, gänzlich bemeistern; doch blieb der Kern unversehrt und immer kam man nach kurzem Schwanken auf die alte Ordnung zurück, wie ein gutgebautes Schiff, wenn es von den Wogen gepeitscht wird, wohl sich bald auf die rechte, bald auf die linke Seite neigt, aber doch nothwendig seinen Schwerpunkt wieder findet, den die Weisheit des Bau= meisters, gleichsam als die Seele des Gebäudes, in dasselbe verpflanzt hat. Das spätere Judenthum, von den Zeiten Christi bis in das 18te Jahrhundert, hat daher nicht einmal seine Dogmengeschichte im eigentlichen Sinne des Worts, weil die Glaubenslehre blieb, wie sie einmal war; nur Sekten kennt es, aber auch hier nur solche, die über Christus hin= auf und also in eine Zeit zurückreichen, wo der Zaun um das Gesetz seine vollendete Gestalt noch nicht erhalten hatte. Die Ketzerei der Karaim ist eine Auffrischung der sadduzäi= schen Meinung. Erinnerungen an dieselbe müssen übrig

---

*) Origenes Opp. I, 350.

geblieben seyn, sonst wäre die Sekte nicht entstanden, und in der That spricht ja der Talmud, wie wir oben sagten, an vielen Stellen von einzelnen Sadducäern. Auch das Bekenntniß der alten Essener hat sich erhalten, es fand in dem Buch Sohar einen, freilich späten, Verkündiger. In den talmudischen Jahrhunderten zählte es immerfort seine Anhänger, wie oben gezeigt ist, wurde aber nie schriftlich niedergelegt. *) Den Beweis für die Behauptung, daß der Sohar im Wesentlichen die Lehre der alten Essener enthalte, verspare ich auf die folgenden Kapitel, wo von den einzelnen Dogmen besonders gehandelt werden soll. Erstaunen wird der Leser, in welchem Grade sich auch hier das Gesetz der Stätigkeit, der Unveränderlichkeit bewährt. Die essenische Lehre ist die Frucht einer kurzen Ehe zwischen späterem halbasiatischen Hellenismus und dem Judenthum. Alexandria in Aegypten war ihre Geburtsstätte. Die Ehe ward bald getrennt, die Tochter blühte in der Stille fort, von ihren heimlichen Verehrern sorgsam gepflegt, bis diese es im dreizehnten Jahrhundert unter maurischen Beherrschern wagen durften, hervorzutreten, und ihr offenes Bekenntniß im Buche Sohar der Welt vorzulegen.

Die mosaische Gesetzgebung hat bereits ihren vierthalbtausendjährigen Stiftungstag gefeiert, und noch dauert die von Moses seinem Volke eingehauchte Nationalität fort. Nicht Süd, nicht Nord, nicht Ost, nicht West, selbst nicht die Macht der Zeit hat sie umzuprägen vermocht. Der Jude in Fez, in Marokko, in Mexiko, in Indien, ist derselbe mit dem, der an der Weichsel, am Dnieper und an der Düna wohnt. Bietet die Weltgeschichte ein ähnliches Beispiel dar? Wie kleinlich erscheinen dagegen die Gesetze neuerer Zeit, von

---

*) Schon den alten Essenern verbot ein ausdrückliches Gesetz, die Bücher und die Lehre der Sekte Anderen mitzutheilen; siehe meine Schrift über Philo II, 318.

denen man so viel Lärm macht! Der Tag bringt sie, der
Tag nimmt sie, aber Moses hat der Natur selbst ihre Ge=
heimnisse abgelauscht. Und doch wollen heut zu Tage etliche
gelehrte Dummköpfe selbst deine Existenz läugnen, o du größ=
ter aller Gesetzgeber als ob der blinde Zufall solche sturm=
feste Einrichtungen zu einem Ganzen würfeln könnte, gleich
wie die Epikuräer lehrten, die Welt, das herrliche wohlgeord=
nete Gebäude, sey aus vernunftlosen Theilchen zusammenge=
fahren. Eine Kette, die so ausläuft, hat gewiß zu ihrem
Anfang einen königlichen, in Einem erleuchteten Haupte
entsprossenen Gedanken. Aber es war zugleich ein gefähr=
liches Geschenk, das Moses seinem Volke verlieh. Sie soll=
ten dieselben bleiben, während alle Welt um sie, gehorsam
dem Gesetze des Wechsels, sich änderte. Wie der einsame
Fels mitten im Rheinsturze, stemmten sie sich den Wogen
der Zeiten entgegen, dafür wurden sie unterwühlt, zerbröckelt,
gepeitscht. Nichts ist gefährlicher für ein Volk, als sich
den wechselnden Verhältnissen nicht anzupassen. Babylonier,
Griechen, Römer unterdrückten sie um die Wette. Etliche
neuere Gelehrte unter den Juden selbst meinen, ihr Volk sey
in dem lezten Jahrhundert vor und in den nächsten nach der
Zerstörung des zweiten Tempels vom eigentlichen Mosaismus
abgefallen. Ich glaube dieß nicht. Hier waren nur zwei
Fälle möglich. Entweder ließ sich das starre Grundgesetz von
dem mildern Geist der Propheten, besonders des Jesajas, ver=
klären und neu beseelen; oder blieb man hartnäckig beim
Buchstaben stehen. Jenes führte zum Christenthum. Aber
die Mehrzahl wählte das Leztere. Sobald die Wahl getrof=
fen war, mußte man nothwendig den Zaun noch enger
schließen. Wie hätte auch der Jude nach dem Untergang des
Tempels und der Stadt, nach dem Verluste des Vaterlandes
und der Sprache, durch die Stürme des Mittelalters hindurch,
ohne gesetzlichen Schutz, ohne Landbesitz und Aecker, seine
Nationalität erhalten können, wenn er nicht das oben

beschriebene Joch der Rabbinen auf sich nahm! Das Rabbinen=
thum ist die einzige Form des Mosaismus, die in spätern
Zeiten noch möglich war. Die Umstände selbst haben sie her=
vorgerufen. Auch muß man bekennen, daß die gelehrte Kaste
der Juden das Hauptmerkmal des Mosaismus, die Unver=
wüstlichkeit an sich trägt. Diese unscheinbare — aber deß=
halb nur um so kräftigere — Aristokratie hat bereits ihr
zweites Jahrtausend erlebt, und besteht noch bis auf diesen
Tag, während alle andere glänzende Körperschaften, die doch
zum Theil aus weit späteren Zeiten stammen, rund um sie
herum in Staub gesunken sind. Der römische Senat —
jener Rath von Königen und Weisen — ward durch bar=
barische Geschlechter, durch Söhne von Sklaven und Freige=
lassenen verdrängt; die zweite Verjüngung desselben, die
römische Klerisei, schleicht seit der Reformation dem Tode
entgegen; die Aristokratie von Venedig, sonst so klug und so
mächtig, ist erloschen, und wenn je noch einer ihrer edelsten
Söhne auf den Wassern des Mittelmeers das Kommando=
wort spricht, so hat er doch nicht mehr den Löwen von S.
Markus, sondern den kaiserlichen Doppeladler auf seinem
Hauptmast aufgepflanzt. *) Aber die Adelskaste der Juden,
die Pharisäersekte, deren Anfänge gleichzeitig sind mit den
glänzendsten Epochen des römischen Senats, diese Sekte, die
den Senat über die Geschicke der Welt entscheiden sah, dauert
noch jezt, nur unter anderm Namen fort, und wenn heute
der Oberrabbiner in Rom aus dem Ghetto herausgeht, und
längs der appischen Straße lustwandelt, so tritt er auf die
Gräber jener stolzen Herren der Welt, die vor zweitausend
Jahren die Unterjochung seiner Ahnen beschlossen, denen er
noch immer in Allem gleich ist! Wir würden uns lebhafter
über eine solche Erscheinung wundern, wenn wir gewohnt
wären, mehr auf das Wesen, als auf die Oberfläche der

---

*) Ich meine den Admiral Dandolo.

Dinge zu sehen. So aber gefällt uns nur, was recht Lärm macht, oder was durch Flitter = Glanz die Augen besticht. Außerdem bekommt jene Anstalt auch dadurch den Schein des Alltäglichen, weil man bei geübtem Blicke bald Etwas von den geheimen Triebfedern entdeckt, die allerdings nicht durchaus die edelsten sind. Denn geistlicher Hochmuth und Scheinheiligkeit spielt keine kleine Rolle dabei. Aber ich entgegne: nur aus solchen Steinen baut man solche Bollwerke, die den Jahrhunderten trotzen! Einrichtungen, welche nur Tugend, die so selten ist, und nicht auch die kräftigsten Leidenschaften des menschlichen Herzens zu Bundesgenossen haben, werden nicht lange dauern. Ich sage dieß für Die, welche wissen, wie es in der Welt hergeht; von den Schulmeistern freilich und den Männern der todten Gelehrsamkeit mache ich mich gefaßt, verdammt zu werden.

Noch muß eine Haupturfache der Stätigkeit des Judenthums berührt werden, welche zwar außer demselben liegt, aber doch von dem Gesetzgeber wohl berechnet wurde. Ich will einen der Alten als Zeugen aufrufen. Tacitus sagt (histor. V, 12., wo er von der starken Befestigung Jerusalems spricht): praeviderant conditores ex diversitate morum crebra bella, d. h. die Stifter des Volks und der Stadt hatten Feindschaft zwischen Israel und den Nationen der Erde beabsichtigt. Aehnlich ebendaselbst Kap. 4: Moses, quo sibi in posterum gentem firmaret, novos ritus *contrariosque* ceteris mortalibus indidit. Wie hell und klar ist doch der Blick des praktischen Römers, mit dem ersten Streich trifft er den Nagel auf den Kopf! Ja so ist es, Moses wollte, daß alle Völker seine Juden hassen sollten, darum gab er ihnen jene Gesetze über Reinigung, welche jeden Nicht= Juden stark genug für einen Auswürfling, für ein Geschöpf niederer Art erklärten. Das mußte bittere Feindschaft zur Folge haben, und wenn diese Gesinnung entstand, so beförderte sie die Absichten des Gesetzgebers, weil nun zu einer

trefflichen innern Organisation des Judenthums auch äußerer
Druck kam, der sein Volk für immer vor Vermischung mit
anderen bewahrte. Vergessen wir die Wahrheit nie: so lange
wir die Juden mit jenem Hasse verfolgen, der überall das
sicherste Kennzeichen des Pöbels ist, entsprechen wir ganz
den geheimen Planen ihres Gesetzgebers. Aber wie dann,
wenn wir sie als Menschen behandeln, wenn wir ihnen mit
jenem Wohlwollen entgegenkommen, welches der gesunde
Menschenverstand vorschreibt, und das überdieß unsere Religion zur ersten Pflicht macht? Dann sind wir nahe daran,
Mosen zu überlisten, und der allerdings sehr lästigen Eigenthümlichkeit des Volfs den Todesstoß zu versetzen.

Ich habe den verwundbarsten Fleck des Judenthums angezeigt, und die einzige Seite, auf welcher man mit Glück
in die sonst so wohl geschlossene Phalanx einbrechen kann.
Ich will gleich den historischen Beweis dafür führen. Viermal ist, so viel wir wissen, eine Oeffnung in den Mosaismus gestoßen worden: das erstemal, wegen eigener Mängel.
Die Juden kamen in das babylonische Gefängniß, ohne einen
bestimmten Glauben an das Jenseits. Doch ist eben derselbe
die Grundlage aller Religion, und muß daher in jede, wenn
sie länger dauern soll, aufgenommen werden. Die Erfahrung
hat dieß durch die That, Kant in seinen Werken aufs Ueberzeugendste bewiesen. Doch gibt es wieder heut zu Tage
nichtswürdige Schwätzer, welche das Widerwärtigste, Sterblichkeit der Seele und sogar Frömmelei zusammenbrauen
wollen. Ich will ihnen mit einer Auktorität antworten, die
sie nicht verwerfen können. Als Bonaparte noch erster Konsul
war, und damit umging, den Gottesdienst herzustellen, kamen
die Häupter einer gewissen Sekte zu ihm, welche sich Theo-
philanthropen nannten, und ihren Kram für einen verbesserten
Katholizismus ausgaben. Sie baten den Konsul, ihre Meinung im Staate einzuführen. Er fragte sie, lehret ihr Etwas
darüber, woher der Mensch komme, wohin er gehe? Sie

verstummten und wurden fortgeschickt! Moses hat vielleicht
absichtlich die Lehre von der Unsterblichkeit verschwiegen, da=
mit seine Juden desto zäher an dem irdischen Gottesstaate
hangen möchten. Als dieser Staat zerstört war, konnten sie
dem Drange nicht widerstehen, ihrem Glauben die nothwen=
dige Vollendung zu geben. Das Land, in dem sie sich be=
fanden, bot die Hülfsmittel dazu dar. Sie machten die
babylonische Lehre von der Auferstehung zu der ihrigen,
verarbeiteten sie aber zugleich so sehr ins altjüdische Fleisch
und Blut, daß der Mosaismus durch die neue Zuthat nicht
wesentlich verändert wurde. Etliche (die Sadduzäer) blieben
überdieß beim Alten. Immerhin war somit der Beweis ge=
führt, daß das Judenthum nicht unverwundbar sey. Der
zweite glückliche Angriff auf dasselbe erfolgte durch Alexander
und die ägyptischen Ptolemäer. Als der macedonische Eroberer
Alexandria erbaute, rief er alles Volk dorthin, ohne Rück=
sicht auf verschiedene Glaubensweisen. Viele Juden strömten
nach Aegypten, mehrere wurden später mit Gewalt hinge=
schleppt. Der weise Ptolemäus Philadelphus gab ihnen gleiche
bürgerliche Rechte mit den Hellenen. Sogar Ehrenstellen im
Krieg, wie im Frieden, wurden ihnen in Aussicht gestellt.
Jezt erwachte mit aller Macht der Trieb, es Anderen nachzu=
thun. Hiezu war das ausschließliche Mittel griechische Bil=
dung. Gierig sogen sie dieselbe ein. Was daraus entstanden
ist, sehen wir aus Philo. Es gab damals eine Partei unter
ihnen, welche behauptete, die Ceremonien, die Feste, der Tem=
peldienst seyen Nichts Wesentliches, sondern nur Träger all=
gemeiner Begriffe, auf den Geist komme alles an, nicht auf
die äußere That. Das heißt das Judenthum an der Wurzel
angreifen: denn was bleibt übrig, wenn man die unterschei=
denden Gebräuche über Bord wirft, und nur jene Begriffe
festhalten will, die am Ende nichts Anderes sind, als pla=
tonische oder aristotelische Lehren? Wahrscheinlich wäre das
ägyptische Judenthum damals völlig untergegangen, hätten

die Ptolemäer im Geiste des Philadelphus fortgehandelt, und
hätte dieser selbst seiner Freiheitserklärung gewisse Gesetze
beigefügt, welche darauf zielten, das bürgerliche Leben und
die Gewerbsverhältnisse des jüdischen Haufens umzugestalten.
Philadelphus hat dieß versäumt, so viel wir wissen. Später
zerstörten die Römer, nachdem sie Aegypten zur Provinz
gemacht, das weise Werk des Ptolemäers; sie hielten die
Scheidewand absichtlich aufrecht, damit sie recht oft Gelegen=
heit bekommen möchten, die Juden zu brandschatzen. Der
dritte Versuch, das Judenthum mit anderen Glaubensweisen
zu verschmelzen, gehört dem vierten Jahrhundert unserer
Zeitrechnung an. Julian und seine nächsten Nachfolger er=
theilten den Juden Schutz und Freiheiten. Viele dienten im
Heere, andere in Staatsämtern, der Verfolgungssucht des
christlichen Klerus wurde kräftig gesteuert. Sogleich zeigten
sich die Folgen. Das Patriarchat, die hohe Schule zu Tibe=
rias zerfiel, ohne äußere Gewalt; Die, welche sonst Rabbi=
nen geworden wären, und den Zaun verrammelt hätten,
strebten jetzt nach Staatsämtern und Ehren; die sonst so enge
Verbindung zwischen den einzelnen Judengemeinden wurde
immer lockerer, selbst das kräftige Band der Semicha hörte
mit dem Patriarchate auf. Die Juden zerstreuten sich in
alle Provinzen des großen Reichs. *) Ein Jahrhundert
lang beharrlich in diesem Geiste fortgefahren, und die Söhne
Mosis verschwammen unter der übrigen Bevölkerung. Allein
sie sollten fortdauern. Die späteren Kaiser, von christlichen
Priestern geleitet, erneuerten die Verfolgung (am schmählich=
sten Justinian), alsbald schloß das Judenthum seine Reihen
wieder. So blieb es durch das Mittelalter herab, bis in
die erste Hälfte des 18ten Jahrhunderts. Von nun an brachen
sich, allerdings meist auf Kosten der althergebrachten Recht=
gläubigkeit, verständigere Ansichten Bahn; man sah in den

---

*) Jost IV, 236. V, 182.

Juden nicht mehr bloß fluchwürdige Verbrecher, die Söhne
der Mörder Christi, man behandelte sie im Leben allmälig
wie andere Sterbliche. Sogleich fühlten sie auch, daß sie
von uns etwas zu lernen hätten, denn gewiß ist, daß Der,
welcher alte Vorurtheile abgelegt hat, weiser und besser geworden seyn muß. Sie begannen unsere Schulen zu besuchen, unsere Bücher zu lesen. Die Umwandlung war schon
weit gediehen, als die französische Revolution mit so vielen
anderen Fesseln auch die der Juden sprengte. Napoleon
spielte, wahrscheinlich um sich Anhang unter der zahlreichen
Judenschaft der slavischen Länder zu erwerben, eine glänzende
Komödie mit ihnen. Das Sanhedrin von Tiberias lebte,
freilich in sehr verändertem Geiste, auf einige Augenblicke
wieder auf. Im Jahr 1808 traten 71 Rabbinen, den Nasi,
den Abbethdin und den Chacham an der Spitze, als oberste
Behörde der europäischen Judenschaft in Paris zusammen.
Mit unglaublichem Leichtsinn rissen sie alle Scheidewände,
welche Jahrtausende zwischen dem Judenthum und den anderen Nationen aufgethürmt, durch ein paar Erklärungen
ein. Es ging diesen Rabbinen wie anderen Leuten auch, sie
waren trunken vom Anblicke der Macht Napoleons und seiner
Gnade, das Judenthum hatte seinen, freilich unblutigen, und
wenn ich mich nicht täusche, lächerlichen 4ten August gefeiert.
Die Posse wurde nicht völlig zu Ende gespielt, weil Napoleon bald wichtigere Sachen zu thun bekam. Aber die damals
und schon früher aufgeregte Fluth der Meinungen dauert
fort. Eine große geistige Gährung hat sich besonders der
jüngeren gelehrten Juden *) bemächtigt. Mit Unwillen tragen sie den entehrenden Druck, welchen unsere frühere bar-
barische Gesetzgebung auf ihre Nation gelegt, aber sie fühlen

---

*) Ich meine durchaus nicht das sogenannte junge Deutschland,
das meist aus dem Abschaum der jüdischen Burschenschaft besteht, sondern Männer von Verstand und Gelehrsamkeit, die
zum Theil schon in Aemtern sitzen und Achtung verdienen.

auch zugleich, daß der rabbinische Zaun um das Gesetz haupt=
sächlich es ist, der die Scheidewand zwischen ihnen und uns,
zwischen der Wirklichkeit und ihren Wünschen, aufrecht erhält.
Die feindseligste Stimmung gegen den Talmud herrscht daher
unter ihnen. Manche mögen wohl merken, wohin dieß am
Ende führen muß, und wollen nur mit Ehren eines alten
Jochs los werden. Andere sehen es vielleicht nicht; aber die
Nothwendigkeit treibt Alle vorwärts. Wir brauchen ihnen
nur auf die gehörige Art entgegen zu kommen, um den, für
sie wie für uns, gleich erwünschten Zweck zu verwirklichen.
Die Gelegenheit war nie günstiger, und deßwegen gerade jetzt,
so lange es Zeit ist, etwas Nachhaltiges für das unglück=
liche, so lange mißhandelte Volk zu thun, scheint die Pflicht
der Menschlichkeit gebieterisch zu fordern. Denn ich fürchte
sehr, es dürften sonst in nicht gar entfernter Zukunft neue
Stürme über sie herein brechen. Die Revolutionskriege, unter
denen wir aufwuchsen, hat man mit dem Gelde des Adels
und der Kirche geführt. Und siehe da! jetzt nach langem
Frieden sind jene Güter, welche sonst den Baronen und den
Priestern gehörten, meist in den Händen reicher Juden.
Scheelsüchtiger Neid umlagert ihre Paläste. Mit welchem
Geld wird man wohl die nächsten Kriege führen? Ich fürchte
sehr, eben jene reiche Juden werden die Zeche bezahlen
müssen, und mit ihrem Falle bricht dann eine Verfolgung
aus über die ganze Judengemeinde. Es soll mir lieb seyn,
wenn mein Argwohn falsch erfunden wird. Wenn ich an
dem Hause eines reichen Juden vorüberging, drängte sich mir
schon öfter unwillkürlich der Gedanke auf: es ist etwas hohl
da unten. Gegen diese Gefahren gibt es nur Ein sicheres
Mittel: die bisherige Absonderung muß aufhören. Die Ju=
den sollen unter der übrigen Bevölkerung verschwimmen.
Daß dieß mit Ehren und allmälig geschehe, dafür zu sorgen,
liegt in der Macht der Gesetzgebung. Unsere glücklichen,
kleineren deutschen Staaten, die bereits die Spuren des langen

Krieges verwischt, Schuld um Schuld abbezahlt, und nicht nöthig haben, Schlachtopfer für die Zukunft aufzusparen, mögen mit gutem Beispiele vorangehen, und sie sind es zum Theil bereits.

Allerdings sind die Juden in ihrem jetzigen Zustande, der sich aus dem Alterthume herschreibt, uns zugleich lästig und verderblich. Aber wer ist daran Schuld, daß sie so sind, wie sie sind? Niemand anders als jene grausame Gesetz= gebung, die ihnen keine Menschenwürde zugestand, ihnen jeden ehrlichen Erwerb verschloß, und sie dadurch zum Wucher zwang. Wie Sklaven haben wir sie behandelt, wie Unter= drückte es immer thun, rächten sie sich durch Hinterlist an uns. Wie viel unschuldiges Judenblut ist von unsern Vätern im Mittelalter und selbst noch später vergossen worden! Wie verächtlich behandelt sie noch jezt unser gebildeter und unge= bildeter Pöbel, der gleich bereit wäre, über sie loszustürzen, wenn er das Schwert der Obrigkeit nicht fürchtete! Können wir uns wundern, wenn sie uns hassen? Das muß anders werden; wir wollen sie behandeln wie Mitbürger, sie müssen dann das Gleiche thun. Dieses Resultat erreicht man nicht durch Aussendung von Judenmissionären, wie die Erfahrung hinreichend bewiesen hat, desto sicherer dagegen auf dem Wege der Verwaltung. Die Frage, wie man die Aufgabe angreifen müsse, ist bereits gelöst durch unser inländisches Judengesetz, das zu den besten juridischen Arbeiten der neuern Zeit gehört. Gemeindebürgerliche Rechte sind ihnen ertheilt, auch die staats= bürgerlichen, doch so, daß über die Ausübung einiger der= selben besondere Verordnungen vorbehalten wurden. Gegen dieses kostbare Zugeständniß muß sich die Judenschaft eine Einrichtung ihres Erziehungswesens gefallen lassen, die dem christlichen Gesetzgeber beliebt.

Erstens alle jüdischen Gemeinden sind verbunden, ihre Kinder in die Schulen zu schicken wie die Christen. Wollen sie selbst auf ihre Kosten eigene Lehrer anstellen, was manchmal

mit großen Kosten verbunden ist, weil öft nur 10 bis 15
Familien in einem Dorfe wohnen, so steht es ihnen frei, wo
nicht, so wandern die Kinder in die allgemeine (christliche)
Dorfschule. Der Gehalt der jüdischen Schullehrer ist fest
bestimmt, es darf Nichts davon abgemarktet werden. Kein
jüdischer Jüngling kann als Bewerber um eine Schulstelle
auftreten, er habe denn seine Bildung im allgemeinen Landes=
Seminare erhalten. Zweitens, was den Gottesdienst betrifft,
so werden so viele Rabbinate errichtet, als für die Bevölke=
rung nöthig sind. Die Aufsicht über dieselben steht einer
obersten jüdischen Kirchenbehörde in Gemeinschaft mit dem
Oberrabbiner zu; die Rabbinen haben den Rang und Gehalt
von Pfarrern; der Oberrabbine einen entsprechenden höheren.
Die Oberbehörde besorgt den Druck einer Glaubenslehre für
das Volk, und eines Gesangbuchs. Beide sind in deutscher
Sprache verfaßt, in welcher auch der jüdische Gottesdienst
gehalten werden muß. In jener Glaubenslehre wird aufs
Bestimmteste gelehrt, daß der Talmud ein menschliches Mach=
werk sey, und folglich kein göttliches Ansehen verdiene, welches
nur dem Gesetz Mosis und den übrigen Schriften des Alten
Testaments zukommt: das sind lauter Bücher, die wir
Christen ebenso für heilig halten, wie die Juden. Damit
keinem Rabbinen in Zukunft mehr einfalle, den Talmud höher zu
schätzen, und auch noch aus andern Gründen wird von den
Bewerbern um Rabbinate eine ähnliche Bildung verlangt,
wie von den christlichen Theologen. Sie werden vorher ge=
prüft in der griechischen und römischen Litteratur, in den
Wissenschaften und Sprachen, die sich aufs Alte Testament
beziehen, in der Geschichte, in verschiedenen anderen Fächern.
Kenntniß des Talmuds kommt in die dritte Reihe. Es ist
vorauszusehen, daß das Studium des leztern Werks sehr
abnehmen wird, denn wer so viel Anderes zu lernen hat,
dem bleibt wenig Zeit übrig, sich auf seinen dürren Wüsten
zu ergehen. Es versteht sich, daß alle Kosten des jüdischen

Gottesdienstes wie der Erziehung bloß von der Judenschaft ge=
tragen werden müssen; eine eigene Steuer wird zu diesem Zwecke
von ihr erhoben, und zwar ist dieselbe nicht unbedeutend, jedenfalls
um viel größer als die Beiträge, welche die Christen für ihren
Kultus zu leisten haben; denn die Verwaltung kleiner und
zerstreuter Gemeinden kostet natürlich mehr, als die großer
und naher. Drittens auch die Gewerbverhältnisse der Juden
werden neu geregelt. Kein jüdischer Hausvater darf mehr
als Einen Sohn der Handelschaft widmen; hat er mehrere,
so sollen sie Handwerke lernen. Am liebsten sieht man es,
wenn sie sich dem Ackerbau zuwenden, wie unser christliches
Landvolk. Der jüdische Bauer kann den Sabbath feiern
nach seinem Glauben, jedenfalls darf er in christlichen Dör=
fern (und sie sind alle mitten unter Christen angesiedelt) zur
Verhütung von Aergerniß am Sonntag keine Feldarbeit ver=
richten. Ueber die Beobachtung dieses Gebots wacht der
christliche Pfarrer des Orts, der in dringenden Nothfällen —
wo auch die Christen wegen Erndtegeschäften eine Ausnahme
machen — die Erlaubniß ertheilt. Deßgleichen muß sich der
jüdische Lehrling und Handwerksgeselle mit seinem christlichen
Meister vor dem Eintritt verständigen, ob ihm derselbe die
Arbeit am Sabbath erlassen und dafür am Sonntag gestatten
will. Endlich viertens, das Thor der Universität ist dem
gebildeten Juden, wie dem Christen geöffnet. Auch die Aus=
sicht auf den Staatsdienst (das allgemeine Ziel bürgerlichen
Ehrgeizes) winkt ihm, denn er ist dazu befähigt, nur in der
Anwendung gibt es große Schwierigkeiten, weil das christ=
liche Volk sich sträuben dürfte, einem jüdischen Beamten den
schuldigen Gehorsam zu leisten. Und um eines Menschen
willen wird sich die Regierung keiner Verlegenheit aussetzen!
Weit leichter erreicht daher ein Jude, der studirt hat und
ein Amt sucht, seinen Zweck, wenn er zuvor zum christlichen
Bekenntniß übergeht. Dem ganzen Gesetz liegt, wie man
sieht, ein klarer Gedanke zu Grund, und man darf wohl mit

Zuverſicht die Erwartung ausſprechen, daß unſern Juden
ihr Glaube wie eine Laſt erſcheinen wird, wenn dieſes
weiſe Geſetz erſt ein oder zwei Jahrzehnte hindurch gewirkt
hat. Die innigere Berührung zwiſchen Juden und Chri=
ſten, welche das Geſetz herbeiführen muß, wird auch den un=
ſinnigen Haß beider gegen einander tilgen. Sobald man dieß
bemerkt, dürfte es Zeit ſeyn, das ganze Werk durch ein Ehe=
geſetz zu vervollſtändigen, das die Heirathen zwiſchen Juden
und Chriſten erlaubt. Dabei verſteht es ſich von ſelbſt, daß
nur der jüdiſche Theil den Glauben des andern annehmen
darf, nicht aber der chriſtliche; doch mag der jüdiſche eben
ſo gut ſeiner Kirche treu bleiben, jedenfalls müſſen die
Kinder in einem der drei chriſtlichen Bekenntniſſe erzogen
werden.

Unſer Judengeſetz ſchlägt den einzigen möglichen Weg
ein, um die gerechten Forderungen der Juden auf eine für
uns beide gleich annehmbare Weiſe zu befriedigen. Wir ge=
ben ihnen Menſchen = und Bürgerrechte, dafür verlangen wir
mit vollem Fug Bürgſchaften gleicher Geſinnung; wir haben
das Sklavenſiegel von ihrer Stirne genommen, dafür wollen
wir gewiß ſeyn, daß ſie uns wie Mitbürger, nicht wie
Fremde oder gar Feinde behandeln. Sonſt wären wir gut=
müthige Thoren. Auch muß man unſeren Juden das Zeug=
niß geben, daß ſie dankbar die dargebotene Gabe empfangen
haben, und ſo viel man bis jetzt beurtheilen kann, den güti=
gen Abſichten des Geſetzgebers zu entſprechen ſcheinen. Hof=
fen wir, daß das Geſetz ſelbſt, gleich den älteren über Leib=
eigenſchaftsverhältniſſe, möglichſt bald zu den nicht mehr an=
wendbaren Antiquitäten gehören möge, auf welches Ziel daſ=
ſelbe mit klarſtem Verſtande hinarbeitet.

Aber wozu dieſe Schilderung eines neuen Judengeſetzes
in einem Werke, das die Geſchichte des Urchriſtenthums be=
handelt? möchte man fragen. Ich antworte: recht eigentlich
gehört dieſelbe hieher. Denn da ſehet ihr am paſſendſten

Beispiele, was dazu erfordert wird, um Christen und Juden einander näher zu bringen, und gewisse religiöse Begriffe Jener Diesen zugänglich zu machen. Ein Jahrhundert mußte vorangehen (das achtzehnte), in welchem sich eine allgemeine Bildung verbreitete, und die alten strengen Begriffe der Rechtgläubigkeit einer richtigern Schätzung des Menschen den Vorrang einräumten. Darauf mußte eine kluge und menschenfreundliche Verwaltung sich die Aufgabe stellen, aus den Juden Staatsbürger zu ziehen. Jetzt freilich wirkt der allgemeine Kreis jener Ideen, welche uns beherrschen, auch auf sie ein, und man hört bereits in ihren Synagogen gottesdienstliche Reden, welche sich von christlichen Predigten nur dadurch unterscheiden, daß in ihnen der Name Christi nicht genannt wird; gewöhnlich halten sie sich bei ihren Vorträgen an solche Stellen der Propheten, die auch uns Christen die theuersten sind. Allerdings schläft bei ihnen die Reaktion gegen solche Neuerungen nicht ganz. Man hat alle Ursache vorsichtig aufzutreten. Ich weiß nicht, ob es möglich ist, daß bei uns das Staatsruder je in die Hände fanatischer Menschen kommen könnte, wie es ehemals manchmal der Fall war; aber wenn dieß je geschähe, wenn dann die Lenker des Staats wieder jene alten Gesetze der Verfolgung gegen die Juden erneuerten, so würden sich diese sogleich wieder hinter das Bollwerk ihres Talmuds zurückziehen, und die Saat, die man so sorgsam ausgestreut, wäre verloren. Nun blicken wir zurück, weist die Weltgeschichte eine Epoche auf, wo die Denkweise anderer Völker so mächtig auf die Juden eingewirkt hätte, wie die jetzige? Nimmermehr. Aus Babylon brachten sie nach dem Exil fremde Begriffe mit; aber sie verarbeiteten dieselben im Geiste ihrer Gesetzgebung, und überdieß entstand durch die Sekte der Sadducäer sogleich eine Reaktion. Zu Alexandria geriethen sie in Verhältnisse, die den jetzigen am Meisten ähneln. Doch hatten sie es dort mit abgöttischen Völkern zu thun, hier dagegen mit solchen, die

auch an die Einheit Gottes (freilich auf besondere Weise)
glauben, und noch mehr, die ihre Offenbarungsbücher eben=
falls heilig halten. Nichts desto weniger erlitt das Juden=
thum in Alexandrien eine höchst merkwürdige Veränderung,
die von unberechenbarem Einfluß auf das Christenthum war.
Die alexandrinische Mystik hat lezterem die Thore geöffnet.
Aber daneben hielt sich im Mutterlande (in Paläſtina) die
altglaubige Partei — die Pharisäer = Sekte streng abgeschloſ=
sen von den Neuerungen, und nach der Zerstörung des Tem=
pels durch die Römer verpuppte sie sich vollends gar. Die
Mischna wurde ums Jahr 220 unserer Zeitrechnung abge=
faßt, um dem bedrohten Judenthum eine feste Gestalt zu ge=
ben. Sie war noch nicht einmal ganz geschloſſen, als man
sie schon in Babylonien einführte und den dortigen Resch=
glutha mit ausnehmender Feinheit ihr unterwürfig machte. *)
Die Duldsamkeit Julians und seiner nächsten Nachfolger
schadete dem strengen Lehrbegriff der Rabbinen, das Patri=
archat ging unter, wie wir oben zeigten. Aber schon war
damals im Vorgefühl dieser Gefahren der jerusalemische Tal=
mud abgeschlossen, und überdieß dauerte jene weise Behand=
lung viel zu kurz, um nachhaltig zu wirken. Als die schmäh=
lichen Gesetze Justinians erschienen, schüzten die Juden eilends
ihre gewaltsam bedrohte Nationalität durch die eben been=
digte vollständigere Abfassung des jerusalemischen, durch den
babylonischen Talmud. Die früher angeführte Novelle zeugt
von dem Eifer, mit dem die Juden diese Maßregeln trafen.
Fortan blieb bis in die erste Hälfte des 18ten Jahrhunderts
derselbe Geist der Verfolgung gegen die Juden in den geiſt=
lichen und weltlichen Gesetzbüchern der germanischen Nationen
Europa's. Daher ein wüthender Haß zwischen Juden und
Christen. Keiner nahte sich dem Andern mit Vertrauen,
Keiner nahm von dem Andern Ideen, am allerwenigsten

---

*) Siehe Jost IV, 59 u. flg.

religiöse an. Ich berufe mich auf die Zeiten bitterer Feindschaft zwischen Katholiken und Protestanten. Wer wird glauben, daß unsere Theologen je etwas von den papistischen entlehnt hätten! Wenn es dennoch Glaubenslehren gibt, welche
beiden Kirchen gemeinschaftlich sind, so stammen diese aus einer
Zeit, da die Tochter (die protestantische Kirche) sich noch nicht
von der Mutter (der katholischen) getrennt hatte. Hat etwa
der Neugrieche oder der Jude, der in der Türkei lebt, etwas
von den kirchlichen Meinungen des Muselmans, oder umgekehrt, dieser aus der Glaubensweise jenes aufgenommen? Gewiß nicht; und wenn der Türke dennoch Lehren bekennt,
welche mit denen des Griechen oder des Juden übereinstimmen, so stammen sie aus der Zeit, da es noch keinen Koran
und keine muselmännische Religion gab, wo der Araber der
Wüste, und also auch der Prophet frei von Diesem und Jenem entlehnte, was ihm beliebte. Die stolze Verachtung, mit
welcher der Katholik des Mittelalters auf den armen unterdrückten Juden herabsah, der Parteihaß, mit welchem Papisten
und Protestanten sich in dem Jahrhundert der Reformation
und des dreißigjährigen Krieges verfolgten, kam dem wilden
Ingrimme des Juden gegen die Christen nicht gleich, in welchem er mit doppeltem Rachegefühl die politischen Unterdrücker
seines Volkes haßte, und fluchwürdige Ketzer verabscheute.
Meint ihr, es werde auch nur Einer von ihnen durch das
Mittelalter hindurch das Neue Testament in der Absicht sich
zu belehren, oder auch bloß aus Neugierde in die Hände genommen, oder wenn er an einer Kirche vorüberging, etwas
Anderes innerlich empfunden haben (denn äußerlich mußten
sie an sich halten), als den bittersten Hohn? Wenn sich
dennoch Lehren finden, die ihnen und uns gemeinschaftlich sind
(und deren gibt es sehr viele), so stammen dieselben ganz gewiß aus einer Zeit, da der Christ und der Jude noch Bruder zu einander sagten, mit anderen Worten, sie gehören dem
allgemeinen Ideenkreise an, der um die Geburtsstunde des
Christenthums in Palästina herrschte.

Schließen wir. Es ist ein unumstößlicher historischer
Grundsatz: jedes Dogma, das in einem rabbinischen Werke,
gehöre dasselbe nun dem 1ten oder dem 17ten Jahrhundert
unserer Zeitrechnung an, als Glaube der Juden hingestellt
wird, und das zugleich im Neuen Testamente, oder bei den
ältesten christlichen Vätern oder den Pseudepigraphen vorkommt,
war ursprünglich ein jüdisches. Ob ein solches rabbinisches
Buch aus dem 1ten oder 3ten, oder 13ten oder 15ten Jahr=
hundert stammt, ist völlig gleichgültig, nur darf es nicht in
das 18te oder 19te fallen, weil von dieser Zeit an die Juden
in den Landen des germanischen Europa christliche Meinun=
gen aufzunehmen begannen. Die Frage, auf welche Weise
sich alte Ansichten so tief herab unter den Juden erhalten
konnten, ist oben gelöst; nie gab es in Europa ein anderes
Volk, das mit gleicher Zähigkeit am Hergebrachten hing.
Aber auch ohne diesen historischen Beweis könnet ihr euch
durch die That von der Wahrheit jenes Satzes überzeugen,
wenn ihr nur die Augen aufschlagen wollet. Sehet sie an,
diese Juden, die seit Jahrhunderten mitten unter euch, den
Nachkommen der Bewohner des Waldes hausen, unter deren
Streichen einst die Besieger Jerusalems, die Herren der rö=
mischen Weltmonarchie, gefallen sind. Verkündigen nicht ihre
von den eurigen so verschiedenen Gesichtszüge, ihre ganze
Lebensweise, Söhne des fernen Morgenlandes? Aber hätten
sie ihre ursprüngliche Art so rein erhalten können, wenn sie
nicht in Umgang, in Glauben und Gebräuchen so ferne von
uns geblieben wären?

Ich will meine Behauptung zum Ueberflusse noch durch
Zeugnisse der ältesten Väter verstärken. Celsus sagt bei Ori=
genes: *) „Der Streit zwischen Juden und Christen sey dem
sprüchwörtlichen Zanke um den Schatten des Esels zu ver=
gleichen, da die Einen und die Anderen in nichts Wesentli=
chem verschieden dächten. Beide gestehen zu, daß der heilige

---

*) Opera I, 448 oben.

Geist die Zukunft des Erlösers geweissagt habe. Nur dar=
über streiten sie mit einander, ob derselbe schon gekommen
sey oder nicht." Man sieht, Celsus will sagen: Beide, Ju=
den und Christen seyen in allen anderen Punkten vollkommen
mit einander einverstanden, nur darüber herrsche verschiedene
Meinung, ob der Messias schon gekommen sey oder erst
kommen werde. Der Zank drehe sich bloß um die Zeit. An=
ders Denkende werden einwenden, Celsus spreche in den Tag
hinein, und habe die Sache nicht recht untersucht. Aber wie,
wenn christliche Schriftsteller, wenn namentlich solche, die das
alte Judenthum genau kannten seiu Zeugniß bekräftigen?
In den, Klemens dem Römer zugeschriebenen, Rekognitionen
findet sich folgende Stelle: *) Cum Christus venisset, ab
his, qui eum exspectare videbantur (Judaei scil.) ex traditione majorum, omnino agnitus non est; hi vero, qui
nihil de ipso penitus audierant (scil. pagani), et venisse
credunt et venturum sperant: et ita in omnibus prophetia fidelis apparuit, quae dixit, ipsum esse exspectatio-
nem gentium (Genes 49, 10). Erraverunt ergo Judaei
de primo Domini adventu, et inter *nos atque ipsos de
hoc est solum dissidium.* Nam quod venturus sit Christus, norunt etiam ipsi et exspectant, quod autem jam
venerit in humilitate hic, qui dicitur Jesus, ignorant.
Der Schriftsteller, von dem dieser merkwürdige Ausspruch
herrührt, war ein Judenchrist des 2ten Jahrhunderts, und
kannte die Verhältnisse der Synagoge weit genauer, als irgend
ein anderer Vater. Wenn seine Behauptung richtig ist, wor=
an ich nicht zweifle, und wenn also der Streit zwischen den
alten Juden und Christen sich nur darum drehte, daß leztere
sagten: Christus komme zweimal, das Erstemal in niedriger
Gestalt, das Zweitemal mit göttlicher Macht und Herrlichkeit,
und in ersterer Form sey er schon erschienen, während die

---

*) Cotelerius, patres apostolici, iter. edid. Joh. Clericus, Amsterd.
1724. fol. Ich citire immer nach dieser Ausgabe.

Juden nur von einer einzigen, zukünftigen Erscheinung in
voller Majestät wissen wollten: so kann man sich nicht wundern, wenn der Talmud und andere jüdische Bücher eine
Menge Vorstellungen enthalten, die mit Aussprüchen des
Neuen Testaments genau übereinstimmen; im Gegentheil wäre
es unbegreiflich, wenn die Schriften der Rabbinen nicht in
den meisten Punkten der christlichen Kirchenlehre entsprächen.
Auch der Apostel Paulus zeugt mächtig für die Wahrheit
obiger Stelle. So viel man nach seinen Briefen beurtheilen
kann, wurden nur zwei Lehren von den Juden bestritten:
erstens daß das Gesetz Mosis für die Gläubigen keine Gültigkeit mehr habe, zweitens, daß Jesus der wahrhafte Messias sey. Alle anderen Dogmen erscheinen bei ihm als solche,
die von den Juden zugestanden werden. Ersteres war jedoch
eine Ansicht, die ihm eigenthümlich angehört, und welche die
anderen Apostel, kraft des Galater = Briefs, nicht mit ihm
theilten; nur durch die zweite Lehre unterschieden sich alle
Christen von den Juden. Die Briefe unsers Apostels bekräftigen also den Ausspruch der Rekognitionen. Es ist deßhalb
ganz in der Ordnung, daß in den ältesten Zeiten Christen
und Juden gar nicht von einander unterschieden wurden.
Erst seit der Zerstörung Jerusalems gewöhnte man sich, Erstere als eine eigene Sekte zu betrachten.

Ebenbürtige und vollgültige Quellen zur Schilderung
der Glaubensweise und der bürgerlichen Zustände des jüdischen Volks um die Zeit Jesu Christi sind daher vorhanden.
Die Uebereinstimmung des Neuen Testaments mit dem Talmud
oder mit anderen jüdischen Büchern bildet die sicherste Probe
dafür, daß eine Lehre oder eine Einrichtung den Zeitgenossen
Jesu Christi angehörte. So sicher aber dieser Beweis ist,
werde ich ihn dennoch nicht benützen, nicht als ob ich im
Geringsten an seiner Gültigkeit zweifelte, sondern weil ich
weiß, wie tief eingewurzelt unter unseren Gelehrten der
Wahn ist, daß der Talmud kein Ansehen verdiene. Ich wollte

dieselbe Kraft der Ueberzeugung, die in meinem Innern lebt, auch in die Gemüther meiner Leser verpflanzen, darum müßte ich mich ihrer Eigenthümlichkeit anbequemen. Der Weg, den ich einschlage, ist daher folgender: Zuerst wird gezeigt, daß eine Lehre im Talmud vorkomme, dann daß sie von unseren griechischen und lateinischen Vätern den Juden ihrer Zeit zugeschrieben werde; endlich daß dieselbe auch dem jüdischen Geschichtschreiber Josephus oder dem Alexandriner Philo, den zwei ältesten Targumisten, oder den Verfassern des 4ten Buches Esdrä und des Buches Henoch bekannt sey. Stimmen diese Zeugen zusammen, so wird wohl kein vernünftiger Mensch mehr zweifeln, daß eben diese Lehre dem Zeitalter Jesu angehöre. Den Schluß macht der Beweis, daß dieselbe im Neuen Testamente ausdrücklich vorgetragen, oder doch vorausgesezt werde. Lezteres ist öfters der Fall. Wir lernen hier die Wurzeln neutestamentlicher Sätze kennen, die in unseren heiligen Büchern manchmal wie Kinder ohne Stammbaum dastehen. Ich habe zu diesem Zwecke alle älteren Väter, die Griechen bis zu Theodoret, die Lateiner bis zu Augustin herab meist ganz durchgelesen, etliche wenige bloß verglichen. Die meiste Ausbeute gaben die von Cotelerius veröffentlichten Werke, besonders die Klementinen, dann Origenes, Epiphanius, Justinus, Irenäus, Klemens; von den Lateinern Hieronymus, Augustin, Lactantius.

Wie der Talmud über die Gesetzes-Auslegung verschiedene Ansichten der Rabbinen aufführt, so auch über die eigentliche Glaubenslehre. Von jenen wurden die scheinbarsten zur Halacha erhoben, und verdrängten die anderen. Bei diesen herrschte freierer Spielraum, weil das Dogma mehr der Hagada überlassen blieb. Es herrscht daher Verschiedenheit in der rabbinischen Dogmatik, aber keine bedeutende, und leicht lassen sich die widerstrebenden Ansichten, wie verschiedene Pflanzenformen im Reiche der Gewächse, in natürliche Familien zerlegen. Sonst zerfällt noch die jüdische

Glaubenslehre in zwei große Hauptklassen, die mystische und die pharisäische Jene wird sich später als die alte essenische erweisen, diese möchte ich die jüdisch = katholische nennen. Das sadducäische Dogma kommt für unsern Zweck nicht in Betracht. Gleichwie es in dem lezten Jahrhundert des zweiten Tempels sich der pharisäischen Lehre im öffentlichen Leben anbequemen mußte (wofür Josephus aufs Bestimmteste zeugt), so hat es auch auf das Christenthum keinen Einfluß geübt.

Drittes Kapitel.

Die jüdische Lehre von der Offenbarung.

Ich beginne mit dem pharisäischen Dogma. Die Kinder Israel sind vor Gott mehr geachtet als alle Nationen der Welt zusammen. So das Buch Sifri*): Docemus, quod singuli Israëlitae coram Deo Sancto Benedicto aequivaleant cunctis nationibus mundi, und einige Säze weiter unten: unusquisque Israëlita valet coram Deo prae omnibus populis, qui ante fuerunt, et postea erunt. Aehnlich, nur minder übermüthig, Mischna Schabbath XIV, 4. Rabbi Simeon sagte: „Alle Israeliten sind Kinder der Könige;" deßgleichen ebendaselbst Basa Kama VIII, 6: „Rabbi Akiba hat gesagt, auch die Aermsten in Israel muß man als Leute von hohem Stande ansehen, die ihr Vermögen verloren, denn sie sind und bleiben Kinder Abrahams, Isaaks und Jakobs." Mit wahrhaft barbarischem Uebermuthe wird dieselbe Gesinnung im 4. Buch Esdrä ausgesprochen, VI, 55 und flg. **) Der Prophet sagt daselbst zu Gott: propter nos creasti seculum. Residuas autem gentes ab Adamo natas dixisti nihil esse, et salivae (der Abyssinier spumae,

---

*) Bei Ugolini XV, 656.
**) Bei Lawrence IV, 63.

der Araber pulveri) assimilatae sunt, et quasi stillicidium de vase similasti abundantiam eorum. — Sed nos sumus populus tuus, quem vocasti primogenitum tuum, unigenitum tuum, amatum tuum. Dieſer Stolz der Juden, — als deſſen Zeuge auch das Neue Teſtament aufgerufen werden könnte, wenn es anders nöthig wäre, eine bekannte Sache noch klarer zu machen, — gründet ſich auf das Bundesverhältniß, das Gott mit den Iſraeliten eingegangen hat. So Berachot Babyl. S. 7, a: „Moſes hat drei Dinge von Gott begehrt, die ihm verwilligt wurden. Er hat begehrt, daß die göttliche Majeſtät (Schechina) über Iſrael wohnen möge, und Gott hat ihm willfahret, wie geſchrieben ſtehet (Exod. XXXIII, 16): „Iſt dem nicht alſo, wann du mit uns geheſt.“ Er hat gebeten, daß die göttliche Majeſtät nicht über den Völkern der Welt wohne, und er hat es ihm verwilligt, wie geſchrieben ſtehet (Exod. XXXIII, 16): „Auf daß ich und dein Volk abgeſondert werde.“ Er hat von dem Herrn verlangt, daß er ihm ſeine Wege zu wiſſen thue, und Gott hat ſeine Bitte bewilligt, wie geſchrieben ſteht (Exod. XXXIII, 13): „So laſſe mich deine Wege wiſſen.“ Unter allen Völkern der Erde hat Gott nur das jüdiſche ſeiner Offenbarung gewürdigt, daher jener Vorzug. Der Apoſtel Paulus ſpricht dieſes Verhältniß, ganz im Sinne der Juden ſeiner Zeit, nur auf edlere Weiſe aus, wenn er Römer III, 1, 2 ſagt: τί τὸ περισσὸν τοῦ Ἰουδαίου, ἢ τίς ἡ ὠφέλεια τῆς περιτομῆς; πολὺ κατὰ πάντα τράπον· πρῶτον μὲν γὰρ ἐπιστεύθησαν τὰ λόγια τοῦ θεοῦ.

Die Offenbarung, welche den Juden zu Theil wurde, iſt dreifacher Art: eine geſchrieben vorhandene, eine mündlich fortgepflanzte, eine lebendige. Der Herr der Welt hat ſich ſchon zu den erſten Menſchen herabgelaſſen; als Geſetzgeber offenbarte er ſich zum Erſtenmale dem Altvater Noah. So Sanhedrin bab. Seite 56 b. „Unſere Rabbinen lehren, daß den Kindern Noahs ſieben Gebote befohlen worden ſind: das

Gericht zu halten, dem Namen Gottes nicht zu fluchen, die Abgötterei zu meiden, Hurerei und Ehebruch zu fliehen, vom Blutvergießen sich zu entfernen, nicht zu rauben, kein Glied von einem lebendigen Thier zu essen." An vielen anderen Stellen wird dasselbe wiederholt. Auch zu den ältesten christlichen Vätern ging diese Ansicht über: Jrenäus sagt gegen die Ketzer III, 11 *): τέσσαρες ἐδόθησαν καθολικαὶ διαθῆκαι τῇ ἀνθρωπότητι· μία μὲν τοῦ κατακλυσμοῦ τοῦ Νῶε, ἐπὶ τόξου· δευτέρα δὲ τοῦ Ἀβραάμ· τρίτη δὲ ἡ νομοθεσία ἐπὶ τοῦ Μωυσέως κ. τ. λ. Die alte lateinische Uebersetzung rechnet anders: Der Adam verheißene Bund ist dort der erste, der Vertrag mit Noe nimmt die zweite Stelle ein. Jch glaube, daß der griechische Text den Vorzug verdient, weil er besser mit den Juden übereinstimmt. Ebenso die apostolischen Constitutionen, **) wo Jakobus, der Bruder des Herrn, sagt: ego judicavi, non inquietandos eos, qui ex gentibus convertuntur ad Deum, sed scribendum ad eos, ut abstineant se a contaminationibus gentilis idolothyti et sanguine et suffocatis et fornicatione, quae etiam antiquis illis, qui ante legem secundum naturam vivebant, sancita fuerunt: Enoco, Henocho, Noae, Melchisedeco, Jobo et si quis hujusmodi fuit. Man glaubte nämlich im Alterthum, wie aus dieser Stelle hervorgeht, die Apostel hätten in der sogenannten ersten Kirchenversammlung zu Jerusalem, Apostelgesch. XV, 20, auf obige Gebote Rücksicht genommen; ob mit Recht, möchte ich nicht entscheiden, möglich wäre es wohl. Die späteren Juden lehren, daß fromme Heiden, welche die sieben Gebote Noahs halten, dadurch selig werden können. So Maimonides im Traktat von den Königen Kap. VI, 2: quicunque suscipit septem praecepta et observat, ecce is est unus de sanctis gentilium, et habet partem in seculo

---

*) Band I, S. 191 der Benediktiner Ausgabe.
**) Cotelerius I, S. 345 Mitte.

futuro; dummodo ea propterea servet, quod Deus Benedictus illa primum Noacho praeceperit. Ob auch die Tal=
mudiſten ſo lehrten, weiß ich nicht; mir iſt wenigſtens keine
Stelle der Art bekannt.

Weit höher, als die Offenbarung, welche Noah, Abra=
ham und den anderen Erzvätern zu Theil wurde, ſteht die
moſaiſche; ſie iſt die erhabenſte von allen, die je erfolgten.
Die Juden vor und nach Chriſti Geburt hatten ſich eine
eigene Geſchichte Moſis gebildet, die von den Angaben des
Pentateuchs in ſehr weſentlichen Punkten abweicht. Hievon
ſpäter in der Lehre vom Meſſias. In dieſem Kapitel will
ich nur im Allgemeinen von der Heiligenkrone handeln, welche
das phariſäiſche Judenthum auf ſein Haupt ſezt. Moſes iſt
der Erſte der Propheten und allem Volke an Werthe gleich.
So Mechilta Abſchnitt IX: *) scriptum est (canticum VI, 7)
„sexaginta sunt reginae et octoginta concubinae, et virgi-
num non est numerus.“ Sexaginta reginae sunt sexaginta myriades virorum populi Israël, octoginta concubinae
sunt, qui nati erant ex populo israëlitico a vicesimo anno
et ultra; virgines quarum non est numerus, sunt pueri
israëlitici, qui numerari nequeunt. Porro scriptum est
(ibidem): „tamen una est columba mea perfecta,“ hic est
Moses, qui aequivalet omnibus Israëlitis. — Cur postquam peperit Jochabed Mosem, ille aequevaluit universo
mundo, et ubi reperimus, quod Moses plus valuerit omnibus Israëlitis? Ex eo, quod scriptum est: „Sicut prae-
cepit Dominus Mosi et filiis Israël,“ item scriptum est
(Exod. XV, 1): „tunc cecinit Mose et filii Israël;“ item
scriptum est (Deuter. XXXIV, 10): „Neque surrexit
propheta amplius in Israël sicut Mose.“ Ebenſo Debarim
Rabba Seite 246 c: Als Moſes ſterben ſollte, ſprach Gott
zu Gabriel: Gabriel, gehe hin und bringe mir Moſis Seele.

*) Ugolini XIV, 264.

Er aber antwortete und sprach: „O du Herr der Welt, sollte ich Denjenigen sterben sehen, der den 60 Myriaden Israeliten (soviel zogen bekanntlich aus Aegypten) an Würde gleich ist? Wie sollte ich Denjenigen erzürnen, der so hoch stehet?“ Moses heißt daher Seder Olam Rabba*): Sapientiae et intelligentiae pater. Wie David der Erste unter den Königen, so ist Moses der Erste unter den Propheten. Midrasch Tillin Seite 2 a: Moses laudatissimus est inter prophetas, sicut David laudatissimus inter reges. In der That läßt er die anderen Propheten weit hinter sich zurück. Jefamoth babyl. S. 49, b : Omnes prophetae inspexerunt in speculo non claro, sed Moses doctor noster inspexit in speculo lucido. Ebenso Targum Jeruschal. zu Num. XII, 6 u. fl.: an fuerant unquam prophetae a diebus seculi, quibuscum habitus est sermo Dei, quemadmodum habitus est cum Mose? Sermo enim Domini per visionem iis revelatus est, in somniis loquebatur cum illis. Sed non talis est via Mosis, in universa domo Israël populi fidelis est. Verbo ad verbum locutus sum cum eo, quoniam se separavit a commercio conjugis suae (Moses soll, seit er auf dem Berge stand, keinen Umgang mehr mit seinem Weibe gehabt haben, was ihm sehr hoch angerechnet wird) et in visione, non in aenigmate revelavi me illi in rubo, etc. Bei dieser Werthschätzung ist es ganz natürlich, daß man den Gesetzgeber sogar über die Engel erhob. Doch scheint hierüber Streit geherrscht zu haben. Einige sagten: Per quinque gradus (scientiae) elevatus est Moses supra reliquas creaturas, etiam angelos. **) Dagegen Rosch haschana: Quinquaginta portae scientiae creatae sunt in mundo, atque omnes traditae sunt Mosi, excepta unica, quia scriptum est (Ps. VIII, 6): „minorem fecisti eum

---

*) Ausgabe von Meyer. Amsterdam 1706. Seite 92.
**) Siehe Ugolini XXIV, S. 182.

paulisper angelis. Dieß ist dieselbe Bibelstelle, die He=
bräer II, 7 auf Christus angewendet wird. Die Meinung,
daß Moses weit über allen Kreaturen stehe, war jedoch die
verbreitetere. So Schemoth Rabba Seite 100 c: **Rabbi
Jehuda, filius Rabbi** (der Sohn Judas, des Nasi und
Sammlers der Mischna), **dixit: Ecce quem honorem Deus
impertivit Mosi. Deus S. B. reliquit superiora coela
et venit ad Mosen, item venerunt et angeli ministrantes et dixerunt hymnos coram eo; etiam sol, luna et sidera venerunt, ut psallerent coram eo, petebantque ab
eo permissionem, ut iis liceret illustrare mundum. Si
enim non accepissent ab eo hanc permissionem, non li-
cuisset illis, exire in mundum.** Moses wird sogar zu einem
Doppelwesen, das halb Gott, halb Mensch war, oder zu
einem Gottmenschen gemacht. Debarim Rabba S. 208 a:
Quid sibi vult dictum istud (Deuter. XXXIII, 1): „**Moses vir Dei.**" **Dixit Rabbi Abina: ex dimidia parte corporis inferiori homo erat, ex al era parte superiori Deus
erat** (der untere Theil des Leibes wird nämlich, als der Sitz
der heftigsten Begierden, von den Juden für unrein gehalten).
Ferner ebendaselbst: **Rabbi Tanchuma dixit: Si Moses
Deus erat, quomodo homo? et si homo, quomodo Deus?
responsio: eo tempore, quo ad Nilum accessit, homo erat,
quando autem Nilus ab eo in sanguinem mutabatur,
Deus erat. Item eo tempore, quo ante Pharaonem fugit,
homo erat, quando vero Pharaonem perdidit, Deus erat.
Item quando in coelum ascendit, homo erat — sed cum
descenderet e coelis, Deus erat. Scriptum enim est:
„Contremuerunt omnes accedere ad eum.**" Fast allgemein
wird nämlich sein Besteigen des Sinai als eine Art Himmel=
fahrt vorgestellt. Die Schicksale der Welt, und besonders
die ganze Zukunft des israelitischen Volks hat Gott dem Ge=
setzgeber geoffenbart. So Sifri zu Deuter. XXXIV, 1. *)

---

*) Ugolini XV, 986.

Hier werden eine Menge Thatsachen der späteren Geschichte
Israels aufgeführt, die der Herr Mosen voraus schauen ließ.
Es wäre zu weitläufig, die ganze Stelle anzuführen: wir
beschränken uns auf den Hauptsatz: docemus, quod Mosi
Deus ostenderit universum mundum, ab eo die, quo
illum creavit, usque ad diem resurrectionis mortuorum.
Moses ist auch nicht gestorben, doch hievon später an einem
andern Ort.

Man möchte vielleicht glauben, daß diese Vergötterung
Mosis ein Werk späterer Zeiten sey, aber es ist dem nicht
so. Schon Philo theilt ganz dieselbe Ansicht. *) Auch Jo=
sephus stimmt mit ein. Zu Ende des zweiten Buchs der
Alterthümer feiert er ihn gleich einem Gotte. „An Verstand
übertraf Moses alle Menschen, und benützte seine Einsicht
aufs Beste, auch besaß er die Gabe mit dem Volke zu reden.
Ueber die Leidenschaften war er vollkommen Herr, ja man
sollte glauben, daß keine derselben in seiner Seele wohnte,
und daß er sie bloß dem Namen nach kannte, weil er sie bei
Anderen sah. Als Feldherr stand er hoch, als Prophete kam
ihm kein Anderer gleich; was er sprach, ward vom Volke
nicht anders aufgenommen, als käme es von Gott selbst.“
Ebenderselbe sagt zu Ende des dritten Buchs der Alterthü=
mer, „seine Gesetzgebung habe bewirkt, daß alles Volk ihn
für eine höhere Natur (als eine menschliche) gehalten;
ἡ νομοθεσία τοῦ θεοῦ δοχοῦσα, τὸν ἄνδρα πεποίηχε τῆς
αὐτοῦ φύσεως κρείττονα νομίζεσθαι. Was braucht es
mehr? Josephus bezeugt auch, daß Gott den Gesetzgeber die
ganze Zukunft des Volkes habe schauen lassen; ebendaselbst Buch
IV, 8, 14. ποίησιν ἐξάμετρον αὐτοῖς ἀνέγνω (in seinen lez=
ten Tagen, Josephus meint den Lobgesang Deuter. XXXII.)
ἣν καταλέλοιπεν ἐν τῷ βιβλίῳ τῷ ἱερῷ, πρόῤῥησιν ἐχθ=
σαν τῶν ἐσομένων, χαθ᾿ ἣν γέγονε πάντα καὶ γίνεται, μηδὲν

---

*) Siehe meine Schrift über Philo I, 60 u. flg. besonders 66.

ἐκείνȣ διημαρτηκότος τῆς ἀληϑείας. Man ſieht, daß in des Geſchichtſchreibers Tagen jener Lobgeſang und der Segen auf die ſpäteren Schickſale des Volks gedeutet wurde. Auch die wiederholte Zerſtörung des Tempels ſoll er vorausgeſagt haben, ebendaſelbſt §. 46: „die Städte ſollen niedergewor- fen, der Tempel zerſtört, die Juden in Gefangenſchaft geführt werden, und als Sklaven ihren Ueberwindern dienen. Deßgleichen ſagt der Verfaſſer des vierten Buchs Esdrä: Gott habe Moſi alle Zukunft enthüllt. Kap. XIV, 5. ſpricht Gott: enarravi Mosi mirabilia multa et ostendi ei temporum secreta et finem.

Das Heiligſte in der moſaiſchen Geſetzgebung ſind die 10 Gebote. Joſephus hält dieſelben für ſo hehr, daß er ſie nicht einmal wörtlich anführen will: Alterthümer III, 5, 4. οὐ ϑεμιτόν ἐσιν ἡμῖν, λέγειν φανερῶς (τοὺς δέκα λόγȣς) πρὸς λέξιν. Außerordentliche Dinge gingen damals nach der Meinung der Juden vor. Der Berg Sinai erhob ſich aus ſeinen Wurzeln und reichte weit in den Himmel hinein. So Pirke Elieſer Kap. XLI: sexto die mensis Sivan revelatus est Deus S. B. Israëlitis in monte Sinai: atque e loco suo eradicatus fuit mons Sinai et aperti sunt coeli, mon- tisque cacumen se inseruit coelo atque caligo obtexit montem. Sanctus vero Benedictus insidebat throno suo, et pedes ejus impositi erant caligini, sicut scriptum est (II. Sam. XXII, 10.): „et extendit coelos ac descendit, atque caligo erat infra pedes ejus.“ Ebenſo Mechilta, Ab- ſchnitt VIII, zu Ende: dixit Akiba, produxit Deus coelos superiores super cacumen montis Sinai. Deßgleichen Siphra zu derſelben Stelle: docemur, quod demiserit Deus S. B. coelos coelorum superiorum super montem Sinai. Moſes ſelbſt ſtand nur mit den Füßen auf dem Berge, mit dem übrigen Leibe war er im Himmel. So Pirke Elieſer 41: Rabbi Josua filius Karcha dixit: pedes Mosis stabant in monte, sed ipse totus erat in coelo. Sicuti tentorium expansum, in quo homines habitant, et pedes eorum stant in terra, sed omnes sunt ceteroquin in tentorio: sic pedes Mosis stabant in monte, sed totus erat in coelo, contemplans et perspiciens, quidquid erat in coelis. Loquebatur cum ipso Sanctus Benedictus, sicut homo loquitur cum proximo suo, juxta illud quod scriptum est (Exod. XXXIII, 11): „et locutus est Dominus facie ad faciem.“ Es gibt viele Stellen, worin gelehrt wird, Gott sey damals sichtbarlich auf den Sinai herabgekommen. So Mechilta zu Exod. XIX. 9: die tertio descendebat Dominus in oculis totius populi super montem Sinai. Doch widersprechen andere. So Traktat Succa Babyl. S. 5. a.: Rabbi Jose dixit: nunquam descendit Schechina in terram, nec ascenderunt Moses Eliasque in coelum. Scriptum enim est (Ps. CXV, 16.): „coeli, coeli sunt Jehovae, terram autem dedit filiis hominum.“ Regesserunt ei: nonne descendit Schechina in terram? scriptum videlicet est (Exod. XIX, 20): „descendit Jehova in montem Sinai“; ad quod respondit Jose: distabat Deus a terra ultra decem pugnos. Regesserunt, itidem scriptum est (Zachar. XIV, 4): „pedes Domini stabunt illo tempore in monte olivarum.“ Respondit ille: distabunt a terra ultra decem pugnos. Man sieht es dieser Stelle an, daß die gemeine Meinung sich dahin aussprach: Moses sey in den Himmel und Gott sey auf die Erde herabgestiegen. Aber Rabbi Jose war ein Mann (wie es andere mehr gibt), der sich durch seine besonderen Ansichten auszeichnen wollte, welche er durch die sonderbarsten Gründe unterstützte. — Ein großes Gewicht legen die Rabbinen auf die Feuerflammen, von denen die Verkündigung des Gesetzes begleitet war (nach Exod. XIX, 18). So Mechilta zu der Stelle: Deus ideo per ignes in montem descendisse dicitur, ut nobis indicetur, legem ignem fore, et de igne promulgatam et igni comparari. Quae enim indoles est ignis? si quis hominum propius ad

eum accedit, comburitur, si recesserit ab eo longius,
malo infestatur frigore. Nemo itaque aliunde se ca-
lefaciat, quam ex igne ejus lucido. Ebenso Siphre zu
Deuteron. XXXIII, 2: verbis „ignis est lex illis" signi-
ficat scriptura, quod verba legis comparentur igni.
Quomodo se habet ignis? de coelo datus est: ita verba
legis similiter de coelo data sunt, prout scriptum est
(Exod. XX, 19): „vos vidistis, quod de coelo locutus
sim vobiscum." Quid ignis? vitam confert mundo: etiam
legis verba vitam mundo conferant. Quomodo porro
ignis? quisquis propius accedit ad eum, comburitur, qui
longius ab eo recedit, friget. Ita quoque se habent verba
legis. Quam diu quis occupatur in illis discendis, vitam
ipsi conferunt, si cogitarit separare sese ab iis, occidunt
ipsum etc." Gesetz und Feuer werden daher einander gleich
gesezt. So 4tes Buch Esdrä XIII, 38. *) (Messias) perdet
populos terrae sine labore per legem, quae igni assimilata est. Man ging noch weiter; nach dem Vorbild Deſſen,
was auf Sinai geschehen, hielt man Feuer überhaupt für
das nothwendige Beiwerk jeder Offenbarung Gottes. Ein
merkwürdiges Beispiel dieser Art enthält die jerusalemische
Gemara zu Chagigah Kap. II, 1. Abuja, einer der reichſten
Einwohner von Jerusalem lud viele angesehene Mitbürger
ein, zur Feier der Beschneidung seines Sohnes; auch zwei
Rabbinen waren unter den Geladenen, Elieser und Josua,
die in ein besonderes Zimmer geführt wurden, aus Achtung
für ihren Stand. Während die anderen Gäste tranken, ſich
freuten und tanzten, ſtudirten die beiden Gelehrten in der
Bibel. Da fiel Feuer vom Himmel hernieder und umgab
das Haus. Erschreckt sprach Rabbi Abuja zu den Rabbinen:
Warum seyd ihr gekommen mein Haus zu verbrennen? Sie
antworteten: Das sey ferne von uns, wir haben das Gesetz,

---

*) Nach dem Lateiner bei Fabricius.

die Propheten und die anderen heiligen Schriften gelesen, es
sind Worte des Lebens, darum ist Feuer vom Himmel gekommen
und hat sie berührt, gleich wie sie auf dem Sinai von Feuer
begleitet waren, denn im Feuer wurden sie dort gegeben, wie
geschrieben stehet (Exod. XIX, 18): Der ganze Berg brannte."
Der Sohar erzählt noch schlagendere Geschichten der Art.
Ich will einige hersetzen. Idra Suta I. Abth. 1. [*] Als
Rabbi Simeon Ben Jochai, der große Mystiker, sterben
wollte, und seinen Jüngern die lezten Lehren gab, da füllte
sich das ganze Haus mit Schülern. Simeon hob seine Augen
auf, weinte und sprach: Cum altera vice aegrotarem, et mori
crederem, ex quo tamen morbo restitutus sum: ignis circum
dabat domum, qui hactenus nunquam cessavit, nec ullus
homo intravit ad me, nisi cum licentia mea. Nunc autem
video, quod ablatus sit ignis, et impleta est domus (hominibus). Die Anwesenheit einiger minder reinen Schüler hatte
nämlich das Feuer, dieses sichtbare Zeichen der göttlichen Erscheinung, verdrängt. Aber sogleich kam das Feuer wieder.
Der Text fährt fort: Dum circumspicerent, Rabbi Simeon oculos suos aperiens videbat visionem et ignis domum circumdabat. Ebenso ging's bei seinem Verscheiden. [**]
Ein Lieblingsschüler schrieb die lezten Worte des sterbenden
Lehrers auf. Derselbe berichtet nun, als er den lezten Buchstaben geschrieben: Non elevabam caput meum, quia lumen
erat nimium. — Per totum illum diem ignis non recessit a domo, et nemo erat, qui adpropinquaret ad eam,
quia non poterant, lumen enim et ignis erant circa illam,
per totum diem. Als Simeon Ben Jochai gen Himmel
fuhr, begleiteten ihn ebenfalls Feuerflammen [***]: Ipse eleva-
batur in aërem, et ignis flammabat ante eum. Ich füge

---

[*] Siehe Knorr von Rosenroth Kabbala denudata II, 522.
[**] Ebendaselbst S. 596.
[***] Ebendaselbst S. 597.

noch eine Stelle aus dem jerusalemischen Talmud bei:*) „Eines Tages fing Rabbi Elieser an von den Werken des Wagens zu reden (über Ezechiel). Rabbi Jochanan, sein Begleiter, stieg eilends vom Esel, auf dem er ritt, und sagte: Es ist nicht billig, daß ich die Ehre meines Schöpfers höre und dabei auf einem Esel reite. Sie setzten sich beide unter einen Baum (und Jochanan horchte auf die Worte Eliesers), da fiel Feuer vom Himmel und umgab sie." Auch zu den ältesten christlichen Vätern ist diese Ansicht von den Juden übergegangen. Die Predigt Petri ($\varkappa\acute{\eta}\varrho\nu\gamma\mu\alpha$ $\Pi\acute{\varepsilon}\tau\varrho\nu$), ein sehr altes Apokryphon, das Werk eines Judenchristen, aus welchem Clemens von Alexandrien Bruchstücke mittheilt, enthielt nach dem Zeugnisse des unbekannten Verfassers der Abhandlung de non iterando baptismo haereticorum **) die Lehre, daß Feuer über dem Jordan gesehen worden sey, als Christus getauft wurde. Auch Justin der Märtyrer bezeugt dieß, wenn er in dem Gespräch mit Tryphon sagt: ***) $\varkappa\alpha\tau\varepsilon\lambda\vartheta\acute{o}\nu\tau\sigma\varsigma$ $\tau\sigma\tilde{v}$ $'I\eta\sigma\sigma\tilde{v}$ $\dot{\varepsilon}\pi\dot{\iota}$ $\tau\dot{o}$ $\ddot{v}\delta\omega\varrho$, $\pi\tilde{v}\varrho$ $\dot{\alpha}\nu\acute{\eta}\varphi\vartheta\eta$ $\dot{\varepsilon}\pi\dot{\iota}$ $\tau\tilde{\omega}$ $'I\sigma\varrho\delta\acute{\alpha}\nu\eta$. Aehnlich das Evangelium der Ebionten (bei Epiphanius haeresis XXX, 13): $\varepsilon\dot{v}\vartheta\dot{v}\varsigma$ (sogleich) nach der Taufe) $\pi\varepsilon\varrho\iota\acute{\varepsilon}\lambda\alpha\mu\psi\varepsilon$ $\tau\dot{o}\nu$ $\tau\acute{o}\pi\sigma\nu$ $\varphi\tilde{\omega}\varsigma$ $\mu\acute{\varepsilon}\gamma\alpha$. Ich brauche kaum zu bemerken, daß diese Vorstellung von den Juden herüber gekommen ist, und aus der traditionellen Geschichte der Gesetzgebung vom Sinai herstammt, denn dieß stellt sich von selbst dar. Aber auch im neuen Testament hat sie Eingang gefunden. Die Worte Johannis des Täufers Matth. III, 11 spielen darauf an: $\dot{o}$ $\dot{o}\pi\acute{\iota}\sigma\omega$ $\mu\nu$ $\dot{\varepsilon}\varrho\chi\acute{o}\mu\varepsilon\nu\sigma\varsigma$ — $\dot{v}\mu\tilde{\alpha}\varsigma$ $\beta\alpha\pi\tau\acute{\iota}\sigma\varepsilon\iota$ $\dot{\varepsilon}\nu$ $\pi\nu\varepsilon\acute{v}\mu\alpha\tau\iota$ $\dot{\alpha}\gamma\acute{\iota}\omega$ $\varkappa\alpha\dot{\iota}$ $\pi\nu\varrho\acute{\iota}$. In welchem Sinne, soll unten in der Lehre vom Messias gezeigt werden.

Obwohl Gott selbst auf den Sinai herabstieg, hat doch Moses

---

*) Siehe Eisenmenger I, 50.
**) Abgedruckt in Rigaltius Ausgabe der Werke Cyprians, siehe auch Fabricius codex pseudepigraphorum nov. test. II. 799.
***) Mauriner Ausgabe S. 185 unten.

das Gesetz nicht von ihm, sondern von den Engeln empfan=
gen. Hierüber stimmen das neue Testament, Josephus
und die Rabbinen zusammen. Es schien lezteren unanständig,
daß Gott Worte ausstoßen sollte, was man doch annehmen
mußte, wenn Er selbst die 10 Gebote sprach. So schon
Philo. *) In den Rabboth zum hohen Liede I, 2 heißt es:
Rabbi Jochanan docuit, angelos prodire fecisse sermonem ex conspectu Dei Sancti Benedicti. Der jüdische
Geschichtschreiber läßt (Alterth. XV, 5, 3.) den König Hero=
des in einer Rede an das Volk, sicherlich ganz im Sinne
der Juden, sagen: τὰ κάλλισα τῶν δογμάτων καὶ τὰ ὁσιώ-
τατα ἐν τοῖς νόμοις δι ἀγγέλων παρὰ τοῦ θεοῦ ἐμάθομεν.
Die Stellen des neuen Testaments, worin dasselbe gelehrt
wird, sind bekanntlich Apostelgesch. VII, 53 u. 38. Ebr. II, 2.
und Galat. III, 19. Dieser Glaube hat zu allerhand wun=
derlichen Sagen Anlaß gegeben. So wird Traktat Sabbat
babyl. Seite 89, a erzählt, die Engel seyen über die große
Bevorzugung Mosis eifersüchtig geworden: Rabbi Josua,
ben Levi, dixit: eo tempore, quo Moses ascendit in
coelum, exclamaverunt ministri sanctuarii (angeli ministrantes) coram Domino sancto Benedicto: Domine
mundi, quid vult muliere natus inter nos? Respondit Deus,
venit legem accepturus. Regesserunt angeli: cimelium illud,
quod ex sex creationis diebus per nongentas septuaginta
quatuor generationes apud te reconditum fuit, antequam
mundus esset, (die Juden glauben nämlich, das Gesetz sey
älter als die Welt, wovon später) hoc tradi vis homini ex
carne nato? Quid est homo, ut ejus memineris et terrae
filius, ut eum respicias! (Ps. VIII, 5.) Domine mundi,
quam potens est nomen tuum per totum orbem (ibid. 10.),
sed majestatem tuam retine in coelis. Tunc Deus Sanct.
B. dixit ad Mosen: Da illis responsum. Regessit Moses:

*) De decalogo S. 748 der alten Ausgabe.

omine mundi! timeo ne me comburant halitu labiorum
iorum. Respondit Dominus: Tange thronum majestatis
eae et tum disputa cum iis; scriptum enim est (Job.
XVI, 9): „qui attingit thronum ipsius, super hunc ex-
indit nubem suam." (Hinc discimus, dixit Rabbi Nachum,
ieum splendorem majestatis suae ac nubem super Mosen
(pandisse.) Perrexit Moses: Domine mundi! in lege,
uam mihi das, nonne scriptum est, „ego sum Dominus
ieus tuus, qui te eduxit ex Aegypto" (Exod. XX, 2.)?
'um ad angelos conversus Moses, num vos, ait in
ιegypto fuistis, num vos serviistis Pharaoni, quid ergo lex
obis (cui usui vobis erit lex, quam retinere in coelis
itimini). Quid scribitur porro in lege? „Ne habeto Deos
lios" (Exod. XX, 3.). Num vos habitatis inter praeputia-
ιs, qui Deos alienos colunt? Quid ultra scribitur in
adem? „Memento sabbati, ut illud sanctifices." Num vos
egotia facitis, ut requie vobis opus sit? Quid ultra? „Ne
ιcassum pronuntiato nomen Dei tui." An commercium
erum inter vos est? Quid ultra lege sancitur? „Honora
atrem et matrem tuam." At vobis paterne est an ma-
ιr? Quid ultra? „Ne homicidium peragas, ne moecheris,
e fureris." At inter vos num odium exstat, num concu-
iscentia prava? — Extemplo omnes angeli coeperunt
enedicere Deum S. B. Scriptum enim est: „Domine
Ieus noster, quam potens est nomen tuum in terris"
Ps. VIII, 10.); sed nequaquam ibi scriptum est: retine
ιajestatem tuam in coelis. Tum unusquisque ex an-
elis amicitiam cum Mose junxit, et ipsi munera dede-
unt. Scriptum enim est (Ps. LXVIII, 19.): „Ascendisti in
oelum, captivam duxisti captivitatem, accepisti dona pro
omine." Scilicet ad compensandam injuriam, quod ho-
ιinem appellarunt eum, Moses accepit dona ab an-
elis. Bemerkenswerth ist, wie hier Moses ebenfalls zu
ner übermenschlichen Natur gestempelt wird, sonst tritt

der Glaube, daß die Engel ihm das Gesetz übergeben hätten, ziemlich in Hintergrund.

Ich kann mir das Vergnügen nicht versagen, bei dieser Gelegenheit eine Stelle des neuen Testaments zu erklären, die seit langer Zeit für die schwierigste galt, und selbst von trefflichen neuen Auslegern (wie Rückert) als crux damnata beseitigt wird. Sie ist leicht verständlich, sobald man sie mit Augen ansieht, die durch genauere Kenntniß der jüdischen Denkweise geschärft sind. Galat. III, 19, 20. τῶν παραβάσεων χάριν προςετέθη ὁ νόμος, διαταγεὶς δι᾽ ἀγγέλων ἐν χειρὶ μεσίτε. Ὁ δὲ μεσίτης ἑνὸς οὐκ ἔςιν: ὁ δὲ θεὸς εἷς ἐςιν. Die besten Ausleger gestehen zu, Paulus wolle hier das Gesetz gegenüber vom Evangelium herabsetzen. Und so verhält es sich auch. Das Gesetz wurde durch die Engel zusammengestellt oder geordnet (διαταγεὶς) und durch einen Mittler (Moses) den Israeliten übergeben. Was ist nun der Begriff, den Paulus hier mit dem Worte μεσίτης verbindet? Der natürlichste und erste! Die Aufstellung eines Mittlers wird da zur Nothwendigkeit, wo Viele mit Vielen zu unterhandeln haben, wie hier viele Engel (darum die Mehrzahl ἄγγελοι) mit dem ganzen israelitischen Volke, welches ebenfalls eine große Mehrheit ist. Um Verwirrung zu vermeiden (weil es sonst heißt quot capita tot sensus), überträgt man in solchen Fällen das Geschäft einem einzigen Bevollmächtigten oder Mittler. So verfuhr man in den republikanischen Staaten des Alterthums, und so auch im jüdischen, der eine gute Beimischung von Demokratie hatte. Mit Einem Worte: Vertreter einer Mehrzahl gegen eine Mehrzahl ist der erste und natürlichste Begriff des Wortes μεσίτης. Weiter: der Mittler ist aber nicht der Mittler eines einzigen, sondern Vieler; hier der Myriaden Israels, dort der Engelschaaren. Man füge also zu den Worten: ὁ δὲ μεσίτης οὐχ ἑνός ἐςιν in Gedanken den Gegensatz bei ἀλλὰ πολλῶν. Gott ist aber ein einziger! ὁ δὲ θεὸς εἷς ἐςιν, ganz richtig, und hieraus

folgt der Schluß: Moses war also, da er das Gesetz empfing,
nicht der Mittler Gottes, sondern bloß der Engel, welche
wegen ihrer Vielheit einen Mittler brauchen; folglich ist
das Gesetz nur ein englisches Werk, nicht ein göttliches,
(dasselbe kommt nur durch eine dreifache Vermittlung auf Gott
zurück, was seiner Reinheit schadet), folglich steht es tief
unter dem Evangelium, welches von Gott und seinem Sohne
selbst herrührt. Und das ist's ja eben, was Paulus nach
der Voraussetzung aller guten Erklärer beweisen wollte. Ich
weiß recht gut, daß der Ausdruck μεσίτης auch noch eine
andere Bedeutung zuläßt und im neuen Testament wirklich
besizt. Er bezeichnet zugleich die Mittelperson zwischen
einem niedrigen und erhabenen Wesen, das wegen seiner
Majestät sich nicht herablassen kann zu Geschöpfen unter=
geordneter Art. So wird das Wort vom Verfasser des
Hebräerbriefs VIII, 6. IX, 15. XII, 24 gebraucht, auch die
Stelle 1. Timoth. II, 5 ist ähnlich: εἷς γὰρ θεός, εἷς καὶ
μεσίτης θεοῦ καὶ ἀνθρώπων, ἄνθρωπος Χριστὸς Ἰησοῦς. Doch
bricht hier vielleicht noch die erstere Bedeutung durch. Wozu
denn der Beisatz ἄνθρωπος? Als Mensch vertritt Christus
eine himmlische Mehrheit, seine eigene höhere Natur, (den
Logos, der in ihm wohnt) den Vater, den Geist, gegenüber
von anderen Menschen; oder sollte ἄνθρωπος, ohne weitere
Beziehung, nur als Gegensatz gegen das vorhergehende ἀνθρώπων beigefügt seyn? Immerhin kann ein Wort zwei ver=
schiedene Bedeutungen haben, und daß der Sinn, den wir
der Stelle Galat. III, 20 unterlegten, der richtige ist, halte
ich für ebenso geschichtlich als sprachlich erweisbar. Nichts lag
der alten jüdischen Theologie, welche gar gerne auf Spitzfin=
digkeiten ausgeht, näher als folgende Frage: Das Gesetz
ist durch die Engel abgefaßt worden, aber warum haben sie
es nicht selbst den Menschen übergeben; greifen sie ja doch in
die Geschichte der Erzväter häufig ein. Antwort: sie konnten
dieß nicht thun, weil ihrer Viele waren; denn wo Viele mit

Vielen unterhandeln, liegt es in der Natur, daß man einen Mittelsmann braucht.

Doch kehren wir zu unserm Gegenstande zurück. Schon der heilige Text erzählt, alles Volk sey geweiht und geheiligt worden, ehe es dem Berge nahte (Erod. XIX, 13. 14). Die Rabbinen gehen noch weiter, sie berichten uns, daß die Gotteserscheinung auf Sinai alle Unreinigkeit der Erbsünde, welche vom Falle Adams stammte, aus den Seelen der Israeliten ausgetrieben habe. So Avoda Sara babyl. Seite 22, b: Docuit Rabbi Jochanan, serpentem ea hora, qua rem habuit cum Eva (die Rabbinen sagen nämlich, der Teufel habe in Gestalt der Schlange Eva geschwächt), immisisse ei inquinamentum. Jam si ita se res habet, etiam Israëlitae sunt inquinati? Respons.: nequaquam! cessavit enim Israëlitarum inquinamentum, quia steterunt ad montem Sinai; gentilium vero inquinamentum non cessavit, quia illi ad montem Sinai non steterunt. Auf ihre Reinheit während der Zeit, als sie unter dem Berge standen, wird der Vers aus dem Hohen Lied IV, 6 angewandt: „Du bist durchaus schön meine Freundin, es ist kein Flecken an dir." *) Obigen Satz wiederholt auch Maimonides als unbezweifelte Lehre des Judenthums, More Nebochim II, Kap. 30: Ex quo serpens venit ad Evam, humorem vel sordes projecit in Evam. Israëlitis, qui steterunt sub monte Sinai, sordes illae absterguntur, sed gentibus, quae non steterunt sub monte Sinai, sordes illae non absterguntur. Das Stehen unter dem Berge Sinai war also eine Taufe durch den heiligen Geist. So muß man die Sache wenigstens in Christi Tagen dargestellt haben; denn wenn Paulus I Kor. X, 2 sagt, das Meer und die Wolke sey eine Taufe auf Mosen gewesen, so deutete er gewiß noch viel eher das Wunder vom Sinai in gleichem Sinne. Aber noch mehr.

---

*) Man vergleiche Edzard Avoda Sara II, 5.

Auf dem Sinai ist der heilige Geist für alle Zeiten des alten
Bundes ausgegossen worden. Es gab keinen Seher in Israel,
der nicht den Geist der Prophezeiung vom Sinai erhalten
hätte. So eine Stelle der Mechilta, welche auch Raschi zu
Maleachi I, 1. anführt: Omnes prophetae steterunt sub
monte Sinai, atque ibi illis traditae sunt prophetiae; ideo
lixit Esaias (XLVIII, 16) *a tempore, quo factum
est illud* (nämlich die Ertheilung des Gesetzes) *ibi ego fui
auf dem Sinai), at nunc misit me Dominus Deus et spiritus ejus*; d. h. schon vor Jahrhunderten habe er (die prä=
ristirende Seele des Sehers) die Prophezeiung gehabt, aber
ezt erst sey es ihm vergönnt, dieselbe zu veröffentlichen.
Ebenso äußert sich, nur viel deutlicher, eine andere Stelle
aus Schemoth Rabba Seite 88, c: Scriptum est (Exod.
XX, 1): „Locutus est Deus omnia verba haec." Dixit
Rabbi Isaac: quaecunque prophetae in posterum (post
Mosis tempora) vaticinati sunt in omni generatione, ea
ex monte Sinai acceperunt. Ita enim praedicavit Moses
Israëlitis (Deuter. XXIX, 14. 15)*: non cum vobis solis
pango hoc foedus et hoc juramentum, sed cum ambis, et
qui hodie hic nobiscum stant coram Jehova Deo nostro,
et cum iis, qui non hic nobiscum hodie.* Non scriptum
est (in altero hemistichio), qui non *stant* nobiscum hodie,
sed solummodo qui hodie non nobiscum. Innuit enim
Moses animas, quae postea evocandae sunt, et quae ma-
teria corporis nondum erant indutae; de his animabus
„stare" non potest praedicari. Quamvis hae tum temporis nondum exstiterint (scilicet ut homines, vel humana forma praeditae), tamen unaquaeque suam partem
accepit in Sinai. Ideo scriptum est Maleachi I, 1: „effatum verbi Jehovae ad Israëlem *in manu* Maleachi." Non
scribitur temporibus Maleachi, sed in manu ejus; nam
jam ex monte Sinai illa prophetia in manu ejus erat,
sed usque ad id temporis nondum ei data erat permissio

prophetizandi. Pariter scriptum est (Esaias XLVIII 16): „Ab eo tempore, quo factum est illud, etiam ego (ibi) fui." Hoc enim sibi vult Esaias: Eo die, quo lex in monte Sinai lata est, etiam ego praesens fui, et accepi hanc prophetiam, quam jam eloquor. „At jam Deus me mittit et spiritus ejus." Scilicet huc usque permissio prophetizandi ei data non fuerat. Sed non solum omnes prophetae spiritum suum propheticum ex monte Sinai acceperunt, verum enim vero etiam quicunque sapientes in omni generatione surrexerunt, unusquisque partem suam ex monte Sinai acceperunt. Sic item scriptum est (Deuter. V, 19): „Haec verba locutus est Dominus ad omnem ecclesiam vestram voce magna, nec addidit quidquam." Rabbi Jochanan dixit: Haec eadem vox divisa est in septem voces, et exinde in septuaginta linguas. Rabbi Simeon ben Lakisch dixit: Ex hac voce exivit omnis prophetia vatum omnium, qui surrexerunt in Israële. Vorausgesezt wird, wie man sieht, die Präexistenz der Seelen, an welche alle Juden glaubten. Von der Vertheilung jener Stimme in 70 Zungen werden wir in der Lehre vom Messias das Weitere vorbringen. Ausgießung des heiligen Geistes auf Sinai für die kommenden Zeiten ist hier aufs Deutlichste behauptet. Diese Lehre war im dritten Jahrhundert verbreitet, dafür bürgt obige Stelle aus der Mechilta, welches Buch in jene Zeit fällt. *) Daß sie noch älter ist und den Tagen Jesu Christi angehört, getraue ich mir, außer den allgemeinen im zweiten Kapitel entwickelten Gründen, noch besonders darzuthun. Erstlich findet sich eine Stelle bei Josephus, welche kaum anders gedeutet werden kann, als daß man annimmt, er habe die Begeisterung der Propheten ebenfalls vom Sinai hergeleitet. Im ersten Buch gegen Apion §. 8 **) sagt nämlich der jüdische Geschichtschreiber:

---

*) Siehe Kap. I. S. 33.
**) Haverc. II, 441.

„Wir Juden haben nicht Tausende von Büchern, deren eines dem andern widerspricht (wie bei den Griechen), sondern nur 22 heilige Urkunden, in denen unsere Geschichte aufgezeichnet ist, und die mit Recht für göttlich gehalten werden. Fünfe derselben gehören Mosi an, sie umfassen einen Zeitraum von 3000 Jahren. Die Geschichte von Moses bis auf Artaxerxes haben die späteren Propheten in dreizehn Büchern beschrieben, vier andere enthalten Lobgesänge auf Gott und weise Lehren. Von Artaxerxes bis auf unsere Tage ist zwar auch Alles aufgeschrieben, aber ohne daß diese späteren Bücher gleiches göttliches Ansehen genößen, wie die früheren, weil die Aufeinanderfolge der Propheten (welche leztere Werke schrieben) nicht sicher ist (διὰ τὸ μὴ γενέσθαι τὴν τῶν προφητῶν ἀκριβῆ διαδοχήν). Meine Ansicht von dem Worte προφητῶν habe ich in der Uebersetzung ausgesprochen. Die Verfasser späterer Bücher, wie des ersten und zweiten Buchs der Makkabäer, sind damit gemeint. Die Gabe der Weissagung oder der Untrüglichkeit wurde in Josephus Tagen, nicht bloß den alten Propheten, sondern auch weit neueren Personen zugeschrieben. So sagt er z. B. (Alterth. XIII, 10, 7), König Hyrkanus habe die Gabe der Prophetie besessen. Warum sollte er also Männer, wie den Verfasser des Buchs der Makkabäer, nicht auch für Propheten gehalten haben! Nun erkläre mir Jemand obige Stelle anders, als so, daß der Sinn herauskömmt, den ich andeutete. Die, welche die spätere jüdische Geschichte nach Artaxerxes geschrieben, waren Propheten, aber sie genießen nicht dasselbe göttliche Ansehen wie die älteren, weil ihre Reihenfolge oder ihr Zusammenhang mit den älteren unterbrochen war. Folglich muß Das, was dem Propheten göttliches Ansehen verschafft, eine Tradition seyn, die Einer von dem Andern empfängt (per manus traditur prophetia) und die bis auf den ersten Propheten des alten Bundes, auf Moses, zurückreicht. Entweder hat Josephus etwas Hirnloses geschrieben, oder ist dieß der wahre Sinn

seiner Worte. Wir finden also hier dieselbe Ansicht bei dem
jüdischen Geschichtschreiber, wie in der Stelle aus dem Buche
Mechilta, obwohl sie nur im Vorbeigehen berührt wird. Zwei=
tens eine politische Nothwendigkeit trieb die Juden auf diese
Lehre. Die Pharisäer sezten sich in Eine Klasse mit den Pro=
pheten, wie oben gezeigt worden ist. Sie gründeten ferner
ihr Ansehen auf das mündliche Gesetz, das sie, so gut als
das schriftliche, vom Sinai herleiteten. Um nun ihren Rang
gegenüber von den eigentlichen Propheten zu behaupten, durften
sie diesen keine selbstständige göttliche Erleuchtung zuschreiben,
sonst standen sie tief unter ihnen — sondern die Propheten
mußten so gut als die Soferim ihre Weisheit auf dem Sinai
empfangen haben. Mehr als irgend eine andere Ursache hat
von jeher das Interesse der Priesterkaste Glaubenslehren ge=
schaffen und geändert. Endlich gab der heilige Text selbst
Anlaß zur Begründung jenes Satzes. Num. **XI,** 17 spricht
Jehova zu Mose: „Ich will herniedersteigen und von deinem
Geiste, der auf dir ist, nehmen und auf die 70 Aeltesten le=
gen, daß sie mit dir die Last des Volkes tragen." Ebenso Vers
35 ebendaselbst: „Da kam der Herr hernieder in der Wolke,
und nahm des Geistes, der auf Mose war, und legte ihn auf
die 70 Aeltesten. Und da der Geist auf ihnen ruhete, weissag=
ten sie." Und Deuter. **XXXIV,** 9 heißt es: „Josua, der
Sohn Nun, ward erfüllet mit dem Geiste der Weisheit, denn
Moses hatte seine Hände auf ihn gelegt." Schon Philo[*])
deutet erstere Stelle so: daß der Geist Mosis durch jenes
Theilen nicht im Mindesten geschwächt, oder verringert wor=
den sey. Ebenso der Targum Jeruschalemi, welcher so über=
sezt: „Revelavit se Dominus in nube divinae majestatis
et auxit de prophetia, quae erat super Mose, ut nihil
ipsi deesset, et dedit super septuaginta viros seniores.

---

[*]) De gigantibus, B. I, 266; siehe meine Schrift über Philo I,
241.

Von solchen Stellen der heiligen Schrift war nur noch ein Schritt bis zu der Lehre, daß aller heilige Geist, selbst der spätesten Propheten, von Mose oder vom Sinai herstamme, und daß derselbe durch Uebertragung von Einem auf den Andern fortgeerbt werde, weßhalb die διαδοχή τῶν προφητῶν fest und sicher seyn mußte. Drittens sezt das Pfingstwunder (Apostelg. II) die allgemeine Verbreitung obiger Ansicht in den Tagen Jesu voraus. Ich werde dieß tiefer unten im Kapitel vom Messias aufs Ueberzeugendste darthun, und ersuche den Leser, wenn noch ein Zweifel in seiner Seele vorhanden seyn sollte, sich bis dorthin zu gedulden.

Viele Juden behaupteten die Ewigkeit des mosaischen Gesetzes. So Philo de vita Mosis II. 136. Auch unserm Erlöser werden Matth. V, 18 Worte in den Mund gelegt, die auf das Bestimmteste die ewige Dauer der mosaischen Gesetzgebung aussprechen, obwohl Paulus und die angenommene Kirchenlehre sich für das Gegentheil entscheidet: ἕως ἄν παρέλθῃ ὁ οὐρανὸς καὶ ἡ γῆ, ἰῶτα ἓν ἢ μία κεραία οὐ μὴ παρέλθῃ ἀπὸ τοῦ νόμου, ebenso Luk. XVI, 17. Merkwürdig ist, wie genau talmudische Stellen mit den Worten bei Matth. übereinstimmen. Sanhedr. Jerusch. Seite 20 c: Liber Deuteronomii veniens prostravit se coram Deo dixitque, o Domine universi! in me scripsisti legem tuam; jam vero testamentum vacillans in aliqua parte, vacillat in toto. Ecce Salomo conatur e me exstirpare Jod (nämlich in in dem Spruche Deuter. XVII, 17 לֹא יַרְבֶּה־לּוֹ נָשִׁים, indem er sich viele Weiber beilegte, nahm er gleichsam das Jod, welches die Mehrzahl bezeichnet, aus dem Worte נָשִׁים heraus). Respondit Deus S. B.: Salomo et mille ei similes peribunt, sed vocula de te non peribit. Dixit Rabbi Honna, nomine Rabbi Achae: littera Jod, quam abstulit Deus e nomine Sarai matris nostrae, (Genes. XVII,

---

*) Siehe meine Schrift über Philo I, 46 und 65.

15) ex dimidia parte data est Sarae, et ex parte dimidia Abrahamo. *) Traditio Rabbi Hoschaiae: Littera
Jod veniens prostravit se coram Deo dixitque: O Domine aeterne, eradicasti me e nomine sanctae istius foeminae. Respondit Deus Sanctus Benedictus, hucusque
fuisti in nomine foeminae, idque in fine (scil. in Sarai),
porro eris in nomine viri, idque in initio. Hinc est,
quod scribitur. (Numer XIII, 16): vocavit Moses nomen
Hoseae Jehosuam. Auch Philo beschäftigt sich gerne mit diesem
Spiele der Namen. Fast muß man glauben, daß der Verfaffer des Evangeliums Matthäi solche Stellen der Rabbinen
vor Augen hatte, da er unferm Erlöfer jene Worte in den
Mund legte; ein neuer Beweis für die unerhörte Zähigkeit der
jüdischen Tradition. Wetstein zu Matth. V, 18 gibt noch mehr
Belege. Auch sonst wurde die Ewigkeit des Gefeßes mit den
stärksten Ausdrücken behauptet. So Schemoth Rabba S. 108,
b: Nulla littera aboletur a lege in aeternum, und Midrasch Coheleth: Lex, quae propter Israëlitas creata est,
ecce illa perpetuo manebit in secula seculorum. Aus
der ewigen Dauer des Gefeßes folgt nothwendig der andere
Saß, daß kein Prophet etwas an demselben ändern dürfe.
So Megilla S. 2, b Schabbath S. 104 a, Joma S. 80 a
und an anderen Orten: Némo prophetarum licentiam habet innovandi quidquam. Zur Vermeidung von Mißver-
ständnissen bemerken wir zum Voraus, daß sich dieses Verbot
nach der Lehre anderer Juden auf den Messias nicht erstreckte.

Man sieht, daß nach den bisher entwickelten Säßen den
übrigen Propheten des alten Bundes nur ein Ansehen zweiten Ranges zukommen kann. Der Kanon der Juden war
von jeher derselbe mit dem, welchen auch die Christen für die
Bücher des alten Testaments annehmen, denn unsere Kirche

*) Das Jod bedeutet nämlich zehen und umfaßt also zwei Heh,
welches fünfe gilt.

hat ihn von den Juden entlehnt. Doch wird verschieden ge=
rechnet. Josephus zählt in der oben angeführten Stelle, aus
der Schrift gegen Apion, nur 22 heilige Bücher auf, weil er
einige der Kleinern zu den Größeren als Anhang zog. An=
ders der Talmud Bava Bathra I. Kap: Ordo prophetarum
(נְבִיאִים) est: Josua, Judices, Samuel, Reges, Jeremias,
Ezechiel, Esaias et duodecim prophetae minores. Ordo
Hagiographorum (כְּתוּבִים): Ruth, liber psalmorum, Job,
proverbia, ecclesiastes, canticum canticorum, threni, Daniel, Esther, Esra et chronica. Rechnet man die fünf
Bücher Mosis dazu, so kommen nach dieser Erzählung vier=
undzwanzig Bücher heraus. Hieronymus gibt in dem pro-
dromus galeatus zu den Büchern der Könige ebenfalls den
Kanon der Juden. Seine Rechnung stimmt mit der des Jo=
sephus überein und bezeichnet zugleich den Grund, warum der
jüdische Geschichtschreiber nur 22 zählte:*) Quomodo viginti
duo elementa sunt, per quae scribimus hebraice omne,
quod loquimur, et eorum initiis vox humana comprehenditur: ita viginti duo volumina supputantur, quibus
quasi litteris et exordiis, in Dei doctrina tenera adhuc
et lactens viri justi eruditur infantia. Primus apud
eos liber vocatur *Bereschit*, quem nos Genesim dicimus.
Secundus *elle Schemoth*, qui adpellatur exodus; tertius
vajicra, i. e. Leviticus; quartus *vajedaber* (sonst auch Bamidbar), quem vocamus Numeri; quintus *elle hadebarim*,
qui Deuteronomium pernotatur. Hi quinque sunt libri
Mosis, quos proprie *thorah*, i. e. legem appellant. Secundum prophetarum ordinem faciunt et incipiunt ab
Jesu filio Naveh, qui apud illos *Josue ben Nun* dicitur.
Deinde subtexerunt *Schophetim*, i. e. Judicum librum, et
in eundem compingunt *Ruth*, quia in diebus judicum
facta ejus narratur historia. Tertius sequitur *Samuel*,

---

*) Opera. edid. Vallarsius Vol. IX, 455 und flg.

quem nos regnorum primum et secundum dicimus; quartus *Melachim*, i. e. regum, qui tertio et quarto regnorum volumine continetur. Quintus est Esaias, sextus
Jeremias, septimus Ezechiel, octavus liber duodecim prophetarum, qui apud illis vocatur *Tere Asar*. Tertius
ordo Hagiographa possidet, et primus liber incipit a *Job*,
secundus a *David*, quem quinque incisionibus et uno
psalmorum volumine comprehendunt. Tertius est Salomo,
tres libros habens *proverbia*, quae illi parabolas et *Mas-
loth* appellant, quartus ecclesiastes, i. e. *Coheleth*, quintus est canticum canticorum, quem titulo Schirhaschi-
rim praenotant. Sextus est Daniel, septimus *Dibre ha-
jamim*, i. e. verba dierum, quod significantius Chronicon
totius divinae historiae possumus adpellare, qui liber
apud nos Paralipomenon primus et secundus inscribitur.
Octavus Esdras, qui et ipse similiter apud Graecos et
Latinos in duos libros divisus est. Nonus Esther. Atque ita fiunt pariter veteris legis libri viginti duo; id
est Mosis quinque, prophetarum octo, hagiographorum
novem. Quamquam nonnulli *Ruth* et *Kinoth* *) (die Klage=
lieber) inter hagiographa scriptitent, et hos libros in suo
putent numero supputandos, ac per hoc esse priscae legis libros viginti quatuor. Man rechnet also nach Belieben
zweiundzwanzig oder vierundzwanzig heilige Bücher, und Die=
jenigen, welche die erstere Zahl vorzogen, thaten es der Spie=
lerei mit den 22 Buchstaben des hebräischen Alphabets zu
Lieb. Die Rechnung des jüdischen Geschichtschreibers ist also
vollkommen erklärt.

Obgleich alle Schriften der Propheten, nach der Juden
Lehre unter Mitwirkung des heiligen Geistes verfaßt sind,
so findet doch ein großer Unterschied in der Werthschätzung
einzelner Statt. Namentlich entstand über das Hohe Lied

---

*) Hieronymus rechnet sie als Anhang zu Jeremias.

und den Prediger Salomo's sehr frühe Streit. Damit man
die hergehörigen Beweisstellen besser verstehe, muß ich zum
Voraus eine Eigenheit der Rabbinen bemerken. Je heiliger
ein Buch ist, mit desto größerer Vorsicht soll man es nach
ihrer Behauptung gebrauchen. Sie sagen daher, die begei=
sterten Bücher verunreinigen die Hände, am Meisten das
Gesetz, als die erhabenste Schrift des alten Bundes. *) Nun
zu den Stellen. Mischna Edajoth V. 3: Die Schammäaner
sagen: Das Buch Koheleth verunreinige die Hände nicht
(weil es nur die Ansichten Salomo's enthalte, und nicht von
dem Geiste Gottes eingegeben sey). Die Hillelianer dage=
gen lehren: Es verunreinige die Hände (wie die anderen heil.
Bücher). Ebenso Mischna Jadajim III, 5: Wenn von einem
Pergament, auf das man das Gesetz geschrieben hatte, alle
Buchstaben ausgelöscht sind bis auf 85 (gerade so viel als in der
Parasche Numer. X, 35. 36 stehen), so verunreinigt es noch
die Hände. Deßgleichen jedes andere Blatt, auf welchem 85
Buchstaben des Gesetzes stehen. Ueberhaupt gilt dieß von
allen heiligen Schriften, auch vom Hohen Liede und dem Pre=
diger Salomo. Rabbi Jehuda sagt: Das Hohe Lied verun=
reinige, aber wegen des Predigers sey noch Streit. Rabbi
Jose sagt: Koheleth verunreinige nicht (weil es nur Menschen=
werk sey), aber wegen des Hohen Liedes herrsche noch Streit.
Rabbi Simeon meint, in Betreff des Predigers sey die Schule
Schammai gelinder, die Hillels strenger. **) Rabbi Schi=
meon, der Sohn Assai, sagte: Ich habe es aus dem Munde
der 72 Aeltesten ***) empfangen an dem Tage, da man R.

---

*) Mischna Jadajim IV, 6: „Aus Ehrerbietung gegen das Gesetz
geschieht es, daß man sagt, es verunreinige die Hände." Man
wollte zugleich die Laien von diesen Büchern entfernt halten.

**) Das heißt sie entscheiden, wie obige Stelle aus Edajot. Nur
ist, die Sache beim rechten Lichte besehen, gerade Hillel milder
und Schammai strenger, indem er ein Buch, das Hillel zuläßt,
vom Kanon ausschließt.

***) Die Männer der großen Synagoge unter Esdras.

Eleasar, den Sohn Asaria, in die Schule eingesezt, daß beide
Bücher die Hände verunreinigen. Rabbi Anisa sprach: Da
sey Gott vor, daß irgend Jemand in Israel wegen des Ho=
hen Liedes stritte, als ob es die Hände nicht verunreinige.
Denn die ganze Welt ist nicht so viel werth, als der Tag,
an welchem das Hohe Lied Israel verliehen wurde. Denn
alle Kethubim sind zwar heilig, dieses aber ist das Allerhei=
ligste. Wenn also unsere Lehrer je uneinig gewesen, so be=
traf ihr Streit bloß das Buch Koheleth. Rabbi Jochanan
sagt: Der Streit sey nach dem Ausspruche Schimeons, Ben
Assai, entschieden worden (daß also beide Bücher heilig seyen,
oder die Hände verunreinigen). Nichts destoweniger erhielt sich
immer unter den Juden eine Mißstimmung gegen den Ko=
heleth, worüber man sich nicht wundern darf, da dieses Buch
deutlich genug die Sterblichkeit der Seele lehrt. Manche
glaubten in der Stille, es sey das Werk irgend eines Sad=
ducäers. Desto höher wurde das Hohe Lied erhoben — versteht
sich, weil man es mystisch deutete, wovon die ältesten Apo=
kryphen und selbst das Neue Testament Spuren enthalten.
In dem apokryphischen Buche, Himmelfahrt des Esaias, wird
z. B. der Messias immer der Geliebte (dilectus) genannt,
welche Bezeichnung aus dem Hohen Liede stammt; auch
die Bilder vom Bräutigam im Neuen Testamente kommen
dorther.

Unter den Propheten schäzten die Juden am höchsten den
Esaias, Daniel, Ezechiel. Die beiden lezteren bekommen im
Seder Olam Rabba den ehrenden Beinamen filii hominis
(wie der Messias). Die Stelle lautet so: Inter prophetas de-
cem reperiuntur titulo viri Dei insigniti; nempe Moses,
Elkana, Samuel, David, Sehemaia, Iddo, Elias, Elischaeus,
Micha, Amos. Samuel et Chanani appellantur viri vi-
dentes. (1. Sam. IX, 18. 2. Chron. XVI, 7.) Daniel et
Ezechiel titulum filii hominis sortiti sunt. Ezechiel galt
als einer der beiden großen Träger der Geheimlehre, denn

die Werke des Wagens (Maaseh **Mercaba**) gründen sich auf
seine ersten Kapitel.*) Noch höher als Ezechiel wurde in Jesu
Christi Tagen Daniel erhoben. Die Verfasser der Bücher
Henoch und Esdrä **IV** ahmten ihn vorzugsweise nach, was
für große Verehrung in jenen Zeiten spricht. Josephus singt
sein Lob in hochtrabenden Worten Alterth. X, 11, 7: „Ich
will Etwas von Daniel sagen, was den Hörer am Meisten
in Erstaunen setzen muß. Alles glückte ihm, als einem der
höchsten Propheten; so lange er lebte, genoß er Ehre von
Königen, wie vom Volke, und auch nach seinem Tode wird
er ewig gefeiert. Denn die Bücher, welche er hinterließ, werden noch bis auf den heutigen Tag von den Juden gelesen;
aus ihnen selbst haben wir (Juden) die Ueberzeugung geschöpft, daß Daniel mit Gott verkehrte. Nicht die Zukunft
allein hat er, gleich anderen Propheten, voraus verkündigt,
sondern auch die Zeit (Jahr und Stunde) bestimmt, wann
Alles eintreffen sollte. Während die anderen Seher nur Unheil verkündigten, und deßhalb bei Königen und beim Volke
verhaßt wurden, weissagte Daniel Gutes, und gewann dadurch die Gunst von Jedermann. Und weil die Wahrhaftigkeit
seiner Weissagungen durch die That bekräftigt ward, hat er bei
allem Volk den Glauben an seine Göttlichkeit befestigt.“ So
Josephus. Mag Daniel den Juden auch lauter Gutes
geweissagt haben, so hat er doch in der That nur tausend-
faches Wehe über sie gebracht. Seine Prophezeiungen waren
nicht der kleinste Anreiz zum lezten fürchterlichen Aufstande.
Freilich sagen unsere christliche Schriftgelehrten: das sey die
Schuld der Juden, sie hätten ihn besser verstehen sollen.
Aber darin liegt's eben. Ein Prophet soll sich deutlich ausdrücken, daß man ihn nicht so schrecklich mißdeuten kann;
ich halte es mit Luthers Ausspruch über die Offenbarung
Johannis. Die Juden und selbst Josephus wurden indeß

---

*) Siehe oben Seite 60.

durch den Untergang ihrer Stadt noch nicht gewitzigt, vorsichtiger im Glauben an dunkle Prophezeiungen zu seyn. Alterth. X, 10, 4. sagt Josephus: „Daniels Bücher enthalten Weissagungen, die erst noch eintreffen sollen: ἐδήλωσε δὲ καὶ περὶ, τοῦ λίθου *) Δανιῆλος τῷ βασιλεῖ· ἀλλ' ἐμοὶ μὲν οὐκ ἔδοξε τοῦτο ἱϛορεῖν, τὰ παρελθόντα καὶ τὰ γεγενημένα συγγράφειν, οὐ τὰ μέλλοντα ὀφείλοντι. Man muß wissen, daß Josephus seine Alterthümer um ein Gutes nach der Zerstörung Jerusalems schrieb. Der Schmeichler Vespasians glaubte also doch, aller gemachten bittern Erfahrungen ungeachtet, der Judenmessias (so wurde ja der Stein gedeutet) werde nächstens kommen und das römische Reich zerschmettern. Andere Juden dachten ebenso. Ich erinnere an die oben erwiesene Abfassungszeit des 4ten Buchs Esdrä, das der Empörung unter Barchochba voranging. Sicherlich hat der Glaube an die Prophezeiungen Daniels auch auf diese zweite Meuterei mächtigen Einfluß gehabt.

Jesaias sammt den 12 kleinen Propheten wird gleichfalls von Josephus hoch gefeiert. Alterthümer X, 2, 2. nennt er ihn einen göttlichen Propheten, der sich nie getäuscht, und dessen Wahrhaftigkeit erst von der Nachwelt erkannt werden solle — offenbar weil er messianische Orakel hinterlassen. Ich will die eigenen Worte des jüdischen Geschichtschreibers hersetzen: ὧν δὲ οὗτος ὁ προφήτης ὁμολογουμένως θεῖος καὶ θαυμάσιος τὴν ἀλήθειαν, πεποιθὼς τῷ μηδὲν ὅλως ψευδὲς εἰπεῖν, ἅπανθ' ὅσα προεφήτευσεν, ἐγγράψας βίβλοις κατέλιπεν, ἐκ τοῦ τέλους γνωρισθησόμενα τοῖς αὖθις ἀνθρώποις. Von den zwölf kleineren sagt er weiter: καὶ οὐχ οὗτος μόνος ὁ προφήτης, ἀλλὰ καὶ ἄλλοι δώδεκα τὸν ἀριθμὸν τὸ αὐτὸ ἐποίησαν, καὶ πᾶν εἴτε ἀγαθὸν εἴτε φαῦλον γίγνεται παρ' ἡμῖν, κατὰ τὴν ἐκείνων ἀποβαίνει προφητείαν. Noch kräftigere Zeugnisse für die Verehrung, welche Jesaias

---

*) Siehe Daniel 11, 34 und 45.

unter dem Volke Israel immer genoß, finden sich bei den Verfassern der Midraschim: Echa Rabbathi Seite 54 b.: Rabbi Jehuda, filius Simeon et R. Ibbo dixerunt: propterea, quod Israëlitae peccarunt ab Aleph usque ad Tau, eodem modo consolatione eriguntur ab Aleph usque ad Tau. Sic enim observatis, quod omnes prophetias duras, quas Jeremias contra Israëlitas vaticinatus est, Jesaias diu ante sanaverit — sofort werden zum Beweise viele Stellen aus beiden Propheten aufgeführt. Ebenso Vajikra Rabba S. 153. c. Dixit Deus S. Benedictus ad Esaiam: omnes prophetae proferunt vaticinia simplicia, tu autem consolationes duplices. Abgeschmackter Weise belegt der Midrasch diesen schönen und wahren Satz mit bloßen Wortklaubereien: wie Kap. 61, 10., wo es im Text des Jesaias heißt: gaudendo gaudebis, oder 41, 1. die Wiederholung consolamini, consolamini. Aehnlich ist ein altes Citat aus Pesikta Rabbathi im Jalkut Schimeons *) S. 43 a: Jesaias vaticinatus est consolationes plures, quam alii prophetae, neque hoc tantum, verum etiam consolationes duplices proposuit. Ganz so muß man die Sache in Christi Tagen angesehen haben. Der Verfasser des Matthäus Evangeliums betrachtet Jesaias als den Propheten, der am deutlichsten von Christo geweissagt. Und so verhält es sich auch in der That. Jesaias ist der Vorbote unsers Erlösers, der wahre Elias, welcher ihm den Weg gebahnt hat.

Schon aus obigen Stellen ersieht man, in welch hohem Grade die Rabbinen ihre heiligen Schriften für erleuchtet hielten. Sie sprechen sonst wenig ausdrücklich davon, weil sie die strengste Inspiration überall voraussetzen. Doch will ich einige Stellen aus Josephus beifügen. Alterth. IV, 6, 5. läßt er den Seher Bileam zu Balak sagen: sobald Gott auf

---

*) Ein corpus doctrinae, das aus lauter alten Stücken zusammengesezt ist, und ins 14. Jahrhundert gehört.

uns herabsteigt, sind wir in seiner Gewalt, und gehören
nicht mehr uns selber an: οὐδὲν γὰρ ἐν ἡμῖν ἔτι φϑάσαν-
τος εἰσελϑεῖν τοῦ ϑεοῦ, ἡμέτερον, mit welchen Worten
Josephus gewiß die Meinung seiner Zeit ausspricht. In
gleichem Sinne erzählt er ebendaselbst (XII, 2, 13.) der
griechische Geschichtschreiber Theopompus sey 30 Tage lang
wahnsinnig geworden zur Strafe dafür, weil er einen Theil
der mosaischen Gesetzgebung in seinen Werken veröffentlichen
wollte. Ebenso habe den Tragödiendichter Theodektes eine
schwere Augenkrankheit befallen, weil er die heilige Geschichte
des Volks zum Gegenstand eines Schauspiels gewählt. Allerdings galten die Bücher des Gesetzgebers, wie man auch aus
dieser Stelle ersieht, für weit heiliger, als die Werke der
anderen Propheten — denn Er sah ja allein in den hellen
Spiegel der Gottheit, die übrigen durch ein gefärbtes Licht;
aber der Glaube an ihre Untrüglichkeit stand darum nicht
weniger fest. Nur sollte man, was die Gesetze betrifft, nie
eine Deutung aus den Propheten beweisen, sobald dieselbe aus
dem Pentateuch erhärtet werden könnte. Daher der oft wiederholte Grundsatz: „nil quod pro lege probare vis, argu-
mento ex prophetis petito corroborandum est.“ So Baba
Kama S. 2. b.

Wir kommen an die Auslegung der heiligen Bücher.
Die Pharisäer folgten gewöhnlich der wörtlichen Erklärung,
freilich auf eigene Weise; meist klammerten sie sich an einen
Satz, oder ein Wort an, und folgerten dann, was sie wollten.
Beispiele sind schon vorgekommen, und werden noch mehrere
vorkommen. Zu Anfang des Buches Sifra *) sind 13 verschiedene Schlußweisen aufgezählt, wie man Eines aus
dem Andern beweisen könne. Doch kannten und übten sie
auch eine geheime mystische Deutung. Dieselbe bestand entweder in einem bloßen Buchstabenspiele oder in wirklicher

---

*) Siehe Ugolini, B. XIV, 588.

Allegorie. Drei verschiedene Arten der ersteren Gattung kom=
men am häufigsten vor: Gamatria, Notarikon, Athbasch.
Bekanntlich bedeutet jeder Buchstabe des hebräischen wie des
griechischen Alphabets eine eigene Zahl. Man rechnete nun
die Summe eines Worts zusammen und sezte dafür die Zahl,
oder unterschob an die Stelle des ersten Worts ein anderes,
das dieselbe Zahl enthielt. Das nannte man Gamatria, ver=
dorben aus dem griechischen Ausdrucke γεωμετρία. Solchen
Gebrauch machten die Rabbinen von der Mathematik! Ein
Beispiel ersterer Art bietet die Offenbarung Johannes dar
in der Zahl 666 (Kapitel XIII, 18). Hier ist es ein
Räthsel, das der Leser errathen soll. Wir werden dasselbe tiefer
unten lösen. Sonst wird ein gleichzähliges Wort für
ein anderes, das im Texte steht, gesezt. So Onkelos zu
Numer. XII, 1. Die Urschrift sagt dort: Moses nahm eine
Aethioperin zum Weibe; allein es gefiel den Rabbinen nicht,
daß ihr Gesetzgeber eine Negerin heirathen sollte, also halfen
sie sich mit der Gamatria. Das Wort כושית gibt die
Summe 736. Gleichzählig ist der Ausdruck: יפת מראה
(schönen Angesichts), und so übersezt Onkelos. Man sieht,
auf diese Weise kann man gerade den entgegengesezten Sinn
aus heiligen Urkunden herausdeuten; aus der häßlichen Ne=
gerin wird eine schöne Frau. Auch zu den ältesten christlichen
Vätern ging die zweideutige Kunst von den Hebräern über.
Sie wandten dieselbe sogar auf die griechische Sprache
an. Ein ausgezeichnet abgeschmacktes Beispiel findet man im
Brief des Barnabas, *) der Verfasser sagt dort: Abraham
habe auf Christus hingewiesen, indem er 318 seiner Knechte
beschnitt, denn 10 bedeute das Jota, 8 das Eta, also die
beiden Anfangsbuchstaben des Namens Jesus; 300 endlich
oder das Tau T bezeichne das Kreuz, zum deutlichsten Be=
weise, daß Abraham seine Knechte auf Christum beschnitten.

---

*) Cotelerius Patres apostolici B. I, 28.

habe!! — Andere Beispiele finden sich bei Jrenäus (advers.
haer. I, XIV, 6.), wo eine Ketzerpartei geschildert wird, welche
lehrte: Der Erlöser sey bei der Taufe in Gestalt einer Taube
herabgefahren; denn die Taube (περισερά) enthalte in ihren
Buchstaben die Zahl 801, was gleichbedeutend sey mit *AΩ*,
und so nenne sich ja der Erlöser selbst in der Offenbarung
Johannis: ἔχοντα ἐν ἑαυτῷ τὸν ἅπαντα τῶν στοιχείων ἀριθμὸν ἐφανέρωσεν, ἐλθόντος αὐτοῦ ἐπὶ τὸ βάπτισμα, ἡ τῆς
περισερᾶς κάθοδος, ἥτις ἐσὶν Ω καὶ A. Ὁ γὰρ ἀριθμὸς
ἀυτῆς μία καὶ ὀκτακόσιαι. Daſſelbe wird wiederholt ibid. XV, 1.
Klemens von Alexandrien kennt die Gematria ebenfalls, er wiederholt, mit geringen Abweichungen, die Künstelei des Briefs
Barnabä, Stromat. VI, 11. Auch die Mischna gebraucht die
Gamatria öfter, so in ihrem lezten Abschnitte (Traft. Okzim zu
Ende). Rabbi Josua sagt: „Gott wird jeden Gerechten 310 Welten erben laſſen. Warum? weil geschrieben stehet (Sprüchw. VIII,
21.): daß ich erben mache meine Liebhaber das was ist (שׁי),
und Jesch macht 310.“ Aus der Gemara nur ein Beispiel.
Sanhedrm Bab 98, in der Stelle Zachar. III, 8. ecce ego
adducturus sum servum meum צֶמַח, ist das leztere Wort
auf den Messias zu deuten; denn צֶמַח umfaßt dieselbe Zahl,*)
wie מְנַחֵם, und dieses ist gleichbedeutend mit Messias.

Notarikon, oder die zweite Form des geheimen Schluſſes,
tritt dann ein, wenn man die einzelnen Buchstaben eines
Wortes, zu eben so vielen Wörtern, die mit ihnen anfangen,
umbildet. Z. B. in dem Worte נַפְתָּלִי liegt der ganze Satz:
נִתְקַבְּלָה פֹה תְפִלָתִי לִפְנֵי יְהוָה indem hier jeder der 5 Anfangsbuchstaben in gleicher Reihe den Buchstaben entspricht,
aus welchen der Name Naphthali gebildet ist. Eines der
berühmtesten Notarikon ist der Name Adam (אָדָם), denn er
enthält die Wurzel von Adam, David und Maschiach, woraus
man bewies, daß die Seele des Messias durch Adam und

---

*) Nämlich 138.   82

David gewandert sey. Unter den griechischen Vätern bezeugt
Origenes den Gebrauch des Notarikons bei den Juden. Der=
selbe erzählt (selecta in Ezechielem, oper. III, 424): „Er
habe verschiedene Juden befragt, was der Buchstabe Tau nach
ihrer Ueberlieferung bedeute. Ein ·Rabbi antwortete ihm:
das Tau sey ein Sinnbild Derer, welche das Gesetz beobach=
ten, denn das Gesetz werde bei ihnen Thora genannt, und
der erste Buchstabe des Wortes (das Tau) bezeichne Die,
welche dem Gesetze gemäß leben." Offenbar ein Notarikon.
Von den hebräischen Quellen, die das Notarikon anführen,
begnüge ich mich eine einzige zu nennen, Mischna Schab=
bath XII, 5. Besonders gerne braucht man es zu Bezeich=
nung namhafter Rabbinen. Maimonides heißt eigentlich
Rabbi Moses ben Maimon, zieht man die Anfangsbuchstaben
zusammen, so entsteht das Wort Rambam (רמבם), wie die
Juden gewöhnlich diesen Lehrer nennen. So sagt man auch
Raschi, für Rabbi Salomo Jarchi.

Die dritte Art der geheimen Buchstaben=Deutung heißt
Athbasch. Sie besteht darin, daß man das Alphabeth um=
kehrt und statt א ein ת, statt des ב ein ש sezt und so fort.
Auf diese Weise wird z. B. aus dem Worte בבל der Name
ששך, welcher bei Jeremias XXV, 26 und LI, 41 vorkommt.
Alle Rabbinen glauben, daß Jeremias wirklich unter Sche=
schach Babel verstanden habe. Jonathan Ben Usiel übersezt
so, und die Sache ist an sich sehr wahrscheinlich, woraus denn
hervorgeht, daß der Gebrauch des Athbasch ins graue Alter=
thum hinaufreicht.

Doch diese Formen sind bloße Spielereien. Allein den
Pharisäern war auch eine wirkliche Geheimlehre bekannt, was
nothwendig auf eine ausgebildete mystische Deutung der heil.
Urkunden hinweist. Die Hauptbelege aus der Mischna und
Gemara wurden im ersten Kapitel mitgetheilt. *) Auch andere

*) Seite 60 und flg.

ältere Quellen: Josephus, Origenes, der Verfasser des vierten Buches Esdrä und besonders der Targum Jonathan zeugen dafür. Den lezten Segen Davids 2 Sam. XXIII, 5:
„Einen ewigen Bund hat der Herr meinem Hause geschworen, der in Allem gehalten werden soll,“ übersezt Ben Usiel
so: Einen ewigen Bund hat mir der Herr geschworen, daß mein
Königthum dauernd seyn soll, wie die Reihen des Anfangs
der Welt סִדְרֵי בְרֵאשִׁית. Diese Worte erinnern stark an die
Geheimlehre, denn eben die Maase oder Sidre Berschit sind
es, die man nach der Behauptung der Mischna nicht veröffentlichen darf. Jonathan äußert sich auch sonst in gleichem
Sinne; Jesaias XL, 21 gibt er die Worte des Textes (wisset
ihr es nicht, habt ihr es nicht gehört, ward es euch nicht von
Anbeginn verkündet) auf folgende Weise wieder: „Habt ihr es
nicht erkannt, habt ihr es nicht gehört, ward euch nicht von Anbeginn das Werk der Reihen der Schöpfung עוֹבַד סָדְרֵי בְרֵאשִׁית
verkündet! Daß hier eine geheime überschwängliche Weisheit gemeint sey, wird Jeder bekennen, der Etwas von der
jüdischen Glaubenslehre versteht. Deutlicher spricht sich Josephus aus. Alterth. XII, 2, 3 läßt er Demetrius von Phalerä
an König Ptolemäus schreiben: „Die Gesetzgebung der Juden
habe einen tiefen, philosophischen Sinn und sey durchaus rein,
als ein Werk Gottes. Griechische Dichter und Geschichtschreiber gedächten daher auch derselben nicht, wegen ihrer Reinheit, und weil man sie mit profanem Sinne nicht einmal auslegen dürfe: φιλοσοφωτέραν γὰρ καὶ ἀκέραιον τὴν νομοθεσίαν
εἶναι συμβέβηκεν, ὡς ἂν οὖσαν θεοῦ — μὴ δέον αὐτὴν βε-
βήλοις σόμασι διασαφεῖσθαι. Hier legt der Jude einem
Griechen seine eigene Ansicht vom verborgen himmlisch-
hohen Sinn des Gesetzes unter. An anderen Orten erklärt
sich Josephus ganz offen für die allegorische Deutung. *) Kaum
brauche ich auf Philo zu verweisen oder auf die wichtige

---

*) Vergleiche meine Schrift über Philo II, S. 356 u. flg.

Stelle des Eusebius.*) Aber Origenes möge noch als Zeuge auftreten. Im Eingange seiner Erklärung des hohen Liedes sagt derselbe: **) Moneo, ut omnis, qui nondum carni= et sanguinis molestiis caret, neque ab affectu naturae materialis abscedit, a lectione libelli hujus penitus temperet. Ajunt enim observari etiam apud Hebraeos, quod nisi quis ad aetatem perfectam maturamque pervenerit, libellum hunc ne quidem in manibus tenere permittatur. Sed et illud ab iis accepimus custodiri, quandoquidem moris est apud eos omnes scripturas a doctoribus et sapientibus tradi pueris, simul et eas, quas δευτερώσεις appellant (die Mischna), ad ultimum quatuor illa observari: id est principium geneseos (die Maase Bereschit), in quo mundi creatura describitur, et Ezechielis prophetae principia, in quibus de Cherubim refertur (die Maase Mer= caba), et finem, in quo templi aedificatio continetur, et hunc cantici canticorum librum. So klar bewahrheiten christliche Väter die Aussprüche der Rabbinen! In der That besteht ein Gesetz, daß kein Jude vor dem 40sten Jahr das hohe Lied in die Hand nehmen soll. Daß Mosis Gesetzge= bung eine Geheimlehre enthalte, behauptet auch der Verfasser des 4. Buches Esdrä Kap. XIV, 6, wo Gott zu ihm spricht: haec in palam facies verba, et haec abscondes; und eben= daselbst 26: perfectis quaedam palam facies, quaedam sapientibus abscondite trades. Also kannten die Juden im Allgemeinen (nicht bloß die Essener, von denen dieß aus= drücklich behauptet wird, sondern auch die Pharisäer) eine mystische Deutung, mit anderen Worten, sie übten die Alle= gorie. Aber von welcher Art war dieselbe? Diese Frage kann man aus Mangel an Quellen nicht mehr genügend be= antworten. Nur ein einziges Beispiel ist uns von einem

---

*) Siehe ebendaselbst II, S. 356.
**) Opera III, 26, b.

neuteſtamentlichen Schriftſteller aufbewahrt worden: Galat.
IV, 24. 25, wo Hagar nach den Geſetzen der Allegorie für
eins mit dem Berge Sinai erklärt wird. Aus welchen Grün=
den? ſagt Paulus nicht. Außerdem will ich noch auf den Ge=
brauch gewiſſer myſtiſcher, aus dem Griechiſchen entlehnter
Ausdrücke aufmerkſam machen. Pirke Aſoth IV, 11, heißt es:
Rabbi Elieſer der Sohn Jakobs ſagt: „Wer ein Gebot hält,
erwirbt ſich dadurch einen פַּרְקְלִיט (Vorſprecher, παράκλητος),
wer eine Miſſethat begeht, erwirbt ſich dadurch einen קַטִּיגּוּר
(Ankläger, κατήγορος). Ebenſo Sanhedrin S. 32: para-
cleti hominis sunt resipiscentia et bona opera. Ich
möchte hieraus folgern, daß die alexandriniſch=griechiſche Alle=
gorie oder Geheimlehre, welcher dieſe Worte urſprünglich an=
gehören, bedeutenden Einfluß geübt hat auf die hebräiſche,
obgleich beide Arten der Myſtik ſchon wegen der verſchiede=
nen Sprache ſich nicht gleich geweſen ſeyn können. Jeden=
falls bedienten ſich die Phariſäer der Geheimlehre nur ſelten
und ausnahmsweiſe. Als Grundſatz galt der Spruch (Schab=
bath S. 63 a): scriptura non egreditur e simplicitate sua
(מִפְּשׁוּטוֹ) id est e litterali sensu. Sie hatten ſolche
Künſte auch weniger nöthig, weil ſie neben dem geſchriebenen
Worte noch eine zweite Offenbarungsquelle beſaßen, welche
der Willkür Spielraum genug ließ, und von der wir jetzt
ſprechen müſſen.

Ebenſo hoch als das ſchriftliche Geſetz ſtand bei den
Phariſäern das mündliche, das ſie wie jenes vom Sinai durch
mündliche Ueberlieferung empfangen zu haben behaupteten.
Joſephus ſagt Alterth. XIII, 10, 6 von ihnen: νόμιμα πολλά
τινα παρέδοσαν τῷ δήμῳ οἱ Φαρισαῖοι ἐκ πατέρων διαδο-
χῆς, ἅπερ οὐκ ἀναγέγραπται ἐν τοῖς Μωυσέως νόμοις.
Man vergleiche hiemit Markus VII, 3, 5, 8, 9, 13. Sonſt
iſt die Hauptſtelle Pirke Aſoth Kap. I:*) „Moſes hat das

---

*) Sie wurde theilweiſe ſchon oben angeführt.

(mündliche) Gesetz vom Sinai empfangen und daſſelbe Joſua
übergeben, Joſua den Aelteſten, die Aelteſten den Propheten,
die Propheten den Männern der großen Verſammlung, zur
Zeit Esra — Schimeon der Gerechte war einer von denen,
die von der großen Verſammlung übrig geblieben (indem er
die anderen überlebte). Von ihm empfing die Ueberlieferung
Antigonus Iſch Socho, von dieſem Joſe der Sohn Joeſer,"
und ſo fort eine lange Reihe hindurch bis auf Juda den
Heiligen und ſeine Söhne, welche die Miſchna abfaßten. Somit war bloß die Göttlichkeit der Miſchna bewieſen. Aber
wie ſtand es mit der Gemara? Ein Machtſpruch mußte helfen. Auch die Gemara ſtammt vom Himmel, behaupten
ſie mit großer Kraft, und ich möchte beifügen mit kühner
Stirne. Traktat Berachot Seite 5, a: „Was ſoll das heißen,
was geſchrieben ſtehet (Exod. XXIV, 12): „daß ich dir
gebe ſteinerne Tafeln und Geſetze und Gebote, die ich geſchrieben habe und die du lehren ſollſt." Die Tafeln bedeuten die
zehen Gebote, „das Geſetz" geht auf die Bibel (מִקְרָא), die
„Gebote" ſind die Miſchna, der Ausdruck, „welche ich geſchrieben habe," weiſt auf die Propheten und die Kethubim,
endlich der Satz „die du lehren ſollſt" bedeutet die Gemara."
Ich will einen billigen Maßſtab an ſolche Ausſprüche legen
und gerne glauben, daß die Rabbinen damit nicht ſagen wollten, der Talmud ſey in ſeiner jetzigen Form vom Himmel her-
untergekommen, aber daß ſein Inhalt göttlich ſey, behaupteten ſie aufs Beſtimmteſte. In welchem Umfange, und aus
welchen Gründen ſie die Gemara über das ſchriftliche Geſetz
erhoben, wurde oben gezeigt; ich will hier nur noch Eine
Stelle beifügen. Traktat Gittin Seite 60, b: Rabbi Jochanan hat geſagt: „Der heilige gebenedeite Gott ſchloß um keiner andern Urſache willen, als wegen der mündlichen Worte,
ſeinen Bund mit Iſrael, wie geſchrieben ſtehet (Exod. XXIV,
27): „nach dem Munde dieſer Worte עַל־פִּי־הַדְּבָרִים הָאֵלֶּה habe
ich mit dir und mit Iſrael einen Bund gemacht." Wie

pfiffig ist hier ein biblischer Ausdruck gebraucht! Es sind dieß
die beiden Hauptstellen des mosaischen Gesetzes, aus welchen
sie ihre mündliche Ueberlieferung rechtfertigten und ihr ein
göttliches Ansehen verliehen. Bei Eisenmenger (I, 20) findet
man noch mehrere Aussprüche der Midraschim gesammelt, in
welchen die Mischna, die Gemara, die Agaboth, und sogar
Alles, was je ein weiser Rabbinenschüler lernen
mag, auf den Sinai zurückgeführt wird. Allerdings gab es
in Christi Tagen noch keinen Talmud, aber doch lernen wir
aus dem Evangelium Marci VII, daß die Pharisäer jener
Zeit ihre Satzungen weit über die heiligen Bücher des alten
Bundes erhoben. Der Geist war also ganz derselbe bei den
älteren Rabbinen, wie bei den Talmudisten.

Die lebendige Offenbarung Gottes an die Menschen be-
schränkt sich seit dem Hingang der lezten Propheten des alten
Bundes auf die Bath Kol oder die Tochter der Stimme.
Der heilige Geist steigt nach der pharisäischen Lehre nicht mehr
auf die Menschen herab, nur die Bath Kol ist geblieben.
Die Hauptbeweisstelle findet sich in der jerusal. Gemara zu
Sota Kap. IX, 12. Die Mischna lautet so: Seit die ersten
Propheten dahin sind, hat das Urim und das Thummim
aufgehört. Die Gemara bemerkt dazu: Nachdem die lezten
Propheten Haggai, Zacharias und Maleachi gestorben waren,
hörte der heilige Geist auf (zu wirken in Israel), doch blieb die
Tochter der Stimme. Es wird erzählt: Simeon der Gerechte hörte eine Stimme hervorschallen aus dem Allerheiligsten und sprechen: „Erschlagen ist das Heer Golikas
und verachtet sein Befehl." Es wird erzählt: Jünglinge
seyen zum Streit hinabgezogen nach Antiochien, da hörte Jochanan der Hohenpriester eine Stimme aus dem Heiligthum
erschallen: „Die Jünglinge haben gesiegt im Kampfe." Sie
schrieben die Zeit genau auf, und es zeigte sich, daß es um
jene Stunde geschehen war (daß die Jünglinge wirklich zu
jener Frist gesiegt hatten). Es wird erzählt: Als die Aeltesten

einſt in das Haus Gabia zu Jericho traten, ging eine Tochter der Stimme aus, welche ſprach: „Iſt unter euch ein Mann, welcher des heil. Geiſtes würdig wäre? aber dieſes Geſchlecht iſt ſeiner nicht würdig." Sie warfen die Augen auf Hillel den Aeltern, und da er ſtarb, ſprachen ſie: Wehe über uns, der Demüthige, der Fromme iſt dahin. Als die Aelteſten wieder einmal in den Speiſeſaal zu Jafne traten, ging eine Tochter der Stimme aus und ſprach: „Es iſt un= ter Euch ein Mann, der des heiligen Geiſtes würdig wäre. Aber das Geſchlecht iſt zu verderbt dazu u. ſ. w." Daß die Prophezeiung durch Urim und Thummim zu ſeiner Zeit längſt aufgehört habe, bezeugt auch Joſephus, indem er Alterth. III, 8, 9 ſagt: ἐπαύσατο μὲν οὖν ὅ τε ἐσσήνης (Urim und Thummim) καὶ ὁ σαρδόνυξ τοῦ λάμπειν (im Glanze des Sardo= nyx beſtand das Orakel) ἔτεσι διακοσίοις πρότερον ἢ ταύ- την ἐμὲ συνϑεῖναι τὴν γραφὴν, τοῦ Θεοῦ δυσχεραίνοντος ἐπὶ τῇ παραβάσει τῶν νόμων. Joſephus kennt die Bathkol, ſowie auch im neuen Teſtament bekanntlich mehrere Stellen vorkommen, welche für den Glauben an die Tochter der Höhe zeugen. Gewöhnlich iſt es eine Stimme, die aus den Wol= ken, aus dem Heiligthum, aus Häuſern oder auch aus Höh= len und dem freien Felde erſchallt. Ich könnte mehrere Sei= ten mit Beiſpielen aus dem Talmud anfüllen, die ich geſam= melt habe. Oft bekommt aber das Wort noch eine andere Bedeutung. Rabbinen, die irgend einen bedenklichen Plan, eine Reiſe oder andere Unternehmungen vorhatten, forderten Kinder in der Schule auf, ihnen den nächſten beſten Bibel= ſpruch, der den Knaben einfiel, herzuſagen. Je nachdem die kindliche Antwort auf das Vorhaben paßte, wurde ſie für eine Bathkol angeſehen. Ein Beiſpiel der Art findet ſich im Traktat Chollin Seite 95. Uebrigens muß ſchon ſehr frühe mit dieſer wunderlichen Offenbarung Mißbrauch getrieben worden ſeyn, welchem ſie freilich ihrer Natur nach ſehr ausge= ſezt war. Daher Vorkehrungen. Der Traktat Baba Mezia

Seite 59 gedenkt einer rabbinischen Streitigkeit, die durch
eine Bathkol entschieden ward. Die Besiegten widersezten sich,
und bestanden auf dem Grundsatz: Die Halacha geht nach
der Mehrzahl unserer Rabbinen, nicht nach einer Bath=
kol. Ebenso urtheilt Rabbi Josua (Berachot Seite 51), man
dürfe auf eine Bathkol nicht achten, sobald es sich um Glau=
bensfachen handle. Aber woher der Name, woher zweitens
der sonderbare Begriff? Einige sagen, sie sey Tochter der
Stimme genannt worden, als Wiederhall oder Echo eines
andern Tones; in der That wird das Echo an einigen Stel=
len geradezu Bathkol genannt. *) Aber diese Deutung paßt
nicht überall. Andere wiederum meinen, die Rabbinen hät=
ten sich die Sache so vorgestellt: Durch Gottes himmlische
Stimme sey erst eine irdische hervorgebracht worden, daher
der Name Bathkol. Wir lassen die Frage lieber unentschie=
den. Gewiß ist es eine auffallende Erscheinung, daß ein
Volk, das so strenge an Offenbarung glaubt, wie das jü=
dische, den lebendigen Verkehr mit der Gottheit auf solche
Stimmen beschränkt, die in der Luft ertönen. Zwar fehlt es
nicht an einzelnen zerstreuten Beispielen ähnlichen Glaubens
bei anderen Nationen. Livius erzählt (Buch V, Kap. 32 u.
50): es sey eine nächtliche Stimme in Rom gehört worden,
welche vor dem Anzuge der Gallier warnte. Man schrieb
sie dem Gotte Ajus locutius zu. **) Aber dieß sind nur
vereinzelte Fälle, während wir bei den Juden auf ein gan=
zes Lehrgebäude solcher Stimmen stoßen. Es liegt zu nahe,

---

*) Vergleiche Buxtorf lexicon talmudicum Seite 320. Deßglei=
chen Menschen novum Testamentum ex Talmude illustratum.
Seite 351.

**) Außerdem vergleiche man noch Cicero de divinatione I, 45, A.
Gellius Buch XVI, 17. Plutarch de fortuna populi romani.
Seite 319. (Reiske VII, 266.) Aehnlich ist die Stimme auf
dem Mittelmeere: „Pan der Große ist gestorben." Ebenfalls
bei Plutarch de oraculorum defectu 419 (oder Reiske VII,
650).

an eine physische Ursache zu denken, als daß dieser Versuch nicht schon gemacht seyn sollte. Der verstorbene Kanzler Autenrieth in Tübingen, ein ausgezeichneter Kopf, der in seinen älteren Tagen fast ausschließlich Reisebeschreibungen las, sammelte eine Menge Zeugnisse glaubwürdiger Reisenden, welche darin übereinstimmen, daß auf der ganzen Erde die sogenannten Stimmen aus der Höhe*) nirgends häufiger vorkommen als in Ceylon und in Palästina. Man hat jezt mit ziemlicher Sicherheit die Ursachen erforscht, welchen dieselben ihre Entstehung verdanken. Sie werden nur in den Ländern gehört, wo der sogenannte Horn= oder Klang = Porphyr häufig ist. Diese Steinart verklüftet sich leicht, und der Wind soll dann auf freiliegenden Platten des Gesteins spielen, wie auf einer Aeolsharfe, nur viel stärker. Wirklich steht die Stadt Jerusalem auf einem Gebirge solchen Porphyrs. Der Ton ist meist wehklagend, und durchschneidet dann Mark und Bein des Menschen. Als Wellington nach dem Siege bei Vittoria der Gränze Frankreichs nahte, erscholl eine Stimme der Höhe aus den Pyrenäen, wo sie häufig gehört werden soll. Die Spanier unter des Feldmarschalls Befehl stürzten auf die Kniee, wie von höherer Gewalt ergriffen, und beteten laut; die rohen Engländer schwiegen erschrocken. Ich sage dieß, um zu beweisen, welche Macht diese Töne auf die Gemüther üben; sollten sie nicht auch in Palästina, unter einem Volke, das an einen so innigen Verkehr zwischen Gott und den Menschen glaubt, eine ähnliche Wirkung hervorgebracht haben? So mag der Glaube an die Bathkol entstanden seyn! Die einzelnen Fälle, deren das N. T. oder auch der Talmud erwähnt, will ich keineswegs daraus erklären, und gewiß hatte Autenrieth Unrecht, wenn er die Bekehrung des Apostels Paulus einer solchen physischen Stimme aus der Höhe zuschreibt; das erinnert allzusehr an jene natürliche Deutung

---

*) Sonst auch ceylonsche Teufelsstimme genannt.

der Wunder, die ich ohne Lachen nicht ansehen kann. Etwas ganz Anderes ist es, die Denkweise eines Volkes, welche zu Wundergeschichten Anlaß gibt, aus den Gesetzen der Seele oder der äußeren Natur abzuleiten, etwas Anderes wiederum, einzelnen bestimmten Erzählungen einen historischen Gehalt anzuweisen, der mit unseren Erfahrungen im Einklang stehen soll. Uebrigens finden sich schon in den ältesten talmudischen Büchern Stellen, aus welchen hervorgeht, daß die Rabbinen selbst nicht recht wußten, was aus der Bathkol zu machen sey, oder vielmehr, daß sie ihr eine natürliche Deutung unterlegten. So Pirke Afoth Kap. VI, 8: „Ausspruch R. Josuas, des Sohnes Levi: Tag für Tag geht eine Bathkol aus vom Berge Horeb, welche predigt: wehe den Menschen, daß sie das Gesetz verachten." Irre ich mich nicht, so heißt dieß in unsere neuere Sprache übergetragen, soviel: Die wahre Bathkol ist das auf Sinai verkündigte Gesetz, wenn es nicht gehalten wird, erhebt es seine Stimme gegen die Menschen zu Gott.

Nun noch ein Wort über die religiösen Vorträge der Rabbinen. Am liebsten bedienten sie sich des Gleichnisses, oder der Parabel, gerade wie Christus in unseren drei ersten Evangelien. Der Talmud, die ältesten Midraschim (Mechilta, Sifri, Sifra) enthalten eine Menge solcher Reden, die manchmal fast aufs Wort, öfters wenigstens dem Geiste nach, mit Dem übereinstimmen, was wir bei den eben bezeichneten Schriftstellern des N. Testaments finden. Ich traute meinen Augen kaum, als ich mehrere derselben las. Daß nun Christus Erfindungen Anderer wiederholt habe, kann ich nicht glauben, ebenso wenig als es mir beigeht zu behaupten, die Talmudisten hätten aus dem N. Testamente solche Vorträge geborgt, auf welche sie überdieß kein großes Gewicht legen. Freilich gab es eine Zeit, wo Juden und Christen einträchtig zusammenwohnten und sich nicht haßten, obwohl sie nur kurz dauerte. Während jener Tage mögen einzelne Reden Jesu sich unter den Juden verbreitet haben und nach und nach den Gefeiertsten ihrer Rabbinen von der Sage zugeschrieben worden seyn. Aber diese Voraussetzung erklärt obige Uebereinstimmung noch nicht vollkommen, und die Billigkeit scheint daher zu fordern, daß man auch den entgegengesezten Fall annehme. Gleichnißreden, welche ursprünglich berühmten jüdischen Lehrern angehörten, mögen ebensowohl in die christliche Evangelien = Sage übergetragen und dem Herrn in den Mund gelegt worden seyn. Wie dieß geschehen konnte, hoffen wir in dem zweiten Buche dieser Geschichte des Urchristenthums überzeugend darzuthun. Die übereinstimmenden Parabeln selbst gehören nicht hieher, sondern in einen rabbinischen Kommentar zum N. Testament.

Soviel über die pharisäische Lehre von der Offenbarung. Noch ist die mystische übrig. Die Essener (oder die Anhänger des mystischen Begriffs) unterschieden sich dadurch von den Pharisäern: daß sie Erstens nur die 5 Bücher Mosis als Offenbarungsquelle anerkannten (mit Ausschluß der Propheten und Kethubim); Zweitens, daß sie bloß die allegorische Erklärung gebrauchten; Drittens, daß sie den heiligen Geist noch (namentlich in ihrer Gesellschaft) wirksam glaubten. Josephus sagt von den Essenern (De bello 2, 8, 9): Sie verehren den Gesetzgeber nach Gott am allermeisten: σέβας δὲ μέγιστον παρ' αὐτοῖς μετὰ τὸν θεόν τὸ ὄνομα τοῦ νομοθέτου. Da diese Verehrung fast unbegränzt ist, so muß sie die Achtung für andere göttliche Männer ausschließen, oder wenigstens sehr ermäßigen. Hiezu kommt, daß Josephus in der Stelle II B. Kap. VIII den ausgesprochenen Zweck hat, diejenigen Merkmale hervorzuheben, wodurch sich die drei jüdischen Sekten von einander unterschieden. Da sich nun die Essener durch jene weit getriebene Verehrung des Gesetzgebers vor den anderen Parteien, namentlich den Pharisäern, auszeichneten, welche leztere neben Moses, obgleich in niederem Grade, auch die Propheten des A. Bundes als Träger göttlicher Offenbarung

betrachteten, fo folgt, daß Erftere diefe Anficht nicht mit den
Pharifäern getheilt haben. Dieß mag Anderen nur ein hal=
ber Beweis, oder vielleicht noch weniger zu feyn fcheinen;
für mich ift es ein ganzer. Ich berufe mich ferner darauf,
daß Philo (der Wortführer jener alexandrinifchen Weisheit,
welche durch die Effener nach Paläftina übergefiedelt wurde) *)
die Propheten weit unter Mofes herabfezt, und nur auf den
Pentateuch feine Glaubenslehre gründet, fowie auch die fpä=
teren Myftiker, die Sohariften, fich nur mit Mofis Büchern
befchäftigen. Aber wie, wenn wir ein ausdrückliches Zeug=
niß dafür anführen können, daß die Effener nur Mofes Bü=
cher angenommen, und die übrigen Schriften des alten Bun=
des verworfen haben? Epiphanius fagt zu Ende des Briefes an
Acacius und Paulus (der unmittelbar vor feiner Ketzerge=
fchichte abgedruckt ift): Ὀσσηνοὶ — τὰ πάντα κατὰ νόμον
τελοῦντες, ἐχρῶντο καὶ γραφαῖς ἑτέραις μετὰ τὸν νόμον, τοὺς
δὲ πλείους τῶν μετέπειτα (scilicet μετὰ τὴν πεντάτευχον)
προφητῶν ἀπεβάλλοντο. Welcher Art jene anderen Schrif=
ten gewefen feyen, foll gleich gezeigt werden. Haben fie
nun wirklich etliche wenige Propheten des alten Bundes für
göttlich gehalten, etwa das Hohe Lied und Anfang und Ende
des Ezechiel, oder ift der einfältige Vater im Irrthum? In
der 19. Härefis des erften Buches **) fagt Epiphanius weiter:
ἡ τῶν Ὀσσηνῶν αἵρεσις πολιτεύεται μὲν τὴν τῶν Ἰουδαίων
πολιτείαν, κατὰ τὸ σαββατίζειν τε καὶ περιτέμεσθαι, καὶ
τοῦ νόμου ποεῖν τὰ πάντα, μόνον δὲ ἀπαγορεύει τὰς βίβλους
ὁμοίως τοῖς Νασαραίοις. Von den Nazaräern berichtet
ebenderfelbe in der 18: Härefis ***): „Sie nehmen zwar die
Patriarchen im Pentateuch von Adam bis auf Mofes, die fich
durch Frömmigkeit ausgezeichnet, als göttlich begeifterte Männer

---

*) Den Beweis dafür glaube ich hinreichend in meiner Schrift
   über Philo geführt zu haben.
**) Ausgabe des Petavius I, S. 43.
***) Ebendafelbft S. 38.

an: namentlich Adam, Seth, Enoch, Methusalem, Noe, Abra=
ham, Isaak, Jakob, Levi, Aron und Josua, den Sohn Nun;
allein sie verwerfen den Pentateuch, nicht als ob sie Mosen
läugneten, oder nicht glaubten, das Gesetz sey ihm gegeben
worden, sondern sie behaupten nur, jenes Gesetz, das ihm
wirklich verliehen ward, sey ein anderes, als das, dessen man
sich gewöhnlich bedient." Vergleicht man leztere Stelle mit
der zuerst aus Epiphanius angeführten, so muß man noth=
wendig unserm Vater die Ansicht unterlegen, daß die Essener,
mit Ausschluß der Propheten nur das Gesetz angenommen
hätten, aber auch dieses bloß in einem besondern Sinne. Ich
werde mich sogleich eines Nähern hierüber erklären. Dunkel
und abgeschmackt drückt sich freilich Epiphanius aus, allein
dieß ist nichts Neues, er macht es immer so. Noch ein wei=
terer Beweis läßt sich aus den Nachrichten über die Ebio=
niten führen, welche gleichfalls unser Vater der Nachwelt auf=
bewahrt hat. Epiphanius stellt die Ebioniten als eine Sekte
dar, die ursprünglich von ihrem Lehrer Ebion die niedrigsten
Meinungen über die Person Jesu Christi empfing, aber so=
gleich in das Gegentheil umschlug, als sie mit den Essenern
und namentlich mit Elxai Bekanntschaft machte. So Etwas
scheint nämlich unserm guten Ketzerrichter sehr begreiflich,
während freilich der Weltlauf und die Geschichte nichts von
solchen schnellen Wechseln weiß, daß z. B. eifrige Protestan=
ten sogleich zu Katholiken werden, sobald ein Lehrer seinen
Glaubensgenossen Etwas vorgaukelt. Glücklicher Weise hat
man unter uns längst angefangen, die Behauptungen unseres
Vaters, der entweder falsch gehört hatte, oder das richtig Ge=
hörte aus Unverstand oder Haß falsch auffaßte, auf ihren
wahren Werth zurückzuführen. Man weiß, daß es nie einen
Lehrer Ebion gab, so wenig als einen Dorus, von dem die
Dorier, oder Hellen, von dem die Hellenen abstammen sol=
len, und daß jener Mann nur darum erfunden wurde, um
den Namen der Sekte (freilich einfältig genug) zu erklären.

Die Ebioniten haben sich auch nicht geändert, sie bekannten
ursprünglich die mystische Lehre, welche allerdings mit der
essenischen so auffallend übereinstimmt, daß Epiphanius leicht
auf den Einfall gerathen konnte, als hätten jene später
das Essenische Dogma angenommen. Epiphanius berichtet nun
(haeres. 40), ohne Zweifel als Augenzeuge, von den Ebio=
niten:*) „Sie erkennen Abraham, Isaak, Jakob, Mosen,
Aaron an, auch Josua, den Sohn Nun, doch bloß als den
Nachfolger Mosis, in keiner anderen Eigenschaft (d. h. nicht
als Propheten). Außer diesen nehmen sie nicht nur keinen
anderen Propheten an, sondern sie verfluchen sogar und ver=
spotten dieselben, als: David, Salomo, Esaias, Jeremias,
Daniel, Ezechiel, sammt Elias und Elisa.“ Ich will die
eigenen Worte des Vaters wegen ihrer Wichtigkeit hersetzen:
Ἀβραὰμ δὲ ὁμολογοῦσι καὶ Ἰσαὰκ καὶ Ἰακώβ, Μωυσῆν τε
καὶ Ἀαρὼν, Ἰησοῦν τε τὸν τοῦ Ναυῆ, ἁπλῶς διαδεξάμενον
Μωυσέα, οὐδὲν δὲ ὄντα. Μετὰ τούτους δὲ οὐκέτι ὁμολο-
γοῦσί τινα τῶν προφητῶν, ἀλλὰ καὶ ἀναθεματίζουσι καὶ
χλευάζουσι· Δαβὶδ τε καὶ τὸν Σολομῶνα ὁμοίως τε τοὺς
περὶ Ἡσαΐαν καὶ Ἰερεμίαν, καὶ Δανιὴλ καὶ Ἰεζεκιήλ, Ἠλίαν
τε καὶ Ἐλισσαῖον ἀτεθοῦσι. Ich sehe keinen irgend ver=
nünftigen Grund, warum man diese Behauptung des Vaters
bezweifeln oder gar verwerfen dürfte, denn Epiphanius hat
die Ebioniten selbst gekannt, er spricht als Augenzeuge. Zwar
scheint ein Zeugniß bei Jrenäus (adver. haeres. I. cap. 26)
zu widersprechen, welches so lautet: **Ebionitae quae sunt
prophetica, curiosius exponere nituntur**; allein entweder
sind diese ohne alle Begründung hingeworfenen Worte so zu
deuten: sie hätten sich viel mit den Prophezeiungen auf Chri=
stus, die im Pentateuch vorkommen, beschäftigt, was einen
sehr guten Sinn gibt und Beispiele für sich hat; oder ver=
steht Jrenäus unter dem Namen Ebioniten die Judenchristen
überhaupt, unter denen es allerdings nicht wenige geben

---

*) Ausgabe des Petavius I, Seite 142.

mochte, die den Propheten gleiches Ansehen mit dem Pentateuch einräumten. Denn wer von den Pharisäern übertrat, verehrte sicherlich die Propheten. Die Ebioniten verwarfen also, außer den mosaischen, alle anderen Schriften des alten Bundes. Weiter gibt Epiphanius deutlich genug zu verstehen, daß sie die bezeichnete Meinung von den Essenern oder von Elxai angenommen hätten, und daß Lezteren ursprünglich diese Lehre angehörte. Der zweite Theil dieser Behauptung ist nun ebenso wahr, als der erste falsch ist. Es war eine Nothlüge, erfunden um begreiflich zu machen, daß Männer, wie die Ebioniten, oder die essenischen Judenchristen, welche Christum für einen eheleiblichen Sohn des Zimmermanns Josephus und der Maria erklärten, doch daneben so erhabene Ansichten über die Natur des Erlösers hegen mochten. Dieß schien den späteren Vätern unmöglich; aber in der That verhält es sich nicht so; sonst müßte man auch sagen, der Evangelist Johannes sey zuerst ein gemeiner Ebionite gewesen und habe erst später von irgend Jemand die Logoslehre und Anderes dergleichen erhalten, was noch kein vernünftiger Mensch behauptet hat. Denn Johannes bekennt, wenn ich mich nicht ganz täusche, die leibliche Abstammung Christi von Joseph und Maria, und doch läßt er ihn, als ein vorweltliches Wesen, vom Himmel herabsteigen. Das Gleiche gilt von dem Verfasser des Geschlechtsregisters Jesu Christi, das unserm ersten Evangelium einverleibt worden ist. Denn diesem Abschnitte liegt die Meinung zu Grund, daß Christus von Joseph abstamme, und doch enthält ebenderselbe eine kühne Wendung der Logoslehre, was später gezeigt werden soll. Ueberhaupt stimmen die ältesten Väter darin überein, daß die Ebioniten erstens Christum für einen Sohn Josephs und der Maria erklärten, zweitens, daß sie das Mosaische Gesetz für fortwährend gültig hielten, drittens, daß sie an eine Wiederkunft Christi zu Errichtung eines irdischen, oder gar eines tausendjährigen Reiches glaubten. *).

---

*) Siehe Walch Entwurf einer Historie der Ketzereien I, 114, wo Alles recht gut zusammengestellt ist.

Diese drei Lehren betrachtet man als ihre Ketzerei. Allein Ersteres nahm Johannes, vielleicht selbst Paulus,*) ebenfalls an, das Zweite glaubten Petrus und Johannes (Galat. II, 6. 9, Apostelgesch. X, 11 u. flg.), das Dritte die Verfasser der Apokalypse, der drei ersten Evangelien, vielleicht sogar der Evangelist Johannes (I Brief II, 18). Recht gut konnten also die Ebioniten alle ihre Lehren von den Gründern unserer Kirche selbst empfangen haben, und am wenigsten brauchten sie erst zu wechseln, um Meinungen zu bekennen, die sehr überschwänglich klingen. Denn die zwei Behauptungen, daß Christus ein Sohn Josephs, und dennoch zugleich eine vorweltliche Natur sey, schließen sich nicht aus, sondern sie wohnten ursprünglich in einem und demselben Haupte. Daß viele Juden in der Apostel Tagen zum Christenthum übertraten, bezeugt die Geschichte. Unter denselben befanden sich sicherlich ebenso gut ehemalige Anhänger der essenischen, als der pharisäischen Lehre, ja wahrscheinlich noch viel mehrere von der ersten Partei, weil ein Essener nur sehr wenig Neues annehmen und vielleicht gar nichts Altes aufgeben mußte, wenn er Christ wurde. Ich denke daher, meine Ansicht dürfte der Geschichte nicht widersprechen, wenn ich behaupte, daß die Ebioniten, welche Epiphanius schildert, essenische Christen gewesen sind. Die übrigen Väter, welche über die Ebioniten schreiben, urtheilen nur vom Hörensagen; Epiphanius kannte sie besser, weil er selbst Gelegenheit hatte, sie in Palästina zu sehen; seine Nachrichten verdienen daher keineswegs jene Gleichgültigkeit, mit welcher ältere und neuere Schriftsteller auf sie herabblicken. Nur muß man genau unterscheiden, ob er Selbstgesehenes berichtet, oder bloße Combinationen macht; in lezterem Felde ist er sehr unglücklich und muß daher als eine Nulle behandelt werden. Offenbar

---

*) Wenigstens findet sich keine Stelle in seinen Briefen, welche behauptet, daß Christus ohne Zuthun eines Mannes gezeugt worden sey

macht er nun einen Schluß, wenn er behauptet, die Ebioni=
ten hätten ihre Ansicht geändert, nachdem sie mit den Essenern
bekannt geworden. Die Sache verhält sich vielmehr so:
Weil die Ebioniten vom Essenismus zum Christenthum
übergetreten waren, verwarfen sie die Propheten, und brach=
ten diese Ansicht mit herüber, denn dieselbe gehörte ursprüng=
lich der essenischeu Partei an. Selbst in rabbinischen Schriften
finden sich Spuren davon, daß es unter den Juden Leute gab,
welche die Propheten gar nicht achteten, oder wenigstens viel
zu tief unter den Pentateuch herabsezten. So Midrasch Tan=
chuma zu Deuter. XI, 26 *): Dixit Asaph, impii Israel di=
cunt: prophetas et Kethubim non esse legem et non cre=
dimus illis, sicut scriptum est (Dan. IX, 10): non audi=
vimus vocem Domini Dei nostri ad ambulandum in le=
gibus ejus, quas dedit coram nobis per manum servo=
rum suorum.

Man begreift leicht, daß die Verwerfung eines wesentli=
chen Bestandtheiles der Bücher des alten Bundes mächtigen
Einfluß auf die Glaubenslehre üben mußte. Das wichtigste
Dogma für die Juden war das vom Messias. Wenn sich
nun ergibt, daß wirklich eine Partei ihr Bild vom Messias
nur aus dem Pentateuche entnahm, so muß daraus geschlos=
sen werden, daß ebendieselbe Partei die Propheten tief unter
Moses herabsezte. Denn wäre dieß nicht der Fall, so würde
sie ihren Begriff vom Messias aus den Propheten, die ja
ausdrücklich von ihm weissagen, und nicht aus dem Pentateuch,
dem nur durch Machtsprüche die Messiaslehre aufgebürdet
werden kann, entlehnt haben. Wir werden wirklich wei=
ter unten darthun, daß zur Zeit Jesu Christi ein Begriff
vom Messias im Umlaufe war, der bloß auf die fünf Bü=
cher Mosis fußte, und ich betrachte diese Erscheinung als den
lezten und sichersten Beweis für die Wahrheit der oben

---

*) Schon Raimond Martini führt die Stelle an, pugio fidei S.
903 der Leipziger Ausgabe.

entwickelten Sätze. Uebrigens geht man ohne Zweifel zu weit, wenn man glauben wollte, die Propheten seyen von den Essenern verachtet oder gar verabscheut worden, wie Epiphanius wahrscheinlich aus ketzerischem Hasse andeutet. Allem Anschein nach betrachteten sie ihre Werke als löbliche, selbst als heilige Bücher, nur nicht als Quellen göttlicher Offenbarung, für welche sie nur den Pentateuch hielten.

Zweitens die jüdischen Mystiker oder die Essener bedienten sich bloß der allegorischen Auslegungsweise. Josephus sagt von ihnen (de bello II, VIII, 7.): „Beim Eintritt in die Gesellschaft schwört Jeder, den Genossen Nichts (von der Geheimlehre) zu verhehlen, noch Anderen*) etwas davon mitzutheilen, selbst nicht, wenn der Tod deßhalb gedroht würde. Weiter schwören sie, keinem Genossen die Dogmen anders mitzutheilen, als man sie selber empfangen, und mit größter Gewissenhaftigkeit die Bücher der Sekte und die Namen der Engel geheim zu halten." Sie besaßen also eine Geheimlehre, welche allerdings auf den Pentateuch gegründet war, aber nur nicht auf den offenen Wortsinn desselben (denn diesen wollten und konnten sie nicht verbergen), sondern auf eine mystische Deutung. Mit andern Worten: sie trieben Allegorie. Philo sagt dieß mit dürren Worten: **) τὰ πλεῖσα διὰ συμβόλων ἀρχαιοτρόπῳ ζηλώσει παρ' αὑτοῖς φιλοσοφεῖται. Wie die Pharisäer, folgten sie weiter bei Auslegung des Pentateuchs einer alten Ueberlieferung. Hierauf weist der Schwur hin, daß Keiner die Geheimlehre anders mittheilen wolle, als wie er sie empfangen habe. Ferner, die mystische Ueberlieferung war allem Anschein nach in Büchern niedergelegt. Josephus berichtet (ebendaselbst §. 6): σπεδάζεσιν ἐκτόπως περὶ τὰ τῶν παλαιῶν συγγράμματα, μάλισα τὰ πρὸς ὠφέλειαν ψυχῆς καὶ σώματος ἐκλέγοντες. Hiemit ist zu vergleichen, was Philo von den ägyptischen Essenern oder den

---

*) Nicht Essäern.
**) Quod omnis probus liber Seite 458.

Therapeuten fagt: *) ἔτι δὲ αὐτοῖς καὶ συγγράμματα παλαιῶν ἀνδρῶν, οἳ τῆς αἱρέσεως ἀρχηγέται γενόμενοι, πολλὰ μνημεῖα τῆς ἀλληγορουμένης ἰδέας ἀπέλιπον. Auch Epiphanius weist darauf hin, wenn er in der obenangeführten Stelle behauptet: οἱ Ὀσσηνοὶ ἐχρῶντο καὶ γραφαῖς ἑτέραις μετὰ τὸν νόμον. Das sind ohne Zweifel solche Schriften, welche von der mystischen Auslegung des Pentateuchs handelten. Ueber das Wesen ihrer Allegorie ist uns nur Weniges bekannt. Hauptsächlich beschäftigten sie sich mit Gott und der Weltschöpfung; so Philo, **) περὶ ὑπάρξεως θεοῦ καὶ τῆς τοῦ παντὸς γενέσεως φιλοσοφεῖται παρ' αὐτοῖς. Die Engel spielten besonders bei lezterer Lehre eine große Rolle, sie machten überhaupt einen wesentlichen Theil jener geheimen Weisheit aus: daher das Verbot, ihre Namen Anderen mitzutheilen. Die Ceremoniengesetze des Pentateuchs verwarf die essenische Allegorie beinahe ganz; nur am eingebildeten Geiste derselben, nicht an der äußern Hülle hielt sie fest. Bloß der Sabbath und einige Feste wurden geheiligt, aber im mystischen Sinne. Der Tempeldienst erschien als ein Greuel, daher besuchten sie das Heiligthum nicht (Antiquit. XVIII, 1, 5). Besonders verabscheuten sie die blutigen Opfer. ***) Philo und Josephus behaupten dieß einstimmig. Beigefügt muß noch werden, was Epiphanius von den Essenern und Nazaräern berichtet. Ueber Elxai, ein Haupt der Essener, sagt er: †) ἀναθεματίζει τὰς θυσίας, καὶ ἱερουργίας, ὡς ἀλλοτρίας οὔσας θεοῦ καὶ μήτε ὅλως θεῷ ἐκ τῶν πατέρων καὶ τοῦ νόμου ποτὲ προσενεχθείσας. Und einige Sätze weiter unten: ἀρνεῖται τὴν παρὰ τοῖς Ἰουδαίοις σαρκοφαγίαν καὶ τὰ ἄλλα, καὶ τὸ θυσιαστήριον τό τε πῦρ, ὡσεὶ θεοῦ ἀλλότριον. Das Feuer verwarf

---

*) De vita contemplativa M. II, 475.
**) Quod omnis probus liber S. 458. Vergl. meine Schrift über Philo II, S. 317.
***) Siehe meine Schrift über Philo II, 302 u. flg.
†) Haeres. XIX, oper. ed. Petavius I, 42.

Elxai, weil die Opferthiere im Tempel verbrannt wurden;
man sieht also, daß mit den θυσιαις hauptsächlich blutige
Opfer gemeint sind! Von den Nazaräern berichtet er:*) „Sie
leben wie Juden und halten das Gesetz, aber Opfer schlach=
ten sie nicht, und essen auch nichts Lebendiges, sondern halten
es für Sünde, Fleisch zu speisen oder zu opfern." Ich brauche
nicht zu wiederholen, daß diese Ansicht aus dem Essäismus
stammt.

Eine große Scheidewand wurde durch eine solche weit=
getriebene Allegorie zwischen den Mystikern und den übrigen
(pharisäischen) Juden aufgethürmt. Kaum konnten sie sich
noch als Brüder ansehen, denn jene erklärten durch ihre
Verachtung des blutigen Tempeldienstes die Opfernden für
Dummköpfe oder gar für Ketzer, und diese gaben ohne Zweifel
die Verdammung ihrer Lehre mit Wucher zurück. Dieß Ver=
hältniß erzeugte nothwendig Haß, und Sektenhaß macht, daß
jede Partei ihre Lehre auf die Spitze treibt. Gewiß hat es
von Seiten der Essener nicht an den bittersten Ausfällen auf
die wörtliche Deutung des Gesetzes gefehlt; denn diese be=
gründete den Hauptunterschied zwischen Pharisäern und Esse=
nern. Schon Philo, der sonst billig denkt, geißelt die An=
hänger des dürren Wortsinnes unbarmherzig. **) Die Esse=
ner blieben sicherlich nicht zurück, daß sie aber darum die
5 Bücher Mosis, welche wir noch besitzen, oder einen Theil der=
selben verworfen haben sollten, was Epiphanius von den Na=
zarenern behauptet, glaube ich nimmermehr, denn ihre un=
bedingte Verehrung für den Gesetzgeber, für welche Josephus
zeugt, widerspricht einer solchen Annahme. Dagegen muß
später unter denjenigen Essenern, welche zum Christenthum
übertraten, die Meinung aufgekommen seyn, daß der Pen=
tateuch viel Verfälschtes enthalte. Gestützt auf die neuen

---

*) Ebendaselbst haer. XVIII, S. 38.
**) Siehe meine Schrift über Philo I, 82.

Offenbarungsurkunden, welche das Christenthum darbot, be=
kämpften die christlichen Essener theilweise den alten Mosais=
mus. Die Klementinen, ein ebionitisches Werk, sprechen
sich in diesem Sinne stark aus. II, 38 sagt Petrus: „Die
Schrift hat viele falsche gegen Gott gerichtete Lehren aufge=
nommen, aus folgendem Anlaß: Nachdem der Prophet Moses
auf Gottes Befehl 70 Auserkorenen das Gesetz sammt der
Erklärung übergeben hatte, damit diese es auch Anderen mit=
theilen könnten, schlichen sich in das Gesetzbuch, als es später
schriftlich abgefaßt wurde, falsche Lehren ein, welche dem wahren
Gesetz Gottes, der Himmel und Erde geschaffen hat, zuwider=
laufen.“ Ferner ebendaselbst 51. Petrus sprach: „Da Eini=
ges in der Schrift wahr ist, Anderes falsch, so sagt unser
Lehrer (Christus) mit gutem Fuge: seyd gute Wechsler (γίνεσθε τραπεζεῖται δόκιμοι), weil einige Lehren der Schrift
ächt sind, andere unächt. Und denjenigen, welche sich von
verfälschten Schriftstellen zum Irrthum verleiten ließen, zeigt
er die Ursache ihres Irrthums an, indem er spricht (Marc. XII,
24): ihr irret, weil ihr das Wahre in der Schrift nicht
kennet, deßwegen bleibt euch auch die Kraft Gottes verbor=
gen.“ Die Klementinen lesen nämlich den bezeichneten Vers
des Evangeliums Marci so: διὰ τοῦτο πλανᾶσθε μὴ εἰδότες
τὰ ἀληθῆ τῶν γραφῶν οὗ εἵνεκεν ἀγνοεῖτε καὶ τὴν δύναμιν
τοῦ θεοῦ. Der andere, Jesu Christo in den Mund gelegte
Spruch γίνεσθε δόκιμοι τραπεζεῖται findet sich in unseren
Evangelien nicht, er wird aber von einer Reihe alter Väter,
Klemens (Strom. I, zu Ende), Origenes zu Matth. XXII,
23 u. 24, Pamphilus in der Vertheidigung des Origenes
Palladius (de vita Chrysostomi 4tes Kapitel), u. s. w.
unserem Erlöser zugeschrieben. Wahrscheinlich war es ein
altes Einschiebsel zu Matth. XXV, 27. und Lucä XIX, 23.
Andere Väter legen ihn auch dem Apostel Paulus in den
Mund. Man vergleiche darüber Cotelerius zu den apostoli=
schen Konstitutionen, Buch II, Kap. 26.

In der dritten Predigt, Kap. 55, erklärt sich der Verfasser
der Klementinen über die verfälschten Stellen des Pentateuchs
also näher: „Zu denen, welche gemäß der Schriftlehre glauben,
Gott schwöre, spricht Jesus Christus (Matth. V, 37): „Eure
Rede sey, Ja! Ja! Nein! Nein! was drüber, ist vom
Uebel. Denen, welche sagen, Abraham, Isaak und Jakob
seyen gestorben, ruft er (Matth. XXII, 32) zu: Gott ist nicht
ein Gott der Todten, sondern der Lebendigen. Zu denen,
welche meinen, Gott sey ein Versucher, wie die Schrift lehrt,
spricht Er: Der Teufel ist ein Versucher, der auch ihn ver=
sucht hat. Zu denen, welche sich einbilden, Gott sehe nicht
in die Zukunft, spricht Er: Euer Vater weiß, daß ihr dieß
Alles bedürfet, ehe denn ihr ihn bittet (Matth. VI, 8, 32.).
Zu denen, welche glauben, daß er nicht Alles schaue, wie die
Schrift lehrt, spricht Er (Matth. VI, 6.): Betet im Ver=
borgenen, und Euer Vater, der ins Verborgene sieht, wird
es Euch vergelten.“ In diesem Tone geht es noch zwei Ka=
pitel fort.

Die Stelle aus Epiphanius, kraft welcher die Nazare=
ner behauptet haben sollen, der wahre Pentateuch sey etwas
ganz Anderes, als was man gewöhnlich unter diesem Namen
herumtrage, wird also hier durch ein Zeugniß aus einem
ebionitischen oder nazarenischen Buche gerechtfertigt. Man
beachte nun wohl, daß die von den Klementinen verworfenen
Sprüche des Alten Testaments ohne Ausnahme zu denjenigen
gehören, welche Philo und die allegorische Schule durch
Deutelei zu umgehen sucht. Nachdem die essenischen Christen
durch die Aufnahme der Evangelien neue Offenbarungsur=
kunden erhalten hatten, konnten sie offen gegen die anstößigen
Lehren der Alten auftreten, welche sonst durch Künsteleien
entfernt wurden. Früher ging dieß nicht an, weil sie noch keine
Schriften von höherer Auktorität besaßen. Uebrigens blieb
das Resultat dasselbe. Schon durch die bloße Allegorie wurde

der Pentateuch unter den Händen der Essener ein von dem gewöhnlichen und wörtlichen Himmel weit verschiedener.

Uebrigens ist dieselbe Abneigung gegen die wörtliche Auslegung der Bücher Mosis bei den jüdischen Mystikern geblieben bis auf unsere Tage; merkwürdig genug vergleicht der Sohar den pharisäischen Wortsinn mit dem Bitterwasser, das die Kinder Israel in der Wüste fanden (Exod. XV, 23.), das geistig verstandene Gesetz dagegen mit dem Baume des Lebens. *) Nach meinem Dafürhalten ist die Vorliebe für Allegorie nicht sowohl die Wirkung, als vielmehr eine der Haupturfachen jener ausschließlichen Verehrung des Pentateuchs. Es liegt in der Natur der Sache, daß diese arm= selige Kunst nur auf solche Urkunden angewandt werden kann, welche sich in der einfachen Weise des Volks ausdrücken, ge= mein verständlich sind, und doch zugleich ein uraltes geheilig= tes Ansehen für sich haben, das die Menschen geneigt macht, höhere Weisheit in ihnen zu suchen. Je mehr der Buchstabe von dem abweicht, was eine überschwängliche Deutung hinein= legen will, desto mehr ist die Allegorie an ihrem Orte. Von dieser Art ist der Pentateuch, aber weit weniger die Prophe= ten, welche schon eine vergeistigte, aber dabei doch klare Lehre enthalten, und darum jenen Grüblern wenig Raum für ihre Spielereien darboten. Wenn die Essener daher außer dem Pentateuche noch irgend einige Schriften des alten Bundes für Offenbarungsquellen hielten — was die Stelle bei Epi= phanius vermuthen läßt — so glaube ich, war es das erste und lezte Kapitel des Ezechiel und das Hohe Lied. Jene Ab= schnitte galten ja auch den Pharisäern für eine Schatzkammer

---

*) Aufs Heftigste äußert sich dieses Buch gegen diejenigen, welche die Schrift bloß wörtlich erklären. Sohar in numeros S. 282: Quicunque dicit narrationes legis alium non habere sensum, quam historicum, illius spiritus crepet. Ebenso ibid. 288: Rumpantur viscera ejus, qui dicit narrationem legis tantum continere res vulgares.

der Mystik, und behaglich möchte sich die Allegorie in dem
Gesichte des himmlischen Wagens ergehen. Das Hohe Lied
zwingt wegen der wunderlichen Stellung, die es unter den
heiligen Büchern des jüdischen Volkes einnimmt, von selbst
zur mystischen Deutung; sein wahrer, historischer Sinn wider=
streitet dem Kanon.

Drittens, die Mystiker glauben, daß der heilige Geist
noch immer in derselben Gestalt auf das jetzige Geschlecht
wirke, wie er in den alten Tagen auf die begeisterten Män=
ner Israels gewirkt habe. Weder Josephus, noch Philo,
noch eine andere Quelle behauptet dieß ausdrücklich, aber
man muß es nothwendig aus der Schilderung schließen, welche
die beiden ersten von der essenischen Sekte entwerfen. Das
Schauen der Zukunft war nach der Ansicht jener Zeiten die
hauptsächlichste Gabe, durch die sich der heilige Geist unter
den Menschen offenbart, und durch welche sich der Prophet
vom gemeinen Sterblichen unterscheidet. Daher sagt z. B.
Josephus von Hyrkan, er sey der Prophetie gewürdigt wor=
den, weil er voraus sah, daß seine beiden Söhne nicht lange
herrschen würden (Alterth. XIII, 10, 7.). Vorherverkündigung
der Zukunft, und Einwohnen des heiligen Geistes sind den
alten Juden Wechselbegriffe. Nun berichtet der jüdische Geschicht=
schreiber von den Essenern: *) „Es gibt unter ihnen Männer,
welche sich getrauen, die Zukunft vorherzusagen (was ihnen
auch möglich ist), da sie immer mit den heiligen Büchern,
mit verschiedenen Weihungen, mit den Aussprüchen der Pro=
pheten beschäftigt sind. Und selten geschieht, daß ihre Vor=
herverkündigungen nicht eintreffen." In der That erzählt
Josephus mehrere Fälle, wo Essener künftige Schicksale rich=
tig vorhergesagt haben sollen. So Alterthümer XV, 10, 5.
XVII, 13, 3. de bello I, 5, 5. Das heißt mit andern Wor=
ten soviel als, es seyen Propheten unter ihnen gewesen; oder

---

*) De bello Ii, 8, 12.

einige ihrer Mitglieder besaßen wirklich den Geist, andere
konnten ihn wenigstens besitzen. Es gibt noch einen andern
Grund, der uns nöthigt, anzunehmen, daß sie den heiligen
Geist in ihrer eigenen Gesellschaft wirksam glaubten. Der
Sinn, welchen sie in den Pentateuch hineinlegten, war sehr
weit vom Buchstaben verschieden, es war eine verborgene Weisheit, die nur sie allein verstanden. Wie konnten sie nun in dem
ehernen Spiegel des bloßen Wortes das himmlische Licht schauen,
wie konnten sie ferner sicher seyn, daß ihr Fund wirklich
himmlische Wahrheit enthalte, wenn ihre Seele nicht höherer
Erleuchtung gewürdigt ward? Alle Mystiker, welche in
alten Urkunden überschwängliche Lehren entdeckten, haben sich
ein himmlisches Licht zugeschrieben. Den Essenern unterlegt
diese Meinung wenigstens Philo, wenn er sagt:*) ἀμήχανον
ἀνθρωπίνην ἐπινοῆσαι ψυχὴν πατρίος νόμος ἄνευ κατακωχῆς
ἐνθέου. Also wohnte der heilige Geist unter ihnen, denn
dieser bringt das Licht von oben.

Hiedurch erhält der Satz, daß sie nur den Pentateuch
und nicht auch die Werke der Propheten des alten Bundes
für eine Offenbarungsquelle ansahen, seine lezte Bestätigung.
Da jene Seher sich von den gewöhnlichen Sterblichen hauptsächlich durch das Schauen der Zukunft unterscheiden, da
ferner die Essener selbst diese himmlische Gabe ebenfalls zu
besitzen behaupteten, so konnten sie die Propheten nur in
Eine Klasse mit sich, nicht mit Moses setzen. Dieser hat in
die Tiefen der Gottheit geschaut, wohin keines andern Menschen Blick dringt, seine Schriften sind ein Born, aus welchem heilige Seelen jezt ehemals und fernerhin, mittelst göttlicher Erleuchtung, himmlische Wahrheit schöpfen; aus demselben haben auch die Propheten ihre Schätze genommen.
Darum stehen sie tief unter Moses, und gehören in Eine
Reihe mit anderen begeisterten Schülern des Gesetzgebers.

---

*) Quod omnis probus liber M. II, 458.

So stellt Philo die Sache dar, so haben gewiß auch die
Essener gedacht. — Das ganze Gerippe ihrer Meinung ist
durch Aussagen alter Zeugen hinreichend bestätigt, ich habe
nur durch einige Schlüsse, die aber immer mit den Quellen
Hand in Hand gehen, Haut und Muskeln zugefügt.

Viertes Kapitel.

**Die jüdische Lehre von Gott. Die göttlichen Kräfte. Die
Schechina, Memra. Der Sohn, der heilige Geist, die
Mutter, der Vater. Jüdische Dreieinigkeit.**

Es sind bei allen Völkern zwei Vorstellungen der Gottheit
wohl zu unterscheiden. Die eine sagt, was Gott nicht sey,
indem sie seine Größe mit der menschlichen Armseligkeit ver=
gleicht; die verschiedenen Sprachen bedienen sich dabei manch=
mal scheinbar bejahender Worte, in der That sind sie ver=
neinender Art. So besagt der Begriff „Allmacht,“ Gott ver=
möge nicht nur einige, wenige Dinge, wie wir, sondern
dieses, und jedes Andere, was man immer ersinnen kann; „All=
wissenheit,“ er verstehe nicht nur Einiges, wie wir, sondern
das, was wir wissen und nicht wissen; man nennt ihn zeitlos
oder ewig, weil er nicht nur wenige Jahre dauert, wie wir,
sondern ohne Aufhören fortlebt; unbeschränkt, allgegenwärtig.
unendlich, allgütig und gerecht, weil er nicht bloß auf einen
kleinen Raum angewiesen ist wie wir, nicht bloß in einigen
Fällen gerecht. liebevoll sich erzeigt wie wir, sondern überall.
Die hochmüthige Vielwisserei, welche Himmel und Erde durch
bloßes Denken zu ergründen sich rühmt, aber beim Lichte be=
sehen mit leeren Worten spielt, will uns glauben machen,
jene Begriffe seyen ursprünglich, d. h. nicht erst durch Ver=
neinung von etwas Bekanntem entstanden. Aber es verhält
sich nicht so, und wenn gewisse Herren auch unbärtigen

Jünglingen so etwas in Kopf setzen, werden sie doch nie
Männer davon überzeugen, welche die Menschen und die Natur beobachtet haben. Alle Religionen, selbst die niedrigsten,
enthalten solche Begriffe, aber leztere wirken überall wenig
auf das Völkerleben, weil sie nur auf den Lippen oder im
Gedächtnisse wohnen, und nicht die Einbildungskraft, die
Mutter unserer meisten Handlungen, beherrschen und befruchten. Die zweite religiöse Vorstellung ist die bildliche, oder die,
welche ihre Ansicht vom höchsten Wesen an etwas Bekanntes,
der Erfahrung Entlehntes, anknüpft. Hiebei kommen zwei
Fälle vor. Entweder wendet sich die Betrachtung der Außenwelt zu, dann findet sie Gott in den auffallendsten Natur-
erscheinungen oder ihren Ursachen, im Wasser, im Feuer, in
der Luft, im Lichte. Jedes dieser Elemente galt einzelnen
Philosophen des Alterthums, oder auch ganzen Parteien für
das Urwesen. Seit man noch mächtigere Kräfte entdeckt hat,
wie die Schwere, die Elektrizität, den Magnetismus, fehlt
es nicht an Solchen, welche dieselben insgeheim für die Ursache
der Welt halten, ob sie gleich ihre Ansicht in der Regel
nicht laut werden lassen. Nicht bloß Naturforscher, sondern
auch Leute, die aus irgend welchen Gründen, aus Verdruß
über den schlechten Vortrag ihrer Priester oder Erzieher, der
hergebrachten Religion abgeneigt wurden, wenden sich manchmal der bloß physischen Meinung von der Natur Gottes
zu. Daß dieser Irrthum aber nie allgemein werden könne,
hindert ein psychologisches Gesetz. Es ist nämlich Etwas in
unserer Brust, was uns die Ueberzeugung aufdrängt, daß der
Mensch, oder besser der zur Erkenntniß der Wahrheit ge-
schaffene Geist, mehr sey als Wasser, Feuer, Licht, Elektrizität. Ueberdieß gibt es keine Brücke von der Materie zur
Seele, bloß körperliche Kräfte erklären die geistige Thätigkeit
nicht. Getrieben von dieser Nothwendigkeit, stellen daher die
besseren Religionen Gott als ein geistiges Wesen dar, und
selbst diejenigen Glaubensweisen, welche ursprünglich blinde

Naturkräfte als die Herrinnen des Weltalls darstellen, sehen sich genöthigt, Personen an ihre Stelle zu setzen. Der Mensch kennt jedoch nur Eine geistige Natur aus Erfahrung, nämlich sich selbst und Seinesgleichen; darum heißt der Satz: „Gott sey eine geistige Natur," ebensoviel als er sey ein menschen= ähnliches Wesen, nur viel vollkommener als wir, weil wir in ihm zugleich eine Macht suchen, die sich weit über unsere Beschränktheit erhebt. Ebendeßhalb trägt zweitens der Mensch das Höchste, dessen er die menschliche Natur fähig hält, auf seine Gottheit über, wodurch der Begriff derselben zu etwas Wechselndem (da man in einem Zeitalter Dieß, in einem andern Jenes für den Ausdruck höchster Vollkommenheit an= sieht) und zugleich zu einem wahren Maßstabe menschlicher Kultur wird. Denn je nach dem Urbilde von Vollkommen= heit, das ich bei Einzelnen oder auch bei Völkern finde, habe ich das Recht, ihre geistigen Zustände zu schätzen. Dieses Gesetz ist allgemein gültig, und wird durch jeden Fall ge= rechtfertigt, den uns die Religionsgeschichte darbietet. Die alten Indier dachten sich ihren Gott als einen brütenden Braminen — Höheres konnten sie sich nicht ersinnen; die Götter der Griechen bei Homer leben und handeln, wie die Könige in den hellenischen Städten; die alten Römer verehrten in Janus den Gott des Tages und des Kriegs, in Jupiter den Gott des Gestirns, das Glück bringt, und zugleich den Wächter der Sicherheit des Reiches — ein konsularisches Vorbild liegt Beiden zu Grund; der Gott des mittelalterlichen Katholizis= mus ist eine Art von himmlischem Papste; in dem Zeitalter der Reformation dachte man sich, wenn ich nicht ganz irre, das höchste Wesen als einen auf seine Ehre sehr erpichten, die augsburgische Konfession eifrigst wahrenden Theologen. In neueren Zeiten, wo man die Schranken früherer Jahrhunderte übersprungen und es so herrlich weit gebracht zu haben wähnt, steht man auf demselben Punkte, nur hat man dem alten Bild ein neues Gewand angezogen. Der Gott jener Schulweisheit,

die mit unerhörtem Uebermuthe sich vermißt, alle Geheim=
nisse zu enthüllen, das berühmte Ich, oder der sich selbst be=
wußte Begriff, ist am Ende nichts Anderes als ein hochhinauf=
geschraubter Universitätsprofessor, in dessen Gestalt sich die
gelehrten Herren selbst vergöttern. Da seht das Ich! Wie es
seine Einfälle oder Begriffe zurecht legt, und da und dorthin
greift, gleich einem Schulmeister der Weisheit, wird die
Welt, werden Firsterne, Himmelskörper, Meere, Länder dar=
aus, und die Gottheit ist fertig. Es ist mir nicht unbekannt,
daß zwischen dem sogenannten empirischen Ich, und dem
absoluten, ein mächtiger Unterschied seyn soll; ja, so sagt
man uns vor! Aber wenn ich nicht ganz irre, so gibt es nur
eine einzige Wendeltreppe von dem empirischen Ich zu dem
philosophischen, und diese führt durch das Gehirn des Herrn
Professors Joh. Gottl. Fichte. Im thätigen Leben, wo es mehr
auf die Sache als das beschönigende Wort ankommt, kann
man daher beide Ich mit gutem Fug als gleichbedeutend
setzen. Ich weiß auch recht gut, daß man Diejenigen, welche
ohne Rücksicht auf den Schmuck der bemäntelnden Rede, den
praktischen Punkt festhalten, für unberufene und ungeweihte
Menschen erklärt; dieß ist ein alter Kunstgriff. Schon Philo sagt,
zwei Sätze treten sich in den Religionen überall entgegen:
„Gott ist wie ein Mensch, und er ist nicht wie ein Mensch.“
Geht man der Sache auf den Grund, so schreien Philosophen
und Religionslehrer: Gott ist nicht wie ein Mensch! und
verschanzen sich hinter jene allgemeinen, verneinenden Begriffe,
von denen oben die Rede war. Aber betrachtet die einzelnen
Lehrer, wie sie das höchste Wesen vorstellen in jenen unbe=
wachten Augenblicken, wo sie sich gehen lassen, dem innern
Antriebe sich hingeben und gegen keine möglichen Angriffe Drit=
tre auf der Hut sind: immer wird da die zweite Darstellung
überwiegen. Endlich was Volksreligionen betrifft, ist bloß
die zweite Form von Werth, und verdient von dem Forscher

beachtet zu werden; denn nur sie wirkt auf die Massen, und unterscheidet eine Nation von der andern.

Wozu hier diese Abschweifung über die verschiedenen Vorstellungen der Gottheit? wird man sagen. Sie ist ganz am Platze, weil ich eben eine Ansicht von Gott schildern muß, welche Manche als ein Uebermaß von Unverstand oder Abgeschmacktheit verspotten, Andere wiederum aus verkehrter Schonung für eine bloß sinnbildliche Darstellung erklären werden. Namentlich hielten mir schon mehrere gelehrte Juden vor: unmöglich können sie glauben, daß ihre Väter im Ernst das höchste Wesen sich so gedacht hätten, es sey nur die Hülle eines Begriffs, oder eine Form, welche die Rabbinen gewählt, um sich dem rohen Volke leichter verständlich zu machen. Daß sich die Sache nicht so verhalte, sondern daß die Aussprüche, die ich gleich anführen werde, wörtlich zu nehmen seyen, konnte ich nicht besser darthun, als indem ich auf die Entwicklung des Begriffs der Gottheit laut der Geschichte und den Gesetzen der Seele verwies. Die rabbinische Darstellung Gottes ist unter den gegebenen Umständen um Nichts abgeschmackter, als die neuere und neueste des Ich = Gottes.

Zur Sache! Die Juden kannten zur Zeit Jesu nichts Höheres als den Hohenpriester zu Jerusalem, und neben ihm einen vollkommen gelehrten, das Gesetz streng erfüllenden Pharisäer oder Rabbinen. In beiderlei Gestalt haben sie ihren Gott gedacht. Philo stellt wenigstens den Logos als Hohenpriester dar, *) weil er den obersten Gott ganz von der Welt abtrennt; aber der Verfasser der Offenbarung Johannis trägt jene Würde deutlich genug auf Gott über. Die Vorstellung Gottes, als eines himmlischen Oberrabbiners, könnte später seyn, und aus der Zeit nach der Zerstörung stammen, wo das irdische Vorbild eines himmlischen Oberpriesters mit dem Tempel verschwunden war. Aber wer steht dafür, daß

---

*) Siehe meine Schrift über Philo 1, 258 u. flg. 321.

die Pharisäer nicht schon in Jesu Tagen dem Begriff der
Gottheit das Gepräge ihres Standes gaben! da wir ja aus
anderen Anzeigen wissen, daß sie sich schon damals über die Prie=
ster zu stellen begannen. Nur so viel kann man, glaube ich, mit
Sicherheit sagen: wo der levitische Einflüß überwog, stellte
man Gott als einen Hohenpriester dar, wo der rabbinische mehr
galt, dachte man sich ihn als einen Oberrabbiner des Himmels. Weil mit dem Tempel auch die Priesterkaste aufhörte,
wurde in den folgenden Jahrhunderten das leztere Bild vorzugsweise beliebt. Ich will nur eine Stelle als Beleg für
erstere Vorstellung anführen. Sanhedr. bab. Seite 39 a.:
„Ein Sabbucäer sprach zu Rabbi Abhu: Euer Gott ist ein
Priester, denn es steht ja geschrieben (Exod. XXV, 2.):
„Nehmet für mich ein Hebeopfer." Als euer Gott Mosen
begrub, mit was wusch er da seine Hand? Wenn du sagst:
mit Wasser, so entgegne ich: es stehet geschrieben (Jes. 40,
12): „Wer misset das Wasser mit der Faust?" Rabbi Abhu antwortete: Mit Feuer hat er sich gewaschen." Allem Anschein
nach wollte der Sabbucäer, der hier genannt wird, den Pharisäer sammt seiner Gotteslehre lächerlich machen; aber der
Rabbine kommt nicht aus der Fassung, er findet es vielmehr
ganz natürlich, daß Gott ein Priester sey. Zugleich als
Hoherpriester und König des Himmels erscheint Gott Pirke
Eliefer Kap. IV:*) Majestas sancti Benedicti est in medio
quatuor classium angelicarum. Ipse insidet throno ex-
celso elevatus, atque solium ejus sublime suspensum est
sursum in aëre, figura autem gloriae ejus est sicut color
Chasmal, juxta verba prophetae (Ezech. I, 27): „et vidi
quasi formam Chasmal." Corona imposita est capiti ejus
et diadema nominis tetragrammati circa frontem ejus,
atque oculi per totum orbem discurrunt. Sagittae ejus

---

*) Ich wiederhole W. H. Vorst's Uebersetzung (Leyden 1644, 4.
S. 6.

sunt ignis et grando; a dextra ejus vita est, a sinistra mors, sceptrum ignitum in manu ejus. Expansum est ante eum velum, et septem angeli, qui prius creati sunt, famulantur ei ante velum. Scabellum pedum ejus est tanquam ignis et grando, et infra thronum gloriae ejus est sicuti lapis sapphiri, atque veluti ignis circumquaque lambens solium ejus. Justitia et judicium est basis solii, septem nubes gloriae cingunt eum, rota orbis, Cherub et Vita laudem ei dant. etc. Hiemit ist zu vergleichen Buch Henoch (Kap. XIV, 17 u. flg.): „Ich sahe ein Haus im Himmel und darin einen erhabenen Thron, der weiß glänzte wie Reif, aber sein Umfang glich dem Kreise der Sonne, da erscholl die Stimme der Cherubim. Unter diesem mächtigen Throne strömten Bäche lobernden Feuers. Unmöglich war es, ihn anzuschauen. Ein Großer im Glanze der Majestät saß auf dem Throne, seine Kleider waren strahlender als die Sonne, weißer als der Schnee. Kein Engel konnte den Glanz ertragen und anschauen das Antlitz des Herrlichen und Strahlenden, auch kein Sterblicher konnte ihn ansehen. Feuer loberte rings um ihn, und Flammen brannten um seinen Thron, so daß keiner von denen, welche ihn umgaben, sich ihm nahen mochten. Tausende und aber Tausende waren vor ihm. Aber er bedurfte des Raths der Heiligen nicht, dennoch traten die Himmlischen, welche ihn umgaben, nicht weg von seinem Throne Tag und Nacht, noch wurden sie entfernt u. s. w." Beide Darstellungen erinnern an die Offenbarung Johannis.

Dagegen als Rabbinen stellt der Talmud Gott an vielen Stellen dar. So Avoda Sara bab. S. 3, b. „Von den 12 Stunden, welche der Tag hat, sitzet Gott die drei ersten hin und studirt im Gesetz. In den nächsten dreien sitzet er und regiert die ganze Welt. Da er aber siehet, daß die ganze Welt schuldig ist, verläßt er den Thron des Gerichts und sezt sich auf den Stuhl der Gnade. In den nächsten drei Stunden sizt er und speist die ganze Welt. In den drei übrigen spielt er mit dem Leviathan, wie geschrie= ben stehet (Psf. CIV. 26): „Du hast den Leviathan ge= schaffen, daß du mit ihm scherzen könnest." Rabbi Acha der Galiläer hat gesagt: Seit das Haus des Heiligthums zerstört ist, scherzt der hochgelobte Gott nicht mehr. Und woher wis= sen wir, daß er nicht mehr spielt? Daher, weil geschrieben stehet (Esaias XXII, 12): „Darum wird der Herr Zebaoth zu der Zeit rufen lassen, daß man weine und klage, sein Haupt scheere und Sackleinwand anziehe." Was thut nun Gott seit jenem Tage (der Zerstörung) im lezten Viertel des Tages? Er sizt und unterrichtet die (verstorbenen) Schul= knaben, wie geschrieben stehet (Esaias XXVIII, 9): „Wen soll er lehren die Erkenntniß, wen soll er hören lassen seine Predigt? Die Entwöhnten von der Milch, die so von den Brüsten abgethan sind!" Gott trägt ferner, nach der Lehre des Talmuds, seine Gebetriemen gerade wie ein Rabbiner. So Berachot Bab. S. 6 a: „Daß Gott Tephillin trage, wird bewiesen aus Esaias LXII, 8: Gott hat geschworen, bei seiner rechten Hand (d. i. beim Gesetz) und bei dem Arme seiner Kraft (das sind die Tephillin). — Raf Nach= man, der Sohn Isaaks, fragte den Rabbi Chaja, was auf den Tephillin Gottes geschrieben stehe? Dieser antwortete, es stehe darauf die Stelle (Chronik XVII, 21): „Wer ist gleich als wie dein Volk Israel, ein einziges Volk auf Erden." Rabbi Acha sagte zu Rabbi Asche: dergestalt weiß man wohl, was in einer Kapsel der Thephillin Gottes geschrieben sey, nicht aber was auf den übrigen stehe. Asche führte folgende Stellen an: Deuter. IV, 7, 8. XXVI, 19. XXXIII, 19. u. s. w." — Auch der Targum Jeruschalemi spielt (Exod. XXXIII, 23) darauf an, daß Gott Tephillin trage.

So sonderbar auch diese Worte in unseren Ohren klingen, darf man doch überzeugt seyn, daß die unendliche Mehrheit der Juden so dachte. Es ist die gesunde, derbe Meinung

des Volks von seinem Nationalgott. — Als ein Menschen ähn=
liches Wesen hat der Höchste neunmal sich auf die Erde her=
abgelassen und wird dasselbe noch ein zehntes Mal thun. So
Pirke Elieser Kap. IV: Decem descensiones fecit Sanctus
Benedictus in terram: Prima fuit in hortum Eden, secunda ad generationes divisionis (seu ad confundendum
linguas hominum), tertia ad Sodomam, quarta in rubum
(ex quo Mosen affatus est), quinta in Sinai, duae in
cavernam petrae, duae in tentorium conventus seu ta-
bernaculum, et una fiet in seculo futuro. Mehrere leh=
ren daß Gott bei diesem Herniedersteigen mit leiblichen Au=
gen gesehen worden sey. So Bereschit Rabba zu Genes.
XVIII, 20*): „Rabbi Chanina dixit: apparuit Deus et
tres angeli Abrahae patri nostro in forma hominis, sicut
dictum est (Genes. XVIII, 2) *et elevavit oculos suos et vidit;* incepit Deus annunciare ei conceptum uteri Sarae
uxoris ejus, sicut scriptum est (ibid. 14) *ad condictum
tempus veniam ad te.* Deinde vero nunciavit ei factum
Sodomae et Gomorrae, docens nos in hoc, quod qui vult
dicere alicui aliquid, quod displicet, ei aliquid aliud,
quod placet, debet praemittere. Ebenso Mechilta zu Exod.
XIX, 9: „Die Israeliten sprachen zu Mose: Es ist unser
Wunsch, daß wir aus dem Munde unseres Königs das Ge=
setz selbst vernehmen. Der Unendliche sagte zu Mose, gib
ihnen, was sie verlangen, darum heißt es: „auf daß dieß Volk
meine Worte höre" (Exod. XIX, 9). Weiter sprachen die
Kinder Israel, wir wollen unsern König auch sehen, denn
sehen ist besser als bloß hören. Deßwegen stieg Gott vor
den Augen des ganzen Volkes am dritten Tage auf den Berg
Sinai herab." Hiemit ist zu vergleichen. Berachot Bab. S.
7, a. „Ueber den Spruch (Exod. XXXIII, 20): Mein

---

*) Schon Raimond Martini beruft sich auf diese Stelle, Pugio
fidei S. 728.

Angesicht kannst du nicht sehen, äußerte sich Rabbi Josua, Gott habe damit sagen wollen: als ich dich mein Angesicht wollte schauen lassen, hast du nicht gewollt, jetzo da du es sehen willst, will ich nicht. Dagegen lehrte Rabbi Schemuel, im Namen Rabbi Jonathans: Um dreier Verdienste willen ist Moses dreier Vorzüge gewürdigt worden: weil er sein Angesicht verhüllt (Exod. III, 6), ist dasselbe glänzend worden; weil er sich damals gefürchtet, hat, sich auch alles Volk vor ihm gefürchtet (Exod. XXXIV, 30) näher zu treten; und weil er Gott nicht schauen wollte, ist er gewürdigt worden, den Herrn in seiner wahren Gestalt zu sehen (Num. IV, 12, 8). Allein wegen des leztern vergleiche Exod. XXXIII, 23: so wirst du mir hinten nachsehen; um dieser Worte willen sagte Rabbi Channa im Namen Rabbi Schimeons, Gott habe Mosen nur den Knoten von seinen Tephillin schauen lassen." Man ersieht aus der Stelle, daß über die Frage gestritten wurde, ob Gott gesehen werden könne oder nicht. Bekanntlich ist der Pentateuch hierüber mit sich selbst im Widerspruch. Die gemeine Volkslehre, als deren Ausspruch wir die mitgetheilten Belege ansehen hielt sich an den Buchstaben der Geschichten, welche im Gesetze erzählt sind, und glaubte, daß Gott, sonst in allen Dingen den Menschen ähnlich, auch in der Sichtbarkeit denselben gleiche. Schon Philo behauptet aufs Bestimmteste, daß es unter den Juden eine Partei gegeben habe, welche Alles, was im Pentateuch von Gott gesagt wird, wörtlich verstand *).

Gott ist von einem Hofstaate der Engel umgeben. Wie ein König mit seinen Großbeamten, berathschlagt er mit ihnen, ehe er wichtige Beschlüsse faßt. So Sanhedrin Bab. S. 38, b: „Rabbi Jochanan hat gesagt: der heilige hochgelobte Gott thut Nichts, Er berathschlage denn zuvor mit dem obersten Hausgesinde (mit den Engeln), wie (Daniel IV, 14)

---

*) Siehe meine Schrift über Philo I, 95 u. flg.

geschrieben stehet: „Solches ist im Rathe der Wächter beschlossen, und dieses Begehren ist durch das Wort der Heiligen bestätigt." Ebenso Sanhedrin Jeruschalemi 1: „Rabbi Jochanan hat gesagt: Nie verrichtet Gott eine Sache, sie sey denn zuvor berathen im obern Gerichtshaus. Woraus beweist man dieß? Aus dem Spruche Daniel X, 1: „Ein wahres Wort und ein großes Heer!" Wann ist es ein wahres Wort? Wenn darüber berathschlagt ist im oberen Gerichtshaus. Rabbi Elieser sagt: überall, wo geschrieben steht, Jehova Elohim, da ist Gott und das obere Sanhedrin gemeint." Näher wird dieser Satz bestimmt Berachot Jeruschal. S. 37 a: „Es stehet geschrieben (Hiob I, 21): Der Herr hat es gegeben, und der Herr hat es genommen, der Name des Herrn sey gelobet. Hierüber sagt R. Judan, da er es gegeben, hat er es aus Barmherzigkeit gegeben, und da er es genommen, hat er es aus Barmherzigkeit genommen. Wenn Gott Gutes gibt, berathschlagt er mit Niemand, wenn er aber nimmt, berathschlagt er mit seinem Gerichtshause (mit der obern Akademie). Dieß erhellet daraus, weil in obiger Stelle bei dem Namen Gott das Wörtchen stehet, welches u n d bezeichnet, Va j e h o v a h (und der Herr); darüber lehret R. Elieser: überall wo der Buchstabe Vau vor Jehova stehe, werde Gott und sein Gerichtshaus gemeint." Der Grund, woraus dieß bewiesen wird, ist I König XXII, 23: „Und Gott hat Böses über dich geredet" (Gott verhängt also Böses nur nach vorangegangener Berathschlagung mit den Engeln, Gutes gibt er für sich). — Auch die guten Beschlüsse vollstreckt er durch Engel, doch hat er sich Einiges selbst vorbehalten. So Sanhedrin Bab. S. 115 a (wiederholt im Traktat Taanith): „tres claves non sunt traditae ulli legato, clavis vitae, pluviae et resurrectionis mortuorum. Um dieß zu begreifen, muß man sich erinnern, wie wichtig die Regen für heiße Länder sind, weßhalb auch Gott (Lev. XXVI, 4 u. Deuteron. XI, 13) seinem Volk befruchtende Regen verheißt, wenn

Israel seine Gebote halte. Daß im Himmel ein hohes Syn=
nedrium, das Vorbild des irdischen, und eine hohe Schule
oder Akademie bestehe, dafür wurden bereits mehrere Be=
weisstellen angeführt, denen ich noch viele beifügen könnte,
wenn es nöthig wäre. Wie alles Andere, reicht auch diese
sonderbare Ansicht, deren geheime Gründe im Kapitel von der
Schöpfung aufgedeckt werden sollen, bis in die Tage Jesu
Christi hinauf. Zeuge dafür die Offenbarung Johannis. Der
Seher schaut 24 Aelteste um den Thron Gottes versammelt,
welche die Rathschlüsse des Ewigen mit ihrem lauten Bei=
falle begleiten. Er sieht weiter (Kap. XX, 4) Stühle hinge=
stellt, worauf die Heiligen sich setzen, um Gericht zu halten.
Es befindet sich also, wie wir sagten, ein oberster Gerichts=
hof im Himmel.

Ich komme an die Eigenschaften Gottes und seine Na=
men, nach der gemeinen pharisäischen Lehre. Gewöhnlich
sagen die Rabbinen, dreizehn Eigenschaften oder מָדּוֹת kom=
men der Gottheit zu, wobei sie sich auf die Stelle Exod.
XXXIV, 6, 7 berufen: „1) Herr, 2) Herr, 3) Gott, 4) barm=
herzig, 5) gütig, 6) geduldig, 7) von großer Gnade 8) und
Treue, 9) der du beweisest Gnade in das tausendste Glied,
10) vergibst die Missethat, 11) vergibst Uebertretung, 12)
vergibst Sünde, 13) sprichst aber die nicht los" (welche keine
Buße thun). Diese dreizehnfache Eintheilung kommt vor
Rosch Haschana im Abschnitt Arbah rasche schanim, zu Ende.
Andere rechnen wiederum anders. So der Midrasch Tillin
zu Psalm 93, 5: „Rabbi Simeon hat gesagt, dreizehn Eigen=
schaften kommen Gott zu, wegen der Stelle Exod. XXXIV,
6 und 7. Raf aber lehrt, daß deren nur eilfe seyen. Wie=
derum behaupten unsere Rabbinen gesegneten Gedächtnisses,
es seyen nur zehen. Und wegen welcher derselben hat Mo=
ses Gott angebetet? (Exod. XXXIV, 8). Rabbi Chasda sagt:
wegen der Güte (חֶסֶד). Ebenso Bereschit Rabba zu Genes.
I, 2: Sutra filius Tobiae dixit nomine Raf: decem

proprietatibus Dei creatus est mundus, et istae sunt sapientia, prudentia, scientia, fortitudo, robur, increpatio, justitia, judicium, pietas et miserationes. Zehen Eigenschaften der Gottheit werden hier gerechnet, um den zehen Geboten und wiederum den zehen Worten der Schöpfung zu entsprechen, woraus auch die Lehre von den zehen Sephiroth entstanden ist. Hievon später. Andere rechnen nur drei. So Midrasch Tillin zu Pf. 50, 1: אֵל אֱלֹהִים יְהֹוָה Deus, Deus, Dominus. Quam ob rem memoravit Asaph (der Verfasser des Psalms laut der Ueberschrift) nomen Dei Sancti Benedicti tribus vicibus? Ut doceret te, quod cum istis tribus nominibus creavit Deus seculum suum loco trium proprietatum, in quibus creatus est mundus, et istae sunt sapientia, scientia atque intelligentia, juxta id, quod scriptum est (Proverb. III, 19): Jehova per sapientiam fundavit terram, aptavit coelos per intelligentiam, per scientiam ejus abyssi discissae sunt et coeli stillant rorem. Auch hier spielen die Sprüche Salomo's eine große Rolle, wie in der alexandrinischen Theosophie.*) Schöner (weil mit mehr Rücksicht auf den Menschen und seine religiöse Bedürfnisse) schildert eine Stelle der Mischna die Eigenschaften Gottes, Pirke Afoth IV, 22: „Alle, welche leben, sind bestimmt gerichtet zu werden und zu erfahren, daß Gott der Bildner (in dessen Hand die ganze Welt, wie der Thon in des Töpfers Hand), daß er der Schöpfer, daß er der Allwissende, daß er Richter und Ankläger der Sünde sey und dermaleinst richten werde (in jener Welt). Gelobt sey der Höchste, denn vor ihm ist keine Krümme (nichts Böses, sondern er urtheilt gerecht) und keine Vergessenheit, er siehet keine Person an, und nimmt kein Geschenk, denn Alles ist sein." Hier sind zehen Eigenschaften gerechnet, und wenn ich mich nicht ganz täusche, nimmt diese erhabene Stelle Rücksicht auf Exod. XXXIV, 6,

---

*) Siehe meine Schrift über Philo I, 311.

der Bildner, der Schöpfer, der Allwissende bezieht sich auf die drei Namen יְהֹוָה יְהֹוָה אֵל, und so fort.

Ich lasse diese Spielereien mit Zahlen, und gebe einige der bedeutendsten Stellen, die sich über die Natur Gottes aussprechen. Gott ist Alles in Allem, das Aleph und das Tau; so Sanhedr. Jeruschal. 1: „Was ist das Wesen Gottes? Er ist die Wahrheit. Was heißt Wahrheit? Er ist der lebendige Gott, der König der Welt. Rabbi Risch Lakisch hat gesagt: Er ist das Aleph oder der Anfang, das Mem oder die Mitte, das Tau oder das Ende. Das heißt, ich bin der Erste, und habe von einem Andern Nichts empfangen, außer mir ist kein Gott, noch habe ich einen Genossen, ich bin der Lezte und werde keinem Andern Etwas übergeben.“ Das Bild vom Alpha und vom Omega kommt bekanntlich auch in der Offenbarung Johannis I, 8 vor, deßgleichen wird der Höchste im N. T. öfter die Wahrheit genannt. Sehr oft wiederholen die Rabbinen dieses Beiwort. Gott ist ferner ewig. So Mechilta*) zu Exod. XV, 3: Deus fuit super mari, Deus in Aegypto, Deus in tempore praeterito, Deus in tempore futuro, Deus in hoc mundo, Deus in mundo futuro. Gott hat Alles zu seiner Ehre erschaffen, die Welt soll daher seines Ruhmes voll seyn. So die Jerusalemische Gemara zu Joma III, 9: Quae creavit Deus S. B. in gloriam suam creavit, und sonst öfter. Von seinen Eigenschaften wird besonders die Macht, die Weisheit und die Güte hervorgehoben. Die Macht: Er erfüllet Alles, höret, siehet Alles. So sehr schön Pirke Afoth II, 1: „Mensch bedenke, was über ist dir ist, ein sehendes Auge, ein hörendes Ohr.“ Man kann die Allgegenwart nicht passender ausdrücken. Unergründlich ist seine Gewalt; so Berachot Jeruschal. Seite 33 b: „R. Jochanan und R. Jonathan kamen an einen Ort, wo sie den Vorsänger in der Synagoge sagen hörten: Du großer, starker, fürchterlicher, mächtiger,

---

*) Ugolini Vol. XIV, S. 232.

gewaltiger Gott. Sie hießen ihn schweigen und sprachen: du hast nicht Macht, zu den Formeln der Lobsprüche, welche die Weisen gemacht haben, Etwas hinzuzusetzen. R. Huna führt zum Beweise, daß wir die Kraft Gottes nicht begreifen kön= nen, die Stelle an (Job XXXVII, 23): „Den allmächtigen Gott können wir nicht finden; er ist groß an Kraft." R. Abba erklärt ebendaselbst den 20. Vers also: Wenn ein Mensch die Größe Gottes erzählen will, wird er von der Welt wegverschlungen." Für die Allwissenheit Gottes zeugt schon obige Stelle aus den Afoth, ich will noch eine beifü= gen, ebendaselbst III, 15 heißt es: „Alles ist offenbar vor Gott (auch was der Mensch im Verborgensten thut); dennoch ist dem Menschen Macht gelassen" (Gutes oder Böses zu thun), d. h. die göttliche Allwissenheit hebt die Freiheit nicht auf. Gottes Wissen ist jedoch nicht wie das menschliche; in Einem Bilde erkennt er Alles. So Rosch Haschana (Ab= schnitt Arbah Rasche): Dixit R. Jochanan: omnia viden- tur a Deo una visione et omnia conspiciuntur uno in- tuitu. Macht und Weisheit Gottes im Vereine bilden die Vorsehung. Avoda Sara Bab. S. 3: Deus sustentat totum mundum a cornibus unicornium usque ad ova pediculo- rum. Oft brauchen die Rabbinen neutestamentliche Bilder, um die Vorsehung zu feiern. So Chollin S. 7 b: Non laedit homo digitum suum in terra, nisi id decretum sit super eo in coelis; und Bereschit Rabba Abschnitt 79: Avicula sine voluntate coeli non capitur, quanto minus anima hominis. Im Allgemeinen heißt es Baba Mezia I: Pii credunt omnia in hoc mundo provenire ex providen- tia Dei. Die Güte Gottes wird vielfach gepriesen. So in der an= geführten Stelle Pirke Afoth, III, 15: „Die Welt wird nach der Güte (Gottes) gerichtet (nicht nach seiner Gerechtigkeit), weil sonst Niemand bestehen könnte." Ebenso daselbst II, 14: „Der Herr dei= nes Thuns ist ein treuer Gott, welcher dir den Lohn deines Thuns bezahlen wird." Gott zürnt zwar über die Sünden der Menschen

alle Tage, aber sein Zorn dauert nur kurz. Avoda Sara
Bab. S. 4 a: Rabbini nostri docuerunt: Deus irascitur
quovis die, sed quamdiu durat ira ipsius? Resp.: per
momentum! Ebenso Berachot Bab. S. 7 a: „Gottes Zorn
währet einen Augenblick, nach Rabbi Afina so lange, als
man braucht, um das Wort Rega, d. h., Augenblick auszu=
sprechen." Es muß unter den Juden eine Partei gegeben ha=
ben, welche die Güte Gottes über alle andern Eigenschaften
desselben erhob, oder sie allein anerkannte. Stellen im Tal=
mud streiten dagegen. So Berachot Jeruschal. 24, a: „R.
Jose der Sohn R. Bon sagte: Diejenigen thun nicht wohl,
welche die Eigenschaften Gottes zu lauter Barmherzigkeit ma=
chen." Und einige Worte weiter unten: „Diejenigen thun
nicht wohl, welche die Gesetzesstelle, daß man einen Ochsen
oder ein Schaf nicht an einem Tage mit seinen Jungen
schlachten soll, also deuten: Du Volk Israel, wie ich barmher=
zig bin im Himmel, so seyd auch barmherzig auf Erden;
denn dergestalt machen sie die Eigenschaften Gottes zu lauter
Barmherzigkeit." Die Güte und die Gerechtigkeit Gottes
fordern, daß es den Rechtschaffenen gut, den Schlimmen bös
ergehen soll auf Erden. Bekanntlich ist dieß ein alttesta=
mentlicher Grundsatz, dem jedoch die Erfahrung zu allen
Zeiten widersprochen hat. Die Talmudisten rechtfertigen ihren
Gott auf eigene Weise; entweder sagen sie, das Glück, das
den Bösen hienieden zu Theil werde, sey der Lohn für ein=
zelne gute Thaten derselben, in jener Welt aber werden sie
für ihre Bosheit gestraft. Oder geben sie der Sache fol=
gende Wendung, Berachot Bab. 7 a: „Moses hat Gott ge=
beten, daß er ihn seine Wege wissen lasse. Das war, wie
wenn er zum Höchsten gesprochen hätte: Herr der Welt,
warum gehet es dem einen Gerechten wohl, dem andern
übel, dem einen Ungerechten übel, dem andern wohl. Gott
antwortete: Der Gerechte, dem es wohl geht, ist eines Ge=
rechten Sohn, der, dem es übel gehet, ist der Sohn eines

Gottlosen. So auch der Gottlose, dem es wohl gehet, ist
der Sohn eines Gerechten, und der, dem es übel gehet, der
Sohn eines Gottlosen." Doch widersprechen Andere in der=
selben Stelle; Rabbi Meir sagt z. B.: Gott begnadige oder
verwerfe, wen er wolle, nach freier Willkür, wie geschrieben
stehe (Erod. XXXIII. 19): „Wem ich gnädig bin, dem bin
ich gnädig, und wessen ich mich erbarme, dessen erbarme ich
mich." Beide Vorstellungsweisen herrschten in Jesu Christi
Tagen. Für erstere zeugen Stellen wie Joh. IX, 2, für die
zweite der Römerbrief. — Nur noch· einige Bemerkungen
über die Namen Gottes. Daß die Ausdrücke Elohim, Adonai,
El, besondere Eigenschaften des höchsten Wesens bezeichnen,
geht zum Theil aus den bereits angeführten Stellen hervor.
Der heiligste und eigenste Name Gottes ist Jehova; die pa‐
lästinischen Juden nennen ihn Schem Hamephorasch, die
Griechen τετραγράμματον. Außerordentliche Dinge wissen sie
von seiner Kraft und den Wundern, die er wirken soll, zu
erzählen. Der Targum Jeruschalemi übersezt (Erod. XXVIII,
30) so: Pones in pectorali judicii Urim, quae illustrant
res populi et manifestant abscondita domus Israël, et
Thummim, ut perficiantur opera a sacerdote magno, qui
quaerit doctrinam a facie Domini per illa, eo quod in
illis insculptum et expressum est nomen magnum et sanctum, per quod creati sunt trecenti et decem mundi —
quisquis memorat illud nomen sanctum in·hora necessi-
tatis, eripitur, et occulta reteguntur. Auch Philo spricht
in den erhabensten Ausdrücken von dem Namen Jehova. *)
Man sieht es nun dieser Lehre von Gott an, daß sie
dem gemeinen Volksglauben angehört. Aber neben ihr geht,
zum Theil in denselben Büchern, eine ganz andere her. „Gott
sieht und wird nicht gesehen," sagt der Targum Jeruschalemi
(Genes. XXIV, 62 u. XXV, 11). Er verhält sich zur Welt,

---

*) Siehe meine Schrift über Philo I, 114.

wie die menschliche Seele zum Körper. So Midrasch Tillin
zu Pf. 103, und Bajikra rabba zu Levit. IV, 2: Cur placuit Davidi benedicere Deum per animam? (weil es heißt
Pf. 103, 1: Lobe den Herrn meine Seele.) Dixit David,
sicut anima ista implet corpus, sic Deus implet mundum
suum. Veniat igitur anima, quae implet totum corpus,
et laudet Deum, qui implet totum mundum. Anima non
comedit, sic nec Deus comedit quidquam. Anima portat
corpus, ita et Deus mundum suum portat. Anima unica est
in corpore, ita et Deus unicus in seculo suo. Anima
est munda in corpore, i. e. non maculatur sordibus corporis, ita et Deus mundus est in seculo suo. Anima
videt et non videtur, ita Deus videt et non videtur.
Anima non dormit, ita et Deus non dormit. Dixit David: veniat anima, in qua sunt omnes proprietates istae,
et benedicat Deum, in quo sunt omnes proprietates istae.
Docent etiam aliqui: sicut locus animae nesciatur ab homine, nec in quo loco data sit, ita nec creaturas scire,
in quo loco Deus sit; ipsa namque animalia sanctuarii
(die Cherubim), quae portant thronum gloriae, nesciunt,
quis sit locus ejus et in quo loco datus sit. Homo quidam dixit ad R. Gamalielem: in quo loco est Deus vester?
respondit, nescio. Dixit ille, et haec est sapientia vestra!
ut oretis tota die, et colatis Deum, quem nescitis ubi
sit? Respondit Gamaliel: tu quaesivisti ex me de re,
quae distat a me itinere quingentorum annorum, ecce
ego quaeram ex te de re, quae est apud te die et nocte,
et volo, ut dicas mihi, in quo loco sit data: anima, inquam, quae est apud te data, dic mihi in quo loco sit
data? Regessit ille: nescio. Tum Gamaliel, cum ergo
tu ignores, inquit, locum istius animae, quae est apud
te, cur quaeris ex me locum rei, quae distat a me itinere quingentorum annorum. Ebenso Pirke Elieser Kap.
34 zu Ende: „Deus videt, sed non videtur, sic anima

videt, sed non videtur. Quid Sanctus Benedictus? coram ipso non est mutatio, sic nec anima mutatur. Quid Sanctus Benedictus? portat mundum suum, sic anima portat universum corpus, atque omnes animae ex illo sunt. Auch der Talmud bekennt diese Lehre, oder vielmehr obige Stellen der Midraschim sind aus dem Talmud entlehnt. *) Berachot Bab. S. 10 a: „Warum wiederholt David im 103. Psalm und dem folgenden die Worte: „Lobe den Herrn meine Seele" fünfmal? Darum, weil die Seele Gott in fünf Stücken ähnlich ist: Wie Gott die ganze Welt erfüllet, so erfüllet die Seele den ganzen Leib. Wie Gott siehet und nicht gesehen wird, so siehet auch die Seele, ohne daß sie gesehen wird. Wie Gott die ganze Welt ernährt, so ernährt auch die Seele den ganzen Leib. Wie Gott rein ist, so ist die Seele rein, und wie Gott in dem verborgensten Innern wohnt, so ist es auch mit der Seele beschaffen." Gott wäre demnach die Weltseele. In dem ältesten und besten rabbinischen Buche, das wir besitzen, in den Pirke Afoth, wird dem höchsten Wesen ein Name ertheilt, welcher ähnliche Begriffe wie den der Weltseele voraussezt. Er heißt geradezu der Ort מָקוֹם. So Kap. V, 4: decem tentationibus tentaverunt patres nostri אֶת־הַמָּקוֹם Deum. Ebenso Kap. V, 9 (ich will selbst die Worte hersetzen): רָצָה הַמָּקוֹם לִזְכּוֹת אֶת־יִשְׂרָאֵל voluit locus (vel Deus) justificare filios Israël ideoque dedit eis multam legem. Auch die Gemara kennt diesen Namen Kidduschin Seite 30, b. Der Midrasch Tillin zu Pf. 90: Domine Deus, tu es habitaculum (מָעוֹן) nobis, äußert sich so: Dixit Rabbi Huna nomine R. Ammi: quare nomen Dei cognominatur מָקוֹם (locus)? Vocant eum locum, quia est locus seculi, sicut scriptum est (Exod. (XXIII, 21): *Ecce locus apud me. Aliter.*

---

*) Wie denn die Midraschim überhaupt nur die Aussprüche alter Lehrer wiederholen.

Quare vocatum est nomen ejus locus? quia in quocunque loco sunt justi, ibi invenitur Deus cum iis, sicut
scriptum est (Exod. XX, 24): *In omni loco, in quo me-
moratum fuerit nomen meum, veniam ad te, et benedicam
tibi.* Et sic ipse dicit (Genes. XXVIII, 11): *Et obviam
habuit locum et hospitatus est ibi.* Obviam habuit locum,
id est Deum. Aben Esra, der berühmte jüdische Ausleger,
sagt zu Esther I, 1: „Unsere alten Rabbinen nannten ihn
(Gott) den Ort), מָקוֹם, weil jeder Ort seiner Ehre voll ist."
Man sieht es diesen Erklärungen an, daß der Ausdruck
מָקוֹם für Gott, aus einer den Rabbinen fremden Lehre
stammt; sie suchten ihn daher durch Spielereien mit Gamatria zu rechtfertigen. מָקוֹם gibt 186, ebensoviel das Wort
יְהוָה, wenn man jeden Buchstaben in sein Quadrat erhebt.
Jod = 10, also: 10×10 = 100, Heh 5, also: 5×5 = 25, Vau
6, also: 6×6 = 36, Heh 5, also: 5×5 = 25, zusammen: 186.
Die Kabbalisten thun sich viel auf diese Rechnung zu gut.
Die wahre Erklärung gibt uns Philo, der Gott ebenfalls den
Ort (τόπος) nennt, und diesen Ausdruck aus denselben Bibelstellen rechtfertigt.*) Das höchste Wesen heiße so, weil es
außerhalb der Welt, oder vielmehr gleichsam die Gränze derselben sey. Denn Gott umfasse Alles (die runde Welt), werde
aber von Nichts umfaßt: περιέχει μὲν τὰ ὅλα, περιέχεται δὲ
πρὸς μηδενός.

Es springt in die Augen, daß wir hier auf eine Ansicht
vom höchsten Wesen gestoßen sind, die mit dem Volksglauben
und mit den derben Gotteserscheinungen des Pentateuchs
nicht mehr vereinigt werden kann. Wir stehen an der Schwelle
des mystischen Lehrbegriffs, wo alexandrinische und paläsii-
nische Theosophie in einander übergehen. Zwar finden sich
im Talmud und in den Midraschim beide Lehren neben
einander, weil diese Bücher die Meinung Vieler aussprechen,

---

*) Siehe meine Schrift über Philo I, Seite 124.

aber die Targumim enthalten nur die mystische, welche wir
jezt darstellen wollen.

Eine der hervorstechendsten Eigenthümlichkeiten des Tar=
gumisten Onkelos ist die, daß er alle Stellen der Bücher
Mosis, in welchen Gott sichtbar erscheint, oft mit Gewalt,
anders deutet. So Genes. XVI, 13 (Hagar hieß den Na=
men des Herrn, der mit ihr redete: du Gott siehest mich.
Denn, sprach sie, hier hab ich den gesehen, der mich gesehen).
Onkelos übersezt: „Du Gott bist es, der Alles sieht, denn
auch ich begann zu schauen, nachdem Er mir geoffenbart
wurde." Die Abweichung ist hier dem Schein nach nicht
groß, doch wird die Sichtbarkeit Gottes entfernt. Ebenso
Genes. XXII, 14: (Abraham hieß die Stätte: Gott siehet,
daher man noch heutigen Tages sagt, auf dem Berge ward
Gott gesehen); der wahre Text ist nämlich יִרְאֶה, wie schon
die LXX übersetzen, nicht יִרְאֶה, da Gott ja überall sieht, nicht
bloß auf jenem Berge. Dagegen Onkelos: „Abraham opferte
und betete an, denn er sprach vor Gott, hier werden
die (kommenden) Geschlechter Gott verehren. Deßhalb sagt
man noch jezt, auf jenem Berge hat Abraham vor Gott ge=
opfert." Genes. XXXII, 30 (Jakob nannte die Stätte Pe=
niel, denn ich habe Gott von Angesicht zu Angesicht gesehen,
und doch ward meine Seele gerettet). Anders Onkelos: „ich
habe den Engel des Herrn von Angesicht zu Angesicht gese=
hen und meine Seele ward gerettet." Exod. XIX, 17 (Mo=
ses führte das Volk aus dem Lager Gott entgegen). Onke=
los: „Moses führte das Volk dem Worte Gottes (מֵימְרָאדַיי)
entgegen." Exod. XXIV, 10, 11: (Sie sahen den Gott
Israel. Unter seinen Füßen war es wie Saphir, und wie
die Gestalt des klaren Himmels. Und der Herr streckte seine
Hand nicht aus gegen die Obersten in Israel. Und da sie
Gott geschaut hatten, aßen und tranken sie.) Ganz anders
Onkelos: „Sie schauten die Herrlichkeit des Gottes Israel
(יְקַרְאֱלָהָא) das heißt die Lichtwolke, die aus Gott strömt)

und den Fürsten der Söhne Israel widerfuhr kein Unheil,
sie schauten die Herrlichkeit Gottes, und freuten sich in
ihren Opfern, welche mit Wohlgefallen angenommen wurden,
als hätten sie gegessen und getrunken." Ich bemerke hier
bloß, daß יְקָר oder יְקָרָא dasselbe ist, was sonst Schechina.
Exod. XXV, 22. (von dem Orte aus [von dem Gnadenstuhl
über der Bundeslade] will ich mit dir reden). Onkelos „dort
will ich mein Wort hinstellen." Numer. XII, 8. (Von
Mund zu Mund rede ich mit Mose, in leibhaftigem Gesichte und nicht in Räthseln, die Gestalt des Herrn schauet
er.) Dagegen der Chaldäer: „Von Wort zu Wort rede ich mit
ihm in Gesichten und nicht in Räthseln, eine Aehnlichkeit
oder ein Bild (דְּמוּת) der Herrlichkeit Gottes schaut er."
Deuter. V, 4. (Von Angesicht zu Angesicht hat Er —
Gott — mit uns geredet auf dem Berge.) Onkelos: „Von
Wort zu Wort (מַמְלַל עִם מֵמְלַל) hat er mit uns geredet
auf dem Berge."

Dasselbe Verhältniß kehrt wieder bei Jonathan Ben
Usiel, dem Uebersetzer der Propheten. 1. Könige XXII, 19
(ich sahe Jehova auf seinem Throne sitzen). Jonathan: „ich
sahe die Herrlichkeit (יְקָרָא) des Herrn auf seinem Throne
sitzen." Jes. VI, 1 (ich sahe den Herrn sitzen auf einem hohen und erhabenen Throne, und seine Schleppen erfüllten den
Tempel). Der Chaldäer: „ich sahe die Herrlichkeit (יְקָרָא)
des Herrn auf seinem Throne sitzen und sich hoch erstrecken
in den Himmel, und der Glanz seiner Herrlichkeit erfüllte
den Tempel." Ebendaselbst Kap. XXXVIII, 11 (Ich sprach,
nicht mehr werde ich Jehovah schauen, Jehovah im Lande
der Lebendigen, nicht mehr werde ich Menschen sehen, bei den
Bewohnern des stillen Landes — der Unterwelt). Der Chaldäer
übersetzt so: „Nicht mehr werde ich erscheinen vor dem Ehrfurcht gebietenden Gotte in dem Lande, da seine Majestät
wohnet, von wannen langes Leben kommt, nicht mehr werde
ich anbeten im Hause des Heiligthums, von welchem Heil

ausgehen wird für alle Bewohner des Erdbodens" (durch den
Messias). Endlich Amos IX, 1 (ich sahe den Herrn über
dem Altare stehen); dagegen Jonathan: ich sah die Herrlich=
keit des Herrn aufsteigen vom Cherub, und über dem Al=
tare bleiben."

Wir finden also hier dieselbe Erscheinung, die ich ander=
weitig bei den LXX nachgewiesen habe. *) Nur ist nament=
lich Onkelos viel folgerechter, es entschlüpft ihm auch nicht
ein einziger Satz, woraus man schließen könnte, Gott sey
ein sichtbares Wesen. Die Juden, deren Meinung die Tar=
gumisten aussprechen, müssen also die Gottheit ganz von der
Welt getrennt haben. Nur sein Lichtglanz, von dem gleich
die Rede seyn wird, ist in früheren Zeiten hier unten gesehen
worden, Er selbst thront in unnahbarem Lichte. Der Ge=
schichtschreiber Josephus liebt es in den Büchern vom Kriege,
jüdischen Helden Reden in den Mund zu legen (wie dem
lezten Judenfeldherrn Eleazar in der Veste Masada, Buch
VII, Kap. 8, 7.), welche ganz die Lehre der Essener athmen.
Denn dieser Orden und seine Weisheit galt damals als die
glänzendste Frucht des Judenthums, und schien daher vorzüg=
lich geeignet, den Römern und Griechen vorgehalten zu wer=
den, um ihnen Achtung für das Volk abzunöthigen. Auch
sonst prangt Josephus gerne mit essenischen Sätzen, und täusche
ich mich nicht ganz, so spricht er ihre Meinung aus, wenn
er (contra Apion. II, 16.) das Wesen Gottes so schildert:
ὁ Μωϋσῆς τὸν θεὸν ἀπέφηνε καὶ ἀγένητον, καὶ πρὸς τὸν
ἀΐδιον χρόνον ἀναλλοίωτον, πάσης ἰδέας θνητῆς κάλλει δια-
φέροντα, καὶ δυνάμει μὲν ἡμῖν γνώριμον, ὁποῖος δὲ κατ᾽
οὐσίαν ἐστὶν, ἄγνωσον. Gewiß muß man die Allegorie stark zu
Hülfe nehmen, wenn man aus dem Pentateuche herausdeuten
will: Gott sey unwandelbar, nur der Existenz nach, nicht
nach seinem innern Wesen erkennbar. Besonders auffallend

---

*) Siehe meine Schrift über Philo II, 8 u. flg.

ist die Behauptung, Gott sey schöner als jegliches menschliche
Bild; demnach muß er eine gewisse Gestalt besitzen, und zwar
eine menschenähnliche, weil aller Begriff der Schönheit vom
Menschen entlehnt ist. Es heißt in der Genesis: Gott habe
den Menschen nach seinem Bilde erschaffen. Auf diesen von
den Mystikern mit besonderer Vorliebe behandelten Satz spielt
hier Josephus ohne Zweifel an. Gott das Vorbild, nach
welchem der Mensch geschaffen ward, ist demselben ähnlich,
nur unendlich viel schöner und vollkommener, aber dabei
unsichtbar, unergründlich. Daß dieses die Lehre der jüdischen
Mystiker war, kann ich aus einem Buche beweisen, welches
eine wahre Schatzkammer hebräischer Geheimlehre, gleichsam
ein (griechischer) Sohar vor dem (aramäischen) Sohar ist.
Ich meine die Klementinen. In der 17. Predigt §. 6 steht
folgende merkwürdige Stelle: *) „Die Engel schauen immer
das Antlitz des Vaters. Denn derselbe hat eine Gestalt,
wegen der ersten und einzigen Schönheit (weil er das Urbild
aller Schönheit ist — platonische Grillen, die auf das Juden=
thum geimpft wurden). Auch hat er alle Glieder (wie wir),
nur nicht zum Gebrauche. Nicht darum hat er Augen, da=
mit er aus denselben sehe, vielmehr sieht er aus allen Theilen
(seiner Gestalt); sein Leib ist unendlich lichter, als der Geist,
der in uns sieht (unsere Sehkraft) und glänzender als alles
Licht, so daß die Sonne gegen ihn wie Finsterniß erscheint.
Auch nicht deßhalb hat er Ohren, damit er aus ihnen höre,
denn Er hört, sinnt, bewegt, wirkt, schaffet überall. Um
des Menschen willen hat er die schönste Gestalt, damit die,
so reines Herzens sind, ihn zu schauen vermögen, auf daß
sie sich freuen über ihre Leiden, denn nach seiner Gestalt hat
er, gleichsam mit dem großen Gepräge, den Menschen gebildet,
damit derselbe über Alles herrsche und gebiete, und daß
die Welt ihm unterthan sey. Denn Gott selbst ist das All,

---

*) Cotelerii patres I, S. 739.

(τὸ πᾶν), sein Abbild aber (der Mikrokosmus) ist der Mensch. Er ist unsichtbar, sein Abbild der Mensch dagegen sichtbar (nach Davis nothwendiger Verbesserung). Wer daher Gott verehren will, der muß auch sein sichtbares Abbild, den Menschen, ehren." Mit diesen Sätzen muß eine Stelle auf der nächstfolgenden Seite verglichen werden (S. 9). Nachdem nämlich der unbekannte Verfasser in einer Weise wie J. Böhme gezeigt, daß Gottes Ort der Ungrund sey, fährt er *) so fort: „Der wahre Gott ist also ein einziger, in der schönsten Gestalt führt er den Vorsitz über das All; zwiefach ist er das Herz der obern und der untern Welt, welches die körperlose Lebenskraft von sich, wie vom Mittelpunkte, überall hin ausströmend, Alles sammt den Gestirnen, den Wohnungen (man muß μοναῖς statt μόνοις lesen) des Himmels, der Luft, des Wassers, der Erde, des Feuers, und was es sonst noch geben mag, erfüllt. (Dieses vom Sinne geforderte Zeitwort fehlt in dem arg verdorbenen Texte.) Gott erweist sich demnach als ein unendliches Wesen, schrankenlos in die Höhe, ungemessen in die Tiefe, unbegränzt in die Breite, und erstreckt so dreifach unendlich seine belebende und begeistigende Kraft (ich übersetze abermal. nach dem Sinn); dieses an sich nach allen Richtungen unendliche Wesen ist nothwendig ein Herz und enthält den, der über Alles ist, in einer Gestalt. Derselbe ist, wo er sich befindet, der Mittelpunkt eines unendlichen Kreises, aber auch zugleich die Gränze des Alls. Von ihm laufen Ausstrahlungen (ἐκτάσεις) aus, welche die Natur des Unendlichen an sich tragen (wörtlich: Aus dem Unendlichen die Natur des Unendlichen erhalten). Ein Strahl läuft von ihm aufwärts und bringt in die Höhe nach oben, ein anderer in die Tiefe nach unten, einer zur rechten, einer zur linken Hand, einer vorwärts, einer rückwärts. Hierauf schauend als auf eine durchaus gleiche Zahl, schafft Er (der

---

*) Ebendaselbst S. 740 oben.

Gott) in 6 gleichen Zeiten die Welt, während Er doch selbst
(seinem innersten Wesen nach) Ruhe ist, und die künftige
unendliche Welt zum Abbilde hat. Er ist Anfang und Ende.
Denn in ihm endigen sich die 6 unendlichen Strahlen, und von
ihm gehen sie aus." Man sieht, der Mann will die 6 Tage
der mosaischen Schöpfung mit der Kreisnatur Gottes vereinigen. So sonderbar auch diese Reden klingen (zum Theil
wegen der Verderbniß des Textes), enthalten sie doch viel
Bekanntes. Es ist das krause Gerede der Mystiker. Sonderbar! eine Geistesrichtung, die zum gesunden Menschenverstand, in dem widerwärtigsten Verhältnisse stehet, nimmt
ihre Bilder besonders gerne aus der klarsten und trefflichsten
aller Wissenschaften, aus der Mathematik! Gott soll das
Herz der Welt seyn. Um dieß deutlich zu machen, stellt man
ihn dar als einen Zirkel, dessen Mittelpunkt überall und
dessen Umkreis nirgendwo ist, dabei muß Er zugleich als
Centrum und als Peripherie (ὅρος) prangen, obgleich der
verlangte Kreis unendlich ist, d. h. keine Gränze oder Peripherie besizt. Das lautet so klar und verständlich, als wenn
Jemand sagte: ein Zinnteller ist ein aus lauterem Silber ver-
fertigtes Trinkglas. Wie ferner die Unendlichkeit Gottes und
sein Weltseelenthum sich mit der behaupteten, menschenähnlichen Gestalt zusammen reime, kann ich nicht begreifen, wohl
aber weiß ich, daß der Sohar ungefähr dasselbe lehrt. Daß
der Verfasser der Klementinen seine Weisheit aus den Schatzkammern der jüdischen Mystik erborgt habe, halte ich für
eine unbestreitbare Thatsache. Doch möchten vielleicht gewisse
Leute daran zweifeln, ich muß daher beweisen, daß seine
Lehre mit der des Sohars übereinstimme. Gelingt mir dieß,
so dürfte wohl die Behauptung vollkommen gerechtfertigt
seyn, daß die Mystik der Klementinen aus dem Judenthum stamme.

Nach der Lehre des Sohar ist das Urwesen an sich durchaus
unbegreiflich, verborgen, ohne Eigenschaft. Seine Offenbarung

beginnt erſt, indem Strahlen von ihm ausgehen Jbra Suta §. 46. *) Senior Sanctissimus (ſo heißt das Urweſen) est lucerna summa, occultata omnibus occultationibus, et non invenitur exceptis radiis, qui extenduntur revelanturque. Ebenſo ibid. §. 62: caput supernum est Senior sanctissimus, absconditus omnibus occultationibus, caput omnium capitum, caput quod non est caput, nec scit nec cognoscitur, quid sit in illo capite, quia non comprehenditur nec sapientia nec intellectu. Für ſich betrachtet, heißt Er daher auch das Nichts, weil Nichts in ihm unterſchieden werden kann, oder um mit dem Verfaſſer der Klementinen zu reden, weil das Nichts ſein Ort iſt. So ebendaſelbſt §. 65. et propterea Senior sanctissimus vocatur אֵין non ens, quia ab eo dependet non ens. Sonſt wird er auch אֵין סוֹף genannt, weil das eigenſchaftsloſe Urweſen keine Schranken hat. Daſſelbe offenbart ſich nun, indem es Zirkel oder Kreiſe von ſich ausſtrahlt, woraus die obere und die untere Welt entſteht. Nur zählt der Sohar zehn Zirkel oder Sephiroth (von σφαῖρα), während der Verfaſſer unſerer Klementinen, dem Buchſtaben der Geneſis getreuer, bloß 6 oder 7 rechnet. Sohar Abſchnitt Bo Seite 42: per circulos fiunt omnia, quorum sunt decem, und ebendaſ. Abſchnitt Pekude S. 251: palatia illa (die Sephiroth) et quae in illis, circularia sunt. Schon Celſus kannte dieſe Darſtellung, denn Origenes ſagt, **) jener habe in ſeinem Buche gegen die Chriſten eine Figur gefunden, die Celſus von irgend einer (judenchriſtlichen) Sekte aufgegriffen: die Figur war folgende: 10 von einander geſchiedene Kreiſe umſchloß ein einziger, welcher die Seele der Welt ſeyn ſollte und den Namen Leviathan trug: διαγραφὴ κύκλων ἀπολελυμένων μὲν ἀπ' ἀλλήλων δέκα, συνδεομένων δὲ ὑφ' ἑνὸς κύκλῳ, ὃς ἐλέγετο εἶναι ἡ τῶν ὅλων ψυχή, καὶ

---

*) Siehe Knorr von Roſenroth, Cabbala denudata II, 526.
**) Contra Celsum Buch 6, Kap. 25. Opp. I, 649.

ὠνομάζετο Λευιάθαν. Ganz auf dieſelbe Weiſe ſtellt auch
der Sohar das Geheimniß der Weltſchöpfung dar. So alt
und zäh iſt die jüdiſche Ueberlieferung! Ich möchte daher
glauben, daß ſchon vor Chriſtus und in ſeinen Tagen Einige
der Myſtiker zehen, Andere 7 oder 6 Ausſtrahlungen oder
Schöpfungskreiſe annahmen. Um diejenigen vollends zu über=
zeugen, welche etwa ſich einbilden möchten, als ob der zehn=
fache Kreis, deſſen Origenes gedenkt, nicht eine jüdiſche, ſon=
dern eine chriſtliche Lehre ſey, verweiſe ich noch auf eine an=
dere Stelle deſſelben Gewährsmannes. Selecta in psalmos: *)
δέκα ὀνόμασι ὀνομάζεται ὁ θεὸς παῤ Ἑβραίοις. Die zehn
Bezeichnungen der Gottheit, weiſen auf eine zehnfach getheilte
Thätigkeit bei der Schöpfung hin; denn jeder Name drückt
eine ſchöpferiſche Eigenſchaft aus. Sollte noch ein Zweifel
übrig bleiben, ſo wird er unten im Kapitel von der Schöpfung
vollends gelöst werden. — Die wichtigſte Selbſtoffenbarung des
Urweſens geſchah nach dem Sohar in der Form des großen
Mannweibs, das auf göttliche Weiſe die Eigenſchaften
der beiden menſchlichen Geſchlechter vereinigte. So Jdra
Suta §. 218. Veni vide! cum Senex sanctissimus,
absconditus omnibus occultationibus cuperet efformari,
omnia efformabat sub forma maris et feminae et in
loco tali, in quo comprehenduntur mas et foemina.
Non enim consistebant nisi in statu maris et foeminae.
Et haec sapientia complectens omnia, cum egreditur et
splendet a Sene sanctissimo, non splendet nisi sub forma
maris et foeminae. Haec sapientia ergo extenditur, et
invenitur, quod sit mas et foemina. Sapientia est pater,
intelligentia mater (vel foemina), adeoque sapientia et intelligentia in una statera ponderantur, ut mas et foemina.
Et propterea omnia constituuntur in forma maris et foeminae. Quod si non esset, non subsisterent. Das

---

*) Op. II, 539.

Urwesen hat schon vor der mosaischen Schöpfung Welten bilden wollen, oder symbolisch, es hat Funken von sich ausgesandt. Allein diese Funken oder diese früheren Welten gingen
unter, weil der Höchste noch nicht die Form des Mannweibes
angenommen. Erst als dieß geschah, bestand die Welt. So
ebendas. §. 426. Et illae scintillae vocantur mundi priores, qui statim mortui sunt. Deinde opifex prodiit (denuo) ad opus suum et efformatus est ceu mas et foemina. Et
cum prius scintillae illae extinctae et mortuae essent, jam
omnia subsistunt. Auch die Klementinen schildern ihren
menschenähnlichen Gott, *) wie wir tiefer unten sehen werden, als ein mannweibliches Wesen. Beide, der Sohar und
die Klementinen sagen also dasselbe, obgleich die hebräische
Quelle, weil in einer ungebildeteren Sprache geschrieben, sich
dunkler und räthselhafter ausdrückt.

Gott ist demnach zufolge der alten jüdischen Mystik das
unendliche, unergründliche Urwesen, das, um sich zu offenbaren, in 10 oder 7 Strahlen ausströmte, und als geoffenbarter
Gott menschenähnliche Gestalt, obwohl erstens eine viel er-
habenere als die unsrige, und zweitens eine unsichtbare
annahm. Aber wie verhält es sich nun mit den zahlreichen
Gotteserscheinungen, die in den heiligsten Urkunden des Judenthums, in den Büchern Mosis und auch sonst erzählt
werden? Der Herr selbst kann es nicht gewesen seyn, denn
dieser sieht ja bloß, und wird nicht gesehen, wie die menschliche Seele; Er ist unerforschlich und kann am allerwenigsten
mit den Sinnen erkannt werden. Andererseits wagte kein
Jude, die Schrift der Unwahrheit zu zeihen. Alexandriner
und Palästinenser waren gleich offenbarungsgläubig. Wie

---

*) Man sprach im christlichen Alterthum von einer Ketzerei der
Anthropomorphiten, d. h. von Judenchristen, welche Gott eine
der menschlichen ähnliche Gestalt zuschrieben. So Origenes
am Ende des ersten Buchs über den Römer Brief (oper. IV,
476) und Selecta in Genesin (oper. II, 25).

Erstere, halfen sich auch die Zweiten damit aus der Verlegen=
heit, daß sie Mittelglieder zwischen Gott und die Welt ein=
schoben. Außer den Stellen, wo der Herr persönlich erscheint
und auf Erden handelt. — von diesen werde ich später reden —,
gedenken die heiligen Bücher eines zweifachen Eingriffs Got=
tes in die Welt: Er wohnt in der Mitte Israels, Exod.
XXV, 8: „Sie sollen mir ein Heiligthum machen, daß ich
wohne unter ihnen" (וְשָׁכַנְתִּי בְתוֹכָם). Man vergleiche noch
Deuter. XXXIII, 12 u. 16. Zweitens spricht er oftmals
mit den Patriarchen und Häuptern des Volks. Für beide
Aeußerungen göttlicher Wirksamkeit haben die jüdischen My=
stiker eigene Worte geschaffen, die Schechina und die Memra.
(מֵימְרָא und שְׁכִינָה). Zuerst von der Schechina.

Die Stelle Exod. XXXIII, 14, 15 (Gott sprach, mein
Angesicht soll gehen, damit will ich dich leiten) übersezt On=
kelos so: „Meine Schechina wird gehen, und ich will dir Ruhe
geben. Und Moses antwortete vor dem Herrn: Wenn deine
Schechina nicht mit uns geht, so laß uns lieber nicht von
hinnen ziehen." Ebenso daselbst 20: „Du kannst nicht schauen
das Angesicht meiner Schechina," und 22: „Es wird gesche=
hen, wenn vorübergehen wird meine Herrlichkeit יְקָרָא, will
ich dich in eine Felsenhöhle stellen, und will dich bedecken mit
meinem Worte בְּמֵימְרִי, bis ich vorüber bin. Und wenn ich
dann das Wort meiner Herrlichkeit wegnehme, soll sichtbar
seyn, was hinter mir ist." Aus diesen Sätzen geht zuerst
soviel hervor, daß יְקָרָא und שְׁכִינָה Wechselbegriffe oder zwei
gleichbedeutende Worte für eine und dieselbe Sache sind, *)
und daß die Schechina eine Erscheinung Gottes auf Erden

---

*) Oder noch besser יְקָרָא, bezeichnet ursprünglich eine Eigenschaft
der Schechina, nämlich ihren Glanz, und wird dann selbst für
sie gesezt. Oft kommen auch beide Namen zusammen vor. So
übersezt Jonathan die Stellen Haggai 1, 8 folgendermaßen:
„Ich werde meine Schechina daselbst wohnen lassen in der Herr=
lichkeit בִּיקָר, d. h. mit ihrem Glanze.

begleitet. Namentlich bezeichnet sie die Anwesenheit Gottes im Stiftszelte. So Exod. XXV, 8 nach Onkelos: „Sie sollen ein Heiligthum vor mir machen, und ich werde meine Schechina wohnen lassen in ihrer Mitte." Daß diese Schechina, die über dem Stiftszelte thronte, eine Lichtwolke war, geht hervor aus Exod. XL, 34 u. 38, welche Stelle der Chaldäer so übersezt: „Eine Wolke bedeckte das Stiftszelt, und die Herrlichkeit des Herrn (אקרא) erfüllte die Hütte. Die Wolke der Herrlichkeit des Herrn war über dem Stiftszelte bei Tage, und ein Gesicht des Feuers in demselben bei Nacht." Bei Tage sah sie aus wie eine lichte Wolke, bei Nacht wie Feuer. Nicht nur in der Wüste unter Moses, sondern überall hin begleitete die Schechina das Volk Israel. So die jerusalemische Gemara zu Joma I, 1: „Simeon, der Sohn Jochai, hat gesagt: Wohin auch Israel in die Verbannung wanderte, überall begleitete sie die Schechina. Sie waren verbannt nach Aegypten, die Schechina war mit ihnen verbannt; sie wurden verbannt nach Babylonien, die Schechina war mit ihnen; sie wurden verbannt nach Medien, die Schechina war bei ihnen; sie wurden verbannt nach Javan (Griechenland, d. h. sie kamen unter griechische, oder mazedonische Herrschaft), die Schechina war mit ihnen in der Verbannung" u. s. w. Wenn der Messias kommt, wird sie auf dem Oelberg stehen. So Bereschit Rabba zu Genes. XLIV, 18: „Warum heißt es im Hohen Liede (I. 1): wir werden uns freuen und frohlocken in dir? Wann werden wir uns freuen? Dann, wann die Füße der Schechina über dem Oelberg stehen, wie geschrieben ist (Zach. XIV, 4): Und seine Füße werden stehen über dem Oelberge." — Aus diesen Stellen geht hervor, daß man das Wirken der Schechina nicht auf die Stiftshütte und den Tempel beschränkte, obgleich sie vorzugsweise dort thronend gedacht wurde. Nicht bloß äußerlich sichtbar, wie im Stiftszelte, erscheint sie, sondern auch ungesehen wirkt sie auf die Geister. So Pirke Afoth

III, 2: „Wo zwei beisammen sitzen und vom Gesetze reden, ist die Schechina unter ihnen, weil geschrieben stehet (Maleach. III, 16): Alsdann werden die Gottesfürchtigen sprechen einer zu dem andern (also wenigstens zwei), und Gott wird es vernehmen und Er wird es hören." Ebendaselbst 6: „Rabbi Chelpta hat gesagt: Wenn zehen sitzen und im Gesetz studiren, so wohnet die Schechina unter ihnen, weil es heißt (Pf. LXXXII, 1): „Gott steht in der göttlichen Gemeinde" (eine Gemeinde aber besteht wenigstens aus zehen Personen nach Levit. XIV, 27). Daß die Schechina auch unter Fünfen wohne, erhellet aus dem Spruche (Amos IX, 6): „Er hat seine Hütte auf Erden gegründet." Auch unter dreien nach Pf. LXXXII, 1: „Er richtet unter den Richtern (deren wenigstens drei seyn müssen). Auch unter zweien nach Maleachi III, 16 (wie oben). Aber auch nur bei Einem Frommen wohnt sie nach Exodus XX, 24: „An allen Orten, da ich meines Namens Gedächtniß stifte, will ich zu dir kommen und dich segnen." Doch ist es die gewöhnliche Lehre, daß die Schechina nur in der Gemeinde, also unter Mehreren, wohne. Daher Seder Olam Rabba Kap. XV: Cum templum suum aedificasset Salomo, congregari jussit Seniores Israëlis. Tunc congregati sunt ad regem omnes Israëlitae. Ex quo intelligitur Schechinam nonnisi in congregatione (קהל) habitare. Ein wenig Priesterklugheit lag dieser Beschränkung zu Grunde; man wollte die Synagogen dadurch heben. So Berachot 6, a: „Keines Menschen Gebet wird erhört, außer in der Synagoge. Denn so stehet geschrieben (l. König. VIII, 28): zu hören den Gesang und das Gebet; wo der Gesang stattfindet, da soll auch das Gebet geschehen, damit es erhöret werde. — Daß Gott in der Synagoge sich finden lasse (f. Schechina schike), beweist Rabbi Isaak aus Pf. LXXXII, 1: „Gott stehet in der Gemeinde Gottes" (wie oben). Noch sehr viele Stellen der Art könnte ich anführen, aber das Gesagte genügt.

Wie Gebet und Frömmigkeit die Schechina herabsteigen macht, so wird dieselbe durch Ungerechtigkeit vertrieben. So Sanhedr. Bab. 3: „Rabbi Jonathan hat gesagt: Jeder Richter, der gerecht richtet, macht, daß die Schechina in Israel wohnt, nach Pf. LXXXII, 1 (wie oben), und jeder Richter, welcher ungerecht richtet, macht, daß die Schechina aus Israel entweicht, wie geschrieben steht (Pf. XII, 6): Weil die Elenden gedrängt werden und die Armen seufzen, will ich auf, spricht der Herr u. s. w." Daher heißt es ebenda= selbst *) von David, die Schechina sey von ihm gewichen, wegen der Sünde mit Bathsheba: sex mensibus David lepra percussus fuit et ab eo recessit Schechina.

Nach den lezteren Stellen könnte man auf die Vermu= thung gerathen, die Schechina sey ein Bild für die göttliche Allgegenwart. Aber weder die ausdrücklichen Worte, noch die theologische Grundansicht des Onkelos lassen eine solche Deutung zu. Denn wozu den Höchsten mit der größten Aengstlichkeit aus der Welt entfernen, wenn er unter dem Namen Schechina überall wiederkehrt? Sie ist wenigstens bei dem Chaldäer ganz bestimmt eine Lichtwolke, die aus Gott aus= strömt und für sich besteht. Der tüchtigste Zeuge, Josephus, stimmt mit Onkelos aufs Schönste überein, Alterth. VIII, 4, 2: „Nachdem die Priester Alles, was zur Bundeslade ge= hörte, geordnet hatten und aus dem Heiligthum getreten waren, wogte alsobald eine dichte Wolke, doch nicht trüb und dick, wie sie zur Winterszeit und bei Regenwetter vorkom= men, sondern fein und gelinde über den Tempel. Die Augen der Priester wurden dadurch verdunkelt, daß keiner den an= dern erkennen mochte, was die Anwesenden in dem Ge= danken bestärkte, Gott sey auf den Tempel herniedergestiegen und habe denselben zu seinem Wohnsitze erkoren. König Sa= lomo erhob sich von seinem Throne und betete also: Du, o

---

*) Ugol. XXV, S. 1048.

Herr, haſt zwar eine ewige Wohnung; das ganze Weltge=
bäude, Himmel, Erde, Luft und Meer, wie wir wohl wiſſen.
Alles dieß erfülleſt du und wirſt nicht von ihm begriffen,
dennoch habe ich dieſen Tempel erbaut, daß er deinen Namen
führe, und damit wir hier unſere Opfer darbringen und un=
ſere Gebete zu dir in die Höhe hinauf ſenden, in der gewiſ=
ſen Zuverſicht, daß du hier gegenwärtig ſeyeſt und den Dei=
nen dich nicht entzieheſt." Das iſt ganz im Geiſte der Theo=
logie jener Zeit geſprochen. Gott erfüllt die ganze Welt,
aber ſie umfaßt ſein volles Weſen nicht, weil Er unendlich iſt;
dennoch hat Er einen beſtimmten Ort zur Wohnung ſich erkoren,
indem er einen Theil ſeines ewigen Weſens, oder eine Ausſtrö=
mung ſeiner Allmacht dorthin ſendet. Joſephus drückt ſich deutli=
cher aus im nächſten §., wo er dem König Salomo die Worte
in den Mund legt: „Ich flehe dich, daß du einen Theil dei=
nes Geiſtes immer hier wohnen laſſeſt, damit es ſcheine, als
wohneſt du auch auf Erden (ἱκετεύω καὶ μοῖράν τινα τοῦ
σοῦ πνεύματος εἰς τὸν ναὸν ἀποικίσαι, ὡς ἂν καὶ ἐπὶ γῆς
ἡμῖν εἶναι δοκῇς), denn freilich für dich ſind die Himmel und
was in ihnen iſt, mit all' ihrer Tiefe, eine zu kleine Woh=
nung, wie viel mehr dieſes geringe Heiligthum; dennoch
fleh' ich zu dir, du wolleſt dieſes Haus als dein Eigenthum
betrachten." Hier brechen die eigenthümlichen Anſichten der
Zeitgenoſſen des Geſchichtſchreibers vollkommen durch. Wie
die Schechina in den erſten Tempel eingezogen, ſo zog ſie aus
dem zweiten wieder aus, wenige Tage vor der Zerſtörung.
Joſephus erzählt de bello VI, 5, 3: „Das öſtliche Thor des
innern Vorhofes, das doch von Erz und von ungeheurem
Gewichte war, und Abends durch zwanzig Mann mit Mühe
geſchloſſen wurde, ſah man ſich um Mitternacht von ſelbſt
öffnen. Die Tempelwachen liefen ſchnell zum Tempelhaupt=
mann und zeigten es ihm an. Derſelbe fand es ſo, und
hatte Mühe das Thor wieder zu ſchließen. — Am Pfingſt=
feſte traten die Prieſter in der Nacht, ihrer Gewohnheit

gemäß, ins innere Heiligthum zum Gebet, und hier vernahmen sie, kraft ihrer Aussagen, zuerst nur Rauschen und Getöse, dann aber den tausendfachen Ruf: Laßt uns von hinnen zie=hen. Auch Tacitus wiederholt diese Sage (hist. **V, 13**: audita major humana vox excedere Deos), die, wenn sie wahr seyn sollte, zum Außerordentlichsten der Weltgeschichte ge=hört, wenn nicht wahr, trefflich erfunden ist. Auf mich hat sie immer den tiefsten Eindruck gemacht. — Die Schechina wäre also nach Josephus ein Theil des göttlichen Geistes. Einige Rabbinen sagen dasselbe, siehe Burtorf unter dem Worte Schechina, wo eine Stelle aus dem Tisbi und Methurgeman des R. Elias angeführt ist: Vocant magistri nostri Spiritum sanctum Schechinam, propterea, quod ille quievit super prophetis. Andere lehren anders. So Joma Kap. I zu Ende: Quinque res fuerunt in templo primo, quae non fuerunt in templo secundo: 1) arca sacra cum operculo propitiatorio et Cherubim, 2) ignis coelestis, 3) Schechina divina, 4) Spiritus sanctus, 5) Urim et Thummim. Hier wird die Schechina und der heilige Geist sorg-fältig unterschieden. Wahrscheinlich fand über diesen Punkt von Alters her Verschiedenheit der Lehre Statt. Ob man nun die Schechina auch als ein selbst bewußtes Wesen, als eine Persönlichkeit dachte? Ja wohl waren einige Rabbinen dieser Ansicht. So heißt es Schemoth Rabba Abschnitt 32 zu Ende: Ubicunque locorum in scriptura sacra angelus dicitur visus, ibi visa fuit Schechina. Man erklärte die Schechina auch für Ein Wesen mit dem Engel Metatron, von dem später die Rede seyn soll. Doch mögen Andere anders gedacht haben. Die Quellen scheinen sich mir nicht bestimmt genug auszusprechen, daß ich ein sicheres Ur=theil fällen möchte. Nur so viel ist klar: die Schechina galt in Jesu Christi Tagen für ein von der Gottheit verschiedenes, aus derselben hervorgeströmtes Wesen; ob auch für eine Per=sönlichkeit, ist nicht gewiß. Daß sie zugleich in den Seelen

wohnen soll, hebt ihre Selbſtſtändigkeit nicht auf. Es wie=
derholt ſich hier dieſelbe Erſcheinung, die ich bei Philo nach=
gewieſen, und die auch im N. T. vorkommt. Das Wohnen
der Schechina in frommen Seelen iſt eine jüdiſche Färbung
der alexandriniſchen Lehre: ὁ λόγος οἰκεῖ ἐν ἡμῖν. Die
Schechina findet ſich, wie wir ſahen, ebenſo gut in rein pha=
riſäiſchen Büchern, dem Talmud z. B., wie in myſtiſchen.
Die Memra dagegen, zu der wir uns jezt wenden, gehört
bloß den Targumím an,*) in welchen überhaupt viel My=
ſtiſches enthalten iſt.

Wo eine mündliche Offenbarung Gottes an die Men=
ſchen in den Büchern Moſis vorkommt, gebraucht Onkelos
gewöhnlich das Wort מֵימְרָא. Beim erſten Anblick iſt man
verſucht, daſſelbe für ein bloßes Bild zu halten, weil es oft
nicht vorkommt, wo es gebraucht werden ſollte, wenn Onke=
los unter der Memra eine von Gott verſchiedene Ausſtrö=
mung, gleich der Schechina, dachte, weil es zweitens auch
auf Menſchen übergetragen wird, und weil drittens für
Memra oft andere Worte gebraucht ſind, welche die gemeine
alltägliche Rede bezeichnen. Ich mache den Anfang mit den
Stellen, welche auf einen bloß bildlichen Gebrauch hinzudeu=
ten ſcheinen. Genef. XV, 1: „Nach dieſen Dingen erfolgte
eine Rede Gottes an Abraham in der Prophezeiung und ſprach:
הֲוָה פִתְגָמָא דַיָי בִנְבוּאָה לְמֵימַר.“ Onkelos gebraucht das Wort
Pithgama gerade wie die Hebräer ihr דָבָר, für jede Rede
oder jedes Ding. Hier ſcheint alſo der Gedanke an jede be=
ſondere Erſcheinung ausgeſchloſſen. Genef. XVII, 1: „Abra=
ham war 99 Jahre alt, da erſchien ihm Gott und ſprach:
וְאִתְגְלִי יְיָ וַאֲמַר לְאַבְרָם. Hier ſpricht Gott ſelbſt, ganz wie
im hebräiſchen Texte. Genef. XX, 3: „Und es kam das
Wort vom Angeſicht des Herrn zu Abimelech und ſprach:
וַאֲתָא מֵימַר מִן־קֳדָם יְיָ.“ Dagegen ebendaſelbſt 1, 6: „Und

---

*) Schon Schöttgen macht dieſe richtige Bemerkung Horae II, 5.

Gott sprach zu Abimelech im Traume: וַאֹמֶר יְיָ בְּחֶלְמָא." Die Memra und das gewöhnliche Reden Gottes scheint also hier dasselbe. Genes. XXXI, 5 spricht Jakob zu seinen Weibern: „Der Gott meines Vaters ist meine Hülfe." Dagegen sagt Gott ebendaselbst zu Jakob: „Mein Wort wird deine Hülfe seyn, וִיהִי מֵימְרִי בְּסַעֲדָךְ." Man möchte also glauben, der leztere Ausdruck sey ein bloßes Bild für den ersteren. Endlich wird Memra auch von der menschlichen Stimme gebraucht. So Deuter. XXI, 18, 20: „Wenn ein Mann einen widerspenstigen Sohn hat, der nicht gehorcht dem Worte (לְמֵימַר) seines Vaters und dem Worte seiner Mutter." Ebenso Deuter. XXXII, 1, wo Moses sein Lied so anhebt: „Es höre die Erde das Wort meines Mundes" (מֵימְרֵי פוּמִי). Man vergleiche noch Num. XXVII, 21. Diese Stellen scheinen allerdings zu beweisen, daß die Memra bei Onkelos nichts Anderes sey, als die gewöhnliche Rede.

Hören wir nun aber die entgegengesezten Aussprüche. Erstens Reden und Befehle Gottes, welche nicht unmittelbar gegeben, sondern etwa durch Dritte wiederholt werden, oder sonst bekannt sind, unterscheidet Onkelos sehr genau von der Memra, welche das Sprechen von Angesicht zu Angesicht bezeichnet. Erstere heißen פִּתְגָּמָא. So Num. XXX, 2: „Moses redete zu den Fürsten des Volks und sagte: dieß ist die Rede (פִּתְגָּמָא), welche Gott befohlen hat." Ebenso Num. XXXVI, 6: „Dieß ist die Rede, welche Gott befohlen hat." Noch wichtiger ist Deut. I, 32: „Und in dieser Rede habt ihr nicht geglaubt dem Worte Jehovahs, eures Gottes" וּבְפִתְגָּמָא הָדֵין לֵיתֵיכוֹן מְהֵימְנִין בְּמֵימְרָא דַיְיָ. Wie sonderbar sind hier die beiden Ausdrücke einander gegenüber gestellt! Deuter. IX, 5: „Der Herr gibt euch das Land, um zu bestätigen die Rede, die er euren Vätern beschworen." Endlich Deut. XVIII, 19: „Und wenn ein Mann nicht gehorcht meinen Reden oder Befehlen (לְפִתְגָּמַי), die Moses in meinem Namen gesprochen, so wird mein Wort (מֵימְרִי) von demselben

Manne Rache fordern." Unmöglich kann also Pithgama
und Memra dasselbe bezeichnen. Leztere muß etwas Be=
sonderes seyn. — Hören wir zweitens, in wie sonderbare Ver=
bindungen die Memra gebracht wird. Erod. XXV, 22 spricht
Gott zu Mose: „Ich will daselbst (in die Stiftshütte)
mein Wort hinstellen und ich will mit dir reden von dem
Gnadenstuhl herab, zwischen den zwei Cherubim." Erod.
XXIII, 20, 21: „Siehe, ich sende einen Engel vor dir her,
damit er dich auf deinem Wege bewahre. Hüte dich vor sei=
nem Angesichte und gehorche seinem Worte (מֵימְרֵיה), sey
nicht widerspenstig gegen ihn, sonst wird er dir deine Sün=
den nicht vergeben, denn in meinem Namen (ergeht) sein
Wort (מֵימְרֵיה)." Schon diese Stelle leitet auf die Vermu=
thung hin, daß mit der Memra der Engel gemeint sey, wel=
cher das Volk Gottes durch die Wüste leitete. Bestärkt
wird man in derselben Ansicht durch folgende weitere Aus=
sprüche: Num. IX, 18: „Nach dem Wort des Herrn zogen
die Kinder Israel weiter, und nach dem Wort des Herrn
schlugen sie ihr Lager." Ebenso Deut. I, 30: „Jehova, euer
Gott, dessen Wort euch führte," und Deuter. XXXIII, 3:
„Gott liebte die Stämme, und alle seine Heilige, das Haus
Israel. Mit seiner Allmacht führte er sie aus Aegyptenland,
geleitet wurden sie unter Deiner Wolke, sie wanderten nach
Deinem Wort" (עַל־מֵימְרָךְ). Noch sind folgende Stellen zu
bemerken: Levit. XXVI, 9. 11: „Ich will euch anschauen
(spricht der Herr) in meinem Worte; ich will meine Stifts=
hütte unter euch aufrichten und mein Wort soll euch nicht
verwerfen." Num. XIV, 30. 35: „In meinem Worte habe
ich geschworen, daß ich euch das Land geben will. Ich habe
beschlossen in meinem Worte." Num. XXIII, 4, wo es im
Texte heißt: „Gott begegnete Bileam," übersezt Onkelos also:
„Und das Wort vom Angesicht des Herrn begegnete Bileam."
Durch das Wort ist ferner die Welt gegründet. So Deut. XXXIII,
27: „Durch sein Wort ward die Welt geschaffen." Besonders

auffallend scheinen mir die Stellen Deut. **IV,** 24: „Jehova
dein Gott, dessen Wort ein verzehrendes Feuer ist," und
ebendaselbst V. 36: „Von den Himmeln herab ließ er dich hören
die Stimme seines Wortes יָת־קָל־מֵימְרֵיהּ; er hat dich durch
sein Wort mit großer Kraft aus Aegypten geführt." Endlich
Deuter. **V,** 3: der Text lautet hier also: „Ich (Moses) stand
zwischen Jehovah und zwischen euch;" der Chaldäer aber übersetzt: „ich stand zwischen dem Worte des Herrn und zwischen euch
zu jener Zeit, um euch zu verkünden die Rede פִּתְגָמָא des
Herrn." Beizufügen ist noch Deuter. **IX,** 3: „Du sollst wissen heute, daß Jehova dein Gott, dessen Wort vor dir her-
zieht, ein verzehrend Feuer ist."

Diese und ähnliche Stellen nöthigen, wie mir scheint, zu
dem Schlusse: Entweder war Onkelos ein vollkommener Thor
und drückte sich auf die unvernünftigste Weise aus, oder verstand er unter Memra etwas Aehnliches, wie unter der
Schechina, eine Ausströmung aus dem Wesen des Höchsten,
welche an seiner Statt hier auf Erden wirkte, mit den Kindern Israel verkehrte und sie leitete, weil der Herr selbst wegen seiner Reinheit sich nicht auf die verdorbene Erde herablassen durfte. Nimmt man Letzteres an, so ist sehr leicht zu
begreifen, wie der Chaldäer manchmal ausnahmsweise sich
dem Texte anschließen und Gott selbst sprechen lassen, oder
wenigstens solche Ausdrücke von der göttlichen Rede brauchen
konnte, die sich an die gewöhnliche Volksvorstellung anschlies-
sen; denn der Targumist hatte dann das Recht, voraus-
zusetzen, daß die Leser, die in seine Ansicht eingeweiht
waren, ihn richtig verstehen und keineswegs glauben würden,
Gott rede wie ein anderer Mensch. Wäre hingegen Onkelos
der Meinung, daß der Ausdruck Memra ein Wort im alltäglichen
Sinne bedeute, so könnte man unmöglich begreifen, wie er
sich zu solchen Aussprüchen, als die zuletzt angeführten sind,
hinreißen lassen mochte. Ferner zwingt uns der ganze Charakter seiner Theologie, unter der Memra etwas von Gott

Verschiedenes, eine Ausströmung zu verstehen. Onkelos entfernt den Höchsten aus der Welt, er widerspricht seiner Sicht= barkeit aufs Bestimmteste, er stellt die Schechina als eine Emanation hin, und dieser Schechina wiederum sezt er die Memra gleich. Num. XXIII, 21 spricht Bileam nach dem hebräischen Texte: „Jehovah sein Gott ist mit Jakob, und das Geschrei des Königs ist bei ihm.“ Der Chaldäer aber sezt: „Das Wort Jehovahs, seines Gottes, ist zur Hülfe des Volkes und die Schechina seines Königs wohnt unter ihm.“ Hier wechseln beide Worte als gleichbedeutend mit einander ab. Onkelos konnte unter der Memra nichts Anders als ein Wesen für sich verstehen, nachdem er einmal den Höchsten aus der Welt entfernt hatte. Drittens bei den alexandrinischen Juden fin= den wir um Jesu Christi Zeit die Logoslehre schon ganz aus= gebildet; wir wissen ferner, daß die ägyptisch = jüdische Weis= heit längst nach Palästina verbreitet war, *) ist es also zu verwundern, wenn wir in hebräischen Büchern aus jener Zeit, namentlich in solchen, die sonst viele Spuren der Geheimlehre enthalten, wie die Targumim, auf ähnliche Lehren stoßen; vielmehr müßte das Gegentheil seltsam und unerklärlich er= scheinen. In der That ist die Memra eine hebräische Färbung des alexandrinischen Logos. Viertens wird unsere Ansicht von der Memra des Onkelos durch Stellen bei Jonathan und noch mehr durch den Targum Jeruschalemi bestätigt. Zuerst von jenem.

Auch im Targum Jonathan zu den Propheten kommen Stellen vor, welche beim ersten Anblick zu beweisen scheinen, die Memra sey von dem gemeinen Worte nicht verschieden. So I König XII, 24, wo der Prophet Semaja sagt: „So spricht der Herr, ihr sollt nicht hinaufziehen, noch Krieg führen mit euren Brüdern, sondern Jeder kehre an seinen Heerd, denn von meiner Memra ist dieser Befehl מִתְקַיְּמָא ausgegangen.“ I König XIII, 9 spricht der Prophet: „Denn

---

*) Meine Schrift über Philo führt den Beweis hiefür.

also hat mir (Gott) geboten in der Rede des Herrn" פִתְגָמָא;
in solchen Fällen steht sonst immer Memra. Ebenso daselbst
17: „Es ist über mir beschlossen in der Rede des Herrn."
Deßgleichen B. 27: „Der Prophete des Herrn hat selbst nicht
gehorcht der Memra Jehovahs, deßhalb überantwortete ihn
Gott dem Löwen, welcher ihn umbrachte nach der Rede
(פִתְגָמָא, des Herrn, die er gesprochen." Jes. X, 17: „Das
Wort des Herrn wird stark seyn wie Feuer, und seine Rede
wie eine Flamme." Esaias XXXVIII, 4: „Und die Rede
(פִתְגָמָא) der Prophezeiung ging aus vom Angesichte des
Herrn an Jesaias." Ebendaselbst LIX, 16: „In dem Worte
seines Willens hilft ihnen der Herr." Hier ist die Memra
ganz bildlich gebraucht. Hof. XIII, 14: „Meine Memra
wird ihnen tödtlich seyn, meine Rede verderblich." Joel III,
16: „Jehovah wird brüllen von Zion, und sein Wort (Memra)
erheben von Jerusalem." Kein Mensch würde auf den Ein=
fall kommen, daß Memra etwas Außergewöhnliches bedeute,
wenn er bloß diese Stellen liest. Aber anders verhält es sich
mit folgenden: 2 Sam. VI, 7: „Die Memra Gottes tödtete den
Usa." 1 König VIII, 50: „Vergib deinem Volke alle Misse=
that, die sie begangen gegen dich und gegen deine Memra."
XVIII, 24: „Ich will den Namen des Herrn anrufen, dann
wird er seine Memra senden und Feuer herabfallen lassen."
II König XIII, 23: „Jehovah schaute (das Volk) gnädig an
in seinem Wort." XIX, 28: „Du hast gereizt mein Wort."
XIX, 34: „Ich will die Stadt beschützen und sie befreien
wegen meiner Memra." Ebenso XX, 6. Jes. I, 14. 16. 20:
„Eure Neumonde und eure Feste verabscheut meine Memra;
entfernt eure- bösen Werke von dem Antlitz meines Wortes;
mit dem Schwerte sollt ihr getödtet werden, denn so hat es
die Memra des Herrn beschlossen." Jes. VI, 8: „Ich hörte die
Stimme der Memra des Herrn, welche sprach." XXX, 27:
„Die Memra des Herrn ist wie ein verzehrend Feuer, ja
seine Memra ist wie ein übertretender Strom" (im hebräischen

Terte heißt es שׁוֹנוֹ כְּאֵשׁ לְ und dann וְרוּחוֹ כְּנַחַל feine Zunge
ist wie Feuer, sein Geist wie ein Strom; für beides sezt Jo=
nathan die Memra). Auch sonst unterschiebt Jonathan
öfter die Memra, wo im Terte „der Geist Gottes" steht.
So Zach. VII, 12. Die Urschrift lautet so: „Sie haben das
Gesetz verschmäht und die Worte, welche der Herr der Heer=
scharen schickte in seinem Geiste בְּרוּחוֹ durch die Hand der
Propheten." Der Chaldäer dagegen: „Welche der Herr schickte
in seinem Worte בְּמֵימְרֵיהּ." — Jesaj. XXX, 30: „Jehovah
wird hören lassen die Herrlichkeit der Stimme seiner Memra."
XLII, 1: „Siehe mein Knecht, der Messias, mein Geliebter,
an welchem mein Wort Wohlgefallen hat." XLV, 2: „Meine
Memra geht voran vor Cyrus." XLV, 12: „In meinem
Worte habe ich die Erde geschaffen." Ebenso XLVIII, 13.
Ferner XLIX, 5: „Die Memra Gottes wird die Hülfe des Mes=
sias seyn." Die Memra des Herrn ist auch bei Jonathan, wie
bei Onkelos, der wunderbare Führer Israels durch die Wüste.
So Jes. LXIII, 14: „Das Wort des Herrn führte Israel,
wie eine Heerde, die über das Gefilde geleitet wird" (im he=
bräischen Terte heißt es: der Geist des Herrn führte sie). Ebenso
Jerem. XXXI, 2: „Er führte sie mit seinem Worte." Deß=
gleichen Hoseas IX, 10: „Wie ein Weinstock, der gepflanzt
ist am Bache, so trat meine Memra dem Volke Israel in der
Wüste entgegen." Weiter übersezt derselbe Jonathan den 3.
Vers des 11. Kap. aus Hoseas, ganz gegen den hebräischen
Text, folgendermaßen: „Ich (Jehova) habe durch den Engel,
der ausgeschickt ward von meinem Angesicht, Israel auf dem
rechten Wege geführt." In der hebräischen Urschrift steht
kein Wort von diesem Engel, willkürlich ist derselbe hineinge=
tragen. Also ist man zu der Annahme genöthigt, daß der
Chaldäer jenen Engel und die Memra für eins und dasselbe
hielt. — Jes. LXV, 3: „Das Volk, das meine Memra vor
mir immer erzürnt." LXVI, 13: „Wie eine Mutter ihren
Sohn tröstet, so wird meine Memra euch trösten." Jerem.

XXIX, 25: „Meine Memra ist Zeuge, spricht der Herr."
XXXI, 9: „Meine Memra war für Israel wie ein Vater."
XXXII, 31: „Ich will sie verbannen von dem Angesicht mei=
nes Worts." Ebendaselbst 41: „Mein Wort wird sich über
sie freuen und ihnen wohlthun." Ezech. V, 11: „So wahr
ich lebe, spricht der Herr! ich will die Stärke deines Armes
brechen, mein Wort soll dich nicht verschonen, und auch ich
selbst (וְאַף אָנָא) will mich deiner nicht erbarmen." Ebenso
ebendaselbst VIII, 18. Hier wird die Memra scharf von
Gott unterschieden. Ezech. XX, 12: „Die Sabbate sollen
ein Zeichen seyn zwischen meinem Wort und ihnen (den Israe=
liten)." XXXIII, 7: „Du Menschenkind, ich habe dich zum
Lehrer bestellt über das Haus Israel, von meiner Memra
wirst du Befehle empfangen." — Die Memra wird auch in der
messianischen Zeit eine große Rolle spielen, wie einst auf dem
Wanderzuge aus Aegypten nach Kanaan. So Hos. XI, 4:
„Mein Wort wird seyn wie ein guter Hirte, der die Schul=
ter des Stiers entladet, und den Zaum in seiner Kinnlade
nachläßt." Und ebendaselbst Vers 10, 11: „Das Wort des
Herrn wird seyn wie ein Löwe, welcher brüllt; wenn die
Memra brüllt, werden die Verbannten sich sammeln. Im
Frieden will ich sie zu ihren Häusern führen, meine Memra
wird ihr Schutz seyn, spricht der Herr!"

Ich hoffe, Niemand wird nach diesen Stellen daran
zweifeln, daß der Targum Jonathan noch stärker für die
Selbstständigkeit der Memra zeuge, als Onkelos Uebersetzung.
Hören wir jezt den Targum Jeruschalemi zum Pentateuche.
Auch hier stoßen wir auf einige wenige Stellen, welche glau=
ben machen könnten, als sey die Memra eine bloße Umschrei=
bung des göttlichen Willens, obgleich sie sonst auf das Be=
stimmteste als ein Wesen für sich, oder als ein Engel hinge=
stellt wird. Ersterer Art sind folgende Sprüche: Levit. VI, 2:
„Gott sprach zu Mose, ein Mensch, der sündigt gegen den
Namen der Memra." Levit. XXVI, 12: „Ich will wohnen

laſſen den Glanz meiner Schechina unter Euch, mein Wort
ſoll Euch ein erlöſender Gott, und ihr ſollt ein meinem Na=
men geheiligtes Volk ſeyn." Man könnte vermuthen, daß
die zwei erſten Glieder Daſſelbe verblümt ſagen, was das
dritte geradezu ausſpricht. Aber anders lauten folgende Stel=
len: Geneſ. XXXI, 24: „Der Engel kam im Wort (בְּמֵימַר)
vom Angeſicht des Herrn." Exod. XIX, 9: „Die Memra des
Herrn ſprach zu Moſes, ſiehe meine Memra wird dir geoffenbart
in der dichten Wolke." XXXIII, 34, 35: (Gott ſpricht zu
Moſe) „gehe, führe mein Volk an den Ort, den ich dir ange=
zeigt habe; ſiehe mein Engel wird vor dir herziehen, und am
Tage der Heimſuchung will ich es heimſuchen wegen ſeiner
Sünden, und die Memra des Herrn verdarb das Volk."
Hier iſt die Memra beſtimmt ein Rache = Engel. Num. X,
35, 36: „Und wenn die Bundeslade wanderte, zog ſich die
Wolke zuſammen, bewegte ſich aber nicht von der Stelle, bis
Moſes um Erbarmen flehte von Gott und alſo betete: Offen=
bare dich nun, o du Memra Gottes, in der Stärke deines
Zorns, und die Feinde deines Volks ſollen zerſtreut werden.
Wenn die Bundeslade ruhen wollte, zog ſich die Wolke zu=
ſammen, bedeckte aber die Hütte nicht eher, bis Moſes um
Erbarmen flehte und alſo betete: kehre nun zurück, o du
Memra Gottes, und laß den Glanz deiner Schechina woh=
nen unter dem Volke u. ſ. w." Hier wird Memra und
Schechina für eins und daſſelbe erklärt. Ebenſo Num. XVII,
4: „Du ſollſt die Ruthe in die Stiftshütte legen, wo meine
Memra mit euch redet." Sie wird genannt die Memra
des Himmels, Num. XX, 21. Unwiderſprechlich wird die
Memra als ein Engel hingeſtellt, Deuter. IV, 7: „Wo iſt
ein großes Volk, dem Gott ſo nahe iſt im Namen der Memra
des Herrn; die anderen Völker tragen ihre Götter auf ihren
Schultern, ſie vermeinen, dieſelben ſeyen nahe, während ſie
doch ferne ſind, aber die Memra Gottes ſizt auf einem erha=
benen Throne und erhört unſere Gebete." Ebenſo daſelbſt V,

24: „Siehe die Memra des Herrn, unseres Gottes hat ihnen den Glanz ihrer Schechina gezeigt, und die Herrlichkeit ihrer Majestät, wir haben die Stimme seiner Memra gehört aus der Stätte des Feuers." Die übrigen Nationen sind den Sternen unterthan, aber Israel ist das Erbtheil der Memra; so Deuter. **V, 19. 20.** Daß die Memra Israel aus Aegypten geführt habe, wird angedeutet Deut. **IX, 3:** „Ihr sollt wissen, der Herr euer Gott, läßt den Glanz seiner Schechina vor euch herziehen, seine Memra ist ein verzehrendes Feuer." Moses hat mit der Memra geredet (nicht mit Gott). So Deuter. **XXXIV, 10:** „Es stund kein Prophet mehr auf in Israel wie Moses, denn ihn erkannte die Memra Gottes von Wort zu Wort" (מְמַלֵל קְבֵל מְמַלֵל).

Also was die beiden ersten nur andeuten, spricht der dritte Targum mit dürren Worten aus. Die Memra ist im Targum Jeruschalemi ein Engel, Eins mit der Schechina, der sich offenbarende Gott des alten Testaments; bei Jonathan fällt sie höchst wahrscheinlich mit dem heiligen Geist zusammen (weil רוּחַ durch Memra übersezt wird), sie ist zugleich die wunderbare Führerin Israels durch die Wüste. Bei Onkelos erscheint sie wenigstens als ein von Gott verschiedenes, aus ihm geströmtes Wesen. Das sind lauter Lehren, die sich bei Philo finden, und deren Vorhandenseyn in Christi Tagen und den nächsten zwei Jahrhunderten aus vielen griechischen Quellen bewiesen werden kann. Onkelos drückt sich am vorsichtigsten aus, ohne Zweifel aus Achtung vor den Worten des Gesetzes, die er wegen ihrer Heiligkeit kaum zu umschreiben wagt; Jonathan weicht schon mehr vom Buchstaben ab; der Targum Jeruschalemi durchbricht die Schranken vollends gar, wahrscheinlich weil in den dunkeln Zeiten, in welchen der Verfasser dieser Uebersetzung lebte, die Ueberlieferung — d. h. jene umschreibende, alles Mögliche hereinziehende Deutelei — mehr galt, als das bloße Wort der Bibel. Man höre doch auf zu wähnen, daß die Logoslehre von den aramäisch redenden

Juden erſt ſehr ſpät ausgebildet worden ſey. *) Im Gegentheil,
nur in Jeſu Chriſti Zeitalter und in dem folgenden Jahrhun=
dert waren durch die von mir anderweitig erwieſene Rück=
wirkung des alexandriniſchen Lehrbegriffs auf den paläſtini=
ſchen, die Elemente eines aramäiſchen Logos vorhanden, die
ſich ſpäter wieder verloren haben. Denn ſelbſt der Sohar weiß
zwar von der Schechina genug zu erzählen, aber Nichts von der
Memra. Targumim wurden zwar nach dem jeruſalemiſchen,
nach Jonathan, nach Onkelos noch verfertigt; auch blieb das
Wort Memra in ihnen ſtehen, weil es einmal hergebracht
war, dieſen Ausdruck in der chaldäiſchen Bibelüberſetzung zu
finden; aber gerade in den erweislich ſpäteſten Targumim zu
den Hagiographa ging der wahre Begriff des Wortes Memra
(als eine Sache, die man nicht mehr verſtand) faſt ganz un=
ter. So Job VII, 8. Hiob ſagt im hebräiſchen Texte:
„Deine Augen ſehen mich an, darüber vergehe ich.“ Dagegen
der Targum: „Deine Augen ſehen mein (des Menſchen Hiob)
Wort.“ Ebendaſelbſt XXVII, 3: (Job ſagt: „So lange mein
Odem in mir iſt“), dagegen der Targum: „So lange Odem
in meinem Worte iſt.“ II Chron. XVI, 3. König Aſſa läßt
hier dem Könige Benhadab von Syrien ſagen: es iſt ein
Bund zwiſchen mir und dir. Der Targum überſetzt nun:
„Ein Bund zwiſchen meinem Worte und deinem Worte“
(בֵּין מֵימְרִי וּבֵין מֵימְרָךְ). Deßgleichen ebendaſelbſt XXIII, 16:
(Jojada machte einen Bund zwiſchen ihm und allem Volk
und dem Könige), der Chaldäer drückt dieß ſo aus: „Jojada
machte einen Bund zwiſchen ſeinem Worte und zwiſchen allem
Volke und zwiſchen dem Worte des Königs.“ Der Targum
Echa iſt, wie man aus den Verſen I, 10, II. 9, IV, 22 er=
ſieht, viel ſpäter, als die älteren Targumim (Jeruſchalemi, Jo=
nathan, Onkelos). Auch hier hat das Wort Memra ſeine wahre
Bedeutung verloren; denn der Prophet ſagt III, 54: „Ich

---

*) Wie Profeſſor Paulus in ſeinem Kommentar zum Johannes=
Evangelium die Sache darſtellt.

sprach in meinem Worte, ich bin dahin!" Kann man sich
Unsinniger ausdrücken, als diese späteren Targu nisten,
oder vielmehr sieht man nicht aufs Klarste, aus den oben
angeführten Stellen, daß die Uebersetzer der Kethubim ein
Wort, das ihre Vorgänger immer mit tiefen Hintergedanken
gebraucht haben, gar nicht mehr verstanden!

Nicht überall, wo nach dem Wortsinn der Bücher Mosis Gott in die Welt eingreift, wird von den Targumim
die Schechina oder die Memra untergeschoben. Andererseits ist
nach ihrer Lehre Gott ein unsichtbares Wesen; Er kann es
also nicht selbst gewesen seyn, wenn auch der Pentateuch den
Herrn persönlich erscheinen läßt. Aber wer war es dann?
Schon der hebräische Text spricht auf bedeutsame Weise von
einem Engel des Herrn (z. B. Exod. III, 2, XIV, 19,
XXIII, 20, Numer. XX, 16.). Namentlich wird demselben
die wunderbare Führung Israels zugeschrieben. Sollte dieser
Engel nicht an der Stelle des Herrn erschienen seyn, auch da,
wo es heißt, der Höchste sey selbst herabgestiegen? Ganz gewiß dachte sich Onkelos die Sache so, weil er die Worte
Genes. XXXII, 30 (Jakob hieß die Stätte Peniel, denn ich
habe Gott von Angesicht zu Angesicht gesehen), so übersezt:
„Ich habe den Engel des Herrn von Angesicht zu Angesicht
gesehen." Außerordentliche Eigenschaften muß man diesem Wesen beigelegt haben, weil man in ihm den Stellvertreter
Gottes fand, und sogar finden mußte. Ueberdieß heißt es
Exod. XXIII, 21 von ihm: „Mein Name (der Name Jehovah) ist auf ihm." Nun steht im Traktat Sanhedrin Bab.
S. 38, b: „Ein Ketzer*) sagte zu R. Jbdith, warum steht
denn geschrieben (Exod. XXIV, 1.): „er sprach zu Mose, steige
herauf zu dem Herrn." Wenn es der Herr selbst war, der

---

*) Eigentlich ein Sadducäer; vielleicht ist ein Christ damit ge-
meint, welche seit den ältesten Zeiten aus solchen Stellen die
Mehrheit der göttlichen Personen gegen die Juden zu beweisen suchten.

diese Worte sprach, so sollte es heißen, steige herauf zu mir. Da antwortete der Rabbine: Metatron (מְטַטְרוֹן) war es, dessen Name gleich ist mit dem Namen seines Herrn, wie geschrieben stehet Exod. XXIII, 21: „Mein Name ist an ihm." Darauf sagte der Ketzer, wenn es so ist (wenn der Name Gott ihm zukommt), warum betet ihr ihn denn nicht an? Der Rabbine entgegnete: es steht weiter in demselben Verse geschrieben: אַל־תַּמֵר בּוֹ, das ist soviel als אַל־תְּמִירֵנִי בּוֹ, du sollst mich nicht mit ihm verwechseln. Der Ketzer warf hierauf 'rin, wenn es so ist, daß er Gott nicht gleich seyn soll, warum stehen denn die Worte dabei: „er wird dir deine Missethat vergeben," da er doch die Macht der Vergebung nicht hat? Der Rabbine antwortete, es ist als Glaubens= artikel uns überliefert worden, daß er keine Macht habe, unsere Sünden zu vergeben, daher werden wir ihn nicht einmal als einen Gesandten annehmen, weil geschrieben stehet (Exod. XXXIII, 15.): „Wo nicht dein Angesicht gehet" u. s. w. In der That ward hier der Rabbine tüchtig in die Enge ge= trieben. — Zu der Behauptung, der Name Gottes sey gleich dem Namen Metatron, gibt uns R. Salomo Jarchi in sei= nem Kommentar zur Bibel den gewünschten Schlüssel, indem er zu Exod. XXIII, 21 sagt: „die Namen מְטַטְרוֹן und שַׁדַּי sind nach der Gematria gleich;" wirklich geben beide die Summe 314. Der Talmud weiß vom Metatron sonst noch Mancher= lei zu erzählen. Im Traktat Avoda Sara S. 3, b wird über die Arbeiten, mit welchen Gott den Tag hinbringe, auf dieselbe Weise berichtet, wie wir oben gezeigt haben. Seit der Zer= störung Jerusalems sitze der Herr des Himmels hin, und un= terrichte die gestorbenen Schulknaben im Gesetze, nach der Stelle Esaias XXVIII, 9. Nun wird die Frage aufgewor= fen, aber wer lehrte denn die Kleinen vor Vernichtung des Tempels? Antwort: „Wenn du willst, so sage ich Metatron, oder wenn es dir besser gefällt, so behaupte ich, vor und nach der Zerstörung hat Gott selbst es gethan." Auch hier

wird Metatron dem Höchsten gleichgesezt. Im Traktat Cha=
gigah S. 15 a heißt es von ihm: datum ei est officium
consedendi et conscribendi merita Israëlitarum. Er führt
also das große himmlische Buch! Der alte Commentar Sifri
zu Deuter. XXXII, 49 erzählt: „Mit seinem Finger zeigte
Metatron dem Moses und wies ihm das ganze Land Israel
(sprechend), bis hieher geht die Gränze Ephraim, bis hieher
die Gränze Manasse." Auch in dieser Stelle handelt Meta=
tron als Stellvertreter Jehovahs, da es ja Deuter. XXXIV, 1.
heißt: Mose ging auf den Berg Nebo, und der Herr zeigte
ihm das ganze Land Gilead bis gen Dan.

Doch nennen nicht alle alten Rabbinen den Engel, der
für den Herrn auftritt, Metatron. Schemot Rabba zu
Exod. III, 2 wird gelehrt: „R. Jochanan hat gesagt, dieser
Engel (der Engel des Herrn) war Michael. R. Chanina
sagte, es war Gabriel; wie man überall, wo R. Jose er=
schien, zu sagen pflegte, dieß ist unser heiliger Lehrer, so
sagten sie überall, wo Michael erscheint, dieß ist die Herr=
lichkeit der Schechina". Allein beide Aussagen widersprechen
sich darum nicht; die jüdische Geheimlehre erklärt Michael
und Metatron für ein und dasselbe Wesen. So heißt es in
dem mystischen Buche Zorobabel: *) „Ich bin Metatron der
Fürst des Angesichts (שַׂר הַפָּנִים), Michael ist mein Name."
Besonders viel beschäftigt sich der Sohar mit dem Metatron.
Er ist das erstgeborene Wesen, der Anfang aller Kreaturen,
der Herrscher über die Welt. So Sohar zu Genes. XXIV, 2
Thl. I, Seite 77, a (der Sulzbacher Ausgabe): cum dicitur
servus ejus (Genes. XXIV, 2), intelligitur servus Jehovae,
senior domus ejus, paratus ad ministerium ejus. Quis
vero ille est? Metatron hic est, sicuti diximus, futurus,
ut conjungatur corpori in utero materno (weil er als

---

*) Siehe Buxtorf historia arcae foederis, wieder abgedruckt bei
Ugolini VIII, 262. Das Buch Zorobabel selbst gehört ins 8te
oder 9te Jahrhundert. Zunz Seite 140.

Meſſias auf die Erde niederſteigen ſoll). Huc spectant
verba: (ibid. 2.) „et dixit Abraham ad servum suum.“ Metatron, servus Jehovae, senior domus ejus, qui est principium creaturarum Jehovae, dominium exercens super
omnia, quae ipsi sunt tradita. Tradidit vero ipsi dominium Deus S. B. super omnes exercitus suos Er iſt
der Urmenſch (der Adam Kadmon). So ebendaſelbſt Th. III,
S. 94, d: Columna medietatis (das Urweſen wird nämlich
unter dem Bilde einer Säule dargeſtellt) est Metatron, —
cujus nomen est, ut nomen Domini sui (abermals eine An⸗
ſpielung auf Exod. XXIII, 24), creatus seu constitutus
ad illius imaginem et similitudinem, (Genes. I, 27) com-
prehendens omnes gradus superne deorsim et inferne
sursum, concludens in medietate. Der Metatron iſt ferner
Eins mit der Schechina. Dieß wird ganz ſicher gelehrt, aber
gewöhnlich unter einem Schwall von Worten verborgen, ſo⸗
fern beiden Weſen, der Schechina und dem Metatron, dieſel⸗
ben Eigenſchaften und Wirkungen zugeſchrieben werden. Statt
ſolcher weitſchweifiger Rednereien will ich eine einzige klare
Stelle herſetzen, Tikune Sohar S. 73, b: Metatron est
ipsissima Schechina, et Schechina Metatron Jehovae vocatur, quia corona est decem Sephirarum. Als Schechina
bekommt er den Namen מַרְאָה יְיָ und דִבּוּר Wort und Ange⸗
ſicht Gottes, Sohar Th. III, 230 a. (Der Ausdruck Memra
kommt, wie ich oben bemerkte, im Sohar nicht vor.) Noch
iſt eine Stelle über den Metatron nachzuholen. Im Targum
Jeruſchalemi zu Geneſ. V, 24 heißt es: „Henoch diente vor
dem Herrn in der Wahrheit, und war nicht mehr unter den
Bewohnern der Erde, denn er wurde weggenommen und
durch die Memra des Herrn in den Himmel verſezt. Und
Gott hieß von nun an ſeinen Namen Metatron, den großen
Schreiber“ (סָפְרָא רַבָּא). Auch der Sohar ſtimmt hiemit
überein, Tikune Sohar chadaſch S. 86. b. Henoch, qui
ex Enosch prodiit, est Metatron, cujus caro in flammas

ignis conversa est. Der Targum Jeruschalemi verbindet
also die Behauptung des Talmud mit der des Sohar. Me=
tatron wird von ihm der Schreiber genannt, weil derselbe
das große Buch des Himmels führt, nach der obenangeführ=
ten Stelle aus Chagiga. Er ist ferner Eins mit Enoch, weil
der Adam Kadmon sich öfter auf die Erde herabließ, weil
er als himmlischer Urmensch, als Henoch, als Elias erschien,
und als Messias noch kommen wird. So schon Epiphanius
von den Ebioniten. *) Seit diese Sekte sich von der Ketzerei
des Elxai anstecken ließ, hätten sie gelehrt: Ἀδὰμ τὸν Χριςὸν
εἶναι λέγουσι, τὸν πρῶτον πλασθέντα τε καὶ ἐμφυσηθέντα
ἀπὸ τῆς τοῦ θεοῦ ἐπινοίας. Ἄλλοι δὲ λέγουσιν (αὐτὸν)
ἄνωθεν μὲν ὄντα, πρὸ πάντων δὲ κτισθέντα, πνεῦμα ὄντα,
καὶ ὑπὲρ ἀγγέλους ὄντα, πάντων τε κυριεύοντα, καὶ Χριςὸν
λέγεσθαι, τὸν ἐκεῖσε δὲ αἰῶνα κεκληρῶσθαι, ἔρχεσθαι δὲ
ἐνταῦθ᾽ ὅτε βούλεται, ὡς καὶ ἐν τῷ Ἀδὰμ ἦλθε καὶ τοῖς
πατριάρχαις ἐφαίνετο ἐνδυόμενος τὸ σῶμα, πρὸς Ἀβραάμ τε
ἐλθὼν καὶ Ἰσαὰκ καὶ Ἰακώβ. Diese Lehre gehörte ursprünglich
den Essenern oder den alten jüdischen Mystikern an, was Epi=
phanius ja selbst zugesteht. In der 53sten Häresis sagt
ebenderselbe von den Samsäern oder den Anhängern Elxais:**)
Χριςὸν κτίσμα ἡγοῦνται καὶ ἀεί ποτε φαινόμενον. Καὶ
πρῶτον μὲν πεπλάσθαι αὐτὸν τὸ σῶμα τοῦ Ἀδὰμ, καὶ
πάλιν ἐνδύεσθαι ὅτε βούλεται. Daß man die Seele des
Messias für dieselbe hielt, mit der des himmlischen Adam,
Henochs, Elias, werden wir weiter unten zu zeigen Gelegen=
heit haben. Woher kommt nun aber der sonderbare Name
מְטַטְרוֹן? Bei Buxtorf ***) findet man mehrere Erklärungen
der Rabbinen gesammelt. R. Bechai meint, er sey aus dem
griechischen Worte μηνύτωρ, oder aus dem chaldäischen מַטָרַת
(Wache), oder aus einer Gamatria, durch Verbindung von

---

*) Haeres. XXX, Opp. I, ed. Petav. 127.
**) Opera I, 461 unten.
***) Siehe unter dem Worte sein rabbinisches Lexikon. S. 1192.

שם, was gleich 18 und also auch gleich רח ist mit מרון entstanden, welches leztere gleich מָרֵא oder Herr sey. Die eine Deutung ist so kindisch wie die andere. Christliche Er= klärer leiteten das Wort von dem lateinischen Metator ab, und stellten die Vermuthung auf, wahrscheinlich sey der En= gel des Herrn darum so genannt worden, weil er als himm= lischer Führer des Volks die 42 Lagerstätten in der Wüste ausgesteckt habe. Schon ein alter lateinischer Vater scheint hierauf anzuspielen, worüber gleich das Nähere. Allein ab= gesehen davon, daß durch Ableitung aus dem Worte metator die Endsylbe רון nicht erklärt ist, und daß zweitens der Name Ausmesser viel zu allgemein, oder besser ganz unpassend für ein Wesen wäre, das den Namen des Höchsten führt und seine Stelle vertritt: steht jener Deutung noch ein anderer Umstand entgegen. Die hebräische Geheimlehre wimmelt von griechischen Ausdrücken, wie Katigor, Parklit, Nikolaus, Ar= millus, Sandalphon (von συναδελφός, auch ein Name des großen Engels), Sephira, Kosmokrator und anderen. Nur wenige sind lateinisch, oder halb lateinisch halb griechisch, wie Matrona מֵטְרוֹנָא oder מֵטְרוֹנִיתָא ebenfalls eine Bezeichnung für jenes phantastische Mittelwesen, die wohl deßhalb beliebt wurde, weil man das Wort von mater oder μήτηρ ableitete, so daß der ursprüngliche Sinn der kabbalistischen מֵטְרוֹנָא eigentlich „die alte oder große Mutter" wäre. Man wird nun überall finden, daß Mystiker für ihre dunkeln oder un= sinnigen Einfälle vorzugsweise fremde, volltönende Worte wählen; wie freut es z. B. den guten Jakob Böhme, wenn es ihm gelingt, irgend einen fremden Ausdruck wegzuhaschen! Selbst unsere neueren Metaphysiker leiden an dieser Sucht, obgleich sie für klare Köpfe gelten wollen. Die innere Ar= muth muß mit fremden Fetzen künstlich überdeckt werden. Den jüdischen Mystikern ging es gerade so, sie bemächtigten sich griechischer Wörter, theils weil diese Sprache in jenen Zeiten die wissenschaftlichste und gebildetste war, in der man alles Mögliche, scharf Durchdachtes und Hohles, wie jezt im Deutschen mit gleicher Leichtigkeit sagen konnte, theils weil ihre Geheimlehre ursprünglich aus einem fremden griechischen Boden, aus der alexandrinischen Theosophie abstammte. Das häufige Vorkommen griechischer Anklänge in den kabbalistischen Schriften ist keiner der geringsten Beweise dafür, daß die jüdische Geheimlehre aus Alexandria eingeführt wurde, eine Thatsache, die ich aus anderweitigen Gründen in meiner Schrift über Philo genügend dargethan zu haben glaube. Meine Meinung ist nun, daß auch der Name Metatron aus dem Griechischen abgeleitet werden müsse; die alte griechisch-jüdische Theosophie wußte, so denke ich mir, viel von einem Engel μετὰ τὸν θρόνον θεοῦ, der dem Höchsten zunächst oder hinter seinem Throne stehe, und sein Stellvertreter sey, zu erzählen; die palästinischen Mystiker griffen dann das Wort auf und machten ihren Metatron daraus. Jeder mag übrigens die Sache sich erklären, wie ihm gut dünkt, mir scheint diese Deutung die natürlichste.

Ist der Ausdruck aber auch alt, oder reicht er in die Tage Jesu Christi hinauf? Ich kann dieß nicht mit sicheren Urkunden beweisen, wohl aber höchst wahrscheinlich machen. Vorerst kommt das Wort schon im Buche Sifri, einem Werke des dritten Jahrhunderts, und zwar auf eine Weise vor, als ob es jedem Menschen bekannt seyn müsse. Denn der Name Metatron ist in der oben angeführten Stelle des Buches ohne alle Erläuterung, nur so hingeworfen wie eine Sache, die sich von selbst versteht. Zweitens unterschiebt schon Onkelos, wie wir zeigten, für Jehova den Engel des Herrn (Genes. XXXII, 30). Also kannte man in seiner Zeit ein Mittelwesen, das an der Stelle des Herrn erschienen seyn sollte. Ohne Zweifel übersah man dabei die Meisterstelle nicht, Exod. XXIII, 21: „mein Name ist an ihm.“ Es mußte demnach frühe eine Bezeichnung des Engels gesucht werden, die irgend einem der Hauptnamen Jehovahs entsprach.

Seit alter Zeit bediente man sich zu solchen Aufgaben der Gematria. Nun konnte man sich in jüdischem Sinne kaum eine genügendere Auflösung finden, als durch das Wort Metatron, dessen Buchstaben-Gehalt genau die Zahl des göttlichen Namens שדי enthält. Der Drang, das Räthsel zu lösen war alt, also gewiß auch die That. Drittens spricht ein christlicher Vater aus dem Anfang des 4ten Jahrhunderts auf eine so seltsame Weise von Christus, daß man fast genöthigt ist zu glauben, es sey etwas von der jüdischen Geheimlehre in Betreff des Metatrons zu seinen Ohren gekommen. Lactantius sagt im 4ten Buche seiner Institutionen Kap. XI:*) Deus filium illum suum primogenitum, illum opificem rerum et consiliatorem suum, delabi jussit e coelo, ut religionem sanctam Dei transferret ad gentes, id est ad eos, qui Deum ignorabant, doceretque justitiam, quam perfidus populus (judaicus) abjecerat, quod jam pridem denuntiaverat se esse facturum. Nachdem er sich auf Maleachi I, 10., Pf. XVIII, 44. und Es. LXVI, 18, 19. zum Beweise jenes Satzes berufen, fährt der Vater so fort: volens igitur Deus *metatorem templi sui* mittere in terram, noluit eum in potestate et claritate coelesti mittere. Kein Wort geht vorher, und keine Ideenverbindung, die unsern Verfasser irgend bestimmen konnte, Christus den Ausmesser des Tempels zu nennen. Daß er damit auf Ezech. XLI, oder Offenbarung Johannis XI anspiele, ist freilich klar, aber warum eine so gesuchte und verkünstelte Beziehung? Ich wenigstens kann mir die Sache nicht besser erklären, als durch die Voraussetzung, daß Lactantius die jüdische Lehre vom Metatron im Auge hatte, welche er durch die Wendung metator templi latinisirte. Ich glaube dieß um so eher, weil unser Vater auch sonst eine genaue Kenntniß jüdischer Meinungen verräth. So spricht er z. B. Buch VII,

---

*) Opera edid. **Dufresnoy** I, 298.

c. 17 von dem großen Propheten, den der Antichrist tödten
soll, ganz wie die Talmudisten ihren zweiten Messias, den
Sohn Ephrems, schildern. Endlich haben wir in vorliegen=
der Schrift schon so viele Belege für die Stätigkeit und den
unwandelbaren Charakter der jüdischen Ueberlieferung gefun=
den, daß der Zweifel, dasselbe Gesetz habe sich auch auf den
Ausdruck Metatron erstreckt, ungerecht und grundlos erscheint.
Sollte indeß auch der Name aus späteren Zeiten stammen, so
ist doch der Begriff alt, und reicht über die Tage Jesu Christi
hinauf An einen Engel, der die Stelle Gottes vertreten
und seinen Namen geführt haben soll, glaubten die Volks=
genossen Jesu Christi ganz sicherlich, wie schon aus Onkelos
erhellt, mögen sie ihn auch nicht gerade Metatron ge=
heißen haben.

Das neue Testament stellt neben den höchsten Gott einen
Sohn und den heiligen Geist als wohlbekannte Wesen hin.
Auch Philo kennt beide; Logos und Sohn Gottes sind ihm
gleichbedeutende Worte, des heiligen Geistes gedenkt er.
Der Talmud weiß vom Sohne Gottes im höheren Sinne
nichts, vom heiligen Geiste berichtet er nur das Bekannteste,
daß er auf die Propheten herabgestiegen sey, daß er fröhliche
Herzen liebe, die Menschen nach oben ziehe u. s. w. Der
Targum Jeruschalemi schweigt ebenfalls vom Sohne, über
den heiligen Geist aber enthält er etliche Stellen, woraus
hervorzugehen scheint, daß der Verfasser dieser Uebersetzung
den heiligen Geist über den bloßen Prophetengeist gestellt,
der Schechina gleich gesezt und ihn für eine Person gehalten
habe. So Exod. XXXIII, 16: „Woran anders soll erkannt
werden, daß ich Gnade gefunden habe vor dir, als wenn
deine Schechina mit uns redet und Wunder unter uns ge=
schehen, daß du den Geist der Prophezeiung von den Völkern
der Erde wegnimmst, und in dem heiligen Geiste mit mir
und deinem Volke redest." Hier wird offenbar der heilige
Geist der Schechina gleichgesezt und von dem Geiste der

Prophezeiung unterschieden. Ferner Numer. VII, 89: „Wenn Moses in die Stiftshütte trat, auf daß mit ihm geredet würde, so hörte er die Stimme des Geistes, die mit ihm sprach, nachdem dieselbe von den Himmeln der Himmel (vom obersten Himmel) auf den Gnadenstuhl über der Bundeslade mitten zwischen den zwei Cherubim herabgestiegen war; dann redete das Wort (דִבּוּרָא) mit ihm." Sonst ist es die Schechina oder die Memra, die mit Moses redet; hier wechselt überdieß der Ausdruck דִבּוּרָא mit dem andern: „Stimme des Geistes" ab; Beide, der Geist und die Memra oder Dibura, sind also Eins. Endlich erscheint hier der Geist wie eine Person.

Onkelos hält sich zu sehr an den hebräischen Text, als daß man eine Ausbeute in dieser Lehre von ihm gewinnen könnte. Jonathan sezt, wie früher bemerkt wurde, an manchen Stellen, wo die Urschrift רוּחַ hat, die Memra dafür, woraus ersichtlich ist, daß er beide für Eins hielt. Dem Talmud lag es ferne, sich mit dem Geiste zu beschäftigen, weil die Rabbinen seine Wirkungen, seit dem Heimgang der lezten Propheten, erloschen glaubten. Den Messiasbegriff verstehen die Pharisäer meist in rein politischem Sinne, deßhalb spricht der Talmud auch nicht vom Sohne Gottes, welches Dogma am Ende mit einer überschwänglichen Ansicht vom künftigen Erretter zusammenfällt. Für das Stillschweigen der alten hebräischen Quellen halten uns dagegen die Nachrichten christlicher Väter und die ältesten Apokryphen schadlos. Origenes erzählt (περὶ ἀρχῶν I, 3. *), sein hebräischer Lehrer habe ihm berichtet, daß die Juden jene zwei Seraphim, welche Jes. VI, 3 rufen: Heilig, Heilig, Heilig ist der Herr Sebaoth, für den eingebornen Sohn Gottes und den heiligen Geist erklären: ἔλεγε δὲ ὁ Ἑβραῖος· τὰ ἐν τῷ Ἡσαΐᾳ δύο Σεραφὶμ ἑξαπτέρυγα, κεκραγότα ἕτερον πρὸς ἕτερον καὶ λέγοντα· ἅγιος, ἅγιος, ἅγιος κύριος Σαβαώθ, τὸν

---

*) Opp. I, 61.

μονογονῇ εἶναι τοῦ θεοῦ καὶ τὸ πνεῦμα τὸ ἅγιον. Der Lehrmeister unseres Vaters gehörte nicht zu den Juden, welche
in die alexandrinische Theosophie eingeweiht waren. Denn
im zweiten Buche gegen Celsus sagt Origenes: *) „Ich bin
schon mit vielen und gelehrten Juden zusammengetroffen, aber
keiner von ihnen erklärte den Sohn Gottes zugleich für den
Logos: ἐγὼ δὲ καὶ πολλοῖς Ἰȣδαίοις καὶ σοφοῖς γε ἐπαγγελ-
λομένοις εἶναι συμβαλών, οὐδενὸς ἀκήκοα ἐπαινοῦντος τὸ
λόγον εἶναι τὸν υἱὸν τοῦ θεοῦ. Ich brauche kaum zu bemerken, daß die Logoslehre aus der alexandrinisch = jüdischen
Theosophie stammt, also war der Lehrer des Origenes mit
der leztern nicht vertraut. Wohl aber der Jude des Celsus;
denn der heidnische Philosoph legt seinem Juden ebenfalselbst
die Worte in den Mund: εἴγε ὁ λόγος ἐςὶν ὑμῖν (den Christen)
υἱὸς τοῦ θεοῦ, καὶ ἡμεῖς (die Juden) ἐπαινοῦμεν. Celsus gibt
ferner zu verstehen, daß die Juden, welche er kannte, den
Gott oder den Sohn Gottes für den Messias halten: **)
τῶν Χριςιανῶν τινες καὶ Ἰȣδαῖοι ὁι μὲν καταβεβηκέναι φασὶν,
ὁι δὲ καταβήσεσθαι εἰς τὴν γῆν τινα θεὸν ἢ θεοῦ υἱὸν
τῶν τῇδε δικαιωτήν. Der Rechtfertiger aller Erdenbewohner
galt überall für den Messias. Wir lassen vorerst diese alexandrinisch = jüdische Ansicht, auf welche wir hier nur der
Vollständigkeit wegen hingedeutet haben, auf sich beruhen, und
wenden uns wieder zu den beiden Gestalten des heiligen
Geistes und des Sohnes. Die Himmelfahrt des Jesaias
enthält folgende Stelle: ***) Nachdem der Prophet den
siebenten Himmel erreicht, sieht er Jemand stehen. Doch ich
will seine eigene Worte nach Lawrence's Uebersetzung beifügen: et aspexi quendam stantem, cujus gloria superabat
gloriam omnium †), et gloria ejus magna erat et mirifica.

---

*) Opp. I, 413.
**) Contra Celsum IV, 2. Op. I, 502.
***) Kap. IX, V. 27 und folgende. Lawrence S. 57.
†) Aller Engel und Heiligen, die Jesajas zuvor gesehen.

Et cum aspicerem illum, omnes Sancti, quos vidi, ange-
lique quos vidi, venerunt ad eum — et coluerunt et
collaudaverunt eum omnes una voce. — Et mutatus est,
factusque sicut angelus. Et confestim angelus, qui me
ducebat, mihi dixit: illum adora, et adoravi et collaudavi. Et angelus (meus dux) mihi inquit: hic est Dominus omnis gloriae, quem aspexisti. Et dum adhuc
colloquebar, vidi alium gloriosum, qui illi similis erat,
et sancti ad eum appropinquaverunt et adorarunt et collaudaverunt. Sed gloria ejus non est mutata secundum
eorum (aliorum angelorum) speciem. Et confestim angeli appropinquaverunt et coluerunt; et vidi Dominum
et secundum angelum, qui stabant. Et secundus, quem
vidi, a sinistra fuit Domini mei, et rogavi (angelum ducem
meum) quis est ille? et inquit mihi: adora eum, nam
hic est angelus spiritus sancti, qui per te aliosque
sanctos locutus est. Der „Dominus" ist der Sohn Gottes,
wie man gleich sehen wird. Warum er seine Gestalt verän=
dert, weiß ich ebenso wenig zu sagen, als warum der heil.
Geist die seinige nicht verändert. Beide Wesen werden scharf
von Gott selbst unterschieden. Das Gesicht fährt nämlich so
fort: et vidi gloriam magnam apertis animae meae oculis,
et ego non potui illico videre, neque angelum qui mecum,
neque omnes angelos, quos videram colentes illum meum
Dominum. Attamen vidi sanctos magna vi aspicientes
illius gloriam. Et Dominus meus ad me adpropinquavit
et angelus spiritus, et dixit: vide, ut tibi permissum sit
aspicere Deum, et propter te angelo, qui tecum, datum
est robur. Et vidi, quod adoravit Dominus meus et angelus spiritus sancti, et collaudaverunt ambo simul Deum.
Der Herr und der heilige Geist beten Gott den Höchsten an,
sie sind also von ihm unterschieden. Im folgenden Kapitel
(X, 6) beschreibt der Engel des Sehers den höchsten Gott
mit folgenden Worten: hic est, qui altior altissimis in

singulis sanctis mundis, qui inhabitat et in sanctis
manet, qui adpellandus est Pater Domini. Der Höchste
spricht dann zu dem „Herrn,“ welcher Christus oder Jesus
genannt werden soll: et audivi verba maxime Exal-
tati, Patris Domini, dicentis Domino meo *Christo*, *qui
appellandus est Jesus.* Tiefer unten (XI, 32, 33) erzählt
der Seher, daß sich der Herr oder der Sohn zur Rechten,
der heilige Geist zur Linken des höchsten Gottes sezte: et
vidi, quod (Dominus) sedit a dextra illius magnae gloriae,
cujus splendorem dixi vobis me non posse aspicere; et
angelum spiritus sancti vidi, quod sedit a sinistra.
Auch sonst heißt der heilige Geist meist angelus spiritus
sancti; *) so III, 14: descendet ultimis diebus angelus
spiritus sancti, und VII, 23: qui amant Altissimum, per
angelum spiritus sancti in coelos ascendent. Es ist eine
Umschreibung, die vielleicht der griechischen Urschrift des
Buches fremd war; denn die auf uns gekommenen Bruchstücke der Himmelfahrt kennen dieselbe nicht. Epiphanius führt
in der 40sten Häresis folgendes Fragment an: ἔδειξέ μοι ὁ
ἄγγελος περὶ πάντων ἔμπροσθέν μ8, καὶ ἔδειξέ μοι καὶ εἶ-
πε· τίς ἐσιν ὁ ἐν δεξιᾷ τοῦ θεοῦ; καὶ εἶπα· σὺ οἶδας κύριε, λέγει οὗτός ἐσιν ὁ ἀγαπητός. Καὶ τίς ἐσιν ὁ ἄλλος ὁ
ὅμοιος αὐτῷ ἐξ ἀρισερῶν ἐλθών; καὶ εἶπα σὺ γινώσκεις· τ8τέσι
τὸ ἅγιον πνεῦμα τὸ λαλοῦν ἐν σοὶ καὶ ἐν τοῖς προφήταις,
καὶ ἦν, φησιν, ὅμοιον τῷ ἀγαπητῷ. In diesem Bruchstück
sind offenbar die oben mitgetheilten Stellen zusammengezogen.
Jedenfalls scheint es im Griechischen nicht geheißen zu haben
ὁ ἄγγελος τοῦ πνεύματος ἅγι8. Der Ausdruck muß wohl
einer Eigenheit der abyssinischen Sprache zugeschrieben werden. Der Verfasser der Himmelfahrt war ein Judenchrist,
man könnte also sagen, er habe die zwei Gestalten aus dem
Christenthum entlehnt, nicht aus der jüdischen Lehre. Ich

*) Eine Ausnahme macht VIII, 18.

frage dagegen, wo findet sich in den neutestamentlichen Schriften oder den ältesten Vätern eine Stelle, welche behauptet, daß der Sohn zur Rechten, der heilige Geist zur Linken des göttlichen Thrones stehe, und stimmt diese Ansicht nicht vielmehr aufs Wort mit der Aussage des Juden bei Origenes überein? Doch hören wir die älteste aller pseudoepigraphischen Schriften, die erweislich von einem Juden herrührt, das Buch Henoch Kap. LX, 10 u. flg. Der Herr der Geister (der höchste Gott) sezt hier den Auserwählten (sonst Sohn des Weibes, oder Sohn des Mannes genannt) auf den Thron der Herrlichkeit. „Dann," heißt es weiter, „wird der Auserwählte rufen alle Kräfte des Himmels, alle Heiligen oben und die Kräfte Gottes, die Cherubim, die Seraphim, die Ophanim, alle Engel der Macht und alle Engel der (beiden) Herrscher (Lords bei Lawrence, κύριοι), nämlich des Auserwählten, und der andern Kraft, welche auf Erden über den Wassern war an jenem Tage; vereint werden sie ihre Stimme erheben, preisen, rühmen, lobsingen — und rufen: Gesegnet sey Er, und der Name des Herrn der Geister (des höchsten Gottes) wird gepriesen werden von Ewigkeit zu Ewigkeit". Die Worte: „Die andere Macht, die auf Erden über den Wassern war an jenem Tage" spielen offenbar auf Genes. I. 2 an „der Geist Gottes schwebete über den Wassern," folglich ist der heilige Geist gemeint, folglich haben wir hier abermals die beiden Gestalten nebeneinander, wie in der Himmelfahrt des Jesajas, und wie in dem jüdischen Zeugnisse bei Origenes. Der Sohn und der Geist sind ewig, gleich Gott. Vom Geiste versteht sich dieß, weil er die Macht von Genes. I, 2 ist, welche Theil an der Weltschöpfung nahm. Die Ewigkeit des Sohnes behauptet das Buch Enoch mit starken Ausdrücken Kap. XLVIII a., 3. 4. 5. „Ehe die Sonne und die Zeichen (der Nacht) geschaffen wurden, ehe die Sterne des Himmels gebildet waren, ward der Name (des Auserwählten) angerufen vor dem Herrn der Geister. —

Alle, welche auf Erden wohnen, werden niederfallen und vor ihm anbeten, sie werden ihn segnen und rühmen und Preis ihm singen im Namen des Herrn der Geister. Denn der Auserwählte, der Verborgene, wohnte bei ihm, ehe die Welt geschaffen war, und ewiglich" (lebt er).

Die drei Gestalten wurden in ein eigenthümliches Verhältniß doppelter Art zu einander gesezt. Die eine Partei hielt Gott für ein männliches, den heil. Geist für ein weibliches Urwesen, aus deren geschlechtlicher Vereinigung der Sohn und mit ihm die Welt entstanden sey. Die andere ließ den mannweiblichen Urmenschen aus Gott strömen, und sich dann zertheilen; der Sohn war ihnen die männliche, der Geist die weibliche Hälfte, beide zusammen zeugten die Welt. Ich beginne mit jener Partei. Im 1. Buch der Recognitionen, Kap. 69, sagt der Apostel Jakobus : [*]) Nolite putare duos ingenitos Deos, aut unum divisum esse in duos, vel sicut impii dicunt, eundem masculum et feminam sui effectum. Ebenso im nämlichen Werke III, 9: Periclitantur filii impiorum, pie se putantes intelligere, magnam blasphemiam Ingenito ingerendo, masculo-foeminam eum existimantes. Dieser Lehre, welche die Recognitionen bekämpfen und dem Orpheus zuschreiben, Buch X, 30, treten die Klementinen bei. In der 16ten Homilie Kap. XI[**]) sagt Simon Magus zu Petro: „Es sind offenbar zwei Schöpfer nach der Lehre der Schrift, denn es heißt ja (Genef. I, 26) ποιήσωμεν ἄνθρωπον κατ᾽ εἰκόνα καὶ κατ᾽ ὁμοίησιν ἡμετέραν. Die Mehrzahl ποιήσωμεν weist auf zwei oder mehrere (Schöpfer) hin, nicht auf Einen." Petrus entgegnet nun: „Es ist nur Einer, der zu seiner Weisheit gesagt hat, wir wollen den Menschen machen. Dieser Weisheit wohnt er, als seinem eigenen Geiste immer bei (ἡ δὲ σοφία ὥσπερ ἰδίῳ πνεύματι αὐτὸς ἀεὶ συνέχαιρε), dieselbe ist mit dem Gotte

---

[*]) Cotelerii patres I, 509 a.
[**]) Ibidem 734.

verbunden als Seele, sie wird aber von ihm ausgestreckt, ἐκτείνεται, wie eine Hand, welche die Welt schafft. Deßhalb ward auch nur ein Mensch gebildet, aus ihm ging dann erst auch das Weibliche hervor; die Weisheit ist zwar Eins (ihrem Wesen nach), dem Geschlecht nach eine Zweiheit." (*Καὶ μία οὖσα, τῷ γένει δυάς ἐϛιν.*) Hier wird gelehrt, die Gottheit ist eine mannweibliche Einheit, die weibliche Grundkraft ist die Weisheit oder der heil. Geist, die männliche der Vater; der erste Mensch (Adam Kadmon) war als Abbild dieses Urwesens Mannweib. Der unbekannte Verfasser jener Kle- mentinen, *) legt seine tollen Einfälle dem Apostelfürsten Pe- trus in den Mund, sonst werden sie von Vätern des zwei- ten Jahrhunderts dem Zauberer Simon aufgebürdet. So von Irenäus in den Ketzereien I, Kap. 23: „Simon magus, He- lenam quandam a Tyro civitate Phoenices quaestuariam quum redemisset, secum circumducebat, dicens hanc esse primam mentis ejus conceptionem, matrem omnium, per quam initio mente concepit Angelos facere et Arch- angelos. Hanc enim ennoiam exsilientem ex eo, cognos- centem quae vult pater ejus (dem Zusammenhange gemäßer sollte es heißen maritus ejus), degredi ad inferiora et ge- nerare Angelos et potestates, a quibus et mundum hunc factum dixit. Ebenso Justin der Märtyrer in der ersten Apologie Kap. 26: *σχεδὸν πάντες μὲν Σαμαρεῖς, ὀλίγοι δὲ καὶ ἐν τοῖς ἄλλοις ἔθνεσιν, ὡς τὸν πρῶτον θεὸν ἐκεῖνον (τὸν Σίμωνα) ὁμολογοῦντες, προσκυνοῦσι, καὶ Ἑλένην τινὰ, τὴν συμπερινοσήσασαν αὐτῷ κατʼ ἐκεῖνο τοῦ καιροῦ, πρότε- ρον ἐπὶ τέγϛς σαϑεῖσαν, τὴν αὐτοῦ ἔννοιαν πρώτην γενο- μένην.* Auch Tertullian bezeugt dasselbe de anima Cap. 34. beinahe mit den nämlichen Worten: Se quidem Simon magus finxit summum patrem, illam (Helenam sc.) vero injectio- nem suam primam, qua injecerat angelos et archangelos

---

*) Die wohl aus dem lezten Viertel des 2ten Jahrhunderts stammen.

condere. Ich muß bemerken, daß es für meinem Zweck völlig gleichgültig ist, ob der Mager Simon wirklich alle die Dinge gelehrt und gethan hat, welche die Väter des zweiten Jahrhunderts auf seine Rechnung schreiben. Sehr Vieles wird über ihn berichtet, woran kein Wort wahr ist. Aber nur den Mann, nicht die Lehren, welche in seinen Mund gelegt werden, hat man erfunden. Jene liefen im Zeitalter Christi und im folgenden Jahrhundert in Samarien und Paläſtina herum. Weil der historische Simon vielleicht eine oder die andere derſelben bekannte, trug man dann ſpäter alle auf ihn über. Uebrigens muß man das Kind nicht mit dem Bade ausschütten. Es kann recht gut ſeyn, daß in jener Zeit, wo die glühenden Meſſiashoffnungen der Juden eine Menge Ehrgeiziger zu den gewagteſten· Behauptungen verleiteten, Simon der jüdiſche Mager ſich ſelbſt für Gott den Mann, ſeine Beiſchläferin für Gott die Frau ausgab.*) Ich finde gar nichts Unglaubliches in dieſer Erzählung, und das dreifache Zeugniß des Juſtinus, Jrenäus, Tertullianus iſt denn doch nicht zu verachten. Man ſoll die Väter nicht behandeln wie zehnjährige Kinder, deren Ausſagen vor Gericht nicht angenommen werden.

Alſo der höchſte Gott iſt nach der jüdiſchen Myſtik ein mannweibliches Doppelweſen, doch in eine Einheit verknüpft. Der Mann iſt der Vater, der Geiſt die Mutter oder das Weib, ihre erſte Frucht iſt der Sohn; Lezteres liegt noch nicht in den obigen Stellen, wohl aber in folgender. Jn dem Evangelium der Hebräer (das wohl ſo alt iſt als unſere drei erſten kanoniſchen) ſtanden nach Origenes Zeugniß**) die Worte: „Jeſus ſprach, da nahm mich meine Mutter, der heil. Geiſt, bei einem meiner Haare, und führte mich auf den Berg Thabor“ (ὁ Σωτήρ φησιν· ἄρτι ἔλαβέ με ἡ μήτηρ με τὸ ἅγιον

---

*) Haben nicht in unſeren Tagen die St. Simoniſten ganz dieſelben Tollheiten ausgeheckt?
**) Op. ed. de la Rue IV, 64.

πνεῦμα ἐν μιᾷ τῶν τριχῶν με καὶ ἀπένεγκέ με εἰς τὸ ὄρος
τὸ μέγα Θαβώρ. Hieronymus führt den Spruch auch an
und gibt zugleich einige lehrreiche Winke. In seinem Kom=
mentar zu Esaias 40, 11 heißt es: Hebraei adserunt, nec
de hac re apud eos ulla dubitatio est, spiritum sanctum
lingua sua adpellari genere foeminino, illudque, quod
in psalmo (68, 12) dicitur: *Dominus dabit verbum evan-*
gelizantibus virtute multa, illi sic intelligunt, his videlicet animabus, quae spiritum sanctum consecutae sunt.
Nec non et illud (ps. 123, 2) *sicut oculi ancillae in ma-*
nibus Dominae suae, animam interpretantur ancillam, et
Dominam spiritum sanctum. Sed et in evangelio, quod
juxta Hebraeos scriptum Nazaraei lectitant, Dominus loquitur: modo tulit me mater mea spiritus sanctus. Wei=
ter sagt ebenderselbe Vater im Kommentar zu Micha VII, 6:
Qui legerit canticum canticorum, et sponsum animae Dei
sermonem (den Logos = Christus) intellexerit, credideritque
evangelio, quod secundum Hebraeos editum nuper trans-
tulimus, in quo ex persona Salvatoris dicitur: *Modo*
tulit me mater mea spiritus sanctus in uno capillorum
meorum, non dubitabit dicere sermonem Dei ortum esse
de spiritu, et animam, quae sponsa Sermonis est, habere
socrum spiritum sanctum, qui apud Hebraeos genere dicitur foeminino. Im Kommentar zu Esaias XI, 2 führt
Hieronymus noch folgende hergehörende Stelle aus demselben
Evangelium an: Factum est autem, cum ascendisset Dominus de aqua, descendit fons omnis Spiritus sancti et
requievit super eum et dixit illi: *fili mi!* in omnibus
prophetis exspectabam te, ut venires et requiescerem in
te, tu enim es requies mea, *tu es filius meus primogeni-*
tus, qui regnas in sempiternum. In diesen Stellen liegt
nun die Behauptung, daß das weibliche Geschlecht, welches
der Ausdruck רוח in der hebräischen Sprache besaß, den Ju=
den Anlaß zu allerlei mystischen Erklärungen gegeben hat, denen

die Ansicht zu Grunde lag, der heil. Geist sey ein weibliches Wesen. Zweitens wird noch angedeutet, daß das Hohe Lied (nach seinem mystischen Sinne) Einfluß übte auf diese Ansicht. Etliche Juden hielten also wohl Gott für den Bräutigam, den heiligen Geist für die Braut. Endlich brauche ich kaum noch zu bemerken, wie sehr obige Darstellung des Hebräerevangeliums von den drei ersten kanonischen abweicht, denn im leztern spielt der heil. Geist nicht die Rolle der Mutter, sondern die des Vaters Christi. Das Evangelium der Hebräer kann also seine Ansicht von der Zeugung Christi nicht aus der rechtgläubigen Ueberlieferung geschöpft haben, sondern es entlehnte dieselbe aus der Mystik jener Zeiten. Auch die Klementinen stimmen mit der Behauptung des Hebräerevangeliums überein. Die Gottheit sprach zu ihrem Geiste, „wir wollen einen Menschen machen“, darauf ward der erste Mensch ein Mannweib, als Abbild der hohen göttlichen mannweiblichen Natur gebildet. Dieß liegt in der oben mitgetheilten Stelle. Weiter wird nun von Adam Kadmon (III, 20. *) gesagt: „Wollte Jemand dem von den Händen Gottes geschaffenen Menschen den heil. Geist Christi nicht zuschreiben, wie könnte er dann ohne die höchste Gottlosigkeit diesen Geist einem andern, aus stinkendem Tropfen entstandenen Menschen verleihen? Vielmehr ertheilt die wahre und fromme Lehre den Geist Niemand Anderem, sondern nur jenem ersten Menschen, der seit dem Anfang der Zeiten mit dem Namen zugleich die Gestalt wechselt, und so (wie ein Proteus) die Welt durchläuft, bis seine Zeit gekommen ist, und er, wegen seiner Mühen, durch das Erbarmen Gottes gesalbt, ewige Ruhe findet. Dieser ist der Ehre der Herrschaft über Alles, was in der Luft, auf Erden und im Wasser webt und lebt, gewürdigt worden. Außerdem hat er den Hauch des Gottes, der den Menschen schuf, empfangen, nämlich

---

*) Coteler. patres I, 645.

der Seele unaussprechliches Gewand, auf daß er unsterb=
lich seyn könne." Das heißt, der Urmensch, die mannweib=
liche Geburt des mannweiblichen Urwesens hat in den ver=
schiedensten Gestalten die Welt durchlaufen: er ist zuerst als
Adam gekommen, dann den Patriarchen als Engel erschienen,
dem Volke als Feuerwolke vorangezogen, er hat sich dem Ge=
setzgeber, dem Propheten Elias auf Bergeshöhen gezeigt, zu=
letzt kommt oder kam er als Messias, und wird nun für die
schwere Arbeit seines Laufes durch die Welt mit ewiger Ruhe
belohnt. Ganz so lehrten die Ebioniten nach der Stelle bei
Epiphanius, die bereits angeführt worden ist: Ἔρχεσθαι δὲ
ἐνταῦθ᾽ ὅτε βούλεται, ὡς καὶ ἐν τῷ Ἀδάμ ἦλθε καὶ τοῖς
πατριάρχαις ἐφαίνετο ἐνδυόμενος τὸ σῶμα, πρὸς Ἀβραάμ τε
ἐλθὼν καὶ Ἰσαὰκ καὶ Ἰακώβ· ὁ αὐτὸς ἐπ᾽ ἐσχάτων τῶν ἡμερῶν ἦλθε, καὶ αὐτὸ τὸ σῶμα τοῦ Ἀδάμ ἐνεδύσατο καὶ ὤφθη ἄνθρωπος. Die Sekte der Ebioniten, das Evangelium
der Hebräer, die Klementinen, die Nazaräer folgten einem
und demselben Lehrbegriff: dem essenischen oder dem des Elxai,
wie Epiphanius sagt. Das wäre denn die erste Darstellung
der drei Gestalten, nach welcher die eine Gott der Mann,
oder der Vater, die andere die Mutter, oder der heil. Geist,
die dritte die Frucht beider, oder der Sohn ist. Es gibt
noch eine andere gleich alte. Aus dem höchsten Urwesen floß
der Adam Kadmon aus, ein Mannweib, dessen Geschlechter
sich dann trennten; die eine männliche Hälfte war der Sohn,
die weibliche der heilige Geist, beide fast gleich an Gestalt,
96 Meilen hoch, 24 breit, nach dem Maße der Wolken=
säule. So Epiphanius von den Essenern und ihrem Pro=
pheten Elxai:*) διαγράφει δὲ (ὁ Ἐλξαῒ) Χριστόν τινα δύναμιν,
οὗ καὶ τὰ μέτρα σημαίνει, εἴκοσι τεσσάρων μὲν σχοινίων
τὸ μῆκος, ὡς μιλίων ἐνενήκοντα ἕξ, τὸ δὲ πλάτος σχοινίων ἕξ,
μιλίων εἴκοσι τεσσάρων, καὶ τὸ πάχος ὁμοίως τερατευόμενος

---

*) Opera I, 42.

καὶ τοὺς πόδας, καὶ τὰ ἄλλα μυθολογήματα· εἶναι δὲ καὶ τὸ ἅγιον πνεῦμα καὶ αὐτὸ θῆλειαν, ὅμοιον τῷ Χρισῷ ἀνδριάντος δίκην ὑπὲρ νεφέλην καὶ ἀνὰ μέσον δύο ὀρέων ἑσώς. Alles dieß stand in dem Buche Elxai's, das Epipha= nius selbst gelesen hatte. *) Weiter sagt unser Vater: **) die Ebioniten hätten von Elxai die Lehre angenommen, daß Christus eine mannähnliche Gestalt, jedoch unsichtbar den Menschen sey, 96 Meilen oder 24 Schoini hoch, 6 Schoini oder 24 Meilen breit. Der Dicke gibt er ein anderes Maß. Gegenüber von ihm stehe der heilige Geist, ebenfalls unsichtbar, in Gestalt eines Weibes, von denselben Größe= verhältnissen. „Und woher,“ spricht er (Elxai in seinem Buche), „erkannte ich das Maß? Weil ich es von den Bergen ab= nahm, bis zu deren Spitzen die Häupter beider Gestalten em= porragten; indem ich mir das Maß des Berges verschaffte, hatte ich zugleich die Größe Christi und des heiligen Gei= stes.“ Die trigonometrischen Kenntnisse des Schwärmers müssen so schlecht und verworren gewesen seyn, als seine meta= physischen. Denn bekanntlich gibt es keinen Berg auf Erden, der 96 römische Meilen hoch wäre. Doch das macht Nichts. Noch immer bin ich der Meinung, die ich früher aussprach, ***) daß die beiden, gleich hohen, gleich breiten und dicken Ge= stalten der Wolkensäule von Exod. XIII, 21 nachgebildet sind. Sicherlich wirkte auch der Spruch Zacharias XIV, 4 auf obige Lehre ein: „Die Füße des Herrn werden stehen zu der Zeit auf dem Oelberge, der vor Jerusalem liegt gegen Morgen, und der Oelberg wird sich mitten entzwei spalten, vom Aufgang bis zum Niedergang, sehr weit von einander, daß sich die eine Hälfte des Berges gegen Mitternacht und die andere gegen Mittag geben wird.“ Deßhalb spricht Elxai bald in der einfachen Zahl von e i n e m Berge, bald von

---

*) Siehe meine Schrift über Philo II, 378.
**) Haeres. XXX. op. I, 141.
***) Zu meiner Schrift über Philo II, 396.

zweien, es ist ein Berg, der sich in zwei Hälften spaltete.
Auch vermuthe ich, daß die Trennung der beiden Gestalten,
die ursprünglich im Adam Kadmon vereinigt waren, aus
unserer Bibelstelle gerechtfertigt worden ist. Epiphanius schreibt
dieselbe Ansicht auch den Samsäern zu.*) „Diese Sekte,"
sagt er, „lehre, der heilige Geist sey die Schwester Christi
(ἀδελφὴν τοῦ Χριστοῦ), eine weibliche Gestalt; beide, Christus
und seine Schwester, hätten eine Höhe von 96, eine Breite
von 24 Meilen." Hier wird das Wort „Schwester" geradezu
ausgesprochen, es kann also kein Zweifel mehr darüber obwalten, daß Elxai beide für sich gleiche, dem höchsten Wesen
untergeordnete Kräfte, gleichsam für Kinder desselben erklärte.
Diese zweite Bestimmung der Verhältnisse zwischen den dreien
ist also wesentlich verschieden von der ersten, nach welcher
Gott und der heil. Geist als Vater und Mutter, der Sohn
als die Zeugung beider erscheint. Daß der Sohn und der
Geist ursprünglich nach Elxai's Lehre vereinigt waren und
zusammen den Adam Kadmon, das himmlische Mannweib
bildeten, kann ich mit keinem sichern Zeugniß belegen, ich
setze es aber mit Zuversicht voraus, weil sonst alle jüdischen
Mystiker, mögen sie sonst im Einzelnen von einander abweichen, wie sie wollen, auf jene Ansicht zurückkommen.

Der Glaube an die Einheit Gottes war den Juden so
tief eingeprägt, daß man zum Voraus erwarten muß, es
werde an Versuchen nicht gefehlt haben, die Grundlage ihrer
Religion, welche durch die Dreiheit bedroht war, auf irgend
eine Weise zu retten. Bischof Lawrence findet eine jüdische
Lehre der Dreieinigkeit schon in dem oben angeführten Spruche
des Buches Henoch.**) Der gelehrte Engländer geht offenbar
zu weit, denn in den Worten liegt nicht mehr, als daß drei
göttliche, über alle anderen erhabene Gestalten im Himmel

*) Haeres. LIII, op. I, 462.
**) Kap. 60, 13, 14, siehe die Einleitung zu seiner Ausgabe des
Buchs Henoch, Seite 43.

wohnen, keineswegs, daß die drei eine Einheit bilden. Wohl aber finde ich eine jüdische Dreieinigkeit in dem Zeugnisse bei Jrenäus:*) „Simon Magus habe gelehrt, daß er unter den Juden als Gott Sohn, in Samaria als Gott Vater, unter den übrigen Völkern als heiliger Geist erschienen sey: docuit semetipsum esse, qui inter Judaeos quidem quasi filius adparuerit, in Samaria autem quasi pater descenderit, in reliquis vero gentibus quasi Spiritus sanctus adventaverit. Esse autem se sublimissimam virtutem, hoc est, eum, qui sit super omnia pater, et sustinere vocari se, quodcunque eum (Deum) vocant homines. Hieronymus sagt ungefähr dasselbe im Kommentar zu Math. XXIV, 5:**) Simon Samaritanus haec quoque inter caetera in suis voluminibus scripta (man hatte damals ob ächte oder unächte Schriften von ihm) demittit: ego sum sermo Dei, ego sum speciosus, ego paracletus, ego omnia Dei. Die Worte des Jrenäus sind lange vor den nicenischen Beschlüssen niedergeschrieben worden; mögen sie dem Mager selbst angehören oder nicht, jedenfalls beweisen sie, daß man im zweiten Jahrhundert den jüdischen Gnostikern die Dreieinigkeitslehre zuschrieb, und das genügt für meinen Zweck. Aus inneren Gründen halte ich es, wie gesagt, für höchst wahrscheinlich, ja ich möchte sagen, für nothwendig, daß die jüdischen Mystiker schon sehr frühe (vor Christi Tagen) die Einheit Gottes neben der Dreiheit behaupteten. Die Lehre vom Sohne — mag sie von Alexandrien herübergekommen, oder in Palästina selbst entstanden seyn — war längst vorhanden, ebenso der heil. Geist und der höchste Gott oder der himmlische Vater, denn beide leztere gehören sogar dem vorbabylonischen Glauben an. Daneben sollte die strenge Einheit Gottes aufrecht erhalten werden, weil dieß das Grundgesetz des Mosaismus gebot. Also half man sich mit Machtsprüchen, man klammerte sich

---

*) Contra haeres. I, 23. opp edit. Massuet I, 99.
**) Op. edit. Vallarsius VII, 193.

an den Glauben geschlechtlicher Verhältnisse der Gottheit an,
der im obern Asien damals verbreitet war, um die gewagte
Behauptung, die man nöthig hatte, mit mehr Schein zu
rechtfertigen. Das Bedürfniß der Einheit, denke ich mir,
war der Grund, warum die Juden jene, ihrer väterlichen
Religion völlig fremde Lehre vom mannweiblichen Urwesen
annahmen; man wollte daraus die Einheit der drei Gestalten,
welche sich allmälig im Volksglauben festgesezt hatten, den
Geboten des Mosaismus gemäß, erklären. Das Christenthum
weiß nichts von dieser ausschweifenden Ansicht, wie es denn
überhaupt nur die besseren Elemente aus dem Judenthum
aufnahm. Unsere Evangelien lassen die Dreieinigkeit dahin=
gestellt seyn, sie lehren dieselbe wenigstens um Nichts stärker
oder bestimmter, als sie durch Schlüsse aus der oben ange=
führten Stelle, wornach die Juden die beiden Seraphim,
welche das Trishagion rufen, für den Sohn und den heiligen
Geist erklärten, oder aus dem Spruche Enoch 60, 13, 14
herausgedeutet werden mag. Also konnten die jüdischen
Mystiker, Simon, die Ebioniten, der Verfasser der Klementi=
nen, Elxai und Andere ihre Ansichten nicht aus der Lehre
Jesu geschöpft haben. Mit Einem Worte, die Juden befan=
den sich 3 Jahrhunderte früher in derselben Lage, wie später
die christlichen Väter der nicenischen Beschlüsse. Wie will man
den Ausspruch Jesu bei Johannes: „Der Vater ist größer
denn ich,“ mit dem athanasianischen Symbol zusammenreimen?
Offenbar zeugen die Evangelien viel mehr für die arianische
Ansicht, als für die entgegengesezte. Dennoch gebot man
durch Machtsprüche die strenge Dreieinigkeit, weil man die
Monarchie Gottes gegen Angriffe von philosophischen Heiden
wie von pharisäischen Juden sichern, weil man zweitens die
Kirche selbst durch Versenkung ihres Stifters in das göttliche
Urwesen verherrlichen wollte. Die Geschichte erzählt, welche
unheiligen Mittel — die Fäuste ägyptischer Matrosen, Mord
und Brand — aufgewandt wurden, um der Meinung des

— 342 —

Athanasius den Sieg zu verschaffen. Nun! die Juden hatten
noch dringendere Gründe als die Christen, die Einheit ihres
Gottes zu behaupten, denn wie gesagt, das erste und haupt=
sächlichste Gebot ihres Gesetzgebers, oder besser die auf dem
Sinai verkündigten Worte zwangen sie dazu. Aus gleichen
Ursachen, unter gleichen Umständen entsteht überall Gleiches.
Auch sie kannten neben dem Höchsten noch zwei göttliche Ge=
stalten, den Sohn und den heil. Geist, also erklärten sie Drei
für Eins. Die Christen rechtfertigten ihre Lehre von der
Dreieinigkeit seit den ältesten Zeiten aus Genes. XVIII, 1,
2, wo der Herr in Gestalt von drei Männern erschien. Nun
über ebendiese Stelle äußert sich ein vorchristlicher Jude
folgendermaßen: *) ἐπειδὰν ψυχή, καϑάπερ ἐν μεσημβρίᾳ,
ϑεῷ περιλαμφϑῇ, καὶ ὅλη δι᾽ ὅλων νοητοῦ φωτὸς ἀναπλησ-
ϑεῖσα ταῖς ἐν κύκλῳ κεχυμέναις αὐγαῖς ἄσκιος γένηται,
τριττὴν φαντασίαν ἑνὸς ὑποκειμένου καταλαμβά-
νει· τοῦ μὲν ὡς ὄντος, τοῖν δὲ ἄλλοιν δυοῖν ὡς ἂν ἀπαυ-
γαζομένων ἀπὸ τούτου σκιῶν, ὁποῖόν τι συμβαίνει καὶ τοῖς
ἐν αἰσϑητῷ φωτὶ διατρίβουσιν· ἢ γὰρ ἑστώτων ἢ κινουμένων
διτταὶ σκιαὶ πολλάκις συμπίπτουσι. Das ist recht fein aus=
gesponnen von dem alexandrinischen Mystiker. Aber konnte
ein derberer Jude, der noch Etwas auf den Wortsinn der
Schrift hielt, diese Erklärung anders auffassen als so:
Drei Gestalten erschienen unserm Stammvater, etwa der
höchste Gott, sein Logos und der heilige Geist; diese drei
sind aber nur dem Scheine nach drei, in Wahrheit Eins.
So war die Dreieinigkeit da, sobald man den historischen
Sinn der heil. Bücher nur noch im Geringsten gelten ließ.

Blicken wir nun zurück. Die drei Gestalten, der Vater,
der Sohn, der heil. Geist werden von einem tüchtigen Zeu=
gen des dritten Jahrhunderts aufs Bestimmteste dem Juden=
thum zugeschrieben; sie erscheinen ebenso in einem jüdischen

---

*) Siehe meine Schrift über Philo I. 141.

Buche, das über die Tage Jesu hinaufreicht, im Henoch; zweitens christliche Schriftsteller des zweiten und dritten Jahrhunderts behaupten, daß jüdische Mystiker des ersten die Verbindung der drei durch geschlechtliche Verhältnisse gerecht= fertigt hätten. Ein apokryphisches Evangelium, das wohl aus dem Ende des ersten Jahrhunderts stammt, bekräftigt ihr Zeugniß. Drittens die rechtgläubige christliche Ueberliefe= rung weiß nichts von dieser Lehre; leztere kann also nicht aus jener geschöpft seyn, sondern muß aus einem andern, als dem christlichen Ideenkreise herkommen. Viertens ein Zeuge des zweiten Jahrhunderts unterlegt das Dogma der Dreieinigkeit einem Zeitgenossen Jesu, dem Mager Simon. Da die drei Gestalten wirklich im Glauben der Juden sich festgesezt hatten, da ferner neben ihnen das Bedürfniß der strengsten Einheit Gottes herrschte, so nöthigen gute Gründe zu der Voraussetzung, daß Irenäus im Ganzen Recht habe, *) oder mit anderen Worten, daß die jüdischen Mystiker frühe die Dreiheit mit der Einheit zu vermählen gesucht haben. Ueber= dieß liegt der Keim zur Dreieinigkeitslehre bereits in Philoni= schen Stellen. Folglich zwingt uns historische Unparteilichkeit zu dem Geständnisse: Die Dreieinigkeit ist ursprünglich eine Lehre der jüdischen Mystik, welche in den Tagen Jesu schon bestand, und ganz unabhängig vom Christenthum sich ausbil= dete. Die Mystiker haben den Sohn wahrscheinlich für Eins mit dem Metatron, gewiß für Eins mit dem Logos erklärt, und für den Wunderführer Israels in der Wüste, für den offenbaren Gott des alten Bundes gehalten; weßhalb auch unser Apostel Paulus den Erlöser in der Urzeit des Volks thätig seyn läßt. (1. Kor. X, 4 u. sonst.) Bei Weitem die größere Mehrzahl der Juden wußte jedoch von diesen gehei= men Dogmen Nichts, sie hielt sich an die derbere, dem

---

*) Sofern nämlich in jener Stelle die Behauptung liegt, daß jü= dische Mystiker des ersten Jahrhunderts die Dreieinigkeit ge= lehrt hätten.

Wortsinn der heil. Schriften gemäßere Lehre, welche zu
Anfang dieses Kapitels dargestellt worden ist.

Ich weiß leider wohl, daß ich Anstoß erregen werde
mit meinen Behauptungen. Aber es ist einmal meine Ab=
sicht im vorliegenden Werke, die historische Wahrheit zu er=
mitteln, und nicht Vorurtheilen zu schmeicheln. Den eigent=
lichen Kern der christlichen Dreieinigkeitslehre, Das, was an
ihr gesund ist und bleibt, nämlich die unbedingte Verehrung
für die Person Jesu Christi, halte ich, wie man später sehen wird,
mit aller Kraft aufrecht, doch abermal nicht aus eigener Will=
kür, auch nicht aus persönlichen Gefühlen und Neigungen —
denn ich habe mir vorgenommen, in diesem Werke nur dem
klaren, kühlen Verstande zu gehorchen — sondern weil mich
historische Gründe der ernstesten Art dazu nöthigen. Um
meine Untersuchung auch nach Unten zu schließen und abzu=
runden, muß ich noch zeigen, daß sämmtliche hier entwickelte
mystische Lehren des Judenthums in der Synagoge fortwäh=
rend erhalten worden sind. Der Sohar bekennt sie alle. Ich
entnehme die Zeugnisse hauptsächlich aus den Büchern der
großen und kleinen Versammlung (Jdra Rabba, Jdra Suta),
wohl den ältesten Stücken des Sohar, deren jedes ein Gan=
zes für sich ausmacht.

Erstens Gott wird bloß dadurch erkennbar, daß er sich
mit der Mutter der Weisheit verbindet, beide zeugen dann
den Sohn, die Erkenntniß. So Jdra Suta §. 257 und fol=
gende: principium omnium vocatur domus omnium. Id
in loco suo non cognoscitur nec manifestatur; at ubi
consociatur eum matre, tunc praedicatur in matre. Et
propterea mater cognoscitur esse synoche omnium et innuitur esse principium et finis. Omnia enim sunt sapientia
et in ea absconduntur omnia. Ferner ebendaselbst 291 u,
flg.: Pater et mater non inveniuntur, nisi in matre;
mater enim revera recubat super illis, nec (alias, vel
sine illo) detegitur. Unde patet, quod complexus duorum

liberorum vocetur Tebuna, et complexus patris et matris et filii vocetur Binah. Et cum comprehendenda sint omnia, in Binah comprehenduntur, et nomine istius pater et mater et filius vocantur. Et sunt (Chochma) seu sapientia (der Vater) Binah, seu mater intelligendi, et Daath, sive cognitio. Quia filius iste assumit proprietates patris et matris et vocatur דַעַת, sive cognitio, quia est testimonium amborum. Et iste filius vocatur primogenitus, sicut scriptum est (Exod. IV, 22): *Filius. meus primogenitus est Israël.* Letzteres ist auch sonst ein Name des Messias = Logos. Der Vater wird nicht allein für sich erkannt, auch nicht die Mutter für sich allein, sondern beide nur in ihrer Verbindung. Ferner die Cabbalisten unterscheiden neben dem Sohne noch eine Tochter (die weibliche Hälfte des Adam Kadmon). Beide zusammen heißen die zwei Kinder (תְּרֵין בְּנִין), sie werden befaßt in dem Namen תְּבוּנָה, daher heißt es oben: complexus duorum liberorum vocatur תְּבוּנָה. Höher als die Tebunah ist die בִּינָה, weil sie die ganze himmlische Dreiheit umfängt. So ebendaselbst §. 289: Binah altior est quam Tebunah; nam in voce בִּינָה delitescunt pater et mater et filius, quoniam litteris ה et י (die ersten Buchstaben des Wortes יְהֹוָה) pater et mater denotantur, et litterae ב et נ denotantes filium, illis consociatae sunt. Tebunah autem est complexus liberorum, quia continet litteras בן et בת et וה, quibus denotantur filius et filia. Wir haben hier eine Probe des Buchstabenspiels, das überall im Sohar wiederkehrt. Deutlicher ist folgende Stelle: Ebendaselbst §. 251 u. flg.: In schola R. Jeba senis traditur ita: Quare Vau et Daleth ו ד comprehenduntur in Jod יוד? Ideo, quia plantatio horti proprie vocatur Vau ו, et est hortus alius, qui est Daleth, et ab isto Vau rigatur Daleth, quod est nota quaternarii (es bezeichnet die Vierzahl im Alphabet, und weist als solche zugleich auf das τετραγράμματον יְהֹוָה hin) et arcanum patet ex

eo quod scriptum est: *et fluvius egreditur ex Eden* (Genes.
II, 10). Quid est Eden? est sapientia superna et est
Jod. *„Ad rigandum hortum,"* h. e. Vau, et *„inde dividi-
tur et abiit in quatuor capita,"* hoc est Daleth. Et omnia includuntur in Jod, et propterea Jod vocatur Pater
et omnia, pater patrum. Der Garten Eden und seine
Flüsse werden hier mystisch erklärt, wie bei Philo, nur im
hebräischen Sinne. Weiter wird dasselbe Spiel mit dem Tetragrammaton getrieben, ebendaselbst §. 262: **Jod** ׳ continet summam sapientiam, Heh ה est mater et appellatur
mater intelligendi; Vau Heh ה ו sunt duo liberi, qui
circumdantur a matre. Didicimus, quod vox בִּינָה com-
prehendat omnia. Nam in ea est Jod, quae littera ad-
sociatur matri, seu litterae ה, et producunt filium, בֵּן, et
sic habemus vocem Binah; pater et mater, quae sunt ׳
et ה, quibus interpositae sunt litterae Beth et Nun,
quae sunt בֵּן. So enthalten beide hochgeheiligte Namen
יְהֹוָה und בִּינָה die himmlische Dreieinigkeit, den Vater, die
Mutter, den Sohn. Weiter ist die Rede von der Tochter,
der Eva oder der unreinen Hälfte des Adam Kadmon, dem
weiblichen Princip der untern irdischen Schöpfung. Das
Alter jenes Spiels mit Buchstaben haben wir schon aus dem
frühen Vorkommen der Gematria, des Notarikons, des Athbasch kennen gelernt. Freilich wird dasselbe im Sohar noch
auf eine sonderbarere Weise betrieben. Doch ein ähnliches
Beispiel finden wir in der kleinen Genesis (auch λεπτογένεσις
genannt), einem Buche, das dem zweiten, wo nicht gar dem
ersten Jahrhundert anzugehören scheint. Gregorius Syncellus führt aus demselben folgende Stelle an *): „Alle Werke
der Schöpfung sind 22, gerade soviel, als die Buchstaben des
hebräischen Alphabets, als die 22 Bücher ihres Kanons, als
die Zahl der Generationen von Adam bis Jakob, wie in der
kleinen Genesis geschrieben stehet."

---

*) Siehe Fabricius codex pseudepigraphus vet. Test. I, 82.

Obige Darstellung, kraft welcher Gott der Vater, die
Weisheit die Mutter, der Sohn das Erzeugniß beider ist,
kommt am häufigsten im Sohar vor, doch finden sich auch
Spuren der elcesaitischen Ansicht, daß der Adam Kadmon ein
Ausfluß des Höchsten sey und in ein männliches und weib=
liches Wesen, den Sohn und den Geist, zerfalle. Gott ist der
Alte der Tage עַתִּיק יוֹמִין (nach Daniel), oder der Mann mit
dem großen Antlitz אֲרִיךְ אַנְפִּין, Macroprosopus. Von ihm
geht aus die zweite Gestalt, der Mann mit dem kleinen
Antlitz זְעֵיר אַנְפִּין,*) oder der μιϰροπρόσωπος. So Jdra
Rabba §. 508: Nunc disponite vos et applicate scientiam ad describendum, quomodo conformentur partes
Microprosopi, et quomodo vestiatur indumentis suis a
formis Senis dierum, Sancti Sanctorum, Absconditi
Absconditorum, Occultati omnibus. Indumenta Microprosopi disponuntur a formis Macroprosopi, et partes ejus
expanduntur hinc et inde sub figura humana, ut domi-
netur in eo spiritus Occulti ex omni parte, ut locari
possit super throno, quia scriptum est (Ezechiel I, 26):
*et super similitudine solii, similitudo sicut aspectus ho-
minis super eum desuper.* Sicut aspectus hominis, quoniam
(homo) includit omnes formas. Sicut aspectus hominis,
quoniam includit omnia nomina; sicut aspectus hominis,
quoniam includit omnia arcana, quae dicta sunt et propo-
sita, antequam crearetur mundus, quamvis non substiterunt. Die Lehre vom Seer Anpin ist aus den Geheim=
nissen des Wagens (Maaseh Mercabah), der zweiten Haupt=
quelle jüdischer Mystik, abgeleitet, darum beruft sich unsere
Stelle auf das erste Kapitel des Ezechiel. Ferner im Micro-
prosopos hat sich das Urwesen, oder der Alte der Tage,

---

*) Ursprünglich bedeutet Arich Anpin wohl den langmüthigen
Gott, Seer Anpin den zürnenden, strengen, weil אַף sowohl
Gesicht als Nase und Zorn bezeichnet.

geoffenbart, jedoch ohne feine ewige Natur zu verändern. So ebendaselbst §. 920: Summa omnium haec est: Senior Seniorum est in Microprosopo, omnia sunt unum, (Senior) omnia fuit, omnia est, omnia erit, non mutabitur, non mutatur, nec mutatus est. Sed conformavit se istis indumentis in formam, quae comprehendit omnes formas, in formam, quae comprehendit omnia nomina. Der Seer Anpin, der alle Formen umfaßt, ist der Mensch von Genef. I, 27., oder er ist Mannweib. Ebendaf. §. 929: „Es stehet geschrieben: (Genef. II, 7.) וַיִּיצֶר יְהוָֹה אֱלֹהִים אֶת־ הָאָדָם warum hat das Wort יצר zwei Jod, statt nur Eines? Sie bedeuten eine Form in der Form (§. 934), deßhalb heißt es auch אֶת־ הָאָדָם, das bezeichnet einen bestimmten (von andern verschiedenen) Menschen, weil er den Mann und das Weib umfaßt, und hervorgebracht ist als Mannweib." Beide Hälften des Urmenschen, die männliche und die weibliche, wurden von Gott getrennt und wieder vereinigt. Ebenda= selbst §. 1026: Omnia judicia, quae oriuntur a masculo vehementia sunt ab initio et remissa in fine, quae vero inveniuntur oriri a foemina, remissa sunt initio, vehementia in fine. Et nisi foret, ut conjungerentur, mundus ea non posset portare, unde Senior Seniorum, absconditus ab omnibus, urum ab altero separat, et utrumque sociat ut mitigentur. Et cum illos separare vult, ecstasin cadere facit super Microprosopon et separat foeminam a posteriori ejus parte (Genes. II, 21.), et efformat omnes conformationes ejus (foeminae) et abscondit eam usque in diem suam, quo adducenda est masculo. Istud est, quod dicitur (Genes. II; 21.) *et cadere fecit Dominus Deus somnum profundum super Adam et obdormivit.* Im Urmenschen wird Alles befaßt, dieß liegt schon in den bereits angeführten Stellen, ich will noch eine beifügen. Ebendaselbst §. 1063: „In homine comprehenduntur coronae superiores, in genere et specie, et in homine

comprehenduntur coronae inferiores in genere et specie.
Nun heißt es weiter §. 1054: Beati sunt justi, quorum
animae extrahuntur ex illo corpore sancto, quod dicitur
Adam, quod includit omnia, tanquam locus, ubi coronae
et diademata sancta consociantur. Beati sunt justi, quia
haec omnia sunt verba sancta, quae proferuntur per Spiritum sanctum supernum, spiritum, quo omnes sancti
comprehenduntur, spiritum, quo superna et inferiora
colligantur. Hier werden zwei Gestalten: der Urmensch
und der heilige Geist (und zwar in weiblicher Form
רוּחָא קַדִישָׁא) zusammengestellt, und das Gleiche von beiden
behauptet: erstere ist Mannweib, darum kann wohl der heilige Geist, wenn er so neben dem Mann אָדָם hergeht, kaum
etwas Anderes als das himmlische Weib bedeuten. Ohne dieß
ist ja fortwährend von der Tochter בַּת neben dem Sohne
בֵּן die Rede.

Wunderlich klingen die Träumereien des Sohar. Doch
wird Niemand verkennen, daß in diesem Buche dieselben jüdischen Einfälle wiederkehren, die wir oben aus griechischen
Quellen nachgewiesen. In der Jdra Rabba wird der Adam
Kadmon weiter ziemlich deutlich auf den Messias bezogen,
§. 1128: Adam est informatio interior, in qua consistit
spiritus. In ista efformatione apparet perfectio vera
omnium, quae consistit super solio, sicut scriptum est
(Ezechiel I, 26): *et similitudo sicut aspectus hominis super
eo desuper.* Item scriptum est (Dan. VII, 13): *et ecce
cum nubibus coeli sicut filius hominis veniebat et usque
ad Senem dierum transibat, et ante eum appropinquare
fecerunt eum.* Alle Juden haben diese Stelle aus Daniel
von jeher auf den Messias bezogen, auch der Sohar thut
dieß, also findet er im Messias eine Verkörperung des Adam
Kadmon. Eben darauf zielt folgende Stelle, Jdra Suta
§. 136: Ex naso Macroprosopi efflatur spiritus vitae in
Microprosopum (§. 138), et iste spiritus exit e cerebro

Absconditi et vocatur spiritus vitae, et per istum spiritum homines cognituri sunt Sapientiam tempore regis Messiae, sicut scriptum est (Jes. XI, 2): *et requiescet super eum spiritus sapientiae et intelligentiae.* Der Geift, der auf dem Seer Anpin wohnt, geht auf den Messias über. Beide Geftalten ftehen in innigfter Verbindung, wenn fie nicht gar Eins find. Alfo auch hier wiederholt fich die alte Lehre. Ich habe feither bloß aus den beiden Traktaten Jdra Rabba und Jdra Suta gefchöpft, weil fie älter find als der übrige Sohar, und die alte Myftik am treueften wiedergeben. Der Metatron kommt in ihnen nicht vor, alfo auch nicht feine Einheit mit dem Seer Anpin oder dem Adam Kadmon, wohl aber in den andern Theilen des Sohar. So Tiffune Sohar Kap. 67: „*In principio creavit Deus* (Genes. I, 1.) h. e. Metatronem, quem creavit Deus S. B. primum et principium omnis exercitus coelorum et inferiorum. Hic est Adamus parvus (זְעֵיר), quem Deus S. B. fecit sibi in imaginem et similitudinem supernam, sine aliqua mixtura. Für die Dreieinigkeit zeugen fchon die oben mitgetheilten Stellen. Ich will noch einige beifügen. Jdra Suta §. 240. Dixit R. Schimeon: omnia quae disserui de Sene sanctissimo, et omnia quae disserui de Microprosopo, omnia sunt unum, omnia res una, nec locum hic habet separatio. Ebendafelbft §. 78 u. flg: Senior Sanctissimus invenitur tria habere capita, quae continentur in uno capite, et ipse est caput supremum omnino supremum. Et quia Senior sanctissimus designatur Triade, hinc omnes lucernae reliquae, quae splendent, includuntur triadibus. Porro Senior Sanctissimus etiam designatur per Dyadem; et repartitio Senioris in Dyadem ita se habet, ut sit coroná summa omnium supernorum, caput omnium capitum. — Sic etiam omnes reliquae lucernae dividuntur in Dyades. Denique Senex Sanctissimus designatur et absconditur conceptu uno, et omnia sunt unum. Item

etiam omnes reliquae lucernae sanctificantur, restringun-
tur et compinguntur in monadem et sunt unum, et omnes sunt ipse. Der Urgrund erscheint bald in der Form
der Dreiheit, wenn man ihn als Vater, als Mutter, als
Sohn betrachtet, wie oben, bald in der Zweiheit, nämlich
in der Gestalt des Arich und Seer. Seinem innersten Wesen
nach ist jedoch der Alte der Tage, der Ensoph, eine Einheit.
So können auch die anderen himmlischen Gewalten (oder die
lucernae superiores) bald in den Formen der Dreiheit,
Zweiheit, Einheit betrachtet werden. Diese Dreieinigkeit ist
Geheimlehre und wird nur von den Weisesten erkannt. So
Jdra Suta §. 232. Nachdem hier R. Simeon Ben Jochai
(ihm wird nämlich Alles in den Mund gelegt) von der Dreiheit, welche in dem Worte בְּיָה liege (Vater, Mutter, Sohn),
auf ähnliche Weise wie in den oben angeführten Stellen gesprochen, fährt der Text so fort: Res istae non traditae sunt,
nisi sanctis superioribus, qui ingressi et egressi *) sunt,
et noverunt vias Dei sanctissimi, ut non declinent in
iis, sive dextrorsum sive sinistrorsum. — Beatam portio-
nem ejus, qui eo pertingit, ut sciat tramites ejus, et
non declinat nec errat in iis. Res enim hae absconditae
sunt, sed sancti summi fulgent in eis, sicut lumen prodit e splendore lucernae. Non traditae sunt res istae
nisi illis, qui ingressi et egressi sunt: qui enim non
egressus et ingressus est, ei melius esset, non fuisse natum.

Genug hiemit von der Gotteslehre des Sohar. Wären
ganze Schriften alter Essener auf uns gekommen, statt daß
wir nur einige zerstreute Zeugnisse über ihre Theologie besitzen, so würde man noch viel deutlicher erkennen, wie treu
jenes Buch die alten mystischen Meinungen der Juden bewahrt hat. Daß die christliche Dogmatik auf den Sohar

---

*) Anspielung auf das Aus- und Eintreten Mosis in die Stifts-
hütte, welche als ein Abbild der himmlischen Geheimnisse dargestellt wird.

nicht eingewirkt habe, wird jeder Unbefangene zugestehen, denn auch hier werden, wie in jenen alten Zeugnissen, die Geheimnisse der Dreinigkeit auf geschlechtliche Verhältnisse zurückgeführt, welche dem Christenthum völlig fremd sind.

Fünftes Kapitel.

Die Lehre von den höheren Geistern, Engeln und Teufeln.

Die Engel gehören überall dem Volksglauben an, sie sind himmlische Menschen, oder vielmehr sie sind uns Erdenbewohnern nachgebildet; ihr Begriff trägt darum ein ziemlich bestimmtes Gepräge an sich, und läßt wohl zu manchen Spielereien, aber kaum zu wesentlichen Abweichungen Raum. Die mystische und die gemeine pharisäische Lehre unterscheidet sich daher nur wenig in diesem Felde.

Vier Hauptpunkte sind zu betrachten: ihre Natur und Erschaffung; ihre Rangklassen; ihre Geschäfte und ihr Dienst; endlich ihre Zahl. Die fünf Bücher Mosis berichten Nichts von Erschaffung der Engel, obgleich diese himmlischen Wesen schon im ersten Theile des Pentateuchs mannigfach auftreten. Spätere Träumereien und Forschungen füllten die Lücke aus, welche das Stillschweigen des Gesetzgebers übrig gelassen. Sie seyen am zweiten Tag erschaffen worden, lehrt der Targum Jeruschal. zu Genes. I, 26. „Gott sprach zu den dienenden Engeln, welche erschaffen wurden am zweiten Tage der Weltschöpfung: laßt uns einen Menschen machen." Ebenso Pirke Elieser. Kap. IV. „An dem zweiten Tage hat der hochgelobte Gott das Firmament, die Engel — erschaffen." Eine Stelle aus Bereschit Rabba S. 4, d. stimmt damit überein, zeugt aber zugleich noch für eine andere Meinung: „Rabbi Jochanan hat gesagt, die Engel seyen am zweiten

Tage geschaffen worden, darauf weise die Stelle hin
(Pf. 104, 3. 4.): **Du wölbeſt (den Himmel) oben
mit Waſſer, du fähreſt auf den Wolken, wie auf
einem Wagen, du geheſt auf den Fittigen des
Windes, du macheſt deine Engel zu Winden.**
(Folgender Schluß wird von dem Rabbinen aus dem Pſal‐
men gezogen: Das Firmament [die oberen Waſſer] und die
Engel werden hier zuſammengeſtellt, nun iſt das Firmament
[Genef. I, 7.] am zweiten Tage erſchaffen, alſo auch die
Engel.) Dagegen hat R. Chanina geſagt: Die Engel ſind am
fünften Tage erſchaffen, weil geſchrieben ſteht (Genef. I, 20):
**es rege ſich das Waſſer mit lebenden Thieren,
und mit Gevögel, das auf Erden unter der Veſte
des Himmels fliege.** Weiter heiße es (Eſaias VI, 2):
Mit zwei Flügeln flogen ſie! Der Rabbine meint,
die Engel gehören wegen der Prophetenſtelle zu dem Gevögel
des Himmels, da dieſes nun am fünften Tage erſchaffen ſey
(Genef. I, 23), ſo gelte daſſelbe auch von den Engeln.

Andere dagegen lehren, die Erſchaffung der Engel ſey
ewig; oder beſſer, ſo wie die Eigenſchaften Gottes da waren,
waren auch Engel da, denn ſie ſind nur ein Abglanz ſeiner
Kräfte, und werden noch täglich erſchaffen. Bereſchit Rabba
S. 7. d. heißt es: „Rabbi Schimeon ſagte: Zu der Zeit als
Gott den erſten Menſchen erſchaffen wollte, haben ſich die
dienſtbaren Engel in Rotten und Sekten getheilt. Einige
von ihnen ſprachen: der Menſch ſoll nicht erſchaffen werden;
darauf weiſt hin der Spruch (Pf. 85, 11): **Güte und
Wahrheit treten einander entgegen, Gerechtig‐
keit und Friede küſſen ſich.** Die Güte ſagte, der
Menſch ſoll erſchaffen werden, dieweil er Güte erweiſen
wird; die Wahrheit aber ſagte: er ſoll nicht erſchaffen wer‐
den, denn er wird voll Lügen ſeyn. Die Gerechtigkeit ſprach:
er ſoll erſchaffen werden, dieweil er Gerechtigkeit üben wird;
der Friede aber ſagte: er ſoll nicht erſchaffen werden, dieweil

er die Erde mit Zank füllen wird. Was that hierauf der hochgelobte Gott? Er hat die Wahrheit genommen und auf die Erde hinab geworfen; darum steht geschrieben (Dan. VIII, 12): Er hat die Wahrheit zu Boden geschlagen. Darauf sprachen die dienstbaren Geister zu Gott: O du Herr der Welt, warum verachtest du also die Zierde deines Siegels (so wird die Wahrheit genannt Sanhedr. 55 a)? es steige die Wahrheit wieder von der Erde herauf (was auch geschah); darum stehet geschrieben (Pf. 85, 12): Die Wahrheit entsproß aus der Erde." — Auch der Talmud gedenkt auf ähnliche Weise des Widerspruchs der Engel gegen die Erschaffung der Menschen. Gemara Bab. zu Mischna Sanhedrin IV, 5. „Als Gott den Menschen erschaffen wollte, schuf er zuerst eine Klasse der dienenden Engel und sprach zu ihnen: Gefällt es euch, daß wir einen Menschen machen, nach unserem Bilde? Sie antworteten: Herr der Welt, was werden seine Werke seyn? Gott entgegnete: Diese und diese. Darauf erwiderten sie: Herr der Welt, was ist der Mensch, daß du sein gedenkest, und des Menschen Sohn, daß du dich seiner annimmst (Pf. VIII, 5.)? Sogleich reckte Gott seinen kleinen Finger aus unter sie, und verbrannte sie; eben so machte er es mit der zweiten Klasse."

In obiger Stelle aus den Rabboth erscheinen nun die Engel ganz als personifizirte Eigenschaften Gottes, die darum so alt oder ewig seyn müssen, als er. Ebenso Pirke Elieser Kap. 45 zu Ende, wiederholt Targum Jerusch. zu Deuter. IX, 19.: „Als die Kinder Israel in der Wüste das goldene Kalb anbeteten, sandte der Herr des Himmels fünf Engel aus, um das Volk zu vernichten. Diese fünf Engel waren אַף, חֵמָה, מַשְׁחִית, חָרוֹן, der Unwille, der Zorn, die Hitze, das Verderben, der Grimm." Im Zusammenhang mit dieser Ansicht steht die Behauptung, daß Gott noch täglich Engel hervorbringe, welche den Herrn der Welt lobpreisen und dann

wieder untergehen; Chagigah Bab. S. 14, b: „Es werden täg=
lich dienstbare Engel aus dem Flusse Dinur (dem Feuerstrome,
der unter dem Throne Gottes hervorbricht) erschaffen; die=
selben singen dem Herrn ein Lied und gehen dann wieder
unter, wie geschrieben stehet (Klagel. III, 23): sie sind
alle Morgen neu, und deine Treue ist groß." Ebenso
Bereschit Rabba S. 70, c: „Eines Tages fragte (der Kaiser)
Hadrianus den R. Josua und sprach: Ihr saget, daß keine
Schaar der Engel (den Herrn) droben zweimal lobe, sondern
daß der hochgelobte Gott alle Tage einen Haufen neuer En=
gel erschaffe, welche vor ihm ein Lied singen, und darauf un=
tergehen? Rabbi Josua antwortete: Ja wir lehren dieß!
Darauf fragte Hadrianus weiter, wo gehen sie denn hin?
Der Rabbi sagte, sie gehen dahin, woher sie erschaffen wur=
den! Der Kaiser: Woraus sind sie denn erschaffen? Josua ent=
gegnete: Aus dem Flusse Dinur! Der Kaiser fragte weiter:
Was hat es für eine Beschaffenheit mit dem Flusse Dinur?
Der Rabbi antwortete: Es ist damit beschaffen wie mit dem
Flusse Jordan, welcher Tag und Nacht nicht aufhöret zu
fließen. Wo kommt er denn her? fuhr Hadrianus fort.
Der Rabbi sagte: Aus dem Schweiße der Thiere (des Wa=
gens), welche schwitzen, weil sie den Thron des heiligen
Gottes tragen." — Noch merkwürdiger ist folgender Ausspruch
aus dem ebenangeführten Traktate Chagigah 14, a: „Rabbi
Jonathan hat gesagt: Aus jeglichem Worte, das aus dem
Munde Gottes geht, wird ein Engel erschaffen; wie geschrie=
ben stehet (Ps. XXXIII, 6): durchs Wort des Herrn
ist der Himmel gemacht, und all' sein Heer durch
den Geist seines Mundes." In diesen Stellen erscheinen
die Engel als Ausfluß der immerwährenden Wirksamkeit
Gottes. Nichtsdestoweniger sind die ersten und hauptsächlich=
sten der Engel, wie Gabriel, Michael, Raphael und tausend
andere, ewige Gestalten. Das Verschwinden gilt nur von
den untersten Klassen. Vielleicht gehört auch leztere Ansicht

bloß der jüdischen Geheimlehre an, deren Gepräge sie zu tragen scheint, obgleich rabbinische Schriften für sie zeugen, wie wir gesehen haben.

Eine reine Seele und ein guter Wille unterscheidet die Engel von den Teufeln. Sie sind sündlos und dem Herrn des Himmels gehorsam. So Pirke Eliefer Kap. 46. Mitte. Angeli ministerii non egent cibo nec potu, puri sunt ab omni peccato, paxque inter illos est intima. Aus lauterem Lichte ist ihr Stoff gewoben, wie die Gestalt aller himmlischen Wesen, auch werden sie von körperlichen Augen nicht gesehen; wenn sie zum Dienste Gottes auf die Erde herniedersteigen und den Menschen erscheinen sollen, müssen sie vorher sich in Elementarstoffe kleiden. So der Sohar zu Genes. S. 266 u. 336: „Wenn die Engel herniederkommen, werden sie mit Luft bekleidet und in Elemente dieser Welt gehüllt." Noch deutlicher ebendaselbst S. 124: „Einige Engel haben von Natur eine Verwandtschaft mit der Luft, andere mit dem Feuer, wenn sie herunter kommen, ziehen sie je nach ihrer Beschaffenheit, bald irdisches Feuer, bald irdische Luft an und werden immer dichter darein gehüllt. Wenn sie über sieben Tage auf Erden weilen, können sie daher, als zu sehr mit irdischem Stoffe beschwert, nicht mehr in die obern Himmel (ihre Heimath) zurückfliegen." *) Wiewohl sie als Diener Gottes auf Erden erscheinen und mit den Menschen wie mit ihres Gleichen umgehen, unterliegen sie darum keinen menschlichen Schwächen. Stellen der Schrift, welche darauf zu deuten scheinen, sind anders zu erklären. Darum sagt Philo, die drei Gestalten, welche Abraham erschienen (Genes. XVIII, 2), hätten sich nur so gestellt, als ob sie hungrig wären, in Wahrheit aßen sie nicht. Ebenso spricht Raphael im Buch Tobias XII, 19: πάσας τὰς ἡμέρας ὠπτανόμην

---

*) Stellen aus rabbinischen Schriften, welche dasselbe besagen, siehe bei Eisenmenger II, 387 u. flg.

ύμῖν, καὶ οὐκ ἔφαγον υύδὲ ἔπιον, ἀλλὰ ὄρασιν ὑμεῖς ἐθεω-
ρεῖτε. Der Targum Jeruſchal. wiederholt dieſe Anſicht, Geneſis XVIII, 8: „Abraham legte (den drei Geſtalten) Speiſe
vor, und es ſchien, als ob ſie äßen." Ebenſo XIX, 3:
„Loth bereitete ihnen ein Gaſtmahl, und es ſchien, als ob
ſie äßen."

Die Bücher des a. B. ſprechen von einem Heere des
Himmels הַשָּׁמַיִם צְבָא. Dieſer Ausbruck, den man ſchon
ſehr frühe auf die Engel bezog, leitete von ſelbſt auf eine
große Schaar und eine kriegeriſche Eintheilung derſelben hin.
Eine unzählige Menge umgibt nach der Juden einſtimmiger
Lehre den Thron des Höchſten; ſie ſind jeden Augenblick zu
ſeinem Dienſte bereit. Targum Jeruſch. zu Exod. XII, 12
ſpricht der Herr: „Ich werde mich dieſe Nacht offenbaren in
der Schechinah meines Glanzes über das Land Aegypten und
90,000 Myriaden Engel der Strafe werden mit mir ſeyn."
Ebenſo derſelbe zu Exod. XXXIII, 23: „Ich werde die
Schaaren der Engel, die vor mir ſtehen und dienen, vorüber-
ziehen laſſen." Deuter. XXXIV, 5: „Die göttliche Schechinah hat ſich Moſi geoffenbart mit 2000 Myriaden Engeln
und 42,000 feurigen Wagen" (auf welchen die Engel fuhren).
Sechsmal hunderttauſend Engel ſtiegen mit Gott herab, als
er den Iſraeliten das Geſetz gab. So Pirke Elieſer Kap. 41:
R. Eliezer dixit: Cum descendit S. Benedictus, ut da-
ret legem suam Israëlitis, descenderunt cum eo sexaginta myriades angelorum ministerii, juxta sexaginta myriades virorum Israëlitarum. Als ein himmliſches Heer
ſind die Engel auch nach kriegeriſcher Art eingetheilt. So
eine merkwürdige Stelle, Berachot Babyl. S. 32 b: „Nach
R. Riſch Lakiſch ſind die Worte Jeſ. 49, 14 ſo zu verſte-
hen: die Gemeinde Iſrael klagt zu Gott: Herr der Welt,
wenn ein Mann zu ſeiner erſten Frau eine andere genommen
hat, ſo gedenkt er doch noch der vorigen; du aber haſt mich
ganz verlaſſen und vergeſſen. Aber Gott antwortete auf

diese Klage: Meine Tochter, ich habe 12 Maßaloth (die
12 Zeichen des Thierkreises מַזָּלֹות) erschaffen, und zu jedem
Maſal 30 Chel (Häupter des Heeres חַיִל), und zu jedem
Chel 30 Ligjon (Oberſte der Legion לִגְיון), zu jedem Ligjon
30 Rahaton (Anführer רַחֲטון), und zu jedem Rahaton 30
Karton (Hauptleute קַרְטון von κράτος oder κρατερός), und
zu jedem Karton 30 Giſtra (Vorſteher des Lagers נֶסְטְרָא
von castrum), und jedem Giſtra habe ich gegeben 365,000
Myriaden Sterne, nach den Tagen der Sonne oder des Jahres. All' dieß habe ich deinetwegen erschaffen, und doch sagſt
du, ich hätte dich vergeſſen." Das himmliſche Heer iſt hier,
wie man ſieht, dem römiſchen nachgebildet, überdieß fließt
der Begriff Sterne und Engel in einander über. Die Zahl
iſt abenteuerlich 12 × 30 × 30 × 30 × 30 × 30 × 365,000
× 10,000 macht die Summe des himmliſchen Heeres aus.
Daß übrigens die Juden ſchon in Jeſu Chriſti Tagen, den
römiſchen Namen legio oder λεγεών auf ihre Engellehre
übertrugen, erſieht man aus Matth. XXVI, 53. Sieben
Klaſſen himmliſcher Weſen ſind in dieſer Stelle unterſchieden.
Aber es kommen noch andere Eintheilungen vor. Der Sohar zählt, wahrſcheinlich den zehen Sephiroth, den zehen Geboten und den zehen Worten der Schöpfung zu Ehren, zehen
Klaſſen der Engel; Abſchnitt Jethro: Decem sunt angelorum cohortes: Arelim, Seraphim, Caschmalin, Schinanim,
Tarschischim, Ophanim, Elohim, Ischim, Chajoth hako-
desch vel animalia sancta, Bene Elohim. Ebenſo rechnet
Maimonides in der Jad chaſaka I. Abſchnitt, de fundamen-
tis fidei (הלכות יסודי תורה), Kap. II, 8: Varietas nomi-
num angelorum est pro ratione graduum ipsorum; omnium suprema sunt animalia sanctitatis, tum Ophanim,
Oralim, Chasmalim, Seraphim, angeli Dei, filii Dei, Cherubim et Ischim. In der Gloſſe zu dieſem berühmten Werke
des Maimonides wird behauptet, daß auch das Buch Bereſchit Rabba, welches allerdings viele myſtiſche Anſichten

enthält, zehen Engelstufen anerkenne; doch vermochte ich die
Stelle nicht aufzufinden. Sonst meint der Glossator, Mai=
monides habe die zehen Engelklaſſen, nicht aus dem Talmud,
ſondern aus der Geheimlehre entlehnt. In der That verhält
es sich ſo. Der Talmud ſpricht gelegentlich von viererlei
Engeln. Roſch haſchanah Bab. 24, b werden dem höchſten
Gott in Bezug auf Erod. XX, 23· die Worte in den Mund
gelegt: „Ihr (Iſraeliten) ſollt euch keine Götter machen nach
dem Bilde der Geiſter, die vor mir dienen in der Höhe, als
da ſind die Ophanim (aus Ezechiel I), die Seraphim (aus
Jeſaias VI), die Thiere der Heiligkeit (ebenfalls aus Ezech. I)
und die Engel des Dienſtes" (מַלְאֲבֵי הַשָׁרֵת). Dieſe Eintheilung reicht über die Tage Chriſti hinauf, denn auch der Apo=
ſtel Paulus zählt vier Engelklaſſen, Koloſ. I, 16: ϑρόνοι,
κυριότητες, ἀρχαί, ἐξεσίαι, womit zu vergleichen Epheſ. I,
21: „Gott habe Chriſtum erhöht ὑπεράνω πάσης ἀρχῆς, καὶ
ἐξεσίας, καὶ δυνάμεως, καὶ κυριότητος. Alle guten Erklärer ſind
längſt darüber einig, daß mit dieſen Worten Engelklaſſen bezeichnet
werden. Ob die zehenfache Eintheilung, für welche der Son=
har zeugt, ebenſo alt ſey, wage ich aus Mangel tüchtiger
Urkunden nicht zu entſcheiden, doch halte ich es für ſehr
wahrſcheinlich. Denn ſobald die Lehre von den zehen Schö=
pfungskreiſen, oder den Sephiroth einmal angenommen war,
lag es allzu nahe, auch 10 Klaſſen der himmliſchen Geiſter
zu denken, als daß man nicht ſogleich hätte auf dieſe Mei=
nung gerathen ſollen. Nun beweist die oben angeführte
Stelle aus Origenes, daß jene Kreiſe im zweiten Jahrhun=
dert dem Celſus ſchon bekannt waren. Ferner die Lehre von
den zehn Schöpfungsworten, welche mit den Sephiroth aufs
Engſte zuſammenhängt, kommt, wie ich im folgenden Kapitel
zeigen werde, ſchon in den Pirke Afoth vor, und ſie reicht
alſo zum Mindeſten in die Tage Jeſu Chriſti hinauf. End=
lich weist die Stelle, Offenbarung Johannis I, 4, wenn nicht
alle Anzeigen täuſchen, ebenfalls auf das zehnfache Geheimniß

der Sephiroth hin *). Einen besondern Anlaß mochten noch
die zehn Gebote geben, um so mehr, da hellenistische, wie
aramäische Juden, die Engel aus dem Worte des Herrn entstehen ließen, und leztere sogar Worte nannten.

Die wichtigsten aus den vier, oder zehn Klassen sind die
Engel des Dienstes מַלְאֲכֵי הַשָּׁרֵת, griechisch πνεύματα λειτερ-
γικά. (Hebr. I, 14.) Die Pirke Eliezer nennen vier derselben
als die Vornehmsten Kap. IV: quatuor sunt classes angelorum ministerii, laudes canentium coram Deo Sancto
Benedicto. Prima classis vel acies est Michaelis ex dextra, secunda Gabrielis a sinistra ejus, tertia Urielis ante
ipsum, quarta Raphaelis a tergo ejus. Schechina autem
Sancti Benedicti est in medio. Die vier himmlischen Großbeamten Michael, Gabriel, Uriel, Raphael sind die Häupter
der dienenden Engel, sie stehen um den Thron des Ewigen,
bereit seine Befehle zu vollstrecken, und heißen deßhalb die
Fürsten des Angesichts. Das Buch Sohar (in dem oben angeführten Abschnitt Jethro) nennt ebenfalls die viere (nur
heißt es dort Nuriel für Uriel). Eine ähnliche Schilderung
findet sich auch im Buche Henoch Kap. XL, 1. u. flg.: „Nach
diesem sahe ich Tausende über Tausende, Myriaden über Myriaden — vor dem Herrn der Geister stehen. Auf den vier
Flügeln des Herrn der Geister, auf seinen vier Seiten, sah ich
andere stehen. Ich hörte auf ihre Stimme. — Ich fragte
den Engel, wer sind diejenigen, welche ich gesehen habe auf
den vier Flügeln, und deren Stimme ich hörte. Der Engel
antwortete: Der erste ist der barmherzige, der geduldige, der
heilige Michael, der zweite ist der, welcher gesezt ist über
jedes Leiden der Menschenkinder, der heilige Raphael. Der
dritte der Engel der Macht, Gabriel, der vierte, welcher
gesezt ist über Reue und Hoffnung derjenigen, welche ewiges

---

*) In dem trefflichen Kommentar des Herrn Züllig zur Apo-
kalypse, dessen Fortsetzung ich mit Sehnsucht entgegensehe, ist
dieß Seite 253 u. fl. sehr gut entwickelt.

Leben erben, ist Phanuel. Dieß sind die vier Engel des allerhöchsten Gottes." Dagegen führen ältere Quellen sieben als die Obersten auf. So das Buch Tobias. Kap. XII, 15 spricht Raphael: Ἐγώ εἰμι Ραφαὴλ εἷς ἐκ τῶν ἑπτὰ ἁγίων ἀγγέλων, οἳ προςαναφέρουσι τὰς προσευχὰς τῶν ἁγίων καὶ εἰςπορεύονται ἐνώπιον τῆς δόξης τοῦ ἁγίου. Dieselbe Vorstellung kehrt wieder in der Offenbarung Johannis I, 4, III, 1, IV, 5: τὰ ἑπτὰ πνεύματα, ἅ ἐσιν ἐνώπιον τοῦ θρόνου. Auch die Pirke Elieser nennen die sieben Geister, neben den bereits angeführten vier Fürsten: Kap. IV: Expansum est ante thronum Dei velum, et septem angeli, qui prius creati sunt, famulantur ei ante velum, quod vocatur aulaeum. Sonst kommen die Sieben in hebräischen Schriften selten vor. *) Das Buch Henoch führt außer den oben genannten Vieren noch sechs Engelfürsten unter dem Namen Wächter (nach Dan. IV, 10) auf. Kap. XX: „Dieß sind die Namen der Engel, welche wachen: Uriel, einer der heiligen Engel, welcher gesezt ist über Lärmen und Schrecken, Raphael, einer der heiligen Engel, welcher gesezt ist über die Geister der Menschen, Raguel, einer der heiligen Engel, welcher Strafen über die Welt und die Lichter des Himmels verhängt, Michael, einer der heiligen Engel, welcher gesezt ist über menschliche Tugend und die Nationen beherrscht, Sarakiel, welcher gesezt ist über die Seelen der Kinder sündiger Väter, Gabriel, welcher gesezt ist über das Paradies und die Cherubim." Auch der Targum Jerusch. zu Deuter. XXXIV nennt nur sechs Engel des Dienstes (מַלְאֲכֵי שֵׁירוּתָא): Michael, Gabriel, Metatron, Jophiel, Uriel und

---

*) Weßstein führt in seiner Bibel zu Apok. I, 4, Targum Jeruschalemi zu Genes. XI, 7 als Zeuge für die 7 Engel des Angesichts auf. Viele haben ihm nachgeschrieben, unter den Neuern auch Ewald (commentarius in apocalypsin Johannis S. 90). Unglücklicher Weise ist in der Stelle des Targums von siebenzig, nicht von sieben Engeln die Rede.

Jephepija (יְפֵה־פִּיָ Schöne des Antlitz Gottes). Haben nun beide nur sechs Fürsten des Angesichts gezählt, oder ist vom Targumisten ein unbekannter Name, etwa der Phanuel Henochs übergangen worden? In den biblischen Schriften kommen die drei Namen, Gabriel, Michael, Raphael vor, das vierte Buch Esdrä nennt außerdem Uriel, Jeremiel, Salathiel; die Erz=engel des Buchs Henoch sind bereits angeführt. Aus diesem Verzeichnisse mag man die Namen der Sieben zusammensetzen. Ich habe keine Stelle gefunden, wo jedem der seinige ge=geben wäre, und enthalte mich deßhalb einer nähern Be=stimmung. *)

Daß die sieben Engel des Angesichts zugleich Sterne oder Planeten sind, geht hervor aus den angeführten Sprü=chen der Offenbarung Johannis I, 20: οἱ ἑπτὰ ἀστέρες, ἄγγε-λοι τῶν ἑπτὰ ἐκκλησιῶν εἰσι. III, 1: ὁ ἔχων τὰ ἑπτὰ πνεύματα τοῦ Θεοῦ καὶ τοὺς ἑπτὰ ἀςέρας. Noch deutlicher IV, 5: ἑπτὰ λαμπάδες πυρὸς καιόμεναι ἐνώπιον τοῦ θρό-νου — εἰσὶ τὰ ἑπτὰ πνεύματα τοῦ Θεοῦ. Eben darauf weist hin die Stelle Berachot 32 b, wo sieben Klassen von Sternen als Engel erscheinen. Der Targum Jeruschal. über=sezt Deuter. II, 25 so: „Heute will ich anfangen, Schrecken und Furcht vor dir zu verbreiten bei allen Nationen unter dem Himmel, welche hören werden von deinen Thaten, wie Sonne und Mond wegen dir stehen blieben und aufhörten, den Lobgesang zu sprechen einen und einen halben Tag, und wie sie in ihren Wohnungen verharrten, bis du die Schlacht geliefert gegen Sichon" u. s. w. Hier erscheinen die beiden ersten unter den sieben Planeten des Alterthums als Geister,

---

*) Corrodi in seiner Geschichte des Chiliasmus II, 243 Anmer=kung sagt: Die sieben Engel heißen Michael, Gabriel, Ra=phael, Uriel, Sealthiel, Barahiel und Jehudiel. Illgen (Ge=schichte Tobis Einleitung 85) nennt sie Raphael, Gabriel, Sam=mael, Michael, Jzidkiel, Hanael, Kephariel. Ich halte leztere Darstellung für entschieden falsch, und weiß nicht, woher der Eine und der Andere seine Behauptung genommen.

die vor Gott lobfingen; fie gehören alfo zu den Engeln des
heiligen Dienftes. In diefer Anficht treffen helleniftifche und
aramäifche Juden zufammen. Philo erflärt die Himmelslich=
ter für die reinften und tugendhafteften aller erfchaffenen Wefen,
fen, namentlich tönen die fieben Wandelfterne, durch ihre
harmonifche Schwingung, wie eine Lyra des Himmels, Lob=
gefänge zum Preife des Schöpfers. *) In der Himmelfahrt
des Jefajas fommt Kap. IV, 18 ein Engel der Sonne und
des Mondes vor.

Ungemeffen ift die Zahl der dienenden Engel. Sie alle
werden fo gut, wie ihre fieben Häupter, zum Dienfte des Ewi=
gen verwendet. Jeder diefer Engel beforgt jedoch nur ein einzi=
ges Gefchäft, nicht zwei zu gleicher Zeit. Targum Jerufcha=
lemi zu Genef. XVIII, 2: „Abraham hub die Augen auf und fahe
drei Engel in der Geftalt von Männern vor fich, welche
ausgefchickt waren, um drei Dinge zu beforgen, denn es ift
einem dienenden Engel nicht möglich, daß er zu mehreren
Aufträgen zu gleicher Zeit ausgefendet werde; der eine von
den dreien war beftimmt zu verfünden, daß Sara einen
Sohn gebären werde, der zweite Loth zu retten, der dritte
Sodom und Gomorra zu zerftören.“ Eine gleich lautende
Stelle aus den Rabboth führt Maimonides im More Nebo=
chim II, 6 an: **) Sapientes nostri dicunt in Bereschit
rabba (Cap. XX.): traditio est, nunquam unus angelus
duas obit legationes, neque unquam duo angeli obeunt
legationem unam. Daffelbe wird wiederholt Pefachim Bab.
Perek 10. Diefer Satz ift entweder urfprünglich zu allgemein
gemeint, oder muß man die Behauptung, daß jeder Engel
nur einen befondern Auftrag beforge, auf ihre irdifchen Ver=
richtungen einfchränken; denn dort droben treiben fie, wie
wir gleich fehen werden, viele Gefchäfte in Gefellfchaft. Ich
glaube, daß der Spruch Genef. XVIII, 2 Anlaß zu der

---

*) Siehe meine Schrift über Philo I, 349 u. flg.
**) Nach Buxtorfs Ueberfetzung Seite 202.

Lehre gab; man wollte den Grund enthüllen, warum drei
Engel zu Abraham gekommen seyen, und nicht bloß Einer.
Mir scheint es, daß auch Josephus auf dieselbe Meinung
anspiele, die im Targum Jeruschal. deutlich ausgesprochen
wird. Der jüdische Geschichtschreiber sagt nämlich Alterth.
I, XI, 2: Ὁι τρεῖς ἐμήνυσαν ἑαυτοὺς ὄντας ἀγγέλους, καὶ
ὅτι πεμφθείη μὲν ὁ εἷς, σημαίνων περὶ τοῦ παιδὸς, δύο δὲ
Σοδομίτας κατασρεψόμενοι. Davon steht im Texte Nichts,
daß der Eine bloß darum gekommen sey, um die Geburt des
Sohnes anzuzeigen, es ist eine Folgerung, die aus obiger
Ansicht zu stammen scheint, wiewohl freilich nach der strengen
Theorie nur Einer von den Dreien Sodom zerstört haben sollte.
Verglichen mag noch werden eine Stelle bei Origenes de
principiis I, 8 : *) Non existimo, quod fortuito accidat, ut
illi angelo illud injungatur officium : verbi gratia ut Ra-
phaelo (sic!) curandi et medendi opus, Gabrielo bello-
rum providentia, Michaelo mortalium preces supplicatio-
nesque curare. Haec enim officia promeruisse eos non
aliter putandum est, quam ex suis quemque meritis et
pro studiis ac virtutibus, quae ante mundi hujus com-
pagem gesserint, suscepisse. Tum deinde in archange-
lico ordine illud vel illud officii genus unicuique depu-
tatum; alios vero in Angelorum ordine meruisse describi,
et agere sub illo vel illo archangelo, vel illo duce, vel
principe ordinis sui. Quae omnia (uti dixi) non fortuito atque indiscrete, sed aptissimo et justissimo Dei judicio ordinata sunt, et pro meritis disposita ipso judi-
cante et probante, ut illi quidem Angelo Ephesiorum
committi ecclesia debeat, illi vero alii Smyrnensium, et
ille quidem angelus ut sit Petri, alius vero ut sit Pauli
u. s. w. Neben den persönlichen Ansichten des Kirchenvaters
bricht hier die jüdische Meinung durch, daß jedem Engel ein
besonderer Geschäftskreis angewiesen sey.

---

*) Oper. I, 74.

Der Volksglaube der Juden stellte, wie wir oben zeigten, den Höchsten entweder als einen Priesterkönig dar, der
im Sternenzelte thront, oder als den Oberrabbinen des Himmels. Dieses zweifache Bild hatte bedeutenden Einfluß auf
die Lehre vom Dienste der Engel. Den priesterlichen Herrscher des Himmels umgeben Engelschaaren, die ihn lobsingend
preisen nach dem Vorbilde dessen, was die Leviten im Tempel zu Jerusalem verrichteten. Targum Jeruschal. zu Deut.
X, 14: „Siehe, dem Herrn, deinem Gotte, gehöret der Himmel und die Himmel der Himmel, und die Schaaren der Engel, welche daselbst wohnen, um zu dienen vor ihm." Das
Aufglänzen des Frühroths begrüßen sie mit Lobgesängen auf
den Herrn. Ebendaselbst Exod. XIV, 24: „Es geschah um
die Morgenwache, zu der Zeit, wo die Schaaren der Höhe
kommen, um zu lobpreisen vor dem Herrn." Genes. XXXII,
26 legt der Targum Jeruschal. dem Engel die Worte an
Jakob in den Mund: „Laß mich los, denn die Säule der
Morgenröthe ist aufgestiegen und die Stunde gekommen, in
welcher die Engel der Höhe den Herrn der Welt lobpreisen;
ich bin einer von den lobenden Engeln, und seit dem Tage,
wo die Welt erschaffen ward, ist meine Zeit zu lobsingen
noch nicht gekommen, als eben gerade jezt." Lezteres ist beigefügt dem Grundsatze zu Ehren, daß jeder Engel nur ein
Geschäft verrichte. Gerade so feierte man im Tempel zu Jerusalem den Anbruch des Tages mit Lobgesängen auf Gott.
Auch bei Nacht preisen die Engel den Herrn der Welt. Pirke
Elieser Kap. XXXII, Mitte, spricht Rebekka zu Jakob: „Mein
Sohn, in der Passahnacht werden die Schätze des Thaues
geöffnet, in dieser Nacht lassen die oberen (Engel) ihre Hymnen erschallen." Auch hier ist das irdische Vorbild unverkennbar. Sohar zu Exod. S. 233 heißt es, daß die drei obersten Engelklassen zu gleicher Zeit mit den Israeliten beten,
und ebendaselbst S. 343: fünf Chöre der Engel singen Hymnen in den drei Wachen der Nacht; zugleich wird der Inhalt

ihrer Gesänge angegeben. Nie nennen überhaupt die dienen=
den Geister den Namen des Herrn, ohne vorher das Tris=
hagion gesprochen zu haben. So Siphri zu Deut. XXXII,
2: Angeli ministerii non memorant nomen Dei, nisi
post tres sanctificationes, uti scriptum est (Jes. III, 3):
et clamabant (Seraphim) alter ad alterum et dicebant:
Sanctus, sanctus, sanctus Dominus Deus exercituum.
Das wäre der tägliche Dienst im Himmel. Auch bei außer=
ordentlichen Vorfällen loben und preisen sie den Herrn. Me=
chilta zu Exod. XV, 1: Non solum Israëlitae dixerunt
canticum coram Deo (als Moses sammt dem Volke die
Hymne anstimmte für die Errettung aus dem Schilfmeer),
sed etiam angeli ministerii; scriptum enim est (Ps.
VIII, 1): Domine Deus noster, quam admirabile est nomen tuum super universam terram, quoniam elatus est
honos tuus super coelos. Ebenso Gemara Bab. zu San=
hedrin Mischnah Kap. IV, 5 zu Ende: „Als die Aegypter
im Schilfmeere versunken waren, wollten die Engel dem
Herrn lobsingen, da sprach Gott zu ihnen: Die Werke mei=
ner Hände gingen eben unter, und ihr wollt nun Hymnen
singen!“ Diesen und ähnlichen Stellen liegt der Glauben zu
Grunde, daß die Engel alle besonderen Thaten Gottes feiern,
eine Ansicht, die auch in der Erzählung des Evangeliums
Lucä II, 13 hervortritt.

Zweitens, weil man Gott als den Oberrabbiner des Him=
mels dachte, wurden auch seine Großbeamten, die obersten
Engel, zu Lehrmeistern der Menschen gemacht. Ich will eine
Beweisstelle aus einer späten Schrift hersetzen, die jedoch die
alte Ueberlieferung vollkommen und treu wiedergibt. Rabbi
Menachem von Rekanate (aus dem vierzehnten Jahrhundert)
sagt in seiner Auslegung über die fünf Bücher Mosis (zu
Exod. III, 2): „Unsere Rabbinen lehren: Adams Lehrmeister
sey Rasiel, Sems Lehrmeister Jophiel, Abrahams Zidkiel,
Jakobs Raphael, Josephs Gabriel, Mosis Lehrmeister

Segansagel, des Elias Lehrer Malthiel gewesen. Einige aber sagen, Moses sey von Metatron unterrichtet worden." Nur über die Namen der Engel, nicht über den Grundsatz herrscht Zwiespalt in den rabbinischen Schriften. Der Jalkut Simeoni S. 304, b macht Michael zum Lehrer Mosis. Nach der kleinen Genesis wird der Gesetzgeber von Gabriel unterrichtet: *) καταλιπὼν Μωυσῆς τὰς κατ᾽ Ἀιγυπτον διατριβὰς, εἰς τὴν ἔρημον ἐφιλοσόφει, διδασκόμενος παρὰ τοῦ ἀρχαγγέλου Γαβριὴλ τὰ περὶ τῆς γενέσεως τοῦ κόσμου, καὶ τοῦ πρώτου ἀνθρώπου, καὶ τῶν μετ᾽ ἐκεῖνον, καὶ τοῦ κατακλυσμοῦ, καὶ τῆς συγχύσεως τῶν γλωσσῶν, καὶ τῶν περὶ τὸν πρῶτον ἄνθρωπον καὶ τῶν μέχρις αὐτοῦ χρόνων καὶ περὶ τῆς νομοθεσίας τῆς μελλούσης παρ᾽ αὐτοῦ διδόςθαι τῷ Ἰsδαίων ἔθνει, καὶ τὰς τῶν ἄsρων θέσεις, καὶ τὰ soιχεῖα καὶ ἀριθμητικὴν καὶ γεωμετρίαν, καὶ πᾶσαν σοφίαν, ὡς ἐν τῇ λεπτῇ γενέσει κεῖται. Dasselbe Buch erzählt, der Engel Gottes habe den Erzvater Abraham in der hebräischen Sprache unterrichtet:**) ἄγγελος κυρίου ἐδίδαξε τὸν Ἀβραάμ τὴν ἑβραΐδα γλῶσσαν, ὡς ἐπὶ τῇ λεπτῇ κεῖται γενέσει. Nach dem talmudischen Traktat Sotah Bab. S. 33 a unterrichtete der Engel Gabriel Joseph in den 70 Sprachen der Welt. Auch Seth hatte Engel zu Lehrern; so die kleine Genesis: ***) ὁ Σὴθ ἁρπαγεὶς ὑπ᾽ ἀγγέλων ἐμυήθη τὰ περὶ τῆς παραβάσεως τῶν ἐγρηγόρων καὶ τα περὶ τῆς παρsσίας τοῦ Σωτῆρος· καὶ γενόμενος ἄφαντος ἡμέρας τεσσαράκοντα ἐλθὼν ἐξηγήσατο τοῖς πρωτοπλάsοις, ὅσα ἐμυήθη δι᾽ ἀγγέλων. Ebenso erhielt Henoch nach dem Buche, das diesem Altvater zugeschrieben wird, von Engeln Unterricht über die Geheimnisse der Natur und der Zukunft. Wozu soll ich noch mehr Beispiele anführen? Was ich schon früher im Kapitel von dem Wesen Gottes ausgesprochen, bestätigt sich auch hier.

---

*) Bruchstück bei Cedrenus, siehe Fabricius codex pseudepigraphus vet. test. S. 863.
**) Ebendaselbst S. 861.
***) Bruchstück aus Georgius Syncellus, siehe Fabricius I, 142.

Weil die Pharifäer das Urbild menschlicher Vollkommenheit in dem jüdischen Lehrerstande verwirklicht glaubten, machten sie aus ihrem Gott und seinen Engeln Rabbinen, und bevölkerten den Himmel mit Schulen.

Drittens, wie irdische Könige Beamte als Mittelglieder ihrer Herrschaft bedürfen, so braucht Gott die Engel als Gehülfen der Weltregierung. Jedem ist ein Theil der Natur anvertraut. Das erste Zeugniß möge Origenes ablegen, der ganz die Meinung der Juden ausspricht. In der 14. Rede über das Buch Numeri *) heißt es: Opus est ipsi mundo Angelis, qui sint super bestias, et angelis, qui praesint exercitibus terrenis; opus est angelis, qui praesint animalium nativitati, virgultorum, plantationumque et ceteris incrementis. Et rursum Angelis opus est, qui praesint operibus sanctis, qui aeternae lucis intellectum et occultorum Dei agnitionem ac rerum divinarum scientiam doceant. Vide ergo, ne te ipse facias inter eos angelos inveniri, qui bestiis praesunt, si belluinam duxeris vitam, aut inter eos, qui terrenis operibus praesunt, si corporea et terrena dilexeris. Sed satage, quomodo magis adsumaris ad societatem Michaëlis archangeli, qui orationes Sanctorum semper offert Deo — vel certe ut adsumaris in societatem et officium Michaelis, qui medicinae praeest. In gleichem Sinne spricht der Hirte des Hermes von einem Engel, der über die Thiere gesezt sey, viertes Gesicht 2: Misit Dominus angelum suum, qui est super bestias, cui nomen est Hegrin; und Hieronymus führt (zu Habak. I, 14) ein judenchristliches Apokryphon an, in welchem geschrieben sey, daß: quendam angelum nomine Tyri (vielleicht ϑηρίου) praeesse reptilibus et in hanc similitudinem piscibus quoque et arboribus et bestiis universis proprios in custodiam angelos adsignatos.

---

*) Op. II, 323.

Die chriſtlichen Väter konnten ſolche Meinungen um ſo eher aufnehmen, weil ihnen die Offenbarung Johannis als Vorbild vorangegangen war. Denn in dieſem Buche kommt ein Engel vor, der König über die Heuſchrecken iſt IX, 11; ein anderer, der Macht über das Feuer hat (XIV, 18); ein dritter, der in der Sonne ſteht (XIX, 17); viere, welchen gegeben iſt, die Erde und das Meer zu beſchädigen (VII, 2). Niemand zweifelt jezt mehr daran, daß alle dieſe Anſichten aus dem Judenthum ſtammen, in welchem ſie ſich fortwährend erhalten haben. Im Jalkut Chadaſch S. 147 d heißt es: „Es iſt kein Ding auf der Welt, auch nicht ein Kräutlein, über welches nicht ein Engel geſezt ſey, und Alles geſchieht nach dem Befehl deſſelben Vorgeſezten." Das cabbaliſtiſche Buch Berith Menucha*) berichtet uns S. 37, a: „Der Engel, ſo über das Feuer geſezt iſt, heißt Jehuel, und unter demſelben ſtehen ſieben, Fürſt Michael iſt über das Waſſer geſezt, und unter ihm ſtehen ſieben. Ueber die wilden Thiere herrſcht Jechiel, und unter ihm ſtehen drei; über die Vögel Anpiel und unter ihm ſtehen zwei Fürſten. Ueber das Vieh iſt verordnet Fürſt Hariel, und unter ihm ſind drei Engel. Ueber die Geſchöpfe, welche ſich im Waſſer und auf Erden bewegen, herrſcht Samniel, über das Gewürm Meſannahel. Ueber die Fiſche iſt Deliel verordnet, unter ihm ſtehen drei Fürſten; über die Winde Ruchiel, und drei ſtehen unter ihm; über die Donner Gabriel; über den Hagel Nuriel; über die Felſen Maktuniel; über alle fruchtbaren Bäume Alpiel, über die unfruchtbaren Sarvel, über die Menſchen Sandalfon." So einig die Juden über den Grundſatz ſind, daß die Engel der Natur vorſtehen, ſo herrſcht doch große Verſchiedenheit in

---

*) Der Verfaſſer heißt Abraham, Sohn des Jſaak, ein Jude aus Granada, daher ſein Beinamen Merimon; denn רִמּוֹן heißt Granatapfel und bezeichnet die Stadt Granada. Siehe Wolf bibliotheca I, 64 und IV, 764.

den Namen. Der Sohar zu Numeri (S. 417) besagt: „Michael, Gabriel, Nuriel, Raphael, seyen über die vier Elemente, Wasser, Feuer, Luft, Erde gesezt." Im talmudischen Traktat Pesachin S. 118 b. heißt es: „Zu der Zeit, als der gottlose König Nebukadnezar die drei frommen Männer Chanania, Misael und Asaria in den feurigen Ofen werfen ließ, ist Jorkemo, der Fürst des Hagels, vor den h. Gott getreten und hat gesprochen: Herr der Welt, ich will hinabfahren und den Ofen kalt machen und die Gerechten erlösen. Da rief Gabriel, du bist der Fürst des Hagels (das Feuer geht dich also Nichts an), ich aber, der ich der Fürst des Feuers bin, will den Ofen inwendig kalt, auswendig aber heiß machen!"

Besonders erstreckt sich die Vorsteherschaft der Engel auf den vernünftigen Theil der irdischen Schöpfung, auf die Menschen. Schon die LXX übersetzen den Spruch Deuter. XXXII, 8: (der Allerhöchste sezte die Gränzen der Völker nach der Zahl der Kinder Israel) folgendermaßen: ἔστησεν ὅρια ἐθνῶν κατὰ ἀριθμὸν ἀγγέλων θεοῦ. Man deutete nämlich so: siebenzig Seelen waren nach Aegypten eingewandert (Genes. XLVI, 27. Exod. I, 5, Deuter. X, 22), diesen siebenzig Israeliten entsprechen siebenzig Engel, welche über die siebenzig Völker der Welt (so viel zählten die Juden) gesezt sind. So Targum Jeruschal. zu Genes. XI, 7. 8 „Gott sprach zu den siebenzig Engeln, welche vor ihm stehen: kommet, laßt uns hinabfahren und ihre Sprache verwirren, damit Keiner den Andern verstehe. Und das Wort des Herrn erschien daselbst (über der Stadt) und mit demselben die siebenzig Engel, nach den siebenzig Völkern, und jeder von ihnen hatte die Sprache des ihm zugewiesenen Volkes und das Verzeichniß der Schrift in seiner Hand, und (Gott) zerstreute (die Völker) von dannen über die ganze Erde, in siebenzig Sprachen, daß der Eine nicht wußte, was der Andere sagte." Dasselbe berichten auch die Pirke Elieser Kap. 24.

Advocavit Sanctus Benedictus septuaginta angelos, qui
cingunt thronum gloriae ejus, eosque affatus est: abite
confundamus linguam eorum. — Tum descendit Sanctus
Benedictus et septuaginta angeli, cingentes solium gloriae ejus, atque confudit linguas septuaginta populorum; quaelibet autem gens ex septuaginta, habuit suam
linguam et scripturam, atque angelum praefecit (Deus)
cuilibet genti. Darum spricht der Talmud an verschiedenen
Stellen *) von siebenzig Sprachen der Welt. Auch zu den
ältesten christlichen Bätern ist diese Ansicht von den Juden
übergegangen. Klemens der Alerandriner sagt (Strom. **VI,**
17: **) „nach Völkern und Städten sind die Vorsteherschaften
der Engel ausgetheilt." Ebenso Strom. **VII,** 2: ***) εἰσὶ γὰρ
συνδιανενεμημένοι προστάξει θεία τε καὶ ἀρχαίᾳ ἄγγελοι
κατὰ ἔθνη. Deutlich genug bezieht sich hier der Vater auf
den Spruch Deuter. **XXXII,** 8. nach den **LXX.** Andere
ähnliche Aussprüche christlicher Schriftsteller kann man in den
Noten Potters zu der ersten Stelle finden.

Der herrlichste und vornehmste unter den Engeln der
Nationen ist Michael; denn ihm ward das Volk Gottes,
Israel zu Theil. So schon Dan. **X,** 21. Im Briefe Judä
erhält er vorzugsweise den Namen ἀρχάγγελος (Vers 9).
Im Traktat Menachoth bab. lezte Seite wird er der große
Fürst שַׂר נָּדוֹל genannt und als Hohenpriester des Himmels
gefeiert. Ebenso Thosaphta Chollin II, 6. Obgleich Gabriel
sonst sehr hochgestellt wird, kommt er doch dem ersten aller
erschaffenen Geister, Michael, an Rang nicht gleich. So Berachot bab. S. 4, b: „R. Eleasar hat gesagt, die h. Schrift
redet von Michael alle Zeit weit höher als von Gabriel."
Auch in der Offenbarung Johannis spielt er die erste Rolle
unter den Engeln. Doch werden beide, Michael und Gabriel,

---

*) Megillah S. 13 b, Schekalim S. 7. a, Sotah 36 b.
**) Venediger Nachdruck der Potter'schen Ausgabe. S. 822.
***) Ebendas. S. 832.

häufig zusammengestellt, so jedoch, daß jener den Vorrang
behauptet. So Schemoth Rabba 18te Abtheilung S. 117 c:
„Wie der hochgelobte Gott in dieser Welt viel gethan hat
durch die Hände Michaels und Gabriels, so wird er noch
Vieles thun durch sie in jener Welt (in den Zeiten des Mes=
sias). Es steht geschrieben Obadja, B. 21: „Heilande wer=
den heraufkommen auf den Berg Zion, um zu richten das
Gebirge Esau.‟ Hiemit sind Michael und Gabriel gemeint.
Aber Rabbi der Heilige (Juda der Mischnasammler) hat ge=
sagt: Michael sey es allein, weil geschrieben stehet (Daniel
XII, 1): Zu derselben Zeit wird der große Fürst
Michael, der für die Söhne meines Volkes stehet,
sich aufmachen. Er sorgt für ihre Nothdurft, und führt
das Wort für sie bei Gott‟ u. s. w. Die Engel der andern
Nationen wurden im Glauben der Juden, aus Haß gegen die
fremden Unterdrücker, allmälig in Teufel umgewandelt. Ich
zweifle jedoch, ob diese Vorstellung in die Tage Jesu Christi
hinaufreiche. Wohl aber ist die Ansicht alt, daß die Engel
der Nationen im Himmel wider einander streiten, wenn die
ihnen anvertrauten Völker sich hier unten auf Erden bekrie=
gen. Schon im Buche Daniel führen die Engel Krieg (X,
11.), das Gleiche finden wir in der Apokalypse XII, 7: καὶ
ἐγένετο πόλεμος ἐν τῷ οὐρανῷ. Im Jalkut Rubeni S. 87,
b. zu dem Spruche Exod. XIV, 7, Pharao nahm 600
auserlesene Wagen, heißt es, „Krieg war oben (im
Himmel) und unten (auf Erden) und schwer war der Krieg
im Himmel.‟ R. Naphtali Hirz spricht die Meinung der
alten Juden in seiner Schrift Emek Hammelech klar aus,
wenn er S. 173, c sagt: „Wenn die Völker hier unten Krieg
führen, so führen auch die Engelfürsten oben (im Himmel)
Krieg. Deßgleichen wird kein Volk hier unten von dem
Herrn der Welt gestraft, ohne daß vorher der Engel dessel=
ben zur Rechenschaft gezogen worden wärt.‟ So Midrasch
Schir Haschirim auf der lezten Seite: Deus S. B. non

sumit poenas de gente inferius, nisi postquam cadere
fecit principem ejus desuper. Dasselbe wird gesagt im
Traktat Succa S. 29, a: nulla gens punitur, cujus Dii
non simul puniantur, und an vielen andern Orten.

Vielfach haben die Engelfürsten, welchen das Volk Gottes besonders am Herzen liegt, in die alte Geschichte desselben
eingegriffen. Nach Bereschit Rabba S. 53, b, waren die
drei Gestalten, welche Abraham (Genef. XVIII) erschienen,
Michael, Raphael, Gabriel. Ebenso im talmudischen Traktat
Joma bab. S. 37, a: „Wenn Drei mit einander gehen, soll
der Erste an Rang in der Mitte einherschreiten, der Zweite
an Ansehen dem Ersten zur Rechten, der Dritte zur Linken
gehen. Denn so ward es von den drei Engeln des Dienstes
gehalten, als sie vor Abraham erschienen. Michael ging in
in der Mitte, Gabriel zur Rechten, Raphael zur Linken."
Bava Mezia bab. S. 86, b. heißt es: „Wer waren jene drei
Männer, welche Abraham unserm Vater erschienen sind?
Antwort: Michael, Gabriel und Raphael; Michael war gekommen, um der Sara die freudige Botschaft (der Geburt
ihres Sohnes) zu verkünden; Raphael, um Abraham zu heilen,
der in Folge der Beschneidung krank darnieder lag; Gabriel,
um Sodoma zu zerstören." Michael hat auch hier den Vorrang vor den anderen. In der eben angeführten Stelle aus
Bereschit Rabba wird weiter gesagt: Abraham habe die
Worte (Genef. XVIII, 5.): „Adonai habe ich Gnade gefunden
vor deinen Augen," zu dem Größten unter den Dreien, zu
Michael gesprochen. — Auch sonst sind sie zum Besten des
heiligen Volks vielfach thätig gewesen, und zwar nicht nur
in den alten Tagen, sondern auch in der historischen Zeit,
nicht nur um ganz Israel einen Dienst zu erweisen, sondern
auch um einzelne Fromme zu retten, oder ihnen etwas Wichtiges anzuzeigen. Besonders gerne erscheinen sie im Tempel.
Ein merkwürdiges Beispiel der Art wird Joma Jerusch.
S. 42 erzählt: „Vierzig Jahre lang bekleidete Simeon der

Gerechte das Hohepriesteramt in Israel. Im lezten Jahre
sprach er: heuer werde ich sterben. Man fragte ihn: woher
weißt du das? Er antwortete: Wenn ich sonst das Aller=
heiligste betrat, ging ein Greis, gehüllt in weiße Gewänder,
mit mir hinein und wieder heraus; aber in diesem Jahre ist
er wohl mit mir hineingegangen, aber nicht mehr heraus.“
Dieselbe Erzählung findet sich auch mit einigen Abweichungen
in Menachot bab. zu Ende. Unwillkürlich wird man dadurch
an die Erscheinung erinnert, welche Zacharias (Luc. I, 11)
im Tempel zu Jerusalem sah. — So sorgen also Engel für
einzelne Gerechte. Nach der Geheimlehre hat überdieß jede
Judengemeinde ihren eigenen himmlischen Vorsteher. Wenig=
stens heißt es Sohar zu Exod. S. 300: **Si angelus eccle-
siae pravus est, nullius quoque valoris ecclesia est, cui
ipse praesidet,** was abermal mit der Offenbarung Johan=
nis (I, 20 und sonst) übereinstimmt.

Weiter glaubten die Juden zur Zeit Jesu, daß jedem
Menschen ein Schutzgeist oder mehrere zur Seite stehen.
Schon das Buch Tobi spielt auf diese Meinung an V, 16.
wo der Vater zum scheidenden Sohne sagt: ὁ ἐν τῷ οὐρανῷ
οἰκῶν θεὸς εὐοδώσει τὴν ὁδὸν ὑμῶν καὶ ὁ ἄγγελος αὐτοῦ συν-
πορευθήτω ὑμῖν. Targum jerusch. zu Genes. XXXIII, 10.
spricht Jakob zu Esau: „Nimm meine Geschenke an, denn wie
ich dein Angesicht sahe, schien es mir, als sähe ich das Antlitz
deines Engels.“ Ebenso Genes. XLVIII, 16: „Der Engel,
den du mir zugeordnet hast, daß er mich erlöse von allem
Uebel.“ Berachot bab. S. 60, b: heißt es: „Wenn man auf
das geheime Gemach gehet, sage man (zu den Schutzgeistern,
die den Menschen begleiten): Seyd geehrt ihr Hohen, Heiligen,
ihr Diener des Höchsten. Gebet Ehre dem Gott Israel.
Tretet ab von mir, bis ich hineingegangen bin und mein Vor=
haben verrichtet habe, und dann wieder zu Euch komme.
R. Asai aber meint, man solle nicht also sagen, sie möchten
sonst gar fortgehen, sondern lieber sprechen: Behütet mich,

behütet mich, helft mir, helft mir, stärket mich, stärket mich,
wartet auf mich, wartet auf mich, bis ich hinein= und wie=
der herausgehe." Zum bessern Verständniß der Stelle ist zu
bemerken, daß die Juden der Meinung waren, jene unreinen
Orte seyen von Teufeln bewohnt, weßhalb die Schutzgeister
des Menschen, die ihn sonst überall begleiten, nicht mit dort=
hin treten. Durch das Gebet suchte man wenigstens so viel
zu bewirken, daß sie warten sollten, bis der Mensch wieder
herauskomme. — Die Lehre vom Schutzgeiste wird auch von
den neueren Juden bekannt, siehe Eisenmenger II, 389 u. flg.
Eine eigenthümliche Wendung erhielt sie bei den Mystikern.
Nach Origenes*) (contra Celsum VI, 27) behauptet Celsus,
dieselbe (judenchristliche) Partei, welche die Welt in 10 Kreise
eintheilte, **) lehre auch, daß sieben Engel die Seele des
scheidenden Menschen umgeben; die einen derselben seyen Engel
des Lichts, die anderen aber gehören in die Klasse der Archon=
tiker (gefallenen Geister), deren Oberster der verfluchte Gott
genannt werde. Diese Ansicht schlägt in die jüdische Ge=
heimlehre von den Schutzgeistern ein. Sohar zu Genes.
Seite 40 heißt es: Duo angeli cum quavis anima exeunt,
unus a dextra et alter a sinistra. Et si probus est homo,
isti eundem custodiunt, sin minus eundem accusant. Sed
R. Pinchas dixit, tres esse angelos, qui sint tutores hominis. Dagegen wird ebendaselbst S. 337 u. 379 gelehrt:
duo angeli, qui hominem conducunt, sunt concupiscentia
bona et concupiscentia prava, quod si in via bona am-
bulaverit homo, corroboratur concupiscentia bona; si
vero ambulet in via prava, corroboratur concupiscentia
prava. Ebenso Sohar zu Exod. S. 190. „Ab anno aetatis
decimo tertio et ulterius Deus duos homini adjungit
angelos, unum a dextra et alterum a sinistra. Si ambulat in via bona, angelus dexter fortificatur, sin vero

*) Opp. I, 651 oben.
**) Siehe oben S. 298.

ambulet in via prava, angelus sinister fortior evadit.
Der Mensch hat nämlich zwei Jezer (oder anerschaffene
Triebe), einen guten und einen bösen, welche mit dem 13ten
oder 14ten Lebensjahre zu wirken beginnen. Auf beide wird
nun die Lehre von den Schutzengeln vernünftelnd gedeutet, ein
Spiel, welches auch der obigen Stelle aus Origenes zu
Grunde liegt.

Ob nun leztere Ansicht bis in die Tage Jesu Christi
hinaufreiche, wage ich nicht zu entscheiden, desto gewisser ist,
daß die einfache Lehre von den Schutzengeln jener Zeit an=
gehört. Zu deutlich spricht dafür die Apostelgeschichte XII, 15.
οἱ δὲ ἔλεγον ὁ ἄγγελος αὐτοῦ ἐσιν. Was kann dieß anders
heißen, als: es ist nicht Petrus selbst, sondern sein Schutz=
engel, der an die Thüre klopft? Und zwar sind es Juden,
die dieß sagen. Auf dasselbe läuft der Ausspruch Jesu
Matth. XVIII, 10 hinaus: λέγω γὰρ ὑμῖν, ὅτι οἱ ἄγγελοι
(τῶν μικρῶν τούτων) ἐν οὐρανοῖς διὰ παντὸς βλέπσσι τὸ
πρόσωπον τοῦ πατρός μȣ. Nothwendig müssen hier die Schutz=
geister der Kleinen gemeint seyn, die zwar ihre Pflegbefoh=
lenen auf Erden umgeben, aber doch auch zugleich, wie die
anderen seeligen Geister, den Himmel bewohnen.

Blicken wir jezt zurück. Nach den angeführten Zeug=
nissen ist fast die ganze Wirksamkeit Gottes auf die Welt
durch Engel vermittelt. Dieser Glaube war nicht ohne eigen=
thümliche Gefahren. Leicht mochte man auf den Wahn gera=
then, daß statt Gottes die Engel verehrt werden sollten, weil
sie den Menschen mehr helfen, als der Ewige. Daß es zur
Zeit des zweiten Tempels wirklich Menschen gab, die dieß
lehrten, ersehen wir aus dem Ausspruche des Apostels Pau=
lus Koloss. II, 18: μηδεὶς ὑμᾶς καταβραβευέτω ἐν ταπει-
νοφροσύνῃ καὶ θρησκείᾳ τῶν ἀγγέλων, ἃ μὴ ἑώρακεν ἐμ-
βατεύων. Die getadelte falsche Demuth ταπεινοφροσύνη be=
steht darin, daß ein Mann, welcher die beschriebene Gesinnung
hegt, sich statt an den unerschaffenen, höchsten Gott, an niedere,

erſchaffene Geiſter, die Engel wendet. Auch der Targum
Jeruſchal. bekämpft die Anbetung der Engel, indem er die
Stelle Exod. XX, 23 (ihr ſollt Nichts neben mir machen,
ſilberne und güldene Götter ſollt ihr nicht machen) ſo über=
ſezt: „Ihr Kinder Iſrael, mein Volk, macht Euch nicht zum
Anbeten Bilder von Sonne und Mond, Sternen, Planeten
(מַזָלַיָא) oder von Engeln, die vor mir dienen." Noch
deutlicher ſpricht ſich der Talmud aus. Berachot Jeruſchal.
S. 34, b. „R. Judan hat geſagt: Wenn ein Menſch einen
Freund hat, und er in Noth kommt, ſo läuft er nicht ſogleich
zu dem Freunde, ſondern bleibt vor der Thüre des Hauſes
ſtehen, ſchickt einen Knecht hinein, und läßt ſagen: Dein
Freund ſteht vor dem Hofthor und wartet, ob er hineingehen
darf, oder draußen ſtehen bleiben ſoll. Bei Gott aber iſt es
nicht alſo. Wenn der Menſch in Gefahr geräth, ſoll er nicht
erſt Michael oder Gabriel anrufen, ſondern Gott hat geſprochen:
er rufe zu mir, ſo will ich ihn erhören." Auch in Bereſchit
Rabba finden ſich mehrere Stellen, die daſſelbe beſagen. Ge=
mäß dieſer Vorſtellung, und damit man ſich gewöhne, den
Herrn der Welt ſelbſt als den Geber alles Guten zu betrachten,
werden ihm gewiſſe Hoheitsrechte vorbehalten, die er bloß in
eigener Perſon, und nicht durch Engel ausübt. Targum Jeruſchal.
zu Geneſ. XXX, 22. „Vier Schlüſſel ſind übergeben in die
Hand des Herrn der Welt, Jehovahs, und nicht in die eines
Engels oder Seraphs: der Schlüſſel des Regens, der Schlüſſel
der Nahrung, der Schlüſſel der Gräber, der Schlüſſel der Un=
fruchtbarkeit (der Weiber)." Sofort führt der Chaldäer die
Bibelſtellen an, auf welche die Lehre begründet wird. Ebenſo
im nämlichen Targum zu Deuter. XXVIII, 12: „Vier
Schlüſſel ſind in der Hand des Herrn der Welt, welche er
keinem Fürſten (des Himmels) übergeben hat: die Schlüſſel
des Lebens, der Gräber, der Speiſe, des Regens." Andere
zählen ſtatt vier, nur drei. Taanith. bab. S. 2, a: „R. Jo=
chanan hat geſagt: Drei Schlüſſel ſind in der Hand des Höchſten,

welche er keinem Gesandten übergeben hat: der Schlüssel des
Regens, des Lebens, der Auferstehung vom Tode." Sanhedr.
bab. S. 113, a: „Elias erbat sich die Schlüssel des Re=
gens — und die Schlüssel der Auferstehung. Da ward ihm
gesagt, drei Schlüssel werden in die Hand eines Gesandten
nicht gegeben, die Schlüssel der Geburt, der Auferstehung,
des Regens." Ebenso Bereschit Rabba S. 73, c. Aus Offen=
barung Johannis I, 18: ἔχω τὰς κλεῖς τοῦ ᾅδε καὶ τοῦ
θανάτε schließe ich, daß jener Vorbehalt den Zeitgenossen
Jesu Christi bekannt war.

Wir kommen nun zu den bösen Geistern. Rein, geistig,
heilig, ewig waren alle Engel von Anfang. Darum spricht
Gott im Buch Henoch XV, 2, 3. zu den Wächtern: „Ihr
verließet den hohen, heiligen Himmel, welcher ewiglich dauert;
ihr, die ihr geistig, heilig waret, und ein Leben hattet, welches
ewig ist." Dennoch sind sie gefallen. Hauptzeuge ist das
Buch Henoch, das wir jezt sprechen lassen wollen; Kap. VII, 1.
u. flg.: „Nachdem die Menschenkinder sich gemehrt hatten
in jenen Tagen (Genes. VI, 1. 2.), geschahe es, daß ihnen
schöne Töchter geboren wurden. Und als die Engel, die
Söhne des Himmels, sie erblickten, entbrannten sie in Liebe
zu ihnen und sprachen unter einander: Kommt laßt uns
Weiber wählen aus der Nachkommenschaft der Menschen, und
laßt uns Kinder zeugen. Ihr Oberster Semiajas aber sagte:
Ich fürchte, daß ihr vielleicht den Sinn ändert, und daß dann
die Schuld großer Sünde mich allein trifft. Da antworteten
ihm alle und sprachen: Wir wollen schwören und uns ver=
fluchen, daß wir unsere Meinung nicht ändern, sondern unse=
ren Plan ausführen. Darauf schwuren alle und banden sich
durch Flüche. Ihre Zahl aber betrug 200, welche hinabstie=
gen in den Tagen Jared (nach dem Bruchstück bei Syncellus)
auf den Berg Hermon. (Sofort werden in dem Buche He=
noch die Namen ihrer Häupter genannt, von denen wir nur
Asael als den bekanntesten anführen.) Im Jahr der Welt

1170 (so nach dem griechischen Bruchstücke) nahmen die 200 sich Weiber, und befleckten sich mit ihnen bis zur Sündfluth, und sie gebaren ihnen drei Klassen von Kindern: zuerst Riesen. Die Riesen zeugten Nephilim, und den Nephilim wurden Eliuth geboren (abermal nach dem Griechen). Und die Wächter lehr=ten (ihre Weiber und Kinder) Zauberei, Beschwörungen, das Theilen von Wurzeln und Bäumen. Die Riesen, deren Höhe 300 Ellen betrug, verschlangen allen Erwerb der Menschen, daß es unmöglich ward, sie zu ernähren. Darauf wandten sie sich gegen Menschen, um sie zu fressen; auch begannen sie sich zu vergreifen an Vögeln, Thieren, Gewürm, Fischen, sie aßen ihr Fleisch und tranken ihr Blut." Sofort wird noch eine ganze Reihe böser Künste aufgezählt, die durch ihre Schuld auf Erden bekannt wurden. Von den Kindern der Menschen=töchter und der Wächter heißt es weiter Kap. **XV, 8.** wo Gott spricht: „Die Riesen, welche erzeugt wurden von Geistern (den Wächtern) und von Fleisch (den Menschentöchtern), wer=den auf Erden böse Geister genannt werden, und auf Erden wird ihre Wohnung seyn. Böse Geister werden hervorgehen aus ihrem Fleische, weil sie geschaffen wurden von Oben, denn von den heil. Wächtern ist ihr Anfang und ihre Abstammung. Böse Geister werden sie seyn auf Erden, und Geister der Gottlosen werden sie genannt. Die Wohnung der Geister des Himmels soll im Himmel seyn, aber auf Erden wird seyn die Wohnung der irdischen Geister, welche geboren werden auf Erden. Die Geister der Riesen werden seyn, wie Wolken, welche bedrücken, verderben, fallen, zerrütten und zerreißen auf Erden, und Wehklage verursachen. Keine Speise werden sie essen, aber dürsten; sie werden verborgen seyn und sich nicht erheben gegen die Söhne der Menschen und ihre Weiber." So lautet der abyssinische Text, nach der Uebersetzung von Lawrence und Sylvester de Sacy. Daß er sehr verdorben sey, geht hervor aus der Vergleichung mit dem griechischen Bruchstück bei Syncellus, welches freilich auch nicht aller

Verderbniß entging. Wir setzen es der Wichtigkeit wegen her:*) 1) *Καὶ οἱ γίγαντες οἱ γεννηθέντες ἀπὸ πνευμάτων καὶ σαρκὸς, πνεύματα πονηρὰ ἐπὶ τῆς. γῆς καλέσϑσιν αὐτοὺς, ὅτι ἡ κατοίκησις αὐτῶν ἔϑαι ἐπὶ τῆς γῆς.* 2) *Πνεύματα πονηρὰ ἔσονται τὰ πνεύματα ἐξεληλυϑότα ἀπὸ τοῦ σώματος τῆς σαρκὸς αὐτῶν, διότι ἀπὸ τῶν ἀνϑρώπων ἐγένοντο καὶ ἐκ τῶν ἁγίων, τῶν ἐγρηγόρων, ἡ ἀρχὴ τῆς κτίσεως αὐτῶν καὶ ἀρχὴ ϑεμελίϑ.* 3) *Πνεύματα πονηρὰ ἐπὶ τῆς γῆς ἔσονται, τὰ πνεύματα τῶν γιγάντων νεμόμενα, ἀδικοῦντα, ἀφανίζοντα, ἐμπίπτοντα καὶ συμπαλαίοντα καὶ ῥιπτοῦντα ἐπὶ τῆς γῆς καὶ δρόμους ποιοῦντα, καὶ μηδὲν ἐσϑίοντα, ἀλλ᾽ ἀσιτοῦντα καὶ φάσματα ποιοῦντα, καὶ διψῶντα καὶ προϛκόπτοντα.* 4) *Καὶ ἐξανασ̓ήσονται τὰ πνεύματα ἐπὶ τοὺς υἱοὺς τῶν ἀνϑρώπων καὶ τῶν γυναικῶν, ὅτι ἐξ αὐτῶν ἐξεληλύϑασι.* 5) *Καὶ ἀπὸ ἡμέρας καιροῦ σφαγῆς καὶ ἀπωλείας καὶ ϑανάτου τῶν Γιγάντων (καὶ) Ναφηλείμ, οἱ ἰσχυροὶ τῆς γῆς οἱ μεγάλοι ὀνομαϑοὶ, τὰ πνεύματα τὰ ἐκπορευόμενα ἀπὸ τῆς ψυχῆς αὐτῶν ὡς ἐκ τῆς σαρκὸς, ἔσονται σφανίζοντα χωρὶς κρίσεως.* 6) *Οὕτως ἀφανίϑϑι μέχρις ἡμέρας τῆς τελειώσεως ἕως τῆς κρίσεως τῆς μεγάλης, ἐν ᾗ ὁ αἰὼν ὁ μέγας τελεσϑήσεται, ἐφ᾽ ἅπαξ ὁμοῦ τελεσϑήσεται.* Das erste Glied stimmt mit dem abyssinischen Texte überein. Der Sinn des zweiten ist: böse Geister werden auch die Söhne seyn, welche von den Riesen abstammen, weil sie ein Zwittergeschlecht sind, halb Enkel verdorbener Engel, halb irdischer Sippschaft. Sofort weicht der Grieche vom Abyssinier ab, indem er die zweite Hälfte des 8. Verses, welche auch ganz müssig dasteht, wegläßt. Im dritten Gliede macht der Satz *τὰ πνεύματα τῶν γιγάντων νεμόμενα* Schwierigkeit. Der Abyssinier hat dafür: „Die Geister der Giganten werden seyn wie Wolken;" die griechischen Worte dagegen sind ohne Zweifel so zu verstehen: böse Geister werden sie (die Abkömmlinge

---

*) Nach der Ausgabe von Dindorf, in dem Bonner corpus scriptorum historiae byzantinae S. 46. Der gemeine Text bei Fabricius und Lawrence ist ungemein verdorben.

der Giganten, von denen eben die Rede war) auf Erden seyn, sie werden die Geister der Giganten (ihrer Väter, von denen sie abstammen) annehmen, gleichsam an sich ziehen; d. h. die Giganten werden sich in ihnen wieder erneuern. Ich habe zwei Gründe gegen den abyssinischen Text: erstens paßt „Geister der Giganten" darum nicht, weil hier nicht mehr von den Riesen, sondern von ihren Sprößlingen gesprochen wird; zweitens ist nicht abzusehen, was das Bild „Wolfe" besagen soll; ich ziehe daher den griechischen Text vor. Desto klarer sind die folgenden Worte; sie bezeichnen ohne Ausnahme das Wirken der unreinen Geister oder Dämonen, welche die Menschen anfallen und in sie fahren; ἀδικοῦντα, diese Geister thun den Menschen auf alle Weise Unrecht; ἀφανίζοντα, sie bringen dieselben um, wenn sie es vermögen; ἐμπίπτοντα, καὶ συναπαλαίοντα, sie fallen über die Menschen her, um in sie zu fahren und ringen mit ihnen; καὶ ῥιπτοῦντα ἐπὶ τῆς γῆς καὶ δρόμους ποιοῦντα, sie zerren die Unglücklichen, welche sie besessen haben, auf der Erde herum und nehmen einen Anlauf gegen sie. Unwillkürlich wird man an Stellen erinnert, wie Lucä VIII, 29, wo ein Dämonischer, von seinem Geiste geplagt, Fesseln zerbricht und durch die Wüste getrieben wird, oder Matth. XVII, 15, wo ein Besessener ins Feuer oder Wasser stürzt. Lucä IV, 35 heißt es wörtlich: Der Dämon habe den Besessenen auf die Erde geworfen, καὶ ἔῤῥιψεν αὐτὸν τὸ δαιμόνιον εἰς τὸ μέσον; es ist also derselbe Ausdruck, wie im Buche Henoch. Καὶ μηδὲν ἐσθίοντα ἀλλ' ἀσιτοῦντα, sie essen Nichts; diesen Vorzug haben sie von ihren Ahnen, den Engeln (oder Wächtern), welche bekanntlich keine Nahrung genießen; φάσματα ποιοῦντα, sie gaukeln den Menschen schreckliche Gebilde vor; καὶ διψῶντα, wenn sie auch nicht dem Hunger unterliegen, so leiden sie doch Durst, denn Feuer ist ihre Natur. *) Zur Aufhellung dient eine

---

*) So Tatian von den Dämonen ἀέριον πνεῦμα εἰ τύχοι ἢ πῦρ ἄϋλον. Oder auch πνευματικὴ ἐστιν αὐτοῖς ἡ σύμπηξις ὡς

neuteſtamentliche Stelle, Matth. XII, 43: ὅταν τὸ ἀκάθαρ-
τον πνεῦμα ἐξέλθῃ ἀπὸ τοῦ ἀνθρώπου, διέρχεται δι ἀνύ-
δρων τόπων, ζητοῦν ἀνάπαυσιν καὶ οὐχ εὑρίσκει. Wozu
der Beiſatz ἄνυδρος, warum ſagt er nicht geradezu ἔρημος?
Eine geheime Gedankenverbindung liegt hier zu Grunde, die
ich mir ſo enträthſele: durch ihre Natur, vielleicht als
göttliche Strafe für ihre Bosheit, werden die Dämonen
in wüſte waſſerloſe Orte getrieben. Aber wegen des Feuers,
aus dem ſie beſtehen, finden ſie keine Ruhe, der Durſt peinigt ſie in der waſſerloſen Oede; darum ſtürzen ſie ſich wieder in Menſchen, um im Blute derſelben Kühlung zu finden.
Im vierten Gliede iſt die Lesart καὶ τῶν γυναικῶν falſch;
warum Söhne der Menſchen und der Weiber? Das wäre
eine abgeſchmackte Wiederholung; zweitens beweist der Ne-
benſatz οἱ ἐξ αὐτῶν (nämlich ἐκ τῶν γυναικῶν) ἐξεληλύθασι,
daß von den Weibern etwas Beſonderes geſagt werden ſoll:
man muß καὶ τὰς γυναῖκας, leſen. Die Geiſter oder die
Dämonen werden den Menſchenkindern und beſonders den
Weibern nachſtellen, weil ſie aus unreiner Flamme himmliſcher Ahnen gegen irdiſche Frauen entſtanden ſind. Man
dachte ſie ſehr wollüſtig, wofür die Geſchichte des Asmodi
im Buch Tobias, die Stelle im 18. Kap. des 4. Buchs der
Makkabäer: οὐ διέφθειρέ με λυμεὼν ἐρημίας φθορεὺς ἐν
πεδίῳ, οὐδ ἐλυμήνετό με τὰ ἀγνὰ τῆς παρθενίας λυμεὼν
ἀπατηλὸς ὄφις, ſowie viele Zeugniſſe des Talmud den Beweis liefern. Der Text des fünften Gliedes iſt im Abyſſini-
ſchen ſo verdorben, daß Sacy ihn gar nicht überſetzen wollte;
Lawrence bringt einen Sinn heraus, der jedoch nicht in den
Zuſammenhang paßt. Dagegen ſcheinen mir die griechiſchen
Worte, einige Kleinigkeiten abgerechnet, geſund. Die Handſchrift, welche Dindorf benutzte, liest τῶν Γιγάντων Ναφη-
λειμ, das iſt falſch; die Giganten und Nephilim ſind dem

πυρος ἤ ἀέρος. Man ſehe die Werke Juſtins, Mauriner
Ausgabe S. 256.

Verfaſſer des Buchs Henoch verſchiedene Weſen: jene Söhne, dieſe Enkel der Wächter. Eine andere Handſchrift liest τῶν Γιγάντων, Ναφηλείμ καὶ οἱ ἰσχυροί, das führt auf den wahren Text, ſtatt nach Ναφηλείμ muß das Verbindungs= wörtchen vor Ναφηλείμ eingereiht werden. Der Sinn des Ganzen iſt: Seit dem Tage, wo die Giganten und die Na= philim durch Feuer, Schwert und Waſſer untergingen, wer= den die Starken der Erde, die Großen, die Gerühmten, näm= lich die Geiſter, welche aus der Seele (der Naphilim und der Giganten) und aus dem Fleiſche (irdiſcher Weiber) hervor= gingen, ohne Gericht das Werk der Vernichtung fortſetzen." Die Dämonen heißen die Großen, die Starken, die Gerühm= ten, weil dieſe Welt ihnen angehört, wie die künftige den Frommen. Sie ſind Abkömmlinge der Seele, weil ihre Ah= nen, die Wächter, eine ſeeliſche, oder geiſtige Natur hatten, aber auch zugleich des Fleiſches, weil ſie das Geblüt ihrer Mütter, der Menſchentöchter, in ſich tragen. Sie treiben das Werk der Vernichtung ohne Gericht ἔσονται ἀφανίζοντα χω= ρὶς κρίσεως; denn Verderben iſt ihre Luſt, oder um mit Göthe zu reden, ſie ſind verneinende Geiſter. Das Gericht trifft ſie nicht, ſo lange die Welt dauert, aber es kommt doch hintendrein. Von demſelben iſt im nachfolgenden Gliede die Rede: „ſo werden ſie das Werk der Vernichtung treiben bis zum Tage der Vollendung, bis zum großen Gerichtstage, an welchem der große Aeon — (das Olam haſſeh) beendet wird, ja auf einmal mit einem Schlage beendet wird." Es fällt in die Augen, daß der jüngſte Tag gemeint ſey. So= wohl der Wortſinn als der Zuſammenhang ſpricht für die Richtigkeit meiner Deutung der Stelle. — Die Häupter der Wächter werden auf Gottes Befehl durch die Erzengel in die Hölle verſtoßen, gebunden, und bleiben dort bis zum jüng= ſten Gericht; Henoch Kap. X, 6: „Der Herr ſprach zu Raphael, binde den Aſael an Händen und Füßen, wirf ihn in die Finſterniß, öffne die Wüſte in Dudael und ſtoße ihn in diefelbe (B. 9), uud am großen Tage des Gerichts laß ihn ins Feuer werfen. (B. 15.) Deßgleichen zu Michael fprach der Herr: Den Semiaza und die Anderen, welche fich mit den Weibern verfündigten, binde für fiebzig Gefchlech= ter*) unter die Erde, bis auf den Tag des Gerichts und der Vollendung." Die Kinder der Wächter, die Giganten, die Nephilim und Eliuth werden vernichtet. Ebendafelbft B. 15. „Zu Gabriel fprach der Herr: gehe zu den Riefen und den Unächten (κιβδηλούς), zu den Kindern der Hurerei, und ver= tilge die Sprößlinge der Wächter von der Erde, hetze fie ge= gen einander, daß fie umkommen durch Mord." Daffelbe wird angedeutet XII, 7, XIV, 5. Diejenigen Abkömmlinge der Wächter, welche fich nicht felbft untereinander in inner= lichem Aufruhr gemordet, kamen durch die Sündfluth um. CX, 4: „Die ganze Erde wird verderben, das Waffer der Sündfluth wird einbrechen über die ganze Erde, und Alles, was auf ihr ift, foll zerftört werden." Die Nachkommen der Wächter gingen alfo unter bis ins dritte Glied, die Rie= fen, die Nephilim, die Eliuth. Wäre nun gar keine Wir= kung ihrer Sünde übrig geblieben, fo würde die Entftehung der Dämonen und der Teufelswerke auf Erden, die man eben aus dem Abfall der Wächter ableiten wollte, gar nicht erklärt, der ganze große Anlauf wäre vergebens genommen. Aber fo verhält es fich nicht. Nach dem Untergang der Rie= fen, der Nephilim und Eliuth, lebten ihre Sprößlinge, die Dämonen noch, und dauerten fort. Straflos treiben fie das Werk der Vernichtung, ἀφανίζουσι χωρὶς κρίσεως, erft am jüngften Tage (zur Zeit des Meffias) werden fie gerichtet. Ihre Wirkungen werden befchrieben, ganz wie die der Dämonen im N. Teftament. Und weil aus jener unreinen Liebe, de= ren vierte Geburt die Dämonen find, fo großes Wehe für die Erde entftand, darum ift die Sünde der Wächter fo groß,

---

*) Nach 70 Generationen kommt nämlich der Meffias und das Gericht beginnt.

daß Enoch keine Fürbitte für sie bei Gott einlegen darf
(Kap. XV, 1).

Durch einen ziemlichen Umweg sind wir zu diesem Er=
gebniß gelangt, seine Wichtigkeit entschädigt für die Mühe;
wir haben in unserer Stelle das tüchtigste Zeugniß für den
Glauben an Dämonen im Zeitalter Jesu Christi. Einige
der neutestamentlichen Schriftsteller theilen die Ansicht He=
nochs, oder haben gar aus dem Buche geschöpft. Brief
Judä B. 6: Ἀγγέλους τοὺς μὴ τηρήσαντας τὴν ἑαυτῶν ἀρχὴν, ἀλλὰ ἀπολιπόντας τὸ ἴδιον οἰκητήριον εἰς κρίσιν
μεγάλης ἡμέρας δεσμοῖς ἀιδίοις ὑπὸ ζόφον τετήρηκεν.
Ebenso II Pet. II, 4: ὁ θεὸς ἀγγέλων ἁμαρτησάντων οὐκ ἐφεί-
σατο, ἀλλὰ σειραῖς ζόφου ταρταρώσας, παρέδωκεν εἰς κρίσιν τετηρημένους. Auch Josephus schließt sich dem Reihen
an, Alterth. I, 3: πολλοὶ ἄγγελοι θεοῦ, γυναιξὶ συμμιγέν-
τες, ὑβρισὰς ἐγέννησαν παῖδας καὶ παντὸς ὑπερόπτας καλοῦ,
διὰ τὴν ἐπὶ τῇ δυνάμει πεποίθησιν. Von den ältesten Bä=
tern will ich nur einige anführen. Justinus der Mär=
tyrer in der zweiten Schutzschrift: *) οἱ ἄγγελοι παραβάν-
τες τὴν τάξιν (den ihnen von Gott angewiesenen Wirkungs=
kreis) γυναικῶν μίξεσιν ἡττήθησαν, καὶ παῖδας ἐτέκνωσαν,
οἵ εἰσιν οἱ λεγόμενοι δαίμονες, καὶ προσέτι λοιπὸν τὸ ἀν-
θρώπειον γένος ἑαυτοῖς ἐδούλωσαν· τὰ μὲν διὰ μαγικων
γραφῶν, τὰ δὲ διὰ φόβων καὶ τιμωριῶν ἐπέφερον — καὶ
εἰς ἀνθρώπους φόνους, πολέμους, μοιχείας, ἀκολασίας καὶ
πᾶσαν κακίαν ἔσπειραν. Beinahe mit denselben Worten wer=
den die Wächter im Buche Henoch beschuldigt. Man bemerke
auch, daß Justin die Dämonen entschieden von den gefallenen
Engeln erzeugt werden läßt, er bestätigt also unsere obige
Erklärung. Ebenso Tertullian Apolog. Kap. XXII: De
angelis quibusdam, sua sponte corruptis, corruptior gens
daemonum (evasit), damnata a Deo cum generis auctori-
bus. Noch gehört eine Stelle aus Athenagoras Schutzschrift

---

*) Opp. Mauriner Ausgabe S. 92.

her: *) ἄγγελοί τινες εἰς ἐπιθυμίαν πεσόντες παρθένων ἥττους σαρκὸς εὑρέθησαν· — οὗτοι οἱ ἄγγελοι οἱ ἐκπεσόντες τῶν οὐρανῶν, περὶ τὸν ἀέρα ἔχουσι (ſie halten ſich auf) καὶ τὴν γῆν, οὐκέτι εἰς τὰ ὑπερθράνια ὑπερκύψαι δυνάμενοι· καὶ αἱ τῶν γιγάντων ψυχαὶ οἱ περὶ τὸν κόσμον εἰσὶν πλανώμενοι δαίμονες, ὑμοίας κινήσεις, οἱ μὲν αἷς ἔλαβον συσάσεσιν οἱ δαίμονες, οἱ δὲ αἷς ἔσχον ἐπιθυμίαις οἱ ἄγγελοι, ποιούμενοι. Athenagoras ſpricht ganz im Sinne der Juden, wenn er ſagt: die Engel hätten nicht mehr in den Himmel aufſteigen können. Der Grund iſt, weil ſie durch ſündhafte Verunreini= gung beſchwerende Materie an ſich gezogen. Ferner die Dä= monen, welche im Luftkreiſe rings um die Erde wohnen, ſind die Seelen der Giganten, oder ſie haben ihre Seele angezo= gen; hier wird Daſſelbe geſagt, was Henoch mit den Wor= ten ausdrückt: τὰ πνεύματα τῶν γιγάντων νεμόμενα. Sie machen Bewegungen oder verrichten Werke, die theils ihrer feurigen Dämonen = Natur, theils den Begierden der Engel entſprechen, von welchen ſie abſtammen. Das heißt wohl, ſie erfreuen ſich am Verderben, Mord, und Brand und ſtel= len den Weibern nach, gleich den Wächtern. — Auch in rabbi= niſchen Schriften kommt die Lehre vom Falle der Wächter vor. Raimund Martini theilt eine weitläufige Stelle aus der Bereſchit Rabba des Moſes Habbarſchan mit,**) worin daſſelbe geſagt wird, was wir im Buch Henoch finden. Das Zeugniß iſt zu lang, als daß ich es herſetzen möchte, ich gebe dafür eine gleichlautende, aber kürzere Stelle aus dem Buch Niſchmath Chajim ***) Seite 116, a: „Nach der Lehre der Kabbaliſten klagten Aſa und Aſael wider die Erſchaf= fung des erſten Menſchen und ſprachen zu Gott: warum haſt du ihn erſchaffen, da er dich doch erzürnen wird? Gott

---

*) Ebendaſelbſt S. 303.

**) Pugio fidei S. 937 u. flg. Ueber Rabbi Moſe Habbarſchan und ſeine Bereſchit Rabba vergleiche man Zunz S. 287.

***) Verfaßt von Rabbi Menaſeh Ben Iſrael, der in der Mitte des 17. Jahrhunderts in großen Ehren zu Amſterdam lehrte.

antwortete ihnen, wäret ihr in die untere Welt hinabgefah=
ren, so würdet ihr auch sündigen, wie er. Und er ließ sie
hinunterfahren, und sie sündigten, und sind dieselben Kinder
Gottes, von welchen geschrieben stehet (Genes. VI, 2): Die
Kinder Gottes sahen nach den Töchtern der Men=
schen, daß sie schön waren und nahmen zu Wei=
bern, welche sie wollten. Nachdem sie gesündigt hat=
ten, wurden sie mit Leibern bekleidet, denn, wenn ein Engel
sieben Tage auf Erden weilt, wird er dick. *) Und als sie
bekleidet waren, und die böse Natur in ihnen herrschete, konn=
ten sie, ob sie es gleich versuchten, nicht mehr hinauffahren
in den Himmel, sondern wurden verstoßen aus ihrem Auf=
enthalt, und auf die Erde in finstere Berge geworfen. Von
denselben stammen die großen Riesen und die Enakskinder
her, welche auf Erden gewesen sind. Diese waren Helden
und namhafte Leute in alten Zeiten; von ihnen und
ihrem Saamen kommen die Teufel her.“ Nicht nur
die Kabbalisten, sondern auch die Pharisäer kannten die Sage
von den Wächtern, wie die oben angeführte Stelle der Bere=
schit Rabba beweist. R. Moses Haddarschan nennt übrigens
die beiden Engel nicht Asa und Asael, sondern in Ueber=
einstimmung mit Henoch Azael und Schamchasai, welches
Wort gleich ist mit Semiaza. **)

Neben dieser Lehre von Entstehung der bösen Engel
geht eine andere her. Nach dem Buch Henoch fielen die
Wächter erst im Jahr 1170 der Welt, in den Tagen Jareds.
In dem ganzen Zeitraum, dessen Geschichte von Genes. I—V
erzählt wird, hatte es demnach keine Teufel gegeben. Allein
sehr alte jüdische Zeugnisse schreiben die Verführung der ersten

---

*) Nach der Geheimlehre verhält sich die Sache so: Jene Engel
weilten zu lange auf Erden und zogen dadurch Elementarstoffe
an sich, hieraus entstand böse Lust, dann die Sünde.
**) Ebenso Targum Jeruschal. zu Genes. VI, 4: Schamchazai et
Uziel, qui ceciderunt de coelo.

Menschen und ihre Folgen dem Teufel zu. So die bereits angeführte Stelle aus dem vierten Buch der Makkabäer Kap. 18: λυμεὼν ἀπατηλὸς ὄφις, welcher Ausdruck offenbar auf Genes. III, 1. hindeutet. Daß die gleichbedeutenden Worte ὁ δράκων ὁ μέγας, ὁ ὄφις ὁ ἀρχαῖος, ὁ καλούμενος διάβολος Offenbarung Johannis XII, 9, 14, 15, XX, 2, aus der jüdischen Lehre vom Teufel stammen, bezweifelt wohl kein Gelehrter mehr. Sehr häufig wird der Teufel in den ältesten jüdischen Schriften, im Talmud, in den Midraschim, im Sohar die alte Schlange הַחֲדָא הַחָדָר מִסּוֹרִי genannt. Das Buch Sifri zu Deuter. XXXII, 32 erklärt den Spruch: Ihr Weinstock ist der Weinstock von Sodoma, dahin: vos discipuli serpentis antiqui estis. qui seduxit Adam et Evam. Denselben Ausdruck gebraucht der Talmud, Sanhedrin Bab. S. 29 a. Ebenso Bamidbar Rabba S. 259, a und Midrasch Tanchuma 70, d: Serpens antiquus calumniatus est homines. Debarim Rabba S. 257, c: Serpens antiquus, sicut homines loqui poterat. Deßgleichen Sohar zur Genesis über den Spruch III, 1: „Rabba Isaak sagte, die Schlange war der böse Trieb (Zezer hara). R. Juda meinte, es sey eine wirkliche Schlange gewesen. Sie fragten nun R. Simeon, welcher zu ihnen sprach: Alles ist Eins und Dasselbe, Sammael war es, der in Gestalt der Schlange erschien, und das Vorbild jener Schlange war Satan, Alles ist Eins und Dasselbe." Der Targum Jeruschalemi zu Genesis III, 5 übersezt geradezu: „Die Schlange sprach zu dem Weibe: wenn ihr von dem Baume esset, werdet ihr seyn wie große Engel, welche weise sind zu erkennen das Gute und das Böse, und das Weib sahe Sammael, den Engel des Todes, und entsezte sich." Auch Onkelos spielt Genes. III, 15, wenn ich mich nicht täusche, darauf an, daß es der Teufel war, der in Gestalt der Schlange wirkte.

Folglich war ein böses Wesen schon zur Zeit der Schöpfung, oder kurz nachher thätig. Man gab ihm den Namen Satan,

Beelzebul*) (Matth. X, 25, XII, 34) Beliar. So 2. Kor.
VI, 15, die ältesten Stücke der Sibyllinen, **) die Himmel=
fahrt des Propheten Jesaias II, 4: Manasses cor suum
ad serviendum Berial convertit; angelus enim iniquitatis,
cui est hujus mundi potestas, est Berial. Ebenso III, 13.
Diejenige Bezeichnung des Teufels, welche in den rabbinischen
Schriften am häufigsten vorkommt, ist Sammael. Das N.
Testament nennt zwar diesen Namen nicht, wohl aber wird
er in den ältesten Apokryphen so geheißen, z. B. in der Him=
melfahrt Jesajä V, 15: Sammael valde iratus fuit Jesaiae. Kaum zuvor heißt es: Berial valde iratus fuit Jesaiae. V, 1. Ebendaselbst XI, 41 sind die beiden Namen
Samael Satan, zusammengestellt: Samael Satan serra dis-
secuit Jesaiam, filium Amos. Ferner bezeugt Jrenäus im
ersten Buche gegen die Ketzer, Kap. XXXI, 9: die jüdischen
Gnostiker hätten die Schlange Michael und Samael geheißen:
Serpentem duo habere nomina, Michael et Samael dicunt.
Weil die Rabbinen das Böse als Verneinung des Seyenden
dachten, und weil die höchste Verneinung in Bezug auf den
Menschen der Tod ist, nannten sie Samael gewöhnlich den
Engel des Todes. So in der bereits angeführten Stelle aus
dem Targum Jerufchalemi.

Zunächst beschäftigt uns nun die Frage: ist der Teufel,
der die Stammeltern verführte, von jeher ein böses Wesen, d. h.
ist er als solches von Gott geschaffen, oder ward er erst durch
eigene Sünde aus einem ursprünglich reinen Engel ein unrei=
ner? Das älteste jüdische Zeugniß, welches zur Lösung die=
ser Frage führt, findet sich im Buch der Weisheit II, 23,

---

*) Dieser Ausdruck kommt bei den Rabbinen meines Wissens
nicht vor, wohl aber wird זבול, eigentlich Dünger, als gleich=
bedeutend gebraucht mit Götzendienst. Man sehe die schöne
Beweisstelle aus Berachot Jeruschalemi, welche Lightfoot zu
Matth. XII, 24 anführt. Der Teufel hieße demnach Beel Ze=
bul als Herr des Götzendienstes.
**) Siehe meine Schrift über Philo II, S. 135.

24: ὁ θεὸς ἔκτισε τὸν ἄνθρωπον ἐπ᾽ ἀφθαρσίᾳ καὶ εἰκόνα τῆς ἰδίας ἰδιότητος ἐποίησεν αὐτὸν, φθόνῳ δὲ διαβόλου θάνατος εἰσῖλθεν εἰς τὸν κόσμον. *) Verglichen muß damit werden die Stelle aus dem ersten Briefe an Timotheus III, 6: man solle keinen Neuling zum Bischof wählen, ἵνα, μὴ τυφωθεὶς εἰς κρίμα ἐμπέσῃ τοῦ διαβόλου. Dort führt der Teufel aus Neid den Tod in die Welt, hier unterliegt er dem Strafurtheil wegen seines Hochmuths. Das sind allem Anscheine nach Laster, welche ihm nicht anerschaffen waren, sondern in die er durch eigene Schuld fiel. Was lehren nun die Juden? Virke Elieser Kap. XIII: *Invidia*, concupiscentia et *superbia* tollunt hominem e mundo. Dixerunt angeli ministrantes coram Deo Sancto Benedicto: Domine omnium orbium! *Quid est homo, ut cognoscas illum, homo vanitati similis est* (Ps. 144, 3, 4), neque est super pulverem dominium ejus. Respondit iis Deus: quid vos me celebratis in excelsis (in coelo), qui unus et idem sum in inferioribus (in terra). Poteritisne vos surgere et vocare nomina omnium creaturarum? (Angeli tentaverunt hoc facere) sed non potuerunt. Tum surrexit Adam et appellavit omnes creaturas nominibus suis, sicut scriptum est (Genes. II, 20): *Indidit Adam nomina cuilibet bestiae.* Cum hoc viderent angeli ministrantes, dixerunt: Nisi nos consilium ineamus contra Adamum, ut peccet in creatorem, nil nos adversus eum poterimus. Erat autem Samael princeps magnus in coelis et (praeter eum) sancta animalia et Seraphim in senis turmis; atque Samael ex his duodecim adsumsit sibi consortes et descendit visurus omnes creaturas, quas condiderat Deus S. B. Sed non invenit astutiorem ad malefaciendum, quam serpentem, juxta id, quod scriptum est (Genes. III, 1): *Serpens callidior erat omni bestia agri.* Figura Serpentis erat, sicut cameli; ascendit igitur Samael

---

*) Man vergleiche darüber meine Bemerkungen am p. D. S. 286.

et inequitavit ei. So auf der Schlange reitend *) verführte
er erst Eva und dann Adam. Zur Strafe für diese Sünde
stürzte ihn Gott aus dem Himmel (ebendaselbst Kap. XIII):
Samaelem et turmam ejus praecipitavit Deus e loco
sanctitatis suae, seu coelis. Von nun an wurde er der
Teufel. — Daß Neid den Engel Samael zum Falle gebracht
habe, ist die allgemeine Ansicht der Juden, nur erhält sie
verschiedene Wendungen. In der Bereschit Rabba Mosis
Habbarschan zu Genef. V, 5 heißt es: **) Cum Adam creatus esset, edixit Deus angelis ministerii, ut adorarent
Adamum. Venerunt angeli ministerii ad bene placitum
Dei. Satan vero erat major omnibus angelis in coelo,
locutusque est ad Deum S. B: Domine mundi! nos creati sumus ex splendore Schechinae et tu dicis nobis,
ut adoremus eum, quem de luto terrae formasti! Respondit Deus S. B: in isto, qui provenit de luto terrae,
est plus sapientiae et intelligentiae, quam in te! Factum est itaque, cum nollet adorare Adamum, nec obe-
dire mandato Dei S. B., expulit illum Deus de coelis
et factus est Satan, et de ipso scriptum est (Es. XIV,
12): *Quomodo cecidisti de coelo fili aurorae.* ***) Nicht nur
Samael, sondern auch die anderen Engel des Dienstes sollen
auf Adam eifersüchtig gewesen seyn. So die schon angeführte
Stelle des Talmud, Sanhedr. Bab.: Dixit Raf: in hora,

---

*) Der abenteuerliche Einfall, daß Samael auf der Schlange,
  wie auf einem Kamel geritten sey, wird sehr oft wiederholt.
  Maimonides sagt im More Nebochim Th. II, Kap. 30, die
  Rabbinen hätten so gelehrt.

**) Bei Raimund Martini pugio fidei S. 564.

***) Die Juden können nicht satt werden von den hohen Ehren
  zu erzählen, welche Gott dem ersten Menschen vor seinem
  Falle anthat. Die Engel mußten ihm aufwarten, sich vor ihm
  verneigen. Man vergleiche hierüber Pirke Eliezer. Kap. XIII
  zu Ende, Eisenmenger I, 48 und 831, wo mehrere Beweißstellen aus dem Talmud, dem Sohar und anderen Büchern
  angeführt sind.

qua Deus voluit creare hominem primum, creavit turmam unam angelorum ministerii, dixitque iis: estne vo-
luntas vestra, ut faciamus hominem in imagine nostra,
in similitudine nostra? Responderunt: Domine mundi!
Quid est homo, ut memor sis ejus (Ps. VIII, 5). Tum
extendit Deus digitum suum minimum inter eos, et at-
tigit eos et cremavit eos, sic quoque fecit turmae secundae.
Wie die Pirke Elieser, so lehrt auch der Sohar, daß Samael
wegen der Verführung Adams aus dem Himmel gestürzt
worden, vorher aber ein Seraph mit 6 Flügeln gewesen
sey. *) Auf den Juden mag nun ein Judenchrist, und dann
sollen heidenchristliche Väter folgen. In den apostolischen
Constitutionen B. VI, 27 heißt es: ὁ διάβολος ἀχαρισίᾳ κακό-
νοιαν νοσήσας, ἐγυμνώθη παρὰ θεοῦ τῆς ἀξίας, ἀντὶ ἀρχαγγέλου διάβολος αἱρετισάμενος εἶναι. Er war also vor
seinem Falle ein Erzengel wie Michael. Die Juden deuteten den Spruch Esaias XIV, 12: Wie bist du vom
Himmel gefallen, du schöner Morgenstern, wie
wir sahen auf den Fall Samaels. Ebenso die christlichen
Väter. Tertullian im 5. Buche gegen Marcion Kap. 11
sagt: der Fürst dieser Welt, dessen Paulus Ephes. II, 2 gedenke, sey, diabolum esse, qui dixerit, propheta referente,
ero similis altissimi, ponam in nubibus thronum meum.
(Esaias XIV, 14.) Dasselbe äußert Tertullian im nämlichen
Buche Kap. 17. An den lateinischen Vater schließt sich Origenes an, Homilie über Ezechiel: **) Serpens fuit aliquando non serpens, cum in paradiso deliciarum mora-
retur. Unde postea corruens ob peccata meruit audire
— *cecidit de coelo Lucifer, qui mane oriebatur, contritus est super terram.* Vide consonantiam prophetici evan-
gelicique sermonis! Propheta dicit: *cecidit de coelo Lucifer.* Jesus loquitur: *videbam Satanam quasi fulgur de*

---

*) Die Beweisstellen siehe bei Eisenmenger 1, 831.
**) Opp. III, 356, b unten.

coelo cadentem. (Luc. **X**, 18.) In quo differt dicere fulgur aut Luciferum de coelo ruentem? Quod ad rem
pertinet, omnis consonantia de cadente est. Im gleichen
Sinne spricht Eusebius *) und Hieronymus im Kommentar
zu Jesajas, wo es heißt: **) Pro Lucifero, qui hebraice
dicitur Elil, Aquila transtulit *ululantem Aurora filium.*
Vere enim ululare debuit et ejulare, qui propter super-
biam suam de coelo in terram praecipitatus est atque
contritus. Unde et Salvator ad discipulos loquitur:
videbam Satanam quasi fulgur de coelo cadentem (Luc.
X, 18) Non, *modo* video, sed *prius* videbam, quando
corruit. — Iste est princeps seculi, qui inter stellas cae-
teras mane oriebatur, et suo vitio de Lucifero Vesper
effectus est, et non oriens sed occidens. Aus diesen Stellen ersieht man erstens, warum der Fall Satans nicht bloß
seinem Neide, sondern auch dem Hochmuth zugeschrieben ward.
Er wollte Gott gleich an Majestät seyn, nach Jesajas **XIV**,
14; somit ist der Spruch des Apostels I Timoth. 3, 6 (τυ-
φωθείς) allem Anschein nach vollkommen erklärt. Zweitens
Akilas der Jude, der griechische Targumist, bezog kraft der
Aussage des Hieronymus die Stelle aus Jesajas ebenfalls
auf den Fall des Teufels. Dieß ist um so wichtiger, weil
Jonathan Ben Usiel in seinem Targum beim Wortsinn stehen
bleibt, und also kein Zeugniß darbietet. Drittens Hieronymus und Origenes sind darüber einverstanden, daß Jesus
(Luc. **X**, 18) auf obige Stelle des Jesajas anspiele. So viel
ich sehe, hat man dieß immer in der christlichen Kirche geglaubt, und ich kann mir auch keinen Gegengrund denken,
der irgend Stich hielte. Also hat Jesus, oder bestimmter
gesprochen, also hat der Evangelist, welcher jene Worte unserem Erlöser in den Mund legte, den Fall Lucifers im 14.
Kapitel des Jesajas gefunden. Das heißt wohl soviel als:

*) Praeparationes evang. liber VII, Cap. 16.
**) Opp. ed. Vallarsius IV, 251.

jene Ansicht war in den Tagen Jesu vorhanden, sie gehört zur Theologie jener Zeit.

Erinnern wir uns nun, daß die sieben reinen Geister, die Engel des Angesichts, nach der jüdischen Geheimlehre zugleich als Sterne erscheinen. Auch Samael war also ein reiner Stern, siel aber durch seinen Hochmuth. Folglich muß nach der alten jüdischen Theologie in den Tagen des Anfangs eine Umwälzung unter den Lichtern des Himmels stattgefunden haben, die nicht nur physische Folgen für die Welt, sondern auch sittliche für das Menschengeschlecht hatte. Jezt sind wir auf den Punkt gekommen, wo wir zum Buche Henoch zurückkehren müssen. Kap. XVIII, 13: (Henoch macht eine Reise durch die Himmel und kommt an einen Ort, den er so beschreibt): „Ich nahm einen Plaß wahr, welcher weder das Firmament des Himmels über sich hatte, noch den festen Grund unter sich; weder Wasser war über ihm, noch irgend Etwas zur Seite, sondern die Stelle war öde. Und da sahe ich sieben Sterne, gleich großen glänzenden Bergen, und gleich Geistern,*) mich bittend. Alsdann sprach der Engel (der Führer Henochs): Dieser Plaß wird bis zur Vollendung von Himmel und Erde das Gefängniß der Sterne, der Heerscharen des Himmels seyn. Sie sind diejenigen, welche den Befehl Gottes überschritten, bevor ihre Zeit gekommen war; denn sie kamen nicht zu ihrer rechten Zeit,**) deßhalb entbrannte sein Zorn über sie, und Er band sie bis zur Vollendung ihrer Strafzeit im verborgenen Jahre.“ Noch einmal kommt Henoch auf diese Sterne zu sprechen Kap. XXI, 1 u. flg: „Dann kam ich auf meinem Kreislaufe zu einer Stelle, wo Nichts vollendet war. Da sah ich weder das erstaunliche Gebäude eines hohen Himmels, noch eine feste Erde, sondern

---

*) Die frevelnden Sterne wollten durch Enoch erlöst werden, wie die Wächter.

**) Das heißt nach dem Zusammenhang, sie kamen zu frühe.

einen öden Raum, der bereitet war (zur Strafe) und furcht=
bar. Daselbst gewahrte ich sieben Sterne des Himmels zu=
sammengebunden, gleich großen Bergen, gleich sprudelndem
Feuer. Ich rief: wegen welcher Missethat sind sie gebunden,
und warum wurden sie entfernt an diesen Platz? (Auf meine
Frage) antwortete Uriel, einer der heiligen Engel, welcher bei
mir war und welcher mich führte: Enoch, warum fragst du,
warum sinnest du bei dir selbst und forschest ängstlich? Dieß
sind diejenigen Sterne, welche den Befehl des höchsten Got=
tes übertreten haben, und hier gebunden sind, bis die unend=
liche Zahl der Tage ihrer Strafe vollendet ist." Sicherlich
haben in diesem Punkte persische Lehren auf das Judenthum
eingewirkt. Den sieben guten Sterne = Engeln entsprechen
sieben böse. Aber sollte man sich nicht zur Begründung dieser
Ansicht auf die Stelle Jesaias XIV berufen haben? — Gebun=
den sind die Frevler; sie können also nichts Schlimmes auf
Erden wirken. Dagegen brauchte der Volksglaube einen Teufel,
der frei seinen Zerstörungstrieb befriedigen mochte, sonst
war das Böse nicht erklärt. Deßhalb blieben die Pharisäer
und Rabbinen, die Leiter und Stimmführer der Masse, bei
der einfachen Lehre von Samael stehen;*) doch schimmert
auch in ihren Büchern eine alte Ueberlieferung von Störun=
gen unter dem Heere des Himmels in den Tagen des An=
fangs durch. Pirke Eliefer, Kap. VI. **Quarto die compo-
suit Deus duo luminaria. In principio unum non erat
majus altero, sed erant aequalia altitudine, figura et
luce sua, juxta id quod scriptum est** (Genes. I, 16): *et
fecit Deus duo luminaria.* **Intercessit autem contentio
inter illa, dixitque unum alteri : ego te majus sum, alterum
rursus : ego te praestantius sum, neque fuit pax inter
utrumque. Quid fecit Deus S. B.? Unum reddidit**

---

*) Die Offenbarung Johannis, welche sich stark zum mystischen
Dogma hinneigt, spricht davon, daß der Drache gebunden und
gelöst werde.

majus, alterum minus, prout scriptum est (ibid.): *lumi-
minare magnum ut praeesset diei, et parvum ut praeesset nocti atque stellis.* Ebenso Targum Jeruschal. zu
Genes. I, 16: „Gott machte zwei große Lichter, und dieselben
waren an ihrer Ehre 21 Jahre, weniger 672 Theile der
Stunde einander gleich; nach dieser Zeit redete der Mond
Böses von der Sonne, und wurde deßhalb kleiner gemacht."
Auch der Talmud (Chollin 60, b. Schefuoth 9, a) und Be=
reschit Rabba lehrt dasselbe. *)

Wie Wollust die Wächter zum Fall brachte, so werden
auch die Geister, welche in den ersten Tagen der Schöpfung
fielen, als sehr wollüstig geschildert. Beide Geschlechter fan=
den sich unter ihnen; es gab Teufel und Teufelinnen; jene
verführten Eva, diese Adam zur Hurerei. So Traktat Erubim
bab. S. 18 b: „R. Jeremias, Eliesers Sohn, hat gesagt,
in allen denjenigen Jahren, in welchen Adam in Bann gethan
war, hat er Geister, Teufel und Nachtgespenster gezeugt, weil
geschrieben stehet Genes. V, 5: Adam war 135 Jahre
alt und zeugete (einen Sohn) in seiner Gleichniß
nach seinem Bilde. Hieraus folget, daß er bis auf die
Zeit nicht nach seinem Bilde gezeugt habe." Bereschit Rabba
Seite 20, b. über die Worte Genes. III, 20: Sie ist eine
Mutter alles Lebendigen: „R. Simeon hat gesagt, die
Worte: „Eine Mutter alles Lebendigen," bedeuten soviel als:
eine Mutter aller Lebenden; denn in den 130 Jahren, in
welchen sich Eva von Adam abgesondert hatte, sind die Teufel
männlichen Geschlechts von ihr erhizt worden, und haben sie
beschlafen, worauf sie Teufel gebar, wie auch die Weiblein
der Geister von Adam erhizt wurden, und von ihm (Teufel)
geboren haben." Sohar zur Genesis 170: „Rabbi Isaak hat
gesagt, von der Stunde an, in welcher Kain den Abel umge=
gebracht hat, sonderte sich Adam von Eva ab; da kamen zwei

---

*) Man findet die Beweisstellen gesammelt bei Eisenmenger I, 40.

Teufelinnen weiblichen Geschlechts und gesellten sich zu ihm,
und er zeugete Geister und Teufel.“ Die eine dieser Teufels=
mütter heißt Naama (ebendaselbst S. 71), die andere Lilith;
beide waren ursprünglich Samaels Kebsweiber. *) Weiter
wird behauptet, Samael habe die Eva selbst geschwächt: Avoda
Sarah bab. S. 22, b unten: dixit R. Jochanan serpentem
ea hora, qua rem habuit cum Eva, injecisse ei inquinamentum. Ein Oberster über die männlichen und weiblichen
Geister, die aus solcher Blutschande entstanden, ist der Teufel
Asmodi, von dem auch das Buch Tobi zu erzählen weiß.
Talmud Gittin Babylon S. 68: „Als König Salomo den
Tempel baute, hätte er gerne den Wurm Schamir gehabt,
mit Hülfe dessen Moses die Edelsteine auf dem Brustschilde
des Hohenpriesters geschnitten haben soll. Er befragte seine
Rabbinen um Rath, wie derselbe zu finden sey. Sie ant=
worteten: citire Teufel beiderlei Geschlechts (männliche und
weibliche **) und bedräue sie, vielleicht werden sie es dir
sagen. Sogleich ließ er männliche und weibliche Teufel er=
scheinen, und drohte ihnen mit schweren Strafen. Sie ent=
gegneten, wir wissen nicht, wo der Wurm Schamir ist, aber
rufe Asmodi, der Teufel Obersten, der wird es dir offen=
baren“ u. s. w.

Es könnte nun seyn, daß das, was eigentlich von den
Wächtern und ihrem sündhaften Geschlechte galt, auf die
Teufel, welche zu Anfang abfielen, übergetragen worden ist.
Eine wirkliche Verwechslung findet Statt im Buche Pirke Elieser
Kap. XXII. R. Meir dixit: scortationem amaverunt ge-
nerationes Caini, viri et mulieres instar bestiarum, atque
inquinarunt se omni immunditie, quisque cum matre,
sorore sua, et uxore fratris sui, in propatulo et plateis. —

___

*) Siehe über diesen schändlichen Gegenstand Eisenmenger II,
415 u. flg.
**) Salomo war nämlich, nach der Rabbinen Lehre, ein großer
Schwarzkünstler, der die Teufel nach Gutdünken bannen konnte.

Viderunt angeli, *qui exciderant e loco suo*, filios Caini
ambulantes in scortatione et fucantes oculos suos instar
scortorum, atque vagati sunt post illos et sumserunt ex
iis uxores, sicut scriptum est (Genes. **VI, 2**): *viderunt filii
Dei filias hominum.* Jedenfalls ist der Glaube, daß Samael
und seine Schaar die Stammeltern zur Unzucht verleitet und
Unzucht mit ihnen getrieben habe, sehr alt, und reicht wohl
in die Zeiten Christi hinauf, weßhalb wir hier davon sprechen.
Die Lehre von der Lilith begründete man durch die Stelle
Jes. **XXXIV, 14**, wo der Name Lilith genannt wird; *)
der Talmud weiß von ihr zu erzählen (Nidda S. 24, b.
Erubin 100, b.), und auch Augustin spielt darauf an, wenn
er sagt: Die Juden lehren in ihren Deuteroseis, daß Gott
dem ersten Menschen zwei Weiber erschaffen habe; **) hiemit
sind Eva und Lilith gemeint. Daß Eva von bösen Engeln
geschwächt worden sey, lehrten die Ophiten, nach dem Zeugniß des Irenäus: ***) Jaldaboth, der böse Gott, schuf
ein Weib, da kamen seine Engel und beschliefen sie: reliquos
autem (angelos Jaldaboth) venientes et mirantes formosi-
tatem ejus, vocasse eam Evam et concupiscentes hanc
generasse ex ea angelos, quos et angelos esse dicunt
(Ophitae). Dieselbe Meinung schreibt Epiphanius †) den
Archontikern, einer judenchristlichen Sekte, zu: Φασὶν, ὅτι ὁ
διάβολος ἐλθὼν πρὸς τὴν Εὔαν συνήφθη αὐτῇ, ὡς ἀνὴρ
γυναικὶ, καὶ ἐγέννησεν ἐξ αὐτοῦ τόν τε Καῒν καὶ τὸν Ἄβελ.

Nach den bisher entwickelten Stellen erscheint der Teufel
als ein Geist, der erst nach der Erschaffung des Menschen

---

*) Siehe Gesenius zu der Stelle.
**) Zweites Buch contra adversarium legis. Cap. 2. Opp. ex
edit. Maurina VIII, 580.
***) Im ersten Buch gegen die Ketzereien XXX, 7. Niemand, hoffe
ich, wird zweifeln, daß es jüdische Meinungen waren, was die
ältesten Ketzer auf das Christenthum übertrugen.
†) Haeres. 40. Opp. I, 295.

abfiel, an Macht tief unter dem Ewigen stehet, und von
ihm jeden Augenblick vernichtet werden könnte. Er ist mehr
ein Verstoßener, der sich für seine Verbannung zu rächen
sucht, als ein gefährlicher Empörer. Allein noch eine dritte
Ansicht tritt uns in den ältesten jüdischen *) Urkunden ent=
gegen. Nicht erst später gekommen, sondern ursprünglich war
(nach dieser andern Lehre) Zwietracht in der Schöpfung; ein
böses und ein gutes Grundwesen standen einander von An=
fang entgegen, wiewohl das zweite als das stärkere geschil=
dert wird, und seinen Gegner vielleicht nur um eines
besondern Zweckes willen duldet. Genes. 11, 7 heißt es:
וַיִּיצֶר יְהוָה אֱלֹהִים אֶת־הָאָדָם (Gott bildete den Menschen);
das Zeitwort hat zwei Jod. Aus dieser Eigenheit re ch t=
fertigten die Juden ihre Lehre von den zwei Trieben des
Menschen, einem guten und bösen, Jezer ra und Tof. Ich
sage mit gutem Bedacht, sie rechtfertigten ihre Ansicht,
denn dieselbe war längst vorhanden, man wollte sie aber nach
jüdischer Weise aus einem Bibelspruche begründen. Der böse
Trieb, das Jezer Hara wird nun in zahlreichen Stellen des
Talmud und der ältesten Midraschim für Eins mit Samael
oder Satan erklärt. Ich beschränke mich darauf, zwei anzu=
führen. Bava bathr. bab. S. 16, a. „Er ist der Satan,
er ist der böse Trieb, er ist der Engel des Todes. Er ist
der Satan, wie geschrieben stehet (Job. II, 7): Da ging
der Satan von dem Herrn. Er ist der böse Trieb, wie
geschrieben steht (Genes. VI, 5.): וְכָל־יֵצֶר מַחְשְׁבֹת לִבּוֹ רַע
und alles Dichten seines Herzens war böse." Aus
lezterer Stelle nämlich wurde die Lehre vom bösen Triebe exe=
getisch gerechtfertigt. Ebenso Joma S. 69, b. „Der Teufel
ist der böse Trieb, die Abgötterei." Dieser böse Trieb war
Schuld, daß Adam vom verbotenen Baume aß, daß er sich

---

*) Jüdisch nenne ich die Schriften, welche den Zeiten des zweiten
Tempels und seiner Zerstörung angehören.

verführen ließ, und die erste Sünde beging. Derselbe wirkte also früher, als der persönliche Satan oder Samael, denn der Jezer war dem Stammvater anerschaffen. Nun, worin bestand derselbe? Ohne Zweifel in den Begierden des Fleisches? Doch das ist vielleicht ein Schluß, den ich mache, den aber die alten Juden nicht anerkannten? Hören wir den Apostel Paulus, Ephes. II, 2. 3: ἐν ταῖς ἁμαρτίαις ποτὲ περιεπατήσατε κατὰ τὸν αἰῶνα τοῦ κόσμου τούτου, κατὰ τὸν ἄρχοντα τῆς ἐξουσίας τοῦ ἀέρος, τοῦ πνεύματος τοῦ νῦν ἐνεργοῦντος ἐν τοῖς υἱοῖς τῆς ἀπειθείας, ἐν οἷς καὶ ἡμεῖς πάντες ἀνεστράφημέν ποτε ἐν ταῖς ἐπιθυμίαις τῆς σαρκὸς ἡμῶν, ποιοῦντες τὰ θελήματα τῆς σαρκὸς καὶ τῶν διανοιῶν, καὶ ἦμεν τέκνα φύσει ὀργῆς ὡς καὶ οἱ λοιποί. Im ersten Gliede wird der Teufel ganz im Sinne der alten jüdischen Mystik dargestellt; er ist der Herr dieser Welt, er thront in der Luft, [*] er wirkt in gottlosen Menschen allerlei Böses. Wie? zeigt das zweite Glied; die Menschen gehören dem Teufel an, indem sie dem Fleische gehorchen, das Fleisch ist Satans Werkzeug, und zwar kann sich der Mensch durch eigene Kraft nicht davon losmachen, es ist ihm anerschaffen, und eben darum unterliegt er von Natur dem Zorne Gottes, und ist dem Teufel verfallen. Die Dogmatiker mögen das Wörtchen φύσει verdrehen, wie sie wollen: Obiges ist und bleibt der wahre Sinn der Stelle des Apostels. Demnach müßte man auf die Frage, wie alt Satan und sein Werk sey, mit Paulus antworten: so alt als das Fleisch. Allerdings hat unsere Stelle ziemlich viel Eigenthümliches, was sich sonst nicht im neuen Testamente findet, aber nur in einer Hinsicht, in anderen nicht. Ein strenger Gegensatz zwischen Fleisch und Geist, zwischen bösem und gutem Triebe zieht sich durch unsere heiligen Bücher hindurch. Erinnern wir uns nun, daß es in den Tagen Christi eine jüdische

---

[*] Die Beweisstellen für diese Meinung siehe weiter unten.

Sekte gab, welche den Leib für die Quelle aller Sünde ansah, welche diesen Glauben nicht nur mit dem Munde bekannte, sondern ihm eine der heftigsten Leidenschaften des Menschen, die Geschlechtsliebe, zum Opfer brachte, eine Sekte endlich, welche den Körper als Kerker der Seele betrachtete und behandelte, und den Tod als Erretter begrüßte.*) Heißt dieß nicht so viel, als: die jüdische Mystik hielt den Leib oder die Materie für den Sitz des Bösen, und weiter (weil eben dieselbe der Lehre vom Teufel zugethan war), sie erklärte die Materie für das Reich des Satans, und beide für Eins? Ohne Materie kann aber keine Schöpfung gedacht werden, folglich ist Satan so alt als die Welt, und diese ging aus einer ursprünglichen Zwietracht entgegengesezter Grundkräfte, einer guten und einer bösen, hervor. Auch Philo stellt die Materie als eine unreine, uranfängliche, von Gott scharf getrennte Masse hin, welche die Mutter aller Unordnung seyn soll; und in gleichem Sinne, allem Anschein nach, übersetzen die Septuag. den Vers Genes. I, 1. 2.**)

Das klingt freilich metaphysisch. Ich würde auch kein großes Gewicht auf diese Gründe legen, wenn ich nicht noch andere Beweise anzuführen hätte. Ist eine Ansicht recht in den Volksglauben eingedrungen, und nicht bloß auf der Zunge etlicher Grübler oder auch Schwätzer hängen geblieben, so wird sie sich in kräftige Sinnbilder, in Persönlichkeiten, umkleiden. Aussprüche, welche aus solchem Geiste entsprossen sind, fehlen uns nicht. In der Himmelfahrt des Jesajas Kap. IV, 2 heißt es: Berial magnus angelus, rex hujus mundi, quem possedi *a tempore primae collocationis.* Satan ist also Herr der Welt, seit den Anfängen der Schöpfung. Von den Ebioniten berichtet Epiphanius,***) sie hätten gelehrt, zwei Herren seyen von Gott aufgestellt:

---

*) Die Essener. Siehe meine Schrift über Philo II, 299 u. flg.
**) Siehe ebendaselbst Band I, 328 u. flg.
***) Häref. XXX, Kap. 16.

Chriſtus und der Teufel: δύο δέ τινας, ὡς ἔφην, συνισῶσιν
ἐκ Θεοῦ τεταγμένες, ἕνα μὲν τὸν Χρισὸν, ἕνα δὲ τὸν διάβολον
καὶ τὸν μὲν Χρισὸν λέγεσι τοῦ μέλλοντος αἰῶνος εἰληφέναι
τὸν κλῆρον, τὸν δὲ διάβολον τοῦτον πεπιςεῦσϑαι τὸν αἰῶνα,
ἐκ προσταγῆς δῆϑεν τοῦ παντοκράτορος, κατ᾽ αἴτησιν ἑκα-
τέρων αὐτῶν. Nach ihrer Anſicht gab es alſo gleichſam zwei
Untergötter, einen guten und einen böſen. Das Aergerliche,
was in dieſer Lehre lag, verhüllte man durch die Unter=
ordnung beider unter die höheren Plane des Allmächtigen.
In gleichem Sinne ſprechen die Recognitionen des Klemens
von zwei Reichen, duo regna, dem künftigen und dem ge=
genwärtigen. Jenes gehört dem Teufel, dieſes Chriſto an. *)
Ich zweifle, ob man die Stelle aus dem Epheſerbriefe (II,
2. 3) anders deuten kann. Daſſelbe möchte auch der Fall
ſeyn mit mehreren, Jeſu in den Mund gelegten Ausſprüchen:
Joh. XII, 31: ὁ ἄρχων τοῦ κόσμε τούτε ἐκβληϑήσεται
ἔξω; XVI, 30: ὁ κόσμε τούτε ἄρχων XVI, 2: ὁ ἄρχων τοῦ
κόσμε τούτε κέκριται. Geradezu der Gott dieſer Welt wird
Satan von Paulus genannt II Kor. IV, 4: ὁ ϑεὸς τοῦ αἰῶνος
τούτε ἐτύφλωσε τὰ νοήματα τῶν ἀπίσων, und Epheſ. VI, 12
heißen er und ſeine Gefährten κοσμοκράτορες τοῦ σκότες
τοῦ αἰῶνος τούτε. Die Monarchie des Höchſten ward frei=
li h gerettet, indem man Gott über den Meſſias = Logos, wie
über den Herrſcher der jetzigen Welt erhob, aber nur dem
Grundſatz und der Lehre nach. In der Wirklichkeit, in der
Erfahrung, das heißt für das Leben, durch welches der
Menſch mit dem Kopfe zwiſchen zwei Schultern wallet, gab
es zwei Grundweſen, deren Macht er empfand, ein gutes
und ein böſes. Dieſe Anſicht gehört der jüdiſchen Myſtik
an. Sie hat ſich, wie faſt alle anderen, in der Synagoge
erhalten. Merkwürdig genug nennt der Sohar den Teufel

---

*) Buch 1, Kap. 24, ſiehe Cotelerius I, 498 a.

אֵל אַחֵר, den andern, den zweiten Gott! *) Wie viel liegt in diesem Worte!

Die Lehre vom Satan, als dem Weltherrscher, gab frühe zu allerlei Spielereien Anlaß. Im talmudischen Traktat Succa, bab. S. 52, a. heißt es: „R. Josua, Levi Sohn, hat gesagt: sieben Namen kommen dem Jezer hara zu. Gott nannte ihn das „Böse,“ weil geschrieben steht (Genes. VIII, 21): Der Trieb des menschlichen Herzens ist böse von Jugend auf. Moses hat ihn den Unbeschnittenen geheißen (Deuter. X, 16): So beschneidet nun Eures Herzens Vorhaut. David nannte ihn den Unreinen (Ps. LI, 12.): Schaffe in mir Gott ein reines Herz; folglich ist es an sich unrein. Salomo hieß ihn den Hasser (Sprüchwörter XXV, 21): Hungert dein Hasser, so gib ihm Brod zu essen. Jesaias nennt ihn den Anstoß (Jes. LVII, 14): Machet Bahn, machet Bahn, räumet den Weg, hebet die Anstöße aus den Wegen meines Volks. Ezechiel hieß ihn den Stein (Ezech. XI, 19): Ich will das steinerne Herz aus eurem Fleische nehmen. Joel nannte ihn den Mann von Mitternacht (Joel II, 20): Ich will den Mann von Mitternacht ferne von Euch treiben.“ So der Talmud; hätten die Rabbinen die Siebenzahl überschreiten wollen, so wäre es ihnen sicher leicht geworden, noch mehr Namen des Bösen aufzustapeln. Dieß ist es eben, auf was wir hier aufmerksam machen. Sieben war den Juden die heiligste Zahl. Sieben Tage der Weltschöpfung sind es, sieben Engel des Angesichts, sieben heilige Sterne; diesen reinen Sieben entsprechen nun sieben Mächte der Nacht, sieben gebundene Sterne, sieben Namen des Bösen. Auch der Sohar bekennt dieselbe Lehre, jedoch in anderer Gestalt. Sohar zu Exodus S. 475 heißt es: **Septem nomina habet prava**

---

*) Sohar, Amsterdamer Ausgabe; Th. II, S. 254 b.

concupiscentia (Jezer hara) et his correspondent septem habitacula Gehennae. Fünf dieser Namen werden besonders aufgeführt Sohar zu Levitikus S. 56. „Der Jezer ra heißt das Gewürm oder die Schlange." Ferner zu Numeri S. 439: prava concupiscentia vocatur ursus, leo, canis, asinus, omnique nomine animalium rapacium. Also Schlange, Bär, Löwe, Hund, Esel heißt der böse Trieb. Das wird man wohl für eine späte Träumerei halten? Nun hören wir Celsus, oder vielmehr Origenes: *) „Celsus spricht weiter von den sieben Fürsten der Teufel (δαιμόνων), von denen die Christen durchaus nichts wissen, wohl aber vielleicht die Ophiten. Ich habe mir eine ihrer magischen Figuren (διάγραμμα) verschafft, und die Stellung der Sieben zu einander gerade so gefunden, wie Celsus es angibt. Dieser sagt, der Erste habe die Gestalt eines Löwen, er bezeichnet jedoch den Namen nicht, welchen jene unreine Sekte (diesem ersten Dämonen) ertheilt. Ich fand, daß jene heillose Figur den Löwenförmigen Michael nennt, welcher Name in den heiligen Schriften einen so guten Klang hat, und dem Engel des Weltschöpfers ertheilt wird. Der nachfolgende heißt bei Celsus der Ochse, in der Figur ist der Ochsenförmige als Suriel bezeichnet. Ein Amphibion, das schrecklich zische, nennt Celsus den Dritten. Die Figur gibt dem Schlangenförmigen den Namen Raphael. Der Vierte hat nach Celsus die Gestalt eines Adlers. In der Figur heißt der Adlerförmige Gabriel. Der Fünfte hat, wie Celsus sagt, das Gesicht eines Bären. Auf der Figur wird der Bärenförmige Thautabaoth genannt. Vom Sechsten berichtet Celsus, er habe das Antlitz eines Hundes. Die Figur nennt ihn Erathaot. Endlich dem Siebenten kommt, nach Celsus, die Gestalt des Esels zu; weiter sagt er, derselbe werde von der Sekte Thafabaoth oder Onoel genannt. Auf meiner

---

*) Contra Celsum VI, 30. Opp. I, 653 u. flg.

Figur trägt er den Namen Onoel oder Thartharaoth,
und hat auch die Gestalt eines Esels." Zu den fünf Thier=
namen, welche der Sohar ganz so wie Celsus wiedergibt,
fehlen noch zwei. Ohne Zweifel kennt diese Quelle auch den
Adler und den Ochsen, als Bezeichnungen des Bösen, nur
sind mir die Stellen nicht zur Hand. Sonst erzählen selbst
die Talmudisten von einem Götzen (was im jüdischen Sinne
mit Teufel gleichbedeutend ist), der in Gestalt eines Adlers
verehrt werde*). Den Namen Ochsen geben die Kabbalisten
dem Teufel oft. So im großen Jalkut Rubeni S. 113, a: „Der
Ochse ist Samael," und im kleinen Jalkut Rubeni Nr. 4:
„Samael läßt sich bisweilen in der Gestalt eines Ochsen,
oder eines Schweines sehen, sonderlich erscheint er zur Zeit
der Plage (der Seuchen) als ein schwarzer Ochse." Ein vol=
les Jahrtausend, eine ganz verschiedene Sprache und Kultur
liegt zwischen Origenes oder Celsus und der Abfassung des
Sohar, und doch welche Uebereinstimmung in unbedeutenden
Spielereien! Das macht, weil der Sohar die alte jüdische
Mystik enthält, aus welcher die Gnostiker des ersten und
zweiten Jahrhunderts schöpften. Nie hoffe man das jüdische
und auch das christliche Alterthum, die Sekten, die Gnosis
gründlich zu verstehen, bevor jenes wichtige Buch nicht er=
forscht ist. **)

Der Begriff des Teufels, den wir so eben entwickelt
haben, gehört der alten jüdischen Geheimlehre oder dem Essä=
ismus an. Zwei Reiche stehen einander gegenüber: ein gutes,
ein böses, deßhalb spricht Christus im Sinne der Juden sei=
ner Zeit von einer βασιλεία τοῦ Σατανᾶ (Matth. XII, 26).

---

*) Siehe Buxtorfs chaldäisches Wörterbuch unter שעיר.

**) Herr Landauer von Buchau, ein junger jüdischer Gelehrter,
der die Sprache der heiligen Bücher seines Volkes vollkommen
inne hat und bereits durch eine Schrift „Jehova Elohim" rühm=
liche Proben seines Scharfsinns ablegte, schreibt gegenwärtig
an einem Buche über die Theologie des Sohar. Ich mache
darauf aufmerksam, denn es wird ein gründliches Werk werden.

Doch ist der Böse dem Höchsten untergeordnet, und auf diese
Weise wird die reine Zwietracht (der strenge Manichäismus
oder die Lehre der Parsen) durch eine höhere Einheit um-
gangen. Das gute Wesen thront im Himmel, Licht ist sein
Kleid, Licht sein Wesen. So lehrt die alexandrinische Theo-
sophie, und solche Aussprüche kehren auch im N. T. wieder.
Dagegen ist Satan Herr der Finsterniß oder der Materie,
oder (auf den Menschen bezogen) des Fleisches. Denn die
Materie war ursprünglich eine licht- und ordnungslose Masse;
was Gutes an ihr klebt, ward ihr durch die Strahlen von
Oben eingeformt.*) Beide Herrscher, der des Lichtes und der
Finsterniß, erhalten einen äußerlich gleichgestalteten, jedoch dem
Geiste nach völlig verschiedenen Hofstaat. Sieben Engel des
Angesichts, sieben heilige Sterne umgeben den Gott der Güte
und des Lichtes; gleicherweise stehen sieben böse den guten
gleichnamige Geister, sieben gefallene Sterne (die wir bei Henoch fanden) um den Thron Satans, und unter sieben Namen wirkt der Böse auf die Herzen der Menschen.

Innerhalb der Gränzen dieser dreifachen Lehre vom Bösen, schaukelt sich nun der jüdische Volksglaube in Bezug
auf die Teufel. Es gibt zweierlei böse Geister: erstens die
gefallenen Engel; diese sind ewig und werden erst am jüngsten Tage bestraft; dann die Abkömmlinge der Blutschande
Adams und Evas, oder der Nephilim und Giganten, ein
Zwittergeschlecht, halb böse Engel, halb Menschen. Von
lezteren gilt folgende Stelle aus dem Traktat Chagigah Bab.
Seite 16 a: „Sechs Dinge werden von den Teufeln (שדים
Dämonen) gesagt; in dreien derselben kommen sie mit den
Engeln des Dienstes, in dreien mit den Menschen überein.
Die drei Stücke, in welchen sie den dienstbaren Engeln glei-
chen, sind: daß sie Flügel haben, wie die dienstbaren Engel,

---

*) Deßhalb spielt der Gegensatz zwischen Licht und Finsterniß eine
so bedeutende Rolle in der alten Gnosis.

und von einem Ende der Welt bis zu dem andern fliegen,
wie die Engel, endlich, daß sie wissen, was in Zukunft ge=
schehen soll. Wie! meinst du, daß sie die Zukunft wissen?
Nicht also verhält es sich, sondern sie hören es hinter dem
Vorhang, wie die Engel.*) Die drei Stücke, in welchen sie
den Menschen gleichen, bestehen darin, daß sie essen und trin=
ken wie die Menschen, daß sie fruchtbar sind und sich ver=
mehren, wie die Menschen, daß sie sterben, wie die Menschen.“
Ungeheuer ist die Zahl, besonders der leztern Klasse. Traktat Be=
rachot Bab. S. 6, a: „Wenn das Auge mit der Kraft begabt
wäre, zu sehen (was um den Menschen vorgeht), könnte kein
Mensch, aus Furcht vor schädlichen Geistern (מזיקין von מזיק
eigentlich die Schadenden) bestehen. R. Asai sagt, ihrer
sind mehr als wir, und sie umgeben uns allenthalben, wie
die aufgeworfene Erde die Grüblein in den Weinbergen, in
welchen die Reben stehen. Raf Huna behauptet: Jeder
Mensch hat 10,000 solcher Geister zur Rechten, 1000 zur
Linken. Rabba sagt: Das Gedränge am Sabbat in der Sy=
nagoge komme von ihnen her, auch die Kleider der Rabbinen
werden durch ihr Anreiben so bald alt und zerrissen, deßgleichen
rühre von ihnen das Wanken der Füße her. Wer diese Gei=
ster erforschen will, nehme gesiebte Asche, und streue sie um
sein Bette, so wird er des Morgens ihre Fußstapfen wie
Hahnentritte darauf erkennen. Will man sie sehen, so nehme
man die Nachgeburt einer schwarzen Katze, welche von einer
erstgebornen schwarzen Katze geworfen ward, deren Mutter
gleichfalls Erstgeburt gewesen, verbrenne und zerstoße sie, und
thue Etwas davon in die Augen, so wird man sie sehen.“
Das Gleiche lehrt der Sohar zur Genesis, S. 171: „Wehe
den Menschenkindern, welche Nichts wissen und Nichts achten,
noch betrachten, denen da unbekannt ist, wie voll die Welt

---

*) D. h. sie horchen hinter dem Vorhang des himmlischen Tem=
pels, in welchem Gott thront, um die Geschicke der Zukunft
aus dem Munde des Höchsten zu erlauschen.

von allerlei Geschöpfen sey, die unsichtbar verborgene Oerter erfüllen. Denn wenn dem Auge die Macht gegeben wäre, zu sehen, würden sich die Menschen verwundern, daß sie in der Welt bestehen können." Ebenso Sohar zu Num. S. 291: **Multa spirituum noxiorum genera in mundo circumvolitant nocturno tempore, illuduntque animabus impiorum, quaedam ipsis notificantes, quae partim vera sunt, partim falsa. Illisque data est facultas, ut laedant omnes, qui ipsis occurrunt.** Sie fliegen besonders bei Nacht um die Menschen herum, weil sie Gewalt haben in der Finsterniß, denn sie sind Kinder der Nacht. Sohar zur Genesis: **Spiritus maligni habent dominium noctu.** Gerade wie Ephes. **VI,** 12: Πάλη ὑμῖν ἐσιν οὐ πρὸς αἷμα, ἀλλὰ πρὸς — τοὺς κοσμοκράτορας τοῦ σκότους τοῦ αἰῶνος τούτ8. Darum heißt es Sanhedrin S. 44, a und Megilla 3, a: „Es ist den Menschen verboten, Jemand bei Nacht zu grüßen, dieweil wir besorgen, es möchte ein Teufel seyn." Sonst wohnen die Dämonen besonders gerne in abgelegenen Oertern: in Ruinen; Berachot Bab. S. 5, a unten: „Die Rabbinen sagen, man solle nicht in Ruinen treten, um der bösen Geister willen, die sich daselbst aufhalten." In Wüsten: Targum Jeruschalemi zu Deut. **XXX,** 10: „In der Wüste, im Hause des Durstes, wo Dämonen und Drachen heulen." Um Gräber: Nidda S. 17 a: **Qui pernoctat in sepulchreto, super eum descendit spiritus immundus.** Ebenso Chagigah S. 3, b. Unter Bäumen: Pesachim S. 111, b: „Die Geister, welche unter dem Sperberbaum *) (זְרָדְתָא sorbus) wohnen, heißen Schedim. Einen Sperberbaum, der in der Nähe einer Stadt steht, bewohnen nicht weniger als sechszig Teufel." Ihr liebster Aufenthalt sind jedoch stinkende Orte, besonders Abtritte. **) Sohar zu Erod. S. 29: „Es ist in

---

*) Wahrscheinlich diente das Holz dieses Baumes zu Zaubermitteln.

**) Ein Grund weiter, warum ihr Oberster im N. T. Belsebul, der Gott des Mistes, heißt.

allen heimlichen Gemächern der Welt ein böser Geist, welcher
sich daselbst aufhält und am Unflathe seine Lust hat." Ebenso
Sabbath Bab. S. 67 a. Eine saubere Geschichte wird Be=
rachot Bab. S. 62, a erzählt: „R. Tanchum hat gesagt: Wer
sich auf dem Abtritt züchtig beträgt, der wird vor drei da=
selbst befindlichen bösen Dingen bewahrt: vor Schlangen, vor
Skorpionen, vor Teufeln. Zu Tiberias war ein Abtritt, den
man nicht einmal zu zweien und nicht einmal bei Tage be=
treten durfte, ohne von Teufeln beschädigt zu werden. Den=
noch gingen R. Ami und R. Asi allein hinein, und es wi=
derfuhr ihnen kein Leid. Da sprachen die Rabbinen zu ihnen:
Fürchtet ihr euch nicht? Sie antworteten: Wir kennen ein
Gegenmittel, — züchtig und stille zu seyn. R. Asai zog sich
ein Schaf, welches mit ihm in den Abtritt ging, damit er
nicht allein wäre und von den Teufeln beschädigt würde;
einen Bock nahm er deßhalb nicht (statt des Schafes), weil
ein Bock (der Teufel) sich in den andern verwandelt." Hier
erscheinen die Teufel in Bocksgestalt; in der oben angeführ=
ten Stelle werden ihnen Hahnenfüße *) zugeschrieben, jenes
wegen des Bockes Asael, der in die Wüste geschickt wurde,
als Sühnopfer (Levit. XVI, 10). Man dachte sich daher
den Teufel selbst als einen Faun mit Bocksfüßen. Hah=
nenfüße gab man den Dämonen ohne Zweifel darum, weil
der Hahn, als Verkündiger des Tags, dem Luzifer, d. h. dem
gefallenen, Samael geweiht ist. Wir haben hier den Ursprung
mehrerer Meinungen, die noch jetzt unter unserm Volke ver=
breitet sind. Auch der noch immer, besonders bei Weibern,
bestehende Aberglaube, nicht allein auf den Abtritt zu gehen,
kommt aus derselben Quelle her. Endlich glaubte man, daß
eine große Masse der Teufel gegen Norden wohne. So der

---

*) Ebenso im talmudischen Traktat Gittin S. 68, b: „Der Teufel
Aschmodi, der den König Salomo verjagt hatte, kam zu den
Weibern desselben Nachts mit Pantoffeln, damit sie seine Hah=
nenfüße nicht sehen möchten.

Sohar. *) R. Menachem von Rekanate, ein berühmter Kab=
balist; schreibt in seinem Kommentar über den Pentateuch S.
138, b: „Der Norden wird der unsaubere Geist genannt."
Zu Begründung dieser Ansicht berief man sich auf Jer. I, 14:
„Von Mitternacht wird das Unglück ausbrechen," und Joel
II, 20: „Ich will den von Mitternacht austreiben." Wegen
lezterer Stelle heißt der Teufel oder die böse Natur, wie wir
oben zeigten, der Mann aus Mitternacht. Von den Juden
ist der Glaube, daß der Sitz des Bösen im Norden sey, zu
den Christen übergegangen. Lactantius sagt im zweiten Buche
seiner Institutionen Kap. X: Oriens Deo accensetur, quia
ipse luminis fons et illustrator est rerum, et quod oriri
nos facit ad sempiternam vitam. Occidens autem con-
turbatae illi pravaeque menti adscribitur, quod lumen
abscondat, quod tenebras semper inducat, et quod homines faciat occidere atque interire peccatis. Dann etliche
Säße weiter unten: Sicut contrariae sunt lumini tenebrae, ita frigus calori. Ut igitur calor lumini est pro-
ximus, sic meridies orienti; ut frigus tenebris, ita plaga
est septentrionalis occasui. — Dies, quem primus oriens
subministrat, Dei sit necesse est, sicut omnia, quaecunque meliora sunt. Nox autem, quam occidens extremus
inducit, ejus est, quem Dei aemulum esse diximus (sc.
diaboli). Noch stärker drückt sich Lactantius im 18. Kapitel
desselben Buches aus: Coelum atque lux — sunt Dei —
sed malorum principi attributae sunt tenebrae, et inferi
et supplicium sempiternum. In der Nacht und im Nor=
den thront also der Teufel.

Den Menschen auf alle Weise zu schaden, ist die Freude
der unreinen Geister. Besonders fahren sie in dieselben hin=
ein und machen sie besessen. Die Mischna Erubim Kap. IV,
1 spricht von einem bösen Geiste (רוּחַ רָעָה), der die Men=
schen am Sabbath ergreife und über den Sabbatherweg

*) Man vergleiche caübala denudata I, 667 unter עִלָּיוֹן.

hinaustreibe. Im Buch Sifri zu Deuter. XVIII, 12 heißt es:
„Wer sich an einen unreinen Geist hängt, in dem wohnt der
unreine Geist, wer aber der Schechina sich zuwendet, der ist
würdig, daß der heil. Geist in ihm wohne." Ebendaselbst zu
Deuter. XXXII, 16: „Wie ist die Art der Teufel (שׁדִים)?
sie fahren in den Menschen ein und werfen ihn nieder."
Das Gleiche findet sich im Buche Pesichta*): Quae est con-
suetudo Daemonis? quando ingreditur in hominem, in-
curvat eum super faciem suam. Artige Geschichten von
solchen Besitzungen durch Teufel werden im Talmud erzählt:
So im Traktat Meilah S. 51 a: „Die beiden Rabbinen
Schimeon Ben Jochai**) und Eliefer wurden im Auftrag
der Judenschaft nach Rom geschickt, um den Kaiser zu bewegen, daß er ein gegen die Juden erlassenes Gesetz zurück-
nehmen möchte. Unterwegs stieß der Teufel Ben Talamjon
zu ihnen und bat sie mitreisen zu dürfen. Er erhielt die
Erlaubniß gegen das Versprechen, nach ihrer Ankunft zu
Rom in die Tochter des Kaisers zu fahren, und nicht eher
sie zu verlassen, bis R. Schimeon ihn rufe; um die anderen
Beschwörer, welche etwa der Kaiser gebrauchen würde, sollte
er sich nicht bekümmern. Als Merkzeichen seines Ausfahrens versprach er, alle gläserne Gefäße am Hofe des Kaisers
zu zerschmettern. Die zwei Rabbinen und der Teufel kamen
in Rom an, sogleich fuhr lezterer in die Tochter des Kaisers,
welche unablässig nach R. Schimeon schrie, daß er ihr zu
Hülfe kommen möchte. Schimeon ward zu Hof beschieden
und rief aus: Sohn des Talamjon fahr aus, Sohn des Talamjon fahr aus. Der Teufel gehorchte; zum Lohne für seine
Wunderheilungen erhielt nun Rabbi Schimeon die Zurück-
nahme des Gesetzes." Besonders werden einzelne Krankheiten der Besitzung durch Teufel zugeschrieben, z. B. die
fallende Sucht. Sohar zu Genes. S. 42: „In der Sabbath-

*) Ugolini Vol. XVI, 1170.
**) Derselbe, dem das Buch Sohar fälschlich zugeschrieben wird.
Doch war er auch nach dem Talmud ein großer Kabbalist.

Nacht verbergen sich die Teufel, mit Ausnahme eines einzigen
bösen Geistes, mit Namen Asimon (אַסִּימִין ἄσημος). Der
fliegt mit seiner Schaar herum und schaut, ob er Jemand
finde, der bei Licht und nackt sein Weib beschläft; dann
schicken sie einen bösen Geist in die Seele des eben entstehen=
den Kindes, daß es die fallende Sucht bekommt." Selbst hef=
tige Schmerzen im Kopf kommen von bösen Geistern her,
und es gibt eigene Teufel, die diese Krankheit erregen.
Mischna Gittin Kap. VII, 1, heißt es: „Wenn Jemand der
Kardaikus ergriffen hat, und der Besessene sagt: Schreibe
meiner Frau einen Scheidebrief, so gilt dieß Nichts." Die Ge=
mara zu der Stelle (S. 67, b) sagt: „Kardaikus sey ein
Teufel, der Diejenigen befalle, welche zu viel Most aus ihrer
Kelter trinken." Die wahre Bewandtniß der Sache liegt am
Tage. Das Wort Kardaikus קַרְדְּיקוֹס kommt her von dem
griechischen καρδία und bedeutet ursprünglich Herzwehe. Weil
aber die Juden an Besitzung durch böse Geister glaubten,
machten sie einen eigenen Teufel daraus. Auch Krankheiten
der Thiere rühren vom Teufel her. Traktat Joma Bab. S.
85, b: „Woher kommt die Hundswuth? Raf sagte: Heren
treiben ihr Spiel mit den Hunden. Rabbi Samuel dagegen ist
der Meinung, daß solche Hunde vom Teufel besessen seyen."

Der Glaube an Besitzungen durch böse Geister führt
überall auf eine eigene Art von Heilkunde; man ersinnt Ge=
genmittel, welche der Natur des vorausgesezten Uebels ent=
sprechen. Die jüdischen Rabbinen galten in der ältesten Zeit
für große Zauberer und Beschwörer. Justin der Märtyrer
sagt im Gespräch mit dem Juden Tryphon, Kap. 85: *)
„Wenn ihr (Juden) bei dem Namen irgend eines eurer Kö=
nige, Heiligen, Propheten, Patriarchen böse Geister beschwört,
so gehorchen sie euch nicht. Wenn ihr es aber bei dem Na=
men des Gottes Abraham, Isaak und Jakob thut, so gehor=
chen sie euch vielleicht. Eure Beschwörer brauchen dieselbe

---

*) Opp. S. 182.

Kunst, wie die heidnischen; sie beschwören mit Räucherungen
und bindenden Sprüchen, καταδεσμοῖς." Alte Juden mögen
vielleicht ebenso den Christen vorgeworfen haben, daß ihre
Beschwörungen Nichts nützen. Ich halte mich an die Thatsache, daß Juden sich mit Beschwörungen abgaben. Sehr
Vieles berichtet der Talmud von magischen Mitteln. *) Namentlich sollen sich die jüdischen Weiber, nach dem Zeugnisse
der Rabbinen, mit Zauberei abgegeben haben. Berachot Bab.
S. 53, a: „Wenn Jemand außerhalb einer Stadt angenehme
Gerüche empfindet, so spreche er den Segen nicht, sobald der
größte Theil der Einwohner jener Stadt Heiden sind. Ist
sie aber meist von Juden bewohnt, so spreche er den Segen.
R. Jose dagegen sagt, auch dann solle man keinen Segen
sprechen, weil die Töchter Israel dergleichen Räucherungen
zur Zauberei anstellen." Wir haben hier magische Räucherungen, wie in der Stelle bei Justin. Von den Zaubersprü-
chen, die man brauchte, um böse Geister auszutreiben, will
ich einen einzigen anführen, weil derselbe auch in anderer
Hinsicht wichtig ist. Sabbath Bab. S. 67, a heißt es, man solle
über die Besessenen sprechen: הֲוֵית דְּפָקִיק דְּפָקִיק הֲוֵית לִיטָא תָבוּר
וּמְשׁוּמַת בַּר טִיט בַּר טָמֵא בַּר טִינָא כְּשַׁמְנוּ מְרִיגַז וְאִיסְטַמָאה
Edzard übersezt diese schwierigen Worte **) so: Qui es oc-
clusus, occlusus qui es, maledictus, fractus et anathema-
tizatus sit Diabolus filius luti, filius immundi, filius
coeni, sicuti Schamgas, Marigas et Istemaa. Der Teufel
bekommt hier lauter Beiwörter, die ihn als den Gott des
Kothes bezeichnen. Unter Koth verstand man zulezt die Materie, jene gespenstische, ungeordnete, wohl gar stinkende
Masse, die Gott bei der Schöpfung beseelen mußte, die ihm

---

*) Eine lehrreiche Zusammenstellung über diesen Gegenstand fin-
det der Leser bei Edzard Avoda Sara II, 311 — 356.
**) Am angezeigten Orte S. 327. Die Gemara fügt bei, diese
Formel treibe den Teufel aus, der die fallende Sucht verursache.

aber immer widerstrebt, wie die alte Nacht dem Lichte. *)
Die drei Namen Schamgas, Marigas, Istemaa sind bestrafte
böse Engel. In Lezterm erkenne ich den bösen Geist Ista=
phäus oder Astaphäus, von dem nach Irenäus I, 30, und
nach Origenes contra Celsum VI, 31 die Ophiten zu erzäh=
len wußten.

Nicht nur aus dem Menschen, den sie besessen hatten,
vertreiben, sondern selbst sich dienstbar machen, konnte man
die bösen Geister nach der alten jüdischen Lehre. Wunder=
dinge werden in dieser Beziehung von König Salomo, dem
großen Zauberer, berichtet. Traktat Gittin S. 68. a, b: „Um
den Tempel zu bauen brauchte Salomo den Wurm Schamir;
diesen Wurm konnte ihm nur der Teufeloberste Aschmedai
(der Ασμοδαιος des Tobi) verschffen. Wie nun diesen Geist
in seine Gewalt bringen? Salomo citirte Teufel, diese sag=
ten ihm: Aschmedai wohnt auf einem Berge, und hat daselbst
eine Grube gegraben, dieselbe mit Wasser gefüllet, mit einem
Stein zugedeckt und mit seinem Pittschaft versiegelt. Er
steigt auch alle Tage hinauf in den Himmel und lernet in
den hohen Schulen des Himmels; darnach steigt er herab
auf die Erde und lernt in den Schulen der Erde. Dann
kommt er, besiehet sein Pittschaft, öffnet die Grube und
trinkt; wann er dieselbe wieder zugedeckt hat, versiegelt er
sie und geht fort. Nun schickte König Salomo Benaja, den
Sohn Jojadas, nach selbigem Berge, ausgerüstet mit einer
Kette, auf welche der Name Jehova eingegraben, mit einem
Ringe gleicher Art, mit einem Bündel Wolle und etlichen
Schläuchen voll Wein. Benaja fand den Ort, grub einen
Graben um den Behälter Asmodi's, daß alles Wasser, was
drinnen war, herauslief, und stopfte das Loch mit dem Wol=
lenbündel zu; darnach grub er eine Oeffnung oben, und schüt=
tete den Wein hinein, worauf er das Loch wieder schloß,

*) Wie schön hat Göthe im Faust diese Ideen des grauen Alter=
thums dargestellt!

ſtieg dann auf einen Baum und wartete. Als nun Asmodi
gekommen war, das Pittſchaft beſichtigt und Wein ſtatt Waſ-
ſers in der Grube gefunden hatte, wollte er Anfangs Nichts
davon trinken, weil ihm Böſes ahnete. Dennoch vom bren=
nenden Durſte getrieben, trank er, ward toll und voll, legte
ſich nieder und ſchlief. Jezt ſtieg Benaja vom Baume herab
und ſchloß den ſchlafenden Teufel mit der Kette. Als As=
modi erwachte, ward er wüthend und wollte die Kette zer=
reißen; aber Benaja ſprach zu ihm: Der Name deines
Herrn iſt auf dir, der Name deines Herrn iſt auf dir (eine
Nachbildung von Exod. XXIII, 21). Asmodi ließ ſich nun
von Benaja an der Kette führen. Unterwegs warf er aus
Jngrimm einen Dattelbaum um, dann ein Haus, zulezt kam
er an die Hütte einer armen Witwe; auch dieſe wollte er
zerſchmettern, aber die Witwe bat ihn ſo flehentlich, daß er
aus Erbarmen ein wenig zu Seite bog und darüber ſein
Bein brach *). Am Hofe des Königs angekommen, mußte·
er zwei Tage warten, ehe er vorgelaſſen wurde. Erſt zu
Anfang des dritten Tages ward er berufen, nahm dann
einen Maßſtab, maß vier Ellen und ſprach zu Salomo:
Wenn du ſtirbſt, beſizeſt du in dieſer Welt nicht mehr als
vier Ellen (in deinem Grab); nun haſt du die ganze Welt
bezwungen und biſt doch damit nicht zufrieden, bis du auch
mich deiner Gewalt unterworfen hatteſt. Salomo antwortete:
Jch begehre nichts Anderes von dir, als daß du mir den
Wurm Schamir ſchaffeſt, den ich zum Tempelbau nöthig
habe. Er iſt nicht in meiner Gewalt, entgegnete Asmodi,
ſondern er gehört dem Fürſten des Meeres, und dieſer gibt
den Wurm Niemanden als dem Auerhahne, welcher ihm ge=
treu iſt, und einen Eid geſchworen hat! Was thut der
Auerhahn mit dem Schamir? Er nimmt denſelben mit auf

---

*) Darum hinkt der Teufel in der Volksſage auf einer Seite,
denn er hat einmal ſein Bein gebrochen und der Bruch iſt
ſchlecht geheilt worden.

die Berge, wo kein Baum noch Gras wächst, spaltet dann
mit dem Schamir die Felsen und wirft Samen hinein, so
daß Bäume und Gras keimen. Deßhalb heißt der Auerhahn
Naggar Tura, d. i. der Bergkünstler! Nachdem hierauf Be=
naja und seine Gefährten das Nest des Auerhahnen gefunden,
deckten sie ein Glas über die jungen Hähne, welche darin
lagen. Als nun der alte Auerhahn kam, wollte er zu seinen
Jungen hinein, konnte aber nicht wegen des Glases. Darum
holte er den Schamir, um das Glas zu sprengen.*) Benaja
erhob jezt laut seine Stimme, worüber der Auerhahn erschrak
und den Schamir fallen ließ, welchen Benaja aufraffte. Aus
Verzweiflung ging der Auerhahn weg und erwürgte sich selbst
wegen seines Eides." Dieß steht im Talmud Gittin. Weiter wird
erzählt, wie Salomo mit Hülfe Schamirs, des Teufels As=
modi und seiner dienstbaren Geister den Tempel baute, end=
lich aber überlistete der Geist den König. „Eines Tages sprach
Salomo zu ihm: worin seyd ihr Teufel vortrefflicher als wir
(Menschen)? Asmodi antwortete: Nehme die Kette von mir
weg und gib mir deinen Ring, so will ich dir meine Tugend
weisen. Der König war so einfältig, diese Bitte zu gewäh=
ren, worauf er von dem Teufel 400 Meilen Wegs weit fort
geschleudert wurde. Asmodi nahm nun Salomo's Gestalt an,
sezte sich auf seinen Stuhl, spielte lange Zeit den König und
beschlief Salomo's Weiber, bis der wahre Herr mit Hülfe
der Rabbinen wieder eingesezt wurde, worauf Asmodi ent=
floh." Asmodi und andere Teufel erscheinen in dieser und
ähnlichen Geschichten viel mehr als launige Kobolde, denn als
böse Wesen.

Daß nun die ganze hier entwickelte Lehre von den Teu=
feln niederer Art in die Zeit Jesu Christi hinaufreiche, halte
ich für gewiß. Den ersten und tüchtigsten Zeugen haben wir

---

*) Wir haben hier den Ursprung der Volkssage von der Spreng=
wurzel, welche Musäus in einem seiner Mährchen so anmuthig
geschildert hat.

an dem Buche Henoch, welches im Grunde, wiewohl kürzer, dasselbe besagt, was die obigen Stellen der Rabbinen. An Henoch schließt sich der jüdische Geschichtschreiber an. Alterth. VI, 11, 2 legt Josephus Sauls Sohne Jonathan die Behauptung in den Mund, daß sein Vater, während jener Stunden des Trübsinns, vom bösen Geiste und von Dämonen besessen gewesen sey: τοῦ πονηροῦ πνεύματος καὶ τῶν δαιμονίων σοὶ ἐγκαθεζομένων. Ebendaselbst Buch VIII, 2, 5 wird erzählt, wie ein Jude Eleasar, mit Hülfe einer Wurzel, die Salomo gezeigt, einen Dämonen aus der Nase eines Besessenen herauszog. Der Teufel mußte zum Wahrzeichen seines Ausfahrens einen Kübel voll Wasser umwerfen, ganz wie er in des Kaisers Palast nach der oben mitgetheilten Geschichte alle gläsernen Gefäße zerschmetterte. Dieß geschah, berichtet Josephus, in Gegenwart des Oberfeldherrn Vespasianus und seines Stabes. Im 7. Buch vom Kriege Kap. VI, 3 sagt er: „Die sogenannten Dämonen sind Geister böser Menschen, welche in die Lebenden hineinfahren und Alle tödten, die nicht schnelle Hülfe finden:" τὰ καλούμενα δαιμόνια πονηρῶν ἐστιν ἀνθρώπων πνεύματα, τοῖς ζῶσιν εἰςδυόμενα καὶ κτείνοντα τοὺς βοηθείας μὴ τυγχάνοντας. Diese Behauptung stimmt theilweise mit den Aussagen der Rabbinen überein, insofern hier, wie dort, die Dämonen für Geschöpfe niederer Art, tief unter den gefallenen Engeln stehend, erklärt werden. Dagegen scheint Josephus von den Talmudisten abzuweichen, indem er die Dämonen Geister unreiner Menschen nennt, während leztere sie für ein Zwittergeschlecht von Menschen und Engeln halten. Allerdings erzählt der Talmud auch von Weibern, die zugleich böse Geister sind und durch den Schornstein gleich Hexen hinauffahren. Wahrscheinlich dachte sich Josephus, daß Dämonen in die Seelen von Kindern fahren, als Menschen leben, und nach ihrem leiblichen Tode wieder bloße Dämonen werden. Endlich berichtet der jüdische Geschichtschreiber (Alterth. VIII,

2, 6) weiter: „Gott verlieh dem Könige Salomo auch Wiſſenſchaft gegen die Dämonen, zum Nutzen und Frommen der
Menſchen. Derſelbe verfertigte Zauberſprüche, durch welche
Krankheiten geheilt werden, und hinterließ Beſchwörungsfor-
meln, durch welche Dämonen, die in Menſchen gefahren ſind,
ſo kräftig ausgetrieben werden, daß ſie nie wiederkehren.“
Allem Anſchein nach gaben ſich beſonders die Eſſener mit
ſolchen Wunderheilungen nach der Lehre Salomo's ab. *) Das
heißt freilich noch nicht, daß Salomo Teufel in ſeinem Dienſte
gehabt habe. Vortrefflich; aber die Pirke Aſoth, ein Buch,
das ſeinem Inhalte nach wenigſtens ſo alt iſt, als die Evangelien, gedenken bereits des Wurmes Schamir. Kap. V, 6:
„Zehn Dinge ſind an dem erſten Freitage zwiſchen der Abenddämmerung erſchaffen worden — worunter auch der Wurm
Schamir.“ **) Man darf nun ſicher glauben, daß diejenigen, welche den Wurm Schamir kannten, auch von der Art,
wie Salomo denſelben mit Hülfe der Dämonen in ſeine Gewalt bekam, zu erzählen wußten. Eines hängt mit dem Andern zuſammen. Ferner ſagt ein Jude bei Leontius von
Konſtantinopel: ***) Ὁ Σολομῶν οὐχὶ ἐδεσπότευσε τῶν δαιμόνων, οὐχὶ πάντας ὑφ᾽ ἓν ὡς ἕνα συνέκλεισεν· οὐχὶ μέχρι
τοῦ σήμερον τοῦτον δεδοίκασιν. In gleichem Sinne ſpricht
der Jude des Gregentius: †) Πάντων τῶν πονηρῶν δαιμονίων ἐκράτησεν (ὁ Σολομῶν) καὶ δεσμίους αὐτοὺς ἠσφαλί-
σατο. Ebenſo Michael Glykas ††) nach der Volksſage: Ὁ

---

*) Siehe meine Schrift über Philo II, 334.

**) Sota Bab. 48, b heißt es von dieſem Gebilde rabbiniſcher
Phantaſie: „Unſere Rabbinen lehren, Schamir ſey ein Geſchöpf,
ſo groß als ein Gerſtenkörnlein.“ Das Ganze iſt eine Fabel,
welche die Kraft des Diamants feiert; denn wirklich bedeutet
das Wort שׁמיר ſonſt geradezu Diamant; ſiehe Burtorf.

***) Auctarium novum bibliothecae patrum B. I, S. 724.

†) Disputatio cum Herbano Judaeo, cum interpretatione ac notis
N. Gulonii Carnutis (Paris 1603), S. 27.

††) Michael Glycas annales, Bonner Ausgabe S. 342.

Σολομῶν ἔργα τοῖς δαιμονίοις ἀχθοφόρα ἐπέταττεν, ὑλοτο-
μεῖν τε, ὡς λόγος, ἠνάγκαζε καὶ κατωμαδὸν τὰ ἄχθη φέρειν
παρεβιάζετο, ᾠδηκότα τε σπλάγχνα ἢ ἐπωδαῖς ἢ βοτάναις
περιθεὶς ἐθεράπευεν. Selbſt in dem» Koran geſchieht der
Sage von der Herrſchaft Salomo's über die böſen Geiſter
Erwähnung. *) Brauche ich noch beizufügen, daß obige Lehre
von den Dämonen auch mit dem N. Teſtamente in den meiſten Punkten übereinſtimmt, und die hergehörigen Ausſagen
deſſelben erklärt?

Noch muß ich von der höhern Klaſſe der Teufel, von
den gefallenen, unſterblichen Geiſtern reden. Der Talmud
vermiſcht ſie meiſt mit den niederen oder den Dämonen;
aber in den Tagen Jeſu unterſchied man ſorgfältiger zwiſchen
beiden. Wie die Dämonen ſich gerne an wüſten Orten aufhalten, ſo thronen die höheren Teufel in der Luft. Dieſer
Glaube hängt mit der alexandriniſch=jüdiſchen Naturlehre zuſammen. Sieben Kreiſe oder Himmel umſpannen einander;
über dem höchſten thront Gott, die anderen werden von Geiſtern bewohnt, die um ſo reiner ſind, je höher ſie ihren Sitz
haben. Den Mittelpunkt bildet die Erde, die nächſte Sphäre
zwiſchen ihr und dem Monde dient den unreinſten Menſchen-
geiſtern zum Aufenthalt. So lehrt Philo. **) Er hätte die
Teufel dorthin verſezt, aber ſeine Theologie ließ ſolche Weſen
nicht zu, ſondern nur böſe Menſchen; der eſſeniſch=jüdiſche
Glaube dagegen, der am Dogma vom Teufel keinen Anſtoß
nahm, bevölkerte denſelben Raum mit den gefallenen Geiſtern.
In der Himmelfahrt des Propheten Jeſajas, Kap. X, ſteigt
Chriſtus durch die ſieben Himmel herab, indem er die Geſtalt der Engel annimmt, die in den niederen Kreiſen wohnen, und deßhalb von ihnen nicht erkannt noch verehrt wird.
Dann kommt er in das Firmament, oder den Luftraum, der

---

*) In der Sure Namli oder dem Kapitel von den Ameiſen, ſiehe
Eiſenmenger II. 443.
**) Siehe meine Schrift über Philo I, 370 und flg.

zwischen dem Monde und der Erde ausgespannt ist, Vers
29: Porro descendit in firmamentum, ubi princeps hujus mundi (cum suis angelis) habitabat — et non collaudaverunt eum ibi, sed atrociter alter alterum trucidabat,
nam ibi existit potestas mali et contentionis, quae parumper durat (weil nämlich das Reich des Bösen nach der Meinung des Verfassers seinem Untergange nahe ist). Dieselbe
Ansicht bekennt Origenes: *) „Da die Dämonen in der
dichten Luft rings um die Erde wohnen, lauern sie überall
auf Dampf von Blut und Weihrauch (von heidnischen Opfern),
denn sie bedürfen die Räucherungen zur Kost;“ ὑπὲρ τοῦ πα-
ραμένειν ἐν τῷ παχεῖ τούτῳ καὶ περιγείῳ ἀέρι, δεόμενοι τρο-
φῆς τῆς διὰ τῶν ἀναθυμιάσεων ἐπιτηροῦσιν, ὅπου κνίσσα
ἐςὶ καὶ αἵματα καὶ λιβανωτοί. Man sieht es dieser Behauptung an, daß sie aus jüdischen Quellen geschöpft ist; sie hängt
zusammen mit der Art und Weise, in welcher die alten Juden heidnische Opfer bekämpften und verhöhnten. Jene Hekatomben, sagten sie, werden den höllischen Geistern dargebracht, welche, in der untern Luft unsichtbar wohnend, vom
Dampfe der Opfer sich nähren. Wir kommen gleich darauf
zu sprechen. Bei den Talmudisten führt Samael gewöhnlich
den Beinamen princeps aëris עֲלִילִין שָׁלַשׁ. Bekannt ist,
daß auch das N. Testament an einigen Stellen Dasselbe lehrt.
Paulus spricht Ephes. VI, 12 von πνευματικα τῆς πονηρίας
ἐν τοῖς ἐπουρανίοις, er nennt den Teufel geradezu den Fürsten der Luft ἄρχοντα τῆς ἐξουσίας τοῦ ἀέρος. (Ephes. II, 2.)

Der Fürst und Oberste unter den ewigen Teufeln ist,
wie schon gesagt wurde, Satan oder Samael. Wie der Erzengel Michael dem auserwählten Volke vorsteht und es be-
schüzt, so verfolgt Samael die Juden. Er spielt die Rolle
des Anklägers im Himmel. Targum Jeruschal. zu Levit. IX,
2, 3 spricht Moses zu Aaron: „Nimm dir ein Kalb zum

*) Exhortatio ad martyrium Cap. 45. Opp. I, 303, unten.

Sündopfer, damit Satan dich nicht verklage wegen des Kal= bes, das du auf Horeb gemacht — und zu den Kindern Iſraels ſage: nimmt euch einen Geißbock, weil Satan ſich in e'.nen Geißbock verwandelt, damit er euch nicht verklage." Ebenſo Schemot Rabba S. 117, c: Dixit R. Jose, Mi- chael et Samael similes sunt συνηγόρῳ et κατηγόρῳ (דומין לסניגור וקטיגור), qui in judicio stant, uterque lo- quitur et sermonem absolvit. Si Advocatus novit, quod victoriam reportaturus sit, celebrat judicem, qui senten- tiam prolaturus est. Accusator etiam verba quaedam addere cupit, sed huic statim dicit advocatus: tace et audiamus effatum judicis. Sic. quoque Michael et Sa- mael stant ante thronum Schechinae et Satanas accusat, Michael vero merita Israëlitarum proponit. Satanas plura loqui cupit, sed Michael ei silentium imponit. Der Verfaſſer der Offenbarung Johannis bekennt dieſelbe An= ſicht: Κατεβλήθη ὁ κατήγορος τῶν ἀδελφῶν ἡμῶν, ὁ κατη- γορῶν αὐτῶν ἐνώπιον τοῦ θεοῦ ἡμῶν ἡμέρας καὶ νυκτός. Die beſten Handſchriften leſen ſtatt κατήγορος, κατήγωρ, was die jüdiſche Form des Wortes iſt. Man weiß, daß ſchon im Buch Hiob der Teufel als Ankläger der Menſchen auftritt. Zu ſchaden iſt ſeine Freude, er wandelt ſich in alle mögliche Geſtalten, um die Sterblichen zu berücken. Sanhedrin 103, a wird erzählt, Bathſeba habe unter einem Bienenkorb ihr Haar gekämmt, da kam der Teufel, verwan= delte ſich in einen Vogel, ſchoß einen Pfeil ab und deckte dadurch den Korb auf. Alſo geſchah es, daß David die ſchöne Nachbarin ſah, wodurch ſein Herz in ſündlicher Flamme entbrannte. Vor Grimm gegen ſeine Schlachtopfer fletſcht der Fürſt der Hölle (ſo wird er auch genannt) mit den Zäh= nen, wenn er eine Uebertretung ſieht. So die Gemara Bab. zu Sanhedr. VII, 2: Propter adulationem, qua adulati sunt Chore, frenduit princeps gehennae dentibus suis. Ebenſo die jeruſalemiſche Gemara zu Chetuboth XII, 3:

„König Salomo ſah, wie der Engel des Todes ſeine beiden
Räthe Alkoraph und Achia grimmig anblickte und dabei mit
den Zähnen fletſchte." Deßgleichen die Peſichta:*) „Kore habe
ſeine Genoſſen zu einem Gaſtmahle eingeladen, um ſich mit
ihnen gegen Moſes zu verſchwören. Darauf beziehe ſich die
Stelle Pſ. XXXV, 16: Sie freuen ſich über meinen
Schaden — ſie beißen die Zähne zuſammen über
mich, der Fürſt der Hölle habe über ihnen mit den Zähnen
gefletſcht." Dieß Bild iſt, wie man ſieht, ein ſtehendes.
Ohne Zweifel hängt das Klappern der Zähne, welches Matth.
VIII, 12 und ſonſt oft von den Verſtoßenen ausgeſagt wird,
mit jenem Bilde zuſammen.

Endlich ſind es ohne Zweifel Teufel der höhern Klaſſe,
welche die Heiden unter der Geſtalt ihrer Götzen verehren.
Schon die LXX überſetzen Pſalm 96, 5: Πάντες οἱ θεοὶ τῶν
ἐθνῶν δαιμόνια, wozu freilich der hebräiſche Text von Levit.
XVII, 7 Anlaß gab. Im Targum Jeruſchal. zu Deuter.
XXXII, 17 heißt es: „Sie opfern den Götzen, welche gleich
ſind den Schedim oder Dämonen." Ebenſo Levit. XVII, 7.
Das jüdiſche Alterthum war ſo offenbarungsgläubig, daß es
ſelbſt in den Göttern der Heiden, die wir jezt für Kinder der
Einbildungskraft anſehen, eigene Weſen fand.

Zum Schluſſe theilen wir noch eine Stelle über den
Teufel mit, welcher eine merkwürdige Anſicht. zu Grunde liegt.
Joma Bab. S. 69, b und Sanhedrin 64, a wird aus An-
laß des Spruches Nehem. VIII, 6: Esra lobte den
Herrn, den großen Gott, und alles Volk ſprach
Amen, Amen — und ſie beteten den Herrn an
mit dem Angeſicht zur Erde, Folgendes gelehrt: „Sie
ſchrieen zu Gott mit lauter Stimme. Warum ſchrieen ſie?
Jochanan hat geſagt: Sie ſchrieen wehe, wehe, dieß iſt derje-
nige (Teufel), welcher das Heiligthum verwüſtet, den Tempel

---

*) Ugolini XVI, 594 oben.

verbrannt, alle Gerechten getödtet und die Jsraeliten aus
ihrem Lande vertrieben hat, und er tanzt noch unter uns
herum. Willst du ihn, o Gott, uns übergeben! Indem sie
Solches redeten, fiel ein Zettel vom Himmel, worauf geschrie=
ben stand אמת (Wahrheit). Da sprach R. Chanina: Hier=
aus erkennt man, daß Emeth Gottes Siegel sey. Ihre
Bitte war also erhört. Darauf fasteten sie drei Tage und
drei Nächte, da ward er ihnen überantwortet. Der Teufel
schritt heraus aus dem Allerheiligsten des Tempels und kam
wie ein feuriger, junger Löwe. Nun sprach der Prophet
Zacharias zu dem Volke: Dieser ist der Jezer der Abgötterei,
wie geschrieben stehet (Zachar. V, 8): Dieß ist die Gott=
losigkeit. Als sie den Teufel gefangen hatten, rissen sie
ihm ein Haar aus seinem Schopfe, worüber derselbe vor
Schmerz so laut aufschrie, daß seine Stimme 400 Meilen
weit erscholl. Die Jsraeliten sprachen: was sollen wir thun,
lassen wir ihn schreien, so erbarmt man sich vielleicht über
ihn im Himmel. Der Prophet sprach daher zu ihnen: Werfet
ihn in ein bleiernes Gefäß und bedecket die Mündung dessel=
ben mit Blei, denn das Blei ziehet die Stimme an sich.
Dieß geschah, und darum stehet geschrieben (Zach. V, 8):
Dieß ist die Gottlosigkeit, und er warf sie in
den Epha und deckte den Klumpen Blei oben auf
das Loch. Die Juden berathschlagten nun, ob sie ihn nicht
umbringen sollten. Da rief Samael aus dem bleiernen
Topfe heraus: sehet zu, wenn ich umkomme, wird die ganze
Welt vergehen (weil der Geschlechtstrieb und mit ihm die
Lust zur Fortpflanzung aufhört). Sie ließen ihn nun in dem
Topfe drei Tage lang, um zu sehen, ob er die Wahrheit ge=
redet habe, dann suchten sie im ganzen Lande Jsrael nach
einem Ei, das in selber Zeit gelegt worden wäre, und fan=
den keines (so ganz war der Trieb zur Begattung erloschen).
Darauf sprachen die Juden: Was ist zu thun, bringen wir
den Teufel um, so vergehet die Welt, wollen wir Gott um

Gnade für die Hälfte bitten (daß der Jezer hara nur halb
so viel Böses wirke, als seither), so wissen wir ja, daß im
Himmel nie eine halbe Gnade bewilligt wird. Also stachen
sie ihm die Augen aus und ließen ihn laufen." Das Ganze
enthält, wie man sieht, eine alte Deutung des schwierigen
Gesichts aus Zacharias V. Immerhin mögen einfältige Ju=
den die Erzählung buchstäblich verstanden und geglaubt ha=
ben, daß man den Teufel in Töpfe einsperren könne. *) Die
Urheber der Sage dachten gewiß nicht so. Unter dem Ge=
wande eines Mährchen trugen sie einen dreifachen, scharf=
sinnigen Gedanken vor: daß das böse Urwesen Eins mit der
Materie oder der Lust sey, daß man dieselbe durch Enthaltsam=
keit bändigen könne (darum fasten die Juden drei Tage, ehe
sie den Teufel in ihre Gewalt bekommen), endlich daß Böses
und Gutes, Materie und Geist, neben einander bestehen müsse,
damit die Welt fortdauere. Lezterer Gedanke tritt am stärk=
sten hervor. Eine Rechtfertigung Gottes wegen des Bösen ist
der Kern des Mährchens, das deßhalb mit Recht am Schlusse
dieses Kapitels steht.

---

*) Vielleicht ist die Sage von dem Petermännlein, oder dem Teu=
felchen, das in einem Glase eingesperrt sizt, aus einer wörtli=
chen Erklärung der talmudischen Sage entstanden.

Geſchichte

des

Urchriſtenthums,

durch

A. Fr. Gfrörer,
Profeſſor, Bibliothekar in Stuttgart.

Stuttgart.
E. Schweizerbart's Verlagshandlung.
1838.

Das

Jahrhundert des Heils,

durch

A. Fr. Gfrörer,

Professor, Bibliothekar in Stuttgart.

Κτῆμα εἰς ἀεὶ μᾶλλον, ἢ ἀγώνισμα εἰς τὸ παραχρῆμα. **Thucydides I, 22.**

Zweite Abtheilung.

Stuttgart.

E. Schweizerbart's Verlagshandlung.

1838.

Inhalt der zweiten Abtheilung.

Sechstes Kapitel.

Die Schöpfung, die Welt und ihre Theile . . . .   Seite   3

Siebentes Kapitel.

Die Lehre vom Menschen, der Seele, Unsterblichkeit, Freiheit
und Schicksal, Sünde, Fall   52

Achtes Kapitel.

Die Lehre von den Mitteln und Wegen, durch welche der
Mensch die Gnade Gottes erwirbt und seinen Zorn ab=
wendet   134

Neuntes Kapitel.

Der Plan Gottes mit dem jüdischen Volke. Vorsehung.
Diese und jene Welt. Wann soll der Messias kommen?   195

Zehntes Kapitel.

Die alte jüdische Lehre vom Messias und den lezten Dingen
     a) Gemein prophetisches Vorbild   219
     b) Danielisches Vorbild   292
     c) Mosaisches Vorbild   318
     d) Das mystisch = mosaische Vorbild   413

Erstes Buch.

——

Das Jahrhundert des Heils.

Zweite Abtheilung.

Du sollst dem Jahrhundert einen Spiegel vorhalten.
Shakespeare im Hamlet III, 2.

Sechstes Kapitel.

Die Schöpfung, die Welt und ihre Theile.

Die jüdische Geheimlehre beschäftigte sich vorzugsweise, wie wir oben gezeigt haben, mit den Maase Bereschit und Merkabah, d. h. mit der Schöpfung und dem We= sen Gottes. Es ist daher zu erwarten, daß die Mystik uns in diesem Kapitel weit mehr Ausbeute liefern werde, als die gemeine pharisäische Ansicht. Leztere hielt sich an die Worte der Genesis, doch schimmert auch im Talmud die mystische Lehre vielfach hinburch, zum deutlichen Beweise, wie sehr die= selbe verbreitet war. Wie immer, gebe ich auch in diesem Abschnitte nicht die ganze Weltansicht des Sohar und des Talmud, sondern halte mich an die Aussprüche, die auf ein hohes Alter zurückgeführt werden können.

Genesis I, 12 heißt es: „Im Anfang schuf Gott Himmel und Erde, und die Erde war wüste und leer," וְהָאָרֶץ הָיְתָה תוהו ובהו. Von jeher haben diese schwierigen Worte den Mystikern zu schaffen gemacht. Auf eine sinnreiche Weise erklärt sie der Sohar, indem er eine andere Stelle zu Hülfe ruft, Genes. XXXVI, 31, welche von Aben Esra unter die zwölf Geheimnisse des Gesetzes gezählt wird. *) Jbra

---

*) Siehe Spinoza tractatus theologico politicus Cap. VIII. Die zwölf Geheimnisse beweisen, daß der Pentateuch nicht von Mo= ses verfaßt seyn kann, sondern spätern Ursprungs ist.

— 4 —

Rabba §. 26 und folgende heißt es: R. Schimeon ben Jochai manifestavit arcanum et dixit: scriptum est (Genes.
XXXVI, 31): *Isti sunt reges, qui regnarunt in terra
Edom, antequam regnaret rex super filios Israel.* Beatos
vos, o justi, quia vobis revelatur arcanum arcanorum
legis, quod non manifestatum est Sanctis superioribus. —
(§. 30): Traditum est: Antequam Senior seniorum (das
verborgene Urwesen), Occultus occultorum efformaret figu-
ras regis (des Adam Kadmon, durch welchen die Welt Be=
stand erhielt) et diademata diadematum (die Behälter der
Materie, welche das Urlicht in sich aufnahmen), principium
et finis non fuit. Sculpsit ergo (das Urwesen bearbeitete
die Materie wie ein Baumeister) et proportiones instituit
(er ließ das Urlicht einströmen auf die Materie in allerlei
Graden) et expandit ante se velum quoddam (er schuf
einen Raum aus der Materie, welcher das Licht einsaugen
und dadurch wahre Wesenheit, eine Welt, werden sollte) et in
eo sculpsit et certa proportione distribuit reges et formas
eorum (er wollte die Ideen, die ewigen Bilder der Dinge, in
jenem Stoffe abformen), *sed non substiterunt.* Id ipsum
est, quod scriptum exstat (Genes. XXXVI, 31): *Isti sunt
reges, qui regnarunt in terra Edom, antequam regnaret
rex super filios Israel.* Omnia illa, quae sculpta sunt,
nec substiterunt, nominibus suis vocata erant (d. h. Gott
hatte die Absicht gehabt, eine wirkliche Welt, mit allen For=
men und Verschiedenheiten zu bilden), nec tamen substiterunt. Quare deseruit eos (Senior Seniorum) et oc-
cultavit se prae illis (er zog sein Urlicht aus dieser miß=
rathenen Schöpfung wieder zurück). Verglichen muß werden
eine Stelle aus der Jdra Suta §. 420 u. flg: Antequam
conderetur mundus, fácies non respiciebant ad (obver-
sas sibi) facies (die beiden Gesichter des Macroprosopus und
Microprosopus, durch deren geschlechtliche Verbindung die
Welt erst Bestand erhielt, schauten sich noch nicht an, denn

beide waren noch nicht vorhanden). Et propterea mundi
priores devastati sunt, nam mundi priores sine efformatione facti erant (ohne die Schöpfung des göttlichen Mann=
weibs, welches der Welt erst das Siegel der Vollendung auf=
drückte). Ista autem, quae non fuerunt in efformatione,
vocantur flammae vibratae, seu scintillae, sicut operarius
pavimenti excutit scintillas e lapide. Cum enim faber
cudit ferrum, scintillas elidit quaqua versum. Et istae
scintillae, quae prosiliunt, flammant et splendent, sed
statim exstinguuntur. Et istae vocantur mundi priores.
Et destructi sunt, nec perstiterunt, donec Senior Sanctissimus efformaretur et opifex prodiret ad' opus suum.
Der Sinn dieser bildlichen Aussprüche ist nicht schwer zu
enträthseln. Vor Erschaffung der jetzigen Welt wollte Gott
mehrere andere bilden, indem er sein heiliges Urlicht auf
die Materie einströmen ließ, aber sie nahm dasselbe nicht
auf, weßhalb der begonnene Weltbau in Nichts zerrann. Gott
zog sein Licht wieder zurück. Die untergegangenen Welten
heißen sieben Könige Edoms. Denn Edom ist der mystische
Name des bösen Urwesens, oder der Materie. Erst als der
Höchste sich selbst in Gestalt des göttlichen Mannweibs offenbarte, saugte die Materie das Licht ein und die Welt erhielt
festen Bestand. So ebendaselbst §. 427: Deinde prodiit
opifex ad opus suum et efformatus est ceu mas et foemina, et cum illae scintillae prius exstinctae essent et
mortuae, jam omnia (post efformationem maris et foeminae) consistunt. Die Theile der untergegangenen Urwelt
oder des Chaos werden im Sohar die zerbrochenen Schalen
קְלִיפוֹת, oder auch die zehen bösen Sephiroth genannt, welche
den guten entsprechen. Daß die ganze Darstellung auf eine
mystische Deutung der Worte תֹּהוּ וָבֹהוּ, sowie zugleich auf
den Glauben an eine ewige Weltschöpfung, oder den ursprüng=
lichen Gegensatz zwischen Geist und Materie, hinauslaufe,
springt in die Augen. Ersteres wird in den Tikune Sohar

gerabezu ausgesprochen. *) Belehrend ist eine Stelle bei Mai=
monibes. More Nebochim **II, 30** sagt derselbe: „Aus den
Worten: der erste Tag, der zweite Tag, welche in der Mo=
saischen Weltschöpfung genannt werden, hatten einige alte
Rabbinen schließen wollen, daß schon vor der Sonne die Zeit
da gewesen sey; das fällt zusammen mit dem Glauben an
die Ewigkeit der Welt, welchen-alle wahren Bekenner des
Gesetzes verwerfen. Denn es ist eine Grundlehre unserer Re=
ligion, daß Gott die Welt aus Nichts, und ohne einen zeit=
lichen Anfang geschaffen habe." Zugleich führt Maimonides
die Aussprüche etlicher Rabbinen tadelnd an, welche in Ueber=
einstimmung mit dem Sohar behaupteten, daß der jetzigen
Welt mehrere andere vorangegangen seyen. Wir werden dar=
auf zurückkommen.

Es fragt sich nun, wie weit obige Meinung des Sohar
zurückreiche? Wir müssen dieselbe in ihre Bestandtheile zerle=
gen, um die Untersuchung leichter führen zu können. Es liegt
in jenem Ausspruche die doppelte Behauptung, daß mehrere
Welten geschaffen, und daß die früheren wieder vernichtet
worden seyen. Ersteres behauptet der Talmud an mehreren
Stellen, doch weicht er in den Zahlen ab. Avoda Sara S.
3, b heißt es: „Was thut Gott bei Nacht? Er sezt sich
auf den schnellsten Cherub und reitet durch die 18,000 von
ihm erschaffenen Welten, wie geschrieben stehet (Pf. 68, 18):
Zweitausend Myriaden Wagen besizt Gott אלפי שנאן (eigent=
lich Tausende der Wiederholung oder mehrere Tausende);
allein man soll nicht lesen שנאן, sondern שאינן, d. h. weni=
ger 2000; daß also Gott 20,000 weniger 2000 = 18,000
Welten erschaffen hätte." Dagegen werden im lezten Verse
der Mischna 310 Welten gerechnet. Ofzim **XII, 12:** „Josua
der Sohn Levi hat gesagt: Gott wird die Gerechten 310
Welten erben lassen." Ebenso Targum Jerusch. zu Exod.

XXVIII, 30: „Auf die Urim und Thummim ist geschrieben der Name Jehova, durch welchen geschaffen wurden 310 Welten." [*]) Vom Untergang früherer Schöpfungen habe ich im Talmud Nichts gefunden. Dagegen stimmen die Midra=schim mit dem Sohar zusammen. Bereschit Rabba dritter Ab=schnitt, S. 4, a: „R. Juda der Sohn Simon hat gesagt: Es stehet nicht geschrieben (Genes. I, 5): es werde Abend, sondern: es wurde Abend, woraus geschlossen werden muß, daß die Zeit und ihre Ordnung schon früher war. R. Abhu hat gesagt: Wir lernen aus jenen Worten, daß Gott (früher) Welten schuf und dieselben wieder zerstörte, bis er die jetzige bildete und sprach: diese ist mir dienlich und ge=fällt mir, jene aber haben mir nicht gefallen." Ebenso Mi=drasch Tillin (zu Pf. 34) S. 26, b: „Rabbi Tanchuma hat gesagt: der hochgelobte Gott schuf die Welt zur rechten Zeit. Dieß lehret uns, daß Gott Welten erschaffen und wieder ver=nichtet hat, dieweil sie seiner nicht würdig waren. Deßwe=gen hat er gesagt, jene gefallen mir nicht, diese aber ge=fällt mir."

Was lehren nun die alten Väter, oder ist aus ihnen kein Zeugniß für das Alter obiger Lehren zu entnehmen? Ba=silius spricht in der dritten Predigt über die sechs Tage der Schöpfung [**]) von Ketzern, welche behaupten, daß unzählige Welten entstehen und wieder vergehen: Ἀπείρους φϑορὰς κόσμου καὶ παλιγγενεσίας εἰσάγουσιν. Dieser Meinung war Origenes zugethan: [***]) Non tunc primum, cum visibilem istum mundum fecit, Deus coepit operari, sed sicut post corruptionem hujus erit — alius mundus, ita et ante-quam hic esset, fuisse alios credimus. Dieselbe Ansicht führt er im 2. Buche, 3. Kapitel weitläufig aus. Der Kürze

---

[*]) Der Grund, warum es gerade 310 Welten sind, wurde oben im Kapitel von der Offenbarung angegeben. Es kommt auf eine Gematria hinaus.

[**]) Opp. ex edit. Jul. Garnier. Vol. I, S. 31, oben.

[***]) Περὶ ἀρχῶν III, 5, 3. Opp. I, 149, a.

halber begnügen wir uns den Auszug mitzutheilen, welchen Hie=
ronymus *) davon gibt: In secundo libro (principiorum) mundos adserit (Origenes) innumerabiles, non juxtá Epicurum
uno tempore plurimos et sui similes, sed post alterius
mundi finem alterius esse principium, et ante hunc mundum nostrum alium fuisse mundum, et post hunc alium
esse futurum, et post illum alium, rursumque caeteros
post caeteros. Et dubitat, utrum futurus sit mundus
alteri mundo ita ex omni parte consimilis, ut nullatenus
inter se distare videantur, aut certe nunquam mundus
alteri mundo ex toto indiscretus et similis sit futurus.
Ueber dieselbe Frage, ob es mehrere oder nur Eine Welt
gebe, berufen sich Origenes **) und Klemens ***) auf einen
Ausspruch des römischen Klemens im ersten Briefe an die
Korinther, †) wo es heißt: „Der uns Menschen undurchdring=
liche Ocean und die Welten hinter ihm gehorchen den Befeh=
len desselben Gottes": Ὠκεανὸς ἀνθρώποις ἀπέραντος καὶ οἱ μετ'
αὐτὸν κόσμοι ταῖς αὐταῖς ταγαῖς τοῦ δεσπότου διευθύνονται.
Klemens von Rom hat sich also vorgestellt, daß hinter dem
unermeßlichen Ocean eine Mehrheit von Welten beginne, er
war demnach anderer Meinung als Origenes, welcher eine
Schöpfung nach der andern entstehen läßt. Philo endlich
sagt zu Ende des Buches de mundi opificio: „Aus Moses
lernen wir, daß die erschaffene Welt nur eine einzige ist, wie
auch der Schöpfer nur Einer ist, derselbe hat die Einheit
auf sein Werk übertragen und seine ganze Wesenheit ver=
brancht zu Hervorbringung des Alls: ὃς ἐξομοιώσας αὐτῷ
κατὰ τὴν μόνωσιν τὸ ἔργον, πάσῃ κατεχρήσατο τῇ οὐσίᾳ
εἰς τὴν τοῦ ὅλου γένεσιν. Ein Ganzes wäre das All nicht
geworden, wenn es nicht vollständig alle Theile umfaßte.

---

*) Im Briefe an Avitus.
**) Opp. I, 82, h.
***) Stromat. V, 12.
†) Cotelerii patres I, 159 u. 160.

Es fehlt aber nicht an Solchen, welche mehrere, oder auch un=
zählige Welten annehmen." Philo mag mit lezteren Worten
auf die Epikuräer zielen; aber woher haben Klemens von
Rom, woher Origenes, woher die, welche Basilius bekämpft,
ihre Meinung geschöpft? Sollte man nicht auf die Juden
schließen! In der Weisheit Salomo's heißt es: Ἡ παντοδύ-
ναμός σȣ χεὶρ κτίσασα᾿ τὸν κόσμον ἐξ ἀμόρφȣ ὕλης. Die
LXX übersetzen, wie mehrfach angeführt wurde, Genes. I, 1,
2: Ἐν ἀρχῇ ἐποίησεν ὁ θεὸς τὸν οὐρανὸν καὶ τὴν γῆν. Ἡ
δὲ γῆ ἦν ἀόρατος καὶ ἀκατασκεύασος. Ein großes Gewicht
legte man im Alterthum auf die vergangene Zeitform
ἦν.*) Gott schuf im Anfang Himmel und Erde; die Erde
aber war (vorher, ehe sie durch den Schöpfer eine ordentliche
Form erhielt) unsichtbar (weil das schöpferische Licht noch
nicht in sie gedrungen) und formlos. Schon das leztere Bei=
wort nöthigt an eine ewige Materie zu denken. In gleichem
Sinne spricht sich Josephus zu Anfang der Alterthümer aus:
Ἐν ἀρχῇ ἔκτισεν, ὁ θεὸς τὸν οὐρανὸν καὶ τὴν γῆν· ταύτης
δὲ ὑπ᾿ ὄψιν οὐκ ἐρχομένης — γενέσθαι φως ὁ Θεὸς ἐκέλευσεν. Entscheidend ist endlich die Stelle Heb. XI, 3:
Πίsει νοοῦμεν κατηρτίσθαι τοὺς αἰῶνας ῥήματι θεοῦ, εἰς
τὸ μὴ ἐκ φαινομένων τὰ βλεπόμενα γεγονέναι. Was kann
hier das Wort αἰῶνας anders bedeuten, als Welten, also
mehrere oder verschiedene Welten; diese sind entstanden, in=
dem das Sichtbare (die Natur, das All) aus dem Unsichtbaren,
d. h. aus jener ἄμορφος, ἀόρατος ὕλη, hervorging. Vor=
her wurde das Chaos nicht gesehen, weil es, um mit dem
Sohar zu reden, das göttliche, das schöpferische Licht noch
nicht eingesogen hatte; erst nachdem diese Einprägung vor
sich gegangen, ward die Materie sichtbar, und die Welt war
fertig. Allerdings spricht sich der Verfasser des Hebräerbriefs

---

*) Man vergleiche Ambrosius in exaemeron liber I, Cap. VII,
opp. ex edit. monach. maurin. I, S. 13 unten.

nicht darüber aus, ob einige jener Welten schon aufgehört haben, oder ob mehrere zusammen fortbestehen. Würde er Ersteres behaupten, so wäre über das Alter der oben entwickelten Lehre des Sohar kein Zweifel mehr möglich.

Blicken wir nun zurück. Eine Mehrheit der Welten wird schon in der Mischna, im Hebräerbriefe und von Einigen der ältesten Väter gelehrt, den Begriff einer vorweltlichen Materie finden wir im Buch der Weisheit, in den LXX, bei Josephus, im Hebräerbriefe, in verschiedenen Andeutungen des Talmud. Es war also nur ein kleiner Schritt, zu sagen, daß einige jener aus der ewigen Materie geformten Welten schon untergegangen seyen. Origenes behauptet dieß, ebenso der Sohar, die Midraschim; warum sollte man dasselbe nicht auch in den Tagen unseres Erlösers geglaubt haben? Dieß ist um so wahrscheinlicher, da wir wissen, daß die jüdische Geheimlehre sich seit alten Zeiten mit den sonderbarsten Grübeleien über die Mosaische Schöpfungsgeschichte quälte. Vielleicht gelingt es noch stärkere und ältere Zeugnisse aufzufinden, ich meine aber, die hier mitgetheilten dürften genügen.

Daß die jetzige Welt durch die Zehnzahl erschaffen sey, darüber sind die jüdischen Mystiker einig; aber über die Art und Weise herrscht nicht nur bei den verschiedenen Lehrern, sondern auch im Hauptdenkmale, dem Buch Sohar selbst, Streit. Gewöhnlich stellen sie das schöpferische Urwesen in dreifacher Gestalt, als Vater und Mutter, mit dem Sohn in der Mitte dar. Die drei zusammen bilden das himmlische Mannweib, mit der Frucht in der Mitte. Rechts ist der Vater, links die Mutter, zwischen beiden steht der Sohn. Jener heißt die rechte, diese die linke Seite, der Sohn wird die mittlere Säule genannt. Zehn göttliche Eigenschaften, Midoth oder Sephiroth, werden sodann auf die drei vertheilt: 1) כֶּתֶר die Krone, 2) הָכְמָה die Weisheit, 3) בִּינָה der Verstand, 4) גְּדוּלָה die Größe, 5) גְּבוּרָה die Stärke, 6) תִּפְאֶרֶת die Schönheit, sonst auch חֶסֶד oder die Güte genannt, 7) נֶצַח

der Sieg, 8) הוד die Herrlichkeit, 9) יְסוֹד der Grund, 10) מַלְכוּת das Reich. Drei davon kommen auf die rechte Seite des himmlischen Menschen: die Chochmah, Gedolah, Nezach; vier in die Mitte: Kether, Tiphereth, Jesud, Malchuth; die übrigen auf die linke Seite: Binah, Geburah, Hod. Den zehn Eigenschaften entsprechen dann weiter zehn biblische Namen Gottes, der Krone der Name אֶהְיֶה Ehjeh, der Choch= mah die Bezeichnung Jah, der Bina Jehovah, der Ge= burah die Benennung Elohim, der Gedolah der Name El, der Tiphereth die Benennung Zebaoth, der Nezach Jehovah Zebaoth, der Hod die Bezeichnung Elohe Zebaoth, der Jesud der Name Schaddai, endlich der Malchut wird das Beiwort Adonai ertheilt. Das Ganze stellen die Kabbalisten gewöhn= lich in der Figur eines Baumes oder des himmlischen Hohen= priesters dar. *) Indem die Mystiker auf diese Weise den Schöpfer sammt seiner Wirksamkeit in eine Gestalt zusammenzogen, wurden sie genöthigt, auch dem Bösen daselbst eine Stelle anzuweisen. Man half sich dadurch, daß man alle guten Eigenschaften auf die rechte (die des Vaters), die schlimmen auf die linke Seite (die der Mutter) versetzte. An die linke Seite klammerten sich nämlich die bösen Schalen (קְלִיפוֹת), die Sephiroth der Ungerechtigkeit, oder die Bruchstücke der Materie von der ersten mißrathenen Schöpfung her. Auf dieser Seite kommt die Sephirah Geburah zu stehen. Dieselbe bekömmt nun eine Reihe Beiwörter, welche alle auf Zorn und Gewaltthat hin= deuten; sie wird genannt מִשְׁפַּת אֱלֹהִים das Gericht Gottes, פַּחַד der Schrecken, מִדַּת דִּין die Eigenschaft des Gerichts, מִדַּת דִּין קָשָׁה die Eigenschaft des harten Gerichts, מִדַּת הַיִּרְאָה die Eigenschaft der Furcht, נָחָשׁ הַקַּדְמוֹנִי die alte Schlange, ferner כֹּחַ סַמָּאֵל die Kraft Samaels u. s. w. **) Die Ansicht

---

*) Man findet beide Figuren, ohne welche man sich kein deut= liches Bild dieser sonderbaren Träumereien machen kann, bei Brucker historia critica philosophiae II, S. 1003 u. 1005.
**) Siehe Sommer specimen theologiae Sobaricae, praefatio S. 7. Note.

daß das Böse auf der linken Seite wohne, kehrt selbst in denjenigen Abschnitten des Sohar wieder, wo nicht von dem Baume oder der dreifachen Gestalt, sondern von den zwei Gebilden des Makroprosopus und Mikroprosopus die Rede ist. Jdra Rabba §. 81 heißt es: non est sinistrum in illo Sene occulto, sed omnia dextera. Ebenso ebend. §. 150 von den Augen des Makroprosopus: hic non est oculus sinister, sed ambo (oculi) in gradum unum ascendunt et omnia dextra sunt. Dagegen wird §. 727 behauptet: omnia quae in Microprosopo sunt, habent partem boni et mali, dextrum et sinistrum, misericordiam et judicium. Der Mikroprosopus nimmt nämlich, als Figur neben dem Alten der Tage gedacht, die linke Seite ein. Dasselbe Bild wird vom Schöpfer auf das Geschöpf, vom mannweiblichen Urwesen auf sein Abbild, die menschliche Seele, übergetragen. Siphra Dezeniutha Kap. IV, 7: cum homo inferior descenderet in hunc mundum, juxta formam supernam (des Adam Kadmon) inveniebantur in ipso duo spiritus, ita ut e duobus lateribus, dextro et sinistro, compositus esset homo. Quoad dextrum latus, habebat homo mentem sanctam, quoad sinistram, נֶפֶשׁ חַיָה hoc est psychen animalem. Peccabat homo et extendebatur sinistrum latus etc. Ueberhaupt wird an sehr vielen Stellen des Sohar das Böse von der linken, alles Gute von der rechten Seite abgeleitet.

Wie alt ist nun diese Meinung? Wir müssen abermals unterscheiden. Von der Zehnzahl wollen wir weiter unten handeln; hier bloß von der linken und rechten Seite. Aehnlich lautende Aussprüche der Midraschim hat Wetstein zu Matth. XXV, 33 gesammelt. Aus Schir Rabba: dextri et sinistri, in illis praeponderat justitia, in his culpa. Aus Bamidbar Rabba: ad dextram: hi sunt justi, qui operam dant legi, quae est ad dextram Dei, ad sinistram: hi sunt impii, qui operam dant divitiis. Aus dem

Midrasch Tanchuma: dextri perveniunt ad manum inno-
centiae, sinistri ad manum culpae. Das will freilich
nicht viel besagen. Alles kommt wohl am Ende, wie auch die
leztere Stelle andeutet, von der jüdischen Sitte her, die Freige=
sprochenen vor Gericht sich auf die rechte Seite des Sanhedrin
setzen zu lassen. Eine reichere Ausbeute gewähren die Denk=
male der ältesten Gnostiker, und zwar namentlich der=
jenigen, welche erweislich vom Judenthum *) ausgegangen
sind, wie Valentin, Sekundus, Basilides. Von dem Ketzer Se=
kundus berichtet Epiphanius, **) er habe gelehrt, daß die erste
Achtzahl aus den rechten und linken Vieren (Tetrades) bestehe;
jene Tetras nenne er das Licht, diese die Finsterniß. Λέγει
εἶναι τὴν πρώτην Ὀγδοάδα Τετράδα δεξιὰν καὶ Τετράδα
ἀρισεράν. Die Ogdoas der Gnostiker begreift bekanntlich die
sieben ersten aus dem Urlicht entströmten Geister, welche mit
dem Schöpfer eine heilige Achtzahl ausmachen. Noch deut=
licher erklärt sich unser Ketzerrichter im folgenden Kapitel:
„nach Sekundus Lehre gehe das Rechte und das Linke aus
dem Einen hervor; dieses sey in der Mitte, und ziehe das
Rechte an, freue sich desselben, und nenne es das Licht, die
linke Seite dagegen stoße es fort, als gehörte dasselbe nicht
zu dem Einen (dem Urwesen): τὰ μὲν δεξιὰ καὶ εὐώνυμα
ἐκ τοῦ ἑνὸς ὑπάρχει· αὐτὸς δὲ μεσαίτατός ἐςι, καὶ ἑαυτῷ
μὲν προσάγεται τὰ δεξιά, καὶ χαίρει τούτοις, δεξιὰ δὲ καλεῖ
καὶ φῶς. Τὰ δὲ εὐώνομα ὡς ἀλλότρια αὐτοῦ καὶ ἐπ᾽
ἀρισερᾷ κείμενα ἀπωθεῖται. Epiphanius macht sich über
diese Behauptung lustig, wie etwa ein Bauer über die miß=
verstandenen Worte eines Gelehrten, der sich nicht klar aus=
zudrücken weiß; wir aber sehen ganz klar, daß der Gnostiker
den kabbalistischen Baum im Auge hat, oder jene dreifache

---

*) Siehe Neander Entwicklung der gnostischen Systeme. Mit
Vergnügen bemerkte ich, daß der verehrte Verfasser öfters auf
die Kabbala hinweist.
**) Haer. XXXII, 1. 2. Opp. I, 208.

Gestalt, in welcher das Urwesen die Mitte einnimmt, und
rechts die gute, links die böse Seite hat. Nicht nur Sekun=
dus, auch Valentin bekannte diese Lehre. Hören wir Jre=
näus: *) „Die Mutter oder die Achamot," behaupten die
Valentinianer, „habe zuerst den Vater und König (den De=
miurg) über Alles, sowohl über das, was einer Wesenheit
mit ihm sey, nämlich die seelischen Naturen, welche sie auch
die rechte Seite nennen, als über die Kinder des Geistlosen
(dessen was nur leidet, nicht wirkt τοῦ πάϑꜱς), oder des
Stoffes, welche sie auch die linke Seite heißen, aus seelischem
Wesen geformt." (Τὸ πρῶτον μεμορφωκέναι αὐτὴν (τὴν
Ἀχαμὼϑ) ἐκ τῆς ψυχικῆς οὐσίας λέγꜱσι τὸν πατέρα καὶ
βασιλέα πάντων, τῶν τε ὁμοꜱσίων αὐτῷ, τꜱτέσι τῶν ψυχι-
κῶν, ἃ δὴ δεξιὰ καλοῦσι, καὶ τῶν ἐκ τοῦ πάϑꜱς, καὶ τῆς
ὕλης, ἃ δὴ ἀρισꜱρὰ καλοῦσι.) Ebenso im nämlichen Buche
Kap. 6 : τὸ μὲν ὑλικὸν, ὃ καὶ ἀρισꜱρὸν καλοῦσι — τὸ δὲ
ψυχικὸν, ὃ καὶ δεξιὸν προσαγορεύꜱσι. Ferner berichtet Jre=
näus ganz dasselbe über den Gnostiker Sekundus, was auch
Epiphanius sagt: **) Σεκοῦνδος λέγει εἶναι τὴν πρώτην
ὀγδοάδα τετράδα δεξιὰν καὶ τετράδα ἀρισꜱρὰν, οὕτως πα-
ραδιδοὺς καλεῖσϑαι τὴν μὲν μίαν φῶς, τὴν δὲ ἄλλην σκότος.
Zu vergleichen ist noch eine Stelle aus dem zweiten Buche
24, 6: Materialia sinistram vocantes et ex necessitate,
quae sunt sinistrae, in corruptionem cedere dicentes, Sal-
vatorem venisse docent ad avem perditam, ut eam trans-
ferat ad dextram, i. e. ad illas, quae sunt salutis non-
aginta et novem oves etc. Da die Pythagoräer, laut
Plutarchs ***) und anderer Alten Zeugniß, unter ihren ur=
sprünglichen Gegensätzen, auch das Rechte und das Linke,
das Licht und die Finsterniß, das Gute und das Böse auf=
führten, so hätte die Vermuthung noch einigen Schein, als

*) Contra haereses I, 5.
**) Ebendaselbst I, 11, 2.
***) De Iside et Osiride. Kap. 48.

ob die jüdischen Gnostiker jene Lehre von der griechischen Sekte entlehnt haben könnten. Indeß spielt die linke und die rechte Seite bei den Pythagoräern nur eine untergeord= nete Rolle, während sie hier auf einen bestimmten Begriff körperlicher Gestaltung des Urwesens hindeutet. Fürs Zweite finden wir sie auch bei einer jüdischen Partei, die erweislich nichts Hellenisches aufgenommen hat, bei den Ebioniten, so daß der lezte Schein einer Uebertragung aus der hellenischen Philosophie verschwindet. In der siebenten klementinischen Homilie *) spricht Petrus: „Simon Magus ist die linke Kraft Gottes" (Σίμων ἀριστερὰ τοῦ Θεοῦ δύναμίς ἐστιν); und einige Seiten weiter unten: „Die Dämonen würden keine Gewalt über euch gehabt haben, hättet ihr nicht zuvor von den Opfern geschmaust, die ihrem Obersten dargebracht wur= den. Denn dieses Gesetz wurde vom Anfang an durch Gott, der das Weltall erschaffen hat, über die zwei Herrscher (die zwei Untergötter, Christus und Satan) den r e ch t e n und den l i n k e n verhangt, daß der eine von ihnen keine Gewalt haben soll, den Menschen Gutes oder Böses zu thun, wenn diese nicht zuvor an einem Tische mit demselben gegessen (von seinen Opfern gekostet) haben: οὕτω γὰρ ἀπ᾽ ἀρχῆς ὑπὸ τοῦ πάντα κτίσαντος θεοῦ δυσὶν ἑκάστοτε ἄρχουσι, δεξιῷ τε καὶ ἐυωνύμῳ (dieß ist die wahre Lesart, wie schon Davis be= merkt), ὡρίσθη νόμος, μὴ ἔχειν ἑκάτερον αὐτῶν ἐξεσίαν, ἐὰν μὴ προτερόν τινι ὁμοτράπεζος γένηται, ὃν εὐποιῆσαι ἢ κακῶσαι βούλεται. Wie ihr durch Theilnahme an den Götzenopfern Sklaven wurdet des Herrn der Bosheit (τῷ τῆς κακίας ἡγεμόνι κατεδѕβλώϑητε), so werdet ihr, wenn ihr die Götzen verlasset und durch den guten Herrscher der rechten Seite zu Gott fliehet (ἐὰν τῷ Θεῷ διὰ τοῦ ἀγαϑοῦ καὶ δεξιοῦ ἡγεμόνος προσφύγητε), nicht nur Heilung für eure Leiber, sondern auch Gesundheit der Seele finden. Denn Er allein (der oberste

---

*) Cotelerii patres I, 678.

Gott) kann durch die rechte Seite das Leben verleihen, wie er durch die linke tödtet" (αὐτὸς γὰρ μόνος διὰ τῆς ἀριτεράς ἀναιρῶν, διὰ τῆς δεξιᾶς ζωοποιῆσαι ·δύναται.) Ebendaselbst §. 11 sagt Petrus weiter: „Ich bin der Knecht Gottes des Weltschöpfers, und der Schüler seines Propheten von der rechten Seite": ἐγὼ τοῦ Θεοῦ τὰ πάντα πεποιηκότος εἰμὶ δοῦλος, τοῦ δεξιοῦ αὐτοῦ προφήτ8 μαθητης. Die Darstellung der Klementinen, wie der jüdischen Gnostiker, weicht hier theilweise von der des Sohar ab. Denn jene stellen Gott in die Mitte, das böse Urwesen zur Linken, das gute zur Rechten, während die hebräische Urkunde dem Sohn die Mitte, dem guten Gott die rechte Seite zuweist, aber in der Lehre von der rechten und linken Seite sind beide, wie man sieht, einig. Die Verschiedenheit ist unbedeutend. Man wird mir nun, hoffe ich, zugestehen, daß diese alten jüdischen Mystiker unmöglich auf eine so entschiedene Weise von der rechten und der linken Seite Gottes sprechen konnten, wenn sie sich das schöpferische Urwesen nicht in einer dreitheiligen Gestalt, ähnlich dem Baume oder dem hohenpriesterlichen Mannweib des Sohar gedacht hätten. Wir haben also hier abermal eine soharische Lehre, welche bestimmt bis zum Anfang des zweiten Jahrhunderts rückwärts verfolgt werden kann; warum sollte sie nicht schon im ersten bekannt gewesen seyn? Kein Besonnener wird dieß läugnen. Ich finde es sehr wahrscheinlich, daß der Jesu in Mund gelegte Ausspruch Matth. **XXV**, 33: ὁ υἱὸς τοῦ ἀνθρώπ8 ςήσει τὰ μὲν πρόβατα ἐκ δεξιῶν αὐτοῦ, τὰ. δὲ ἐρίφια ἐξ εὐωνύμων auf die mystische Bedeutung der rechten und linken Seite anspiele. Die Gnostiker versäumten auch nicht, wie man aus der zulezt angeführten Stelle des Jrenäus ersieht, diesen Vers zu Vertheidigung ihrer Ansicht zu benützen.

Ohne Rücksicht auf den Unterschied zwischen Rechts und Links, wird sonst gelehrt, daß Alles in der Zehnzahl entstanden sey. Zehn Sephiroth schreibt die jüdische Mystik dem

Höchsten zu. Aeußeren Anlaß gab die Stelle I Chron.
XXIX, 11, wo David betet: „Dein, o Jehovah), ist die Größe
הַגְּדֻלָּה und die Macht הַגְּבוּרָה und die Schönheit הַתִּפְאֶרֶת
und der Sieg וְהַנֵּצַח und die Ehre וְהַהוֹד, dein ist das Reich
הַמַּמְלָכָה und der Reichthum וְהָעֹשֶׁר und die Herrlichkeit
וְהַכָּבוֹד; in deiner Hand ist Kraft כֹּחַ und Stärke וּגְבוּרָה.“
In der That sind es zehn Eigenschaften, die hier von Gott
ausgesagt werden. Aber ein Wort, Geburah, kommt zweimal vor, drei andere (Cabod, Oser, Koach) fehlen in dem
Sephirothverzeichniß des Sohar. Die Sephiroth sind daher
nicht aus dieser Stelle entstanden, wohl aber benützte man
sie, um die zehn Sephiroth biblisch zu rechtfertigen, nachdem
sie in die Glaubenslehre aufgenommen worden waren. Ihr
Ursprung ist also anderswo zu suchen. Nur durch die Sephiroth erkennt man Gott, sie sind seine Offenbarung, oder
mit anderen Worten, durch sie ist das sichtbare Werk Gottes,
die Welt, erschaffen. Beinahe alle Stellen, welche von den
Sephiroth handeln, sprechen diesen Grundgedanken aus, nur
sind sie gewöhnlich mit anderem, nicht hergehörigem Wortschwall verbrämt. Man ist daher in wahrer Verlegenheit,
welcher Beleg zu wählen. Ich will einen Ausspruch der
Tikune Sohar (späteren Zusätze zum Sohar) nehmen, S. 13, a:
wo Elias so betet: Domine mundorum, tu es iste unus
extra numerum, tu es excelsus super omnes excelsos,
absconditus absconditorum. Nulla mens te omnino apprehendere valet. Tu es, qui produxisti decem ordines,
quos vocamus Sephiroth, ad illuminandum in iis mundos
absconditos, qui non revelati sunt, et mundos qui revelati sunt. Et in iis te abscondis prae filiis hominum.
Et tu annexus es Sephiris et unis te cum illis. Et
quoniam tu es in medio ipsarum, quicunque separat
unam ab alia ex istis decem, reputatur ei, ac si sepa-
rasset te ipsum. Wie die leztern Worte andeuten, sind es
bloß zehn Sephiroth, nicht mehr, nicht weniger. So im

Buch Jezira: [*] Decem Sephirae praeter illud ineffabile, decem et non novem, decem et non undecim. Ebenso Sohar in Genes. S. 37: Quicunque regnum (die zehnte Sephirah) suscipit sine reliquis novem Sephiroth, ille exscindit plantationes (er verderbt den himmlischen Garten Eden, die wahre Gotteslehre), et quicunque reliquas novem Sephiroth suscipit sine regno, ille fundamentum fidei abnegat. Da das Urwesen sich nach der oben mitgetheilten Lehre des Sohar in den drei Gestalten des Vaters, der Mutter und des Sohnes geoffenbart haben soll, so ergab sich die Nothwendigkeit, leztere Behauptung mit der andern, als werde Gott nur durch die zehn Sephiroth erkannt, zu vereinigen. Man half sich dadurch, daß die drei ersten der Zehne von den sieben übrigen unterschieden, für höhere Ausströmungen als die anderen, und zugleich für Eins mit dem Vater, der Mutter und dem Sohne erklärt wurden. So das Buch Peliah, das noch älter ist als der Sohar, S. 152: Ceteras Sephiras poteris apprehendere tam clare, ut explicare easdem valeas singulas. Verum quod attinet ad מִי (Exod. XX, 3), quae vox respicit coronam, sapientiam et intelligentiam (kether, chochma, binah, d. h. die drei ersten Sephiroth), non poteris eas assequi, quia hae sunt porta, qua mediante invenitur gloria divina. Weiter heißt es ebendaselbst S. 7: Sapientia (v. chochmah) emanat e corona summa, quae vocatur אֵין (nullus), intelligentia (vel binah) emanat ex אֵין seu corona et sapientia, et tria ista constituunt caput unum. Endlich wird im nämlichen Buche die Kether Vater, die Binah Geist genannt. [**] Der Sohn wäre also die Chochmah. [***] Ohne Zweifel hat

[*] Rittangel's Ausgabe S. 196 oben.
[**] Ich habe diese Beweisstellen entnommen aus Sommer specimen theologiae Soharicae S. 5.
[***] Man vergleiche über diesen Gegenstand noch die schöne Abhandlung de stylo apocalypseos cabbalistico von J. Rhenferd,

Rhenferd Recht mit seiner Behauptung, daß der Stelle, Offenbarung Johannis I, 4: χάρις ὑμῖν καὶ εἰρήνη ἀπὸ τοῦ ο
ὢν, καὶ ὁ ἦν καὶ ὁ ἐρχόμενος, καὶ ἀπὸ τῶν ἑπτὰ πνευμάτων,
ἃ ἐστιν ἐνώπιον τοῦ θρόνυ αὐτοῦ, dieselbe oder eine ähnliche
Ansicht zu Grunde liege. Offenbar wollte der Verfasser des Buchs
zehn himmlische Wesen zusammenstellen, zugleich unterscheidet
er aber die drei ersten als höhere, von den sieben anderen.
Dennoch ist diese Trennung, so alt sie auch seyn mag, nicht
natürlich; sie wurde der Lehre von den zehn Sephiroth von
Außen her aufgebürdet, weil man die drei Gestalten schon
vorher oder zu gleicher Zeit kannte, und mit den zehn,
selbst gewaltsamer Weise, vereinigen wollte.

Woher kommen nun die zehn Sephiroth? Wir können
den Talmud zu Hülfe rufen, dem diese mystische Lehre ebenfalls nicht unbekannt ist. Chagigah bab. S. 12, a heißt es:
„Raf Sutra hat gesagt, durch zehn Eigenschaften Gottes ist
die Welt geschaffen worden durch die Weisheit בְּחָכְמָה,
durch Verstand תְּבוּנָה, (gleichbedeutend mit בִּינָה), durch Erkenntniß בְּדַעַת, durch die Kraft בְּכֹחַ, durch Rufen בִּגְעָרָה
durch die Stärke בִּגְבוּרָה, durch die Gerechtigkeit צֶדֶק, durch
das Gericht בְּמִשְׁפָּט, durch die Güte בְּחֶסֶד, durch das Erbarmen בְּרַחֲמִים. Durch Weisheit und Verstand, denn es
stehet geschrieben (Sprüchwörter III, 19): Der Herr hat
die Erde durch Weisheit gegründet, und durch
Verstand die Himmel zugerüstet. Durch Erkenntniß
(ebendaselbst B. 20): Durch seine Erkenntniß sind die
Tiefen zertheilet. Durch Kraft und Stärke, denn es
heißt (Pf. LXV, 7): Er setzet die Berge fest in seiner Kraft, er ist gerüstet mit Stärke. Durch Rufen
(Job XXVI, 11): Die Säulen des Himmels zittern
und entsetzen sich vor seinem Rufen. Durch

der eine Menge Beweisstellen aus den Schriften späterer
Kabbalisten anführt.

Gerechtigkeit und das Gericht, denn es stehet geschrieben
(Pf. XCVII, 2): Gerechtigkeit und Gericht ist die
Veste seines Thrones. Durch Güte und Erbarmen
wegen (Pf. XXV, 6): Gedenke, o Herr, deiner Barmherzigkeit und deiner Güte, welche von Anfang
an gewesen ist." — Wir haben hier eine göttliche Zehnzahl,
wie im Sohar, auch zum Theil dieselben Namen, doch trägt
Alles den Stempel der Willkür, denn warum sollte man
nicht mehr als zehn Bezeichnungen göttlicher Wirksamkeit
aus den heiligen Büchern nachweisen können? Wir haben
den wahren Grund jener Lehre noch nicht. Näher führt uns
dem Ziele eine zweite talmudische Stelle: Rosch haschana bab.
S. 32 a: „Zehnmal soll man in die Trompete stoßen zu Anfang des Jahres, dieß ist Gesetz für die Kinder Israel. Die
Rabbinen stritten darüber, wie man dieß Gebot rechtfertigen
könne. Da sprach R. Jochanan, es ward gegeben wegen der
zehn Worte, durch welche die Welt erschaffen worden ist.
Welche zehn Worte? meinst du das Wort וַיֹּאמֶר? aber dasselbe wird ja nur neunmal wiederholt. R. Jochanan antwortete: der Ausdruck בְּרֵאשִׁית (mit welchem die Genesis
anhebt) ist selbst eines von den zehn schöpferischen Worten.
Denn es stehet geschrieben (Pf. XXXIII, 6): Der Himmel ist durch das Wort des Herrn gemacht." — Oft
sprechen die Rabbinen von den zehn Worten der Schöpfung.
So Pirke Elieser Kap. III zu Ende, welche Stelle ich darum
wähle, weil die zehn Bajomer einzeln aufgeführt werden:
Decem verbis creatus est mundus, eaque sunt: et dixit
Deus, fiat lux (Genes. I, 3), et dixit Deus: fiat expansum
(Genes. I, 6), et dixit Deus: confluant aquae (Genes. I, 9),
et dixit Deus: herbascat terra (Genes. I, 11), et dixit
Deus: sunto luminaria (Genes. I, 14), et dixit Deus: rep-
tilia producant aquae (Genes. I, 20), et dixit Deus: pro-
ferat terra (Genes. I, 24), et dixit Deus: faciamus hominem (I, 26), et dixit Deus: ecce vobis dedi (I, 29), et

dixit **Deus**: non est bonum, hominem esse solum (Genes.
II, 18). Die zwei lezten Bajomer werden mit Unrecht ge=
zählt, denn es sind keine schöpferischen Worte. Die Stelle
aus Rosch Haschana rechnet nur neun, da sie Bereschit als
das zehnte annimmt. Hieraus ersieht man, daß die Rabbi=
nen mit Gewalt zehn haben wollten, und darum den Text
mißhandelten, bis herauskam, was ihnen beliebte. Der Grund
ist jezt nicht mehr schwer zu enträthseln. Sie fanden in der
Genesis schöpferische Worte Gottes, aber nur acht, dagegen
im Dekaloge, der heiligsten Urkunde ihres Glaubens, bestimmt
zehn. Diesen zu Lieb wurden auch zehn schöpferische Bajo=
mer in die Genesis hineingedeutet, wobei der Eine dieser,
der Andere jener Rechnung folgte, wie es bei gewaltsamen
Erklärungen überall zu geschehen pflegt. Nach dem Vorbilde
der zehn Schöpfungsworte schufen dann die Mystiker weiter
ihre zehn Sephiroth, weil ihre Gotteslehre am Ende auf
Emanation beruht. Die Sephiroth sind folglich eine hebräische
Wendung des alexandrinischen Logosbegriffs, und wir haben
hier ein zweites Beispiel, wie diese fremde Lehre von den
palästinischen Juden verarbeitet wurde. — Es bleibt nun noch
übrig zu beweisen, daß die Mystiker selbst ihre Sephiroth den
zehn Bajomer und folglich auch den zehn Worten vom
Sinai (denn die Zehnzahl der Bajomer ist ja diesen nach=
gebildet) gleichsetzen. Sohar zur Genes. S. 15 heißt es über
die Anfangsworte der Schöpfungsurkunde: בְּרֵאשִׁית ist das
Geheimniß der Chochma, בָּרָא (schuf) ist das höchste Geheim=
niß, das Niemand kennt (die Kether oder Krone), אֱלֹהִים
bezieht sich auf die Binah, das Wörtchen אֵת verbindet die
Chesed und Gebura. שָׁמַיִם bezieht sich auf die Tipheret,
das Wörtchen וְאֵת verbindet Nezach und Hod, das ו vor
dem Wörtchen אֵת bezeichnet zugleich den צַדִּיק הָאָרֶץ, den Ge=
rechten der Erde oder die Kirche Israels. Der ganze Vers
בְּרֵאשִׁית בָּרָא אֱלֹהִים u. s. w., bezeichnet die Chochmah.
Das erste Bajomer וַיֹּאמֶר אֱלֹהִים יְהִי אוֹר bezieht sich auf

die Chesed, welche zur Rechten Gottes ist, von ihr geht Licht
aus in die ganze Welt. (Sofort wird bewiesen, daß die
Chesed ein Vorbild Abrahams sey, was wir, wie die nächstfolgenden Anspielungen auf Isaak, Jakob, Joseph, David,
Aaron, als nicht zur Sache gehörig, übergehen.) Das zweite
Bajomer וַיֹּאמֶר אֱלֹהִים יְהִי רָקִיעַ bezieht sich auf die Gebura. — Das dritte Bajomer וַיֹּאמֶר אֱלֹהִים יִקָּווּ הַמַּיִם bezieht sich auf die Tipheret, welche genannt wird die mittlere
Linie. — Das vierte Bajomer וַיֹּאמֶר אֱלֹהִים תַּדְשֵׁא הָאָרֶץ
ist die Stufe des Gerechten (oder der Grund יְסוֹד). — Das
fünfte Bajomer וַיֹּאמֶר אֱלֹהִים יְהִי מְאֹרֹת bezieht sich
auf die Zedek oder Malchuth. — Das sechste Bajomer
וַיֹּאמֶר אֱלֹהִים יִשְׁרְצוּ הַמַּיִם ist die Stufe Nezach. — Das
siebente Bajomer וַיֹּאמֶר אֱלֹהִים תּוֹצֵא הָאָרֶץ ist die Stufe
Hod. — Das achte Bajomer וַיֹּאמֶר אֱלֹהִים נַעֲשֶׂה אָדָם
ist der höchste Grad (die Kether). — Das neunte Bajomer
וַיֹּאמֶר אֱלֹהִים הִנֵּה נָתַתִּי לָכֶם ist der Grad Binah." So
weit der Sohar; rechnet man noch die Chochmah dazu, welche
unter dem Worte Bereschit verborgen ist, so haben wir alle
zehn Sephiroth. Oder mit anderen Worten, diese sind Aus-
flüsse der schöpferischen Thätigkeit Gottes. *) Wer die dunkle
Sprache des Sohar kennt, wird zugestehen, daß lezterer
Begriff deutlich genug ausgesprochen ist. Ferner die zehn
Sephiroth beziehen sich nicht nur auf die zehn Worte der
Schöpfung, sondern auch auf die zehn Gebote Gottes. So
Tikune Sohar S. 101, a: Beatus est ille, apud quem
fides in Deum — decem verbis comprehensa, in cogi-
tatione una, sine permixtione versatur, nam illa fides est
hortus, in quo omnes Sephiroth, quae unum sunt, plan-
tatae fuerant. Ganz deutlich erklärt sich der berühmte

---

*) Andere Stellen, in welchen die Sephiroth als schöpferische oder
physische Kräfte dargestellt werden, findet man bei Schöttgen
horae hebraicae II, 269 u. flg. gesammelt.

Ausleger des Sohar Abraham Cohen Irira in seinem Buch Beth Elohim. Nachdem er ein Weites und Breites über die Sephiroth verhandelt, sagt derselbe: Decem sunt, quia lex data est decem verbis, et quia mundus, qui est opus creationis, creatus est decem effatis *) So aufgefaßt, können die zehn Sephiroth nicht mehr als Punkte auf der rechten, der mittlern und der linken Seite jener himmlischen Dreigestalt, oder des obern Baums abgebildet werden; sie sind vielmehr Schöpfungskreise oder Ausströmungen des Urlichts. Allerdings liebt der Sohar weit häufiger das Bild des Baumes, als die Kreisform. Doch blickt leztere durch. Beweißstellen habe ich oben angeführt. **) Selbst der Name deutet darauf, סְפִירָה ist dem griechischen σφαῖρα nachgebildet. Freilich erklären die Juden anders; die meisten halten das Wort סָפַר, Zahl, für die Wurzel, und deßhalb wird Sephirah von christlichen Kabbalisten oft durch numeratio übersezt. Jedermann sieht, wie unpassend und nichtssagend diese Ableitung ist. Andere verfielen auf andere Deutungen. In der Vorrede zu dem kabbalistischen Buche Schaare Orah (die Thore des Lichts) heißt es: „Die Sephiroth werden ihrer Reinheit und des Glanzes wegen nach dem Sapphirsteine so genannt, der (Exod. XXIV, 10) zu den Füßen Gottes gesehen worden sey." Diese Erklärung kommt der Wahrheit näher, als die andere, ob sie gleich, bloß sprachlich betrachtet, sehr abgeschmackt ist. Die Sephiroth sind, wie wir sagten, Ausstrahlungen oder Kreise des göttlichen Urlichts, und diese Bedeutung ist die älteste, obgleich sie sich später verwischte. Die zehnfache Zirkelfigur ist den früheren Kabbalisten wohl bekannt, sie wurde neben dem Baume immer gebraucht. ***)

Wie weit kann nun die Lehre von den zehn Sephiroth

---

*) Siehe Knorr Cabbala denudata II, 6. S. 191 Mitte §. 13.
**) Siehe S. 298.
***) Eine Abbildung siehe bei Brucker am angeführten Orte. S. 1020.

rückwärts verfolgt werden? In dem ältesten Theile der Mischna, in den Pirke Afoth Kap. V, 1 heißt es: „Durch zehn Worte ist die Welt erschaffen worden" בַּעֲשָׂרָה מַאֲמָרוֹת נִבְרָא הָעוֹלָם. Da in dem ersten Kapitel der Genesis nur acht schöpferische Bajomer vorkommen, und die Zehnzahl also offenbar einem fremdartigen Gedanken zu lieb erzwungen ist, da wir ferner wissen, daß die Juden von jeher in der Genesis die tiefsten Geheimnisse suchten und fanden, so behaupte ich kühn, obiger Ausdruck weist auf eine Bekanntschaft mit den wesentlichen Elementen der Sephirothmystik hin. Der Inhalt des Buches Pirke Afoth reicht aber bis in die Tage Christi hinauf, also auch die Lehre von den zehn Schöpfungsworten. Ich kann mich zugleich auf die Väter berufen. Origenes sagt: δέκα ὀνόμασι ὀνομάζεται ὁ θεὸς παρ' Ἑβραίοις. Diese zehn Namen Gottes weisen auf eine zehnfache Thätigkeit des Schöpfers hin, wie ich oben gesagt. *) Endlich beschreibt ja schon Celsus die zehnfache Kreisfigur, **) aus welcher nach der jüdischen Mystik die Welt entstanden ist. Die bereits erörterte Stelle, Offenbarung Johannis I, 4. 5., begnüge ich mich, hier ins Gedächtniß zu rufen. Wir haben indeß noch ein jüdisches Zeugniß über das Alter der Sphärenlehre, welches fast ein Jahrhundert über unsere christlichen Urkunden hinaufreicht. Maimonides sagt in seiner Schrift, Moreh Nebochim, von dem chaldäischen Targumisten Jonathan Ben Usiel: ***) Dicam aliquid de re, ad quam inclinavit Jonathan Ben Usiel. Videns ille aperta verba prophetae (Ezech. X, 13) *rotae ipsae vocatae sunt* גַּלְגַּל *in auribus meis*, statim conclusit, rotas esse coelos, ac proinde perpetuo transtulit vocem *Ophan* per *Galgala*, h. e. *sphaera*, et *ophanim* per *sphaeras* vel *galgallaja*. Hanc vero

---

*) Siehe S. 299.
**) Ebendaselbst.
***) More Nebochim III, 4; ich folge J. Buxtorfs Uebersetzung S. 338 u. 339.

expositionem sine dubio confirmavit apud eum, quod
Ezechiel rotas ait esse sicut aspectum Tharschisch (Ezech.
I, 16). Hic enim color, sicut notum est, coelo attribu-
itur. Cum autem scriptum reperit (I, 15): *Et vidi animalia, et ecce rota una in terra*, quae verba sine dubio
docent, rotas esse in terra: hoc durum valde ipsi visum
est juxta sententiam illam. Nihilominus tamen expositionem suam secutus est, juxta quam *terra* sumitur pro
expansione coelorum. — Sic enim voces: *Et rota una in
terra*, interpretatur: *Sphaera una posita erat sub altitudine coeli*. In der That verhält es sich so, wie Maimonides sagt. Ben Usiel weicht überhaupt in dem Gesichte des
Wagens merkwürdig vom hebräischen Wortsinne ab, ohne
daß ich mir ein deutliches Bild von seiner Vorstellung machen könnte. Nur soviel sehe ich, das er die Sphärenlehre
in die Stelle hineindeutet, und das genügt für meinen Zweck.

Plato hat gelehrt, die Welt sey die Frucht göttlicher
Ideen. Er trug eine Eigenschaft des menschlichen Verstandes auf die Gottheit über, denn wenn ein Baumeister eine
Stadt schaffen will, so entwirft er zuerst einen Plan auf dem
Papier oder in seinem Kopfe. Es ist dieß gewisser Art eine
geistige Stadt, nach welcher die wirkliche gebaut wird; gleicherweise ordnen wir die Erscheinungen der Welt nach allgemeinen Begriffen von Geschlechtern und Arten, unter welche
die einzelnen Geschöpfe: Thiere, Bäume, Pflanzen, Steine befaßt werden. Es mag seyn, daß Plato selbst seine Lehre von
den Ideen mittelbar oder unmittelbar aus dem Morgenlande
entlehnte, durch ihn kam sie jedenfalls erst recht in Umlauf,
denn glänzend hat er sie dargestellt und ausgeschmückt, so
wenig auch die Lehre selbst eines großen Philosophen würdig
seyn mag. *) Spätere mißbrauchten sie noch viel mehr, wie

---

*) Für sich betrachtet sind die platonischen Ideen eine willkürliche
Träumerei, die Naturkenntniß haben sie um keinen Schritt
weiter gebracht, sondern nur verwirrt. Ihr Verdammuugs-

es zu geschehen pflegt; die sonderbarsten Einfälle sind daraus
entstanden. Die Juden in Alexandrien bemächtigten sich derselben, sobald die hellenische Philosophie unter ihnen bekannt
wurde. Sogleich erhielten die Ideen einen starken jüdischen
Beigeschmack. Bei Philo sind sie zugleich Begriffe und Naturkräfte, selbst persönliche Wesen und Engel, sie schwirren
im unermeßlichen Schöpfungskreise hin und her, wie Fle-
dermause in der Nacht. Von ihren Brüdern in Alexandrien
nahmen die paläſtinischen Juden das fremde Gewächs auf.
Pharisäer und Mystiker, der Talmud und Sohar bekennen
sich zu der Ideenlehre, versteht sich nach ihrer Weise. Denn
gemäß dem abenteuerlichen Geiste des Volks erhielten die luftigen Wesen jezt eine derbe Gestalt. Man lehrte, Alles, was
auf Erden sey, Städte, Tempel, Schulen, Thiere, Menschen,
habe seine wesenhaften Vorbilder, gleichsam seine Doppelgänger im Himmel; zugleich suchte man die Ideen aus dem Pentateuche herauszudeuten, um den Griechen die Ehre der Erfindung wegzuhaschen. Eine ganz philonische Stelle über
die Erschaffung der Welt durch die Ideen findet sich in R.
Abrahams Ben Dior Kommentar zum Buch Jezira: *) In
intelligentia mentali divina omnes virtutes collectae sunt
et sicuti in seminario quodam plantatae. Et propterea
educuntur de ea omnes virtutes spirituales per subtilis-
simam emanationem, sicuti forma aedificii est in archi-
tecto in ingeniosa mentis delineatione, et propterea omnes formae aedificii, quae in ipso aedificio sunt, omnes
producuntur e potentia formarum in mente architecti de-
lineatarum; unumquodque genus de genere suo et non
per alienum existit. Exemplum hujus rei: forma struc-
turae fenestrae, quae est in delineatione mentis artificis,
est causa fenestrae actu existentis, sed delineatio

Urtheil ward ihnen durch Aristoteles — magnum nomen — gesprochen, dessen hoher, positiver Geist Nichts von diesen Kindern einer dichterischen Einbildungskraft wissen wollte.
*) Siehe die Ausgabe des Buchs von Rittangel S. 18.

fenestrae in mente artificis non est causa avis in pariete domus depictae; delineatio enim fenestrae non est delineatio avis; et propterea dixerunt sapientes nostri, quod emanet una (forma) ab alia, h. e. quodque genus de genere suo in forma. Manches mag immerhin eigene Ansicht des Kommentators seyn, doch beweisen die lezten Worte, daß er zugleich den allgemeinen Glauben der jüdischen Mystiker ausspricht. Aber nicht nur wie Begriffe des himmlischen Baumeisters dachte man sich die Ideen, sondern zugleich auch als Wesenheiten. Sohar zum Exodus S. 88. heißt es: Cum Deus hunc mundum conderet, eundem ad modum mundi superni condidit, ut hic mundus esset imago mundi futuri, et ad modum mundi superni hunc inferiorem condidit, ut unus mundus alteri responderet. Man vergleiche hiemit Schemoth Rabba S. 132. a: „Was Gott oben im Himmel geschaffen, das hat er auch unten auf Erden geschaffen. Im Himmel ist eine Wohnung und Finsterniß. Jes. 63, 15. Exod. XX, 21. Job. XXII, 13: Auf Erden ist das Gleiche. I König. 8, 12: Da sprach Salomo: Der Herr hat geredet, er wolle im Dunkeln wohnen. Vom Himmel heißt es Jes. 6, 2: Seraphim standen über ihm, von der Erde heißt es Exod. XXVI, 15: Das Holz Sittim stand. Im Himmel sind Cherubim (Pf. 80, 2): Der du über Cherubim thronest. Deßgleichen auf der Erde, Exod. XXVII, 8: Einen Cherub an diesem Ende. Im Himmel sind Räder (Ezech. I, 19): Die Räder erhoben sich empor. Ebenso auf der Erde (ebendaselbst V. 15): Und siehe, ein Rad war auf der Erde. Im Himmel bewohnt Gott seinen heiligen Tempel (Pf. 68, 13), auf Erden ist gleichfalls ein Tempel Gottes, Exod. XII, 41. — Im Himmel ist ein Thron Gottes (Job 25. 3), auf Erden gleichfalls, Jerem. 17, 12. Im Himmel ist ein Altar, ein Zelt, ein Vorhang, Jes. 6, 6. 40, 22. Pf. 104, 2, ebenso auf Erden, Exod. XX, 24. Numer.

XXIV, 5. Exod. XXVI, 1. Im Himmel ist Licht, Dan. II, 22, ebenso auf Erden, Exod. XXVII, 2, u. s. w." Man rechtfertigte diese sonderbare Lehre aus den Sprüchen Exod. XXV, 40 und XXVI, 30. So der Talmud, Traktat Menachot Bab. S. 29, a: „R. Jose, der Sohn Juda hat gesagt: Die feurige Bundeslade, der feurige Tisch und der feurige Leuchter sind vom Himmel herniedergestiegen, Moses sah dieselben und bildete nach ihrem Bilde die heiligen Geräthe, wie geschrieben stehet Exod. XXV, 40: Siehe zu, daß du es machest nach ihrem Bilde, das du auf dem Berge gesehen hast. Ebenso heißt es Exod. XXVI, 30: Du sollst die Wohnung aufrichten nach der Weise, die du gesehen hast auf dem Berge. Ganz aus denselben Stellen leiten auch unsere ältesten Väter die platonische Ideenlehre ab. Justin der Märtyrer sagt im Aufruf an die Griechen Kap. 29:[*] „Das dritte Princip, welches Plato neben Gott und der Materie annimmt, hat er von Niemand anders, als von Moses entlehnt, auch den Namen (εἶδος) borgte er von ihm; doch hat er nicht von Wissenden (von den μύσαι) gelernt, daß man Nichts gründlich verstehen könne, ohne mystische Betrachtung der Worte des Gesetzgebers, οὐ διδαχθεὶς παρὰ τῶν εἰδότων, ὅτι οὐδὲν ἐκτὸς μυσικῆς θεωρίας τῶν ὑπὸ Μωυσέως εἰρημένων σαφῶς γινώσκειν ἐσὶ δυνατὸν — daher die Verstöße Platons gegen die Wahrheit, während er sonst alles Gesunde aus dem Pentateuche entnahm, den er jedoch — nämlich nach der Meinung alter Christen und Juden — nicht immer richtig verstand. Was die Ideen betrifft, so legt Moses dem Höchsten folgende Worte in den Mund: Nach dem Vorbilde, das ich dir auf dem Berge zeigte, sollst du das Stiftszelt machen, Exod. XXV, 9, und etliche Verse weiter unten (40): Nach dem Vorbilde sollst du es

---

[*] Opp. S. 29 Mitte.

machen, das dir auf dem Berge gezeigt ward. Diese Stellen verstand Plato nicht recht, dieweil er nicht in den geheimen Sinn eindrang, und darum verfiel er in den Irrthum, daß die Idee etwas Geschiedenes sey von der Erscheinung, und vor derselben cristire" u. s. w. Derselben Ansicht huldigt auch Irenäus, wenn er sagt: *) Deus facile ad idola revertentem populum erudiebat, per multas vocationes praestruens eos perseverare et servire Deo: per ea, quae erant secunda, ad prima vocans, h. e. per typica ad vera, per temporalia ad aeterna, per carnalia ad spiritalia, per terrena ad coelestia, quemadmodum et dictum est Mosi (Exod. XXV, 40): *Facies omnia juxta typum eorum, quae vidisti in monte.* Quadraginta enim diebus discebat tenere sermones Dei et characteres coelestes et imagines (ἰδέας) spiritales et praefigurationes futurorum. Daß Philo auf gleiche Weise die Ideenlehre dem Judenthum zuschreibe, habe ich anderweitig gezeigt. Man verallgemeinerte nun den Spruch des Pentateuchs und behauptete, daß Alles, was auf Erden bestehe, sein Vorbild im Himmel habe. So Sohar zur Genes. S. 91: Quodcunque in terra est, id etiam in coelo est, et nulla res tam exigua est in mundo, quae non alii simili, quae in coelo est, correspondeat. Ebenso zu Exod. S. 25: Quidquid in terra est, id omne typum gerit rerum quarundam admirandarum (coelestium), imo etiam arbores et herbae omnes. Das Alter dieser Lehre reicht über unsere christlichen Urkunden hinauf. In der Himmelfahrt des Propheten Esaias Kap. VII, 10 heißt es: Ut supra (in coelo), ita et in terra, nam similitudo ejus, quod est in coelis, hic in terra est. Der Grundsatz wird im Hebräerbriefe ausgesprochen, VIII, 5: Οἱ ἱερεῖς ὑποδείγματι καὶ σκιᾷ λατρεύυσι τῶν ἐπυρανίων, καθὼς κεχρημάτισαι Μωυσῆς, μέλλων ἐπιτελεῖν τὴν σκηνήν.

---

*) Contra haeres. IV, 14, 3.

*Ορα γάρ, φησὶ, ποιήσῃς πάντα κατὰ τὸν τύπον τὸν δειχ-
θέντα σοι ἐν τῷ ὄρει.* Ebenso IX, 23 und 24. Die An=
wendung finden wir in mehreren anderen neutestamentlichen
Schriften, welche von einem obern oder himmlischen Jerusa=
lem, einem himmlischen Tempel erzählen. Vieles und Aben=
teuerliches berichten die Rabbinen über die himmlische Gottes=
stadt und das dortige Heiligthum. Taanith. Bab. S. 5, a.
Midrasch Tanchuma S. 39, b: „Das himmlische Jerusalem
ist nach derselben Weise gebaut, wie das irdische." Sohar
zum Exodus S. 21: R. Simeon dixit: Deus S. B. prae-
paravit sibi templum sanctum, templum coeleste, civitatem sanctam, civitatem coelestem, quae vocatur Hieroso-
lyma. Auch ein Altar ist in dem obern Tempel, wie in dem
untern. So Jonathan Ben Usiel zu Jesajas VI, 6: „Da flog
zu mir einer von den dienenden Engeln, und in seinem Munde
war eine Rede, welche er bekommen von der Schechina Got=
tes, die da sizt auf dem Throne des Glanzes im obersten
Himmel über dem Altare." Ebenso Chagigah. Bab. S.
S. 12 b: Coelum dicitur זבול, habitaculum, ubi Jerusalem et templum et altare exstructum est, ubi Michael
princeps magnus stat et sacrificium offert. Nur hat die
himmlische Stadt und der dortige Tempel, obgleich dem un=
tern sonst ähnlich, viel größere Verhältnisse, wie denn über=
haupt dort droben Alles viel edler ist, als hier unten. Be=
reschit Rabba S. 69, a: Dixit R. Simeon: templum coeleste non majore altitudine exstructum est, prae templo
terreno, quam octodecim milliaribus. Unde hoc probas?
quia scriptum est (Genes. XXVIII, 17): *et haec est porta
coeli;* nam litterae הזה decem et octo comprehendunt.
Das ist allerdings ein sonderbarer Beweis aus der Gematria!

Mit der Ideenlehre hängt vielleicht die andere Be=
hauptung zusammen, daß sieben Dinge v o r der Welt,
zehn m i t ihr erschaffen worden seyen. Pesachim Bab. S.
54, a und Nedarim 39, b heißt es: „Sieben Dinge sind

erſchaffen, ehe die Welt gegründet war: das Geſetz, die Buße,
der Garten Eden, die Hölle, der Thron der Herrlichkeit, das
Haus des Heiligthums und der Name des Meſſias." Daſſelbe
wird wiederholt Pirke R. Elieſer, drittes Kapitel, wo zugleich
die Beweisſtellen angegeben ſind. Ferner zehn Dinge wur=
den erſchaffen nach Gründung des Himmels und der Erde.
Pirke Aſoth Kap. IX, 6: „Zehn Dinge ſind erſchaffen wor=
den am erſten Freitag zwiſchen der Abenddämmerung: die
Mündung der Erde (in welche Koreh und ſeine Rotte verſank),
der Mund des Brunnens (der Mirjam, Moſis Schweſter, wel=
cher Iſrael durch die Wüſte begleitete), das Maul der Eſelin
Bileams, der Regenbogen, das Manna, der Stab Moſis, der
Wurm Schamir, die Schrift (des Geſetzes), und die Abſchrift,
die zwei Tafeln. Einige ſetzen hinzu: die Teufel (Schedim), das
Grab Moſis, der Widder unſeres Vaters Abraham, und die
erſte Beißzange" (da man nämlich, um eine Zange zu ſchmieden,
ſchon eine andere braucht, ſo ſorgte Gott durch ſeine Allmacht
für die erſte Zange, mit welcher die ſpäteren gemacht wurden.
Man ſieht, dieſe Grille kommt auf die Frage hinaus, ob die
Henne oder das Ei früher geweſen ſey). Der Targum Je=
ruſchalemi gibt dieſelbe Zahl wieder, Numer. XXII, 28:
Decem res creatae sunt, postquam mundus conditus est,
in principio sabbathi inter duas vesperas: Manna, puteus, virga Mosis, (vermis) Schamir, iris, nubes gloriae,
os terrae, scriptura tabularum foederis, daemones, os lo-
quens asinae. Zehn Dinge ſind auch hier, nur werden zum
Theil andere genannt. Zu vergleichen iſt noch Mechilta, dritte
Paraſcha, Mitte:*) Decem res creatae sunt in vigilia sabbathi: arcus coelestis, arca legis, manna, virga Mosis,
scriptura, Schamir, tabulae, apertio oris terrae ad absor-
bendos impios, apertio oris fornacis (der Gluthofen, d. i.
die Hölle), sepulchrum Mosis et spelunca, ubi stetit Moses et Elias. Alii addunt vestes hominis primi, baculum

---

*) Ugolini Vol. XIV, 306 oben.

Aaronis, ejusdem amygdalas et flores. Daß diese Lehre
alt sey, beweist nicht nur das Zeugniß der Pirke Afoth, son=
dern auch mehrere andere Stellen. Im Targum Jonathan
Ben Usiel zu Zach. IV, 7 heißt es: „Er wird offenbaren
seinen Messias, dessen Namen von Anfang an (vor der Welt=
schöpfung) ausgesprochen ward," welche Worte mit der obigen
Behauptung des Talmud übereinstimmen. Ferner werden
im Testamente der zwölf Patriarchen*) die fünf Bücher Mosis πλάκες τοῦ οὐρανοῦ genannt, ohne Zweifel, weil sie frü=
her im Himmel waren, ehe sie Mosi gegeben worden sind.
Endlich spricht Salomo im Buche der Weisheit: Εἶπας οἰκο-
δομῆσαι ναὸν ἐν ὄρει ἁγίῳ σου, καὶ ἐν πόλει κατασκηνώσεώς
σε θυσιαστήριον, μίμημα σκηνῆς ἁγίας ἣν προητοίμασας ἀπ'
ἀρχῆς. Also bestand der himmlische Tempel vor der Welt=
schöpfung. Daß nach dem vierten Buche Esdrä das obere
Paradies vorweltlich sey, wird unten gezeigt werden. — Zu den
im Anfang der Welt erschaffenen Dingen rechneten die Juden
auch den Riesenochsen Behemoth und den ungeheuren Fisch Le=
viathan, zwei der abenteuerlichsten Früchte ihrer geschmacklosen
Einbildungskraft. Targum Jerusch. zu Genes. I, 21: „Am
fünften Tage schuf Gott die großen Ungeheuer des Wassers,
Leviathan und sein Weibchen, welche bereitet sind auf den
Tag der Tröstung" (d. h. welche verspeist werden sollen in
den Tagen des Messias). Pirke Elieser Kap. XI: „Am sechs=
ten Tage schuf Gott aus der Erde den Behemoth — sonst
auch der wilde Ochse (Schor habbar) genannt, welcher auf
tausend Bergen lieget; derselbe weidet alle Tage tausend
Berge ab, aber bei Nacht wächst das Gras von selbst wie=
der, wie wenn er es nicht angerührt hätte, nach dem Worte der
Schrift (Job 40, 15): Die Berge tragen ihm Futter,
das Wasser des Jordans ist da, ihn zu tränken, denn die
Gewässer des Jordans fließen um das ganze Land Israel,

---

*) Fabricius cod. pseud. vet. Test. I, 550 und an a. O.

die Hälfte über, die andere Hälfte unter dem Boden, weß=
halb geschrieben stehet (Job 40, 18): Er läßt sich dün=
ken, als wolle er den Jordan mit seinem Munde
ausschöpfen. Derselbe Ochse ist zu dem großen Gastmahle
der Gerechten (in jener Welt) bestimmt. Darum heißt es
(Job 14, 14): Der ihn gemacht hat (Gott), wird sein Schwert
an ihn setzen.“ — Im Talmud ist die Fabel weiter ausgemalt.
Bava Bathra Bab. S. 74, b: „Raf hat gesagt: Von allem
(Lebenden), was Gott in seiner Welt schuf, hat er ein Männ=
lein und ein Weiblein erschaffen. Also bildete er auch vom
Leviathan, der eine schlechte oder krumme Schlange ist (Jes.
XXVII, 1), ein Männlein und ein Weiblein. Hätten nun
dieselben sich mit einander vermischet und Junge gezeugt, so
würden sie die ganze Welt (wegen ihrer Größe und Gefräs=
sigkeit) zerstört haben. Was that der heilige Gott? Er hat
das Männlein verschnitten, das Weiblein umgebracht und
eingesalzen für die Gerechten auf das Zukünftige, weßhalb
geschrieben stehet (Jes. XXVII, 1): Er wird den Dra=
chen im Meer erwürgen.“ Von dem großen Ochsen
oder dem Behemoth heißt es ebendaselbst: „Gott hat auch
von dem Behemoth, der auf den tausend Bergen liegt, ein
Männlein und ein Weiblein erschaffen; wenn dieselben sich
mit einander vermischet und gemehret hätten, würde ihre
Brut die ganze Welt zerstöret haben. Was that Gott? Er
hat das Männlein verschnitten und das Weiblein erkältet
(untüchtig zum Zeugen gemacht) und bewahrt sie den Gerech=
ten für die zukünftige Welt, weßhalb geschrieben stehet (Job
40, 11): Siehe seine Kraft ist in seinen Lenden —
diese Worte bedeuten das Männlein — und sein Vermö=
gen im Nabel seines Bauches — das geht auf das
Weiblein.“ Einige Stellen aus Hiob, den Psalmen und Jesajas
gaben, wie man sieht, Anlaß zu der Fabel; vielleicht dürften
auch alte Ueberlieferungen von untergegangenen Riesenthier=
Geschlechtern zu Grunde liegen. Merkwürdig ist, wie weit

zurück sich die abenteuerliche Sage verfolgen läßt. Im vierten Buch Esdrä Kap. VI, V. 47 und folgende heißt es: Quinta die dixisti septimae parti, ubi aqua erat congregata, ut procrearet animalia volatilia et pisces. Et aqua muta, quae sine anima erat, Dei nutu animalia provenire fecit, ut ex hoc gloriam tuam generationes enarrent. Et tunc conservasti duo animalia, quae creaveras, et nomen unius vocasti Behemoth, et nomen secundi adpellasti Leviathan. Et separasti ea ab alterutro, non enim poterat septima pars, ubi aqua erat congregata, *) capere ea. Et dedisti τῷ Behemoth unam partem, quae siccata est tertio die, ut habitaret in ea, *ubi sunt montes mille.* Τῷ Leviathan autem dedisti septimam partem humidam; et servasti ea, ut sint in devorationem quibus vis, et quando vis **) (das heißt für die Gerechten in der kunftigen Welt). Wie es scheint, dachte sich der ungenannte Verfasser den Leviathan als männliches, die Behemoth als weibliches Thier desselben Geschlechtes, oder umgekehrt; beide wurden dann getrennt und in verschiedene Elemente verwiesen, damit sie sich nicht vermehrten. Ganz sicher ist diese Ansicht im Buche Henoch ausgesprochen. Kap. 58, 7: „An jenem Tage sollen ausgetheilt werden zur Speise zwei Ungeheuer, ein weibliches Ungeheuer, dessen Namen Leviathan ist, und das da wohnt in den Tiefen des Meeres, über den Quellen der Gewässer, und ein männliches Ungeheuer, dessen Namen Behemoth, welches, auf seinem Bauche sich bewegend (wie eine Schlange), die unsichtbare Wildniß inne hat, deren Name Dendaijen ist, im Osten des Gartens, wo der Auserwählte und der Gerechte wohnen soll. Ich (Henoch) bat einen andern Engel, mir zu offenbaren die Bedeutung dieser Ungeheuer, wie sie

---

*) Nach der Meinung des Verfassers besteht nämlich nur der siebente Theil der Erdoberfläche aus Meer, das Uebrige ist festes Land.

**) Ich habe den Text aus dem Aethiopier und dem Lateiner zusammengesezt.

getrennt wurden an demselben Tage, so daß das eine in den Tiefen des Meeres, das andere in der wasserlosen Oede wohnet. Und er (der Engel) antwortete: Du Menschenkind willst Geheimnisse erforschen. Aber der Engel des Friedens, der bei mir war, sprach: Diese beiden Ungeheuer sind durch die Macht Gottes vorbereitet, um einst Speise zu seyn." Gegen die sonstige Regel lauten in diesem Falle die älteren Bücher (Henoch und Esdras) noch abenteuerlicher, als das spätere (der Talmud). Denn kann man sich etwas Abgeschmackteres denken, als daß zwei Ungeheuer, von denen das eine in der Tiefe des Oceans schwimmt, das andere in der wasserlosen Steppe lebt, ursprünglich ein Paar, oder Männlein und Weiblein desselben Geschlechtes gewesen seyn sollen! Das N. Testament, das überhaupt Nichts von den wilden Auswüchsen des Judenthums aufnahm, schweigt auch von Behemoth. und Leviathan, doch spielt es wenigstens insofern auf sie an, als es das messianische Glück unter dem Bilde eines Gastmahls darstellt.

Noch müssen wir die Art und Weise schildern, wie sich die ältesten Juden das Weltall dachten. Die Erde steht in der Mitte des Ganzen, drüber hin wölben sich sieben Himmel, einer über dem andern. Chagigah Bab. S. 12, b: „R. Jehuda hat gesagt: Es gibt zwei Himmel, weil geschrieben stehet (Deuter. X, 14): Siehe des Herrn deines Gottes ist der Himmel und aller Himmel Himmel. Dagegen behauptet R. Risch Lakisch, es gibt sieben Himmel, sie heißen: וִילוֹן der Vorhang, רָקִיעַ das Gewölbe, שְׁחָקִים die Wolken, זְבוּל die Stätte, מָעוֹן die Wohnung, מָכוֹן der Aufenthalt, עֲרָבוֹת der Aether; das Belon dient zu Nichts anderem, als daß es Morgens zusammengezogen und Abends wieder ausgebreitet wird, und an jeglichem Tage die Werke der Schöpfung erneuert. Von ihm gilt der Spruch, Jesaias 40, 22: Der die Himmel ausbreitet wie einen Vorhang, und ihn ausspannt wie ein Zelt zum Wohnen. Der Rakia oder das Gewölbe ist der Ort, wo

der Mond, die Sonne und die Sterne befestigt sind, wie ge=
schrieben steht (Genes. I, 17): **Und Gott sezte sie an
das Gewölbe des Himmels.** Schechakim ist der Wol=
kenhimmel, wo die Mühlsteine sind, welche das Mannabrod
für die Gerechten mahlen. Von ihnen heißt es (Pf. 78, 23):
**Und er gebot den Wolken droben, und öffnete
die Pforten des Himmels, und ließ das Manna
auf sie regnen.** Im Himmel Sebul ist das himmlische
Jerusalem, der Tempel, der Altar, wo Michael, der große
Fürst, steht und das Opfer darbringt. Von ihm gilt der
Spruch (I König VIII, 13): **Ich habe dir ein Haus
gebauet, eine Stätte, daß du ewiglich daselbst
wohnest.** — Maon ist der Himmel, wo die Schaaren der
Engel thronen, welche bei Nacht lobsingen, aber bei Tage
schweigen, zu Ehren Israels (weil bei Tag das heilige Volk
seine Hymnen in Himmel hinauf singt). Auf den Maon bezieht
sich der Spruch (Deuter. XXVI, 15): **Siehe herab von
deiner heiligen Wohnung, vom Himmel.** Makon
ist der Himmel, wo die Schätze des Schnees und des Ha=
gels, die Kammer des schädlichen Thaues, der Regentropfen,
des Sturmes, die Höhle der Ausdünstungen sich befinden.
Von ihm stehet geschrieben (I König VIII, 39): **Du wol=
lest hören vom Himmel, dem Aufenthalte, wo du
wohnest.** Araboth ist der Himmel, wo da weilt Gerechtig=
keit, das Gericht des Erbarmens, die Schätze des Lebens, des
Friedens, des Segens, die Seelen der Gerechten, die Geister,
welche erst in Zukunft erschaffen werden (den Leib anziehen)
sollen, und der Thau, durch den Gott einst die Todten wie=
der ins Leben ruft. — Auch wohnen daselbst die Ophanim,
die Seraphim, die heiligen Thiere, die Engel des Dienstes,
der Thron der Glorie, der ewige König, der lebendige Gott, der
da thronet auf den Araboth, wie geschrieben stehet (Pf. 68, 5):
**Singet Gott, lobsinget seinem Namen, erhebet
den, so da auf den Araboth daher fährt** (לְרֹכֵב

בְּעַרְבוֹת), Jehova iſt ſein Name." Es herrſchte, wie man ſieht, Streit darüber, ob es nur zwei oder ſieben Him= mel gebe. Bei Weitem die Meiſten nahmen jedoch ſieben Himmel an. Bereſchit Rabba S. 19, c. Bamidbar Rabba S. 218, a. Schir Haſchirim Rabba S. 24, d. Midraſch Tanchuma S. 40, b heißt es: „Die Schechinah wohnte ſonſt auf Erden; nachdem Adam geſündigt hatte, ſtieg ſie in den erſten Himmel empor, nachdem Kain geſündigt, in den zwei= ten, in den Tagen Enos in den dritten, zur Zeit der Sünd= fluth in den vierten, zur Zeit des babyloniſchen Thurmes in den fünften, zur Zeit der Sünden Sodoms und Gomorras in den ſechsten, zur Zeit der Aegyptier, in den Tagen Abra= hams, in den ſiebenten. Sieben Gerechte, Abraham, Iſaak, Jakob, Levi, Kahath, Amram und Moſes brachten ſie dann wieder ſtufenweiſe auf die Erde nieder." Auch der Sohar ſtimmt in der Zahl mit dem Talmud überein, obgleich man wegen der Sephiroth erwarten ſollte, daß er zehn annehmen würde. Im Abſchnitt Beſchallach heißt es: Septem coelos fecit Deus sanctissimus, et in singulis coelis sunt stellae fixae et errantes, et supra omnes est coelum Araboth. Mit den hebräiſchen Urkunden gehen die griechiſchen Hand in Hand. Klemens von Alexandrien ſagt Strom. IV, 25: *) Ἑπτὰ οὐρανοὶ, οὕς τινες ἀριθμοῦσι κατ᾽ ἐπανάβασιν. **) Im Teſtamente Levi werden die ſieben Himmel weitläufig beſchrie= ben: ***) (Levi ſpricht) „Ich fiel in einen Schlaf und ſchaute einen hohen Berg; dieß war der Schlangenberg in Abelmaul, und ſiehe die Himmel wurden geöffnet, und ein Engel des Herrn ſprach zu mir: Levi tritt herein. Und ich ſchritt her= aus aus dem erſten Himmel in den zweiten und ſchaute da= ſelbſt die (oberen) Waſſer, welche aufgehängt waren zwiſchen

---

*) Opera ed. Potter 636 Mitte.
**) Das heißt: Einige zählen ſieben Himmel, in welchen gewiſſe Leute hineingeſtiegen ſeyn ſollen, wie Sophonias in einem Apo= kryphon und Jeſaias in ſeiner Himmelfahrt.
***) Fabricius codex pseudepigraphus vet. Test. I. 545. u. flg.

diesem und jenem (zwischen dem ersten und zweiten Himmel). Drauf schaute ich den dritten Himmel, der viel lichter war, als die beiden ersten, unermeßlich war seine Höhe. Ich sprach zu dem Engel: Warum so? Er antwortete: Wundere dich nicht, denn die anderen vier wirst du noch unvergleichlich reiner und heller finden, wenn du hinaufsteigst. — Höre die Lehre von den sieben Himmeln. Der unterste ist dunkler als die anderen, weil er aller Missethat der Menschen nahe ist: Der zweite enthält Feuer, Schnee, Eis, das bereitet ist auf den Tag, wo der Herr das gerechte Gericht ergehen lassen wird. In ihm sind alle Geister, welche ausgesandt werden über die Ungerechten zur Rache. *) Im dritten Himmel sind die Mächte der Lager, **) welche geordnet sind auf den Tag des Gerichts, um Rache zu nehmen an den Geistern des Irrthums und Beliars. Die im vierten Himmel über diesen sind heilige Engel, denn zuoberst über allen wohnt die große Schechina ($\delta\acute{o}\xi\alpha$) im Allerheiligsten. ***) In dem fünften Himmel wohnen die Engel des Angesichts, die da dienen und bei dem Herrn versühnen alle Schwachheitssünden ($\dot{\alpha}\gamma\nu o\iota\alpha\varsigma$, Sünden der Unwissenheit) der Gerechten. Sie bringen dem Herrn dar einen Wohlgeruch geistigen Gottesdienstes und unblutige Gaben ($\pi\rho o\varsigma\varphi\acute{e}\rho o\nu\sigma\iota\ \tau\tilde{\wp}\ \chi\upsilon\rho\acute{\iota}\wp\ \dot{o}\sigma\mu\dot{\eta}\nu\ \epsilon\dot{\upsilon}\omega\delta\acute{\iota}\alpha\varsigma\ \lambda o\gamma\iota\varkappa\grave{\eta}\nu\ \varkappa\alpha\grave{\iota}\ \dot{\alpha}\nu\alpha\acute{\iota}\mu\alpha\varkappa\tau o\nu\ \pi\rho o\varsigma\varphi o\rho\grave{\alpha}\nu$, eine in den ersten Zeiten der Kirche häufige Polemik gegen den blutigen Opferdienst der Juden). In dem nächsten (oder sechsten) Himmel sind die Engel, welche die Antworten von dem Herrn den Geistern des Angesichts bringen. In dem siebenten endlich wohnen die

---

*) Ἐν αὐτῷ εἰσι πάντα τὰ πνεύματα τῶν ἐπαγωγῶν εἰς ἐκδίκησιν τῶν ἀνόμων. Fabricius vergleicht sehr glücklich die Stelle Jesus Sirach: εἰσι πνεύματα, ἅ εἰς ἐκδίκησιν ἔκτισαι. Kap. 39, 33.

**) Ganz wie der Talmud in der oben S. 358 angeführten Stelle, das sind die Gistra oder Ligjon.

***) Das Warum ist nur halb angegeben. Der Verfasser will sagen, die Bewohner des vierten Himmels seyen heiliger, als die des dritten, weil sie dem Urbild aller Heiligkeit, Gott, der zuoberst wohnt, näher sind.

Throni und die Exusiä (die höchsten Engelklassen), daselbst erschallen immerfort Lobgesänge auf Gott."

Das Testament der zwölf Patriarchen, aus welchem wir diese Stelle entnehmen, war bestimmt im zweiten Jahrhundert schon vorhanden, vielleicht gehört es sogar dem Ende des ersten an (man vergleiche die Vorrede von Grabe). Wie schön stimmt Alles mit dem Talmud überein, ein neuer Beweis für die Zähigkeit der jüdischen Ueberlieferung! Auch die Himmelfahrt des Propheten Jesajas rechnet sieben Himmel. Kap. IV, 14: Dominus veniet cum suis angelis, cumque potestatibus sanctis e septimo coelo, (indutus) splendore septimi coeli. Die sieben Himmel werden ziemlich genau in dem Buche beschrieben. Das neue Testament kennt wohl mehrere Himmel. Ephes. IV. 10: Ὁ ἀναβὰς ὑπεράνω πάντων τῶν οὐρανῶν. Hebr. IV, 14, VII, 26. Der Apostel Paulus spricht von einem dritten Himmel. II Kor. XII, 2: Οἶδα ἄνθρωπον — ἁρπαγέντα ἕως τρίτȣ οὐρανοῦ. Aber man kann aus dieser Stelle nicht ersehen, ob er etwa nach dem dritten noch vier andere Himmel rechnete, was sehr wahrscheinlich ist, oder ob er nur drei zählt, was ich nicht für möglich halte, weil sonst alle älteren Juden zum Mindesten sieben Himmel annahmen.

Gott ist eine Lichtnatur, aus Licht hatte er auch die Himmel gewoben. Pirke Elieser Kap. III Mitte: Ex luce Dei S. B. coeli creati sunt. Inde accepit (Deus) vestem atque expandit eam instar pallii. Extensi autem coeli sunt atque progressi, donec illis dixit *sufficit*, hinc etiam nomen Dei vocatur שַׁדַּי, *sufficiens*, quia affatus est coelos voce *sufficit*, atque substiterunt. Creatum esse coelum ex luce indumenti ejus, inde liquet, quod scriptum exstat (Ps. 104, 2): *Amictus luce tanquam veste extendit coelos veluti cortinam.* Ebenso der Sohar, Jdra Suta, §. 445: Aether subtilis continetur in omnibus, sicut ipso continet omnia, et omnia in eo comprehenduntur. Der

Himmel ist daher an sich licht und klar, Nacht wird es, nur, weil Abends der erste Himmel, Belon genannt, wie ein Vor= hang über das obere Gewölbe gezogen wird. So die früher angeführte Stelle aus Chagigah. Noch stärker Berachot Bab. S. 58 b: „Raf Huna hat gesagt, man sieht gewisse Sterne, wenn der Vorhang am Himmel zerreißt und sich aufwickelt, daß man den Glanz der Himmel zu sehen bekommt." Einige Dunkelheit, die von dem Vorhang herrührt, bleibt auch bei Tage für das gewöhnliche Auge übrig, nur der Blick von Begeisterten schaut Alles klar und licht und durchdringt den Himmel sammt seinen Geheimnissen. So Targum Jerusch. zu Genes. XXII, 10: „Abraham reckte seine Hand aus und ergriff das Schwert, um seinen Sohn zu opfern. Da sprach Isaak zu seinem Va= ter: Binde mich gut, damit ich mich nicht vor Kummer rühre, und wir dadurch in die Grube des Verderbens ge= stoßen werden, weil sonst ein Fehl erfunden würde an dei= nem Opfer. Die Augen Abrahams waren gerichtet auf die Augen Isaaks, Isaaks Augen dagegen waren gerichtet auf die Engel der Höhe, Isaak schaute sie, aber Abraham schaute sie nicht." Daß diese Vorstellung in das erste Jahrhundert hin= aufreiche, ersieht man aus Apostelgesch. VII, 55, wo von dem sterbenden Stephanus erzählt wird: Ὑπάρχων πλήρης πνεύμα= τος ἁγίε, ἀτενίσας εἰς τὸν οὐρανὸν εἶδε δόξαν θεοῦ καὶ Ἰη= σοῦν ἑσῶντα ἐκ δεξιῶν τοῦ θεοῦ, καὶ εἶπεν· ἰδοὺ θεωρῶ τοὺς οὐρανοὺς ἀνεωγμένους, καὶ τὸν υἱὸν τοῦ ἀνθρώπε ἐκ δεξιῶν ἑσῶτα τοῦ Θεοῦ. In dem zweiten Himmel befinden sich, nach dem Testament Levi's, die oberen Wasser, welche als Regen auf die Erde herniederstürzen, wenn die himmlischen Schleußen geöffnet werden. Diese Ansicht gehört schon dem Jesajas und anderen Schriften des alten Bundes an. Sehr groß ist die Entfernung von einem Himmel oder Fir= mamente zum andern. So Traktat Chagigah bab. S. 13, a. Pesachim S. 94, b, und Jalkut Schimeon·zu Malachias S. 87, b: „Von der Erde bis zu dem ersten Himmel ist es so

weit, als man in 500 Jahren gehen kann, und ebenso weit
ist es von dem ersten Himmel zum zweiten, von dem zwei=
ten zum dritten, von dem dritten zum vierten, von dem vier=
ten zum fünften, von dem fünften zum sechsten, von dem
sechsten zum siebenten." Die Gründe dafür werden angegeben
Berachot Jeruschal. S. 3, b: „Unsere Rabbinen sagen: vom
Himmel hat man so lange auf die Erde zu reisen, als die
Zahl aller Jahre der Erzväter ausmacht. Abraham zählte
173 Jahre (nach Abzug der beiden Jahre, in welchen er sei=
nen Schöpfer nicht kannte), Jsaak 187 und Jakob 140: =
500 Jahren. Man beruft sich auf den Spruch Deuter. XI,
21: Gleichwie die Tage vom Himmel auf die
Erde. Wie man von der Erde bis zur Veste 500
Jahre zu reisen hat, so braucht man auch fünfhundert Jahre
von einer Veste zu der andern." — Die Erde bleibt in der
Mitte des Weltgebäudes festgebannt, aber die sieben Himmel
schwingen sich einer über dem andern herum. Ein abenteuer=
liches Mährchen wird in diesem Sinne Bava bathra S. 14, a
berichtet: „Rabba, der Enkel Channas, sagte: Einst reiste ich
durch die Wüste, da gesellte sich zu mir ein Handelsmann,
der zu mir sprach: Komm, ich will dir den Ort weisen, wo
Erde und Himmel einander berühren. Ich nahm meinen
Brodkorb mit mir und stellte ihn an das Fenster des Him=
mels, bis ich mein Gebet verrichtet haben würde. Nachher
fand ich denselben nicht mehr. Da sprach ich zu dem Kauf=
mann: Sind denn auch Diebe hier? Er antwortete: Nein,
sondern die Schwingung des Himmels ist daran Schuld!
Warte bis morgen, so findest du den Brodkorb wieder!" Der
Glaube an die Kreisbewegung des Himmels liegt dieser
Sage zu Grunde, eine Ansicht, welche auch Philo bekennt. *)
Selbst die Lehre von der Sphären = Musik wird nach dem
Vorgange der Alexandriner von den jüdischen Mystikern

---

*) Siehe meine Schrift I, 350.

wiederholt. Sohar Abschnitt Balak S. 97. Schlechlecha S. 82. Bajechi Tosaphta S. 125.

Zugleich mit Himmel und Erde, oder nach Anderen vorher, wurden die oberen Wohnungen: Paradies, Hölle und der Behälter der Seelen erschaffen. Targum Jeruschal. zu Genes. III, 24: „Ehe die Welt gegründet war, schuf Gott das Gesetz und bereitete den Garten Eden für die Gerechten, daß sie sich erfreuen und essen von den Früchten des Baumes, dafür daß sie während ihres Lebens die Gebote des Gesetzes befolgt haben; und für die Gottlosen schuf er die Hölle, welche einem zweischneidigen, spitzigen Schwerte gleicht; Feuerfunken und glühende Kohlen fahren aus ihr, um die Uebelthäter zu bestrafen, welche in ihrem Leben das Gesetz verachtet haben." Man vergleiche noch denselben Targum zu Genes. XV, 17: „Abraham schaute die Hölle, wie sie Rauch herauftrieb, glühende Kohlen und Feuerfunken zur Bestrafung der Gottlosen." Hier wird also behauptet, daß Paradies und Hölle vor der Welt erschaffen seyen, ebenso in der oben angeführten talmudischen Stelle Pesachim 54, a und Nedarim 39, b. Anders Bereschit Rabba S. 21, a: „Die Hölle ward vor dem Paradies gegründet, jene am zweiten Tage dieses am dritten Tag." Es mag seyn, daß sich die Juden in dieser grillenhaften Lehre widersprechen; doch ist eine Vereinigung denkbar. Denn gleichwie jedes Geschöpf seinen himmlischen Doppelgänger besizt, so. gibt es auch zwei Höllen und zwei Paradiese, ein oberes und ein unteres. So lehrt wenigstens der Sohar; man vergleiche die Schrift Nischmath Chajim von R. Menasseh Ben Israel S. 25, b: „Die, welche in der Geheimlehre erfahren sind, behaupten einstimmig, daß es ein oberes und unteres Paradies gebe, und sie sagen die Wahrheit, denn also findest du es im Buche Sohar, Parascha Schemoth. *) Das eine Paradies ist der obere Palast, daselbst sind Flüsse von Balsam und allerlei

---

*) Die Stelle selbst im Sohar konnte ich nicht habhaft werden.

Freuden des zukünftigen Lebens. Das untere Paradies, welches der untere Palast genannt wird, besizt auch Etwas von den Freuden des zukünftigen Lebens, aber nicht von sich selbst, sondern es wird ihm aus dem obern mitgetheilt." Ebenderselbe Lehrer sagt S. 33, b: „Unsere Rabbinen haben auch gelehrt, daß eine Hölle droben sey, wie hier unten." Folglich kann die obere Hölle, und das obere Paradies recht gut vor der Welt, die untere dagegen erst am zweiten oder dritten Tage erschaffen seyn.

Paradies und Hölle waren Gegenstände, wie gemacht, um von den Rabbinen ausgemalt zu werden. Ungeheuer groß sollen beide seyn, doch ist leztere noch geräumiger als das Paradies, weil es mehr böse als gute Menschen gibt. Taanith Bab. S. 10, a heißt es: „Unsere Rabbinen lehren: Aegypten sey 400 Meilen lang und breit, das Mohrenland aber sechszigmal so groß als Aegypten, und die Welt sechszigmal so groß als Mohrenland, der Garten Eden sechszigmal so groß als die Welt, Eden selbst sechszigmal so groß als der Garten, die Hölle aber sechszigmal so groß, als Eden; so daß sich die ganze Welt zu der Hölle verhält, wie der Deckel zu einem Hafen. Einige behaupten, die Hölle könne gar nicht gemessen werden, dagegen behaupten Andere, daß Eden nicht gemessen werden könne." Sieben Abtheilungen hat das Paradies, eine köstlicher als die andere. So die Bereschit Rabba des Moses Hadarschan: *) In horto Eden septem domus aedificatae sunt, quarum quaelibet amplectitur duodecim millia milliaria in longitudinem et decem millia milliaria in latitudinem, et centum mille milliaria in altitudinem. Die Stoffe, aus welchen die sieben Häuser erbaut seyn sollen: Edelsteine, Perlen werden sofort beschrieben. Der Jalkut Schimeon **) schildert S. 7 a die Herrlichkeit des

---

*) Bei R. Martini pugio fidei S. 419.
**) Dieses Buch ist, wie ich schon früher bemerkte, ganz aus alten Midraschim zusammengestückelt.

Paradieses auf folgende Weise: „Rabbi Josua, des Levi Sohn,
hat. gesagt: Es sind zwo Pforten von Rubinen in dem Paradies, und an denselben stehen 600,000 dienstbare Engel,
und das Angesicht eines Jeglichen derselben funkelt wie der
Glanz des Himmels. Wenn ein Gerechter kommt, ziehen sie
ihm die Kleider aus, die er im Grabe getragen hatte, und
umhüllen ihn mit acht Gewändern, die gewoben sind aus der
Wolke der Herrlichkeit, auch setzen sie ihm zwei Kronen auf
sein Haupt, deren eine von Edelsteinen und Perlen, die andere vom feinsten Gold bereitet ist, sie geben ihm dann acht
Myrtenzweige in seine Hand, loben ihn und sprechen: gehe
hin und iß dein Brod mit Freuden. Sie führen ihn auch
an einen Ort, wo Wasserbäche sind, umgeben von 800 Gattungen Rosen und Myrten, und ein jeder Gerechter hat einen
besondern Schirm oder Thronhimmel, je nach seiner Ehre
über sich, wie geschrieben stehet (Jes. IV, 5): Es wird ein
Schirm seyn über Alles. Aus demselben fließen vier
Flüsse, einer von Milch, einer von Wein, einer von Balsam,
einer von Honig. Auch prangt über jedem Schirme ein gül-
dener Rebstock, an welchem 30 Perlen sind, deren jede glän-
zet wie der Venusstern. Unter jeglichem Thronhimmel steht
ein Tisch von Edelsteinen und Perlen, und sechszig Engel
umgeben jeden Gerechten und sprechen zu ihm: gehe hin und
iß Honig mit Freuden. — Der häßlichste von den Gerechten ist dem Joseph und dem R. Jochanan *) gleich an Gestalt;
Stücke von silbernen Granatäpfeln sind rings aufgestellt
(welche so leuchten), daß keine Nacht bei ihnen ist. — Es
wird auch ein Jeglicher in allen drei Nachtwachen erneuert.
In der ersten Nachtwache wird er klein, und gehet an den
Ort, wo die Kinder sind, und freuet sich, wie die Kinder sich
freuen. In der zweiten wird er ein Jüngling und gehet an

---

*) Von Joseph heißt es Genes. XXXIX, 6 und von R. Jochanan
Bava Mezia S. 84 a, sie seyen schöner gewesen, als alle
Anderen.

den Ort, wo die Jünglinge sich aufhalten, und freuet sich,
wie die Jünglinge sich freuen. In der dritten Nachtwache
wird er alt, und gehet an den Ort, wo die Alten sich aufhalten, und freuet sich, wie die Alten sich freuen. Es sind
auch in dem Paradies achthunderttausend Gattungen von
Bäumen in allen Ecken, der geringste von denselben ist trefflicher, als alle Gewürzbäume. In einer jeden Ecke stehen
600,000 dienstbare Engel, welche mit lieblicher Stimme singen, und in der Mitte ragt der Baum des Lebens empor,
dessen Aeste das ganze Paradies beschatten; derselbe hat
500,000 Arten von Geschmack, deren keine der andern glei-
chet, ebenso ist auch keine (der 500,000 Arten) seiner
Gerüche der andern gleich. Sieben Wolken der Herrlichkeit
sind über demselben, und er wird von den vier Seiten der
Welt beweget, daß sein Geruch von einem Ende zum andern duftet. Unter demselben sitzen die Lehrjünger der Weisen, die das Gesetz erklären, und ein jeder hat zwo Thronhimmel über sich, den einen gebildet von Sternen, den andern von Sonne und Mond, und zwischen jedem ist ein
Vorhang gewoben aus der Wolke der Herrlichkeit, und
inwendig thront die Freude, in welcher die dreihundertzehn
Welten sind."

Wie das Paradies siebenfach eingetheilt ist, so auch die
Hölle. Sie hat sieben Namen. So Erubim Bab. S. 19, a:
„Sieben Namen kommen der Hölle zu: Scheol, Abaddon
(das Verderben), Bor Schachat (Grube der Verwesung), Bor
Schaon (Grube des Geräusches), Tit hajaven (Koth des
Schlammes), Zal Mavet (Schatten des Todes), endlich Erez
Hatachtit (oder die unterste Erde)." So fort wird jeder Name
mit einer Bibelstelle gerechtfertigt. Den sieben Namen entsprechen sieben Behausungen der Hölle. So der Sohar: „Es
sind sieben Paläste in der Hölle, wegen der sieben Namen,
mit welchen die Seite des Bösen genennet wird." Der Jalkut Schimeoni zu Esajas S. 46, a sagt: „Jede (der sieben)

Höllen ist 300 Meilen lang, 300 breit, 1000 dick, 100 Meilen tief." Doch kommen auch andere Berechnungen vor. In
den Pirke R. Elieser steht Kap. 53 zu Ende: Septem portas habet Gehenna.*) Dagegen zählt der Talmud nur drei Thore.
Erubim S. 19, a: „R. Jeremias, der Sohn Eliesers, hat
gesagt: Drei Thore führen zu der Hölle, eine ist in der
Wüste, eine im Meere, eine in Jerusalem. In der Wüste
ist eine, nach dem Spruch (Numer. XVI, 33): Und sie
fuhren hinunter lebendig in die Hölle mit Allem,
was sie hatten. Im Meere ist eine, wegen der Stelle
Jonä II, 3: Ich schrie aus dem Bauche der Hölle
und du hörtest meine Stimme. In Jerusalem ist
eine, weil geschrieben stehet (Jes. XXXI, 9): So spricht
der Herr, der zu Zion sein Feuer, und in Jerusalem seinen Glutheerd hat." Wie das Paradies ein
Ort der Seligkeit ist, so herrscht in der Hölle Pein und
Qual; ewige Feuerflammen durchglühen dieselbe. So in der
bereits angeführten Stelle aus dem Targum Jeruschalemi.
Ferner heißt es in den Tosaphta Berachot Kap. III, 17:
Dixit R. Jose: ignis Gehennae, qui creatus est die secundo,
non exstinguetur in aeternum, quia scriptum est: ignis
eorum non exstinguetur. (Jes. 66, 24.) Die Qual der Höllen-
bewohner, so wie die Seligkeit der Bürger des Paradieses
wird noch vermehrt, weil beide Behausungen hart an einander gränzen, kaum durch eine Wand getrennt, so daß die
Unseligen die Freuden der Frommen, und diese die Qualen
jener schauen. So der Midrasch Koheleth S. 127, a, wo
über den Spruch (Cohelet 7, 15): Gott schafft dieses
neben jenem, gesagt wird: „Diese Worte bedeuten die

---

*) Mohammed hat diese Meinung aus dem Judenthume aufge-
nommen, denn in der 15. Sure heißt es: „Gewißlich die Hölle
ist der Ort, welcher den Ungläubigen verheißen ist. Dieselbe
hat sieben Pforten, und eine jede Pforte hat ihren abgesonderten Theil."

Hölle und das Paradies. Wie groß ist der Raum zwischen
beiden? Eine Hand breit! R. Jochanan hat gesagt, es sei
eine Wand dazwischen; unsere Rabbinen behaupten, es seyen
beide neben einander, damit man aus Einem in das Andere
sehen könne."

Hören wir nun die ältesten Apokryphen. Im vierten
Buche Esdrä Kap. 6, 1 *) steht folgende Stelle: Tunc abys-
sus poenarum patebit ex adverso habitationum consolationis, apparebit fornax inferni prope paradisum gaudii.
Tunc Altissimus dicet resuscitatis: videte et intelligite,
quis sit, quem negastis, cui noluistis vos submittere et
cujus mandata contempsistis. Ecce videte coram vobis
ab alio latere gaudium et consolationem, et ab alio latere judicium et ignem inexstinguibilem, qui vos cir-
cumdabit. So wird der Höchste nach der Meinung des
Verfassers in der künftigen Welt zu den Verworfenen sprechen,
weil sie den Messias verachtet haben. Es ist also nicht vom
obern Paradies und Hölle, wie beide seit dem Anfange waren, sondern von dem untern die Rede, das in der lezten
Zeit herniedersteigt. Jedenfalls dachte er sich beide Behausungen neben einander, was wir hier eben zeigen woll
ten. Die vorweltliche Gründung des Paradieses bekennt unser Buch ebenfalls Kap. I, 7: **) Tu introduxisti Adamum
in paradisum, quem plantaverat tua manus, antequam
terra esset constituta. Mit Esdras stimmt Henoch überein, Kap. XXII, 1 u. flg. Enoch erzählt von seiner Wanderung durch die Himmel: „Von da ging ich an einen Ort,
wo ich gegen Westen einen hohen, großen Berg, einen mächtigen Felsen und vier Plätze der Freude sah. Innerlich war
der Raum tief, geräumig und sehr glatt, als wäre er über-
wälzt worden. Tief und finster war er anzuschauen. Da

---

*) Dieser Abschnitt steht nur bei dem Abyssinier und Araber, in
der lateinischen Uebersetzung findet er sich nicht.
**) Nach Lawrence, bei Fabr. Kap. III, 6.

sprach Raphael, einer der heiligen Engel, welcher mich begleitete: Dieß sind die Plätze der Freude, wo die Geister, die
Seelen der Verstorbenen versammelt werden; für diese wurden
sie bereitet, und hieher wandeln alle Seelen der Menschenkinder." Aber nicht Alle bleiben daselbst, sondern es findet
Trennung statt. Ebendaselbst B. 5: „Ich sahe die Geister
der verstorbenen Menschensöhne; ihre anklagenden Stimmen
drangen zum Himmel empor. Da fragte ich Raphael, meinen Begleiter: Wessen Geist ist der, dessen Stimme gen Himmel emporreicht und anklagt? Der Engel antwortete: Dieß
ist der Geist Abels, welcher erschlagen ward von Kain, seinem
Bruder, er klagt an, bis der Saame des Brudermörders
von der Erde vertilgt ist. — Ich fragte nun, wodurch ist
einer von dem andern (die Bösen von den Guten) getrennt?
Er antwortete: Drei Dinge sind gestellt zwischen die Geister
der Todten, und auf folgende Art sind die Geister der Gerechten (von den Ungerechten) getrennt: durch eine Kluft,
durch Wasser, durch Licht oben. Und auf dieselbe Weise
werden die Sünder getrennt, wenn sie sterben und in die
Erde begraben werden. — So ist es gewesen von Anfang
der Welt an. Vorhanden war eine Trennung zwischen den
Seelen Derer, welche klagen, und Derer, welche auf Verderben
sinnen. — Ein Behälter ist gemacht für die Seelen der ungerechten Menschen und der Sünder" u. s. w. Der Text
scheint mir ziemlich verdorben zu seyn, doch sieht man deutlich genug, daß der Verfasser des Buchs sich Paradies und
Hölle neben einander, nur durch eine Kluft, durch welche
Wasser strömt und durch Unterschiede in der Beleuchtung *)
getrennt dachte, und zweitens, daß er beide Behausungen in
die Himmel versetzte.

Die alten Seher Jesajas und Henoch haben zufolge den
Apokryphen dieses Namens lebendig das Paradies betreten.

---

*) Insofern die Hölle dunkel, das Paradies licht ist.

Diese hohe Auszeichnung ward nach der Lehre des Talmud nur wenigen Sterblichen zu Theil. In der Tosaphta Chagigah II, 3 heißt es: „Vier Menschen haben das Paradies betreten: der Sohn Azai's, der Sohn Soma's, Acher und R. Akiba. Der Erste hat es gesehen und starb, der Zweite hat es gesehen und ward entzückt (יָצָב, mente abreptus est), der Dritte hat es gesehen und schnitt Pflanzen daraus ab, der Vierte (R. Akiba) stieg hinauf im Frieden, und wieder herab im Frieden.“ Ebenso die babylonische Gemara zu dem Traktate, S. 14, b. Mehrere werden aufgezählt in dem Buche Derech Erez sotah, das dem Talmud beigefügt ist, S. 20, c: „Neun sind bei ihrem Leben in das Paradies gekommen: Enoch, der Sohn Jareds, Elias, der Messias, Elieser Abrahams Knecht, Hiram, König von Tyrus, der Mohre Ebedmelech (von dem Jeremias 38, 7 berichtet wird, daß er den Propheten aus der Grube herausgezogen habe) und Jabez, der Sohn Rabbi Jehuda's, des Fürsten u. s. w. Einige fügen noch bei R. Josua Ben Levi.“ In einer andern Stelle des Talmud, Ketuboth S. 77 b, wird wirtlich behauptet, daß R. Josua, Levis Sohn, lebend ins Paradies gekommen sey. Das Büchlein Sira S. 15, b führt noch Mehrere auf, und gibt zugleich die Gründe an, warum sie so hoher Ehre gewürdigt worden seyen. *)

Mit der alten jüdischen Lehre von den himmlischen Wohnungen stimmt nun auch das N. Testament überein. Zwar mögen die Wonnen des Paradieses von Verschiedenen auf verschiedene Weise ausgemalt worden seyn, doch kehren die meisten Farben, die wir in der obigen Stelle des Jalkut aufgetragen fanden, in unseren heiligen Büchern wieder. Ferner wird Luc. XVI, 23 u. flg. gelehrt, wie Verdammte und Selige, die Bürger des Paradieses und der Hölle, so nahe neben einander wohnen, daß sie sich unterreden können. Nur ein Schlund trennt sie, wie im Buche Henoch (XVI, 26):

*) Siehe Eisenmenger I, 867 u. flg.

μεταξὺ ἡμῶν καὶ ὑμῶν χάσμα μέγα ἐστήρικται, ὅπως οἱ θέλοντες διαβῆναι ἐντεῦθεν πρὸς ὑμᾶς μὴ δύνωνται, μηδὲ οἱ ἐκεῖθεν πρὸς ἡμᾶς διαπερῶσιν. Auch die wichtige Stelle II Korinth. XII, 2, 5 erhält aus den Rabbinen ihr Licht und trifft ganz mit ihrer Lehre zusammen: οἶδα ἄνθρωπον — ἁρπαγέντα ἕως τρίτου οὐρανοῦ, καὶ οἶδα τὸν τοιοῦτον ἄνθρωπον (εἴτε ἐν σώματι εἴτε ἐκτὸς τοῦ σώματος οὐκ οἶδα, ὁ θεὸς οἶδεν) ὅτι ἡρπάγη εἰς τὸν παράδεισον. Paulus ver=sezt das Paradies in Himmel, also nahm er ein doppel=tes an: das obere, von dem er hier spricht, und das untere, das zur Zeit Adams auf Erden war. Ferner die Worte: **Ob im Leibe oder außerhalb desselben, weiß ich nicht**, deuten offenbar auf die Meinung hin, daß nur sehr wenige Sterbliche gewürdigt worden seyen, lebend, d h. mit dem Leibe angethan, das Paradies zu betreten.

Zum Schlusse muß ich noch die jüdische Lehre vom Guph berühren. Avoda Sara S. 7, a. Niddah S. 13, b. Jevamoth S. 62, a unten heißt es: „R. Jose hat gesagt: der Sohn Davids, d. h. der Messias, wird nicht kommen, bis alle Seelen, welche im Guph sind (גוף) ein Ende haben (d. h. mit Leibern bekleidet sind)." Rabbi Salomo, der ge=lehrte Ausleger des Talmud, erklärt jenes Wort so: „Guph ist eine Schatzkammer, in welche Gott alle Seelen seit Er=schaffung der Welt versezt hat, denn dieselben wurden alle von Anfang geschaffen." Andere Rabbinen erklären freilich anders. R. Naphthali sagt in seinem Buch Emek Hammelech S. 24, b: „Guph bedeute den Leib Adams, an welchen alle späteren Seelen angehängt gewesen seyen;" Andere stellen noch sonderbarere Meinungen auf. Aber Jarchi hat wie im=mer Recht. Hören wir den Verfasser des vierten Buchs Es=drä. Der Prophet möchte die Zeiten des Messias wissen und gibt den ungeduldigen Wunsch zu erkennen, daß derselbe doch bald kommen möchte. Nun antwortet der Engel,

fein Führer, Kap. IV, 35, 56:*) De his (über die Zukunft
des Messias) interrogarunt animae justorum in promtuariis suis, dicentes: usque quo hic erimus, et quando
veniet messis mercedis nostrae? Et respondit iis Archangelus Jeremiel: (tum demum venturus est Messias)
quando impletus fuerit numerus eorum, qui ut vos estis.
Weiter unten Kap. VI, 22 (Lawrence IV, 23) heißt es:**)
„Zur Zeit des Messias wird es geschehen, daß: anniculi infantes loquentur et confabulabuntur, et praegnantes pa-
rient infantes trium et quatuor mensium et suscitabuntur et vivent. Et tellus, quae non apparet, apparebit
seminata, et plena promtuaria invenientur vacua. Der
Sinn der lezteren Worte ist ohne Zweifel der: eine neue
Erde wird, geschmückt mit allen Früchten, erscheinen, die
Schatzkammern der Seelen, welche früher voll waren, sind
geleert, denn alle dort aufbewahrten Geister haben Menschen=
leiber angezogen, und die lezte Bedingung der Ankunft des
Messias ist somit erfüllt. Wenn es oben zweifelhaft ist,
ob mit den Worten: animae in promtuariis suis, nicht ver=
storbene Gerechte zu verstehen seyen, so haben wir hier ge=
wiß solche Seelen, die früher noch nicht geboren, in der
himmlischen Schatzkammer aufbewahrt werden. Es gibt also
im Himmel einen Ort, wo die ungebornen Seelen woh=
nen.***) Man vergleiche noch die bereits angeführte Stelle

---

*) Bei Lawrence Kap. II, 44, 45.
**) Ich citire hier ganz nach Lawrence, weil der lateinische Text
sichtlich verdorben ist und keinen Sinn gibt.
***) Mit dem Talmud und dem vierten Buche Esdrä stimmen auch
die Recognitionen überein. Im dritten Buche 26 vertheidigt
Petrus gegen den Zauberer Simon die Freiheit der menschli=
chen Seele: „hätte sie Gott rein gut erschaffen, so würde die
Gerechtigkeit kein Verdienst seyn, weil wir dann aus Noth=
wendigkeit gerecht wären. Deßhalb stehe auch diese Welt län=
ger, als es sonst der Fall seyn würde, indem eine bestimmte
Anzahl guter Seelen auf Erden gewesen seyn müsse, ehe die

4 *

Chagigah Bab. S. 12, b: „In dem obersten Himmel oder den Araboth wohnt Gerechtigkeit und Recht; da sind die Schätze des Lebens, des Friedens, des Segens, und die Geister und Seelen derjenigen, welche einst mit Leibern bekleidet (wörtlich: erschaffen) werden sollen." Ein ähnlicher Seelenbehälter kommt auch in der Offenbarung Johannis VI, 9 vor: εἶδον ὑποκάτω τοῦ θυσιαστηρίς τὰς ψυχὰς τῶν ἐσφαγμένων διὰ τὸν λόγον τοῦ θεοῦ; nur sind es hier nicht Geister, die erst auf die Erde herabgeschickt werden sollen, sondern die Seelen Verstorbener.

Ich bin so unwillkürlich in das Gebiet der talmudischen Seelenlehre hinübergestreift. Im nächsten Kapitel das Nähere. Dort werde ich auch über den jüdischen Begriff vom Fegfeuer das Nöthige sagen.

Siebentes Kapitel.

Die Lehre vom Menschen, der Seele, Unsterblichkeit, Freiheit und Schicksal, Sünde, Fall.

Dieser Abschnitt zerfällt in zwei ungleiche Theile, von welchen der eine die Lehre vom Menschen überhaupt, der zweite die historische Lehre vom Stammvater unsers Geschlechts umfaßt. Ich beginne mit dem ersten. Auch hier gibt uns die Mystik mehr Ausbeute, als der gemeine pharisäische Begriff.

Seligkeit beginnt." Ob hoc autem et prolixioribus indiguit mundus iste temporibus, donec animarum, quae praedestinatae sunt ad expletionem ejus, numerus impleretur. Die ewige Wonne beginnt also erst, wenn die Zahl der guten Seelen voll ist, oder mit anderen Worten, wenn der obere Guph geleert ist.

Die Talmudisten bleiben bei der alltäglichen Ansicht, daß
der Mensch aus Leib und Seele bestehe. Weit reicher strömt die
Lehre des Sohar. Dreizahl und Zweizahl ist die geheime Wurzel
der Gottheit, darum auch des Menschen. Er ist die kleine Welt,
das vollkommenste Abbild des schöpferischen Wirkens. So
das Buch Jezira: *) Tres matres mysterium magnum admirabile et reconditum, sex annulis obsignatum, et ex
iis prodeunt ignis et aquae, quae dividuntur in marem
et foeminam. Tres matres fundamentum eorum, ex illis
generati sunt patres, ex quibus creatum est omne illud,
quod est in universo. Tres matres in mundo: aër,
aqua, ignis. Primo coeli creati sunt ex igne, et terra
creata est ex aquis, et aër conciliator est inter ignem
et aquas. Tres matres in anno: ignis, aqua et spiritus;
coelum creatum est ex igne, frigidum ex aquis et tempe-
ratum ex spiritu, medium concilians inter eas. Tres
matres in anima: ignis, aqua et spiritus; caput creatum
est ex igne, venter ex aquis, corpus intermedium concilians creatum est ex spiritu. Ebenso Sohar zur Genes.
S. 154: „Gott soll zu einem Rabbinen gesprochen haben:
wenn du willst, zerstöre ich die Welt; dieß bezieht sich auf
den Menschen; denn er ist die kleine Welt" (der Mikrokosmus). Die große Welt erhielt, wie wir oben gezeigt haben,
nach der Lehre des Sohar, nur dadurch Bestand, daß Gott
die Gestalt des Mannweibs annahm, mit der Frucht in der
Mitte, wodurch die göttliche Dreiheit vollendet ward. Auch
der Mensch, das Abbild Gottes, ist ursprünglich als Mannweib geschaffen. Sohar zu Levitikus S. 75: omnes animae creatae sunt androgynae, et si homo dignus est, ei
destinatur vera compar ejus. Zum bessern Verständniß
vergleiche man Sohar zu Genesis S. 248: animae creatae
sunt per paria, mares et foeminae, et interdum fit, ut

---

*) Ausgabe von Rittangel S. 201.

unus consors citius nascatur altero. Weil ihr Urwesen ein mannweibliches ist, kommen sie paarweise, je eine männliche und eine weibliche Seele in die Welt; die Ehen sind daher im Himmel geschlossen; nur wenn die Menschen böse sind, geschieht es zur Strafe, daß zwei für einander bestimmte doch nicht vereinigt werden. Die Ehe hat daher einen tiefen Sinn bei den Soharisten; sie ist ein heiliges Band, und Fluch trifft Den, der nicht heirathet. Sohar zu Levitikus S. 5: **Qui non est uxoratus, non pertinet ad genus Adami, nec dignus est benedictione.** S. 9: **Homo non vocatur integer, nec nomine Adam, donec genuerit filium et filiam, ideo ille, qui non contrahit matrimonium et coelebs moritur, poena magna afficitur.** Ferner S. 105 und 65: **Locus iste, ubi non invenitur mas et foemina, dignus non est, ut videat faciem Schechinae.** Endlich noch S. 75: **Si homo copulatur cum uxore sua in sanctitate et puritate, in illum e supernis descendit spiritus sanctus.** Der Sohar enthält daher genaue Vorschriften, wie und zu welcher Zeit die Schüler der Weisen das Werk der Ehe verrichten sollen. In diesem Punkte unterscheidet sich die spätere Mystik sehr scharf von der ältern des strengen Essener-Ordens, welcher die Ehe aus Abscheu gegen die Materie oder gegen das Fleisch und seine Lust verwarf. Aber Josephus berichtet, daß es einen andern Zweig jener Gesellschaft gab, welcher sich verehlichte. Ohne Zweifel haben leztere die Ehe aus mystischen Gründen ähnlicher Art gerechtfertigt. Eine sichere Spur davon finde ich in der Stelle des Epheserbriefs V, 28 u. flg.: ὀφείλουσιν οἱ ἄνδρες ἀγαπᾶν τὰς ἑαυτῶν γυναῖκας, ὡς τὰ ἑαυτῶν σώματα· ὁ ἀγαπῶν τὴν ἑαυτοῦ γυναῖκα, ἑαυτὸν ἀγαπᾷ. — Ἀντὶ τούτου καταλείψει ἄνθρωπος τὸν πατέρα αὑτοῦ καὶ τὴν μητέρα, καὶ προςκολληθήσεται πρὸς τὴν γυναῖκα αὑτοῦ, καὶ ἔσονται οἱ δύο εἰς σάρκα μίαν· τὸ μυστήριον τοῦτο μέγα ἐσίν. Mit lezterer Formel סוד זיו׳׳ל leiten die mystischen Bücher immer eine Geheimlehre

ein, und in solchem Sinne gebraucht sie auch Paulus. Man
sieht also, daß in seiner Zeit die geschlechtliche Verbindung
zwischen Mann und Weib Gegenstand geheimer Forschungen
war. Er deutet weiter die Worte der Genesis auf das Band
zwischen der Gemeinde und Christus; ganz so auch der Sohar
in den angeführten Stellen und an anderern, klareren, wo=
von später, in der Lehre vom Messias.

Eine geheime Zweiheit läge also im Wesen der Seele.
Doch diese wurde nur behauptet, weil Adam ursprünglich
nach einer alten Deutung der Worte Genes. I, 27: „Gott
schuf den Menschen nach seinem Bilde, nach dem Bilde Got=
tes schuf er ihn, als Männlein und als Fräulein erschuf
er sie," Mannweib gewesen seyn soll. Wie die göttliche
Zweiheit sich in eine Dreiheit verklärt, so auch die mensch=
liche. Es ist eine durchgreifende Lehre des Sohar, daß der
Mensch aus drei Theilen bestehe. Hören wir einen gelehrten
Kabbalisten, R. Abraham Seba, der in seinem Buche Zeror
Hammor S. 3 sagt: „Im Sohar wird gezeigt, daß Gott
drei Seelen (oder Theile) des Menschen erschaffen habe, die
נֶפֶשׁ (die thierische Seele), den רוּחַ (oder Geist), die נְשָׁמָה
(oder die vernünftige und heilige Seele). Die Nephesch hat
er erschaffen in Bezug auf diese Welt, den Ruach wegen der
mittleren Welt, die Reschamah für die oberste Welt." Ebenso
der kabbalistische Jalkut Chadasch S. 154, a: „Drei Formen
der Seele sind in dem Menschen, die eine נְשָׁמָה ist die ver=
nünftige Seele, die zweite רוּחַ ist die redende Seele, die
dritte נֶפֶשׁ die viehische Seele, welche allezeit begehrt." Nach
diesen allgemeinen Zeugnissen wenden wir uns zum Sohar
selbst. Zur Genesis S. 254: Psyche (נֶפֶשׁ) anexa est corpori,
spiritus (רוּחַ) psychae, et mens (נְשָׁמָה) spiritui, ad instar
candelae, quae inserta est ellychnio. Ebenso S. 113,
(Parascha וַיֵּצֵא): omnia gradibus constant alio super alium
constitutis, psyche (נֶפֶשׁ), spiritus (רוּחַ), mens (נְשָׁמָה),
gradus gradu superior. Psyche prima, qui gradus est

infimus, deinde spiritus, qui super psychen quiescit, et super se constitutam habet mentem, gradum omnibus superiorem. Psyche est psyche illa, de qua agitur 2 Sam. V, 8, *quibus adversatur anima Davidis.* Spiritus constitutus est super eam, nec potest subsistere psyche, nisi per spiritum, — et a spiritu nutritur psyche. Spiritus autem subsistit per statum gradus alterioris, qui est mens, unde spiritus et psyche sustentatur, ita ut, cum participavit spiritus, tunc etiam participet psyche, et omnia sunt unum, et adhaerent sibi invicem, psyche spiritui, spiritus menti, et omnia sunt unum. Jede hat ihre besondere Bestimmung, ihr besonderes Vaterland, ihren besondern Lohn. Ebendaselbst S. 473 und 229: tria sunt praemiorum genera: pro psyche, pro spiritu, pro mente. Pro psyche extra paradisum inferum, pro spiritu in paradiso infero et pro mente in paradiso supero. In neomeniis autem et sabbathis psyche ascendit et fruitur praemio spiritus et mentis. Der Mensch erhält die drei Theile seines geistigen Wesens nicht zu gleicher Zeit, sondern zuerst nur die Nephesch mit der Geburt, dann den Ruach, zulezt die Neschamah, und zwar beide leztere nur unter gewissen Bedingungen. Sohar zur Genesis S. 438: Cum homo nascitur, spiritus ejus nullum invenit locum, ut extendatur in corpore, hinc in certo quodam loco subsistit, donec corpus ad debitam excrescat magnitudinem, atque tunc spiritus per illud expanditur. Ebendaselbst S. 454: Cum homo nascitur, nonnisi psychen solam accipit, et praeterea nec spiritum nec mentem, sin autem deinde incedat in via virtutum, eidem superadditur spiritus et mens. Deutlicher spricht das kabbalistische Buch Sepher Gilgulim *) S. 40, a die Meinung des Sohar aus: „Zuerst kommt die Seele mit der Geburt des Menschen, sind dann seine Werke

---

*) Sein Verfasser ist der berühmte Kabbalist und Ausleger des Sohar R. Isaak Luria.

gut, so wird er nach zurückgelegtem dreizehnten Jahre und
einem Tage des Ruach theilhaftig. Wenn seine Werke ferner recht sind, so bekommt er im zwanzigsten Jahre
die Neschamah. Handelt derselbe aber nicht gut, so bleibt die
Nephesch und der Ruach ohne Neschamah. Bisweilen erlangt
der Mensch nur die Nephesch, welche ohne Ruach und Neschamah seyn muß. Leztere beide bleiben dann an einem verborgenen, aber dem heiligen Gott bekannten Orte, wo für
jegliches sein Platz zubereitet ist." Dieß stimmt ganz mit
der Lehre des Sohar überein. Die Nephesch stammt aus der
linken Seite, oder aus dem dunkeln Wesen in Gott. So die
bereits angeführte Stelle aus Siphra Dezeniutha *) IV,
7, 8: Cum homo inferior descenderet in hunc mundum —
e duobus lateribus dextro et sinistro compositus erat;
quoad dextrum 'atus, habebat mentem sanctam נִשְׁמְתָא
קָרִישָׁא quoad sinistrum, psychen animalem נֶפֶשׁ חַיָּה. Da
nun die Erfahrung zeigt, daß viele Menschen mehr oder
minder grobe Sünder sind, so folgt, daß solche höchstens
den Ruach, keineswegs die Neschamah haben können. Sohar
vajifra S. 42: Sunt quidam, qui digni exhibeantur mente,
sunt quidam, qui digni inveniantur exsuscitatione spiritus, sed et alii dantur, qui non sunt digni nisi psyche
animali. Menschen lezterer Art gehen im Tode unter, denn
die Nephesch ist an sich nicht unsterblich, sie wird es erst
durch ihre Verbindung mit dem Ruach und der Neschamah.
Der Sohar drückt diese Ansicht in Bildern aus, wie folgendes: **) Vestis est quaedam externa, quae subsistit et
non subsistit, videtur et non videtur, hac vestitur psyche.
Die Kabbalisten sagen daher, die bloße Nephesch wohne im
Grabe. ***) Die Edelsten dagegen bekommen alle drei Seelen,

---

*) Siehe Cabbala denudata II, a, 375. Die Siphra Dezeniutha
bildet mit den beiden Jdra die ältesten Stücke des Sohar.

**) Angeführt aus dem Sohar, Cabbala denudata I, b S. 110.

***) Siehe ebendaselbst.

sie werden dadurch Söhne Gottes und Erben der Welt. So=
har vajikra S. 42, b: homo sanctificet se ipsum, et sanc-
tificabunt eum desuper, et cum sanctificatur homo sanctitate Domini sui, superinduitur mente sancta, quae est
haereditas Sancti — et tum haeres fit omnium, et tales
vocantur filii Dei S. B., prout scriptum est (Deuter.
XIV, 1): *Filii vos estis Jehovae Dei vestri.*

Die Lehre von den drei Seelen, so wie die verschiedenen
Namen derselben, wurden auf mystische Weise aus den ersten
Kapiteln der Genesis abgeleitet, von welchen wir wissen, daß
sie als die theuerste Schatzkammer der Geheimlehre galten.
Namen und Begriff des Ruach nahm man aus Stellen wie
Genes. VI, 17: „Alles Fleisch darin ein Odem des Lebens,"
oder VII, 15, 22. Die Neschamah ist entlehnt aus Genes.
II, 7: וַיִּפַּח בְּאַפָּיו נִשְׁמַת חַיִּים. Die Neschamah erscheint hier
als ein Ausfluß Gottes. Die Nephesch stammt aus demselben
Verse: „Und der Mensch wurde zu einer lebenden
Seele." Daß man die Nephesch tief unter den Ruach und
die Neschamah herabsezte, daran waren Bibelstellen Schuld,
wie Levit. XVII, 11: „Die Seele des Fleisches ist im Blute"
נֶפֶשׁ הַבָּשָׂר בַּדָּם, Deuter. XII, 23, Genes. IX, 4. Jeder
Ausleger, der die Unsterblichkeit der Seele nicht aufgeben
wollte,*) mußte nach solchen Stellen dem Worte Nephesch
den Begriff thierisches Leben beilegen, welche Erklärung wir
auch bei Philo wieder finden. **) Demnach könnte die Lehre
von dem dreifachen Geiste des Menschen recht gut auf hebräi=
schem Boden entstanden seyn, denn die Bedingungen dazu
waren vorhanden. Wir finden sie auch zur Zeit Jesu Christi,
nur mit etwas veränderten Namen. Philo kennt, wie ich
gezeigt habe, die Eintheilung in σάρξ, ψυχή, πνεῦμα, ebenso
Paulus und andere neutestamentliche Schriftsteller. Den

---

*) Pharisäer wie Essener glaubten an die Unsterblichkeit, also muß=
ten sie dieselbe auf die bezeichnete Weise erklären.

**) Siehe meine Schrift über Philo 1, 387 und flg.

niederſten Grab nimmt bei Lezteren das Fleiſch ein, der
Pſyche kommt die zweite Stufe zu. Die Kabbaliſten oder
die hebräiſch redenden Myſtiker drücken ſich meiner Meinung
nach folgerichtiger und ſcharfſinniger aus, denn nicht das
Fleiſch ſelbſt — welches für ſich eine todte Maſſe iſt und
keine Gleichſtellung mit geiſtigen Kräften zuläßt, — ſondern
die wilden Triebe, die in ihm wirken, das thieriſche Leben,
oder nach der Begriffsbeſtimmung Moſis, die Nepheſch, können mit der Seele und dem Geiſte verglichen werden. Der
helleniſche Sprachgebrauch hatte einmal die drei Worte σὰρξ,
ψυχή, πνεῦμα aufgenommen; man räumte der σὰρξ vielleicht
deßhalb die unterſte Stelle ein, weil in der griechiſch=jüdi=
ſchen Theologie die Lehre von der Materie als böſem Urwe=
ſen ſtärker hervorgehoben wurde, als in der aramäiſchen.
Dennoch finden ſich im N. Teſtamente Spuren von der ſo=
hariſchen Eintheilung. Brief Jakobi III, 15: οὐκ ἔϛιν αὕτη
ἡ σοφία ἄνωθεν κατερχομένη, ἀλλ᾽ ἐπίγειος, ψυχική,
δαιμονιώδης. Hier iſt der Begriff ψυχικὸς dem Irdiſchen,
ja ſogar Teufliſchen gleich, er bezeichnet alſo die niederſte
Stufe, und da die neuteſtamentlichen Schriftſteller ſonſt drei
Kräfte im Menſchen unterſcheiden, ſo müſſen alſo, ganz wie
im Sohar, zwei höhere Grade über der Pſyche ſtehen. Ebenſo
Brief Judä 19: κατὰ τὰς ἑαυτῶν ἐπιθυμίας πορευόμενοι
τῶν ἀσεβειῶν — ψυχικοί, πνεῦμα μὴ ἔχοντες. Ueberall
werden die Begierden dem Fleiſche zugeſchrieben, ψυχικοὶ
ἄνθρωποι ſind alſo ſolche, welche dem Fleiſche gehorchen,
oder gleich den σαρκικοῖς. I Kor. II, 14: ψυχικὸς ἄνθρωπος οὐ δέχεται τὰ τοῦ πνεύματος τοῦ θεοῦ. XV, 44:
ἔϛι σῶμα ψυχικόν, καὶ ἔϛι σῶμα πνευματικόν. Auch hier
deutet Paulus die niederſte Stufe an; warum nimmt er nun
nicht, ſeiner gewöhnlichen Ausdrucksweiſe gemäß, Worte wie
χοϊκὸς oder σαρκικός? Allem Anſchein nach hat er ſich
von einem andern Sprachgebrauch als dem helleniſtiſchen be=
ſtimmen laſſen. Die jüdiſchen Gnoſtiker vom Ende des erſten

und Anfang des zweiten Jahrhunderts, besonders Valentin, unterscheiden ebenfalls dreierlei Menschen: die ὑλικοί oder χοικοί, die ψυχικοί, die πνευματικοί. *) Die ὕλη, für welche die hebräische Mystik keinen wohlbezeichnenden Ausdruck hat, erhält den niedersten, die Psyche den zweiten Grad. Die Schüler Valentins nahmen, ganz wie der Sohar, neben dem Leibe drei Seelen an. Das πνεῦμα oder der νοῦς (entspre-chend der נְשָׁמָה) ist umhüllt von der ψυχὴ λογικὴ oder θεία (רוּחַ), ohne welche der himmlische Fremdling in die zeitliche Welt gar nicht eintreten kann, die λογικὴ ψυχὴ wiederum ist umhüllt von der ψυχὴ ἄλογος (נֶפֶשׁ), diese von dem σῶμα ὑλικὸν. Das stimmt aufs Wort mit der oben angeführten Stelle des Sohar überein. **) Auch lehrten jene Gnostiker, wie der Sohar, daß die ψυχὴ im Grabe wohne oder dem Tode verfallen sey, wenn sie nicht durch innige Vermählung mit dem Geiste das Kleid der Unsterblichkeit, ἔνδυμα ἀφθαρ-σίας, anziehe. ***) Ebenso die Klementinen III, 6: „Die, welche keine Buße thun, gehen zu Grunde,“ οἱ μὴ μετανοή-σαντες διὰ τῆς τοῦ πυρὸς κολάσεως — τὸ τέλος ἕξουσι — πυρὶ αἰωνίῳ σβεσθέντες ἀποσβεσθήσονται. Das ist freilich ein gewaltsamer, durch göttliche Allmacht erfolgter Tod, wel-cher die menschliche Seele vernichten könnte, auch wenn sie von Natur unsterblich wäre. Man vergleiche dagegen III, 20, wo der unbekannte Verfasser nach Genes. II, 7 von der θεοῦ πνοῆ spricht und ihr die Kraft beilegt ψυχῆς ἄῤῥητος περιβολὴ, ὅπως ἀθάνατος εἶναι δυνηθῇ. Folglich wäre die Seele ohne den göttlichen Hauch oder die נְשָׁמָה nicht un-sterblich. In ähnlichem Sinne spricht er sich aus XVI, 10: „Wer das Ebenbild Gottes, das ihm Unsterblichkeit verleiht,

---

*) Siehe Neander Entwicklung der gnostischen Systeme S. 128.
**) Siehe Neander ebendaselbst S. 219.
***) Siehe ebendaselbst. Tatian sagt gemäß dem Lehrbegriffe Va-lentins: ἡ ψυχὴ μόνη μὲν διαιτωμένη, πρὸς τὴν ὕλην νεύει κάτω, συναποθνήσκουσα τῇ σαρκί.

muthwillig verleugnet, der wird von dieser unsterblich machen=
den Kraft verlassen, und geht mit Recht zu Grunde." Die
oben entwickelten Ansichten reichen also immerhin in die Tage
Jesu hinauf.

Die Neschamah und der Ruach sind Sprossen des Him=
mels. Wenn nun ein Mensch dieselben in der rechten Mischung
besizt, wenn er ferner was von einem solchen Zustande un=
zertrennlich ist, die Gebote des Gesetzes erfüllt, der Weisheit
sich befleißigt, so wird in ihm Himmel und Erde, die obere
und die untere Welt, verbunden. Der Sohar braucht eine
Menge Bilder, um dieses Verhältniß zu bezeichnen: der gute
Mensch sey versiegelt mit dem Siegel der obern Sephiroth, des
Thrones und der heiligen Thiere; wie ein Sohn an der Ehre
von Vater und Mutter Theil nehme, so sey ein Solcher Eins
mit der obern Schechinah u. s. w. Z. B. Sohar zum Exo=
dus Blatt 49, Spalte 194: Veni et vide: omnes, in quibus lex est, obsignati sunt, quidam per angelos, quidam
per thronum, quidam per quatuor animantia throni,
rursum alii per stellas et sidera, alii denique per Schechinam Dei. Hi sunt, qui legi et bonis operibus
operam dant, nomine Dei S. B. et Schechinae, nec ab
iis separantur, sed sicut filii solent participare honorem
patris et matris, sic unus quisque illorum conjunctus et
obsignatus est columna media (in welcher der Sohn thront)
et Schechina, quae cum tali homine quasi unum sunt.
Das ist, wie man sieht, die sogenannte mystische Vereinigung
des reinen Menschen mit Gott. Der Glaube an die himm=
lische Abstammung der Seelen hat die sonderbare Ansicht her=
vorgebracht, daß gute Seelen bei Nacht, wenn der Mensch
schläft, in den Himmel, ihre Heimath, hinaufsteigen, um dort
wegen ihrer guten Werke gerichtet zu werden. Sohar zur
Genes. S. 295: anima sursum ascendit dormiente homine,
et judicatur propter opera bona, quae homo jam fecit,
et quae facturus et postmodum, sed non propter mala,

quae homo peracturus est, *) et hinc anima redit in
corpus suum. Ebenſo Sohar zu Exod. S. 322, 295 und
342: anima singulis noctibus ascendit et judicatur secundum lancem justitiae. Es verſteht ſich, daß dieß nur
von guten Seelen gilt, welche mit der Neſchamah bekleidet
ſind. Wenn je ſchlechte hinaufſteigen wollten, werden ſie fort=
getrieben; ebendaſelbſt S. 345: Nocturno tempore in
somno animae sursum ascendunt; si justae sint, admittun-
tur usque ad locum, qui dicitur Sanctum Sanctorum, sin
minus, foras expelluntur. Das klingt wie die Reden,
welche mein werther Landsmann Dr. Kerner zu Weinsberg
von Magnetiſchen vernahm.

Mit dem Glauben an das Hinauf- und Herabſteigen
der Seelen hängt eine wunderliche Meinung zuſammen, die
ſich eben ſo gut im Talmud, wie im Sohar findet. Im
Traktat Beza bab. S. 16, a heißt es: „R. Jochanan ſagt:
alle Gebote, die der Herr den Kindern Iſrael ertheilte, hat
Er ihnen öffentlich gegeben, ausgenommen den Sabbath,
welchen Er ihnen insgeheim gab. Denn es ſtehet geſchrieben
(Exod. XXXI, 13): halte den Sabbath, denn der=
ſelbe iſt ein Zeichen zwiſchen mir und den Kin=
dern Iſrael ewiglich (alſo nur zwiſchen zweien, folglich
iſt er den andern Völkern verborgen). Einwendung: Wenn
dieß wahr wäre, ſo ſollten ja die Heiden wegen Vernach=
läſſigung des Sabbaths nicht beſtraft werden. Antwort: Den
Sabbath hat er ihnen verkündet, aber nicht ſeinen Lohn, oder
wenn du willſt, ſag ich dir, er hat ihnen auch den Lohn
geoffenbart, aber nichts von der נְשָׁמָה יְתֵרָה, von der über=
flüſſigen Seele geſagt. Riſch Lakiſch lehret, Jehova gab den
Iſraeliten beim Eingange des Sabbaths eine übrige Seele,
welche am Ende deſſelben wieder fortfliegt. Wegen derſelben

---

*) Denn böſe Seelen dürfen nicht hinauf, wie ſogleich gezeigt
werden ſoll.

heißt es (Exod. XXXI, 17): בַּיּוֹם הַשְּׁבִיעִי שָׁבַת וַיִּנָּפַשׁ: „Die wahre Bedeutung dieser Worte ist freilich „Gott ruhte und schöpfte Athem." Aber die Rabbinen erklären anders: Sabbath, das heißt der Sabbath ist aus, wehe, oder dahin ist die Seele נֶפֶשׁ, d. h. sie fliegt fort mit dem Ende des Sabbaths. Auch im Traktat Taanith bab. S. 27, b wird diese Ansicht nur mit etwas veränderten Umständen wiederholt. Rabbi Salomo sagt in seinem Kommentare zu ersterer Stelle: die überflüssige Seele bedeute ein freudig, inbrünstig Herz, das den Sabbath mit Andacht feiere. Das ist eine vernünftelnde Erklärung, welche aber dießmal nicht fern vom Ziele trifft. Man sieht es jener Ansicht an, daß sie ursprünglich der Geheimlehre angehörte. *) In der That kehrt sie häufig im Sohar wieder. Sohar zu Levitikus S. 182: die sabbathi adhuc una homini superadditur anima redundans e mundo venturo. Ebenso zu Exodus S. 157 u. 158: die sabbathi homini datur anima redundans, und sonst noch oft. Die Juden glaubten an diese Grille bis auf die neuern Zeiten, wo die Aufklärung auch unter ihnen einzureißen begann. Ihre leckeren Mahlzeiten am Sabbath entschuldigten sie häufig durch Berufung auf die überflüssige Seele, die von Rechts wegen als ein himmlischer Gast gute Bißlein haben müsse. So der Jalkut Chadasch **) S. 144, Nr. 10: „Das Geheimniß der Wollust des Sabbaths ist, die überflüssige Seele zu belustigen — damit sie den Segen beim Essen spreche." Selbst die bereits angeführte Stelle Taanith bab. S. 27, b spielt, nach meinem Gefühl, auf diese Entschuldigung der Sabbathmahlzeiten an. Denn dort heißt es, man faste am

---

*) Wie ich schon öfter zu zeigen Gelegenheit hatte, ist der Talmud einzelnen mystischen Lehren nicht fremd, namentlich werden solche dem Risch Lakisch, R. Simeon Ben Jochai und Anderen in den Mund gelegt.

**) Ein kabbalistisches Buch aus dem fünfzehnten Jahrhundert.

Sonntage nicht, wegen der überflüssigen Seele (die am vor=
hergehenden Tage mit jedem Juden zu Tisch gesessen). Wenn
Einer am ersten Tage sein Brod mit einem Dritten getheilt,
so kann er allerdings am nächstfolgenden nicht noch fasten.
Glaubte man aber, daß die überflüssige Seele am Sabbath
mitesse, so bewirthete man den vornehmen Ankömmling gewiß
mit köstlichen Speisen. Von den Anhängern der Geheimlehre,
welche diese Ansicht allem Anschein nach ausbrüteten, mag sie
ernster aufgefaßt worden seyn. Ich denke mir ihren Ursprung
so: nahm man einmal an, daß eine oder gar zwei heilige
Seelen auf den Menschen herniedersteigen, nachdem derselbe
schon geboren ist, oder die Jahre der Mannbarkeit erreicht
hat, so lag es nahe, diesen Satz, wegen der Heiligkeit des
Tages, auf den Sabbath auszudehnen. Die Zahl machte
keinen Skrupel, denn was lag daran, ob es neben drei noch
eine vierte Seele gebe! Die Inbrunst der Andacht und des
Gebets an dem Festtage schien von einem himmlischen An=
kömmlinge herzurühren. Was nun das Alter dieser Meinung
betrifft, so kann man wohl den Grundsatz, auf den sie gebaut
ist, nicht aber dieselben Schlüsse bis zum Anfang des zwei=
ten Jahrhunderts zurück verfolgen. Nach Klemens von Ale=
randrien*) nannten Basilides und seine Anhänger die Leiden=
schaften Anhängsel der Seele (προσαρτήματα) und bestimmten
ihren Begriff so: „dieselben seyen Geister, die sich zu Folge
einer ursprünglichen Verwirrung (des Sündenfalls) an die
vernünftige Seele anhängen; fremdartige und unächte Na=
turen, wie die eines Wolfes, Affen, Löwen, Bären, wachsen
dann mit der erstern zusammen. Der (von solchen Geistern
besessene) Mensch bilde sich die Eigenheiten jener Thiere ein
und verfalle in ähnliche Begierden (wie ein Bock, Affe oder
Wolf). Er ahme die Werke derjenigen nach, deren Eigen=
thümlichkeit er in seiner Seele abgebildet habe. Auch

---

*) Stromat. II, 20. Opp. I, 488 oben.

Pflanzengeister und die Kräfte von Metallen fahren in ihn"
u. f. w. Der Sohn des Basilides, Isidor schrieb ein Buch über
die zugewachsene Seele, περὶ προσφυοῦς ψυχῆς, worin
er die Ansicht seines Vaters zu rechtfertigen suchte. Nahmen
nun jüdische Gnostiker zu Anfang des zweiten Jahrhunderts
an, daß böse Seelen dem Menschen nach der Geburt zu-
wachsen, warum sollten sie dieß nicht auch von guten geglaubt haben? Lehrten doch die ältesten Ketzer, daß der
göttliche νοῦς oder der Logos erst bei der Taufe auf die Person Jesu herniedergestiegen sey. Das sezt den Glauben an
die Möglichkeit einer zuwachsenden guten Seele voraus!

Die Talmudisten wie der Sohar, sind darüber einig, daß
die Seelen vorher lebten, ehe sie in die Leiber kamen. Im
Midrasch Tanchuma, Abschnitt Pekude, heißt es: „Alle Seelen,
welche von dem ersten Menschen her gewesen und bis zum
Ende der Welt seyn werden, sind in den sechs Tagen der
Weltschöpfung erschaffen worden und befinden sich alle im
Paradies." Zum Beweise der Präexistenz berief man sich
auf Stellen wie Deuter. XIX, 14, 15: Ich mache diesen Bund nicht mit Euch allein, sondern Beides
mit Euch, die ihr heute hier seyd, und mit uns
stehet vor dem Herrn unserem Gott, und mit denen, die heute nicht mit uns sind. Mit Seelen, die
nicht gelebt, habe Gott keinen Bund schließen können, folglich
müssen alle Israeliten schon erschaffen gewesen seyn. Ferner
auf Jesajas 48, 16. *) Der Talmud spricht vom Guph, in
welchem sich die Seelen vom Anfang an befinden sollen, wie oben
gezeigt ward. Nach dem Sohar befinden sich die Seelen im
Paradiese, ehe sie herniedersteigen und mit Leibern bekleidet
werden; zu Exodus S. 267: Spiritus hominis, antequam
nascatur, in paradiso vestitur vestimento et vultu quodam

---

*) Der Beweis für die Präexistenz der Seelen aus diesem Spruche
wurde oben mitgetheilt. S. 231.

5

hujus mundi. S. 18: Cum spiritus descendit e supernis, in paradiso formam accipit illam, quam habiturus est in hoc mundo. Sohar zur Genesis S. 438: anima e loco originis suae evolat et aspectat in loco quodam, donec pro ipsa efformetur corpus, in quod introeat. Zum Levitikus S. 20: Anima hominis, antequam in corpus veniat, consistit coram Deo sanctissimo in forma hujus mundi, descenditque in paradisum inferum, ibique deliciis fruitur per triginta dies, iterumque ascendit ac tunc in corpus immittitur. Doch gilt dieß streng genommen nur von den edleren Theilen der Seele, nicht von der thierischen, welche durch die Zeugung entsteht und an sich vergänglich ist. Auf leztere Meinung, daß die Seele des Kindes, ehe es geboren wird, himmlische Reisen mache, weist auch der Midrasch Tanchuma hin, in dem bereits angeführten Abschnitt Pekude: „Ehe das Kind zur Welt kommt, und also noch in dem Leibe seiner Mutter wohnt, nimmt ein Engel dasselbe morgens frühe und führet es ins Paradies und zeigt ihm die Gerechten, welche da sitzen mit Kronen auf ihren Häuptern, und spricht: Wisse, Die, welche du hier siehest, sind ebenfalls in den Leibern ihrer Mütter bekleidet worden, wie du, und sind hinausgegangen in die Welt und haben Gottes Gebote gehalten, deßwegen wurden sie dieses Glückes theilhaftig. Nun mußt auch du hinaus aus dem Mutterleibe in die Welt; wenn du gerecht bist und das Gesetz hältst, so wirst du gewürdigt, bei den Gerechten zu sitzen, wo aber nicht, so sollst du an einem andern Orte deinen Platz bekommen. Darauf nimmt der Engel das Kind Abends, und führt es in die Hölle und weiset ihm die Gottlosen, welche vom Engel des Verderbens mit feurigen Ruthen gepeinigt werden und Wehe, Wehe rufen. Er spricht dann zu dem Kinde: Du sollst wissen, daß Die welche hier mit Feuer gestraft werden, ebenso wie du erschaffen wurden und in die Welt hinausgegangen sind, aber sie haben die Gebote Gottes nicht gehalten, deßwegen werden

sie gestraft und sind n diese Schmach gekommen. Nun mußt
auch du in die Welt, deßhalb sey gerecht und nicht gottlos,
auf daß du leben mögest. Wie beweist man aber, daß dem
so sey? Aus der Stelle (Sprüchwörter IV, 4): Er lehrete
mich und sprach, laß dein Herz meine Worte aufnehmen, halte meine Gebote, so wirst du leben. —
Wenn nun die Zeit nahet, wo das Kind in die Luft der Welt
geboren werden soll, schlägt der Engel dasselbe — daß es
wider seinen Willen hinaus muß und Alles vergißt, was es
gesehen hat — deßwegen weint das Kind, sobald es das
Licht der Welt erblickt.“ Man mag sich in früheren Zeiten
nicht Alles gerade so vorgestellt haben, doch ist der Glaube
uralt, daß es Engel sind, welche die Seele des Kindes
in Mutterleib bringen. In den prophetischen Eklogen bei
Klemens von Alexandrien *) findet sich folgende Stelle: Ein
Alter hat gesagt (ἔλεγε πρεσβύτης): „Das Kind in Mutterleib sey schon ein lebendiges Geschöpf, denn die Seele (des
Kindes) schlüpfe in den Mutterleib, der durch die Reinigung
bereitet sey zur Empfängniß, und werde von einem der Engel, die der Zeugung vorstehen und die Zeit der Empfängniß
kennen, hineingeschieden, worauf es die Mutter zur ehelichen
Beiwohnung reize. Wenn dann der Same (des Mannes)
ausgestreut ist, verbinde sich der Geist desselben mit der Seele
des Kindes, und so gehe die Bildung des Keimes vor sich.
Zum Beweis beruft sich (der Alte) auf eine Allen bekannte
Erscheinung: wenn nämlich Engel unfruchtbaren Frauen
die angenehme Botschaft bringen, daß sie gebären werden
(wie Gabriel der Mutter Johannis des Täufers), so ist es
nicht anders, als hätten sie die Seele des Kindes schon vor
der Empfängniß in den Leib der Mutter hineingeschieden.
Deßhalb heißt es in dem Evangelium (Luc. I, 11): Das
Kind hüpfte im Mutterleibe; dasselbe hatte demnach

---

*) Ecloga 50. Opp. II, 1001 oben.

schon eine Seele. Die unfruchtbaren Frauen sind darum
unfruchtbar, weil die Kindesseele nicht zuvor in sie versezt
ist, welche allein den männlichen Samen so zurüsten kann,
daß die Empfängniß vor sich gehet." Klemens hat diesen sonderbaren Satz aus einem alten judenchristlichen Apokryphon
genommen, worauf die Worte ἔλεγε πρεσβύτης hindeuten.
Kurz zuvor theilt er einen Auszug aus der Offenbarung
Petri mit (ἀποκάλυψις Πέτρȣ); vielleicht stammt auch unsere
Stelle dorther. Die Seelen sollen nach der Behauptung des
Midrasch Tanchuma die Erinnerung Dessen, was sie im Paradiese und in der Hölle gesehen, verlieren. Wäre die Vergessenheit vollständig, so hätte ihre Reise durch die obere Welt
keinen Zweck; ein dunkles Bild davon muß ihnen wohl bleiben. In der That enthält der Sohar einige Aussprüche, welche
an die platonische Erinnerung (ἀνάμνησις) anstreifen. Sohar
zur Genesis S. 225: quidquid homo in hoc mundo discit,
illud jam didicerat, antequam in hunc mundum veniret.
Das sind Anklänge aus der alexandrinischen Theosophie!

Warum verlassen aber die Geister ihre himmlische Be-
hausung und steigen nieder auf die unvollkommene Welt hier
unten? Philo spricht von einem Abfall der Seelen. Aus
Begierde nach dem Fleische und seiner Lust fahren sie herunter,
ihre Menschwerdung ist die Frucht einer vorweltlichen Sünde.
Josephus berichtet (zweites Buch vom Kriege 8, 11) von
den Essenern: „Der Glaube steht bei ihnen fest, daß die Leiber
vergänglich seyen, die Seelen dagegen ewig und unsterblich
fortdauern. Dieselben steigen nämlich, von einem natürlichen
Reize niedergezogen, aus dem feinsten Aether herab und werden in die Leiber wie in ein Gefängniß eingeschlossen." Das
klingt ebenfalls wie sündlicher Abfall aus einer höhern Stellung. *) Der Sohar bekennt diese Ansicht nicht. Die irdische
Pilgerfahrt ist ihm ein läuterndes Feuer, eine Entwicklung zum

*) Siehe meine Schrift über Philo II, 336.

Vollkommenern, welche die' Seele durchmachen soll, um die
höchste Stufe zu erreichen. Wie nach der Heiden Sage Her-
kules durch Heldenthaten den Besitz Hebe's, oder nie alternde
Jugendschöne erwarb, so soll die Seele durch Bewährung
im irdischen Kampfe sich die himmlische Glorie erringen.
Der Sohar drückt diesen Gedanken, nach seiner gewohnten
Weise, in Bildern aus, indem er von Kleidern spricht, deren
die Seele würdig werden müsse. So im Abschnitt Bajakhel: *)
In palatio occulto horti (in paradiso) reconditae sunt
duodecim species aromatum inferiorum. Et ibi sunt omnes vestes animarum, quae dignae sunt singulae pro
meritis suis, ut iisdem vestiantur. In illa veste deli-
neata sunt omnia bona opera, quae hoc in mundo peracta
sunt. — Hanc igitur vestem accipiunt, et anima justorum eadem vestitur ad similitudinem formae hujus mundi.
Beatus ille, qui dignus est his vestibus, quibus obtegur-
tur justi in horto Eden. Constant autem hae vestes
operibus bonis peractis ab homine hoc in mundo, juxta
praecepta legis. Et in illis persistit anima in horto Eden.
Cum autem anima ascendit ad illam superiorem coelorum
portam, parata ipsi sunt vestimenta alia pretiosa atque
sublimia, quae constant ex beneplacito et propensione
animi erga legem atque ex precibus. Jam ubi ascendit
aliquis, qui coronandus est, ista corona coronatur, aliquae autem pars residua manet, ex qua fiunt vestimenta
lucida, quibus circumdatur anima, ut ascendat sursum. Es
sind dieß Allegorien über das Kleid, welches Gott dem ersten
Menschen machte und über die glänzenden Gewänder, mit
welchen die Gerechten in jener Welt prangen werden. — Ehe
die Seele die Welt betrat, war sie nackt, obwohl Bürgerin
des Paradieses — das heißt sie hatte kein Verdienst — durch

---

*) Siehe Cabbala denudata I, a S. 129, wo die Stelle weitläufig
angeführt wird.

Kämpfe auf dieſer Welt erringt ſie Vollkommenheit. Die
Seelen der Gerechten oder der reinen Menſchen ſind daher
in gewiſſem Betracht edler als die Engel, denn leztere beſtehen aus einfachem Lichte — ſie können ihrer Natur nach
nicht ſündigen — aber wenn die Menſchenſeele auf ihrem
irdiſchen Pilgerlaufe das Böſe überwunden hat, ſtrömt ihr
aus dem Throne Gottes Licht zu, das trefflicher iſt als das
der Engel. Darum heißt es Sohar zur Geneſis S. 120:
Septima inter mansiones paradisi (supra omnes angelorum mansiones constituta) attributa est animis justorum,
quae ibidem delectantur splendore superno deliciisque
summis. Lux autem, quae iis affunditur, est lux Domini
S. B., quae omnes mundos illustrat. E contrario angeli
aliquid influentiae hauriunt a justis; unde si quis justus
fuit in hoc mundo, etiam angeli bonitatem de manu ejus
participant.*) Dieß ſtimmt im Grunde auch mit den früher
angeführten talmudiſchen Stellen überein, kraft welcher die
Engel dem erſten Menſchen ihre Huldigung darbringen mußten, worüber einige ſo ſehr in Neid entbrannten, daß ſie
abfielen.**) Sohar zur Geneſis, Spalte 516, wird die Frage
aufgeworfen, warum die Seele des Gerechten, die doch viel
höher herabſteige, als die übrigen Seelen, von Gott in dieſe
Welt geſchickt werde. Die Antwort wird in ein Gleichniß
von einem König eingehüllt, der ſeinen Sohn nach einer
Stadt ſchickt, um dort Geſchäfte zu verrichten und ſich dadurch Gunſt und Verdienſte beim Vater zu erwerben. Auch
bei den älteſten Vätern finde ich Spuren von dem Glauben,
daß reine Menſchenſeelen durch ihre Tugend auf die Stufe

---

*) Siehe Cabbala denudata I, b. S. 103.
**) Ich will dieſen noch einige beifügen. Bereſchit Rabba Abſchnitt
78 heißt es: „wer iſt höher, der Schuzengel, oder der, den er
bewacht? Offenbar der leztere, denn die Diener ſtehen neben
dem Könige und ſorgen für ihn.“ Ebenſo Sanhedrin Kap. 11:
„Herrlicher ſind die Gerechten, als die Engel des Dienſtes.“

von Engeln und Erzengeln, oder gar noch drüber hinaus erhoben
werden. In der 57sten Ekloge bei Klemens heißt es:*) „Die
Worte des Apostels (Ephes. I, 24): ὑπεράνω πάσης ἀρχῆς καὶ
ἐξουσίας καὶ δυνάμεως καὶ παντὸς ὀνόματος ὀνομαζομένυ, be=
ziehen sich auf Diejenige, welche aus Menschen zu Engeln und
Erzengeln vollendet wurden und die ersterschaffene Natur der
Engel errangen. Denn Die, welche aus dem Kreise der
Menschen auf die Stufe der Engel übergehen, werden 1000
Jahre von (wirklichen) Engeln unterrichtet, bis sie die Voll=
kommenheit erlangen. Drauf werden die Lehrer zur Würde
von Erzengeln erhoben; Die, welche seither gelernt haben, un=
terrichten dann die (neuangekommenen) Menschen, welche unter
die Engel aufgenommen wurden." Hier haben wir wieder
die rabbinischen Himmelsschulen; Klemens muß seinen Satz
aus irgend einem jüdischen Schatzkästchen entlehnt haben.
Vielleicht werden mir Zweifler noch nicht zugeben, daß diese
Ansicht von den Ursachen, warum die Seelen auf die Erde
niedersteigen, nicht bis in die Tage Jesu Christi hinaufreiche;
sie mögen noch warten, bis ich die Lehre von den Wande=
rungen der Seele durch verschiedene Leiber entwickelt habe.

Mit den Jahren der Mannbarkeit beginnt im Menschen
der Kampf des Fleisches und des Geistes; da zeigt es sich,
ob er gerecht sey oder ein Verworfener. Wir wollen dießmal
statt der Rabbinen einen christlichen Vater hören, oder viel=
mehr den berühmten Pharisäer Akiba durch seinen Mund
sprechen lassen. Hieronymus sagt im Kommentar über Co=
heleth,**) die Worte (Kap. IV, 13): Ein arm Kind, das
weise ist, ist besser, denn ein alter König, der
ein Narr ist, und sich nicht zu hüten weiß. Es
kommt Einer aus dem Gefängniß zum König=
reich, während ein Anderer, der in seinem König=
reich geboren ist, verarmet, seyen von seinem

---

*) Opp. II. 1004 oben.
**) Opp. edid. Vallarsius III, 424.

hebräischen Lehrmeister so erklärt worden: Hebraeus meus,
cujus saepe facio mentionem, quum ecclesia sticum mecum
legeret, haec Barakibam, quem unum vel maxime ad-
mirantur, super praesenti loco tradidisse testatus est:
melior est interior homo, qui post quartum decimum
pubertatis annum in nobis exoritur, exteriore homine,
qui de matris alvo natus est, qui nescit recedere a vitio,
et qui de domo vinctorum, de utero videlicet materno,
ad hoc exivit, ut regnaret in vitiis, qui etiam in potestate sua pauper effectus est, mala omnia perpetrando.
Vidi eos, qui in priore homine vixerunt et cum secundo
homine postea versati sunt, eo videlicet, qui pro priore
decessore generatus est, intellexique, omnes in homine
priore peccasse, antequam secundo homine nascente duo
homines fierent, etc. Verglichen mag werden, was unser
Vater ebendaselbst über die Worte sagt *) (Kap. IX, 14, 15):
Ich sahe, daß eine kleine Stadt war und wenig
Leute darinnen, und es kam ein großer König und
belagerte sie, und bauete große Werke rings
herum. Und drinnen ward erfunden ein armer
weiser Mann, der dieselbe große Stadt durch
seine Weisheit erretten konnte, und kein Mensch
gedachte desselbigen armen Mannes: Hebraeus
meus ita hunc locum interpretatus est: civitas parva
homo est, qui etiam apud philosophos minor mundus
vocatur, et viri in ea pauci, membra, quibus homo
ipse contexitur. Quum autem venerit adversus eam rex
magnus diabolus (der Vorsteher des Jezer ra) et quaesierit
locum, per quem possit irrumpere, invenitur in ea humilis et sapiens et quieta cogitatio interioris hominis, et
servat urbem, quae obsessa ab hostibus cingebatur. Quum-
que homo de periculo sive persecutionis, sive angustiarum,

---

*) Ibid. S. 466.

sive cujuscunque adversae rei atque peccati fuerit
erutus: homo ille exterior, qui inimicus est illius pau-
peris hominis et sapientis, non recordatur interioris hominis, nec subdit se consiliis ejus, sed rursum sua fruitur libertate. Ganz dieſelbe Anſicht, gegründet auf dieſelben Beweisſtellen, wird wiederholt, Nedarim bab. S. 32, b:
Midraſch Koheleth zu IV, 14 und IX, 14: „Der arme
und weiſe Knabe iſt der gute Trieb (Jezer Tob).
Warum wird derſelbe genannt ein Knabe? weil er dem
Menſchen erſt zuwächst, nachdem derſelbe 13 Jahre und
drüber alt geworden iſt! Warum nennt ihr ihn arm? weil
nicht alle ihm gehorchen! Warum weiſe? weil er die Kreaturen lehrt und ihnen den rechten Weg zeigt! Weiter heißt
es: als ein alter thörichter König. Das iſt der böſe
Trieb (Jezer hara). Warum wird derſelbe König genannt?
Weil Alle ihm gehorchen! Warum alt? weil er mit dem Menſchen verbunden wird von ſeiner Geburt an bis zum Greiſen-
alter! Warum thöricht? weil er den Menſchen auf den
ſchlechten Weg leitet!" Ebenſo Midraſch Tillin zu Pſalm IX,
und R. Salomo Jarchi in ſeiner Auslegung über das Buch
Koheleth. Wie ſchön ſtimmt die Ausſage der Rabbinen mit
der Angabe des chriſtlichen Vaters überein!

Nach der phariſäiſchen Lehre iſt alſo der böſe Trieb dem
Menſchen angeboren, der gute kommt erſt mit den Jahren
der Mannbarkeit. Jener heißt der äußere, dieſer der innere
Menſch, beide liegen mit einander in immerwährendem Kampfe.
Bekanntlich ſpricht auch Paulus in gleichem Sinne von dem
innern Menſchen, Röm. VII, 22., Epheſ. III, 16., und von dem
Widerſtreite zwiſchen Fleiſch und Geiſt, Galat. V, 17. Im
Grunde ſtimmen die Rabbinen mit dem Sohar überein; der
gute Trieb iſt gleich dem Ruach, oder der Neſchamah, welche
ebenfalls ſpäter dem Menſchen gegeben werden. Nur muß man
die Lehre Beider in ſo fern ergänzen, als die Empfänglich-
keit für den guten Trieb oder die Neſchamah ſchon von der

Geburt an, nur bei dem Einen mehr, bei dem Andern weni=
ger, bei Einigen faſt gar nicht vorhanden iſt. Darum ſpricht
der Sohar manchmal von der einfachen Seele ſo, als wären
die edleren Theile ſchon von Natur mit ihr verbunden. Die
Urſachen, warum der Streit zwiſchen der himmliſchen und
der irdiſchen Seele, oder den zwei Trieben, unvermeidlich und
heftig iſt, können wir der beſſern Ordnung wegen erſt weiter
unten entwickeln. Vom Ausgange des Kampfes hängt es
ab, ob die Seele ihre Beſtimmung erfüllt, ob ſie der Selig=
keit oder der Verdammniß theilhaftig wird. Nach der Lehre
des Sohar ſehnt ſich die vom Himmel herabgeſtiegene Re=
ſchamah, aus dieſer verderbten Welt erlöst zu werden und in
ihre Heimath zurückzukehren. Sohar zur Geneſis Seite 98, a:
Dixit R. Isaac, anima (נִשְׁמָתָא) justi desiderio flagrat
abeundi ex hoc mundo, qui vanitati est obnoxius, ut
laetitia fruatur in mundo futuro. Dieſe Worte lauten ſo,
als wären ſie aus dem Neuen Teſtamente entlehnt. Der Tod
iſt ſchon eine Strafe für mangelhafte Pflichterfüllung, doch
hievon ſpäter. Ueber die Lehre vom Zuſtande der Seele
gleich nach dem Tode, ſtimmt der Sohar nicht ganz mit dem
Talmud, noch lezterer mit ſich ſelbſt überein. In der jeru=
ſalemiſchen Gemara zu Moed Katon III, 5 heißt es: „Drei
Tage lang ſchwebt die abgeſchiedene Seele um die Leiche
herum, in der Hoffnung, wieder hineinfahren zu können; erſt
wenn ſie die eingetretene Verweſung gewahr wird, eilt ſie
fort.“ Nach dem Traktat Berachot bab. halten ſich die Geiſter
der Verſtorbenen längere Zeit auf den Begräbnißplätzen auf.
Mehrere Geſchichten werden hierüber erzählt, von denen ich
nur Eine anführen will. S. 18, b: „Ein frommer Mann
gab in theurer Zeit einem Armen am Neujahrsabend einen
Denarius. Als ſeine Frau über dieſe Freigebigkeit unwillig
wurde, ging er fort und blieb auf dem Begräbnißplatze des
Ortes über Nacht. Da hörte er zwei Geiſter verſtorbener
Mägdlein mit einander reden; die eine ſagte zu der andern:

Komm, Freundin, laß uns die Welt durchziehen und hinter dem Vorhang Gottes horchen, welches Gericht heute *) über die Welt ergehen wird. Die andere entgegnete: Ich kann nicht weg, denn ich liege in einer Decke von Rohr begraben, gehe aber du hin, und erzähle mir wieder, was du gehört hast. Jene zog also umher und kam wieder, und antwortete auf die Frage ihrer Gesellin, was sie vernommen hatte: Ich habe gehört, daß Alles, was vor dem ersten Frühregen gesät wird, vom Hagel geschlagen werden soll. Da ging der Mann hin und säete bei dem zweiten Regen; als nun Alles vom Hagel geschlagen ward, hatte er keinen Schaden. Im nächsten Jahr blieb er wieder auf den Gräbern über Nacht, und hörte gleiches Gespräch zwischen den zwei Geistern; die eine brachte die Nachricht mit, daß Alles, was bei dem zweiten Regen gesät werde, am Brand leiden solle. Da säete der Mann bei dem ersten Regen, und während sonst alles Getreide brandig ward, ging sein Acker frei aus. Seine Frau fragte ihn, warum doch seine Felder verschont geblieben seyen, da doch sonst aller Leute Saat im vorigen Jahre durch Hagel, im heurigen durch Brand gelitten hätte; er erzählte ihr Alles, was vorgegangen war. Nach wenigen Tagen entstand Streit zwischen seiner Frau und der Mutter eines der Mädchen; jene sagte zu dieser: Komm, ich will dir zeigen, daß deine Tochter in einer Decke von Rohr begraben liegt. Als der Mann nun im folgenden Jahre abermal bei den Gräbern übernachtete, hörte er die Geister wieder mit einander reden; die eine sagte zur andern, gehe hin und lausche, was hinter dem Vorhang Gottes verhandelt wird. Allein diese antwortete: Laß mich, denn was wir mit einander gesprochen haben, ist unter den Lebenden kund geworden." Also, fügt

---

*) Nämlich am Neujahrstage, an welchem Gott nach der Juden Lehre alle Schicksale des begonnenen Jahres bestimmt, oder, mit ihnen zu reden, die Welt richtet.

die Gemara bei, „wiſſen die Todten, was unter den Lebenden vorgeht." Zum Beweiſe deſſelben Satzes wird ſofort
eine Reihe ähnlicher Geſchichten erzählt. Das mag der
alte orientaliſche Volksglauben ſeyn. Dagegen heißt es im
Traktat Taanith S. 23: „Die Seele geht (nach dem Tode
des Leibes) nicht gleich in Himmel, ſondern irrt 12 Monate herum, beſucht ihr Grab, leidet viel vom hölliſchen
Feuer, und erſt nach 12 Monaten kommt ſie in Himmel und
findet dort ewige Ruhe." Die Mittelguten ſind es, denen es
ſo ergeht, wie aus der Vergleichung mit einer andern Stelle
erhellt: Roſch Haſchanah S. 16 b unten: „Drei Klaſſen gibt
es Derer, welche gerichtet werden: 1) die vollkommen Guten, dieſe werden ſogleich (nach dem Tode) verſiegelt zum
ewigen Leben; 2) die vollkommen Schlechten, welche ſogleich
zur Hölle verſiegelt werden; 3) die Mittelmäßigen; dieſe
fahren ebenfalls in die Hölle, ſchreien dort Ach und Wehe (über
die Feuerpein, welche ſie erdulden), kommen aber dann wieder herauf (in Himmel), wie geſchrieben ſtehet (Zachar. XIII, 9):
Und ich will den dritten Theil durchs Feuer füh-
ren und läutern, wie man Silber läutert, und
fegen, wie man Gold feget." Man ſieht, es iſt eine
Art von Fegfeuer gemeint, wie denn auch die Papiſten letztere
Stelle immer als Beweis für ihr Fegfeuer angeführt haben.
In dem Traktat Roſch Haſchana S. 17, a heißt es weiter:
„Die Ketzer, die Verräther, die Epikuräer — Leute wie Jerobeam, der Sohn Nebath, und ſeine Geſellen fahren in die
Hölle und werden daſelbſt in alle Ewigkeit geſtraft, nach
dem Spruche (Jeſ. LXVI, 24): Sie werden hinausgehen
und ſchauen die Leichname Derer, welche mich
mißhandelt haben. Ihr Wurm wird nicht ſterben,
und ihr Feuer wird nicht erlöſchen, und ſie werden allem Fleiſch ein Gräuel ſeyn." Andere Seelen
haben ein anderes Schickſal. So ebendaſelbſt. „Die Iſraeliten,
welche ſich mit ihrem Leibe verſündigten, und die Heiden,

welche sich mit ihrem Leibe versündigten, fahren in die Hölle
und werden in derselben 12 Monate lang gestraft; nach Ver=
fluß der 12 Monate *) vergehet ihr Leib, ihre Seele wird
verbrannt, und der Wind zerstreuet sie unter die Fußsohlen
der Gerechten, wie geschrieben steht (Maleach. IV, 3):
**Ihr werdet die Gottlosen zertreten, denn sie
werden Staub seyn unter euren Fußsohlen.**" Die
leztere Klasse von Sündern ist offenbar weniger verdammlich,
als die erstere, welche zwar ewige Pein leidet, aber doch fort=
dauert: dennoch werden die geringeren Uebelthäter härter be=
straft als die größeren, denn Vernichtung erschien den Juden
als die ärgste aller Bußen. Allein so ist es auch nicht ge=
meint. Man muß eine Stelle aus dem Jalkut Schimeoni
zu Hülfe rufen, S. 88, c: „Die Gottlosen werden in der
Hölle 12 Monate gepeinigt, dann kommen die Gerechten und
sprechen zu Gott: O du Herr der Welt, diese sind ja Jsrae=
liten, welche früh und spät in die Synagoge gegangen sind und
deinen Namen angerufen haben. — Drauf spricht der heil.
hochgelobte Gott: Wenn es sich also verhält, so gehet hin
und heilet sie, worauf die Gerechten stracks hingehen, auf die
Asche der Gottlosen stehen, und um Gnade für sie bitten.
Nun macht der heilige Gott, daß sie aus ihrer Asche, welche
unter den Fußsohlen der Gerechten ist, wieder auf ihre Füße
stehen, und führet sie zum ewigen Leben."

Man kann dieß als die rechtgläubige Lehre der alten
Juden betrachten. Zwar widersprechen einige Stellen, wie
z. B. Traktat Erubim S. 19, a, Chagiga S. 27 a: „Risch
Lakisch hat gesagt, das Feuer der Hölle hat keine Gewalt
über die Sünder unter den Jsraeliten" (אין שולטת כהן), doch
damit ist wohl nur gemeint, daß sie nicht zu Asche gebrannt
werden, wie die mittleren Sünder in obigen Stellen.

---

*) Durchgehends kommt die Rechnung von 12 Monaten vor, we=
gen der Stelle in Mischna Rosch Haschana, wo Gott Alles auf
ein Jahr, d. h. 12 Monate richtet.

Ebendaselbst (im Traktat Chagigah) heißt es weiter: „R. Elieser hat gesagt, das Feuer der Hölle hat keine Gewalt über die Lehrjünger der Weisen." Hier wird die Bedingung der Frömmigkeit auf die Befreiung von dem Höllenfeuer gesezt, denn aus angeborenem Hochmuth halten die Rabbinen ihre Schüler für Fromme, also für Setzlinge des Himmels. In gleichem Sinne heißt es, Bereschit Rabba S. 43, b: „R. Levi sagt: Abraham wird in Zukunft an den Pforten der Hölle sitzen, und nicht zulassen, daß ein Beschnittener (ein Israelit) hineingehe. Was thut er aber mit den groben Sündern (aus dem Judenvolk)? Er nimmt die Vorhäute der Knäblein, die gestorben sind, ehe sie beschnitten wurden, sezt dieselben den Sündern an und stürzt sie hinunter in die Hölle, weßhalb geschrieben stehet, Pf. **LV, 21: Er hat seine Hände wider die Friedsamen ausgestreckt und seinen Bund entheiligt.**" Dasselbe wird mit geringen Abweichungen wiederholt Schemot Rabba S. 111, a. Wahre Israeliten und zum Eintritt ins Paradies berechtigt sind demnach nur Die, welche die Gebote des Gesetzes erfüllen. Die Heiden dagegen werden nach der Lehre des Talmud ohne Gnade in den tiefsten Abgrund verbannt. Der Sohar ist jedoch weniger blutdürstig, wie wir sehen werden.

Wir haben demnach gefunden, daß die Seelen gleich nach dem Tode gerichtet werden: die vollkommen Guten wandern ins Paradies, die Schlimmen in die Hölle, die Mittelmäßigen müssen eine Art Fegfeuer durchmachen. Von einem schärfer aufgefaßten Gegensatz zwischen Licht und Finsterniß, Fleisch und Geist ausgehend, als der Talmud, befreit der Sohar nur sehr wenige Seelen von der läuternden Flamme. Unmittelbar nach dem Tode wird entschieden, ob der entbundene Menschengeist in die Hölle, in das läuternde Feuer, oder in den Ort der Seligen gehöre. Sohar zur Genes. S. 98, a: R. Jehuda dixit, hora discessus hominis est dies judicii magni. quo anima a corpore separatur. Non autem migrat homo ex hac vita, priusquam vidit Schechinam, prout scriptum est (Exod. XXXIII, 20): *non videbit me homo et vivet.* Schechinam comitantur tres angeli ministrantes, qui animam justi excipiunt. Huc spectat id quod legitur Genes. XVIII, 1: *et adparuit ipsi Dominus.* Verba *aestuante die* significant diem judicii instar fornacis aestuantem, quo separatur anima a corpore. Scriptum est (Gen. XVIII, 2): *et sustulit oculos suos et vidit. atque ecce tres viri.* Hi sunt, qui investigabant facta Abrahami, quae commiserat, et ore suo ea est professus. Sic anima, quando debet, e corpore egreditur, et ad abyssi januam profecta, ibi stat usque dum confessa sit omne, quod fecit corpus cum ea in hoc mundo. Ebendaſelbſt S. 465: Cum homo moritur, si probus est. confestim adplicatur corpori regio *), sin minus, lavandus est igne ardente, quo partem aliquam habeat in corpore Regis. Si vero restaurari nequeat ob nimia peccata sua, vae ipsi, quia tunc de ipso verificatur, quod scriptum est (1. Sam. XXV, 29): *anima inimicorum tuorum projicietur in medio fundae.* Die Seele des groben Sünders ſchwebt noch um die Leiche, bis dieſelbe begraben iſt, dann wandert ſie in die Hölle. Ebendaſelbſt S. 466 u. 476: Anima, quae non est justa, in hoc mundo permanet, donec corpus sepultum est, quo facto ipsa deducitur in gehennam. Weil die Gerechten ſo ſelten ſind, gehen bei weitem die meiſten Menſchen durch das Fegfeuer, um dort je nach ihren Vergehungen mehr oder minder unter Schmerzen geläutert zu werden. Doch ſchadet das Feuer dem Weſen der Seele nichts, denn ſie hat die Natur des Salamanders. Sohar zu Exod. S. 379 u. 380: Anima hominis lavatur in flumine igneo et offertur in holocaustum.

---

*) Er wird mit dem Leibe des Königs verbunden, d. h. er entſchwebt in die obere Welt zum Lichtthrone Gottes.

non tamen comburitur, sed tantum lavatur, sicut vestis
Salamandrina,*) quae igne purgatur, ita ut ignis sordes
in ipsa contentas exedat, sic enim res etiam cum anima
se habet. Quod si igitur multa ipsi inest spurcities,
poena haec est magna et dolor acerbissimus. Ebendaselbst
S. 443: Angelus quidam animam morientis suspicit, eamque in flumine igneo submergit, ubi lavanda et purganda
est. Quandoque statim iterum emergit et induit illam
vestem suam, quae ipsi parata est ex bonis suis operibus. Quandoque autem ibidem submergitur et detinetur
nec iterum emergit usque in diem aliam, cum ventus
australis (der Hauch der Gnade Gottes) flare incipit, tunc
eadem innovatur et canticum canit. Nur die allerreinsten
Seelen entgehen dem Fegfeuer, wie die angesehensten Kabbalisten, R. Akiba und seine Freunde, die nach dem Sohar vollkommene Menschen waren. Ebendaselbst S. 456: Quaedam
animae tam sublimes sunt, ut anima R. Akibae et sociorum ejus, quae non descendunt ne in flumen igneum
quidem. Einige noch Heiligere sterben nicht einmal, sondern
fahren lebendig von der Erde zum Himmel empor. Das
kommt daher, weil sie durch die Herrschaft des Guten alles
Fleischliche an sich, wie durch Feuer geläutert und veredelt
hatten, und also den Tod nicht bedurften, um von den Schlacken
gereinigt zu werden. Sohar zu Levitikus S. 122: Animae
quorundam justorum in supernis detinentur, et consistunt coram Deo, donec huc easdem demittat: et tales
rursum ascendunt in coelos sine morte, quales fuerunt
Henoch et Elias. Die hebräische Geschichte kennt allerdings
nur diese beiden, denen so große Heiligkeit zukam. Doch
fügt der Sohar auch noch den R. Simeon Ben Jochai bei, der
gen Himmel gefahren seyn soll, wovon später. Wir haben
hier eine ausgebildete Lehre vom Fegfeuer, nur wird dasselbe

---

*) Ein Gewand von Asbest.

nicht an einen gesonderten Ort, wie bei den Katholiken, sondern in einen flammenden Strom der Hölle versezt. Auch darin stimmt der Sohar mit dem papistischen Glauben über= ein, daß er den Kinderseelen ein eigenes Behälter, jedoch im Paradiese, anweist. Sohar zu Deuter. S. 524: **In para= diso quatuor sunt parietes, ut conclavia fiant pro infan= tibus, pro pueris, pro adolescentibus, pro senibus.** Fer= ner zu Exod. S. 201: **Locus quidam paratus est pro infan= tibus, qui moriuntur, in quo nec perfecte quidem justi consistere queunt.** Endlich befinden sich im Paradiese auch noch Wohnungen für fromme Heiden und gerechte Könige der Welt, welche den Juden Gutes erwiesen haben. Eben= daselbst S. 485: **In paradiso mansiones sunt quaedam pro piis e populis gentilibus et pro regibus mundanis, qui bene faciunt Israëlitis.** Dieß ist ein edles Zeugniß für die milde Gesinnung der Soharisten.

Diese Lehren reichen ihrem wesentlichen Inhalte nach in das Zeitalter Jesu Christi hinauf. Daß man damals geglaubt habe, die Seelen der Gerechten werden unmittelbar nach dem Tode in das Paradies, die der groben Sünder in die Hölle versezt dafür bürgt die ganz populäre Erzählung von Lazarus und dem reichen Manne. Eine bestimmte Anspielung auf das Fegfeuer, als Volksmeinung, finde ich in der Stelle I Kor. III, 13 u. flg.: ἑκάσου τὸ ἔργον φανερὸν γενήσεται — ὅτι ἐν πυρὶ ἀποκαλύπτεται, καὶ ἑκάσου τὸ ἔργον, ὁποῖόν ἐσι, τὸ πῦρ δοκιμάσει. Ἔι τινος τὸ ἔργον μένει — μισθὸν λήψε= ται. Ἔι τινος τὸ ἔργον κατακαήσεται, ζημιωθήσεται, αὐτὸς δὲ σωθήσεται, οὕτως δὲ ὡς διὰ πυρός. Ich sage nicht, daß Paulus hier ein Fegfeuer lehre, wohl aber, daß er diese Meinung, die zu seiner Zeit unter dem Volke verbreitet war, als ein Bild gebrauche. Mögen die Rationalisten dagegen einwenden, was sie wollen, das unbefangene Gefühl des Hi= storikers wird mir Recht geben; überhaupt nähert sich die ge= schichtliche Auffassung — allerdings mit verschiedenen Hinter=

gedanken — weit mehr der rechtgläubigen Auslegungsweise, während die Rationalisten alles Phantastische verneinen und in abgeschmackte allgemeine Begriffe auflösen wollen. Origenes läßt die Seelen — zwar erst am Ende der Welt — durch Feuer gereinigt werden. Laktantius sagt: *) Deus et justos cum judicaverit, etiam in igne eos examinabit. Tum quorum peccata vel pondere, vel numero praevaluerint, perstringentur igne, atque amburentur; quos autem plena justitia et maturitas virtutis incoxerit, ignem illum non sentient; habent enim aliquid in se Dei, quod vim flammae repellat ac respuat. Sie sind wie Salamander, oder wie ein Gewand aus Asbest. Laktantius, der überhaupt viele jüdische Ansichten aufnahm, hat auch diese Meinung von ihnen erhalten, und aus derselben Quelle stammt die katholische Lehre vom Fegfeuer, die jedoch durch den Eigennutz des Vatikan eine eigenthümliche Färbung bekam. Endlich, daß man schon vor Jesu Christi Zeiten glaubte, die Seelen gewisser Menschen schweben nach dem Tode auf Erden herum und können nicht zur Ruhe gelangen, geht hervor aus dem Buche Henoch IX, 10 und flg.: **) ἰδοὺ τὰ πνεύματα τῶν ψυχῶν τῶν ἀποθανόντων ἀνθρώπων ἐγτυγχάνουσι, καὶ μέχρι τῶν πυλῶν τοῦ οὐρανοῦ ἀνέβη ὁ σεναγμὸς αὐτῶν, καὶ οὐ δύνανται ἐξελθεῖν ἀπὸ προσώπου τῶν ἐπὶ τῆς γῆς γινομένων ἀδικημάτων. Die Geister der Getödteten können nicht in Himmel entschweben, sondern müssen auf Erden, d. h. wohl, um ihre Gräber bleiben, weil die Ungerechtigkeiten, die auf Erden begangen wurden, sie zurückhalten. Der Grund ist nicht klar angegeben; ich vermuthe, daß hier das Vorbild Abels nachgeahmt ist: der Durst nach Rache, für ihr unschuldig vergossenes Blut hält sie auf Erden zurück.

---

*) Institutionum liber VII, 21. Opp. ed. Dufresnoy I, 574.
**) Ich citire den griechischen Text, nach Gregorius Syncellus. s. Fabricius codex apocryph. Vet. Test. I, 190.

Neben dem Fegfeuer kennt die jüdische Geheimlehre noch ein anderes großes Mittel der Läuterung — die Wande= rung der Seele durch verschiedene Leiber. Auch bei den Tal= mudisten kommen wenigstens Spuren davon vor. Im Tar= gum Jeruschalemi zu Num. XXII, 5 heißt es: „Er sandte Boten aus zu Laban, dem Aramäer, dieser ist Bileam, der Sohn Beor.“ Beide sollen nämlich eine und dieselbe Seele seyn. Sanhedrin Bab. leztes Kapitel: „Bileam ist derselbe mit Beor, mit Kuschan Rischatajim, *) mit Laban dem Sy= rer.“ Gleicherweise ging die Seele des Pinehas in Elias über. Der Targum Jeruschalemi übersezt Num. XXV, 12: „Siehe ich gebe ihm (Pinehas) den Bund des Friedens, ich will ihn machen zum Engel des Bundes, daß er ewig lebe, um die Erlösung (die Tage des Messias) anzukündigen.“ Lezteres Amt kommt sonst, nach der einstimmigen Lehre aller Rabbinen, nur dem Elias zu; wirklich sagen Einige, daß Elias und Pinehas Eine Seele seyen, und so hat es gewiß auch der Targumist gemeint. Daß Melchisedek und Sem, Noahs Sohn, eine und dieselbe Seele gehabt haben sollen, bezeugt Bereschit Rabba und der Targum Jeruschal. zu Genes. XIV, 18: Melchisedec iste erat Sem, filius Noae. Nach Epi= phanius **) theilten die Samariter dieselbe Ansicht: οἱ Σαμα- ρεῖται τὸν Μελχισεδὲκ νομίζουσιν εἶναι τὸν Σήμ. Der gute Vater verstand die Meinung der Samariter schlecht, denn er rechnet heraus, daß ja Sem gegen 1200 Jahre alt geworden seyn müßte, wenn er und Melchisedek auf natürlichem Wege Eine Person seyn sollten. Aber so dachten sich auch jene Ketzer die Sache nicht. Im Sohar ist die Lehre von der Seelenwanderung vollkommen ausgebildet. Sie wird Gilgul, die Fortwälzung der Seele, genennet. Sohar zur Genesis S.

---

*) Ein syrischer König, dem die Israeliten zinsbar waren, siehe Buch der Richter III, 8, 10.
**) Haeres. 55, opp. I, 472.

152 heißt es also: „Wenn der heilige Gott sich bemühet, eine Seele zu versetzen und dieselbe in ihrem Ort nicht wohl geräth, so reißt er sie heraus aus ihrem Ort und sezt sie an einen andern; das ist die Veränderung des Orts. Und wenn sie abermals nicht geräth, so zieht er sie heraus und impft sie auf einen andern Baum, und verändert ihren Namen. Dieß ist die Aenderung des Namens. Wenn sie alsdann nicht gedeiht, so reißt er sie heraus und impfet sie auf eine andere Pflanze, und verändert ihre Werke gänzlich; dieß ist die Veränderung der Werke. Wie oft geschieht aber dieß? Bis zu tausendmal, wie geschrieben steht (Pf. 105, 8: Das Wort, das er verheißen hat auf tausend Geschlechter. Eben darauf bezieht sich auf die Stelle (Hohes Lied VIII, 12): Dir Salomo gebühren Tausend, nämlich tausend Geschlechter, in welche Gott die Seele pflanzt und sie einpfropft, bis sie geräth. Das Geheimniß dieser Lehre ist niedergelegt in dem Spruche (Erod. XX, 6): Ich thue Barmherzigkeit an den Tausend, die mich lieb haben und meine Gebote halten." Der Zweck des Versetzens ist, wie man sieht, die Seele durch verschiedene Wechsel vollkommen zu machen. Gott wird dabei unter dem Bilde eines sorgsamen Gärtners dargestellt, das auch bei Paulus und Philo*) vorkommt. Wenn die Seele auf diese Weise in einen neuen Leib übergeht, so folgen ihr die Wirkungen ihres frühern Zustandes nach, d. h. sie wird jezt belohnt oder bestraft für die guten Werke oder die Sünden, die ihrem vorangegangenen Leben in einem andern Leibe angehörten. R. Menasseh Ben Israel sagt in seiner Schrift Nischmat Chajim S. 159 a: „Im Buche Bahir**) wird gelehrt, daß ein Gerechter, dem es übel gehet, zuvor (im frühern Leibesleben) gottlos gewesen sey, und jezt wegen der

---

*) Siehe meine Schrift über Philo I, 402.

**) Dieses mystische Buch ist älter, als der Sohar; siehe Zunz S. 404. Ich habe es nie zu Gesicht bekommen.

vorigen Sünden gestraft werde, der Gottlose aber, dem es
wohl gehet, sey zuvor gerecht gewesen und genieße nun die
die Früchte seiner früheren Werke." Rabbi Menassel ver=
steht Ersteres namentlich von solchen, die als Krüppel, lahm,
blind, geboren werden. Unwillkürlich wird man erinnert an
die Stelle Johannis IX, 1, 2: παράγων εἶδεν ἄνθρωπον
τυφλὸν ἐκ γενετῆς, καὶ ἠρώτησαν αὐτὸν οἱ μαθηταὶ αὐτοῦ
λέγοντες· τίς ἥμαρτεν, οὗτος ἢ οἱ γονεῖς αὐτοῦ, ἵνα τυφλὸς
γεννηθῇ. Die Jünger glaubten, daß der blind Geborne schon
vor der Geburt habe sündigen können, also mußten sie auch
annehmen, daß er früher schon ein Mensch in anderem
Leibe gewesen sey. Ich wenigstens sehe keine sonstige genügende
Erklärung. Man wird sich weniger hierüber wundern, wenn
ich erst gezeigt habe, wie alt der Glaube an die Seelenwan=
derung bei den Juden ist. Origenes sagt: *) „Einige meinen,
die Seele Johannis des Täufers sey dieselbe mit der des
Elias, früher seye sie Elias, zum Zweitenmale Johannes ge=
nannt worden." Ebenderselbe berichtet: **) Quidam opinati
sunt ex eo, quod dictum est: *ipse est Elias, qui venturus est*, (Matth. XI, 14) animam Eliae eandem esse, quam
Johannis. Quod enim dixit: *ipse est Elias*, non ad aliud,
sed ad animam referendum putarunt, et ex hoc paene
solo sermone dogma introduxerunt μετενσωματώσεως —
quasi etiam ipso hoc Jesu confirmante. Nicht nur aus
dieser, sondern auch aus der andern Stelle, Matth. XIV, 2,
rechtfertigte man sehr frühe die Lehre von der Seelenwanderung.
Man hätte sie aber nicht in so schwachen Beweisen gefunden,
wäre sie nicht unter dem Volke, von dem das Christenthum
ausging, verbreitet gewesen. Origenes läßt uns nicht in Zwei=
fel über den wahren Ursprung. Er sagt: ***) „Die Juden
lehren, jener Pinehas, Eleazars Sohn (der erweislich bis zu

---

*) In Matthaeum tom. XIII, 2. Opp. III, 570.
**) Bruchstück des siebenten Bandes zu Matth. Opp. III, 441.
***) Tom. VI in Johannem. Opp. IV, 115 unten.

den Zeiten der Richter lebte, wie wir aus dem Buche der Richter ersehen), sey derselbe mit Elias, Unsterblichkeit sey ihm (Numer. XXV, 12) unter dem Namen „Frieden" ver= heißen worden." Ebendaselbst S. 114: „Die Juden wuß= ten wohl, daß Johannes der Täufer von Zacharias abstamme. Dennoch schickten sie aus Jerusalem Priester und Leviten mit der Anfrage: Bist du Elias. Dieß beweist, daß sie die Lehre von der Seelenwanderung für wahr hielten, welche bei ihnen einheimisch (ὡς πάτριον τυγχάνον), von den Vätern ererbt ist und ihrer Geheimlehre angehört (οὐκ ἀλλότριον τῆς ἐν ἀπαῤῥήτοις διδασκαλίας αὐτῶν). Origenes wiederholt un= gefähr denselben Satz weiter unten [*] und fügt bei: „Es ist an= zunehmen, daß sie noch tausend andere Dinge durch Ueberliefe= rung, oder geheime Bücher vor Anderen wissen." Manche haben den jüdischen Geschichtschreiber als Zeugen für die See= lenwanderung aufgeführt. Josephus berichtet nämlich von den Pharisäern: [**] λέγουσι ψυχὴν πᾶσαν μὲν ἄφθαρτον, μετα= βαίνειν δὲ εἰς ἕτερον σῶμα τὴν τῶν ἀγαθῶν μόνην, τὴν δὲ τῶν φαύλων ἀϊδίῳ τιμωρίᾳ κολάζεσθαι. Ich verstehe diese Worte von der Auferstehung des Leibes am Ende der Tage; Einige haben sie auf die Seelenwanderung bezogen. Sicher= lich mit Unrecht, denn sonst sollte es erstens heißen: εἰς ἕτερα σώματα; fürs Zweite erklärt Josephus selbst obigen Satz in der Rede, welche er, ein Mitglied der pharisäischen Sekte, nach der Einnahme Jotapatas gehalten haben will: [***] „Wisset ihr nicht," ruft er seinen, zu rühmlichem Tode ent= schlossenen Gesellen zu, „daß die Seelen der Gerechten an den heiligsten Ort im Himmel versezt werden, von wannen sie nach dem Umlaufe der Zeiten wieder in reine Leiber wandern: ἔνθεν ἐκ περιτροπῆς αἰώνων ἁγνοῖς πάλιν ἀντενοικίζονται σώμασιν. Ganz klar ist hier die Auferstehung des Leibes

---

[*] Tom. XIX Opp. IV, 297 Mitte.
[**] De bello II, 8, 14. Opp. II, 166.
[***] De bello II, 8, 5. Opp. II, 248.

am jüngsten Tage bezeichnet, also auch in der obigen Stelle. Dagegen trug Basilides die Lehre von der Seelenwanderung zu Anfang des zweiten Jahrhunderts ganz so wie der Sohar vor. Die Seelen fahren von einem Leib in den andern, um nach und nach geläutert, und dem göttlichen Urlichte gleich gemacht zu werden. Selbst in Thierkörper versezt er sie, was auch bei späteren Kabbalisten vorkommt; Leiden, welche ein anscheinend Unschuldiger hier erduldet, sind Strafen für Sünden, welche die Seele in einem frühern Leibesleben beging. Dieselben oder ähnliche Bibelstellen werden von Basilides als Beweis seiner Lehre angeführt. *) Nach diesen klaren Beweisen wird, hoffe ich, Niemand mehr zweifeln, daß die Seelenwanderung den Zeitgenossen Jesu Christi bekannt war, und daß sie zur alten jüdischen Mystik gehörte. Eine besonders wichtige Wendung erhielt sie durch das Dogma von der Wanderung des Logos durch verschiedene reine Körper, wovon ich in dem Kapitel vom Messias das Weitere berichten werde. Nur war Lezteres kein Gilgul der Läuterung, sondern zum Heile anderer Seelen angeordnet.

Blicken wir nun ein wenig zurück. Talmud und Sohar lassen die besten Seelen gleich nach dem Tode in das Paradies oder den Ort der Seligen auffahren, die Mittelmäßigen müssen zur Läuterung durch das Fegfeuer, oder auch durch andere Leiber wandern, die schlimmsten werden sogleich nach dem Ableben in die Hölle verstoßen. Eine Rückkehr auf die Erde durch Auferstehung des Leibes ist also, scharf genommen, für die Ersten eine Pein, da sie dadurch die himmlische Ruhestätte verlieren, für die Dritten eine Milderung wohlverdienter Strafe, was ganz gegen die jüdische Absicht lauft, für die Zweiten unnöthig, da ja die Seelen der Mittelmäßigen ohnedieß in andere Leiber fahren, bis sie genugsam gereinigt sind. Dennoch lehrt nicht nur der Talmud,

---

*) Man sehe Neander Entwicklung der gnostischen Systeme 89 und flg., wo alles Hergehörige wohl zusammengestellt ist.

sondern auch der Sohar die Auferstehung des Fleisches am Ende der Zeiten. Die Beweisstellen können wir erst im Kap. vom Messias beibringen, und beschränken uns hier, darauf hingedeutet zu haben. Schuld an dieser sonderbaren Erscheinung ist das scharfe politische Gepräge, das Moses seinem Volke aufgedrückt hat. Ein jüdischer Staat sollte wiederhergestellt werden, selbst mit Aufopferung der später eingewanderten Lehre von Himmel und Hölle. Dem Christenthum sind, seinem ganzen Wesen und Ursprung nach, politische Richtungen fremd, dennoch wurde die Auferstehung ebenfalls aufgenommen. In den ersten Jahrhunderten, wo schwerer Druck auf der Kirche lastete und die Hoffnung einer glücklicheren irdischen Zukunft durch die Verhältnisse gerechtfertigt war, ist dieß noch begreiflich, aber nicht mehr, als unsere Religion die Herrschaft über die römische Welt errungen und keine Verfolger mehr zu fürchten hatte. Deßhalb trat von nun an die Natur in ihre Rechte ein. Die Lehre von der Auferstehung wurde immer mehr in den Hintergrund gedrängt.

Der Grund, warum so wenige Menschen nach dem Tode ins Paradies kommen, warum bei weitem die meisten durch das Fegfeuer oder andere Leiber wandern müssen, und viele gar in die Hölle fahren, liegt in der Sünde, von welcher wir jezt handeln müssen. Zwei Triebe sind in jeglichem Menschen, ein guter und ein böser. Targum Jeruschalemi zu Deuter. VI, 5: „Moses der Prophet sprach zum Volke Israel: Ihr sollt den Herrn, euren Gott, lieben mit beiden Trieben eures Herzens" (בְּתְרֵי יִצְרֵי לִיבְּכוֹן). Im hebräischen Texte heißt es nämlich: Du sollst den Herrn, deinen Gott, lieben von ganzem Herzen und von ganzer Seele. Das erste Wort deutete man auf den guten, das zweite auf den bösen Trieb. Aehnlich die Mischna Berachot IX, 5: „Man ist schuldig, Gott zu loben, über das Böse ebensowohl, als über das Gute, denn es stehet geschrieben (Deuter. VI, 5): Du sollst den Herrn, deinen Gott,

lieb haben von ganzem Herzen, d. h. mit beiden
Arten des Triebes, mit dem guten, wie mit dem bösen, und
von ganzer Seele, d. i. wenn Er auch deine Seele von dir
nimmt." Weiter begründete man die beiden Triebe aus dem
Zeitworte ‏וַיִּיצֶר‎ (Genes. II, 7), wie wir schon früher bemerk=
ten. Berachot bab. S. 61, a: „Raf Nachman, der Sohn
Chisda, hat gesagt: Das Wort Vajizer, welches zwei Jod
befaßt, zeigt an, daß Gott dem Menschen zweierlei Triebe,
einen guten und einen bösen anerschaffen habe." Der böse
Trieb übt eine sehr große Macht über das menschliche Herz.
Targum Jeruschalemi zu Exod. XXXII, 22 ruft Aaron zu
Gott: „Du weißt es, o Herr, daß die Israeliten Söhne der
Gerechten (d. h. Gerechte) sind, aber der böse Trieb hat sie
sündigen machen." Berachot jeruschal. S. 19, b: „Rabbi
Tanchuma betete: Laß Dir wohlgefallen, o Herr, zu zerbre=
chen und abzuthun das Joch des bösen Triebes aus unseren
Herzen, denn du hast uns erschaffen, deinen Willen zu thun,
wir sind schuldig, demselben nachzuleben, thäten es auch gerne·
Allein, was hindert uns? Der Sauerteig in dem Teige!
Vor Dir ist kund und offenbar, daß keine Kraft in uns ist,
demselben zu widerstehen. Deßhalb laß Dir wohlgefallen, o
Herr, daß in unserm Loose wohne Liebe und Brüderschaft,
Friede und Freundschaft, und beglücke unser Ende mit Hoff=
nung." Dieses auch im N. Testament häufige Bild kehrt
sehr oft wieder. So Berachot bab. S. 17, a: „R. Alexan=
der pflegte zu beten: Herr der Welt, es ist kund und offen=
bar vor Dir, daß wir gerne deinen Willen thun möchten.
Es hindert uns aber der Sauerteig und der irdische Dienst
(die Pflicht gegen die heidnische Obrigkeit). Laß Dir dem=
nach wohlgefallen, uns zu erretten aus ihrer Hand, so wol=
len wir uns befleißigen, zu thun die Gesetze deines Willens
on ganzem Herzen." Alle Sünde kommt her von dem bösen
Trieb. Der Targum Jeruschalemi übersetzt die Stellen, wo
es heißt: „Der Herr verhärtete das Herz Pharaos," regelmäßig

mit den Worten: „Gott verstärkte den bösen Trieb in Pharao." So Exod. VII, 3. 13. 14. VIII, 15. 28. IX, 34, 35. Sündigen heißt daher dem bösen Triebe nachgehen. Ebenderselbe zu Deut. XXIX, 26: „Sie sind gegangen hinter dem bösen Trieb und haben die Götzen der Völker verehrt." Ein immerwährender Kampf herrscht in dem Menschen we= gen der beiden Triebe, die in ihm sind; der gute und der böse führen Krieg mit einander. Nedarim bab. S. 32: Figmentum malum bellum gerit cum figmento bono. Bere= schit Rabba zu Genes. I, Seite 10: Quam diu justi vivunt, bellum gerunt cum figmento malo suo, quando vero moriuntur, quietem habent. Schemoth Rabba S. 133, d: Saepenumero accidit, ut quando homo amat in corde suo facere praecepta legis, concupiscentia prava, quae est in medio ipsius, dicat: quid opus est, ut praecepta legis observes et divitias tuas imminuas? Loco ejus, quod pauperibus erogas, da liberis tuis opes tuas. Sed concupiscentia bona dicit: eroga eas, prout lex praecipit. Wie hier angedeutet ist, kämpft der böse Trieb ebenso gegen das Gesetz, wie gegen den guten Trieb, denn das Ge= setz kommt von dem Geber alles Guten, oder von der rech= ten Seite. Nicht minder widerstehet der Jezer hara allen Werken und Gesinnungen, welche Heil bringen, namentlich der Buße. Sanhedrin bab. S. 105, a: „Der Prophet sprach zu den Israeliten: thut Buße. Sie antworteten ihm: wir vermögen es nicht, denn der böse Trieb herrscht über uns." Durch keinen der fünf Sinne herrscht der böse Trieb so leicht und so häufig, als durch die Augen. Daher heißt es in der babylonischen Gemara zu Sanhedrin VI, 3: concupiscentia prava dominatur praecipue in oculis. Denn durch das Auge wird Der, welchen nach fremdem Gute gelüstet, zum Raube, und der Wollüstige namentlich zum sündigen Ge= nusse aufgereizt. Die Wollust galt aber von jeher bei den Juden als die Kraft des bösen Triebes. Im Testament der

Patriarchen *) werden sieben Geister aufgezählt, welche dem Menschen bei der Schöpfung mitgegeben worden seyen: der Geist des Lebens, des Gesichts, des Gehörs, des Geruchs, der Rede, des Geschmacks, der Begattung. Ueber den Sinn des Gesichts äußert sich der Verfasser so: πνεῦμα ὁράσεως, μεϑ᾽ ἧς γίνεται ἐπιϑυμία, über die Begattung sagt er: ἕβδομον πνεῦμα σπορᾶς καὶ συνουσίας, μεϑ᾽ ἧς συνέρχεται διὰ τῆς φιληδονίας ἡ ἁμαρτία. Auf dasselbe laufen die Sagen vom Falle der Wächter und des ersten Menschenpaares hinaus; denn das Essen vom verbotenen Baum soll, nach der Erklärung vieler alten Juden, den Genuß fleischlicher Wollust bezeichnen.

Die Sünde besteht übrigens nach der Lehre des Talmud nicht bloß in der äußern That, sondern das Bewußtseyn, daß man etwas Böses thue, gehört dazu, um die Sünde vollkommen zu machen. In der Mischna wird da und dort zwischen That und Absicht unterschieden, z. B. Sanhedrin VII, 4, 6. In der Gemara zu lezterer Mischna heißt es: „Wenn einer in ein Götzenhaus eintritt und daselbst betet, im Glauben, daß es eine Synagoge sey, dessen Herz ist zum wahren Gott gerichtet" (und folglich hat er auch keine Todsünde begangen, obgleich sonst der Götzendienst mit der Hinrichtung bestraft wird, sondern es ist eine Sünde des Irrthums). Die Talmudisten unterscheiden daher zwischen Sünden der Bosheit und des Irrthums oder der Schwachheit. Buch Siphra zu Levitikus XVI, **) heißt es über den Spruch (XVI, 21): „Aaron soll seine beiden Hände auf das Haupt des Bockes legen, und befennen auf ihn alle: Missethat כָּל־עֲוֺנֺת der Kinder Israels, und alle ihre Uebertretung כָּל־פִּשְׁעֵיהֶם in allen ihren Sünden לְכָל־חַטֹּאתָם: Unsere Weisen sagen, עֲוֺנֺת sind Sünden, die man aus Bosheit begeht; die

---

*) Fabricius cod. pseud. Vet. Test. I, 522.
**) Ugolini XIV. S. 1262 unten.

פֶּשַׁע ist die Sünde der Widerspenstigkeit (מֶרֶד), endlich die Chataoth sind Sünden des Irrthums (שְׁגָגָה)." Sehr häufig kommt diese Unterscheidung vor. So Tosaphtha Schabbath III, 3: „Wer aus Irrthum am Sabbath kocht, der darf am folgenden Tage davon essen, nicht aber wer aus Bosheit (oder wissentlich) gekocht hat." Pesichta Rabbathi Abschnitt Athem Nezabim*): „Wenn ein Mensch eine Sünde begeht aus Irrthum, und dieselbe dann wiederholt wissentlich, so wird ihm die erste so hart angerechnet, wie die zweite. Thut er aber Buße, so gilt die Sünde der Bosheit, wie die des Irrthums — d. h. beide werden vergeben. Beharrt er dagegen in seiner Ungerechtigkeit, so werden die Irrthumssünden wiederum so hoch aufgenommen, als die anderen." Die ärgsten unter den Sünden der Bosheit sind Gotteslästerung oder Götzendienst, Hurerei, Blutvergießen und böse Zunge, oder Verläumdung; denn diese vier werden nicht vergeben. Tosaphta Peah I, 1: „Vier Dinge sind es, wegen deren der Mensch bestraft wird in dieser Welt und noch Vergeltung empfängt in jener: Götzendienst, Hurerei, Blutvergießen und böse Zunge gegen Jedermann." In gleichem Sinne heißt es jerusalemische Gemara zu Sanhedrin III, 6: „Alle Gebote, welche im Gesetze stehen, können übertreten werden ohne Todsünde, ausgenommen Götzendienst, Hurerei und Blutvergießen. Ebendaselbst zu VI, 9: „Drei Dinge machen, daß kein Regen vom Himmel fällt: Götzendienst, Hurerei Blutvergießen." Ferner heißt es in der nämlichen Gemara S. 37, c, und mit geringen Abänderungen, Joma babyl. S. 86, a: „Alle Uebertretungen, selbst die, auf welche die Ausrottung oder der Tod durch das Sanhedrin steht, können Vergebung erlangen. Die Buße und der Versöhnungstag hebt das Gericht auf, und die Strafen, welche Gott schickt, tilgen vollends die Sünde aus. Aber wer den Namen Gottes

*) Ebendaselbst XVI, S. 1122.

lifiert, bei dem verhält es sich anders; die Buße hält das Gericht nicht auf, der Versöhnungstag bringt keine Vergebung, die Strafen von Oben tilgen die Sünde nicht, sondern alle diese drei halten bloß das Gericht auf, und erst der Tod tilgt die Sünde." So die babylonische Gemara; in der jerusalemischen bekommt die Sache eine andere Wendung: „Die Buße und der Versöhnungstag heben den dritten Theil der Schuld auf, ein anderes Drittel die göttlichen Strafen, aber erst der Tod tilgt aus." Lightfoot führt diese beiden Stellen zur Erklärung von Matth. XII, 32 an; allerdings liegt dort eine ähnliche Ansicht zu Grund. Doch ist damit die Sünde wider den heil. Geist noch nicht vollständig erläutert. Ich werde tiefer unten davon handeln.

Fängt man frühe an, den bösen Trieb, aus dem alle diese Sünden entstehen, zu bekämpfen, so kann man ihn nach und nach bemeistern; gibt man ihm Raum, so wird er immer mächtiger. Die Talmudisten bedienen sich eines glücklichen Bildes. Sanhedrin bab. S. 99, b: „R. Asche hat gesagt: Der böse Trieb ist Anfangs dünne wie Spinnengewebe, zulezt wird er so stark wie ein Wagenstrang." Wer sich ihm ganz zum Sklaven hingibt, von dem heißt es: er laufe der Hölle nach, oder er habe das Joch des Himmelreichs abgeworfen und dafür das Joch von Fleisch und Blut auf sich genommen; **) denn schrecklich ist das Ende der Sünder. Daher übersezt der Targum Jeruschal. zu Deuter. XXIX, 18: „Niemand beharre in seiner Missethat, denn süß ist der Anfang aller Sünde, aber ihr Ausgang bitter, wie tödtliches Gift." Das sicherste Mittel, um den bösen Trieb zu überwinden, ist das Gesez Mosis und seine Früchte: gute Werke und Buße. Avoda Sara bab. S. 5, b: „Heil den Israeliten, wenn sie sich mit dem Geseze beschäftigen und mit guten Werken, so ist der böse Trieb in ihre Gewalt gegeben, und sie dienen ihm nicht." Ebenso Kidduschim S. 30, b:

---

*) So Kidduschim Jeruschalemi I, 3.

„Der hochgelobte Gott sprach zu den Israeliten: Meine Kin=
der, ich habe den bösen Trieb erschaffen, aber auch zugleich
das Gesetz, als sein Gegenmittel. Wenn ihr euch des Ge=
setzes befleißigt, so werdet ihr nicht in seine Hände fallen,
wie geschrieben stehet (Genes. IV, 7): Ist's nicht also?
wenn du fromm bist, so bist du angenehm. Beflei=
ßiget ihr euch aber des Gesetzes nicht, so seyd ihr in der
Gewalt des bösen Triebes, gleichwie es heißt (ebendaselbst):
Bist du nicht fromm, so ruht die Sünde vor der
Thür." Midrasch Tanchuma S. 3, d: „Es gibt keine
Wunde in der Welt, die so schwer wäre, daß sie keine Hei=
lung fände. Was ist aber die Heilung des bösen Triebes?
Die Buße." Wer diese Mittel redlich gebraucht, dem gibt
Gott Kraft von oben, der Sünde in Zukunft zu widerstehen.
Kidduschim Jeruschal. zu Ende des ersten Kapitels: „R. Je=
remias sagt im Namen Samuels: Wer sich vor der Sünde
bewahrt einmal, zweimal, dreimal, den bewahrt Gott nach=
her selbst, wie geschrieben stehet (Hiob XXXIII, 29): Siehe,
das Alles thut Gott, zwei oder dreimal mit dem
Menschen." Dagegen wenn Jemand im Vertrauen auf
diesen Schutz von Oben und auf die reinigende Macht der
Buße leichtsinnig wird, so unterstützt ihn Gott nicht mehr.
Mischna Joma VIII, 9: „Wenn Einer sagt, ich will sündi=
gen und mich wieder bekehren, und solches zum Andermal
thut und wieder also sagt, so wird ihm nicht mehr Kraft
gegeben, Buße zu thun." Höchste Aufgabe des Frommen
ist, den bösen Trieb Gott zu opfern. Sanhedrin Bab. S.
43, b: Quicunque sacrificat concupiscentiam suam (כל
הזובח את יצרו) — imputat ei sacra scriptura, ac si honoret
Deum S. B. in duobus seculis, hoc et futuro. Ohne Bild
wird dieser Gedanke so ausgesprochen: der böse Trieb soll
entweder ertödtet, oder in die Natur des guten umgewandelt
werden. Berachot jeruschal. S. 37, a: „Abraham unser Vater
machte seinen bösen Trieb gut; darum steht von ihm geschrieben

(Nehem. IX, 8): Du haſt ſein Herz *) treu vor Dir
gefunden. Die nächſt folgenden Worte: Und haſt
einen Bund mit ihm gemacht, erflärt R. Acha ſo:
Der böſe Trieb habe ſich mit dem guten vertragen und denſelben nicht mehr zur Sünde gereizt. David dagegen konnte
ſich nicht mit dem böſen Triebe vertragen, darum tödtete er
ihn in ſeinem Herzen, wie geſchrieben ſtehet (Pſ. 109, 22):
Mein Herz iſt in mir erſchlagen."

Der Sohar iſt in allen dieſen Lehren mit dem Talmud
einverſtanden. Der böſe Trieb herrſcht von der Geburt an.
Eine merkwürdige Stelle findet ſich Th. 1, S. 25, a: *Et*
creavit Deus hominem ad imaginem suam, i. e. Metatronis. Quis est ille Deus, qui creavit hominem? Deus
vivus et rex mundi! *ad imaginem Deorum* (אֱלֹהִים in
plurali numero) *creavit eum*, Samaelis intellige, a quo
Dii alieni originem suam traxerunt, de quibus scriptum
est (Exod. XX, 3): *ne sint tibi Dii alii coram me.* Quatenus dignus est, creavit eum Deus ad imaginem Metatronis, servi sub domino suo existentis, quod indicatur
his verbis: *et creavit Deus hominem in hujus* (Metatronis) *imaginem*, quae est ejus εἰκών. Quatenus vero indignus est, creavit eum ad imaginem Samaelis draconis,
angeli mortis, sub potestate Dei S. B. existentis, ut per
eum judicium exerceat super hominem in loco damnato-
rum, si non inveniatur justus. Ideo legitur וַיִּיצֶר (cum
duplici Jod), ut indicetur partim creatio in bonum ad
imaginem Metatronis, ad constituendum ipsi adjutorium
legis circa praecepta observanda, quare scriptum est: *et*
faciamus ipsi adjutorium; partim si indignus sit, creatio
in malum, Samaelis, qui ex adverso ipsi sit, ut ad peccatum excitatus poenas judiciales in Gehenna subeat.
Et haec duo hominem instar duarum imaginum comitantur. Entſchieden und ehrlich geſteht hier der Sohar,

*) לבבו, mit zwei Beth, welche die beiden Triebe anzeigen.

daß der böse wie der gute Trieb von Gott eingepflanzt sey. Ebenso Sohar zur Genes. S. 405: Prava concupiscentia insita est homini a die nativitate ejus. Derselbe wird der Sauerteig genannt, wie im Talmud. Ebendaselbst S. 317: Prava concupiscentia vocatur fermentum, quia parum ejus cor pervadit, et in tantum exturgescit, ut findatur pectus. Allerlei Bilder schildern seine Herrschaft. Sohar zur Genes. S. 272 und 543: Prava concupiscentia similis est exploratori cuidam emisso e cohorte latronum, ut observet transeuntes per viam illam, ac blandiloquentia sua homines abducat ad locum, in quo latrones habitant. Er führt den Menschen zulezt in die Hölle. Ebendaselbst S. 580: Prava concupiscentia seducit hominem, ut extollat cor suum, donec eundem trahat in gehennam. Der gute Trieb, der Bekämpfer des bösen, wird endlich nach dem So= har, ganz wie im Talmud, mit den Jahren der Mannbarkeit ertheilt; S. 379: Ab anno aetatis decimo tertio et porro concupiscentia bona ab homine non secedit, et si homo ingreditur in via recta, concupiscentia prava sese sub- mittit et cum bona conjungitur, ambaeque hominem cu- stodiunt. Dieses glückliche Ziel wird dadurch erreicht, daß der Fromme mit Hülfe des Gesetzes einen heiligen Krieg ge= gen den bösen Trieb führt, S. 368: Quid faciendum est, ut homines ne succumbant illecebris pravae concupiscen- tiae? Cogitationibus tuis bellum gerere debes, bellum nimirum legis!

Es frägt sich nun, ist der böse Trieb absichtlich von Gott erschaffen worden, oder erst durch eine spätere Unord= nung, die nicht im Willen des Höchsten lag, herein gekom= men? Viele Stellen behaupten das Erstere. Indem die Tal= mudisten beide Jezer aus Genes. II, ableiten, wie wir oben zeigten, sprechen sie zugleich aus, daß der böse Trieb in Adam erschaffen gewesen sey, ehe er eine wirkliche Sünde begind. Berachot Bab. S. 31, b zu unterst und 32, a oben

heißt es: „Nach R. Eleasar hat Hanna (die Mutter Sa=
muels) Worte wider Gott ausgestoßen, weil geschrieben stehe
(I Sam. I, 10): Sie war betrübt und betete עַל־יְהֹוָה,
d. h. wider den Herrn. Auch Elias klagte den Herrn
an, da er sprach (I König XVIII, 37): Du hast gekehrt
ihr Herz nach hinten. Daß aber Gott später dieß selbst
zugestanden und dem Propheten Recht gegeben habe, beweist
R. Schemuel aus dem Spruche (Micha IV, 6), wo der
Herr von Israel sagt: אֲשֶׁר הֲרֵעֹתִי, dem ich Uebel gethan
habe,“ d. h. Gott ist selbst die Ursache alles Uebels, indem er den
bösen Trieb erschaffen hat. R. Chama, der Sohn des R.
Chanina sagte: „Die Füße der Kinder Israel würden wanken
(und nicht vor Gericht stehen können), wenn nicht drei
Schriftstellen wären; die erste Micha IV, 6, die zweite
Jeremias XVIII, 6: Siehe, wie der Thon in des
Töpfers Hand, so seyd auch ihr, vom Hause
Israel, in meiner Hand. Die dritte Ezechiel XXXVI,
26: Ich will euch ein neu Herz und einen neuen
Geist geben, und ich will das steinerne Herz aus
eurem Fleische wegnehmen und euch ein fleischern
Herz geben.“ Diese Sprüche werden, wie man sieht, be=
nützt, um zu beweisen, daß es blos von Gott abhänge, den bösen
Trieb umzuwandeln, und daß Er durch Erschaffung desselben
selbst zum Bösen Anlaß gegeben habe. Im Traktat Succa
bab. S. 52, b wird sogar behauptet: „Gott bereut es, daß
er vier Dinge erschaffen: das Gefängniß, die Kaldäer, die
Ismaeliten und den Jezer hara.“ Wollte die hebräische
Theologie aufrichtig seyn, so mußte sie zulezt diesen Satz
zugestehen. Denn Demjenigen, der etwa behaupten möchte,
der sündhafte Trieb in den späteren Geschlechtern rühre von
der ersten Uebertretung Adams her, wird mit größtem Rechte
erwidert, daß schon Adam einen Reiz zur Sünde in seinem
Innern gefühlt haben müsse, weil er sonst das Gebot Gottes
nicht verlezt hätte. Doch heißt dieß nach der rabbinischen Ansicht

nicht soviel: Gott sey Urheber der wirklichen Sünde, sondern
nur der Reiz dazu ward seit der Schöpfung in unsere Natur
gelegt; und es mußte auch so seyn, weil das Gute ohne das
gegenüberstehende Böse nicht gut wäre; die Gegensätze sind
nothwendig. Noch offener bekennt der Sohar diese Lehre.
Im Anfang war das göttliche Licht und die Schalen, jene
aus der rechten, diese aus der linken Seite; Materie und Geist
standen einander entgegen, der Mensch als ein erschaffenes
Wesen mußte an beiden Theil nehmen, deßhalb der oben mit=
getheilte Satz: die Nephesch stamme aus der linken, Ruach
und Neschamah dagegen aus der rechten Seite. Der Reiz
zum Bösen ist aber nicht bloß darum nothwendig, weil er
in der Natur alles Geschaffenen liegt, sondern auch wegen des
Zweckes, den der Weltbaumeister verfolgte. Indem zwei
Triebe einander die Spitze bieten, wird das Gute zum Ver=
dienst, sonst wäre es wie eine Frucht, die von selbst reift.
Sohar zur Genesis S. 25, d: R. Simeon Ben Jochai dixit ad socios suos: nisi Deus S. B. creasset concupiscentiam bonam et concupiscentiam malam (יִצְרָא טוֹבָה וּבִישָׁה)
quae alias dicuntur lux et tenebrae, homo neque meritum, neque culpam habere potuisset. Postquam vero
ambae creatae sunt, tum demum Deus dicere potest
(Deut. XXX, 18): *ecce vobis proposui hodie vitam et
mortem.* In gleichem Sinne heißt es ebendaselbst, Spalte
325: nisi prava concupiscentia foret, nullum quoque ex-
isteret gaudium super studio legis.

Nichts destoweniger hat nach beiden Hauptquellen der
jüdischen Theologie Adams Sünde die wichtigsten Folgen für
alle seine Nachkommen gehabt. Durch sie ist der Tod in
die Welt eingeführt worden. Buch Sifra:*) R. Jose dixit:
si scire cupias, quanta sit merces justorum in seculo futuro, exi et addisce ab antiquo Adamo, qui licet non
esset ei mandatum, nisi unum praeceptum negativum,

---

*) Ugolini B. XIV. S. 830 oben.

tamen transgressus est. Vide quot mortes inflictae sint illi et ejus generationibus et generationibus generationum, usque ad finem omnium generationum. Die Gerechten sterben bloß wegen Adams Sünde. Midrasch Koheleth zu VII, 16: „R. Asaria hat gesagt, in derselben Stunde, wo Gott den Adam erschuf, nahm er ihn und führte ihn herum unter allen Bäumen des Paradieses, und sprach zu ihm: siehe an meine Werke, wie schön und lieblich sie sind. Deinetwegen habe ich Alles erschaffen, was ich erschaffen habe. Sey daher achtsam, daß du nicht verderbest und verheerest meine Welt denn wenn du sie verderbest, so wird Niemand seyn, der sie wiederherstellt, und nicht allein dieß, sondern auch für die Gerechten wirst du die Ursache des Todes seyn, wie geschrieben stehet (Jes. LVII, 1): Der Gerechte kommet um, und ist Niemand, der es zu Herzen nimmt. Ebenso heißt es (Koheleth VII, 16): Der Gerechte kommt um in seiner Gerechtigkeit. Wem war Moses, unser Lehrer, gleich? Er war gleich dem Sohne einer gefangenen Frau, welche im Gefängniß einen Sohn gebar, ihn erzog und dann starb. Einmal ging der König an der Thüre des Gefängnisses vorüber, da fing der Knabe an zu schreien und zu rufen: O Herr! ich bin hier geboren und erzogen, und weiß nicht, wegen welcher Sünde ich gefangen gehalten werde! Der König antwortete: Wegen der Sünde deiner Mutter!" Das ist ein vielbesagendes Gleichniß. Die Gerechten leiden und sterben also bloß um der Schuld ihrer Ahnen, namentlich Adams willen. Deßhalb heißt es im Talmud, Baba Bathra bab. S. 17, a und Schabbath 55, b: „Vier Männer sind bloß durch den Rath der Schlange gestorben: Benjamin, der Sohn Jakobs, Amram, der Vater Mosis, Isai, der Vater Davids, und Amasa, der Sohn Isai." Wie alt diese Meinung sey, geht hervor aus dem Targum Jonathan Ben Usiel zu Ruth IV, 22: „Obed zeugte Isai,

7

welcher Nachasch genannt wurde, *) weil keine Verderbniß
und Ungerechtigkeit in ihm war, wegen deren er hätte dem
Todesengel überantwortet werden können. Isai lebte viele
Tage, bis vor dem Herrn der Rath der Schlange erwähnt
wurde, welchen sie Adams Frau, Eva gab, zu essen von dem
Baume, weil die, welche davon genößen, weise würden, zu
unterscheiden das Gute und das Böse. Wegen dieses Rathes
wurden alle Bewohner der Erde des Todes schuldig, und um
seinetwillen starb auch Isai der Gerechte." Diese Meinung
reicht demnach über die Tage Jesu Christi hinauf. Nur
ward die Zahl Derer, die bloß wegen des Raths der Schlange,
oder was damit gleichbedeutend ist, wegen der Uebertretung
Adams und Eva's gestorben seyn sollen, weiter ausgedehnt;
namentlich rechnete man auch Mosen darunter. So schon
das Buch Siphri zu Deuteron. XXXII, 49: **) „Die Engel
des Dienstes sprachen vor Gott: Herr der Welt, warum ist
der erste Mensch gestorben? Gott antwortete: Weil er meine
Gebote nicht gehalten hat! Nun sagten die Engel: Aber siehe,
Moses hat deine Gebote beobachtet. Der Herr erwiderte:
Mein Beschluß ist gleich für alle Menschen (daß Alle sterben
müssen), denn es stehet geschrieben (Num. XIX, 14): Dieß ist
das Gesetz des Menschen, der in seiner Hütte stirbt,
und weiter heißt es, versammle ihn zu allem Volke."
Auch über diese Lehren ist der Sohar mit dem
Talmud einig. Adams Sünde brachte aber Welt den Tod.
Sohar zur Genesis S. 35, b: *Et serpens erat callidus*
(Genes. III, 1), hic est angelus mortis et figmentum malum. Ac quoniam hic serpens est angelus mortis, intro-
duxit mortem in universum orbem terrarum. Et hoc est
mysterium illud, quod indicatur verbis (Genes. VI, 13):
finis omnis carnis venit coram me. Qui finis carnis

---

*) Als Gegenbild der Schlange, die Adam und Eva verführte.
**) Ugolini B. XV, S. 936.

aufert animam a quolibet homine. Ebenſo S. 262, b:
dixit R. Schimeon, quis removebit pulverem ab oculis
tuis, o Adam prime! Deus S. B. dedit tibi tantummodo
unicum praeceptum, nec tu potuisti servare ipsum, quia
decipi te sivisti verbis subdolis, quibus te pellexit serpens iste malus, secundum id, quod scriptum est (Genes.
III, 1): *el serpens erat callidus.* Ideoque tu corruptus
es ab isto, attraxistique tibi et omnibus generationibus,
quae ex te venerunt, mortem. Und ſo noch öfter. Auch
die andere Behauptung wiederholt der Sohar, daß mehrere
Menſchen bloß wegen des Raths der Schlange geſtorben
ſeyen; nur gibt er zum Theil andere Namen. Sohar zur
Geneſis S. 183: Amram, Levi et Benjamin mortui sunt
propter solum consilium serpentis.

Den bisher entwickelten Beweisſtellen liegt die Anſicht
zu Grunde, daß nur der Tod, nicht auch die Sündhaftigkeit
Adams ſich auf ſeine Nachkommen erſtreckt habe, und daß
es folglich Menſchen geben könne, die trotz des anerſchaffenen
böſen Triebs keine wirkliche Sünde begehen. Ganz entſchie=
den behauptet Leztere der Talmud. Schabbath bab. S. 55, a
heißt es über den Spruch Ezechiel IX, 6: מִמִּקְדָּשִׁי תָּחֵלּוּ
(Fanget an von meinem Heiligthum) „man ſolle nicht leſen
מִקְדָּשִׁי, ſondern מְקֻדָּשַׁי von meinen Geheiligten, dieſe ſind
diejenigen, welche das ganze Geſetz vom Aleph bis zum Tau
gehalten haben." Gleich auf der folgenden Seite wird dann
geſagt: „Iſt nicht Moſes und Aaron geſtorben, die doch das
ganze Geſetz erfüllet haben?" Bava Bathra 17, a: „Drei
ſind, über welche der Jezer ra nicht geherrſcht hat, Abraham,
Iſaak, Jakob." Joma S. 28, b: „Abraham hat das ganze
Geſetz vollkommen gehalten, weßhalb geſchrieben ſtehet (Genef.
XXVI, 5): Abraham iſt meiner Stimme gehorſam
geweſen und hat gehalten meine Gebote." Ferner,
als Samuel auf Sauls Begehren von der Here heraufbe=
ſchworen wurde, ſoll er nach Chagiga S. 4, b Moſen mit

fich genommen und gesprochen haben: „Vielleicht werde ich
vor das Gericht gefordert, stehe mir bei, denn es ist kein
Wort in deinem Gesetz, welches ich nicht gehalten hätte."
Ja im Traktat Kethuboth wird gelesen, daß Rabbi Chanina,
als ihn der Todesengel holen wollte, ausgerufen haben soll:
„Bringe das Gesetzbuch her, und siehe ob Etwas drinnen steht,
das ich nicht gehalten habe." Hochmuth mag besonders bei
lezterer Stelle der Grund einer so gewagten Behauptung seyn,
allein gewiß nicht minder gränzenlose Ehrfurcht für glor=
reiche Vorfahren. Philo, der die Seelen durch Abfall aus
himmlischer Heimath auf die Erde kommen läßt, hatte gewiß
noch mehr Ursache, alle Menschen für Sünder zu erklären.
Dennoch macht er — ohne Zweifel aus Rücksicht für den
Gesetzgeber — eine Ausnahme, de poenitentia S. 405: το
μηδὲν συνόλως ἁμαρτεῖν ἴδιον θεοῦ, τάχα δὲ καὶ θεῖς
ἀνδρός. *) Indeß ist Obiges bei weitem nicht die Meinung
aller Rabbinen, andere sagen, wie der Tod, so sey auch
die Sünde dem menschlichen Geschlechte gemeinsam. Den
Uebergang von der einen Ansicht zur andern mag folgende
talmudische Stelle bilden; Avoda sara S. 5, a wird gesagt:
„R. Jose behauptete: Die Israeliten empfingen das Gesetz
deßhalb, damit der Engel des Todes nicht über sie herrsche,
wie geschrieben steht (Pf. LXXXII, 6, 7): Ich habe ge=
sagt, ihr seyd Götter, und allzumal Kinder des
Höchsten (d. i. unsterblich); weil sie aber sündigten, heißt
es weiter, ihr werdet sterben, wie Adam, oder wie
ein Mensch." Die Nachkommen Adams befanden sich also
in der gleichen Lage wie er, sie sündigten, und sterben deß=
halb wie er. Bamidbar Rabba zu Numeri XX, 24 heißt
es: „Alle Gerechte, die von Adam herstammen und über die
der Tod beschlossen ward, scheiden nicht eher, bis sie das An=
gesicht der Schechina gesehen und Adam Vorwürfe gemacht

---

*) Siehe meine Schrift über Philo I, 400.

haben, indem sie zu ihm sprechen: Du haft uns den Tod
verdient. Adam aber antwortet ihnen: Ich habe nur eine
einzige Sünde begangen, unter euch dagegen ist Keiner, der
nicht zum mindesten viermal gesündigt hätte." Alle Patriar=
chen und Propheten haben gesündigt. Midrasch Tanchuma zu
Schir Haschirim I, 3: „R. Meir hat gesagt: Zu der Stunde
als Israel auf dem Berge Sinai stand, um das Gesetz zu
empfangen, sprach Gott zu dem Volke: Ich will euch mein
Gesetz nicht geben, wenn ihr mir nicht Bürgen stellet, daß
ihr es auch halten werdet. Da riefen sie, Herr der Welt,
unsere Väter (die Patriarchen) seyen unsere Bürgen! Gott
aber antwortete: Eure Väter sind selbst solcher Art, daß sie
Bürgen bedürfen. Abraham ist schuldig vor mir, weil er
gesagt hat (Genes. XV, 8): Herr, Herr, woran soll
ich erkennen, daß ich das Land besitzen werde?
(Er war also ungläubig.) Isaak ist schuldig vor mir, weil
er Esau, meinen Feind, geliebt hat, da doch geschrieben
stehet (Maleachi I, 3): Ich (der Herr) hasse Esau.
Jakob ist schuldig vor mir, nach dem Spruche (Jesaias XL,
27): Warum sprichst du denn, Jakob, mein Weg
ist dem Herrn verborgen. Nun erwiderten die Kinder
Israel: Die Propheten mögen unsere Bürgen seyn, aber Gott
sagte abermals, auch sie sind schuldig vor mir, wie geschrie=
ben steht (Jerem. II, 8): Die Priester gedachten
nicht, wo ist Jehova — und die Hirten haben ge=
gen mich gesündigt. Deßgleichen (Ezechiel XIII, 4): O
Israel, deine Propheten sind wie Füchse in der
Wüste! Auch Moses und Aaron haben gesündigt. Schab=
bat bab. S. 55: „R. Ammai hat gesagt: Es gibt keinen Tod
ohne Schuld. — Auch Moses und Aaron sind wegen einer
Schuld gestorben, weßhalb geschrieben stehet (Numer. XX, 12):
Der Herr sprach zu Mose und Aaron: Darum,
weil ihr nicht an mich geglaubt habt, und mich
nicht heiligtet vor den Kindern Israel, sollt ihr

diese Gemeinde nicht ins Land bringen, das ich
ihnen geben werde. Die Schrift will sagen: Hättet
ihr an mich geglaubt, so wäre eure Zeit (zum Sterben) nicht
gekommen." So der Talmud.

Leuten, welche die Sünde für eben so allgemein erklär=
ten als den Tod, lag es sehr nahe, die Sündhaftigkeit der
Nachkommen Adams von ihm abzuleiten. Man mußte um
so eher auf diesen Versuch verfallen, weil, nach der Meinung
Aller, der böse Trieb, d. h. nicht die Sünde selbst, wohl aber
der Reiz zu derselben, dem Menschen angeboren ist, und folg=
lich durch die Abstammung des Kindes von den Eltern auf
das erste Paar zurückgeführt werden kann. Die jüdische
Geheimlehre nahm einen nothwendigen Zusammenhang zwi=
schen der Uebertretung Adams und den Sünden seiner Nach=
kommen an, indem sie behauptete, in Adam hätten alle
Menschen gesündigt weil alle Seelen in der seinigen befaßt
gewesen seyen. Ein bekannter Kabbalist, Rabbi Aaron Sche=
muel sagt in seinem Buche, Nischmath Adam S. 6, a: „Die
Seele des ersten Menschen ist aus 600,000 Seelen *) zusam=
mengesezt (gleichsam wie ein Strang zusammengezwirnt) ge=
wesen, welches die Summe der Wissenschaften ist, wie in
dem Buche Sohar zur Genesis erkläret wird." In
der That finden sich im Sohar mehrere Stellen die diese
Lehre vortragen. Aber auch ältere Bücher lehren dasselbe.
Voisin führt folgenden Ausspruch aus dem Midrasch Tillin
an: **) Non est mirum, cur peccatum Adami et Evae
descriptum et obsignatum sit annulo Regis, ad generationes sequentes propagandum: quia quo die creatus est
Adam, absoluta sunt omnia, ita ut ipse exstiterit perfectio et complementum totius mundani opificii. Ideo

---

*) So viel soll es nämlich Judenseelen geben, nach der Behaup=
tung gewisser Rabbinen.
**) Siehe Raymond Martini pugio fidei S. 591. R. Menachem
von Rekanate gibt diese Stelle ebenfalls in seiner Auslegung
des Gesetzes, S. 29, a

cum ille peccaret, totus mundus peccavit, cujus peccatum nos portamus et patimur. Quod non ita se habet cum peccatis posteritatis ejus. Dieſelbe Anſicht liegt ebenfalls einer von Voiſin angeführten Talmudſtelle zu Grunde:[*] „Das Ende des Menſchen iſt der Tod. Die Urſache hievon iſt, weil das Geſchlecht des Menſchen geſündigt hat: שֶׁחָטָא מִן הָאָדָם; dieß iſt die Natur ſeiner Einpfropfung וְהִיא טֶבַע הַרְכָּבָתוֹ, oder die Sünde Adams und Eva's." Das kann wohl nichts Anderes heißen, als die ganze Menſchheit oder alle Seelen ſeyen in die Adams eingepfropft geweſen, und folglich habe in ihm das ganze Geſchlecht מִין geſündigt. Von den Juden iſt dieſe Lehre zu den älteſten Chriſten übergegangen; einige Väter ſagen, die Seelen der Nachkommen Adams ſeyen in ſeinen Lenden geſteckt und hätten dort geſündigt. Origenes, im Kommentare zum Römerbriefe Buch 5:[**] Omnes homines, qui in hoc mundo nascuntur et nati sunt, in lumbis erant Adae, cum adhuc esset in paradiso, et omnes homines cum ipso vel in ipso expulsi sunt de Paradiso, cum ipse inde depulsus est; et per ipsum mors, quae ei ex praevaricatione venerat, consequenter et in eos pertransiit, qui in lumbis ejus habebantur. Das klingt ganz jüdiſch. Das vierte Buch Esdrä endlich behauptet zwar nicht, daß alle Seelen in Adam befaßt geweſen, aber die Allgemeinheit der Sünde und des Todes wegen Adams Uebertretung lehrt es aufs Beſtimmteſte. Kap. III, 7 u. folgende [***] ſpricht der Prophet zu Gott: Tu introduxisti Adamum in paradisum, quem plantaverat dextra tua, antequam terra fundata esset. Et tu ipsi mandasti mandatum justum, et defecit, et postea tu creasti in eo mortem et in generationibus ejus. Der

---

[*] Voiſin ſagt, ſie finde ſich im Traktat Berachot I, aber ich habe ſie dort nicht gefunden.

[**] Opp. IV, S. 546, b. oben.

[***] Lawrence I, 7.

Tod kommt also von Adams Uebertretung her; ebenso die allgemeine Sünde, Kap. III, 20: Als Gott auf Sinai sein Gesetz verlieh, nahm er deßhalb das von Adam ʼstammende böse Herz nicht weg: Non abstulisti ab iis cor malignum, ut faceret lex tua in iis fructum. Corde enim maligno vestivit se primus Adam, *) et victus est; et non ille solus, sed omnes, qui de eo nati sunt; et postea mansit haec infirmitas cum lege tua in corde populi, cum radice mali. Et periit bonum et mansit malignum. Kap. IV, 38 **): granum seminis mali seminatum est in corde Adam ab initio, et fructus impietatis productus et multiplicatus est usque nunc, et producetur usque dum veniet messis (die messianische Zeit). Caput VII, 46 u. flg. ***) Melius fuisset nobis, terram non produxisse Adamum, vel cum jam produxisset eum, coërcere, ut non peccaret. Quid enim prodest hominibus, in praesentia vivere in tristitia et mortuos exspectare punitionem. O tu quid fecisti Adam, si enim tu peccasti, (peccatum tuum) non est factus solius tuus casus, sed et noster, qui ex te advenimus. Quid enim prodest nobis, si promissum est nobis immortale tempus (in den Zeiten des Messias), nos autem mortalia opera egimus? Kaum kann man den Satz, daß wir als Abkömmlinge Adams nothwendig Sünder seyen, weil er zuerst gesündigt hat, stärker aussprechen. Da nun dasselbe Buch die Seelen im Guf vorher leben läßt, ehe sie in die Leiber versezt werden, †) so muß der Verfasser selbst, oder die Lehrer, von welchen er seine Ansicht entlehnte, angenommen haben, daß in Adams Seele alle späteren mitsündigten.

Sämmtliche Elemente der Lehre von der Erbsünde, welche

---

*) Nach dem Abyssinier bei Lawrence S. 7.
**) Lawrence S. 17. V. 38.
***) Ebendaselbst S. 79, V. 17 u. flg.
†) Siehe oben S. 51.

im Römerbriefe wirklich liegen, oder von den Vätern daraus
entwickelt wurden, waren also im Judenthum vorhanden, und
das Zeugniß des vierten Buchs Esdrä beweist vollends son=
nenklar, daß der Apostel Paulus jene Ansichten aus dem
Glauben seiner Zeitgenossen geschöpft haben muß.

Das Ebenbild Gottes, nach welchem Adam geschaffen
ward, verstanden die Rabbinen wörtlich. So Bereschit Rabba
zu Gen s. **V**, 1: „R. Tanchuma sagt, Niemand soll seinen
Nächsten gering schätzen; thut er dieß, so soll er wissen, wen
er verachtet, nämlich Denjenigen, von welchem es heißt: er
m a ch te i h n n a ch d e m G l e i ch n i ß G o t t e s." Dieses
Ebenbild hat durch die Sünde einige Veränderung erlitten,
doch nur b i d e n schlechten Menschen. Sohar zu Genesis
IX, 2. S. 71, a: Veni et vide, quid de statu primo scriba-
tur (Genes. IX, 6): *in imagine Dei fecit hominem*, item
(Genes. **V**, 1): *in similitudine Dei fecit eum.* Postquam
autem commiserant peccatum, imagines eorum alienatae
sunt et mutatae ita, ut nunc timorem sentiant propter
feras bestias. Ab initio omnia animalia mundi erectis
oculis intuebantur imaginem sanctam supremam (in homine primo) trepidantia eamque timentia. Ex quo autem
peccarunt homines, haec imago ablata est oculis eorum
atque in aliam conversa, ita ut homines jam metuant
ceteras creaturas. Veni et vide: omnes isti homines,
qui non peccant adversus Dominum suum, nec legis praecepta transgrediuntur, istis manet hic imaginis splendor
immutabilis ab imagine suprema, omnesque mundi bestiae
pavore et timore percelluntur propter illum. Quando
autem homines violant legis praecepta, mutatur eorum
imago ita, ut omnes tremorem sentiant et pavorem prae
creaturis aliis, eo quod mutata est imago eorum suprema
et recessit ab iis, atque tunc dominantur ferae in illos,
quia non vident in ipsis imaginem supremam, ut dece-
bat. Ebenso daselbst Th. **III**, S. 46, b: **Scriptum est**

(Genes. II, 1) *et inflavit (Deus) naribus ejus animam vi-
tarum.* Haec est anima sancta, originem trahens ex
vita suprema. — Veni et considera: quam diu haec
anima sancta inhaesit homini, amicus ille fuit Domini
sui; tot custodiae observabant eum ab omni latere et
instar signaturae in bonum superne et inferne ei erant,
atque Schechina sancta habitabat super ipsum. Postquam
vero ille pervertit viam suam, Schechina ascendit ab eo,
et anima sancta non inhaeret ipsi. A parte vero serpentis mali egressus est spiritus quidam, qui perva-
gatur mundum, nec habitat nisi in loco, a quo sanctitas suprema recessit. Sicque pollutus et dehonestatus
est homo in carne sua, quocunque modo se adspiciat.
Nach diesen Stellen ist das göttliche Ebenbild nicht von Na=
tur aus verloren, sondern es wird erst von einigen — den
bösen — Menschen verscherzt, und der Verlust zeigt sich durch
Angst des Gewissens, und Furcht vor bösen Thieren, im
Uebrigen bringt es jeder Israelite mit auf die Welt. Sohar
Abschnitt Emor S. 44, c: In libro Salomonis regis invenitur: cum copula maritalis (concubitus) exercetur inferius, S. B. Deus demittit figuram quandam forma hominis indutam et ad modum imaginis exsculptam, quae
adsistit penes illum concubitum. Et si licentia datur
oculo, ut videat, aspicit homo super caput suum imaginem quandam configuratam ad modum personae humanae, et in illa imagine fit procreatio. Et antequam illa
imago accedat, quam demisit Dominus super caput ejus,
ibique inveniatur, non procreatur homo. Atque illud
est, quod dicitur (Genes. I, 27): *et creavit Deus hominem in imagine sua.* Imago illa paratur ipsi, antequam
exeat in mundum, cumque prodierit ad lucem, sub illa
imagine adolescit et in illa imagine ambulat. Id ipsum
est, quod scriptum exstat (Ps. XXXIX, 7): *verumtamen
in imagine ambulavit vir.* E haec imago desuper advenit.

Quando enim spiritus illi (die ungebornen Seelen) prodeunt e locis suis, singuli exornantur coram Rege S
B. ornatu pretioso, nempe personam hominis repraesen-
tante, prout illa in hoc mundo conspicitur, et ex illa figura
ornatuque hoc pretioso prodit haec imago. Estque tertium aliquid a spiritu (seu mente) illoque prior in hunc
mundum venit, tempore nimirum concubitus: nec ullus
datur homo in mundo, in quo non inveniatur haec Ze-
lem, seu imago. Israelitis autem, quoniam sancti sunt,
haec imago sancta est, illisque e loco sancto advenit;
cum aliis, qui Deos alienos colunt, imago haec descen-
dat e speciebus istis malignis, atque e latere impuritatis.
Unde non licet homini miscere imaginem suam cum imagine hominis gentilis, quoniam illa sancta, haec vero
impura est. Das neue Testament spricht sich bekanntlich
nicht bestimmt über die Frage aus, ob das Ebenbild Gottes
durch den Sündenfall verloren sey oder nicht. Aus den zu-
fälligen Bemerkungen der Apostel möchte ich schließen, daß
die Lehre des Sohar, ihrem wesentlichen Inhalte nach, in
den Zeiten Jesu Christi bekannt war, und von den heiligen
Schriftstellern aufgenommen wurde. 1. Korinth. XI, 7 heißt
es vom Manne: εἰκὼν καὶ δόξα θεοῦ ὑπάρχων. Jakob. III,
9 im Allgemeinen von den wirklichen Menschen (οἶοι νῦν
βροτοί εἰσιν): ἄνθρωποι καθ᾽ ὁμοίωσιν θεοῦ γεγονότες. Das
Ebenbild ist also nicht verloren. Dagegen Koloss. III, 10:
ἐνδύσασθε τὸν νέον ἄνθρωπον, τὸν ἀνακαινούμενον εἰς
ἐπίγνωσιν κατ᾽ εἰκόνα τοῦ κτίσαντος αὐτόν. Das göttliche
Ebenbild findet sich demnach bei gewissen Menschen nicht,
nämlich bei denen, die erst gebessert werden müssen. Eben
dieß ist, wie wir sahen, die Lehre des Sohar.

Nur noch einige Worte über die rabbinische Eintheilung
der Menschen, nach ihrer Gerechtigkeit oder Sünde. Im
Buch Siphri zu Deuter. XXXII, 2 heißt es: *) Dixit R.

---

*) Ugolini B. 15 Seite 872.

Sinai, omnes creaturae, quae creatae sunt de coelo,
acceperunt animam et corpus de coelo, et omnes creaturae, quae creatae sunt de terra, acceperunt spiritum
et corpus de terra. Idcirco si quis observet legem, et
faciat voluntatem patris sui qui est in coelis, considera-
tur sicut creatura coeli. Scriptum enim est (Ps. LXXXII, 6):
Ego dixi, Dii estis et filii Excelsi omnes. De eo autem,
qui non observet legem et non faciat voluntatem patris
sui, qui est in coelis, dictum est (ibidem): *Vos autem
sicut homo moriemini.* Dieser Stelle liegt am Ende die
mystische Ansicht zu Grunde, daß die edelsten Theile des
menschlichen Wesens, der Ruach und die Neschamah, vom
Himmel stammen. Es gibt also himmlische und irdische Men=
schen, nach einer Eintheilung, die auch bei Philo vorkommt.
Gegenüber von Gott werden jedoch alle Menschen, auch die
Gerechten, wegen der gebrechlichen Natur Fleisch und Blut
genannt. So im Buch Siphri zu Deuter. XI, 10: hier
wird ein Gleichniß über die Worte vorgetragen: Das Land,
wo du hinkommst es einzunehmen, ist nicht wie
Aegyptenland. Kanaan sey nicht wie Babel oder Aegyp=
ten, wo man durch Arbeit die Saaten dem Boden abgewin=
nen müsse; während die Israeliten in ihren Betten schlafen,
schicke ihnen der Herr im gelobten Lande Früh= und Spät=
regen, wodurch Alles gedeihe: „damit du daraus lernest, daß
die Wege des Herrn nicht sind, wie die Wege des Fleisches
und Blutes. Fleisch und Blut hält sich Knechte, um von
ihnen ernährt und erhalten zu werden, aber Der, welcher
sprach und die Welt war vorhanden (gewöhnliche Bezeichnung
Gottes), hält sich Knechte, um sie zu ernähren und ihnen
wohlzuthun." Ebendaselbst *) über die Worte (Deuter.
XXXII, 1): Horchet ihr Himmel, was ich spreche,
und die Erde vernehme die Rede meines Mundes.

„Moſes rief gegen die Iſraeliten zwei Zeugen an, die ewig dauern werden, indem er zu dem Volke ſprach: Ich bin Fleiſch und Blut, morgen werde ich ſterben, weil ihr aber einſt ſagen möchtet: wir haben das Geſetz nicht empfangen, wer iſt es, der uns der Lüge zeihe? darum habe ich zwei Zeugen aufgerufen (Himmel und Erde), die ewig dauern." *)

Ich komme nun an die ſchwierige Lehre vom Schickſal. In einer Religion, welche lehrt, daß dem Menſchen zwei Triebe anerſchaffen ſeyen, ein guter und ein böſer, oder welche gar behauptet, daß die anerſchaffene Seele böſe ſey, und die gute erſt hintendrein vom Himmel herabgeſchickt werde, mußte die Frage wegen der ſittlichen Freiheit des Menſchen frühe in Streit kommen. Daß dieß geſchah, dafür bürgt uns Joſephus. Denn nach ſeinem Zeugniß unterſchieden ſich die drei jüdiſchen Sekten durch ihre Lehre vom Schickſal. Alterthümer Buch XIII, 5, 9: οἱ Φαρισαῖοι τινα καὶ οὐ πάντα τῆς εἱμαρμένης εἶναι λέγυσιν ἔργον, τινὰ δὲ ἐφ' ἑαυτοῖς ὑπάρχειν, συμβαίνειν τε καὶ οὐ γίνεσθαι. Τὸ δὲ τῶν Ἐσσηνῶν γένος πάντων τὴν εἱμαρμένην κυρίαν ἀποφαίνεται.

---

*) Ich kann mir das Vergnügen nicht verſagen, bei dieſer Gelegenheit eine Stelle bei Clemens von Alexandrien zu erläutern. Stromat. III, 4 (opp 1, 526) ſagt er: ἄλλοι τινὲς μικροὶ καὶ οὐτιδανοὶ τὸν ἄνθρωπον ὑπὸ διαφόρων δυνάμεων πλασθῆναι λέγυσι, καὶ τὰ μὲν μέχρις ὀμφαλοῦ θειοδεσέρας τέχνης εἶναι, τὰ ἔνερθε δὲ τῆς ἥττονος, οὗ δὴ χάριν ὀρέγεσθαι συνυσίας. Der obere Theil des Körpers ſey himmliſcher Natur, der untere vom Nabel abwärts, als der Sitz des Geſchlechtstriebs, teufliſcher Art. Dieſe Meinung ſtammt allem Anſchein nach aus Perſien und hatte ſich von dorther unter den Juden verbreitet, denn Sanhedrin S. 39, a heißt es: ein Magus ſprach zu R. Amimer, die Hälfte deines Körpers nach oben ſtammt von הוֹרְמִין Ormuz, die andere Hälfte nach unten von אֲהוֹרְמִין — offenbar Ahriman! Die Juden waren nicht umſonſt in Babylonien: viele der dortigen Lehren wurden von ihnen aufgenommen.

καὶ μηδὲν ὃ μὴ κατ᾽ ἐκείνης ψῆφον ἀνθρώποις ἀπαντᾷ.
Σαδδϑκαῖοι δέ, τὴν μὲν εἱμαρμένην ἀναιροῦσιν, οὐδὲν εἶναι
ταύτην ἀξιοῦντες, οὔτε κατ᾽ αὐτὴν τὰ ἀνθρώπινα τέλος
λαμβάνειν, ἅπαντα δὲ ἐφ᾽ ἡμῖν αὐτοῖς τίθενται, ὡς τῶν
ἀγαθῶν αἰτίϑς ἡμᾶς αὐτοὺς γινομένϑς, καὶ τὰ χείρω παῤ
ἡμετεραν ἀβϑλίαν λαμβάνοντας. Ebenſo Buch XVIII, 1, 3
von den Pharifäern: Πράσσεσθαί τε εἱμαρμένη τὸ πάντα
ἀξιοῦντες, οὐδὲ τοῦ ἀνθρωπεῖϑ τὸ βϑλόμενον τῆς ἐπ᾽ αὐτοῖς
ὁρμῆς ἀφαιροῦνται· δοκῆσαν τῷ θεῷ, κράσιν γενέσθαι
καὶ τῷ ἐκείνης βϑλευτηρίῳ καὶ τῶν ἀνθρώπων, τῶ θελή-
σαντι προςχωρεῖν μετ᾽ ἀϱετῆς ἢ κακίας. Von den Eſſenern
§. 5: Ἐσσηνοῖς δὲ ἐπὶ τῶ θεῷ καταλιπεῖν φιλεῖ τὰ πάντα
ὁ λόγος. Endlich im zweiten Buche des Kriegs, Kap. VIII,
14, von den Sadduzäern und Pharifäern: οἱ Φαρισαῖοι
εἱμαρμένη τε καὶ θεῷ προσάπϑσι πάντα, καὶ τὸ μὲν πράτ-
τειν τὰ δίκαια καὶ μή, κατὰ τὸ πλεῖϭον ἐπὶ τοῖς ἀνθρώποιϲ
κεῖσθαι, βοηθεῖν δὲ εἰς ἕκαϭον καὶ τὴν εἱμαρμένην. Σαδδϑκαῖοι δὲ τὴν μὲν εἱμαρμένην παντάπασιν — ἀναιροῦσι, καὶ
τὸν θεὸν ἔξω τοῦ δρᾷν τι κακὸν ἢ μὴ δρᾷν τίθενται, φασὶ
δὲ ἐπ᾽ ἀνθρώπων ἐκλογῇ τό τε καλὸν καὶ τὸ κακὸν προκεῖσ-
θαι, καὶ τὸ κατὰ γνώμην ἑκάϭῳ, τούτων ἑκατέρῳ προϲιέναι.
Die Eſſener lehrten alſo, daß der Menſch unfrei, die Phari=
ſäer, daß er halbfrei, die Sadduzäer, daß er ganz frei ſey.
Ich habe dieſe Frage anderweitig unterſucht, *) muß aber
hier, mit neuen und reicheren Hülfsmitteln ausgeſtattet, noch
einmal darauf zurückkommen. Die Sadduzäer haben keine
ſchriftlichen Denkmale hinterlaſſen, aus denen man ihre An=
ſichten erforſchen könnte; dieſe Sekte verdient auch wegen
ihrer untergeordneten Stellung im jüdiſchen Staate geringe
Beachtung; für das phariſäiſche Dogma ſtelle ich den Talmud
als Zeugen, der ja erweislich von den Abkömmlingen der
Pharifäer verfaßt worden iſt, für den eſſeniſchen Lehrbegriff

*) In meiner Schrift über Philo II, 319 u. flg.

den Sohar, mit welchem Rechte? wird sich am Ende zeigen
Die Stimmen der Väter, der Targumim, der Apokryphen,
will ich zulezt abhören.

Mischna Rosch Haschana, Kap. I, 2 heißt es: „Viermal
im Jahre wird Gericht gesprochen über die Welt, und ein Ur=
theil gefällt, wie es in diesem Jahre gehalten werden soll.
An Ostern über das Getreide, an Pfingsten über die Baum=
früchte, am neuen Jahre gehen alle Menschen, die in die
Welt kommen, vor Gott vorüber, wie die Schafe, die man
zählt, nach der Stelle des Psalmen (XXXIII, 15): Er
lenket Allen ihr Herz, Er merket auf alle ihre
Werke; am Lauberhüttenfest wird Gericht gehalten über die
Waſſer.“ Das Gericht am Neujahrstage bezieht sich auf Tod
und Leben der Menschen, zugleich aber auch, wie der ange=
zogene Spruch beweist, auf die Sittlichkeit und folglich auf
die künftige Seeligkeit. Wir haben also hier eine göttliche
Vorausbestimmung, welche die Freiheit aufhebt. Dieser Saß
wird aber sehr beschränkt, oder vielmehr vernichtet. In der
jerusalemischen Gemara zu der Stelle heißt es: „Einige leh=
ren, Alle werden gerichtet am Anfange des Jahrs, und der
Beschluß über Jeden wird versiegelt am Neujahrstage; An=
dere sagen, Alle werden gerichtet am Anfange des Jahres,
und der Beschluß wird versiegelt am Versöhnungstage (10
Tage später). Wieder Andere behaupten, Alle werden gerichtet
am Neujahrstage, und der Beschluß über Jeden wird ver=
siegelt zu seiner Zeit. Andere lehren endlich, Alle werden
gerichtet zu ihrer Zeit, und der Beschluß wird versiegelt zu
seiner Zeit.“ Die beiden Leztern heben also die Vorausbe=
stimmung ganz auf. Indeß entscheidet die Gemara in den
nächstfolgenden Worten für Die, welche behaupten, daß Alle
am Neujahrstage gerichtet, und daß die Beschlüſſe sogleich
versiegelt (d. h. unabänderlich gemacht) werden. Aber die Frei=
heit des Menschen ist dadurch nicht aufgegeben. Tiefer
unten heißt es: „R. Karsipha hat im Namen R. Jochanans

gesagt: Drei Bücher sind im Himmel, das eine für diejenigen, welche vollkommen gerecht, das andere für die,
welche vollkommen ungerecht sind, das dritte für die Mittelmäßigen. Die vollkommen Gerechten haben am Neujahrstage den Spruch des Lebens, die vollkommen Ungerechten
den Spruch des Todes empfangen. Den Mittelmäßigen werden die zehn Tage zwischen dem Neujahr und dem Versöhnungstage zur Buße anberaumt. Thun sie Buße, so werden
sie zu den Gerechten, wo nicht, so werden sie zu den Ungerechten aufgeschrieben. Warum? weil es heißt (Pf. 69, 29):
Tilge sie aus dem Buche — das sind die vollkommen
Ungerechten — der Lebendigen — das sind die vollkommen Gerechten — daß sie mit den Gerechten nicht
aufgeschrieben werden — das sind die Mittelmäßigen." Hier wird der Grundsatz göttlicher Vorausbestimmung
anerkannt, aber zugleich sind ihre vernichtenden Folgen für
die sittliche Freiheit des Menschen aufgehoben. Diesen Mittelweg schlägt der Talmud überall ein. Zwar fehlt es nicht an
Stellen, welche stark von einem unabänderlichen Schicksal
reden, wie Mechilta Abschnitt 16:*) „Die Namen der Gerechten und ihre Werke sind offenbar vor Gott, ehe sie erschaffen wurden, wie geschrieben steht (Jerem. 1, 5): Ich
kannte dich, ehe denn ich dich im Mutterleibe bereitete. Dasselbe gilt auch von den Ungerechten, nach dem
Spruche (Pf. 58, 4): Die Gottlosen sind verkehrt
vom Mutterleibe an." Aber daneben wird der freie
Wille aufs Bestimmteste geschützt. So Pirke Afoth III, 15:
„Alles ist offenbar vor Gott (auch was im Verborgensten geschieht), dennoch ist dem Menschen freie Macht gegeben, Böses
und Gutes zu thun." Die Allwissenheit hebt also den freien
Willen nicht auf. Berachot bab. 33, b und Niddah 16, b
wird der Grundsatz ausgesprochen: „Alles ist in der Hand des
Himmels, ausgenommen die Furcht Gottes." Diese verdankt

*) Ugolini B. XIV, S. 104.

der Mensch sich selbst, und erwirbt sich dadurch das ewige Leben. Ja selbst solche Beschlüsse Gottes, die schon versiegelt waren, sollen zu Gunsten des Menschen, der Buße thut, wieder aufgehoben werden. Ein merkwürdiges Beispiel der Art findet sich Berachot bab. S. 10, a: „Der Prophet Jesaias sprach zum König Hiskias (Jes. 38, 1): Du wirst sterben (in dieser Welt) und nicht leben (in jener Welt). Als ihn Hiskias um die Ursache befragte, antwortete der Prophet: Darum, weil du dem Gebote: seyd fruchtbar und mehret euch, nicht Genüge gethan. Hiskias sprach, ich habe es unterlassen, weil ich im heil. Geiste voraussah, daß ungerathene Kinder von mir kommen würden. Jesaias aber entgegnete: Was gehen dich die verborgenen Wege Gottes an? Du hättest thun sollen, was dir befohlen war und Gott wohlgefällt. Da sagte Hiskias: Gib mir deine Tochter, vielleicht können deine und meine Verdienste machen, daß unsere Kinder wohl gerathen. Jesaias berief sich darauf, daß der göttliche Rathschluß, in Folge dessen der König sterben müsse, schon gefaßt sey. Hiskias aber rief: Halt ein mit deiner Weissagung, du Sohn Amos! und gehe hin, denn also habe ich in der Schule meines Ahns (Davids, welcher an Gottes Barmherzigkeit nicht verzweifelte, obwohl er den Engel mit dem bloßen Schwerte sah) gelernt, wenn auch dem Menschen das bloße Schwert schon am Halse liege, dürfe er darum sich selbst der Barmherzigkeit Gottes nicht berauben, noch an seiner Gnade verzweifeln. Dieses lehrt auch R. Jochanan und R. Eliefer, indem sie sich auf Hiob 13, 15 berufen: Sollt er mich auch tödten, so will ich doch auf ihn hoffen. Ebenso sagt R. Chanan, wenn auch ein Traumdeuter zu Jemand spräche: morgen wirst du sterben, solle man doch nicht an der Gnade verzweifeln, im Vertrauen auf den Spruch (Koheleth 5, 6): Wo viel Träume sind, da ist Eitelkeit und viel Worte, aber fürchte du Gott.“

Die Beschlüsse Gottes wurden ferner mit einem

8 *

Gestirnverhängniß in Verbindung gebracht, oder schob man lezteres an ihre Stelle. Schabbath Bab. S. 156, a: „Rabba Chanina hat gesagt: Das Gestirn (מַזָּל) macht klug und reich." Moed Katon S. 28 a und Schabbath ebendaselbst: „Rabba sagt: Die Kinder, das Leben und die Nahrung hängen nicht von der Gerechtigkeit ab, sondern vom Gestirn." Auch werden dort die Einflüsse der Gestirne auf die Kinder geschildert, die unter ihrer Herrschaft das Licht der Welt erblicken. Die unter der Sonne gebornen werden schön und glänzend, auch offenen Gemüths, unter der Venus reich und wollüstig, unter dem Merkur weise, auch zeichnen sie sich durch starkes Gedächtniß aus; die unter dem Monde gebornen sind kränklich und unbeständig, unter dem Saturn unglücklich, unter Jupiter gerecht, unter Mars glücklich. Man findet deßhalb, daß manche Rabbinen Astrologie trieben und die Sterne berechneten. Schon Pirke Afoth III; 18 heißt es: „Die תְּקוּפוֹת, d. h. die Berechnung der Planeten ist die Freude der Gelehrten." In den mitgetheilten Stellen ist also ein vollkommenes Sternenverhängniß gelehrt. Allein andere Rabbinen widersprechen ebenso bestimmt. Auf demselben Blatte des Traktats Schabbath heißt es: „R. Jochanan hat gesagt: Die Sterne haben keinen Einfluß auf Israel." Aehnlich Succah S. 29, a.*) Also wiederholt sich hier dasselbe Schwanken zwischen menschlicher Freiheit und göttlicher Vorausbestimmung, und das Zeugniß des jüdischen Geschichtschreibers, daß die Pharisäer halb und halb Freiheit, halb und halb Nothwendigkeit gelehrt, ist aus ihren eigenen Büchern vollständig gerechtfertigt.

Der Sohar ist folgerichtiger, indem er sich für eine Vorherbestimmung entscheidet. Alles wurde in den Tagen der Schöpfung abgemacht. Sohar zu Exod. S. 348: **Omne opus, quod noviter in mundo producitur, a Deo jam**

---

*) Beide Stellen sind abgedruckt in meiner Schrift über Philo II, 328.

constitutum est intra sextiduum creationis. Im Himmel
sind Bücher des Lebens und des Todes, in welche die Namen
der Bösen und Guten verzeichnet sind. Ebendaselbst S. 57.
58, 59. Leztere werden die Vorausbestimmten oder die Erwählten genannt; in der messianischen Zeit steigt die Fülle
des Segens auf sie herab. Sohar zu Exod. S. 95: illo
tempore, ait R. Simeon, beati sunt, qui residui erunt
in mundo. Quinam vero sunt isti? Nulli residui erunt
exceptis גְּזִירִין praedestinatis, qui assumserunt foedus
sanctum et ingressi sunt in foedus sanctum. ,— Illi sunt,
qui residui erunt et ad vitam scribentur. Unde hoc
probatur? ex verbis Jesaiae IV, 3: *et fiet, residuus in*
Zione et superstes Hierosolymis sanctus dicitur ipse,
omnis qui scriptus est ad vitam Hierosolymis. Discimus
inde, quod per residuos in Zione et superstites Hierosolymis illi intelligantur, qui praedestinati sunt ad duos
ordines, qui scilicet in hoc foedus ingressi sunt et illud
observarunt. Der Sohar hat die Lehre vom Gericht am
neuen Jahre aus dem Talmud aufgenommen, und weil es
hier der Gegenstand so mit sich bringt, spricht er oft, als
würde des Menschen Wille von keiner Nothwendigkeit beherrscht. S. 198 c und d: Illa die, qua judicium exsus-
citatur in mundo, cum scilicet Deus S. B. sedet super
throno judicii, ut judicet mundum, decet hominem exci-
tare in se poenitentiam convertique a peccatis suis. Illa
enim die parantur scripturae. — Si dignum se praebet
homo, ita ut convertatur coram Domino suo, schedulae
decretorum de illo conscriptae lacerantur, et S. B. Deus
parat homini illi diem expiationis, diem conversionis.
Si convertitur a peccatis, bene se habet res; sin minus,
tum jubet rex obsignari decretorum schedulas. Vae isti!
— Si tamen dignum se praestat conversione perfecta,
prout decet, bene se habet; sin minus, negotium suspen-
ditur usque ad ultimam diem festi, quae est octava,

sique perfectum se exhibet conversione coram Domino suo,
decretorum schedulae lacerantur. Sin talem non se
praebet: schedulae istae e domo Regis ablatae in manus
praetoris coelestis traduntur, quibus ita traditis perfecte
actum est de eo, nec revertuntur decreta in domum
Regis. Das ift nach der gemeinen Weise gesprochen; wenn
der Mensch sich bessert, trifft ihn die beschlossene Strafe nicht,
aber die Kraft zur Buße kommt von Oben und hängt nicht
von des Menschen Willen ab. Indem der Sohar lehrt, daß
die Nephesch an sich verdorben sey, und daß ihre bessere
Schwester, die Neschamah von Oben herabgesandt werde, hebt
er die Freiheit auf. Denn ist die Neschamah stärker als die
Nephesch, so wird der Mensch gut, im entgegengesezten Falle
böse. Dieß geht nothwendig aus seinen Grundansichten hervor, wenn er auch selbst diese Folgen, wie es manchmal geschieht, nicht anerkennen wollte. Auch das Sternverhängniß
kehrt im Sohar wieder, und spielt dort eine wichtige Rolle.
Alles, selbst jede Pflanze, hat ihr Gestirn. Sohar zu Exod.
S. 303: Nulla est herba nec planta, quae suam in supernis non habeat stellam. Auch über die Völker der Welt
und selbst die Israeliten vor der Gesetzgebung herrschten die
Sterne; seit aber die Juden das Gesetz empfingen, verhält es
sich anders. Sohar zu Num. S. 357: Antequam promul-
garetur lex divina, omnia dependebant ab influxu stellarum, etiam liberi, vita et alimenta. *) Ex quo autem lex
tradita est Israëlitis, Deus illos, qui studio legis sese
dedunt, exemit e subjectione astrorum. Die Beschäf=
tigung mit dem Gesetze ist seitdem das sicherste Mittel, um
dem ehernen Bande des Sternenverhängnisses zu entfliehen.
Ebendaselbst S. 341: Quicunque studet in lege, idem facit
ac si singulis diebus staret in monte Sinai et acciperet
legem, und S. 379: Quicunque occupatur studio legis,

---

*) Das bezieht sich auf die oben mitgetheilte talmudische Stelle.

eundem non tangunt fata stellarum et planetarum. Contrarium autem accidit plebejis et idiotis, qui legi operam non dant. Den Vorwurf, daß Gott durch die Vorherbestimmung auch das Böse, das in der Welt geschieht, selbst bewirke, verhüllt der Sohar, indem er lehrt, das Böse erfolge, wenn sich Gott den Menschen entzieht. Wo er sich einmischt, kann nur Gutes geschehen, wo er sich entziehe, nur Böses, weil die Natur des Endlichen verdorben ist. Sohar zur Genes. S. 277: Deus sanctissimus atque benedictus nulli creaturae mala quaedam infert, sed tantum praesentiam suam gratiosam eidem subtrahit, atque sic illa per se perit.

Hören wir nun die Väter. Epiphanius sagt von den Pharisäern:*) εἱμαρμένη καὶ ἀσρονομία σφόδρα παρ' αὐτοῖς ἐχρημάτιζεν. Zum Beweise seiner Behauptung führt er eine Reihe hebräischer Sternnamen an. Nach Origenes Zeugniß **) stand in der Predigt des Petrus (einem sehr alten Apokryphon): man solle Gott nicht verehren nach Art der Juden, οἳ λατρεύουσιν ἀγγέλοις, καὶ μηνὶ καὶ σελήνῃ — welche den Engeln, dem Glücksgott (בַּד מְנִי siehe Jes. 65, 11) und dem Monde dienen. Das mag gesagt seyn, wegen ihres Glaubens an ein Sternenverhängniß. Weiter berichtet Origenes, in dem Gebet Josephs (ebenfalls einem jüdischen Apokryphon) spreche der Erzvater Jakob zu seinen Kindern: ἀνέγνων ἐν ταῖς πλαξὶ τοῦ οὐρανοῦ, ὅσα συμβήσεται ὑμῖν καὶ τοῖς υἱοῖς ὑμῶν. „Ich habe in den Tafeln des Himmels, d. h. entweder in den Sternen, oder in dem großen himmlischen Buche — eure Schicksale gelesen." So kann man nicht sprechen, ohne ein Verhängniß anzunehmen. Dieser Glaube war in Origenes Tagen unter den Christen sehr verbreitet nach unseres Vaters Zeugniß:***) Die Schrift nenne Chaldäer diejenigen, welche dem Wahne des Verhängnisses anhängen:

*) Haeres. XVI. Opp. I, 34.
**) Opp. IV, 226 unten.
***) In Jeremiam homilia XX. Opp. III, 280, b.

Ob id, quia plurima, quae geruntur in terris, stellis con-
secrent et peccatorum nostrorum causas, sive virtutem
eorum, quae nobis accidunt, ex earum motibus adserant
fieri. Omnis igitur, qui his credit, in terra Chaldaeorum est. Si quis vestrum mathematicorum deliramenta
sectatur, in terra Chaldaeorum est. Si quis nativitatis
diem supputat et variis horarum momentorumque ratio-
nibus credens, hoc dogma suscipit, quia stellae taliter et
taliter figuratae faciant homines luxuriosos, adulteros,
castos aut certe quodcunque eorum: iste in terra Chaldaeorum est. Jam quidam existimant ex astrorum cursibus christianos fieri. — Comminans ergo Deus his, qui
in terra Chaldaeorum, his spiritualiter comminatur, qui
se ipsos genealogiis et fato consecraverint, adserentes
cuncta, quae inter mortales fiunt, aut ex astrorum motibus aut ex fati necessitate pendere. Schon Philo deu=
tet das Wort Χαλδαῖα in gleichem Sinne auf den chaldäi=
schen Wahn. Endlich die Lehre des Sohar, daß die Sterne
und ihr Verhängniß nur über die Heiden und schlechte Men=
schen herrschen, aber keine Gewalt über die Frommen haben,
finden wir wörtlich bei dem jüdischen Gnostiker Valentin
und seiner Schule wieder: „Alle im Reiche des Demiurg
lebenden Wesen sind den Naturgesetzen unterworfen, dem Ein=
fluß der Gestirne, durch deren Wechselwirkung der ganze
niedere Weltlauf bestimmt wird; von dem Vorherrschen dieser
oder jener Gestirne rühren alle Verschiedenheiten unter den
Völkern her. Nicht aber die Gestirne selbst müssen als wir=
kende Ursache betrachtet werden, sie sind vielmehr nur die
Werkzeuge geistiger Mächte, die sich zu ihnen verhalten, wie
die Seele zum Leibe. Diese Mächte sind theils gute, theils
böse, daher im Kampfe mit einander. Die Verknüpfung
ihrer entgegengesezten und mannigfaltigen Wirkungen ist das
Verhängniß (die εἱμαρμένη). Nur die christliche Wiedergeburt
befreit die Menschen von dieser Nothwendigkeit, der sie durch

die fleischliche Geburt unterworfen wurden; daher nach der
Lehre der Valentinianer die zwölf Apostel, als Verkündiger
des Evangeliums der Wiedergeburt, den zwölf Sternen des
Thierkreises entgegengesezt sind, welche leztere dem Geseze
der irdischen Zeugung vorstehen; der Astrologie schreiben sie
Wahrheit zu bis zu der Taufe, durch welche der Mensch aus
dem Reiche der εἱμαρμένη erhoben und in das Reich der
Vorsehung (πρόνοια) versezt wird." *) Man seze statt der
Worte „Taufe, Wiedergeburt, Christus," welche der eigenthüm=
lichen Stellung Valentins angehören, „Gesez und Studium in
demselben", so haben wir die Lehre des Sohar, zum deutli=
chen Beweise, daß die alte Gnosis aus dem Judenthum aus=
gegangen ist, und nur in jenem denkwürdigen Buche seine
wahre Erklärung findet.

Je mehr man sich den Tagen Jesu Christi nähert, desto
entschiedener wird das Schicksal zu einer Vorausbestimmung der
Guten zum ewigen Leben, der Bösen zur Verdammniß, ohne
daß der Sterne irgend Erwähnung geschieht. Jonathan Ben
Usiel übersezt in seinem Targum den Spruch I Sam. XV,
29 folgendermaßen: „Wenn du auch sprichst, ich will umkeh=
ren von meiner Schuld und Vergebung suchen, damit ich und
meine Söhne das Reich Israel behalten auf immer: so wisse,
schon ist beschlossen über dir vor dem Gott der Siege Israels,
bei welchem kein Wechsel, und der nicht ändert, was er ein=
mal beschlossen; denn er ist nicht wie Menschenkinder, welche
Etwas sagen und lügen, Etwas beschließen und es doch nicht
halten." Ebenderselbe zu Jes. IV, 3: „Wer übrig bleibt, soll
zurückkehren nach Zion, wer das Gesez erfüllt, soll wohnen
in Jerusalem; heilig wird genannt ein Jeder, der aufgeschrie=
ben ist zum ewigen Leben." Im hebräischen Text heißt es
bloß „zum Leben." Der Beisaz „ewig" zeigt, daß der Ueber=
sezer an eine Vorausbestimmung auf alle Ewigkeit dachte.

---

*) Worte Neanders, Genetische Entwicklung der vornehmsten
gnostischen Systeme. S. 139 und 140.

Jef. XXXVII, 26: „Haſt du nicht von Alters her gehört, was ich gethan habe dem König von Aegyptenland, Pharao; auch über dich haben die Seher Iſraels geweiſſagt, beſchloſſen ward dieß vor mir in den Tagen des Anfangs, daß ich es dir thun wolle, vorbereitet habe ich es, und nun führe ich es über dich" Ezechiel XIII, 9: „Die falſchen Propheten ſollen nicht aufgeſchrieben werden im Buche des ewigen Lebens, in welches eingetragen ſind die Gerechten aus dem Hauſe Iſrael." Dieſe Stellen finden ſich im Targum Jonathan. Vergleichen wir nun noch die Bücher Henoch und Esdra IV. Erſteres ſpricht oft von Auserwählten. Kap. 40, 4. 5: „Die erſte Stimme pries den Herrn der Geiſter von Ewigkeit zu Ewigkeit. Die zweite Stimme hörte ich preiſen den Auserwählten (d. i. den Meſſias), und die Auserwählten, welche gemartert werden um des Herrn der Geiſter willen." Kap. 39, 6: „Unendlich wird die Zahl der Heiligen und der Auserwählten ſeyn." V. 7: „Alle Heiligen und Auserwählten ſangen vor ihm." Kap 41, 1: „Ich ſahe die Wohnungen der Auserwählten und die Wohnungen der Heiligen." Weiter iſt von einem Buche des Lebens die Rede. Kap. 47, 3: „Das Buch des Lebens ward geöffnet vor dem Alten der Tage." Deßgleichen von einem Buche, in welchem alle Schickſale der Welt voraus beſtimmt ſind. Kap. 105, 16: „Dann ſoll größere Gottloſigkeit herrſchen, als die war, welche zuvor auf Erden beſtraft worden iſt. Denn heilige Geheimniſſe ſind mir anvertraut, welche der Herr ſelbſt mir entdeckte; geleſen habe ich ſie in den Tafeln des Himmels. Dort habe ich geleſen, daß Geſchlecht um Geſchlecht ſündigen wird, bis ein gerechtes Volk erſteht, bis Sünde und Uebertretung von der Erde verſchwinden und nur Güte auf ihr herrſchen wird." Das iſt ein vollkommenes Schickſalsbuch, neben welchem keine menſchliche Freiheit beſtehen kann. Indeß kommen auch ſolche Bücher vor, in welche eingetragen wird, was täglich auf Erden geſchehen iſt. Kap.

88, 104: „Die Hirten und ihre Verbündete lieferten die
Schafe den wilden Thieren aus, daß sie von ihnen verschlun=
gen würden. Jedes von ihnen ward zu seiner Zeit ausgelie=
fert, jedes von ihnen ward auch aufgeschrieben in ein Buch;
wie viele von ihnen verschlungen wurden (ward aufgeschrie=
ben, in ein Buch)." Ebenso Kap. 96, 16: „Denkt nicht in
eurem Innern, noch sprechet in eurem Herzen, daß Frevel
nicht offenbar, noch gesehen werden. Denn im Himmel wird
jeder Fehl aufgeschrieben vor dem Höchsten." Man vergleiche
hiemit Himmelfahrt des Jesajas Kap. IX, 22: Angelus
ostendit mihi libros, sed non libros, quales sunt hujus
mundi, et expandit eos, et libri scripti sunt illic, sed non
sicut libri hujus mundi. Et permissum est mihi, et legi
illos. Et ecce facta filiorum Israëlis illic scripta sunt,
resque ab iis gestae. Et inquam profecto nihil occul-
tum est in septimo coelo, quod agatur in mundo. Ganz
deutlich sieht man, daß nach der Vorstellung des Verfassers
in die lezteren Bücher eingetragen wird, was bereits gesche=
hen; daß sie also Vergangenheit enthalten und keine Zukunft.
Aber ebenso gewiß ist anderer Seits, daß die zuerst genann=
ten Bücher künftige Geschicke vorausbestimmen, daß ihnen
also auch der Glaube an eine unabänderliche Nothwendigkeit
zu Grunde liegt. Auch das vierte Buch Esdrä lehrt eine
ewige Erwählung der Guten und Verdammniß der Ungerech=
ten. Kap. 6 spricht Gott: Ehe die Welt geschaffen war,
habe ich die messianischen Zeiten, ihren Anbruch und Verlauf
geordnet. Dieser allgemeine Satz erhält folgende Wen=
dung: *) Antequam nominaretur mensura coelorum et
antequam cognosceretur vestigium mundi, qui venturus

---

*) Ich gebe den Vordersatz nach dem Abyssinier (Lawrence S. 39),
den Schluß nach dem alten Lateiner bei Fabricius II, 223.
Alle drei, der Abyssinier, Araber und Lateiner weichen bedeu=
tend von einander ab, doch ist ihnen das, was ich mittheile,
gemeinschaftlich.

erat, et antequam *consignarentur* consignati, qui fidem thesaurizaverunt (der Lateiner hat: antequam abalienarentur
eorum, qui nunc peccant, adinventiones et consignati
essent, qui fidem thesaurizaverunt — hier iſt die Vorher=
beſtimmung auch auf die Schlechten ausgedehnt): tunc cogitavi,
et facta sunt per me solum, non per alium, et finis per me et
non per alium. Der Text mag urſprünglich gelautet haben,
wie er will, eine ewige Vorausbeſtimmung liegt unverkennbar
darin. Noch muß ich auf eine Stelle im Buche Tobi hin=
weiſen. Kap. VI, 17 ſpricht der Engel zu ſeinem Schütz=
ling: „Tobia möge ohne Furcht in die Brautkammer gehen,
denn ſie iſt dir von Ewigkeit her beſtimmt,“ ὅτι σοὶ αὕτη ἠτοι-
μασμένη ἦν ἀπὸ τοῦ αἰῶνος. Zum Schluſſe werde Joſephus
abgehört. Denn da nach ſeinem Zeugniß alle Juden für
oder gegen die Lehre vom Schickſale Partei nahmen, ſo iſt
die Vermuthung nicht ungegründet, daß er die Anſicht
der einen oder der andern Sekte zu der ſeinigen gemacht
haben werde. Alterth. VIII, 15, 4: „Achab ließ ſich vom
Propheten Micha nicht warnen, ſondern beſchloß den Zug
nach Syrien. Denn es ſiegte, wie ich glaube, die Macht des
Geſchicks.“ Ebendaſelbſt §. 6: „Aus der Geſchichte des Kö=
nigs ſollen wir die Macht des Geſchicks abnehmen, dem kein
Menſch entrinnen kann, ſelbſt wenn er es voraus weiß; viel=
mehr täuſcht es in dieſem Falle mit ſchmeichleriſchen Hoff=
nungen, durch welche es den Sterblichen auf den Punkt
bringt, wo er erliegen muß.“ Noch entſchiedener äußert ſich
Joſephus, Alterth. XVI, 11, 7, über den Tod der Söhne
des Königs Herodes: „Ich weiß nicht, ſoll man den Vater
anklagen oder den Ungehorſam der Kinder, oder endlich das
Geſchick, das ſtärker iſt, als der überlegteſte menſchliche Ent=
ſchluß, weßhalb wir auch glauben, daß die menſchlichen Hand=
lungen von einer unabänderlichen Nothwendigkeit vorher=
beſtimmt ſeyen. Dieſelbe nennen wir Verhängniß, weil Nichts
geſchieht, was nicht durch ſie verhängt wäre. Ich denke

jedoch, man sollte diese Ansicht nach der andern beurtheilen
(d. h. beschränken oder mildern), welche uns selbst Etwas
zuschreibt, und uns in einem gewissen Grade verantwortlich
macht für unsere Vergehungen, in welchem Sinne sich vor
uns schon der Gesetzgeber aussprach." Deutlich sieht man,
daß Josephus hier den essenischen Lehrbegriff vom Geschick
durch den pharisäischen beschränkt wissen will. An anderen
Stellen neigt er sich wieder auf die essenische Seite. So im
sechsten Buche vom Kriege Kap. IV, 8: „Bei dem Untergange des Tempels gibt der Gedanke einigen Trost, daß ein
unabänderliches Geschick wie über lebendige Wesen, so auch
über Gebäude und Orte verfüge."

Die Lehren, die ich bisher geschildert, kehren auch im
N. Testament wieder. Paulus bekennt das essenische Dogma
von der ewigen Vorausbestimmung. Die Briefe, welche Petrus zugeschrieben werden, enthalten Spuren davon. Der
Bücher des Lebens und des Todes geschieht vielfache Erwähnung in der Offenbarung Johannis III, 5: ὁ νικῶν — οὐ
μὴ ἐξαλείψω τὸ ὄνομα αὐτοῦ ἐκ τῆς βίβλου τῆς ζωῆς.
XIII, 8: ων οὐ γέγραπται τὰ ὀνόματα ἐν τῇ βίβλῳ τῆς
ζωῆς. XX, 12: βιβλία ἠνεῴχθησαν, καὶ βιβλίον ἄλλο
ἠνεῴχθη, ὃ ἐςι τῆς ζωῆς, καὶ ἐκρίθησαν οἱ νεκροὶ ἐκ τῶν
γεγραμμένων ἐν τοῖς βιβλίοις. Ebendaselbst 15: καὶ εἴ τις
οὐχ εὑρέθη ἐν τῇ βίβλῳ τῆς ζωῆς γεγραμμένος, ἐβλήθη εἰς
τὴν λίμνην τοῦ πυρός. XXI, 27: οἱ γεγραμμένοι ἐν τῷ
βιβλίῳ τῆς ζωῆς. XXII, 19: ἀφαιρήσει ὁ θεὸς τὸ μέ-
ρος αὐτοῦ ἀπὸ βίβλου τῆς ζωῆς. Man vergleiche noch
Philipp. IV, 3. Das Schicksalsbuch war ein Bild, unter
welchem sich das Judenthum die Vorherbestimmung versinn-
lichte. *) Doch ist zu bemerken, daß der Apostel Paulus
manchmal, gleich Josephus, schwankt, und trotz jener starken
Stellen im Römerbriefe die menschliche Freiheit anzuerkennen

---

*) Siehe meine Schrift über Philo II, 332.

scheint, was wohl daher kommt, weil er im Pharisäismus
auferzogen worden ist. Uebrigens wundere ich mich nicht,
daß zu jenen Zeiten die Lehre vom Schicksale so tiefe Wur=
zeln trieb in den Gemüthern der Juden und aufs Eifrigste
besprochen wurde. Volkserziehung und Umstände wirkten zu=
sammen in diesem Sinne. Ihre Rabbinen lehrten, daß die
ganze Welt um der Juden willen, und diese wiederum für
den Messias erschaffen seyen. Den Ersehnten, von den
Propheten Verkündigten, erwartete man damals mit un=
erhörter Gluth. Ein unruhiges Vorgefühl großer Verän=
derungen herrschte unter ihnen. In solchen Zeiten wird
das Bewußtseyn, daß der Mensch nichts, der Gott, der unsere
Geschicke lenkt, Alles sey, mächtiger als sonst. Haben doch
auch sonst weise Männer unter den Alten und Neueren
eingesehen, daß der Glaube an die sogenannte Freiheit des
menschlichen Willens ein eitler Wahn sey, dessen sich allerdings
der Religionslehrer nicht entäußern kann, wenn er auf die Ge=
müther wirken will. Spinoza und die Essäer sind eigentlich
nicht weit auseinander, nur dachten sich die Leztern ihre An=
sicht in theologischer Weise, und sprachen sie auch so aus.

Noch ist übrig, daß ich die alte jüdische Lehre von der
Geschichte des ersten Menschen schildere. Adam, lehren sie,
war ursprünglich Mannweib und ein Riese von ungeheurer
Größe; Traktat Berachot babyl. S. 61, a: „R. Jeremias,
Eliesers Sohn, sagt: Gott habe den Menschen mit zwei
Angesichtern erschaffen, wie geschrieben stehet (Ps. 139, 5):
Vorn und hinten hast du mich gebildet." Ebenso
Erubin S. 18, a: „Der erste Mensch hat ein doppeltes Ge=
sicht gehabt;" folgt nun die Bibelstelle. Auch Philo gibt zu
verstehen, daß Adam ursprünglich Mannweib gewesen sey,
indem er sich auf den Spruch Genes. 1, 27 beruft, welcher
allerdings viel besser zum Beweise taugt, als die Stelle des
Psalmen. Auf jenen Spruch bezieht sich auch die Bereschit

Rabba des Moses Habbarschan: *) Dixit R. Jeremias, en
hora, qua Deus creavit hominem primum, ἀνδρόγυνον
eum creavit, sicut scriptum est (Genes. I, 27): *masculum
et foeminam creavit eos.* Objecerunt ei effatum (Genes.
II, 21): *et accepit unam de costis ejus,* quibus ille respondit: *unam de costis ejus,* hoc est alteram partem corporis
ejus. Hiemit wird angedeutet, daß die Erschaffung Eva's
aus der Rippe Adams eigentlich dieß besagen wolle: der
weibliche Leib sey vom männlichen abgetrennt worden. Ganz
klar sagt dieß eine Stelle Bereschit Rabba S. 7, b: „In
derselben Stunde, in welcher Gott den ersten Menschen bildete, hat er ihm zwei Angesichter anerschaffen, dann sägte
er ihn auseinander, und machte ihm zwei Rücken." Ebenso
Midrasch Tillin S. 56, b. Ein wahrer Weltriese war dieser
erste Mensch: Chagiga bab. S. 12 a: „R. Elieser sagt, der
erste Mensch reichte von der Erde bis zum Himmelsgewölbe,
wie geschrieben steht (Deuter. IV, 32): Von dem Tage
an, da Gott den Menschen auf Erden geschaffen
hat, von einem Ende des Himmels zum andern.
Nachdem aber Adam gesündigt hatte, legte Gott seine Hände
auf ihn und machte ihn klein, weßhalb es heißt (Ps. 139, 5):
Du hast mich vornen und hinten gebildet und
(dann) deine Hand auf mich gelegt." Dasselbe wird
wiederholt, Sanhedrin S. 38, b, Midrasch Tillin S. 56, b,
Bereschit Rabba S. 20, d. Aus der ganzen Welt wurde
der Stoff zu diesem Riesen genommen; Sanhedrin S. 38, a:
„R. Meir sagt: Der Staub, aus dem der erste Mensch gebildet ward, ist aus der ganzen Welt zusammengebracht worden, wie geschrieben steht (Ps. 139, 16): Deine Augen
sahen גלמי den Keim, aus dem ich ntstand, und
(2. Chron. 16, 9): Des Herrn Augen schauen alle
Lande. R. Hoschaia hat im Namen Rafs gesagt: Des

---

*) Bei Raymond Martini, S. 557.

erſten Menſchen Leib iſt aus Babel, ſein Haupt aus dem Lande Iſrael, ſeine Glieder ſtammen aus den übrigen Län= dern. R. Acha ſagt: ſein Geſäß ſey aus Afra" ·(nach Raſchi ein Ort in Babylon. *) In gleichem Sinne heißt es Pirke R. Elieſer Kap. XI: Deus incepit colligere pulverem primi hominis e quatuor terrae partibus. Natürlich mußte die ganze Welt ihren Tribut darbringen zur Erſchaffung eines ſolchen Rieſen. Rein und ſchuldlos waren die erſten Men= ſchen. Mechilta zu Exod. XVI, 10: **) Primi homi- nes erant tales, in quibus non esset peccatum, nec ini- quitas. Gott der Herr theilte Adam alle Schickſale der Welt mit, wodurch derſelbe der größte aller Propheten wurde. Seder Olam Rabba Kap. 30: ***) Si forte dixeris, Deum dun- taxat praesentia, quando fiunt, nosse, contrarium noscas ex loco (Genes. V, 1): *hic est liber generationum Adami.* Innuit enim scriptum hoc effato, Deum S. B. primo ho- mini monstrasse singulas aetates, earumque duces et gu- bernatores, suos per singulas aetates prophetas, suos per singulas aetates pios — sapientes — pastores — ju- dices; item sapientes singularum aetatum, prophetas sin- gulorum seculorum, justos cunctarum generationum, no- minum eorum numerum, dierum computationem, quinimo horarum calculum et gressuum summam. Folgen nun die Bibelſtellen, aus welchen all dieß bewieſen werden ſoll. Alle Geſchöpfe beteten Adam an wegen ſeiner Herrlichkeit, und wollten ihn zu ihrem Könige machen; er aber gab Gott die Ehre. Pirke Elieſer Kap. XI: „Als Adam die Werke Gottes ſah, fing er an den Schöpfer zu preiſen und ſprach: O Herr! wie groß und mannigfaltig ſind deine Werke. Er ſtund auf ſeine Füße, und war gebildet nach dem Ebenbilde

---

*) Das klingt wie der bekannte Spaß [bes Bebelius über das ſchönſte Weib.

**) Ugolini B. XIV, S. 292.

***) Ausgabe von Meyer, S. 93.

Gottes. Da ihn nun die Geschöpfe gewahrten, fürchteten sie sich und wähnten, daß er der Schöpfer sey, und kamen alle ihn anzubeten. Er aber sprach zu ihnen: Ihr wollt mich anbeten, nicht so, sondern laßt uns Stärke und Herrlichkeit anziehen, und Denjenigen zum Könige erwählen, der uns erschaffen hat; denn das Volk macht wohl, daß Einer als König regiert, aber der König kann sich nicht selbst zum Könige aufwerfen, wenn ihn das Volk nicht dazu erwählt. Adam ging also hin und huldigte Gott als seinem Könige, worauf ihm alle anderen Geschöpfe nachthaten." Auch besaß Adam ursprünglich ein Licht, durch welches er von einem Ende der Welt zum anderen sah. Chagiga S. 12, a: „R. Elieser sagt: Adam hat durch das Licht, welches Gott am ersten Tage erschaffen, von einem Ende der Welt bis zum andern gesehen." Wäre Adam rein und unschuldig geblieben, so würde er nie gestorben seyn. Dieß geht aus den oben angeführten Stellen hervor. Ich will noch einige beifügen; Bereschit Rabba Abschnitt 9: Dignus erat primus Adam, qui non gustaret saporem mortis. Bajikra Rabba Abschnitt 22: Ex Eliae exemplo constat Adamum, si non peccasset, perpetuo victurum fuisse. Schemoth Rabba 15: Quoniam praeceptum tuum nihili fecit, ideo induxisti super illum mortem. Nach dem Talmud dauerte das Glück der ersten Menschen nur sehr kurze Zeit. Sanhedrin S. 38, b: „R. Acha sagt: Zwölf Stunden hat der Tag; in der ersten Stunde ward der Staub zusammengebracht, aus dem Adam gebildet worden ist, in der zweiten wurde er zu einem unförmlichen Klumpen (גֹלֶם) gebildet; in der dritten wurden seine Glieder ausgestreckt, in der vierten empfing er seine Seele, in der fünften stand er auf seine Füße, in der sechsten nannte er die Namen der Geschöpfe, in der siebenten ward ihm Eva zugesellt, in der achten stiegen zwei ins Bett, und vier kamen heraus (denn Kain und seine Schwester ward in derselben Stunde gezeugt und geboren), in der neunten ward

ihm befohlen, nicht von dem Baume zu essen, in der zehnten
sündigte er, in der eilften ward Gericht über ihn gehalten,
in der zwölften ward er aus dem Paradiese verstoßen und
ging weg, wie geschrieben steht (Pf. 49, 13): **D e r M e n s ch**
b l e i b t n i ch t ü b e r N a ch t i n s e i n e r W ü r d e." Ebenso
Pirke Elieser, Kap. XI. Durch den Sündenfall verlor nicht
nur er selbst, sondern auch die Welt mit ihm ihre ursprüngliche Herrlichkeit. Bereschit Rabba S. 11, b: „Sechs Dinge
sind dem ersten Menschen genommen worden (wegen der
Sünde): sein Glanz, sein Leben (die Unsterblichkeit), die
Leibeslänge, die Frucht der Erde, die Früchte der Bäume, die
Lichter (des Himmels). Woher wird bewiesen, daß ihm sein Glanz
genommen ward? Aus Hiob 14, 20: **D u v e r ä n d e r s t s e i n**
A n g e s i ch t u n d s t ö ß e s t i h n v o n d i r. Wie wird bewiesen,
daß ihm die Unsterblichkeit genommen ward? Weil es heißt
Genes. III, 19: **D u b i s t S t a u b u n d s o l l s t w i e d e r z u**
S t a u b w e r d e n. Woher seine Leibeslänge? Aus Genes.
III, 8: **A d a m v e r s t e ck t e s i ch m i t s e i n e m W e i b e u n-**
t e r d i e B ä u m e i m G a r t e n. — (Wäre er nämlich noch
so groß gewesen, als die Rabbinen behaupten, so hätte er
sich nicht unter Bäume verstecken können.) Rabbi Abhu hat
gesagt, in derselben Stunde sey Adams Leib bis auf hundert
Ellen verkleinert worden. Woher wird bewiesen, daß die
Früchte der Bäume und der Erde ihm genommen wurden?
Weil geschrieben steht (Genes. III, 17): **V e r f l u ch t s e y d i e**
E r d e u m d e i n e t w i l l e n. — Was die Lichter des Himmels (Sonne und Mond) betrifft, so hat R. Simeon im
Namen R. Meirs gesagt, zwar seyen sie vor dem Abend des
Sabbaths verflucht worden, doch habe sie Gott erst geschla-
gen (d. h. verdunkelt), als der Sabbath zu Ende war. Dieß
stimmt mit der Aussage unserer Rabbinen, nicht aber mit
der Meinung R. Jose's überein, welcher behauptet, daß die
Herrlichkeit des ersten Menschen nicht über Nacht bei ihm blieb,
wegen der (bereits oben angeführten) Stelle (Pf. 49, 13):

Adam bleibt nicht über Nacht in seiner Würde.
Unsere Rabbinen aber sagen, daß am Ende des Sabbaths
sein Glanz von ihm genommen, und er selbst aus dem Pa=
radiese vertrieben ward, wie geschrieben steht: Und er trieb
den Adam hinaus." Diese Meinung, daß durch Adams
Sünde die ganze Welt gefallen sey, ist uralt, und von
großem Einflusse auf die Lehre vom Messias gewesen. Den
Beweis des Alters werde ich später führen; hier folge indeß
noch eine Stelle, welche den Zusammenhang zwischen beiden
Lehren veranschaulicht; Bereschit Rabba S. 11, c: „R. Be=
rachia hat im Namen des R. Samuel gesagt, obwohl alle
Dinge vollkommen erschaffen wurden, sind sie doch verdorben
worden, als Adam sündigte; die Wiederherstellung derselben
erfolgt erst, wenn der Sohn des Perez (der Messias) kommt;
davon geschrieben steht (Ruth IV, 18): Dieß ist das Ge=
schlecht Perez."

Der Sohar stimmt in Bezug auf die Geschichte des
ersten Menschen mit dem Talmud meist überein. Im Ab=
schnitt Kedoschim S. 83 a heißt es: „Obgleich der Leib des
ersten Menschen Staub war, wurde er doch nicht aus irdi=
schem Staube, sondern aus dem des oberen Tempels gebildet.
Herrlich war sein Leib (vor dem Falle) und mit größerem
Glanze ausgerüstet als alle oberen Engel; aber weil er sün=
digte, ward er verfinstert und ganz verkleinert. Von nun
an bedurfte er eines andern Leibes aus Haut und Fleisch,
darum stehet geschrieben (Genes. III, 21): Gott der Herr
machte Adam und seinem Weibe Röcke aus Fellen
und zog sie ihnen an. So blieb es bis Henoch kam (in
welchem der ursprüngliche Adam einigermaßen wieder herge=
stellt wurde); doch ward weder nachher noch vorher einer er=
funden, der ihm (dem ersten Adam) gleich gewesen wäre."
Wir finden hier abermal, wie bei den Talmudisten, die Lehre,
daß Adam vor dem Falle ein Weltriese gewesen sey. Aus
göttlichem Lichte war sein Leib gewoben, so lange er im

Paradiese weilte und noch keine Sünde begangen hatte. So ebendaselbst in der Parascha Pekude: Adam primus, cum adhuc in Paradiso degeret, vestitus erat veste superna, quae est vestis lucis supernae. Cum autem ejiceretur e paradiso, et applicandus esset ad statum hujus mundi, de eo scriptum est (Genes. III, 21): *et fecit Dominus Deus Adamo et uxori ejus tunicas pelliceas.* Prius enim habebant tunicas lucis, *) quae erat lux de lumine superno, cujus usus datur in paradiso; de paradiso enim lux adfulget talibus superna, quae ibi lucet, quaque utuntur illius incolae. Hinc Adam primus cum intraret in hortum, vestiebatur a Deo S. B. vestimento illius lucis, atque illuc introducebatur. Et nisi prius vestitus fuisset illa luce, non ingressus fuisset illuc. Postquam autem extrusus fuit inde, opus habebat veste alia (id est pellicea). Auch von jenem wunderbaren Lichte, durch welches Adam nach der Lehre des Talmud von einem Ende der Welt zum andern gesehen haben soll, weiß der Sohar zu erzählen: **) „Gott ließ das Licht, welches er anfänglich erschaffen, den ersten Menschen sehen, und durch dasselbe hat Adam von einem Ende der Welt zum andern geschaut. Gott hat dieses Licht dem König David gezeigt, weßhalb lezterer den Herrn lobt und spricht (Pf. 31, 20): Wie groß ist deine Güte, welche du aufbewahrt hast Denen, die dich fürchten. Deßgleichen hat er jenes Licht dem Mosi gezeigt, weßhalb der Gesetzgeber von Gilead bis nach Dan schaute. Weil aber Gott voraus sah, daß drei gottlose Geschlechter kommen würden, nämlich das Geschlecht des Enos, der Sündfluth und der Verwirrung (des babylonischen Thurmbaues), hat Er das Licht verborgen. Dem Mosi verlieh er es drei Monate lang; als derselbe jedoch

---

*) Im Original ist ein Wortspiel mit אוֹר Licht und עוֹר Fell.
**) Auszug aus dem Sohar im Jalkut Rubeni, S. 117, a.

vor Pharao getreten war, nahm Er es ihm wieder, bis
Moses auf dem Berge Sinai stand, da gab Er es ihm zu-
rück, und der Gesetzgeber bediente sich desselben täglich.
Darum konnten auch die Kinder Israels nicht eher vor ihn
treten, als bis er eine Decke über sein Angesicht gelegt hatte."
Diese Meinung hat ebenfalls auf das Neue Testament ein-
gewirkt, wir werden darauf tiefer unten im Kapitel vom
Messias zurückkommen.

Die bisher entwickelten Lehren von Adam stützen sich,
großen Theils auf klare Aussprüche der Genesis. Man hat
das Recht, anzunehmen, daß Alles, was in diese Klasse gehört, in den Tagen Jesu Christi eben so gut geglaubt wurde,
als später. Ein Beweis des Alters ist also unnöthig. —
Einiges jedoch hat keine Bürgschaft der Art für sich aufzuweisen, namentlich die Behauptung, daß Adam ursprünglich
Mannweib, ein ungeheurer Riese und ein Prophet gewesen
sey. Hiefür muß ich jenen Beweis führen. Daß die Stelle
Genes. I, 27 früh auf die mannweibliche Natur Adams gedeutet worden sey, ersieht man aus Philo's Werken. Was
das zweite betrifft, so lehrten nach Irenäus *) die Ophiten
und Sethianer (zwei judenchristliche Sekten): Dixisse Jaldaboth, (der Demiurg) venite faciamus hominem ad imaginem nostram. Tum sex virtutes (die Gehülfen Jaldabaths),
audientes haec, formaverunt hominem *immensum latitu-
dine et longitudine*. Ferner ebendaselbst §. 9: Adam autem
et Evam prius quidem habuisse levia et clara et velut
spiritalia corpora, quemadmodum et plasmati sunt, venientes autem huc demutasse in obscurius et pinguius
et pigrius. Ersterer Satz stimmt mit dem Talmud, lezterer
mit dem Sohar aufs Wort überein. Einen Propheten nennt
Clemens von Alexandrien den ersten Menschen: **) παρ

---

*) Erstes Buch gegen die Ketzereien, Kap. 30, 6.
**) Stromatum I, Opp. ex edit. Potteri veneta I, 400.

Ἑβραίοις προφῆται δυνάμει Θεοῦ καὶ ἐπινοίᾳ-πρὸ μὲν τοῦ νόμϐ Ἀδὰμ ἐπί τε τῆς γυναικὸς, ἐπί τε τῆς ζώων ὀνομασίας προϑεσπίσας. Ebenſo Origenes[*]): et Adam prophetasse de nonnullis invenitur. Er wiederholt dieſen Satz im zweiten Buche über das hohe Lied [**]): inter prophetas numeratur et Adam. An Origenes ſchließt ſich Epiphanius an, der von Adam ſagt, προφήτης ἦν. [***]) Noch ſtärker ſprechen ſich die klementiniſchen Schriften aus. Rekognitionen I, 47: Memini, Petre! dixisse te de primo homine, quod propheta fuit. Deßgleichen in der dritten Predigt, Kap. 21: ὁ Ἀδὰμ, μόνος ἀληϑὴς ὑπάρξας προφήτης, ἑκάσῳ ζώῳ κατ᾽ ἀξίαν τῆς φύσεως, καϑὼς ὁ πεποιηκὼς αὐτὸν, οἰκείως τέϑεικε τὰ ὀνόματα. Ebendaſelbſt §. 17 werden Diejenigen hart beſtritten, welche leugnen wollen, daß Adam in einem hohen Grade den Geiſt der Weiſſagung gehabt habe. Ich hoffe, der Leſer iſt aus dieſer meiner Schrift ſchon hinlänglich davon überzeugt, daß die Klementinen die alte jüdiſche Lehrweiſe wiedergeben, es bedarf alſo wohl keines weiteren Berichtes, daß auch der Glaube an die prophetiſche Erleuchtung Adams aus dem Judenthum ſtamme. Woher anders ſollten die Väter dieſe Meinung entlehnt haben!

Achtes Kapitel.

Die Lehre von den Mitteln und Wegen, durch welche der Menſch die Gnade Gottes erwirbt und ſeinen Zorn abwendet.

Die höchſte Aufgabe für den Menſchen nach der Juden Lehre iſt, Gott nachzuahmen, barmherzig und heilig zu ſeyn, wie er und ſeine Engel. Buch Siphri zu Deuter. XI, 22:

---

[*]) De principiis I, Kap. III, 7. Opp. I, 63 a.
[**]) Opp. III, 62 a.
[***]) Opp. ed. Petavius I, 6 oben.

„Ihr sollet wandeln in allen Wegen des Herrn.
Die Wege des Herrn sind angezeigt in dem Spruche (Exod.
XXXIV, 6, 7): Herr Gott, barmherzig, gnädig,
geduldig und von großer Güte und Treue, der du
beweisest Gnade auf Tausende und vergibst Missethat, Uebertretung und Sünde u. s. w. Hierauf
bezieht sich auch die Stelle Joel III. 5: und es soll geschehen, wer genannt wird (die Talmudisten setzen das
Niphal) mit dem Namen des Herrn, ist gerettet.
Ist es möglich, daß ein Mensch genannt werde mit dem
Namen des Herrn? (Das ist so zu verstehen): Wie Gott
barmherzig und gütig genannt wird, so sey auch du barmherzig und gütig und erweise Gutes. Wie er gerecht genannt wird (Pf. 145, 17): Der Herr ist gerecht in
allen seinen Wegen, so sey auch du gerecht; wie er
gnädig genannt wird (ebendaselbst): und gnädig in seinen
Werken, so sey auch du gnädig u. s. w." Ferner Targum
Jeruschal. zu Levitik. XXII, 28: „Ihr Kinder Israel, wie
euer Vater barmherzig ist im Himmel, so sollet ihr barmherzig seyn auf Erden." Ebenderselbe zu Num. XV, 40:
„Ihr sollt heilig seyn, wie die Engel, welche dienen vor dem
Herrn eurem Gott." Die Grundlage einer solchen Gesinnung
ist Liebe gegen Gott und Liebe gegen den Nächsten. Liebe
gegen Gott, Pirke Afoth I, 3: „Antigonus Jsch Sopho pflegte
zu sagen: Ihr sollt nicht seyn, wie die Knechte, welche ihrem
Herrn dienen, in der Absicht Lohn zu empfangen, sondern
wie Knechte, welche ihrem Herrn dienen ohne Absicht Lohn
zu empfangen," d. h. Alles solle man aus Liebe zu Gott
thun. — Ebenso Berachot Jerusch. S. 37, a: „Thue Gottes
Gebote aus Liebe und thue sie zugleich aus Furcht." Siphri
zu Deut. VI, 5: „Du sollst den Herrn deinen Gott lieben.
Der heilige Text unterscheidet zwischen Dem, der aus Liebe
Gutes thut, und Dem, der es aus Furcht thut: doppelt und
dreifach ist der Lohn Dessen, der aus Liebe zu Gott Gutes

thut." Die nächste Stelle nimmt die Liebe zum Nebenmenschen
ein: Pesachin bab. S. 75, a, Kethuboth 37, a, Nedarim
65, b, Sota 10. a, b, Joma S. 23, a: „Der Spruch
(Levitik. XIX, 18) Du sollst deinen Nächsten lieben
wie dich selbst, ist die erste Regel im Gesetz." Ebenso
Siphra Abschnitt Keduschim Kap. IV, §. 12 *): R. Akiba
dixit: amabis proximum sicut te ipsum; haec est regula
maxima in lege. Aus diesem Grundsatz wird dann die Lehre
abgeleitet, daß man nie einem Andern zufügen solle, was
man selbst nicht von Andern erfahren möchte. Schabbath
S. 31, a: „Ein junger Heide kam zu R. Hillel, dem Aelte=
ren und bat ihn, den Inhalt des ganzen Gesetzes aufs Kür=
zeste mitzutheilen. Rabbi Hillel antwortete: was du nicht
willst, daß man dir thue, das füge auch keinem Andern zu.
Das ist die Summe des Gesetzes, das Uebrige dient bloß
zur Auslegung." Hiemit ist zu vergleichen Kidduschim S. 41, a,
Bava Kama S. 51, a, Sanhedrin 55, a u. b, 84, b, Nidda
17. a. Demgemäß wird Milde der Gesinnung und Barmher=
zigkeit über Alles gepriesen. Mischna Peah I, 1: „Folgende
Dinge sind es, von denen der Mensch die Früchte genießt in
dieser Welt, und die ihn begleiten in jene Welt: Die Ehre
von Vater und Mutter, die Werke der Barmherzigkeit und
Friedestiften unter den Leuten." Pirke Afoth I, 2: „Auf drei
Dingen beruhet die Welt: auf dem Gesetz, auf dem Opfer=
dienst, auf den Werken der Barmherzigkeit." Ebendas. II, 9:
„R. Eleasar sagte, ein gutes Herz ist das Beste auf der
Welt, ein böses Herz das Schlimmste, und seine Meinung
ward gebilligt." V, 18: R. „Schimeon, der S. Gamaliel sagt:
Durch drei Dinge bestehet die Welt: durch das Gericht, durch
die Wahrheit, durch den Frieden." Die Werke der Barmherzig=
keit sind, Kranke zu besuchen, Leidende zu trösten, Arme zu
speisen, Hungrigen das Brod zu brechen, sein Gut zu

---

*) Ugolini B. XIV, S. 1354.

vertheilen! Targum Jeruschal. zu Genes. XXXV, 9—16:
„Du Herr der Ewigkeit hast uns edle Gebote gewiesen, du
hast uns gelehrt, daß man Kranke besuchen müsse (indem
Gott selbst dem Abraham erschien, um ihn zu besuchen, als er
an der Wunde der Beschneidung krank lag) Genes. XVIII, 1:
Du hast uns gelehrt: daß man Traurige trösten müsse, an
dem Beispiel unseres Vaters Jakob" (dem der Herr erschienen seyn soll, um ihn zu trösten wegen des Abscheidens seiner Rahel). Ebenderselbe zu Exod. XVIII, 20:
„Zeige ihnen Rechte und Gesetze, thue ihnen das Gebet kund,
das sie beten sollen in ihren Versammlungen, und die Art,
wie sie die Kranken besuchen, die Verstorbenen begraben,
Wohlthaten wieder erweisen sollen." Zu Exod. XL, 6: „Den
Brandopferaltar sollst du stellen vor die Thüre der Stiftshütte, wegen der Reichen, welche den Tisch decken vor dem
Thore ihres Hauses, und die Armen ernähren, wofür ihnen
ihre Sünde vergeben wird, gleich als hätten sie Brandopfer
dargebracht über dem Altare." Zu Deut. XXXIV, 6: „Gepriesen sey der Name des Herrn der Welt, der uns den
rechten Weg wies. Er hat uns gelehrt, Nackte zu kleiden,
indem er selbst Adam und Eva bekleidete; er hat uns gelehrt
den Bräutigam und die Braut zusammenzugeben, indem er
Adam und Eva vereinigte; er hat uns gelehrt Kranke zu
besuchen, indem er selbst bei Abraham einkehrte, als derselbe
krank lag an der Beschneidung; er hat uns gelehrt, Trauernde
zu trösten, indem er selbst zu diesem Zweck unserem Vater
Jakob erschien, als derselbe aus Padan zurückkehrte; er hat
uns gelehrt die Armen zu speisen, indem er selbst den Kindern Israel himmlisches Brod gab; er hat uns gelehrt, Verstorbene zu begraben, indem er selbst mit seinen heiligen Engeln Mosen begrub u. s. w." Wie der Glaube Abrahams
im Römerbriefe zu einem Grundsatze erhoben ist, so hier
einzelne Handlungen Gottes, die vom Texte selbst, oder von
der überlieferten Auslegung dem Höchsten zugeschrieben werden.

Ueberall blickt das Gebot durch, daß man Gott nachahmen müsse. Der Glaube an die hohe Verdienstlichkeit der guten Werke geht durch das ganze Judenthum hindurch. Mechilta über den Spruch Exod. **XVIII**, 20: *) „**Stelle ihnen Rechte und Gesetze, daß du sie lehrest den Weg, darin sie wandeln. R.** Eliefer Amodai sagt: **daß du sie lehrest den Weg,** das ist das Besuchen der Kranken, **darin,** das bedeutet die Werke der Gerechten, **sie wandeln,** damit wird das Begraben der Todten verstanden.“ Pesichta: **) „Wer aus Versehen Almosen gibt, dem verheißt das Gesetz Segen des Himmels (nach Deut. **XXIV**, 19), wie viel mehr Dem, der es freiwillig thut und den Armen speist?“ Tosaphta Peah Kap. 4, §. 13 u. 14: „Almosen und Wohlthätigkeit stehen gleich allen andern Geboten des Gesetzes, Almosen erstreckt sich bloß auf Lebende, Wohlthätigkeit auch auf Gestorbene (denen man z. B. wohl thut, wenn man ihren Namen vor Verunglimpfung bewahrt), Almosen kann man bloß Armen geben, Wohlwollen an Armen und Reichen aus-üben. Almosen erfolgt durch Mittheilung der Schätze, Wohl-wollen wird auch mit der Liebe verwirklicht (indem man Kranke besucht, Verstorbene begräbt u. s. w.). R. Josua, der Sohn Borcha, hat gesagt, woher beweist man, daß Der, welcher keinen Almosen gibt, gleich ist dem Götzendiener? Aus dem Spruche (Deuter. **XV**, 9): **Hüte dich, daß nicht in deinem Herzen ein Belialsstück sey, das da spreche,** verglichen mit (Deuter. **XIII**, 13): **Es sind etliche Kinder Belials ausgegangen unter dir und haben die Bürger ihrer Stadt verführet und gesagt: laßt uns anderen Göttern dienen.** Wie Lezteres Götzendienst ist, so auch Ersteres. R. Eliefer, der Sohn R. Jose sagte, woher beweist man, daß Almosen und

---

*) Ugolini XIV, S. 350.
**) Ebendaselbst XV, S. 1088 oben.

Wohlthätigkeit große Vergeltung bringen, und große Für
sprecher (פְּרַקְלִיט) seyen für die Israeliten bei ihrem Vater
im Himmel? Aus dem Spruche Jerem. XVI, 5: So sagt
der Herr: Du sollst nicht zum Trauerhause gehen
— noch Mitleiden über sie haben, denn ich habe
meinen Frieden von diesem Volke weggenommen,
sammt meiner Gnade und Barmherzigkeit. Mitleiden, d. i. Wohlwollen, Barmherzigkeit, d. i. Allmo-
sen." Wie alt diese Ansicht sey, ersieht man aus Tobias
XII, 8: ἀγαθὸν προςευχὴ μετὰ νησείας καὶ ἐλεημοσύνης
καὶ δικαιοσύνης — καλὸν ποιῆσαι ἐλεημοσύνην ἢ θησαυ-
ρίσαι χρυσίον· ἐλεημοσύνη γὰρ ἐκ θανάτου ῥύεται καὶ
αὕτη ἀπακαθαριοῖ πᾶσαν ἁμαρτίαν, οἱ ποιοῦντες ἐλεημοσύ-
νας καὶ δικαιοσύνας, πλησθήσονται ζωῆς.

Neben der Nächstenliebe, aus welcher die eben bezeichneten guten Werke emporsprossen, nimmt Demuth die nächste
Stelle ein. Targum Jeruschal. zu Deuter. VII, 7: „Nicht
weil ihr stolz seyd vor allen Völkern, gefielet ihr Gott, und
hat er euch erwählt, sondern weil ihr demüthig seyd, und
sanft vor allen." Mechilta zu Exod. XX,*) 21: „Das Volk
blieb ferne, aber Moses ging hinein ins Dunkel. Daß er hineingehen durfte, bewirkte seine Demuth,
weßhalb geschrieben steht (Num. XII, 3): Moses war
demüthig vor allen Menschen auf Erden. Wer
sich selbst erniedrigt, dessen Ende ist, daß die Schechina über
einem solchen Menschen auf Erden wohnet. Wer aber
stolzen Herzens ist, der macht, daß die Erde befleckt wird,
und daß die Schechina entweicht." Ebenso Pesichta:**) „Moses, unser Lehrer, wird in der Schrift nicht gepriesen wegen
seiner Weisheit, noch wegen seines Gesetzes, noch wegen seiner Stärke, sondern wegen seiner Demuth. Daher sagt R.

---

*) Ugolini XIV, S. 418.
**) Ugolini XVI, S. 504 oben.

Pinchas: Das Gesetz führt zu guten Werken, gute Werke führen zum Licht, die Demuth führt zur ewigen Ruhe. Josua der Sohn Levi aber sagt: Demuth stehet höher als alle anderen (Tugenden)". Oben wurden einige Stellen mitgetheilt, kraft welcher die Juden Hurerei für eine der vier Todsünden betrachteten. Demgemäß gilt Keuschheit als eine der verdienstlichsten Tugenden, und der Erzvater Joseph als ihr herrlichstes Vorbild. Im Allgemeinen wird jede Enthaltsamkeit, namentlich Fasten, hochgepriesen. Berachot bab. 31 b: „Wenn Jemand am Sabbath fastet, so werden alle Urtheile des Gerichts über ihn, sollten sie auch von 70 Jahren her seyn, vernichtet." Ebendaselbst 32, b: „Fasten ist höher als Almosen geben, denn jenes betrifft den Leib, dieses nur das Vermögen." Daß das Studium des Gesetzes ein wichtiges Gnadenmittel sey, geht aus den bereits mitgetheilten Stellen hervor. Mischna Peah I, 1 heißt es: „Die Beschäftigung mit dem Gesetze kommt den drei höchsten Verdiensten, Ehre der Eltern, Werken der Barmherzigkeit und Friedestiften zusammen gleich." Doch vergessen wenigstens die besseren unter den Rabbinen nicht, die gewissenhafte Beobachtung desselben neben dem bloßen Lernen einzuschärfen. Pirke Afoth I, 17: „R. Schimeon, der Sohn Gamaliels sagt: Die Erklärung des Gesetzes ist nicht das Hauptwerk, sondern das Thun." Ebenso Avoda Sara S. 140: „R. Chanina sprach zu R. Eleasar: Glücklich bist du, daß du dich zugleich im Gesetze und in Werken der Barmherzigkeit geübt hast, und wehe mir, weil ich mich bloß mit dem Gesetze beschäftigte. Denn R. Huna sagt: Jeder, der sich bloß im Gesetze übt, ist gleich einem, der keinen Gott hat, wie geschrieben steht 2 Chron. 15, 3: Viele Tage in Israel, da kein Gott, kein Priester, der da lehret, kein Gesetz ist. Was heißt das: Kein Gesetz. R. Huna sagt: Wer bloß mit dem Gesetze sich beschäftigt und keine Werke der Barmherzigkeit übt, ist gleich Dem, der keinen Gott hat."

Darüber, daß eine Tugend mit der andern in engster Verbindung stehe und sie erzeuge, finden sich schöne Stellen. Traktat Sotah, lezte Mischna: „R. Pinchas, der Sohn Jair, sagte: Wer vorsichtig ist, gelangt zur Unschuld, wer sich der Unschuld befleißigt, gelangt zur Reinheit, die Reinheit führt zur Absonderung (zum Stande des Pharisäers), die Absonderung zur Heiligkeit, die Heiligkeit zur Demuth, die Demuth zur Furcht vor der Sünde, die Furcht vor der Sünde zur Frömmigkeit (zum Stande des Chasid), die Frömmigkeit bringt den heiligen Geist, der heilige Geist erwirbt die Auferstehung der Todten." Ebenso mit geringen Abänderungen die jerusalemische Gemara zu Schekalim III, 4: R. Pinchas ben Jair dixit: alacritas adducit munditiem, mundities adducit puritatem, puritas adducit sanctitatem, sanctitas humilitatem, humilitas timorem peccati, timor peccati misericordiam, misericordia spiritum sanctum, spiritus sanctus resurrectionem mortuorum. Und Avoda Sara S. 20, b: Dixit Pinchas, filius Jair: Legem eo deducere hominem, ut cauto animo sit, animum cautum deducere ad alacritatem, alacritatem ad innocentiam, innocentiam ad separationem, separationem ad puritatem, puritatem ad pietatem, pietatem ad mansuetudinem, mansuetudinem ad metum peccati, metum peccati ad sanctitatem, sanctitatem ad spiritum sanctum, spiritum sanctum ad resurrectionem mortuorum. Jam vero dico: pietatem inter omnes memoratas virtutes esse maximam, juxta id, quod scriptum legitur (Ps. 89, 20): *Tunc loquutus es in visione ad pium tuum.* Sed contrariam sententiam sequitur R. Josua, filius Levi. Statuit enim, mansuetudinem omnibus reliquis virtutibus antecellere, quia scriptum sit (Jes. 61, 1): *Spiritus Domini super me est, proplerea unxit me Dominus, ut evangelizem mansuetis.* Non scribitur, ut evangelizem-piis, sed ut evangelizem mansuetis. Ecce ergo discis hinc, mansuetudinem ceteris virtutibus praecellere. Dasselbe wird wiederholt Schir Haschirim Rabba S. 149, c und im Buche Pesichta. *) Daß man schon in den Tagen Jesu gewöhnt war, die Tugenden auf ähnliche Weise an einander zu reihen, beweisen Stellen, wie 2 Petr. 1, 5 u. flg. Jegliche Tugend und jedes gute Werk erwirbt jedoch dann erst das göttliche Wohlgefallen, wenn es zur Ehre Gottes geschieht. Pirke Afoth II, 12: „Alle deine Werke thue im Namen des Himmels."

Ein zweites hohes Mittel, die Gnade Gottes und die Seeligkeit zu erringen, ist das Gebet. So die jerusalemische Gemara zu Sanhedrin X, 2: Si videris somnia molesta, et visiones molestas, attende ad tria et prosperabis, et haec tria sunt *preces*, eleemosyna et poenitentia. Ebenso Sifri zu Deuter. III, 26: „R. Eliefer, der Sohn Jakobs, sagt: Besser ist eine Stunde im Gebet zugebracht, als gute Werke. Denn wegen seiner guten Werke ward nicht zu Mose gesagt (Deut. III, 27): Steige hinauf auf die Höhe des Berges" (sondern wegen seines Gebetes). Ebenso Berachot bab. 32, b: „Das Gebet ist größer als gute Werke. Niemand thut es Mosi in guten Werken zuvor, dennoch wurde er allein um des Gebets willen erhört, wie geschrieben steht (Deuter. III, 26). Das Gebet ist größer als Opfer; denn nachdem Esaias I, 11 gesagt ist: Ich bin satt eurer Opfer, wird im folgenden Verse des Gebets gedacht." Schön wird das Verhältniß des Gebets zum äußerlichen Gottesdienst bestimmt Berachot jeruschal. 17, a: „Aus der Stelle Deuter. XI, 15 geht hervor, daß es auch einen Dienst Gottes im Herzen gebe. Dieser innerliche Gottesdienst ist das Gebet. Denn wenn Darius zu Daniel, Kap. VI, 16, sagt: Dein Gott, dem du ohne Unterlaß dienest, so muß das Gebet darunter verstanden werden, indem man Gott in Babel auf keine andere Weise dienen konnte."

---

*) Ugolini B. XVI, S. 1048.

Beten ist daher bei den Rabbinen gleichbedeutend mit dem andern Ausdruck, „das Himmelreich auf sich nehmen." Berachot Bab. S. 10, b und 61, b: „Als man R. Akifa zum
Tode führte, war eben Zeit, das Schema zu sagen. Die
Henker zerrissen sein Fleisch mit eisernen Spitzen; er aber
nahm das Joch des Himmels auf sich" (indem er das Schema
hersagte). Außerordentlich ist die Macht des Gebets. Es
vertreibt die bösen Geister. Berachot jeruschal. 4, a: „Rabbi
Huna sagte: Man müsse des Abends in seinem Hause das
Schema sprechen, damit die bösen Geister vertrieben würden."
Ebenso Berachot bab. 4, b: „R. Isaak lehrt: Wenn Jemand
das Schema auf seinem Bette spricht, ist es soviel, als hätte
er ein zweischneidiges Schwert in seiner Hand, die schädlichen
Geister zu tödten. — Von Dem, der das Schema betet, müssen
die bösen Geister weichen." Durch Gebet werden ferner
Krankheiten geheilt, welche nach der Juden Meinung größtentheils von bösen Geistern herrühren. Berachot jeruschal. 24,
b: „R. Gamaliels Sohn war krank, da schickte er zwo
Schüler der Weisen zu R. Chanina, dem Sohn Dusa, in
seine Stadt. Dieser hieß sie warten, bis er auf den Söller
gegangen wäre. Als er wieder herabkam, sprach er: Ich habe
das Vertrauen, daß R. Gamaliels Sohn von seiner Krankheit
befreit ist. Sie bemerkten die Zeit, und in derselben Stunde
forderte der Knabe zu essen." Die babylonische Gemara fügt
bei (S. 34, b): „Als R. Chanina von dem Söller herabkam, sprach er zu den Schülern: gehet hin, die Hitze (das
Fieber) hat den Knaben verlassen. Sie erwiderten: Bist
du denn ein Prophet? Er antwortete: Ich bin kein Prophet und keines Propheten Sohn, allein das weiß ich, wenn
das Gebet schnell von meinem Munde geht, so bin ich
gewiß, daß mein Gebet erhört ist, und daß der Kranke gesund wird, wo nicht, daß es vergeblich sey und der Kranke
sterben müsse. Die Schüler sezten sich und schrieben die
Stunde auf. Als sie zurückkamen zu R. Gamaliel, erzählten

sie ihm Alles, worauf dieser sprach: Bei Gott, ihr habt
nicht zu wenig, noch zu viel angegeben, sondern in derselben
Stunde hat ihn die Hitze verlassen, und der Knabe hat von
uns Wasser zu trinken begehrt. Derselbe R. Chanina kam
zu R. Jochanan, um das Gesetz zu lernen. Da ward
Jochanans Sohn krank. Nun sprach der Vater zu Chanina:
Bete für ihn, daß der Knabe leben möge. Chanina that
dieß, streckte seinen Kopf zwischen die Kniee, betete für ihn,
und der Knabe ward wieder gesund." So der Talmud.
Etliche christliche Gelehrte haben geargwohnt, diese Erzäh=
lung sey dem N. Testamente nachgebildet, namentlich der
Stelle Joh. IV, 53. Ich bin anderer Meinung; von jeher
glaubten die Juden an die heilende Kraft des Gebets, und
aus diesem Glauben stammt unsere Sage. Selbst über die
äußere Natur soll das Gebet Macht haben. Berachot jeru=
schalemi S. 34 b: „R. Tanchum erzählt: Ein heidnisches
Schiff fuhr auf dem Meer; in demselben war ein jüdisches
Knäblein. Es erhob sich ein großer Sturm, und Jedermann
stand auf und nahm seine Götzen in die Hand. Aber Alles
half Nichts. Als die Anderen Dieß sahen, sprachen sie zu
dem Knaben: Mein Sohn stehe auf und rufe deinen Gott
an, denn wir haben vernommen, daß er euch erhöre, wenn ihr zu
ihm rufet, und daß er mächtig sey. Das Kind stand also=
bald auf und rief von ganzem Herzen zu Gott, und Gott
nahm sein Gebet gnädig an, und das Meer ward stille."

Andacht der Beter ist die unerläßliche Bedingung, daß
das Gebet erhört werde. Berachot 4, 4: „R. Eliefer sagt:
wer sein Gebet zu einem alltäglichen Handwerk macht, dessen
Gebet ist kein Gebet." Die jerosolymitanische Gemara dazu
bemerkt: „Man soll sein Gebet zu keinem alltäglichen Hand=
werk machen, das heißt nach dem Ausspruche des R. Abhu,
man solle es mit Andacht hersagen, und nicht so, wie man
etwa einen Brief liest. R. Abhu lehrt noch, man solle täg=
lich darin etwas Neues sagen, und nicht immer dieselben

Worte gebrauchen." Ueber die Kürze oder Länge des Gebets
herrschen bei den Rabbinen verschiedene Ansichten. Berachot
bab. S. 61, a heißt es: „Raf Huna sagt: Der Mensch soll
jederzeit vor Gott (in seinem Gebete) wenig Worte brauchen,
wie geschrieben steht (Koheleth 5, 1): Sey nicht schnell
mit deinem Munde, und laß dein Herz nicht
eilen, Etwas zu reden vor Gott, denn Gott ist
im Himmel und du auf Erden, darum laß deine
Worte wenig seyn." Ebenso Mechilta zu Exod. XV, 24:
„Ein Jünger ging vorüber vor seinem Rabbi und kürzte
sein Gebet ab. Da sprachen seine Mitschüler: Meister, hast
du gesehen, wie der sein Gebet abkürzte? Sie spotteten über
ihn und sagten: Kann das ein weiser Schüler seyn? Der
Lehrer antwortete: Er hat kein kürzeres Gebet gesprochen, als
Moses, von dem es heißt (Num. XII, 13): Mose schrie
zu dem Herrn und sprach: Ach Gott, heile sie!"
Dagegen Berachot bab. S. 32, b: „R. Chanina sagt: Wer
sein Gebet lang macht, der wird nicht leer zurückkommen."
Und was die That betrifft, so sind die jüdischen Gebete meist
sehr lang und breit, voll abgeschmackter Wiederholungen, etwa
wie die Predigten vieler unserer heutigen Pfarrer, welche, aus
Gedankenarmuth oder Herzlosigkeit, in den lächerlichsten red-
nerischen Figuren, oder mühsam veränderten Ausdrücken, immerfort dieselben mageren Einfälle wiederkauen. So muß es
schon in den Tagen Christi gewesen seyn, wegen des Spruches Matth. VI, 7: προςευχόμενοι μὴ βαττολογήσητε. Damit das Gebet erhöret werde, muß sein Inhalt gewissen Regeln gemäß seyn, welche die Rabbinen genau bestimmen. In
jedem soll erstens des Himmelreichs Erwähnung geschehen.
Sanhedrin bab. S. 28, b: „R. Juda und Seira sprechen:
Jedes Gebet, in welchem das Reich Gottes nicht vorkommt,
verdient den Namen Gebet nicht." Ebenso Berachot bab. S.
40, b: „R. Jochanan verlangt, daß in jedem Lobspruche
oder Gebete nicht nur der Name Gottes, sondern auch sein

Reich genannt werde." Ebendaselbst S. 21 a: „Das Schema
hat darum einen Vorzug vor anderen Gebeten, weil in dem=
selben des Auszugs aus Aegypten und des Himmelreichs
gedacht wird." — Eine hohe Bedeutung beim Gebet hat zwei=
tens das Amen. Mischna Berachot VIII, 8 heißt es: „Zu
dem Segen eines Israeliten darf man Amen sagen, obgleich
man das Ende seines Lobspruches nicht gehört, aber nicht zu
dem eines Kuthäers (Ketzers), es sey denn, daß man sein
Gebet ganz gehört." Die jerusalemische Gemara dazu bemerkt
(S. 33, a): „R. Oschaia sagt: Man antwortet Amen, ob=
gleich man nicht mitgegessen, aber man sagt alsdann nicht:
Lasset uns Den loben, von dessen Gütern wir ge=
gessen haben. Man antwortet aber mit keinem verwais=
ten, mit keinem verkürzten, *) und mit keinem zu schnell
ausgesprochenen Amen. R. Assai lehrt: Wer mit einem ver=
waisten Amen antwortet, dessen Kinder werden Waisen wer=
den; wer es zu schnelle sagt, dessen Jahre werden schnell
vergehen; wer es verkürzt, dessen Odem soll verkürzt werden.
Wer es aber gedehnt ausspricht, dessen Jahre und Tage wer=
den verlängert im Guten. Ein verwaistes Amen spricht
Derjenige, welcher auf einen Lobspruch mit Amen antwortet,
ohne zu wissen, worauf er antworte." — Weiter sollen, nach
der Geheimlehre, die Sephiroth Gottes im Gebete genannt
werden. Siphra Dezeniutha III: **) Precatio his debet
fieri modis: vel per Alphabetum, ***) vel commemorando
attributa Dei sanctissimi, quod sit misericors et gratio-
sus (Exod. XXXIV, 6), vel per nomina veneranda Dei
sanctissimi, qualia sunt אֶהְיֶה אֲשֶׁר אֶהְיֶה et יָה, vel אֵל, vel אֱלֹהִים,
vel צְבָאוֹת et אֲדוֹנָי etc., vel per decem Sephiroth, ut
sunt מַלְכוּת regnum, יְסוֹד fundamentum, הוֹד gloria,

---

*) Indem man das Nun zu Ende des Worts nicht hören läßt.
**) Cabbala denudata II, a S. 372.
***) Das heißt, indem alle Buchstaben des Alphabets durchgebetet
werden wie Klagelieder Jeremiä, I,

נֶצַח victoria, תִּפְאָרֶת pulchritudo, גְבוּרָה robur, חֶסֶד be‑
nignitas, בִּינָה intelligentia, חָכְמָה sapientia, כֶּתֶר corona. Diese Vorschrift halte ich für uralt, nicht nur wegen des Schlusses am Vater Unser (Matth. VI, 13): ὅτι σοῦ ἐστιν ἡ βασιλεία καὶ ἡ δύναμις, καὶ ἡ δόξα, sondern noch mehr wegen der Stelle Offenbarung Johannis V, 12: ἄξιόν ἐστι τὸ ἀρνίον τὸ ἐσφαγμένον λαβεῖν τὴν δύναμιν, καὶ πλοῦτον, καὶ σοφίαν, καὶ ἰσχὺν, καὶ τιμὴν, καὶ δόξαν, καὶ εὐλογίαν. Hier sind, offenbar mit guter Absicht, sieben Worte des Prei‑ ses zusammengestellt, entsprechend den sieben Geistern (I, 4), welche mit den drei Namen Gottes die heilige Zehnzahl voll machen. Abermals sieben zum Theil verschiedene Aus‑ drücke der Anbetung werden wiederholt Offenbarung VII, 12. An der Planmäßigkeit wird kein Unbefangener zweifeln. Grundsatz ist ferner, daß man nur in der Mitte des Gebets Gott um die Nothdurft anrufe, zu Anfang und zu Ende dagegen den Höchsten preise. Berachot bab. S. 34, a: „R. Juda sagt: Man soll um Das, was man bedarf, weder in den drei ersten, noch in den drei lezten Sprüchen (des tägli‑ chen Gebets, Schemon Esreh) flehen, denn nach dem Aus‑ spruche R. Chanina's gleichen die drei ersten einem Knecht, der seinem Herrn Lob bereitet, die mittleren Demjenigen, der von seinem Herrn Lohn fordert, die lezteren Einem, der von seinem Herrn den Lohn empfangen hat, von ihm Ab‑ schied nimmt und seines Weges geht." Ebenso Berachot jeruschalemi S. 11 a: „R. Acha sagt: Die drei ersten und die drei lezten Sprüche des Schema betreffen das Lob Got‑ tes, die mittleren aber unsere eigene Nothdurft." Deßglei‑ chen Sifri zu Deuter. XXXIII, 2: „Der Herr ist von Sinai gekommen, er ist ihnen aufgegangen von Seir. Als Moses seinen Segen begann, hob er nicht an mit der Nothdurft des Volkes Israel, sondern mit dem Lobe Gottes. Das ist gleich einem Anwalt, der vor den König geht, um die Sache eines Andern zu vertheidigen, und seine

Rede nicht mit seinem Anliegen beginnt, sondern mit dem Preise des Fürsten. — Dann erst spricht er von seiner Noth= durft und endigt zulezt, abermal mit dem Lobe des Königs. So hat auch Moses, unser Lehrer, nicht angefangen mit den Bedürfnissen Israels, sondern mit dem Preise Gottes, wie geschrieben stehet: Der Herr kam von Sinai und ging ihnen auf von Seir. Dann erst spricht er von der Nothdurft (V. 5): Er verwaltete das Amt eines Königs; zulezt schloß er wieder mit dem Lobe des Höchsten (V. 26): Es ist kein Gott, als der Gott Israel. Ebenso beginnt David nicht mit der Nothdurft Israels, son= dern mit dem Preise des Herrn, Psf. 149, 1: Singet dem Herrn ein neues Lied. Alsdann erst spricht er von den Bedürfnissen des Volkes (V. 4): Denn der Herr hat Wohlgefallen an seinem Volke. Abermal hebt er an mit dem Lobe Gottes, I König VIII, 23: Dir ist kein Gott gleich, denn du hältst den Bund und die Barmherzigkeit deinen Knechten, die vor dir wandeln von ganzem Herzen. Dann spricht er von der Nothdurft (V. 37): Wenn eine Theurung im Lande entsteht. Zulezt endigt er wieder mit dem Lobe Gottes (Psf. 132, 8): Herr, mache dich auf zu deiner Ruhe. Deßhalb haben auch die alten Weisen Israels acht= zehn Segensprüche eingeführt, in welchen der Beter mit dem Lobe Gottes anhebt und endigt." So die Stelle im Buche Sifri. Der hier aufgestellte Grundsatz ist unabhängig von biblischen Sprüchen entstanden, wie man besonders aus dem zweiten Beispiele ersieht. Denn um David der Theorie ge= mäß mit einem Lobe Gottes schließen zu lassen, wird einer Stelle im ersten Buche der Könige eine andere aus den Psalmen als Schluß angehängt. So Etwas erlaubt man sich nur einem früher angenommenen Systeme zu Lieb. Endlich lehrt noch der Sohar, *) daß Nichts die Inbrunst des Betenden

---

*) Zu Numeri S. 379.

stärker ausdrücke, als die Worte: Unser Vater. Auch unterscheidet das Buch drei Arten von Gebet. Zur Genesis S. 314: *) Tria sunt precum genera, alterum altero sublimius: oratio, clamor et lacrymae. Oratio fit voce silente, clamor voce elevata, lacrymae autem superant omnia, eine Ansicht, welche offenbar der Verfasser des Hebräerbriefs auch theilt, wenn er Kap. V, 7 von Christus sagt: ὅς ἐν ταῖς ἡμέραις τῆς σαρκὸς αὐτοῦ δεήσεις τε καὶ ἱκετηρίας πρὸς τὸν δυνάμενον σώζειν αὐτὸν ἐκ θανάτου, μετὰ κραυγῆς ἰσχυρᾶς καὶ δακρύων προςενέγκας.

Ich habe, wie man sieht, aus den Büchern der Juden die Grundsätze entwickelt, nach welchen das Vater Unser zusammengesezt ist. Nicht nur sein Charakter ist jüdisch, sondern auch die einzelnen Sätze, die in verschiedenen jüdischen Gebeten wiederkehren. **) Es mag seyn, daß es schon ein vor Jesu Zeit verbreitetes Gebet war, vielleicht ward es aber damals erst aus früheren Gebeten zusammengezogen. Wenn übrigens die Theile desselben mit noch vorhandenen jüdischen Gebeten aufs Wort übereinstimmen, so habe ich das Ganze nirgends bei Juden gefunden, wohl aber haben sie viele ähnliche Gebete. Berachot jeruschal. S. 7 a werden unter anderen folgende angeführt: Gebet R. Schemuels: „Dank und Lob sey deinem Namen. Dein ist Größe, Gewalt und Herrlichkeit. Laß dir wohl gefallen, Herr, unser Gott, du Gott unserer Väter, daß du uns unterstützest bei unserem Falle, und uns aufrichtest von unserer Erniedrigung. Denn du unterstützest die Fallenden, und richtest auf die Gebeugten, du bist voll von Barmherzigkeit, und es ist kein Anderer außer dir. Gelobt seyest du Gott." — Gebet Bar Kapra's: „Vor dir soll man sich neigen, vor dir soll man sich beugen, vor dir niederfallen, vor dir anbeten. Alle Kniee sollen sich

---

*) Ganz übereinstimmend mit den Stellen Marc. XIV, 36. Röm. VIII, 15. Galat. IV, 6.

**) Man sehe Lightfoot, Schöttgen, Wetstein zu Matth. VI, 9 und flg. Deßgleichen Witsius exercitatio de oratione dominica.

vor dir beugen, alle Zungen sollen dich verehren. Dein,
Herr! ist Majestät, Gewalt, Herrlichkeit, Sieg und Dank,
denn Alles, was im Himmel und auf Erden ist, das ist
dein. Dein, Herr! ist das Reich, und du bist erhöhet zum
Haupte über Alles. Reichthum und Ehre ist vor dir. Du
herrschest über Alles, und in deiner Hand ist Kraft und Ge=
walt. In deiner Hand liegt es, Jedermann groß und mäch=
tig zu machen. Nun unser Gott, wir danken dir und loben
deinen herrlichen Namen; von ganzem Herzen und von gan=
zer Seele beten wir dich an. All' unsere Glieder sprechen:
Wer ist wie du, Herr! Der du die Elenden errettest von dem
Gewaltigen, und die Armen aus der Hand Dessen, der
sie beraubt." — Noch mag verglichen werden das Gebet Hasi=
nenu, Berachot bab. S. 29 a: „Mache uns verständig,
Herr, zu erkennen deine Wege, und beschneide unsere Herzen,
dich zu fürchten, vergib uns unsere Schuld, daß wir seyen
die Erlösten, laß uns ferne seyn von unseren Plagen, laß
uns fett werden auf den Auen deines Landes, und versammle
deine Zerstreuten von den vier Enden der Erde; die so irren
wider deine Erkenntniß, laß gerichtet werden, und über die
Gottlosen recke aus deine Hand; laß deine Gerechten sich
freuen über den Bau der Stadt und deines Tempels, über
das Wachsen des Horns Davids deines Knechtes, und die
Erhebung der Leuchte des Sohnes Isai, deines Gesalbten;
ehe wir rufen, wollest du antworten; gelobt seyst du, Herr,
der du Gebete erhörest." Anklänge aus dem Vater Unser
kehren überall wieder, aber die edle Einfachheit fehlt, wodurch
sich das christliche Gebet auszeichnet. Der Rabbine kann
meistens seine geschwätzige Zunge nicht bezähmen und entstellt
durch Wiederholungen und Wortschwall.

Noch einige Worte über die Stellung beim Gebet. Be=
rachot jerusch. S. 21 a heißt es: „R. Jakob, der Sohn
Acha sagt: Jemand mag beten, gegen welche Gegend des
Himmels es auch sey, so darf man ihn darum nicht tadeln,

außer wenn er sich beim Gebet gegen Sonnenaufgang wen=
det. R. Jose, der Sohn Asin, sagt: Man habe dieß so
angeordnet, wegen der Stelle Ezechiel 8, 16: Ich sahe
bei fünfundzwanzig Männern, die ihren Rücken
gegen den Tempel des Herrn und ihr Ange=
sicht gegen Morgen gekehrt hatten und ge=
gen Sonnenaufgang beteten. Man soll nämlich den
Schein vermeiden, als bete man die Sonne an." So der
Talmud. Offenbar ist dieser Ausspruch gegen die Essener
gerichtet, welche von allen Juden allein gegen Morgen beteten.
Regel ist, daß man sich beim Gebet gegen den Tempel kehre.
Ebendaselbst: „Ein Blinder und Einer, der die Weltgegenden
nicht kennt, bete nach Oben, gemäß dem Spruche, I Könige
8, 44: Sie werden beten zum Herrn. Ist Jemand
außerhalb des gelobten Landes, der wende sich gegen Kanaan:
Sie werden beten zum Herrn gegen den Weg
zum Lande (V. 48). Ist Jemand im Lande Israel, so
wende er sich gegen Jerusalem (V. 44): Gegen den Weg
zur Stadt. Wer in Jerusalem betet, wende sich gegen den
Tempelberg (nach V. 44): Zu dem Hause, das ich deinem
Namen gebaut habe. Wer im Tempel betet, wende sich
gegen das Allerheiligste, nach II Chr. 6, 21: Sie werden
beten an dieser Stätte. Demnach wer gegen Morgen
vom Lande Israel oder dem Tempel stehet, wende sein Ge=
sicht gegen Abend, wer gegen Abend stehet, gegen Morgen.
Wer gegen Mittag stehet, wende sich gegen Mitternacht, wer
gegen Mitternacht stehet, gen Mittag, und also bete ganz
Israel gegen Einen Ort." Ebenso Berachot jeruschal. S. 17, b:
„Daß man nicht gegen alle Gegenden der Welt, sondern gen
Jerusalem beten müsse, erhellet aus Daniel 6, 10, wo es
heißt: Er hatte an seinem Sommerhause offene
Fenster gegen Jerusalem. Und so hielt es der Pro=
phet nicht erst seit den Tagen seiner Gefangenschaft, sondern
schon vorher, weil dabei stehet: Gleichwie er vorhin zu

thun pflegte." Die zuerst angeführte Stelle findet sich schon in Tosaphta Berachot III, 9 und wird wiederholt im Buche Sifri zu Deuter. III, 26. Auch ist dieser Gebrauch bei den gläubigen Juden geblieben bis auf diesen Tag.

Neben dem Gebet wird die Buße als Gnadenmittel hochgepriesen. Pirke Afoth IV, 17: „R. Jakob sagt: Es ist besser eine Stunde, in welcher ein Mensch Buße und gute Werke thut in dieser Welt, als alles Leben in jener" (weil dort keine Buße, welche die Seligkeit erwirbt, mehr geschehen kann). Kap. V, 18: „Wer Viele sündigen macht, dem wird keine Macht gegeben, Buße zu thun (damit er die Seligkeit nicht erwerbe)." Midrasch Tillin zu Pf. 37, 5: „Nichts ist so gut als die Buße, wie geschrieben steht (Hof. 14, 3): **Nehmet diese Worte mit euch und bekehret euch zu dem Herrn, und sprecht zu ihm: Vergib uns alle Sünde und thue uns wohl.**" Traktat Joma, Abschnitt Jom Hakkipurim: „R. Levi sagt: Groß ist die Buße, denn sie führt bis zum Throne der Herrlichkeit, wie geschrieben steht (Hoseas 14, 2): **Bekehre dich Israel zu dem Herrn, deinem Gotte, denn du bist gefallen um der Missethat willen.**" Ebenso Makkoth jeruschal. Perek Hen Haggolin: „R. Phineas sagt, es steht geschrieben (Pf. 25, 8): **Der Herr ist gut und fromm, darum unterweiset er die Sünder auf dem Wege.** Warum ist er gut? weil er fromm ist; warum fromm? weil er gut ist. Deßhalb zeigt er dem Sünder einen Weg. Er zeigt ihnen nämlich den Weg der Buße. Sie fragten die Weisheit, was ist die Strafe des Sünders? Diese antwortete mit dem Spruch (Sprüchwörter XIII, 21): **Unglück verfolgt die Sünder.** Sie befragten die Weissagung: Was ist die Strafe des Sünders? Dieselbe antwortete mit dem Spruche (Ezech. XVIII, 20): **Welche Seele sündigt, die soll sterben.** Sie befragten das Gesetz, was ist die Strafe des Sünders? Es antwortete: **Bring mir ein Opfer dar, und deine Sünde wird dir vergeben**, wie geschrieben

steht (Levitic. I, 4): Es wird angenehm seyn und
ihn versöhnen. Sie befragten Gott: Was ist die Strafe
des Sünders? Er antwortete: Thut Buße und ihr sollt
verschont werden; darum heißt es in obiger Psalmenstelle:
Der Herr ist gut und fromm, denn er unterweiset
die Sünder auf dem Wege. Denn er lehrt sie Buße
thun." Midrasch Schir haschirim über die Worte Kap. V,
16: „Sein Geschmack ist süße und ganz lieblich.
Ein solcher ist mein Freund, mein Freund ist ein
Solcher, ihr Töchter Jerusalems! Gibt es einen
süßern Geschmack für dich, als der, von welchem geschrieben
steht (Ezech. 33, 11): So wahr als ich lebe, spricht
der Herr, ich habe kein Gefallen am Tode der
Gottlosen, sondern daß sich der Gottlose bekehre
von seinem Wesen und lebe. So bekehrt euch doch
nun von eurem bösen Wesen. Warum wollt ihr
sterben, ihr vom Hause Israel! Abermal ist kein
süßerer Geschmack für dich, als der, von welchem es heißt
(Ezech. 18, 32): Ich habe kein Gefallen am Tode des
Sterbenden, spricht der Herr, darum bekehret euch,
so werdet ihr leben. Und ebendaselbst (B. 27): Wenn
der Gottlose sich bekehret von seiner Ungerechtigkeit, die er verübt hat, und nun recht und gut handelt, so wird er seine Seele lebendig erhalten.
Gibt es für ihn einen süßern Geschmack, als diesen?" — Die
Buße macht, daß der Messias kommt. So im Chelek Sanhedrin: „Raf hat gesagt: Alle Fristen des Messias sind vorüber, seine Ankunft hängt jezt bloß noch ab von der Buße
und von guten Werken. R. Eliefer lehrt: Wenn die Israeliten
Buße thun, werden sie erlöst, wo nicht, so werden sie nimmermehr erlöst." Ebenso das Buch Sifri zu Deuter. XI,
15: „Der heil. hochgelobte Gott sprach zu den Israeliten:
Meine Kinder sehet, auf welchem Wege ihr wandelt, thut
Buße, so will ich euch sogleich wiederherstellen in Eure
Städte, wie geschrieben steht (Jer. XXXI, 21): Kehre

wieder, Jungfrau Israel, kehre dich wieder zu
diesen deinen Städten." Endlich Taanith Jeruschal.
S. 64, a: Si resipuerit Israel vel uno die, illico adveniet
redemtor. Vajikra Rabba S. 151 c heißt es sogar: „Aus
der Stelle (Pf. 51, 19): Die Opfer, die Gott gefallen,
sind ein geängsteter Geist; ein reuiges und zer-
schlagenes Herz, wirst du, Gott! nicht verachten,
lernen wir, daß Der, welcher Buße thut, so angesehen wird,
als wäre er nach Jerusalem gegangen, hätte dort Tempel
und Altar wieder erbaut, und alle Opfer, welche das Gesetz
vorschreibt, dargebracht." Nicht so stark den Worten, wohl
aber der Sache nach drückt sich der Talmud aus, Traktat
Sanhedrin S. 32: „Die zwei Paraklete des Menschen sind
die Buße und die guten Werke."

Vollendet ist die Buße erst, wenn die Beichte dazu
kommt, d. h. wenn der Büßende laut seine Sünden bekennt.
Targum Jeruschal. zu Levitik. XVI, 6: „Aaron soll den Far-
ren für die Sünde darbringen — und soll dann versöhnen
durch die Beichte (durch wörtliches Bekenntniß) für sich und
die Männer seines Hauses." Ebendaselbst V. 30: „Wenn
ihr eure Sünde bekennet vor dem Herrn, werdet ihr rein
seyn." Genes. 49, 8 übersezt der Targum so: „Juda, du
hast gebeichtet, nach deiner That mit der Thamar, deßwegen
werden dich loben deine Brüder und nach deinem Namen
Juden genannt werden." Klarer spricht sich über die hier nur
angedeutete Meinung Bereschit Rabba zu derselben Stelle
aus: „Die Weisen leugnen und verbergen ihre Schuld nicht
vor ihren Vätern, sondern sie besiegen ihren bösen Trieb
(den Hochmuth) und beichten ihre Handlungen, denn Jeder,
der seine Sünde bekennt, ist würdig der andern Welt. — So
findest du es auch bei Juda. In der Stunde, wo die mit
Thamar begangene Sünde ihm offenbar war, beichtete er
auch, wie geschrieben steht (Genes. 38, 25): Thamar
sprach, erkenne doch, nämlich deinen Schöpfer, und

schäme dich nicht vor Fleisch und Blut. Sogleich bezähmte
Juda seinen Stolz und bekannte (seine Schuld). Jeglicher
aber, der seine Sünde nicht bekennt, ist vor Gott verflucht.
So finden wir es bei Kain, welcher leugnete und sprach
(Genes. IV, 9): Sollte ich meines Bruders Hüter
seyn? Darum ward er von Gott verflucht, wie geschrieben
steht (ebendas. V. 11): Verflucht seyst du auf Erden.
Als er aber seine Sünde erkannte und sprach: meine Sünde
ist groß vor dir, daß sie nicht vergeben werden kann: —
da antwortete Gott, wenn ich Kain nicht vergebe, will ich die
Pforte allen Büßenden schließen" u. s. w. Sanhedrin Jerusch.
Perek Nigmar Haddin: „Jeder, der seine Sünden beichtet,
hat Theil am ewigen Leben. Beweis dafür das Beispiel Achans,
zu dem Josua sprach: (Jos. 7, 19): Mein Sohn, gib
dem Herrn, dem Gott Israel, die Ehre und beichte
und sag an, was du gethan hast, verhehle mir
Nichts. Da antwortete Achan und sprach: Wahr=
lich ich habe mich versündigt an dem Herrn, dem
Gott Israel, und so und so gethan. Und woraus
lernen wir, daß seine Sünde ihm vergeben wurde? Aus dem
Spruche V. 25: Weil du uns betrübet hast, so be=
trübe dich der Herr an diesem Tage. An diesem
Tage bloß ward er betrübet, also nicht an dem künftigen, in
der andern Welt." Ferner soll man jede Sünde einzeln be=
kennen. Joma bab. S. 15: „Rabbi Huna sagt: Jeder der eine
Uebertretung begeht, soll namentlich seine Sünde bekennen."
Doch herrscht hierüber keine Uebereinstimmung. Joma Je=
ruschal. zu Ende heißt es: „R. Juda Ben Bethera sagt: Der
Büßende soll seine (bösen) Werke einzeln aufzählen; aber R.
Akiba sagt: dieß sey nicht nöthig." Formeln der Beichte wer=
den mehrfach angeführt. So Tosaphta Joma III, 1: „Wie
beichtet man? Ach Herr, ich bin ungehorsam gewesen, ich
habe gesündigt, ich habe gefehlt vor dir, ich und mein Haus,
und nun, o Herr, vergib mir meine Fehler und meine

Sünden und meine Missethat, die ich·und mein Haus vor dir begangen."

Offenbar haben wir.hier eine Beichte der Sünden nicht nur vor Gott, sondern auch vor dem Nebenmenschen, wofür die Stellen aus Bereschit Rabba und Sanhedrin zeugen., Das Beispiel Achans soll die Kraft der 'Beichte beweisen; kaum konnten die Rabbinen unglücklicher wählen, denn Achans ·Leiche wurde ja, nachdem er von ganz Israel gesteinigt war, zusammt seiner Habe und seinen Kindern verbrannt (Jos. VII, 25). Auch hier muß der Grundsatz ganz unabhängig von den Bibelsprüchen entstanden seyn, aus welchen man ihn erhärten wollte. Der Sohar bringt stärker als der Talmud darauf, daß der Büßende alle seine Sünden einzeln vor Gott aufzähle. Sohar III, S. 360: Homo tenetur specialiter confiteri peccata sua, et quamvis non omnia enarrare queat, quae per totam vitam commisit, quia multorum oblitus est, nihil refert. Ebenso auf der folgenden Seite und Sohar zu Exodus S. 70: Quamvis omnia manifesta et nota sint coram Deo, necessarium est, speciatim enarrare peccata sua. Daß die Beichte vor Christi Zeit bei den Juden im Brauche war, geht hervor aus Matth. III, 6: ἐβαπτίζοντο ἐν τῷ Ἰορδάνῃ ὑπ' αὐτοῦ, ἐξομολογούμενοι τὰς ἁμαρτίας αὐτῶν. Der Apostel Jakobus empfiehlt sie in seinem Briefe V, 16: ἐξομολογεῖσθε ἀλλήλοις τὰ παραπτώματα. Lange vor ihm fordert sie schon Philo, de poenitentia, S. 405: ἐὰν ... χαταιδεσθέντες ὅλῃ ψυχῇ μεταβάλωσι, κακίσαντες μὲν ἑαυτοὺς τῆς πλάνης, ἐξαγορεύσαντες δὲ καὶ ὁμολογήσαντες ὅσα ἥμαρτον καθ' αὑτοὺς διανοίᾳ κεκαθαρμένῃ τὸ πρῶτον, εἰς τὸ τοῦ συνειδότος ἀψευδὲς καὶ ἀνύπsλον, ἔπειτα καὶ γλώττῃ πρὸς βελτίωσιν τῶν ἀκsόντων, εὐμενείας τεύξονται τῆς ἐκ τοῦ σωτῆρος καὶ ἵλεω θεοῦ. *)

---

*) Siehe meine Schrift über Philo 1, 462.

Der Glaube an die Kraft der Buße erweist sich manchmal schädlich, indem leichtsinnige Menschen sich mit dem Gedanken trösten: ich will später Buße thun und jezt noch sündigen. Die Rabbinen beugten diesem Mißbrauche kräftig
vor; sie lehrten nämlich, nach dem Tode sey keine Buße
mehr möglich, und da man seine Stunde nicht kenne, solle
man täglich Buße thun, um nicht ewig verloren zu seyn.
Berachot Jeruschal. S. 35, a: „So lange der Mensch lebt,
ist Hoffnung, daß Gott sich seiner erbarme, wenn nämlich
der Sünder den bösen Weg verläßt. Wenn derselbe aber
ohne Buße stirbt, so ist alle Hoffnung verloren." Pirke R.
Eliefer Kap. 43 wird folgende Geschichte erzählt: „Komm
und siehe die Kraft der Buße an Simeon, dem Sohne Lakisch, der mit zwei Genossen auf Raub ausging, und Alle
plünderte, die vorüberzogen. Was that er später? Er verließ seine Genossen, die Räuber, auf den Bergen, und kehrte
zurück zu dem Gott seiner Väter, von ganzem Herzen mit
Fasten und Gebet. Tag für Tag beschäftigte er sich mit dem
Gesetz, gab den Armen Geschenke, und verfiel nicht wieder
in seine bösen Werke. Seine Buße war angenehm vor dem
Herrn. Als nun er und seine ehemaligen Genossen gestorben
waren, gab Gott ihm seinen Theil im Hause des Lebens,
den beiden andern in der untersten Grube. Jene zwei
sprachen vor dem heiligen Gott, Herr der Welt! dieser da,
der doch mit uns Räuber war auf den Bergen, ist vor dir
geehrt, und im Hause des Lebens, während wir in der untersten Grube sitzen. Gott antwortete: er hat Buße gethan
während seines Lebens, ihr aber nicht. Die Seelen der Räuber entgegneten, gib uns Ruhe, so wollen wir auch Buße
thun. Aber der Herr erwiderte ihnen: Es gibt keine Buße
als vor der Stunde des Todes. Wem soll ich dieß vergleichen? Einem Menschen, der eine längere Seereise machen
will. Nimmt derselbe kein Brod aus dem bewohnten Lande
mit, so hat er Nichts zu leben auf den Wassern. Will er

eine Reise machen ans Ende der Wüste, und nimmt kein
Brod und Wasser mit aus der Welt, so findet er nichts zu
essen und zu trinken in der Wüste. Also auch der Mensch,
wenn er keine Buße thut in diesem Leben, wird sie nach dem
Tode ihm nicht mehr gestattet." Ebenso Midrasch Koheleth
zu I, 15: Qui perversus est in hoc seculo, non potest
emendari in seculo futuro. Nichts muß daher dem Men=
schen angelegener seyn, als daß er vor seinem Tode, wäre
es auch in den lezten Zügen, Buße thue, und wer einen
Sterbenden dazu bringt, erwirbt sich ein Verdienst. Mischna
Sanhedrin VI, 2: „Ist Einer zum Tode verurtheilt, so soll
man, zehn Ellen von dem Orte der Steinigung entfernt, zu
dem Verbrecher sagen: Bekenne deine Sünden. Denn es ist
gewöhnlich, daß Die, welche man zum Tode führt, zuvor noch
ihre Sünden beichten, weil wer dieses thut, Theil am künf=
tigen Leben hat." Sofort wird das Beispiel Achans ange=
führt, gerade wie oben. Dann fährt die Mischna fort: „Kann
der Verbrecher (aus Todesangst) ein solches Bekenntniß nicht
ablegen, so sagt man zu ihm, sprich: Mein Tod sey die
Versöhnung aller meiner Missethaten." Leztere Stelle beweist,
daß diese Lehre mindestens bis zum Ende des zweiten Jahr=
hunderts hinaufreicht; ein noch älteres Zeugniß findet sich im
4ten Buche Esdrä, (Kap. IX, 10, nach Lawrence, bei Fa=
bricius Kap. IX, 12): Tunc affligentur, qui neglexerunt
praecepta mea, et cruciabuntur in judicio, qui dereli-
querunt mea statuta et contempserunt me; et ii omnes
qui non cognoverunt me in vita sua, dum eos adjuvabam.
Et ii omnes, qui fastidierunt legem meam, cum adhuc
erant habentes libertatem, et cum *adhuc esset eis apertus
poenitentiae* (nach dem Lateiner, der Abyssinier hat offenbar
unrichtig patientiae meae, obgleich der Sinn derselbe ist)
locus, et non intellexerunt me, sed spreverunt, hos
oportet post mortem me cognoscere. Offenbar wird hier
angedeutet, daß nach dem Tode keine Buße mehr möglich

sey, nur während des Lebens gibt Gott seine Kraft dazu von oben, adjuvat.

Auch der Glaube erwirbt dem Menschen nach rabbinischer Lehre das göttliche Wohlgefallen. Targum Jeruschal. zu Genes. XL, 14: „Joseph verließ das Vertrauen auf Gott, und hielt sich bloß an das Vertrauen auf Menschen, darum sprach er zu dem Mundschenken: Gedenke mein, wenn es dir gut geht." Hier ist zwar nicht der eigentliche Glaube gemeint, doch kommt das Wort πιστις bei den neutestamentlichen Schriftstellern in gleichem Sinne vor. Man sieht übrigens leicht, daß unsere Stelle einen leisen Tadel gegen Joseph enthält, weil er auf Gott minder vertraute als auf Menschen. Ebenderselbe Targum zu Numer. XI, 32: „Da standen Menschen unter dem Volke auf, welche des Glaubens entbehrten מְחַסְּרֵי הֵימְנוּתָא und sammelten Wachteln den ganzen Tag und die ganze Nacht, und den folgenden Tag — darum schlug Gott die Ruchlosen mit großer Plage." Mangel an Glauben wird hier als die ärgste Sünde hingestellt, welche himmlische Strafe nach sich zieht. Wie groß aber das Verdienst des Glaubens sey, ersieht man aus dem Buch Mechilta zu Exod. XIV, 30: „Es heißt (XIV, 31): Das Volk fürchtete den Herrn. So lange sie in Aegypten waren, fürchteten sie Gott nicht, wohl aber jezt: Das Volk fürchtete den Herrn, und sie glaubten an ihn und seinen Knecht Moses. Wenn sie an Moses glaubten, so glaubten sie noch viel mehr an den Herrn. Hieraus sollst du abnehmen, daß wer an den guten Hirten glaubt, so angesehen wird, als glaubte er an Den, welcher sprach, und die Welt war da. Sehr wirksam ist der Glaube, welchen die Israeliten gegen den Höchsten bewiesen; denn nachdem sie geglaubt hatten, wohnte alsbald der heilige Geist auf ihnen und sie sangen den Lobgesang. Denn gleich nach den Worten: sie glaubten an den Herrn und an Moses seinen Knecht, folgt der Spruch (Exod. XV, 1):

Da sangen Mose und die Kinder Israel dieß Lied
dem Herrn. Deßgleichen findest du, daß Abraham unser
Vater die Erbschaft dieser und der künftigen Welt bloß für
das Verdienst des Glaubens erhielt, mit welchem er Gott
vertraute, wie geschrieben steht (Genes. XV, 6): Abraham
glaubte dem Herrn, und das ward ihm zur Gerechtigkeit angerechnet. Andere Auslegung. R. Nehemia sagt: Wer nur ein Gebot des Gesetzes mit festem
Glauben auf sich nimmt, auf den steigt der heil. Geist nieder; das findest du bewährt an dem Beispiele unserer Väter:
nachdem sie dem Herrn geglaubt, wurden sie des heiligen
Geistes gewürdigt. Denn es heißt: sie glaubten an
Gott und seinen Knecht Mose; und gleich darauf folgen die Worte: Da sangen Moses und die Kinder
Israel ein Lied. Das Gleiche gilt von Abraham: nur
für das Verdienst seines Glaubens erbte er diese und jene Welt.
Nicht minder lesen wir von Moses, Debora und David, daß
sie (um des Glaubens willen) ein Lied sangen, und daß der
heil. Geist auf ihnen wohnte. Nur für das Verdienst ihres
Glaubens sind die Israeliten aus Aegypten erlöst worden
(Exod. XIV, 30): Das Volk glaubte an den Herrn.
Ebenso heißt es Ps. 31, 24: Die Gläubigen behütet
der Herr. — Ferner steht von den Gläubigen geschrieben
(Jes. 26, 2): Thut die Thore auf, daß hereingehe
das gerechte Volk, welches den Glauben bewahret.
In dieses Thor ziehen alle Gläubigen ein. David singt
(Ps. 92, 1): Das ist ein köstlich Ding, dem Herrn
danken und lobsingen deinem Namen, du Höchster!
des Morgens deine Gnade und des Nachts deine
Treue verkünden, auf den zehn Saiten, mit Psal-
ter und Spielen auf der Harfe, denn, Herr, du läs-
sest mich fröhlich singen von deinen Werken, und
ich rühme die Geschöpfe deiner Hände. Was ist die
Ursache dieser seiner Freude? Antwort: das Verdienst des

Glaubens, den unsere Väter in dieser Welt bewiesen, mit
dem sie vertrauten bei Tag und bei Nacht. Deßgleichen
heißt es von Josaphat (2. Chron. XX, 20): Sie machten
sich des Morgens frühe auf und zogen aus zu der
Wüste Thekoa. Und nachdem sie ausgezogen, stund
Josaphat auf und sprach: Höret mir zu ihr Män=
ner von Juda und ihr Einwohner von Jerusalem!
Glaubet an den Herrn euren Gott, so werdet ihr
sicher seyn, und glaubet seinen Propheten, so
werdet ihr Glück haben. Ebenso Jeremias V, 3: Herr,
deine Augen sehen auf den Glauben, und Habakuk
II, 4: Der Gerechte lebt seines Glaubens; Klagelieder III, 23: Alle Morgen ist sie neu, dein Glaube
ist groß. Auch findest du, daß Gotteserscheinungen nur
um das Verdienst des Glaubens ertheilt werden; Hohes
Lied IV, 8: Komm, meine Braut vom Libanon,
komm vom Libanon, mit Glauben wirst du vom
Haupte an umgeben.*) Deßgleichen Hos. II, 19, 20:
Ich will mich mit dir verloben in Ewigkeit, ja
im Glauben will ich mich mit dir verloben. Groß
ist der Glaube vor Gott, denn durch das Verdienst des Glaubens wohnt der heilige Geist auf Israel u. s. w." Diese
höchst merkwürdige Stelle stimmt mit der Lehre des Römerbriefs
aufs Wort überein und beweist, daß Paulus dort aus Sätzen
folgert, die von den Juden seiner Zeit zugestanden waren. Auch
das Buch Jezira stellt den Glauben Abrahams als Regel
auf. Lezte Mischna:**) Postquam Abraham pater noster
respexit et speculatus est, et quod meditatus erat, exa-
ravit et exsculpsit et adeptus est: apparuit ei Dominus
universi et vocavit eum dilectum suum, et ictum est cum

---

*) So versteht nämlich der Text die Worte: תְּשׁוּרִי מֵרֹאשׁ אֲמָנָה
Kalah oder Braut heißt mystisch der heilige Geist oder die
Schechina.
**) Rittangels Ausgabe S. 208.

eo et cum semine ejus foedus; et credidit in Jehovam
et reputatum est ei in justitiam. Weil vom rechten Glauben die ewige Seligkeit abhängt, darum ist es von höchster
Wichtigkeit, daß nur die wahre Lehre vorgetragen werde,
und daß sich kein Irrthum einschleiche. Buch Siphri zu
Deuter. XI, 13: „Es stehet geschrieben (ebendaselbst V, 1):
Höre Israel die Gebote und Rechte, die ich heute
vor euren Ohren rede, lehret sie und behaltet sie,
daß ihr darnach thut. (Die Lehre ist früher, nicht das
Werk.) Der heilige Text will uns damit zeigen, daß das Thun
von der Lehre abhängt, und nicht umgekehrt die Lehre vom Thun.
Und so finden wir auch, daß Gott härter straft, wegen der
(falschen) Lehre als wegen des (bösen) Werkes, wie es
heißt (Hos. IV, 1): Höret das Wort Jehovas, ihr
Kinder Israel, denn der Herr hat Ursache zu
schelten Alle, die im Lande wohnen. Es ist keine
Wahrheit, keine Güte und keine Erkenntniß Gottes im Lande." Die berühmten jüdischen Lehrer Abarbanel
und Maimonides sprechen daher ganz die alte Lehre ihres
Volkes aus, wenn jener in seinem Buche Roschamanah S. 5, a,
dieser in der Auslegung zu Mischna Sanhedrin S. 121, a,
behauptet: „Sobald die 13 Hauptstücke*) des jüdischen Glaubens vollkommen ins Herz aufgenommen sind, daß der Mensch
fest daran glaubt, so wird derselbe unter die wahren Israeliten gezählt: man muß ihn lieben, ihm verzeihen und alles
Gute erweisen, was der Schöpfer befohlen hat, dem Nebenmenschen zu erzeigen. Und wenn derselbe Gläubige auch
schon alle Uebertretungen, die in der Welt sind, wegen des
bösen Triebs begehen sollte, so ist er zwar einer von den
sündigenden Israeliten, und wird auch dafür gestraft, aber
dennoch hat er Theil am ewigen Leben."

Besonders stark wird der Glaube gefeiert im 4ten Buche

---

*) So viel rechnen die spätern Rabbinen.

Esdrä. In der schon angeführten Stelle Kap. VI, V. 5, werden die zur Seligkeit Auserkornen mit den Worten: qui fidem thesaurizaverunt, bezeichnet. In der lezten Zeit, ehe der Messias kommt, soll ungeheure Gottlosigkeit auf Erden herrschen. Dieser Gedanke wird Kap. V, 1 so ausgedrückt: sterilis erit a fide regio. Glauben und gute Werke erwerben das ewige Leben IX, 8 (nach Lawrence): Qui salvus factus fuerit et poterit effugere per opera sua et per fidem, in qua crediderit, ille immunis erit a cruciatibus. Ebenso wird XIII, 23 von den Gerechten gesagt: Qui habent opera bona et fidem ad altissimum. Hiemit vergleiche man den Targum Jonathan Ben Usiel zu Jesaias 26, 2 u. flg. »Oeffnet die Thore, und hinein trete das gerechte Volk, welches bewahrt hat das Gesetz mit vollkommenem Herzen. Mit vollkommenem Herzen haben sie Friede bewahrt, Friede soll ihnen zu Theil werden, weil sie gebaut haben auf dein Wort. Bauet auf das Wort des Herrn in Ewigkeit und alle Ewigkeit, denn dann werdet ihr erlöst.« Daß schon die alexandrinisch=jüdische Geheimlehre den Spruch Genes. XV, 6 zu einer allgemeinen Regel gestempelt hat, und daß Philo dem Glauben eine der höchsten Stellen unter den Gnadenmitteln anweist, wurde von mir an einem andern Orte gezeigt. *)

Der große Werth, den man dem wahren Glauben beilegte, hat frühe bei den Juden eine Folgerung hervorgebracht, die sich später in der katholischen Christenheit wiederholte. Außer der rechtgläubigen Kirche gibt es kein Heil, alle Ketzer sind verloren. Mischna Sanhedrin X, 1: „Ganz Israel (auch Die, welche um ihrer Verbrechen willen zum Tode geführt werden, wenn sie vorher Buße thaten) haben Theil an der zukünftigen Welt, weil geschrieben steht (Jes. 60, 21): Dein Volk sollen lauter Gerechte seyn, und sie

*) Siehe meine Schrift über Philo I, 452 u. flg.

werden das Land ewiglich besitzen, als Solche, die
ein Zweig von meiner Pflanzung und ein Werk
meiner Hände sind, zu meinem Preise. Folgende
aber haben keinen Theil an der zukünftigen Welt: der so da
spricht, es sey keine Auferstehung der Todten nach dem Gesetz, das Gesetz sey nicht vom Himmel gegeben, und ein
Epikuräer" (der die Schulen der Weisen gering achtet). Hier
werden Sadduzäer und andere Ungläubige von der ewigen
Seligkeit ausgeschlossen. Ebenso Avoda Sara S. 17, a: „Es
stehet geschrieben (Sprüchwörter 30, 15): Die Aluka*) hat
zwei Töchter, gib her, gib her! Was bedeuten die
Worte: gib her, gib her? R. Akba sagt, es seyen zwei
Töchter, welche aus der Hölle herauf rufen: Gib her, gib
her; und diese zwo Töchter seyen die Ketzerei und die heidnische Obrigkeit. Ein Anderer berichtet, R. Chasda habe
diese Stelle so gedeutet: Die Hölle selbst rufe, bringet mir
jene beiden Töchter her, welche in dieser Welt sprechen: gib!
gib! Auf die Ketzerei bezieht sich noch eine zweite Stelle
(Sprüchwörter II, 19): Alle, die zu ihr (zu der Ketzerei)
eingehen, kehren nicht um, und betreten den Weg
des Lebens nicht. Einwurf: Warum heißt es doch: sie
betreten den Weg des Lebens nicht, da ja schon gesagt ist,
daß sie nicht umkehren? (das zweite Glied sey also überflüssig.)
Antwort: Der Sinn ist: Alle, welche zur Ketzerei eingehen,
kehren nicht um (thun keine Buße), wenn sie aber auch um-
kehrten, erreichen sie doch den Weg des Lebens nicht." (Die
Buße nützt ihnen nichts, sie sind ewig verloren.) Die Juden
hielten daher seit alten Tagen jede Mißhandlung gegen Ketzer,
als gegen ewig Verfluchte, für erlaubt. Avoda Sara S. 26, a
zu unterst: „R. Abhu lehrte in Gegenwart R. Jochanans:

---

*) Ein zweifelhaftes Wort, das entweder den Blutigel, oder das
unerbittliche Verhängniß, oder die wilde Gier bezeichnet; siehe
Gesenius unter עֲלוּקָה.

Heiden und Solche, welche klein Vieh weiden, dürfe man
nicht aus einem Brunnen herausziehen, doch auch nicht hin=
unterwerfen, dagegen Ketzer, Verräther und Abtrünnige solle
man hinunterstürzen und keineswegs wieder herausziehen."
Andere Aussprüche des wüthendsten Ketzerhasses kann man
bei Eisenmenger finden; ich erinnere hier bloß an die oben
angeführten Zeugnisse der ältesten Väter über den wilden
Grimm, mit welchem Bar Chochba und andere Juden die
Christen verfolgten. Denn sie sahen uns als Abtrünnige und
Ketzer an.

Endlich muß unter den Gnadenmitteln auch noch die
Sabbathfeier genannt werden. Traktat Sabbath Seite 119, b:
„R. Jochanan sagt, wer den Sabbath auf die rechte Weise
hält, dem werden seine Sünden vergeben, hätte er auch Götzen
angebetet, wie Enosch [denn nach der talmudischen Sage soll
in Enoschs Zeit der Götzendienst aufgekommen seyn, wegen
der Worte (Genes. IV, 26): **Damals ward entweiht**
הֻחַל *) der Name des Herrn]; weil geschrieben stehet
(Jes. 56, 2): **Wohl dem Menschen** (אֱנוֹשׁ), **der solches**
thut, und dem Menschenkind, das solches hält;
wer den Sabbath feiert, dem wird vergeben. Man
soll nämlich nicht lesen מְחַלְלוֹ daß er ihn (den Sabbath)
nicht entweiht, sondern מָחוּל לוֹ, es ist ihm vergeben. R.
Juda sagt im Namen Rafs: Hätte Israel den Sabbath ge=
halten, so würde nie ein Volk oder eine Zunge über uns
geherrscht haben. Denn es stehet geschrieben (Exod. XVI, 27):
Am siebenten Tage gingen etliche vom Volke hin=
aus zu sammeln und fanden nichts (das war die erste
Sabbath = Uebertretung); und gleich darauf heißt es (Exod.
XVII, 8): **Da kam Amalek und stritt wider Israel**
in Raphidim (das war die Strafe für jene Uebertretung,

---

*) Die Rabbinen übersetzen nämlich nach der Bedeutung „ent=
weihen" statt „anfangen."

hätten die Kinder Israel den Sabbath gehalten, so würde nie ein fremdes Volk, dessen Vorbild Amalek, sie besiegt haben). R. Jochanan hat im Namen R. Simeons gesagt: Wenn Israel nur zwei Sabbathe auf die rechte Weise hielte, so käme alsbald die Erlösung. Denn es heißt (Jes. 56, 4): **So spricht der Herr zu den Verschnittenen, welche meine Sabbathe halten u. s. w.** Gleich darauf steht geschrieben (V. 7): **Dieselben will ich zu meinem heil. Berge führen.**" Das besagt nach der Rabbinen Deutung: ich will Jerusalem sammt dem Tempel durch den Messias wieder herstellen. In ähnlichem Sinne heißt es ebendaselbst, S. 118: „Wer dreimal den Sabbath recht feiert, wird befreit von drei Strafen, von den Wehen der Ankunft des Messias, [*] von dem Gericht der Hölle und von dem Krieg Gogs und Magogs." Sofort werden die biblischen Beweisstellen angeführt, die ich, wie billig, übergehe. Ebenso Pesikta Sotarta S. 50, c: „Ein Jeder, der den Sabbath hält, thut soviel, als wenn er das ganze Gesetz gehalten hätte, wie geschrieben steht (Erod. XVI, 29): **Sehet, der Herr hat euch den Sabbath gegeben.**" Das Gleiche steht auch im Buche Mechilta (zu Erod. XXXI, 14): „R. Elieser, der Sohn Partha, sagt: Wer den Sabbath vollkommen hält, wird angesehen, als hätte er den Sabbath geschaffen (dieses gute Werk erhebt ihn zu Gott). Raf sagt, wer einen Sabbath recht feiert, dem wird es so angerechnet, als hätte er alle Sabbathe vom siebenten Tage der Schöpfung an, bis zur Auferstehung der Todten gefeiert." Endlich Pirke R. Elieser, Kap. 8: „Wer den Sabbath in dieser Welt hält, dem vergibt der heil. gebenedeite Gott alle seine Missethaten." Als Beweis wird die Stelle Esaias 56, 2, mit derselben Verdrehung wie oben, angeführt. Alles Unglück soll von Entweihung des Sabbaths herkommen. Traktat Schabbath S. 119: „Es bricht keine

---

[*] Chesle Hamaschiach, wovon später.

Feuersbrunst an einem Orte aus, ohne daß Verletzung des Sabbaths daran Schuld wäre, wie geschrieben steht (Jerem. XVII, 27): **Werdet ihr aber mich nicht hören, daß ihr den Sabbathtag heiliget und keine Last traget durch die Thore von Jerusalem am Sabbathtage, so will ich ein Feuer unter euren Thoren anstecken, das die Häuser von Jerusalem verzehren und nicht gelöscht werden soll.**" Viele Juden glaubten, daß die zwei Zerstörungen Jerusalems durch die Chaldäer, wie durch Titus, eine Strafe für Sabbath-Schändung gewesen seyen. Einer ähnlichen Ansicht huldigt schon Philo, wenn er in dem Buche von den Strafen und Flüchen das namenlose Wehe, welches vor der Ankunft des Messias über die Juden hereinbrechen soll, von Entheiligung des siebenten Tages und Jahres herleitet,[*] was in seinem Munde um so mehr auffällt, weil er sonst gar gerne vernünftelt und Alles aufs Mildeste deutet. Der gemeine Volksglauben hatte ihn fortgerissen, denn für den großen Haufen der Juden gab es nichts Heiligeres als die Siebenzahl und ihre Feste, kein schwereres Verbrechen, als die Entweihung derselben. Wüßten wir dieß nicht aus anderen Gründen, so könnten wir es aus dem N. Testamente abnehmen. Daß unser Herr am Sabbathe Kranke heilte, daß seine Jünger an diesem Tage Aehren ausrauften, brauchten die Pharisäer als Anlaß wüthender Verfolgung. Sie haßten von ganzer Seele einen Lehrer, der das Wesen über die Form, Liebe und rechte Gesinnung über Aeußerlichkeiten erhob.

Wer nun die bisher beschriebenen Pflichten erfüllt, der besizt gute Werke, hat durch sie Verdienst erworben, und darf deßhalb des Lohnes gewärtig seyn. Der Targum Jeruschal. zu Genes. IV, 7—9 theilt folgendes Zwiegespräch zwischen Abel und Kain mit: „Gott sagte zu Kain: Ist es nicht so,

---

[*] Siehe meine Schrift über Philo I, S. 515.

wenn du gute Werke thust, wird dir deine Schuld vergeben.
Thust du aber keine guten Werke in dieser Welt, so wird
dir deine Sünde bewahrt am Tage des großen Gerichts. An
der Thüre deines Herzens liegt die Sünde, aber ich habe dir
Gewalt gegeben über den bösen Trieb, gegen dich wird er
gelüsten, aber du herrsche über ihn, sey es zur Gerechtigkeit
(indem du ihn überwindest), sey es zur Sünde (wenn du
ihm unterliegst). Da sprach Kain zu seinem Bruder Abel:
Laß uns ins Feld hinausgehen, und als sie draußen waren,
hub Kain an: Ich sehe wohl, daß die Welt aus Gnade ge=
schaffen worden ist, aber sie wird nicht nach den Früchten der
guten Werke regiert, und es findet Ansehen der Person im
Gericht statt, denn warum anders ward dein Opfer mit
Wohlgefallen angenommen, meines aber nicht? Abel antwortete: Aus Erbarmen ist die Welt geschaffen, und nach den
Früchten der guten Werke wird sie regiert, und es findet kein
Ansehen der Person statt im Gericht; weil die Früchte mei=
ner guten Werke besser und köstlicher waren, als die deinigen,
ward mein Opfer mit Wohlgefallen angenommen. Kain er=
widerte: Es ist kein Gericht, kein Richter, keine andere Welt,
noch wird guter Lohn ertheilt den Gerechten, oder Rache ge=
nommen an den Gottlosen. Abel dagegen sprach: Es gibt
ein Gericht, einen Richter, eine andere Welt, guter Lohn
wird den Gerechten ertheilt und Rache genommen an den
Gottlosen. Und wegen dieser Sache stritten sie mit einander
auf dem Felde, bis Kain sich gegen seinen Bruder erhob und
ihn erschlug.“ So der Targum. Gemäß dem gelehrt=grü=
belnden Geiste des Volkes muß es ein theologischer Streit
gewesen seyn, der die ersten Menschen entzweite und den
Mord gebar.*) Hauptgegenstand des Streites war die Frage,
ob die Gerechten einen Lohn, die Ungerechten Strafe empfan=
gen. In demselben Targum zu Levit. 26, 29 spricht Gott

---

*) Mir scheint, daß der Verfasser des Hebräerbriefs auf diese
Meinung anspiele. Kap. XI, 4.

zu den Israeliten: „Ich will mich abwenden von den Völkern und euch den Lohn geben eurer guten Werke, ich will
euch stark machen und euch vermehren." Ferner zu Numer.
XXIII, 10: „Als Bileam der Sünder sah, daß die Kinder
Israel ihre Vorhaut beschnitten, und dieselbe im Staube der
Wüste verborgen hatten, sprach er: Wer kann zählen die
Verdienste dieser Starken und die Summe der guten Werke,
welche auch nur einem einzigen aus den vier Schaaren Israels
angehören." Damit man sehe, wie alt diese Vorstellung sey,
möge lezteren Stellen eine andere aus dem Targum Jonathans
Ben Usiel zu Ruth II, 12 folgen: „Boas spricht zu Ruth:
Der Herr möge dir vergelten in dieser Welt mit reicher
Vergeltung für dein gutes Werk, und dein Lohn möge groß
seyn in jener Welt dafür, daß du gekommen bist, Proselytin *)
zu werden, und dich zu flüchten unter den Schatten der
herrlichen Schechina Gottes, und wegen dieses Verdienstes
(זכותא) wirst du befreit vom Gericht der Hölle, so daß dein
Theil ist bei Sara, Rebekka, Rahel und Lea." Jedes gute
Werk hat seinen besondern Lohn. So erwirbt z. B. nach
Baba Bathra S. 10, a und b Almosen das Anschauen
Gottes; es befreit den Menschen vom Tod und Gericht,
macht, daß der Mildthätige leuchtet, wie die Sterne des Himmels, bewirkt, daß der Messias bälder kommt. Pirke R.
Elieser Kap. 33 heißt es: R. Simeon dicit: efficacia eleemosynae mortui suscitabuntur, und weiter unten: R. Asaria dicit: Ut cognoscas vim eleemosynae, veni et vide
exemplum Sallonii, filii Tikva, qui erat ex magnatibus
suae aetatis et quotidie eleemosynas erogabat. Quid
fecit? implevit hydriam aqua, et consedit ad portam urbis, atque cuilibet venienti ex itinere potum praebuit,
et reduxit animam illius ad ipsum. Ob meritum autem

---

*) Es ist nämlich eine alte jüdische Sage, daß Ruth nach Israel
ausgewandert sey, um den Glauben des wahren Gottes anzunehmen.

eleemosynae hujus habitavit spiritus sanctus super uxore ejus. Peah jeruſchalemi erſtes Kap. wird gelehrt: „Wenn du Almoſen gibſt aus deinem Beutel, wird dich Gott vor Schaden, Verletzung, Steuern und Abgaben bewahren." Wegen ſeiner hohen Kraft bekommt daher das Almoſen bei den Juden vorzugsweiſe den Namen צְדָקָה (Gerechtigkeit). Ferner Pirke Aſoth Kap. IV, 11: „Buße und gute Werke ſind wie ein Schild gegen Strafgerichte." Avoda Sara S. 2 heißt es: Omnia praecepta, quae Israëlitae observant in hoc mundo, venient et testimonium illis perhibebunt in seculo futuro, und einige Worte weiter unten: Deus S. B. seculo venturo reponet librum legis in sinum suum et proclamabit: quisounque operam dedit legi huic, veniat nunc et ferat mercedem suam. Auch die Heiden und die ſchlechten Iſraeliten werden für ihre guten Werke belohnt; jedoch auf andere Weiſe, als die frommen Iſraeliten. Targum jeruſchal. zu Deut. VII, 10: „Ihr ſollt erkennen, daß Gott, euer Herr, ein ſtarker und wahrhaftiger Richter ſey, der ſeinen Bund hält und auf tauſend Geſchlechter Gnade den Gerechten erweist, die ihn lieben und ſeine Gebote halten. Auch ſeinen Feinden (den heidniſchen Völkern) ertheilt er den Lohn ihrer guten Werke in dieſer Welt, um ſie in der künftigen zu verderben. Nicht ſäumt er, ſeinen Haſſern Gutes zu thun, aber nur ſo lange ſie leben in dieſer Welt, gibt er ihnen ihren Lohn." Darum heißt es in demſelben Targum zu Geneſ. XV, 1: Nachdem die verſchworenen Könige vor Abraham hatten weichen müſſen — ſprach dieſer in ſeinem Herzen: „Wehe mir, vielleicht bekomme ich den Lohn meiner guten Werke bloß in dieſer Welt und habe keinen Theil an der künftigen — oder vielleicht hatte ich nur damals, als ich ſie ſchlug, Verdienſt guter Werke (das mir den Sieg verſchaffte), und werde es ſpäter nicht mehr haben (und meinen Feinden unterliegen). Da erging das Wort des Herrn an ihn im Geſicht: — fürchte dich nicht — denn wenn deine Feinde

auch durch deine Hand fallen in dieser Welt, wird dir doch
der Lohn deiner guten Werke aufbewahrt und wird groß seyn,
vor mir in der künftigen Welt." Ebenso Taanith bab. S.
11 b: Quemadmodum in seculo futuro piis rependitur
praemium boni operis etiam levissimi, quod perpetrarunt:
ita in seculo hoc renditur impiis praemium cujuscunque levissimi boni operis. Dieser Grundsatz wird auch im
N. Testamente auf den reichen Mann angewandt: Luc. XVI,
25 εἶπε δὲ Ἀβραάμ· τέκνον μνήσθητι, ὅτι ἀπέλαβες σὺ τὰ
ἀγαθά σου ἐν τῇ ζωῇ σου, καὶ Λάζαρος ὁμοίως τὰ κακά,
νῦν δὲ ὅδε παρακαλεῖται, σὺ δὲ ὀδυνᾶσαι. Man brauchte
ihn vielfach, um Gott wegen des zeitlichen Glücks der Gottlosen und des Unglücks der Frommen zu rechtfertigen, indem
in der andern Welt Alles ausgeglichen werden solle.

Nicht nur Thaten, auch Leiden werden als Verdienst angerechnet, wenn sie unverschuldet kommen, oder vom Herrn als
Zuchtmittel verhängt sind. Groß ist besonders der Preis
göttlicher Züchtigungen bei den Rabbinen. Buch Mechilta zu
Exod. XX, 23: „Der Mensch soll sich mehr über Strafgerichte freuen als über Güter. Denn wenn er Nichts als
Gutes genießt sein ganzes Leben lang, so werden ihm seine
Sünden nicht vergeben, und warum werden sie vergeben?
wegen der Züchtigungen! R. Elieser sagt: Siehe es stehet
geschrieben (Sprüchwörter III, 11): Mein Kind, verwirf
die Zucht des Herrn nicht! Warum? (der Grund steht
dabei ebendaselbst): Denn welchen der Herr lieb hat,
den züchtigt er. Was ist das Zeichen, daß der Vater Wohlgefallen hat an seinem Sohne? Die Züchtigungen! Raf beruft sich auf den Spruch Deuter. VIII, 5: Du erkennest
in deinem Herzen, daß der Herr, dein Gott, dich
gezüchtigt hat, wie ein Vater seinen Sohn züchtigt. R. Jonathan sagt: Lieblich sind die Züchtigungen,
durch sie ist der Bund des gelobten Landes geschlossen worden. Denn es heißt gleich nach den Worten: Der Herr

züchtigt dich, wie ein Vater seinen Sohn (VIII, 5);
weiter: Der Herr, dein Gott, führet dich in ein
gut Land (V. 7). R. Simeon Ben Jochai sagt: Lieblich
sind die Züchtigungen, durch welche den Israeliten drei Güter
zu Theil wurden, wegen deren sie von den Nationen beneidet
werden: nur durch Züchtigungen erwarben sie dieselben, nämlich das Gesetz, das Land Israel. und die zukünftige Welt.
(Folgen nun die Bibelstellen, aus welchen dieß bewiesen werden soll.) R. Nehemia sagt: Lieblich sind die Züchtigungen,
wie Opfer sühnen, so auch Züchtigungen — und zwar sühnen diese noch mehr als Opfer, weil leztere nur unser Vermögen, jene aber den Leib treffen." Derselbe Ausspruch wird
mit geringen Abänderungen wiederholt im Buch Sifri zu
Deuter. VIII, 5. Die Juden unterscheiden zweierlei Züchtigungen: solche, welche Gott zur Strafe für begangene Sünden,
und solche, welche er aus Liebe verhängt. Bereschit Rabba Abschnitt 92 S. 89, d: Dixit R. Alexander: Nullus homo est
absque castigatione. Beatus vero is est, cui castigationes
obtingunt ex lege, juxta effatum (Ps. 94, 12): *ex lege
tua docebis ipsum.* Dixit R. Josua, filius Levi: Castigationes, quae veniunt super hominem, et cessare faciunt
ipsum a verbis legis, sunt castigationes ultionis,
sed quae veniunt super ipsum et non cessare faciunt
eum a verbis legis, sunt castigationes amoris, prout
scriptum est (Proverb. III, 12): *Quem diligit Dominus,
eum castigat.* Ebenso Midrasch Tanchuma S. 83, d: Dixit R. Eleasar, filius Jacob: Necesse est, ut homo bona
accipiat a Deo S. B. eo tempore, quo castigationes ipsi
immittuntur. Nam castigationes hominem ad Deum tra-
hunt (Proverb. III, 12). Hierauf bezieht sich folgende talmudische Stelle, Berachot bab. 5, a: „R. Chasda sagt: So
Jemand sieht, daß Züchtigungen über ihn kommen, so soll
er seine Handlungen untersuchen, nach Klagel. III, 40: Laßt
uns forschen und suchen unser Wesen und uns

zum Herrn bekehren. Findet er keine Sünden an sich, so
soll er vermuthen, daß er sich vielleicht zu wenig mit dem
Gesetze beschäftigt, nach Pf. 94, 12: Wohl Dem, den du
züchtigest, o Herr, und durch dein Gesetz lehrest.
Findet sich auch dieß nicht, so ist es offenbar, daß es Züchtigungen aus Liebe sind, nach der Stelle Sprüchwörter III,
12: Wen der Herr lieb hat, den züchtiget er. Raf
Huna sagt: An wem Gott Wohlgefallen hat, den züchtiget
er, und so erklärt Raf Huna auch den Spruch Jef. 53, 10:
Wer dem Herrn gefiel, den schlägt er mit Krankheit. Wollte man einwenden, Lezteres gelte auch von Züchtigungen, die nicht aus Liebe verhängt werden, und vor welchen der
Mensch erzittert, so erhelle das Gegentheil aus den nächstfolgenden Worten des Spruches: Wenn er seine Seele zum
Schuldopfer gegeben hat (d. h. freiwillig). Wie ein
Schuldopfer (nach Levit. 4, 3) mit dem Bewußtseyn der
Schuld verbunden seyn muß, so muß man sich auch bei Züchtigungen bewußt seyn, daß sie aus Liebe kommen. Der Lohn
aber Dessen, der sie als solche annimmt, ist angezeigt in den
Worten (V. 10): Er wird Samen sehen und lange
leben. Ueberdieß wird Gottes Lehre durch ihn beständig
bleiben nach dem Spruche: Des Herrn Vornehmen
(d. h. der wahre Glaube) wird durch seine Hand Fort-
gang haben!" Weiter unten heißt es noch: „So ein Knecht
um eines Auges oder Zahnes willen, welches doch nur eines
von seinen Gliedern ist, die Freiheit erringt, wie viel mehr müssen
Züchtigungen, welche den ganzen Leib von Sünden reinigen,
den Menschen frei machen! Damit stimmt überein, was R.
Schimeon, der Sohn Lakisch, bemerkt, daß der Ausdruck
Bund von Salz und von Züchtigungen gebraucht werde:
von jenem Levit. II, 13: Das Salz des Bundes; von
diesen Deut. XXIX, 1: Dieß sind die Worte des Bundes (kurz zuvor sey nämlich von Züchtigungen die Rede, also
beziehe sich auch der Ausdruck: Dieß sind die Worte des

Bundes, auf dieselben). Gleichwie das Salz die Speisen
würzt, also reinigen auch die Züchtigungen den Menschen von
Sünde." So der Talmud.

Eine Art von kaufmännischer Abrechnung liegt diesen
Ansichten zu Grunde. Wird der Mensch zur Strafe für
Uebertretung gezüchtigt, so gewinnt er dadurch; denn die
Strafe tilgt die Sünde, und er wird also für dieselbe im an=
dern Leben nicht zur Rechenschaft gezogen, was ein großer
Vortheil ist, wie man aus dem Beispiel der Gottlosen ersieht,
welche für einzelne gute Werke in diesem Leben den Lohn
empfangen, um im andern für ihre sonstige Bosheit bestraft
zu werden. Erfolgt aber die Züchtigung aus Liebe, so hat
der Mensch noch größern Vortheil, denn da das Wehe nicht
verdient war, kann es entweder künftige Schuld tilgen, oder
geht es, wenn keine Sünde weiter begangen wird, als reiner
Ueberschuß des Verdienstes mit in das andere Leben hinüber,
wo es reiche Zinse trägt. Auch in das N. Testament ist be=
kanntlich die Lehre vom Nutzen der Züchtigungen übergegan=
gen, Heb. XII, 6. 7. 10 und Offenbarung Johannis III, 19.
Ich glaube, daß die Stelle vom Pfahle im Fleische 2
Kor XII, 7 und flg. auf dieselbe Ansicht hinweise. Die
Juden gingen noch weiter, sie züchtigten sich selbst, um da=
durch Verdienst zu gewinnen. In seiner Schrift über die
Gebräuche der Juden sagt Rabbi Leo von Modena*) Thl. 3,
6: „Viele seiner Glaubensgenossen stürzen sich, besonders am
Versöhnungstage, ins Wasser und lassen sich auf die Brust
39 Ruthenstreiche geben." Das beweist freilich nur für die
späteren Juden, allein ich schließe dasselbe auch von den frü=
heren, aus Stellen wie Matth. VI, 16: Die pharisäischen
Heuchler geben sich dort das Ansehen größter Kasteiung, um
den Glauben zu erregen, daß sie sich recht viel Verdienst er=
werben wollen.

---

*) Ein Rabbine aus dem 16ten Jahrhundert.

Nach dem Tode muß jeder Mensch Rechenschaft geben
von allen seinen Thaten bei Leibesleben. Pirke Afoth III,
1: „Spruch R. Akasia: Habe Acht auf drei Dinge, so wirst
du nicht in die Hände der Sünde fallen: Bedenke, woher du
kommst, wohin du gehest, und vor wem du dereinst Rechenschaft geben mußt. Woher kommst du? aus einem stinkenden
Tropfen! Wohin gehest du? an einen Ort, wo Erde, Würmer und Motten sind! Vor wem mußt du dereinst Rechenschaft geben? vor dem Könige aller Könige, dem hochgelobten Gott!" Vor den Thron dieses Richters begleiten den
Menschen nicht Schätze, nicht Gold, sondern bloß gute
Werke. Ebendaselbst lezte Mischna: „König David sagt
(Ps. 119, 72): Das Gesetz deines Mundes ist mir
lieber, als viel tausend Stücke Gold und Silber.
Mit Recht, denn in der Stunde, wo der Mensch abscheidet
aus diesem Leben, begleiten ihn nicht Gold, nicht Silber,
nicht Edelgesteine, nicht Perlen, sondern bloß das Gesetz und
gute Werke." Es muß daher des Menschen erste Sorge
seyn, daß er sich solche schützende Verdienste erwerbe. Doch
soll er nicht stolz darauf werden, wenn er sie erworben hat.
Pirke Afoth I, 14: „R. Hillel sagte: Wenn ich mir nicht
selbst helfe (indem ich mir Verdienste erwerbe), wer wird
mir sonst helfen? Wenn ich mir aber auch helfe, was bin
ich? (mein Verdienst ist gering gegen das, was ich zu thun
schuldig bin). Wenn ich es aber nicht jetzo (in diesem Leben)
thue, wann darnach?" (Nach dem Tode ist es aus mit den
Verdiensten, dort drüben können keine mehr errungen werden.)
Natürlich ist ein großer Unterschied unter den Verdiensten;
Märtyrer erlangen z. B. durch eine Stunde voll Schmerzen
das ewige Leben, während Andere kaum durch Anstrengung
vieler Jahre zu demselben Ziele gelangen. Darum heißt es
Avoda Sara bab. S. 18, a: Dixit R. Juda sanctus: Ali-
quos una hora sibi acquirere seculum futurum, alios
autem solummodo multorum annorum meritis. Man muß

daher nach den höchsten Verdiensten, wie die Märtyrerkrone,
streben. Wer nun mit stetem Hinblick auf die künftige Re=
chenschaft gelebt und gute Werke gethan, von dem gilt das
Sprüchwort: er habe sich himmlische Schätze gesammelt. To=
saphta Peah Kap. IV, 12 wird folgende Geschichte erzählt.
„König Mombas verschenkte in einem Jahre der Theurung
alle seine Schätze an die Armen. Da kamen seine Brüder
und sprachen zu ihm: Deine Ahnen haben Schätze gesammelt,
und denen ihrer Vorfahren beigefügt, aber du vergeudest nicht
nur die selbst erworbenen, sondern auch die ererbten Schätze.
Der König antwortete: Meine Ahnen haben hier unten
Schätze gesammelt, ich aber droben. Denn es steht geschrie=
ben (Pf. 85, 12): Wahrheit wachset auf Erden und
Almosen (so verstehen nämlich die Rabbinen das Wort
צְדָקָה) schauet vom Himmel. Meine Ahnen haben
Schätze gesammelt an einem Ort, über den die Hand des
Mächtigen Gewalt hat, ich aber habe sie an einem Ort auf=
bewahrt, wohin der Arm des Mächtigen nicht reicht; denn es
heißt (Pf. 89, 15): Almosen und Gericht ist dein⸗s
Thrones Veste. Meine Vorfahren haben Schätze du ge=
sammelt, wo sie ihnen keine Früchte trugen, aber ich an
einem Orte, wo sie mir Früchte tragen, nach dem Spruche
(Jef. III, 10): Saget den Gerechten, daß sie es gut
haben; denn sie werden die Früchte ihrer Werke
essen. Meine Ahnen haben Schatzkammern von Münzen
angelegt, ich aber eine Schatzkammer der Seelen, denn es
heißt (Sprüchwörter XI, 30): Die Frucht des Gerech=
ten ist der Baum des Lebens, und ein Weiser
nimmt die Seelen an. Meine Ahnen haben Schätze für
Andere gesammelt; ich für mich allein, nach dem Spruche
(Deuter. XXIV, 13): Dein Almosen*) wird vor dem
Herrn, deinem Gotte, seyn. Meine Ahnen haben

---

*) Abermals nach der rabbinischen Deutung des Worts צְדָקָה.

Schätze für diese Welt gesammelt, ich aber für jene, denn es stehet geschrieben (Jes. 58, 8): **Dein Almosen wird vor dir hergehen.**" Wiederholt wird diese Erzählung Bava Bathra S. 11, a. Eine ähnliche Stelle findet sich Pirke R. Elieser Kap. 34: „Drei Freunde hat der Mensch im Leben: seine Kinder und Enkel, seine Schätze, seine guten Werke. In der Stunde des Abscheidens aus der Welt spricht er zu seinen Kindern: Tretet herbei mit euren Gebeten, und erlöst mich aus dem Gerichte des Todes. Aber sie antworten ihm: Hast du nicht gehört, daß Niemand Gewalt hat über den Tag des Todes? Steht nicht geschrieben (Ps. 49, 8): **Kann doch ein Bruder den andern nicht erlösen?** Auch die Reichthümer, die er liebt, können ihm nicht helfen, sondern es gilt der Spruch (ebendaselbst 8. 9): **Es kann Niemand Gott versühnen, denn es kostet zu viel, ihre Seele zu erlösen, daß er's muß lassen anstehen ewiglich.** Doch sprechen sie: Geh hin im Frieden und schlafe auf deinem Lager, bis du aufstehest am Ende der Tage, wo dein Loos bei den Gerechten seyn möge. — Endlich versammelt er seine guten Werke und spricht zu ihnen: Tretet herbei und erlöst mich aus diesem Tode, und laßt mich nicht aus der Welt gehen. Habt ihr Hoffnung, daß ich entrinnen werde? Sie antworten: Gehe hin im Frieden, ehe du dorthin gelangst, sind wir dir schon vorausgeeilt, nach dem Spruche (Jes. 58,8): **Deine Gerechtigkeit wird vor dir hergehen.**" Dieselbe Bibelstelle ist hier in gleichem Sinne wie oben angewandt. Das Bild von den himmlischen Schätzen muß in Christi Tagen gäng und gäbe gewesen seyn, denn Jesus braucht es Matth. VI, 19. 20, ohne alle Erläuterung, als Etwas, das Jedermann verstehen müsse.

Ist die Seele Drüben angekommen, so findet die Rechenschaft Statt. Schuld und Verdienst wird gegen einander abgewogen. Wenn die Schuld größer ist als die guten Werke, so wandert die Seele in die Hölle, im umgekehrten

Falle ins Paradies, doch läßt Gott unter gewissen Umständen Gnade für Recht walten. Kidduschin Jeruschal. I Kap. zu Ende: „Wenn die Verdienste mehr sind, als die Sünden, wird die Seele in der künftigen Welt den Garten Eden erben, sind dagegen die Sünden mehr, so kommt sie in die Hölle. Wenn aber beide sich aufwiegen, so trägt sie nach R. Chanina die Sünde" (sie wird verdammt) Andere urtheilen milder, gleich in den nächsten Worten heißt es: „Was thut der Herr in solchem Falle? Er nimmt eine von den Sünden weg, so daß die Verdienste überwiegen. R. Elieser sagt: Es stehet geschrieben (Ps. 62, 13): Bei dir, Herr! ist Gnade, du vergiltst einem Jeglichen nach seinen Werken. Wenn er aber nicht (gute Werke genug) hat, so gibst du ihm von den deinigen. Dieß ist die Meinung R. Eliesers. Denn darum, sagt er, heiße es: Bei dir ist Gnade, um anzuzeigen, daß Gott sich auf die Seite der Gnade neige." Manchmal wird das Bild einer großen himmlischen Wage gebraucht,*) meistens aber ohne Bild von Abrechnung der Sünde gegen das Verdienst gesprochen. Mischna Kidduschin I, 10: „Wer nur Ein Gebot drüber thut (daß seiner guten Werke mehr sind als der Sünden), dem wird es wohl gehen in dieser Welt, und seine Jahre werden viel werden, und er erbt das Land des Lebens in jener Welt. Wer aber kein Gebot darüber thut (daß böse und gute Werke einander die Wage halten), dem wird es nicht gut gehen, seine Tage werden nicht viel werden, und er wird das Land (des Lebens in jener Welt) nicht ererben." Ebenso der Targum Jonathan zu Jes. I, 6: „Vom gemeinen Volk bis zu den Fürsten ist keiner unter ihnen, der vollkommen wäre in der Furcht Gottes, Alle sind Widerspenstige und Gottlose mit Sünden befleckt, wie mit einem bösen Geschwür; sie lassen nicht ab vom Uebermuth, noch wollen sie Buße thun, auch

---

*) So unmittelbar vor den angeführten Worten die Engel besorgen dabei das Geschäft des Abwägens.

sind keine Verdienste (זֶכֶר?) an ihnen, durch die sie bedeckt (gesühnt) würden." Im hebräischen Texte heißt es: Ihre Beulen sind nicht durch (heilendes) Oel gelindert. Der Chaldäer versteht darunter die Verdienste, welche die Missethat aufheben. Man vergleiche noch Mischna Sotah III, 4: „Hat eine des Ehebruchs verdächtige Frau Verdienst guter Werke, so mag es seyn, daß sie davon kommt, wenn sie schon das Eiferwasser getrunken (welches andere tödtet). Einige gute Werke bewirken Aufschub auf ein Jahr, andere auf zwei, wieder andere auf drei Jahre. Deßwegen, sagt der Sohn Assai, ist jeder Vater schuldig, seine Tochter im Gesetz zu unterrichten, damit sie, wenn sie etwa das Eiferwasser trinken müßte, voraus wisse, wie das Verdienst guter Werke die Wirkung desselben verzögere." Das heißt bei Erziehung der Kinder den Galgen im Auge haben. Ein ähnliches Beispiel erzählt die jerusalemische Gemara zu Taanith I, 4: „Die Weisen sahen, daß auf das Gebet eines Eselstreibers Regen vom Himmel fiel. — R. Abhu schickte zu demselben und befragte ihn, was treibst du? Er antwortete: Ich begehe alle Tage drei Sünden: ich miethe Huren, richte ihre Kleider, tanze und spiele und schlage die Handpauke vor ihnen. Sie sprachen nun zu ihm: Was hast du Gutes gethan? Er erwiderte: Einst richtete ich Kleider her, da kam ein Weib und weinte hinter einer Säule. Ich sagte zu ihr: Was fehlt dir? Sie antwortete: Mein Mann ist im Gefängniß (wegen Schulden). Da verkaufte ich meinen Saumsattel, gab ihr das Geld und sprach: Siehe dein Mann ist frei, weine nicht mehr." Hier hat das Verdienst einer guten That nicht nur die Schuld der täglichen Sünden des Eselstreibers aufgehoben, sondern auch bewirkt, daß um seinetwillen Regen vom Himmel fiel. — Die beiden lezteren Beispiele handeln von Abrechnung in dieser Welt; aber auch in jener verfährt Gott nach denselben Grundsätzen.

Die meisten Menschen haben bei der himmlischen

12*

Abrechnung nur so viel Verdienst aufzuweisen, daß sie mit Mühe ins Paradies kommen. Aber Einige gibt es doch, bei denen die guten Werke weit überwiegen. Dieser Ueberschuß von Verdienst ist nicht verloren; er wird vielmehr Anderen, die es bedürfen, zu gut geschrieben, so daß Leztere durch fremdes Verdienst oder fremde Genugthuung die Seligkeit erringen. Buch Sifra zu Leviticus XXVI, 42: „Und ich werde ge-denken an meinen Bund mit Jakob, und an mei-nen Bund mit Isaak, und an meinen Bund mit Abraham. Warum werden die Väter so hinter einander genannt? Darum, wenn die Werke Abrahams nicht Genug-thuung leisten für die Sünden des Volks, so leisten es die Werke Isaaks, wenn die Werke Isaaks nicht genugthun, so thun es die Werke Jakobs." Es gab einzelne Rabbinen, welche sich so viel Verdienst zutrauten, daß sie die ganze Welt selig machen oder sühnen könnten. Berachot jeruschalemi S. 36 a: „R. Chiskia sagt: So lange R. Schimeon, der Sohn Jochai, gelebt, habe man keinen Regenbogen gesehen (weil während seiner Anwesenheit dieses Bundeszeichen nicht nöthig gewesen, indem Simeons Gerechtigkeit den Zorn Got-tes über die Sünden der Welt entwaffnete). Als derselbe einst einem Thale zurief: Thal, Thal, werde voll Goldstücke! so geschah es. Derselbe Schimeon bezeugte von sich: Ich habe die Kinder der zukünftigen Welt gesehen, und derselben sind wenige. Sind ihrer drei, so bin ich und mein Sohn darunter, *) und wenn ihrer nur zwei wären, so sind wir's.

---

*) Gerade so hörte ich vor etlichen Jahren eines der Häupter der Genfer Momiers mit salbungsvoller Miene sprechen: Ich weiß gewiß, daß ich und meine Kinder zu den Auserwählten gehören; und doch sollen nach der Lehre dieser Menschen von allen Millionen, die geboren wurden und noch werden, nur 10,000 in den Himmel kommen. So viel, sagen sie nämlich, seyen nöthig, um die Zahl der im Anfang gefallenen Engel wieder voll zu machen, damit die himmlische Leibwache ihre ge-hörige Mannschaft bekommt.

Ferner sagte Schimeon: Abraham mag, wegen seines Verdienstes, die ganze Welt versühnen, von seiner Zeit an bis
zu meiner Zeit, ich will sie versühnen bis ans Ende der
Welt; wo nicht, so nehme ich Achia von Schiloh zu mir,
dann versühnen wir zusammen alle Welt." Dieß scheint uns
ein Ausspruch maßlosen Hochmuths. Es ist auch so, doch
soll man nicht vergessen, daß es schnurstracks aus der jüdi-
dischen Lehre vom Lohn guter Werke folgt. Wenn Rabbi
Schimeon, wie die jüdische Sage behauptet, wirklich keine
Sünde beging, so muß sein Verdienst unermeßlich seyn. Vor
Adam beugten sich die Engel, ehe er die erste Sünde begangen; welche Ehre muß dann einem seiner Nachkommen gebühren,
der bei allem Reiz zum Bösen und bei der angebornen Verderbniß unserer Natur dennoch rein blieb!

Indeß schreiben die Juden so hohes Verdienst, das hin-
reicht, um die Sünde ganzer Geschlechter zu tilgen, gewöhnlich nur ihren vom Glanze der Sage umstrahlten Stamm-
vätern zu, aber diesen mit unglaublicher Einstimmigkeit und
Kraft. Unermeßlich ist das Verdienst der Patriarchen. Targum Jeruschalemi zu Deuter. XXVIII, 15: „Als Moses der
Prophet anfing, die Worte des Fluches auszusprechen, da er-
bebte die Erde, auch die Himmel wurden erschüttert, Sonne
und Mond verdunkelt, die Gestirne zogen ihren Glanz ein,
die Väter der Welt schrieen aus ihren Gräbern, alle Kreatur
schwieg, an den Bäumen rührte sich kein Läubchen. Die
Väter der Welt riefen: Wehe unseren Kindern, wenn sie
sündigen, und diese Flüche über sie kommen, wie können sie
dieselben ertragen! Vernichtung ereilt sie vielleicht, und unsere
Verdienste schützen sie nicht, und es ist kein Mann, der hin-
stehe und für sie bete. Da erscholl eine Tochter der Stimme
vom hohen Himmel und sprach: Fürchtet euch nicht, ihr Väter der Welt! wenn auch das Verdienst aller Geschlechter
erlischt, das eurige soll nicht erlöschen; und der Bund, den
ich euch beschworen, soll nicht aufhören, und er wird sie (eure

Söhne) beschützen. Drauf sagte Moses: Ob ich sie auch be=
dräue, so werden sie doch nur mit einer Bedingung bedräuet:
wenn ihr das Wort des Herrn nicht annehmet, und die Gesetze
und Gebote, die ich euch gegeben, nicht bewahret, dann erst
soll der Fluch über euch kommen." Derselbe Targum zu
Deut. XXXIII, 15: „Das Land Josephs bringt gute Früchte
wegen des Verdienstes der gerechten Väter, Abrahams, Isaaks
und Jakobs, welche Bergen gleichen, und wegen des Ver=
dienstes der vier Mütter, welche Hügeln gleichen, der Sarah,
Rebekka, Rahel, Lea. Fast auf jedem Blatte kommen ähn=
liche Aussprüche vor. Zu Genes. XIII, 5: „Lot, dem das
Verdienst Abrahams gedacht ward, hatte auch Schafe, Ochsen
und Zelte," d. h die Gerechtigkeit seines Bruders machte ihn
reich. Kap. XV, 11: „Abgöttische Völker, welche unreinem
Gevögel gleichen, stürzten herab, um die Schätze der Israeli=
ten zu plündern; aber das Verdienst Abrahams beschüzte die
leztereu" XVIII, 18: „Wegen des Verdienstes unsers Va=
ters Abraham werden alle Völker der Erde gesegnet." Kap.
XXI, 17: „Die Stimme des Knaben ward erhört, um des
Verdienstes Abraha willen." Kap. XXVI, 24: „Der Herr
erschien Isaak bei Nacht und sprach: Ich bin der Gott Abra=
hams, deines Vaters, fürchte dich nicht, denn mein Wort ist
deine Hülfe, ich werde dich segnen, und deine Söhne vermeh=
ren, wegen der Verdienste Abrahams, meines Knechts." Kap.
XXVIII, 11: „Deine Söhne werden zahllos seyn, wie der
Staub auf Erden, sie werden dieselbe besitzen gegen Nor=
den, Süden, Osten, Westen, und um deiner Verdienste wil=
len und wegen der Verdienste deiner Söhne werden geseguet
alle Geschlechter der Erde." Erod XL, 8: „Du sollst einen
Vorhof ringsum machen, wegen der Verdienste der Väter der
Welt, welche ringsum das Volk Israel umgeben (Böses ab=
wehrend, Sünden tilgend); auch sollst du einen Vorhang auf=
hängen vor der Pforte des Vorhofs, wegen der Verdienste
der Mütter der Welt um deretwillen ein Vorhang aufzuhängt

ist an den Pforten der Hölle, daß keine Seele aus dem Volke Israel hineinkomme." Numer. XI, 31: „Ein Sturmwind ging aus mit Wuth vom Angesicht des Herrn und hätte die ganze Welt vernichtet, wenn ihm nicht durch das Verdienst Mosis und Aarons Einhalt gethan worden wäre." Wegen des Verdienstes der Väter ist sogar die Welt erschaffen worden. Ebendaselbst Num. XXII, 30: „Die Eselin sprach zu Bileam: Wéhe dir, nicht einmal mir konntest du fluchest, wie viel weniger den Kindern Abrahams, Isaaks und Jakobs, wegen deren Verdienste die Welt erschaffen wurde." Wenn Israel ein Unglück droht, legen die Väter der Welt wirksame Fürbitte ein. Targum jeruschal. zu Deuter. IX, V. 19: „Zur selben Zeit gingen aus vom Angesicht des Herrn fünf Engel der Zerstörung, um Israel zu verderben. Als Dieß Moses hörte, ging er und nannte den großen und köstlichen Namen (Jehovah), weckte dann Abraham, Isaak und Jakob aus ihren Gräbern, welche vor den Herrn standen und Fürbitte einlegten; sogleich ward dreien der Engel Einhalt gethan, nur zwei blieben übrig; da rief Moses das Erbarmen (Gottes) an, worauf auch die beiden lezten weichen mußten." So der Targum.

Befragen wir nun die Talmudisten. Pirke Afoth II, 2: „Alle, welche mit der Gemeinde zu thun haben (Beamte, Lehrer, Priester), sollen sich Mühe geben im Namen Gottes (nicht um ihrer eigenen Ehre willen), denn das Verdienst der Väter kommt ihnen zu Statten, und ihre Gerechtigkeit, welche ewiglich bleibt." Die drei Väter und vier Mütter der Welt werden öfter genannt. So Berachot bab. 16, b: „Nur drei nennt man Väter, und vier Weiber nennt man Mütter" (Abraham, Isaak, Jakob, ferner Sara, Rebekka, Rahel, Lea). Auf die Verdienste der Väter soll man sich im Gebete verlassen. Ebendaselbst S. 10, b: „R. Jochanan sagt: Wer sich im Gebete auf eigenes Verdienst beruft, den verweist Gott auf fremdes; wer sich aber auf die Verdienste

Anderer beruft, bei dem siehet Gott seine eigenen Verdienste
gnädig an. Moses beruft sich Erod. XXXII, 13 auf die
Verdienste Abrahams, Isaaks und Israels. Dafür nennt die
Schrift seine eigenen Verdienste (Pf. 106, 13): Und der
Herr gedachte Israel zu verderben, hätte nicht
Moses, sein Auserwählter, den Riß aufgehalten.
Hiskias beruft sich auf sein eigenes Verdienst (Jef. 38, 3):
Da sprach Hiskias: Gedenke doch, Herr, wie ich
vor dir gewandelt habe in der Wahrheit mit
vollkommenem Herzen. Deßhalb rühmt Gott Davids
Verdienste, um welcher willen er die Stadt retten wolle (2 Kö=
nig 19, 34): Ich will diese Stadt beschirmen,
daß ich ihr helfe um meinetwillen, und um Da=
vids, meines Knechtes willen."

Auch der Sohar bekennt dieselbe Lehre, wie der Talmud.
Die Patriarchen flehen täglich für ihr Volk. Sohar zur
Genesis S. 474: Patriarchae quotidie ter orant pro Israëlitis. Eine höchst auffallende Meinung kommt vor Sohar
III, S. 405: Perfecte justi descendunt ad inferos et exinde efferunt multos homines, conversos quidem poenitentia, sed morte praeventos ante satisfactionem. Voll=
kommen Gerechte, wie Abraham, Isaak, Jakob, Schimeon
Ben Jochai, Moses steigen also in die Hölle nieder, und be=
freien durch ihr Verdienst reuige Sünder. aus dem Orte der
Qual. Wer sieht nicht, daß dieß die Wurzel ist, aus welcher
die Höllenfahrt Christi, Pet. III, 20, entstand! Auch über
die Art, wie das Verdienst des Einen auf Andere übergetra=
gen wird, habe ich eine merkwürdige Stelle gefunden. So=
har, Abschnitt Achare Moth, heißt es: Traditum est, quod
opera bona ab homine hoc in mundo peracta, fiant ipsi
vestis pretiosa in mundo illo. Quod si quis autem ces-
set bene agere, inque eo praevaleant opera mala, ita ut
in oculis Domini mala ejus opera praepolleant, ipseque
fiat impius, et inveniatur peccare coram Domino suo,

ut etiam poeniteat eum prius bene egisse: talis perit penitus in mundo hoc et in mundo futuro. Quid autem Deus S. B. facit ex bonis ejus operibus, quae recte fecerat? Quamvis enim pereat ipse peccator, bona tamen illa merita non pereunt. Si igitur justus aliquis est, qui in viis regis superni quidem ambulavit, aliqua tamen vestium parte deficiat, illi Deus ex impii illius operibus defectum suum supplet, ut ornari queat pro mundo futuro. Et ad hoc refertur, quod scriptum exstat (Job. 27, 17): *Parabit impius vestes, sed justus induet.* Wie hier einzelne gute Werke Ungerechter Anderen zu gut geschrieben werden, so kann dieß auch mit dem überfließenden Verdienste vollkommen Gerechter geschehen.

Es ist noch übrig, daß wir auch die griechischen Zeugnisse abhören; die Klementinen sprechen von sieben Säulen der Welt. Achtzehnte Predigt 8, 14 *): ἑπτὰ εὔλοι ὑπάρξαντες κόσμῳ, δικαιοτάτῳ θεῷ εὐαρεστῆσαι δυνάμενοι. Sie sind Adam, Henoch, Noah, Abraham, Isaak, Jakob und etwa Moses. Im Testamente Levi [Kap. 15 **)] heißt es: „Wegen eurer Gottlosigkeit wird der Tempel, den der Herr erforen, verwüstet werden und entweiht, ihr selbst werdet gefangen weggeführt unter alle Völker, und ein Gräuel seyn· vor ihren Augen, Schmach und Schande werdet ihr empfahen von dem gerecht richtenden Gott, und Alle, die euch sehen, werden vor euch fliehen. Und geschähe es nicht um Abrahams, Isaaks und Jakobs, eurer Väter willen, so bliebe kein Einziger von eurem Samen auf Erden übrig.“ Die Verdienste der Väter retten hier abermals das Volk vom vollkommenen Verderben. Alterthümer XI, 5, 7 erzählt Josephus, Nehemias habe nach seiner Ankunft aus Babel das jüdische Volk zusammenberufen und folgende Rede gehalten: „Ihr jerusalemischen Männer, wisset, daß Gott das Gedächtniß

---

*) Cotel. I, S. 747 unten.
**) Fabricius codex pseud. vet. Test. I S. 578

errer Bäter, Abraham, Isaak und Jakob bewahrt, und we=
gen ihrer Gerechtigkeit nicht aufhört, gnädiglich für euch
zu sorgen — τὸν Θεὸν ἴσε μνήμη τῶν πατέρων, Ἀβραάμου
καὶ Ἰσαάκου καὶ Ἰακώβου παραμένοντα, καὶ διὰ τῆς ἐκείνων
δικαιοσύνης οὐκ ἐγκαταλείποντα τὴν ὑπὲρ ὑμῶν πρόνοιαν.
Das lautet ganz wie die oben angeführte Stelle aus dem Targum
jerusalemi. Die Fürbitte alter Heiligen für das Volk kommt vor
2 Maffab. XV, 13, 14: „Onias, der Hohepriester, sah einen
Mann, ehrwürdig durch Heiligen=Glanz und Alter. — Dieser
bruderliebende Mann, der unaufhörlich im Himmel für sein
Volk und die heilige Stadt fleht, war der Prophet Gottes,
Jeremias.“ Auch Philo zeugt für diesen Glauben (Band
II, 456) *): „Der zweite Fürsprecher der Juden ist die Hei=
ligkeit der Stammväter des Volks, welche als körperlose See=
len in einem geistigen Gottesdienste unaufhörlich für ihre
Söhne und Töchter flehen, und gerne erhöret der himmlische
Vater ihre Bitten.“ Noch mag eine Stelle aus dem Targum
Jonathan Ben Usiels, als der ältesten jüdischen Quelle, hier
Platz finden. Ruth IV, 21: „Salomon zeugte Abzan den
Fürsten, der Eins ist mit Boas, **) wegen dessen Verdienste
das Volk Israel befreit wurde aus der Hand seiner Feinde,
und wegen seines Gebets hörte die Hungersnoth auf im Lande.“
Ebenso Ruth I, 6. Boas war nämlich den Juden eine hohe
Person, als Stammvater Davids, und durch ihn des Messias.

Ohne allen Zweifel glaubte also die alte Synagoge, daß
fromme Männer durch ihre überflüssigen guten Werke für
Andere, minder Fromme Genugthuung leisten vor Gott, aber
nicht nur durch ihre Thaten, sondern auch durch unverschul
dete Leiden, was ganz folgerichtig aus der Lehre vom Nutzen
der Züchtigungen hervorgeht. Denn wenn diese an sich jedem
Menschen hoch angerechnet werden, wie oben gezeigt ward,

---

*) Siehe meine Schrift über Philo I, 519.
**) Eine talmudische Sage erklärt den Richter Abzan, welcher
(Richter XII, 8. 10) genannt wird, für Eine Person mit Boas.

so müssen sie, von Frommen und Vollkommenen erbulbet, außerordentliches Verdienst bewirken, das auf Andere überge= tragen werden kann. Eigentlich sollte den Frommen kein Leid treffen, weil ihm für seine Tugend nach dem jüdischen Gesetz hoher Lohn gebührt; trifft es ihn doch, so hat er sich dadurch einen Schatz im Himmel für sich oder für Andere erworben; Gemäß diesem Geiste kaufmännischer Abrechnung, welche im innersten Wesen des Judenthums liegt, heißt es in der jeru= salemischen Gemara zu Kethuboth XII, 3: „Siebenzehn Jahre lebte R. Jehuda (der Heilige) zu Zipporis. Von diesen siebenzehn Jahren litt er dreizehn an Zahnschmerzen. R. Jose der Schüler des R. Bon berichtet: Während jener dreizehn Jahren starb nichts Lebendes im Lande Israel, und keine schwangere Frau that eine Fehlgeburt." Das überfließende Verdienst des heiligen Mannes bewirkte nämlich, daß Gott über das ganze Land kein Unheil verhängte! Als das größte Leiden betrachteten nun die Juden den Tod. Der Tod, na= mentlich gewaltsamer, galt daher als Versöhnungsmittel aller Sünden. Darum hieß man, nach der bereits angeführten Stelle Mischna Sanhedrin Kap. VI, 2, den Verbrecher, wenn er keine Kraft mehr hatte die Beichte abzulegen, vor der Hin= richtung sagen: Mein Tod sey die Versöhnung aller Misse= thaten. Aus demselben Grunde lehrt Berachot bab. S. 60, a: „Wer in das Bad gehet, bete also: Laß dir wohlge= fallen, Herr, daß du mich aus dieser und andern Gefahren errettest, damit keine Schande und Sünde auf mich falle, und sollte dieß geschehen, so möge mein Tod die Versöhnung seyn für alle meine Sünden." Ebenso Tosaphta Joma Kap. IV, 11: R. Jehuda dicit: Mors et dies expiationum expiant cum poenitentia, poenitentia expiat cum morte, et dies mortis ecce est sicut poenitentia. Er hat eben so viel sühnende Kraft als die Buße. Wenn nun selbst die Hinrichtung des Verbrechers seine Missethaten sühnt, so muß der unverschul= dete Tod des Gerechten ein ausnehmendes Verdienst bewirken;

Die Juden säumten nicht, diese Schlußfolgerung zu ziehen.
Der Tod des Gerechten ist die Versöhnung von ganz Israel.
Joma Jeruschal S. 1: „R. Ehija sagt: Die Söhne Aaron
sind am ersten Tage des Nisan gestorben; warum wird nun
ihr Tod erwähnt am Versöhnungsfeste? Deßhalb, damit du
daraus lernest: wie der Versöhnungstag für Israel sühnt, so
sühnet auch der Tod der Gerechten für Israel. R. Bo sagt:
Warum berichtet die heil. Schrift den Tod Mirjams (Num.
XX, 1) gleich nach dem Abschnitt von der rothen Kuh (Num.
XIX)? Damit du daraus lernest: wie die Asche der rothen
Kuh für Israel sühnt, so sühnet auch der Tod der Gerechten
für Israel! R. Jodan, der Schüler des R. Sallum sagt:
Warum erzählt die heil. Schrift den Tod Aarons bald nach
dem Zerbrechen der Gesetzestafeln? Damit du daraus lernest,
daß der Tod des Gerechten dem Herrn ebenso wehe thut,
als das Zerbrechen der Tafeln." Ebenso Moed Katon S.
28, a: „Gleichwie die rothe Kuh sühnet, also sühnet auch
der Tod des Gerechten. R. Elieser sagt: Warum ist Aarons
Tod neben den priesterlichen Kleidern erwähnt (Num. XX,
28)? Gleichwie priesterliche Kleider sühnen, so sühnt auch
der Tod der Gerechten." Der Sohar bekennt dieselbe Lehre; zu
Levitc. S. 100: Mors justorum est expiatio seculi. In
merkwürdiger Weise wird dieser Glaube auf die alten Pro=
pheten angewandt, Buch Mechilta S. 1: „R. Jonathan
sagt: Der Prophet Jonas ist bloß darum aus Meer gegan=
gen, um zu sterben. Denn es heißt (I, 12): Er sprach
zu ihnen, nehmet mich und werfet mich ins Meer,
und auf gleiche Weise findest du, daß die Väter und Pro=
pheten sich für Israel in den Tod gegeben haben. Was steht
von Mose geschrieben? (Exod. XXXII, 32.) Vergib ihnen
ihre Sünde, wo nicht, so tilge mich aus deinem
Buche, das du geschrieben hast. Ebenso Num. XI,
15: Willst du nicht also mit mir thun, so erwürge
mich lieber, — daß ich nicht das Unglück sehen

müsse. Wie heißt es von David? 2 Sam. 24, 17: Als
David den Engel sahe, der das Volk schlug, sprach
er zu dem Herrn: Ich habe gesündigt, ich habe
die Missethat gethan; was haben diese Schafe verübt? Laß deine Hand wider mich und meines Vaters Haus gerichtet seyn. Siehe, so findest du überall, daß
die Väter und Propheten ihre Seelen für Israel dahin gegeben haben." Der Begriff eines Opfers wird dabei nicht,
oder nur schwach hervorgehoben, ohne Zweifel, weil mit
dem Untergange des Tempeldienstes auch der Glaube an die
Kraft der Opfer gesunken war. Doch fehlt es nicht an
Stellen, wo derselbe stark hervortritt. R. Menachem von Rekanate*) führt folgenden Ausspruch des Sohar an: In libro
Sohar dicit R. Simeon ben Jochai: Non est quidquam,
quod potuerit tam valde avertere ab hominibus plagam
mortiferam, quam sacrificium ligationis Isaaci, de quo
scriptum est (Genes. XXII, 9): *Et ligavit Isaacum, filium
suum.* Ligata enim tum fuit proprietas judicii, quae in
Deo est, et constricta sursum, nec data ipsi facultas
accedendi ad domum judicii magni, quae Geburah vocatur. **) Expedit enim Judaeis, ut quotidie in hac capti-
vitate memoriam recolant ligationis Isaaci, quia illa pro-
tegit eos ab omnibus casibus malis. Idcirco enim tum
(cum ligatus esset Isaacus) vox de coelo audita est
(Genes. XXII, 12): *Ne facias ipsi quidquam,* quia misericordia Dei tum praevaluit judicio. Atque hoc est mysterium illud, quod continetur in dicto illo (Ps. 98, 1):
Adjuvit illum dextra ejus et brachium sanctitatis ejus. In-
sinuatur enim his verbis, quod misericordia praevaluerit
judicio et dextera sinistrae. Das Opfer Isaaks ist zu
allen Zeiten von der Synagoge über die Maßen gefeiert

---

*) In seiner Schrift Taame Mizvoth S. 29, b.
**) D. h. das Gericht Gottes konnte nicht mehr die Eigenschaft
der Strenge, sondern nur die des Erbarmens annehmen.

worden, man vergleiche z. B. den Targum Jeruschalemi
zu Genes. XXII. Ferner heißt es Traktat Joma Perek
Schipath Jamim: Non est venia, vel remissio peccati, nisi per sanguinem, sicut dicitur in Levitic. XVII,
11: *Sanguis enim pro anima satisfacit.* Ich will aus diesen Stellen nur so viel gefolgert wissen, daß es auch den
späteren Juden nicht ferne lag, den sühnenden Tod der Gerechten als blutiges Opfer für das Volk zu betrachten. Bestimmt herrschte dieser Glaube in den Tagen, wo der Tempel noch mit seiner Pracht und seinem Dienste bestand, wie
wir aus dem vierten Buche der Makkabäer ersehen. Havercamp. **II,** 506 ruft der Märtyrer Eleazar vor seinem Verscheiden aus: „Du weißt es, o Gott, daß ich mich retten
konnte, und daß ich dennoch um des Gesetzes willen den
Feuertod sterbe. Darum werde gnädig deinem Volke, laß
dir an meiner Strafe für sie genügen; empfange mein Blut
als Reinigungsopfer für sie, und statt ihrer Seelen nimm die
meinige.“ Ebenso S. 518: „Man sollte den Sieben folgende
Grabschrift setzen: Hier liegen begraben ein heiliger Greis
und sieben Jünglinge, gemordet durch die Gewaltthat eines
Tyrannen, der den jüdischen Staat umstürzen wollte. Dieselben haben, im Hinblick auf Gott, durch muthige Ertragung
der Martern ihr Volk erlöst. *)
  Noch ist eine Klasse von Mitteln der Versöhnung übrig,
welche ihre Kraft allein der göttlichen Einsetzung verdanken.
Der Nutzen des Opferdienstes wird in mehreren bereits angeführten Stellen gefeiert. Die Opfer hörten auf mit dem Tempel,
darum sank auch, wie wir bemerkt haben, der Glaube an
ihre Macht. Die Späteren setzen daher da und dort andere
Verdienste weit über die Opfer. So Menachot bab. lezte
Seite: Dicit Rabba: Qui operam dat legi, non est illi
necessarium nec holocaustum, nec sacrificium pro peccato,

---

*) Vergleiche meine Schrift über Philo II, 196 und flg.

neque munus, neque sacrificium pro delicto. Ebenſo So=
:aḥ bab. Abſchnitt Hamefaneḥ: Dixit R. Josua filius Levi;
Veni et vide, quam magni sint humiles spiritu. Tempore
enim, quo domus sanctuarii stabat, homo sacrificabat
holocaustum, et merces holocausti erat in manu ipsius.
Si offerebat oblationem, merces oblationis erat in manu
ejus. Illum vero, cujus conscientia est humilis, perinde
habet scriptura, ac si sacrificaret omnia sacrificia, sicut
scriptum exstat (Ps. 51, 19): *Sacrificia, quae Deo pla-
cent, sunt spiritus contractus.* Et non solum hoc, sed
etiam oratio humilis cum beneplacito accipitur, juxta
id, quod ibidem dicitur: *Cor confractum et contritum,
Domine, non despicies.* Dagegen erhielt ſich der Glaube an
Beſchneidung, Paſſah und Verſöhnungstag in voller Blüthe.
Will man einen Ausdruck der chriſtlichen Theologie auf die
jüdiſche übertragen, ſo muß man ſagen: dieſe drei ſind die
Sakramente der iſraelitiſchen Kirche. Sanhedrin bab. Kap. XI,
11: Quaeritur, quando infans particeps esse possit seculi
futuri? R. Nachman, filius Isaaci, respondet: Statim atque
circumcisus est. Ebenſo Echa Rabbathi S. 1: „Gott hat
verheißen uns durch das Verdienſt der Beſchneidung aus der
Hölle zu erlöſen, und wo ſteht dieß geſchrieben? Zacharias
IX: Durch das Blut deines Bundes haſt du uns,
deine Gefangene, aus der Grube erlöst, darin
kein Waſſer iſt.“ Schemoth Rabba Abſchnitt 15. S.
130, o, d: „Gott ſpricht: Ich vergebe euch aus Erbarmen
(bloßer Gnade) im Blute des Paſcha und im Blute der Be=
ſchneidung, und will eure Seelen ſühnen.“ Abſchnitt 17, S.
134, b: „Iſrael wird durch zweifaches Blut erlöst, durch
das Blut des Paſcha und der Beſchneidung, wie geſchrieben
ſteht Ezech. XVI, 6: In deinem Blute lebe, in dei=
nem Blute lebe.“ Endlich noch Pirke R. Eliefer Kap.
29: „An dem Tage, wo die Iſraeliten aus Aegypten zogen,
wurden Alle beſchnitten, vom Größten bis zum Kleinſten,

nach dem Spruch (Jof. **V, 5**): Alles Volk, das aus=
zog, war beschnitten. Sie nahmen nun das Blut des
Pascha und das Blut der Beschneidung und bestrichen damit
die Schwellen ihrer Häuser, auf daß der Herr, wenn er
vorüberzöge und beides Blut sähe, Erbarmen fühle über
Israel, wie geschrieben steht (Ezechiel **XVI, 6**): Ich ging
vor dir vorüber und sahe dich in deinem Blute
liegen und sprach zu dir: in deinem Blute lebe,
in deinem Blute lebe. R. Eliefer behauptet: Gott
habe den leztern Ausdruck zweimal wiederholt, weil er gleich=
sam sagen wollte: durch das Verdienst des Blutes der Be=
schneidung und des Pascha habe ich euch aus Aegypten erlöst,
durch dasselbe Verdienst will ich euch erlösen, am Ende des
vierten (römischen) Reichs" (wenn der Messias kommt).

Noch höher als die Beschneidung wird der Versöhnungs=
tag geachtet. Derselbe ist das größte und heiligste Fest der
Synagoge bis auf diesen Tag. Seine Einsetzung stehet Levit.
XVI. Ich will den bereits angeführten Stellen, welche seine
Macht preisen, noch einige beifügen. Midrasch Tillin über
Pf. 15, S. 13, b: „Der Versöhnungstag versöhnet alle
Sünden, mit welchen die Juden in allen Tagen des Jahres
befleckt worden, wie geschrieben steht (Levit. **XVI; 30**):
Denn an diesem Tage geschieht eine Versöhnung,
daß ihr gereinigt werdet; von allen euern Sün=
den werdet ihr gereinigt vor dem Herrn." Pirke
R. Eliefer Kap. 46: „Wäre der Versöhnungstag nicht, so
würde die Welt nicht bestehen, denn der Versöhnungstag
sühnet in dieser und in der zukünftigen Welt, weßhalb ge=
sagt wird. (Levit. **XVI, 31** u. **XXIII, 32**): Er soll euch ein
Sabbath des Sabbaths seyn, ein Sabbath in dieser und
ein Sabbath in der zukünftigen Welt. Und wenn auch schon
alle Festtage (in der messianischen Zeit) aufhören, so vergehet
doch der Versöhnungstag nicht, denn derselbe sühnet alle
geringen und schweren Sünden, wie geschrieben steht (Levit.

XVI, 30): **Denn an diesem Tag geschieht eure Versöhnung — von allen euern Sünden.** Es heißt
nicht von euern Sünden, sondern von allen euren Sünden.«
Doch erhält letzterer Satz in der Mischna Joma VIII, 9 eine
sehr weise Einschränkung: „Die Sünden, welche ein Mensch
gegen Gott begangen hat, sühnt der Versöhnungstag, aber
nicht die Sünden, welche derselbe gegen den Nächsten begangen, bis der Nächste selbst verzeiht. Diese Erklärung rechtfertigt R. Elieser aus den Worten Levitik. XVI, 30: Ihr
werdet gereinigt von allen euren Sünden **vor dem Herrn.«**
Letztere Deutung wurde von der Synagoge allgemein angenommen, und hat außerordentlich viel Gutes gewirkt, indem sie
verhinderte, daß das arme, von äußern Drängern unterdrückte Volk auch noch durch innerliche Zwistigkeiten litt.
Hätte das Fest, ohne Zustimmung der Betheiligten, auch die
Unbill gegen den Nächsten stillschweigend getilgt, so würde
es von seiner hohen Weihe eingebüßt haben, indem dann der
Eindruck einer persönlichen Versöhnung wegfiel. So aber ward
es zur religiösen Pflicht für jeden Beleidigten, seine Rache-
gefühle vor allem Volk dem Höchsten zum Opfer zu bringen, und überwältigt von dem Zauber eines bruderliebenden
Gesetzes, haben sich in hundert und tausend Fällen die bitter-
sten Feinde am Versöhnungstage aufrichtig die Hand zum
Frieden gereicht. Solche Wunder kann nur geoffenbarter
Glaube wirken.

Die eben angeführte Mischna schließt so: „R. Akifa sagt:
Heil euch, ihr Israeliten, vor wem werdet ihr gereinigt und
wer reinigt euch? Euer Vater im Himmel! Weßhalb es
(Ezech. XXXVI, 25) heißt: Ich will rein Wasser über
euch sprengen, daß ihr rein werdet von aller
eurer Unreinigkeit. Darum wird auch (Jerem. XIV, 8)
Gott die Hoffnung מִקְוֵה *) Israels genannt. Wie ein

---

*) Da מִקְוֶה zugleich Hoffnung und einen Wasserbehälter bezeichnet,
so macht hier die Mischna ein Wortspiel mit beiden Bedeutungen.

Wasserbehälter die Unreinen reinigt, so macht Gott Israel rein." R. Akifa feiert mit diesen Worten, wie man sieht, den erhabenen Charakter des Versöhnungstages, der in der That das höchste jüdische Fest ist. Man glaubte nun, daß die, welche durch die angegebenen Mittel die göttliche Vergebung erlangen, so rein wären, wie Kinder. Biccurim Jeruschal. lezte Seite: „Es stehet geschrieben (1. Sam. XIII, 1): Saul war ein Jahr alt, als er das Reich antrat. War er wirklich nur ein Jahr alt? Nein! sondern der Text will sagen, daß ihm alle Sünden vergeben worden, und daß er deßhalb so unschuldig gewesen sey, wie ein einjähriger Knabe."

Wir sind fertig mit der alten jüdischen Lehre von den Mitteln, die göttliche Gnade zu erringen. Fast das ganze katholische Dogma: der unendliche Gnadenschatz der Kirche, das überfließende Verdienst der Heiligen, der Begriff guter Werke, wiederholt sich hier; oder vielmehr es ist vom levitischen Judenthum zu den Papisten übergegangen. Beiden Kirchen ist daher auch ein auffallender, oft gefühlter Widerspruch gemeinschaftlich; wenn nämlich hier das Verdienst der Väter und der Versöhnungstag oder die Beschneidung, dort das Meßopfer, die übrigen Sakramente und der Gnadenschatz der Kirche alle Sünden tilgen: was hat der Mensch dann nöthig, selbst Gutes zu thun! Im Leben suchte man diesen Widerspruch dadurch unschädlich zu machen, daß man mit Hintansetzung des Lehrbegriffs auf die Werkthätigkeit jedes Einzelnen drang; doch bekennen aufrichtige Rabbinen, daß der Stolz auf die Verdienste der Väter sehr nachtheilige Folgen habe. Uebrigens ist jene Ansicht von der Rechtfertigung des Menschen aus dem innersten Wesen des Judenthums hervorgegangen, denn das ursprüngliche Verhältniß Jehovas zu seinem Volke war weniger ein rein religiöses als ein staatsrechtliches. Für jede Pflichterfüllung wird dem Gehorsamen ein besonderer Lohn zugesagt; wenn nun ein Frommer sich durch ungewöhnliche Treue mehr Verdienst erworben hat, als er für sich selbst bedarf, so ist es natürlich, daß derselbe seinen Ueberfluß an Kinder und andere nahe Verwandte übertragen darf, ungefähr wie ein Reicher die Millionen, welche er errungen, entweder sterbend seiner Familie hinterläßt, oder auch noch bei Lebzeiten unter die Angehörigen vertheilen kann. Auch hat das Rabbinenthum die Lehre vom fremden Verdienst nie so mißbraucht, wie die Päpste in den verdorbensten Zeiten der Kirche, welche das Dogma von der Rechtfertigung des Menschen vor Gott zu Gunsten ihrer zeitlichen Macht und ihrer Schatzkammer mit unerhörter Anmaßung ausbeuteten. Endlich wird, hoffe ich, Niemand zweifeln, daß die oben entwickelten Meinungen im Ganzen bis in die Tage Jesu hinaufreichen. Außer den Zeugnissen gleichzeitiger oder noch älterer Schriften bürgen dafür der Apostel Paulus in den Briefen, und die Evangelien: diese, indem sie vielfach auf die jüdische Ansicht anspielen, und auch Manches (wie z. B. in der Bergpredigt und sonst) in unseren Glauben aufnehmen, jener, indem er sie, namentlich was den Versöhnungstod anbetrifft, ebenfalls beibehält, sonst aber (zumal im Römerbriefe) heftig dagegen eifert.

Neuntes Kapitel.

Der Plan Gottes mit dem jüdischen Volke. Vorsehung. Diese und jene Welt. Wann soll der Messias kommen?

Seit dem Ende der makkabäischen Zeiten, ja noch früher, spricht sich ein wehmüthiges Gefühl der Unbehaglichkeit in allen auf uns gekommenen jüdischen Schriften aus. Die Welt schien ihnen, weil der Staat unaufhaltsam seinem Verderben entgegeneilte, immer schlimmer zu werden. Doch hob

dieser trostlose Gedanke den Glauben an eine waltende Vorsehung nicht auf. Besonders rührend ist in dieser Beziehung
der Schluß der Mischna Sotah Kap. IX, 12 u. flg.: „Seitdem die
ersten Propheten gestorben, hat das Urim und Thummim aufgehört. Seitdem der erste Tempel zerstört worden, hat aufgehört (der
Wurm) Schamir und der Honigseim von Zophim, deßgleichen
die Männer des Glaubens, wie Psalm XII, 2 geschrieben
steht: **Hilf Herr, die Heiligen haben abgenommen.** R. Simeon, der Sohn Gamaliels, sagt: von dem
Tage an, da der (zweite) Tempel zerstört worden, ist kein
Tag ohne Fluch, der Thau des Segens fällt nicht mehr, und
der Geschmack der Früchte ist weggenommen. R. Jose fügt
bei: Auch die Fettigkeit der Früchte sey dahin. (Mischna
13): R. Schimeon, Eleasars Sohn, sagt, nachdem die Reinigkeit in Israel, habe auch Geschmack und Geruch der Früchte
aufgehört; seit man den Zehnten zu geben, unterlassen, habe
die Fruchtbarkeit des Getraides aufgehört. Die Weisen sagen,
durch Hurerei und Zauberei sey vollends Alles verderbt worden. (Ebendas. 15): Mit dem Tode R. Meir's hörten die auf,
welche durch Sprüchwörter und Gleichnisse unterrichteten.
Mit dem Tode des Sohns Assai das Geschlecht Derer, so
früh und spät dem Gesetze oblagen; mit dem Tode des Sohns
Soma die scharfsinnigen Schrifterklärer; mit dem Tode R.
Josuas wurde das Gute von der Welt weggenommen; mit
dem Tode R. Simeons, des Sohnes Gamaliels, kamen die
Heuschrecken und der Plagen wurden viele; mit dem Tode
R. Eleasars, des Sohnes Asaria, hörte auf der Reichthum
der Weisen; mit dem Tode R. Akifa's hörte die Ehre des
Gesetzes auf; mit dem Tode R. Chanina's, des Sohnes
Dusa, erloschen die Wunderthäter; mit dem Tode R. Jose's
des Kleinen, hörten die Chasidim oder die Frommen auf.
Er heißt der Kleine, weil er der Kleinste unter den From-
men gewesen, die seither mehr und mehr abgenommen haben.
Mit dem Tode R. Jochanans, des Sohnes Sakkai, hörte

der Glanz der Weisheit auf; mit dem Tode R. Gamaliels des Alten, die Achtung vor der Thora (denn früher studirte man stehend im Gesetze, jezt aber fing man an, wegen überhandnehmender Schwachheit des Leibes, dabei zu sitzen), mit ihm starb zugleich die Reinigkeit und Absonderung (der ächte Pharisäismus); mit dem Tode R. Jsmaels, des Sohnes Pasi, hörte auf der Glanz des Priesterthums; mit dem Tode des Rabbi (Juda des Heiligen) die Demuth und die Furcht vor der Sünde. R. Pinehas, der Sohn Jair, sagt: Seitdem der Tempel zerstört worden, schämen sich die Gelehrten und die von vornehmem Geschlechte, und verhüllen ihre Häupter; die Wunderthäter sind gering geschäzt, die so sich auf ihren Arm und ihre Zunge verlassen, sind mächtig worden. Da ist Niemand, der Israel lehre, Niemand, der für das Volk bete, Niemand, welcher (den Herrn) befrage. Auf wen sollen wir uns also verlassen? Auf unsern Vater im Himmel. R. Elieser, der Große, sagt: Seitdem der Tempel zerstört worden, haben die Weisen angefangen, wie Schulmeister, die Schulmeister wie Vorsänger, die Vorsänger wie (Ame Haarez) Layen zu seyn, auch diese werden immer schlechter, und Niemand ist, der da frage oder forsche. Auf wen sollen wir uns verlassen? Auf unsern Vater im Himmel!"

Man glaube nicht, daß diese trübe Ansicht erst seit dem Untergang des zweiten Tempels aufgekommen sey. Geraume Zeit vor diesem fürchterlichen Ereigniß spricht sich Philo in gleichem Sinne aus. *) Die Weltgeschichte weist uns wohl kein anderes Volk auf, das so vollkommen auf die Gegenwart verzichtet hätte. Dagegen schwelgte ihre Einbildungskraft in den herrlichsten Bildern der nächsten Zukunft, in welcher sie das Erscheinen des von den alten Sehern geweissagten heißersehnten Erretters erwarteten. Die Frage, ob Gott den Bund mit den Vätern noch halte, ob er fortfahre

*) Siehe meine Schrift über Philo I, 74 u. flg., ferner 412 u. flg.

für sein auserkornes Volk gnädige Fürsorge zu tragen, kam
für sie auf die andere zurück, wann denn der Verheißene
endlich kommen werde? Denn die Hoffnung auf ihn war
der erste und theuerste Glaubensartikel aller frommen Ju=
den. Die Rabbinen sprechen dieß auf eine merkwürdige Weise
aus; Berachot bab. S. 34 b:„R. Chaja sagt im Namen R.
Jochanans: Alle Propheten haben nur von den Gütern in
den Tagen des Messias geweissagt." Ebenso Sanhedrin im
Abschnitt Chelek, und Schabbat S. 63: omnes prophetae
sine exceptione nonnisi de diebus Messiae prophetaverunt.
R. Salomo wiederholt in seiner Auslegung zu Zachar. IX, 1
diesen Satz und beruft sich auf das Buch Siphre als Zeu=
gen. Demnach muß also fast jeder Spruch des alten Testa=
ments auf den Messias bezogen werden. Daß man dieß in
Jesu Tagen glaubte, dafür bürgen viele Stellen unserer hei=
ligen Bücher, welche Bibelsprüche auf Christum deuten, die
vor unparteiischen Richtern gar nicht auf ihn passen. Der
vierte Evangelist läßt Christus, wenn ich mich nicht ganz
täusche, in gleichem Sinne sprechen, Joh. V, 46: εἰ γὰρ ἐπιςεύετε Μωυσῇ, ἐπιςεύετε ἂν ἐμοί, περὶ γὰρ ἐμοῦ ἐκεῖνος ἔγραψεν.
Denn diese Worte sind so allgemein, daß man sie nicht wohl
auf die bekannten Orakel Genes. III, 15, XXII, 18, XLIX, 10,
Deuter. XVIII, 15, beschränken kann. Bezieht ja Jo=
hannes noch ganz andere Stellen auf den Herrn, wie Kap.
XIX, 36, das Gesetz vom Paschalamm (Exod. XII, 46. *)
Aber wann ward der Gesalbte des Herrn erwartet?
Ueber diese Frage können wir (etliche Stellen ausgenommen,
welche der alten Ansicht folgen) nicht sowohl die Talmudisten
abhören, weil diese durch zwei fürchterliche Rechnungsfehler
(den Krieg unter Titus und Hadrian) enttäuscht, andere

---

*) Beinahe ganz wie die eben angeführten Rabbinen spricht Pe=
trus Apostelgesch. III, 24: πάντες οἱ προφῆται ἀπὸ Σαμυὴλ
καὶ τῶν καθεξῆς, ὅσοι ἐλάλησαν, καὶ προκατήγγειλαν τὰς
ἡμέρας ταύτας.

Fristen zu ersinnen begannen, dagegen werden wir durch die Angaben der ältesten griechischen Väter, des Josephus, der Apokryphen, einiger römischen Geschichtschreiber, so wie durch Spuren im Neuen Testament selbst entschädigt. Bekannt sind die Zeugnisse bei Tacitus und Sueton, welche einstimmig behaupten, im ganzen Morgenlande habe zur Zeit Nero's der Glaube geherrscht, daß Männer aus Judäa die Welt erobern würden. Dieser Wahn stüzte sich auf die Prophezeiungen Daniels. Josephus sagt nämlich im sechsten Buche des Kriegs, Kap. V, 4: Die Juden seyen hauptsächlich dadurch zur Empörung gegen Rom verleitet worden, weil sie einer zweideutigen Weißagung in ihren heilig. Büchern vertraut, des Inhalts: daß um jene Zeit Einer von ihrem Lande aus die Welt überwältigen würde: τὸ δὲ μάλιϛα ἐπᾷραν, αὐτοὺς πρὸς τὸν πόλεμον, ἦν χρησμὸς ἀμφίβολος ἐν τοῖϛ ἱεροῖϛ εὑρημένος γράμμασιν, ὡς κατὰ τὸν καιρὸν ἐκεῖνον ἀπὸ τῆς χώρας τίς αὐτῶν ἄρξει τῆς οἰκȣμένης. Vergleicht man leztere Worte mit einer andern Stelle, Alterth. X, 11, 7: ὁ Δανιῆλος καὶ περὶ τῆς τῶν Ῥωμαίων ἡγεμονίας ἀνέγραψε, καὶ ὅτι ὑπ' αὐτῶν ἐρημωθήσεται (ἡ ἁγία πόλις), so wird klar, daß der jüdische Geschichtschreiber mit obigem Satze den Propheten Daniel im Auge hatte. Also im Glauben an Daniel erhoben die Juden in Nero's Tagen die Waffen, weil sie wähnten, daß die Zeit des Messias erfüllt sey. Indeß muß man, auf dieselbe Prophezeiung Daniels gestüzt, nicht bloß im Jahr 67 unserer Zeitrechnung, sondern mindestens schon 90 Jahre früher den Gesalbten des Herrn erwartet haben; mit andern Worten der Ausdruck des Josephus κατὰ καιρὸν τοῦτον erhält eine sehr bedeutende Ausdehnung. Vor der lezten großen Empörung, welche Josephus beschrieben hat, erfolgte eine Reihe geringerer Aufstände, deren Urheber ebenfalls auf Daniel vertrauten. Noch mehr, Christi Anhänger glaubten durch seine Erscheinung das Wort dieses Sehers gelöst. Denn er bekam, sicherlich nach

Daniel (Kap. **VII**, 13), den ehrenden Beinamen: *υἱὸς ἀν-*
θρώπυ, des Menschen Sohn, und der Evangelist Matthäus
deutet (Kap. **XXIV**, 15, *ὅταν οὖν ἴδητε τὸ βδέλυγμα τῆς*
ἐρημώσεως, τὸ ῥηθὲν διὰ Δανιὴλ τοῦ προφήτυ, ἑςὸς ἐν τόπῳ
ἁγίῳ) die Prophezeiung des alten Sehers auf die Geschichte
unseres Erlösers. Allein schon 20 Jahre vor Jesus glaubte
man Daniels Spruch erfüllt, wie aus dem Buche Henoch
zu ersehen ist; denn der Verfasser desselben sezt die Ankunft
des Messias, ebenfalls auf Daniel bauend, etwa in das zehnte
Jahr der Regierung Herodis des Großen. *) Endlich stüzt
sich noch das 4te Buch Esdrä, das, wie ich gezeigt habe,
ins Jahr 90 unserer Rechnung fällt, auf denselben Seher;
woraus denn hervorgeht, daß man mehr als ein volles Jahrhundert lang die Ankunft des von Daniel verheißenen Sehers
jeden Augenblick erwartete.

Zweitens, in welchen Stellen Daniels glaubte man
hauptsächlich die Frist des Gesalbten vorausverkündigt? Nicht
sowohl in der einen Zeit, den zwei Zeiten und der halben Zeit (oder den 5¼ Jahren Dan. **VII**, 25 u. **XII**, 7),
noch in den entsprechenden 1290 (**XII**, 11) oder 1335 Tagen (**V**. 12), denn zu deutlich weisen diese auf Antiochus den
Erlauchten hin, und Josephus ist gewiß nicht der einzige
von seinen Landsleuten gewesen, der das Orakel so verstand;
Alterthüm. **X**, Kap. **XI**, 7: „Daniel prophezeiete, daß (unter
den Nachfolgern Alexanders) ein König erstehe, welcher das
jüdische Volk und seine Gesetze erobern, die Selbstständigkeit desselben vernichten, den Tempel plündern, und die Opfer **g e g e n**
d r e i J a h r e l a n g aufhören machen werde. Alles dieß ist
uns durch Antiochus den Erlauchten widerfahren, wie der
Seher es verkündigt und viele Jahre vor dem Erfolg niedergeschrieben hatte.“ Hiemit ist zu vergleichen I. B. vom Kriege
I, 1: „Antiochus der Erlauchte plünderte den Tempel und

---

*) Siehe oben I. Abth. S. 102.

brachte es dahin, daß die täglichen Opfer 3 Jahre und 6 Monate lang aufhören mußten." Man kann demnach nicht zweifeln, daß Josephus die Zeit, die Zeiten und die halbe Zeit, von den 3 Jahren und 6 Monaten verstand, während deren der Opferdienst zu Jerusalem unterbrochen war, und gewiß dachten viele andere gelehrte Juden ebenso wie Josephus. Weit mehr Nachdruck legte man auf die Worte Dan. IX, 24: Siebenzig Wochen sind bestimmt über dein Volk. Denn Gründe, die weit älter sind als das Buch Daniel, veranlaßten, diese Rechnung scharf ins Auge zu fassen. In der Siebenzahl ist die Welt entstanden, in der Siebenzahl, der heiligsten von allen, sollte sie auch bestehen. Man fand man im 4ten Verse des 90sten Psalms: Tausend Jahre sind vor dir, wie ein Tag, schon sehr frühe die wahre Bestimmung eines Tags der großen Sieben. Wenn die Welt einen Sabbath währet, und ein Tag desselben 1000 Jahre beträgt, so beläuft sich ihre ganze Dauer auf 7000 Jahre. Ihre Wurzeln sind die Zehn und Sieben, erstere die Zahl des Gesetzes letztere die der schöpferischen Thätigkeit Gottes. Wollte man diese Rechnung, die erweislich bei den alten Juden im Brauche war, mit den 70 Wochen bei Daniel in Einklang bringen, so mußte die Zehnzahl auf die Wochen übergetragen werden, da man die Sieben schon in der Zahl Siebenzig hatte. Also wenn Siebenzig Siebener gleich 7000 Jahren sind, so ist eine Siebener oder eine Woche gleich 100 Jahren. Man verstehe mich recht! Es liegt nicht in meiner Absicht, den wahren Sinn jener schwierigen Stelle bei Daniel entwickeln zu wollen, sondern bloß zu zeigen, wie jener Vers in den Tagen Christi von den Juden verstanden worden ist. Daß sie ihn so gedeutet haben, dafür kann ich zwei tüchtige Zeugen stellen: die Verfasser des 4ten Buchs Esdra und der Prophezeiung Henochs. Beide ahmen Daniel nach, beide hielten ihn für einen großen Propheten, beide bedienen sich endlich einer

Weltrechnung, deren Wurzel ebenfalls die Zehn und Sieben, aber in anderer Gestalt ist. Henoch Kap. 90, 4 u. flg. heißt es: „Henoch begann zu lesen aus einem Buche und sprach: Ich bin geboren am siebenten in der ersten Woche, während Recht und Gerechtigkeit mit Geduld (ihres Lohnes) wartete. (Henoch ist nach Genes. V, im Jahr der Welt 622, also im 7ten Jahrhundert [oder Tag] der ersten Woche geboren. Hieraus folgt, daß nach des Verfassers Ansicht jede Woche ihre 700 Jahre zählt. Er will die Menschen der ersten Woche als Gerechte bezeichnen, darum sagt er: Recht und Gerechtigkeit wartete mit Geduld, denn sie war ihres Lohnes gewiß.) Aber nach mir wird große Ungerechtigkeit aufkommen, und Betrug über Hand nehmen. In dieser Woche wird das Ende der ersten stattfinden, und Menschen sollen noch gerettet werden. (Ich verstehe diese schwierigen Worte so: Die Gerechten, welche zu Ende der ersten Woche geboren wurden, werden im Anfange der nächsten sterben und die ewige Seligkeit erlangen, wie Henoch. Von nun an nimmt aber die Heillosigkeit zu.) Aber wenn die erste Woche ganz zu Ende (wenn Die vollends gestorben, die in ihr geboren wurden), dann wird des Frevels viel werden, und Er (Gott) wird das Gericht gegen die Sünder vollstrecken (Anspielung auf die Sündfluth). Hernach in der dritten Woche, während ihres Verlaufs, soll ein Mann aus dem Stamme der Gerechtigkeit erwählt werden (Abraham), und nach ihm soll die Pflanze der Gerechtigkeit für immer grünen (d. h. wohl, das Geschlecht der Gerechten, der Israeliten, wird nicht mehr untergehen). Hierauf in der vierten Woche, während ihres Verlaufs, sollen Gesichte des Heiligen und des Gerechten gesehen werden, *) die Ordnung für die kommenden Geschlechter wird festgesezt, und eine Wohnung für sie bereitet

---

*) Anspielung auf die Gotteserscheinung, welche Mosi und den 70 Aeltesten aus Israel zu Theil wurde.

(d. h. das Gesetz soll den Kindern Israel ertheilt, und Kanaan ihnen gegeben werden). Dann in der fünften Woche, während ihres Verlaufs, soll das Haus der Herrlichkeit und des Eigenthums für immer errichtet werden (Anspielung auf den salomonischen Tempelbau). Aber in der sechsten Woche wird das Herz aller Menschen verdunkelt, daß sie der Weisheit vergessen (die bösen Zeiten der Trennung Juda's und Ephraims sind gemeint) und Einer (Elias) wird gen Himmel fahren. Im Lauf derselben Woche wird das Haus des Eigenthums mit Feuer verbrannt, und das Geschlecht der gerechten Wurzel zerstreut (babylonisches Gefängniß). Hernach in der siebenten Woche steht auf ein verkehrtes Geschlecht, viel und verkehrt sind alle seine Thaten. Während ihres Verlaufs sollen die Gerechten, die Sprößlinge des Stammes ewiger Gerechtigkeit, ihren Lohn empfahen, siebenfache Erkenntniß aller göttlichen Werke ist ihr Theil. Dann folgt eine andere Woche, die achte der Gerechtigkeit, welcher ein Schwert gegeben wird, um das Gericht zu vollstrecken an allen Unterdrückern, die Sünder werden überantwortet in die Hände der Gerechten, welche während ihres Verlaufs durch ihre Reinheit (ewige) Wohnungen (im Himmel) erwerben. Das Haus des großen Königs wird für immer gebaut. Hernach in der neunten Woche soll das Gericht der Gerechtigkeit offenbar werden vor aller Welt. Jegliches Werk der Gottlosen soll verschwinden von der ganzen Erde. Die Welt ist bestimmt zur Zerstörung, alle Menschen werden schauen auf den Pfad der Reinheit. Und hernach am siebenten Tag der zehnten Woche soll das ewige Gericht anfangen, welches kommen wird über die Wächter, und ein neuer unermeßlicher Himmel steigt empor mitten unter den Engeln. Der frühere Himmel verschwindet, ein neuer erscheint, die oberen Mächte werden in siebenfältigem Glanz leuchten, dann folgen noch viele Wochen, die da ewig währen in Gerechtigkeit und Heiligkeit." So weit die Stelle. Klar ist, daß der Verfaſſer die Weltdauer auf 10 große Wochen, von 700 Jahren jede, berechnet; zweitens, bis zur ſiebenten Woche wird Geſchehenes berichtet, mit der achten beginnt das Glück der Frommen, die Rache an den Gottloſen; von hier an beſchreibt er die Zukunft. Späteſtens hat er alſo in den lezten Jahren der ſiebenten Woche gelebt, alſo ums Jahr 4900 ſeiner Zeit= rechnung. Wie ich ſchon früher bemerkte, ſtimmt Joſephus ſehr genau mit dem Verfaſſer des Buchs Henoch überein, indem der jüdiſche Geſchichtſchreiber I, 1, gegen Apion be= merkt, er habe in ſeinen Alterthümern einen Zeitraum von 5000 Jahren (ſeit Erſchaffung der Welt bis zum Ausbruche des Kriegs unter Titus) umfaßt. Joſephus ſchrieb etwa ums Jahr 75 unſerer Zeitrechnung, der falſche Henoch dagegen, wie oben gezeigt wurde, ums Jahr 30 vor Chriſtus. Die Werke beider liegen alſo gerade um die 100 Jahre auseinan= ander, welche Henoch weniger rechnet, als Joſephus. Wenn Lezterer in der Vorrede zu den Alterthümern §. 4 ſagt: Moſes habe 2000 Jahre vor ihm gelebt, ſo hat er 3000 Jahre von Adam bis zum Geſetzgeber gezählt, ſonſt werden die 5000 Jahre nicht voll, welche die Welt von ihrer Er= ſchaffung bis auf die zweite Zerſtörung Jeruſalems gedauert haben ſoll. Nach dem Untergang der heil. Stadt, mit wel= cher er die Prophezeiung Daniels für erfüllt anſah, rechnete Joſephus ohne Zweifel, mit Henoch und andern Juden, wei= tere 2000 Jahre, die dem Meſſias angehören, worauf, mit dem Ende des Weltſabbaths, die Verjüngung von Erde und Himmel und die Ewigkeit erfolgen ſollte. Dem ſey nun, wie ihm wolle, jedenfalls hält ſich der Verfaſſer des vierten Buchs Esdrä an dieſelbe Rechnung, wie der falſche Henoch. Kap. XIV, 8, 9 ſpricht der Herr zum Propheten: mundus transgressus est juventutem suam, et tempora senuerunt. Decem enim partibus dispositus est mundus, et venit ad decimam, et superest dimidium decimae. *) Alſo zehn

---

*) So der Abyſſinier bei Lawrence S. 157. Der Lateiner lieſt

Zeiten dauert die Welt, wie bei Henoch, wie groß ist nun eine derselben? Nicht mit völliger Gewißheit, wohl aber mit einem hohen Grade von Wahrscheinlichkeit läßt sich diese Frage beantworten. Zwischen dem Untergange der Welt liegt ihm nur noch die Hälfte eines Zehntheils ihrer gegenwärtigen Dauer. Nun sagt unser Verfasser Kap. VII, 28 (bei Lawrence V, 29, S. 57): der Messias werde 400 Jahre lang mit seinen Getreuen in großer Freude herrschen, dann sterbe er mit Allem, was Odem hat, worauf Stillschweigen über den Schöpfungsraum herrsche, wie vor dem Anfang, dann gibt die Erde ihre Todten wieder und die Ewigkeit beginnt. Darf man nun anders annehmen, daß der Verfasser des vierten Buchs Esdrä mit sich selbst im Einklange sey, so würde, weil er die Ankunft des Messias als ganz nahe beschreibt, eine Zeit (ein Zehntheil) 800, oder wohl besser 700 Jahre betragen; denn er glaubte wohl nicht, daß die erste Hälfte des lezten Zehntheils schon ganz verflossen sey, und konnte also wohl 40 — 50 Jahre von der Dauer des Messias in die erste Hälfte herüberziehen. Außer diesem gültigen Grunde ist es schon an sich wahrscheinlich, daß der falsche Esdras, dem Beispiel Henochs gemäß, die Zehnzahl der

anders: duodecim enim partibus divisum est seculum, et transierunt ejus decima et dimidium decimae partis. Handgreiflich ist, daß der Abyssinier Recht hat; zugleich kann man an diesem Beispiele klar sehen, wie der Text verfälscht wurde. Die Worte, welche der Lateiner mit transierunt ejus decima übersetzt, hatten ursprünglich den Sinn: Es ist an das lezte Zehntheil gekommen; der Lateiner verstand sie fälschlich so: das Zehntheil ist vorüber; dieser falschen Auffassung zu lieb ändert er die Anfangsworte: decem partibus in duodecim um, weil sonst, wenn das lezte Zehntheil vorüber war, gar Nichts mehr kommen konnte. Den Schlußsatz et dimidium decimae partis ließ er getrost stehen, obgleich derselbe nach seiner Uebersetzung lauterer Unsinn ist, und für sich allein beweist, daß es vornen decem partibus heißen müsse. Dieser lateinische Bearbeiter war, wie man auch aus andern Anzeigen abnehmen kann, ein sehr einfältiger Mensch.

Weltdauer mit der heiligen Sieben verbunden habe. Allerdings bleibt auch so noch eine große Verschiedenheit zwischen beiden übrig. Henoch lebte nach unserer Erklärung ums Jahr der Welt 4900 und glaubte, daß die Erde noch volle 2400 Jahre stehen werde. Esdras dagegen versetzte, ungeachtet er höchstens hundert Jahre später als jener blühte, sich selbst ins Jahr 6600 und sah nur noch einer weitern Weltdauer von 400 Jahren entgegen. Allein eine unglaubliche Verwirrung herrschte damals in der Chronologie, indem Jeder nach Belieben bald den großen Zahlen der LXX, bald denen des reinen hebräischen Textes, bald einem veränderten folgte, woher es kam, daß fast jeder alte Schriftsteller seine eigene Zeitrechnung hat. Die Begierde, den Messias und seine Zeiten erleben zu wollen, entschied, der Lebende hatte Recht, die todten Zahlen mußten sich fügen. Der falsche Esdras war dem mosaischen Vorbild eines 400jährigen Messiasreiches zugethan (wovon später), also streckte er die Zahlen, bis sie seinem Wunsche entsprachen.

Blicken wir nun zurück: Henoch bekennt sich ganz gewiß zu einer siebentausendjährigen Weltdauer, höchst wahrscheinlich auch der falsche Esdras; Beide ahmten, wie ich bemerkte, Daniel nach, Beide hielten ihn für einen großen Propheten, folglich werden sie auch seine Zeitrechnung anerkannt haben, folglich deutete man damals die 70 Wochen auf 7000 Jahre. Ich weiß wohl, daß dieser Beweis mathematischer Schärfe ermangelt, aber für mein Gefühl hat er dennoch großes Gewicht. Hätten Henoch oder Esdras Daniels Rechnung für falsch gehalten, so würden sie auf irgend welche Art zu verstehen gegeben haben, daß sie mit jenem damals so gefeierten Seher nicht Einer Meinung seyen. Der Glaube an die 7000jährige Dauer der Welt war nun in jenen Zeiten bei Juden und Christen allgemein verbreitet; nur darin findet Abweichung statt, daß die Einen Christum im vorletzten, die Anderen im lezten Jahrtausend erscheinen lassen. Im Brief des Barnabas Kap. 15 heißt es : [*] „Merkt auf, meine Kinder, was der Herr mit den Worten sagen will (Genef. II, 2, nach den LXX): Gott vollendete in sechs Tagen. Der Sinn ist, daß Gott in 6000 Jahren das All vollendet. D nn Ein Tag ist bei ihm gleich tausend Jahren, wie er selbst sagt (Pf. 90, 4): Siehe, der heutige Tag ist wie tausend Jahre. Demnach, meine Kinder, wird in sechs Tagen, d. i. in 6000 Jahren die Welt vollendet. Weiter stehet geschrieben: Er ruhte am siebten Tage (Genef. II, 2); wenn nämlich der Sohn kommt, die Zeit des Ungerechten vernichtet, die Gottlosen bestraft, Sonne, Mond und die Sterne verändert, so wird Er herrlich ruhen am siebenten Tage." Etliche Sätze weiter unten fährt der Verfasser fort: „Gebt wohl Acht, in welchem Sinne der Herr spricht (Jef. I, 13): Eure jetzigen Sabbathe mag ich nicht, sondern den, welchen ich gemacht, an dem ich nach Vollendung des Ganzen, den Beginn des achten Tages, d. i. den Anfang der andern Welt-feiern werde." ἐν ᾧ καταπαύσας τὰ πάντα, ἀρχὴν ἡμέρας ὀγδόης ποιήσω, ὅ ἐϛιν ἄλϐ κόσμϐ ἀρχήν. Also 6000 Jahre dauert die Welt in gewohnter Weise, 1000 weitere Jahre herrscht der Messias, dann mit dem achten Jahrtausend beginnt die Ewigkeit. Ebenso die kleine Genesis in einem Bruchstücke bei Cedrenus : [**] „Der siebente Tag ward von Gott gesegnet und geheiligt, als Ruhetag und Vorbild des 7ten Jahrtausends, in welchem die Sünder vernichtet werden." ὡς τύπος τῆς ἑβδόμης χιλιοετηρίδος καὶ τῆς τῶν ἁμαρτωλῶν συντελείας. Ferner Jrenäus im fünften Buche gegen die Ketzer, Kap. 28: „In wie vielen Tagen diese Welt geschaffen wurde, in so viel Jahren wird sie vollendet. Deßhalb sagt die Schrift (Genef. II, 1, 2, nach den LXX): Himmel und Erde ward vollendet und all

---

[*] Cotelerius I, S. 45.
[**] Fabricius cod. pseud. vet. test. I, 860.

ihr Schmuck. Und Gott vollendete am sechsten
Tage alle seine Werke und ruhte aus am siebten
Tage von Allem, was er gemacht. Das ist zugleich
Erzählung geschehener Dinge und Weissagung auf die Zu=
kunft. Ein Tag ist vor dem Herrn wie tausend Jahre, da
er nun in sechs Tagen Alles gemacht, so folgt, daß mit dem
6000sten Jahre die Vollendung kommt." Diese Worte sind
nicht so zu verstehen, als ob mit dem Jahre 6000 Alles
aus wäre, sondern dann folgt erst der Sabbath, d. h. die
1000 Jahre des Messias, und erst nachher kommt die an=
dere Welt. Fast dieselben Worte braucht der unbekannte
Verfasser der Fragen und Antworten bei Justin §. 71, [*]
und auch Hippolytus ist derselben Meinung, bei Photius
Cod. 202. Auf die griechischen Väter möge ein lateinischer,
Lactantius folgen, VI. Buch der Institutionen 14: Mundum
Deus et hoc rerum naturae admirabile opus (sicut arcanis
sacrae scripturae libris continetur) sex dierum spatio
consummavit, diemque septimum, quo ab operibus suis
requieverat, sanxit. Hic est autem dies sabbati, qui
lingua Hebraeorum a numero nomen accepit, unde septe-
narius numerus legitimus ac plenus est. Nam et dies
septem sunt, quibus per vicem revolutis orbes conficiun-
tur annorum, et septem stellae, quae non occidunt, et
septem sidera, quae vocantur errantia; quorum dispares
cursus et inaequabiles motus rerum ac temporum va-
rietates efficere creduntur. Ergo quoniam sex diebus
cuncta Dei opera perfecta sunt, per secula sex, id est
annorum sex millia, manere hoc statu mundum necesse
est. Dies enim magnus Dei mille annorum circulo ter-
minatur, sicut indicat propheta, qui dicit: *ante oculos
tuos Domine mille anni tanquam dies unus.* Et sicut Deus
sex illos dies in tantis rebus fabricandis laboravit, ita

---

[*] Opp. S. 467.

et religio et veritas in his sex millibus annorum laboret
necesse est, malitia praevalente ac dominante. Et rursus quoniam perfectis operibus requievit die septimo
eumque benedixit, necesse est, ut in fine sexti millesimi
anni malitia omnis aboleatur e terra, et regnet per annos
mille justitia, sitque tranquillitas et requies a laboribus,
quos mundus jamdiu perfert. Mit Laktantius stimmen
von den lateinischen Vätern überein: Hilarius zu Matthäus
Kap. 17, Hieronymus in der Auslegung zu Pf. 89 und
Micha Kap. 4, Augustin im göttlichen Staate Buch 20, Kap.
7. Diese nämliche Rechnung vom Weltsabbath kehrt auch im
Sohar wieder. Zur Genesis Blatt 15: „In der künftigen
Zeit, oder in den lezten Tagen, an dem sechsten Tag, welcher
gleich ist dem sechsten Jahrtausend, wird der Messias kommen." Ebendaselbst Blatt 74 Spalte 292 und 293: „Rabbi
Simeon erklärt die Worte Levitic. XXVI, 42: Ich werde
gedenken an meinen Bund mit Jakob (es heißt
יעקוב mit dem Vau, das sonst oft fehlt): das Vau bedeutet das sechstausendste Jahr. — Selig sind alle Die,
welche im 6000sten Jahre in der Welt übrig seyn werden,
daß sie eingehen in den Sabbath." Ich betrachte diesen Aus=
spruch des Sohar als einen der bündigsten Beweise, daß die
Mystik, welche in jenem Buche niedergelegt ist, ursprünglich
aus dem griechischen Judenthum stammt, denn nur mit Hülfe
der LXX konnte man so große Zahlen herausbringen. Bei
den jüdischen Mystikern galt die 7000jährige Rechnung allein.
Der öfters erwähnte R. Menasseh Ben Israel sagt: „Unsere
göttlichen Kabbalisten, denen Plato im Timäus gefolgt ist,
nehmen an, daß die untere Welt alle 7000 Jahre, die Him=
mel aber alle 50,000 Jahre einer neuen Welt und einem
neuen Himmel Platz machen. Dieß behaupten sie, habe
Adam dem Seth, Seth dem Enoch, Enoch dem Noah,
Noah dem Sem, Sem dem Eber und den Patriarchen über=
liefert. Nachher sey es auch von Mose bekräftigt worden,

und werde durch die 6 Tage der Schöpfung angezeigt, welche 6000 Jahre bedeuten, wie der Psalm singt: Tausend Jahre sind vor dir wie ein Tag." Im Talmud kommt wenigstens etwas Aehnliches vor. Avoda Sara bab. S. 9, a: „Ueberlieferung aus der Schule des Elias, 6000 Jahre wird die Welt dauern, 2000 vor dem Gesetz, 2000 unter dem Gesetz, 2000 weitere unter dem Messias." Dasselbe wird wiederholt Sanhedrin ,im Abschnitt Chelek. Die, welche so rechneten, zogen den Sabbath oder das siebente Jahrtausend zu der künftigen Welt. Bei Weitem die Meisten glaubten jedoch, daß die Herrschaft des Messias tausend Jahre dauern werde, worüber später.

Indeß waren die Anhänger des Weltsabbaths nicht einerlei Meinung über die Ankunft des Messias. Sie schwankten zwischen den Jahren 5000 und 5500. Der falsche Henoch setzt sein Erscheinen, wie ich gezeigt habe, um das Jahr 5000, so daß volle 2000 Jahre für die messianische Herrschaft übrig blieben, was mit der angeführten Stelle des Talmud übereinstimmt. Auch Josephus gibt zu verstehen, daß die Prophezeiung Daniels um das Jahr 5000 erfüllt sey. Dagegen sagt Hippolytus*), daß Jesus Christus ums Jahr 5500 gekommen sey; und dieß ist die verbreitetste Ansicht. Sie wird bekannt vom Evangelium des Nikodemus, **) wo Seth sagt: Μετὰ τὸ συντελεσθῆναι ἀπὸ κτίσεως κόσμου ἔτη πεντακισχίλια πεντακόσια, τότε κατέλθῃ ἐν τῇ γῇ ὁ μονογενὴς υἱος τοῦ θεοῦ ἐνανθρωπήσας. Ebendaselbst S. 793: Invenimus in libro primo de septuaginta, ***) ubi locutus est Michael archangelus ad tertium filium Adae primi hominis, de quinque millibus et quingentis annis, in quibus venturus esset de coelis dilectissimus Dei

---

*) Ausgabe von Fabricius. Anhang zum ersten Thl. S. 46, oben.
**) Siehe Thilo Cod. apocr. nov. Test. S. 692.
***) Vielleicht sind die 70 Bücher gemeint, die Esdras geschrieben haben soll.

filius Christus, et adhuc consideravimus, quia forsitan iste est Deus Israel, qui dixit ad Mosen (Exod. XXV, 10): *Fac tibi arcam testamenti in longitudinem cubitorum duorum et semis, in altitudinem cubiti unius et semis, in latitudinem cubiti unius et semis.* In his quinque cubitis et semis intelleximus et cognovimus in fabrica arcae veteris testamenti, quia in quinque millibus annorum et semis venturus esset Jesus Christus in arca corporis, et sic scripturae nostrae testantur, ipsum filium Dei esse et dominum et regem Israël. Ebenſo das Hypomneſtikon des Joſeph: *) ἐπὶ τὴν τοῦ σωτῆρος γέννησιν συνάγεται ἀπὸ Ἀδὰμ ἔτη πεντακισχίλια πεντακόσια.

Ich glaube nun, daß dieß die Friſt für den Meſſias war, welche um die Zeit Jeſu den Meiſten gefiel. Denn nicht weil Chriſtus wirklich um dieſe Zeit geboren worden iſt (man kennt ja ſein Geburtsjahr gar nicht), ſagte man, der Meſſias komme ums Jahr der Welt 5500, ſondern umgekehrt, weil die grübelnde Theologie jenes Zeitalters es ſo verlangte, be= ſtimmte man ſeine Erſcheinung ſo. Denn wie ich bereits ſagte, Nichts iſt willkürlicher als die alte jüdiſche Zeitrech= nung. Joſephus erklärt zum Beiſpiele, er habe ſeine Alterthümer geſchrieben ums Jahr 5000 der Welt, was etwa mit dem Jahr 75 unſerer Zeitrechnung oder mit dem Jahr 5575 der ſabbathiſchen Aera jener Griechen übereinſtimmt. Joſephus und die Lezteren ſind alſo um volle 575 Jahre auseinander. Noch größere Abweichungen findet man bei Juſtin, Klemens, Origenes. Kurz myſtiſche Gründe waren es, und keine hiſto= riſche, welche jene 5500 Jahre an die Hand gaben. Man ſieht dieß klar aus dem Beweiſe, den die Stelle Exod. XXV, 10 zu geben genöthigt wird. Noch deutlicher zeugt dafür ein Bruchſtück von Julius Afrikanus: **) οἱ Ἰουδαῖοι ἀριθ- μὸν ἐτῶν πεντακισχιλίων πεντακοσίων εἰς τὴν ἐπιφάνειαν τοῦ

---

*) Fabricius cod. pseud. vet. Test. II, S. 339.
**) Siehe Thilo a. a. O. S. 692, Note.

14 *

σωτηρίου λόγου, τὴν ἐπὶ τῆς μοναρχίας τῶν Καισάρων κη-
ρυσσομένην παραδεδώκασιν. Fünfzehnhundert Jahre blieben
nach dieser alten Rechnung für die Kriege gegen Gog und
Magog, für das tausendjährige Reich und für das jüngste
Gericht übrig.

Schon oft ist in dieser Schrift von den beiden Welten,
der jetzigen und der künftigen, die Rede gewesen. Es muß
hier noch die Frage beantwortet werden, in welche derselben
der Messias und seine Herrschaft gehöre. Unendlich herrli=
cher als diese Welt ist die künftige. Pirke Afoth IV, 16:
„R. Jakob sagt: Diese Welt ist das Vorhaus zu jener, be=
reite dich also in dem Vorhause, daß du in den Speisesaal
(worin der König thront) eingehen dürfest." Berachot bab.
S. 17, a: „Raf pflegte zu sagen: Jene Welt wird nicht
seyn wie diese. In der künftigen Welt findet kein Essen,
Trinken, Kinderzeugen, Handel und Wandel, noch Neid,
Haß, Streit statt, sondern die Gerechten werden sitzen mit
Kronen auf ihren Häuptern und des Glanzes der Schechina
genießen." *) Viele und gerade ältere Rabbinen unterscheiden
nun die Tage des Messias sehr genau von jener übernatürli=
chen Gnadenzeit. Henoch läßt die Ewigkeit und mit ihr die
andere Welt erst nach dem Gericht, oder nach dem sieben=
ten Tage der zehnten Woche beginnen, ebenso Barnabas,
der ausdrücklich sagt: das achte Jahrtausend sey der Anfang
der andern Welt. Mit beiden stimmt der falsche Esdras
überein. **) Kapitel VII, 12: Dies judicii erit finis
hujus mundi et initium mundi futuri, in quo mortalitas
deficiet et surget immortalitas. Das Weltgericht beginnt
aber erst nach dem Tode des Messias. Ebendaselbst Kap.
VII, 28 und flg. (nach dem Lateiner): Revelabitur Messias,
filius meus, cum his, qui cum eo sunt, et jucundabuntur

---

*) Man vergleiche mit diesem Ausspruche die Stellen Luc. XX,
   34 und flg. 1 Kor. VI, 13.
**) Nach Lawrence, bei Fabricius VII, 43.

— annis quadringentis, et erit post annos hos, morietur filius meus, Messias, et omnes, qui spiramentum habent homines, et convertetur seculum in antiquum silentium diebus septem — et erit post dies septem et excitabitur, quod nondum vigilat seculum et morietur corruptum, et terra reddet, quae in terra dormiunt, et pulvis eos, qui in eo silentio habitant, et promptuaria reddent, quae iis commendatae sunt animae, et revelabitur Altissimus super sedem judicii, etc. An diese älteren Schriftsteller schließen sich mehrere talmudistische Rabbinen an. Schabbat bab. S. 63: „R. Eliefer sagt: Nicht einmal in den Tagen des Messias wird man aufhören, Waffen zu tragen, sondern erst in der künftigen Welt." Ebenso Erachim bab. S. 13, b und Midrasch Tillin zu Pf. 81: „Die Cither des Heiligthums hatte sieben Saiten (dieß soll bewiesen werden aus Pf. 16), die Cither in den Tagen des Messias wird mit acht Saiten bezogen seyn (wegen der Aufschrift von Pf. XI, 1), aber in der künftigen Welt wird die Cither zehn Saiten umfassen (wegen Pf. 92, 4)." Eine sehr belehrende Stelle findet sich im Targum Jeruschalemi zu Exod. XVII, 16: „Der Herr wird streiten mit seinem Worte gegen die vom Hause Amalek, und wird sie verderben bis auf drei Geschlechter, aus dem Geschlecht dieser Welt, aus dem Geschlecht des Messias, aus dem Geschlecht der künftigen Welt." Hier bilden die Zeiten des Messias eine Mittelstufe zwischen dieser und der künftigen Welt; durch des Messias Herrschaft gelangt man in die Ewigkeit. So haben sich bei weitem die Meisten die Sache vorgestellt. Ebenso gewiß aber ist, daß es Andere gibt, welche die Tage des Messias für Eins halten mit der künftigen Welt. *) Midrasch Tanchuna S.

---

*) Bekanntlich entstand ein Streit über diese Frage zwischen zwei gelehrten holländischen Profefforen, Witfius und Rhenferdius. Letzterer, ein befferer Talmudist, als sein Gegner, läugnet, daß

77, c: Dicit sanctus Benedictus: in hoc mundo, quoniam nuncii mei fuerunt caro et sanguis, de iis decretum est, ut non intrent terram, at in mundo futuro ego mitto vobis nuncium meum subito, et praeparabit viam meam coram facie mea, ut scriptum exstat Malach, III, 1. Rhenferdius mag sagen, was er will, allgemein glaubten die alten Juden, daß Elias, auf den hier angespielt wird, dem Messias vorangehen werde; gehört nun Elias der zukünftigen Welt an, so muß dieß auch von dem Gesalbten des Herrn gelten. Daß der Midrasch Tanchuma sonst die Tage des Messias zu der jetzigen Welt rechnet, thut Nichts zur Sache, denn in jenen alten Kommentaren treiben sich die verschiedensten Meinungen bunt durch einander. Deßgleichen heißt es Baba bathra Kap. V: „Die Israeliten werden den Leviathan verspeisen לְעָתִיד לָבוֹא אֵיל in der künftigen Zeit," was wohl nichts Anders seyn kann, als die andere Welt. Nun herrscht gar kein Streit darüber, daß der Leviathan in den Tagen des Messias verzehrt werde. Ferner Midrasch Tanchuma S. 22, a: „Warum wünschten unsere Väter im Lande Israel begraben zu werden? Weil die Todten in Kanaan auferweckt werden zu Anfang der Tage des Messias." Ueberall wird Auferweckung und Gericht zur künftigen Welt gezogen. Ebenso Sanhedrin bab. S. 110, b: Tradunt Rabbini, non erit portio in seculo futuro decem tribubus, juxta id, quod scriptum est (Deuter. XXIX, 28): *Et evulsit eos Dominus e terra eorum cum ira et excandescentia et indignatione magna.* Evulsit eos Jehova e terra eorum in hoc seculo, et ejecit eos in terram alienam in seculo futuro; haec sunt verba Rabbi. Sed R. Simeon Acconesis dicit: Si opera illorum similia fuerint hodiernis, non

die künftige Welt je für Eins mit der Zeit des Messias gehalten worden sey, doch ist nach meinem Dafürhalten Witsius nicht hinreichend widerlegt, ich theile einige Beweisstellen mit.

redibunt, si vero non, redibunt. Raf adserit, quod venturi sint in seculum futurum, prout scriptum est (Jes.
XXVII, 13): *Die illo clangetur tuba magna etc.* Kein
Jude hat je daran gezweifelt, daß es der Messias sey, der
die zerstreuten Kinder Israel zurückführe. Also ist sonnenklar, daß die künftige Welt ihm angehöre. Die Tosiphot
(eine Glosse zu der Gemara, die auf dem Rande des Talmud abgedruckt ist) fügt daher bei: „Die künftige Welt,
das sind die Tage des Messias.“ Im nächstfolgenden
Kapitel werde ich noch andere Beweise vorbringen, daß eine
ganze jüdische Partie das Reich des Gesalbten mit Erneuerung von Erde und Himmel, oder mit der Ewigkeit, d. h.
mit dem Anbruch jener Welt erwartete.

Schließen wir. Es herrschte bei den alten Juden keine
Uebereinstimmung über die Frage, ob die Zeiten des Messias
Eins seyen mit der künftigen Welt. Einige läugneten, Andere bejahten es. Dieß bezeugt R. Elias in seiner Schrift
Tischbi mit dürren Worten S. 67, a, b: „Es ist unter
unseren Weisen Streit wegen der Zeit des Olam habba.
Einige sagen, es werde die Welt der Seelen damit bezeichnet, d. i. die Welt, welche gleich nach dem Tode (für jeden
Gestorbenen) anfängt. Andere beziehen die künftige
Welt auf die Tage des Messias. Andere wiederum
behaupten: es sey die Zeit nach der Auferstehung des Fleisches, und jede Partei bringt Beweise herbei für ihre Meinung. Ich aber bin nicht tüchtig, meinen Kopf unter die
Köpfe solcher Weisen zu stecken (diese Zwistigkeit zu entscheiden).“ Genau genommen findet sich derselbe Zwiespalt schon
im N. Testamente. Denn die Erscheinung des Messias in
Knechtsgestalt wird dort zu dieser Welt gerechnet, seine Rückkehr in voller Glorie aber zu der künftigen. Auch mit dem
Sohar verhält es sich nicht anders, wie mit dem Talmud. Sohar zur Genesis S. 308 heißt es: In mundo venturo prava concupiscentia plane abolebitur e mundo, sed

tempore Messiae non plane abolebitur, portiuncula enim
quaedam illius superstes erit. Hier sind die beiden Zeiten
unterschieden. Dagegen wird zum Exodus, Blatt 23 Spalte
90, auf folgende Weise über das Lied Mosis (Exod. XV, 1)
gesprochen: Traditio est, quicunque hoc canticum quotidie
canit eique animum adhibet, dignus est, qui idem illud
canat tempore futuro. In eo enim continetur seculum
hoc et seculum futurum, in eo exstat colligatio fidei, in
eo quoque occurrunt tempora Messiae. Die Zeiten des
Messias und die künftige Welt erscheinen hier ziemlich deutlich
als Eins. Noch klarer, ebendaselbst Blatt 24 Spalte 95: Canticum hoc agit de hoc tempore et de tempore futuro, de
diebus illis, quibus rex Messias adparebit. Daß Streit
über diese Frage unter den mystischen Lehrern herrschte, erse=
hen wir aus dem Sohar zu Genes. Blatt 82, d: „Es ist
kein anderer Unterschied zwischen dieser Welt und den Tagen
des Messias, als daß die Reiche der Welt dann den Juden
unterthan seyn werden. Auch zwischen dem Ende dieser Welt
und der Auferstehung der Todten ist kein anderer Unterschied,
als daß am Ende höhere Reinheit (der Sitten) und Erkennt=
niß herrschen wird. R. Nachmann behauptet noch, auch die
Lebensjahre des Menschen werden länger seyn. R. Joseph
sagt: Sind denn die Tage des Messias und die
Auferstehung der Todten nicht Eins und Das=
selbe? Nachman erwiderte: Keineswegs! Denn so lehren wir:
Die Erbauung des Tempels geht voran der Vereinigung aller Ge=
fangenen, diese Vereinigung geht wieder voran der Auferstehung
des Fleisches, diese ist das Lezte von Allem. Bewiesen wird dieß
aus den Worten des Psalms (147, 2. 3): Der Herr
bauet Jerusalem und bringt zusammen die Ver=
jagten in Israel, er heilet, die zerbrochenen Her=
zens sind, und verbindet ihre Schmerzen. Durch
die Heilung der zerbrochenen Herzen wird nämlich die Aufer=
stehung der Todten verstanden. Aus diesem Spruche geht

hervor, daß die Erbauung Jerusalems das Erste ist, dann folgt die Vereinigung der Zerstreuten, zu allerlezt werden die zerbrochenen Herzen geheilt. Es ist eine Ueberlieferung bei uns: Um 40 Jahre erfolgt die Vereinigung der Zerstreuten früher, als die Auferstehung des Fleisches. — R. Cahana sagt: Wie viele Drangsale und Kriege werden seyn von Vereinigung der Zerstreuten bis zur Auferstehung der Todten! wohl Dem, der ihnen entrinnt, wie geschrieben steht (Daniel XII, 1): Zur selben Zeit wird dein Volk errettet werden, Alle, die im Buche geschrieben sind. R. Juda sagt: In jenen Tagen werden Viele gereinigt, weiß gewaschen und bewährt, nach dem Spruche (Zach. XIII, 9): Ich will sie läutern, wie man Silber läutert, und prüfen, wie man Gold prüfet. Und wiederum: Es kommen Tage, von denen man spricht, sie gefallen mir nicht. Von der Zeit, wo diese Drangsale beginnen, bis zur Auferstehung des Fleisches sind es 40 Jahre."

Um mindestens 40 Jahre soll also die Zeit des Messias früher seyn, als die Auferstehung, mit welcher die andere Welt, d. h. die Ewigkeit, beginnt. Doch ist nach obigem Spruche des Sohar kein großer Unterschied zwischen beiden Epochen. Der Streit über das Verhältniß der Tage des Messias und der andern Welt weist auf eine bedeutende Verschiedenheit in ersterer Lehre hin. Denn ein solcher Messias, dessen Herrschaft mit Erneuerung von Himmel und Erde und mit so vielen anderen wundervollen Ereignissen beginnt, muß nothwendig ein ganz anderer seyn, als derjenige Gesalbte, welcher das Volk Israel erst durch menschliche Waffen vom Joche seiner Unterdrücker befreien, und durch Kriege zur herrschenden Nation erheben sollte. Und so verhält es sich auch. Vier verschiedene Lehrweisen vom Messias, aus verschiedenen Wurzeln emporgesproßt, auf eigenthümliche Art ausgebildet, obgleich bald nachher mit einander vermischt, finden sich in dem alten Judenthum. Die eine Partei hielt sich an diejenigen

Schriften, welche wahrhaft vom künftigen Erretter weissagen: die großen und kleinen Propheten, die Psalmen u. s. w., und bildete ihren Begriff darnach. Dieß ist die erste Ansicht, welche ich die „gemein prophetische“ nennen will. Meist wird nach den Psalmen, nach Jesaias, Micha auf menschliche und begreifliche Weise der künftige Held beschrieben und gefeiert. Dieß schien einer zweiten Partei zu nüchtern und ge= mäßigt; eine übermenschliche Natur wollten sie zum Messias haben, also folgten sie ausschließlich der Lehre Daniels und den religiösen Meinungen, welche in diesem spätern Buche herrschen. Mit dem Namen „Danielisches Vorbild“ bezeichne ich diese zweite Ansicht, welche sich zur erstern verhält wie Mystik zur historischen Deutung. Drittens wird man sich erinnern, daß es zur Zeit Jesu eine große Sekte*) unter den Juden gab, welche nur den Pentateuch als göttliche Offenba= rungsquelle anerkannte. Deßhalb mußte dieselbe ihre Lehre vom Messias rein aus den fünf Büchern Mosis entnehmen. Ich nenne dieß das „gemein mosaische Vorbild“, und bemerke zum Voraus, daß diese Lehre unglaublichen Einfluß auf unsere heilige Bücher geübt hat, und den Schlüssel zum wahren Verständniß des N. Testaments bildet. Endlich fand eine Abtheilung lezterer Partie alle Schätze göttlicher Weisheit und somit auch die Erkenntniß des Messias nur in den ersten Kapiteln der Genesis (den Werken des Anfangs) niedergelegt. Ihr verdanken wir die vierte, oder „die mystisch = mosaische“ Ansicht vom Gesalbten des Herrn. Es ist für meinen Zweck nothwendig, daß jede der vier Lehrweisen in möglichster Schärfe und Reinheit aufgefaßt werde, was seine Schwierig= keiten hat, weil, wie ich bereits sagte, alle vier zusammen, oder einzelne derselben, frühe mit einander vermengt wurden.

---

*) Die Essäer.

Zehntes Kapitel.

Die alte jüdische Lehre vom Messias und den lezten Dingen.

a) Gemein prophetisches Vorbild.

Im Traktate Sanhedrin bab. S. 94, b und 99 a heißt es: Inter hoc tempus et dies Messiae nihil intercedit discriminis, nisi tantum subjugatio regnorum gentilium. Wie jezt die Juden den Heiden (dem römischen Reiche) unterthan sind, so werden sie in des Messias Tagen über alle anderen Völker gebieten. Sonst ist kein anderer Unterschied, als daß Jerusalem seine Rolle mit Rom vertauscht. Dasselbe wird wiederholt Berachot bab. S. 34, b: „R. Schemuel sagt: Zwischen der jetzigen Zeit und den Tagen des Messias ist kein anderer Unterschied, als daß dann Israel den heidnischen Königen nicht mehr dient, sondern über sie herrscht." Dieser höchst wichtige Grundsaz gibt der Lehre vom Messias eine sehr bestimmte und eigenthümliche Farbe. Uebernatürliche Erwartungen — sofern nicht der Jude Wunder als etwas Gewöhnliches betrachtete — sind ausgeschlossen, der Ersehnte wird ein menschlicher König seyn, nur mit außerordentlichen Kräften ausgerüstet; die bekannten Gesetze der Erfahrung und der Geschichte genügen, um seine Ankunft begreiflich zu machen. Eine Reihe von Zeugnissen, die bis in Christi Tage hinaufreichen, beweist, daß die beschriebene Ansicht unter den alten Juden sehr verbreitet war. Der Jude des Celsus sagt bei Origenes: *) „Die Propheten haben den Künftigen als einen gewaltigen König, der über die ganze Erde, über alle Völker und Herrn gebieten wird, beschrieben": μέγαν δυνάστην καὶ πάσης τῆς γῆς καὶ πάντων τῶν ἐθνῶν καὶ στρατοπέδων κύριόν φασιν εἶναι οἱ προφῆται τὸν ἐπιδημήσοντα. Ferner

---

*) Contra Celsum II, 29. Opp. I, 412 oben.

berichtet Origenes: *) „Kein Jude gesteht zu, daß irgend ein
Prophete geweissagt habe, der Sohn Gottes (d. h. ein
übermenschliches Wesen) werde kommen, denn nur das sagen
sie, daß der Gesalbte Gottes komme. Daher streiten sie oft
mit uns (Christen), als ob es keinen Sohn Gottes gebe, und
als ob derselbe nie von den Propheten verkündigt worden sey.“
Von den Juden ging dieselbe Meinung zu den ältesten Juden=
christen, namentlich zur Partei Derer über, welche an das
tausendjährige Reich glaubten. Origenes klagt über sie mit
folgenden Worten:**) Solius litterae discipuli arbitrantur
repromissiones futuras in voluptate et luxuria corporis
exspectandas, et propterea praecipue carnes iterum desi-
derant post resurrectionem tales, quibus manducandi et
bibendi et omnia, quae carnis et sanguinis sunt, agendi
nunquam desit facultas, apostoli Pauli de resurrectione
spiritalis corporis sententiam non sequentes. Quibus
consequenter addunt et nuptiarum conventiones et filiorum procreationes etiam post resurrectionem futuras,
fingentes sibimet ipsis Jerusalem terrenam, urbem re-
aedificandam lapidibus pretiosis in fundamenta ejus jaci-
endis, et de lapide jaspide muros ejus erigendos et pro-
pugnacula ejus ex lapide crystallo, peribolum quoque
habituram ex lapidibus electis et variis, id est jaspide
et sapphiro et chalcedonio et smaragdo, et sardio et
onychino, et chrysolitho, et chrysopasso, et hyacintho et
amethysto. Quin etiam ministros deliciarum suarum dan-
dos sibi alienigenas putant, quos vel aratores habeant, vel
structores parietum, a quibus diruta ipsorum et collapsa
civitas exstruatur, et arbitrantur, quod facultates gentium accipiant ad edendum et in divitiis eorum domi-
nentur, ut etiam cameli Median et Cedar veniant, et ad-
ferant iis aurum et thus et lapides pretiosos. Etliche

---

*) Ebendaselbst S. 366 oben.
**) Περὶ ἀρχῶν II, Cap. 17. Opp. I, 104.

Säße weiter unten fährt unfer Vater fort: Tum vero secundum formam, *quae in hac vita est, et secundum mundi
hujus dispositiones dignitatum vel ordinum*, vel eminentias
potestatum, reges se fore et principes arbitrantur, sicut
sunt isti terreni. — Et ut breviter dicam: *secundum
vitae hujus conversationem per omnia similia volunt esse
omnia, quae de repromissionibus exspectantur, ita ut
iterum sit hoc quod est.* Hoc ita sentiunt, qui Christo quidem
credentes, *judaico autem quodam sensu scripturas divinas
intelligentes*, nihil ex his dignum divinis pollicitationibus
praesumserunt. Origenes sagt also selbst, diese Meinung
stamme von den Juden her; woher anders sollten jene Christen sie auch empfangen haben, da unsere heiligen Bücher weit
stärker für geistige Hoffnungen zeugen, als für sinnliche!

An Origenes schließt sich Justin der Märtyrer an. In
dem Gespräch mit dem Juden Tryphon, §. 49, sagt dieser
Rabbine: *) Wir Juden glauben, daß der Messias ein (bloßer)
Mensch seyn und von Menschen abstammen werde; wenn er
kommt, salbt ihn erst der Prophet Elias" (zum Könige), καὶ
γὰρ πάντες ἡμεῖς τὸν Χρισὸν ἄνθρωπον ἐξ ἀνθρώπων προς-
δοκῶμεν γενήσεσθαι, καὶ τὸν Ἠλίαν χρίσαι αὐτὸν ἐλθόντα.
Ein solcher menschlicher Held war es, den die Juden erwarteten, als sie unter Titus und Vespasian den Schild erhoben,
und derselbe Wahn verleitete sie 50 Jahre später den berüch-
tigten Bar Chochba als ihren Messias anzuerkennen. Die
Juden waren nicht so völlig der Welt entfremdet, nicht so
unbekannt mit dem gewöhnlichen Lauf menschlicher Dinge,
daß nicht sehr Viele unter ihnen jene überschwänglichen Erwartungen eines Gottes, der mit Allmacht ausgerüstet herniedersteigen und Alles mit einem Schlage umkehren werde,
für Träumereien gehalten hätten; also schuf man die Verheißungen der alten Seher durch Vernünftelei so lange um, bis

---

*) Opp. 145, oben.

Alles dem Weltgange zu entsprechen schien. Waren die
Römer durch menschliche Mittel, Waffen und Mannheit,
Herren der Welt geworden, warum sollten es auch nicht die
Juden werden, um so mehr da man fühlte, daß Rom bereits
zu sinken begann? Getroster zog man das Schwert, da ein
Ziel winkte, welches für den Verstand kein Widerspruch
war. Kurz die so gedeutete Messiashoffnung ist es haupt=
sächlich, welche den Juden in einer Reihe von Empörungen
jene Ströme von Blut, jene Millionen ihrer streitbaren Jugend
gekostet hat; sie wurde verderblicher für sie als eine Pest.

Aus dem Stamme Juda soll der ersehnte Held erste=
hen; denn dieser Stamm hatte schon in alten Tagen den
Vorzug vor seinen Brüdern, er zog voran in den Kriegen
Israels, aus ihm ging David hervor, der Ahn und das Vor=
bild des Messias, und die merkwürdigen Worte im Segen Ja=
kobs (Genes. XLIX, 10): Das Scepter soll nicht von
Juda genommen werden, bis daß komme, dem
die Herrschaft gebührt, deutete man sehr frühe auf die
Abkunft des Messias aus dem Stamme Juda. Im Targum
Jeruschal. zu Genes. 49, 11 heißt es: „Wie schön ist der König
Messias, der aufstehen wird aus dem Hause Juda.“ Ebenso
Jonathan Ben Usiel zu Zacharias X, 3. 4, wo Jehova spricht:
„Gegen die Könige ergeht mein Grimm und gegen die Für=
sten; ich will ihre Sünden heimsuchen, denn der Herr des
Himmels gedenkt seines Volkes vom Hause Juda, und macht
es zum gewaltigen Streitrosse. Aus ihm (מנה nämlich aus
dem Hause Juda) ersteht sein König, sein Messias.“ David
ist der Ahn des großen Helden. So Jonathan zu Jesaias
XI, 1: „Ein König wird aus den Kindern Jsai erstehen,
und der Messias sich erheben aus seinen Kindskindern.“
Nichts ist daher gewöhnlicher, als daß der Messias Davids
Sohn genannt wird, und weil David selbst von Ruth und
Pherez abstammt, heißt der Gesalbte manchmal auch der
Sohn des Pherez. Sein Geburtsort ist Davids Stadt,

Bethlehem. Jonathan zu Micha **V**, 2: „Und du Bethlehem Ephrata, zu klein warst du, um unter den Tausenden des Hauses Juda gezählt zu werden; aber aus dir soll mir erstehen der Gesalbte, daß er die Herrschaft führe über Israel, er, dessen Namen genannt ward von Anfang an." Letztere Worte spielen auf die früher entwickelte Meinung an, daß der Name des Messias vor der Welt geschaffen worden sey. Zu vergleichen ist mit der targumischen Stelle eine Erzählung im Berachot Jeruschalemi S. 11, a: „Ein Araber sprach zu einem pflügenden Juden: Euer Messias ist geboren. Wie heißt er? fragte der Jude, und erhielt zur Antwort: Menachem, des Hiskias Sohn! Wo ist er her? fragte er weiter. Aus dem Königsschlosse zu Bethlehem Juda, erwiderte der Araber." Daß dieser Glaube unter den Juden zur Zeit Jesu allgemein verbreitet war, ersieht man aus dem Bescheide, welchen die Rabbinen und Hohenpriester Matth. **II**, 4 u. flg. dem Könige Herodes ertheilen, so wie aus dem Evangelium Johannis **VII**, 42.

Schon lange vor Christus haben die Juden angenommen, daß die Zeit des Messias erfüllt sey, und daß er also gekommen seyn sollte. Diese Meinung führte auf den Wahn, daß er bereits geboren, aber an irgend einem unbekannten Orte verborgen seyn müsse. So Jonathan Ben Usiel zu Micha **IV**, 8: „Du, o Gesalbter Israels, der du verborgen bist (רְטָמִיר) wegen der Sünden des Volkes von Zion, dir wird das Reich zu Theil." Eine Spur dieses Glaubens findet sich auch in der bereits erwähnten Erzählung aus Berachot Jeruschalemi S. 11, a: „Der Jude, dem der Araber die erfolgte Geburt des Messias angezeigt, fand daselbst die Mutter und das Kind. Als er nun nach einigen Tagen wieder kam, und nach dem Kinde fragte, antwortete die Mutter, gleich nachdem Jener den Säugling gesehen, sey ein Sturmwind gekommen, und hätte denselben mit fort genommen." In gleichem Sinne äußert sich der Jude Tryphon bei Justin dem

Märtyrer:*) „Wenn der Messias auch schon geboren ist, und sich wo aufhält, ist er doch unbekannt, und kennt nicht einmal sich selbst, und hat auch keine Gewalt, bis Elias kommt, ihn salbt und Allen offenbar macht." (Χρισὸς δὲ εἰ καὶ γεγένηται καὶ ἔσι που, ἄγνωσός ἐσι, καὶ οὐδὲ αὐτός πω ἑαυτὸν ἐπίσαται, οὐδὲ ἔχει δύναμίν τινα, μέχρις ἂν ἐλθὼν Ἠλίας χρίσῃ αὐτὸν καὶ φανερὸν πᾶσι ποιήσῃ.) Wären auch diese Zeugnisse nicht, so würde doch die Stelle aus dem Evangelium Johannis VII, 27: τοῦτον οἴδαμεν, πόθεν ἐσὶν· ὁ δὲ Χρισὸς ὅταν ἔρχηται, οὐδεὶς γινώσκει πόθεν ἐσὶν, verglichen mit V. 41 und 42 desselben Kapitels, für sich allein beweisen, daß man damals annahm, der Messias sey für den Augenblick verborgen, denn sonst hätten jene Worte gar keinen Sinn. Man glaubte nämlich, daß irgend Etwas seine Ankunft aufhalte. Der eben mitgetheilte Spruch des Targum Jonathan sagt, die Sünden der Juden bilden diese Hemmung. Ebenso Sanhedrin bab. S. 97, b: „Alle Fristen des Messias sind verstrichen, seine Ankunft hängt jezt bloß von der Buße und guten Werken ab. R. Elieser sagt: Wenn die Israeliten Buße thun, werden sie erlöst." Deßgleichen Taanith jerusch. Abschnitt Maimathai: Si Judaei poenitentiam facerent una die, statim veniret Messias, filius David, und Schir Haschirim Rabba über das fünfte Kapitel des zweiten Vers: Effatum R. Jose: Dixit Deus S. B. Israëli: aperite mihi aperturam unam poenitentiae, sicut foramen acus, et ego aperiam vobis aperturas, per quas currus introire poterunt. Dixit R. Juda: Scriptum est (Ps. 46, 11): *Cessate et cognoscetis, quod ego sim Deus*; hoc sibi vult, quod Deus dixerit Israëlitis, cessate a malis vestris operibus, et agite poenitentiam per unum momentum, et cognoscetis, quod ego sim Deus. Dixit R. Levi: Si Judaoi agerent poenitentiam saltem una die, redemti

---

*) Dialogus cum Tryphone Judaeo §. 9. Opp. 110 Mitte.

fuissent extemplo, et statim venisset filius David. Daß in den ältesten Zeiten unserer Kirche die Lehre von einem solchen Hemniße bekannt war, ersieht man aus dem zweiten Briefe an die Thessalonicher II, 6. 7: τὸ κατέχον οἴδατε, εἰς τὸ ἀποκαλυφθῆναι αὐτὸν (τὸν Χρισὸν) ἐν τῷ ἑαυτοῦ καιρῷ· τὸ γὰρ μυςήριον ἤδη ἐνεργεῖται τῆς ἀνομίας, μόνον ὁ κατέχων ἄρτι ἕως ἐκ μέσου γένηται. Doch möchte ich darum keineswegs behaupten, daß alle, oder auch nur die meisten Juden, diese Meinung getheilt hätten.

Dagegen war es allgemeiner Glaube, daß großes Un= glück der Ankunft des Ersehnten vorangehe. Wie ein Kind nur unter heftigen Schmerzen seiner kreisenden Mutter das Licht der Welt erblickt, so sollte die Welt in fürchterlichen Wehen liegen, ehe der Erretter erscheinen würde. Man nannte dieses Unheil die Wehen des Messias חֶבְלֵי הַמָּשִׁיחַ. Hauptstelle ist Mischna Sotah zu Ende: „Gegen das Ende der Zeiten, wenn der Messias kommt, wird Unverschämtheit überhandnehmen, und es wird große Theurung herrschen. Der Weinstock wird seine Frucht geben, aber der Wein den= noch theuer seyn (wegen der unerhörten Schlemmerei). Das (römische) Reich wird sich zur Ketzerei *) wenden, aber Keiner wird den Andern strafen können (weil Alle in gleicher Schuld liegen), das Haus der Versammlung wird als Hurenhaus mißbraucht, Galiläa vernichtet, Gaslan (wohl Gaulonitis) verheert werden. Die Leute vom Lande (אַנְשֵׁי נְבוּל, siehe Burtorf zu dem Worte נבול) werden von einer Stadt zur andern gehen und kein Erbarmen finden. Die Weisheit der Schriftgelehrten wird stinkend seyn, und Die, so die Sünde scheuen, verachtet werden, an der Wahrheit wird es man= geln. Die Jungen werden das Angesicht der Alten beschä= men, und die Alten vor den Jungen aufstehen müssen. Der Sohn wird den Vater geringschätzen, die Tochter wird sich

---

*) Giftige Anspielung auf das Heranblühen der christlichen Kirche.

erheben wider die Mutter, die Schnur wider die Schwieger, und die eigenen Hausgenossen werden des Mannes Feinde seyn. Das Angesicht der Leute desselben Geschlechts wird seyn, wie das Angesicht eines Hundes, der Sohn wird sich nicht schämen vor seinem Vater. Auf wen sollen wir uns verlassen? Auf unsern Vater im Himmel!" Dasselbe wird wiederholt im Traktat Sanhedrin bab. S. 97 a. Noch steht dort dabei: „R. Jochanan sagt: Zu der Zeit, wo Davids Sohn kommt, werden die Weisen sich vermindern, und die Augen der Uebrigen vor Traurigkeit und Weinen blöde wer= den, denn viel Trübsal und Verfolgung ergehet, so daß, wenn ein Uebel noch nicht vorbei ist, schon das andere zu kommen eilen wird." Nur wer aufs Gewissenhafteste das Gesetz hält, mag diesen Zeiten des Unheils entrinnen. Schabbath bab. S. 118, a: „Wer die drei Mahlzeiten des Sabbaths hält, wird von drei Strafen befreit: von den Wehen des Messias, vom Gericht der Hölle, von den Kriegen Gogs und Ma= gogs." Ebenso Sanhedrin 98, b: „Was soll der Mensch thun, damit er von den Wehen des Messias befreit werde? Er soll sich des Gesetzes und der guten Werke befleißigen." Dasselbe steht auch im Buch Mechilta zu Exod. XVI, 25 und 28. Manche jener Sätze aus Mischna Sotah kehren wörtlich im N. Testamente wieder, und Matth. XXIV, 8 wird sogar der Ausdruck ὠδῖνες, der eine wörtliche Ueber= setzung von חֶבְלֵי ist, dem Erlöser in den Mund gelegt so daß wohl kein Unbefangener an dem hohen Alter der be= schriebenen Meinung zweifeln kann. *)

---

*) Ich getraue mir selbst aus den Aussprüchen einiger Talmudi= sten den Beweis zu führen, daß die Lehre von den Wehen des Messias über die Tage Jesu Christi hinaufreicht. Sanhedrin bab. S. 98, b und Joma S. 10, a heißt es: „Raf sagt: Der Sohn Davids wird nicht eher kommen, als bis das gottlose Reich, d. h. Rom, sich neun Monate lang über das Land Israel erstreckt hat." Diese neun Monate sind der Zeit von der Em= pfängniß bis zur Wehe nachgebildet. Denn gerade so lange

Maleachi IV, 5 heißt es: Siehe, ich will euch sen=
den den Propheten Elias, ehe denn da komme
der große und schreckliche Tag des Herrn. Wegen
dieses Spruches glaubte man allgemein, daß der Prophet
Elias kurz vor der Offenbarung des Messias erscheinen werde.
Darum sagen die Jünger Matth. XVII, 10 zu dem Herrn:
τί οὖν οἱ γραμματεῖς λέγουσιν, ὅτι Ἠλίαν δεῖ ἐλθεῖν πρῶτον, und Christus antwortete bejahend: Ἠλίας μὲν ἔρχεται
πρῶτον, καὶ ἀποκαταστήσει πάντα. Ebenso Targum Jeruscha=
lemi zu Exod. VI, 18: „Elias, der Hohepriester, welcher
geschickt werden soll zu den Gefangenen Israels am Ende
der Tage," deßgleichen zu Exod. XL, 10 und an vielen ander=
weitigen Stellen. Verschiedene Geschäfte werden ihm zuge=
theilt; nach dem eben angeführten Ausspruch Christi soll er
Alles wiederherstellen, oder in guten Stand setzen, damit der
Messias bei seiner Ankunft die Sachen geordnet treffe. Aehn=
lich Mischna Edajoth zu Ende: „R. Josua sagt: Er habe
als eine Satzung Mosis vom Sinai gehört, daß Elias nicht
kommen werde, um Geschlechter aus der Gemeinde Israel zu
entfernen oder darin aufzunehmen, sondern er werde nur Die=
jenigen aus der Gemeinde vertreiben, die sich mit Gewalt ein=
gedrängt, und Diejenigen hingegen annehmen, die mit Ge=
walt verdrungen worden. — R. Juda sagt: Er werde bloß
die mit Gewalt verstoßenen Geschlechter wieder aufnehmen,
die aber so mit Gewalt in die Gemeinde eingedrungen, nicht
austreiben. R. Schimeon sagt: Er werde kommen, die Strei=
tigkeiten (der Rabbinen) auszugleichen. Die anderen Gelehrten

---

dauert die Schwangerschaft. Nun paßt der Ausspruch gar
nicht mehr für die Epoche des Talmud. Denn als er geschlossen
war, herrschte das römische Reich schon volle 500 Jahre über
die Juden. Er muß folglich aus der Zeit stammen, wo die
Juden eben ihre Selbstständigkeit verloren hatten, wo noch kein
Landvogt auf der Burg in Jerusalem saß; also ist er vorchrist=
lich und drückt eine Hoffnung aus, die vielleicht zu der großen
Empörung unter Nero mitwirkenden Anlaß gegeben hat.

aber behaupten, er werde keines von Beiden thun, sondern
dazu kommen. um Frieden in der Welt zu stiften. Alles dieß
nach dem Spruche Maleachi IV, 5, 6: **Siehe, ich will
zu euch senden den Propheten Elias, — der soll
kehren das Herz der Väter zu den Kindern, und
das Herz der Kinder zu den Vätern.**" Das ist eine
Hauptstelle über die Thätigkeit des Propheten Elias, sie erklärt vollkommen die Worte Christi ἀποκατασήσει πάντα,
Elias wird nämlich den jüdischen Staat wieder in Ordnung
bringen. Die andere Behauptung, daß er die Zwistigkeiten
der Rabbinen beilegen solle, wird sehr oft von den Talmudisten wiederholt. Der Jude Tryphon bei Justin behauptet
ferner, nach den bereits angeführten Stellen, daß der Messias
durch unsern Propheten erst gesalbt werden müsse, ehe derselbe sein hohes Amt antreten könne, und weil Jesus von
Elias nicht gesalbt wurde, folgert Tryphon sogar, daß unser
Erlöser nicht der wahre Juden Messias sey.*) Ich kenne
kein anderes altes Zeugniß, welches dasselbe Amt dem Elias
zuschreibt. Doch vertraue ich dem Justin, denn es klingt in
der That ganz jüdisch, daß der hochgefeierte Prophet, der
sehr oft Hohepriester genannt wird, den erwarteten König
salben solle. Eine nähere Angabe über die Wirksamkeit des
Elias findet sich im Seder Olam Rabba Kap. XVII: Non
comparebit Elias, donec veniat rex Messias. Tum enim
adparebit, sed postea recondetur, donec prodeat Gog et
Magog. Interim singularum aetatum acta conscribit.
Nachdem er den Gesalbten Gottes in die Welt eingeführt,
verschwindet Elias wieder, gerade wie der Messias nach seiner Geburt sich verborgen, erst in dem großen Kriege gegen
Gog und Magog, wo seine Hülfe nöthig wird, tritt er wieder aus dem Dunkel hervor; während dessen führt er die
Geschichtbücher des Himmels, in welche alle Thaten der

---

*) Opp. 145.

Sterblichen eingetragen sind. Nach einer allgemein verbreiteten Meinung soll Elias drei Tage vor dem Erretter erscheinen. Jalkut Schimeoni zu Jesaias S. 53, c: „Wenn der heilige Gott Israel erlöst, wird Elias kommen, drei Tage ehe der Messias erscheint, dann wird er auf die Berge Israels stehen, wird über sie weinen und klagen, und zu ihnen sprechen: Ihr Berge des Landes Israel, wie lange wollt ihr noch stehen in veröderter Wüste, und seine Stimme wird von einem Ende der Welt zum andern erschallen. Darnach wird er sagen: Der Friede kommt in die Welt, wie geschrieben steht (Esaias 52, 7): Wie lieblich sind auf den Bergen die Füße des Boten, der Heil verkündigt" u. s. w.

In dieser Stelle des Jesajas, die auf die Ankunft des Elias gedeutet wurde, ist von mehreren Friedensboten die Rede. Denn es heißt Kap. 52, 8: Die Stimme deiner Wächter ertönt, laut rufen sie und jubeln zusammen, den sie sehen, daß der Herr Jerusalem wieder herstellt. Die Mehrzahl צֹפַיִךְ gab Anlaß zu dem Glauben, daß Elias von etlichen anderen gefeierten Sehern, namentlich von Moses, Jeremias, Jesajas, begleitet seyn werde. Deutliche Spuren davon finden sich im N. Testamente. So Matth. XVI, 13. 14, wo Jesus die Jünger frägt, für wen er vom Volke gehalten werde, τίνα με λέγουσιν οἱ ἄνθρωποι εἶναι; die Jünger antworten: οἱ μὲν Ἰωάννην τὸν βαπτιστήν, ἄλλοι δὲ Ἠλίαν, ἕτεροι δὲ Ἱερεμίαν ἢ ἕνα τῶν προφητῶν. Jeremias wird hier neben Elias genannt, den man allgemein als den Vorläufer des Gesalbten ansah, also muß man auch Ersteren für etwas Aehnliches gehalten haben. Ohne dieß verfiel man nur darum auf den sonderbaren Gedanken, daß einer der alten Propheten auf Erden kommen werde, weil man damals den Messias allgemein erwartete. Der Beisatz ἢ ἕνα τῶν προφητῶν weist auf die Meinung hin, daß noch andere Seher mit Elias erscheinen

würden. Im zweiten (unächten) Kapitel *) des vierten Bu=
ches Esdrä V. 15 und flg. erhält Esdras Befehl, den Kin=
dern des erwählten Jerusalems von Seiten des Herrn zu
verkünden: Resuscitabo mortuos de locis suis et de mo-
numentis educam illos, quoniam cognovi nomen meum in
Israël. Noli timere mater filiorum, quoniam te elegi,
dicit Dominus. Mittam tibi adjutorium pueros meos,
Isaiam et Jeremiam, ad quorum consilium sanctificavi et
paravi tibi arbores duodecim gravatas variis fructibus.
Offenbar liegt hier die Ansicht zu Grunde, daß Jesaias und
Jeremias am Ende der Tage mit dem Messias erscheinen
werden. Denn von den zwölf Bäumen des Paradieses, in
welches die Erlösten versezt werden sollen, und von der Auf=
erstehung ist ja die Rede. Freilich rührt dieser Abschnitt von
einer christlichen Hand her, aber nicht von einer späten, und
überdieß von einem Manne, der in die jüdischen Meinungen
eingeweiht war; denn im N. Testament steht Nichts davon,
daß Jeremias oder gar Jesaias mit Christus erscheinen
werde, wohl aber lehrten dieß die Juden. Debarim Rabba
Abschnitt 3. S. 255 b: „Gott sprach zu Mose: Wie du
dein Leben hingegeben hast für Israel in dieser Welt, so
sollst du in jener Welt zugleich mit Elias, wenn ich ihn
schicken werde, kommen.“ Ebenso Midrasch Tanchuma Seite
42, a: „Gott sprach zu Mose: In dieser Welt habe ich dich
zum Fürsten gemacht über Israel, und in jener sollst du,
wenn die Gerechten ihren Lohn empfangen, als der Erste
von Allen erscheinen.“ Im vierten Buche Esdrä VII, 28:
Revelabitur filius meus Messias, cum his, qui cum eo
sunt, beziehen sich leztere Worte hauptsächlich auf die älteren
Seher, die mit ihm auftreten sollen.

Wenn nun der Messias nach allen diesen Vorbereitungen
sich geoffenbart, so erscheint er zuerst in Galiläa. So Sohar

---

*) Das nur lateinisch auf uns gekommen ist, und bei Fabri=
cius (cod. ps. vet. Test. II, 199) abgedruckt steht.

zur Genesis S. 291. Messias primo manifestabitur in terra Galilaea, illisque diebus multa signa et prodigia existent. Den Grund, warum er gerade zuerst in Galiläa auftreten solle, wird angegeben, Sohar zu Exod. S. 393: Messias manifestabitur in portione Josephi primum et in terra Galilaea, quia Galilaei primum abierunt in exilium. Die Galiläer waren die ersten, welche in die Gefangenschaft abgeführt wurden, darum werden sie auch zuerst erfreut; denn alles göttliche Walten richtet sich nach dem Gesetze der Vergeltung. Auch in talmudische Bücher ist diese Meinung übergegangen; in der Pesikta Sotarta S. 58, a heißt es: „Die Israeliten werden sich in dem obern Galiläa versammeln, wo der Messias, Josephs Sohn, sie erwartet, von dannen wird derselbe mit dem ganzen Israel nach Jerusalem ziehen." Freilich ist es hier nicht der wahre Messias, Davids Sohn, sondern der niedere Ephraemite, der sich zuerst in Galiläa zeigen soll; dennoch muß dieß schon in Jesu Zeiten auch von dem ächten Messias geglaubt worden seyn, weßhalb ich hier davon spreche. Den Beweis finde ich in der Stelle Matth. XXVIII, 7, wo der Engel zu den Weibern am Grabe sagt: Die Jünger sollten den Herrn in Galiläa erwarten, ἰδοὺ προάγει ὑμᾶς εἰς τὴν Γαλιλαίαν, ἐκεῖ αὐτὸν ὄψεσθε. Im zehnten Verse ebendaselbst wiederholt Christus dieß Gebot, ὑπάγετε, ἀπαγγείλατε τοῖς ἀδελφοῖς μ8, ἵνα ἀπέλθωσιν εἰς τὴν Γαλιλαίαν, κἀκεῖ με ὄψονται. Nach Vers 16 sahen die Jünger den Herrn wirklich bloß in Galiläa auf dem Berge, den er ihnen angezeigt. Diese Angaben widersprechen geradezu denen der anderen Evangelisten; denn Lextern zufolge zeigte er sich nach der Auferstehung seinen Jüngern zu Jerusalem und in der nächsten Umgegend. Es bleibt daher meines Erachtens kein anderer Ausweg übrig, als anzunehmen, daß der Verfasser obiger Stellen einer jüdischen Meinung gefolgt sey, nämlich dem Glauben, der verherrlichte, triumphirende Messias werde sich zuerst in Galiläa offenbaren.

Ohnedieß ist der Grund, welchen die Soharisten für diese Ansicht anführen, so natürlich, und so ganz dem jüdischen Geiste gemäß, daß ich sie schon deßhalb für uralt halte.

Israel durch Waffen und Gewalt zu befreien und zum weltherrschenden Volke zu machen, ist sofort die Aufgabe des königlichen Helden. Er ist ein gewaltiger Krieger. Targum Jeruschal. zu Genes. XLIX, 11: „Wie schön ist der König Messias, der aus dem Hause Juda ersteht; er gürtet seine Lenden, steigt hernieder, ordnet die Feldschlacht gegen seine Feinde, erschlägt die Könige mit ihren Hauptleuten; da ist kein Gewaltiger, der ihm widerstehen könnte; er röthet die Berge durch das Blut der getödteten Gegner, seine in Blut getauchten Kleider gleichen den Hülsen von Traubenbeeren." Deßhalb heißt es im Sohar zu Exodus, S. 56: Miracula, variaque et horrenda bella fient mari terraque circa Jerusalem, cum Messias revelabitur. Und um dieser Stürme willen werden Diejenigen, welche seine Zeiten erleben, zugleich glücklich gepriesen und beklagt; ebendaselbst S. 12: Beatus ille, qui vivet temporibus illis, cum veniet Messias, et vae illi, qui tum temporis vivet. Zwölf Monate lang werden die Thiere des Feldes das Fleisch der gefallenen Feinde Israels verzehren, und die Vögel des Himmels werden sich nähren an ihren Aesern sieben Jahre lang. So der Sohar zu Levitikus S. 169, welche Stelle auffallend übereinstimmt mit Offenbarung Johannis XIX, 17: καὶ εἶδον ἕνα ἄγγελον ἑσῶτα ἐν τῷ ἡλίῳ, καὶ ἔκραξε φωνῇ μεγάλῃ, λέγων πᾶσι τοῖς ὀρνέοις τοῖς πετωμένοις ἐν μεσουρανήματι· δεῦτε καὶ συνάγεσθε εἰς τὸ δεῖπνον τοῦ μεγάλου θεοῦ, ἵνα φάγητε σάρκας βασιλέων καὶ σάρκας χιλιάρχων καὶ σάρκας ἰσχυρῶν καὶ σάρκας ἵππων καὶ τῶν καθημένων ἐπ αὐτῶν, καὶ σάρκας πάντων, ἐλευθέρων καὶ δούλων, καὶ μικρῶν καὶ μεγάλων. Blut muß natürlich in Strömen fließen, denn es handelt sich um nichts Geringeres, als um den Besitz der Weltherrschaft, welcher den Juden zu Theil werden soll. Targum

Jonathan Ben Usiel zu Amos IX, 11, wo der Herr spricht:
„In jenen Tagen will ich aufrichten das Reich des Hauses
David, das zusammengestürzt war, ich will ihre Burgen
wieder bauen, ihre Gemeinden wieder herstellen; herrschen
soll (das Haus Davids) über alle Reiche, vernichten und
zerschmettern zahllose Schaaren der Feinde; es selbst aber
soll gebaut und gegründet werden, wie in den Tagen der
Vorzeit. Besitzen werden sie die Ueberbleibsel Edoms *)
u. s. w.“ Unsägliche Beute werden die siegreichen Krieger
Israels unter ihrem Messias gewinnen. So derselbe Targum
zu Jesaias XXXIII, 23: „Der Herr wird uns Rache verschaffen an den Schaaren Gogs. Zu jener Zeit wird die
Kraft der (heidnischen) Völker dahin seyn, sie werden einem
Schiffe gleichen, dessen Takelwerk zerrissen ist, dessen Mast-
baum nicht mehr fest genug hält, daß die Segel über
ihm ausgespannt werden können. Dann wird Israel die
Schätze der Völker unter sich vertheilen, eine Masse von
Beute und Reichthümern, und wenn selbst Lahme und Blinde
unter ihnen sind, so sollen auch diese Theil an der Beute
bekommen.“ Der Glaube an einen solchen Messias gab den
Juden unter Nero die Waffen in die Hand. Frei wollten
sie seyn vom römischen Joch, und nur Gott und seinem Messias gehorchen. So ängstlich sonst auch Josephus die wahren
Beweggründe des jüdischen Kriegs zu verhüllen sucht, so entschlüpft ihm doch da und dort ein wichtiges Bekenntniß. Im
7ten Buche vom Kriege, Kap. X, 1 erzählt er z. B.: Mehrere Juden, welche nach der Erstürmung Jerusalems in
Aegypten eine Zuflucht gefunden, hätten dort neue Aufstände
angezettelt, indem sie ihren Gastfreunden zusprachen, die Römer nicht für besser zu halten als sich selbst, und nur Gott
als ihren Oberherrn anzusehen. Nachdem dann später

---

*) Schon im hebräischen Text heißt es שְׁאֵרִית אֱדוֹם, man muß
aber zugleich sich erinnern, daß Edom in der mystischen Sprache
der Synagoge ein Name für Rom ist.

viele dieser Schwärmer von ihren eigenen Landsleuten gefan=
gen worden seyen, habe keiner von ihnen, selbst unter den
fürchterlichsten Martern, den römischen Kaiser Herr nennen
wollen. Und in demselben Buche Kap. 8, 7 läßt Josephus
den heldenmüthigen Eleasar eine Rede mit folgenden Worten
beginnen: „Tapfere Männer! längst haben wir beschlossen,
weder den Römern, noch sonst Jemand, als allein Gott un=
terthan zu seyn, denn nur Gott ist der wahre und gerechte
Herr der Menschen." So müssen jene wilden Eiferer ge=
sprochen haben, welche den Krieg entzündeten. Die Zeit zur
Herstellung der alten Theokratie schien gekommen, weil damals
Jedermann die Frist des Messias für erfüllt ansah. Allein
nicht nur Unabhängigkeit von fremdem Joche hofften sie zu
erringen, sondern — wie es in solchen Fällen immer geht —
die Herrschaft über die Welt sollte ihrem Volke zu Theil
werden. Auch dieß gesteht Josephus zu, in der früher ange=
führten Stelle, de bello VI, 5, 4: „Am Meisten habe die
Juden eine zweideutige Weissagung in ihren heiligen Büchern
zum Kriege verleitet; es stehe nämlich dort geschrieben, daß um
jene Zeit Einer von ihrem Lande aus die Weltherrschaft gewin=
nen werde." Dieß bezogen, fährt Josephus fort, die Juden auf
sich selbst, und viele ihrer Weisen irrten sich in der Deutung.
Auch im Neuen Testamente ertönen ähnliche Stimmen, wie
die des Zacharias, von dem es Luk. I, 67 heißt: ἐπλήσθη
πνεύματος ἁγίε, καὶ προεφήτευσε λέγων· εὐλογητὸς κύριος
ὁ θεὸς τοῦ Ἰσραήλ, ὅτι ἐπεσκέψατο καὶ ἐποίησε λύτρωσιν
τῷ λαῷ αὐτοῦ, καὶ ἤγειρε κέρας σωτηρίας ἡμῖν ἐν τῷ οἴκῳ
Δαβὶδ τοῦ παιδὸς αὐτοῦ, καθὼς ἐλάλησε διὰ σόματος τῶν
ἁγίων τῶν ἀπ᾽ αἰῶνος προφητῶν αὐτοῦ, σωτηρίαν ἐξ
ἐχθρῶν ἡμῶν καὶ ἐκ χειρῶν πάντων τῶν μισούντων ἡμᾶς —
ἀφόβως ἐκ χειρὸς τῶν ἐχθρῶν ἡμῶν ῥυσθέντας λατρεύειν
αὐτῷ. Das ist ganz in jüdischem Sinne und nicht nach dem
Erfolge gesprochen; denn Jesus Christus brachte eine andere
Freiheit, als die hier erwähnte.

Als Befreier des jüdischen Volks und Wiederherſteller
des Thrones David muß der Meſſias vor Allem die in der
Gefangenſchaft gebliebenen zehn Stämme in das Land ihrer
Väter zurückführen. Targum Jeruſchalem. zu Deuter. XXX,
3 u. flg. „Mein Wort wird mit Wohlgefallen eure Buße
annehmen und ſich Eurer erbarmen, es wird euch wieder ver=
ſammeln aus allen Völkern, unter welche euch der Herr euer
Gott zerſtreut hat. Wäret ihr auch auseinander geworfen
bis an die Gränzen des Himmels, ſo wird euch doch das
Wort des Herrn durch die Hand Elias des Hohenprieſters
verſammeln, und dann zurückführen durch die Hand des
Königs Meſſias. Das Wort des Herrn eures Gottes wird
euch wieder bringen in das Land eurer Väter, daß ihr es
beſitzet, es wird euch Gutes erweiſen und euch vervielfältigen
mehr als eure Väter." Noch ſtärker Jonathan Ben Uſiel zu
Zachar. X, 4 u. flg. (der König, der Meſſias kommt): „Die
Helden des Hauſes Iſrael werden die erſchlagenen Heiden
wie Koth auf der Straße zertreten, ſie werden (ſiegreiche)
Schlachten liefern, denn das Wort des Herrn iſt ihre Hülfe,
und die (feindlichen) Reiter werden zu Schanden. Ich will
das Haus Juda ſtärken und erlöſen das Haus Joſeph,
ich will ihre Gefangenen ſammeln und mich ihrer erbarmen,
es ſoll ſeyn, als hätt' ich ſie nie in die Verbannung ver=
ſtoßen; denn ich, der Herr, erhöre ihr Flehen. *)" Das
ſchönſte Zeugniß enthält indeß das vierte Buch Esdrä. Der
Prophet ſieht eine Maſſe friedlicher Menſchen ſich um den
Sohn Gottes ſammeln, der aus dem Meere aufgeſtiegen iſt
(Kap. XIII, 12). Auf die Frage, was dieß bedeute, erhält

---

*) In beiden Beweisſtellen beſagt allerdings ſchon der hebräiſche
Text ſo ziemlich daſſelbe. Allein hätte der Targumiſt nicht an
die Rückkehr der 10 Stämme geglaubt, ſo würde er bei der
Freiheit, die er ſich ſonſt überall nimmt, anders überſetzt
haben. Ueberdieß legt er eine ſehr beſtimmte Beziehung auf
den Meſſias hinein, die ſich im Texte nicht findet.

er folgende Antwort (Kap. XIII, 39 bei dem Lateiner, Abyf.
XIII, 42): Et quod vidisti eum (Messiam) colligentem ad
se aliam multitudinem pacificam : hae sunt *novem* tribus
(der Lateiner hat *decem*), quae captivae factae sunt de
terra sua in diebus Salmanassar regis, quas captivas
duxit in regnum suum, et transtulit eas trans flumen,
et translatae sunt in terram aliam. Illae autem hoc
inierunt consilium, ut derelinquerent multitudinem gentium, et proficiscerentur in ulteriorem regionem, ubi
nunquam inhabitavit genus humanum, ut observarent
ibi legem suam, quam non fuerant servantes in terra
sua. Per introitus autem angustos Euphratis introierunt;
fecit enim iis tum Altissimus signa, et statuit venas
fluminis quo transirent. Et regio illa erat iter anni et
dimidii anni, et nomen ejus regionis Azaph (nach dem
Abyffinier, der Lateiner hat Arsareth, der Araber Acsarari
Kararawin). Ibi inhabitarunt usque in novissimo tempore, et postea, cum rediturae erunt, iterum Altissimus
stare faciet venas fluminis, ut possint transire. Propter
haec vidisti multitudinem populi conferre se (ad Messiam) et inveniri in finibus meis beatis. Ich habe den
Text nach meiner Gewohnheit aus dem Lateiner und Abyf=
finier zusammengesezt, wie er mir am treuften den urfprüng=
lichen Sinn wiederzugeben fchien. Die größte Abweichung
zwischen beiden ift decem ftatt novem tribus. Da es fich
kaum begreifen läßt, wie aus zehn neun werden follten, wäh=
rend das Gegentheil fehr natürlich ift, habe ich die Lesart
des Abyffiniers vorgezogen. Ich ftelle mir nämlich vor, daß
der Verfaffer des Buchs den Stamm Dan von der Rückkehr
ausnahm, wozu die Offenbarung Johannis Kap. VII einen
merkwürdigen Vorgang darbietet. Die rabbinifche Sage weiß
von den Daniten folche Unbinge zu erzählen, daß fie der
Theilnahme am Reiche Gottes unwürdig fchienen. Hippolytus[*]

*) Opera ed. Fabricius I, S. 9 unten.

und nach ihm Theodoret *) erklären sogar, auf jüdische Ueberlieferung gestützt, daß der Antichrist aus dem Stamme Dan
erstehen werde. Aus solchen Gründen mögen die Verfasser
des 4ten Buchs Esdrä und der Offenbarung Johannis den
Stamm Dan aus dem Verzeichniß der übrigen weggelassen
haben. Uebrigens ist die Geschichte der zehn Stämme, wie
sie hier erzählt wird, sehr fabelhaft. Sie sollen nicht in
Medien geblieben, sondern eine weite Strecke von 18 Monaten Wegs .in menschenleere Orte gezogen seyn. Auch that
Gott dabei Wunder, er machte auf dem Hinzuge die Wasser
des Euphrat stehen, daß sie trocken hindurchgehen konnten,
wie beim Durchgang über das rothe Meer, und dem Ein-
bruch über den Jordan. Dasselbe Wunder soll Gott bei
der Rückkehr wiederholen. Aehnliches wird in der spätern
jüdischen Sage von den zehn Stämmen berichtet. **)

Die Talmudisten sind im Zweifel darüber, ob dieselben
an dem Reiche Gottes Theil nehmen dürfen. Schon die
Mischna sagt (Sanhedr. X, 3): „Die zehn Stämme werden
nicht wieder in ihr Land kommen," von den Gemaristen be-
jaht R. Simeon die Frage, aber nur bedingt. R. Juda
dagegen verneint sie. ***) Allein zur Jesu Christi Zeit muß
man einig darüber gewesen seyn, daß sie zurückkehren werden — denn nicht nur bürgt dafür das einstimmige Zeugniß
des Targum Jonathan, und des 4ten Buchs Esdrä, sondern
auch das 7te Kapitel der Offenbarung Johannis, wo zwölf-
tausend Erwählte aus jedem Stamme, mit alleiniger Ausnahme Dans, aufgezählt werden. Auch Philo ist gleicher
Meinung. †) Wenn er nämlich sagt: „Sollten die Juden

---

*) Quaestiones in Numeros III.
**) Man sehe Eisenmenger zweiter Theil, wo viele Zeugnisse zu-
sammengestellt sind. Einige lassen sie im fernsten Indien,
Neuere, wie R. Menasseh Ben Israel, sogar in Amerika wohnen.
***) Man sehe die früher angeführte Stelle Sanhedrin bab. S. 110, b.
†) Siehe meine Schrift über Philo I, S. 518.

auch bis an die Gränzen der Erde als Gefangene und Sklaven
ihrer Besieger zerstreut seyn, so sollen sie doch, wie mit
Einem Schlage und an Einem Tage, frei werden. — Wenn
ihnen dann dieses Heil zu Theil wird, so werden Alle, die
zuvor in Hellas und in den Ländern der Barbaren, auf dem
Festlande und den Inseln zerstreut waren, in Einem Zuge sich
erheben, und von allen Seiten her dem Einen angewiesenen
Orte zueilen:" so begriff er gewiß auch die zehn Stämme
unter den Rückkehrenden.

Obgleich der Messias seine Feinde mit Gewalt der Waf=
fen bezähmt, so wird doch das Verhältniß der Völker zu
ihm, nicht bloß als ein feindliches dargestellt, sey es, daß
leztere aus Furcht vor ihm seine Gnade zu erringen streben, sey
es, daß sie sich aus Achtung vor ihm freiwillig unterwerfen.
Vielfach wird behauptet, daß die Nationen und ihre Fürsten
ihm als Huldigung Geschenke darbringen werden. So Sche=
mot Rabba S. 124 c und Pesachim bab. S. 118, b: „Alle
Könige werden einst dem Messias Geschenke darbringen, am
Ersten vor allen Aegyptenland. Wenn nun der Gesalbte an=
stehen wird, dieselben anzunehmen, spricht Gott zu ihm:
nimm sie, denn sie haben meine Kinder in Aegypten beher=
bergt. Hiedurch wird der Spruch erfüllt (Pf. 68, 32): Die
Fürsten aus Aegypten werden kommen. Nach die=
sem wird Mohrenland also schließen: hat er von den Aegyp=
tern, welche doch Israel mit Knechtschaft bedrückt haben,
Gaben angenommen, wie viel mehr wird er sie von uns
nehmen, die wir dieselben nicht unterjocht haben? Alsdann
wird Mohrenland seine Geschenke darbringen, so daß der
Spruch erfüllt wird (ebendaselbst): Mohrenland wird
seine Hände ausstrecken gegen Gott. Hierauf wer=
den alle Königreiche Solches hören und ihre Geschenke bringen,
wie geschrieben stehet (Pf. 68, 33): Ihr Königreiche
auf Erden singet Gott." Weiter wird erzählt, daß nur
die Geschenke des edomitischen Reichs, d. h. Roms oder der

Christenheit nicht angenommen werden. Ebenso Beresch'a
Rabba zu Genesis XXXIII, 10: „Alle Geschenke, welche
Jakob unser Vater dem Esau gegeben hat, werden die Völker
heimgeben an den Messias. Wie beweist man dieß? Aus
Psalm 72, 10: Die Könige von Tarsis und den Inseln werden Geschenke heimgeben (מִנְחָה יָשִׁיבוּ), es
heißt nicht: sie werden Geschenke bringen, sondern heimgeben.“
Endlich gehört noch hieher eine Stelle aus der Beresch'it Rabbà
des Moses Haddarschan *) über Genes. XXV, 6: „Woraus
beweist man, daß die vom Reiche Saba in den Tagen des
Messias kommen, und ihm dienen werden? Aus dem Spruche
Jes. 60, 6: Die Menge der Kameele wird dich bedecken, Dromedare aus Midian und Epha. Sie
werden aus Saba alle kommen, Gold und Weihrauch bringen und des Herrn Lob verkündigen.“
Schon Jonathan Ben Usiel bezieht in seinem Targum leztern
Spruch auf den Messias, er hat also geglaubt, daß die
Heiden des Südens dem Messias Geschenke darbringen. Auch
der Erzählung von den Magiern, welche dem neugebornen
Christuskinde Gold, Weihrauch und Myrrhen zu Füßen ge-
breitet haben sollen, liegt obige Stelle des Jesaias und der
Glaube zu Grunde, daß der Messias von den Völkern Geschenke empfange. Hievon später.

Die besseren Heiden, welche dem Grimme des Messias
nicht unterlegen sind, werden nicht bloß sich ihm unterwerfen, sondern auch die wahre Religion annehmen, d. h. sich
zum Judenthume bekehren. Avoda Sarah bab. S. 24, א:
„R. Elieser sagt: alle Heiden sollen unter dem Messias Proselyten werden, und zwar aus eigenem Antriebe (nicht durch
Gewalt gezwungen); Raf Joseph fügt bei: wie beweist man,
daß die Heiden einst sich zum Judenthum bekehren werden?
Aus dem Spruche (Zephan. III, 9): Dann will ich den

---

*) Bei Raimond Martini S. 771.

Völkern zuwenden eine reine Lippe, daß sie Alle des Herrn Namen anrufen." Eine Anspielung darauf findet sich auch Berachot Jerusch. S. 12, b: „Wenn Israel den Willen Gottes thut, sieht sich der Herr überall nach gerechten Leuten unter den Völkern um, bringt sie herzu, und vereinigt sie mit Israel, wie Jethro und Rahel; wenn sie aber Gott erzürnen, nimmt er die Gerechten unter ihnen hinweg." Dasselbe lehrt der Sohar zu Exodus S. 71, Spalte 281: „Wenn der König Messias sich offenbart, werden alle Völker sich zu ihm versammeln, auf daß erfüllet werde der Spruch (Jes. XI, 10): Es wird geschehen zu jener Zeit, die Wurzel Isai, welche da steht als ein Panier für die Völker, soll gesucht werden von den Heiden und herrlich wird ihre Ruhe seyn." Ebendaselbst Spalte 114: „Rabbi Simeon hub an zu reden über den Spruch (Jes. II, 3): Die Völker werden hingehen und sprechen, kommet, laßt uns auf den Berg des Herrn steigen, zum Hause des Gottes Jakob, daß Er uns lehre seine Wege und daß wir wandeln auf seinen Pfaden; denn von Zion geht das Gesetz aus und des Herrn Wort von Jerusalem. Sicherlich wird diese Weissagung erfüllet werden; denn die anderen Völker sind bestimmt hinzugehen und zu laufen, daß sie unter die Flügel der Schechina hinaufsteigen können." Allerdings fehlt es im Talmud nicht an entgegengesezten Behauptungen. Jevamoth bab. S. 24, b: „Unsere Rabbinen lehren, daß man zu des Messias Zeit keine Proselyten annehmen wird, wie man auch in den Tagen Davids und Salomos keine angenommen hat." Ferner Avoda Sarah bab. S. 3, b: „R. Jose sagt, in der künftigen Zeit sollen die Völker der Welt kommen und Proselyten werden. Wird man sie aber auch annehmen? Es ist eine Ueberlieferung, daß man sie nicht aufnehmen werde, wie dieß auch nicht in den Tagen Salomo's und Davids geschah. Dennoch werden sie

Proselyten, hingerissen zu dem Judenthum (durch unsern
Glanz, nicht aus Liebe zur Wahrheit); sie werden Denkzettel
um ihre Häupter und Arme binden, Franzen an ihre Kleider,
die Mesusa an ihre Thürpfosten heften." Weiter wird dann
erzählt, daß diese Eindringlinge beim Ausbruche des Kriegs
mit Gog und Magog schnell wieder abfallen werden. Der
Grundsatz des Zutritts der Heiden, welchen die alten Prophe=
ten so stark und entschieden behaupten, ist hier zugestanden,
aber er wird sogleich wieder aus Haß umgangen, indem man
den Neubekehrten schlechte Absichten und eine wandelbare
Gesinnung unterlegt. Einen Mittelweg schlägt der Jalkut
Schimeoni ein I, S. 64, a: „Ein alter Mann fragte einen
Rabbinen: Werden auch die Völker der Welt Theil nehmen
an den Zeiten des Messias? Er antwortete: Mein Sohn!
jedes Volk oder Reich, das die Kinder Israel bedrückt hat,
wird ihre Herrlichkeit sehen, aber dann gleich in Staub ver=
gehen und ewig nicht mehr leben, wie geschrieben steht (Pf.
112, 10): Der Gottlose wird es sehen und es wird
ihn verdrießen. Jegliches Reich und Volk dagegen, das
die Israeliten nicht bedrückt und verhöhnt hat, wird kom=
men, und sie werden unsere Winzer und Ackerleute seyn,
nach dem Spruche (Jes. 61, 5, 6): Fremde werden
stehen und eure Heerden weiden, Ausländer wer=
den eure Weingärtner und Ackerleute seyn. Ihr
aber sollt Priester des Herrn heißen." So die spä=
teren Juden; allein die früheren, die Zeitgenossen Jesu Christi,
glaubten ohne Zweifel an eine allgemeine Bekehrung der Hei=
den zur Religion Jehova's. Philo *) braucht, mit Bezug auf
diese Proselyten, dieselben Bilder vom wilden Sprößling, der
in den edlen Baum eingepfropft werde, wie Paulus im
11ten Kapitel des Römerbriefs, so daß man gezwungen ist
anzunehmen, der Heidenapostel spreche Meinungen aus, die

---

*) Siehe meine Schrift über Philo I, 514.

damals allgemein angenommen waren. Im Buch Tobi **XIV** 8, wird der Uebertritt aller Nationen zum Jehovahdienst aufs Bestimmteste behauptet: πάντα ἔϑνη ἐπιςρέψουσιν ἀληϑινῶς φοβεῖσϑαι κύριον τὸν ϑεὸν καὶ κατορύξουσι τὰ εἴδωλα αὐτῶν καὶ εὐλογήσουσι πάντα τὰ ἔϑνη τὸν κύριον. In der That haben die alten Seher des israelitischen Volks zu deutlich von diesem Umschwunge geweissagt, als daß in Jesu Tagen, wo Leidenschaft die Gemüther noch nicht so stark verblendet hatte, Zweifel darüber herrschen konnten. Erst der Haß späterer Juden, welcher durch schändliche Bedrückungen von Seiten der Heiden und Christen allmälig zur wildesten Bitterkeit gestiegen war, mißgönnte anderen Nationen die zweideutige Ehre, in die Zahl der Beschnittenen aufgenommen zu werden.

Wenn nun die Kriege beendigt sind, wird das auserwählte Volk unter seinem Gesalbten des größten sinnlichen Glücks genießen, das die wilde Einbildungskraft der Rabbinen auf die abenteuerlichste Weise ausmalt. Kethuboth bab. S. 111, b: „R. Chija sagt: Das Land Israel wird in des Messias Tagen Kuchen und Kleider von der feinsten Wolle hervorbringen, wie geschrieben steht (Pf. 72, 16): Eine Handvoll Getreide wird in der Erde seyn. Unsere Rabbinen lehren über diesen Spruch: Es wird eine Handvoll Getreide in der Erde seyn auf den Spitzen der Berge, und sogleich soll dann der Weizen wie ein Palmbaum, einer Säule gleich, aufwachsen und über die Höhen emporsteigen. Du möchtest vielleicht einwenden, daß man Mühe haben werde, denselben (wegen seiner Höhe) einzuärnten, allein es heißt ja gleich in den folgenden Worten: Seine Frucht wird rauschen, wie der Libanon. Nämlich der heilige Gott wird aus seiner Schatzkammer einen Wind schicken, der das Weißmehl (aus den Waizenförnern) auflöst und herunterstäubt. Darauf geht Jeglicher hinaus auf das Feld, füllet seine Hand, und ernährt sich und sein

Hausgenossen davon, nach dem Spruche (Deuter. XXXII, 14):
Mit dem Fette der Nieren des Waizens. Unsere
Rabbinen sagen, daß ein Waizenkorn so groß seyn wird, als
zwo Nieren des größten Ochsen." Dasselbe findet sich auch
Schabbath bab. S. 30, b: „Alle Bäume werden täglichen
Ertrag geben, und selbst die unfruchtbaren werden fruchtbar
seyn." Am nämlichen Orte heißt es weiter: „R. Gamaliel saß
und predigte: Die Bäume werden alle Tage Früchte tragen, wie
geschrieben steht (Ezech. XVII, 23): Es wird Aeste bringen und Frucht geben, d. h. gleichwie alle Tage die
Aeste an den Bäumen hangen, also wird auch alle Tage
Frucht an den Bäumen seyn. Als Einer von R. Gamaliels
Schülern ihn hierüber auslachte und sprach: Es heißt ja
(Prediger I, 9): Nichts Neues geschieht unter der
Sonne, gab er ihm zur Antwort: Komm her, ich will dir
in dieser Welt ein Gleiches zeigen, ging hinaus und wies
ihm eine Kapernstaude (an welcher zu gleicher Zeit Blüthen,
unzeitige und reife Beeren seyn sollen)." Ferner Kethuboth
bab. S. 111, b: „R. Chija hat gesagt: Alle unfruchtbaren
Bäume im Lande Israel sollen einst Früchte tragen, weil ge-
schrieben steht (Joel II, 22): Die Bäume (d. h. alle
Bäume) werden ihre Früchte bringen, der Feigenbaum sammt dem Weinstock soll seinen Ertrag
geben." Besonders wird die Fruchtbarkeit der Rebe gefeiert.
Kethuboth 111, b: „In dieser Welt hat man Mühe, die
Trauben im Herbst zu lesen und zu treten; in der künftigen
Welt wird man eine einzige Traube auf einen Wagen oder
ein Schiff laden, und dann die Traube in eine Ecke des
Hauses legen, und aus derselben gleichwie aus einem großen
Fasse abzapfen, das Holz der Rebe aber wird als Brenn=
stoff zum Kochen der Speisen dienen; keine Traube wird es
geben, in welcher nicht 30 Eimer (גְּרֶב) Wein enthalten sind, wie
geschrieben steht (Deuter. XXXII, 14): וְדַם־עֵנָב תִּשְׁתֶּה חָמֶר
Du wirst das Blut der Traube an lauterem

Wein trinken. Lies nicht חֶמֶר lauteren Wein, sondern חֹמֶר in Eimern. R. Dimi sagte: Was bedeuten die Worte (Genes. 49, 11): Er wird sein Füllen an den Wein=stock binden? Der Sinn ist, kein Weinstock soll im Lande Israel seyn, zu dessen abgelesenen Trauben man nicht einen jungen Esel nöthig haben wird, um sie davon zu tragen. Und was bedeuten die folgenden Worte: Und den Sohn seiner Eselin לַשֹּׁרֵקָה, d. h. an den unfruchtbaren Baum? Der Sinn ist: kein unfruchtbarer Baum wird im Lande Israel seyn, welcher nicht so viel Früchte geben wird, als zwo Eselinnen im Stande sind, wegzutragen“ u. s. w. Der geneigte Leser möchte wohl glauben, daß so zügellose Aus=wüchse einer abenteuerlichen Einbildung späteren Zeiten ange=hören. Mit Nichten! Hören wir ein Zeugniß bei Irenäus, fünftes Buch gegen die Ketzer, Kap. XXXIII, 3 *): in des Papias Schrift ἐξήγησις λογίων κυριακῶν stehe Folgendes: Presbyteri, qui Johannem viderunt, Domini discipulum, meminerunt, se audisse ab eo, quemadmodum de tempo-ribus illis docebat Dominus et dicebat: Venient dies, in quibus vineae nascentur singulae decem millia palmitum habentes, et in uno palmite decem millia brachiorum, et in uno brachio dena millia flagellorum, et in unoquo-que flagello dena millia botruum, et in unoquoque botro dena millia acinorum, et unumquodque acinum expres-sum dabit viginti quinque metretas vini. Et quum eorum apprehenderit aliquis sanctorum botrum, alius clamabit: Botrus ego melior sum, me sume, per me Dominum be-nedic. Similiter et granum tritici decem millia spica-rum generaturum, et unamquamque spicam habituram decem millia granorum, et unumquodque granum quinque bilibres similae clarae mundae, et reliqua autem poma et semina [habitura] herbam secundum congruentiam iis

---

*) Opera. I, 333. a.

consequentem, et omnia animalia iis cibis utentia, quae a
terra accipiuntur, pacifica et consentanea invicem fieri,
subjecta hominibus cum omni subjectione. Weiter fährt
Papias in dem Bruchstücke fort: Der Herr habe gesagt: Et
adjecit dicens: Haec credibilia sunt credentibus. Sed
Juda proditore non credente et interrogante: Quomodo
ergo tales geniturae a Domino perficientur?. Dixisse Dominum: Videbunt, qui venient in illa. Ist das nun nicht
ganz Dasselbe, was in obigen rabbinischen Aussprüchen steht?
Selbst das wiederholt sich, daß hier, wie dort, ein Schüler die
Rolle des Zweiflers übernehmen muß. Zweitens: welche
Worte sind abenteuerlicher, die des Papias oder der Rabbi=
nen? Sicherlich die Behauptungen des Ersteren. Kein
Mensch wird nun glauben, daß Jesus Christus wirklich die
Reden ausgestoßen habe, die ihm Papias, ohne Zweifel
nach uralten Apokryphen, in den Mund legt, denn sonst
müßte kein wahres Wort im N. Testamente stehen; aber
ebenso wenig kann andererseits geläugnet werden, daß jene
grobsinnlichen jüdischen Hoffnungen mit aller ihrer Derbheit
bis in das erste Jahrhundert (und warum nicht noch weiter?)
hinaufreichen.

Ein großer Herrscher muß eine herrliche Hauptstadt
haben. Wie man von August, dem ersten römischen Kaiser,
sagte, daß er Rom klein und hölzern angetroffen, marmorn
und mit Prachtgebäuden bedeckt hinterlassen habe, so wird auch
der Judenmessias seine Stadt Jerusalem aufs Glänzendste
verschönern und vergrößern. Midrasch Tillin S. 39, a über
Psalm 87: „R. Pinehas hat gesagt: Ins Künftige wird Gott
den Sinai, Tabor und Karmel herbeibringen und Jerusalem
auf die Spitze derselben setzen, wie geschrieben steht (Es. II, 2):
Es wird geschehen in den lezten Tagen, daß der
Berg des Gotteshauses fest stehen wird auf der
Spitze der Berge." Pesachin bab. S. 50, a: „Die
Schrift sagt (Zach. XIV, 20): Es wird geschehen zu

derselben Zeit, daß der Schatten *) eines Pferds dem Herrn heilig seyn wird. Was bedeutet Schatten des Pferds? R. Josua sagt: Der heilige Gott wird inskünftig Jerusalem um so viel erweitern, als ein Pferd (von Morgens frühe an) läuft, bis es (am Mittage) einen Schatten unter seinem Bauche macht." Schir haschirim Rabba S. 274, a: „Jerusalem wird inskünftig auf allen Seiten erweitert, daß es bis an die Thore von Damaskus reichet; die in der Gefangenschaft gewesenen Juden kommen dann und ruhen unter seinen Pforten, so daß der Spruch erfüllet wird (Zach. IX, 1): Damaskus wird seine Ruhe seyn." Bava Bathra S. 75, b: „R. Jochanan hat gesagt: Der hochgelobte Gott werde inskünftig die Stadt Jerusalem mit ihren Gebäuden drei Meilen hoch in die Lüfte aufführen, wie geschrieben steht (Zach. XIV, 10): (Die Stadt Jerusalem) wird erhöht und bewohnt werden an ihrem Orte. Was bedeutet der Ausdruck: an ihrem Orte? Er bedeutet: wie sie unten an ihrem Orte drei Meilen lang und breit war, also werde sie auch drei Meilen hoch werden." Sie ist also in Würfelform gebaut. Der Ausdehnung entspricht die Pracht. Bava Bathra bab. S. 75, a: „R. Jochanan saß und predigte: Gott wird einst Edelsteine und Perlen anschaffen, dreißig Ellen lang, eben so viel breit. Dieselbe werden ausgehöhlt zu einer Höhe von 20, einer Breite von 10 Ellen, um dann als Thore von Jerusalem zu dienen." Midrasch Tillin S. 38, d über Psalm 87 und der Jalkut Schimeoni über den Spruch Jes. 54, 12: „Ich will deine Fenster aus Krystall machen, deine Thore von Rubinen, und alle deine Gränzen aus edlen Steinen. R. Benjamin sagt: Die Gränzen Jerusalems werden voll Edelsteine und Perlen seyn, und alle Israeliten werden kommen, und davon nehmen, so

---

*) Die Goldbleche, מְלִלוֹת, mit denen die Pferde und Kameele geschmückt sind, hier wird die Bedeutung Schatten aufgezwängt.

viel ihnen beliebt. — R. Levi sagt: Die Gränzen Jerusalems
werden inskünftig zwölf Meilen in die Länge und achtzehn
Meilen in die Breite voll Edelsteinen und Perlen seyn."
Alte Prophetensprüche, namentlich das 54ste Kapitel des Je=
scjas haben zu diesen ausschweifenden Träumereien Anlaß ge=
geben, daß sie in Jesu Tagen schon im Umlauf waren, ersieht
man aus der Offenbarung Johannis, die fast wörtlich mit
den Aussprüchen unserer Rabbinen übereinstimmt, z. B. XXI,
16: ἡ πόλις τετράγωνος κεῖται, καὶ τὸ μῆκος αὐτῆς τοσοῦ-
τόν ἐσιν ὅσον καὶ τὸ πλάτος, καὶ (ὁ ἄγγελος) ἐμέτρησε τὴν
πόλιν τῷ καλάμῳ ἐπὶ σαδίους δώδεκα χιλιάδων τὸ μῆκος
καὶ τὸ πλάτος καὶ τὸ ὕψος αὐτῆς ἰσά ἐσιν. Wir haben hier
die Würfelform, wie in der Stelle aus Bava Bathra, auch
mag eine Stadt von 12,000 Stadien im Umfange, oder 3000
Länge wohl vom Mittelmeere bis nach Damaskus und noch weiter
reichen! Allerdings bedarf das Reich des Messias bedeutende
Städte, denn die Volkszahl ist unermeßlich. Schabbath bab. S.
30, b: „R. Gamaliel saß einmal und predigte, daß ein Weib in
der künftigen Zeit alle Tage gebären werde, weil geschrieben steht
(Jerem. XXXI, 8): Die Schwangere und die Gebä=
rende zugleich. Als einer seiner Schüler lachte und sprach:
Die Schrift sagt ja (Koheleth I, 9): Es geschieht nichts
Neues unter der Sonne, gab er ihm zur Antwort:
Komm, ich will dir dergleichen in dieser Welt zeigen, ging
hinaus und wies ihm ein Huhn" (das alle Tage ein Ei
legte). Etwas Aehnliches lehrt schon Philo:*) „Keiner wird
ohne Nachkommen seyn, sondern jeder ächte Diener Gottes
soll das Gesetz der Natur erfüllen, und gute Kinder erzeugen;
jedes Haus wird voll von Bewohnern seyn und alle Grade
der Verwandschaft, Vater, Mutter, Oheime, Großvater, Groß=
mutter, Enkel, Vetter, Neffen in sich schließen." Prächtig
wird der Messias seine Unterthanen bewirthen. Er verfügt

---

*) Siehe meine Schrift über Philo I, 502.

hiezu über Thiere, deren Größe dem ungeheuren Schwalle der Volksmenge entspricht. Der Riesenfisch Leviathan und der Ochse Behemoth, welche beide eingesalzen wurden in den Tagen des Anfangs, sind dazu bestimmt. Ich habe das Alter dieser Meinung oben nachgewiesen. *) Hier nur noch eine Stelle. Bava Bathra S. 75, a: „R. Jochanan hat gesagt: Der hochgelobte Gott wird den Gerechten eine Mahlzeit vom Fleische des Leviathan zurichten, wie geschrieben steht (Hiob. XL, 30): Die Gesellen werden eine Mahlzeit über ihn halten." Die Juden machen großes Wesen von diesem leckern Bissen, den wir ihnen von Herzen gönnen. Gewiß muß man ein fanatischer Liebhaber von Salzfleisch seyn, um nach einem Braten zu gieren, der seit 5000 Jahren und drüber eingepöckelt ist, stammte er auch ursprünglich von einem Fische her, welcher so köstlich ist, als die gelbe Forelle des Lago maggiore. Doch muß ich zur Ehre der Juden bemerken, daß die Vernünftigeren unter ihnen zugestehen, der Schmaus des Leviathan sey nur auf den Pöbel berechnet. Sohar zu Genes. S. 321: Pro plebe dictum fuit, quod futuro tempore comesturi simus carnem Leviathanis atque bovis (Behemoth) et bibituri vinum optimum, ut corda illorum allicerentur ad timorem Domini, quia nulla alia re citius adlici potest humana natura, quam cibo et potu.

Mit der Pracht und Größe des messianischen Jerusalems steht die rabbinische Heiligkeit seiner Bewohner in richtigem Verhältniß. Pirke R. Eliefer Kap. 34: „In der künftigen Zeit wird der hochgelobte Gott das Land Israel an den Ecken fassen, und alle Unreinigkeit daraus schütteln, wie ein Mensch thut, der ein Kleid ausstäubt und alles Unreine wegwirft, was darin ist, nach dem Spruche (Hiob. 38, 13): Daß die Ecken der Erde gefasset und die Gottlosen

---

*) Siehe oben Seite 34.

hinausgeschüttelt werden." Unreinigkeit kann natürlich
unter dem Messias nicht bestehen, denn er selbst ist ein Heili=
ger und Gerechter. Targum Jonathan zu Esaias XVI, 5:
„Dann wird dem Messias Israels ein Thron bereitet, mit
Glück, er sitzet auf ihm in Wahrheit in der Stadt David,
richtet und suchet das Recht und thut, was löblich ist."
Ebenso Targum Jeruschalemi zu Genes. 49, 12: „Hell leuch=
ten die Augen des Königs Messias, wie klarer Wein, so daß
er nicht schauen kann Hurerei und Vergießung unschuldigen
Bluts, seine Zähne sind weißer als Milch, weil er nicht ver=
schlingt Raub noch Erpressungen." Siebenfach wohnt der
Geist des Herrn auf ihm. Jonathan zu Jesaias XI, 2 und
flg. (Der Messias geht aus von dem Stamme Jsai): „Auf
ihm thront der Geist der Weissagung vom Herrn, der
Geist der Weisheit und Erkenntniß, der Geist des Ra=
thes und der Stärke, der Geist des Wissens und der Furcht
des Herrn." Ebendaselbst zu Jesaias 41, 1: „Siehe, mein
Knecht, der Messias, ich will ihn annehmen, mein Geliebter,
an dem mein Wort Wohlgefallen hat, ich will meinen heil.
Geist über ihn ausgießen, mein Gericht soll er den Völkern
offenbaren." Zu vergleichen ist noch Pirke R. Elieser Kap.
3 zu Ende: „Sechsfach wohnt Weisheit, Erkenntniß und
Verstand auf dem Messias, wie geschrieben steht Es. XI, 2."
Aber nicht nur der Messias selbst, sondern auch seine Unter=
thanen werden des Geistes voll seyn, denn dann wird die
Prophezeihung von Joel III, 1 u. flg. erfüllt. So Midrasch
Tanchuma S. 65 c und Bamidbar Rabba Abschnitt 15:
Quum Moses manum Josuae imponeret, dixit Deus S.
B: In seculo hoc singuli tantum prophetae vaticinantur,
sed in seculo futuro omnes Israelitae erunt prophetae,
sicut scriptum exstat Joel III, 1 et seq. Der Jehovadienst
kommt unter dem Messias in höchsten Flor; nach der Weis=
sagung Ezechiels bricht dann ein befruchtender Strom aus
dem Tempel hervor und wässert das Land. Sanhedrin bab.

S. 100, a: „Der hochgelobte Gott wird künftig einen Strom aus dem Allerheiligsten des Tempels fließen laſſen, an welchem die köſtlichſten Früchte wachſen werden, wie geschrieben ſteht (Ezechiel 47, 12): An dieſem Strome, zu beiden Seiten ſeines Ufers, werden allerlei fruchtbare Bäume wachſen, und ihre Blätter werden nicht verwelken, noch ihre Früchte aufhören. Alle Monden werden ſie neue Früchte tragen, denn ihr Waſſer fleußt aus dem Heiligthum. Ihre Frucht wird zur Speiſe dienen und ihre Blätter zur Arznei." Zu vergleichen iſt hiemit Joma bab. S. 21 b: „Zur Zeit da Salomo den Tempel baute, pflanzte er darin allerhand güldene Fruchtbäume, welche ihre Früchte zu ihrer Zeit trugen, und wenn der Wind über dieſelben wehete, fielen ſie herunter, nach dem Spruche (Pſ. 72, 16): Seine Frucht wird rauſchen wie der Libanon. Als aber die Heiden in den Tempel gedrungen waren, verdorrten ſie, wie geſchrieben ſteht (Nahum I, 4): Die Blüthe des Libanon verwelkt. Der hochgelobte Gott wird aber dieſelbe wieder geben, wie geſagt iſt (Eſ. 35, 2): Die Wüſte wird blühen und fröhlich ſtehen in Luſt und Freude, denn die Herrlichkeit des Libanon iſt ihr gegeben." Daß in des Meſſias Tagen ein Strom aus dem Tempel hervorbrechen werde, behauptet auch das Buch Pirke Elieſer, und fügt noch bei, daß dieſer Strom ſich, entſprechend den zwölf Stämmen Iſraels, in zwölf Arme theilen ſolle. Kap. 51: R. Pinehas dicit: Aquae putei ascensurae sunt e limine templi atque scaturient prodibuntque et fient in duodecim rivos juxta duodecim tribus. Dieſen Strom feiert bekanntlich auch die Offenbarung Johannis XXII, 1: ἔδειξέ μοι καθαρὸν ποταμὸν ὕδατος ζωῆς, λαμπρὸν ὡς κρύσαλλον, ἐκπορευόμενον ἐκ τοῦ θρόνου τοῦ θεοῦ καὶ τοῦ ἀρνίου. Ἐν μέσῳ τῆς πλατείας αὐτῆς καὶ τοῦ ποταμοῦ ἐντεῦθεν καὶ ἐντεῦθεν ξύλον ζωῆς,

ποιοῦν καρποὺς δώδεκα, κατὰ μῆνα ἕνα ἕκασον ἀποδιδοῦν
τὸν καρπὸν αὐτοῦ· καὶ τὰ φύλλα τοῦ ξύλου εἰς θεράπειαν
τῶν ἐθνῶν. Nur läßt der Verfasser den Strom nicht aus
dem Tempel hervorbrechen, sondern aus dem Throne Gottes,
der an die Stelle des erstern getreten ist; denn in der Offen=
barung Johannis herrscht nicht das rein prophetische, sondern
mehr das mosaische Vorbild des Messias, welches dem Tem=
pelbienste widerstreitet. Diese Stellen zusammen beweisen,
daß unter dem Messias, so wie er hier aufgefaßt ist, das
alte Gesetz und die Ceremonien vollkommen fortbestehen sollen.
Denn wozu hieße es sonst, alle Heiden werden sich zum Mo=
saismus bekehren, und aus dem Tempel fließe einst der Strom
des Lebens heraus. Allerdings bestand unter den alten Ju=
den auch der Glaube, daß das Gesetz Mosis unter dem
Messias abgeschafft werden solle, aber diese Meinung gehört
nicht zudem rein prophetischen, also nicht zu dem hier ent=
wickelten Zweige des messianischen Lehrbegriffes.

Endlich wird das Glück der Bewohner des messianischen
Landes dadurch vollkommen, daß unter ihnen kein körperlicher
Schaden, kein Blinder, kein Lahmer, kein Aussätziger mehr zu fin=
den seyn wird. Pesichta Rabbathi S. 29, c, Jalkut Schimeom I,
S. 78, c: „Was in der künftigen Welt geschieht, geschieht auch jezt
(nach dem für die Messiaslehre höchst wichtigen Grundsatz Kohe=
leth I, 9: Nichts Neues unter der Sonne). Was geschieht in der
künftigen Zeit? Es wird erfüllt der Spruch (Jes. 35, 5. 6):
Alsdann werden die Augen der Blinden aufge=
than und die Ohren der Tauben geöffnet werden.
Dasselbe geschah auch in dieser Welt, denn es heißt Erod.
XIX, 8: Und alles Volk antwortete und sprach:
Alles, was der Herr geredet hat, wollen wir
thun (es war also kein Tauber unter ihnen); ferner (Erod.
XX, 18): Und alles Volk sah den Donner (also war
auch kein Blinder im Volke). Weiter wird es in jener Welt
geschehen, daß alle Lahmen gehen (Jes. 35, 6): Alsdann

werden die Lahmen springen wie ein Hirsch; das ge=
schah auch in dieser Welt (Exod. XIX, 17): Moses führte
das Volk aus dem Lager Gott entgegen (folglich fand
sich kein Lahmer in Israel). Endlich wird in der künftigen
Welt die Zunge des Stummen lobsingen (Esaias 35, 6):
Der Stummen Zunge wird Lobgesänge sprechen.
Auch Dieß war verwirklicht in der gegenwärtigen Welt, denn
es steht geschrieben Exod. XIX, 8: Und alles Volk ant=
wortete zugleich." Ebenso Jalkut Schimeoni S. 157 a
und Midrasch Tillin 49, d: „Von der künftigen Zeit han=
delt der Spruch (Jes. 35, 5): Die Augen der Blinden
werden aufgethan" u. s. w. Endlich Bereschit Rabba
Abschnitt 95: „Komm und siehe, was der Herr geschlagen
hat in dieser Welt, das wird er heilen in der künftigen Zeit.
Die Blinden werden geheilt nach dem Spruche: Dann wer=
den die Augen der Blinden aufgethan; die Lahmen
werden geheilt, denn es heißt ebendaselbst: Alsdann wer=
den die Lahmen springen wie ein Hirsch." Man
ersieht aus diesen Stellen, daß viele Rabbinen die Erfüllung
des Spruches Jes. 35, 5 und flg. in den Zeiten des Messias
erwarteten. Zwar gibt nun Jonathan in seinem Targum
demselben eine geistige Deutung, indem er übersezt: Dann
werden die Augen des Hauses Israel, die gleichsam blind
waren für das Gesetz, geöffnet, und ihre Ohren, die taub
waren für die Worte der Propheten, werden hören. Dage=
gen läßt Matthäus (Kap. XI, 5) unsern Erlöser so bestimmt
auf jenen Spruch des Jesajas anspielen, daß man annehmen
muß, etwas der Art sey damals von den Zeiten des Messias
erwartet worden.

So herrlich und überschwänglich nun auch die Freuden
der Juden im Reiche des Gesalbten sind, so hat dasselbe doch
eine gemessene Dauer. Nur stimmen die Rabbinen über die
Zahl seiner Jahre nicht überein. Hauptstelle ist Sanhedrin
bab. S. 99, a; „R. Elieser lehrt: Die Tage des Messias

währen vierzig Jahre, weil es heißt (Pf. 95, 10): **Vierzig Jahre habe ich Verdruß gehabt an diesem Volke:** (nämlich während des Zugs durch die Wüste. Da nun Gott die Israeliten vierzig Jahre geplagt hat, so muß er nach dem Vergeltungsrecht, das seinem Wirken als Richtschnur dient, eben dieselben vierzig Jahre lang unter dem Messias erfreuen). R. Elieser, Sohn Asarias, sagt: Des Messias Tage währen siebzig Jahre, weil geschrieben steht (Jes. 23, 15): **Zu der Zeit wird Tyrus vergessen siebenzig Jahre, nach den Tagen eines Königs.** Wer ist dieser sonderbare König? Sage, es sey der Messias gemeint. Raf behauptet, sie werden drei Geschlechter währen, nach dem Spruche (Pf. 72, 5): **Man wird dich fürchten, so lange Sonne und Mond scheint von Geschlecht zu Geschlecht** (im hebräischen Text heißt es: דור דורים. Dor soll nun Ein Geschlecht, Dorim zwei bedeuten, zusammen sind es also drei Geschlechter). Aus einer andern Ueberlieferung lernen wir, daß R. Elieser gesagt habe: Die Tage des Messias währen vierzig Jahre, weil es heißt (Deuter. VIII, 3): **Er demüthigte dich und ließ dich hungern** (nämlich vierzig Jahre lang in der Wüste), und wiederum (Pf. 90, 15): **Erfreue uns wieder nach den Tagen, da du uns plagtest** (nach den Jahren), **da wir das Böse sahen** (also dauert die Vergeltung vierzig Jahre). R. Dusa sagt: Sie werden 400 Jahre währen, denn es stehet geschrieben (Genes. 15, 13): **Man wird sie zur Dienstbarkeit zwingen und plagen 400 Jahre.** Und wiederum Pf. 90, 15: **Erfreue uns, Herr u. s. w.** (wie oben). Raf sagt: Sie werden 365 Jahre währen, nach den Tagen der Sonne, weil die Schrift lehrt (Esaias 63, 4): **Denn ich habe einen Tag der Rache mir vorgenommen, das Jahr, die Meinen zu erlösen, ist gekommen** (Jahr und Tag sind hier gleich gesezt, also zählt dieses göttliche Jahr — so wird geschlossen — 365 gemeine Jahre). R. Abimi

behauptet: Die Tage des Messias werden 7000 Jahre wäh=
ren, weil geschrieben steht (Jes. 62, 5): Wie sich ein
Bräutigam freuet der Braut, also wird sich Gott
deiner freuen (nun dauert eine Hochzeit sieben menschliche
Tage, folglich das Reich des Messias sieben göttliche, d. h.
7000 Jahre, dieweil ein Tag Gottes nach der bekannten
Psalmenstelle 1000 Jahre währet). R. Jehuda sagt im Na=
men R. Samuels: Die Tage des Messias dauern so lange,
als es seit Erschaffung der Welt bis Jezt ist, nach dem
Spruche (Deut. XI, 21): Du und deine Kinder sollen
so lange leben im Lande, das der Herr deinen Vä=
tern zu geben beschworen hat, so lange die Tage
vom Himmel auf Erden währen. R. Nachman
meint, sie werden so lange währen, als es von den Tagen
Noahs bis heute ist, weil geschrieben stehe (Jes. 54, 9): Sol=
ches soll mir seyn, wie das Wasser Noahs, da ich
schwur, daß die Wasser Noahs nicht mehr über den
Erdboden ergehen sollen, also habe ich auch ge=
schworen, daß ich nicht mehr über dich zürnen und
schelten will" (seit Noah bis Jezt hat Gott fortwährend
über die Israeliten gezürnt, nun muß er eben so lange nicht
zürnen, d. h. sein Volk unter dem Messias erfreuen — das
ist der Schluß). Es kommen jedoch noch andere Rechnungen vor.
Sanhedrin 97, b: „Wie unter sieben Jahren ein Erlaßjahr ist,
so kommen auf 7000 Jahre der Weltdauer 1000 Jubeljahre,
denn es heißt (Ps. 92, 1): Ein Psalmlied auf den
Sabbath=Tag, das ist der Tag, der ganz Sabbath ist;
vergleiche damit den Spruch (Ps. 90, 4): Tausend Jahre
sind vor dir wie der Tag, welcher gestern vergan=
gen ist" (also dauern die Tage des Messias 1000 Jahre).
Ebenso Jalkut Schimeoni über die Psalmen S. 112, c: „R.
Berachia sagt im Namen Chija's: Die Tage des Messias
währen sechshundert Jahre, weil geschrieben steht (Jes. 65,
22): Die Tage meines Volkes werden seyn, wie

die Tage eines Baumes. Der Stamm eines Baumes
währet über 600 Jahre. R. Elieser sagt: Die Tage des
Messias währen 1000 Jahre, weil es heißt (Jef. 63, 4):
Ich habe einen Tag der Rache in meinem Herzen,
ein Tag des hochgelobten Gottes sind 1000 Jahre. R. Josua sagt: Sie werden 2000 Jahre dauern, weil die Schrift
lehrt (Pf. 90, 15): Erfreue uns nach den Tagen, da
du uns geplagt hast. Das Wort Tage bedeutet (weil
es in der Mehrzahl steht) zum Mindesten zwo Tage Gottes"
(und diese sind gleich 2000 Jahren). Von diesen verschiedenen Zahlen fallen die 40 und die 400 Jahre weg, weil
sie nach einem mosaischen Vorbilde gerechnet sind, das wir
besonders darstellen werden. Wir haben also die Wahl zwischen 70, 90, *) 365, 1000, 2000, 7000 Jahren, und einigen nicht genau bestimmten Fristen. Welche von diesen Rechnungen in Jesu Christi Tagen bei Denen, die ihren Messiasbegriff bloß aus den älteren Propheten entnahmen, am
meisten Anklang gefunden habe, kann man aus Mangel sicherer Nachrichten nicht mehr entscheiden. Wahrscheinlich
herrschte auch damals, wie später, keine Uebereinstimmung,
Jeder zählte nach Belieben. Die zweite Frage ist, ob diejenigen Rabbinen, welche die Tage des Messias auf 600 —
7000 Jahre, also weit über die Gränzen des gewöhnlichen
Menschenlebens hinausrückten, geglaubt haben, ein und derselbe Messias werde so lange regieren. Maimonides sagt in
seiner Auslegung über den Talmud zu Sanhedrin S. 120,
a: „Wisse, daß der Mensch nothwendig sterbe und wieder dahin zurückkehre, woher er genommen ist. — Auch der Messias wird sterben, und an seiner Statt wird sein Sohn und
Enkel regieren; auch hat der Prophet (Esaias) seinen Tod
klärlich verkündigt, weil es heißt (Jef. 42, 4): Er wird
nicht verschmachten, noch zerbrochen werden, bis

---

*) Die drei Menschenalter nach der Rechnung Rass.

er auf Erden das Recht aufgerichtet hat." Aller=
dings verdient Maimonides weit weniger Glauben als andere
Rabbinen, wenn es auf die alten jüdischen Meinungen an=
kommt. Denn er ist — fast der Einzige seiner Nation — von
heidnischer Philosophie angesteckt, und erlaubt sich, diesen
fremden Ansichten gemäß, den Lehrbegriff seines Volkes ver=
nünftelnd umzudeuten. Allein für unsern Fall kommen ihm
alte Zeugnisse zu Hülfe. In der mehrfach angeführten Stelle
des vierten Buchs Esdrä (Kap. VII, 29) heißt es: „Nach
400 Jahren (seiner Regierung) wird mein Sohn, der Mes=
sias sterben." Also wurde der Tod des Gesalbten, d. h. der
natürliche und nicht der eines leidenden Messias am Ende
des ersten Jahrhunderts von einigen Juden behauptet. Ferner
spricht für das Alter der Meinung, welche Maimonides
äußert, jener wichtige, diesem Kapitel vorangestellte und so
tief eingreifende Grundsatz: Es ist kein Unterschied zwischen
den Tagen des Messias und dieser Welt, als daß dann die
Reiche der Welt den Juden unterthan sind. Sicherlich wäre
es ein mächtiger Unterschied, wenn der Messias nicht stürbe,
wie andere Helden und Könige, und der Grundsatz hätte
dann auch keinen Sinn. Auch kann ich mich nicht überreden,
daß diejenigen Juden, welche den Theudas, den Barchochba
und vielleicht einige Häupter der Zelotenpartei im Kriege zu
Vespasians Zeiten als ihre Messiase anerkannten, diese Aben=
teurer für unsterblich gehalten haben sollten.

Noch müssen wir dem Gegenkämpfer des rein propheti=
schen Messias unsere Aufmerksamkeit schenken. Je nachdem
nämlich der Messiasbegriff aufgefaßt wurde, stellte man dem
Gesalbten auch einen verschiedenartigen Widersacher entgegen.
Ezechiel spricht von einem Fürsten Gog, im Lande Magog,
der mit unzähligen Heerschaaren in der lezten Zeit (Kap. 38,
8) Israel bekriegen werde. In diesem fabelhaften Könige
fanden diejenigen Juden, welche den Messiasbegriff bloß aus
den älteren Propheten schöpften, den Gegner ihres Gesalbten.

Targum Jeruschalemi zu Num. **XI, 26**: „Siehe ein König
geht hervor aus dem Lande Magog am Ende der Tage, er
wird seine Unterkönige sammeln, die mit Kronen bekränzt
sind, und seine Hauptleute, die gehüllt sind in Harnische;
alles Volk gehorcht ihm, er wird seine Streiter in Schlacht=
ordnung aufstellen im Lande Israel gegen die Kinder der
Gefangenschaft; aber längst ist ihm bereitet die Stunde des
Verderbens, ihre Seelen werden verbrannt durch die Feuer=
flamme, welche hervorbricht unter dem Throne Gottes, ihre
Leichen werden liegen auf den Bergen des Landes Israel, alle
Thiere des Feldes und Vögel des Himmels werden kommen
und ihr Aas verzehren; dann sollen alle Gestorbene Israels
wieder aufleben, von dem Ochsen (Behemoth) speisen, der
ihnen bereitet ist vom Anfang an, und den Lohn ihrer Werke
empfahen.“ In der zweiten Lesart auf dem Rande heißt es:
„Am Ende der Tage wird Gog, Magog und ihr Heer hin=
aufziehen gegen Jerusalem, aber sie sollen fallen durch die
Hände des Messias; sieben ganze Jahre lang werden die Kin=
der Israel Feuer anzünden aus ihren Waffen, und deßhalb
nicht nöthig haben, in den Wald zu gehen und Bäume zu
fällen.“ Derselbe Targum zu Deuter. **XXXIV, 2** und flg.:
(Das Wort des Herrn verkündigte Mosi auf dem Berge
Nebo alle Geheimnisse der Zukunft) „den König, der sich ver=
bünden wird mit dem Beherrscher des Nordens, um die Be=
wohner der Erde zu verderben, die Ammoniter und Moabi=
ter, die da in der Ebene wohnen und Israel unterdrücken
werden, die Gefangenschaft der Schüler Eliä, die aus dem
Thale Jericho vertrieben wurden, und die Gefangenschaft der
Schüler Elisä, die da aus der Palmenstadt wandern mußten
durch die Schuld ihrer Brüder, ihrer 200,000 Mann; die
Plagen eines jeden Zeitalters, die Rache, welche einst treffen
wird Armalgus,*) den Gottlosen, die Kriege Gogs, und wie

---

*) Sonst Armillus genannt, von dem wir später handeln werden.

in der Zeit großer Drangsale Michael sich erheben wird mit
seinem Arm, um (Israel) zu erlösen." Sanhedrin bab. S.
64, a: „Gott wollte einst den König Ezechias zum Messias,
und Sanherib zum Gog und Magog machen." Hier tritt
der Grundsatz ganz deutlich hervor, daß Gog das Widerspiel
des Messias sey. Buch Mechilta zu Exod. XVII, 14:
„Woraus beweist man, daß Gott Mosi den König Gog und seine
Macht gezeigt hat? Aus den Worten (Deuter. XXXIV, 3):
Gott wies ihm die Gegend im Thale Jericho.
Daraus lernen wir, daß Gog und all sein Heer nach Je=
rusalem hinaufziehen und im Thale Jericho fallen wird."
Ebenso Siphri zu Deuter. XXXIV, 1, 2. Allgemein bezog
man den zweiten Psalm auf den Krieg des Messias gegen
Gog und Magog. So Berachot bab. S. 7, b: „von dem
Kriege Gogs und Magogs handelt der zweite Psalm, warum
stürmen die Völker" u. s. w. Kurz, die ältern jüdischen
Bücher sind voll von den Kriegen Gogs und Magogs; daß man
auch in Christi Tagen gleicher Ansicht war, beweist die Stelle
Offenbarung Johannis XX, 8: ἐξελεύσεται (ὁ Σατανᾶς)
πλανῆσαι τὰ ἔθνη τὰ ἐν ταῖς τέσσαρσι γωνίαις τῆς γῆς,
τὸν Γὼγ καὶ τὸν Μαγὼγ, συναγαγεῖν αὐτοὺς εἰς πόλεμον,
ὧν ὁ ἀριθμὸς ὡς ἡ ἄμμος τῆς θαλάσσης. Καὶ ἀνέβησαν
ἐπὶ τὸ πλάτος τῆς γῆς καὶ ἐκύκλωσαν τὴν παρεμβολὴν τῶν
ἁγίων καὶ τὴν πόλιν τὴν ἠγαπημένην, καὶ κατέβη πῦρ ἀπὸ
τοῦ θεοῦ ἐκ τοῦ οὐρανοῦ καὶ κατέφαγεν αὐτούς. Es ist auch
ganz in der Ordnung, daß die alten Juden über diese Lehre
einig waren, da sie sich auf die klare Aussage eines hochver=
ehrten Propheten, des Ezechiel, stützt.

Endlich ist die Frage übrig, ob die Synagoge zur Zeit
Christi an einen doppelten Messias, und ob sie an einen
leidenden geglaubt habe. Die Talmudisten sprechen, neben
dem Sohne Davids, von einem zweiten Messias aus dem
Stamme Joseph oder Ephraim. Succa bab. S. 52, a: Es
steht geschrieben (Zach. XII, 12): Das Land wird klagen

Familienweise. Warum diese Trauer? darüber streiten R. Dusa und die andern Lehrer. Die Einen sagen: um Messias, den Sohn Josephs, der getödtet werden soll; die Andern wegen des bösen Triebs, der ausgerottet werden soll. Friede sey auf dem, der die Stelle vom Tode des Messias, Josephs Sohn, versteht: Denn auf ihn beziehen sich die Worte der Schrift (Zach. XII, 10): **Sie werden sehen auf mich, den sie durchbohrt haben, sie werden ihn beklagen, wie man klaget über ein einziges Kind, sie werden über ihn jammern, wie man jammert über einen Erstgebornen."** Weiter heißt es in demselben Traktat: „Unsere Rabbinen lehren, daß Gott zu Messias (dem Sohne Davids), wenn er sich offenbaret, sprechen wird: heische von mir, was du begehrest, will ich dir geben; wie geschrieben stehet (Pf. II, 8): **Bitte von mir, so will ich dir die Heiden zum Erbe geben** u. s. w. Wenn Davids Sohn nun siehet, daß der Messias aus dem Stamme Josephs umgebracht ist, (durch Gog) wird er zu Gott sprechen: Ich begehre von dir nichts Anderes, als das Leben (und dieß wird ihm zu Theil), wie geschrieben stehet (Pf. 21, 5): **Er bittet dich ums Leben, so gibst du ihm langes Leben immer und ewiglich.”** Bereschit Rabba über Genes. 49, 14. „Es stehet geschrieben (Esaias 32, 20): **Wohl euch, die ihr säet allenthalben an den Wassern.** Dieses Säen bedeutet nichts anders, als Almosen geben und Werke der Barmherzigkeit thun, nach dem Spruche (Ef. 55, 1): **Wohlan Alle, die ihr durstig seyd, kommet her zum Wasser.** Wer so handelt, der verdient die Ankunft des Elias und der beiden Gesalbten. Auf sie beziehet sich die Stelle (Ef. XXXII, 20): **Aus schickend den Fuß des Ochsen und des Esels.** Das Wort ausschickend, weist auf Elias hin, von dem es heißt (Maleachi IV, 5): **Siehe ich will euch senden den Propheten Elias.** Der Fuß des Ochsen ist Messias,

der Sohn Josephs, nach dem Spruche (Deuter. **XXXIII**, 17):
Der Erstgeborne, sein Ochse, Ehre gebührt ihm; der
Fuß des Esels ist Messias, Davids Sohn, von welchem geschrieben
stehet (Zach. **X**, 9): Er ist arm und reitet auf einem
Esel." In der That keine übermüthige Vergleichung! Ferner
Targum Jerusch. zu Exod. 40, 11: „Messias, der Sohn Ephraim,
soll hervorgehen aus ihm (diesem Stamm), durch seine Hände
wird das Haus Israel siegen über Gog und seine Verbün=
dete, am Ende der Tage." Targum zum hohen Liede **IV**, 5,
und **VII**, 3: „Die zwei Erretter, die dich befreien werden,
Messias der Sohn Davids, und Messias der Sohn Ephraim
sind gleich Mosi und Aaron." Pirke Rabbi Elieser Kap.
XIX: „Es stehet geschrieben (Pf. 92, 11): Mein Horn
wird erhöhet werden, wie das eines Einhorns.
Warum das eines Einhorns? weil sie höher sind als die
jegliches andern Thieres, und weil es mit seinem Horne
schlägt rechts und links. So sind die Hörner Menachems
(des Messias), des Sohnes Amiel, des Sohnes Joseph, höher
als die Hörner aller andern Geschöpfe, und er schlägt damit
nach den vier Gegenden der Welt. Von ihm sagt Moses
(Exod. **XXXIII**, 17): Seine Herrlichkeit ist wie die des
Ochsen des Erstgebornen, und seine Hörner sind wie die des
Einhorns. Sein Volk sind die Zehntausende Ephraims, und
die Tausende Manasse's, wie geschrieben steht (ebendaselbst):
Das sind die Zehntausende Ephraim und die
Tausende Manasse. Gegen ihn werden sich die Kö=
nige zusammenrotten, um ihn zu tödten, nach dem Spruche
(Pf. **II**, 2): Die Könige im Lande lehnen sich auf,
die Israeliten aber, welche dann im Lande (Kanaan) wohnen,
werden große Drangsal fühlen, aber ihre Noth wird seyn
wie ein grünender Oelbaum, weßhalb geschrieben steht (Pf. 92,
11): Ich werde gesalbt mit frischem Oel, mein
Auge wird Lust haben an meinen Feinden, nämlich
die Israeliten, welche im Lande wohnen, werden das

Verderben ihrer Hasser sehen, darum wird gesagt: mein Auge
hat Lust an meinen Feinden." Auch der Sohar bekennt die
Lehre vom doppelten Messias. Hauptstelle Th. III, S. 82, b: *)
Necesse est, ut tempore futuro Messias rex, quando
veniet, possideat collem supremum, sub cujus alam se
recipiat — ac constituatur in vitam supremam. Exinde
enim prodibit tum temporis Messias filius Davidis. Quod
mysterium continetur verbis (Ps. II, 7): *enarrabo statu-
tum Jehovae dicentis ad me: tu es filius meus, ego hodie
te genui.* **) — Haec tamen natura non relinquetur sola,
sed adjungetur ipsi Messias alter, filius Josephi, qui
ibidem stabilietur, nec in ullo alio loco. Quia vero
iste erit collis inferior, destitutus proprietatibus vitali-
bus, morietur hic Messias, et occisus in statu mortis
permanebit ad tempus, donec recolligat iterum vitam hic
collis. Noch gibt es einige andere, aber minder klare Stellen.
Das sind die hauptsächlichsten Zeugnisse, die ich über Messias,
Ephraims Sohn, in den ältern jüdischen Schriften auffinden
konnte. Nur zwei von ihnen, das erste und das leztere,
sprechen klar vom Tode dieses Messias, die andern lassen die
Frage unentschieden. Gründe, welche den Glauben an einen
doppelten Erlöser hervorrufen mochten, waren frühe vorhan=
den. Denn wenn das Reich Juda in Davids Sohn einen Messias
besaß, warum sollte dann dem Reiche Ephraim nicht das gleiche
Recht zugestanden werden! Ueberdieß bedurfte man einen Mes=
sias, der unter der Hand seiner Feinde fiel, wegen der Weis=
sagung (Dan. IX, 26): Nach den 62 Wochen wird
Messias ausgerottet werden und nicht mehr seyn.
Auch bei unsern christlichen Vätern finden sich Spuren von
einem Wesen, wie ein Untermessias, der erliegen soll.

---

*) Nach der Uebersetzung vom Sommer, specimen theologiae soha-
ricae S. 90.
**) Der Sinn ist: Dieser Messias, Davids Sohn, hat eine gött-
liche Natur, ewiges Leben kommt ihm zu.

Lactantius sagt im 7ten Buche der Institutionen 17tes Kapitel: Imminente jam temporum conclusione propheta magnus mittetur a Deo, qui convertat homines ad Dei agnitionem et accipiat potestatem mirabilia faciendi. Ubicunque non audierint eum homines, claudet coelum et abstinebit imbres et aquam convertet in sanguinem, et cruciabit illos siti ac fame, et quicunque conabitur eum laedere, procedet ignis de ore ejus atque amburet illum. His prodigiis atque virtutibus convertet multos ad Dei cultum, peractisque operibus ipsius alter rex orietur ex Syria *) malo spiritu genitus, eversor ac perditor generis humani, qui reliquias illius prioris mali cum ipso deleat. Hic pugnabit adversus prophetam Dei, vincet et interficiet eum, et insepultum jacere patietur. Sed post diem tertium reviviscet atque inspectantibus et mirantibus cunctis rapietur in coelum. Rex vero ille teterrimus erit quidem et ipse, sed mendaciorum, propheta, et se ipsum constituet ac vocabit Deum et se coli jubebit, ut Dei filium, et dabitur ei potestas, ut faciat signa et prodigia, quibus visis irretiat homines, ut adorent eum. Jubebit ignem descendere de coelo, et solem a suis cursibus stare, et imaginem loqui, et fient haec sub verbo ejus, quibus miraculis etiam sapientium plurimi allicientur ab eo." Dieser gottlose König wird unzweifelbar als Antichrist geschildert, also muß jener Prophet Gottes, sein Gegner, der getödtet wird, aber am dritten Tage wieder auf= steht, nothwendig ein Messias seyn. Weiter unterscheidet ihn Laktantius genau von Jesus Christus, Davids Sohne, **) welcher viel höher steht; also verhalten sich beide gerade so

---

*) Der Antichrist, dem Antiochus der Erlauchte als Vorbild dient.
**) In demselben Kapitel unten: gegen den schlimmen König, der den Propheten des Himmels getödtet hat, mittet Deus regem magnum (i. e. Jesum Christum) de coelo, qui eos eripiat et liberet, omnesque impios ferro ignique disperdat.

zu einander, wie Meſſias, Davids und Ephraims Sohn.
Dieſes Verhältniß bleibt unverändert, wenn auch Laktantius
unter dem Propheten zunächſt Elias den Thisbiten verſtand,
was nicht unwahrſcheinlich iſt. Ich glaube nun, daß der
lateiniſche Vater hier nach jüdiſchen Vorbildern gemalt hat;
denn obwohl in dem eilften Kapitel der Offenbarung Johannis Aehnliches von den zwei Zeugen erzählt wird, laſſe
ich mich doch nicht überreden, daß er dieſer chriſtlichen Quelle
allein gefolgt ſey. Wäre dieß der Fall, ſo würde Laktantius
von zwei, nicht von Einem Propheten reden. Einzelne Züge,
wie die Auferſtehung am dritten Tage und die Himmelfahrt,
hat er ganz gewiß aus der Apokalypſe entlehnt, aber daß
nur Ein Kämpfer dem Antichriſt widerſteht, ſtammt anderswo
her. Dagegen ſchreibt das Evangelium Nikodemi ſichtlich
der Offenbarung nach. Im 25ſten Kapitel dieſes Apokryphons (S. 756 der Ausgabe von Thilo) erſcheinen zwei Geſtalten, wie Menſchen mit Leib und Seele begabt, nicht geſtorben, aber dennoch Bewohner des Paradieſes. Von den
Seligen befragt, wer ſie ſeyen, antwortet der Eine: εἷς ἐξ
αὐτῶν ἀποκριϑείς, εἶπεν· ἐγώ εἰμι Ἐνὼχ ὁ εὐαρεϑήσας
ϑεῷ καὶ μετατεϑεὶς παρ' αὐτοῦ, καὶ οὗτος Ἠλίας ὁ Θεσ-
βίτης, οἳ καὶ μέλλομεν ζῆσαι μέχρι τῆς συντελείας τοῦ
αἰῶνος· τότε δὲ μέλλομεν ἀποσαλῆναι παρὰ ϑεοῦ ἐπὶ τῷ
ἀντισῆναι τῷ ἀντιχρίσῳ, καὶ ἀποκτανϑῆναι παρ' αὐτοῦ, καὶ
μετὰ τρεῖς ἡμέρας ἀνασῆναι καὶ ἐν νεφέλαις ἁρπαγῆναι πρὸς
τὴν τοῦ Κυρίꙋ ἀπάντησιν. Durch nichts unterſcheidet ſich
dieſe Schilderung von dem Bilde im angeführten Kapitel
der Offenbarung Johannis, als dadurch, daß die in lezterer
Quelle namenloſen Propheten für Enoch und Elias erklärt
werden. Nun glaube ich, daß ſchon Johannes unter beiden
wirklich Enoch und Elias verſtanden hat, das Evangelium
des Nikodemus enthält alſo am Ende gar nichts Neues. Deſto
mehr Aufmerkſamkeit verdient die Quelle, welcher dieſes ſpä-
tere Machwerk gefolgt iſt. Allerdings getraue ich mir beim

Mangel gleich alter Zeugnisse nicht, hartnäckig Ungläubige zu
überführen, daß der Verfasser der Offenbarung in dem Ge=
mälde jener beiden Zeugen, welche dem Drachen erliegen,
Meinungen seiner Zeit wieder gibt, aber ich für meine Person
(der ich jenes Jahrhundert besser als manche Andere zu ken=
nen glaube) bin vollkommen davon überzeugt. *) Nun springt
es in die Augen, daß jene Sage gar leicht auf den Glauben
an einen niedern Messias führen konnte, der unter dem
Schwert des großen Widersachers fallen sollte.

Endlich darf man nicht übersehen, daß der Evangelist
Johannes (Kap. XIX, 37), dieselbe Bibelstelle (Zach. XII, 10),
welche der Talmud auf den Sohn Ephraims bezieht, in der
Geschichte unseres Erlösers erfüllt glaubt. Die Vermuthung
liegt daher nahe, jener Spruch möchte in Christi Zeit auf
einen seinen Feinden erliegenden Messias, das heißt nicht
auf Davids Sohn, welchen man durchaus als siegreichen
Herrscher dachte, sondern auf einen zweiten gedeutet worden
seyn. Dieß sind ungefähr die Gründe, welche man für das
vorchristliche Alter der Lehre vom Messias, des Ephraim
Sohne anführen mag. Ich gestehe offen, daß sie mir nicht
genügen und daß sie durch weit stärkere überwogen werden.
Immerhin sehe ich in obiger Stelle der Offenbarung einen
Keim, aus welcher die fragliche Meinung emporsprossen konnte.
Aber die Wurzel ist noch lange nicht die Frucht. Zwischen

---

*) Der Verfasser der Offenbarung hat die Ansichten, welche sei=
nem Werke zu Grunde liegen, nicht geschaffen. Denn sonst
könnte er mit früheren prophetischen Arbeiten ähnlicher Art,
und mit Aussprüchen späterer Rabbinen, die nichts von ihm
wußten, nicht so oft bis aufs Wort übereinstimmen. Jene
Bilder gehören dem reichen Sagenkreise damaliger Zeit an.
Aber er hat sie mit großer Kunst und überströmender Dichter=
kraft in ein prachtvolles Gemälde zusammengezogen, das in der
ältesten Kirche Tausende von gleichgestimmten Lesern entzückt
haben muß. Er war — um es mit einem Worte zu sagen —
ein jüdischer Schiller.

einem oder mehreren Vorläufern und dem Messias selbst liegt noch eine weite Kluft, die erst kommende Zeitalter ausfüllen mochten. Daß sie damals noch nicht ausgefüllt war, schließe ich aus folgender Thatsache: Nichts machte den heiligen Schriftstellern des Neuen Bundes, namentlich dem Apostel Paulus mehr Mühe, als die Juden, ihre Landsleute zu über= reden, daß Christus, der leidende, der sterbende Christus, wahrer Messias sey, und daß sich auf ihn die Verheißungen der alten Seher beziehen. Wäre nun zu jener Zeit der Glaube an einen Messias, der seinen Feinden erliegen werde, unter den Juden verbreitet gewesen, so würden sie sich desselben sicherlich bemächtigt haben. Denn welche Lehre konnte für ihren Zweck nützlicher seyn, um ihre Landsleute aus ihrem eigenen Denkkreise heraus zu überzeugen? Daß auch kein Schatten einer solchen jüdischen Meinung im Neuen Testa= mente zu finden ist, spricht allein unwiderleglich für einen spätern Ursprung derselben. Höchstens mag da oder dort ein einzelner Rabbine zwei Messiasse angenommen haben, allge= mein, oder auch nur unter Vielen verbreitet war diese Lehre damals gewiß nicht.

Ich habe oben die Gründe dargelegt, warum ich es für wahrscheinlich halte, daß diejenige Partei unter den alten Juden, welche einen rein politischen Messias, gestützt auf die Weissagungen der Propheten, erwartete, schon zu Jesu Christi Zeit geglaubt habe, Davids Sohn werde auf seinem Bette sterben und das Reich seinen Kindern hinterlassen. Dieser Tod ist sehr verschieden von dem Untergange des Sohnes Ephraim. Denn jener zahlt, obgleich ein siegreicher, gewaltiger Held, als Mensch der Natur seinen Tribut, dieser unterliegt seinen Feinden, weil er zu schwach gegen sie ist. Abermal etwas ganz Anderes wäre ein Messias, der zur Versöhnung des Volks Martern und den Tod erdulden müßte, und dessen Leiden einen Hauptbestandtheil seiner göttlichen Sendung bil= deten. Nun hat gerade derjenige Prophet des Alten Bundes,

den die Synagoge zu Christi Zeit als den wichtigsten Ver=
fündiger des Kommenden verehrte, Jesaias, eine Weissagung
hinterlassen, welche die rechtgläubige christliche Kirche auf den
Tod des versöhnenden Erlösers bezieht, und welche auch der
unparteiische Geschichtschreiber, nach meinem Dafürhalten,
nicht anders deuten kann. Ich schildere hier diejenige Lehre
vom Messias, welche bloß aus den Propheten genommen
worden ist. Jesaias gehört zu denselben. Also bleibt mir
die Frage zu beantworten übrig, ob die Juden in Christi
Tagen das 53ste Kapitel dieses Sehers auf den Erretter be=
zogen, und ob sie überhaupt an einen für das Volk leiden=
den Messias geglaubt haben. Sanhedrin bab. S. 98, b heißt
es: „R. Jochanan sagt: die Welt ist wegen des Messias er=
schaffen worden. Und was ist sein Name? Die Schüler R.
Schilo sagen, Schilo ist sein Name, wegen des Spruches
(Genes. 49, 10): bis Schilo komme. Die Schüler R.
Jannai's sagten: Jinnon ist sein Name, weil geschrieben stehet
(Psalm 72, 17): Sein Name währet in Ewigkeit,
vor der Sonne (ist) יִנּוֹן sein Name. Die Schüler R.
Chanina's sagen: Chanina, d. h. Gnade ist sein Name, wegen
der Stelle (Jerem. XVI, 13): Ich werde euch nicht geben
חֲנִינָה, d. h. Gnade. Andere behaupten, Menachem sey sein
Name, nach dem Spruche (Klagel. I, 16): Fern ist von
mir מְנַחֵם, d. h. der Tröster. Die Rabbinen lehren
חִוּרה der Durchbohrte oder auch חוליא *) der Kranke ist
sein Name, weil geschrieben steht (Esaias 53, 4): Für=
wahr er trug unsere Krankheit und lud auf sich
unsere Schmerzen. Wir aber hielten ihn für den
Geplagten und von Gott Geschlagenen" u. s. w.
Auf dem nächstvorhergehenden Blatte des Traktat Sanhedrin
wird erzählt, daß der Messias an den Thoren Roms sitze

---

* Ich gebe diese Stelle nach einer alten bessern Lesart, bei Mar=
tini S. 862.

mitten unter Siechen und seine Wunden verbinde. Beide
Stellen beziehen unzweifelbar die bekannte Prophezeiung des
Jesaias auf den Gesalbten des Herrn. Ebenso der Sohar
zu Erodus S. 85, Spalte 346: In horto Eden est palatium quoddam, quod vocatur palatium aegrotorum. In
illud ingreditur Messias exclamatque: omnes morbi, omnes dolores, omnes poenae Israëlitarum (super me) veniant. Eaeque omnes veniunt super ipsum. Nisi autem
ille eas auferret ab Israële, et transferret in se, non
esset homo, qui posset supportare castigationes Israëlitarum, propter gravitatem poenarum in lege dictatarum.
Atque hoc est illud, quod scriptum exstat (Jes. 53, 4)
re vera infirmitates nostras ipse portavit. Der Schauplatz der versöhnenden Leiden des Messias wird hier in das
Paradies, oder in ein vorweltliches Leben versezt. Sonst
weicht die Stelle kaum von der christlichen Ansicht ab. Ein
noch merkwürdigeres Zeugniß führt Raimond Martini aus
R. Moses Habbarschans Bereschit Rabba über Genes. I, 1
an:*) „Der Messias besizt ein übernatürliches Licht (himmlisches Wesen) von dem Pf. 97, 17 u. Dan. II, 32 die
Rede ist. Voll Neid über diesen Vorzug verlangt Satan
von Gott, dem Messias und seinem Geschlechte entgegen-
kämpfen und ihn zum Falle bringen zu dürfen. Nach dieser
Einleitung fährt der Text in der alten lateinischen Uebersetzung
so fort: Statim incepit Deus pacisci cum Messia, dixitque ei: Messia juste mi, istorum, qui sunt repo-
siti apud te, futurum est, ut peccata mittant te in
jugum gravissimum; oculi tui non videbunt lucem, aures
autem tuae audient opprobrium magnum populorum
mundi, nasus tuus odorabitur foetorem, os tuum gusta-
bit amaritudines adhaerebitque lingua tua palato tuo,
applicabitur quoque cutis tua ossi tuo, et extenuabitur

---

*) Pugio fidei S. 417.

corpus tuum in luctu et gemitu. Complacentne haec
tibi? nam si tu suscipis: bene quidem: si non, ecce ego ab-
jiciens ea extemplo. Respondit coram eo Messias: Domine
seculi, in hoc ego consentio ac suscipio super me tribulationes istas, sub tali conditione, ut resuscites mortuos
in diebus meis, ac mortuos qui mortui sunt a primo
Adam usque nunc; et non illos tantum salves, sed etiam
istos, quos devorarunt lupi et leones, illos quoque qui
submersi sunt in aqua maris et fluminum, in diebus
meis salves. Et non illos tantum salves, sed etiam abortivos, et non abortivos solum, sed etiam eos, qui ascenderunt in mentem tuam quasi creandi *) et non sunt
creati. Regessit Deus Sanctus Benedictus: placet mihi
ita. Statim suscepit Messias omnes tribulationes ex
amore, sicut scriptum exstat (Jes. 53, 7): *afflictus est
et ipse oppressus est.* **) Daß Einer für den Andern leide,
und seine Sündenschuld trage, liegt vollkommen in der jüdi=
schen Denkweise, wie ich früher gezeigt habe; nur bleibt es
freilich immer auffallend, daß gerade der Messias für sein
Volk dulden soll. Indeß reicht die früheste dieser Stellen
nicht über die Mitte des fünften Jahrhunderts hinauf, die
andern sind weit später, folglich beweisen sie bloß, daß der
Glaube an einen leidenden Messias etwa zu Anfang des 4ten
Jahrhunderts vorhanden war. Allein um 200 weitere Jahre
führt uns ein Zeugniß bei Justin dem Märtyrer zurück.
Dieser Vater sagt nämlich, im Gespräch mit dem Juden
Tryphon, Kap. 68: ***) „Wenn ich den Juden Schriftstellen
vorhalte, welche den Messias als einen leidenden, anbetungs=
würdigen Gott darstellen (Justin hatte sich kaum zuvor auf

---

*) D. h. Seelen, die nur in der Idee Gottes, noch nicht in der
  Wirklichkeit leben.
**) Noch mehrere (aber minder bedeutsame) Stellen über den
  leidenden Messias findet man gesammelt im Thesaurus von
  Ugolini Band X, S. 700 u. flg.
***) Opp. S. 166 unten.

Esaias 53 berufen), so gestehen sie zwar nothgedrungen zu, daß die Sprüche sich auf den Messias beziehen, dagegen leugnen sie frech weg, daß der unsrige (Jesus) der Messias sey, sondern sie sagen, der wahre Gesalbte werde erst kommen und leiden, und regieren und ein anbetungswürdiger Gott seyn: τοῦτον δὲ μὴ εἶναι τὸν Χριςὸν τολμῶσι λέγειν· ἐλεύσεσϑαι δὲ καὶ παϑεῖν, καὶ βασιλεῦσαι καὶ προσκυνητὸν γενέσϑαι Θεὸν ὁμολογοῦσι. In derselben Schrift weiter unten, *) sagt der Jude Tryphon zu seinem christlichen Gegner: „Ob der Messias auf so schmähliche Weise am Kreuze sterben sollte, daran zweifeln wir, denn der, welcher am Kreuze stirbt, wird im Gesetze verflucht, deßhalb kann ich Jenes unmöglich glauben. Klar ist es zwar, daß die Schrift einen leidenden Messias verkündet, aber darüber, ob er auf eine, im Gesetz verfluchte, Weise enden sollte, will ich erst deine Beweise hören: παϑητὸν μὲν τὸν Χριςὸν ὅτι αἱ γραφαὶ κηρύσσουσι, φανερόν ἐςιν· εἰ δὲ διὰ τοῦ ἐν τῷ νόμῳ κεκατηραμένε πάϑες; βελόμεϑα μαϑεῖν, εἰ ἔχεις καὶ περὶ τούτε ἀποδεῖξαι. Einige Sätze tiefer unten fährt der Jude so fort: „daß der Messias sterben, und wie ein Schaf (zur Schlachtbank) abgeführt werde, wissen wir, allein ob er gekreuzigt werden, und auf so schmähliche und schändliche Weise eines Todes sterben solle, der vom Gesetze verflucht ist, das mußt du uns erst darthun. Denn wir können so Etwas nicht einmal denken: Παϑεῖν μὲν γὰρ (τὸν Χριςὸν) καὶ ὡς πρόβατον ἀχϑήσεσϑαι οἴδαμεν· εἰ δὲ καὶ σαυρωϑῆναι καὶ οὕτως αἰσχρῶς καὶ ἀτίμως διὰ τοῦ κεκατηραμένε ἐν τῷ νόμῳ ϑανάτε, ἀπόδειξον ἡμῖν, ἡμεῖς γὰρ οὐδ' εἰς ἔννοιαν τούτε ἐλϑεῖν δυνάμεϑα. Diesen Worten zufolge hätte Tryphon in seinem und seiner Landsleute Namen bekannt, daß der Messias dulden und sterben werde, und daß sich das 53ste Kapitel des Jesaias auf ihn beziehe. Allein es fragt sich erstens,

---

*) S. 187 oben.

ob Justin die Meinung des Juden, mit dem er eine Unter-
redung hielt, treu wiedergebe, und zweitens, ob dieser Rabbine seine eigene wahre Gedanken, oder auch die seines
Volks aussprach. Entscheiden läßt sich dieß nicht mehr. Indeß auch die Glaubwürdigkeit des Vaters in jeder Beziehung
zugestanden, würden jene Stellen bloß soviel beweisen, daß
im zweiten Jahrhundert manche Juden an einen leidenden
Messias glaubten. Ich halte dieß durchaus nicht für unwahrscheinlich. Denn die fürchterlichen Stürme, welche seit
Menschengedenken, durch die Zerstörung Jerusalems und ihre
Folgen, so wie durch den Aufstand Bar Chochba's über die
Nation ergangen, waren geeignet, eine solche Ansicht unter
ihnen zu erzeugen. Ob dieselbe aber auch im ersten Jahrhundert, vor all diesem Unglück, Eingang gefunden hatte, das
ist eine andere Frage, die sich nicht beantworten läßt, ohne
daß man ältere Quellen abhört. Das 4te Buch Esdrä, wie
das Buch Henoch schweigt von einem leidenden Messias; der
Targum Jonathan deutet das 53ste Kapitel des Jesaias
allerdings auf den Gesalbten, aber in der sonderbarsten Weise.
Die Stellen, welche von Leiden handeln, werden auf das israe-
litische oder andere Völker bezogen, oft ganz falsch übersezt. Dem
Messias kommen nur Triumphe zu. Folglich zeugt der Targum gegen die Annahme, daß der Glaube an einen leidenden Gesalbten damals unter den Juden verbreitet gewesen
sey. Noch mehr streitet dagegen das Neue Testament, denn
wäre jenes der Fall gewesen, so würden sich erstens die
Jünger besser in den Tod ihres Meisters gefunden haben,
zweitens hätte dann Paulus gewonnenes Spiel in seinem
Streite mit den Juden gehabt, denen er beweisen mußte, daß
der wahre Christus leiden und sterben sollte. Sagt dieser
Apostel nicht, das Kreuz oder der schmähliche Tod des Herrn
sey ein Stein des Anstoßes für Barbaren, Griechen und
Juden? Nie und nimmermehr reimt sich dieser Satz mit der
Annahme, ein leidender Messias sey in jener Weissagung von

der Synagoge gefunden worden. Doch was spreche ich von
den Juden, nicht einmal die Jünger fanden in den ersten
Jahren nach seinem Hingange den Tod ihres Meisters in
dem 53sten Kapitel des Jesaias gerechtfertigt. Ist es nicht
sehr auffallend, daß die merkwürdigste aller alttestamentlichen
Prophezeiungen im ganzen N. Testament nur ein einziges Mal
entschieden — Apostelgesch. VIII, 28, aber zugleich auch nur
gelegenheitlich, und einmal halb und halb, 1. Petr. II, 22—25.
auf den Versöhnungstod Christi bezogen wird? daß der Apostel
Paulus, der sich so unendlich viel Mühe gibt, den Tod unseres Erlösers vor jüdischen Richtern aus dem Alten Testamente zu rechtfertigen, sie nie in diesem Sinne gebraucht,
daß endlich andere unserer heiligen Schriftsteller sehr wesentlichen Abschnitten jenes Kapitels eine ganz andere Deutung
unterlegen, wie Matth. VIII, 17: αὐτὸς τὰς ἀσϑενείας ἡμῶν
ἔλαβε καὶ τὰς νόσος ἐβάσασεν, wo diese Worte auf Jesu
Krankenheilungen bezogen werden? Nichts steht fester als die
Behauptung, daß zu Jesu Christi Zeiten kein Jude an einen
leidenden, oder den Versöhnungstod sterbenden Messias dachte,
und gewiß hat der Verfasser jener falschen Klementinen Recht,
wenn er sagt: in Allem seyen die Juden mit den Christen
einig, nur allein den humilis adventus Messiae (wozu namentlich der Kreuzestod gehört) bestreiten sie. *) Hier ist
etwas ganz Neues, eine Thatsache erfolgt, die sich als Scheidewand zwischen Juden und Christen hineinwarf. Doch ich
brauche mich nicht bloß auf das schwache Wort irgend eines
alten Zeugen, ich kann mich auch auf ein Jahrhundert voll
Blut in der jüdischen Geschichte berufen. Die zwei, drei
Millionen, welche unter Nero, Vespasian, Trajanus und
Hadrian, geführt von Barchochba und andern minder bekannten Häuptlingen, entweder nur mit dem Herzen von Rom
abfielen, oder auch die bewaffnete Faust gegen die römischen

---

*) Siehe oben I. Abtheilung, S. 211.

Adler erhoben, glaubten alle nicht an einen leidenden Messias. Denn dieser Glaube und ihre wirkliche Thaten verhalten sich zu einander, wie die Worte Christi an Pilatus (Joh. XVIII, 36): ἡ βασιλεία ἡ ἐμὴ οὐκ ἔσιν ἐκ τοῦ κόσμȣ τούτȣ· εἰ ἐκ τοῦ κόσμȣ τούτȣ ἦν ἡ βασιλεία ἡ ἐμὴ, οἱ ὑπηρέται ἄν. οἱ ἐμοὶ ἠγωνίζοντο, ἵνα μὴ παραδοϑῶ τοῖς Ἰȣδαίοις, zu einem gezückten Schwerte. Gegen solche Beweise verliert die Stelle Joh. I, 29: ἴδε ὁ ἀμνὸς τοῦ ϑεοῦ ὁ αἴρων τὴν ἁμαρτίαν τοῦ κόσμου, welche man sonst als Beleg für die Annahme anführte, daß die Juden an einen leidenden Messias geglaubt haben sollen — sie verliert, sage ich, alles Gewicht. Denn entweder sind jene Worte, wie ich glaube, dem Täufer nach dem Erfolg in den Mund gelegt, oder ward demselben eine höhere Erkenntniß zu Theil, als allen seinen übrigen Landsleuten.

Wir sind mit der Lehre vom Messias nach dem rein prophetischen Vorbilde fertig. Wenn nun die Tage des Messias-Reiches vorüber sind, — wie lange auch dieselben nach den verschiedenen Rechnungen dauern mögen, — so beginnt jene Welt, mit Vernichtung von Erde und Himmel, und mit Gründung neuer Himmelskörper; natürlich muß vorher Alles sterben, was Odem hat. Viertes Buch Esbrä VII, 28 und flg.: (Dominabitur filius meus, Messias, cum his, qui cum eo sunt, annis quadringentis) et erit post hos annos, et morietur filius meus, Christus, et omnes, qui spiramentum habent homines. Et convertetur seculum in antiquum silentium diebus septem, — ita ut nemo derelinquatur, et erit post dies septem et excitabitur, quod nondum vigilat, seculum et morietur corruptum. Diese Stelle ist die erhabenste des ganzen Buchs; wie die Welt in sieben Tagen geschaffen ward, so hört sie mit siebentägigem Stillschweigen auf. Daß unter dem Anbruch jener Welt die Gründung eines neuen Himmels (und einer neuen Erde) zu verstehen sey, geht hervor aus dem Buche Henoch Kap. 92, 16. 17: „Am siebenten Tage der zehnten Woche soll ein

ewiges Gericht erfolgen, welches ergehen wird über die Wäch=
ter; ein geräumiger, ewiger Himmel tritt dann hervor aus
der Mitte der Engel. Der vorige Himmel schwindet hin
und geht vorüber, ein neuer Himmel erscheint." Auch der
Targum Jonathan spielt auf diese Ansicht an. Habac. III,
2: „Wenn die Uebelthäter nicht Buße thun — wirst du deine
Macht an ihnen zeigen in den Jahren, wo du verheißen hast,
daß du die Welt erneuern wollest" לְחַדְתָא עָלְמָא. Ebenso
zu Micha VII, 14. Deßgleichen Onkelos zu Deuter. XXXII,
12: „Gott wird (den frommen Israeliten) einen besondern
Platz anweisen in der Welt, welche er erneuern wird." Von
den Spätern will ich einige wenige anführen. Targum Jeru=
schalemi zu Deuter. XXXII, 1: „Als das Ende Mosis, des
Propheten, herannahte — sprach er: Ich will gegen dieses
Volk keine Zeugen aufrufen, welche den Tod in dieser Welt
schmecken, sondern solche, die nicht sterben in dieser Welt,
und welche erneuert werden sollen in jener" (nämlich Him=
mel und Erde). Pirke Elieser Kap. 51 zu Anfang: „Rab=
ban Gamaliel sagt: Wie die Neumonde geheiligt sind und
erneuert werden in dieser Welt, so werden auch die Israeli=
ten geheiligt und erneuert in jener Welt gleich Neumonden.
Daher die Bibelstelle (Levitic. XIX, 2): Rede mit der
ganzen Gemeinde der Kinder Israel und sprich
zu ihnen: Ihr sollt heilig seyn, denn ich bin hei=
lig, der Herr, euer Gott. Die Weisen sagen: Himmel
und Erde gehen vorüber und werden erneuert. Denn steht
nicht geschrieben (Esaias XXXIV, 4): Der Himmel wird
zusammengewickelt wie ein Buch? Wie ein Mensch,
der in einem Buche liest, dasselbe zusammenrollt, so wird
auch der hochgelobte Gott den Himmel zusammenrollen. Wei=
ter heißt es (Jes. 51, 6): Die Erde wird veralten
wie ein Kleid. Wie der Mensch seinen Mantel ausbreitet,
und dann wieder zusammenwickelt, so wird der hochgelobte
Gott die Erde zusammenwickeln und erneuern. Daher der

Spruch: **Die Erde wird veralten wie ein Kleid.**
Alle Bewohner der Erde werden die Bitterkeit des Todes
empfinden zwei Tage lang, keine Seele eines Menschen oder
Thieres bleibt auf Erden übrig. — Am dritten Tage aber
wird Gott wieder erneuern, lebendig machen und auferwecken,
nach dem Spruche (Hos. 6, 2): **Er machet uns lebendig nach zwo Tagen, er wird uns am dritten Tage
auferwecken, daß wir vor ihm leben.** R. Elieser sagt:
**Alles Heer des Himmels wird vorübergehen und erneuert
werden.** Denn steht nicht geschrieben (Jes. 34, 4): **Alles
Heer des Himmels wird verwelken, wie ein
Blatt verwelkt am Weinstock, und wie eine
Sprosse am Feigenbaum. Wie geht es dem Weinstock?
wie dem Feigenbaum?** Das Blatt fällt ab, das dürre Holz
steht da, dann keimt er wieder, treibt Augen, blüht und
bringt neue Blätter: so wird auch alles Heer des Himmels
abfallen, wieder keimen, aufflammen, blühen und erneuert
werden. — Dann wird kein Hunger, keine Plage oder Trübsal mehr seyn, nach dem Spruche (Jes. 65, 17): **Denn
siehe, ich will einen neuen Himmel und eine neue
Erde schaffen.''** Wir haben in diesem Ausspruch zugleich
die Bibelstellen gesammelt, aus welchen die Erneuerung des
Himmels und der Erde bewiesen wurde. Bekanntlich kommt
dieselbe Lehre auch im N. Testamente vor, Offenbarung Johannis XXI, 1: καὶ εἶδον οὐρανὸν καινὸν καὶ γῆν καινήν·
ὁ γὰρ πρῶτος οὐρανὸς καὶ ἡ πρώτη γῆ παρῆλθε, καὶ ἡ
θάλασσα οὐκ ἔστιν ἔτι. Und II Pet. III, 10 u. flg.: ἥξει δὲ
ἡμέρα Κυρίε — ἐν ᾗ οἱ οὐρανοὶ ῥοιζηδὸν παρελεύσονται,
στοιχεῖα δὲ καυσούμενα λυθήσονται, καὶ γῆ καὶ τὰ ἐν αὐτῇ
ἔργα κατακαήσεται. Nach diesem Zeugnisse wäre es die Gewalt des Feuers, was die jetzige Welt zerstört; ebenso Che-
tubuth jeruschal. Kap. XII zu Ende und Josephus Alterth.
I, 2. 3: προείρηκεν Ἀδὰμ ἀφανισμὸν τῶν ὅλων ἔσεσθαι,
τὸν μὲν κατ' ἰσχὺν πυρός, τὸν ἕτερον δὲ κατὰ βίαν

καὶ πληϑὺν ὕδατος. Der leztere Theil von Adams Prophe=
zeiung ist durch die Sündfluth bereits erfüllt, der erstere
wird erst am Ende der Zeiten verwirklicht werden.

Nach Erneuerung des Himmels und der Erden erfolgt
die Auferstehung zum Gericht. Leztere wird eingeleitet durch
ungeheure Posaunenstöße, welche über die Gräber hin erschal=
len. Viertes Buch Esdrä VI, 23 und 25: Tuba canet cum
sono, quam cum omnes audierint, expavescent, — et omnis, qui derelictus fuerit ex omnibus istis, quibus *)
praedixi tibi, ipse vivet et videbit salutare meum, et
finem mundi mei. **) Ebenso Berachot bab. S. 15, b:
„Ueber den Spruch (Mischle XXX, 16): Gehinnom, oder
das Grab, die Gebärmutter and die Erde wird
nicht satt, fragt R. Tasi: Was denn die Gebärmutter
und das Grab für Aehnlichkeit hätten? Die Antwort ist:
Wie die Mutter aus= und eingehen läßt, so auch das Grab.
Hieraus läßt sich der Schluß ziehen: Da das Kind stille in
die Mutter hineingeht, aber mit Schreien und Weinen her=
aus, so muß, da man in das Grab mit Weinen und Schreien
geht, das Herauskommen noch viel mehr von Geschrei und
Getöse begleitet seyn" (indem dann die Weltposaune ertönt).
Dieser Gedanke wird hier als Etwas ganz Bekanntes darge=
stellt. Noch gehört hieher Targum Jerusalemi zu Exod.
XX, 18: „Alles Volk sahe die Donner — und die Stimme
der Posaune (welche so ertönte), wie wenn Gott die Todten
auferweckte." Diese Stelle ist darum wichtig, weil sie zeugt,
daß die Weltposaune, die einst über die Gräber erschallen
soll, den Trompetenstößen nachgebildet ist, welche bei Verkün=
digung des Gesetzes vom Sinai herab gehört wurden. Wir
kommen später hierauf zurück. Die Apostel Paulus und
Matthäus gedenken bekanntlich ebenfalls der erweckenden

---

*) Griechische Wortfügung statt der lateinischen quae oder quos.
**) Nach dem Abyssinier bei Lawrence S. 43.

Poſaune, gemäß dem Glauben ihrer Zeit. I Kor. XV, 51 52:
πάντες μὲν οὐ κοιμηθησόμεθα, πάντες δὲ ἀλλαγησόμεθα,
ἐν ἀτόμῳ, ἐν ῥιπῇ ὀφθαλμοῦ, ἐν τῇ ἐσχάτῃ σάλπιγγι (σαλ-
πίσει γὰρ), καὶ οἱ νεκροὶ ἐγερθήσονται ἄφθαρτοι. I Theſſ.
IV, 16: ὁ κύριος ἐν κελεύσματι, ἐν φωνῇ ἀρχαγγέλου καὶ
ἐν σάλπιγγι Θεοῦ καταβήσεται ἀπ᾽ οὐρανοῦ, καὶ οἱ νεκροὶ ἐν
Χριςῷ ἀναςήσονται. Matth. XXIV, 31: ἀποςελεῖ τοὺς
ἀγγέλους αὐτοῦ μετὰ σάλπιγγος φωνῆς μεγάλης, καὶ ἐπισυν-
άξουσι τοὺς ἐκλεκτούς, nur iſt in lezterer Stelle nicht ge=
rade von der Auferſtehung die Rede.

Auf die Stöße der Poſaune, welche die Schläfer im
Staube weckt, ſtehen die Todten auf. Viertes Buch Eſdrä
VII, 32: (Excitabitur, quod nondum vigilat seculum
et morietur corruptum) et terra reddet, quae in ea dormiunt et pulvis, qui in eo silentio habitant, et promptuaria reddent, quae iis commendatae sunt animae. Doch
begegnen wir hier gleich der ſtrittigen Frage, ob alle, oder
nur einige, in das Leben zurückkehren. Joſephus ſagt Alter=
thümer B. XVIII, 1. 3: „Die Phariſäer glauben, daß den See=
len unſterbliche Kraft inwohne, und daß ihnen unter der
Erde Belohnungen oder Strafen zu Theil werden, je nachdem
ſie bei Leibes Leben ſich der Tugend befliſſen, oder dem La=
ſter gefröhnt haben; die Schlechten werden (nach ihrer An=
ſicht) ewig eingeſperrt, die Guten aber leben leicht wieder
auf: καὶ τοῖς μὲν εἱργμὸν ἀΐδιον προςτίθεσθαι, τοῖς δὲ ῥα-
ςώνην τοῦ ἀναβιοῦν. Das heißt doch, die Schlechten bleiben ewig in der Hölle, die Guten kehren am Ende der Zeiten, oder auch noch früher in andere Leiber zurück. Dagegen
ſagt Paulus Apoſtelgeſchichte XXIV, 15: ἐλπίδα ἔχω εἰς
τὸν θεὸν, ἣν καὶ αὐτοὶ οὗτοι προςδέχονται, ἀνάςασιν μέλλειν
ἔσεσθαι νεκρῶν, δικαίων τε καὶ ἀδίκων. Mit dem Aus=
drucke „dieſe“, auf welche der Aopſtel mit den Fingern hin=
weist, ſind die phariſäiſchen Volksälteſten gemeint, die bei
der Verhandlung zugegen waren. Demnach behauptet Paulus,

die große Maſſe der Juden glaube an allgemeine Aufer=
ſtehung, während dieſelbe, nach Joſephus Bericht, auf die
Guten eingeſchränkt worden ſeyn ſoll. Das iſt ein Wider=
ſpruch; doch haben beide Zeugen allem Anſchein nach Recht,
denn auch bei den ſpäteren Phariſäern herrſcht über dieſe
Frage Zwieſpalt, indem einige Lehrer alle Geſtorbenen ohne
Ausnahme, andere nur die Gerechten auferſtehen laſſen. In der
Miſchna Sanhedrin Kap. X, werden mehrere Klaſſen Men=
ſchen aufgeführt, die keinen Theil an der künftigen Welt
haben, nicht vor Gericht geſtellt werden, und alſo auch nicht
auferſtehen. Ebenſo Kethuboth bab. S, 101, b: „R. Elieſer
hat geſagt: Die ungelehrten Laien (Ammehaarez) werden
nicht mehr lebendig, weil geſchrieben ſteht (Eſaias 26, 14):
**Die Todten werden nicht wieder leben, die Ver=
ſtorbenen ſtehen nicht auf.**" In den nächſten Worten
wird der Grund dieſes Unterſchieds zwiſchen Weiſen und Un=
weiſen ſo angegeben: „Einen Jeden, der dem Lichte des Ge=
ſetzes ſich hingibt, macht das Licht des Geſetzes wieder leben=
dig, und einen Jeden, der dem Lichte des Geſetzes nicht ob=
liegt, macht das Licht des Geſetzes nicht lebendig." Taanith
bab. Kap. I und Bereſchit Rabba wird geradezu der Grundſatz
aufgeſtellt: Virtutes pluviarum sunt pro justis atque impiis, sed resurrectio mortuorum pro justis tantum. Auch
der Sohar lehrt bloß theilweiſe Auferſtehung. Zur Geneſ. S.
410: Mortui inter gentiles et idololatras non resurrec-
turi sunt tempore seculi venturi. Dagegen Pirke Afoth
IV, 22: „R. Elieſer ſagt: Die ſo geboren werden, ſind ge=
boren zum Tode, die ſo ſterben, ſind beſtimmt, wieder leben=
dig zu werden. Die ſo leben, ſind beſtimmt, gerichtet zu
werden, zu erfahren und kund zu thun, daß Er, Gott, der
Bildner, der Schöpfer, der Allwiſſende, Richter und Anklä=
ger der Sünde ſey, und dermaleins richten werde in jener
Welt." Dieſer Satz iſt ganz allgemein: wer ſtirbt, ſteht wie=
der auf. Ebenſo Roſch Haſchanah S. 16 b: **Tres classes**

mortuorum sistent se die judicii. Prima est eorum, qui perfecte justi sunt, secunda improborum perfectorum, tertia intermediorum, quorum iniquitates et juste facta paria sunt. Perfecte justi illico scribentur et obsignabuntur ad vitam aeternam, perfecte impii illico scribentur et obsignabuntur ad gehennam, sicut scriptum exstat (Dan. XII, 2): *Et multi ex dormientibus in terrae pulvere evigilabunt, alii ad vitam aeternam, alii ad opprobrium.* Ebenso Pirke Elieser Kap. 34 zu Anfang: „Der Spruch (Jef. 26, 14): Die Todten werden nicht leben, bezieht sich auf die Heiden, welche wie das Aas des Viehes sind. Dieselben werden zwar zum Tage des Gerichts auferstehen, aber nicht lebend bleiben" (sondern sogleich wieder vernichtet werden). Ebendaselbst zu Ende: „Die Worte (Esaias 26, 19): Deine Todten werden leben, gehen auf die Jsraeliten, welche im Vertrauen auf den göttlichen Namen auferstehen; die folgende Worte: Meine Leichname werden leben, sind von den Abgöttischen gesagt, welche dem Aas des Viehes gleichen, und zwar zum Tag des Gerichts auferstehen, aber nicht lebendig bleiben." Auch das vierte Buch Esbrä muß als Zeuge für die Allgemeinheit der Auferstehung betrachtet werden. Nach den früher angeführten Worten heißt es Kap. VII, 33:*) Et revelabitur Altissimus super sedem judicii — veritas ejus stabit, fides ejus germinabit, opus ejus subsequetur et merces ostendetur, justitia vigilabit et injustitia porro non dominabitur. Tunc justi et impii ac peccatores proferent in lucem, quae occultaverunt. **) Puteus judicii patebit ante locum consolationis et apparebit fornax inferni ante paradisum gaudii; tunc Altissimus dicet populo resuscitatorum: Ecce videte et intelligite, quis sit, quem negastis et cui non serviistis et cujus mandata contempsistis.

---

*) Bei dem Abyssinier Kap. V, 34.

**) Diesen Vers nach dem Araber, der Abyssinier läßt ihn weg.

Ecce videte coram vobis ab alio latere gaudium
et consolationem, et ex alio latere judicium et ignem.
Haec ad eos dicturus est in die judicii. Dem hier be=
ſchriebenen Weltgerichte geht die Auferſtehung voran; nun
ſind es Uebelthäter, die Gott ſo anredet, alſo ſtehen nicht
nur die Frommen, ſondern auch die Sünder zum Gericht
auf. Demnach kehrt derſelbe Zwieſpalt, welchen wir bei den
Zeitgenoſſen Jeſu, nach dem Zeugniß des Apoſtels Paulus
und des jüdiſchen Geſchichtſchreibers finden, auch bei den Spä=
teren wieder. Diejenigen, welche die Böſen nicht auferſtehen
laſſen, verſetzen eigentlich das Gericht ſchon in dieſe Welt,
oder in die nächſte Zeit nach dem Tode. Nach ihrer Anſicht
kommt der Sünder ſogleich in die Hölle, er iſt alſo ſchon
gerichtet, und es iſt darum nicht mehr nöthig, daß derſelbe
auferſtehe. Zeugniſſe für dieſe Meinung ſind oben angeführt
worden. *) Einige nahmen auch an, daß gewiſſe Sünder
den ewigen Seelen=Schlaf ſchlafen; dieſe ſind dann ebenfalls
ſchon gerichtet, und bedürfen des Weltgerichts nicht mehr.
So Berachot Jeruſchal. S. 35, a: „R. Acha fragt über Ko=
heleth IX, 4: Ob denn die, welche ihre Hand an den Tempel
gelegt, Hoffnung hätten (daß ſie nicht in die Hölle kommen,
wenn ſie Buße thun)? Annehmen könne man ſie nicht, weil
ſie ihre Hand wider den Tempel des Herrn ausgeſtreckt; ver=
ſtoßen auch nicht, weil ſie Buße gethan. Darum gilt von
ihnen der Spruch (Jerem. 51, 57): Sie ſollen einen
ewigen Schlaf ſchlafen und nicht mehr aufwachen.
Die Rabbinen von Cäſarea führten dieſen Spruch an, um zu
beweiſen, daß die Kinder der Heiden und die Heere Nebu=
kadnezars nicht wieder lebendig und alſo auch nicht gerichtet
würden!“ Zur Zeit Jeſu Chriſti hielten dagegen bei weitem
die Meiſten an der Lehre eines allgemeinen Gerichts in jener
Welt feſt, wie man daraus abnehmen kann, daß die angeſe=
henſten Quellen (namentlich Onkelos und Jonathan) vom

---

*) Im Kapitel vom Menſchen.

zweiten Tode (der Gottlosen) reden. Dieß sezt aber den Glauben an die Auferstehung Aller voraus, folglich spricht nicht Josephus, sondern der Apostel (Apostelgeschichte XXIV, 15) im Sinne der Mehrheit.

Gleicher Zwiespalt herrscht über die Frage, wer die Tod=ten auferwecken solle, ob Gott, ob der Messias, ob Elias? Die Entscheidung hängt von der Art und Weise ab, in wel=cher man sich die Erneuerung der Welt dachte. Diejenigen, welche glaubten, daß am Ende der Zeiten Himmel und Erde in ungeheurer Glut zusammenbrenne, konnten nichts Lebendes mehr in die neue Welt hinübergehen lassen; folglich mußte der Messias mit seinen Unterthanen sterben, wie denn das vierte Buch Esdrä dieß ausdrücklich behauptet. Dann konnte aber auch der Messias die Todten nicht auferwecken, weil er selbst erst aus dem Grabe auferstehen mußte. Anders ver=hielt es sich mit den Christen, nicht weil sie einer eigenthüm=lichen Vorstellung folgten, sondern wegen der Geschichte ihres Erlösers. Dieser war von der Erde verschwunden, man er=wartete seine Rückkunft erst mit dem Anbruche jener Welt. Während des großen Brandes der Erde glaubte man, befinde er sich bei Gott und habe nichts davon zu leiden, also konnte man ihm auch das Geschäft der Todtenerweckung übertragen. Die meisten Juden dagegen behaupteten, daß Gott selbst es sey, der die Schläfer des Staubes erwecke. Targum Jonathan zu Jes. 26, 19: „Du bist es (Jehova), der die Todten wieder lebendig macht, der die Gebeine ihrer Leichname wieder erweckt. Alle, die im Staube wohnen, werden wieder aufleben und dich preisen; denn der Thau des Lichts, dein Thau kommt Denen zu Gut, welche das Gesetz erfüllten, aber die Sünder, welchen du Macht gabst (Gutes zu thun), und die dennoch dein Wort übertraten, wirst du in die Hölle verstoßen." Mittelst des göttlichen Lichtthaues soll nämlich, wie wir gleich sehen werden, die Auferweckung erfolgen. Ich bemerke nur noch, daß hier ebenfalls allgemeine

Auferstehung gelehrt wird. Tosaphta Berachot Kap. 4, 7:
„Wer über ein Grab geht, soll also beten: Gelobt sey (der
Herr), der die Zahl von euch allen kennt, gelobt sey, der
Alles weiß, der selbst richten, der selbst die Todten aufer-
wecken wird, ja, der die Todten ins Leben ruft durch sein
Wort.“ Sanhedrin bab. S. 113, a: „Drei Schlüssel sind
keinem Gesandten übergeben (sondern Gott vorbehalten):
Der Schlüssel des Lebens, des Regens, der Auferstehung.“
Dagegen heißt es Mischna Sotah zu Ende: „Die Auferste-
hung der Todten geschieht durch den Propheten Elias.“ Ohne
Zweifel nahm man an, daß dieser sich während des Welt-
brandes bei Gott verborgen habe, und erst nach Gründung
der neuen Erde wieder zum Vorschein komme, wo er dann
auch die Todtenerweckung besorge. Hieraus ist zu ersehen,
daß die Juden dieses Geschäft nicht aus dem Grunde Gott
vorbehielten, weil es etwa zu hoch sey für ein erschaffenes
Wesen. Im Traktat Pesachin S. 68, a heißt es sogar: „R.
Samuel, der Sohn Nachman, sagt im Namen Jonathans:
Die Gerechten werden inskünftig Tode auferwecken, weil geschrieben stehe (Zachar. VIII, 4): Es sollen noch fürder
in den Straßen zu Jerusalem alte Männer und
Weiber wohnen, die vor hohem Alter am Stabe
gehen. Weiter heiße es nun (2 Könige IV, 29): Elisa
sprach zu Gehasi: Gürte deine Lenden und nimm
meinen Stab in deine Hand und gehe hin und
lege meinen Stab auf des Knaben Antlitz. Wie
nämlich Gehasi mit Elisa's Stab den Knaben erwecket, so
werden auch jene alten Männer Verstorbene mit ihren Stä-
ben ins Leben rufen.“ Das ist ein bündiger Schluß! Wenn
also Elias, wenn sonst einzelne Gerechte die Todten ins Leben rufen werden, warum nicht auch der Messias? Wirklich
lehren Dieß Einige. Midrasch Mischle S. 67, c: „Warum
heißt der Messias Jinnon (nach Ps. 72, 17)? Dieweil er
die Schläfer des Staubes auferwecken wird.“ Ebenso Pirke

Eliefer Kap. 32. Maimonides sagt daher mit gutem Fug in seinem Kommentar über Mischna Sanhedrin Kap. XI:[*]) „Einige Juden lehren, der Messias werde kommen und die Todten auferwecken." Diejenigen, welche der leztern Meinung beipflichten, nahmen entweder an, daß der Messias erst mit der Auferstehung komme, und daß also sein Reich jener Welt angehöre, oder sezten sie voraus, daß vor dem Gericht und der Auferstehung nicht alle Lebenden untergehen; denn über diese Frage herrschte Streit unter den Rabbinen, nach dem Zeugnisse Abarbanels in dem Buche Nachalath Afoth S. 141: Scias, nihil certi hac de re reperiri in scriptura, aut definiri in majorum traditionibus, sed in varias hic abire sententias sapientum conjecturas; dum alii putent, omnes homines morituros, ut in resuscitatione aequentur prioribus, qui mortui revixerunt; alii eos, quorum tempore futura sit resurrectio, aut qui tum nascentur, non morituros, sed in mundum retributionis a Deo perductum iri, sicut eo perducendi sint mortui resuscitati, quo pertineat illud dictum (Es. 25, 8): *Absorbuit mortem in aeternum.*

Der Auferstehungs-Leib wird seinen Grundbestandtheilen nach nicht verschieden seyn von dem jetzigen, aber veredelt werden. Sein Keim ist ein gewisses Rückenbein, Lus (לוז) genannt. Vajikra Rabba Abschnitt 18, Bereschit Rabba Abschnitt 28, Jalkut Schimeoni über Koheleth XII heißt es: „Der Kaiser Hadrian fragte den R. Josua, Chanina's Sohn: Aus welchem Theile wird Gott den Menschen wieder aufrichten in jener Welt? Der Rabbine antwortete: Aus dem Beine Lus, das im Rückgrate ist. Der Kaiser erwiderte: Wie kann man das wissen? Sogleich ward ein solches Bein hergebracht, man legte es ins Wasser, es ward nicht erweicht, man warf es ins Feuer, es verbrannte nicht; man brachte es in eine Mühle, es ward nicht zermalmt, man legte

---

*) Surenhusius III, S. 260.

es auf den Ambos und schlug es mit dem Hammer; aber
der Ambos zerbarst und das Bein litt keinen Schaden."
Auch der Sohar pflichtet dieser Ansicht bei, zur Genes. S.
206: Ecce os quoddam, quod incorruptum remanet in
homine etiam sub terra, illud, inquam, os factum est sicut massa fermenti: et per illud reaedificabit et restau-
rabit Deus S. B. omne corpus. Origenes spielt in einem
Bruchstücke bei Hieronymus auf dieselbe Meinung an, *)
wenn er sagt: Singulis seminibus est ratio quaedam a
Deo artificiose insita, quae futuras materias in medullae
principiis tenet. Et quomodo tanta arboris magnitudo,
truncus, rami, poma, folia non videntur in semine, sunt
tamen in ratione seminis, quam Graeci σπερματισμὸν vocant, et in grano frumenti est intrensecus vel medulla
vel venula, quae quum in terra fuerit dissoluta, trahit
ad se vicinas materias, et in stipulam, folia aristasque
consurgit, aliudque moritur, aliud resurgit —: sic et in
ratione humanorum corporum manent quaedam surgendi
antiqua principia et quasi ἐντεριώνη, i. e. seminarium
mortuorum sinu terrae confovetur. Quum autem judicii
dies advenerit, et in voce archangeli et in novissima
tuba tremuerit terra, movebuntur statim semina et in
puncto horae mortuos germinabunt. Ich stehe daher nicht
an, das Wesentliche dieses Glaubens bis in die Tage Jesu
zurückzuversetzen, besonders weil auch der Apostel Paulus I
Kor. XV, 37 und flg. in einem ähnlichen Sinne spricht.
Es ist nun ganz folgerichtig, wenn die Rabbinen weiter lehren, daß die Todten mit ihren Schäden aufstehen sollen.
Denn das Bein Lus muß auch den Keim dieser Mängel in
sich tragen. Sanhedrin S. 91, b: „Simeon, der Sohn Lakisch, stellt die beiden Sprüche zusammen (Jerem. 31, 8):
Siehe, ich (der Herr) will sie sammeln, Lahme,
Blinde, Schwangere und Kindbetterinnen; und

*) Opp. 1, 36, b.

Jes. 35, 6: **Alsdann werden die Lahmen springen wie ein Hirsch und des Stummen Zunge wird lobsingen. Denn es werden Wasserbäche in der Wüste fließen und Ströme in den Gefilden.** Wie kann Beides wahr seyn? Antwort: Sie werden auferstehen mit ihren Krankheiten, aber dann geheilt werden!" Eine weitere Veredlung kommt noch hinzu, wovon später. Die Todten stehen ferner mit ihren Kleidern auf. Sanhedrin bab. S. 90, b zu unterst: „Die Königin Kleopatra frug den R. Meir, und sprach: Ich weiß, daß die Todten wieder aufleben, denn es heißt ja (Pf. 72, 16): **Sie werden grünen in den Städten, wie Gras auf Erden.** Aber wann die Auferstehung kommt, werden sie dann nackt oder bekleidet erstehen? Der Rabbi antwortete: Ich will es dir zeigen durch einen Schluß vom Geringeren auf das Größere. Wenn das Waizenkorn, das nackt begraben wird, mit vielen Kleidern aus der Erde hervorgeht, wie sollen dann die Gerechten, die mit ihren Kleidern begraben wurden, nicht viel herrlicher bekleidet aus dem Grabe hervorgehen?" Ebenso Pirke Elieser Kap. 33 Mitte: R. Elieser ait: Omnes mortui stabunt in resurrectione mortuorum et surgent cum vestimentis suis. Unde hoc discis? Ex semine terrae, multo magis ex tritico. Quid triticum? Sepelitur nudum, egreditur cum aliquot folliculis; ita et justi, qui sepulti sunt cum suis vestimentis, pro uno aliquot recipient. In beiden Stellen wird dasselbe Bild gebraucht, wie I Korinther 15, 37 und flg. Diese Vorstellung möchte daher wohl sehr alt seyn, da das Waizenkorn von selbst auf den Gedanken der Kleider führt. Von dem Auferstehungsthau noch einige Worte. Chagigah bab. S. 12, b: „In dem Firmament Araboth — wird aufbewahrt der Thau, durch welchen der hochgelobte Gott die Todten auferwecken wird, — wie geschrieben stehet (Pf. 68, 10): **Du, o Gott, gibst einen milden Regen deinem Erbe, und die Dürren**

erquickeſt du. Etwas anders Pirke Elieſer Kap. 34 zu
Ende: „Von welchem Orte kommt der Thau der Auferſte=
hung? Vom Haupte des hochgelobten Gottes, der Inskünftig
ſein Haupt ſchütteln, den Thau der Auferſtehung herunter
fallen laſſen und die Todten auferwecken wird, wie geſchrie=
ben ſtehet (hohes Lied 5, 2): Ich ſchlafe, aber mein
Herz wachet — mein Haupt iſt voll Thaues. Die
Stelle aus dem Targum zu Jeſajas, welche zugleich das Alter
dieſer Meinung beweist, und auch über ihre Entſtehung Auf=
ſchluß gibt, wurde bereits angeführt. *)

Nach der Auferſtehung beginnt das große Weltgericht,
der von den Propheten verkündigte fürchterliche Tag des
Herrn. Alles ſteht zitternd da, wie ein Blitz flammt die
Rache über die Uebelthäter. Onkelos zu Deuter. XXXII, 41:
„Mit doppelter Gewalt eines Blitzes von einem Ende des
Himmels zum andern wird mein Schwert erſcheinen (ſpricht
der Herr), meine Hand wird das Gericht vollſtrecken, Rache
werde ich nehmen an meinen Feinden und meinen Haſſern
vergelten.“ Rechenſchaft muß Jeder geben von ſeinen Sün=
den. So wörtlich Targum Jeruſchal. zu Num. XV, 31.
Die Ausgleichung zwiſchen Lohn und Verdienſt, Uebertretung
und Strafe findet dann ſtatt. Siphri zu Deuter. XXXII,
4: „Vollkommen iſt vor Gott der Lohn des Gerechten und
die Strafe des Gottloſen ſchiebt er auf, aber jener und dieſer
empfängt nicht Alles vollkommen in dieſer Welt. Denn es
ſtehet geſchrieben (Deuter. XXXII, 34): Iſt ſolches nicht
bei mir verborgen und verſiegelt in meinen Schä=
tzen? Wann empfangen nun beide den Lohn? Wann der
Herr zu Gericht ſizt! darum heißt es: Denn alle ſeine
Wege ſind Gerichte (Deuter. 32, 4), weil er zu Gericht
ſizt mit jedem Einzelnen, um ihm zu geben, was ihm ge=
bührt; weiter heißt es: Gott iſt treu. Wie er dem

---

*) Seite 280.
**) D. h. Strafe und Belohnung.

Gerechten für jedes Gebot, das er in dieser Welt erfüllt, vollkommenen Lohn gibt in jener Welt, so wird er auch dem Gottlosen vollkommenen Lohn geben für jedes leichte Gebot, das derselbe erfüllt hat in dieser Welt; wie er den Gottlosen in der künftigen Welt für die Sünde straft, die er begangen in dieser Welt, so wird er auch den Gerechten vollkommen strafen wegen jeder Uebertretung, die er hier auf sich geladen." Keine That bleibt verborgen, denn Gott ist allwissend, und überdieß dann werden die himmlischen Bücher geöffnet, in welche jedes Menschen Thaten eingetragen sind. Hierüber vergleiche man die oben angeführten Stellen. *)

Unerbittlich strenge ergeht das Gericht besonders über die Heiden. Sie werden dafür bestraft, daß sie den wahren Gott nicht verehrt. Pesichta Rabbathi S. 61, d über den Spruch (Zachar. II, 10): Frohlocke und sey fröhlich du Tochter Zion. „R. Chanania sagt: Die Schrift redet hier von derjenigen Zeit, wo der heil. hochgelobte Gott einst alle Völker der Welt richten wird. Dann wird Gott alle Proselyten, die den (jüdischen) Glauben angenommen haben, herrufen, und vor ihnen die übrigen Völker richten. Warum, wird er zu diesen sprechen, habt ihr mich nicht geehrt und den Abgöttern gedient, welche Nichts sind? Da werden die Völker der Welt antworten: Herr der Welt! wenn wir auch vor deine Thüre gekommen wären, so hättest du uns nicht angenommen. Er aber antwortet: Die Proselyten hier sollen wider euch Zeugniß ablegen. Sofort werden diese zu den Völkern sprechen: Warum habt ihr den wahren Gott nicht verehrt, und dagegen Götzen gedient, an denen Nichts ist? und zu dem Herrn werden sie sagen: O du Herr der Welt! ist Jethro nicht ein Priester der Abgötterei gewesen? Nachdem er aber zur Thüre des wahren Gottes gekommen, hast du ihn angenommen! Haben nicht auch wir der Abgötterei gedient, und als wir vor die Thüre des h. hochgelobten Gottes

---

*) Seite 122 u. flg.

gekommen sind, haſt du uns angenommen! Hierauf verſtummen die Gottloſen über die Antwort der Proſelyten, und das Gericht ergehet über ſie" u. ſ. w. Noch ſtrenger büßen diejenigen Völker, welche das Haus Iſrael bedrückt haben. Avoda Sara S. 2, a unten und flg.: „In der künftigen Welt wird der hochge=lobte Gott das Geſetzbuch in ſeinen Buſen nehmen und von dem Throne des Gerichts herabrufen: Wer dieſes Geſetz er=füllt hat, der komme her und empfange ſeinen Lohn. So=gleich werden alle Völker bunt durch einander herbeiſtrömen. Aber Gott befiehlt ihnen einzeln und in Ordnung heranzukommen. Zuerſt tritt nun das römiſche Reich auf. Der Herr fragt ſie: Was habt ihr in der Welt gethan? Sie antworten: Herr der Welt! wir haben viele Marktplätze eingerichtet, Bäder gebaut, Gold und Silber geſammelt, und zwar Alles zu Gunſten der Kinder Iſrael, damit ſie ungeſtört mit dem Ge=ſetze ſich beſchäftigen könnten. Aber der Herr antwortet ihnen: O ihr Elenden, was ihr gethan habt, das habt ihr für euch gethan; ihr habt Marktplätze eingerichtet, um lieder=liche Weiber darin zu halten, ihr habt Bäder gebaut eurer Wolluſt wegen; was das Gold und Silber betrifft, ſo ge=hört daſſelbe mein, wie geſchrieben ſtehet (Hagg. II, 9): Mein iſt Silber und Gold, ſpricht der Herr der Heerſchaaren.*) Iſt einer unter euch, der dieſes (das Ge=ſetz) erfüllt hat? Sogleich gehen die Römer fort mit Heu=len und Klagen. Nach ihnen kommt das perſiſche Reich. Gott ſpricht abermal: Was habt ihr gethan in der Welt? Sie antworten: Herr der Welt! wir haben viele Brücken gebaut, viele Städte unterjocht, viele Kriege geführt und zwar Alles um der Kinder Iſrael willen, damit ſie un=geſtört ſich mit dem Geſetze beſchäftigen könnten. Aber der

---

*) Spricht hier nicht Gott ganz wie ein Jude! Oftmals iſt mir über vorliegender Arbeit der Witz Lichtenbergs eingefallen: die Lesart (Geneſ. I, 27): Gott ſchuf den Menſchen nach ſeinem Bilde, ſeye falſch; es ſollte umgekehrt heißen: Der Menſch ſchuf Gott nach ſeinem Bilde.

Herr erwidert: Was ihr gethan habt, das habt ihr für euch gethan; ihr habt Brücken erbaut, um Zoll zu erheben, ihr habt Städte unterjocht, um ihnen Schatzungen aufzuladen; die Kriege habe ich selbst geführt, wie geschrieben steht (Exod. XV, 3): Der Herr ist ein Kriegsmann. Ist einer unter euch, der dieses (das Gesetz emporstreckend) erfüllt hat? Alsbald werden auch die Perser abgehen mit Heulen und Klagen. Warum sind aber die Perser noch vor den Thron Gottes getreten, da sie doch sahen, daß die Römer Nichts ausrichteten? Antwort: Sie dachten, jene haben den Tempel Gottes zerstört, von uns dagegen ward derselbe aufgebaut" (in Cyrus Tagen — also wird es uns besser ergehen). Uebrigens kommen alle anderen Nationen in gleiche Verdammniß wie die Perser und Römer. So der Talmud. Man sieht hieraus, daß die Völker der Welt nach dem Gesetz Mosis gerichtet werden sollen; denn dasselbe ist Jedem verkündigt, Jedem angeboten, aber nur von den Israeliten angenommen worden. Ich werde dieß unten an seinem Orte beweisen. Es ist kaum nöthig, zu bemerken, daß aus den angeführten Stellen ganz der alte jüdische Geist weht, beide erinnern sogar sehr stark an Matth. 25, 32 und flg. Daher ist es wohl nicht zu bezweifeln, daß die Zeitgenossen Jesu sich die Sache auf dieselbe oder ähnliche Weise vorgestellt haben. Das vierte Buch Esdrä enthält die Behauptung, daß das Weltgericht eine Jahrwoche dauern werde: Numerus horum omnium est hebdomas annorum, so der Araber.*) Der Abyssinier hat (Kap. VIII, 16): Et spatium ejus diei erit, ut septingentorum annorum. Nach Henoch dauert das Gericht hundert Jahre, weil es mit dem siebten Tage der zehnten Woche beginnen soll.

Auf das Gericht folgt sogleich die Bestrafung der Gottlosen. Gog und Magog, die Anstifter so vieler Frevel

*) Fabricius II, 236 oben.

werden in den feurigen Pfuhl, alle Gottlosen in die Hölle
verstoßen, deren Feuer nicht erlischt, um dort ewig ge=
peinigt zu werden. Targum Jonathan zu Jes. 33, 14:
„Die Gottlosen werden gerichtet und in die Hölle verstoßen
zu ewigem Brande." Ebenderselbe zu Kap. 65, 5: „Ihre
Bestrafung findet statt in der Hölle, deren Feuer an jedem
Tage brennt." Weil ihre Leiber nach der Auferstehung auf
diese Weise zum Zweitenmale vernichtet werden, heißt es, sie
leiden den zweiten Tod. So im 6ten Vers des eben angeführ=
ten Kapitels: „Siehe, es ist geschrieben vor mir: Nicht will
ich ihnen Frist geben weiter zu leben, sondern ich werde
Rache an ihnen nehmen für ihre Sünden, und ihre Leiber
dem zweiten Tode unterwerfen." Ebenso V. 15: „Der Herr
wird sie schlagen mit dem zweiten Tode." Targum zu Ezechiel
51, 39: „Sie (die Uebelthäter) sollen sterben den zweiten
Tod, und nicht leben in der künftigen Welt." Auch Onkelos
spricht vom zweiten Tode, zu Deuter. XXXIII, 6: „Es
lebe Ruben das ewige Leben, und er sterbe nicht den zweiten
Tod." *) Der Targum Jeruschal. deutet ebenfalls in diese
Worte den zweiten Tod hinein. Daß derselbe in der Offen=
barung Johannis (Kap. XX, 6 und 14) wiederkehre, ist be=
kannt. Es ist nun an sich klar, daß die, welche einen zwei=
ten Tod annahmen, die Auferstehung der Gottlosen geglaubt
haben müssen, weil eben leztere es sind, die den zweiten Tod
erdulden; und somit haben wir hier den oben angedeuteten
Beweis, daß zu Jesu Zeit bei Weitem die Meisten Allgemein=
heit der Auferstehung behauptet haben.

Wie die Gottlosen ewige Strafe in der Hölle trifft, so
erfreuen sich die Gerechten eines ewigen Lebens voll Wonne.
Onkelos zu Levit. XVIII, 6: „Wer die Gebote Gottes

---

*) Aus eben dieser Stelle des Gesetzes rechtfertigten die Rabbi=
nen ihre Lehre vom zweiten Tode, weil es im Urterte heißt:
Es lebe Ruben und sterbe nicht. Man wollte dem Gesetz keine
nichtssagende Wiederholung aufbürden.

erfüllt, der lebt das ewige Leben." Ebenso Targum Jona=
than zu Ezechiel XX, 11 und 13. Ihre Angesichter leuchten
dann wie die Sonne; dieß ist die oben berührte Veredlung,
welche ihren auferstandenen Leibern zu Theil wird. Jonathan
zu II Samuel XXXIII, 4: „Heil euch, ihr Gerechten! ihr
habt gute Werke gethan, darum sollt ihr leuchten (in jener
Welt) wie der Glanz der göttlichen Glorie, wie der Schein
der Morgenröthe in der Frühe und wie die Sonne." Tar=
gum Jeruschal. zu Exod. 40, 4: „Die sieben Planeten glei=
chen den Frommen, die da ewig leuchten wegen ihrer Ge=
rechtigkeit." Sanhedrin bab. S. 100. a: „R. Juda, Sohn
des Simeon, sagt: Wer sein Gesicht schwarz macht, wegen
des Gesetzes in dieser Welt, dessen Angesicht läßt Gott leuch=
ten in jener Welt, wie geschrieben steht (Hohes Lied 5, 15):
Seine Gestalt ist wie Libanon, auserwählt wie
Cedern u. s. w." Mit Kronen auf den Häuptern sitzen
sie da, und schauen die göttliche Schechina; darin besteht ein
Haupttheil ihrer Wonne. So die schon angeführte Stelle
Berachot bab. S. 17, a: „Raf pflegte zu sagen: Jenes Le=
ben wird nicht seyn wie dieses. In dem zukünftigen Leben
wird kein Essen, Trinken, Kinderzeugen, Handel und Wan=
del, noch Neid, Haß, Streit seyn, sondern die Gerechten sitzen
da mit Kronen auf ihren Häuptern, und sie werden des
Leuchtens der Schechina genießen." Die Lichtstrahlen, welche
um ihre Angesichter spielen, sind selbst ein Abglanz der gött=
lichen Glorie. Denn dann scheint, nach der Prophezeiung Je=
sajas 60, 19, keine Sonne noch Mond mehr, sondern das
Licht des Herrn erhellet Alles. Das vierte Buch Esdrä
spielt darauf an, Kap. 6, 4 und flg.: *) Tum nec sol erit
nec luna, nec stellae, nec nubes, nec fulgor, nec toni-
tru, nec ventus, nec aqua, nec aether, nec tenebrae, nec
dies, nec nox, nec hiems, nec aestas, nec messis — ete.:

---

*) Bei dem Abyssinier; der lateinische Text hat diesen Abschnitt
nicht, wohl aber der Araber. Fabricius II, 235.

sed solummodo fulgor gloriae Domini, ut in eo omnia
videant illi, qui eum exspectaverunt. Bekanntlich bildet
die Offenbarung Johannis Kap. XXI, 23 den Spruch des
Jesajas auf ähnliche Weise nach. Die Wonne der Gerechten wäre
jedoch nicht vollkommen, wenn der Reiz zur Sünde fortdauerte.
Darum wird gelehrt, Gott werde dann den bösen Trieb ver=
nichten. Midrasch Tanchuma S. 64, c: „Die Israeliten
sprechen zu Gott: Herr der Welt! du kennst die Stärke des
bösen Triebes und seine Macht. Der Hochgelobte antwortet
ihnen: Räumet ihn allmälig weg in dieser Welt, dann will
ich ihn entfernen in der künftigen, wie geschrieben stehet (Jes.
62, 10): Machet Bahn, machet Bahn, räumet die
Steine weg, und weiter (Jes. 57, 14): Machet Bahn,
machet Bahn, räumet den Weg, hebet die An=
stöße aus dem Wege meines Volks. In der künfti=
gen Welt werde ich ihn mit der Wurzel ausreißen aus mei=
nem Volke, nach dem Spruche (Ezech. XI, 19): Ich will
das steinerne Herz wegnehmen aus eurem Leibe
und euch ein fleischern Herz geben." Derselbe Mi=
drasch S. 79, d: „Gott spricht zu den Israeliten: In dieser
Welt habt ihr zwar Etwas gelernt, aber wegen des bösen
Triebs wieder vergessen; dagegen in der künftigen Welt will
ich den bösen Trieb mit der Wurzel ausreißen, daß ihr
Nichts mehr vergesset nach dem Spruche Ezech. XI, 19. Je=
doch nicht dieß allein, sondern ihr sollet nicht einmal eines
Lehrers bedürfen, wie geschrieben steht (Jerem. XXXI, 34):
Keiner wird den Andern, noch ein Bruder seinen
Bruder lehren und sprechen, erkenne den Herrn,
sondern sie sollen mich Alle erkennen." Pirke R.
Elieser Kap. 29: In futuro seculo auferet Deus ab Israëlitis praeputium cordis (figmentum malum) neque obfir-
mabunt amplius cervicem suam adversus creatorem suum,
juxta id, quod scriptum exstat (Ezech. XI, 19): *Tollam
cor lapideum e carne vestra, et reddam vobis cor carneum.*

Dieselbe Lehre findet sich auch im vierten Buche Esdrä (VI, 26 nach dem Lateiner, Lawrence IV, 29): Omnis qui derelictus fuerit — videbit salutare meum et finem mundi mei — et mutabitur cor inhabitantium in mundo et dabitur iis cor aliud. Delebitur enim malum et exstinguetur dolus, florebit autem fides, et vincetur corruptela, *) et ostendetur veritas, quae sine fructu fuit his diebus (id est in hoc mundo). Verglichen mag noch werden Kap. VIII, 62 : **) Vobis apertus est paradisus et plantata arbor vitae, et praeparatus est mundus, qui venturus est, et decretum aedificatumque est gaudium, et data est requies, et restitit bonitas et excerpta est radix sapientiae. Signata autem est infirmitas et exstincta mors. Et absconditus est infernus, periit corruptio, ex memoria deletus est dolor, et ostensus est thesaurus vitae. Auch das Buch Henoch spricht in gleichem Sinne, Kap. 92, 17: (nach dem Gerichte) „sollen noch viele Wochen kommen, die Alle ewig dauern werden in Heiligkeit und Gerechtigkeit. Nimmer soll dann Sünde genannt werden für und für.“ So leben denn die Gerechten ewig, ohne Fehl und Reiz zum Bösen, Gott anschauend und Hosianna singend.

d) Danielisches Vorbild.

Dan. VIII, 13 heißt es: Ich schauete in dem Gesichte des Nachts, und siehe es kam Einer in des Himmels Wolken, wie eines Menschen Sohn, bis zu dem Alten und ward vor denselben gebracht. Der gab ihm Gewalt, Ehre und Reich, daß ihm alle Völker, Menschen und Zungen dienen sollten.

---

*) So der Lateiner, die abyssinische Ausgabe hat vincetur victoria, womit wohl der Tod gemeint ist, sonst der Besieger von Allen.
**) Nach dem Abyssinier.

Seine Gewalt ist ewig und vergehet nicht, sein
Königreich hat kein Ende. Das ist eine himmlische
Gestalt, nicht erschaffen, wie die Menschen, nicht vergänglich,
wie sie, sondern ewiger Art, wohl höher als die Engel, weil
diesen die Weltherrschaft nicht zusteht. Den Messias hat
der Verfasser des Buches selbst darunter verstanden, und nicht
anders die jüdischen Lehrer von jeher. Der falsche Henoch,
welcher, wie ich schon öfters zu bemerken Gelegenheit hatte,
den Spuren Daniels folgt, nennt den Messias vorzugsweise
Menschensohn, Kap. 46, 1 u. flg. Henoch spricht: „Da sahe
ich den Alten der Tage, dessen Haupt weiß war wie Wolle,
und mit ihm einen Andern, der einem Menschen glich. Sein
Ansehen war voll Huld, gleich einem der heiligen Engel.
Alsdann fragte ich meinen Führer, der mir jedes Geheimniß
in Betreff des Menschensohnes offenbarte: Wer derselbe
und woher er sey und warum er den Alten der Tage be=
gleite? der Engel antwortete und sprach: Dieß ist der Men=
schen = Sohn, dem Gerechtigkeit zukommt und bei dem sie
gewohnt hat, und welcher enthüllen wird alle Schätze Dessen,
was verborgen ist; denn der Herr der Geister hat ihn erko=
ren, und sein Loos überstrahlt das Loos Aller vor dem Herrn
der Geister in ewiger Reinheit. Dieser Menschen = Sohn,
welchen du siehest, soll aufjagen die Könige und Gewaltigen
von ihren Lagern, und die Mächtigen von ihren Thronen,
er wird lösen die Zäume der Starken *) und in Stücke brechen
die Zähne der Sünder. Er wird Könige von ihren Thronen
und Herrschaften stoßen, weil sie nicht huldigen und lob=
preisen und sich beugen vor Dem, der ihnen ihre Reiche ver=
liehen hat. Die Mächtigen wird er zu Boden schlagen und
Verwirrung über sie bringen. Finsterniß soll ihre Wohnung,
Würmer ihr Bette seyn, und doch sollen sie keine Hoffnung

---

*) Das heißt wohl, er wird die Zäume lösen, welche die Heiden
den Kindern Israel angelegt haben, oder unverblümt gesprochen:
er wird der Unterdrückung ein Ende machen.

haben, von diesem ihrem Bette je wieder aufzustehen, weil sie den Namen des Herrn der Geister nicht gepriesen haben, u. s. w." Den Ausdruck Menschensohn braucht Pseudohenoch außer unserer Stelle Kap. 48, 2. Kap. 61, 10. 13. 17. Kap. 62, 15. Kap. 68, 38 — 41. Kap. 69, 1. Das gleichbedeutende Wort „Weibes Sohn" wechselt mit ersterem ab 61, 9. Sonst nennt er ihn auch den Auserwählten 45, 3. 4. Kap. 48, b, 2. 4. Kap. 50, 3. 5. Kap. 51, 5. 10. Kap. 54, 5. Kap. 40, 5. Kap. 60, 7. 10. 13. Kap. 61, 1. Ferner den Messias, Kap. 48, 11. Kap. 51, 4. Endlich den Sohn Gottes Kap. 104, b, 2. Ein Wesen, von dem man auf solche Weise spricht, muß göttlicher Art seyn. Wirklich macht Henoch eine vorweltliche Natur aus ihm, Kap. 48, 2 u. flg. „In dieser Stunde ward angerufen des Menschen Sohn bei dem Herrn der Geister und sein Name vor dem Alten der Tage. Ehe die Sonne geschaffen ward und die Zeichen (des Himmels), ehe die Sterne entstanden, ward sein Name angerufen vor dem Herrn der Geister. Er wird der Stab der Gerechten und Heiligen seyn, auf den sie sich stützen, ohne zu fallen, er wird seyn das Licht der Völker, *) — der Auserwählte, der Verborgene war bei ihm (dem Alten der Tage) ehe die Welt geschaffen wurde, und in alle Ewigkeit (wird er leben)." Ebenso Kap. 61, 10; „Dann sollen die Könige, die Fürsten und Alle, so Macht besitzen auf Erden, ihn preisen, dem die Herrschaft über Alles gebührt, der aber verborgen war bis jezt, denn von Anfang an war des Menschen Sohn (bei Gott), aber verborgen." Darum heißt er dort auch der Verborgene, weil er sich erst am Ende der Zeiten den Gläubigen offenbart. Der Geist Gottes wohnt in höchster Fülle auf ihm. Kap. 48, b. 1 u. flg: „Weisheit ist ausgegossen gleich Wasser und Glorie umgibt ihn für und für, denn mächtig ist er aller Geheimnisse der Gerechtigkeit. — Der Auserwählte stehet vor dem Herrn

---

*) Nach Jesaias 49, 6.

der Geifter, feine Herrlichkeit dauert von Ewigkeit zu Ewigkeit,
feine Macht von Geschlecht zu Geschlecht. Auf ihm wohnt
der Geift des Verstandes und der Weisheit, der Geift der
Lehre und der Kraft, der Geift Derer, welche schlafen in Ge=
rechtigkeit, *) er wird richten das Verborgene."

Das 4te Buch Esdrä feiert den Meffias viel weniger
als Henoch, doch nennt es ihn Sohn Gottes und läßt ihn
im Himmel leben, ehe er auf Erden erscheint. Kap. XIV, 7 **)
fpricht nämlich Gott zu Esdras: auferent te ab hominibus, et
manebis porro cum filio meo, ubi existunt ii, qui sunt sicut
tu, usque quo finiatur mundus. Da der Verfaffer des
Buchs den Esdras als einen alten längftverftorbenen Seher
betrachtet, fo muß der Meffias wohl feit Anbeginn der
Welt im Himmel wohnen, wenn der Prophet zu ihm kom=
men foll. Indeß schon lange Zeit vor diefen beiden Büchern
ift die Lehre von der vorweltlichen Exiftenz des Meffias auf=
gekommen. Der Grieche (LXX) überfezt Pf. 72, 5 folgen=
dermaßen: (O Gott schenke dein Gericht dem Könige und
deine Gerechtigkeit des Königs Sohne, Vers 1). Diefer Kö=
nigssohn, heißt es weiter: κρινεῖ τοὺς πτωχοὺς τοῦ λαοῦ,
καὶ σώσει τοὺς υἱοὺς τῶν πενήτων καὶ ταπεινώσει συκο-
φάντην καὶ συμπαραμενεῖ τῷ ἡλίῳ, καὶ πρὸ τῆς σελήνης
γενεὰς γενεῶν. Er wird fo lange leben als die Sonne, er
war schon vor dem Monde und dauert von Geschlecht zu
Geschlecht. Im 7ten Verse wird weiter von ihm gefagt: ἀνα-
τελεῖ ἐν ταῖς ἡμέραις αὐτοῦ δικαιοσύνη, καὶ πλῆθος εἰρή-
νης, ἕως οὗ ἀνταναιρεθῇ ἡ σελήνη. Man könnte immerhin
einen bloßen Ueberſetzungsfehler vermuthen, wenn nicht an=
dere, noch bedeutendere, Abweichungen bewiesen, daß eigen=
thümliche Anfichten den Uebertrager zum Aufgeben des

---

*) Das heißt: der Geift der Patriarchen Abraham, Mofes
u. f. w., die dahin gegangen find.
**) Nach dem Abyffinier und Araber; der lateinische Text ift hier
fehr verdorben.

Wortſinnes beſtimmt haben. Ein merkwürdiges Beiſpiel hievon bietet Pſalm 110 dar: εἶπεν ὁ κύριος τῷ κυρίῳ μ8· κάϑ8 ἐκ δεξιῶν μ8, ἕως ἂν ϑῶ τοὺς ἐχϑροὺς σ8 ὑποπόδιον τῶν ποδῶν σ8· Ῥάβδον δυνάμεως ἐξαποσελεῖ σοι κύριος ἐκ Σιών, καταχυρίευε ἐν μέσῳ τῶν ἐχϑρῶν σ8. Μετὰ σ8 ἡ ἀρχὴ ἐν ἡμέρᾳ τῆς δυνάμεώς σ8, ἐν λαμπρότησι τῶν ἁγίων σ8· ἐκ γασρὸς πρὸ ἑωσφόρ8 ἐγγέννησά σε. Sehr bedeutend weicht der Ueberſetzer vom hebräiſchen Texte ab. Jenem zufolge muß Gott zu ſeinem Sohne, dem Meſſias, ſprechen: vor dem Morgenſterne (alſo auch vor den andern Himmelskörpern) habe ich dich gezeugt. Noch wichtiger iſt die griechiſche Ueberſetzung von Jeſaias IX, 6: παιδίον ἐγε- νήϑη ἡμῖν, υἱὸς καὶ ἐδόϑη ἡμῖν, οὗ ἡ ἀρχὴ ἐγενήϑη ἐπὶ τόῦ ὤμ8 αὐτοῦ, μεγάλης β8λῆς ἄγγελος. Immer wurde dieſes Kapitel auf den Meſſias gedeutet und auch der Ale- xandriner verſteht es ſo. Der Meſſias wäre demnach der Engel des großen (himmliſchen) Raths, einer der Herrſcher droben. An den Griechen ſchließt ſich ler Chaldäer in ſo fern an, als er in derſelben Schriftſtelle dem Meſſias ewige Dauer zuſchreibt: „Der Prophet verkündet dem Hauſe Da- vids: Ein Kind iſt uns geboren, ein Sohn iſt uns gegeben, der das Geſetz auf ſich nimmt, und es hält vor Dem, deſſen Rath wunderbar iſt, vor Gott *) ward ſein Name genannt Mann in Ewigkeit dauernd, נִבְרָא קַיָּם לְעָלְמַיָּא, Meſſias, deſſen Friede reichlich über uns kommen möge in ſeinen Tagen.“ Wahrſcheinlich wurde vorliegender Spruch von denjenigen, welche ihren Begriff des Meſſias aus Da- niel ſchöpften oder ihm nachbildeten, immer auf die menſch- liche Geburt des Geſalbten bezogen; denn daß derſelbe auf die bezeichnete Weiſe in die Welt treten werde, ſcheinen die Ausdrücke: Menſchen = oder Weibes = Sohn anzudeuten.

---

*) Man kann auch ſo überſetzen: „Vor Dem, deſſen Rath wun- derbar iſt, ward ſein Name genannt Gott, Mann dauernd in Ewigkeit,“ doch ich ziehe erſtere Deutung vor, weil der Meſ- ſias ſonſt nie im Targum Jonathan Gott genannt wird.

Die eben geschilderte Ansicht vom Messias, die ihn zu einem himmlischen Wesen macht, ist auch in den späteren Zeiten nicht untergegangen, nur findet sie im Talmud keine Vertreter, weil die Nachkömmlinge der Pharisäer dem politischen Begriffe zugethan waren. In den Rabboth tritt sie wieder ziemlich stark hervor. In der Bereschit Rabba des Moses Haddarschan über Genes. XXVIII, 10 heißt es nach R. Martini:*) „Es stehet geschrieben (Zach. IV, 7): Wer bist du, du großer Berg? Dieser große Berg ist der Messias, und warum nennt der Prophet ihn einen großen Berg? Darum, weil er höher ist als die Patriarchen, nach dem Spruche (Jes. 52, 13): Siehe mein Knecht wird weise seyn, er wird erhöhet und hoch erhaben seyn. Er wird erhaben seyn über Abraham, von dem geschrieben stehet (Genes. XIV, 22): Ich erhebe meine Hände zu dem Herrn. Er wird erhaben seyn über Moses, von dem es heißt (Num. XI, 12): Du sprichst zu mir: erhebe das Volk in deine Arme, wie eine Amme das Kind aufhebt. Er wird erhaben seyn über die Engel des Dienstes, von denen es heißt (Ezechiel I, 18): נַבְּהֶם Ihre Erhabenheit, und Erhabenheit kommt ihnen zu. Darum (weil der Messias höher ist als diese alle) wird von ihm der Ausdruck gebraucht: Wer bist du, du großer Berg.“ Ebenso Midrasch Tanchuma (S. 53, e der Krakauer Ausgabe): Scriptum est (Jes. 52, 13): *ecce prosperabitur servus meus.* Hic est rex Messias, qui extolletur et elevabitur et altus erit valde. Extolletur supra Abrahamum, de quo scriptum est (Genes. 14, 22): *sustuli manum meam.* Elevabitur supra Mosem, de quo scriptum est (Num. XI, 12): *dicis mihi, eleva ipsum in sinum tuum!* Altus erit supra angelos ministerii, de quibus dicitur (Ezech. I, 18): *altitudo ipsis.* Hinc effatum

---

*) Pugio fidei S. 389.

illud (Zachar. **IV, 7**): *quis es? o mons magne!* **Scilicet
quia Messias major est patribus.** Berefchit Rabba über
Genef. **II, 9**: *) **In horto Eden (vel paradiso) septem domus aedificatae sunt, quarum quaelibet patet duodecim
millia milliaria in longitudinem et decem millia milliaria
in latitudinem.** — **Domus autem quinta aedificata est de
lapidibus onychinis.** — **Habitant autem in ea Messias
filius David et Elias. In illa domo est thalamus de lignis
Libani, quem exstruxerunt Moses et Aaron in deserto,
et habitaculum coronatum argento, cujus pulvinar au-
reum, cujus cella purpurea. Et in medio thalami Messias filius David.**" Der Meffias wohnt alfo, ehe er in die
Welt herabkommt, im Paradiefe. Daß er vor der Welt er=
fchaffen fey, bezeugt der Midrafch Tillin zu Pfalm 93, 2:
**Rex Messias ascendit in cogitationem Dei Sanctissimi
ante creationem mundi, prout scriptum est (Ps. 72, 17):**
ante Solem יִנּוֹן (germinare faciet) *nomen ejus.* **Ante solem
excitavit nomen ejus, quia ipse (Messias) excitabit dor-
mientes in pulvere.** Berefchit Rabba**) zu Genef. 40, 9:
„Eine untere (irdifche) Pflanzung ift Abraham, eine obere
(himmlifche) ift der Meffias, von dem gefchrieben fteht
(Mich. **II, 13**): Ein Durchbrecher wird vor ihnen
hinauffahren." Endlich wird noch die Stelle Pf. 110, 1
auf den Meffias gedeutet, im Midrafch Tillin zu Pfalm
18, 36: **Dixit R. Juda nomine R. Chamma: in seculo futuro Deus S. B. collocabit Messiam ad dextram
suam, prout scriptum est (Ps. 110, 1):** *Dixit Dominus
Domino meo, sede a dextra mea.* **Abrahamum autem
collocabit ad sinistram suam.**

Einen folchen Gottgezeugten Meffias nun verdient das
Menfchengefchlecht wegen der Menge feiner Sünden keineswegs;

---

*) R. Martini a. a. O. S. 419.
**) Ebendafelbft 880.

derselbe würde darum auch nie kommen, wenn Gott nicht Gnade für Recht ergehen ließe, und um der wenigen From= men willen das Heil sendete. Diesen Gedanken spricht das 4te Buch Esdrä so aus, Kap. VII, 62 u. flg.*) Esdras sagt: Scio Domine! quod vocatur Altissimus misericors, quoniam miseretur eorum, qui semper quasi nihil fue- runt, et clemens, quoniam miseretur eorum, qui poeni- tentiam faciunt in lege tua. Et longanimis est, quoniam longanimitatem praestat iis, qui peccant, quasi filiis suis. Et munificus est, quoniam donat iis, de quibus dixi, quod digni sint propter opera sua. Et multae misericordiae est, quoniam multiplicat misericordias his, qui praesen- tes sunt, et qui praeterierunt et qui futuri sunt. *Si enim non multiplicaverit misericordias suas, non vivifica- bitur seculum cum his, qui inhaereditabunt in eo.* Et munificus est, quoniam si non donaverit de bonitate sua, ut alleventur hi, qui iniquitatem fecerunt, *propter suas iniquitates non poterit decies millesima pars vivificari ho- minum.* Et judex est, quoniam si non custodiverit opi- ficium suum, quod fecit, delendo multitudinem peccato- rum, utique non derelinquerentur — ex innumerabili multitudine eorum, nisi valde pauci. Doch wird die kommende Welt nur Wenigen zu Theil. Gleich in den nächsten Versen heißt es weiter: Respondit (Deus) et dixit: hoc seculum fecit Altissimus propter multos, futurum autem propter paucos. Ecce exponam tibi similitudinem. Interroga terram et dicet tibi, quod dat ipsa lutum multum, unde fiat fictile, sed pulverem paucum, unde aurum fit: sic et actus praesentis seculi. Nam multi creati sunt in eo, sed pauci salvabuntur. Die Erkornen gleichen den wenigen Goldkörnern, die auf Erden gefunden werden, die andern Menschen dem überflüssig vorhandenen

---

*) Abyssinier VII, 36.

Kothe. Ein anderes Bild wird gebraucht, Kap. IX, 21, *) wo der Herr spricht: Servavi mihi acinum de botro et plantam unam de multa silva.

Dem Anbruche des Heiles gehen, auch nach dieser Auffassung des Messiasbegriffes, wie nach der oben geschilderten, fürchterliche Wehen voran. Kap. IX, 1 und flg. (der Herr spricht): Cum videris, quod transierit pars quaedam signorum, quae tibi praedicta sunt, tunc intellige, quod adpropinquaverit constitutum tempus, in quo visitaturus est Altissimus mundum, quem fecit. Quando videbitur in mundo commotio singularum regionum, quando turbabuntur gentes et pollutus erit populus, et in mutuas caedes ruent principes et consternabuntur duces: tunc intelliges, quod de his erat Altissimus locutus ante tempus constitutum. Sicut enim omne, quod factum est in seculo, initium habet pariter et consummationem, et consummatio est manifesta: sic et Altissimi tempora initia habent manifesta in prodigiis et virtutibus, et consummationes in actu et. in signis. Et erit, omnis, qui salvus factus fuerit et qui poterit effugere per opera sua, et per fidem, in qua credidistis, relinquetur de praedictis periculis et videbit salutare meum in terra mea, et in finibus meis, quos mihi sanctificavi ex seculo hoc. Diese Worte erinnern stark an das 24ste Kap. des Matthäus, was nicht zu verwundern ist, da beide Schriften aus derselben Zeit stammen. und die Meinung der damaligen Juden aussprechen. Noch merkwürdiger ist eine Schilderung der messianischen Wehen im Buche Henoch Kap. 98, 1 und flg.: „In diesen Tagen soll der Vater niedergeschlagen werden mit seinen Kindern, Einer im Angesicht des Andern, Brüder werden mit ihren Brüdern todt niederfallen, bis ein Strom entsteht aus ihrem Blute. Der Vater wird seine mörderische Hand nicht

---

*) Der Abyssinier B. 24.

zurückhalten von seinen Kindern, noch von seinen Kinds=
Kindern, er ist noch gnädig, wenn er sie bloß tödtet (und
nicht auch vorher martert). Der Sünder erhebt die Faust
gegen seinen geehrtern Bruder. Von dem Grauen des Tags
bis Sonnenuntergang soll das Morden dauern. Die Rosse
sollen waten bis an die Brust, die Wagen bis an die Achse
versinken in dem Blute der Sünder." Das lautet ganz wie
Offenbarung XIV, 20: ἐπατήθη ἡ ληνὸς ἔξω τῆς πόλεως,
καὶ ἐξῆλθεν αἷμα ἐκ τῆς ληνοῦ ἄχρι τῶν χαλινῶν τῶν ἵππων.
In diesen fürchterlichen Kriegen soll selbst Jerusalem, die
Gottesstadt, von den Feinden ganz oder halb zerstört werden,
ehe der Messias in den Wolken des Himmels kommt. Die
Juden deuteten nämlich, wie ich gezeigt habe, das Buch Da=
niel ganz auf die Zukunft, auf die Erscheinung des Gesalb=
ten. Da es nun Dan. IX, 26 heißt: Die Stadt
und das Heiligthum wird zerstört vom Volke
des künftigen Fürsten, daß es dahin schwindet,
wie durch eine Fluth; bis zum Ende des Kriegs
ist Verheerung (der Stadt) beschlossen, so mußten
sie diese Prophezeiung auf irgend ein künftiges Unglück Jeru=
salems beziehen. Daß man lange vor der wirklichen Zer=
störung durch Titus so Etwas erwartete, bezeugt Josephus
im vierten Buche des Kriegs Kap. VI, 3: „Jedes göttliche
und menschliche Gesetz wurde von den Zeloten mit Füßen ge=
treten und verhöhnt, die Weissagungen der Propheten behan=
delten sie wie leeres Geschwätz. Denn Leztere haben viele
Sprüche über Tugend und Laster voraus verkündigt, welche
die Empörer übertraten und dadurch die Prophezeiung gegen
das Vaterland erfüllten. Eine alte Weissagung lief unter
den Menschen herum, daß dann die Stadt eingenommen und
das Heiligthum im Sturme verbrannt werden solle, wenn in=
nerliche Parteiung ausbreche, wenn die Hände der Eingebor=
nen den Tempel Gottes schänden würden: ἦν γὰρ δή τις
παλαιὸς λόγος ἀνδρῶν, ἔνθα τότε τὴν πόλιν ἁλώσεσθαι καὶ

καταφλεγήσεσϑαι τὰ ἅγια νόμῳ πολέμου, σάσις ἐὰν κατα-
σκήψῃ καὶ χεῖρες οἰκεῖαι προμιάνωσι τὸ τοῦ ϑεοῦ τέμενος.
Im gleichen Sinne will Josephus selbst zu seinen Landsleu=
ten gesprochen haben, als er sie auf Titus Befehl, nach Er=
stürmung der Antoniaburg, bereden mußte, daß sie sich endlich
ergeben möchten, sechstes Buch II, 1: „Wer kennt nicht
die Weissagung der alten Propheten, und jenen Unheilsspruch
gegen die unglückliche Stadt, dessen Erfüllung jezt bevorsteht.
Denn dann, haben sie vorausgesagt, werde Jerusalem fallen,
wenn Bürgerblut durch Bürger fließe.“ Daß unter diesen
Prophetensprüchen vorzugsweise Daniels Weissagungen ge=
meint seyen, ersieht man aus einer dritten Stelle, de bello
VI, 6, 3: „Jene Orakel verkündigten, Stadt und Tempel
solle dann eingenommen werden, wenn das Heiligthum eine
viereckige Gestalt erhalte.“ Unmöglich kann Josephus hier auf
etwas Anders zielen, als auf Dan. IX, 27: עַל כְּנַף שִׁקּוּצִים
מְשֹׁמֵם, und auf den Seitenflügeln sind die Gräuel des Ver=
wüsters. Man deutete nämlich so: wenn die Gebäude um
den Tempel (namentlich die Burg) wie (viereckige) Nebenflügel
des Heiligthums aussehen, dann kommt die Verwüstung.
Nach Josephus wäre demnach völliger Untergang des Tem=
pels von Manchem erwartet worden. Ein anderer, noch
glaubwürdigerer, Zeuge bürgt uns dafür, daß man, gestüzt auf
Daniel, annahm, die Heiden würden die heilige Stadt und
den Vorhof des Tempels, doch nicht diesen selbst, einnehmen
und verwüsten. Ich meine die Stelle Offenbarung Johannis
XI, 1, 2: καὶ ἐδόϑη μοι κάλαμος ὅμοιος ῥάβδῳ, καὶ ὁ
ἄγγελος εἱστήκει λέγων· ἔγειραι καὶ μέτρησον τὸν ναὸν τοῦ
ϑεοῦ καὶ τὸ ϑυσιαστήριον καὶ τοὺς προςκυνοῦντας ἐν αὐτῷ,
καὶ τὴν αὐλὴν τὴν ἔξωϑεν τοῦ ναοῦ ἔκβαλε ἔξω, καὶ μὴ
αὐτὴν μετρήσῃς, ὅτι ἐδόϑη τοῖς ἔϑνεσι, καὶ τὴν πόλιν τὴν
ἁγίαν πατήσουσι μῆνας τεσσαράκοντα δύο. Die Offenba=
rung Johannis ist sicherlich vor der wirklichen Zerstörung

Jerusalems geschrieben, *) schon deßhalb kann lezteres Ereigniß
nicht gemeint seyn, wie denn die Römer nicht bloß die Stadt,
sondern auch den Tempel zerstört haben. Eben so wenig
spricht der Verfasser als ein gottbegeisterter Seher, denn was
er sagt, ist nie eingetroffen. Folglich bleibt nichts Anderes
übrig, als anzunehmen, daß er im Sinne der Volksmeinung
von Damals rede. Und so verhält es sich auch. Die 42
Monate, während welcher die Heiden Stadt und Vorhof des
Heiligthums verheeren sollen, entsprechen aufs Haar der Zeit
und den (zwei) Zeiten und der halben Zeit **) von Dan. 7,
25. Also fand Johannes, oder wie sonst der Verfasser des
Buches heißen mag, in Daniel eine künftige theilweise
Zerstörung Jerusalems voraus verkündigt, worin er laut Josephus Zeugniß mit vielen anderen Juden Einer Meinung
war. Eine gänzliche Zerstörung verneint er wahrscheinlich
darum, weil man damals die Weissagung Dan. IX, 26 durch
die andere Zach. XIV, 2 gemildert oder näher bestimmt
glaubte. Im lezten Spruch heißt es nur: Die Hälfte
der Stadt wird gefangen weggeführt, aber das
übrige Volk soll nicht ausgerottet werden. Ohne
Zweifel schloß man so: Wären die Feinde Herren der ganzen
Hauptstadt, so würden sie Alles niedermachen, oder in die
Sklaverei abführen. Ihre Schonung ist nicht freiwillig, sondern erzwungen; mit anderen Worten, die eine Hälfte, d. h.
das Heiligthum mit seinen abgesonderten Festungswerken fällt
nicht in ihre Gewalt, nur über die eigentliche Stadt sind sie
Herren. Ich setze dabei voraus, daß man die Stelle des
Zacharias wie alle anderen Propheten auf die Zukunft des
Gesalbten gedeutet habe, was oben nachgewiesen worden ist.

---

*) Mit Vergnügen sehe ich, daß Lücke in seinem Kommentar über
    die Offenbarung Johannis S. 246 mit mir übereinstimmt.

**) Eine Zeit ist gleich einem Jahre oder zwölf Monaten (schon
    nach Josephus oben mitgetheilter Rechnung), folglich sind 3½
    Zeiten gleich 42 Monaten.

Auch unter den späteren Talmudisten hat sich die Sage er=
halten, daß der Untergang des zweiten Tempels geweissagt
und von den Juden zum Voraus erwartet worden sey. In
der jerusalemischen Gemara zu Joma Kap. VI, 3 heißt es:
„Vierzig Jahre vor Zerstörung des Heiligthums erlosch die
westliche Lampe des Tempels — und die Thore, welche in
der Nacht geschlossen worden waren, wurden Morgens geöff=
net gefunden. Da sprach R. Jochanan, der Sohn Zachai:
O Tempel, warum willst du uns in Schrecken versetzen, wir
wissen, daß Verderben über dich beschlossen ist, denn es steht
ja geschrieben (Zach. XI, 1): Thue deine Thore auf,
Libanon, damit das Feuer deine Cedern verzehre.“
Hier haben wir gleich einen Beweis dafür, daß die Sprüche
des Propheten Zacharias auf die Zukunft gedeutet worden
sind. Die Wundererscheinung, auf welche die Gemara anspielt,
erzählt Josephus weitläufig (im sechsten Buche des Krieges
Kap. V, 3), er sagt jedoch bloß, sie habe sich vor dem Ab=
fall und den ersten Kriegsunruhen, πρὸ τῆς ἀποσάσεως καὶ
τῆς πρὸς τὸν πόλεμον κινήσεως, zugetragen; von den 40 Jah=
ren weiß er Nichts.

Solche Wehen, glaubte man, gehen der Zukunft des gött=
lichen Gesalbten voran. Endlich erscheint derselbe auf den
Wolken daher fahrend. Eine Meisterstelle enthält das vierte
Buch Esdrä Kap. XIII, 1 und flg. Der Prophet spricht:
Somniavi somnum nocte et vidi magnum ventum exeuntem ex mari, et conturbantem omnes fluctus ejus, et
vidi hunc ventum exeuntem ex mari, instar hominis, et
postea volavit ille homo cum nubibus coeli. Et ubicunque vultum suum vertit et conspexit, confestim omnia
abibant coram eo, et adversus quem exiit vox ejus, unusquisque ejus voce vincebatur. Omnes eorum, qui audie-
bant ejus vocem, liquescebant, sicut liquescit mel favi,
quando appropinquaverit ad ignem. Et vidi, post haec
congregabatur multitudo hominum, quorum non erat

numerus, de quatuor ventis coeli, ut debellarent hominem,
qui ascenderat de mari. Et post haec (homo ille) sibimet exstruxit montem magnum, et volavit super eum.
Ego autem quaesivi scire, ubi exstructus esset ille mons,
sed non potui. Et postea omnes ii, qui congregati sunt
ad eum, ut expugnarent eum, timebant valde, tamen au-
debant pugnare cum eo; et cum insurgerent in eum ac
venirent ad eum: non levavit manum suam ad se, nec
ad gladium suum, nec ad aliquod instrumentum bellico-
sum. Nisi solummodo exiit de ore ejus fluctus ignis, et
de labiis ejus flamma ignis, et de lingua sua emittebat
prunas ignis, sicut turbinem; et commista sunt omnia
simul: hi fluctus ignis, et haec flammae ignis, et hae
prunae ignis, et factus est quasi turbo, et descendit
super istam multitudinem, quae insurrexerat ad interfici-
endum eum. Et succendit omnes, donec nihil residuum
esset ex iis, nisi solummodo pulvis cinerum eorum et
fumus incendii eorum. Nun folgt ein anderes Gesicht,
das sich auf die Rückfehr der zehn Stämme bezieht, von welcher schon oben gehandelt wurde. Aber noch gehört die Auflösung des ersteren Gesichts hieher. B. 32:*) Interpretatio
somnii tui haec est: Ille, quem vidisti, vir ascendens de
corde maris, ipse est, quem conservavit Altissimus multis temporibus, ut redimat sibi mundum, et ipse dispo-
net (eos), qui derelicti sunt. Et illud, quod vidisti, de
ore ejus exire ignem et flammam, et prunas sicut turbinem, neque eum levasse gladium, nec instrumentum bel-
licosum, et tamen interfecisse istam multitudinem, quae
insurrexerat, ut interficeret eum: haec est interpretatio
ejus: dies veniunt, cum Altissimus incipiet liberare eos,
qui inhabitant terram, et alii alios cogitabunt interficere,
et civitas cum civitate, locus cum loco, gens cum gente

---

*) Bei dem Lateiner B. 25.

et regnum cum regno (confliget). Et cum fient haec et contigerint signa, quae ante ostendi tibi, revelabitur tunc ille vir, quem vidisti ascendentem de mari. *) Et quando audierint omnes gentes vocem ejus, derelinquent in regione sua bella sua, quae habent ad alterutrum, et colligetur in unum multitudo innumerabilis, sicut vidisti volentes venire et interficere eum. Ipse autem stabit super cacumen montis Sion. Sion autem veniet et ostendetur omnibus parata et aedificata, sicut vidisti montem exire illum sua sponte, et formari sine manibus hominum. Ille igitur est filius meus, qui arguet populos peccatorum suorum, quae assimilata sunt turbini, et cumulabit coram illis mala eorum opera, et judicabit eos maximis judiciis, quae assimilantur flammae ignis, et perdet eos cum suis peccatis sine labore per legem, quae adsimilatur prunae ignis. **) Zur Erklärung des Einzelnen nur wenige Worte. Der Messias kommt aus dem Meer, dann erst fährt er aus den Wolken daher. Dieß scheint ein Widerspruch, denn wer auf den Wolken reitet, sollte wohl geradezu vom Himmel herabsteigen. Nach meinem Gefühle ist eine alte jüdische Erklärung der Stelle Dan. VII, 2 an diesem sonderbaren Zuge Schuld. Hier heißt es: Ich Daniel sah ein Gesicht

---

*) Der Lateiner liest so: Tunc revelabitur *filius meus*, quem vidisti ut virum ascendentem.

**) Ich habe den Text aus dem Lateiner und dem Abyssinier zusammengesetzt, welcher Leztere Vieles fehlerhaft übersetzt. Oben ist von einer turba, von einer flamma ignis, und von prunae ignis die Rede. Turba soll sich auf die Sünden der Heiden, die flamma ignis auf das bevorstehende Strafgericht, die prunae ignis auf die mühelose Rache des Messias beziehen; das ist klar. Die Uebersetzung bei Lawrence gibt gar keinen Sinn: qui existunt sicut turbo, qui existunt sicut flamma ignis und qui existunt sicut prunae ignis. Das Wort per legem, das auch der Araber nicht hat, mag vielleicht eingeschoben seyn, jedenfalls bezieht sich das Bild, quod assimilatur prunae ignis (so wäre dann zu lesen), auf die mühelose, keines Werkzeugs bedürfende Rache des Messias.

in der Nacht, und siehe, die vier Winde unter
dem Himmel stürmeten wider einander auf dem
großen Meere, und vier große Thiere stiegen aus
dem Meere. Man wird nun gefragt haben, wer ist's,
der die vier Winde so erregt, daß die Thiere aufsteigen?
Antwort: Ohne Zweifel Derselbe, der sie auch besiegt, der
Messias. Folglich kommt der Gesalbte aus dem Meere, aber
er fährt dann später auf den Wolken einher, wegen der
Worte Dan. **VII**, 13: Es kam einer auf des Him=
mels Wolken, wie eines Menschen Sohn. Solche
oder ähnliche Deuteleien mögen Anlaß dazu gegeben ha=
ben, daß unser Seher den Messias aus dem Meere auf=
steigen läßt. Denn die Erklärung, welche er selbst unterlegt,
Kap. **XIII**, 53: Ostende mihi, propter quod viderim virum exeuntem de corde maris? et dixit mihi (Deus):
Sicut nemo potest scire, quae sunt in profundo maris,
sic et nemo ex iis, qui sunt in terra, potest habere scientiam filii et eorum, qui cum eo sunt, nisi cum tempus
et dies ejus venerit — verhüllt den wahren Grund, statt
ihn aufzudecken. Ohne Zweifel folgte der Verfasser des Buchs
einer hergebrachten Volksmeinung, daß der danielische Messias
vom Meere herkommen werde, und schob, da er den wahren
Zusammenhang nicht wußte, jenen Scheingrund vor. Ferner
soll der Gesalbte des Herrn seine Widersacher ohne Werkzeug,
bloß mit dem feurigen Athem seines Mundes tödten. Dieß
ist eine doppelte Nachbildung von Dan. 8, 25: Der Feind
wird ohne Hand zerbrochen werden, und Jes **XI**,
4: Er (der Messias) wird mit dem Athem seiner
Lippen den Gottlosen tödten. Auch in der Offen=
barung Johannis kehrt diese Vorstellung wieder. **XIX**, 21:
οἱ λοποὶ ἀπεκτάνθησαν ἐν τῇ ῥομφαίᾳ τοῦ καθημένου ἐπὶ
τοῦ ἵππου, τῇ ἐκπορευομένῃ ἐκ τοῦ σόματος αὐτοῦ. In der
Sage von Armillus und Moses spielt sie eine noch wichtigere
Rolle, wovon später.

20 *

Mit den Worten: Sion veniet et ostendetur omnibus parata et aedificata, sicut vidisti montem exire illum sua sponte et formari sine hominum manibus, ist das Herab= steigen des himmlischen Jerusalems gemeint. Nicht mensch= licher Kraft verdankt die Gottesstadt ihren Ursprung, denn sie ist himmlischer Art, weit erhaben über das Werk unserer Hände. Sie besteht aus den edelsten Baustoffen, welche hier unten vorkommen, aus Edelgestein, Perlen, Gold und Silber, und jener Bauriß in der Offenbarung Johannis XXII, 11 — 21 entspricht sicherlich ganz den Begriffen der damaligen Juden. Wenn schon jenes irdische Jerusalem, das der Mes= sias nach dem gemein prophetischem Vorbild auf menschliche Weise herstellen soll, Alles an Pracht übertrifft, wie viel mehr muß dieß von der künftigen Hauptstadt des danielischen Gesalbten, der ein Sohn des Himmels ist, gelten! Irdische Verhältnisse genügen ihm nicht; Alles soll seiner erhabenen Natur angemessen seyn. Darum heißt es im Buch Henoch Kap. 45, 4. 5: „An diesem Tage will ich meinen Auser= wählten wohnen lassen in ihrer (der Gerechten) Mitte, will umgestalten den Himmel, und ihn segnen und erleuchten für immer. Auch die Erde werde ich umgestalten und sie segnen, und Diejenigen, welche ich erkoren habe, auf ihr wohnen lassen. Aber die so Sünde und Ungerechtigkeit begangen haben, dürfen sie nicht betreten, denn ich kenne ihre Werke." Die Erneuerung von Himmel und Erde erfolgt nach dieser Stelle zugleich mit, oder kurz nach der Ankunft des himmli= schen Messias, während der rein prophetische Lehrbegriff dieselbe erst nach dem messianischen Reich, und mit dem Anfang jener Welt stattfinden läßt. Dieser Unterschied folgt ganz natürlich aus dem verschiedenen Grundwesen beider Gesalbten; der pro= phetische Messias ist bei allen seinen hohen Eigenschaften doch ein bloßer Mensch, dem die Erde genügen muß, der an= dere Messias dagegen ist ein Göttersohn, dem himmlische Wohnung gebührt. Es wäre nun durchaus nicht dem jüdischen

Geiste gemäß, wenn die verstorbenen Frommen nicht an dem
Wonnereich eines solchen göttlichen Herrschers Theil neh=
men würden. Man hat also die Wahl, entweder vorauszu=
setzen, daß die allgemeine Auferstehung der Bösen und Guten
(von welcher Dan. XII, 2 die Rede ist), sogleich nach An=
kunft des Messias erfolge, worauf dann die Ungerechten in
die Hölle verstoßen, die Guten aber ewig mit ihm leben
würden; oder auch anzunehmen, daß vorerst bloß die Guten
auferstehen, um der Seligkeit unter ihm zu genießen, und
daß der allgemeine Gerichtstag erst später statt finden werde.
Wir hätten dann eine doppelte Auferstehung: die erste der
Heiligen, und die zweite der übrigen Menschen, ganz gemäß
der Ansicht des Verfassers der Offenbarung, welcher ohnedieß
meist danielischen Vorbildern folgt. Ein unumstößliches Zeug=
niß dafür, daß leztere Ansicht auch unter den Juden Beifall
gefunden habe, kenne ich wenigstens nicht, doch scheint mir
eine talmudische Stelle mit ziemlicher Sicherheit darauf hin=
zudeuten. Sanhedrin bab. S. 92, a unten: „Ueberlieferung
der Schule des Elias: Die Gerechten, welche der hochgelobte
Gott in der kommenden Zeit ins Leben zurückruft, werden
nicht mehr sterben (nach ihrer Auferstehung), weil geschrieben
steht (Jes. 4, 3): Wer da übrig ist in Zion, und am
Leben bleibt in Jerusalem, wird heilig heißen, ein
Jeglicher, der geschrieben ist unter die Lebenden
zu Jerusalem. Wie der heilige Gott ewig ist, so werden
auch sie (die Heiliggenannten) in alle Ewigkeit leben. Wenn
du aber frägst, was werden diese Gerechten thun in den Jah=
ren, wo Gott seine Welt erneuern wird, von welchen der
Spruch gilt Jes. (II, 11): Der Herr allein wird er=
haben seyn zu jener Zeit, so antworte ich: Gott wird
ihnen Flügeln geben wie den Adlern, daß sie über die Ober=
fläche der Wasser dahin fliegen, wie geschrieben stehet (Ps.
46, 3): Darum fürchten wir uns nicht, wenn gleich
die Erde wechselt (d. h. nach der Talmudisten Ansicht

erneuert wird) und die Berge wanken mitten in den
Waſſern." Wir haben hier eine Auferſtehung der Gerech=
ten vor Erneuerung der Welt, nach welcher ſonſt der Tal=
mud immer das große Gericht und die Auferweckung Aller
erfolgen läßt. Auch darf nicht überſehen werden, daß dieſe
Gerechte Flügel bekommen ſollen; das iſt offenbar im Sinne
Daniels geſprochen, in deſſen Weiſſagungen der Geſalbte auf
den Wolken des Himmels daher fliegt. Irre ich nun nicht
ganz, ſo haben einzelne jüdiſche Lehrer eine doppelte Aufer=
ſtehung angenommen; zuerſt erfolgt die Wiederbelebung der
Gerechten zum Genuſſe der himmliſchen Meſſias=Freuden;
zwiſchen dieſer und dem allgemeinen Gericht, an das alle
Juden glaubten, ließen ſie dann ohne Zweifel den Geſalbten
eine gemeſſene Zeit — wahrſcheinlich 1000 Jahre herrſchen.
Wir wiſſen nämlich, daß die tauſendjährige Dauer des meſ=
ſianiſchen Reiches in der erſten Epoche der chriſtlichen Kirche
die meiſten Anhänger zählte; die Offenbarung Johannis
zeugt dafür, manche Rabbinen glaubten daran, wie oben ge=
zeigt worden iſt, und Juſtin, der Märtyrer, behauptet im
Geſpräch mit dem Juden Tryphon: *) nur der, welcher ein
1000jähriges Reich annehme, ſey unter die Rechtgläubigen
zu zählen. Nun hat auf die meſſianiſche Lehre jenes Jahr=
hunderts gerade das danieliſche ſammt dem moſaiſchen Vorbild
den größten Einfluß geübt. Mit lezterem ſtimmt aber eine
1000jährige Meſſiasherrſchaft nicht zuſammen, wie gezeigt
werden ſoll, ſondern nur die 400= oder die 40jährige, folg=
lich ſind wir von ſelbſt auf die Vorausſetzung getrieben, daß
jener ſo allgemeine Glaube an ein 1000jähriges Reich auf
Daniel geſtüzt worden ſey. Wirklich enthält ja dieſer Pro=
phet die 7= oder 70fache Wochenrechnung, welche zumal bei
der ſonderbaren Auslegungsweiſe jener Zeiten, gar leicht auf
die Lehre vom großen Weltſabbath oder einem lezten Jahr=
tauſend voll himmliſcher Wonne führen konnte, und in der

---

*) Opp. Seite 178.

That geführt hat, wie im neunten Kapitel dieses Werks ge=
zeigt worden ist.

Dem sey nun wie ihm wolle; jedenfalls lehrten die,
welche dem danielischen Vorbild anhingen, auch eine allgemeine
Auferstehung der Guten und Bösen zum Gericht. Buch
Henoch Kap. 50: „In jenen Tagen soll die Erde wiedergeben
aus ihrem Schooße, und die Unterwelt soll ausliefern aus
dem ihrigen, was sie erhalten hat, der Abgrund soll heim=
geben, was er schuldig ist. Er (Gott) wird ausscheiden die
Gerechten und Heiligen aus ihnen (aus der Zahl aller Auf=
erstandenen). Denn der Tag ihrer Erlösung ist gekommen.
Und in jenen Tagen wird der A u s e r w ä h l t e (der Messias)
sitzen auf seinem Throne; jegliches Geheimniß höchster Weis=
heit geht aus seinem Munde; *) denn der Herr der Geister
hat ihn begabt und verherrlicht. In jenen Tagen sollen
die Berge springen wie Widder, und die Hügel hüpfen wie
Lämmer, **) gesättigt mit Milch, und die Gerechten werden seyn
wie Engel im Himmel. Ihr Antlitz wird glänzen vor Wonne,
denn an jenem Tage wird der Auserwählte erhöhet. Die
Erde wird sich freuen; die Gerechten sollen sie bewohnen, die
Auserkornen auf ihr wandeln." Sehr stark erinnert der erste
Vers an Offenbarung XX, 13: ἔδωκεν ἡ θάλασσα τοὺς ἐν
αὐτῇ νεκρούς, καὶ ὁ θάνατος καὶ ὁ ᾅδης ἔδωκεν τοὺς ἐν
αὐτοῖς νεκρούς· καὶ ἐκρίθησαν ἕκασος κατὰ τὰ ἔργα αὐτῶν.
Auf einem Throne, heißt es, soll der Messias sitzen und die
Auferstandenen richten. Dieser Gedanke wird weiter ausge=
führt Kap. 54, 5: „Gott spricht: O ihr Könige, o ihr Mäch=
tigen, die ihr die Welt besizt, ihr werdet meinen Auserwähl=
ten sitzen sehen auf dem Throne meiner Herrlichkeit. Er wird
richten Azael, alle seine Genossen, alle seine Schaaren (d. h.

---

*) Das heißt, er richtet auch das Verborgenste mit himmlischer
Weisheit.

**) Nachbildung von Ps. 114, 4; auch die sonst leblose Natur
nimmt Theil an der Wonne der Gerechten.

die gefallenen Wächter mit ihrem Anhange) in dem Namen
des Herrn der Geister." Kap. 60, 1 und flg.: „Es soll ge=
schehen, daß die, so in der Wüste zu Grunde gingen, und
die von den Fischen des Meeres oder von den wilden Thie=
ren (des Landes) verschlungen wurden, wieder (ins Leben)
kehren, vertrauend auf den Tag des Auserwählten; denn Nie=
mand soll sterben im Angesicht des Herrn der Geister, Kei=
ner soll dem Tode verfallen seyn. Dann bekommen Alle,
welche oben im Himmel sind, Befehl (zu erscheinen); verdop=
pelte Kraft, Stimme und Glanz, gleich Feuer, wird ihnen
gegeben. Und zuerst lobpreisen sie ihn (den Herrn der Geister)
mit ihrer Stimme, erheben ihn, verherrlichen ihn, schreiben
ihm Weisheit zu, mit dem Wort, mit dem Athem des Le=
bens. Dann sezt der Herr der Geister den Auserwählten
auf den Thron der Herrlichkeit. Richten wird derselbe alle
Werke der Heiligen oben im Himmel, in einer Waage wird
er ihre Handlungen abwägen. Und wenn er sein Antlitz er=
hebt, um ihre verborgenen Wege im Namen des Herrn der
Geister, und ihre Fortschritte auf dem Pfade der Gerechtigkeit
des höchsten Gottes zu richten: dann werden (die Heiligen)
mit vereinter Stimme sprechen, segnen, verherrlichen, erheben,
lobpreisen im Namen des Herrn der Geister." Das ist das
Gericht über die Frommen, von dem andern, das über die
Sünder ergeht, wird im nächstfolgenden Kapitel gehandelt.
Kap. 61, 1 u. flg.: „Dann befahl der Herr den Königen,
Fürsten, den Gewaltigen und Allen, die auf Erden wohnen,
und sprach: Oeffnet eure Augen, und erhebt eure Hörner,
wenn ihr fähig seyd den Auserwählten zu begreifen. Und
niedersezte sich der Herr der Geister auf den Thron der
Glorie. Der Geist der Gerechtigkeit ward über ihn ausge=
gossen. Das Wort seines Mundes soll vernichten alle Sün=
der und Gottlosen, die vor seinem Angesicht untergehen wer=
den. An diesem Tage sollen alle Könige, Fürsten, Gewaltige
und die Beherrscher der Erde aufstehen, sehen und vernehmen,

wie er auf dem Throne der Herrlichkeit fizet und wie vor
ihm ein gerechtes Gericht über die Heiligen ergehet, und wie
Nichts, was vor ihm gesprochen wird, vergebens gesprochen
ist. Bestürzung soll über sie kommen, wie über ein Weib in
Kindesnöthen, deren Wehen schwer sind, wenn das Kind bis
zum Muttermunde gedrungen ist und doch nicht heraus will.
Einer wird den Andern ansehen. Voll Schrecken werden sie
da stehen und ihre Augen zur Erde senken. Angst soll sie
ergreifen, wenn sie den Sohn des Weibes auf dem Throne
der Herrlichkeit sitzen sehen. Dann werden die Könige, die
Fürsten und alle Beherrscher der Erde, ihm (dem Menschen=
Sohne) huldigen, der jezt die Herrschaft über Alles hat, der
aber früher verborgen war. *) — Er wird versammeln die
Gemeinde der Heiligen, der Erkorenen, sie alle werden vor
ihm stehen an diesem Tage. Alle Könige, Fürsten, Gewal=
tige und Beherrscher der Erde werden niederfallen auf ihr
Antlitz vor ihm, und ihn anbeten. Sie setzen ihre Hoffnung
auf des Menschen Sohn, schreien zu ihm und flehen um
Gnade. Aber der Herr der Geister wird sie austreiben aus
seiner Gegenwart. Ihr Antlitz soll beschämt werden und
Finsterniß wird ihr Gesicht bedecken. Engel ergreifen sie zur
Strafe, damit die Rache ergehe über die, welche seine (Got=
tes) Kinder und seine Auserwählten bedrückt haben. **) Sie
sollen ein Beispiel seyn für die Heiligen und für seine Aus=
erwählten; durch (ihre Strafe) werden diese erfreut, denn der
Grimm des Herrn der Geister bleibt auf ihnen (den Sün=
dern). Dann wird das Schwert des Herrn der Geister trun=
ken in ihrem Blute, aber die Heiligen und Auserwählten
bleiben unversehrt, und nicht mehr werden sie hinfort schauen
das Antlitz der Sünder und der Gottlosen. Der Herr der

---

*) Folgt nun die oben angeführte Stelle.

**) Wenn die Heiden das Volk Israel unterdrücken, beleidigen sie
zugleich den Auserwählten, welcher der wahre Herrscher des er=
korenen Volkes ist.

Geister thronet über ihnen, und mit dem Sohne des Menschen sollen sie wohnen, essen, sich niederlegen, aufstehen in alle Ewigkeit. Die Heiligen und der Auserwählte haben sich erhoben von der Erde, sie haben aufgehört ihr Auge zu senken, sie sind bekleidet mit dem Gewande des Lebens. Dieses Gewand des Lebens ist bei dem Herrn der Geister, in dessen Gegenwart euer Gewand nicht veralten, euer Strahlenglanz nicht abnehmen soll."

Nebel umhüllt diese Gesichte, es fehlt ihnen die feste Gestalt, welche die Offenbarung Johannis auszeichnet. Doch sieht man deutlich genug, daß Gott und sein Auserwählter die Todten alle nach der Auferstehung richten soll. Manchmal wird der Sohn allein, manchmal Gott als Richter bezeichnet, manchmal beide zusammen. Am deutlichsten spricht sich Pseudohenoch Kap. 68, 39. 40. aus: „Der Sohn des Menschen saß auf dem Throne der Herrlichkeit, und der Haupttheil des Gerichts war ihm, dem Menschen-Sohne, anvertraut. Die Sünder sollen untergehen und verschwinden von der Oberfläche des Erdbodens, während die, welche jene verführt haben, *) für alle Ewigkeit mit Ketten gebunden werden. Gemäß ihrer Theilnahme an der Verderbniß sollen sie eingekerkert werden; alle ihre Werke verschwinden von der Erde, in Zukunft wird Niemand (von ihnen) verführt, denn gesehen ist worden des Menschen-Sohn, sitzend auf dem Throne der Herrlichkeit." Die gemeinen Sünder sterben, wie es scheint, den ewigen Tod der Vernichtung, ihre Verführer aber, die gefallenen Wächter, von denen alles Unheil auf Erden herkommt, büßen die Schuld für immer in der Hölle. Man kann noch fragen, wie die erste Auferstehung mit der zweiten allgemeinen vereinigt worden sey. Denn da in lezterer auch die Frommen ins Leben gerufen werden, so scheint dieß dem Glauben an eine frühere zu widerstreiten.

---

*) Die Wächter.

Wahrscheinlich wähnten die, welche eine erste Auferweckung annahmen, *) nur die allerheiligsten Todten würden belebt, um am Reiche des Messias Theil zu nehmen, während die minder Frommen und die Gottlosen erst zum Weltgerichte aufstehen sollten. So erscheint die Sache in der Offenbarung Johannis; denn daß in der zweiten Auferstehung, welche XX, 12—15 geschildert ist, auch Gute begriffen sind, ersieht man aus den Worten: καὶ βιβλίον ἄλλο ἠνεῴχϑη, ὅ ἐςι τῆς ζωῆς. Ueberhaupt darf man in dieser phantastischen Lehre nicht all= zu feste Umrisse erwarten. Als Widersacher des Messias denkt sich Pseudoesdras, wie Henoch, die heidnischen Reiche der Welt. Von Gog und Magog, der in der rein propheti= schen Messiaslehre eine große Rolle spielt, wissen beide Nichts. Den Grund davon finde ich in dem politischen Geiste des Buches Daniel, des Vorbildes Beider, welches geschichtliche (nicht bloß der Sage angehörige) Größen, die vier bekannten Weltreiche, seinem Menschen=Sohne entgegenstellt. Vom Teu= fel, als messianischen Gegner, spricht weder Esdras noch Henoch, doch treten bei Lezterem die Wächter als höllische Mächte auf, die für ihre Frevel durch ewige Pein büßen müssen.

Nach dem Buch Daniel, wie nach Henoch und Jonathan Ben Usiel, wird die Herrschaft des Messias kein Ende neh= men. Noch eine andere Ueberlieferung findet sich in jüdischen Büchern. Pirke Eliefer Kap. XI Mitte: „Zehn Könige haben von einem Ende der Welt bis zum andern geherrscht. Der erste König ist Gott, der hochgelobte selbst, er gebeut im Himmel und auf Erden, er hat beschlossen, Könige einzu= setzen, nach dem Spruche Dan. II, 21: Er ändert Zeit und Stunde, er sezt Könige ab und sezt Könige ein; der zweite Weltherrscher war Nimrod, nach dem Spruche (Genes. X, 10): Der Anfang seines Reiches war

---

*) Bei Weitem nicht Alle, namentlich nicht der Verfasser der Bü= cher Henoch und Esdrä sind dieser Meinung.

Babel. Der dritte Herrscher war Joseph, der von einem Ende der Welt zum andern gebot, wie geschrieben steht (Genesis 41, 57): Alle Lande kamen nach Aegypten (nämlich um Tribut zu zahlen). Der vierte Weltherrscher war Salomo, von dem es heißt (1 König 4, 21): Salomo herrschte über alle Königreiche; der fünfte war Achab, König von Israel, nach dem Spruche (I König XVIII, 10): So wahr der Herr, dein Gott, lebet, es ist kein Volk noch Königreich, darein mein Herr nicht gesendet hat (folgen einige andere gleich abgeschmackte Beweise für die Weltherrschaft Achabs). Der sechste war Nebukadnezar, von dem es heißt (Dan. II, 38): Alles Land, da Leute wohnen, hat er in deine Hände gegeben. Der siebente war Cyrus, wie geschrieben steht (Esdras I, 2): So spricht Kores: Der Herr hat mir alle Königreiche gegeben. Der achte Herrscher ist Alexander der Macedone (folgt eine Beweisstelle aus Daniel). Der neunte Weltgebieter ist der König Messias, welcher von einem Ende der Welt zum andern herrschen wird, nach dem Spruche (Dan. II, 35): Der Stein, der das Bild zerschlug, ward ein großer Berg, also daß er die ganze Welt füllete. Der zehnte König ist Gott, unter ihm kehrt das Reich zu seinem Urheber zurück, so daß der, welcher der Erste war, auch der Lezte ist, wie geschrieben steht (Jes 44, 6): Ich bin der Erste und der Lezte, außer mir ist kein Gott. Anderswo heißt es (Zach. XIV, 9): Der Herr wird König seyn über alle Lande. Die Herrschaft kehrt zu dem wahren Erben zurück, dann wird erfüllt der Spruch (Jes. II, 17. 18): Der Herr allein wird erhaben seyn an jenem Tage, mit dem Götzen wird's zu Ende seyn. Weiden wird er seine Heerde und ruhen lassen, wie geschrieben steht (Ezech. 34, 15): Ich will selbst meine Schafe weiden und sie lagern. Schauen werden sie ihn von Angesicht zu Angesicht, nach dem

Spruche (Jes. 52, 8): **Mit den Augen werden sie
sehen, wenn der Herr Zion zurückführt.**" Dasselbe
wird wiederholt Bereschit Rabba über Genes. 42, 6. Dieser
Meinung ist ihr hohes Alter gleichsam auf die Stirne ge=
schrieben. Sie übergeht die Weltherrschaft Roms und der
Parther mit Stillschweigen, obgleich der Kompilator des Bu=
ches, in welchem sie aufbewahrt worden ist, das Reich der
Jsmaeliten (der Moslem), wie der byzantinischen Kaiser er=
lebt hat, also muß sie wohl aus einer Zeit stammen, da Juda
sich noch nicht unter das Joch Edoms gebeugt hatte. Nun
sagt Paulus **I** Kor. 15, 28, wenigstens was die Rückgabe
des Reichs an Gott betrifft, ganz Dasselbe: ὅταν ὑποταγῇ
αὐτῷ τὰ πάντα, τότε καὶ αὐτὸς ὁ υἱὸς ὑποταγήσεται τῷ
ὑποτάξαντι αὐτῷ τὰ πάντα, ἵνα ᾖ ὁ Θεὸς τὰ πάντα ἐν πᾶ-
σιν, und zwar paßt diese Behauptung des Apostels nicht
einmal zu der sonstigen neutestamentlichen Lehre von der
himmlischen Natur Christi, so daß man schon darum gezwun=
gen ist, anzunehmen, sie stamme aus einem andern Jdeen=
kreise. Woher? ist leicht zu sehen. Da zwei Zeugen, einer
aus dem ersten, der andere aus dem siebenten Jahrhundert,
unabhängig von einander, die nämliche Meinung vorbringen,
so muß dieselbe ursprünglich einer Beiden gemeinsamen Quelle
— dem Judenthum angehören, das heißt mit anderen Worten,
sie war in den Tagen Jesu Christi schon im Umlaufe. Un=
ter das danielische Vorbild des Messias reihte ich sie darum
ein, weil diesem Propheten die Lehre von den verschiedenen
Weltreichen eigenthümlich ist, welche sehr leicht auf die eben
geschilderte Ansicht führen konnte. Auch widerspricht sie den
Worten Dan. **VII,** 14: **Seine Gewalt ist ewig und
hat kein Ende,** nicht geradezu, denn man konnte wohl
annehmen, daß der Gesalbte das Reich an Gott zurückgebe,
und doch ewig als Stellvertreter unter ihm herrsche.

Ich bin mit vorliegendem Abschnitt fertig. Er umfaßt
nicht die Meinungen eines einzigen, sondern die mehrerer

alten Quellen. Die einzelnen Theile sind da und dort her=
ausgenommen, und wie Mosaiksteine zu einem Ganzen ver=
einigt. Aber ein festes Band umschließt sie, der natürliche
Zusammenhang mit Daniels Prophezeiungen. Der eine alte
Schriftsteller konnte die daniel'schen Fäden so, der andere an=
ders ausspinnen, manche schweifen auch mitten unter Da=
niel'schen Vorbildern auf anderweitige ab. Mir geziemte es,
das, was aus Einem Stamme emporgesproßt ist, zusammenzu=
fassen, das Frembartige auszuscheiden.

e) Mosaisches Vorbild.

Wir kommen an den wichtigsten Zweig der Messiaslehre,
welcher über die dunkelsten Punkte des N. Testamentes helles
Tageslicht verbreitet. Es sey mir vergönnt, des bessern Ver=
ständnisses wegen, einige allgemeine Bemerkungen voranzusen=
den. Die Phantasie der Menschen geht in Geleisen, welche
nicht sie selbst, sondern welche die Natur ihnen gebahnt hat.
Die ausschweifendsten Bilder und Schildereien, welche man
auf alten Denkmälern Indiens oder Aegyptens findet, enthal=
ten keinen einzigen Zug, der nicht irgend einem Geschöpfe
nachgeahmt wäre. Nur die Zusammensetzung ist neu, der
Stoff entlehnt. Kein Volk hat je seine Götter anders dar=
gestellt, als in Gestalt von Menschen, Thieren oder anderen
Naturwesen. Das gleiche Gesetz gilt auch für die Vorbilder
menschlicher Vortrefflichkeiten. Unter den Heiden war, so
viel ich weiß, Homer der erste, der alte Volkssagen belebend,
in Achilles ein Musterbild von Heldenkraft aufstellte. Wie
lange hat dasselbe gedauert, und die sinnreichste Nation des
Alterthums beherrscht! Alexander der Große landete auf dem
persischen Zuge an der Stelle, wo einst Ilion stand, und
brachte dem Peliden Hekatomben dar; seinen Ruhm zu errei=
chen war der höchste Wunsch des jugendlichen Eroberers. Bald
ward er selbst ein Vorbild für kommende Geschlechter. Mit

ihm verglichen zu werden, blieb lange das Ziel des Ehrgeizes;
bis Cajus Julius Cäsar seine Vorgänger im Ruhme verdun=
kelte. Fast ein Jahrtausend galt nur der für groß, der Cä=
sars Thaten nacheiferte. Sein Name bezeichnet in der
Sprache des Volks, welches die Herrschaft von den Römern
erbte, noch heute den Fürsten der Fürsten. Cäsar lebte ge=
wissermaßen in Karl dem Frankenkönige wieder auf, dieser in
Kaiser Friedrich dem Rothbart. Dann feierte die Natur mit
Hervorbringung solcher Menschen, die für kommende Geschlech=
ter ein Maßstab der Größe seyn sollten, bis sie in weniger
als einem Jahrhundert zwei glänzende Verkörperungen des
Ruhmes schuf. Wie Viele, die Etwas seyn wollten, haben
Friedrich II. von Preußen nachgeäfft, sind, wie er, zu Pferde
gesessen, haben, wie er, Tabak aus der Westentasche geschnupft;
der Begriff von menschlicher Größe war so verengt, daß er
nur für Friederich Raum hatte! Bald verdrängte ihn jedoch
ein höheres und edleres Gestirn, der Hauptmann des Ge=
schützes, der Konsul, der Kaiser Napoleon. Und wer mag
berechnen wie lange dieses, in Menschengestalt fleischgewordene,
Weltepos das Maß des Ruhmes und der Herrscherkraft blei=
ben wird! So sind zwei, drei Menschen die Leitsterne für
eine Geschichte von 3000 Jahren, für eine Reihe von Natio=
nen geworden. Wie arm ist also unsere Phantasie! wäre
Natur, die große Künstlerin, uns nicht zu Hülfe gekommen,
hätte sie nicht Alexander, Cäsar, Napoleon geschaffen, wir
würden vielleicht noch in Achilles ein Urbild der Heldengröße
finden. Wenn unsere Dichter ein Ideal von Königen auf=
stellen wollen, entlehnen sie die einzelnen Züge aus der Ge=
schichte jener drei Erkorenen.

Noch enger wird der Phantasie ihr Kreis gezogen unter
einem Volke, das sich ganz von anderen abschließt, nichts von
ihren Ansichten, ihren Erfahrungen aufnimmt. Ein solches
waren bekanntlich die Juden. Jeder Einzelne kannte die
Geschichte seines Volks vollkommen; denn ihre Religions=

Urkunden, die sie von Kindesbeinen an studirten, sind ja zu=
gleich historische Bücher; von der Geschichte anderer Natio=
nen wollten und wußten sie Nichts. Dadurch erhielt noth=
wendig jeder ihrer Begriffe, jede Hoffnung eine geschichtliche
Farbe. Treue hieß, es mit seinen Freunden halten, wie Jo=
nathan mit David; Gott wohlgefallen, heilig seyn, hieß
Abraham und Mosi gleichen; glückliche Zukunft des Landes
galt für gleichbedeutend mit der Wiederherstellung von Da=
vids Reich; jeder Herrscher, der das Volk bedrückte, hieß ein
zweiter Pharao; ein einheimischer Tyrann oder eine solche Ty=
rannin ward Achab, Jezabel genannt; ein grundschlechter
Mensch, Bileam; für alle Nationalfeinde waren Assur, Ba=
bel, Edom, Moab die Vorbilder. In der Offenbarung Jo=
hannis kommen mehrere klare Beispiele der Art vor. Kap.
XVII, 5 ist unter dem Namen $Βαβυλὼν \; ἡ \; μεγάλη$, **R o m**,
Kap. **XI,** 8 mit den Worten: $πόλις \; ἡ \; μεγάλη \; ἥτις \; καλεῖται$
$πνευματικῶς \; Σόδομα \; καὶ \; Ἄιγυπτος$, **J e r u s a l e m** gemeint.
Der Beisatz $πνευματικῶς$ beweist, daß die Juden bereits ein
eigenes System solcher geheimen Benennungen besaßen. Dieß
ist die früher sogenannte Typologie, ein Etwas, das unsere
älteren Theologen verkehrt behandelten, wodurch die Grund=
sätze der Typologie in Verachtung kamen, aber mit Unrecht;
denn mit dem Auge des Historikers betrachtet, vermag die
Typologie sehr wichtige Aufschlüsse zu geben, für welche Be=
hauptung ich die Beweise nicht schuldig bleiben werde. In
den aufgeregtesten Zeiten der Reformation wiederholte sich
dieses Zurückversinken der Gegenwart in die Vergangenheit,
welches bei den Juden gleich dem täglichen Brode ist. In
den Straßen von Münster wimmelte es ums Jahr 1534
von alttestamentlichen Propheten in Schneiders = und Schusters=
Gestalt. Bei den Puritanern in Schottland galt die schöne
Königin Maria für eine leibhaftige Jezabel, Knox für den
zweiten Elias, die Katholiken für Kinder Assur, Edom, Ba=
bel und Belial. Die Schwärmer selbst betrachteten sich wie

Juden in der Wüste: „Zu deinen Hütten Israel."*) Doch
das war vorübergehend, denn der Occident läßt sich nicht so
leicht in die Fesseln der Vergangenheit schlagen, wie der
Orient, wo Gestern, Heute und Morgen sich fast gleich bleibt.
Aber die Juden haben, wie ich schon bemerkte, sehr frühe
den Zusammenhang zwischen Jetzt und Ehemals, besonders in
Bezug auf den Messias, in ein förmliches Lehrgebäude mit
Grundsätzen und Schlußfolgerungen ausgesponnen. Midrasch
Tanchuma: „R. Acha sagt im Namen R. Samuels Bar
Nachmani: Was Gott thun wird in der künftigen Welt, das
hat er schon vollführt in der jetzigen Welt durch die Hand
der Gerechten. Gott wird die Todten auferwecken, das hat
er schon gethan durch Elias, Elisa und Ezechiel. Er wird
das Meer austrocknen, das ist schon durch Moses geschehen.
Er wird die Augen der Blinden öffnen, das hat er schon
durch Elisa gethan. Gott wird in der künftigen Welt die
Unfruchtbaren heimsuchen, wie er früher an Abraham und
Sara gethan. Es steht geschrieben (Jes. 49, 23): Könige
sollen deine Pfleger und Fürstinnen deine Säug-
ammen seyn; auch dieß hat Gott schon früher an Nebukadnezar dem Gottlosen bewährt, welcher vor Daniel niederfallen mußte." Ebenso Vajikra Rabba S. 171, b: „R. Acha
sagt im Namen Eliesers: Was Gott thun und erneuern wird
in jener Welt, das hat er in dieser schon gethan durch die
Hände der Propheten und Gerechten." Schemoth Rabba S.
114, d, über den Spruch (Exod. XII, 2): „Dieser Monat soll bei euch der erste Monat seyn. Hierauf
beziehen sich die Worte Jes. 42, 9: Das Frühere ist

---

*) Walter Scott hat dieß in seinem Romane: „Die Schwärmer,"
unnachahmlich geschildert. Merkwürdig ist, wie man in den
Zeiten, wo es in unserer Kirche gährte und ein Ausbruch be-
vorstand, immer auf das A. Testament zurückkam. Da bewährte
sich der Grundsatz: יְהֹוָה אִישׁ מִלְחָמָה, der Herr ist ein
Kriegsmann.

gekommen und Neues verkündige ich euch. Aber
gibt es denn neue Dinge in der künftigen Welt? Es stehet
ja geschrieben (Koheleth I, 9): Was ist das, was ge=
schehen ist? Dasselbe, was hernach geschehen wird.
Was ist das, was man gethan hat? Dasselbe,
was man hernach wieder thun wird. Nichts Neues
geschieht unter der Sonne." Also kann sich unter dem
Messias nichts eigentlich Neues ereignen. Das Künftige ist
eine Nachahmung des Vergangenen, dieses ein Vorbild des
Künftigen. Jene Stelle des Predigers wurde zu einem
Grundsatze erhoben, auf welchen sich die Rabbinen in ihren
Schriften unzählige Male berufen. Jerusalemische Gemara
zu Chagiga Kap. I zu Ende: „Alles, was ein frommer
Schüler vor seinem Lehrer sagen mag, ist schon zu Moses auf
dem Sinai gesprochen worden. Wie beweist man dieß? aus
dem Spruche Koheleth I, 9: Nichts Neues unter der
Sonne." Hier wird der Spruch gebraucht, um die Unver=
änderlichkeit des jüdischen Lehrbegriffes darzuthun. Gewöhn=
lich benützte man ihn zum Beweise, daß Alles, was unter
dem Messias geschehe, schon früher da gewesen sey. Zwei
Beispiele, aus Gamaliels Munde, wurden bereits oben an=
geführt. *) Auch der Sohar braucht den Spruch in gleichem
Sinne, zur Genes. S. 76: „Fast alle Psalmen haben die
Ueberschrift: מִזְמוֹר לְדָוִד, nur der 98ste nicht; dieß ist näm=
lich das Lied, welches vom heiligen Geist bestimmt ist, gesun=
gen zu werden, wenn Gott die Israeliten aus dem Staube
erweckt. Darum heißt es: Singet dem Herrn ein neues
Lied. Dieses Lied ist neu, weil ein ähnliches seit Erschaf=
fung der Welt nicht gesungen wurde. R. Chija wendet hie=
gegen ein, es heiße ja (Koheleth I, 9): Nichts Neues
unter der Sonne. Allein das Lied ist dennoch neu."
Doch lassen wir diesen Grundsatz vorerst bei Seite. Ich

---

*) Siehe oben Seite 243 und 247.

habe oben gezeigt, daß Moses in der jüdischen Sage längst
als ein Muster aller Vollkommenheit glänzte, man hielt ihn
für einen Gottmenschen, kein Lob schien hinreichend, um seine
Tugend würdig zu preisen, kurz er stand als ein Ideal da
am Eingange der jüdischen Geschichte. Ein ähnliches Gebilde war nun der Messias, nur daß man ihn als Helden der
Zukunft, wie Mosen als die Perle der Vergangenheit, dachte.
In solchen Fällen wird überall auf das Haupt des Künftigen noch mehr Glanz gehäuft, als auf den Gegenstand vor-
zeitlicher Sagen; die Phantasie sucht sich selbst zu überbieten,
was einst war, soll trotz seiner Trefflichkeit nur ein schwaches
Abbild der Herrlichkeit seyn, die noch kommen wird. Zwei
solche Ideale mußten nun schon darum in einander übergehen,
weil die menschliche Einbildungskraft nicht reich genug ist,
wesentlich verschiedene Urbilder höchster Tugend neben einander aufzustellen; ein Unterschied zwischen Beiden konnte
nur darin bestehen, daß der Messias, als der Künftige, die
Vollkommenheiten des Gesetzgebers, als des Gewesenen, wo
möglich in einem noch höhern Grade besaß. Das heißt nun
mit anderen Worten: der Messias mußte schon um jener allgemeinen Gründe willen als ein ins Ueberschwängliche ver-
geistigter Moses erscheinen. Allein es kamen noch besondere, sehr mächtige Ursachen hinzu, welche in diesem Sinne
wirkten. Der Gesetzgeber spricht (Deut. XVIII, 15) zu seinem Volke: Einen Propheten, wie mich, wird der
Herr, dein Gott, dir erwecken, aus dir und deinen Brüdern, dem sollt ihr gehorchen. Weiter
heißt es (ebendas. 34, 10): Und es stund hinfort kein
Prophet in Israel auf, wie Mose, den der Herr
erkannt hätte von Angesicht zu Angesicht. Man
schloß nun so: Keiner von den Propheten, welche die israeli-
tische Geschichte aufführt, ist Mosi an Werth zu vergleichen,
wegen Deut. 34, 10. Dennoch soll Einer kommen wie er,
dieser Künftige kann also kein anderer seyn, als der Messias.

So deuteten den Spruch Viele von denen, welche sonst ihren Lehrbegriff vom Messias aus den Propheten schöpften. An=dere **mußten** so folgern; denn es gab ja, wie ich gezeigt habe, eine große Partei unter den Juden — die essenische —, welche die Bücher des Gesetzes als die einzige Offenbarungsquelle betrachtete, und doch des künftigen Erretters gewärtig war. Es springt in die Augen, daß der bezeichnete Spruch für Leztere die theuerste Fundgrube aller messianischen Hoffnungen seyn mußte.

Hören wir nun die Geschichte. Es gibt keine andere Stelle in den Büchern des alten Bundes, welche um Christi Zeit so entschieden, und von so Vielen auf den Messias be=zogen worden wäre, als Deut. XVIII, 15. Die älteren Vä=ter sind darüber einig, daß Simon, der Zauberer, von dem so viel gefabelt wird, der wahre Juden=Messias seyn wollte. So die zweite klementinische Predigt §. 22: „Nachdem sich Simon der Mager in Alexandrien geübt und große Kennt=nisse in der Zauberei errungen hatte, ward er hochmüthig, wollte für die oberste Kraft Gottes gelten und nannte sich manchmal den stehenden, um damit anzudeuten, daß er der Gesalbte sey: ἐνίοτε δὲ καὶ Χριςὸν ἑαυτὸν αἰνισσόμενος ἑςῶτα προςαγορεύει. Das Gleiche sagt Origenes in der Aus=legung über Matthäus: *) Non multi fuerunt homines tempore Apostolorum, qui Christos se esse dixerunt, nisi forte Dositheus Samareus, unde et Dositheani dicuntur, et Simon, de quo referunt actus apostolorum, qui se virtutem esse Dei magnam pronunciabat. Origenes be=ruft sich auf die Stelle Apostelgeschichte VIII, 9. 10: ἀνὴρ δέ τις ὀνόματι Σίμων προϋπῆρχεν ἐν τῇ πόλει, μαγεύων καὶ ἐξιςῶν τὸ ἔθνος. τῆς Σαμαρείας, λέγων εἶναί τινα ἑαυτὸν μέγαν, ᾧ προςεῖχον πάντες ἀπὸ μικροῦ ἕως μεγάλου λέ=γοντες· οὗτός ἐςιν ἡ δύναμις τοῦ Θεοῦ ἡ μεγάλη. In der

---

*) Opp. B. III, S. 851, b unten.

That lassen diese Worte keinen Zweifel übrig, daß die Sa=
maritaner ihn für den Messias hielten. Origenes wiederholt
jene Behauptung noch einmal mit einem nicht unwichtigen
Zusatze in der 25sten Rede über Lukas: *) „Der Apostel Pau=
lus habe darum sehr bescheidene Ausdrücke von sich gebraucht,
damit man ihn nicht für Christus halte: Nolebat omnia de
se praedicare, quae noverat, ne quis eo plus arbitretur
esse, quam cerneret, et mensuram honoris excedens di-
ceret, quod dictum fuerat de Johanne (baptista), quia
ipse esset Christus. Quod quidem nonnulli etiam de
Dositheo Samaritarum haeresiarcha dixerunt, alii vero
de Juda Galilaeo. Es ist mir in der That höchst wahr=
scheinlich, daß Judas der Galiläer sich für den Messias aus=
gab oder dafür gehalten wurde.

Nun berichten die Väter weiter: Simon der Mager
habe selbst merken lassen, er sey der Prophet von Deut. XVIII,
15. Angedeutet wird dieß in den Rekognitonen Buch VII,
33: **) Nicetas erzählt: Simoni autem cuidam mago, qui
nobiscum una educatus est, pro amicitiis puerili consue-
tudine adhaesimus, ita ut paene ab eo decipi possemus.
Fertur enim in religione nostra sermo de propheta quodam, cujus ab omnibus, qui religioni huic deserviunt,
speraretur adventus, per quem immortalis et beata vita
credentibus danda promittitur. Hunc ergo nos putaba-
mus Simonem. Ich sage, der hier erwähnte Prophet sey
der nämliche mit dem, welchen Moses Deut. XVIII, 15 ver=
heißt. Wer noch daran zweifeln sollte, wird später über=
wiesen werden. Dasselbe, was die Rekognitionen von Simon
dem Zauberer, berichtet Origenes über den Samaritaner Do=
sitheus: ***) μετὰ τοὺς Ἰησοῦ χρόνους ἠθέλησεν ὁ Σαμαρεὺς
Δοσίθεος πεῖσαι Σαμαρεῖς, ὅτι αὐτὸς εἴη ὁ προφητούμενος

---

*) Ebendaselbst S. 962, b oben.
**) Cotelerius II, 564, a unten.
***) Contra Celsum 1, 57. Opp. I, 372.

ὑπὸ Μωϋσέως Χριςός. Es ist nun allerdings wahr, daß die Samaritaner jene Stelle des Pentateuchs für die wichtigste, vielleicht einzige Weissagung auf den Kommenden ansahen und dafür ansehen mußten, weil sie die Propheten verwarfen. So die Rekognitionen I, 34: Samaritani unum verum prophetam ex Mosis vaticinationibus recte exspectantes, pravitate Dosithei impediti sunt, ne hunc, quem exspectabant, crederent esse Jesum. Beim ersten Anblick scheint daher der Argwohn gerechtfertigt, jene beiden Betrüger möchten sich nur darum für den Propheten von Deuter. XVIII, 15 ausgegeben haben, weil das Volk, unter welchem sie ihr Glück machen wollten, keine andere Weissagung auf den Kommenden anerkannte; die eigentlichen Juden dagegen seyen anderer Ansicht gewesen. Allein dem verhält sich nicht so. Mit merkwürdiger Einstimmigkeit feiert eine Reihe älterer Väter jenes Orakel. Apostolische Konstitutionen Buch V, 20: Christum Moses in rubo vidit, et de eodem in Deuteronomio dixit: *Prophetam suscitabit vobis Dominus Deus ex fratribus vestris sicut me.* In den Rekognitionen wird dem Apostel Petrus die Behauptung in den Mund gelegt, daß der Streit zwischen Juden und Christen sich um die Frage drehe, ob Christus der von Moses (Deuter. XVIII, 16) verkündigte Prophet sey, oder nicht. Buch I, 43: Ad indicium, quod haec *) divina virtute agerentur, nos (Apostoli), qui fueramus paucissimi, processu dierum, adstipulante Deo, multo plures, quam illi (Judaei) efficiebamur, ita ut aliquando pertimescerent sacerdotes, ne forte per Dei providentiam, ad confusionem ipsorum, in fidem nostram universus populus conveniret: frequenter mittentes ad nos rogabant, ut eis de Jesu dissereremus, si ipse esset propheta, quem Moses praedixit, qui est Christus aeternus. *De hoc enim solo nobis, qui credidimus*

---

*) Die Werke Christi.

in Jesum, adversum non credentes Judaeos videtur esse differentia. Das heißt gewiß viel gesagt. Von dem Spruche Deuter. XVIII ist aber kurz zuvor mehrfach die Rede, so daß über den wahren Sinn der Prophezeiung Mosis kein Zweifel obwalten kann. An diese ebionitische Schriften schließt sich Klemens von Alexandrien an, im Pädagogen, Buch I, 7: [*]) Μωυσῆς τῷ τελείῳ προφητικῶς παραχωρῶν παιδαγωγῷ τῷ λόγῳ, καὶ τὸ ὄνομα [:]) καὶ τὴν παιδαγωγίαν προθεσπίζει, καὶ τῷ λαῷ παρατίθεται τὸν παιδαγωγὸν ἐντολὰς ὑπακοῆς ἐγχειρίσας· προφήτην ὑμῖν ἀναστήσει, φησὶν, ὃ θεὸς ὡς ἐμὲ ἐκ τῶν ἀδελφῶν ὑμῶν. Ebenso Tertullian im vierten Buche gegen Marcion Kap. 22: Hunc igitur audite, quem ab initio edixerat audiendum in nomine prophétae, quoniam et prophetes existimari habebat a populo. *Prophetam,* inquit Moses, *suscitabit vobis Deus ex filiis vestris.* Noch merkwürdiger ist ein Zeugniß bei Origenes [Band 6 zu Johannes [***])]: „Ungeachtet viele Propheten in Israel sind (die von dem Gesalbten geweissagt haben), so wurde doch vorzugsweise nur der von Moses verkündigte erwartet, nach dem Spruche (Deuter. XVIII, 15): Einen Propheten, wie mich, wird euch der Herr, euer Gott aus euern Brüdern erwecken u. s. w. Die Priester und Leviten stellten daher die Frage an Johannes den Täufer, nicht ob er ein Prophet, sondern ob er der Prophet (von Deut. XVIII, 15) sey. Und obwohl jene diesen Namen nicht auf Christum bezogen, sondern wähnten, der Prophet des Moses sey ein anderes Wesen neben Christus, so antwortete doch Johannes der Täufer mit Nein, weil er den wohl kannte, dessen Vorläufer er war, und wußte,

---

[*]) Opp. I, 134.

[**]) Klemens meint nämlich, der Spruch Deuter. XVIII, 15 beziehe sich zunächst auf Josua, den Sohn Nun; dieser wiederum sey ein Vorbild Jesu.

[***]) Opp IV, 108 unten

daß der von Moses vorausverkündigte, zugleich Prophet und
Messias seyn werde, sonst würde er gewiß Ja gesagt haben,
wenn Jene nicht nach einem Propheten, sondern nach dem
Propheten gefragt hätten; denn Johannes war sich wohl be=
wußt, daß er selbst ein Prophet sey." Man vergleiche noch
eine ähnliche Stelle ebendaselbst: „Es wurde damals vor=
zugsweise ein Prophet erwartet, der mit Moses in vielen
Stücken Aehnlichkeit haben, wie er Mittler zwischen Gott
und den Menschen seyn, und den neuen, von Gott empfan=
genen Bund, seinen Anhängern übergeben sollte; und das
Volk Israel hatte wohl erkannt, daß von allen ihren Prophe=
ten zusammen kein Einziger der von Moses verkündigte ge=
wesen sey." Origenes sah ganz richtig, wie ich tiefer unten
zeigen werde. Auch einige Zeugnisse bei Eusebius gehören
hieher: *) „Christus hat noch auf eine besondere Weise das
Gesetz Mosis und der Propheten erfüllt. Da manchen Ora=
kelsprüchen noch ihre Verwirklichung fehlte, kam es ihm zu,
dieselben zu bewahrheiten. Z. B. im fünften Buch Mosis
stehet der Spruch: Einen Propheten wie mich wird
der Herr, euer Gott, erwecken, ihn sollet ihr hö=
ren u. s. w. Diese Weissagung, die vor ihm noch nicht
eingetroffen war, hat Christus erfüllt, als der zweite Gesetz=
geber nach Moses, als der Stifter der wahren Religion.
Denn indem Moses nicht bloß einfach sagt, ein Prophete
werde aufstehen, sondern bestimmt, ein Prophete, wie er selbst,
zeigt er damit an, daß der Verkündigte Mosi gleich seyn
werde. Nun war Moses selbst ein Religionsstifter, folglich
mußte auch Derjenige, auf den er geweissagt hatte, gleich
ihm, ein Religionsstifter seyn. So viele Propheten auch nach
Moses in Israel aufstanden, wird doch von keinem derselben
bezeugt, daß er Mosi gleich gewesen sey; vielmehr verwiesen
Alle das Volk auf Mosen, und auch die Schrift sagt, daß

---

*) Evangelicarum demonstrationum lib. I, 7. editio Vigeri I. 26.

kein Prophete mehr erstanden sey wie Moses. — Man er=
wartete daher, daß der von Moses verkündigte Prophet und
Gesetzgeber erst noch kommen solle. Da erstand nun Jesus,
der Gesalbte Gottes, der ein neues Gesetz gab für alle Völker,
und weit über das alte (mosaische) hinausging u. s. w."
Im dritten Buche der Demonstrationen Kap. 2, S. 94, sucht
Eusebius zu zeigen, daß und worin Jesus dem jüdischen Ge=
setzgeber gleich gewesen sey.

Dieß ist gewiß eine schöne Reihe von Zeugen dafür, daß
die Worte Deuter. XVIII, 15 in den ersten Zeiten der christ=
lichen Kirche für die wichtigste Weissagung auf den Messias
gegolten habe. Auch das Neue Testament selbst, möchte ich
behaupten, bezieht keinen Spruch entschiedener auf Christum.
In Betracht kommen folgende Stellen, Joh. I, 46: Φίλιπ-
πος λέγει τῷ Ναθαναὴλ: ὃν ἔγραψε Μωϋσῆς ἐν τῷ νόμῳ —
εὑρήκαμεν. Alle guten Ausleger nehmen an, daß der Spruch
Deuter. XVIII, 15 gemeint sey. Matth. XI, 3: ὁ Ἰωάν-
νης — πέμψας δύω τῶν μαθητῶν αὐτοῦ εἶπε τῷ Ἰησοῦ·
σὺ εἶ ὁ ἐρχόμενος. Hier wird ohne alle nähere Erklärung
vorausgesezt, daß der Messias und der geweissagte Prophet
eine und dieselbe Person sey, als ob sich dieß von selbst ver=
stünde. Apostelgeschichte III, 19 u. flg., wo Petrus spricht:
μετανοήσατε καὶ ἐπισρέψατε — ὅπως ἂν ἔλθωσι καιροὶ
ἀναψύξεως ἀπὸ προσώπε τοῦ κυρίε, καὶ ἀποσείλῃ τὸν προ-
κεκηρυγμένον ὑμῖν Ἰησοῦν Χρισόν, ὃν δεῖ οὐρανὸν μὲν δέξας-
θαι ἄχρι χρόνων ἀποκατασάσεως πάντων, ὧν ἐλάλησεν
ὁ θεὸς διὰ σόματος πάντων ἁγίων αὐτοῦ προφητῶν ἀπ᾽
αἰῶνος. Μωσῆς μὲν γὰρ πρὸς τοὺς πατέρας εἶπεν· ὅτι
προφήτην ὑμῖν ἀνασήσει κύριος ὁ θεὸς ὑμῶν ἐκ τῶν ἀδελφῶν ὑμῶν, ὡς ἐμὲ κ. τ. λ. καὶ πάντες δὲ οἱ προφῆται ἀπὸ
Σαμυὴλ καὶ τῶν καθεξῆς, ὅσοι ἐλάλησαν, καὶ προκατήγγειλαν τὰς ἡμέρας ταύτας. Das mosaische Orakel auf Christus
wird hier vor allen genannt. Noch merkwürdiger sind die
Worte des Stephanus (ebendaselbst Kap. 7, 57), der

nicht nur den Spruch Deuter. XVIII, 15 anführt, sondern
auch eine sehr bedeutsame Vergleichung zwischen Moses und
Christus zieht. Endlich gehört besonders hieher die Unter=
handlung des Täufers mit den Juden, Johannis I, 20 und
folgende: ἠρώτησαν αὐτὸν σὺ τίς εἶ; καὶ ὡμολόγησεν, ὅτι
οὐκ εἰμὶ ἐγὼ ὁ Χρισὸς. Καὶ ἠρώτησάν αὐτὸν· τί οὖν; Ἠλίας
εἰ σύ; καὶ λέγει οὐκ εἰμί· ὁ προφήτης εἰ σύ; καὶ ἀπεκρίθη
οὐ. Dieß ist die Stelle, welche Origenes in den oben ange=
führten Worten nicht übel erklärt hat. Doch muß sie noch
genauer ausgelegt werden. Allerdings unterscheiden die Ju=
den neben dem Messias, den Propheten von Deuter. XVIII;
aber der Sinn ist gewiß nicht der, daß eine und dieselbe
Partei neben jenem auch zugleich diesen erwartet hätte,
sondern Die, welche der gemeinen Lehre vom Messias zuge=
than waren, nahmen ohne Zweifel an, der Prophet von
Deuteronomium Kap. 18 sey bereits, etwa in der Person Jo=
sua, des Sohnes Nun, erschienen, während Andere ihren
Gesalbten eben in jenem von Moses verkündigten Seher
fanden. Mit andern Worten, zwei Messiaslehren, die ge=
mein prophetische und die mosaische sind in obiger Frage
unterschieden. Die Pharisäer verstanden unter dem Messias
jenen Helden, den Befreier Israels, an welchen wahrscheinlich
sie selbst und jedenfalls der große Haufe glaubte. Aber sie
konnten nicht wissen, ob der Täufer nicht einer andern, in
jener Zeit vielfach verbreiteten Ansicht zugethan sey, kraft
welcher statt des von ihnen erwarteten Gesalbten der von
Moses verkündigte Prophet kommen sollte. Darum stellen sie
ihre erste Frage anders.

Hätten dieselben, welche an den Messias der Propheten
glaubten, neben ihm jenen Seher gleich Moses erwartet,
so würde sich von dieser doppelten Hoffnung doch irgend eine
sichere Spur im neuen Testamente oder in den ältesten jüdi=
schen Schriften finden. Aber dieß ist nicht der Fall. Im
Gegentheil halten ganze Volksmassen den Seher von Deuter.

XVIII, eben für den Messias. Den bündigsten Beweis hiefür bietet die Stelle Joh. VI, 14. 15 dar: οἱ οὖν ἄνθρωποι ἰδόντες, ὃ ἐποίησε σημεῖον ὁ Ἰησοῦς, ἔλεγον· ὅτι οὗτός ἐστιν ἀληθῶς ὁ προφήτης ὁ ἐρχόμενος εἰς τὸν κόσμον. Ἰησοῦς οὖν γνοὺς, ὅτι μέλλουσιν ἔρχεσθαι καὶ ἁρπάζειν αὐτὸν, ἵνα ποιήσωσι βασιλέα, ἀνεχώρησε πάλιν εἰς τὸ ὄρος, αὐτὸς μόνος. Sonnenklar ist es, daß diese Haufen ihn für den Messias hielten, nicht nur wegen der Beziehung auf Deuter. XVIII, sondern weil sie ihn zu ihrem Könige oder Gesalbten machen wollten. Also zeugt die Stelle Johannis I, 21 von einer doppelten und wesentlich verschiedenen Messiaslehre: der mosaischen und prophetischen. Die eine Partie hielt sich an diese, die andere an die zweite, was schon aus dem Einen Grunde so seyn mußte, weil die Essener und ihre Anhänger im Volke, den Propheten nur ein untergeordnetes Ansehen zugestanden, dagegen Moses als den wahren Träger göttlicher Offenbarung betrachteten, und folglich ihren Messiasbegriff nur aus seinen Büchern schöpfen konnten, während die Pharisäer und der große Haufe es mit den prophetischen Verheißungen hielten.

Der Glaube an den mosaischen Messias schimmert auch in einzelnen Erzählungen bei Josephus durch. Alterthümer XX, 5, erzählt der jüdische Geschichtschreiber: „Als Fadus Landvogt in Judäa war, *) beredete ein Betrüger Namens Theudas viele Menschen, daß sie ihre Besitzthümer zusammenraffen und ihm an den Jordanfluß folgen sollten. Er gab sich nämlich für einen Propheten aus und behauptete, durch sein Wort wolle er den Fluß spalten und bewirken, daß das Volk leicht (d. h. trockenen Fußes) hinübergehen könne. Durch diese Vorspiegelungen verführte er eine Masse von Menschen.“ Theudas wollte für den Messias gehalten seyn,

---

*) Um diese Zeit war die Glut messianischer Hoffnungen bereits bis zur Raserei gestiegen.

wie man auch aus Apostelgeschichte **V,** 36 ersieht; um diese seine Würde zu beweisen, versprach er ein Wunder zu thun, wie Moses, wie Josua der Sohn Nun, Mosis liebster Schüler, und gleich ihnen die Wasser zu spalten. Also sezte er voraus, der Kommende werde seyn wie Moses, oder mit andern Worten, die Prophezeiung von Deuter. **XVIII,** 15, beziehe sich auf den Messias. Noch gehört hieher-Alterth. **XX,** 8, 6: „Betrüger und schlechte Menschen beredeten das Volk, ihnen in die Wüste zu folgen, dort verhießen sie leib= haftige Wunder und Zeichen mit Gottes Hülfe zu thun. Viele ließen sich täuschen und büßten hart genug für ihren Irrthum, denn Felix (der damalige Landvogt) ließ sie auf= greifen und hinrichten. Zu derselben Zeit kam ein Mann aus Aegypten nach Jerusalem, gab sich für einen Propheten aus und beschwazte das Volk, mit ihm auf den Oelberg zu ziehen, der fünf Stadien von der Stadt entfernt ist. Dort, sagte er, wolle er ihnen zeigen, wie auf sein Wort die Mauern von Jerusalem zusammenstürzen würden, so daß sie ungehindert hineindringen könnten." Bei den erstern Betrü= gern ist das mosaische Vorbild unverkennbar: in der Wüste, dem Schauplaz der großen Thaten Moses, versprechen sie ihre Wunder zu thun — aber auch bei dem zweiten: ἀφικνεῖ= ται δέ τις ἐξ Ἀιγύπτȣ κατὰ τοῦτον τὸν καιρὸν εἰς τὰ Ἱερο= σόλυμα, προφήτης εἶναι λέγων. War dieser Mann ein ge= borner Aegyptier, warum sagt dann Josephus nicht αἰγύπ= τιός τις, statt τὶς ἐξ Ἀιγύπτȣ, kam er bloß aus Aegypten, warum fügt dann Josephus diese an sich anscheinend ganz müßige Bemerkung bei? berichtet er doch weder von Theu= das noch den andern Betrügern, woher sie gekommen, oder gewesen. Allein der Beisaz ist in der That nicht müßig, sondern enthält eine geheime Beziehung, auf die Josephus leise anspielt. Wie Moses, das Vorbild des künftigen Er= retters, aus Aegypten nach Kanaan gezogen, so auch dieser an= gebliche Prophet, der ohne Zweifel den Spruch Deuter. **XVIII,** 15

auf sich bezogen wissen wollte. Ich sehe voraus, daß manche
Leser mich mißbrauchten Scharfsinns anklagen werden; sie
mögen sich gedulden bis zum Ende dieses Abschnittes, dann
wird ihnen die Sache anders vorkommen. Das Versprechen
des Betrügers, Jerusalems Mauern sollen auf sein Wort
niederfallen, ist offenbar der Einnahme von Jericho nachge=
macht; also haben wir hier kein mosaisches Vorbild! allein
man betrachtete Josua als den Vollender der Werke Mosis,
man zog ihn in die Geschichte des Gesetzgebers herein, und
wie die obenangeführte Stelle aus Klemens beweist, deuteten
Viele den Spruch Deuter. XVIII, zunächst auf Josua, den
Sohn Nun, dann erst durch diesen hindurch auf den Künfti=
gen. Moses hat keine Wunder im gelobten Lande gethan,
weil er es nicht betrat, aber wohl hat Josua, dem er seinen
Geist gab, dort die Befehle des Gesetzgebers vollstreckt.
Sollen nun mosaisch=messianische Werke in Kanaan geschehen,
so müssen sie denen Josuas, in welchem gleichsam Moses selbst
das gelobte Land betrat, nachgebildet seyn; die Beziehung
auf die Meisterstelle Deuter. XVIII, bleibt daher unerschüttert.
Man darf nicht übersehen, daß Josephus von allen diesen
Menschen sagt, sie hätten sich für P r o p h e t e n ausgegeben, da
sie doch offenbar Befreier des Volks und Messiasse seyn woll=
ten; also gebrauchten sie selbst die Worte Prophet und Messias
als gleichbedeutend, oder, was dasselbe ist; sie wollten der
Prophet von Deuter. XVIII, seyn. Zum Schlusse bemerke
ich noch, daß auch Philo unsern Spruch allem Anschein nach
auf den Messias deutet, zu Ende des ersten Buchs de
Monarchia. *)

Sehen wir jetzt, was der mosaische Gesalbte nach den
Urkunden der Juden thun soll. Moses war gewissermaßen der
Anfang dieser Welt, der Messias ist ihre Vollendung. So
der Sohar zu Deuteron. Spalte 438: **Apud omnes in**

---

*) Mang. II, 222 oben.

confesso est, Mosen initium fuisse in mundo, ut homines
essent perfecti in omnibus — propterea Moses initium
fuit in mundo. Quod si vero dicas, quisnam est consummatio (mundi)? respondeo: rex Messias. Per hunc
enim talis perfectio in mundo continget, qualis omnibus
generationibus nondum fuit. Illo tempore perfectio in-
venietur in supernis et in inferioribus, et omnes mundi
erunt in consociatione una, juxta id, quod scriptum est
(Zach. XIV, 9): *Illo tempore Dominus eril unus et nomen ejus unum,* Beide handeln in gleichem Sinne. Darum
ist erstlich die Befreiung aus Aegypten ein Vorbild der mes=
sianischen Erlösung. Diese wie jene erfolgt am 15ten Nisan.
Targum Jeruschal. zu Exod. XII, 42: „Vier Nächte sind auf=
gezeichnet im Buche des Gedächtnisses vor dem Herrn. Die
erste Nacht war die, als das Wort des Herrn über der Welt
erschien, um sie zu schaffen u. s. w. Die zweite, da das
Wort des Herrn unserem Vater Abraham erschien (um ihm
die Geburt seines Sohnes anzuzeigen). Die dritte, da das
Wort des Herrn sich gegen die Aegypter erhob, mitten im
Dunkel; seine rechte Hand schlug die Erstgeburt der Aegyp=
ter, aber dieselbe Hand schonte der Erstgeburt Israels (um
den Bund aufrecht zu halten). Die vierte Nacht ist die,
in welcher das Ende dieser Welt vorbereitet, die Stricke der
Bosheit zerrissen, das eiserne Joch der Unterdrücker zer=
schmettert wird. Dann soll Moses mitten aus der Wüste,
und der König Messias mitten aus Rom kommen; dieser
wird voranziehen in einer Wolke, jener wird voranziehen in
einer Wolke, und das Wort des Herrn steht als Führer zwi=
schen ihnen beiden, und sie wandeln mit ihm. Dieß ist die
Nacht des Passah, das geheiligt werden soll vor dem Herrn,
und allen Israeliten für alle Geschlechter als Feier vorge=
schrieben ist." Schemoth Rabba Abschnitt 15, S. 150, c, d:
über die Worte Exod. XII, 2: Dieser Monat (Nisan)
soll euch der erste seyn. Ex quo Deus mundum suum

elegit, determinavit principium mensis redemtionis, quo liberati sunt Israelitae ex Aegypto, et quo liberabuntur futuro seculo. Roſch Haſchanah bab. S. 11, a: „R. Joſua ſagt: im Niſan ſind unſere Väter (aus Aegypten) befreit worden, im Niſan werden wir einſt (in des Meſſias Tagen) erlöst werden.“ Ebenſo das Buch Mechilta über Exod. XII, 42. Dieſelbe Lehre findet ſich auch im Sohar zu Exod. S. 49, Spalte 195: Mense Nisan liberati sunt (ex Aegypto), et eodem mense in seculo futuro liberabuntur. Nie war Streit darüber unter den Juden. Rabbi Bechai ſagt daher in ſeiner Schrift Kad Haffemach S. 49, c: „Alle Propheten ſtimmen überein, daß die künftige Erlöſung gleich ſeyn wird der erſten (aus Aegypten), wie geſchrieben ſteht (Mich. VII, 15): Ich will ſie Wunder ſehen laſſen, gleich wie zur Zeit, da ſie aus Aegypten zogen.“ In der älteſten chriſtlichen Kirche war dieſe Sage wohl be= kannt, und hatte Folgen, die ſich lange erhielten. Hierony= mus berichtet im Kommentar über Matth. 25, 5: [*]) traditio Judaeorum est, Christum (Messiam) media nocte venturum, in similitudinem aegyptii temporis, quando Pascha celebratum est et exterminator venit, et Dominus super tabernacula transiit, et sanguine agni postes nostrarum frontium consecrati sunt. Unde reor et traditionem apostolicam permansisse, ut in die vigiliarum paschae ante noctis dimidium populos dimittere non liceat, exspectantes adventum Christi, et postquam illud tempus transierit, securitate praesumta, festum cunctos agere diem. Von der hier erwähnten Sitte ſprechen die apoſtoli= ſchen Konſtitutionen im 5ten Buche, Kap. 19; Epiphanius in der 70ſten Ketzerei, Laktantius im 7ten Buche der Inſti= tutionen, Kap. 19. Ich will die Worte des Leztern anfüh= ren: Haec est nox, quae a nobis propter adventum regis

---

[*]) Opp. ed. Vallarsius B. VII, S. 203.

ac **Dei** nostri pervigilio celebratur; cujus noctis duplex
est ratio, quod in ea et vitam tum recepit, cum passus
est, *et postea regnum orbis terrae recepturus est.* Die
Chriſten folgten alſo in dieſem Stücke der jüdiſchen Annahme!
Wer möchte zweifeln, daß der beſchriebene Brauch, wie der
Glaube, auf welchem jener ruht, bis in die Tage Jeſu hinauf=
reiche! Die Meinung, daß die zweite Erlöſung (durch den
Meſſias) der erſten (unter Moſes erfolgten) gleich ſey, iſt
ſogar noch älter. Im Targum Jonathan zu Eſaias 35, 10
heißt es: „Die Erlösten des Herrn werden zurückkehren und
aus der Mitte ihrer Gefangenſchaft verſammelt werden, un=
ter Lobgeſängen werden ſie nach Zion wallen. Ewige Freude,
die nie aufhört, wird ihnen zu Theil; die Wolke der Herr=
lichkeit beſchattet ihre Häupter. Wonne und Genuß finden
ſie, Schmerzen und Seufzer hören auf unter ihnen und dem
ganzen Volke Iſrael.“ Alſo die Wunderwolke führt ſie wie
beim Auszug aus Aegypten! Auch Philo lehrt Daſſelbe. *)

Zweitens nicht nur darin wird die zweite Erlöſung der
erſten gleich ſeyn, daß beide zu derſelben Zeit erfolgen, ſon=
dern auch die Wunder, die dem Auszuge aus Aegypten vor=
angingen, oder in der Wüſte geſchahen, erneuern ſich unter
dem Meſſias. Sohar zu Exodus S. 4, ´b: Tempore, quo
se revelabit rex Messias, faciet Deus omnia ista miracula, prodigia et divinae virtutis opera coram Israële,
quae fecit olim in Aegypto, quemadmodum scriptum est
(Mich. VII, 15): *Secundum dies, cum exivisti e terra
Aegypti, ostendam ei miracula.* Ebenſo Midraſch Tanchuma
S. 77, a: „Gelobt ſey der Name des Königs aller Könige,
der alle Wunder, welche die Iſraeliten in der Wüſte erfah=
ren haben, in der künftigen Zeit wieder thun wird zu Gun=
ſten Zions.“ Beſonders ſollen ſich die zehn Plagen wieder=
holen, mit denen die Feinde Iſraels abermal heimgeſucht

---

*) Siehe meine Schrift über Philo I, S. 519 und 529.

werden. Jalkut Schimeoni Thl. I, S. 56, b: „Der hochge=
lobte Gott wird alle Plagen, die er über die Aegypter ge=
schickt, in der künftigen Zeit (gegen Edom) ergehen lassen,
wie geschrieben steht (Jes. 23, 5): Gleich wie man er=
schrak, da man von Aegypten hörte, also wird
man auch erschrecken, wenn man von Zor (Tyrus)
hören wird. Ueber Aegypten ist die Plage des Bluts
ergangen, das soll auch künftig geschehen, nach dem Spruche
(Joel 3, 3): Ich will Wunderzeichen geschehen las=
sen im Himmel und auf Erden: Blut, Feuer und
Rauchdampf. Aegypten ward mit Fröschen geschlagen, de=
ren Stimme unangenehm war. Das Gleiche soll geschehen,
nach dem Spruche (Jes. 66, 6): Dann wird man hören
eine Stimme des Getümmels in der Stadt. In
Aegypten waren Läuse. Von Edom heißt es (Jes. 34, 9):
Ihre Bäche werden zu Pech, ihre Erde zu Schwe=
fel. Ungeziefer verheerte Aegypten. Von Edom wird ge=
sagt (Jes. 34, 11): Rohrdommeln und Igel werden
das Land inne haben, Nachteulen und Raben sol=
len daselbst wohnen. Aegypten ward von der Pest ge=
schlagen, so auch Edom, nach dem Spruche (Ezechiel 38, 22):
Ich will ihn richten mit Pestilenz und Blut. Gott
schickte über Aegypten böse Geschwüre, ebenso wird es Edom
ergehen, wie geschrieben steht (Zachar. IV, 12): Ihr Fleisch
wird verschwinden, während sie noch auf ihren
Füßen stehen. Ueber Aegypten kam Hagel, auch Edom
wird es nicht besser gehen, nach dem Spruche (Ezechiel 38,
22): Ich will regnen lassen Platzregen mit Hagel.
Aegypten ward mit Heuschrecken heimgesucht, ebenso soll es
Edom ergehen, nach dem Spruche (Ezechiel 39, 7): Du
Menschenkind, sage allen Vögeln, wie sie auch
fliegen, sammelt euch und kommet her. Ueber Aegyp=
ten kam Finsterniß, also auch über Edom, nach dem Spruche
(Jes. 34, 11): Er wird eine Meßschnur darüber

ziehen, daß (das Land) wüste werde. In Aegyp=
ten ward alle Erstgeburt erschlagen, das Gleiche wird in Zu=
kunft geschehen, denn es steht geschrieben (Ezechiel 32, 30):
**Alle Fürsten von Mitternacht müssen dahin ge=
hen.**" Daß der Glaube, die Plagen Aegyptens werden sich
in der messianischen Zeit wiederholen, schon in Jesu Tagen
verbreitet war, ersieht man aus der Offenbarung Johannis
16, 1 und flg., wo das mosaische Vorbild aufs Deutlichste
nachgeahmt ist. Nur sind nicht alle zehn aufgeführt, weil
der Verfasser des Buchs, als Anhänger der Geheimlehre, die
Siebenzahl überall feiert. Der Grundsatz, aus welchem die
Erneuerung der ägyptischen Plagen gefolgert wurde, ist jedoch
noch älter, denn der Targum Jonathan Ben Usiel zeugt für
ihn; zu Hof. II, 14, 15: „Der Herr spricht: Siehe, ich will
sie (die Kirche Israel) dem Gesetz unterwerfen; ich will ihr
Wunder thun und Zeichen, wie ich ihr gethan habe in der
Wüste, durch die Hand meiner Knechte, der Propheten, ich
will tröstlich reden zu ihrem Herzen — sie sollen meinem
Worte gehorchen, wie in den Tagen der Vorzeit, ja ich will
Wunder und herrliche Thaten verrichten, wie dergleichen ge=
schahen in den Tagen, da sie aus Aegypten heraufzogen."
Ebenderselbe zu Zacharias X, 11: „Wunder und große Tha=
ten sollen geschehen, wie sie einst ihren Vätern zu Theil wur=
den auf dem Meere, sie werden schauen die Bestrafung ihrer
Feinde (auf gleiche Art), wie einst die Männer (Pharao's)
untersanken in den Fluthen des Schilfmeeres."

Drittens, nicht nur die Wunder, die einst der Herr ge=
wirkt, sollen sich wiederholen, sondern der Messias wird auch
gerade so handeln, wie Moses. So der Midrasch Koheleth
zu der Hauptstelle Kap. I, 9: (Was geschehen ist, wird wie=
berkommen): „R. Berachia sagt im Namen R. Isaaks: Wie
der erste Erlöser (מושיע, d. h. Moses) war, so wird auch der
zweite (der Messias) seyn. Was that der erste Erlöser? Es
stehet von ihm geschrieben (Exod. IV, 20): Also nahm

Moses sein Weib und seine Söhne und sezte sie
auf einen Esel und zog wieder in Aegyptenland.
So wird es auch der lezte Erlöser machen, wie geschrieben
stehet (Zacharias IX, 9): Siehe, dein König kommet
zu dir, arm und reitet auf einem Esel, und auf
einem Füllen der Eselin. Was that der erste Erlöser?
Er ließ Manna vom Himmel herunterfallen, nach dem Spruche
(Exod. XVI, 4): Siehe, ich will euch Brod vom
Himmel regnen lassen. So wird auch der lezte Erlöser
Ueberfluß des Brodes auf Erden seyn, nach dem Psalm 72,
16: Ueberfluß des Getraides wird auf Erden
seyn. Deßgleichen wie der erste Erlöser einen Brunnen aus
der Erde aufsteigen ließ, so wird auch der lezte Erlöser,
welcher der König Messias ist, Wasser heraufsteigen
lassen, wie geschrieben steht (Joel III, 23): Zur selbigen
Zeit sollen alle Bäche in Juda voll Wassers seyn,
und eine Quelle wird vom Hause des Herrn aus=
gehen, die den Strom Sittim wässert." *) Bevorst
nur Eine Bemerkung. Die Rabbinen lehren, daß der Esel,
auf welchem der Messias seinen Einzug in Jerusalem halten
werde, derselbe sey mit dem, welchen Abraham sattelte, als
er Isaak opfern wollte, und mit dem, auf welchem Moses
ritt. So der Jalkut Schimeoni zum Gesetz S. 28, b, über
die Worte (Genes. XXII, 3): Da stund Abraham des
Morgens frühe auf und sattelte seinen Esel. „Die=
ser Esel ist ein Füllen jener Eselin, welche zu Anfang der
Welt in der Dämmerung geschaffen wurde. Es ist derselbe
Esel, auf dem Moses ritt, nach dem Spruche Exod. IV, 20;
es ist derselbe, auf dem der Sohn Davids reiten wird, wie
geschrieben stehet (Zachar. IX, 9): Er ist arm und reitet

---

*) Auch ein Halbblinder muß einsehen, wie höchst wichtig diese
Stelle zum Verständniß des N. Testaments ist. Ich empfand
die lebhafteste Freude, als ich sie im Jahr 1831 fand. Im
Einzelnen soll sie erst tiefer unten erklärt werden.

auf einem Esel." Diese Meinung wird wiederholt von Jarchi zu Exod. **IV, 20,** in den Pirke Rabbi Elieser Kap. 31, im Jalkut Rubeni S. 79, c, d. So abenteuerlich sie in unseren Ohren klingt, so hatte sie für die Juden nichts Bedenkliches; denn schon die Pirke Afoth lehren ja, daß Bileams Eselin in der Abenddämmerung des sechsten Tages geschaffen worden sey,[*] und da sie über die göttliche Allmacht verfügten, konnten sie einen Esel leicht 4000 — 5000 Jahre von den herrlichen Kräutern des Paradieses leben lassen.

Ferner, wie Moses eine Zeitlang verschwand und dann wieder erschien, so wird auch der Messias eine Zeitlang verschwinden und dann wiederkommen. So der Midrasch Ruth (zu Kap. **II,** 14) S. 41, a, Jalkut Schimeoni II, S. 75, d, und Pesichta Rabbathi S. 24, d: „R. Berachia sagt: Wie der erste Erlöser (Moses) war, so wird auch der lezte (Messias) seyn. Wie der erste Erlöser, d. i. Moses geoffenbart, dann verborgen ward und hernach wieder erschien: so wird es auch mit dem lezten Erlöser, d. i. dem Messias ergehen. Wie lange war der erste Erlöser verborgen? R. Tanchuma sagt 45 Tage (so wird es auch mit dem zweiten der Fall seyn), nach dem Spruche Dan. **XII,** 11: **Und von der Zeit an, wenn das tägliche Opfer abgethan, und ein Gräuel der Verwüstung aufgestellt ist, sind 1290 Tage,** und weiter heißt es ebendaselbst (Vers 12): **Wohl Dem, der da erwartet und erreichet 1335 Tage.** Fünfundvierzig Tage sind hier hinzugezählt, dieß sind eben die Tage, in welchen die Israeliten Salz essen werden." So der Midrasch Ruth; bei den Anderen heißt es: „Dieß sind die Tage, in welchen er ihnen erscheint und wieder verschwindet." Ich bin nun überzeugt, daß die 40 Tage von Apostelgeschichte **I,** 3, in welchen Christus seinen Jüngern bald erschien, bald verschwand, der eben entwickelten uralten Sage

---

[*] Siehe oben Seite 31.

nachgebildet find; denn unfere Evangelien ftrömen über von
offenen und geheimen mofaifchen Vorbildern. — Wie die mo=
faifche Erlöfung nur wenig Auserkornen zu Gute kam, fo
auch die meffianifche. Sanhedrin bab. im Abfchnitt Chelek
zu Ende: „R. Simai fagt: Es ftehet gefchrieben (Jer. III,
14): Ich will euch holen Einen aus einer Stadt,
Zwei aus einem (ganzen) Stamme, und will euch
bringen nach Zion. Ihr Auszug aus Aegypten gleicht
ihrem Einzuge in das Land. Wie beim Einzuge nur Zwei
aus 600,000 gerettet waren (Jofua und Kaleb), fo waren
auch beim Auszuge nur Zwei auf 600,000. Rabba fagt:
fo wird es auch feyn in den Tagen des Meffias, wie gefchrie=
ben fteht (Hof. II, 15): Dafelbft wird fie fingen, wie
zur Zeit ihrer Jugend, da fie aus Aegypten zog.“
In ähnlichem Sinne fpricht bekanntlich Paulus im erften Ko=
rintherbriefe X, 1 — 6; er fügt zulezt bedeutfam genug bei:
ταῦτα τύποι ἡμῶν ἐγενήθησαν. Die ganze Stelle ift voll
jüdifcher Sagen, und fo find denn auch diefe Vorbilder der
jüdifchen Theologie von Damals entnommen.

Der Meffias bekleidet diefelben Aemter, wie Mofes. Diefer
war Gefetzgeber; auch der Meffias wird es feyn, unter ihm
wird das alte Gefetz abgefchafft und ein neues geiftiges dafür
ertheilt. Midrafch Koheleth zu Kap. II, 1 über die Worte:
„Ich fprach in meinem Herzen: wohl leben will
ich und das Gute fehen; aber fiehe, das war auch
eitel. Das Gute, das ift das Gefetz, es ift alfo auch eitel:
Hätte nun die Schrift nicht fagen follen, Wohlfahrt ftatt
eitel. Warum fagt fie denn, es fey auch eitel? R. Hiskiah
fagt: Jedes Gefetz, das du lernft in diefer Welt, ift eitel
vor dem Gefetze der kommenden Welt.“ Ebendafelbft über
Kap. XI, 8: „Jedes Gefetz, das der Menfch lernt in diefer
Welt, ift eitel gegenüber dem Gefetze des Meffias.“ Auch
Sifra über den Spruch Levit. 26, 9: „Ich will mich zu
euch wenden, und will euch wachfen laffen und

mehren, und will meinen Bund mit euch halten,
d. h. ich will mich zu euch wenden im Guten, und will euch
mehren durch körperliche Zeugung und euch groß heranwach=
sen lassen, und meinen Bund mit euch halten, er wird nicht
seyn wie der alte Bund, den ihr übertreten habt, nach dem
Ausspruche der Schrift (Jer. 31, 31. 32): Siehe, es
kommt die Zeit, — da ich mit dem Hause Juda
einen neuen Bund mache, nicht wie der Bund ge=
wesen ist, den ich mit ihren Vätern schloß, da ich
sie bei der Hand nahm und aus Aegypten führte,
welchen Bund ihr nicht gehalten habt, sondern ein
neuer Bund, den sie nicht übertreten sollen" u. s. w. Midrasch
zum Hohen Lied II, 12: „Das Gesetz wird unter dem Mes=
sias erneuert, und es soll dem Volk Israel ein neues gegeben
werden, nach dem Spruche Jer. 31, 31." Niddah bab. S.
61, b: „Ein veraltetes Gewand, an dem zweierlei Stoffe
sind, soll man nicht an einen Heiden verkaufen (aus Furcht,
derselbe möchte es wieder an einen Juden verschachern), auch
soll man aus demselben keinen Saumsattel für Esel machen,
wohl aber darf man Todte darein kleiden. R. Joseph sagt:
Daraus lernen wir, daß die Ceremonialgesetze aufhören wer=
den in der kommenden Zeit" (wenn nämlich ein Todter in
jenem Gewand aufstehen darf, so kann es nicht mehr verbo=
ten seyn, das Gesetz der Cilaim gilt also dann nicht mehr).
Aehnlich die Bereschit Rabba des R. Moses Haddarschan zu
Genes. 41, 1 *): „Es stehet geschrieben (Ps. 146, 7): Der
Herr löset das Gebundene; nämlich jegliches Geschöpf,
das für unrein gilt in dieser Welt, wird der Herr rein er=
klären in der künftigen, gleichwie es ursprünglich rein war
für die Kinder Noahs, nach dem Spruche (Genes. 9, 3):
Alles, was sich reget und lebet, das sey eure
Speise, wie das grüne Kraut habe ich euch Alles

---

*) Bei Raimund Martini S. 808.

gegeben. So gut als Kraut, war damals jegliches Thier für sie rein; gleicher Weise wird der Herr in der künftigen Welt Alles gestatten, was jetzt verboten ist. Warum hat er es verboten in dieser Welt? Um zu sehen, wer seinen Befehlen gehorchen würde, und wer nicht! Was heißt, er erlaubt das Verbotene? Nichts ist schwerer verboten, als der Zutritt zu einem Weibe, das seine Reinigung hat. Dennoch hört dieses Verbot auf in der künftigen Welt, nach dem Spruche (Zachar. XIII, 2): Zu der Zeit will ich die Propheten und den Geist der Unreinheit aus dem Lande wegnehmen. Nichts ist aber unreiner als der monatliche Blutfluß" u. s. w. (der Midrasch versteigt sich hier, ohne es zu merken, in ein anderes Feld. Jenes Verbot hört nicht auf, weil das, was es untersagt, erlaubt ist, sondern weil es keinen unreinen Fluß mehr gibt). Pirke Rabbi Elieser Kap. 46 Mitte: "Wenn auch alle Feste in jener Welt aufhören, so bleibt doch der Versöhnungstag." Vajikra Rabba Abschnitt 9, S. 153, a, Tanchuma 55, b, Pesikta Sotarta S. 11, a, Midrasch Tillin über Pf. 100, 2: "R. Pinchas und R. Jochanan sagen: Inskünftige werden alle Opfer aufhören, nur das Opfer des Lobes wird nicht aufhören. Alle Gebete werden aufhören, die Danksagung allein wird nicht aufhören." Wir haben hier eine Reihe von Stellen aus dem zehnten bis zum dritten Jahrhundert hinauf, welche alle die einstige Abschaffung des mosaischen Ceremonialgesetzes verkünden. Nur der geistige Kern von Mosis Werk soll bleiben, ein Gottesdienst im Geist und in der Wahrheit. Sogar im Talmud, der doch sonst von willkürlichen Satzungen überströmt, wird da und dort behauptet, daß jene Gebote nicht um ihrer selbst willen, sondern eines anderweitigen Zweckes wegen, gegeben worden seyen, nämlich weil Gott die Treue seines Volkes prüfen und demselben durch eine Lebensweise, welche Israel von allen anderen Nationen unterschied, ein unzerstörbares Band der Einheit geben wollte.

Die Last der unzähligen Ceremonien war Manchem zu schwer geworden. Ein merkwürdiger Ausspruch findet sich in dieser Beziehung Makkoth bab. S. 23, b: „Sechshundert dreizehn Gebote sind Mosi auf dem Berge Sinai gegeben worden, 355 nach den Tagen des Sonnenjahres, 248 nach der Zahl der Glieder des Menschen. Wie beweist man, daß es 613 Gebote seyen? Aus dem Spruche Deuter. XXXIII, 4: Mo= ses hat euch gegeben תּוֹרָה das Gesetz. Das Wort Thora enthält die Zahl 611. Hiezu kommen noch die zwei Gebote Exod. XX, 2 und 3 (so daß die Summe von 613 voll wird). Da kam David und verringerte jene Gebote auf eilf, nach der Stelle Psalm 15, 1 und flg.: Herr, wer wird wohnen in deiner Hütte, wer wird bleiben auf deinem heiligen Berge? 1) Der, welcher ohne Fehl einhergehet, 2) recht thut und 3) redet die Wahrheit von Herzen, 4) wer mit seiner Zunge nicht verleumdet, 5) seinem Nächsten kein Ar= ges thut, 6) seinen Genossen nicht schmähet, 7) wer die Gottlosen für Nichts achtet, 8) sondern ehret die Gottesfürchtigen, 9) wer seinem Nächsten den Eidschwur hält, 10) wer sein Geld nicht auf Wu= cher gibt, 11) und keine Geschenke nimmt zum Nachtheil der Unschuldigen. Wer das thut, der wird ewiglich fest stehen. Später kam Jesaias und verringerte die eilfe auf sechs, nach dem Spruche Kap. 33, 15: a) Wer in Gerechtigkeit wandelt, b) und redet was recht ist, c) wer räuberische Bedrückung has= set, d) wer seine Hände abziehet, daß er keine Geschenke nimmt, e) wer seine Ohren zustopfet, um nicht blutige Anschläge zu hören, f) wer seine Augen zuhält, um nichts Arges zu sehen, — der wird in der Höhe wohnen. Da kam Micha und ver= einfachte die sechs auf drei, nach dem Spruche Kap. 6, 8: Es ist dir gesagt, Mensch, was gut ist, und was der Herr von dir fordert, nämlich: 1) Gottes Wort halten, 2) Liebe üben, 3) demüthig seyn vor deinem Gotte. Abermal stellte Jesaias die drei auf zwei, nach der Stelle 56, 1: So spricht der Herr: Haltet das Recht und thut Gerechtigkeit. Endlich kam Habakuk und stellte Alles auf eines, nach dem Spruche (Kap. II, 4): Der Gerechte wird seines Glaubens leben." Dieser schönen Stelle liegt der Gedanke zu Grund, daß innerlicher Gottesdienst die Hauptsache, die Ceremonien nur Nebenwerk seyen. In der That haben sich die Propheten zu stark in gleichem Sinne ausgesprochen, als daß solche Ansichten nicht unter dem Volke, trotz aller rabbinischen Einflüsterungen, hätten aufkommen sollen. In Jesu Christi Tagen hatten sich die Essener bereits vom Tempel zurückgezogen, und somit einen Haupttheil des Ceremonien-Dienstes für aufgehoben erklärt, und endlich behauptet Jonathan Ben Ussel, der vorchristliche Zeuge, daß der Messias ein neues (geistiges) Gesetz bringen werde, indem er die Worte Jes. XII, 3: Ihr werdet Wasser schöpfen mit Freude aus dem Borne des Heils, so übersezt: „Ihr werdet eine neue Lehre אוּלְפָן חֲדַת mit Freuden von den Auserwählten der Gerechten empfangen."

Moses führte das hohenpriesterliche Amt. Auch der Messias wird Hohenpriester seyn. So Jonathan Ben Ussel zu Zachar. IV, 12. 13: „Siehe, ein Mann, Messias ist sein Name — sitzen wird er auf seinem Throne und herrschen (als König), auch Hohenpriester wird er seyn auf seinem Throne" u. s. w. Das heißt: der Messias vereinigt die königliche und hohenpriesterliche Würde in seiner Person. Er ist aber in einem höhern Sinne Hohenpriester, als Moses. Einst waren alle Israeliten der priesterlichen Würde theilhaftig, aber unter Moses haben sie dieselbe durch eigene Schuld verloren. Mechilta zu Exod. XIX, 6: „Alle Israeliten waren würdig von der Hebe zu essen, ehe sie sich durch den Dienst des Kalbes verfündigten; als dieß geschehen war, ward jene Ehre von ihnen genommen und den Leviten allein ertheilt." Aehnlich Avoda Sara bab. S. 5, a: „Risch Lakisch sagt: Hätten unsere Väter sich nicht durch den Kalbdienst vergangen, so wären wir, ihre Enkel, nicht in die Welt gekommen (denn die Väter wären dann wie Engel gewesen und hätten folglich auch keine Kinder gezeugt). Darauf bezieht sich der Spruch (Ps. 82, 6. 7): Ihr seyd Götter und allzumal Kinder des Höchsten (aber weil die Israeliten sich versündigt, heißt es weiter), dennoch sollt ihr sterben wie Menschen." Eine andere Wendung erhält dieselbe Ansicht im Traktat Schabbath bab. S. 88, a: „R. Simai sagt: In der Stunde, wo die Israeliten sprachen (Exod. XXIV, 7): Alles, was der Herr gesagt hat, wollen wir thun und gehorchen, stiegen 600,000 Engel des Dienstes herab, und krönten jeden Israeliten mit zwei Kronen; die eine sezten sie auf wegen des Sazes: Wir wollen thun, die andere wegen des Wortes: Wir wollen gehorchen. Als sie sich aber durch den Dienst des Kalbes versündigt hatten, kamen 1,200,000 Teufel und rissen die Kronen weg, nach dem Spruche (Exod. XXXIII, 6): Die Israeliten thäten ihren Schmuck von sich vom Berge Horeb." Diese Schuld wird nun unter dem Messias getilgt. So dieselbe Stelle (Schabbath 88, a): „Risch Lakisch sagt: In der künftigen Zeit wird Gott uns die Kronen wiedergeben, wie geschrieben steht Jes. 35, 10: Die Erlösten des Herrn werden wieder kommen, und gegen Zion ziehen mit Jauchzen und ewige Freude wird auf ihrem Haupte seyn" (nämlich die Freude auf ihrem Haupte bedeutet die Wiederherstellung der verlornen Kronen). Alle sind dann wieder Priester, wie in der Vorzeit, nach Jes. 61, 6. *) Denn Messias, der große Hohepriester, bewirkt durch seine Fürbitte,

---

*) Man vergleiche Offenbarung Johannis V, 10: ἐποίησας ἡμᾶς τῷ θεῷ ἡμῶν βασιλεῖς καὶ ἱερεῖς.

daß Gott alle Sünden vergibt. So der Targum Jonathan
zu Jes. 53, 4: „Er wird Fürbitte einlegen für unsere Misse=
thaten, und um seinetwillen werden unsere Frevel vergeben."
Und ebenderselbe zu Zach. XIII, 1: „Zu jener Zeit soll die
Lehre des Gesetzes für das Haus Davids und die Bewohner
von Jerusalem offen seyn wie ein Wasserbrunnen, und ich
will ihre Sünden vergeben."

Israels Gesetzgeber sang mit allem Volk ein Lied nach
der wunderbaren Rettung aus dem Schilfmeer, er sang ein
zweites vor dem Abschied, als seine hohe Seele weggenom=
men werden sollte. Auch unter dem Messias werden die Er=
lösten ein Lied singen, das zum Unterschied von den beiden
alten mosaischen das neue Lied genannt wird. Wichtig für
diese Ansicht ist der Targum zu Schir haschirim I, 1: „Das
erste Lied sang Adam, als ihm seine Sünde vergeben ward,
— das zweite Moses mit den Kindern Israel, als der Herr der
Welt für sie das Schilfmeer getheilt hatte, — das dritte sangen
die Kinder Israel, da ihnen der Wasserbrunnen gegeben ward,
— das vierte sprach Moses der Prophet, als die Zeit gekommen
war, daß er weggenommen werden sollte, — das fünfte sprach
Josua, der Sohn Nun, als er die Schlacht schlug in Ga=
baon und Sonne und Mond zu stehen zwang, — das sechste
sangen Barach und Debora, als Jehovah Sisera und sein Heer
in die Hände der Kinder Israel gab, — das siebente Lied sprach
Anna, die Mutter Samuels, als ihr ein Sohn gegeben ward, —
das achte sang David, der König in Israel, zum Danke für
alle Wunder, die der Herr an ihm gethan. Das neunte Lied
— eben das Schir haschirim — sang Solomo; das zehnte
Lied werden die Kinder der Gefangenschaft singen, wenn der
Herr sie in die Freiheit führt." So der Targum. Es ist also ein
Danklied für die Erlösung. Ebenso erscheint es bei Jonathan
zu Jes. 26, 1: „Zu jener Zeit werden sie (die Erlösten) ein
neues Lied singen im Lande des Hauses Jakob." Schon in
den Psalmen wird von einem neuen Liede mehrfach gesprochen,

33, 3. 40, 4. 96, 1. 98, 1. 144, 9. 149, 1. Daß aber die Zeit=
genossen Jesu glaubten, das neue Lied, welches die Erkornen
singen werden, sey den mosaischen Dankgesängen nachgebildet,
ersehen wir aus der Offenbarung Johannis. Kap. V, 9 heißt
es: ᾄδουσιν ᾠδὴν καινήν, ebenso XIV, 3. Dagegen XV,
3: ᾄδϱσι τὴν ᾠδὴν Μωϋσέως δούλϱ τοῦ θεοῦ, καὶ τὴν
ᾠδὴν τοῦ ἀρνίου λέγοντες· μεγάλα καὶ θαυμασὰ τὰ ἔργα σϱ,
κύριε ὁ Θεὸς, ὁ πανηοκράτωρ, δίκαιαι καὶ ἀληθιναὶ αἱ ὁδοὶ
σου, ὁ βασιλεὺς τῶν ἁγίων. Τίς οὐ μὴ φοβηθῇ σε, κύριε,
καὶ δοξάσῃ τὸ ὄνομά σϱ, ὅτι μόνος ὅσιος, ὅτι πάντα τὰ
ἔθνη ἥξουσι · καὶ προςκυνήσουσιν ἐνώπιόν σου, ὅτι τὰ δικαι-
ώματά σου ἐφανηρώθησαν. Dieses Lied Mosis und des
Lammes ist dasselbe mit dem, welches vorher zweimal das
neue Lied genannt, wird, denn alle drei entsprechen einander,
alle drei feiern das Lamm Gottes. Ich will für die Einer=
leiheit der drei noch einen Grund anführen, den man seither,
glaube ich, übersehen hat. Der Verfasser sagt, es sey das
Lied Mosis, des Knechtes Gottes, und doch sind kaum einige
Worte desselben aus Exod. 15, oder Deuteronomium 32 ge=
nommen; die Psalmen mußten das Meiste hergeben. Warum
dieß? eben darum, weil es ein neues Lied seyn soll.
Der Satz: ᾠδὴ Μωϋσέως δούλου τοῦ θεοῦ, heißt also nicht,
es sey dasselbe Lied, das Moses sang, sondern ein neues, ihm
nachgebildetes, oder ᾠδὴ καινή und ᾠδὴ Μωϋσέως sind gleich
bedeutende Worte, was ich eben beweisen wollte. So sinn=
reich ist die Offenbarung Johannis in Allem angelegt. Ich
bemerke nur noch, daß der Lobgesang Mosis bei den alten
jüdischen Mystikern außerordentlich gefeiert war. In ihrer
heiligen Nachtfeier ahmten ihn die Theropeuten nach, als
Vorbild geistiger Erlösung aus der Leibes, aus der Sünde
Banden. *) Sicherlich haben diese Schwärmer in demselben
die tiefsten mystischen Beziehungen auf den ersehnten Messias
gefunden.

---

*) Siehe meine Schrift über Philo II. 291 und flg.

Selbst der Wunderstab, den Mosis trug, und der nach=
her verborgen ward, soll unter dem Messias wieder zum Vor=
schein kommen und ihm gehören. Abenteuerliche Dinge er=
zählen die Rabbinen von dem Stabe Mosis. Targum Jeru=
schal. zu Exod. XIV, 21: „Ueber das Meer hin erhob Moses
seine Hand mit dem großen und köstlichen Stab, welcher ge=
schaffen ward am Anfang und auf welchem eingegraben ste=
het der ganze hochheilige Name (יהוה) und die zehn Plagen,
mit welchen Aegypten geschlagen worden ist, und die drei
Väter der Welt, sammt den sechs Müttern, und die zwölf
Stämme Jakob." Pirke Elieser Kap. 40: „R. Levi sagt:
Den Stab, welcher geschaffen ward in der Abenddämmerung
des ersten Sabbaths, erhielt der erste Adam im Paradiese.
Adam übergab ihn an Enoch, Enoch an Noah, Noah an
Sem, Sem an Abraham, Abraham an Isaak, Isaak an
Jakob, Jakob an Joseph. Als Joseph gestorben war, wurde
sein ganzes Haus ausgeplündert, und so kam auch Mosis
Wunderstab in den Palast Pharaos." Weiter wird erzählt,
Moses habe ihn später in Jethro's Garten gefunden, und
seine Wunder mit Hülfe desselben verrichtet. Von Moses
empfing ihn Aaron, David und die Könige von Juda; allein
bei der babylonischen Eroberung ward er verloren, um einst
wieder aus Tageslicht zu kommen, in der Hand des Gesalb=
ten. So der Jalkut Schimeoni über die Worte Psalm 110,
2: „Der Herr wird den Stab deines Reichs aus
Zion senden. Dieses ist der Stab, den einst Jakob trug,
nach dem Spruche (Genes. 32, 10): Mit meinem Stab
bin ich über den Jordan gegangen. Er ist derselbe,
den Juda getragen (Genes. 38, 18): Der Stab in deiner
Hand; derselbe, welchen Moses hatte, nach Exod. XVII, 9:
Ich will den Stab Gottes in meiner Hand hal=
ten; derselbe, den auch Aaron trug, Exod. VII, 10: Aaron
warf seinen Stab vor Pharao und seinen Knech=
ten; derselbe, den David besaß (1 Sam. 17, 40): Er nahm

den Stab in seine Hand; derselbe, welchen alle Könige
(Juda's) in ihren Händen gehabt, bis der Tempel zerstöret
ward; da ist der Stab verborgen worden, aber inskünftig
wird derselbe in die Hände des Messias übergeben, damit er
die Völker der Welt züchtige, wie geschrieben stehet (Psalm
110, 2): Der Herr wird den Stab deines Reichs
aus Zion senden." Dieser Stab gehört, wie man sieht,
in dieselbe Klasse mit der Eselin Bileams und der ersten
Beißzange. Er ward bei Zerstörung des ersten Tempels nicht
allein verborgen, sondern das Gefäß voll Manna (das zum
Andenken an den Zug Israels durch die Wüste im Heiligthum aufbewahrt worden ist), die Büchse des priesterlichen
Weihöls und die Bundeslade mit ihm. Joma bab. S. 52,
b: „Als die Bundeslade verborgen worden ist, da ward mit
ihr das Gefäß des Manna und des priesterlichen Oels, sammt
dem Stabe Aarons, verborgen." Nun kennt der Verfasser
der Offenbarung Johannis bereits die Sage vom verborgenen
Manna (II, 17). Daraus ist denn mit genügender Sicherheit zu schließen, daß er auch vom verborgenen Stabe Mosis
gewußt habe, der unter dem Messias wieder zum Vorschein
kommen soll.

Die Herrschaft des mosaischen Gesalbten bestimmte man
ohne Zweifel auf 40, oder nach dem größern Maßstabe auf
400 Jahre. Jene Zahl sollte der Dauer des Zugs durch die
Wüste, und der Vorsteherschaft Mosis, diese der ägyptischen
Bedrückung entsprechen. Die Beweisstellen aus Sanhedrin
und dem vierten Buch Esdrä sind oben angeführt worden.
Auch glaube ich, daß man zugleich mit dem Erscheinen des
mosaischen Gesalbten eine erste Auferstehung der Gerechten
erwartete. Ich schließe nämlich so: Pirke Elieser Kap. 41
heißt es: „Als die erste Stimme vom Sinai erscholl, da er-
bebte Himmel und Erde, Meere und Flüsse schwanden dahin, Berge und Hügel wankten, alle Bäume beugten ihre
Häupter, die Todten im Grabe kehrten ins Leben zurück und

ſtanden auf ihre Füße, nach dem Spruche (Deuter. XXIX, 14): Wer da ſchlief, der ſteht heute mit uns."*) Ferner wird in demſelben Buche Kap. 33 Mitte erzählt: „Als die Hexe von Endor den Propheten Samuel aus ſeinem Grabe herauf beſchwor, ſeyen mit ihm viele Gerechte auferſtanden." Ich bin nun überzeugt, daß dieſe Sagen zur Zeit Jeſu ſchon im Umlaufe waren, und daß ſie es ſind, welche zu der Erzählung Matth. XXVII, 52 und 53 Anlaß gegeben haben. Verhält ſich dieß ſo, dann hat man auch ſicherlich erwartet, daß mit der Ankunft des Geſalbten die Gerechten aus ihren Gräbern ſteigen werden. Denn wenn dieß ſchon zu Moſis Zeit geſchah, ſo muß es noch vielmehr unter dem Meſſias erfolgen, der das veredelte und geſteigerte Urbild des Geſetzgebers iſt. Allem Anſcheine nach glaubte man, daß nach der Herrſchaft des Meſſias das jüngſte Gericht und die Ewigkeit auf dieſelbe Weiſe kommen werde, wie die Sache oben geſchildert worden iſt. Wenigſtens habe ich keine Spur gefunden, daß die, welche dem moſaiſchen Vorbilde des Er= retters zugethan waren, dieſe ſpäteren Ereigniſſe ſich anders vorgeſtellt hätten, als die Anhänger des danieliſchen oder prophetiſchen Meſſias.

So mächtig wirkte die Geſchichte Moſis auf die Lehre vom Geſalbten ein. Es iſt daher nicht zu verwundern, wenn die Rekognitionen dem Apoſtel folgenden Satz in den Mund legen: **) Firmitatem fidei nostrae non solum ex verbis ejus (Jesu Christi), sed ex operibus adsumimus, quia et dicta legis, quae ante multas generationes de praesentia ejus exposuerant, in ipso cogsignabantur, *et imagines gestorum Mosis et ante ipsum patriarchae Jacob ipsius per omnia typum ferebant.* Jeſus iſt alſo der wahre Meſſias

---

*) Der Text lautet ſo: אֶת־אֲשֶׁר יֶשְׁנוֹ פֹּה עִמָּנוּ עֹמֵד הַיּוֹם. Die Rabbinen leiten das Wort יֶשְׁנוֹ von der Wurzel יָשַׁן ab und bauten ein Lehrſtück darauf!

**) Buch 5, 10. Coteler. I, 549, oben.

ober der Prophet von Deuter. **XVIII,** 15: weil seine Thaten
denen Mosis gleichen. In demselben Sinne wird Jesus im
Testament Levi, Kap. 16: ἀνὴρ ἀνακαινοποιῶν τὸν νόμον
ἐν δυνάμει ὑψίσε genannt.

Doch jener Einfluß war noch größer. Bereits mehrere
alttestamentliche Erzählungen sind nach dem Vorbilde Mosis
geformt. Josua **III,** 16 u. flg. wird erzählt, wie die Kin=
der Israel trockenen Fußes über den Jordan zogen, indem
die Wasser sich aufthürmten, gerade wie beim Uebergang über
das Schilfmeer, welcher auch **IV,** 23 mit jenem ersten
Wunder naiv genug verglichen wird. Wer sollte nicht glau=
ben, daß die eine Sage der andern nachgebildet sey? Weiter
heißt es 1. König **II,** 8: Da nahm Elias seinen
Mantel und wickelte ihn zusammen und schlug
ins Wasser, das theilete sich auf beiden Seiten,
daß beide (Elias und Elisa) trocken hindurchgingen.
Wie Josua, wie Moses, sezt Elias, des Gesetzgebers zweite
Verkörperung, wunderbar über die Wasser. Historisch ge=
sprochen heißt dieß, die eine Sage ist der andern nachgemacht.
In einem weit höhern Grade hat sich dieß wiederholt in der
neutestamentlichen Geschichte Jesu, wie sie in den drei ersten
Evangelien erscheint. Wir sind an der geheimen Werkstätte
der Sagenbildung unserer heiligen Bücher angekommen. Wie
die Griechen, wie die Römer ihre heiligen Erzählungen, wie
das germanische Alterthum seinen Sagenkreis von den Asen
und Niebelungen, von Kaiser Karl dem Großen und den
12 Pären, vom heiligen Graal und den acht Helden des
Ruhms besaß, so hatten auch die Juden bereits in Jesu
Tagen den ihrigen, in welchem der Gesetzgeber eine große
Rolle spielte. Und weil die wahre Geschichte mancher Thaten
Jesu, besonders seiner Kindheit, zu der Zeit, in welcher un=
sere Evangelien entstanden, bereits vergessen war, *) so zog die

---

*) Alles dieß soll in den folgenden Büchern dieses Werks aufs
Bündigste bewiesen werden.

Ueberlieferung, gemäß dem Grundsatz, daß der Messias Mosi in Allem gleichen werde, allmälig viele Züge aus dem Sagenkreise des Gesetzgebers in das Leben Jesu herein.

Zur Sache. Dreifach wird in der hebräischen Sage die Thätigkeit des Gesetzgebers eingetheilt; man behauptete, daß er die Aemter des Königs, des Hohenpriesters, des Propheten oder auch des Gesetzgebers vereinigt habe. Targum Jeruschal. zu Deuter. 34, 5: „Mit vier Kronen ward Moses geschmückt, mit der Krone des Gesetzes, weil er dasselbe herabbrachte aus dem Himmel; — mit der Krone des Priesterthums; — mit der Krone des Reiches, das ihm vom Himmel zu Theil ward, ob er gleich kein Schwert zog, kein Roß sattelte, kein Heer sammelte; — endlich mit der Krone des guten Namens." Jene drei Kronen werden vielfach gefeiert. So Siphri über Num. XVIII, 20: „Drei Kronen gibt es, die Krone des Gesetzes, des Priesterthums, des Reiches." Ebenso Pirke Afoth IV, 13, und VI, 5. Alle drei besaß der Gesetzgeber. Dieselbe Eintheilung geben auch griechische Quellen. So die apostolischen Konstitutionen, Buch 6, 19: Μωϋσῆς νομοθέτης ὁμοῦ καὶ ἀρχιερεὺς, καὶ προφήτης, καὶ βασιλεύς. Ebenso Philo an verschiedenen Stellen. *) Auch Josephus stellt wenigstens, wie Pirke Afoth, jene drei Kronen als das Höchste dar, was der Mensch erreichen könne; im ersten Buche des Kriegs 2, 8, wo er von Johann Hyrkanus sagt: „er habe die drei größten Vorzüge in seiner Person vereinigt (τρία τὰ κρατιςεύοντα μόνος εἶχε): die Herrschaft, das Hohenpriesteramt, die Prophetengabe." Es ist nun bekannt, daß die dreifache Krone geradeso dem Messias, wie Mosi, zugetheilt wird; Christus wird im neuen Testament bald Hoherpriester, Prophet, König genannt, und frühe unterschieden christliche Väter die drei Aemter des Erlösers. Auch Jonathan Ben Usiel sagt in der oben angeführten Stelle des

*) Siehe meine Schrift I, 62.

23

Targum, daß der Gesalbte zugleich Hoherpriester und König seyn werde.

Zweitens, mit der Geburt Mosis hatte es nach der hebräischen Sage folgende Bewandtniß. Targum Jeruschal. zu Exod. I, 1 u. flg.: „Pharao, der König von Aegypten, hatte in der Nacht einen Traum, und siehe eine Wage stand vor ihm, in deren einer Schale ganz Aegyptenland, in der andern ein Lamm war; plötzlich ward die Schale des Lam= mes schwerer und sank (so daß Aegypten zu leicht gefunden wurde), da schickte der König hin, berief alle Mager Aegyp= tens und erzählte ihnen seinen Traum. Sogleich erhoben Jannes und Jambres, die Häupter der Mager, *) ihre Stimme und sprachen: Dein Gesicht, o König, bedeutet, daß ein Knabe unter dem Volke Israel geboren werden soll, dessen Hand ganz Aegyptenland erdrücken wird." Weiter wird nun erzählt, daß Pharao, um das vorausverkündigte Schicksal abzuwenden, zuerst die Wehemütter angewiesen habe, die israelitischen Kinder umzubringen; als dieß Nichts fruchtete, erließ er den Befehl, alle Neugebornen männlichen Geschlechts ins Wasser zu werfen. Diese Sage wird mit einigen Ab= änderungen wiederholt Pirke Elieser, Kap. 48 Mitte: Dixerunt magi ad Pharaonem, nasciturus est puer, qui educet Israelitas ex Aegypto. Tunc cogitavit Pharao in corde suo et edixit, ut abjicerent omnes natos masculos in fluvium. Weiter heißt es, im dritten Jahre jenes Be= fehls sey Moses geboren worden. Nach seiner Geburt sagten dann die Mager zu Pharao: Der ist bereits geboren, der wie ein Dorn für unsere Augen ist. Drauf habe Pharao erwidert: „Da er schon geboren ist, so werfet die Kinder nicht mehr in den Fluß, sondern legt auf den Nacken des Volks ein noch härteres Joch, damit ihr Leben bitter werde." In dem Buche דִּבְרֵי הַיָּמִים דְּמֹשֶׁה, das ungefähr im zehnten

---

*) Nach der Sage Söhne Bileams.

Jahrhundert zusammengeschrieben und von Gilbert Gaulmyn hebräisch und lateinisch herausgegeben worden ist, wird die Sache so erzählt: Pharaoni dormienti somnium visum est; senex coram eo stabat manu libram gestans, cujus in altera lance universa Aegyptus — conspiciebatur, in altera puer unicus erat, qui solus toti regno praeponderavit. Rex dum rei miraculum animo versat, protinus vocatis sapientibus et magis illud exposuit. Attoniti omnes pavidique stabant, cum aliquis ex proceribus magnum hoc somnio Aegypto damnum terroremque portendi docuit: puer hic, inquit regi percontanti, Judaeus est, qui hoc regnum gravissimo infortunio mactabit. Itaque si mihi credis, Judaeorum omnes filios interfici curabis. Hoc fortasse consilio pueri fatis obsistere licebit, somniique decolabit eventus. Placuit Pharaoni etc. Nun wird berichtet, daß der Befehl gegeben worden sey, alle männlichen Kinder der Juden umzubringen.

Die Grundzüge dieser Sage kennt bereits Josephus Alterth. II, 9, 2: „Einer der ägyptischen Priester, welche sich sehr gut darauf verstanden die Zukunft vorauszusagen, verkündigte dem Könige (Pharao), es werde um diese Zeit ein israelitischer Knabe geboren werden, welcher, wenn er herangewachsen sey, die Herrschaft der Aegypter schmälern, die Israeliten erhöhen werde. Denn an Tugend solle derselbe Alle übertreffen und ewigen Ruhm erringen. Aus Furcht vor dieser Weissagung befahl der König, nach dem Rathe jenes Mannes, alle israelitischen Knäblein in den Fluß zu werfen und umzubringen.“ Weiter berichtet Josephus noch folgenden merkwürdigen Zug, ebendaselbst §. 3: „Amram, ein edler Hebräer, fürchtete, das ganze Volk möchte im Laufe eines Menschenalters aus Mangel an Nachkommenschaft untergehen. Er wandte sich daher im Gebete zu Gott, welcher sein Flehen gnädig erhörte, ihm im Traume erschien, und ihn wegen der Zukunft beruhigte.“ So Josephus. Das

Wesentliche dieser verschiedenen Auffassungen einer und der=
selben Sage besteht darin, daß König Pharao, aus Furcht
vor einem Helden, der, nach einer Weissagung der Mager,
in Israel erstehen sollte, alle israelitischen Knäblein umzubrin=
gen befiehlt. Ganz dasselbe wiederholt sich nun in der Er=
zählung von Matthäi II. Diese ist an sich höchst verdächtig,
denn sie läßt sich mit dem Bericht von Luc. II nie und
nimmermehr vereinigen, *) sie ist mit anderen Sagen, die aus
mosaischen Vorbildern entstanden, aufs Innigste verflochten,
wie gleich gezeigt werden soll; endlich wissen wir aus den
oben entwickelten Gründen, daß es ganz in den Begriffen
jener Zeit lag, mosaische Vorbilder auf den Gesalbten über=
zutragen. Wenn nun vollends dargethan seyn wird, daß
unsere drei ersten Evangelien zu einer Zeit gesammelt wur=
den, wo die wahre Geschichte der Kindheit Jesu vergessen
und glänzende Sagen in jüdischem Sinne an ihre Stelle ge=
treten waren: so wird, hoffe ich, kein Unbefangener, Keiner,
dem es um historische Wahrheit zu thun ist, mehr zweifeln,
daß wir hier die wahre Quelle des Berichtes von Matth. II
vor uns haben. Für jezt bitte ich den Leser bloß, obige
Sage im Auge zu behalten. Auf einige scheinbare Kleinig=
keiten muß ich noch aufmerksam machen. Matth. II, 16
heißt es von Herodes: ἀποςείλας ἀνεῖλε πάντας τοὺς παῖδας
τοὺς ἐν Βηθλεὲμ καὶ ἐν πᾶσι τοῖς ὁρίοις αὐτῆς, ἀπὸ διε-
τοῦς καὶ κατωτέρω. Zwei Jahre und drunter,
das klingt doch in der That sonderbar! Die Alten glaubten,
ein Stern, der das Erscheinen eines großen Geistes bedeute,
zeige sich gleich bei Geburt desselben. So wird die Sache
auch hier dargestellt, Matth. II, τοῦ Ἰησοῦ γεννηθέντος ἐν
Βηθλεὲμ τῆς Ἰδδαίας, — ἰδοὺ μάγοι ἀπὸ ἀνατολῶν παρε-
γένοντο εἰς Ἱεροσόλυμα, worin ich keinen andern Sinn fin=
den kann, als bald nach der Geburt seyen die Mager

---

*) Dieß soll später nachgewiesen werden.

gekommen. Wähnte nun etwa Herodes, die Mager seyen zwei Jahre unterwegs gewesen, seit sie den Stern zuerst gesehen? Gewiß nicht! Oder glaubte er, ein zwei=, dreimonatliches Kind sey von einem zweijährigen nicht leicht zu unterscheiden, deßwegen bringe man lieber alle zusammen um. Das will mir darum nicht eingehen, weil Herodes, um die zweijähri= gen und jüngeren, welche zum Tode bestimmt waren, von den älteren, glücklicheren zu unterscheiden, seine sicheren Merk= male besitzen mußte. Besaß er diese, so konnte er ja auch die einjährigen oder jüngeren von den älteren aussondern, und hatte nicht nöthig, so in den Tag hinein zu wüthen. Oder wollte der Berichterstatter nur seine Grausamkeit ins Licht stellen und ist also jene Bemerkung nicht strengwörtlich zu nehmen: so entgegne ich, wenn die Sage einmal schwarz oder weiß malt, so trägt sie dichte Farben auf; dann hätten nicht nur die kleinen Kinder, sondern die ganze männliche Bevöl= kerung über die Klinge springen müssen. Diese Einwürfe verschwinden, wenn man das oben angeführte Zeugniß aus Pirke Elieser in Rechnung zieht. Zwei Jahre dauerte der Blutbefehl, kraft dessen alle israelitischen Knaben ins Wasser gestürzt werden sollten, im dritten wird Moses geboren, jezt hört das Morden auf. Soll nun Herodes seinem mystischen Vorbilde in Allem gleich seyn, so muß er, wie Pharao, den ganzen männlichen Nachwuchs von vollen zwei Jahren um= bringen lassen. Den Herodes aber als einen zweiten Pharao anzusehen, lag bei dem wüthenden Hasse des Volks gegen diesen Eindringling, und bei der oben geschilderten Vorliebe, alte Vorbilder in der Gegenwart wieder zu finden, ganz in der jüdischen Denkweise.

Zweitens Numer. XXIV, 17 prophezeit Mosis Gegen= kämpfer, Bileam: Ich werde ihn sehen, aber jezt nicht, ich werde ihn schauen, aber nicht von Na= hem. Es wird ein Stern aus Jakob aufgehen, ein Scepter aus Israel erscheinen, derselbe wird

zerschmettern die Fürsten der Moabiter und zer=
stören alle Kinder Seth. Diesem Spruche zu Lieb lehr=
ten die Juden, daß ein großer Stern am Himmel aufsteigen
werde, wenn der Messias komme. Sohar zu Genes. S. 119.
Revelabitur Messias in terra Galilaea et stella quaedam
in plaga orientali existens absorbebit septem stellas in
plaga septentrionali. Ebenderselbe zu Exod. S. 3 : Quando
revelabitur Messias, orietur e plaga orientali stella quaedam, omni modo radians, et septem stellae aliae circum-
dantes hanc stellam, pugnam inibunt contra illam ab
omni latere. Pesikta Sotarta über Num. XXIV, 17:
„Ein Stern wird aufsteigen im Osten, welcher der Stern
des Messias ist, und am Osten wird er bleiben 15 Tage."
Der Glaube an diesen Stern gab im zweiten Jahrhundert
unserer Zeitrechnung zu einem fürchterlichen Aufstande Anlaß.
Jener Betrüger, welcher unter Hadrian die Waffen erhob, gab
sich für den Messias aus, der von Bileam Num. XXIV, 17
geweissagt sey. Darum nannte er sich auch Bar Chochba,
d. i. des Sternes Sohn. Alte Nachrichten schweigen davon,
ob etwa ein Komet in jener Zeit erschienen sey, den der
Schwärmer für seine Zwecke benützte, wohl aber berichten sie,
daß der berühmte Rabbi Akiba auf ihn die Stelle Num.
XXIV, 17 angewandt habe; so die jerusalemische Gemara
zu Taanith Kap. III, 8 und der Midrasch zu den Klag=
liedern Jeremiä II, 2. Das hohe Alter der Sage von dem
Sterne des Messias ist also unbezweifelbar. Bileam, der von
demselben geweissagt, soll nun nach der Juden Meinung der
größte Zauberer und Wahrsager des Alterthums gewesen
seyn. Philo erzählt von ihm Buch I de vita Mosis:*)
„Zu jener Zeit lebte ein Mann in Mesopotamien, der weit
und breit gefeiert war wegen seiner Wahrsagergabe: auf alle
Zweige der schwarzen Kunst verstand er sich, den größten

---

*) Mang. II, 122 Mitte.

Namen aber hatte er sich durch seine Kenntniß des Vögel=
flugs erworben, durch die er Vieles und Unbegreifliches über=
all leistete. Den Einen sagte er Regengüsse voraus, mitten
im heißesten Sommer, den Anderen Sonnenbrand und Dürre
mitten im Winter, Anderen wieder Unfruchtbarkeit, während
das Feld aufs Schönste stand; Anderen Ueberfluß im Hunger=
jahre, auch Ueberschwemmungen oder Versiegen der Bäche,
Heilung pestartiger Seuchen und tausend andere Dinge, deren
Vorherverkündigung ihm unermeßlichen Ruhm verschaffte, da
auch das vielgeschäftige Gerücht überall hin den Ruf seiner
Thaten trug.“ Nicht viel geringer spricht Josephus von Bi=
leams Wahrsagerkunst, Alterthümer IV, 6, 2. Es liegt
nun ganz im jüdischen Charakter, daß ein Mann, der irgend
etwas Besonderes, namentlich geheime Dinge versteht, sogleich
Schulen anlegen muß, um das berauschende Lob seiner Größe
aus dem Munde von Lehrlingen zu schlürfen. Denn jene
Menschen kannten nichts Größeres, als Rabbinen und Rab=
binenruf; es ging ihnen, wie noch jezt so manchen Bücher=
würmern unter uns, die von Thaten der Kraft auch nie
geträumt haben, und die akademische Lehrlingsschaft als
die erste, die Professur als die zweite und höchste Stufe
menschlicher Größe betrachten. Darum müssen die ange=
sehensten Väter der Juden, wie Eber, Sem, Jakob, Abra=
ham, Rabbinen und Vorsteher von Schulen gewesen seyn.
Hätte ich auch kein Zeugniß dafür aufzuweisen, daß Bileam
Schüler hinterlassen haben sollte, so würde ich diese Meinung
doch bei den Juden voraussetzen. Aber ich kenne ein solches
Zeugniß, und zwar ein sehr wichtiges. Origenes sagt in der
13ten Predigt über Numeri §. 7: *) „Sie sagen, Balaam
habe Schüler gehabt, die von ihm Unterricht in der schwarzen
Kunst erhielten. Da diese eine große Meinung von ihrem
Lehrer hatten, schrieben sie seine Prophezeiungen auf, und

---

*) Opp. II, 321, a.

brachten sie so auf die Nachwelt. In denselben fand sich
auch der Spruch (Num. **XXIV,** 17): **Ein Stern wird
aufsteigen aus Jakob.** Durch Ueberlieferung von den
Vätern her empfingen die Mager (deren Matthäus II ge=
dacht wird) diesen Spruch, und kamen (als die Zeit erfüllet
und das Gestirn erschienen war) nach Bethlehem, um Christum
anzubeten." Ich habe diese Worte nach einem verkürzten
griechischen Bruchstücke übertragen, das in einer handschrift=
lichen Catena zu Paris erhalten worden ist. Der verlorne
Text lautet in der alten lateinischen Uebersetzung so: Si enim
a Mose prophetiae ejus (Balaami) sacris insertae sunt
voluminibus, quanto magis descriptae sunt ab iis, qui
habitabant tunc Mesopotamiam, apud quos magnificus
habebatur Balaam, quosque artis ejus constat fuisse discipulos? Ex illo denique fertur magorum gens et institutio in partibus orientis vigere, qui descripta habentes
apud se omnia, quae prophetaverat Balaam, etiam hoc
habuerunt scriptum, quod *orietur stella ex Jacob et ex-
surget homo ex Israël.* Haec scripta habebant magi
apud semet ipsos, et ideo, quando natus est Jesus, ag-
noverunt stellam et intellexerunt adimpleri prophetiam. —
Illi ergo ex iis. tantum, quae Balaam scripta reliquerat,
agnoscentes adesse tempus, venerunt et requirentes eum
statim adoraverunt. Auch im ersten Buche gegen Celsus
spielt Origenes auf diese Sage an, und aus ihm hat wahr=
scheinlich der Verfasser des operis imperfecti in Matthaeum
geschöpft, welcher in der zweiten Homilie Aehnliches erzählt.
Woher erhielt nun der griechische Vater jene Kunde? Ohne
Zweifel von einem Judenchristen oder Ebioniten; denn in
derselben Predigt §. 5 berichtet er uns Folgendes: *) Ut
autem scias tale aliquid cogitasse regem (vorher wird
nämlich erzählt: Balak, der Moabiterkönig, sey auf den

---

*) Ebendaselbst S. 319, b.

Gedanken gerathen, daß er Jsrael nur durch Gebete über=
wältigen könne), ex scripturae verbis intellige, *quae ego
a magistro quodam, qui ex Hebraeis crediderat, exposita
didici.* Scriptum- est ergo (Num. XXII , 4): *Et dixit
Moab ad seniores Madiam : nunc ablinget synagoga haec
omnes, qui in circuitu nostro sunt, sicut ablingit vitulus
herbam campi.* Ajebat ergo magister ille, qui ex Hebraeis
crediderat: cur, inquit, tali usus est exemplo, dicens,
sicut ablingit vitulus herbam campi? ob hoc sine dubio,
quia vitulus ore abrumpit herbam de campo, et lingua
tanquam falce, quaecunque invenerit, secat. Ita ergo et
populus hic, quasi vitulus ore et labiis pugnat, et arma
habet in verbis ac precibus. Haec igitur sciens rex
mittit ad Balaam etc. Also einen Judenchriften hatte Ori=
genes zum Lehrer und ihn befragte er über die wahre Er=
klärung der Geschichte Balaams und Balaks! Warum sollte
er nicht auch jene Sage über die Mager von ihm empfangen
haben? Man muß in der That ein hartnäckiger Zweifler seyn,
um dieß zu leugnen. Ich weiß nun recht gut, daß man
mir meinen Satz im Munde umdrehen und sagen kann,
jenes jüdische Mährchen, das uns Origenes aufbewahrte, sey
erst später erfunden worden, um die Erzählung Matth. II
begreiflich zu machen, und keineswegs sey diese aus jenem
entstanden. Hierauf erwidere ich: der Bericht des Matthäus
ist so abenteuerlich, seine Wahrheit, wenn man anders dem
Evangelium Johannis, das ich für das Werk eines Augen=
zeugen halte, historischen Glauben schenken will, so durch=
aus unbenkbar, daß es jedem Unbefangenen genügen, ja so=
gar angenehm seyn muß, wenn eine natürliche Quelle
jener Sage mit hoher Wahrscheinlichkeit nachgewiesen wird.
Und dieß ist mir, glaube ich, gelungen. Die Erzählung
(Matth. II) von den Magern, welche unter der Leitung
eines Sterns gekommen seyn sollen, um den neugebornen
Messias anzubeten, hat ihren wahren Grund in der alten

jübiſchen Meinung, daß Schüler Bileams erſcheinen würden,
um die Ankunft des Meſſias zu feiern, welchen der Stifter
ihrer Schule geweiſſagt; vielleicht mag ſonſt noch der Glaube,
daß die Häupter der Heiden dem Meſſias Geſchenke bringen
werden, darauf eingewirkt haben. Jezt wiſſen wir auch,
was der Ausdruck ἀπ᾽ ἀνατολῶν (Matth. II, 1) bedeute.
Nicht Arabien, wie Viele wähnen, ſondern Meſopotamien,
wo Bileam einſt wohnte, das Land, das ſchnurſtracks im
Oſten von Paläſtina liegt, und die fernſte Gränze jüdiſcher
Kenntniß des Oſtens bezeichnet.

Drittens erzählt Matthäus II, 15: Joſeph ſey auf
Gottes Befehl mit Chriſto und ſeiner Mutter Maria nach
Aegypten geflohen, auf daß der Spruch des Propheten er=
füllet werde: Aus Aegypten habe ich meinen Sohn
gerufen. Schon unter den älteſten Vätern herrſchte Streit
darüber, welche Prophetenſtelle eigentlich gemeint ſey. Ori=
genes ſagt: *) Scriptum est adhuc de Christo, *quia Deus
deduxit eum ex Aegypto* (Numer. XXIV, 8), quod in eo
completum videtur, ubi post mortem Herodis revocatur
de Aegypto, et designat Evangelium, dicens (Matth. II,
15): *ex Aegypto vocavi filium meum.* Qui sermo quibusdam ex hoc loco desumtus videtur et evangeliis insertus,
aliis autem de Hosea propheta. Cap. XI. Ohne Zweifel
hatte der Verfaſſer des Evangeliums die Stelle des Hoſeas
im Auge, wofür ſchon der Ausdruck zeugt: τὸ ῥηθὲν ὑπὸ
τοῦ κυρίε διὰ τοῦ προφήτου, der ſonſt auf dieſe Weiſe
nicht vom Geſeze oder von Moſes gebraucht wird. Aber
nun begreife mir Jemand, wie aus dem Spruche (Hoſ. XI, 1):
Da Iſrael jung war, hatte ich ihn lieb, und rief
meinen Sohn aus Aegypten, gefolgert werden ſoll,
Chriſtus werde aus Aegypten kommen! Dieſe Unbegreiflichkeit
verſchwindet, wenn man die Eigenthümlichkeit des matthäiſchen

---

*) Siebzehnte Predigt über Numeri §. 6, Opp. II, 339, a oben.

Evangeliums scharf erfaßt. Der Sammler desselben fand über die Kindheit Jesu lauter mosaische Sagen vor, er selbst aber deutet sie prophetisch; die Grundlage ist durchaus mo= saisch, das Aufgetragene (das was der Sammler beigefügt hat) aus den Propheten entnommen. Weil er, für seine Per= son, demjenigen Lehrbegriffe vom Messias, der im ersten Abschnitte dieses Kapitels entwickelt worden. ist, zugethan war, glaubte er in jeder vorgefundenen Erzählung einen Prophetenspruch erfüllt, und er zog darum auch solche Weis= sagungen herbei, die oft nur eine Wortähnlichkeit mit dem hatten, was sie als erfüllt hinstellen sollen. *) Ganz anders verhält es sich mit den ursprünglichen Verfassern der Sagen, welche im Evangelium Matthäi zusammengestellt sind. Diese ließen Jesum in seiner Kindheit nach Aegypten reisen, und von dort nach Kanaan zurückkommen, damit er auch in die= sem Stücke Mosi gleiche, der ja aus Aegypten erstand. Denn nie ist Christus in dem Lande der Pharaonen gewesen. — Weiter berichtet Matthäus über Christi Aufenthalt in Aegypten, **II, 19. 20**: τελευτήσαντος δὲ τοῦ Ἡρώδε, ἰδοὺ ἄγγελος Κυρίε κατ᾽ ὄναρ φαίνεται τῷ Ἰωσὴφ ἐν Αἰγύπτῳ, λέγων· ἐγερθεὶς παράλαβε τὸ παιδίον καὶ τὴν μητέρα αὐτοῦ καὶ πορεύε εἰς γῆν Ἰσραήλ, τεθνήκασι γὰρ οἱ ζητοῦντες τὴν ψυχὴν τοῦ παιδίε. Ὁ δὲ ἐγερθεὶς παρέλαβε τὸ παιδίον καὶ τὴν μητέρα αὐτοῦ, καὶ ἦλθεν εἰς γῆν Ἰσραήλ. Nahehin dieselben Worte werden Exod. **IV, 17** u. flg. von Mosis Rückzug aus Midian nach Aegypten gebraucht: Εἶπε δὲ κύριος πρὸς Μωϋσῆν ἐν Μα= διάμ· βάδιζε, ἄπελθε εἰς Αἴγυπτον, τεθνήκασι γὰρ πάντες οἱ ζητοῦντές σε τὴν ψυχήν· Ἀναλαβὼν δὲ Μωϋσῆς τὴν γυ= ναῖκα καὶ τὰ παιδία, ἀνεβίβασεν αὐτὰ ἐπὶ τὰ ὑποζύγια,

---

*) Die Gewohnheit des Matthäus, prophetische Sprüche auf mosaische Vorbilder anzuwenden, beweist aufs Bündigste, daß er nur der Sammler, nicht der Abfasser der Erzählungen ist, die in seinem Evangelium zusammengestellt sind. Im nächsten Buche das Nähere hierüber.

καὶ ἐπέςρεψεν εἰς Αἴγυπτον. Der einzige Unterschied ist, daß
Moses wegen der verschiedenen Umstände, die vorausgingen,
nicht die Rolle des Kindes, sondern des Vaters spielt, sonst
sind die Worte gleich. Auch darf man nicht vergessen, daß
der Esel, auf dem hier Moses reitet, nach der Juden Ueberlieferung, derselbe seyn soll, den Abraham beim vorgehabten
Opfer Isaaks ehemals bestiegen hat, derselbe, den der Messias
einst besteigen wird.

Ich lasse zuerst die Versuchung in der Wüste sammt
ihren Anhängseln zur Seite, und eile zu einigen Wundern,
die Christo zugeschrieben werden. Nach Matth. XIV, 19
und den Parallelstellen speiste Christus mit 5 Broden und 2
Fischen 5000 Mann, ungerechnet die Weiber und Kinder, die
zugegen waren. Im 15ten Kapitel 32 u. flg. wird dieselbe Geschichte gar noch einmal wiederholt. Auch Johannes berichtet uns
die wunderbare Speisung, aber mit einigen Nebenumständen,
welche die größte Aufmerksamkeit verdienen. Derselbe Volks-
haufe, der jenseits des galiläischen Meeres mit 5 Broden
und 2 Fischen gesättigt worden seyn soll, kam am folgenden
Tage, nach Kap. 6, 24, herüber über den See in die Stadt
Kapernaum, um Jesum zu suchen. Dort sprachen nun jene
wunderbar Gespeisten zu ihm (Vers 30): εἶπον οὖν αὐτῷ·
τί οὖν ποιεῖς σὺ σημεῖον, ἵνα ἴδωμεν καὶ πιςεύσωμέν σοι;
τί ἐργάζῃ; οἱ πατέρες ἡμῶν τὸ μάννα ἔφαγον ἐν τῇ ἐρήμῳ,
καθώς ἐςι γεγραμμένον· ἄρτον ἐκ τοῦ οὐρανοῦ ἔδωκεν αὐτοῖς φαγεῖν. Diese Worte erkläre mir Jemand, wenn das,
was am vorigen Tage sich zutrug, ein Wunder war, wenn
die 5 Brode, die etwa zu der Größe von Lastwagen, wenn
die zwei Fische, die zu einem Leviathan aufgequollen seyn
müßten, wirklich zur Speisung von 5000 Mann hingereicht
haben! Ein Haufe Juden, die Mitglieder eines Volkes, dessen
Erziehung so eingerichtet war, daß sie nach Wundern lechz-
ten, sollten also eine unerhörte Erscheinung nicht einmal
für ein Wunder gehalten haben! Denn sie fordern ja erst ein

Zeichen von ihm, um glauben zu können, daß er der Messias sey. Noch mehr, sie spielen darauf an, er solle Brod vom Himmel senden, wie Moses, dann wollen sie ihn für den Gesalbten des Herrn halten! Also glaubten diese Leute, daß der Messias sich durch Wiederholung der Thaten Mosis bethätigen werde, also waren sie zweitens der Ansicht, daß Jesus am vorhergehenden Tage kein mosaisches Zeichen gethan habe. Mitten in einer Erzählung, die zum Theil schon zur Volkssage geworden ist, zum Theil bis an das Sagenhafte gränzt, stoßen wir auf einen ächt historischen Zug, auf die Vergleichung des Gesalbten mit dem Gesetzgeber, welche man in jener Zeit allgemein für zwei Verkörperungen Eines Geistes, für Thäter gleicher Werke ansah. Das spricht sehr für Johannes, so wie auch sein Bericht von den Reden der Juden. Eine Thatsache liegt zu Grund, die man sich ohne Zweifel so denken muß: am vorhergehenden Tage wurde ein großer Haufe auf eine Weise gesättigt, die Vielen ein Wunder schien, denn alle Köpfe waren damals von dem Gedanken beherrscht, daß der Messias, wenn er komme, die Wunder Mosis wiederholen werde. Etwas Aehnliches glaubten sie nun, sey geschehen, darum wollten sie Jesum zum König machen (Vers 15), was abermals ein ächt historischer Zug ist. Andere dagegen sahen anders; nach ihrer Ansicht war das, was gestern vorging, kein Wunder, doch meinten sie, dürfte Jesus wirklich der Deuter. XVIII, 15 verheißene Prophet seyn, darum verlangten sie, Jesus möchte seine Würde durch wahrhaft wunderbare Speisung des Volkes beweisen. Ich erinnere an die oben mitgetheilte rabbinische Stelle, kraft welcher der Messias einst Brod vom Himmel geben soll, wie Moses. Ein mosaisches Vorbild hat hier auf die Darstellung einer sonst wahren Geschichte stark eingewirkt. *)

---

*) Man glaube wegen dieser meiner Ansicht von der wunderbaren Speisung ja nicht, daß ich dem mit Recht verrufenen System, die Wunder natürlich zu erklären, zugethan sey. Ich werde

Moses ist ferner mit den Israeliten auf wunderbare Weise durch das Schilfmeer gezogen. Dieses Ereigniß wurde vielfach von der Volkssage ausgemalt und verherrlicht. Targum Jeruschal. zu Exod. XIV, 21 heißt es: „Das Wasser des Meeres ward getheilt in zwölf Wege, entsprechend den zwölf Stämmen- Israels." In einer Reihe anderer rabbinischer Werke findet sich dasselbe, ich will statt ihrer das Zeugniß eines christlichen Vaters anführen. Origenes sagt: *) Audivi a majoribus traditum, quod in ista digressione maris singulis quibusque tribubus filiorum Israël, singulae aquarum divisiones factae sint, et propria unicuique tribui in mari aperta sit via, idque ostendi ex eo, quod in psalmis scriptum est (Ps. 136, 13): *qui divisit mare rubrum in divisiones.* Per quod multae divisiones docentur factae, non una. Sed et per hoc, quod dicitur (Ps. 68, 28): *ibi Benjamin junior in stupore, principes Juda, duces eorum, principes Zabulon et principes Naphthali.* Nihilominus unicuique tribui proprius enumerari videtur ingressus. Das ist gewiß ein ächter und gerechter rabbinischer Beweis! Soll ich noch beifügen, daß auch die spätern Rabbinen dieselben Stellen für die zwölffache Theilung des Schilfmeers anführen? Mir will es nun bedünken, daß man bei dieser Auffassung gar leicht auf die Ansicht gerathen konnte, die Kinder Israel seyen in zwölf Heeressäulen nicht auf dem Grunde des Meeres, sondern über dasselbe hin gezogen. Gar zu närrisch wäre es doch, anzunehmen, daß jeder Stamm, von einer haushohen Mauer aufgestauter Wasser eingeschlossen, hinüber sey; denn dann konnte ja kein Stamm den andern sehen, oder im Fall der Noth unterstützen, und die Befehle des Gesetzgebers vernehmen. Doch

---

mich tiefer unten deutlicher erklären, und bemerke hier nur noch, daß ich auf historischem Boden zu stehen glaube und bloß Dem huldige, was ich mit Urkunden belegen kann.

*) Fünfte Predigt über Exodus §. 5. Opp. II. 146 a unten.

das ist allerdings ein strategischer Gegenbeweis, um welche Art von Gründen sich die Volkssage nie kümmert; indeß sollte ich glauben, man werde sie wenigstens auf solche Weise hinüberbefördert haben, daß sie einander sehen konnten, was nur dann möglich war, wenn sie nicht auf dem Grunde des Meeres, sondern auf den Wassern standen. Ihr wendet vielleicht ein, das sey meine persönliche Ansicht; aber ich stelle einen alten Zeugen. Paulus sagt 1. Korinth. X, 1. 2: πάντες διὰ τῆς θαλάσσης διῆλθον, καὶ πάντες εἰς τὸν Μωσῆν ἐβαπτίσθησαν, ἐν τῇ νεφέλῃ καὶ ἐν τῇ θαλάσσῃ. Wie konnten sie im Meere getauft seyn, wenn die Wogen sie nicht nezten? Also glaubte wenigstens Paulus und Die, welche mit ihm gleicher Ansicht waren, *) durchaus nicht, daß die Israeliten über den trockenen Meeresgrund hingezogen seyen, wie der Text von Exodus berichtet. Wir haben demnach irgend ein Wandeln über das Wasser. Jezt ist es Zeit uns nach Matthäus umzusehen. Nach Kap. XIV, 24 wandelt Jesus während eines Sturmes auf den Wassern dahin, mitten in den See Genesaret hinein (τὸ δὲ πλοῖον ἤδη μέσον τῆς θαλάσσης ἦν), Petrus will es Christo nach= machen, aber er sinkt, weil es ihm an Glauben mangelt. Auch Johannes erzählt diesen Vorfall, doch wiederum mit Nebenumständen, die merkwürdig sind. Ein starker Wind blies, nach VI, 18. Daß man in solchen Fällen, besonders wenn man kleine Nachen hat, ans Ufer zu halten sucht, weiß Jeder, der schon auf den Schweizerseen gefahren. Durch die dampfenden Morgennebel hindurch sahen sie nun Jesum über dem Meere wandeln, περιπατοῦντα ἐπὶ τῆς θαλάσ- σης, sie wollten ihn ins Schiff aufnehmen, thaten es aber nicht, weil das Schiff gleich am Lande war, ἤθελον οὖν λαβεῖν αὐτὸν εἰς τὸ πλοῖον, καὶ εὐθέως τὸ πλοῖον ἐγένετο ἐπὶ

---

*) Namentlich die korinthische Gemeinde. Argumentatur enim ex concessis.

τῆς γῆς, εἰς ἥν ὑπῆγον. Daß sie schon nahe am Lande
waren, als sie Jesum über dem Meere wandeln sahen, geht
auch aus der Berechnung des 19ten Verses hervor: ἐληλακότες
οὖν ὡς σαδίους εἰκοσιπέντε ἤ τριάκοντα. Denn nach Jose=
phus mißt der See in seiner größten Breite nur 40 Stadien,
unten aber gegen den Ausfluß des Jordans, wo die Ge=
schichte vorgegangen zu seyn scheint, kann er höchstens 25 — 30
haben. Hätten wir bloß den Bericht des Johannes, so würde
der Leser kaum an ein Wunder denken, doch glaube ich, daß
Johannes wirklich sagen will, Christus sey auf dem Meere
gewandelt. Da man erwartete, der Messias werde es
auch hierin dem Gesetzgeber gleich thun, so meinten wohl die
Jünger, vielleicht vom Nebel getäuscht, Christus gehe über
die Wasser hin, und Johannes erzählt es auch so; aber der
Augenzeuge und die richtige Erinnerung. verräth sich durch
die Worte: καὶ εὐθέως τὸ πλοῖον ἐγένετο ἐπὶ τῆς γῆς, durch
welche alles Wunderbare verschwindet. Es bedurfte eines be=
stimmten Anlasses, um die Sache so darzustellen, und diesen
habe ich nachgewiesen.

Fünftens, nach Matth. 17 und den Parallelstellen wird Je=
sus auf dem Berge verklärt. Auch Moses ist verklärt worden,
Die Volkssage gestaltete die Erzählung Exod. XXXIV, 29
vollends ganz ins Wunderbare um. Philo mag für sie zeu=
gen. Im dritten Buche de vita Mosis*) heißt es: „Moses
bestieg auf göttlichen Befehl einen hohen, sonst unzugängli=
chen Berg in jener Gegend, blieb die ganze Zeit daselbst
ohne Lebensmittel, und nach 40 Tagen kam er wieder her=
unter, viel schöner von Antlitz, als er war, da er hinanstieg,
so daß Alle, die ihn sahen, erstaunten, und das Leuchten des
sonnenähnlichen Glanzes, der ihnen entgegenstrahlte, kaum
ertragen konnten.“ In der jüdischen Sage ist das Leuchten
des Angesichts bereits zum Zeichen eines ächten Rabbinen

---

*) Mang II, 146.

geworden. So berichtet die jerufalemifche Gemara zu Schefa=
lim III, 2: „Die Angefichter des Rabbi Jonas und Abuah
hätten geleuchtet, weil fie eifrig im Gefetze ftudirt, und wen=
det auf fie den Spruch an (Kohel. VIII, 1): Die Weis=
heit des Menfchen erleuchtet fein Angeficht." Si=
cherlich haben wir hier die wahre Quelle jenes Berichts von
Matth. 17. "Mofes und Elias find dort bei Chriftus, denn
nach der Geheimlehre find diefe Drei Verförperungen eines
Geiftes. Daß fein wahrer Vorfall unferer Erzählung zu
Grunde liegt, erhellt aufs Klarfte aus dem gänzlichen Still=
fchweigen des Johannes.

Chriftus berief zwölf feiner Jünger zu befonderem Dienfte,
welche er Apoftel nannte. Daß die Zwölfe den Fürften der
Stämme nachgebildet feyen, welche Mofen in feinem Amte
unterftützten, hat man fchon im Alterthum erfannt. Im er=
ften Brief des Klemens an die Korinther Kap. 42 *) heißt
es: „Chriftus ift von Gott ausgefchickt worden, um das
Evangelium zu verfünden, die Apoftel von Chrifto. — Leztere
ftellten die erften Befehrten, nachdem fie diefelben im heili=
gen Geifte geprüft, zu Bifchöfen und Diaconen Derjenigen
ʼuf, welche erft fpäter den Glauben annehmen würden. —
Und es ift fein Wunder, wenn Die, welchen in Chrifto folches
Amt anvertraut ward, jene Beamte einfezten, hat doch fchon
Mofes, der felige, der treue Diener im ganzen Haufe, **)
Aehnliches gethan. Als ein Streit über das Priefterthum
ausbrach, befahl er den zwölf Fürften der Stämme, je einen
Zweig zu bringen; weffen Zweig in der Stiftshütte über
Nacht grünen würde, deffen Stamme follte die Priefterwürde
zu Theil werden." Hier ift eine leife Vergleichung zwifchen
Chriftus und Mofes, zwifchen den Apofteln und den zwölf

---

*) Kotel. I, 172.
**) Dieß ift einer der myftifchen Beinamen Mofis; er heißt der
gute Hirte, oder der treue Diener im ganzen Haufe, gerade
wie Chriftus.

Fürſten der Stämme. Ganz klar wird das Wort des Räth-
ſels ausgeſprochen im erſten Buch der Rekognitionen Kap. 40:
Petrus ſpricht: Nos ergo primos elegit duodecim sibi credentes, quos apostolos nominavit, postmodum alios septuaginta duos probatissimos discipulos, ut vel hoc modo
recognita imagine Mosis crederet multitudo, quod hic
sit, quem praedixit Moses venturum prophetam. Es
wäre in der That zu verwundern, wenn die Beziehung der
zwölf Apoſtel auf die Fürſten der zwölf Stämme im chriſtlichen Alterthum überſehen worden wäre, denn zu deutlich
ſpricht ſich das N. Teſtament ſelbſt darüber aus, in einer
Chriſto in den Mund gelegten Rede, Matth. XIX, 28: ὁ
δὲ Ἰησοῦς εἶπεν αὐτοῖς (τοῖς ἀποσόλοις)· ἀμὴν λέγω ὑμῖν,
ὅτι ὑμεῖς οἱ ἀκολουθήσαντές μοι ἐν τῇ παλιγγενεσίᾳ, ὅταν
καθίσῃ ὁ υἱὸς τοῦ ἀνθρώπου ἐπὶ θρόνου δόξης αὐτοῦ, κα-
θίσεσθε καὶ ὑμεῖς ἐπὶ δώδεκα θρόνους, κρίνοντες τὰς δώδεκα φυλὰς τοῦ Ἰσραήλ. Kann man es entſchiedener ausſprechen, daß die Apoſtel den zwölf Fürſten der Stämme, *)
welche Moſen im Richteramte unterſtüzten, nachgebildet
ſeyen? **) Daß nun Chriſtus ſelbſt die zwölf Apoſtel einge-
ſezt habe, kann unmöglich bezweifelt werden. Denn nicht
nur Johannes, ſondern auch Paulus zeugt dafür, I. Kor.
15, 5: ὁ Χρισὸς ὤφθη τοῖς δώδεκα. Das iſt ein hoch-
wichtiger Beweis dafür, daß Jeſus Chriſtus ſelbſt es Moſi zu
gleich thun wollte, daß er folglich die Meiſterſtelle Deuter.
XVIII, 15 auf ſich angewendet hat. Aber bald nach ſeinem
Hingange iſt man von der Zwölfzahl abgegangen. Paulus
wurde, obgleich zum Mindeſten der dreizehnte, in allen Rechten eines Apoſtels von den übrigen anerkannt. Nach Galat.

---

*) Man vergleiche über dieſe zwölf Fürſten Num. I, 44, VII,
84, XVII, 6.
**) Im Hypomneſtikon. Joſephs, Kap. 19, bei Fabricius cod.
apocr. vet. Test. II, 37 und 38 findet man die Namen der 12
Fürſten aufgezählt.

II und I Kor. 15, 7 scheint er, wenn ich die Stelle recht
verstehe, von mehreren Aposteln zu reden, die nicht in der
Musterzahl der Zwölfe begriffen sind, ebenso Röm. XVI, 7
und an anderen Stellen, auch bekommt z. B. Barnabas bei
Späteren, wie z. B. bei Klemens von Alexandrien, den ste=
henden Beinamen Apostel.*) Anders verhält es sich mit den
70 Jüngern, welche nach Luc. X von Christus ausgeschickt
seyn sollen. Daß sie den 70 Aeltesten des Volks, welche z. B.
mit Mose auf den Berg hinanstiegen (Exod. XXIV, 1) und
ihn sonst unterstüzten, nachgebildet seyen, springt in die Au=
gen, und wäre gewiß, wenn auch die oben angeführte Stelle
aus den Rekognitionen nicht dafür zeugte. Aber die That=
sache der Aussendung bezweifle ich; nur Lukas berichtet da=
von, kein Anderer. Alte Väter drücken bereits leise Zweifel
gegen die Siebenzigzahl aus. So Eusebius im ersten Buche
der Kirchengeschichte Kap. XII: „Die Namen der Apostel des
Erlösers sind Jedermann bekannt aus den Evangelien, aber
nirgends findet sich ein Verzeichniß der 70 Jünger." Und
weiter unten: „Daß es mehr als 70 gewesen seyn müssen,
kann man schon allein aus dem Zeugnisse des Apostels Pau=
lus beweisen." I Kor. 15 wird sofort angeführt. In der
That, hätten die Siebenzig ihre Sendung wirklich von Christo
empfangen, so wäre es unbegreiflich, wie von einem so wich=
tigen Akt nicht bloß gar keine Spur mehr vorkommen soll,
sondern daß auch andere sichere Zeugnisse, wie das Verzeich=
niß von I Kor. XV, so ziemlich stark widerstreiten. Dage=
gen ist es andererseits ganz in der Ordnung, und durch
unbezweifelbare Vorgänge bewährt, daß die spätere Sage,
um Christum in allen Dingen Mosi ähnlich zu machen,
neben den ächten zwölf Aposteln, noch siebenzig weitere auf=
stellte, welche den 70 Aeltesten Mosis entsprechen sollten.

Auch den Namen ἀπόστολος müssen wir ins Auge fassen.

*) Opp. I, 445, 447, 489.

Christus wird selbst so genannt, Hebräer III, 1. In wei=
teren Stellen, wie II Kor. 8, 23. Phil. II, 25 u. s. w.
wird der Ausdruck von jedem göttlichen Gesandten gebraucht,
der für das Reich des Heiles wirkt. In diesem Sinne ent=
spricht das Wort genau dem chaldäischen שְׁלִיחִין, mit wel=
chem Jonathan Ben Usiel zu Jer. II, 2 Mosen und Aaron
bezeichnet, welche beide Apostel oder Gesandte Gottes für den
alten Bund waren, wie Christus für den neuen. Namentlich
aber hieß man in späterer Zeit die Gehülfen des jüdischen Pa=
triarchen zu Tiberias Apostel. In der 30ten Häresis *) er=
zählt Epiphanius von einem gewissen Juden Josephus, der
heimlich Christ wurde, Folgendes: „Dieser Josephus gehörte
unter die Zahl der angesehensten jüdischen Beamten; man
heißt sie Apostel, und sie nehmen die nächste Stelle nach dem
Patriarchen ein, mit dem sie ein Kollegium bilden und Tag
und Nacht verkehren, denn sie sind seine Rathgeber, und be=
richten über die Dinge, welche sich auf das Gesetz beziehen:
εἰσὶ δὲ οὗτοι μετὰ τὸν Πατριάρχην ἀπόσολοι καλούμενοι,
προςεδρεύουσι γὰρ τῷ πατριάρχῃ κ. τ. λ. Weiter unten
(S. 135 oben) beschreibt Epiphanius die große Macht des
Apostolats noch näher, indem er sagt: „Josephus habe ver=
möge seiner Vollmacht viele schlechte Synagogen=Oberste, Prie=
ster, Aelteste und sogenannte Azaniten **) (welche den christ=
lichen Diakonen entsprechen) abgesezt." Daß die Apostel be=
sonders dazu gebraucht wurden, die Gefälle des Patriarchen
von den verschiedenen Judengemeinden des römischen Reichs
einzutreiben, ersieht man aus einer amtlichen Urkunde, dem
theodosianischen Gesetzbuche 16, Titel 8, Gesetz 14, ***) wo fol=
gendes Gebot des Kaisers Honorius zu lesen steht: **Super-
stitionis indignae est, ut archisynagogi, sive presbyteri**

---

*) Opp. I, 128.
**) חַזָּן, so heißen die jüdischen Vorsänger und Küster, man ver=
gleiche Buxtorf zu dem Worte.
***) Ausgabe von Ritter, Theil 6, a, Seite 251.

Judaeorum, *vel quos ipsi Apostolos vocant*, qui ad exigendum aurum atque argentum a patriarcha certo tempore diriguntur, a singulis synagogis exactam summam atque susceptam ad eundem reportent. Qua de re omne quidquid considerata temporis ratione confidimus esse collectum, ad nostrum dirigatur aerarium. Das iſt ein Bild der alten kaiſerlich = römiſchen Rechtspflege. Zuerſt läßt man die Beamten das Volk ausſaugen, dann deckt der Kaiſer die Hand auf die Beute, und zieht Alles in ſeinen Sack. In den trefflichen Anmerkungen zu der Stelle findet man noch andere alte Zeugniſſe über das jüdiſche Apoſtolat. Es wäre nun ſicherlich der Gipfel von Abgeſchmacktheit, wenn man annehmen wollte, der jüdiſche Patriarch zu Tiberias habe ſeine Apoſtel dem Stifter des Chriſtenthums nachgebildet, den die Synagoge ärger als den Tod haßte. Das hieße ſoviel, als das Kollegium der Karbinäle, das zuerſt nach der Zahl der Apoſtel aus Zwölfen beſtand, dann, nach den ſiebenzig Jüngern, auf ſiebenzig feſtgeſezt wurde, ſey von Mahometh entlehnt worden! Der Patriarch beſaß eine ſehr große Macht, er ſchickte ſeine Apoſtel in der römiſchen Welt herum, um Steuern von den Gläubigen einzutreiben; wollte er den Geiz ſeiner Juden beſiegen, ſo mußte er ihnen ein alterthümlich geheiligtes Anſehen entgegen ſetzen. Und ſo iſt es auch. Er ſelbſt erklärte ſich für einen Nachfolger Moſis, ʼganz wie der Papſt der Statthalter Chriſti zu ſeyn behauptet; ſeine Apoſtel ſollten gleiche Achtung genießen, wie die zwölf Fürſten der Stämme, alſo mußten die Lezteren noch friſch in der Sage des Volkes leben; denn man beruft ſich in ſolchen Fällen nie auf verſchollene Dinge, auf erloſchene Leuchten des Ruhmes. Der jüdiſche Patriarch bemächtigte ſich alſo deſſelben Vorbildes, das 200 Jahre früher *) von unſerer Kirche gebraucht wurde.

---

*) Ich ſetze den kräftigen Aufſchwung des Patriarchats etwa ins Jahr 180 unſerer Zeitrechnung, wo R. Juda, der Heilige, ſeinem Amte großen Glanz verlieh.

Sechstens, nach Marc. 16, 19, Luc. 24, 51. und Apo=
stelgeschichte I, 9 fuhr Christus in Himmel. Diese Sage ver=
dankt ihre Entstehung hauptsächlich der jüdischen Weltansicht,
kraft welcher die Erde in der Mitte des Alls festgeheftet
steht; über ihr wölben sich die Himmel, in deren oberstem
Gott mit seinem Hofstaate von Engeln thront. Zu ihm
sollen Henoch, Elias, Christus und noch ein Anderer aufge=
stiegen seyn. Keinem von allen unseren heiligen Schriftstellern
konnte die Himmelfahrt Christi zweckdienlicher seyn, als dem
Evangelisten Johannes; denn Nichts mochte ja besser bewei=
sen, daß Christus der vom Himmel herabgestiegene Logos
sey (Johannis Hauptgedanke), als seine sichtbare Rückkehr
dorthin. Doch berichtet Johannes kein Wort davon; welches
Stillschweigen nicht nur dafür bürgt, daß Nichts geschehen,
was zu jener Erzählung Anlaß geben konnte, sondern auch
ein bündiger Beweis für die historische Glaubwürdigkeit un=
seres Evangelisten ist. Die Himmelfahrt Christi wäre dem=
nach kein wirkliches Ereigniß, sondern eine alte christliche
Sage; aber warum ist sie dann nicht dem Vorbilde des Elias
nachgeformt, zumal da die Schilderung von 2 König II, 11
zu den schönsten und erhabensten Stücken des alten Testa=
ments gehört? *) Solche Worte mußten doch einen tiefen
Eindruck machen auf die Einbildungskraft der Juden, war=
um haben nun die ersten Christen, unter denen jene Sage
entstand, sich nicht an die Stelle II Könige II gehalten! Ein
mosaisches Vorbild trat auch hier dazwischen. Der Gesetzgeber

---

*) II König II, 11, 12: „Und da sie mit einander gingen und er
redete, siehe da kam ein feuriger Wagen mit feurigen Rossen,
und schied Beide aus einander; und Elias fuhr also im Wet=
ter gen Himmel. Elisa aber sah es und schrie: Mein Vater,
mein Vater, Wagen Israel und seine Reiter! und sahe ihn
nicht mehr." Welche Einfachheit und zugleich welche Pracht!
Man muß noch die Handzeichnung von Overbek dazu gesehen
haben, wo Rosse, Räder, Wagen und Elias selbst glühen von
himmlischer Begeisterung.

ist nach der Meinung vieler alten Juden nicht gestor=
ben, sondern in Himmel erhoben worden. Im Buche Si=
phri über Deuter. XXXI, 14, heißt es: „Zu jener Zeit sprach
Gott zum Engel des Todes: Geh' hin und bringe mir die
Seele Mosis. Da ging der Todesengel und stellte sich vor
Moses hin. Dieser sprach: An dem Orte, wo ich stehe,
darfst du nicht stehen, und doch sprichst du, gib mir deine
Seele. Der Todesengel schrie auf und ging mit Schelten
fort, und erzählte Gott Alles wieder. Da sagte der Herr:
Geh hin und bring mir seine Seele. Derselbe ging noch
einmal hin, suchte, aber fand ihn nicht. Er lief zum Meere
und fragte es: Hast du Mosen nicht gesehen? Das Meer
antwortete: Seit dem Tage, an dem Moses die Kinder
Israel mitten durch mich hindurchführte, hab ich ihn nicht
wieder gesehen. Da ging Samael zu den Bergen und-Hü=
geln und fragte: Habt ihr Mosen nicht gesehen? Sie ant=
worteten: Gott kennt seine Wege, Gott hat ihn verborgen
im ewigen Leben, und keine Kreatur weiß, wo er ist.“ Also
ist Moses dem Todes=Engel nicht erlegen, folglich starb er
auch nicht, sondern ward entrückt wie Enoch. Deutlicher
spricht sich dasselbe Buch zu Ende aus: „Einige sagen: Mo=
ses ist nicht gestorben, sondern er stehet und dienet vor Gott.“
Ebenso die Bereschit Rabba des R. Moses Haddarschan*) über
Genes. 28, 17: Dixit Josua, filius Nun: illa die, qua adpropinquavit mors Mosis, sustulit illum Deus ad coelum
altissimum, ostenditque ei donum praemii sui et quid
esset ipsi venturum. Moses sieht nun Gott den Herrn,
der eben am himmlischen Heiligthum baut, den Messias,
Sohn Davids, und seinen verstorbenen Bruder Aaron. Lez=
terer spricht zu ihm: Illo tempore locutus est Aaron Mosi:
Ne adpropinques — non enim intrat homo huc, antequam gustaverit gustum mortis et dederit animam suam

---

*) Bei R. Martini S. 385.

angelo mortis. Tunc cecidit Moses super faciem suam
in conspectu Dei, quando audivit verba Aaronis, et ait:
Domine seculi, da mihi licentiam loquendi cum Messia
tuo, antequam moriar. Respondit ei Deus: vade! docuitque
eum nomen magnum suum, ne devoraret eum splendor
divinitatis; cumque vidisset eum Messias, filius David et
Aaron frater ejus, intellexerunt, quod Deus S. B. docu-
erat eum nomen suum magnum. Sehen wir nun, wie alt
diese Sage ist. Klemens von Alexandrien erzählt Stromat.
I, 23:*) „Moses habe drei Namen gehabt, Joachim nannten
ihn seine Eltern, Moses die Tochter Pharao's. Einen dritten
Namen erhielt er nach seiner Aufnahme in den Himmel:
ἔσχε δὲ καὶ τρίτον ὄνομα ἐν οὐρανῷ μετὰ τὴν ἀνάληψιν,
ὥς φασιν οἱ μύσται, Μελχί. Also Melchi, d. i. König, ward
er nach seiner Himmelfahrt genannt, und diese Benennung
geben ihm die Mystiker; man sieht demnach, daß in der
jüdischen Geheimlehre eine eigene, von der hergebrachten verschiedene Geschichte des Gesetzgebers vorgetragen wurde! Denn daß Klemens jüdische
Mystiker meint, geht aus den folgenden Sätzen hervor, wo
lauter jüdische Mährchen über den Gesetzgeber vorgetragen
werden. Noch merkwürdiger ist eine zweite Stelle im sechsten Buche der Stromaten Kap. 15:**) „Als Moses in Himmel genommen ward, sah Josua, Nuns Sohn, ein doppeltes Bild von ihm; er gewahrte eine Gestalt, die mit Engeln
dastand, und dann sah er wieder Einen auf den Bergen, der
Begräbniß verlangte in den Schlünden.***). Josua sah dieses Schauspiel vom Geiste erhoben, unten (am Fuße des
Berges) zugleich mit Kaleb. Aber doch schauten Beide nicht
Dasselbe, sondern Kaleb, der viel schweren Stoff mit sich

---

*) Opp. I, 412 unten.
**) Opp. II, S. 806 unten.
***) Anspielung darauf, daß Moses nach der Lehre einiger Juden
in der Grabhöhle der Patriarchen beigesezt seyn soll.

brachte (sah nur Körperliches und) trat auch bälder zurück. Josua dagegen konnte nachher, als er (zu den Israeliten) zurückkam, von dem Glanze erzählen, den er gesehen, denn er war viel fähiger, tief einzudringen, als der Andere, weil er viel reiner war." Das heißt: nur der gemeine Sinn wähnt, Moses sey gestorben wie andere Menschen. Die Hellsehenden, die Mystiker wissen, daß er in Himmel entruckt ward. Klemens deutet auch obige Worte in den folgenden Sätzen so ziemlich im bezeichneten Sinne. Der dritte Zeuge ist Josephus. Alterth. IV, 8, 48: „Als Moses dahin zog, wo er verschwinden sollte (πορευομένῳ ἔνϑεν, οὖ ἔμελλεν ἀφανισϑήσεσϑαι), folgte ihm die ganze Gemeinde weinend. Den Fernsten winkte er mit der Hand, ruhig zu bleiben, die Näheren bat·er mündlich, sie möchten ihm nicht folgen und dadurch seinen Abschied bitter machen. Das Volk glaubte auch hierin ihm seinen Willen lassen zu müssen, und blieb zurück unter gegenseitigem Wehklagen. Nur der Rath der Aeltesten begleitete ihn fürder, sammt Eleazar, dem Hohenpriester, und Josua, dem Feldhauptmann. Als sie auf dem Berge Abaris angekommen waren, der gegenüber von Jericho liegt, und ein" herrliche Aussicht auf die fruchtbarsten Gegenden von Kanaan gewährt, entließ er auch den Rath. Während er nun noch Eleazar und Josua umarmt und mit ihnen spricht, erscheint plötzlich über ihm eine Wolke und Moses verschwindet in einer Vertiefung. Er selbst hat in den heiligen Büchern niedergeschrieben, daß er gestorben sey, weil er fürchtete, das Volk möchte wegen seiner beispiellosen Tugenden zu behaupten wagen, daß er zu der Gottheit hinaufgestiegen sey." So Josephus. Heißt das nicht die Worte auf Schrauben stellen, trotz einem Sachwalter? Ich wenigstens getraue mir nicht zu entscheiden, ob Josephus Mosis Tod, oder seine Himmelfahrt andeuten will; nur das sehe ich, daß zu jener Zeit Viele geglaubt haben müssen, daß Moses nicht gestorben, sondern gen Himmel gefahren sey, denn im lezten Satze spielt

Josephus klar genug auf diese Meinung an. Hatte sich der
zweideutige Jude nicht vor dem Spotte der griechischen und
römischen Leser gefürchtet, für die er eigentlich schrieb, so
würde er mit seiner wahren Ansicht getroster herausgerückt seyn.
Philo, der das Unwahrscheinlichste mit schön gedrechselten
Redensarten zu verhüllen pflegt, ist offener: *) „Da er eben
hinaufgehoben werden sollte, und schon den Anlauf genom=
men hat, um auffliegend seinen Schwung gen Himmel zu
richten, weissagte er, vom göttlichen Hauche angeweht und
begeistert, obwohl er noch lebte, von sich selbst, als einem
Gestorbenen, wie er verschieden sey, da er doch nicht ver=
schieden war, wie er begraben ward, da sich doch Niemand
dabei befand, nämlich nicht von sterblichen Händen, sondern
von ewigen Kräften Gottes u. s. w: ἤδη γὰρ ἀναλαμβανό-
μενος, καὶ ἐπ᾽ αὐτῆς βαλβῖδος ἑστώς, ἵνα τὸν εἰς οὐρανὸν
δρόμον διανύῃ διϊπτάμενος, καταπνευσθεὶς καὶ ἐπιθειάσας
ζῶν ἔτι, τὰ ὡς ἐπὶ θανόντι ἑαυτῷ προφητεύει δεξιῶς κ. τ. λ.
Von Verschwinden, ἀφανίζεσθαι, Hinaufgenommenwerden,
ἀναλαμβάνεσθαι, ist in diesen Sagen überall die Rede, ge=
rade wie im N. Testament von Christi Himmelfahrt, z. B.
Apostelgeschichte I, 9: καὶ ταῦτα εἰπὼν, βλεπόντων αὐτῶν
ἐπήρθη, καὶ νεφέλη ὑπέλαβεν αὐτὸν ἀπὸ τῶν ὀφθαλμῶν
αὐτῶν. Luc. XXIV, 51: καὶ ἐγένετο ἐν τῷ εὐλογεῖν αὐτὸν
αὐτοὺς διέστη ἀπ᾽ αὐτῶν καὶ ἀνεφέρετο εἰς τὸν οὐρανόν.
Marc. 16, 19: ὁ μὲν οὖν Κύριος, μετὰ τὸ λαλῆσαι αὐτοῖς
ἀνελήφθη εἰς τὸν οὐρανόν. Wer wird noch zweifeln, daß
ich die wahre Quelle der neutestamentlichen Sage aufgedeckt
habe! Wäre nicht dieses mosaische Vorbild dazwischen getre=
ten, dann würden wir lesen, wie Christus in der prachtvoll=
sten Weise des Elias mit feurigen Rossen, mit dem Wagen
Israels und seinen Reitern hinan gefahren sey. Daß man

---

*) Zu Ende des dritten Buches de vita Mosis. Mang. II, Seite
179 unten.

damals glaubte, jener Messias-Prophet, von dem Moses geweissagt, werde gleich dem Gesetzgeber nicht sterben, kann
noch aus einem andern Beispiele bewiesen werden. Origenes
erzählt: *) „Ein gewisser Samariter, Namens Dositheus,
stand auf und erklärte sich für den Messias, der (von Moses)
geweissagt sey. Noch jetzt gibt es Anhänger dieses Menschen,
die angebliche Bücher von ihm besitzen, und allerlei Mythen
über ihn erzählen, als z. B.: daß er den Tod nicht gekostet
habe, sondern irgendwo (bei Gott) im Leben sey:" μύθους
τινὰς περὶ αὐτοῦ διηγούμενοι, ὡς μὴ γευσαμένου θανάτου,
ἀλλ᾽ ἐν τῷ βίῳ που τυγχάνοντος.

Ich komme nun an eine neutestamentliche Erzählung, die ich
früher bei Seite ließ, weil mir ein Ring zu meiner ehernen
Kette fehlt, der sich wohl nicht mehr auffinden läßt, —ich meine
die Versuchung Christi in der Wüste. Sanhedrin bab. S. 89, b
wird folgende Geschichte erzählt: Satan machte den Gehorsam
Abrahams bei dem Herrn der Welt verdächtig, und bestimmte
ihn Abraham zu versuchen, nach dem Spruche (Genes. XXII, 1):
Gott versuchte Abraham. Nun lautet der Text wörtlich so: „Gott sprach: Abraham nimm deinen Sohn. Abraham antwortete: Ich habe zwei Söhne (welchen willst du).
Gott: Deinen Einzigen. Abraham: Der Eine ist der Einzige der Sara, der Andere der Einzige der Hagar! Gott:
Den, welchen du lieb hast. Abraham: Ich liebe beide. Gott:
Den Isaak. — (Sogleich richtete sich Abraham zur Reise,
um den Befehl des Herrn zu vollstrecken.) Aber der Teufel
eilte ihm voraus und stellte sich ihm in Weg und hub also
an (Hiob 4, 2): Du hast's vielleicht nicht gern, so
ich zu dir rede, aber wer kann sich enthalten?
Siehe, du hast Viele unterwiesen und müde
Hände gestärkt, deine Rede hat die Gefallenen
aufgerichtet und bebende Kniee hast du gekräf-
tigt. Jetzt aber, da es (die Versuchung) an dich

---

*) Dreizehnter Band zu Johannes, Kap. 27. Opp. IV, 237.

kommt, solltest du da nicht unwillig werden? Abra=
ham antwortete (mit der Stelle Pf. 26, 11): Ich wandle
in meiner Unschuld. Der Teufel erwiderte (Hiob IV, 6):
Ist nicht deine Furcht deine Hoffnung? Abraham
entgegnete (den folgenden Vers): Gedenke, wo ist ein
Unschuldiger je umgekommen, wo ein Gerechter
vertilgt. Da nun der Teufel sah, daß er gegen Abraham
Nichts ausrichten könne, sprach er die Worte (Job IV, 12):
Zu mir ist gekommen ein heimliches Wort, d. h.
ich habe hinter dem Vorhang Gottes gehört, daß nicht Isaak,
sondern ein Thier an seiner Statt geopfert werden solle.
Abraham erwiderte: Dieß ist die Strafe des Lügners, daß
man ihm selbst dann nicht mehr glaubt, wenn er auch die
Wahrheit redet." Daß die Versuchung Abrahams auf Be=
trieb des Teufels erfolgt sey, berichtet bereits die kleine Ge=
nesis, ein uraltes jüdisches Machwerk:*) ἐν τῇ λεπτῇ γενέσει
κεῖται, ὅτι Μαςιφὰτ ὁ ἄρχων τῶν δαιμονίων προςελθὼν τῷ
Θεῷ εἶπεν· εἰ ἀγαπᾷ σε Ἀβραὰμ, θυσάτω σοι τὸν υἱὸν
αὐτοῦ. Sicherlich waren dem Verfasser auch die oben ge=
schilderten Zwiegespräche zwischen dem Teufel und Abraham
bekannt. Man wird mir nicht abstreiten, daß diese Sage
und die Erzählung Matth. 4 manche Aehnlichkeit haben. Hier
wie dort kämpft der Versuchende und der Versuchte mit lau=
ter Bibelstellen, und der Teufel zeigt sich als keinen schlechten
Kenner des göttlichen Worts. Ich würde auch nicht anste=
hen in jener oder einer ähnlichen Ueberlieferung die wahre
Quelle unserer evangelischen Sage zu finden, wenn nur Mo=
ses statt Abraham der Versuchte wäre. Dieß macht immerhin
einen bedeutenden Unterschied. Allerdings weiß das jüdische
Alterthum allerlei von Versuchung Mosis durch den Teufel
zu erzählen, jedoch in anderer Weise. Schemoth Rabba Ab=
schnitt 22, S. 128, a: „R. Isaak sagt: Zu der Zeit, da

---

*) In einem Bruchstücke bei Syncellus und Cedrenus.
Siehe Fabricius cod. pseud. vet. Test. I, 861 und II, 120.

Gott zu Mose sprach (Exod. 32, 7): Geh, steige hinab (vom Berge Sinai), ward des Gesetzgebers Angesicht verfinstert, und wie blind vor Angst, so' daß er nicht mehr wußte, an welchem Orte er hinabsteigen sollte; die dienstthuenden Engel versuchten es, ihn umzubringen und sprachen: Jezt ist es Zeit, ihn zu tödten. Gott aber wußte wohl, was sie zu thun Willens waren. Was that er also? R. Berachia sagt: Gott habe eine kleine Thüre am Throne der Herrlichkeit geöffnet und zu Mose gesprochen: Geh', steige hinab, wie geschrieben stehet (Exod. IX, 12): Mache dich auf, gehe eilends hinab von hinnen." Jüdische Sagen, die auch in dieser Schrift angeführt worden sind, berichten, daß die Engel eifersüchtig geworden seyen auf die Ehre, welche der Herr der Welt dem Gesetzgeber erwies. Man braucht also bei jenen Engeln des Dienstes, die Mosen tödten wollen, nicht gerade an böse Geister zu denken. Doch liegt der Sage die Ansicht zu Grund, daß selbst die höheren Naturen, warum nicht namentlich der Teufel und seine Scharen? gegen Mosen sich verschworen haben. Wichtiger ist folgende Stelle aus Schabbath bab. S. 89, a: „R. Josua, des Levi Sohn, sagt: Was bedeuten die Worte (Exod. 32, 1): Da das Volk sahe, daß Moses zauderte, כי־בשש משה. Lies nicht בשש, sondern lies באו שש. Die sechse sind vorüber, oder gekommen. Als nämlich Moses auf den Berg stieg, sprach er zu Israel: Am Ende von vierzig Tagen, im Anfang der sechsten Stunde komme ich wieder. Wie nun die vierzig Tage herum waren, erschien Satan, verwirrte die Welt, und sprach zu Israel: Wo ist euer Meister Moses? Sie antworteten: Er ist in die Höhe gestiegen; abermal sagte Satan: Die sechste Stunde ist gekommen (und doch ist er noch nicht da). Allein sie achteten es nicht. Darauf sagte er: Moses ist gestorben, allein sie achteten es wieder nicht. Jezt zeigte er ihnen die Gestalt einer Todtenbahre (worauf die Leiche Mosis lag) in den Wolken, und darum sprachen die

Ifraeliten (Erod. 32, 1): Wir wiffen nicht, was diefem
Mofes widerfahren ift, der uns aus Aegyp=
ten geführt hat, und hierauf verfündigten fie fich mit
dem Kalbdienft." Hier erfcheint Satan zugleich als Gegen=
kämpfer Mofis und Verführer Ifraels. Man vergleiche noch
den Targum Jerufchal. zu Erod. XXXII, 1. Endlich findet
fich Debarim Rabba S. 246, b und flg., eine Erzählung
vom Tode Mofis, die unferm Zwecke noch viel näher kommt:
„Als die Stunde Mofis gefchlagen hatte, fleht der Gefetzge=
ber, wie eine Memme um längeres Leben, will ein Thier des
Feldes, ja felbft ein Vogel werden, nur um länger hier un=
ten bleiben zu dürfen. Der Herr der Welt weicht aber dar=
um nicht von feinem Entfchluffe ab, fondern befiehlt zuerft
dem Erzengel Gabriel, Mofis Seele zu holen, der eben, die
Gefahr vorausfehend, das Tetragrammaton und den lezten
Segen (Deut. XXXII) als Talisman auf ein Papier fchreibt.
Gabriel antwortet auf den Befehl Gottes: O du Herr der
Welt, wie follt' ich Den fterben fehen, der den fechszigmal
Zehntaufenden Ifraels an Werth gleich ift? Darauf fprach
Gott zu Michael: Geh' hin und bringe mir die Seele Mofis.
Michael erwiderte: Ich bin fein Lehrer, er mein Jünger ge=
wefen, wie follt ich ihn fterben fehen. Jozt rief der Herr
Samael, den Böfen, und fprach: Geh' hin und bringe
feine Seele. Samael gürtete fein Schwert, panzerte fich mit
Graufamkeit und bedeckte fich mit Grimm und ging auf
Mofen los. Als er aber gewahrte, wie Mofes da faß
und den hoch heiligen Namen fchrieb, ftrahlend, wie der
Sonne Licht, glänzend, wie ein Engel: da entfazte fich Sa=
mael und konnte kein Wort finden, bis Mofes zu ihm fprach
(Jef. 48, 22): Die Gottlofen, fpricht der Herr, ha=
ben keinen Frieden, was willft du hier? Samael fagte:
Ich bin gekommen, deine Seele zu holen! Wer hat dich
gefchickt? Derjenige, der Alles erfchaffen hat! Mofes ant=
wortet: Du nimmft mir die Seele nicht! Samael: Die

Seelen Aller, die in die Welt kommen, sind in meiner
Gewalt. Moses: Aber ich habe mehr Macht als Alle, die
in die Welt kommen. Als Samael weiter fragte, worin
seine Macht bestehe, erwiderte Moses: Wisse, ich bin Am=
rams Sohn, der beschnitten aus Mutter=Leibe kam, dessen
Mund geöffnet ward am Tage der Geburt, der auch so=
gleich auf seinen Füßen ging, mit Vater und Mutter re=
dete, und keine Milch sog. Als ich drei Monate alt war,
habe ich geweissagt, daß ich das Gesetz in Feuerflammen em=
pfangen würde. Nachdem ich das Vaterhaus verlassen, trat
ich in den Palast des Königs Pharao, und nahm ihm die
Krone von dem Haupte, *) da ich 80 Jahre alt war, that
ich Zeichen und Wunder in Aegyptenland und führte aus
demselben sechszigmal Zehntausende vor den Augen Aller,
spaltete das Meer in zwölf Theile, verwandelte das bittere
Wasser in süßes, stieg hinan und ging den Weg des Him=
mels, führte Krieg mit den Engeln und empfing das feurige
Gesetz. Ich wohnte auch unter dem feurigen Throne, und
mein Zelt war unter der Feuersäule, ich redete mit Ihm
(dem Höchsten) von Angesicht zu Angesicht, ich siegte über
das himmlische Heer, und offenbarte ihre Geheimnisse den
Menschenkindern. Ich empfing das Gesetz aus der rechten
Hand des heiligen Gottes, und lehrte die Israeliten dasselbe;
ich führte Krieg mit den zwei Helden der Nationen, mit
Sidon und Og (Num. XXI, 23), denen das Wasser zur
Zeit der Sündfluth nicht an die Fersen reichte wegen ihrer
Leibeslänge; ich machte, daß Sonne und Mond in des Him=
mels Höhen still stand, ich schlug sie mit dem Stab in mei=
ner Hand. Wer ist unter allen Menschenkindern, der Sol=
ches thun könnte? Gehe weg von hinnen, du Gottloser,
entweiche aus meinem Angesicht, ich gebe dir meine Seele
nicht. Samael begab sich hierauf zurück und erstattete dem

---

*) Diese und die folgenden Züge gehören in den alten Sagenkreis
des Lebens Mosis.

Allmächtigen Bericht von Allem, was geschehen. Aber Gott sprach abermal, geh hin und bringe seine Seele. Jezt zog Samael das Schwert aus seiner Scheide und erhob sich wider Mosen. Dieser ergrimmete sehr, ergriff seinen Stab, auf dem der hochheilige Namen eingeschnitten war, und schlug auf den Teufel mit allen Kräften los, bis derselbe davon floh. Moses jagte ihm nach mit dem hochheiligen Namen, nahm zulezt auch das Horn *) der Herrlichkeit auf seiner Stirne, und machte damit den Teufel an Einem Auge blind.« So weit der Streit zwischen Moses und Samael: weiter wird erzählt, wie der Allmächtige zulezt in eigener Person die Seele des Gesezgebers durch einen Kuß auf seinen Mund hinwegnahm. Diese zum Theil abgeschmackte, zum Theil wunderschöne Sage, die auch im Jalkut Schimeoni und sonst wiederkehrt, ist, was ihre Grundzüge betrifft, uralt. Denn nicht nur wird das Wesentliche derselben in der oben angeführten Stelle des Buches Sifri berichtet, auch das N. Testament zeugt für ihre frühe Entstehung. Denn die Worte aus dem Briefe Judä B. 9: ὁ δὲ Μιχαὴλ ἀρχάγγελος, ὅτε τῷ διαβόλῳ διακρινόμενος διελέγετο περὶ τοῦ Μωϋσέως σώματος, welche nach dem Zeugnisse der Väter aus der Himmelfahrt Mosis, einem alten jüdischen Machwerke, genommen sind, beweisen, daß schon in Jesu Tagen die Sage umlief: der Teufel habe vergebens Gewalt üben wollen über den Hingang Mosis und es sey Streit darüber entstanden. **) Allein obwohl diese jüdische Ueberlieferung einige Aehnlichkeit hat mit dem Bericht von Matth. IV, so findet andererseits der höchst bedeutende Unterschied statt, daß dort der Teufel als Engel des Todes, hier als Verführer erscheint, daß er zweitens dort im Auftrage des Höchsten, hier aus eigener Bosheit handelt. Beide Sagen können deßhalb unmöglich

---

*) Schon im Alterthume stellte man den Strahlenglanz um Mosis Haupt als Glanzhörner dar.

**) Man vergleiche die Bruchstücke aus der ἀνάληψις Μωϋσέως, die Fabricius cod. ps. V. T. I, 839 und flg. gesammelt hat.

einander nachgebildet seyn, und aus den mitgetheilten rabbi=
nischen Erzählungen läßt sich bloß so viel beweisen, daß zu
jener Zeit allerlei Mähren über den Kampf Mosis mit dem
Teufel im Umlaufe gewesen seyn müssen, was vorerst für
meinen Zweck genügt. Dennoch bin ich aufs Lebhafteste über=
zeugt, daß die Versuchung Christi, — die Besteigung der
Zinnen des Tempels abgerechnet, welche auf Mosen nicht
paßt — mosaischen Vorbildern nacherzählt ist. Meine Gründe
sind: Erstlich in dem ganzen Streit mit dem Teufel werden
Christo nur Stellen aus dem Pentateuche in den Mund ge=
legt: das weist auf ein mosaisches Vorbild hin; zweitens
sind in die Versuchung zwei Züge verwoben, die erweislich
aus der traditionellen Geschichte des Gesetzgebers stammen.
Christus fastet 40 Tage, ganz so wie Moses (Exod. XXXIV,
28. Deuter. IX, 9. 18). Außerordentlich wird diese Ent=
haltsamkeit des Gesetzgebers von den Juden gefeiert, wie z. B.
von Philo: *) „Der Himmel tönet Lobgesänge durch die me=
lodische Bewegung seiner leuchtenden Körper. Vermöchte ein
Sterblicher diese Musik zu hören, so würde unaussprechliche
Sehnsucht ihn ergreifen, und nicht mehr von irdischer Speise
würde er leben wollen, sondern von jenen himmlischen Melo=
dien. Mit diesen Tönen, sagt man, habe Moses in den 40
Tagen sein Leben gefristet, da er kein Brod aß und kein
Wasser trank.“ Der Jalkut berichtet: „Moses habe in den
40 Tagen gegessen das Brod des Gesetzes und getrunken das
Wasser der Lehre.“ **) Dieser Zug aus der Geschichte Mo=
sis eignete sich also vorzugsweise zum Vorbilde für den Messias=
Propheten. Weiter führt der Teufel nach Matth. IV, 8 un=
sern Erlöser auf einen sehr hohen Berg und zeigt ihm alle
Reiche der Welt und ihre Herrlichkeit. Dieser Berg ist ohne
Zweifel derselbe, auf dem Moses, nach der alten hebräischen

*) Mang. I, 625.
**) Zwei Einkünfte, mit denen man noch jezt manchmal Gelehrte
abspeist, die Etwas verstehen.

Sage, ebenfalls alle Reiche der Welt sah. Auch Sifri über
den Spruch (Numer. 27, 12): „Der Herr sprach zu
Mose, steig auf das Gebirg Abaris und besiehe
das Land, das ich den Kindern Israel geben
werde. R. Akiba sagt: Die heilige Schrift lehrt uns hier,
daß Gott Mosi alle Theile des Landes Israel gleich einem
gedeckten Tisch gezeigt hat, wie geschrieben steht (Deuter.
XXXIV, 1): Und der Herr zeigte ihm das ganze
Land. R. Elieser sagt: Gott erhöhte die Sehkraft seiner Augen,
daß er sehen konnte von einem Ende der Welt zum andern.“
Ebenso Sifri über Deuter. XXXII, 49: „R. Elieser sagt:
Der Engel Metatron zeigte Mosi das ganze Land Israel
(indem er sprach): Bis hieher geht die Gränze Manasse, bis
hieher die Gränze Ephraim. R. Josua dagegen sagt: Von
selbst sah Moses Alles. Gott gab Stärke seinen Augen, daß er
von einem Ende der Welt zum andern sah“ מִסּוֹף הָעוֹלָם וְעַד
סוֹפוֹ. Daher kommt es offenbar, daß auch Christus alle
Reiche der Welt erschauen konnte, denn er mußte Mosi
selbst in dem Stücke gränzenloser Sehkraft gleich seyn. War=
um sollte nun eine Erzählung, in welche zwei solche mosaische
Züge verwoben sind, nicht ganz mosaisch seyn? um so mehr,
da es höchst wahrscheinlich ist, daß die alte jüdische Sage,
welche nicht satt werden kann, Mosen zu feiern, welche ihn
als den Herrn der Elemente, Besteiger des Himmels, als
den Eingeweihten Gottes besingt, ihn auch als Ueberwinder
des Teufels und seiner Lockungen hingestellt haben wird.
Sonst war er im jüdischen Sinne nicht ganz vollkommen —
was er doch seyn sollte — wenn er nicht auch Samaels Ver=
führung trozte. Ich behaupte daher zuversichtlich, die Ver=
führung Christi, Matth. IV, ist einer mosaischen Sage nach=
gebildet, aber diese Sage ging für uns verloren, *) worüber

---

*) Ich habe einige der gelehrtesten Rabbinen in Deutschland zum
  Theil mündlich, zum Theil durch Briefe befragt, ob sie eine
  alte Hagadah von Versuchung Mosis durch den Teufel kennen.

man sich billiger Weise nicht wundern kann, denn wie viel
beſſere Sachen hat in den 18 Jahrhunderten unſerer Zeit=
rechnung der Zahn der Zeit zerſtört! Dennoch getraue ich
mir den Platz nachzuweiſen, wo eine Verſuchung Moſis
durch den Teufel geſtanden haben mag. Cedrenus hat uns
folgendes Bruchſtück aus der kleinen Geneſis aufbewahrt:*)
καταλιπὼν Μωϋσῆς τὰς κατ᾽ Ἄιγυπτον διατριβὰς, εἰς τὴν
ἔρημον ἐφιλοσόφει, διδασκόμενος παρὰ τοῦ ἀρχαγγέλου Γαβριὴλ τὰ περὶ τῆς γενέσεως τοῦ κόσμου, καὶ τοῦ πρώτου
ἀνθρώπου, καὶ τῶν μετ᾽ ἐκεῖνον, καὶ τοῦ κατακλυσμοῦ, καὶ
τῆς συγχύσεως — ὡς ἐν τῇ λεπτῇ γενέσει κεῖται. Alſo
Moſes zog ſich in die Wüſte zurück, um dort zu lernen,
und ward von Gabriel daſelbſt unterrichtet. Das wäre offen=
bar der geeignetſte Platz für eine Verſuchung, da die alte
jüdiſche Theologie den Sitz des Teufels in die Wüſte verlegt.

Ich füge noch andere moſaiſche Vorbilder bei, von denen
es zum Theil nicht ganz ſicher iſt, ob ſie wirklich in der
Evangelienſage wiederholt ſind; zum Theil reichen ſie auch
über die Geſchichte des Lebens Chriſti hinaus. Matth. VIII,
3 heilt Chriſtus einen Ausſätzigen, und ebendaſelbſt V. 26
ſtillt er durch ſein Wort einen Meerſturm. Gleicherweiſe
wird Mirjam, Moſis Schweſter, durch ſein Flehen vom
Ausſatze geheilt (Num. XII), und Exod. XIV, 21 zeigt ſich
Moſes als Herr über die Elemente und das Meer. Ich
würde auf dieſe Aehnlichkeiten weniger Gewicht legen, wenn

Die Antwort lautete immer verneinend. Vielleicht weiß Zunz
oder R. Rapoport in Lemberg davon. Noch mehr hoffe ich von
einer neuen Ausgabe eines Codex pseudepigraphus Vet. Test.,
zu welchem die Pariſer und Wiener Bibliotheken ſammt der
Vatikana völlig unbenützte Schätze liefern könnten. So ver=
dienſtlich die Arbeit Thilo's iſt, wünſchte ich, er hätte ſeinen
Fleiß und ſeine bewunderungswürdige Gelehrſamkeit den Apo=
kryphen des alten Bundes zugewendet; in dieſem Felde iſt eine
überreiche Beute zu gewinnen.

*) Fabricius a. a. O. I, 863.

ich nicht sähe, daß schon Eusebius, der wohl fühlte, daß sich
das Leben Christi zu dem Mosis verhalte, wie die veredelte
Frucht zu der unveredelten, jene beiden Thaten einander ge=
genüberstellt, im dritten Buche der Demonstrationen: *)
Μωσῆς ἀνέμῳ νότῳ βιαίῳ ἐπηξε τὴν θάλασσαν. Λέγει δ'
οὖν ἡ γραφή· ἐξέτεινε Μωσῆς τὴν χεῖρα ἐπὶ τὴν θάλασσαν,
καὶ ὑπήγαγε Κύριος τὴν θάλασσαν ἀνέμῳ νότῳ βιαίῳ.
(Exod. XIV, 21): καὶ ἐπιφέρει· ἐπάγη τὰ κύματα ἐν
μέσῳ τῆς θαλάσσης. Ὡσαύτως δὲ καὶ πολὺ κρειττό-
νως· ὁ σωτὴρ ἡμῶν ἐπετίμησε τῷ ἀνέμῳ καὶ τῇ θαλάσσῃ
καὶ ἐγένετο γαλήνη. (Matth. VIII, 26) und weiter unten:
πάλιν Μωσῆς λεπρὸν ἐκαθάρισε· γέγραπται δ' οὖν· καὶ
ἰδοὺ Μαρία λεπρῶσα ὡσεὶ χιών. (Num. XII, 10):
καὶ μετ' ὀλίγα· καὶ ἐβόησε Μωσῆς πρὸς κύριον,
λέγων, ὁ θεός, δέομαι, ἴασαι αὐτήν. Ὡσαύτως δὲ
καὶ μείζονι δυνάμει ἐξουσίας ὁ Χρισὸς τοῦ θεοῦ, προςελ-
θόντος αὐτῷ λεπροῦ καὶ φήσαντος, ἐὰν θέλῃς, δύνασαί με
καθαρίσαι, ὑπερκρίνατο· θέλω, καθαρισθητι, καὶ ἐκαθα-
ρίσθη αὐτοῦ ἡ λέπρα. In der That wird die Aehnlichkeit
noch größer, wenn man die LXX zu Grunde legt, welche
die Anhänger Jesu meist gebrauchten. Ferner Num. XI, 17
spricht Gott, er wolle vom Geist, der auf Moses sey, neh=
men, und auf die Aeltesten legen. Von dieser Uebertragung
des Geistes hatten die Juden ihre eigene Ansicht. Im Targum Jeruschalemi zu Num. XI, 25 heißt es: „Der Herr
offenbarte sich in der Wolke der Herrlichkeit und redete mit
Mose, und vermehrte die Prophetengabe, die auf Mose war, und
gab davon auf die 70 Männer, und doch fehlte Moses Nichts"
(von dem Geiste, den er früher besaß). Eine noch abenteuer=
lichere Ansicht spricht schon Philo aus, de gigantibus, Mang.
I, 366, über dieselbe Stelle. Nach ihm ward von Mosis
Geiste auf die Aeltesten übergetragen, ohne daß Moses darum

---

*) Opp, II, 92 unten und flg.

Etwas verlor, obwohl der Geist, der über ihm wohnte, vor=
her nicht vermehrt worden war.*) Endlich heißt es von Jo=
sua (Deuter. 34, 9), er sey erfüllet worden mit dem Geiste
der Weisheit, weil Moses seine Hände auf ihn gelegt habe.
Hieraus ist ohne Zweifel der neutestamentliche Glaube ent=
standen, daß durch Händeauflegung der heilige Geist an An=
dere mitgetheilt werde, vielleicht auch einzelne ans Sagen=
hafte gränzende Erzählungen, wie Apostelgeschichte VIII,
17 — 19.

Im Buche Sifri über die Worte Numer. XI, 26: Es
waren zwei Männer im Lager blieben, wird Fol=
gendes berichtet: „Diese Zwei sind Die, welche in der Loos=
urne zurückgeblieben sind. Gott hatte nämlich Mosi befoh=
len, siebenzig Aelteste auszulesen. Da sprach Moses: Was
soll ich thun? Siehe, auf zehn Stämme kommen sechs, auf die
zwei übrigen Stämme aber nur fünfe.**) Kein Stamm wird
es gerne sehen, wenn aus ihm nur fünfe genommen werden.
Deßhalb nahm Moses siebenzig Looszettel, auf welche er das
Wort „Aeltester" schrieb, auf zwei aber schrieb er gar Nichts
und warf dann alle untereinander in die Urne. Wer nun
einen Zettel zog, auf dem das Wort „Aeltester" stand, zu dem
sprach Moses: Der Herr hat dich geheiligt; wer dagegen
einen unbeschriebenen Zettel zog, zu dem sagte er: Es kommt
vom Himmel, was kann ich machen." In dieser Erzählung
wird das Looswerfen als ein Mittel behandelt, durch das
Gott seinen Willen kund gibt. In derselben Bedeutung kehrt
das Looswerfen wieder Apostelgeschichte I, 26: καὶ ἔδωκαν
κλήρους αὐτῶν καὶ ἔπεσεν ὁ κλῆρος ἐπὶ Ματθίαν. Die
Uebereinstimmung ist um so auffallender, weil hier wie dort Apo=
stel (im oben entwickelten Sinne des Worts) es sind, die gewählt
werden. Ferner Stromatum I, 23 berichtet Klemens von
Alerandrien: „Artapanus erzählt in seinem Werke über die

---

*) Siehe meine Schrift über Philo I, 241.
**) Weil zwölf in siebenzig nicht aufgeht.

Juden: Moses sey von Nechephres, dem Könige Aegyptens, ins Gefängniß geworfen worden, weil er forderte, daß die Kinder Israel freigegeben würden; bei Nacht habe sich nun das Gefängniß, nach dem Willen Gottes, von selbst geöffnet; der Gesetzgeber sey sodann herausgetreten, in den Palast gegangen und habe den schlafenden König geweckt u. s. w." Artapanus war ein alter Schriftsteller, ohne Zweifel geborner Jude, aus dessen Werken auch Eusebius Auszüge (in den Präparationen IX, 27) mittheilt; die Sage, die hier berichtet wird, ist sicherlich älter als die Anfänge des Christenthums. In ihr finde ich die wahre Quelle der doppelten Erzählung von Apostelgesch. V, 19, u. XII, 6 u. flg. Wir haben hier drei mosaische Vorbilder, die über das Leben Christi hinausreichen, und auf seine nächsten Anhänger übergetragen wurden. Noch ein anderes derselben Art ist uns übrig, das an Werth und Umfang alle anderen übertrifft, und sonnenhelles Licht auf das Pfingstwunder wirft.

Die Synagoge glaubte von jeher, daß das Gesetz am Pfingsten vom Sinai herab gegeben worden sey. So z. B. Pesachim bab. S. 68, b: Azereth (vel pentecoste) est dies, quo lata fuit lex. Bis auf diesen Tag wird die Ge=setzgebung von den Juden an Pfingsten gefeiert, und es war nie Streit darüber daß das Gesetz damals verkündigt wor=den sey. Auch unsere christlichen Väter theilten wohl von jeher diese Meinung. Wenigstens sagt Augustinus: *) Chri=stus a Deo clarificatus ascensione in coelum, misit spiri=tum suum sanctum die Pentecostes. In lege autem, in libro Mosis Exodo, a die agni occisi et manducati quin=quaginta dies numerantur, et data est lex in tabulis lapideis scripta digito Dei. Nun wissen wir, daß die Ju=den glaubten, alle Völker werden einst im Thal Josaphat

---

*) Zweite Rede über Psalm 90. Opp. ex edit. Monachorum S. Mauri. Paris 1681. B. IV, b. S. 977.

zu Gericht stehen; und zwar sey der Pentateuch das Gesetz, nach dem sie ihr Urtheil empfangen. So die schon angeführte Stelle aus Avoda Sarah I, b u. flg. **Deus S. B. seculo venturo reponet librum legis in sinum suum et proclamabit pro tribunali: quisquis operam dedit legi huic, veniat nunc et ferat mercedem suam. Confestim congregabuntur et venient gentes mundi mixtim, quemadmodum scriptum exstat (Is. 43, 9):** *omnes gentes congregabuntur una.* **Dicet autem ad illas Deus: nolo vos mixtim çoram me comparere, sed compareat quaelibet gens seorsim, una cum suis doctoribus.** Sollen nun die Heiden nach dem Gesetz Mosis gerichtet werden, so muß es ihnen nothwendig verkündigt worden seyn. Zu gut kannten die alten Juden den richtigen Rechtsgrundsatz, den auch Paulus ausspricht: „Ohne Gesetz gibt es keine Sünde," als daß sie hier nicht Vorkehrung getroffen haben sollten, um Gottes Gerechtigkeit zu retten. In der That lehren die alten Rabbinen mit merkwürdiger Einhelligkeit, daß das Gesetz vom Sinai allen Völkern der Erde verkündigt worden sey. Buch Mechilta über Exod. XX, 1: „Es stehet geschrieben (Deuter. 33, 2): **Der Herr ist vom Sinai gekommen, er ist aufgegangen von Seir, er ist hervorgebrochen von dem Berge Pharan.** Gott ist erschienen den Kindern Esau, des Gottlosen, und hat zu ihnen gesprochen: Nehmet ihr das Gesetz an? Sie fragten: Was stehet darin? Antwort: **Du sollst nicht tödten.** Da riefen sie: Das ist das Erbe, das unser Vater uns hinterlassen hat! denn es stehet geschrieben (Genes. 27, 40): **Von deinem Schwerte sollst du leben.** Jezt erschien Gott den Kindern Ammon und Moab und sprach: Nehmet ihr das Gesetz an? Sie erwiderten: Was stehet darin? Antwort: **Du sollst nicht ehebrechen.** Da sprachen sie: Wir stammen alle aus Ehebruch, wie geschrieben steht (Genes. 19, 36): **Also wurden die beiden Töchter Loths schwanger von ihrem Vater,** wie sollten wir also das Gesetz annehmen? Gott erschien hierauf den Kindern Ismael und sprach: Nehmt ihr das Ge= setz an? Sie antworteten: Was stehet darin? Er sagte: Du sollst nicht stehlen. Da riefen sie: Das ist der Se= gen, der unserm Vater zu Theil ward, nach dem Spruche (Genes. 16, 12): Ismael wird ein wilder Mann seyn. Sie nahmen daher das Gesetz auch nicht an. Als es nun Gott Israel anbot, da ward der Spruch erfüllt (Deuter. XXXIII, 2): Von seiner rechten Hand ward das Gesetz im Feuer ihnen zu Theil. Sie öffneten ihren Mund und sprachen (Exod. XIX, 8): Alles, was der Herr geredet hat, wollen wir thun." Ebenso das Buch Siphri (über Deuter. XXXIII, 2): „Als Gott herabkam, um das Gesetz den Israeliten zu geben, erschien er nicht Israel allein, sondern allen anderen Nationen." Folgt nun dieselbe Erzäh= lung wie oben. Avoda Sara bab. S. 2, b: „Es stehet ge= schrieben (Deuter. 33, 2): Jehovah ist von Sinai ge= kommen und aufgegangen von Seir. Deßgleichen (Habac. III, 3): Gott kam von Theman und der Heilige vom Berge Pharan. Was bedeuten die Worte Seir und Pharan? R. Jochanan sagt: die Schrift zeigt da= mit an, daß Gott das Gesetz jedem Volk und jeder Nation anbot, aber nur die Israeliten nahmen dasselbe an." Man sieht, die drei Orte, deren Deuteron. XXXIII, 2 Erwähnung geschieht, sollen beweisen, daß Gott von allen Seiten der Welt hergekommen sey, als er das Gesetz gab, und dasselbe allen Nationen der Welt angeboten habe. Ich will keine weiteren Beweisstellen aufführen, ich würde sonst nicht fertig werden, denn fast jedes jüdische Buch enthält diese Lehre. Die Anerbietung des Gesetzes an die Völker der Welt ist nun nicht so zu verstehen, als wäre dasselbe jedem besonders verkündigt worden, sondern vielmehr ist der Sinn der: die göttliche Stimme, welche die zehn Gebote vom Sinai herab ertönen ließ, sey über die ganze Welt erschallt, so daß Jeder

es vernehmen mußte. Sebachim bab. S. 116, a: „R. Elieser
sagt: Als das Gesetz den Israeliten gegeben ward, erscholl
die Stimme desselben von einem Ende der Welt zum andern.
Schrecken ergriff alle Völker der Welt." Nun gibt es aber
70 Nationen auf der Erde, und jede derselben hat ihre eigene
Sprache. Wie konnten sie also alle zusammen das Gesetz ver=
nehmen, wenn es nur in Einer Sprache (der heiligen) ver=
kündigt ward? Auch diesen Einwurf hat der rabbinische Scharf=
sinn nicht übersehen. Sie geben folgende Antwort: Schemot
Rabba S. 70, d: „R. Jochanan sagt: Die Stimme vom Si=
nai ward getheilt in 70 Stimmen und 70 Sprachen, daß
alle Nationen der Welt (das Gesetz) hörten, und Jeg=
liche vernahm es auch wirklich in ihrer Sprache." Ebenso
Midrasch Tanchumah S. 26, c: „Obgleich die zehn Gebote
mit einem einzigen Laut verkündigt wurden, *) so heißt es
doch (Exod. 20, 15): Alles Volk hörte die Stim=
men (in der Mehrzahl und nicht die Stimme in der einfachen
Zahl), das kommt daher: Als die Stimme ausging, ward sie
getheilt in sieben Stimmen, und ging dann über in siebenzig
Zungen, und jedes Volk vernahm das Gesetz in seiner Mutter=
sprache." Ebenso Midrasch Tillin über Psalm 68, 12: „Der
Herr gibt das Wort, der Verkündigerinnen ist
eine große Schaar. Als das Wort (vom Sinai) aus=
ging, ward es in sieben Stimmen und von den sieben Stim=
men in siebenzig Zungen getheilet. Gleichwie viele Feuer=
funken da= und dorthin (aus dem glühenden Metall) heraus=
springen, wenn der Mensch auf den Ambos schlägt, also
war auch der verkündigenden Gottesstimmen eine große
Schaar." Lezteres Bild wird auch Schabbath bab. S. 88, b
auf eine merkwürdige Weise gebraucht: „R. Jochanan sagt:
Was bedeuten die Worte (Pf. 68, 12 wie oben)? Antwort:

---

*) Die Juden lehren nämlich, der ganze Dekalog sey auf einmal
gesprochen worden.

Jegliches Wort, das aus dem Munde des Höchsten geht, wird in 70 Zungen getheilt. R. Ismael bezieht hierauf die Worte (Jerem. 23, 29).: Ist mein Wort nicht wie ein Hammer, der Felsen zerschmettert. Wie der Hammer (das Metall) in viele Theile zerschlägt, so wird das Wort, das aus des Herrn Munde geht, in 70 Zungen getheilt." Ein Satz, der eigentlich nur auf die Stimme, die das Gesetz auf dem Sinai verkündigte, recht paßt, ist hier allgemein gedeutet; man hatte also die Quelle, aus der er ursprünglich entstanden war, schon halb vergessen. Nun rufe ich dem Leser die oben im dritten Kapitel dieses Werks mitgetheilten Stellen ins Gedächtniß,[*] kraft welcher zugleich mit Verkündigung des Gesetzes auf Sinai der heilige Geist für alle Zeiten des alten Bundes ausgegossen wurde; ich erinnere ferner daran, daß die Gegenwart Gottes sich nach der Juden Meinung immer durch Feuer kund gibt, so wie an die ausdrücklichen Worte der Schrift (Exod. XIX, 18): Der ganze Berg Sinai rauchte, darum weil der Herr im Feuer auf ihn herab fuhr, und sein Rauch ging auf, wie der Rauch von einem Ofen, daß der Berg in seinen Grundfesten erbebete. Deßgleichen Exod. XX, 15: Alles Volk sah die Stimmen und die Blitze und das Tönen der Posaune und das Rauchen des Bergs. Die alten Juden legten großes Gewicht auf den Ausdruck, das Volk sahe die Stimmen[**] (da man sie sonst bloß hört); wie das glühende Metall unter des Hammers Schlägen in viele Funken zerstäubt, so, sagten sie, theilte sich die göttliche Stimme, die das Gesetz verkündigte, zuerst in sieben, dann in siebenzig feurige Zungen, die natürlich auch dem Auge erkennbar seyn mußten. Weiter ging jene Stimme, die so getheilt ward, vom heiligen Geiste aus, denn aller heilige Geist

---

[*] Siehe Abtheilung I, S. 230 u. flg.
[**] Man sehe, welche tiefe Geheimnisse Philo darin findet, de decem oraculis Mang. II, 188.

wurde damals ausgegossen. Fassen wir nun diese verschiede=
nen Sätze auf ihren kürzesten Inhalt zusammen, so ergibt
sich folgende Behauptung: An dem Pfingstfeste, welches auf
den großen Ostertag der Befreiung aus Aegypten folgte,
ward nicht nur das Gesetz gegeben, sondern auch der heilige
Geist ausgegossen, und zwar Beides in feurigen Zungen, der
heilige Geist redete damals in Zungen (γλώσσαις ἐλάλει),
oder mit anderen Worten in den 70 Sprachen der Welt, so
daß jede Nation ihn verstehen mußte.

Sehen wir vorerst, wie weit zurück sich diese Lehre ver=
folgen läßt. Jonathan Ben Usiel übersetzt den Spruch
Nahum I, 6 folgendermaßen: „Als der Herr sich in Gnaden
offenbarte, um seinem Volke das Gesetz zu geben, da ward
die Welt erschüttert vor ihm; wenn er sich wieder offenbaret
im Grimme, um Rache zu nehmen an den Hassern des
Volkes, wer wird dann vor ihm bestehen.“ Hier werden
Weltgericht und die Verkündigung des Gesetzes als zwei
entsprechende Akte einander gegenüber gestellt. Soll aber das
Eine die Vollendung des Andern seyn, so dürfen die nöthi=
gen Mittelglieder, die Anerbietung des Gesetzes an alle Na=
tionen, sammt ihren Folgen nicht fehlen. Allerdings haben
wir in unserer Stelle nur die beiden äußersten Punkte, aber
seyen wir nichts desto weniger versichert, daß Der, welcher sie
so hinstellte, auch die verbindende Kette kannte. Eine leise
Anspielung auf obige Sage finde ich ferner Hebr. II, 2 u. flg.:
εἰ γὰρ ὁ δι᾽ ἀγγέλων λαληθεὶς λόγος ἐγένετο βέβαιος —
πῶς ἡμεῖς ἐκφευξόμεθα τηλικαύτης ἀμελήσαντες σωτηρίας,
ἥτις ἀρχὴν λαβοῦσα λαλεῖσθαι διὰ τοῦ Κυρίε, ὑπὸ τῶν
ἀκɤσάντων εἰς ἡμᾶς ἐβεβαιώθη, συνεπιμαρτυροῦντος τοῦ
θεοῦ σημείοις τε καὶ τέρασι καὶ ποικίλαις δυνάμεσι καὶ
πνεύματος ἁγίɤ μερισμοῖς. Der Verfasser des He=
bräerbriefs stellt ebenfalls die Verkündigung des alten und
des neuen Bundes einander gegenüber. Beide sind sich in
gewissen Stücken ungleich, nämlich darin, daß der alte

durch Engel, der neue durch den Sohn Gottes selbst geschlossen ward; aber auch wiederum gleich in anderen Punkten: d. h. in den Zeichen, Wundern, den verschiedenen Kräften, besonders aber in den Theilungen des heil. Geistes. Nach meinem Gefühle deutet der Verfasser auf jene Feuerzungen des Sinai hin. Denn hatte der alte Bund bei seiner Verkündigung nicht die größten Wunder und Zeichen aufzuweisen? Gewiß, wenn anders die Erzählung von Exod. XIX, u. XX als wahr angenommen wird, woran damals kein Jude zweifelte. Also konnte der Verfasser unseres Briefs mit dem Beisatze συνεπιμαρτυροῦντος τοῦ θεοῦ κ. τ. λ. nur so viel sagen wollen: was auf dem Sinai geschehen sey, habe sich auch jezt wiederholt, und zwar herrlicher, weil der neue Bund einen Gottessohn zum Stifter habe, während der alte bloß von Engeln ausging. Ich weiß recht gut, daß ein starrköpfiger Anhänger des Hergebrachten mir all dieß wegstreiten wird. Aber es gibt eben Dinge, die man nicht mit dem Centnerstein, sondern mit der Goldwage prüfen muß, und die doch darum nicht minder sicher sind. Zum Glück habe ich gegen die Ungläubigen noch handfestere Beweise aufzuführen. Philo sagt:[*] „Damals (bei der Gesetzgebung) erscholl eine Trompetenstimme vom Himmel, welche wohl bis zu den Gränzen des Alls gehört worden seyn mag, damit dieselbe auch die Nichtanwesenden aufmerksam mache, indem sie denken mußten, daß ein solcher Schall das Zeichen großer Ereignisse sey. Was konnte aber Nützlicheres und Größeres unter die Menschen kommen, als allgemeine Gesetze (d. h. die zehn Gebote, welche die Grundlage jeder gesunden Gesetzgebung sind). Τότε γὰρ ἀπ᾽ οὐρανοῦ φωνὴ σάλπιγγος ἐξήχησεν, ἣν εἰκὸς ἄχρι τῶν τοῦ παντὸς φθάσαι περάτων, ἵνα καὶ τοὺς μὴ παρόντας ἡ ποιὰ φωνὴ[**] ἐπιστρέψῃ λογισαμένοͅς, ὅπερ

---

[*] De septenario Mang. II, 295 unten.
[**] Nach der schon von Mangey angezeigten nothwendigen Verbesserung des Textes.

εἰκὸς, ὅτι τὰ οὕτω μεγάλα μεγάλων ἀποτελεσμάτων ἐςὶ σημεῖα. Τί δὲ μεῖζον ἢ ὠφελιμώτερον εἰς ἀνθρώπες ἐλθεῖν ἠδύνατο τῶν γενικῶν νόμων; Diese Worte ſind auf Schrauben geſtellt. Der gute Mann will nicht beſtimmt ſagen, die Stimme der Geſetzgebung ſey in der ganzen Welt gehört worden, ſondern er meint nur, wahrſcheinlich ſey dieß geſchehen. Ferner deutet er nur verſteckt an, auch die Abweſenden, d. h. alle Völker der Welt, hätten das Nützlichſte und Beſte — die allgemeinen Geſetze — vernommen. Philo hatte ſchon zu tief aus dem Becher griechiſcher Bildung getrunken, um den Juden ganz herauszukehren und einen für griechiſche Ohren ſo abenteuerlichen Satz offen auszuſprechen. Deßhalb läßt es ſich mit dem Wörtchen ὅπερ εἰκὸς ein Hinterpförtchen offen und ſchlüpft behende über die böſe Stelle hinweg. Hätte er aber bloß geſagt: die Stimme ſey durch die ganze Welt erſchallt, ſo müßte man ſchon deßhalb den Glauben bei ihm vorausſetzen, daß ſie von allen Völkern vernommen ward; ſollte ſie aber von dieſen vernommen werden, ſo mußte ſie auch in ihrer Sprache ertönen, oder, mit anderen Worten, ſich in Zungen theilen. Denn ſonſt hat der erſte Satz gar keinen Sinn. Zu vergleichen iſt noch eine zweite Stelle: *) „Alles war außerordentlich bei der Geſetzgebung, fürchterliche Donner erbrausten, daß das Ohr ſie nicht ertragen konnte, hellleuchtende Blitze fielen herab. Der Schall unſichtbarer Trompeten ertönte weit hin, eine Wolke ſtieg nieder, wie eine Säule, deren unteres Ende ſich auf die Erde ſtützte, während das obere weit in die azurne Höhe emporragte, himmliſches Feuer ſtrömte herab und verdunkelte Alles ringsum. **) Denn da Gottes Kraft ſich offenbarte, war es ſchicklich, daß kein Theil der Welt ruhig blieb, ſondern daß Alles zum Dienſte ſich ſtellte.“ Alſo auch hier

---

*) De decalogo Mang. II, 187 unten und 188.
**) Dieſe Worte erinnern lebhaft an den Ausbruch eines feuerſpeienden Bergs.

Aufregung der ganzen Natur; nicht auf den Sinai und seine nächste Umgebung beschränkte sich jener Akt, sondern die Welt nahm daran Theil. Nun heißt es weiter auf der folgenden Seite: „Mitten aus dem himmlischen Feuerstrome erscholl eine fürchterliche Stimme, indem die Flamme sich zu der Mundart artikulirte, welche den Zuhörenden eigenthümlich war: φωνὴ δὲ ἐκ μέσε τοῦ ῥυέντος ἀπ᾽ οὐρανοῦ πυρὸς ἐξήχει καταπληκτικωτάτη, τῆς φλογὸς εἰς διάλεκτον ἀρθρεμένης τὴν συνήθη τοῖς ἀκροωμένοις. Das begreife mir Jemand, wenn hier nicht eine Theilung der Stimme in viele Zungen zu Grunde liegt. Alle Welt wußte doch, daß Jehova in den Zeiten des alten Bundes Hebräisch sprach, warum nun hier diese Umschweife? Die Flamme wandelt sich erst um in die Mundart der Zuhörenden, d. h. zunächst der Juden, sie enthielt also zuerst keinen hebräischen Laut, und mußte sich ebenso gut in griechischer, römischer oder jeder andern Sprache vernehmen lassen können, ja man ist gezwungen, dieß voranzusetzen; denn wozu die behauptete Umwandlung, wenn es nur auf die hebräische Verkündigung des Gesetzes abgesehen war; er brauchte dann nur einfach zu sagen, das Gesetz sey in der Zunge des israelitischen Volks verkündet worden.

Indeß wären auch diese Stellen aus Philo's Werken nicht auf uns gekommen, so würde schon die Erzählung von Apostelgesch. II. für sich allein beweisen, daß jene Sage von den Vorgängen auf Sinai über die Zeiten Christi hinaufreicht, denn durch sie wird das Pfingstwunder vollkommen erklärt. Wir haben zwei verschiedene Schilderungen der Sprachengabe im neuen Testamente. Die eine rührt von einem Augenzeugen her 1. Korinth. XIV. Paulus sagt dort, wer in Zungen rede, der sey für den Zuhörer wie ein Mann, der gar nicht spreche, V. 10: τοσαῦτα, εἰ τύχοι, γένη φωνῶν ἐστιν ἐν κόσμῳ, καὶ οὐδὲν αὐτῶν ἄφωνον, er vergleicht den Wunderredner mit einer Lyra, die keinen Akkord anschlage,

V. 7: Er behauptet ferner, die Sprachengabe nütze nur
Dem, der sie besitze, keineswegs aber der Gemeinde, wenn
kein Dollmetscher da sey, der die Geheimnisse des Erstern
(πνεύματι λαλεῖ μυστήρια) in die gemeinverständliche Sprache
übersetze. Endlich weist er der Sprachengabe eine sehr untergeordnete Stelle an, und spricht den harten Satz aus (V. 23):
Uneingeweihten oder Ungläubigen müsse das Sprachen-Reden
vorkommen, wie eitel Raserei. Kurz, wer das 14te Kapitel
des ersten Korintherbriefs mit offenem Blicke liest, der wird
bekennen müssen, daß die Sprachengabe, welche Paulus, der
Augenzeuge, beschreibt, kaum etwas Anderes seyn kann, als
das Ausstoßen unartikulirter Töne, welche die Zitterquäcker
in Amerika noch heute im aufgeregtesten Zustande ihres religiösen Gefühls bei ihren Versammlungen hören lassen. Ganz
anders lautet nun die Erzählung im zweiten Kapitel der
Apostelgeschichte. Wahrhaft in fremden Zungen reden dort
die begeisterten Jünger Christi. Von sechszehn angeblich verschieden redenden Nationen hört sie jede in ihrer eigenen
Mundart sprechen, und das höchste Erstaunen drücken alle
Anwesenden aus. Denn das ist in der That ein Wunder, deßgleichen kein anderes im neuen Testamente vorkommt. Wer
nun etwa glaubt, der Bericht in der Apostelgeschichte lasse
sich mit der Darstellung Pauli vereinigen, den will ich nicht
weiter überreden, er mag sich den Staaren stechen lassen,
ich schreibe für Menschen, welche historischen Sinn haben.
Das Pfingstwunder ist eine christlich-jüdische Volkssage, entstanden aus derselben Quelle, wie so viele andere, von mir nachge-
wiesene. Was unter Moses einst geschehen, sollte sich in den Zeiten des neuen Bundes wiederholen. Man erwartete damals,
bei den gesteigerten Messiashoffnungen, auch eine neue Ausgieß-
sung des hl. Geistes, und da der Glaube herrschte, daß derselbe,
den angenommenen Ereignissen auf Sinai gemäß, in fremden
Zungen rede, so bildete sich allmälig eine religiöse Erscheinung, die halb gemacht, halb natürlich war, wie es in

solchen Fällen zu geschehen pflegt. Begeisterte, vom Glau=
ben an Christum entflammte und zugleich von den jüdischen
Meinungen durchdrungene Menschen machten ihren gesteiger=
ten Gefühlen in unartikulirten Tönen Luft, die man für
Wirkung des Sprachen verleihenden heiligen Geistes hielt.
Vielleicht mag es auch im Wesen der religiösen Aufregung,
wenn sie ihren höchsten Grad erreicht hat, liegen, daß der
Mensch solche Laute ausstößt. Ich kann nicht aus eigener
Erfahrung reden, da ich nie in meinem Leben solche An=
wandlungen empfunden habe. Doch bestärkt mich das, was
ich selbst an sogenannten Magnetischen beobachtete, in mei=
ner Ansicht. Wahre Sprachengabe sah damals Niemand,
weil sie unmöglich ist; weil man aber durchaus etwas Aehn=
liches haben wollte, nahm man die beschriebene Erscheinung
dafür. Paulus schildert uns lextere, da er aber ein Mann
von tiefer Einsicht war, legte er, sicherlich gegen die herrschende
Meinung seiner jüdisch = christlichen Zeitgenossen, und erweis=
lich ganz gegen die Ansicht der korinthischen Gemeindemit=
glieder, sehr wenig Gewicht auf eine so zweideutige und un=
nüße Fähigkeit. Dagegen beschreibt uns die Apostelgeschichte
die Sprachengabe nicht wie sie an sich war, sondern wie
sie, nach damaliger Erwartung, seyn sollte. Nun können
wir auch das Räthsel lösen, warum V. 9—11 fünfzehn oder
gar sechszehn verschiedene Völkerschaften aufgezählt sind, deren
jede (das versteht sich) ihre eigene Sprache haben soll. Wä=
ren auch Mitglieder von all diesen Stämmen zugegen gewesen,
so konnten sie höchstens für vier bis fünf verschiedene Zun=
gen einstehen. Denn mehr Sprachen wurden in jenen Thei=
len des römischen Reichs nicht gesprochen. Allein Dem, der
jene Sage niederschrieb, lag es daran, wo möglich die 70 Zungen
der altjüdischen Nationen=Eintheilung zusammenzubringen; er
nahm daher den größten Anlauf, er unterschied — was sonst
kaum begreiflich — sogar die Judäer von den Galiläern (V. 7
u. 9). Dennoch konnte er nur sechszehn verschiedene Völkernamen

aufstapeln, was in der That schon viel zu viel ist. Meine
Erklärung des Pfingstwunders weicht allerdings völlig von den
bisher bekannten ab, aber das weiß ich, daß sie auf einer
guten Kenntniß des jüdischen Alterthums fußt, während mich
die neueren, bald rein grammatischen, bald gar ästhetischen Deu=
tungen an das Sprüchwort erinnern: Der Eine melkt den
Bock, der Andere hält ein Sieb unter. Sollte sich Jemand
daran stoßen, daß auch in der Apostelgeschichte Sagen ange=
nommen werden, während dieß Buch doch weit neuere Ereignisse
beschreibt, als die Evangelien, so antworte ich: sie fällt, der
größern Hälfte nach, in Eine Klasse mit den drei Synoptikern,
nur tiefer hinten, wo der Bericht eines Augenzeugen einge=
woben ist, darf sie als rein historische Quelle betrachtet wer=
den. Andere haben dieß schon vor mir gesehen, und ich
werde den Beweis, daß sie theilweise dem urchristlichen Sa=
genkreise angehöre, nicht schuldig bleiben. Noch muß ich hier
auf einen höchst wichtigen Punkt aufmerksam machen. Nach
der altjüdischen Sage fuhren die Feuerzungen des Gesetzes in
Mosis Gegenwart durch die Lüfte, der heilige Geist ward zu
seinen Lebzeiten, ja unter seiner Vermittlung, ausgegossen.
Nach dem Hauptgrundsatze: „Einen Propheten wie du will
ich euch senden,“ hätte das Pfingstwunder vor Christi Hin=
gang erfolgen sollen, dennoch geschieht es nach seinem Ver=
schwinden. An diesem merkwürdigen Unterschiede kann nur
eine Thatsache Schuld seyn, nicht die Sage, welche allein
nach jenem allgemeinen Satze dichtete. Wirklich liegt hier eines
der größten Geheimnisse des N. Testaments verborgen, ein
Geheimniß, das überreichlich für den Verlust des Pfingstwun=
ders, als wahrer Geschichte, entschädigt. Ich kann das, was
ich meine, jedoch der Ordnung wegen, erst später entwickeln.

Was ich früher gesagt, daß dem Gesalbten, je nach der
verschiedenen Auffassungsweise ein besonderer Widersacher ent=
gegengestellt wurde, bewahrheitet sich auch hier. Den prophe=
tischen Messias bekämpft Gog und Magog, dem danielischen

widerstreben die Reiche der Welt, dem mosaischen steht ein zweiter Bileam entgegen. Nach der alten jüdischen Sage war Bileam die Seele aller Ränke, die gegen Moses ange= zettelt wurden, mit ihm hatte der Gesetzgeber sein Lebenlang zu kämpfen. Jannes und Jambres, jene Magier, welche den König Pharao verleiteten, die hebräischen Knäblein umzubrin= gen, sind Söhne Bileams. Targum Jeruschalemi zu Num. XXII, 22: „Bileam saß auf seiner Eselin, und seine beiden Söhne, Jannes und Jambres, waren bei ihm." Was er Al= les gegen Moses schon in Aegypten gethan, wie er dort seine Wunder durch Zauberei nachgemacht, findet man weit= läufig in dem Buche דִּבְרֵי הַיָּמִים דְמֹשֶׁה beschrieben. Es würde zu weit führen, wollte ich Auszüge mittheilen, auch ist die Erzählung meist gar zu abgeschmackt. Doch war das Wesentliche davon in den ältesten Zeiten unserer Kirche be= kannt, wie aus der Stelle 2. Timoth. III, 8, erhellt: ὃν τρό= πον Ἰαννῆς καὶ Ἰαμβρῆς ἀντέστησαν Μωϋσεῖ. Schon der Pentateuch berichtet nun, daß dieser Bileam ein großer Wahr= sager und Seher der Zukunft gewesen sey. Die jüdische Sage geht noch weiter, alle Schicksale des Messias sammt der gan= zen Geschichte Israels soll er voraus verkündigt haben, wor= über der Targum Jeruschal. zu Num. XXIV nachzulesen ist. Demnach besaß Bileam den heiligen Geist, und wollte doch das Böse, als Feind Mosis und Israels, er steht in dieser Beziehung einzig da, er ist im höchsten Grade der Sünde wider den heiligen Geist schuldig, einer Sünde, die weder in diesem noch in jenem Leben je vergeben wird. Auf ihn bezieht sich ursprünglich der Spruch Christi Matth. XII, 31, und dann allerdings auch auf Die, welche Bileam in der bezeichneten Sünde nachahmen. Die jüdischen Schrif= ten sind voll von Verwünschungen gegen ihn, gewöhnlich wird ihm der Beiname רָשָׁע ertheilt. Eine Hauptstelle fin= det sich Pirke Afoth Kap. 5, 19: „Wem folgende drei Stücke zukommen, der ist einer von den Schülern unsers Vaters

Abraham: ein gutes Auge, ein demüthiger Geist, eine ruhige, begierdelose Seele; dieß sind die Kennzeichen der wahren Kinder Abrahams. An wem sie aber folgende drei Stücke finden, der ist einer von den Schülern Bileams, des Gottlosen: ein böses Auge, ein stolzer Geist, eine wollüstige Seele; dieß sind die Kennzeichen der Schüler Bileams, des Gottlosen. Der Unterschied zwischen Beiden ist dieser: die Kinder unsers Vaters Abrahams essen in dieser, und erben in jener Welt, wie geschrieben steht (Sprüchwörter 8, 24): Ich will erben lassen meine Liebhaber, was da beständig ist (in dieser Welt), und will ihre Schatzkammern füllen (in jener Welt). Die Schüler Bileams dagegen werden die Hölle erben, und hinunterfahren in die Grube des Verderbens, nach dem Spruche (Ps. 55, 24): Du wirst sie hinunterstossen in die Grube des Verderbens, die Blutdürstigen und Falschen werden ihr Leben nicht zur Hälfte bringen; ich aber hoffe auf dich." Bileam erscheint hier als Sohn des Teufels, als Verkörperung des Bösen. Nicht anders in einigen Stellen des N. Testaments, 2 Petr. II, 15: καταλιπόντες τὴν εὐθεῖαν ὁδὸν ἐπλανήθησαν ἐξακολȣθήσαντες τῇ ὁδῷ τοῦ Βαλαάμ. Brief Judä V. 11: οὐαὶ αὐτοῖς, ὅτι τῇ ὁδῷ τοῦ Καΐν ἐπορεύθησαν, καὶ τῇ πλάνῃ τοῦ Βαλαὰμ μισθοῦ ἐξεχύθησαν. In der Offenbarung Johannis wird Bileam ebenfalls als Kind des Verderbens aufgeführt und zwar unter zwei Namen: mit seinem gewöhnlichen hebräischen II, 14, mit dem griechischen Νικόλαος, V. 6 und 15. Denn man hat längst eingesehen, daß Νικόλαος nur eine griechische Uebersetzung des Wortes בִּלְעָם ist (בְּלַע עָם). Nachdem Bileam einmal zum Urbild des Bösen geworden war, lag es sehr nahe, ihn auch zum Antichrist umzustempeln. Dieß ist geschehen, und zwar auf doppelte Weise: Erstlich, indem man ihn den treuesten Freunden des Gesalbten entgegenstellte. Zu dieser Wendung gab eine alte jüdische Sage Anlaß, welche uns glücklicher Weise

im Targum Jeruschalemi zu Numer. **XXXI**, 8 aufbehalten
worden ist. Bei dem großen Siege, welchen die Kinder Israel
unter Anführung des Hohenpriesters Pinehas über Midian er=
fochten, ward auch Bileam, der Sohn Beor, erschlagen. Hie=
bei ging es, nach der bezeichneten Stelle, so zu: „Als Bi=
leam, der Sünder, gewahrte, wie der Hohepriester Pinehas
mit Macht auf ihn eindrang, da wandte er sich zur schwarzen
Kunst und flog auf durch die Lüfte; aber sogleich sprach Pi=
nehas den hochheiligen Namen (Jehovah) aus, und flog (in
der Kraft dieses Namens) dem Sohne Beors nach, ergriff
ihn beim Schopfe, stürzte ihn nieder (aus den Lüften), ent=
blößte sein Schwert und wollte ihn tödten. Da erhob Bi=
leam seine Stimme mit Bitten und Flehen und sprach zu
Pinehas: Wenn du mein schonest, so schwöre ich dir, daß ich
alle Tage meines Lebens deinem Volke nicht mehr fluchen
werde. Pinehas erwiderte: Bist du nicht Laban, der Ara=
mäer,*) der Jakob, unsern Vater, vernichten wollte? bist du
nicht später in Aegyptenland gezogen, um dort den Samen
Jakobs zu verderben? hast du nicht, als wir ausgewandert
waren, Amalek, den Gottlosen, uns auf den Hals geschickt?
bist du nicht selbst gekommen, uns zu fluchen? und als du
sahest, daß dein Werk vergeblich war, und daß das Wort
des Herrn dich nicht erhörte, da gabst du dem Könige Balak
den bösen Rath, die Töchter seines Volkes an den Weg zu
stellen, damit sie unsere Jünglinge zur Unzucht verführeten,
worüber 24,000 derselben zu Grunde gingen? Wegen dieser
Sünden ist es unmöglich, dich am Leben zu erhalten; dieß
gesprochen, zog Pinehas sein Schwert aus der Scheide, und
erwürgte ihn.“ Wer einigermaßen in den älteren christlichen
Vätern bewandert ist, der sieht sogleich, daß wir in dieser
Erzählung den Quell des Sagenkreises von dem Kampfe
Simons, des Magers, und des Apostelfürsten Petrus vor

---

*) Kraft des Gilguls der Seelen, von dem oben Seite 83 die
Rede war.

uns haben. Wie Pinehas, der Gehülfe Mosis, den syrischen Zauberer überwindet, so besiegt Petrus, der erste Apostel Christi, den Mager Simon, das Gegenbild jenes älteren Bösewichts. Wie Bileam durch schwarze Kunst in die Lüfte fliegt, um der Kraft seines gotterleuchteten Feindes zu entrinnen, so auch Simon, der Mager. Wie jener durch Pinehas niederge= stürzt wird und seine schuldbefleckte Seele aushaucht, so auch Simon durch das Gebet des Petrus. Uralt ist diese christ= liche Sage, man findet sie in den apostolischen Konstitutionen Buch 6, 9, bei Arnobius Buch 2, bei Abdias *) und vielen anderen, selbst Eusebius spielt darauf an, im zweiten Buche der Kirchengeschichte Kap. I. Daß aber das Mährchen von Bileam Vorbild für die Sage von Simon gewesen sey, und nicht umgekehrt, folgt aus der Natur der Sache, weil die Geschichte Bileams viel älter ist, und weil im Morgenlande immer solche Fabeln von fliegenden Zauberern umliefen, wenn auch kein ausdrückliches Zeugniß dafür bürgte. Im dritten Buche der Rekognitionen, Kap. 55, **) sucht Petrus weitläuf= tig zu beweisen, daß Das, was die ägyptischen Mager (deren Haupt Bileam) einst gegen Moses gethan, ein Vorbild des Kampfes sey, den er, der Apostelfürst selbst, gegen Simon, den Mager, zu bestehen habe. Beim rechten Lichte besehen, ist dieß ein Eingeständniß des unbekannten Verfassers, daß die Fabeln, die er von Petrus erzählt, dem Sagenkreise Bi= leams nachgeahmt seyen. Man müßte keine Augen haben, um dieß nicht einzusehen.

Zweitens, nach einer andern Darstellung erscheint Bi= leam, oder vielmehr sein künftiger Doppelgänger, selbst als Gegenkämpfer des Gesalbten. Hieher gehört vor Allem der Targum Jonathan zu Jes. XI, 4: „Der Gesalbte wird mit dem Worte seines Mundes die Sünder der Erde schlagen, und mit dem Hauche seiner Lippen wird er tödten Armillus,

---

*) Fabricius cod. ps. nov. Test. I, 436.
**) Cotelerius I, 534 und flg.

den Gottlosen: וּבְמַמְלַל סִפְוָתֵיהּ יְהֵי מָמִית אַרְמִילוּם רַשִׁיעָא. Ein getaufter Jude, Philipp von Aquino, der ums Jahr 1650 als Lehrer der hebräischen Sprache in Paris starb, erklärte bereits den Ausdruck Armillus aus dem griechischen Worte ἐρημόλαος. Armillus ist wirklich eine griechische Uebersetzung des Wortes Bileam, gerade wie Νικόλαος in der Offenbarung Johannis. Es läßt sich sogar ein genügender Grund angeben, warum בָּלָע gerade durch ἐρήμωσις übertragen wurde; denn dieser Ausdruck stimmt mit dem danielischen βδέλυγμα ἐρημώσεως überein, welcher damals zu zahllosen Grübeleien Anlaß gab, und bekanntlich auch in dem Evangelium Matthäi vorkommt. Da die griechische Sprache um jene Zeit in Palästina zum Mindesten so verbreitet war, als die chaldäische, so liebten es die Juden, mit solchen Räthseln zu spielen, deren Auflösung übrigens jeder Kenner beider Zungen leicht genug fand. Dieß lag ganz im jüdischen Geiste jenes Jahrhunderts. Man sieht also, daß der gelehrte Z u n z gänzlich Unrecht hat, wenn er die Stelle des Targum Jes. XI, 4 wegen des Wortes Armillus für ein späteres Einschiebsel erklärt; denn dasselbe weist auf eine Zeit hin, wo beide Sprachen, die griechische und aramäische, friedlich neben einander bestanden, und sich gegenseitig befruchten konnten, d. h. auf die Regierung der Heroden und die nächstfolgende Epoche, wo selbst das Synedrium der Familie Gamaliels den Gebrauch der griechischen Sprache gestatten mußte, *) weil dieselbe für Staatsgeschäfte unentbehrlich war. Später, d. h. nach dem Untergange Jerusalems, kam die griechische Sprache in Abgang bei den Juden, sie ward durch den wüthenden Nationalhaß verdrängt. Unter Armillus, dem Antichrist, **) ist also Bileam verborgen, nicht minder unter dem Thiere mit zwei Hörnern, dessen

---

*) Siehe meine Schrift über Philo II, S. 403.
**) Auch der Apostel Paulus, oder wer sonst Verfasser des zweiten Briefs an die Thessalonicher seyn mag, bezieht die Stelle Jesaias XI, 4 auf den Antichrist 2 Thes. 2, 8.

Zahl 666 iſt, Offenbarung Joh. XIII, 11—18. Keine Stelle des N. Teſtaments hat den Schweis der Ausleger bis jezt ſo undankbar belohnt, als dieſe. Die meiſten (von den Neueſten, auch Ewald) finden nach einer alten Faſelei bei Frenäus *) den Namen Λατεῖνος darin, in welchem wieder Nero oder ein anderer römiſcher Kaiſer eingewickelt ſeyn ſoll. Nicht bloß Ein Hauptgrund ſteht dieſer Erklärung entgegen. Kap. XIII, 18 heißt es: „Siehe, ſeine Zahl iſt eines Menſchen Zahl.“ Was iſt aber Lateinos für ein Menſch, der doch nach dem eigenen Geſtändniß der Ausleger ein Geſammtname für die Gewalthaber des römiſchen Reichs ſeyn ſoll? Doch das iſt noch eine Kleinigkeit gegen folgenden Einwurf. Kap. 16, 13 und XIX, 20 wird daſſelbe Geſchöpf, das der Verfaſſer Kap. XIII ein Thier mit zwei Hörnern nennt, mit dem Beinamen „falſcher Prophet“ bezeichnet. Nun frage ich Jedermänniglich, wie konnte es irgend einem Juden einfallen, den Kaiſer Nero oder Titus, oder den alten Lateinos, von welchem das welteroberende Geſchlecht Latiums, nach den Fabeln müßiger, den Juden unbekannter Dichter, abſtammen ſoll, einen Propheten oder falſchen Propheten zu nennen! Dieſer Gegengrund iſt ſo ſchlagend, daß ich nicht begreife, wie man ſo lange dem Irrthum huldigen mochte. Noch ſchlechter iſt die Deutung durch Τειτάν, denn ſonſt müßte ſich der Verfaſſer der Offenbarung vollends gar auf die griechiſche Mythologie — für Juden der höchſte Gräuel — verſtanden und ſie benüzt haben, oder auf רוֹמײת, womit Rom gemeint ſeyn ſoll. Denn erſtlich ſchreibt man Rom nicht ſo, ſondern רוֹמי und zweitens, wenn auch die Zahl aus Rom heraus käme, wäre es doch keines Menſchen Zahl, ſondern die einer Stadt. Doch was ſoll ich mich mit Widerlegungen aufhalten. Alles, was von dem Thier mit zwei Hörnern, von dem Lügenpropheten in der Offenbarung Johannis vorkommt, paßt nur auf Bileam und

---

*) Ketzereien 5, 30.

sonst auf keinen Andern. Er ist vorzugsweise der falsche
Prophet des A. Bundes, ihm kommen zwei Hörner zu, wie
dem Lamm, denn er ist das teuflische Gegenbild desselben,
halb aus höllischem, halb aus menschlichem Wesen bestehend,
wie Christus halb aus himmlischem, halb aus irdischem. Ihm
kommt es auch vorzugsweise zu, dem Reiche der Ungerechtig=
keit als schützender Dämon zur Seite zu stehen. Pharao
war für die alten Zeiten das Muster eines Tyrannen; ihn
unterstüzte Bileam durch seine höllischen Künste im Kampfe
gegen Israel; ein gleicher Lügenprophet sollte auch den römi=
schen Kaiserstuhl in dem bevorstehenden Streite zwischen dem
Messias und seinem Gegenkönige mit höllisch = geistlichen Waf=
fen vertheidigen. Die Sage hatte sich damals verbreitet,
Nero sey erschlagen worden, aber dennoch am Leben geblieben:
ohne Zweifel glaubte man, irgend ein teuflischer Zauberer von
Bileams Art habe ihn durch schwarze Kunst zum Verderben
der Welt am Leben erhalten. Endlich die Wunderwerke,
die Kapitel XIII, 13 — 17 dem zweiköpfigen Thiere zu=
geschrieben werden, sind dieselben, welche die jüdische
Volkssage von Bileam berichtete. Hören wir die Rekogni=
tionen. Nach der oben angeführten Stelle führt der Text so
fort:[*] Nicetas Petro respondit: Quid peccaverunt Aegyptii, si non crediderunt Mosi, cum et Magi similia
signa fecerint, etiamsi viderentur potius fieri, quam ve-
ritate fierent? Nam si ego fuissem tunc, ex eo, quod
Magi similia faciebant, nonne aut Mosen magum credi-
dissem, aut magos, quae ostendebant, divinitus facere pu-
tassem, quia non mihi verisimile videretur, licet per
phantasiam, eadem tamen effici a Magis posse, quae ille,
qui a Deo missus est, perpetrabat. Et nunc ergo, quid
peccant hi, qui Simoni credunt, cum videant eum tanta
facere mirabilia? aut non est mirabile per aërem volare,

---

[*] Cotelerius I S. 535, a Mitte.

igni admistum unum corpus effici, *facere statuas ingredi,*
canes aeneos latrare et alia his similia? Also Simon soll
bewirkt haben, daß Bildsäulen gingen! Von dem zweiköpfi=
gen Thiere wird gesagt (Offenbarung XIII, 15): es mache,
daß ein Bild rede! und das sey sein größtes Wunder! Ich
finde zwischen beiden Werken keinen wesentlichen Unterschied.
Nun komme ich auf meine Bemerkung zurück, daß die Re=
kognitionen ausdrücklich behaupten, Simon wiederhole die
Wunder, die einst Bileam gethan; mit anderen Worten, was
das jüdische Alterthum von Zaubereien wußte, knüpfte man
zuerst an den Namen Bileams, und übertrug es dann von
ihm auf Simon, den Zauberer. Folglich glaubte man im
dritten Jahrhundert unserer Zeitrechnung, Bileam habe Bild=
säulen gehen machen, warum denn nicht auch im ersten? War
dieß der Fall, so ist in der Stelle Offenbarung XIII, 15 dem
falschen Propheten ein Wunder zugeschrieben, dessen man sonst
nur Bileam fähig glaubte; beide sollten also in diesem Punkte
gleich seyn, was ich eben beweisen wollte.

Dieß sind meine historischen Gründe; ich komme nun an
den arithmetischen. Kap. XIII, 18 heißt es: Hie ist
Weisheit. Wer Verstand hat, berechne die Zahl
des Thiers, denn es ist eines Menschen Zahl,
seine Summe beträgt 666. Trotz aller Gegenreden der
Kritiker halte ich die Lesart 666 für ächt, schon weil sie die
Deutungen der ältesten Väter für sich hat. Die vorliegende
Art von Räthseln nennt man in der rabbinischen Kunstsprache
Gamatria. Ein Gamatria=Räthsel darf aber nur auf den
Grund der hebräischen Zahlbedeutung und Zunge gelöst wer=
den. Es ist nämlich ein sprüchwörtlicher Grundsatz der Ju=
den: die lateinische Sprache für den Krieg, die syrische für
den Gesang oder den Weltverkehr, die hebräische für das
Gebet (und die Tiefen der Gottheit). Daß der Verfasser der
Offenbarung, so gut wie seine anderen Landsleute, dieser Re=
gel huldigte, ersieht man aus mehreren Beispielen, wo er für

geheime Beziehungen hebräifche Worte braucht, wie IX, 11:
'Αβαδδών und XVI, 16: 'Αρμαγεδδών. Die gefuchte Gama=
tria ift nun folgende: Jof. XIII, 21 heißt es: Und auch
Bileam, den Sohn Beor, den Zauberer, er=
fchlugen die Kinder Ifrael mit dem Schwerte:
וְאֶת־בִּלְעָם בֶּן־בְּעוֹר הַקֹּסֵם הָרְגוּ. In diefer einzigen Stelle
der Schrift ift der vollftändige Titel Bileams niedergelegt,
Bileam, Sohn Beors, Zauberer, und gerade diefe Worte ent=
halten die Zahl 666. *) Meine Löfung zeugt für fich felbft,
indeß kann ich noch jedem, auch dem zufälligften Einwurfe
gute Gründe entgegen halten. Man möchte fragen, warum
gerade jene Stelle vom Verfaffer für fein Räthfel gewählt
worden fey? Ich antworte: Die Juden waren in folchen
Dingen fehr finnreich. Sollte Bileam als fluchwürdiger Lü=
genprophet bezeichnet werden, wie es dort der Fall ift, fo
mußte der Verfaffer einen Bibelfpruch nehmen, worin zugleich
des Gerichts über ihn Erwähnung gefchieht. Solcher gibt es
nur zwei: Numer. XXXI, 8 und Jofua XIII, 24. In bei=
den wird berichtet, daß er für feine Sünden mit dem Tode
beftraft worden fey, allein im erftern ift fein Amt oder das
Wefen feiner Sünde nicht bezeichnet, wohl aber in dem leztern
durch das Beiwort קֹסֵם. Alfo eignete fich diefe vorzugs=
weife. Zweitens kann man einwenden, warum in den Worten
בְּעוֹר und קֹסֵם das Vau nicht gezählt fey, denn in unferem
heutigen Texte werden beide mit vollem Cholem gefchrieben,

---

*) בִּלְעָם = 2 + 30 + 70 + 40 = 142. בֶּן = 2 + 50 = 52.
בְּעוֹר = 2 + 70 + 200 = 272. קֹסֵם = 100 + 60 + 40 = 200.
Endlich 200 + 272 + 52 + 142 = 666. Längft war ich überzeugt,
daß Bileam in der Zahl 666 verborgen fey; aber ich konnte
troß aller Verfuche die Gematria nicht herausbringen. Da
las ich Herrn Züllig's trefflichen Kommentar zur Offenba=
rung, I Theil, worin er andeutet, daß die Zahl 666 wirklich
in Bileam herauskomme. Ich fchrieb nun an ihn, und er war
fo gütig, mir die Stelle Jof. XIII. 21, mitzutheilen. Herrn
Stadtpfarrer Züllig in Heidelberg gebührt daher die Ehre,
jenes Räthfel gelöst zu haben, nicht mir.

בְּעִיר und קִיטֶם, allein Jedermann weiß, daß der alte Ge=
brauch freie Hand ließ, das Bau beizuſetzen, oder wegzuwerfen.
Endlich warum hat er den Artikel vor קֶטֶם nicht mitgerech=
net, da es doch im Texte heißt הֵקִטֶם. Man könnte ant=
worten, auch dieß habe rein von der Willkür Deſſen abgehan=
gen, der das Räthſel gab; der Artikel ſey gleichgültig. Dieß
wäre allerdings wahr, aber ſicherlich hatte der Verfaſſer noch
beſondere Gründe, um gerade die drei Sechſe neben einander
zu ſtellen. Und ſo verhält es ſich auch. Die drei Sechſe in
ihrer einfachen Kraft, d. h. die Zahl achtzehn, galt in der
jüdiſchen Geheimlehre für eine Zahl der böſen Geiſter. Weit=
läufig äußert ſich hierüber das Buch Sohar zu Numer. S.
475 und 476, und auch im N. Teſtament kommen Spuren
dieſer Meinung vor; Luc. XIII, 3: ἐκεῖνοι οἱ δέκα καὶ ὀκτὼ
ἐφ' οὓς ἔπεσεν ὁ πύργος ἐν τῷ Σιλωάμ. Ebendaſelbſt Vers
11: καὶ ἰδού, γυνὴ ἦν πνεῦμα ἔχουσα ἀσθενείας ἔτη δέκα
καὶ ὀκτώ, und noch klarer Vers 16: ταύτην δὲ, θυγατέρα
Ἀβραάμ οὖσαν, ἔδησεν ὁ Σατανᾶς ἰδοὺ δέκα καὶ ὀκτὼ ἔτη.
Blickt man vollends in die Bücher des alten Bundes, ſo be=
greift es ſich leicht, warum achtzehn für die grübelnden Ju=
den eine böſe Zahl ſeyn mußte. Achtzehn Jahre dienten die
Kinder Iſrael dem Könige von Moab, nach Richter III, 14.
Achtzehn Jahre werden ſie im Grimme des Herrn von den
Philiſtern zertreten, ebendaſelbſt X, 8. Im achtzehnten Jahre
des Königs Nebudkadnezar wird Jeruſalem belagert, nach
Jeremias XXXII, 1. In demſelben Jahre wird das Volk
gefangen weggeführt, Jerem. 52, 29. Achtzehn Flüche end=
lich ſoll Jeſajas über Jeruſalem und Juda ausgeſtoßen haben,
nach Chagigah bab. S. 14, a. Sind nun die drei Sechſe
in ihrer einfachen Verbindung eine böſe Zahl, ſo müſſen dieſelben
in ihrer höchſten Kraft (als Hunderter, Zehner, Einheit, oder
666) der leibhaftige Abdruck des Geiſtes der Hölle ſeyn.

Dieß ſind nun die moſaiſchen Vorbilder, welche ich im
N. Teſtamente fand. Man wird mir, hoffe ich, zugeſtehen,

daß jedes Einzelne für sich von guten Bollwerken vertheidigt ist, eine noch größere Macht gewinnen sie durch ihre Gesammtheit, Eins stüzt wiederum das Andere. Die Folgerungen, welche einst aus dem Spruche: „Einen Propheten wie du will ich ihnen geben," gezogen wurden, haben solche Wichtigkeit für das neue Testament, daß man nie zu viel Beweise für jenen Grundsatz führen kann. Da der Sagenkreis von Moses so mächtig auf den andern des Messias eingewirkt hat, so läßt es sich erwarten, daß auch das Umgekehrte geschah, um so mehr da die Juden das Amt und die Thaten des Künftigen bis in die kleinsten Züge ausgemalt hatten. Kann man nun darthun, daß die alte Sage einzelne Wunder Mosis dem messianischen Lehrbegriffe nachgedichtet hat, so muß dieß mit Recht als eine Gegenprobe jenes Grundsatzes angesehen werden. Nach Jes. XI, 4 erwartete die Synagoge, daß der Messias einst die Gegner mit dem Hauche seines Mundes niederschlagen werde. Nun heißt es Pirke R. Elieser Kap. 48, Mitte: „Moses ging eines Tages aus, und sah wie jener Aegypter einen Israeliten schlug (Exod. II, 11). Da begann Moses dem Schläger zu fluchen, erhob das Schwert seiner Lippen und tödtete ihn." Ebenso Schemot Rabba Abschnitt 1. Diese Sage war schon dem Klemens von Alexandrien bekannt. Strom. I, 23:*) „Die Mystiker sagen, mit dem bloßen Worte habe Moses den Aegypter getödtet": φασὶ δὲ οἱ μύσαι λόγῳ μόνῳ ἀνελεῖν τὸν Ἀιγύπτιον. Ganz recht, denn der Geheimlehre oder dem essenischen Dogma gehört der mosaische Messias an, wie ich schon früher bemerkte. Zum Schlusse will ich noch beifügen, daß die hebräische Volkssage auch die Geschichte anderer hochverehrten Männer dem mosaischen Vorbild nachformte. Dieß ist z. B. mit R. Schimeon, dem Sohne Jochai, und mit R. Akifa **) geschehen.

---

*) Opp. I, 413.

**) Münter hat dieß scharfsinnig dargethan in seiner Schrift: „Der

Noch haben wir einen vierten Zweig des Messiasbegriffs zu schildern übrig.

d) Das mystisch-mosaische Vorbild.

Matth. XIX, 28 spricht Jesus zu seinen Jüngern: ὑμεῖς οἱ ἀκολϑήσαντες ἐμοὶ, ἐν τῇ παλιγγενεσίᾳ, ὅταν καϑίσῃ ὁ υἱὸς τοῦ ἀνϑρώπȣ ἐπὶ ϑρόνȣ δόξης ἑαυτοῦ, καϑίσετε καὶ ὑμεῖς ἐπὶ δώδεκα ϑρόνȣς, κρίνοντες τὰς δώδεκα φυλὰς τοῦ Ἰσραήλ. Mit dem Worte παλιγγενεσία wird die Wiederherstellung des Zustandes der Welt und der Menschen bezeichnet, wie derselbe in seiner ursprünglichen Reinheit, vor der Sünde Adams, war. Ein anderer Ausdruck für die= selbe Sache ist ἀποκατάσασις πάντων, der in der Apostel= geschichte III, 21 dem Apostel Petrus in den Mund gelegt wird: (τὸν Χρισὸν) δεῖ οὐρανὸν μὲν δέξασϑαι, ἄχρι χρόνων ἀποκατασάσεως πάντων, ὧν ἐλάλησεν ὁ ϑεὸς διὰ σόματος πάντων ἁγίων αὐτοῦ προφητῶν ἀπ' αἰῶνος. Daß ersterer Spruch aus der Theologie damaliger Zeit geschöpft sey, ersieht man schon aus dem Beisatze vom Richteramt der zwölf Apo= stel, welches ganz den jüdischen Begriffen entspricht. Daß man zweitens die Wiedergeburt aller Dinge aus dem Gesetz und den Propheten (z. B. Genes. III, 15) und den lezten Kapiteln des Jesaias zu beweisen pflegte, dafür bürgt die andere Stelle. Ich will jezt zeigen, wie sich diese Lehre unter den Juden gestaltet hatte. Buch Siphra über Levitikus XXVI, 12 (Jehova spricht): „Ich will in eurer Mitte wandeln." Mit was soll man diesen Spruch vergleichen? Mit dem Gleichnisse eines Königs, der hinausgeht, um in seinem Garten zu wandeln mit dem Gärtner. Und der Gärt= ner hatte sich verborgen vor des Königs Antlitz. Aber der= selbe spricht zu dem Gärtner: Warum verbirgst du dich vor mir? Siehe, ich bin dir gleich. Also wird der hochgelobte

<hr>

jüdische Krieg unter den Kaisern Trajan und Hadrian," S. 51 u. flg.

Gott in der künftigen Welt mit den Gerechten im Garten
Eden herumwandeln. Und wenn die Gerechten ihn sehen,
werden sie sich zwar vor ihm fürchten; aber Gott spricht
dann zu ihnen: was fürchtet ihr euch vor mir? Siehe ich
bin wie Euer Einer." Es springt in die Augen, daß hier
eine Wiederherstellung des seligen Zustandes der ersten beiden
Menschen gelehrt wird. Ebenso Bereschit Rabba S. 11, c:
„R. Berachia sagt im Namen R. Samuels: Alle Dinge sind
im Anfang vollkommen erschaffen gewesen, allein sie wurden
verdorben durch die Sünde Adams; sie werden jedoch wieder
hergestellt, wenn der Sohn Pherez (der Messias) kommt,
wie geschrieben steht (Ruth. IV, 18): Dieß sind die Ge=
schlechter des Pherez (תוֹלְדוֹת פֶּרֶץ). Ueberall ist sonst in
der Schrift das Wort Toledot unvollkommen geschrieben, nur
hier vollkommen, *) um anzudeuten, daß dann sechs Dinge
wiederhergestellt werden (wie sie im Anfange waren): Der
Glanz des Menschen, sein Leben, die Länge seines Leibes,
die Früchte der Erde, die Früchte der Bäume, die Lichter
des Himmels." Zuvor wird in derselben Schrift, S. 11, b,
gesagt, daß Adams Antlitz vor der Sünde geleuchtet habe,
wie die Sonne; dieser Glanz sey aber von Gott weggenom=
men worden, nach dem Spruche (Job. 14, 20): Du verän=
derst sein Antlitz und stößest ihn von dir, er wird
aber in der künftigen Zeit wiederhergestellt. Daher kommt es
auch, daß Moses und Christus verklärte Gesichter hatten, denn
Jener ward nur halb, Dieser gar nicht von der Sünde Adams
befleckt. Die Erde wird ihre Früchte geben; so Siphra über
die Worte Levit. 26,4: „Das Land soll sein Gewächs
geben, nicht so wie sie es gibt in dieser Welt, sondern wie
es einst geschah in den Tagen des ersten Menschen." Nicht
minder tragen die Bäume wieder Früchte alle Tage, wie zur
Zeit Adams. So in derselben Stelle in den nächsten Sätzen.

---

*) Nämlich entweder תֹּלְדַת, oder תּוֹלְדַת, oder תֹּלְדוֹת, nie mit
zwei vollen Cholem.

Die Menschen bekommen die Leibeslänge Adams wieder. Wie groß derselbe gewesen seyn soll, ist oben gezeigt worden, so wie auch, daß damals eine Umwandlung mit den Himmels=körpern vorging. *) Auch sie werten in die alte Herrlichkeit eingesezt. So Pesachim bab. S. 68, a nach dem Spruche Jes. 30, 26': Des Mondes Schein wird seyn wie der Sonne Schein, und diese wird siebenfach hel=ler glänzen als jezt. Deßgleichen Targum Jonathan Ben Usiel zu 2. Sam. XXIII, 4: „Die Sonne wird einst strahlen wie der Glanz der Herrlichkeit Gottes, dreihundert dreiundvierzig Mal mehr als jezt;" und zu Jes. XXX, 26: „Der Mond wird leuchten wie die Sonne, und die Sonne soll dreihundert dreiundvierzig Mal heller strahlen, wie der Glanz der sieben Tage" (d. h. gerade so wie sie einst glänzte in der heiligen Woche des Weltanfangs), zu der Zeit, wenn der Herr die Gefangenschaft seines Volkes enden wird." Man begreift jezt, warum der Apostel Paulus Röm. VIII, 19 u. flg. lehrt, auch die äußere Natur sehne sich nach der Er=lösung der Kinder Gottes; denn sie ist mit und durch des Menschen Sünde gefallen, und wird mit ihm wiederhergestellt in den frühern seligen Stand.

Endlich kehrt auch die Lebenslänge Adams wieder, d. h. die Erlösten leben ewig, wie Adam gelebt hätte ohne den Sündenfall. Sollen sie aber dem Tode nicht mehr unterlie=gen, so muß die Ursache und Kraft desselben, das Böse, aus=gerottet seyn. Suffah bab. S. 52, a: „R. Juda sagt, ins Künftige wird Gott den bösen Trieb nehmen und ihn schlach=ten." Bereschit Rabba des Moses Haddarschan über Genes. IV, 7: **) Cum venerit Messias filius David, incipiet con-terere figmentum malum. Da es keinen bösen Trieb mehr gibt, ist keine Hölle mehr nöthig, und auch der Teufel hört auf. Jalkut Rubeni Nr. 2. unter dem Titel Gehinnom:

---

*) Siehe oben in der Lehre vom Menschen und der Schöpfung.
**) Raimond Martini pugio fidei S. 588.

„Inskünftige wird der böse Trieb gereinigt und zu einem heil. Engel gemacht, auch die Hölle wird gereinigt und den Gränzen des Paradieses zugefügt." Verglichen mit dem jetzigen Zu= stande ist dann Alles anders geworden, das Alte vorüber, das Neue gekommen, nach dem Spruche des Jesaias (43. 19): Siehe ich will ein Neues machen; die Rabbiner ..en= nen daher diesen Zustand die neue Welt. So das Buch Mechilta über Exod. 16, 25: „Rabbi Eliefer sagt: wenn die Israeliten den Sabbath getreulich halten, so wird ihnen der Herr sechs hohe Güter verleihen: das Land Kanaan, die künftige Welt, die neue Welt (חָדָשׁ וְעוֹלָם הַבָּא עוֹלָם), das Königreich Davids, die Priesterwürde, den Levitenorden." Die künftige und die neue Welt werden hier scharf unter= schieden, jene ist die Belohnung nach dem Tode, mit lezterer wird die Wiederherstellung des Paradieses bezeichnet. Man sieht nun, daß Die, welche dem mosaisch=mystischen Vorbilde des Messias anhingen, keinen Unterschied machen konnten zwischen den Tagen des Gesalbten und der künftigen Welt. Mit seiner Ankunft wird Alles wieder hergestellt, wie es im seligen Anfange war, und die Ewigkeit hat somit begonnen.

Mit den hebräischen Zeugen stimmen die alten griechisch= jüdischen überein. Im 5ten Buche der Rekognitionen Kap. 11*) sagt Petrus: Judaei ex initio adfore aliquando hunc virum, per quem cuncta repararentur, verissima traditione susce- perunt. Wie dieß zu verstehen sey, ersieht man klar aus einem Bruchstücke des Hermes Trismegistus, das Laktantius anführt: **) τότε ὁ Κύριος καὶ πατὴρ καὶ Θεὸς — τὸ ἀγαθὸν ἀντερείσας τῇ ἀταξίᾳ, καὶ ἀνακαλεσάμενος τὴν πλάνην, καὶ τὴν κακίαν ἐκκα- θήρας, πῆ μὲν ὕδατι πολλῷ καταλύσας, πῆ δὲ πυρὶ ὀξυτάτῳ διακαύσας, ἐνίοτε δὲ πολέμοις καὶ λοιμοῖς ἐκπιέσας, ἤγαγεν ἐπὶ τὸ ἀρχαῖον καὶ ἀποκατέστησεν τὸν ἑαυτοῦ κόσμον. Die Welt soll auf ihren alten Stand zurückgebracht werden, d. h. das

---

*) Cotel. .I , 549, b.
**) Institutionum liber VII, 18.

Paradies wird wiederhergestellt. Aehnlich ist ein Ausspruch Levi's im Testamente der zwölf Patriarchen :*) „(Der Gesalbte) wird die Pforten des Paradieses öffnen, das Schwert, das Adam drohte, zum Stehen bringen (στήσει, d. h. er wird nicht mehr dulden, daß es hin= und herflammend an den Paradieses= Thoren den Eintritt verwehre), er wird den Heiligen zu essen geben vom Baume des Lebens u. s. w." Ueber die Umwand= lung, welche dann die Heiligen erfahren sollen, ist ein sehr merkwürdiges altes Bruchstück auf uns gekommen. Im 2ten Briefe des römischen Klemens an die Korinther, zu Ende,**) heißt es : „Als der Herr einst von Jemand gefragt wurde, wann sein Reich kommen werde, antwortete er: Wenn die Zwei Eins sind, und das Aeußere wie das Innere, wenn das Männ= liche sammt dem Weiblichen weder männlich noch weiblich mehr seyn wird (ὅταν ἔσαι τὰ δύο ἕν, καὶ τὸ ἔξω ὡς το ἔσω, καὶ τὸ ἄρσεν μετὰ τῆς θηλείας οὔτε ἄρσεν οὔτε θῆλυ). Nach dem Zeugnisse des alexandrinischen Clemens***) ist dieser Spruch aus dem Evangelium der Aegypter genommen. Der= selbe berichtet, obige Frage sey von Salome an den Herrn gestellt worden; vor den Worten ὅταν ἔσαι τὰ δύο ἕν theilt er noch folgende mit: ὅταν τὸ τῆς αἰσχύνης ἔνδυμα πατήσετε. Beide Klemens, der Römer und Alexandriner, geben eine Er= klärung der schwierigen Stelle, die nach meinem Urtheile gänzlich verfehlt ist. Wer Lust dazu hat, mag sie nachlesen. Ich begnüge mich, die meinige herzusetzen: ὅταν τὸ τῆς αἰσ- χύνης ἔνδυμα πατήσετε καὶ ὅταν ἔσαι τὰ δύο ἕν heißt, wenn der jetzige Leib, an dem sich Geschlechtstheile — die Kraft der Sünde — befinden, nicht mehr ist, wenn die zwei, Mann und Weib, wieder Eins geworden sind, wie sie es im Anfang waren. Der folgende Satz: καὶ τὸ ἄρσεν

---

*) Fabricius cod. ps. vet. Test. I, 586 unten.
**) Cotel. I, 189.
***) Strom. III, S. 553.

μετὰ τῆς θηλείας οὔτε ἄρσεν οὔτε θῆλυ, ſpricht denſelben
Gedanken in anderen Worten aus: das was jeʒt männlich
und weiblich in den zwei Geſtalten des Mannes und des
Weibes iſt, wird dann nicht mehr in getrennter Zweiheit
männlich und weiblich ſeyn, ſondern in Einer Geſtalt, entwe=
der mannweiblich, oder es wird auch gar kein Geſchlecht
mehr geben; die Worte τὸ ἔξω ὡς τὸ ἔσω beſagen: der
innere und der äußere Menſch ſind dann nicht mehr zwei
Weſen, ſondern, weil der böſe Trieb aufgehört hat, lebt nur
noch der innere Menſch, der dann keine Hülle mehr hat,
ſondern innerer und äußerer Menſch zugleich iſt. Alles erklärt
ſich aus der alten jüdiſchen Vorſtellung: der urſprüngliche,
reine Adam habe beide Geſchlechter in ſich befaßt, erſt nach
der Sünde ſey er von Gott zertheilet worden, ſo daß es
dann ein Männlein und ein Fräulein gab. Mit dem böſen
Trieb, den die Schlange in Eva goß, entſtand auch der Un=
terſchied zwiſchen dem innern und äußern Menſchen. Soll
das Paradies im wahren Sinne wiederhergeſtellt werden, ſo
müſſen auch die uranfänglichen Geſchlechtsverhältniſſe wie=
derkehren. Doch will es mich bedünken, als habe man ſtatt
der Mannweiblichkeit lieber gar keine Geſchlechtstheile mehr
angenommen, was allerdings kein großer Sprung war. Im
Grunde beſagt alſo obiger Spruch nichts mehr, als was
auch der Talmud uns erzählt: in der künftigen Welt werde
kein Kinderzeugen mehr ſeyn. Nur Ein Verhält=
niß wird überbleiben, das den jeʒtigen geſchlechtlichen
ähnelt: das zwiſchen Chriſtus und der Gemeinde aller
Heiligen; Jener iſt dann der Bräutigam, der Geliebte, dieſe
die Braut, verſteht ſich in mehr als platoniſchem Sinne
geiſtig. Ich habe oben gezeigt, *) daß man ſchon in den
älteſten Zeiten das hohe Lied dahin deutete, ich habe auch

---

*) I. Abth. dieſes Werks S. 240.

aus der Stelle Ephes. V, 31 u. flg. nachgewiesen, daß Pau=
lus diese Art mystischer Theologie wohl kannte. Noch gehören
vielleicht hieher die Worte Galat. III, 28: οὐκ ἔνι ἄρσεν
καὶ θῆλυ · πάντες γὰρ ὑμεῖς εἷς ἐϛε ἐν Χριϛῷ Ἰησοῦ. Der
Sohar spricht häufig von einer Ehe zwischen der obern und
untern Schechinah, d. h. zwischen dem Gesalbten oder dem
Sohne und der Gemeinde Israel, und aus demselben Grund
nennt die Himmelfahrt des Esaias Christum gewöhnlich den
Geliebten.

All diese großen Veränderungen erfolgen mit der An=
kunft des Gesalbten, und durch ihn. Wo es sich um Wieder=
herstellung des Paradieses handelt, da muß der reine, ur=
sprüngliche Adam eine große Rolle spielen. Dieser, der
natürlich auch wiederkehren soll, ist Niemand anders, als der
Sohn Gottes, der Gesalbte selbst. Ich komme hier in mei=
ner Untersuchung auf ein früher bearbeitetes Feld, auf die
alexandrinische Theosophie zurück. Die alten jüdischen Mystiker
unterschieden zwei Adam, den himmlischen, nach Gottes Eben=
bild geschaffenen, von dem Genes. I die Rede ist, und den
irdischen, aus einem Erdenkloß geformten des zweiten Kapi=
tels. *) Als der Leztere sündigte, ward der Gottessohn, sein
Urbild, entrückt, das Paradies verschlossen, doch mit der Be=
dingung, daß Jener am Ende der Zeiten wiederkehren sollte,
um die Welt herzustellen. Aber auch sonst, lehrten die älteren
Mystiker, sey der himmlische Adam, doch nur vorübergehend,
in diese Endlichkeit eingekehrt. Die Hauptstelle aus Epipha=
nius **) wurde schon früher angeführt (οἱ Ἐβιωναῖοι) λέγϵσιν
(τὸν Χριϛὸν) ἄνωθεν μὲν ὄντα, πρὸ πάντων δὲ κτισθέντα,
πνεῦμα ὄντα, καὶ ὑπὲρ ἀγγέλϵς ὄντα, πάντων τε κυριεύοντα,
καὶ Χριϛὸν λέγεσθαι, τὸν ἐκεῖσε δὲ αἰῶνα κεκληρῶσθαι, ἔρ=
χεσθαι δὲ ἐνταῦθα, ὅτε βούλεται, ὡς καὶ ἐν τῷ Ἀδὰμ ἦλθϵ

---

*) So Philo, so der Sohar.
**) Dreißigste Ketzerei, Opp. I, 127.

καὶ τοῖς πατριάρχαις ἐφαίνετο ἐνδυόμενος τὸ σῶμα, πρὸς
᾿Αβραάμ τε ἐλθὼν καὶ ᾿Ισαὰκ καὶ ᾿Ιακώβ· ὁ αὐτὸς ἐπ᾿ ἐσχάτων τῶν ἡμερῶν ἦλθε, καὶ αὐτὸ τὸ σῶμα τοῦ ᾿Αδὰμ
ἐνεδύσατο, καὶ ὤφθη ἄνθρωπος καὶ ἐσαυρώθη καὶ ἀνέση
καὶ ἀνῆλθεν. Ebenso die Klementinen III, 50: (ὁ ᾿Αδὰμ
Χριςὸς) ἀπ᾿ ἀρχῆς αἰῶνος ἅμα τοῖς ὀνόμασι μορφὰς ἀλάσσων,
τὸν αἰῶνα τρέχει, μέχρις ὅτε ἰδίων χρόνων τυχὼν, διὰ τοὺς
καμάτες Θεοῦ ἐλέει χρισθεὶς εἰς ἀεὶ ἕξει τὴν ἀνάπαυσιν.
Nur der im lezten Saze ausgesprochenen Behauptung waren
die Ebioniten als Christen zugethan, die übrigen Ansichten
theilten sie mit den Juden, ihren Landsleuten. Auch nach
Philo ist der Logos Eins mit dem Menschen des göttlichen
Ebenbildes; er ist den Vätern erschienen, hat das Volk durch
die Wüste geführt, hat es als geistlicher Fels begleitet, wie
auch Paulus 1. Kor. X, 4 lehrt. Der Sohar behauptet eben=
falls dasselbe. Eine alte jüdische Lehre war es demnach, daß
der Messias = Adam oftmals in der grauen Wunderzeit er=
schienen sey, eine jüdische Lehre, daß derselbe am Ende der
Tage in Menschengestalt kommen werde, um die Welt wieder
herzustellen. Die sogenannten Ebioniten hielten Jesus den
Propheten von Nazareth für diesen erwarteten Messias=Adam.
Es fragt sich nun, wie sie die Fleischwerdung desselben nach
den Begriffen ihrer Zeit und ihres Volkes erklärt haben.
Denn obwohl dieser Adam nach einer weit verbreiteten Mei=
nung schon öfter hier unten erschienen war, so hatte er sich
doch sonst in Engelsgestalt als Wolkensäule, oder in anderen
überirdischen Formen gezeigt, jezt aber sollte er als gewöhn=
licher sterblicher Mensch, mit Fleisch und Blut bekleidet, in
Person herumwandeln. Sicherlich hat man allerlei ersonnen,
um die Lücke zwischen dem äußern Anschein und der innern
Gotteskraft auszufüllen. Zwar nach dem Bruchstücke eines
jüdischen Apokryphons, das uns Origenes aufbewahrt, war
der Glaube an die Fleischwerdung himmlischer Geister unter

den alten Juden sehr verbreitet. Der Vater sagt:*) „Will Je=
mand das Gebet Josephs (τὴν ἐπιγραφομένην Ἰωσὴφ προσευ-
χὴν), ein jüdisches Apokryphon, gelten lassen, so ist es leicht,
aus demselben den Satz zu beweisen, daß Geister, die von
Anfang an ausnehmend viel voraus hatten vor den Menschen,
und weit besser waren als die übrigen Seelen, aus dem
Stande eines Engels in die menschliche Natur herabgestiegen
sind. Wenigstens sagt in jenem Buche Jakob: „„Ich, der ich
zu euch rede, ich Jakob und Israel bin ein Engel Gottes
und ein uranfänglicher Geist (πνεῦμα ἀρχικὸν), auch Abraham
und Isaak wurden (wie ich) vor allen andern Werken Gottes
erschaffen. Ich, der ich von den Menschen Jakob genannt
ward, heiße eigentlich Israel, so nannte mich Gott, als den
Mann, der da Gott schaut, denn ich bin der Erstgeborne
unter Allem, was Leben von Gott empfing"" (ὅτι ἐγὼ πρωτό-
γονος παντὸς ζῷ ζωϑμένϑ ὑπὸ Θεοῦ). Und weiter heißt
es daselbst: „„Als ich aus Mesopotamien nach Hause kehrte,
kam Uriel, der Engel Gottes (vom Himmel) und rühmte
sich auf die Erde herabgestiegen zu seyn und unter Menschen
gewohnt zu haben, auch sey er Jakob genannt worden. So
eiferte, stritt und rang er mit mir, indem er behauptete, sein
Name, als der eines Wesens, das über allen Engeln stehe,
müsse den Vorrang haben vor dem meinigen. Aber ich sagte
ihm gleich seinen wahren Namen und welchen Rang er unter
den Engeln habe, indem ich sprach: Bist du nicht Uriel, der
achte nach mir, und bin nicht ich Israel, der Erzengel über
die Kräfte des Herrn, der oberste Anführer unter den Söh=
nen Gottes? Bin ich nicht Israel, der bekleidet ist mit dem
ersten Amte des Dienstes im Angesicht Gottes, rufe ich ihn
nicht an mit dem unverwüstlichen Namen?"" (Jehova, d. h.
wohl, er sey einer von den Geistern, die das Trishagion zum
Preise des Schöpfers singen.) So das Gebet Jakobs. Ein

---

*) Tom. II, in Johannem Kap. 25. Opp. IV, 84.

jüdisches Buch) nennen daſſelbe alle Väter, die es überhaupt anführen; ich vermuthe, daß es von einem ägyptiſchen Juden geschrieben worden iſt. Die Patriarchen wären demnach fleiſchgewordene Erzengel. Allein den Meſſias = Adam hielt man noch für eine höhere Natur als ſie, der Sprung in dieſe Welt hier unten war alſo für ihn noch größer, und darum iſt die Vermuthung gerechtfertigt, daß man bei ihm Mittel= glieder angenommen habe. In der That finden ſich ſolche in der Himmelfahrt des Jeſaias. Als die Zeit gekommen, daß der Sohn, oder der Geliebte in die Welt herabſteigen ſoll, ſpricht der Vater zu ihm Kap. X, 7 : Abi, descende per omnes coelos, et descendes ad firmamentum et ad mun-dum, usque ad angelum, qui apud inferos, sed qui modo non ad perditionem projectus est. *) Et assimilaberis similitudini omnium, qui in quinque coelis, et formae angelorum firmamenti, cavens tibimet ipsi, adsimila-heris, et angelorum, qui apud inferos. Nec omnes an-geli mundi noscent, quod tu es Dominus mecum septem coelorum eorumque angelorum, nec noscent quod tu es mecum. Et cum voce coelesti vocavero eorum angelos, eorumque lumina, et cum magnum reddidero sextum coelum, ut judices perdasque principatus et angelos et Deos mundi, et mundum qui eorum est: tum regnabis. Nam mentiti sunt et dixerunt: „nos sumus et praeter nos nullus est Deus." Et postea a Diis mortis ascendes in tuum locum et non mutaberis in singulis coelis, sed splendide ascendes et sedebis a Dextra mea, et tunc te colent principatus potestatesque mundi. Zwei Haupt= gedanken liegen dieſer wichtigen Stelle zu Grund. Man wollte erſtlich zeigen, wie der himmliſche Meſſias allmälig von einer Stufe zur andern in die Endlichfeit hernieberſteige

---

*) Er, der Teufel, der in den Lüften wohnt (in firmamento) iſt dem Gericht verfallen, nur wird er jezt noch nicht gerichtet.

(durch das Folgende wird dieß ganz klar werden); zweitens
wollte man begreiflich machen, wie es kam, daß alle Gewal=
ten der Welt und der Hölle so ruhig blieben, als in Jesu
Person ein so hoher und für die Bösen so schrecklicher Gast
auf die Erde herabkam. Nach meinem Gefühl arbeitet
der unbekannte Verfasser einem Zweifel entgegen, der in der
ersten Zeit unserer christlichen Kirche geherrscht haben muß.
Damals haben gewiß Ungläubige kopfschüttelnd gesagt, wäre
dieser Jesus Herr und Schöpfer des Himmels und der Erde,
was er doch als wahrer Logos=Messias seyn soll, so würden
die Teufel und die Gewaltigen der Welt sich bei seiner An=
kunft nicht so ruhig verhalten haben, als ob gar Nichts
vorginge. Sie, die doch sonst so gescheit sind, würden wahrlich
entweder Alles in Bewegung gesezt haben, um seine Ankunft
und sein Werk zu verhindern, oder hätten sie sich ihm unter=
worfen, um seiner Rache zu entfliehen. Dagegen erwiderten
die Gläubigen (Männer wie unser Pseudojesajas): Das Alles
ist kraft eines göttlichen Planes geschehen; die Uebelthäter
sollten ihn nicht kennen, nichts von der bevorstehenden großen
Umwälzung ahnen, damit sie nachher desto fürchterlicher
überrascht würden, wenn der Göttliche, nicht mehr in unbe=
kannter Gestalt, nein in voller Glorie himmlischen Glanzes gen
Himmel führe, sie zu richten. Dieser Umstand ist für mich einer
der wichtigsten Gründe für das hohe Alter der Himmelfahrt des
Jesajas. Denn nur in den ersten Anfängen der Kirche konn=
ten solche Zweifel obwalten, nachher als der christliche Glaube
sich ausgebreitet, als besonders die, Christum im jüdischen
Sinne verherrlichenden, Evangeliensagen überall Anerkennung
gefunden hatten, hörten sie von selbst auf, weil jeder Ein=
wurf der Art schon aus den Evangelien, wo Jesus den
Teufel überwindet und die größten Wunder thut, widerlegt
werden konnte.

Weiter wird nun berichtet, wie der Sohn von einem
Himmel in den andern niederern herabstieg, und wie er dabei,

mit Ausnahme der erſten Wanderung, die Geſtalt wechſelte.
Der Engel, der den Propheten Jeſajas führt, ſpricht zu ihm
Vers 18: Intellige Isaias et vide, ut cernas mutationem
Domini et descensionem. Er ſchaut hierauf Folgendes:
Atque vidi, ut exibat ex septimo coelo Dominus meus in
sextum coelum, — et aspexi, et cum angeli viderent
eum, confestim ii, qui in sexto coelo fuerunt, collaudaverunt et celebraverunt cum, quoniam non mutatus est
secundum formam angelorum, qui fuerunt ibi. Et collaudaverunt eum, et ego collaudavi cum iis. Et vidi
cum descenderet in quintum coelum, et mutatus est in
quinto coelo secundum formam angelorum, qui ibi fuerunt,
et non collaudaverunt eum, quoniam ejus forma fuit
prout eorum forma. *) Et statim descendit in quartum
coelum, et adsimilatus est formae angelorum, qui ibi.
Et cum viderent eum, non collaudaverunt eum, quoniam
ejus forma prout eorum forma. Porro vidi, cum descenderet in tertium coelum, et assimilatus esset formae
angelorum, qui in tertio coelo: commeatum ii, qui portam
coeli custodiverunt, postularunt, et Dominus eum ipsis
dedit ut ignotus: et cum viderent eum, non collaudaverunt, nec concelebrarunt eum, quoniam ejus forma
prout eorum forma. Porro vidi cum descenderet in secundum coelum, rursus dedit commeatum, quia ii qui
custodiebant portam, postulabant et Dominus dedit. Et
vidi, quia mutatus est secundum formam, qui in secundo
coelo, cum adspicerent eum, non collaudaverunt eum,
quoniam ejus forma prout eorum forma. Porro vidi
eum, cum descenderet in primum coelum, dedit commeatum iis, qui custodiverunt portam, et adsimilatus est
formae angelorum, qui fuerunt a sinistra istius throni,

---

*) Sie kannten ihn alſo auch nicht, ſondern hielten ihn für ihres
Gleichen.

et non collaudaverunt eum nec celebrarunt, quoniam
ejus forma prout eorum forma. — Porro descendit in
firmamentum, ubi princeps hujus mundi habitabat (diabolus), et dedit commeatum iis, qui a sinistra fuerunt; et
ejus forma fuit prout eorum, et non collaudaverunt eum
ibi, sed pugnantes inter se alius alium trucidabat, nam
ibi existit potestas mali et contentionis, quae parumper
durat. Et vidi cum descenderet et adsimilaretur angelis
aëris, factus est prout unus ex iis, et non dedit commeatum, quia alius alium diripiebat et injuria adficiebat.
Sofort wird erzählt, wie der Herr durch eine achte Um=
wandlung im Schoße der Maria ohne Zuthun eines Man=
nes wunderbarer Weise Mensch ward. Manche Einzeln=
heiten stimmen dabei mit dem Berichte des Matthäus überein,
mehrere andere nicht, worin ich einen neuen Beweis für
meine obige Behauptung sehe, daß diese Schrift in einer Zeit
abgefaßt worden ist, wo neben den evangelischen Sagen noch
andere ähnliche, unabhängig von jenen, umliefen. Nachdem
er sich als Messias gezeigt, Wunder gethan, gelitten hat,
gestorben und am dritten Tage wieder auferstanden ist, fährt
er — so berichtet das Buch weiter — in voller Majestät
gen Himmel. Jezt erkennen die bösen Geister mit Schrecken,
daß sie getäuscht worden sind, daß der Göttliche bei seinem
Niedersteigen unerkannt an ihnen vorüberging, Kap. XI. 22
u. flg. Jesaias spricht abermals: Et ecce eum misisset
duodecim discipulos et ascenderet, aspexi eum, et fuit
in firmamento et non mutatus est, secundum eorum *)
formam et omnes angeli firmamenti et Satan viderunt
eum et coluerunt, et magna tristitia fuit ibi, dum dicebant: Quomodo Dominus noster descendit ad nos et nos
non sensimus splendorem, qui ejus est, quem adspici-
mus etc. Diese Worte bestätigen vollkommen meine oben

---

*) Sc. eorum, qui in firmamento degebant.

ausgesprochene Ansicht, daß es einer der Hauptzwecke des
Verfassers war, Jesu unscheinbares, von keinem Gewaltigen
der Luft oder Erde gefeiertes oder verhindertes Herabsteigen
in jüdischem Sinne zu erklären. Wir haben nun hier acht
Verkörperungen, die der Logos = Messias durchläuft, bis er
vom Gottessohne Mensch wird. Man bemerke dabei das
sinnreiche Verhältniß von Abstufung. Bei seiner Ankunft im
sechsten Himmel verändert er nur den Ort, nicht die Gestalt,
denn die Bewohner, des sechsten Himmels sind Gott am
nächsten, es sind Heilige und Reine, würdig, den Sohn in
seinem wahren Wesen zu schauen. In den zwei nächsten
Himmeln verändert er die Gestalt, zeigt aber keinen Paß
vor, denn dort ist noch keine Gefahr, daß ein Unberufener
sich eindränge. In den drei folgenden Himmeln wird er ge=
zwungen seinen Paß zu weisen, vom ersten (oder lezten)
heißt es, die Engel stehen zur Linken eines Thrones. Denn
die linke Seite bezeichnet, wie wir bereits aus der Geheim=
lehre wissen, das Unvollkommene, Sündliche. In dem Kreise,
der unter dem lezten Himmel sich wölbt, d. h. in der obern
Mondssphäre, wüthet Parteistreit, doch herrscht noch einiger=
maßen Ordnung und Polizei, weil ein Oberhaupt, der Teufel,
da ist, deßwegen weist der Logos seinen Paß. In der zwei=
ten Mondssphäre, die gleich über unserer Erde beginnt, als
an dem Orte, wo die finstersten Mächte der Nacht sich tum=
meln, wüthet solcher Aufruhr, daß man dem Fremdlinge
nicht einmal den Paß abverlangt. Selbst in die Gestalt der
höllischen Geister, die in den beiden Kreisen des Mondes
hausen, muß sich Christus verwandeln, damit er auf die
Erde niedersteigen kann; sicherlich ist diese Behauptung dem
Verfasser sauer geworden (d. h. er fühlte das Anstößige der=
selben), dennoch hat er sie aufgestellt, ohne Zweifel weil er
dem Grundsatze stufenweise absteigender Verkörperung treu
bleiben wollte. Von dem obersten Himmel gab es, nach der
alten jüdischen Naturlehre, keinen andern Weg auf die Erde,

als durch die beiden Sphären der bösen Geister, die in der
Luft wohnen. Nahm er in den himmlischen Kreisen eine
andere Gestalt an, so mußte er es eben so gut in den un=
tern, sonst blieb der Verfasser sich selbst nicht treu. Jeder=
mann wird, hoffe ich, zugestehen, daß der Grundsatz ab=
steigender Verkörperung in der Denkweise jener Zeiten sehr tief
eingeprägt gewesen seyn muß, da er selbst die höchst anstößige
Folgerung, Christus habe sich bei seiner Niederfahrt zweimal
in Engel der Finsterniß verwandelt, siegreich überwand. Man
wird vielleicht mir einwerfen, das was in der Himmelfahrt
des Jesaias über diesen Punkt stehe, sey offenbar nur die
Meinung eines Einzelnen, nicht die Ansicht der Zeit, da die
Evangelien nichts von derselben Ansicht oder von Aehnlichem
wissen. Ich erwidere: Allerdings kommt eine solche allmälige
Verkörperung des Messias auch in unsern Evangelien vor,
und zwar noch eine sinnreichere, nur in anderer Weise.
Matth. I, und folgende werden 42 Ahnen Jesu Christi von
Abraham bis auf Joseph, den Zimmermann, aufgezählt, der
Stammbaum wird dann wieder in drei Vierzehner eingetheilt,
von Abraham bis auf David, von David bis zum babylo=
nischen Gefängniß, von demselben bis zur Geburt Christi.
Daß ein geheimer, mystischer Grund diese Rechnung einge=
geben habe, werde ich mir nie ausreden lassen; denn nur
solche Größen konnten die ungeheure Unwahrscheinlichkeit ver=
hüllen, daß für drei an Dauer höchst verschiedene Zeiträume
gerade 14 Geschlechtsfolgen ausreichen. Zweitens, der Evan=
gelist hat den Stammbaum nicht selbst gemacht, sondern aus
einer Quelle, die er vorfand, entnommen. Dieß ist aus
zwei Gründen sonnenklar: Erstlich, weil er sagt, es seyen
in jeder der drei Epochen vierzehn Glieder, während er doch
in der dritten nur dreizehn aufzählt — ein solcher Verstoß
wäre unbegreiflich, wenn der Verfasser seine eigene Erfindung
vorlegte, denn dann hätte er sicherlich nachgerechnet und
seinen Fehler verbessert; — fürs Zweite, weil er gleich

hinter dem Stammbaum berichtet, Christus sey ohne Zuthun
eines Mannes vom heiligen Geiste gezeugt worden. Der,
welcher den Stammbaum verfaßte, sezt offenbar voraus, daß
Jesus der Sohn Josephs, des Zimmermanns, sey, weßwegen
er ihn auch den Enkel Abrahams und Davids nennt, sonst
hat der Stammbaum schlechterdings gar keinen Sinn. Die
Quelle dagegen, aus welcher die Erzählung von I, 18 u. flg.
entlehnt ist, nimmt an, daß Jesus von gar keinem Manne
gezeugt sey. Hätte nun unser Evangelist den Stammbaum
verfaßt, so würde er die zweite Darstellung nicht aufgenom=
men, hätte er die zweite geschaffen, so würde er die erste
weggelassen haben, denn sonst müßte man ganz an sei=
nem Verstande verzweifeln. Ueberhaupt, Dieß sey schon hier
bemerkt, kommt man gar nicht aus dem beengentsten Wirr=
sal heraus, das die kränkendsten Folgerungen für die schrift=
stellerische Ehre der drei Synoptiker nach sich zöge, wenn
man nicht annimmt, daß sie bloß als treue Sammler vor=
handener Berichte anzusehen sind, wie sich denn die Sache
in der That verhält. Betrachtet man sie dagegen als Ge=
schichtschreiber, deren Amt es überall ist, Zusammenhang in
das Erzählte zu bringen und der Natur nachzuahmen, welche
nichts Zerrissenes, nichts Widersprechendes hervorbringt, so
muß das Gefühl jedes wohlwollenden Lesers, dessen freier
Blick nicht durch theologischen Dunst umwölkt ist, ganz
niedergeschmettert werden über dem Anblick daß die Ge=
schichte der Anfänge unserer Religion in die Hände so gänz=
lich unfähiger Historiker fallen konnte. Denn ein Kind sieht
ja, daß die behauptete Abstammung Jesu von David durch
Joseph, und seine Zeugung durch den heiligen Geist sich un=
auflöslich widerspricht. Viel freundlicher gestaltet sich, wie
gesagt, die Sache, wenn man der Wahrheit, die zu Tage
liegt, die Augen nicht verschließt, d. h. wenn man zugesteht,
daß die drei Synoptiker sich darauf beschränkten, die Sagen
und Berichte, welche sie vorfanden, zu sammeln, ohne dieselben

in künstliche Uebereinstimmung bringen zu wollen. Die
Ueberlieferung, die sich ihnen darbot, war ihnen zu ehrwür=
dig, als daß sie es gewagt hätten, an ihr zu ändern. Ein=
fach und treu brachten sie dieselbe meist in den ursprünglichen
Worten auf die Nachwelt, unbekümmert darum, ob Alles zu=
sammenstimme; denn nicht Kritiker, sondern Aufbewahrer
Dessen, was sie vorfanden, wollten sie seyn; mit treuherzigem
Zutrauen nahmen die folgenden Geschlechter ihre Arbeit auf,
denn man war damals noch nicht spitzfindig geworden, der
Wunderglaube beherrschte noch mit magischer Kraft die Ge=
müther der Menschen. Auch sollte darum späteren Jahrhun=
derten die Erkenntniß der wahren Geschichte Jesu nicht vor=
enthalten werden, denn neben den Anderen geht ja das Evan=
gelium Johannis her, das uns im Bunde mit den drei er=
sten in den Stand sezt, den Schleier von dem göttlichen Bilde
zu lüften und die volle Wahrheit zu schauen.

Zur Sache. Origenes hat uns, wie ich glaube, die
wahre Bedeutung der 42 Geschlechtsfolgen aufbewahrt. *)
Primo omnium intuere mysterii rationem, quam qui di-
ligenter observaverit, in scripturis inveniet, in egressione
filiorum Israël de Aegypto quadraginta et duas habitas
esse mansiones, **) et rursum adventus Domini et Salvatoris nostri in hunc mundum per quadraginta et duas
generationes adducitur. Ich muß mich wegen des Raumes
darauf beschränken, die Schlagworte des Vaters anzuführen; der
günstige Leser möge die Stelle in ihrer ganzen Ausdehnung
nachlesen, dann wird er finden, daß Origenes hier spricht
wie ein zweiter Philo, vollgepfropft von den übertriebensten
mystischen Spielereien. Man muß nun wissen, daß der Zug
Israels aus Aegypten durch die Wüste nach Kanaan von den
Therapeuten und Essenern zu einer großen Allegorie ausge=
sponnen worden ist, welche sie in ihren heiligen Mahlen festlich

---

*) Hom. in Numeros Cap. 3. Opp. II, S. 375, b, unten.
**) So verhält es sich auch, man zähle die Lagerplätze von Num.
XXXIII.

begingen. Aegypten bedeutete ihnen den Leib, als Sitz
des Bösen, Kanaan das himmlische Vaterland der Seelen. In
42 Lagerstätten oder Stufen wandert der sich läuternde Geist
aus den dunkeln Räumen des Fleisches hinüber in die seligen
Gefilde der Tugend und feiert im Passah seine Befreiung aus
den Banden der Sinnlichkeit. *) Diese uralte Allegorie hat
auf das N. Testament mächtigen Einfluß geübt, wie ich spä=
ter zeigen werde, dieselbe kehrt auch in den späteren Urkunden
der hebräischen Mystik wieder, z. B. Tikkune Sohar S 67,
a: Eduxit Deus Israëlitas, ne submergerentur. Hoc est,
quod scriptura dicit (Exod. 15, 19): Et filii Israël ive-
runt per medium maris in arida etc. Nempe in prima
redemtione ambulaverunt in hoc mari materiali, sed in
redemtione ultima ibunt in mari legis (messianae). Ba-
culus ejus, quo scidit et rupit mare, est arundo, per
quam brachium Jehovae revelatum est, de quo scriptum
exstat (Jes. 53, 1): Et brachium Domini super quem revelatum est? Et in isto tempore, quando interiit et ab-
actus est serpens ille maledictus e mari, regnat serpens
sanctus. **) Ich will aus vorliegenden Stellen zunächst nur
soviel darthun, daß die fragliche Allegorie in Jesu Tagen
unter den jüdischen Mystikern vielfach angewendet wurde,
und stark im Schwange ging, sowie, daß sie sich immer er=
halten hat. Man wird mir nun einwenden, das Zeugniß des
Origenes spreche nur für seine eigene Ansicht, keineswegs da=
für, daß auch der unbekannte Verfasser des Stammbaums
von Matth. 1, 1 gleicher Meinung gewesen sey. Ich ent=
gegne: Die alten Väter berichten uns mit großer Einstim=
migkeit, daß die sogenannten Ebioniten oder die ersten Juden=
Christen unsern Erlöser für den wahren Sohn des Zimmer=
manns Joseph, und doch zugleich für eine himmlische Natur
erklärt haben. Dieß war eine Kluft, die im Geiste jener Zeit

---

*) Siehe meine Schrift über Philo II, 292 und flg.
**) Die heilige Schlange, mittelst welcher Moses die Gebissenen
heilte, ist die obere Schechina, d. i. der Sohn.

ausgefüllt werden mußte. Um Christi Göttlichkeit zu bewei=
sen, läßt ihn Matthäus und Lukas ohne Zuthun eines Man=
nes, durch den heiligen Geist gezeugt werden. Es ist nun
merkwürdig, daß von allen auf uns gekommenen jüdischen
Urkunden nicht eine einzige von der Geburt des Messias aus
dem heil. Geiste das Geringste weiß. Während man sonst
zu jeder Lehre, ja fast zu jedem Saße des N. Testaments
eine Parallele aus dem Talmud, dem Sohar, den Midraschim
anführen kann, findet nur jene Sage durchaus keinen An=
klang. Keiner der früheren rabbinischen Erklärer des Neuen
Testaments hat Etwas der Art nachgewiesen, und auch mir
ist es nicht gelungen, ob ich gleich deßhalb mit größter Auf=
merksamkeit die Väter, wie die rabbinischen Bücher und die
ältesten Apokryphen durchsucht habe. Aus diesem Stillschwei=
gen der übrigen Quellen schließe ich mit Zuversicht, daß jene
Sage nur unter einem kleinen Kreise von Christen Anklang
fand.*) Die große Masse der gläubigen Juden blieb, ohne
Zweifel aus historischen Gründen, weil die Zeitgenossen Jesu,
die ihn selbst gekannt, nichts Anderes wußten, fest bei der
Behauptung, daß er der Sohn Josephs sey. Wie sollte aber
dabei seine Göttlichkeit bestehen! Johannes, der offenbar
Jesum ebenfalls für den Sohn Josephs hält, behauptet einfach,
daß er zugleich der fleischgewordene Logos sey. Es lag im
Geiste jener Zeit, daß Andere künstlichere Wege für denselben
Zweck einschlugen. Ein solcher ist aber jene Stammtafel von
42 Gliedern, welche, wie ich oben zeigte, nothwendig eine
andere, als eine historische Grundlage haben muß. Wenn
die Seele des Mystikers nach der therapeutischen Lehre durch

---

*) Aus welchen Ansichten sie entstanden ist, springt in die Augen.
Eine eigenthümliche Erklärung der Stelle Jes. 7, 14, verbun=
den mit der essenischen Vorstellung von der Unreinheit des
fleischlichen Genusses und der Entstehung des Menschen, wirk=
ten zusammen, um die bezeichnete Sage ins Leben zu rufen.
Mit dem Essener=Orden gingen jene Ansichten unter, und so
erhielt sich die Lehre von der Geburt des Messias aus dem hei=
ligen Geist nur bei den Christen, nicht in der Synagoge.

42 Stufen sich aus der Sinnlichkeit zum himmlischen Lichte verklärt, so ist nichts natürlicher, als daß umgekehrt der himmlische Geist durch 42 Stufen oder Geschlechtsfolgen in das Fleisch herunter steigt. Das Bild entspricht dem Gegenbilde so vollkommen, daß man sich wundern müßte, wenn jene so sinnreiche Mystik der alten Juden nicht auf unsere Allegorie verfallen wäre. Hiezu kommt noch das Zeugniß der Klementinen in der oben angeführten Stelle (III, 20): ὁ Ἀδὰμ ἀπ᾽ ἀρχῆς αἰῶνος ἅμα τοῖς ὀνόμασι μορφὰς ἀλάσσων, τὸν αἰῶνα τρέχει, μέχρις ὅτε ἰδίων χρόνων τυχὼν, διὰ τοὺς καμάτους Θεοῦ ἐλέει χρισθεὶς, εἰς ἀεὶ ἕξει τὴν ἀνάπαυσιν. Das heißt nichts Anders, als jenes himmlische Wesen durchlaufe eine Menge Verkörperungen, bis es in Messiasgestalt erscheinend die Welt wiederherstellt, und nun ewiger Ruhe theilhaftig wird. Also nicht nur Origenes, auch ein alter Ebionite zeugt für dieselbe Ansicht, sie muß also einer Quelle angehören, die beiden gemeinschaftlich war, d. h. der uralten christlich = mystischen Ueberlieferung. — Ich weiß recht wohl, daß diese meine Erklärung des Stammbaumes bloß einen sehr hohen Grad von Wahrscheinlichkeit für sich hat, und keine zwingende Gewalt. Aber für mich, ich hoffe auch für andere Männer von historischem Sinne, genügt die annähernde Gewißheit. Mögen die, welche mit wahrer Verstocktheit dem Lichte der Geschichte widerstreben, etwas Besseres aufstellen, das eben so sehr im Geiste und in den klaren Zeugnissen des jüdischen und christlichen Alterthums begründet ist. Die Lehre von den Verkörperungen des Messias = Adam ist jüdisch; ihre Anwendung dagegen auf Jesus, christlich; daher gehört zunächst nur jene hieher, nicht diese; allein weil man die Zeitbegriffe, ohne ihre Uebertragung auf einen bestimmten Fall, nicht klar machen kann, mußte ich auf Beides Rücksicht nehmen.

Außer dem ebenbildlichen Adam, welcher nach der jüdischen Geheimlehre eine so wichtige Rolle spielt, wird im Texte

des ersten Kapitels der Genesis noch eine andere himmlische
Gestalt erwähnt. Denn es heißt I, 2: Der Geist Got=
tes schwebete über den Wassern. Es läßt sich zum
Voraus erwarten, daß beide Wesen frühe in eine gewisse
Verbindung gebracht wurden. Dieß ist wirklich geschehen.
Bereschit Rabba zu Genes. I, 2: *Spiritus Dei movebatur
super aquas*, hic est spiritus Messiae, sicut scriptum exstat (Jes. 11, 2): *Super ipsum requiescit spiritus Domini.*
Ebenso Vajikra Rabba, Abschnitt 14, und Pesikta Rabbathi
58, b: Unde probas, quod rex Messias ab initio mundi
fuerit? Resp.: Ex verbis (Genes. I, 2): *Et spiritus Domini ferebatur super aquas.* Quisnam hic innuitur?
Resp.: Rex Messias, de quo scriptum exstat, Jes. XI, 2:
Et requiescet in eo spiritus Domini. Der Sohar wieder=
holt diese Lehre öfters, z. B. zur Genesis Spalte 75, 425,
509. Man glaubte, daß der Geist Gottes beim Werke der
Schöpfung über dem Wasser geschwebt habe wie ein Vogel,
der sich dem Wasser mit den Schwingen nähert, doch ohne
dasselbe ganz zu berühren. So in der oben angeführten Stelle
der Bereschit Rabba: „Es heißt nicht, der Geist wehete, son=
dern er schwebte oder flog wie ein Vogel, dessen Schwingen
das Wasser gleichsam berühren, und doch wieder nicht berüh=
ren." An anderen Stellen wird der Vogel noch näher be=
zeichnet. Chagigah bab. S. 15, a: Scriptum est (Genes. I, 2):
Spiritus Dei ferebatur supra aquas, scilicet sicut columba,
quae incubat pullis suis, neque tamen eos tangit. Auch
die jerusalemische Gemara wiederholt den Satz.*) Einer
Taube gleicht also der heilige Geist. Diese Ansichten sind
uralt. Für die innige Verbindung zwischen dem Geiste von
Genes. I, 2 und dem mystischen Messias zeugt schon die

---

*) Ich errathe, welche Naturanschauung diesem Ausspruche zu
Grunde liegt. Man muß gesehen haben, wie die Möve oder
die Wassertaube an den Gestaden des Mittelmeeres oder auf
dem Genfersee nach den blauen Wellen niederschwebt, daß man
meinen sollte, sie werde hineintauchen, und doch das Wasser
nicht berührt. Ich habe oft und lange diesem Spiele zugesehen.
Auf dem See Genesareth wiederholt sich dieses Schauspiel, und
dorther mögen die Juden das Bild entlehnt haben.

früher angeführte Stelle aus dem Evangelium der Nazarener:[*)]
**Factum est autem, cum ascendisset Dominus (Jesus) de
aqua (Matth. III, 16), descendit fons omnis spiritus
sancti et requievit super eum, et dixit illi: Fili mi, in
omnibus prophetis exspectabam te, ut venires et requiescerem in te; tu es enim requies mea, tu es filius meus
primogenitus, qui regnas in sempiternum.** Jesus ist der
erstgeborne Sohn des Geistes, wie und warum, wurde oben[**)])
nachgewiesen. Alles ward unter Mitwirkung des Geistes geschaffen, der Genes. I, 2 vorkommt, vor allen andern Christus.
Der Geist von Genes. I, 2 steht also in der innigsten Beziehung zu ihm, derselbe kann erst dann Ruhe finden, wenn er
am Ende der Welten, wie im Anfang, auf ihm wohnen
darf. Ferner, daß man den Geist schon in Christi Tagen
einer Taube verglichen habe, geht unwidersprechlich hervor
aus der Erzählung Matth. III, 16 und Luc. III, 22. Blind
müßte der seyn, der nicht sieht, daß jenes alte Bild Veranlassung zu der Sage gab.

Diejenige Partei der Juden, welche ihren Begriff des
Messias aus den Propheten schöpfte, glaubte, daß seine Ankunft durch Buße beschleunigt werde. Die Anhänger des
mystisch-mosaischen Gesalbten erwarteten sein beschleunigtes
Kommen von der Erneuerung des Menschen. Denn wie nach
Jener Lehre die Menschen in der künftigen Zeit rein von
Sünde seyn sollen, so hofften Diese völlige Umwandlung derselben. Erneuert aber, glaubte man, werde der Mensch durch
den heiligen Geist, und wiederum für das Werkzeug des er-
neuernden Geistes hielt man das Wasser, weil es Genes. I,
2 heißt: „Der Geist Gottes schwebete über den Wassern.“
Daher bei den Essenern die große Verehrung dieses Elements
und ihre mystischen Taufen. Josephus berichtet von ihnen, Alterth.
18, 1, 5: „Sie schickten zwar Geschenke in den Tempel, aber
bringen keine (blutigen) Opfer dar, weil sie die Reinigungen,
die bei ihnen im Brauche sind, für besser halten“: θυσίας
οὐκ ἐπιτελοῦσι διαφορότητι ἁγνειῶν, ἃς νομίζοιεν. Mit
diesen ἁγνεῖαι werden die häufigen Waschungen gemeint,

[*)] Bei Hieronymus über Jes. 11. 2.
[**)] Siehe das vierte Kapitel dieses Werkes.

welche Josephus de bello II, 8, 5 und §. 9 mit dem Aus=
drucke ἁγνεῖαι beschreibt. Von den späteren Abkömmlingen
der essenischen Sekte — den Samsäern oder Eleesaiten — wird
dasselbe mit noch viel stärkeren Worten bezeugt. Epiphanius
sagt in der 53sten Ketzerei: *) παρὰ τοῖς Σαμψαίοις τετίμη-
ται τὸ ὕδωρ καὶ τοῦτο ὡς θεὸν ἡγοῦνται, σχεδὸν φάσκοντες εἶναι τὴν ζωὴν ἐκ τούτου, und einige Sätze weiter oben:
Θεὸν ἕνα λέγουσι καὶ δῆθεν αὐτὸν σέβουσι, βαπτισμοῖς τισι
χρώμενοι. Die übermäßige Verehrung des Wassers ging von
den jüdischen Sekten auch zu den Ebioniten über, von denen
derselbe Epiphanius sagt (Opp. I, 53): „Wasser und Gott
ist ihnen gleich“: τὸ ὕδωρ ἀντὶ θεοῦ ἔχουσι. Aber nicht nur
diese Uebertreibung, sondern auch der christliche Gebrauch der
Taufe stammt aus den eben entwickelten Ansichten her. Bei
den bestunterrichteten Vätern hat sich die Ueberlieferung er=
halten, daß die Stelle Genes. I, 2 den Ursprung der Taufe
und den höchsten Beweis für ihre Göttlichkeit in sich fasse. In
der 7ten Ekloge bei Klemens von Alexandrien **) heißt es:
„Durch Wasser und Geist kommt die Wiedergeburt, wie auch
die erste Geburt des Alls (ἡ ἀναγέννησις καθάπερ καὶ ἡ
πᾶσα γένησις), nach dem Spruche (Genes. I, 2): Der
Geist Gottes schwebte über den Wassern.“ Gleicher=
weise sagt Theodoret: ***) „Der Geist, der über den Wassern
schwebte, war, nach der Lehre Einiger, der heilige Geist; er
belebte die Natur des Wassers und bildete die heilige Taufe vor.“
Stärker und deutlicher zeugen für dieselbe Ansicht die Rekognitionen und Klementinen, was sich auch erwarten läßt, da
diese Schriften von Ebioniten verfaßt sind. Im sechsten
Buche der Rekognitionen Kap. 7 heißt es: **Per ferrum facta
sunt simulacra, ferrum vero per ignem confectum est** (dar=
um wird das Feuer als Anlaß des Götzendienstes in den Re=
kognitionen vielfach gebrandmarkt), **qui ignis aqua ex-
tinguitur, aqua autem per spiritum movetur, spiritus
autem a Deo initium habet. Sic enim dicit Moses propheta:** *In principio fecit Deus coelum et terram etc.,* et

---

*) Opp. 461.
**) Opp. II, 990 unten.
***) Opp. ed. Sirmond I, 8 unten in der achten Frage über die
Genesis.

Spiritus Dei ferebatur super aquas. Im nächsten Kapitel fährt dann der Verfasser so fort: Videtis etenim, quod omnia gignuntur ex aquis, aqua vero per Unigenitum ex initio facta est, Unigeniti vero omnipotens Deus caput est, per quem pervenitur ad Patrem; cum autem perveneris ad Patrem, agnosces hanc esse voluntatem ejus, ut per aquas, quae primae creatae sunt, denuo renascaris. Ebenso Buch XI der Klementinen 24: τὰ πάντα τὸ ὕδωρ ποεῖ, τὸ δὲ ὕδωρ ὑπὸ πνεύματος κινήσεως*) τὴν γένεσιν λαμβάνει, τὸ δὲ πνεῦμα ἀπὸ τῶν ὅλων θεοῦ τὴν ἀρχὴν ἔχει. Diese Ebioniten haben uns am bündigsten die alten Ansichten und Schlüsse überliefert, aus welchen die christliche Taufe entstanden ist. Daß leztere aus dem Judenthum stammt, ersieht man sonnenklar aus der Geschichte Johannis des Täufers. Nie ist eine neuere Untersuchung ungeschickter eingeleitet worden, als die über die jüdische Proselytentaufe. Statt sich an Das zu halten, was Josephus von den Essenern, Epiphanius von den Samsenern und von Elxai berichtet, ging man verkehrter Weise von den weit späteren Zeugnissen des Talmud aus. Und doch reicht auch die pharisäische Taufe, nach meinem Dafürhalten, bis in die Zeiten Christi hinauf, denn das Buch Sifri,**) das der Mischna nahezu an Alter gleichkommt, spricht von der Proselytentaufe · als von einem längst bestehenden Gebrauch.

Auch dem mosaisch = mystischen Messias steht ein eigener Widersacher entgegen. Es ist der Teufel, welcher einst in Gestalt der Schlange den irdischen Adam und sein Weib verführte. Das Reich des Obersten der bösen Geister erstreckt sich, wie oben gezeigt ward, nur auf diese Welt; nach dem Anbruch der künftigen wird er vom Messias in den Abgrund geschleudert und ewig gebunden. Pesikta Rabbathi S. 62, a und Jalkut Schimeoni über den Esaias S. 56, c wird erzählt, daß Gott den Messias und sein Geschlecht unter dem Throne der Herrlichkeit verborgen halte. Als nun einst Samael das Licht dieser Auserwählten unter dem Throne leuchten sah, sprach er zu Gott: O Herr der Welt! wem gehört das Licht, das unter dem Throne deiner Herrlichkeit verborgen

---

*) Nach Genes. I, 2.
**) Ueber Num. XV. 14.

ſtrahlet? Der Höchſte antwortete: Es iſt das Licht Deſſen,
der dich einſt austreiben, und zu ‚Schanden machen wird.
Abermal ſprach Samael: Herr der Welt, laß mich Denſelbi=
gen ſehen. Gott erwiderte: Komm her und ſieh ihn. Als
er ihn nun erblickt hatte, entſezte ſich Samael, fiel auf ſein
Angeſicht und rief: Fürwahr, Dieß iſt der Meſſias, welcher
mich und alle Völker in die Hölle ſtürzen wird, wie geſchrie=
ben ſtehet (Jeſ. 25, 8): Er wird den Tod verſchlingen
ewiglich. Und der Herr wird abtrocknen die Thrä=
nen von allen Angeſichtern.“ Nach Succah bab. S.
52, a wird der Teufel gar geſchlachtet in der künftigen Welt.
Der Verfaſſer der Offenbarung behauptet ganz übereinſtimmend
mit der Stelle des Jalkut, daß er auf Ewig in den Abgrund
geſchleudert werde, Kap. XX, 10. Daſſelbe Schickſal berei=
tet Pſeudo=Henoch den Wächtern, welche ihm ſtatt des Teufels
ſind. Jene Anſicht iſt alſo uralt.

Was noch etwa über die göttliche Natur des Meſſias=
Adam, ſowie über ſein Verhältniß zu Gott dem Vater und
zum heiligen Geiſte zu ſagen wäre, iſt im vierten Kapitel
dieſes Werks bereits entwickelt worden. Weltgericht und Auf=
erſtehung ſammt ähnlichen Dingen erwartete man unter dem
myſtiſchen Meſſias, ebenſo wie von den anderen. Daß ſeine
Herrſchaft über die erneuerte Welt ewig dauern werde, geht
aus den oben mitgetheilten Beweisſtellen hervor.

So habe ich denn die verſchiedenen Färbungen einer
welthiſtoriſchen Hoffnung, eines glühenden Glaubens entwickelt,
der vor achtzehn Jahrhunderten einem kleinen, aber innerlich
wohl geordneten Volke ungeheure Schwungkraft verlieh, der
ihm den Muth gab, gegen die damaligen Herren der Erde
die Fauſt zu erheben, der zulezt zu unerhörten Raſereien
führte und, nicht erſtickt im Blute von Hunderttauſenden, den
Untergang der Hauptſtadt, des Tempels und der Nation ſelbſt
überlebte. Man müßte dieſen Glauben beklagen, wäre er
nicht zugleich der befruchtende Boden geweſen, in welchem das
himmliſche Gewächs des Chriſtenthums ſeine Wurzeln trieb

und allein treiben konnte. Der Leib, der Schrein, in dem
das Wort des Ewigen für eine gemessene Zeit verschlossen
war, versank in Staub, aber das Innere, die Psyche erhob
frei ihre Schwingen und zog die Welt zu sich empor. Die
verschiedenen Seiten des Messias=Begriffs finden sich übri=
gens in keiner der alten Quellen so rein ausgeprägt, wie ich
sie hier, den leitenden Ideen, welche jedem einzelnen Zweige zu
Grunde liegen, streng folgend, dargestellt habe. Um bessere
Ordnung in das Ganze bringen und eine leichte Uebersicht zu
gewähren, mußte ich das Zusammengehörige zu Einem Stamme
vereinigen; in den alten jüdischen Urkunden, wie auch im N.
Testamente, sind viele Züge, welche verschiedenen Sprossen des
Messias=Begriffs angehören, bunt durch einander gemischt,
wie schon daraus erhellt, daß ich aus allen Hauptquellen für
jedes der vier Vorbilder Beweisstellen entnehmen konnte. Da
und dort stößt man auf Versuche, widerstrebende Züge gewalt=
sam zu vereinigen. So heißt es z. B. Sanhedrin bab. S.
98, a: „R. Josua hat gegen R. Levi folgenden Einwurf ge=
macht: Es stehet vom Messias geschrieben (Dan. VII, 13):
Siehe, es kam einer in den Wolken des Himmels,
wie eines Menschen Sohn, und wiederum heißt es von
demselben (Zach., IX, 9): Er ist arm und reitet auf
einem Esel. Wie stimmen beide Sprüche zusammen? 'Ant=
wort: Wenn die Israeliten (durch gute Werke) sich Verdienst
erwerben, so kommt er (schnell) in den Wolken des Himmels
daher; wenn sie aber sich keine Verdienste erwerben, so wird er arm
seyn und (langsam) auf einem Esel reiten.“ Man sieht, der eine
Zug gehört dem danielischen, der andere dem prophetischen Vor=
bilde an, beide lassen sich gutwillig nicht vereinigen, deßwegen wird
hier eine gewaltsame Vereinbarung versucht. Manchmal lie=
gen die verschiedenen Sprossen des Messiasbegriffs im offenen
Kampfe gegen einander. Ein merkwürdiges Beispiel dieser Art
bietet der Hebräerbrief dar, dessen Verfasser zu Gunsten des
mystischen Logos=Gesalbten die anderen Darstellungen bekämpft.
Darin liegt das wahre Geheimniß des Hebräerbriefes. Am
reinsten prägen eine Seite des Begriffs (die danielische)
das Buch Henoch und das vierte Buch Esdrä aus, ob=
gleich auch diese nicht vollkommen. Dagegen mischt vielleicht

die Offenbarung Johannes Blumen von allen vier Zweigen
am buntesten durcheinander.

Daß der wesentliche Bestandtheil der messianischen Hoff=
nungen ein politischer Wahn war, springt in die Augen. Auch der
friedlichste Mystiker, der von seinem Adam=Logos die Erneue=
rung des Paradieses erwartete, hatte doch zunächst den Unter=
gang der römischen Macht im Auge. Denn da lag der
wunde Fleck, der sie alle drückte. Aber wie Roms Waffen
widerstehen? Welch ein Abstand zwischen den Legionen der
Weltbeherrscherin und den winzigen Kräften eines Volkes
von etlichen Millionen, das in einem Winkel Asiens zusam=
mengedrängt war. Die jüdischen Schriftgelehrten und die
Leviten hatten mittelst des Synedriums fast bis zum Aus=
bruche des Kriegs unter Vespasian einen gewissen Antheil an
den Staatsgeschäften zu behaupten gewußt. Der Genuß po=
litischer Macht ist von jeher die Schule politischen Verstan=
des gewesen. Man lernt die Menschen und ihre Verhältnisse
nie besser kennen, *) als wenn man sie beherrscht. Sollte nun
unter diesen machthabenden Juden keiner gewesen seyn, wel=
cher einsah, daß die messianischen Hoffnungen seiner Nation auf
bodenloser Schwindelei beruhen und in Unmöglichkeiten sich
ergehen? Wirklich gab es solche Männer unter ihnen. Nicht
nur die jüdischen Glaubensurkunden, sondern auch ihre
Geschichte zeugt dafür. Im Traktat Sanhedrin Abschnitt
Chelek heißt es an mehreren Stellen: „R. Hillel hat gesagt:
Es gibt keinen Messias für Israel, sie haben ihn verspeist
in den Tagen des Königs Hiskias." Einmal ist ein Fluch auf
diesen Ausspruch gesezt. Was er besagen wolle, ist klar: alle
Prophezeiungen auf den Messias seyen in Hiskias erfüllt
worden, und haben sich auf ihn allein bezogen. Doch
dieß ist die Meinung eines Einzelnen; allein ein ganzer
Stand handelte beim Ausbruch des Krieges in gleichem Sinne.
Josephus berichtet uns, daß die Häupter des Priesterstandes
im Laufe des Aufruhrs **) von den Zeloten niedergemacht
worden sind. Den Grund deutet er zum Theil, obwohl

---

*) Freilich meist von der schlechtesten Seite.
**) Fast wie die Gironde von der Partei des Berges während der
französischen Revolution.

verſteckt, an, das Uebrige muß man errathen. Dieſe Prieſter
wollten die Stadt und das Heiligthum in die Hände der
Römer ſpielen, um beides zu retten, denn ſie verzweifelten
an dem glücklichen Ausgange des Kriegs; ſie hofften alſo
entweder gar nicht, oder nicht mit vollem Herzen, auf den
Künftigen. Dennoch haben ſie den Wahn unter ihrem Volke
verbreiten helfen, ohne Zweifel um die von Rom, der Völker-
verſchlingerin, mehr und mehr bedrohte Nationalität zu retten
und den Nachfolgern Cäſars das Schreckmittel eines wuth-
entbrannten, hoffnungsglühenden Volkes entgegen zu halten;
aber, wie es bei Prieſtern ſo oft der Fall iſt, ſie glaubten
ſelbſt nicht an Das, was ſie predigten; als der Sturm losge-
brochen und ihr ungeheurer Beſitz in Frage geſtellt war, traten ſie feige zurück. Darum traf mit Recht das Schwert
der entſchloſſenen Eiferer ihre ſchuldigen Häupter. Man ſoll
mit dem Enthuſiasmus eines Volkes nie ſpielen! Der Zwieſpalt zwiſchen den Vorſtehern der Prieſterſchaft, den geiſtlichen Machthabern und den Anführern der meſſianiſchen, oder,
wenn man will, umwälzenden Partei hat den Juden die tiefſte
Wunde geſchlagen und den unglücklichen Ausgang des Kriegs
am Meiſten befördert. Hätten die Leviten und ihre Anhänger
ihren ganzen Einfluß in die Wagſchale geworfen, um einen
tüchtigen Krieger aus der Mitte des Volks als den Meſſias
anzuerkennen, ſo würde ſich demſelben Alles unterworfen
haben, und der Erkorne konnte dann ſämmtliche Streitkräfte
der Nation gegen die äußeren Feinde kehren, ſtatt daß jezt
ſo viele Meſſiaſſe *) aufſtanden, als es ehrgeizige Anführer
gab, die ſich zum größten Nachtheile für das Ganze gegen-
ſeitig bekämpften, ſo daß innere Zwietracht zu dem äußern
Kriege kam. Papſt und Kaiſer müſſen ſich aufrichtig die
Hand bieten, wenn man mit Glück gegen die Ungläubigen,
(wie z. B. den Türken) fechten will. Die Geſchichte des
zweiten Aufſtandes unter Trajan und Hadrian drängt mir
den Gedanken auf, daß die Juden damals eine im erſten
Kriege gemachte Erfahrung benützen wollten. R. Akifa, der

---

*) Man darf überzeugt ſeyn, daß jene Häupter des Aufruhrs ſich
alle für den Geſalbten ausgaben, obgleich Joſephus davon ſchweigt.

angesehenste unter allen Schriftgelehrten, das geistliche Haupt
des Volks, erklärte Barchochba für den Messias; der hundert=
jährige Greis trug diesem Manne, der jedenfalls ein tapfe=
rer Soldat war, in eigener Person den Schild nach), und
feuerte die Streiter zur Ausdauer an. Es wird so viel
Gutes von R. Akifa berichtet, daß ich geneigt bin zu glauben,
er habe aus Patriotismus gehandelt und jenen Fehler gut
machen wollen, der beim ersten Aufstande begangen worden
war. Der Erfolg entsprach auch der muthmaßlichen Absicht,
denn während der erste Aufruhr, trotz der damals noch un=
geschwächten Kraft des Volks, in zwei bis drei Jahren erstickt
wurde, dauerte der zweite unter Barchochba, nach so vielen
Verlusten, gegen 15 Jahre. Hätten nun die Juden schon
unter Vespasian mit derselben Einheit und Kraft gehandelt,
so würde der Kampf fürchterlich gewesen und ihr Messias
für das kaiserliche Rom vielleicht Das geworden seyn, was
einst Hannibal für das konsularische war. Doch würden sie
auch dann wohl schwerlich gesiegt haben.

In dem Glauben an einen Messias liegt eine so gewal=
tig elektrische, das Völkerleben tief aufregende, wunder=
wirkende Gewalt, daß es wohl keine gleich berauschende Idee
gibt. Ein Messiasheld, der vermeintliche Sohn des Him=
mels, mit aller bürgerlichen, kriegerischen, kirchlichen Voll=
macht ausgerüstet, Herr der Einbildungskraft seines Volks,
eines so unbedingten Gehorsams gewärtig, daß er zu dem
Nächsten, Besten, wie der Alte vom Berge, sagen darf: Stürze
dich hinunter von den Zinnen des Tempels in die schwin=
delnde Tiefe, und der Beauftragte thut's ohne Wanken —
ein Solcher muß im Stande seyn, der Welt eine andere Ge=
stalt zu geben, wenn das Schicksal erstens auf die Stelle dieses
Erkornen einen von Jovis heitern Kindern erhebt, die von
der Schwärmerei der Menge nur so viel besitzen, um als
Ihresgleichen zu erscheinen, sonst aber im unbewölkten Haupte
mit Besonnenheit ihre Plane entwerfen; zweitens, wenn
der Erkorne das Glück hat, über ein kriegerisches Volk zu
gebieten. Das Judenthum hat aber weder beim ersten Krieg,
noch bei den folgenden Aufständen, einen solchen Mann her=
vorgebracht, woran wohl die verkehrte theologische Erziehung

des Volks Schuld gewesen seyn mag. Dann besaß zwar
das Gesetz Mosis die Kraft, seine Kinder über die gemeinen
Leidenschaften, die Liebe zum Leben, die Habsucht zu er=
heben — wie willig haben die Juden Gut und Blut für
ihren Glauben, ihren Staat verschwendet — aber es hat
keineswegs ein kriegerisches Volk aus ihnen gemacht, und ge=
regelte Heere aus dem Stegreife zu schaffen, ist nicht so leicht
als man glaubt. Eine Nation wie die Römer, die Araber,
die Germanen, gehörte dazu, damit das Amt eines Messias
verwirklicht werden konnte. Ich glaube auch, daß Mahomet
auf den Grund eines Messiasglaubens gebaut hat, der unter
den Arabern seiner Zeit verbreitet gewesen seyn muß, ob ich
gleich diese meine Ansicht mit keinem Zeugnisse belegen kann. *)
Dagegen verstanden die Juden nicht für ihre Sache in offe=
nem Felde zu kämpfen, wiewohl sie sonst die hartnäckigste
Ausdauer bewiesen und auch zu sterben wußten, wie das
Beispiel des heldenmüthigen Eleasar, des lezten Feldherrn
Israels zeigt, der in der fürchterlichsten Noth keinen seiner
Grundsätze verläugnend, mit dem lezten Hauch den National=
feinden trotzend, freiwillig sammt seinen Genossen das Leben
verließ. Josephus, der Geschichtschreiber des Kriegs, hat
wohl gefühlt, woran es seinem Volke mangelte. Nachdem er
die Raserei der Empörer geschildert, beschreibt er im dritten
Buche Kap. **V** die römische Legion und ihre unvergleichliche
Einrichtung. Man sieht, wie diese ehernen Mauern vom
Mittelmeere heraufrücken, um das fanatische Geschlecht in Je=
rusalem zu vernichten; man erkennt das geheime Räderwerk,
auf welchem ihre und Roms Macht beruht, die lange Stufen=
leiter ehrgeiziger Anführer, einer über dem andern, die un=
erbittliche Mannszucht, die zweckmäßigste Art der Bewaffnung,
den zur andern Natur gewordenen Gehorsam der Gemeinen,
die Kriegserfahrung der Häupter; jedes einzelne Glied des
Riesenleibes hat seine rechte Stelle. Alles dient Einem Zwecke.
Da auf den Spitzen der Adler, die man den Legionen vor=
antrug, thronte der politische Messias, welchen die Juden

---

*) Bei Gagnier fand ich nur einige Spuren. Wenn die Geschichte
   des Islam einst vollständig zu Tage gefördert seyn wird, hoffe
   ich, soll meine Muthmaßung bestätigt werden.

erwarteten, sonst nirgendwo, das fühlte Josephus. Rom hatte die Vorsehung zu seinem Sitze auserkoren, nicht Jerusalem.

Man sieht, daß der Messiasglaube für die Juden auf diese Weise verderblich werden mußte. Man hat denselben gewöhnlich als eine göttliche Begnadigung des Volkes darge= stellt, er war ihr Unglück. Nur einen einzigen Ausweg gab es, durch welchen jene elektrische Gluth, welche, sich zuletzt selbst entzündend, Israel zerschmetterte, unschädlich für die Juden abgeleitet werden konnte — wenn sie den Pfad, den ihnen unser Erlöser Jesus Christus wies, betreten hätten; aber sie wollten nicht, darum ward eine der wunderbarsten Stellen des alten Testaments in umgekehrtem Sinne an ihnen erfüllt: **Das Wort des Herrn sprach zu Elia: Geh her= aus, tritt auf den Berg vor den Herrn. Und siehe der Herr ging vorüber, und ein Sturmwind, der die Berge zerriß und die Felsen zerschmet= terte, vor dem Herrn her; der Herr war aber nicht im Sturme. Nach dem Sturme kam ein Erd= beben, aber der Herr war nicht im Erdbeben, nach dem Erdbeben kam ein Feuer, aber der Herr war nicht im Feuer. Und nach dem Feuer kam ein still sanftes Säuseln.** *) Sie verschmähten Den, der im sanften Säuseln zu ihnen kam, deßhalb brach Sturm, Feuer und Erdbeben über sie herein, und Roms Legionen, welche in siegestrunkener Wuth den Tempel stürmten, wur= den die natürlichen Rächer des unschuldig gekreuzigten Pro= pheten Gottes.

Ich spreche nicht in hohlen Redensarten, sondern stehe auf festem historischem Boden. Jener wilde Feuerstrom mes= sianischer Gluth mußte so schrecklich sich entladen, wenn er nicht in der Weise Jesu sanft und geistig abgeleitet ward. Auch klage ich die Juden nicht wie ein Ketzerrichter an. Ein Volk so erzogen wie sie, mit solchen Gesetzen und Anstal= ten versehen wie sie, wird unter gleichen Umständen immer wieder so handeln. Es war das Werk des Geistes, der die Welt lenkt, welcher Alles so ordnete. Das reine geistige

---

*) 1. König XIX, 11. Schon J. Müller hat diesen Spruch auf Christum angewendet.

Judenthum sollte sich frei machen von den beengenden Fesseln, darüber ward die Hülle, unter dem es verborgen gewesen, gewaltsam gesprengt und vernichtet. Eine der großen Weltepochen war abgelaufen, eine neue angetreten, deutlicher als sonst schlugen die Pulse der Zeiten. Jener große Römer beginnt seine Schilderung der Zerstörung Jerusalems mit den Worten: famosae urbis supremum diem tradituri sumus.*) Er fühlte, daß hier das Schicksal walte, aber nicht in welchem Umfange. Roms Soldaten vollstreckten, als sie den Feuerbrand in den Tempel schleuderten, nicht bloß ein Werk der Zerstörung, sie halfen zugleich an einer neuen erhabenern Schöpfung bauen: sie hieben, die bisher verschlossenen Thore ein, durch deren weit geöffnete Flügel von nun an die Masse der Heiden in das geistige Heiligthum der Weltreligion einzog. Denn erst nach der Zerstörung Jerusalems erfolgte jener reißendschnelle Uebertritt der Völker des römischen Reichs zur neuen Religion, weil nun das Judenthum seine Kraft verloren hatte, das Christenthum eines Nebenbuhlers entledigt war.

Nun ist es Zeit, daß wir uns zur Geschichte Jesu Christi wenden. Ueber Trümmer führt Anfangs der Weg, aber unerschüttert winkt uns am Ziele das Allerheiligste, die ewige Flamme, der keine, auch die kühnste, unerbittlichste Untersuchung — sobald sie nur gerecht ist — etwas von ihrem Glanz nehmen kann. Nur die Säulen des Vorhofes, die, wie ich glaube, manchmal das herausströmende Licht verdunkelten, stürzen zum Theile ein; die ewige Flamme auf dem Hochaltare strahlt fort in ungetrübter Glorie.

---

*) Historiarum V, 2.

———